2 요한 실트베르거 동료들의 참수. 1396년 니코폴 전투로 정점에 이른 십자군 활동에서 오스만에게 붙잡혔다. 실트베르거는 어리다는 이유로 처형을 면했다.

1 오르한 술탄이 설립한 데르비시 회관 기부 증서의 첫 3분의 1 부분. 맨 위의 술 탄 서명은 '오스만의 아들 오르한'이라고 쓰여 있다. 이 문서는 1324년의 것이고 페르시아어로 쓰였으며, 남아 있는 오스 만 문서 가운데 가장 이른 것이다.

3 오스만 관리와 그 보조원이 소년 징발 대상으로 선발된 발칸반도 기독교도 소년들을 등록하는 모습. 관리는 소년들의 붉은 새옷을 사고 그들을 집에서 이송할 경비로 쓸 돈을 들고 있고, 보조원은 소년들의 마을·구역·속주, 가계, 출생일, 신체적 특징 등을 적고 있다. 16세기 중반의 세밀화.

4 1402년 앙카라 전투에서 티무르 군대에 생포된 후 함거에 갇혀 이송되는 바예지드 1세. 한때 오스만-합스부르크 국경에서 가까웠던 그라츠의 에겐베르크궁 천장화 연작에서 나온 판자. 1670년.

5 동로마 시대 하기아소피아 성당 바깥에 서 있던 유스티니아누스 황제의 기마상. 9미터 높이의 이 조각상은 30미터 높이의 기둥 위에 올려져 있다가 메흐메드 2세가 콘스탄티노폴리스를 정복한 직후 끌어내려졌다. 안코나의 키리아쿠스와 조반니 다리오의 소묘. 1430년대.

6 베야즈트 화재 감시탑에서 본 이스탄불의 '지붕 덮인 시장' 모습. 시장의 핵심부는 1460년대 초 메흐메드 2세에 의해 만들어졌다. 왼쪽은 18세기 중반에 건설된 누루오스만 마스지드(모스크), 멀리 보이는 것은 술탄 아흐메드 마스지드.

7 톱카프궁 외부 정원의 치닐리쾨슈크('타일 붙인 전각'). 1472~1473년에 완공됐다. 이 전각은 메흐메드 2세가 카라만 왕조를 격파한 후 이스탄불로 데려온 기술공들에 의해 티무르 양식으로 건설됐다.

8 메흐메드 2세의 초상화, 1481년. 이 그림은 베네치아 미술가 콘스탄차 다 페라라의 메흐메드 기념패와 밀접한 관련이 있다.

9 1482년 7월 29일 로도스섬에 도착한 젬 술탄을 맞이하는 구호기사단 단장.

10 1484년과 1486~1488년 젬 술탄이 갇혀 있던 부르가뇌프 성. B라고 표시된 곳이 그가 갇혀 있던 곳이다. 오늘날 이 성의 외양은 이 18세기 중반의 소묘와 약간 다르다.

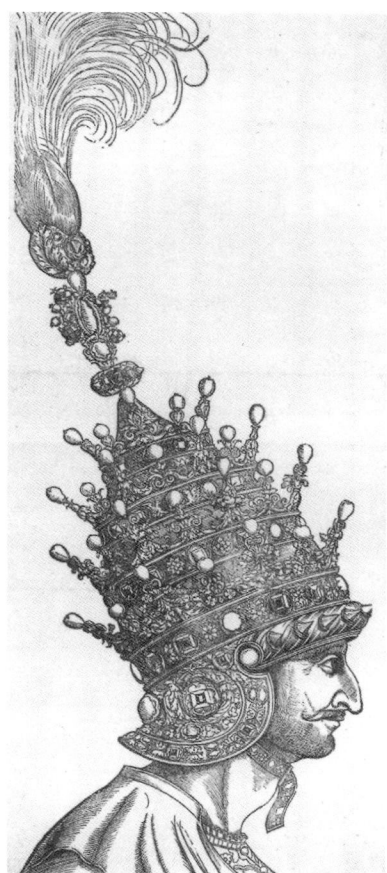

11 투구형 왕관을 쓴 쉴레이만 1세. 대大와지르 이브라힘 파샤가 술탄을 위해 베네치아에 의뢰해 제작했다. 목판화, 1532년 무렵.

12 (오른쪽 위) 1536년에 처형된 대와지르 이브라힘 파샤의 관이 톱카프궁에서 나와 대기 중이던 배에 실리고 있다. 세밀화, 1587~1588년.

13 메카의 성소. 순례 장소와 기타 성소를 묘사한 16세기 초 페르시아어 시집의 삽화로 들어간 세밀화다. 1540년 무렵 쉴레이만 1세를 위해 만든 이 사본에서 처음으로 삽화를 넣었다.

14 쉴레이만 1세와 휘렘 술탄의 딸이자 뤼스템 파샤의 아내 미흐리마흐 술탄. 왼쪽 위 구석에 적힌 글은 이 초상이 1541년에 제작되었음을 알려준다.

15 장식판에서 나온 유약 아래 채색된 이즈니크 타일. 1570~1580년 무렵의 것이다. 타일은 푸른색, 검은색, 연청록색, 붉은색으로 채색되었다.

16 세 명의 크즐바시의 모습을 보여주는 세밀화 세부. 그들의 '이단' 신분을 상징하는 붉은 모자를 버리고 카프탄을 받고 있다. 미래의 메흐메드 3세의 할례를 축하하기 위해 1582년 히포드롬에서 열린 축제를 묘사한 필사본에 나오는 이 세밀화는 1583년 무렵의 것이다.

17 에디르네에 있는 셀림 2세의 마스지드. 1560년대 말 시난이 건설한 것으로, 그의 최고 걸작으로 평가된다. 1888년에서 1908년 사이에 이스탄불에서 사진관을 운영하던 사진가 파스칼 세바와 폴리카르프 조아예의 사진이다.

18 시냇물에서 포도주를 식히다가 예니체리에게 체포되는 부부. 17세기 초의 세밀화.

19 1638년 바그다드 원정을 떠나는 무라드 4세. 술탄은 선지자 무함마드의 기병에 대한 존경의 표시로 아랍 전사의 복장을 하고 있다. 17세기 중반의 세밀화.

20 이스탄불의 베네치아 바일로 조반니 소란초와 그 대표단이 베네치아의 크레타섬 양도 거부 이후 사슬에 묶인 채 끌려가 투옥됐다. 이 일은 크레타를 둘러싼 오스만−베네치아 전쟁이 발발하고 4년 뒤인 1649년에 일어났다. 세밀화, 17세기 중반.

21 1660년대 중반 투르한 술탄이 이스탄불 항구 구역에 건설한 새 마스지드. 그 오른쪽의 돔이 있는 구조물은 '이집트 시장'(또는 '향신료 시장')이다.

![LA VALIDE BASTIE PAR LA SVLTANNE MERE DV GRAND SEI]

22 수석 흑인 환관장. 이 소묘는 이즈미르의 잉글랜드 영사 폴라이코가 1666년에 처음 출판된 《오스만제국 현황》의 삽화로 주문한 것이다.

23 1683년 빈에서 오스만이 패배한 이후에 대와지르 메르지폰루 카라 무스타파 파샤를 교살하는 장면. 여기서 생략된 명각에는 이 장면을 다음과 같이 묘사한다. "카라 무스타파는 한 아이가 그를 처형하려고 기다리는 동안 술탄의 명령을 읽는다. 또다른 아이는 대와지르의 기도를 위해 작은 네모난 방석을 놓고 있다. 그의 머리를 담을 진홍색 벨벳 자루가 놓여 있다."

24 "튀르크(오스만)라는 유명한 초승달이 제국(신성로마), 폴란드, 베네치아 사이에서 분할되고 있다." 1683~1699년 전쟁에서 오스만과 맞섰던 열강이 제국 분할을 꿈꾸었다. 위쪽의 두 전투 장면은 1686년 합스부르크에 의해 부다가, 베네치아에 의해 나플리오가 함락되는 모습을 그리고 있다. 달려 있는 주석에 따르면 이 장면은 1686년 또는 1687년에 그려졌다.

25 1720년 할례 잔치에 참석하기 위해 호위를 받으며 가는 아흐메드 3세의 세 아들. 흑인 환관장 베시르 아아가 톱카프궁의 제3 안뜰을 가로질러 알현청과 아흐메드 3세의 도서관을 지나 길을 인도하고 있다. 1721년 무렵의 세밀화.

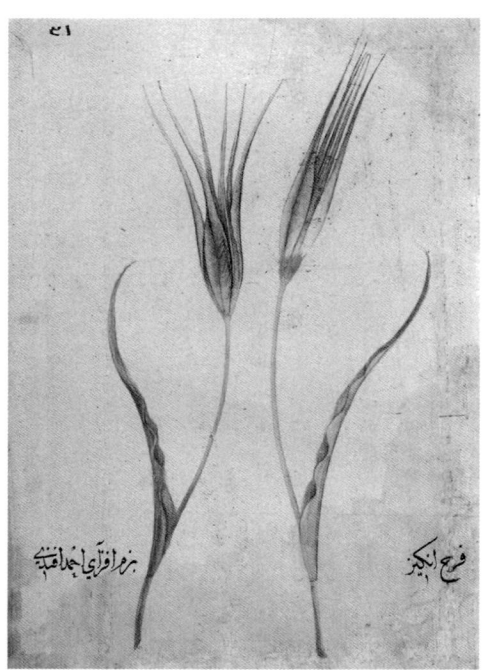

26 튤립 품종인 '아흐메드 에펜디의 연회를 더욱 즐겁게 하는 것'과 '기쁨의 원천'. 1725년 무렵 궁정에서 준비한 50가지 튤립 화첩에 실린 그림이다.

27 1728~1729년 아흐메드 3세가 톱카프궁 밖에 세운 거대한 분수의 세부 묘사. 사진은 1880년 무렵 스웨덴 사진가 기옴 베르그렌이 찍었다.

28 파트로나 할릴과 동료 반란군. 오랫동안 이스탄불에 살았던 플란데런 출신의 화가 장-바티스트 반 무르(1671~1737)가 그렸다. 배경에는 톱카프궁 제1안뜰 문이 있다.

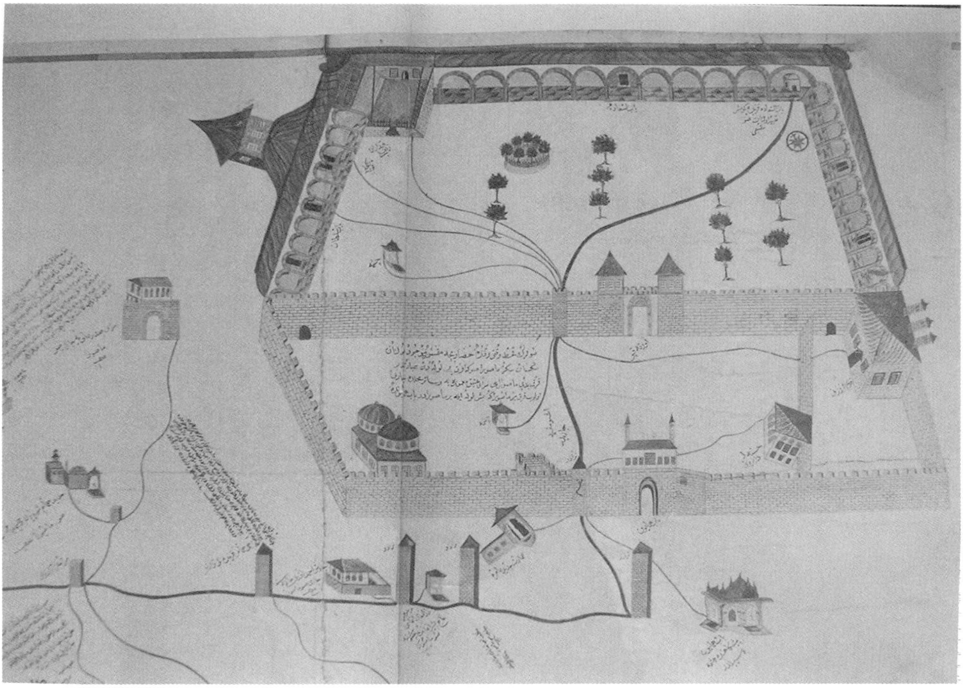

29 도시 외곽에서 톱카프궁으로 가는 물 공급 경로를 보여주는 두루마리의 세부 묘사. 주 급수원에서 갈라져 나온 물을 공급받는 건물들의 이름이 표시돼 있다. 11미터 길이의 이 두루마리에는 급수 시설의 수리와 개선 사항도 기록돼 있다. 1748년에 만들어진 세밀화.

30 한 오스만인과 러시아 관리가 다르다넬스 해협에 관해 이야기하고 있다. 이 장면은 18세기 후반 오스만−러시아 전쟁 당시 해협 통제가 뜨거운 문제였을 때 독일에서 판각됐다. 여기서 생략된 명각에는 "이스탄불로 가는 열쇠가 되는 성채인 다르다넬스"라고 쓰여 있다.

31 (왼쪽 위) 이집트의 메흐메드 알리 파샤. 데이비드 윌키가 1840년대 초 오스만제국을 방문했을 때 그린 스케치로 만든 석판 화첩의 권두화.

32 (오른쪽 위) 크림 전쟁 당시 군복을 입은 압뒬메지드 술탄. '우리 주 술탄 폐하의 빛나는 장식'으로 알려진 장식을 달고 있다.

33 1847~1849년 술탄 압뒬메지드의 명령에 따라 스위스 건축가 포사티 형제가 복구한 아야소피아 내부 모습. 이 복구는 포사티의 소묘를 바탕으로 한 석판 화집에 기록됐다.

34 압뒬아지즈 술탄이 발급한 기념패 뒷면. 1866년에 주문한 이 기념패는 콜레라 희생자들의 곤경을 구제하기 위해 일하는 사람들에게 지급됐다. 오크나무 아래 있는 것 중 하나가 야자나무이며, 이는 제국의 아랍 속주임을 나타내려는 의도에서 들어갔다. 명각에는 "가장 큰 나무인 오스만의 자손"이라고 적혀 있다.

35 1900년 무렵 오스만제국 군대의 사관생도들. 사진은 술탄 압뒬아지즈와 압뒬하미드 2세의 궁정 사진가인 아르메니아계 오스만인 압둘라 프레르가 찍었다.

36 연례 메카 순례 출발에 따른 축제 때, 술탄의 존재를 상징하고 그의 선물이 실린 가마가 돌마바흐체궁에서 나오고 있다. 선물은 원래 낙타 행렬에 실어 육로로 보냈으나, 1870년 무렵부터 증기선으로, 1890년 이후에는 기차로 보냈다. 이 의식은 1차 세계대전이 끝난 뒤인 1919년에 마지막으로 거행됐다. 사진은 아마 세바와 조아예가 찍었을 것이다.

37 카이저 빌헬름 2세가 1917년 가을 이스탄불과 다르다넬스 전쟁터를 방문했을 때 이스탄불 해협에서 배를 타고 있다. 카이저는 좌현의, 오스만 함대 사령관 폰레보이어파슈비츠 제독(수송 제독의 후임자다)인 듯한 해군 장교 옆에 앉아 있다.

오스만제국사

오스만제국사

창건부터 튀르키예공화국 수립까지

캐럴라인 핑클 지음 | 이재황 옮김

책과함께

일러두기

• 이 책은 Caroline Finkel의 OSMAN´S DREAM(2005)을 우리말로 옮긴 것이다.

• 옮긴이의 설명은 〔 〕로 덧붙였다.

서문

근년에 역사 쓰기 열풍이 불었고, 서점에서는 다른 모든 시대와 지역에 관한 역사서와 함께 이제 다양한 범위와 주제를 다룬 오스만의 역사도 발견할 수 있다. 어떤 책은 학자들을 대상으로 한 것이고, 어떤 책은 오직 제한된 시기만을 다루고 있으며, 또 어떤 책은 전적으로 튀르크어가 아니거나 오스만 자료가 아닌 것만 바탕으로 하고 있다. 연구자로서 나는 강의를 듣는 사람들에게 오스만제국(그리고 그 주변)의 전체 시기를 다룬 최신의 연구를 반영한 역사를 제공하려고 애써왔다. 나의 목표는 오스만제국이 성장하고 쇠락하고 멸망하는 지나치게 단순화된 개념에, 그리고 그것이 오스만에 대해 우리가 알아야 하는 전부라는 생각에 맞서는 것이었다.

　역사 연구는 역사 자체와 마찬가지로 멈춰 서 있는 것이 아니며, 지난 10~15년 사이에 흥미로운 새 관점과 해석들이 나왔다. 그럼에도 불구하고 오스만제국에 대한 일반적인 인식은 여전히 유럽 자료들에 들어 있는 관찰과 편견에 상당 부분 의존하고 있다. 그 자료들은 서방 국가들과 오스만 사이의 다양한 대결의 열기 속에서 쓰인 것들이다. 이 제국을 예컨대 '동양 전제정專制政' 또는 '유럽의 병자'로 규정하는 것은, 그런 '촌평'이 특정 목적에 부합할 때의 특정 순간으로부터 가져온 것이다. 유감스럽게도 이런 표현들은 그것이 제국의 전체 역사를 아우르고 그것이 만들어진 이후 획득된 역사적 통찰을 포괄하는 것처럼 계속해서 반복되고 재생되었다.

오스만제국의 다양한 측면에 관한 일반적인 역사 서술로 간주되는 것 상당수에는 사실 '역사'가 별로 없고 오스만과 그들의 세계를 우스꽝스럽고(음란한 술탄, 사악한 파샤, 불운한 하렘 여성, 현학적인 성직자가 줄줄이 나온다) 판에 박힌 등장인물들의 무대로 얕잡아본다. 그 인물들은 눈곱만큼의 역사적 동력조차도 거의 인정할 수 없는 낡아빠진 무대에 박제돼 있다. 그것은 낯설고 이국적인 세계라는 변치 않는 이야기를 반복하고, 그 세계를 만들어낸 과정에 대해서는 독자들에게 알려주지 않는다. 그럼에도 이런 책들이 잘 팔린다는 것은 오스만제국에 일반적으로 관심이 있다는 증거다. 그 책들이 더 최근의 역사 인식이나 원전 자료 중 어디에도 입각하지 않고 있다는 것은 오스만을 연구하는 역사가들이 일반 독자를 대상으로 역사를 쓰는 일에 적극적이지 않았다는 사실을 방증한다. 아무쪼록 이 책의 '새로운 서술'이 일반 독자들을 즐겁게 하고 선입견을 깨는 데 기여하며, 과거와 현재 사이의 연결에 관한, 그리고 오늘날 우리가 이 자리에 있게 된 과정에 대한 이해의 폭을 넓히기를 희망한다.

오스만 역사에 대한 나의 접근법은 어쩔 수 없이 오랫동안 튀르키예 공화국(오스만제국의 최종 후계국이다)에 살았던 경험에서 영향을 받았다. 나는 그곳에서 15년 정도 살았다. 튀르키예의 과거는 정말로 또다른 나라다. 튀르키예 사람들은 이전 시기의 문학과 역사 저작에 쉽게 접근할 수 있는 방도를 박탈당했다. 1928년에 문자가 아랍 문자에서 서방 사람들에게 익숙한 로마 자모로 바뀌었기 때문이다. 이와 동시에 어휘를 좀더 튀르크적인 것으로 만들려는 운동이 진행되면서, 오스만어라는 풍성한 혼합물을 이루었던 아랍어 및 페르시아어 기원의 말들이 말살되고 있다. 오스만어는 라틴어와 마찬가지로 오늘날 '사어'가될 위기에 처했다. 다른 한편으로 오스만 시대에 나왔던 저작들이 이제 현대 문자와 평이한 표현으로 출간되고 있어, 현대 독자들이 과거에 있었던 일에 대해 어느 정도 이해할 수 있게 되었다. 그렇지 않다면 상황은 심각했을 것이다. 1930년대 이전에 쓰인 것은 아무것도 없는 영국 문학전집을 생각해보라!

한때는 문자 변경 이전에 오스만 튀르크어를 배웠던 세대가 사라지면 오스만 역사의 기본 사료인 방대한 분량의 문서와 필사본을 읽을 수 있는 사람이 별로 없을 것으로 여겨졌다. 그러나 학생들이 계속해서 역사가로서 훈련받고 오스만어를 배우며, 그들이 튀르키예 국내와 해외에서 튀르키예 태생이 아닌 오스만 전문가들과 함께 대학에 자리를 잡았다. 그러나 튀르크인들이 학교에서 가르쳤던 '공식 역사'를 버리기는 쉽지 않았다. 이 역사는 아타튀르크Atatürk('현대 튀르키예의 아버지') 무스타파 케말Mustafa Kemal의 이름과 동일시됐던 혁명으로부터 추동력을 얻은 그들 과거의 한 형태였다. 공화국 초기에 수백 년에 걸친 오스만 시대는 알 수 없는 부분으로 여겨졌고, 그 국민과 전혀 관련이 없는 것처럼 무시당했다. 그들에게는 더 먼 튀르크인들의 과거가 더 그럴듯한 것으로 생각되었다. 그러나 오스만 시대가 기억에서 멀어지면서 그것은 면밀한 음미의 대상이 되었다. 그리고 튀르크인은 스스로를 자랑스러운 과거(그것은 묘사될 수는 있지만 의문을 가질 수는 없었다)의 상속자로 여기도록 교육의 권위자들로부터 강요됐지만, 이 역시 변화하고 있다. 이에 따라 현재 공식 역사는 오스만 왕조가 무적이며 그 술탄은 전능하다는 관념을 보증하지만('주정뱅이'나 '미치광이' 같은 별명으로 기억되는 사람들을 제외하고), 국가와 제국의 아주 이른 시기에 있었던 그 명령에 대한 반발에는 아직 별 관심을 기울이지 않고 있다. 현대 튀르키예 정치의 지속적인 특징인 이견의 존재를 인정하고 싶어하지 않는 것이다.

그러나 과거 오스만 시절에 대한 이해를 방해하는 실질적인 장애물에도 불구하고 현대 튀르키예의 국민들은 자기네의 역사에 관해 끊임없이 호기심을 보이고 있다. 정치적 담론은 서방 관찰자들에게 매우 낯선 종류의 활발한 논쟁으로 점철되고 있다. 정치인과 이익집단들이 어떤 형태의 역사가 미래(흔히 다른 곳에 비해 더 불확실한 것으로 보이는 미래)의 목적에 가장 잘 이바지할 것인가에 관해 옥신각신하면서 과거에 대한 다양한 인식이 풍부한 참고의 원천을 제공한다. 많은 대화는 그 뿌리가 과거 역사로 거슬러 올라가는 문제를 언급한다. 오늘날에도 계속 문제가 되는 과거의 가장 뚜렷한 사례는 '아르메니아 문제'다. 현재 그 모습은 아르메니아인들이 여러 정부로 하여금 1차 세계대전 때 아나톨리아에서 벌어진 집단학살을 종족 말살(제노사이드)로 선언하도록 압력을 가하는 문제를 중심으로 나타나고 있다. 튀르크인들이 큰 관심을 갖는 다른 두 가지 문제는 외부인에게는 덜 분명한 내용이다. 하나는 정치에서 군사가 한 역할이고, 다른 하나는 종교적 표현을 어디까지 허용할 수 있는지에 관한 것이다. 모두 오스만 역사에 고루 미치며, 과거의(오늘날도 마찬가지다) 정치가와 민중이 몰두했던 주제들이다. 역사가의 책무는 과거가 어떻게 현재(또는 이제는 지나간 현재)로 이어지는지를 보여주는 것이다. 이에 따라 튀르키예에서 역사 쓰기는 몇몇 다른 나라들에 비해 좀더 심각한 일이 되고 있으며, 오스만 역사를 쓰는 사람은 설명을 희생시켜 즐거움을 선사하는 사치를 누릴 수 없다.

오스만제국에 관한 연구는 술탄이 폐지된 해인 1922년, 튀르키예 공화국이 선언된 1923년, 또는 칼리파가 폐지된 1924년에 끝나는 것이 보통이다. 나는 이 서술을 공화국 시기에 들어선 1927년까지로 연장했다. 그해 아타튀르크는 제국 타도와 공화국 수립에서 자신이 했던 역할을 정당화하고, 미래의 비전과 자신의 꿈을 제시하는 대단한 연설을 했다. 이 책의 제목〔원서 제목인 '오스만의 꿈Osman's Dream'〕은 여기서 착안했다. 이 제목은 첫 술탄 오스만이 꾸었다는 꿈을 이야기한다. 제국의 탄생과 성장으로 해석된 꿈이며, 나는 그 제국의 이야기를 하고자 한다. 이 역사를 1927년까지 계속하는 것은 또한 공화국과 제국의 역사 사이의 몇몇 연속성을 드러낼 수 있게 한다. 공화국이 오직 아타튀르크 혁명의 모습만을 지닌 백지 상태였다는 통념은 점차 역사가들에게 도전을 받고 있다.

이런 야심찬 의도의 책을 쓰면서 나는 여러 가지 어려운 선택에 직면했다. 나는 완전성을 주장하지는 않는다. 그것은 불가능한 일일 것이다. 선이 굵은 서술 방식이 바람직할 듯했다. 몇몇 부분에서 독자들은 예니체리나 하렘 같은 낯선 요소들을 본문의 주된 흐름 바깥에서 별도로 다룬다면 이야기되고 있는 것이 더 쉽게 이해될 것이라고 이의를 제기할 것이다. 나는 이런 모습들이 그것들을 만들어내는 사회의 필수적인 측면이며 그들은 진공 속에 존재하는 것이 아니라고 주장한다. 같은 이유로 미술과 건축은 사회의 복잡성에서 생겨났고, 순수한 창조성의 고립적인 표현으로 해석될 수 없다. 종교를 '이슬람'이라는 제목의 장에서 다루는 것도 전혀 사리에 맞지 않는다. 종교는 역사에서 중요한 동력이며 시기와 장소를 막론하고 그 신봉 방식은 정치에 영향을 미치기 때문이다. '제도'를 통해 역사를 보는 것은 극적인 사건을 정지 화면으로 만들고 연관된 사건들 사이의 상호관계를 모호하게 만드는 경향이 있다. 그것은 너무도 흔히 경멸적으로 다루어진 오스만 역사의 바로 그런 측면들을, 그것이 왜 생겨났고 왜 그런 상태로 발전했는지에 대한 설명 없이 독자들이 받아들이도록 부추기는 또다른 문제가 있다. 이렇게 오스만 역사를 다른 역사들과 같은 표준에 의해 해석하려는 어떤 시도도 적절하지 못했고, 그 역사를 독특하게 보이도록 만들었다. 모든 나라의 역사는 물론 독특한 측면이 있다. 그러나 그것을, 다른 나라의 역사와 비교할 수 있는 측면들보다 강조하는 것은 핵심을 벗어나는 듯하다.

'블랙홀'인 오스만 역사는 그 자체가 회한의 원인이지만, 더욱 유감스러운 것은 현재의 서방과 이슬람교도 사이의 이해 부족이라는 명백한 '철의 장막'이다. 이는 오스만제국에 대한 서방의 '낡은 서술'에서 기인하는 바가 크다. 따라서 그것은 과거 수백 년에 걸친 이슬람 시대의 서술이다. 우리의 무지를 가리기 위해 문화적·역사적으로 우리와 다른 사람들에게 '악의 제국', '근본주의자', '테러리스트' 같은 딱지를 붙이지 않고 그들을 이해하려는 태도는 긴요한 문제다. 왜 '그들'은 '우리'와 같지 않느냐고 묻고, 우리의 문화적 편견을 문제의식 없이 나태하게 받아들이며, 문제를 '뭐가 문제냐?'라는 식으로 틀 짓는 것만큼 큰 오만은 없을 것이다.

이 책은 몇몇 독자층을 겨냥한다. 나는 오스만에 대해 '낡은' 서술 이외에는 거의 아는 것이 없는 일반 독자들이 모든 새로운 서술은 즐거운 (그리고 훨씬 복잡하고 충만한) 것임을 알기를 희망한다. 이 책은 제국과 그 백성들이 스스로를 어떻게 보았으며 시간이 흐름에 따라 이런 인식이 어떻게 변했는지를 설명한다. 나는 오스만의 동쪽과 서쪽에 있는 그 이웃과 경쟁자들에 관해서도 많이 썼기 때문에, 오스만 변경과 더 먼 곳의 땅들에 관심이 있는 사람들을 위한 내용도 있다. 이 책은 또한 오스만 역사 연구를 시작하는 학생들을 겨냥한 것이기도 하다. 그들에게는 지금 영어로 쓰인 한 권짜리 책이 없다. 아무쪼록 그 모든 사람들이 이 책을 읽고 오스만제국 수백 년에 매혹되기를 희망한다.

차례

오스만의 술탄들

연도	술탄	비고
?~1324?	오스만 1세	
1324?~1362	오르한 1세	
1362~1389	무라드 1세	
1389~1402	바예지드 1세	'이을드름'(벼락)
1402~1413	공위기(空位期)	
1413~1421	메흐메드 1세	
1421~1444 (퇴위)	무라드 2세	
1444~1446	메흐메드 2세	
1446~1451	무라드 2세	
1451~1481	메흐메드 2세	'파티흐'(정복자)
1481~1512 (폐위)	바예지드 2세	
1512~1520	셀림 1세	
1520~1566	쉴레이만 1세	'무흐테솀'(위인), '카누니'(입법자)
1566~1574	셀림 2세	
1574~1595	무라드 3세	
1595~1603	메흐메드 3세	
1603~1617	아흐메드 1세	
1617~1618 (폐위)	무스타파 1세	
1618~1622 (피살)	오스만 2세	
1622~1623 (폐위)	무스타파 1세	
1623~1640	무라드 4세	

연도	술탄	비고
1640~1648 (처형)	이브라힘 1세	'델리'(미치광이)
1648~1687 (폐위)	메흐메드 4세	'아브즈'(사냥꾼)
1687~1691	쉴레이만 2세	
1691~1695	아흐메드 2세	
1695~1703 (폐위)	무스타파 2세	
1703~1730 (폐위)	아흐메드 3세	
1730~1754	마흐무드 1세	
1754~1757	오스만 3세	
1757~1774	무스타파 3세	
1774~1789	압뒬하미드 1세	
1789~1807 (폐위)	셀림 3세	
1807~1808 (폐위)	무스타파 4세	
1808~1839	마흐무드 2세	
1839~1861	압뒬메지드 1세	
1861~1876 (폐위)	압뒬아지즈 1세	
1876 (폐위)	무라드 5세	
1876~1909 (폐위)	압뒬하미드 2세	
1909~1918	메흐메드 5세	레샤드
1918~1922 (퇴위)	메흐메드 6세	바히뎃딘
1922~1924	압뒬메지드 2세	술탄은 아니고 칼리파 직만 보유

오스만의 칭호

오스만의 경칭은 제국의 존속 기간 전체에 걸쳐 그 의미가 일정하지 않았다. 아래에 제시한 정의는 대체로 18세기 말까지(일부는 그 이후까지) 통용된 것이지만, 이 목록으로 충분하기를 바랄 수는 없다.

대부분의 오스만 고위 관리는 별칭이 부여되었다. 어떤 별칭은 눈에 띄는 신체적 특징과 관련된 것이고, 어떤 것은 개인의 평판에서 나왔으며, 또 어떤 것은 출신지를 가리키는 것이었다. 이런 별칭은 그 인물이 생존했을 때 붙여지기도 했지만 당대 사료를 보면 추후에 붙여지는 경우도 있었음이 분명하다. 추후에 붙여진 별칭의 예로는 술탄 쉴레이만 1세Süleymān 1의 별명인 '입법자Kānūnī'가 있는데, 이 칭호는 그가 죽고 나서야 흔하게 쓰이기 시작했다.

데스포테스despótēs, 專制公 동로마와 기타 발칸반도 기독교도 군주들이 사용했다.

라이스ra'īs 해군 지휘관의 칭호.

16

미르자mīrzā 이란 군주의 칭호.

바일로bailo 베네치아인들이 사절 또는 특사에게 부여한 칭호로, 특히 술탄의 궁정에 파견한 베네치아 공화국의 대리인을 가리킨다.

베이bey 군사령관, 베이국의 지배자. 나중에는 고위 민간 관리에게도 주어졌다.

보예보다vojevoda 트란실바니아, 몰도바, 왈라키아의 지배자들이 사용했다.

술탄sulṭān 최고 권위를 가진 지배자. 오스만 왕가의 왕자와 고위 여성에게도 사용했다.

아미르ʾamīr 이슬람교도 부족 또는 소국(아미르국)인 군주국의 지배자.

아아ağa 술탄 직속 부대의 지휘관(특히 예니체리 군단의 총사령관), 그리고 흑인 환관장(술탄의 가솔 관리 책임자)에게 부여되었다.

에펜디efendi 첼레비와 비슷한 의미를 지닌 경칭으로, 종교직 관리에게도 사용되었다. 19세기에는 '무슈monsieur'에 상응하는 말로 사용했다.

와지르wazīr; vezir 군사적·정치적 권한을 모두 가진 술탄의 대신들의 칭호. 대大와지르는 이들 가운데 가장 높은 와지르다.

첼레비çelebi 지식인에게 비공식적으로 붙여진 경칭.

카드kadı 재판관 겸 공증인.

칸/한qān; hān 타타르, 특히 크림반도의 지배자들이 사용했다.

파샤paşa 군사령관 또는 정치가에게 부여된 최고의 칭호.

헤트만hetman 카자크 수령 또는 지도자, 폴란드 군사령관의 칭호.

호자hoca 종교계 관리의 칭호.

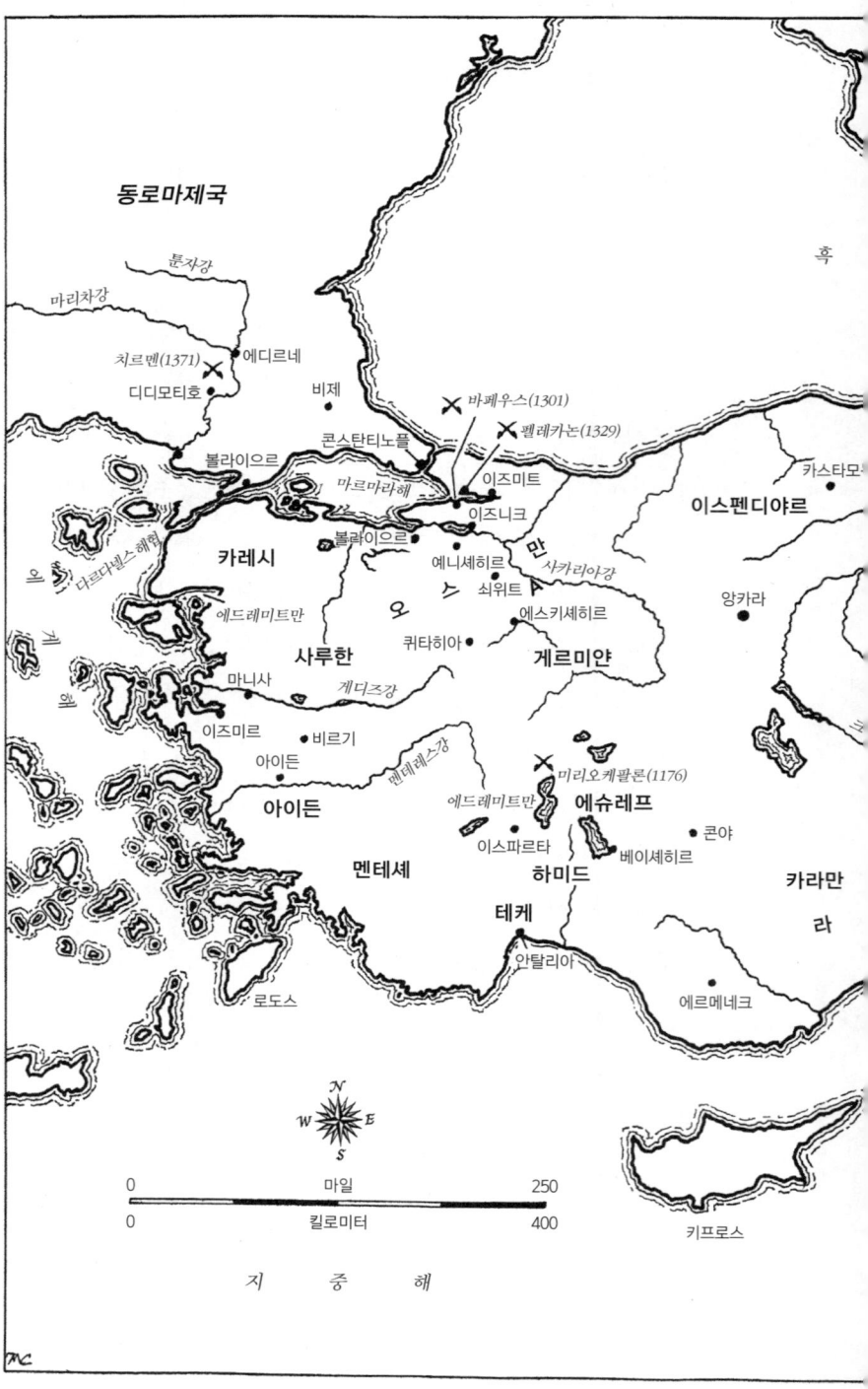

동로마제국

흑

툰자강

마리차강

치르멘(1371) ✕ ●에디르네

디디모티호

비제 ●

콘스탄티노플

✕ 바페우스(1301)

✕ 펠레카논(1329)

카스타모

볼라이으르 ●

마르마라해

이즈미트

이스펜디야르

이즈니크

다르다넬스해협

카레시

볼라이으르

만

사카리아강

예니셰히르

쇠위트

앙카라

에드레미트만

오

에스키셰히르

사루한

퀴타히아

게르미얀

마니사

게디즈강

이즈미르

● 비르기

아이든

멘데레스강

미리오케팔론(1176)

에슈레프

아이든

에드레미트만

콘야

멘테셰

이스파르타

하미드

베이셰히르

카라만

테케

라

안탈리아

로도스

에르메네크

N

W   E

S

0   마일   250

0   킬로미터   400

키프로스

지   중   해

14세기 중반의 아나톨리아와 트라케

해

트라브존

카르스

아마시아

트 라 페 준 타

쾨세다으(1243)

바이부르트

게레트나

시바스

에르진잔

에르주룸

말라즈기르트(1071)

엘비스탄

반호

말라티아

둘카드르

디야르바크르

맘루크 술탄국

티그리스강

유프라테스강

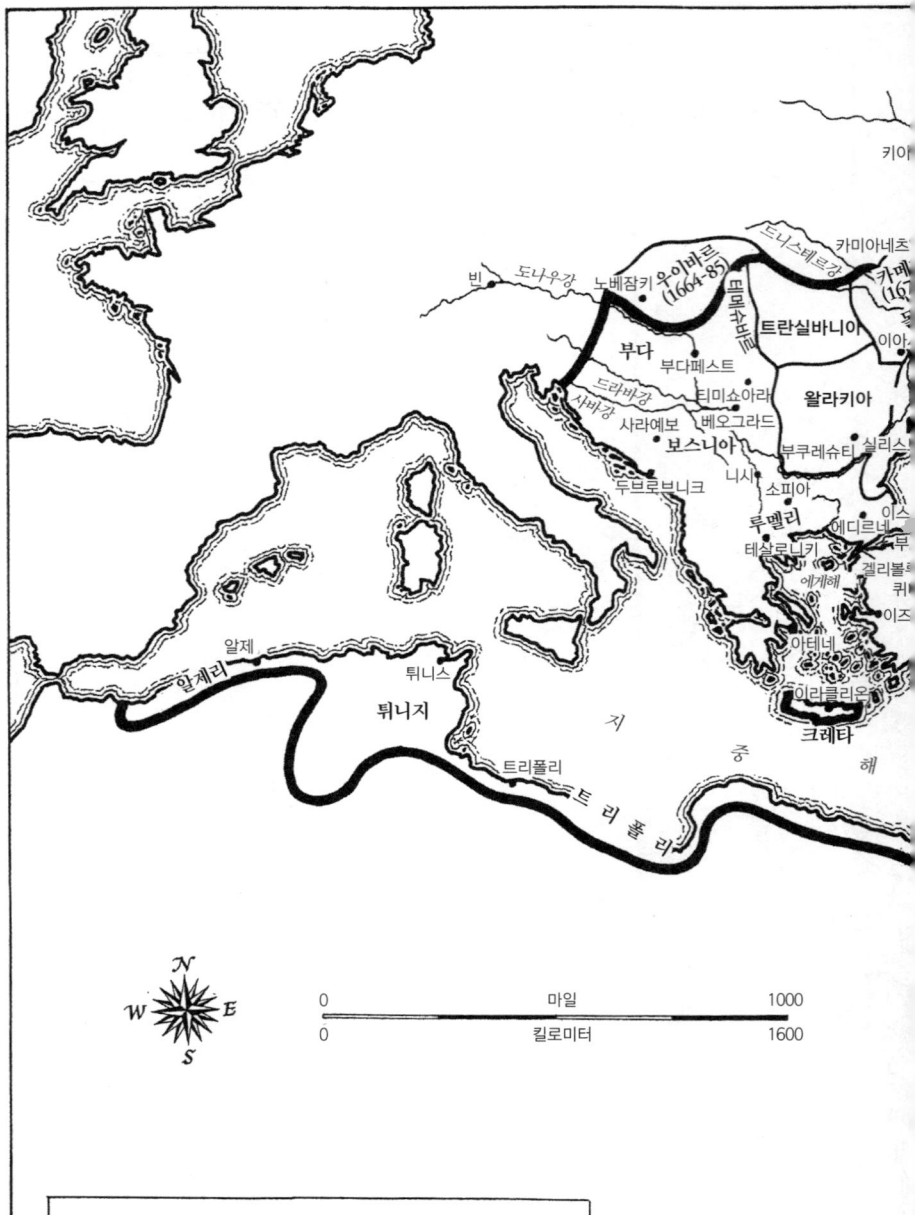

키아

도나우강 노베잠키 우이바르 드니스테르강 카미아네츠
빈 (1664-85) 카메
에세큐 (16
이아

트란실바니아
부다 부다페스트
드라바강 티미쇼아라 왈라키아
사바강 사라예보 베오그라드
보스니아 부쿠레슈티 실리스
두브로브니크 니시
루멜리 소피아
에디르네
테살로니키 이즈
겔리볼
에게해 퀴
아테네 이즈
이라클리온
크레타 지
튀니스
알제 중
알제리 튀니지
해
트리폴리 지
트리폴리 트 리 폴 리

N
W E
S

0 ——————— 마일 ——————— 1000
0 ——————— 킬로미터 ——————— 1600

16-17세기의 오스만제국

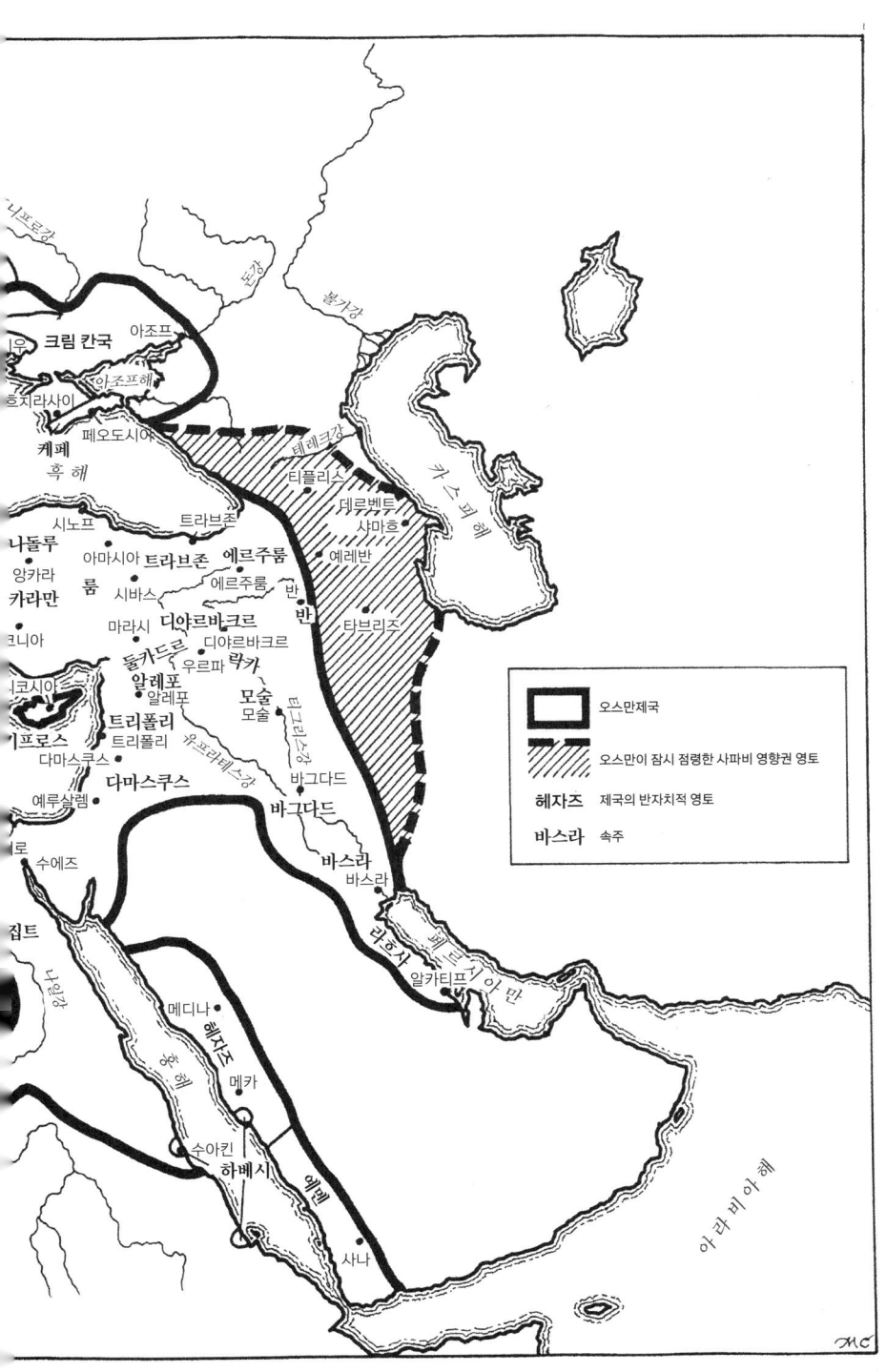

크림 칸국

아조프

아조프해

흐지라사이

케페

페오도시아

테레크강

흑 해

티플리스

나돌루

시노프

트라브존

데르벤트

샤마흐

앙카라

아마시아 **트라브존** **에르주룸**

예레반

카라만

룸

시바스

에르주룸

반

반

코니아

마라시 **디야르바크르**

락카

타브리즈

코시아

둘카드르

디야르바크르

우르파

알레포

모술

키프로스

알레포

모술

트리폴리

트리폴리

다마스쿠스

다마스쿠스

바그다드

예루살렘

바그다드

로

수에즈

바스라

바스라

집트

나일강

알카티프

메디나

헤자즈

메카

수아킨

하베시

사나

아 라 비 아 해

⬚	오스만제국
▨	오스만이 잠시 점령한 사파비 영향권 영토
헤자즈	제국의 반자치적 영토
바스라	속주

MC

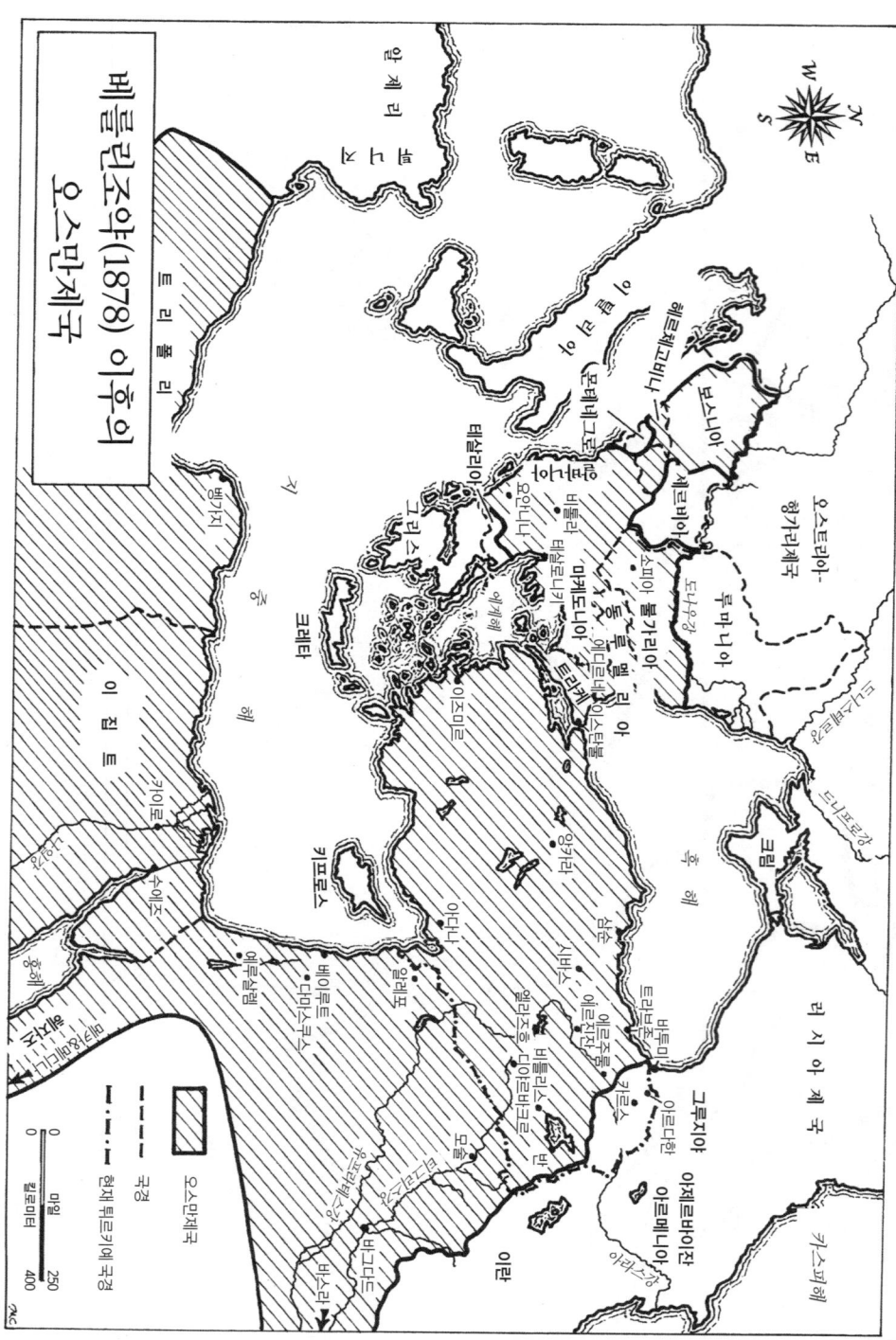

베를린조약(1878) 이후의
오스만제국

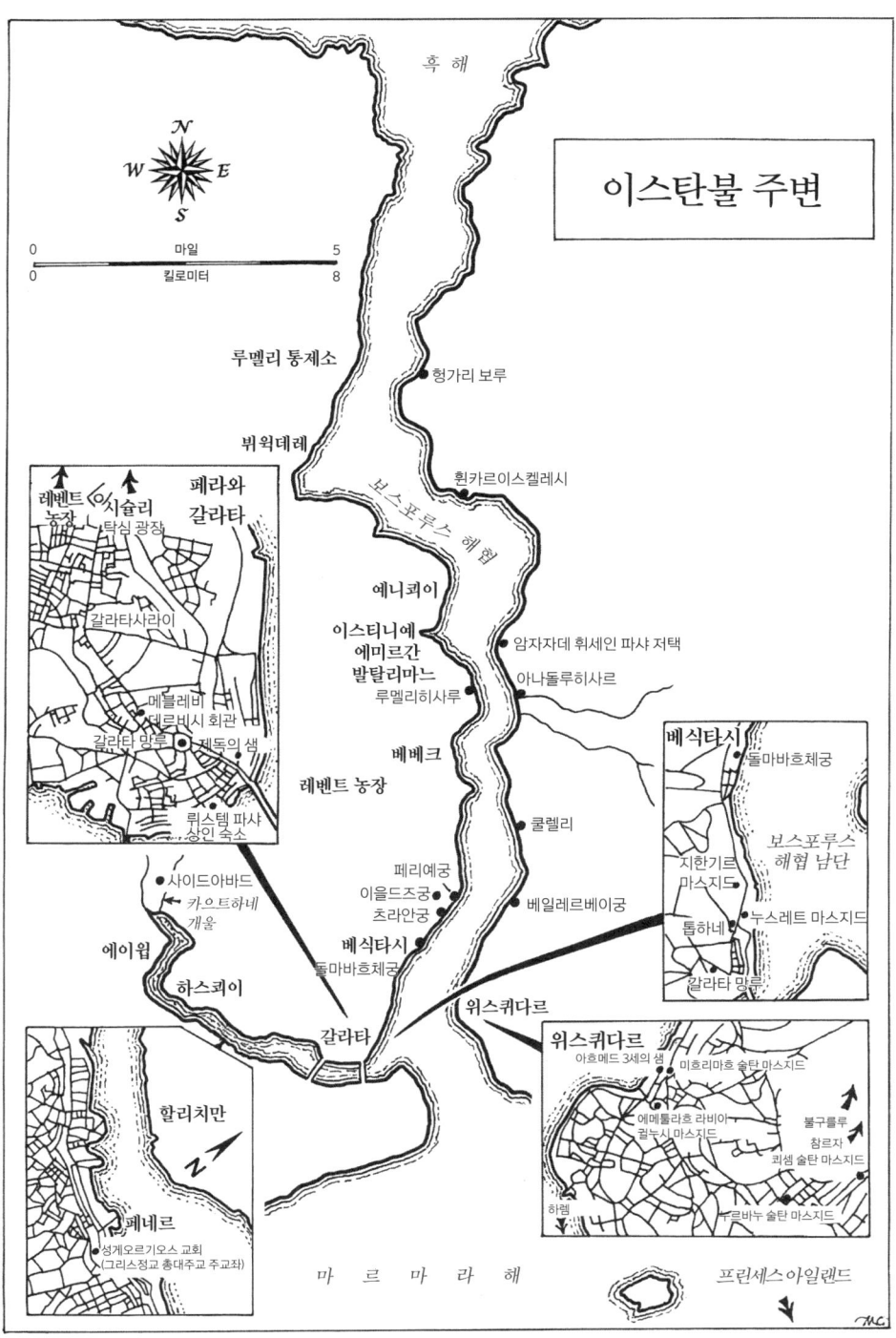

이스탄불 주변

흑 해

루멜리 통제소

뷔윅데레

헝가리 보루

휜카르이스켈레시

보스포루스 해협

페라와
갈라타

레벤트 농장 시슐리
탁심 광장

갈라타사라이

메블레비 데르비시 회관
갈라타 망루
제동의 샘
뤼스템 파샤
상인 숙소

사이드아바드
카으트하네 개울

에이윕

하스쾨이

예니쾨이

이스티니예
에미르간
발탈리마느
루멜리히사루

베베크

레벤트 농장

암자자데 휘세인 파샤 저택

아나돌루히사르

쿨렐리

페리예궁
이을드즈궁
츠라안궁

베일레르베이궁

베식타시
돌마바흐체궁

베식타시
돌마바흐체궁

지한기르
마스지드

톱하네

갈라타 망루

보스포루스
해협 남단

누스레트 마스지드

갈라타

위스퀴다르

위스퀴다르
아흐메드 3세의 샘
미흐리마흐 술탄 마스지드

에메톨라흐 라비아
귈누시 마스지드

하렘

예니 발리데 술탄 마스지드

불구를루
참르자
쾨셈 술탄 마스지드

할리치만

페네르
성게오르기오스 교회
(그리스정교 총대주교 주교좌)

마 르 마 라 해

프린세스아일랜드

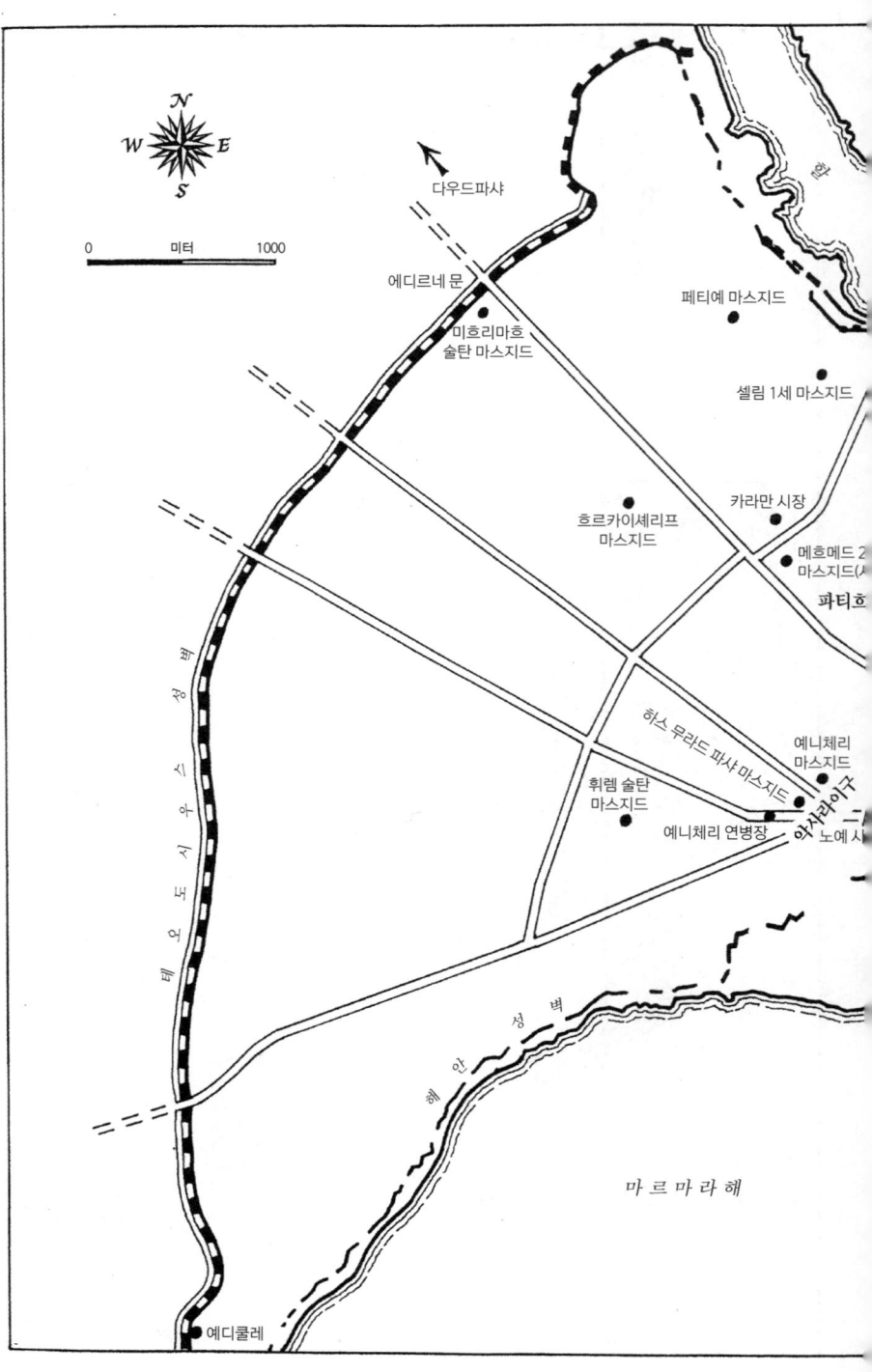

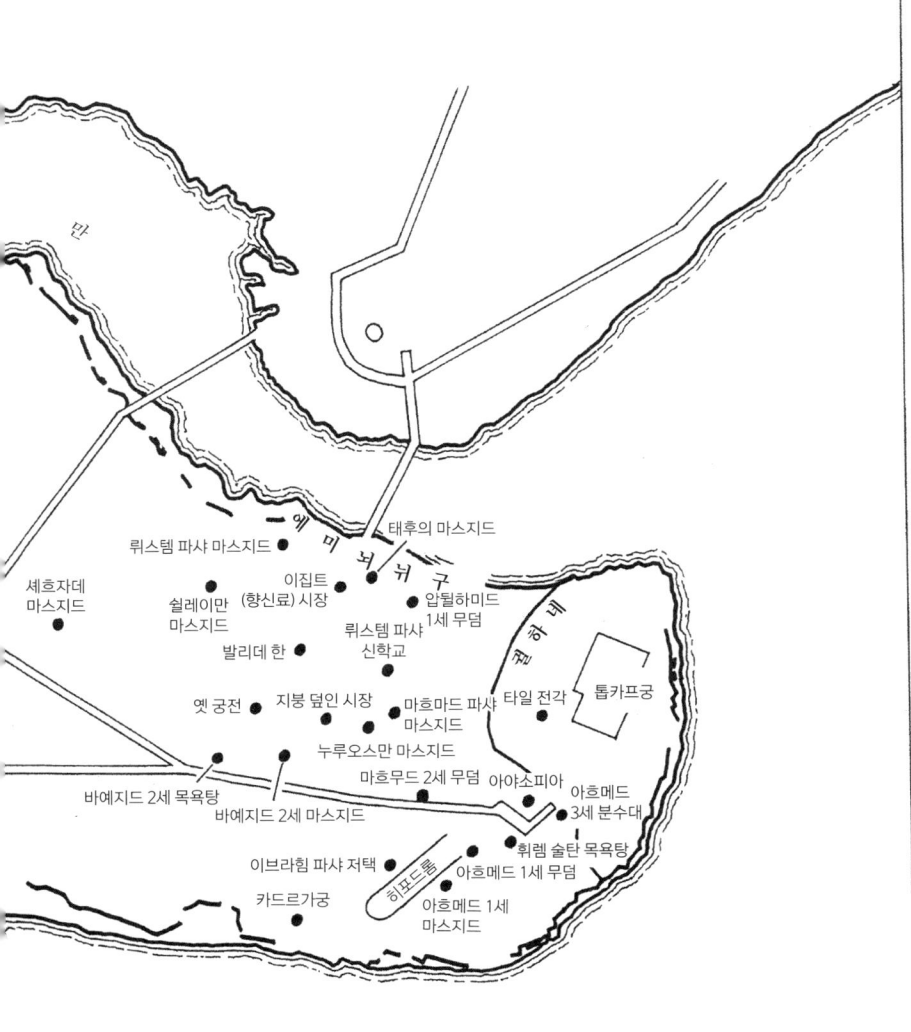

셰흐자데
마스지드

뤼스템 파샤 마스지드

쉴레이만
마스지드

이집트
(향신료) 시장

발리데 한

태후의 마스지드

압뒬하미드
1세 무덤

뤼스템 파샤
신학교

옛 궁전

지붕 덮인 시장

마흐마드 파샤
마스지드

타일 전각

톱카프궁

누루오스만 마스지드

바예지드 2세 목욕탕

바예지드 2세 마스지드

마흐무드 2세 무덤

아야소피아

아흐메드
3세 분수대

이브라힘 파샤 저택

히포드롬

휘렘 술탄 목욕탕

아흐메드 1세 무덤

카드르가궁

아흐메드 1세
마스지드

만

예 미 뇌 뉘 구

경하 내

이스탄불

제1장

또래 가운데 첫째

오스만제국은 특정일에 마감됐지만, 그 시작은 신화에 가려져 있다.

1923년 10월 29일, '아타튀르크' 무스타파 케말은 튀르키예공화국 대통령으로 선포되었다. 유한하고 국제적으로 인정받는 국경 안에서, 그 정통성이 국민주권을 바탕으로 하는 나라였다. 튀르키예 공화주의자들은 1922년 11월 1일에 이미 술탄을 폐위시켰기 때문에, 이제 술탄은 칼리파로서의 종교적 역할에 한정돼 있었다. 1924년 3월 3일에는 칼리파 자리마저 없애, 그들이 만들고 있던 국가가 왕조 정치나 신이 부여한 권리에 기대어 존재한다는 관념을 완전히 폐기했다.

1927년 10월 15일부터 20일까지 무스타파 케말은 의회에서 긴 연설을 했는데, 이는 너무도 유명한 연설이어서 튀르크어로 그저 '누투크 Nutuk'(연설)라고 알려졌다. 그는 이 연설에서 자신의 세대가 왜 낡고 무익한 오스만이라는 국가의 과거를 거부했는지를 설명했다. 그는 권력을 잡은 초기에 일련의 개혁(케말 자신은 이를 혁명이라 불렀다)에 몰두했다. 튀르키예 국민들이 제국의 유산을 버리고 성직자들의 폭압에서 벗어나 현대 세계를 받아들이게 하기 위해서였다.

튀르크인들은 최근에야 자신들의 역사를 이슬람 제국의 흥성과 끔찍한 쇠락의 이야기 이상의 것으로 보기 시작했다. 제국은 전성기인 16세기에 고대 로마의 힘에 필적할 만했지만, 몇몇 내재한 문제로 인해 서방 기독교 세계를 따라가지 못했다. 오스만 군대의 힘은 수백 년 동안 유럽뿐만이 아니라 이란 등 다른 이슬람 국가들의 군대를 위협했다. 오스만 건축가들은 거대한 마스지드(모스크)들을 건설해 이스탄불과 지방 도시들의 스카이라인을 바꾸었다. 제국의 사법 체계는 발칸반도와 서아시아의 복잡한 민족 구성 속에서 줄타기를 이어나갔다. 독립적인 생각을 가진 현대 역사가들은 정확히 어떻게 오스만인들이 이런 규모의 제국에 재원을 조달하고 통치했는지를 알아내기 위해 건축가들의 회계장부를 분석하고 법적 기록을 검토하기 시작했다. 새로운 세대의 학자들은 제국의 역사가 단순히 그 지배 가문의 역사만은 아니었음을 밝혀내기 위해 성공을 거둔 술탄들의 지시로 편찬된 연대기들의 행간을 읽기 시작했다. 그리고 매우 중요하게도, 그들은 한때 오스만의 지배를 받았던 지역에서 작성된 역사서들(때로 서방 학문의 최고 수준을 갖추었다)을 비판적으로 바라보기 시작했다. 이런 책들은 부분적이고 불완전함이 드러났다. 그 저자들은 몽롱한 관찰을 통해 민족 신화를 역사적 사실로 제시하고, 오스만인의 목소리를 듣지 않은 채 오스만제국의 성격에 대한 가설을 제기했기 때문이다.

이에 따라 튀르키예공화국은 1998년 건국 75주년을 맞이할 무렵에는, 제2천년기 마지막 날에 700년 전의 오스만제국 탄생을 기념하는 축제를 계획할 만큼 자신감을 가지게 되었다. 하지만 왜 서기 1299년을 오스만제국의 건국 연도로 삼아야 할까? 이해에는 유명한 전투도 없었고, 독립 선언이나 감옥 습격도 일어나지 않았다. 가장 간단한 설명이 때로는 가장 설득력이 있다. 1299년은 이슬람력으로 699~700년에 해당한다.* 보기 드물게 일어나는 수학적 우연 덕분에 이해에 기독교력과 이슬람력에서 동시에 새로운 세기가 시작되었다. 유럽과 서아시아에 걸쳐 있던 제국의 창건을 기념하기 위해 이보다 더 상서로운 해가 있을까?

자기네 권력의 착근을 위해 노력하던 초기의 오스만인들은 국가 창건일보다는 자기네의 지배 권리를 뒷받침하는 비전에 더 관심을 쏟았다. 그들에게 제국은 문자 그대로 꿈과 함께 시작되었다. 어느 날 밤 첫 술탄 오스만이 에데발리Edebali라는 성자의 집에서 잠을 자고 있었는데, 그때 이런 일이 일어났다.

그는 성자의 가슴에서 달이 떠올라 자신의 가슴으로 내려오는 것을 보았다. 그러자 그의 배꼽에서 나무가 자라나 그 그늘이 온 세계에 두루 미쳤다. 이 그림자 아래에는 산들이 있었고, 산들의 발치에서 시냇물이 흘러나왔다. 어떤 사람들은 이 흐르는 물을 마셨고, 또 어떤 사람들은 그 물을 정원에 댔으며, 또다른 사람들은 분수를 만들어 흘려보냈다. 오스만이 잠에서 깬 뒤 성자에게 이 이야기를 들려주자 성자는 말했다. "오스만, 내 아들아, 축하한다. 하느님께서 너와 네 자손들에게 황제의 자리를 주셨구나. 내 딸 말훈Malhun을 아내로 삼거라."[1]

오스만이 죽은 1323년 무렵의 150년 뒤인 15세기 후반에 처음 이런 형태로 유포된 이 꿈은 가장 활발하게 전해진 제국의 건국신화 가운

---

* 이슬람력은 태음력으로, 1년이 약 354일이다. 각 달은 신월(新月)이 처음 보이는 때에 시작된다. 이슬람력의 시작점은 서기 622년 7월 15일 또는 16일로, 선지자 무함마드가 가문 내부의 지도권 투쟁에서 지지를 상실한 뒤 메카에서 메디나로 이동한 해의 태음력상 첫 번째 날이다.

데 하나가 되었다. 이 이야기는 세속적 권력과 종교적 권력 모두에 대한 생각을 불러일으켰으며, 오스만과 그 자손들이 발칸반도와 아나톨리아, 그리고 그 너머의 영토와 권력을 놓고 다툰 경쟁자들을 물리치고 거둔 성공을 정당화했다.

이후 수백 년 동안 오스만이 거둔 성과는 그 누구도 예상할 수 없었을 것이다. 1300년 무렵 그들은 중앙아시아에 뿌리를 두고 지중해-에게해-흑해에 둘러싸인 땅인 아나톨리아의 통제권을 놓고 경쟁하는 여러 튀르크멘Türkmen 부족집단 가운데 하나일 뿐이었다. 아나톨리아는 동서 분할 이후 동로마제국으로 불리게 되는 로마제국의 일부였다. 콘스탄티누스 1세(대제)는 서기 324년 권좌에 오른 뒤 보스포루스 해협에 새로운 제국의 수도 콘스탄티노폴리스를 건설했고, 이 도시는 이후 계속해서 제국 동부의 수도였다. 동로마의 영토는 그 전성기에 발칸반도를 아우르고 동쪽으로 아나톨리아를 가로질러 오늘날의 시리아와 그 너머에까지 뻗쳤다. 그러나 이 제국은 1204년 4차 십자군 기사들이 저지른 콘스탄티노폴리스 약탈과, 1204~1261년 가톨릭 세력의 이 도시 점령에서 다시는 회복하지 못했다. 14세기 초 동로마제국은 콘스탄티노폴리스를 중심으로 트라케·마케도니아와 현대 그리스의 상당 부분, 아나톨리아 서부의 소수 요새와 항구로 쪼그라들었다.

튀르크멘 부족들은 오스만인들이 두각을 나타내기 오래전부터 수백 년 동안 동로마제국 동쪽 변경에서 대담한 침략을 일삼았다. 튀르크멘의 초기 물결에서 가장 성공을 거둔 것은 셀주크인이었다. 중앙아시아 목축 유목민의 장기간에 걸친 서아시아 및 아나톨리아 이주의 일부로서 차츰 서쪽으로 이동한 사람들이었다. 이때 동로마는 멀리 콘스탄티노폴리스에서 벌어진 내부 분쟁으로 약화된 상태였다. 셀주크 튀르크인들은 별다른 저항을 만나지 않았고, 1071년 아나톨리아 동부반 호수 북방의 말라즈기르트(만지케르트)에서 벌어진 전투에서 술탄 알프 아르슬란Alp Arslan의 지휘 아래 로마노스 4세 황제가 지휘하는 동로마군을 격파했다. 이로써 서쪽으로 이동하는 튀르크멘 이주자들에게 길이 열려, 사실상 방해를 받지 않았다.

이슬람교는 셀주크인들을 따라, 기독교가 지배적이던 아나톨리아에 도착했다. 튀르크멘 부족민 개개인은 9세기부터 아라비아 중심부의 이슬람 왕조들과 접촉(흔히 용병으로서였다)하게 되면서 이슬람교를 받아들였다. 그러나 중앙아시아에서 튀르크인들이 대규모로 개종한 것은 불과 100년 전의 일이었다. 이들의 아나톨리아 이주는 중대한 사건이었다. 알프 아르슬란의 후계자들 아래에서 셀주크 왕조는 아나톨리아에 정착하고 콘스탄티노폴리스에서 멀지 않은 이즈니크(니케아)에 본거지를 두었다. 그러다가 1097년 1차 십자군 병사들이 이 도시를 점령하자 그들은 아나톨리아 중부 콘야로 물러나지 않을 수 없었다. 대략 이 시기에, 처음에는 셀주크 왕조보다 더 강력했던 다니슈멘드Dânişmend 베이국이 아나톨리아 북부와 중부 일대의 넓은 지역을 장악하고 있었고, 동북부에서는 에르주룸을 중심지로 한 살투크Saltuk 왕조와 에르진잔을 중심지로 한 멩귀제크Mengücek 왕조가 각자의 영토를 통치했으며, 동남부에는 디야르바크르Diyarbakır(아미드Āmid)의 아르투크Artuk 왕조가 있었다. 이들 튀르크멘들이 이동해 들어간 아나톨리아는 민족과 문화가 뒤섞여 있었다. 오랫동안 정착하고 있던 쿠르드인, 아랍인, 그리스인, 아르메니아인, 유대인 주민들에 더해 이슬람교도 튀르크멘인들이 있었다. 서쪽에는 동로마가 있었고, 킬리키아와 시리아 북부에는 아르메니아인 국가와 십자군 국가들이 있었으며, 그 남쪽으로는 카이로를 수도로 한 이슬람교도 맘루크 술탄국과 경계를 맞대고 있었다. 이후 100년에 걸쳐 셀주크 왕조는 더 약한 튀르크멘 이웃들의 영토를 흡수했고, 1176년 그 술탄 클르츠 아르슬란 2세Kılıç Arslan II는 아나톨리아 서남부 에이르디르호 북쪽 미리오케팔론이라는 곳에서 동로마 황제 마누엘 1세의 군대를 격파했다. 튀르크멘들은 더이상 아나톨리아 평원 내륙에 갇히지 않고 해안을 향해 확장하기 시작해 주변 바다의 교역로에 접근할 수 있었다.

13세기 초는 자칭 룸셀주크 왕조의 전성기였다. 지리적 표지인 '룸Rūm'은 로마 동부, 즉 동로마제국의 땅을 의미하는데, 이란과 이라크 지역에 있던 뷔윅셀주크Büyük Selçuk(대셀주크) 제국과 구분하기 위해 붙인 이름이었다. 룸셀주크는 동로마제국과의 관계가 안정된 덕분에 동부 국경 확보에 집중할 수 있었지만, 이 균형은 동쪽에서 또다른 침략자의 물결이 밀려들면서 산산조각이 났다. 바로 무시무시한 정복자 칭기스 칸의 후손들이 이끄는 몽골인들이었다. 그들은 진격로상에 있는 뷔윅셀주크 제국의 여러 후계 국가들의 땅을 약탈했다. 1071년 셀주크인들이 말라즈기르트에서 거둔 승리가 아나톨리아에 대한 동로마의 지배 붕괴를 재촉했듯이, 1243년 몽골군이 아나톨리아 중북부 시바스 부근 쾨세다으에서 셀주크군에 승리한 것은 룸셀주크 독립의 종말을 의미했다. 콘야의 한때 강력했던 그 술탄은 이제 멀리 내륙아시아 카라코룸에 자리잡고 있는 몽골 칸에게 조공을 바치는 제후가 되었다. 이후의 시기는 마지막 독립 술탄 케이휘스레브 2세Keyhüsrev II의 아들들이 여러 튀르크멘 및 몽골인 파당의 지원을 받아 유산을 두고 싸움을 벌이면서 혼란스러웠다. 13세기 말에는 몽골 일한 왕조가 직접 통치를 했지만, 일한의 아나톨리아 통제는 아주 강력하지는 못했다. 그들도 셀주크와 마찬가지로 내부의 다툼에 묶여 있었기 때문이다. 아나톨리아의 튀르크멘인들은 일한국에 저항했고, 이집트와 시리아의 맘루크 술탄국은 남쪽에서 일한국의 영역으로 침략해 들어왔다. 그러나 일한국은 인도와 유럽 사이의 고가 무역(그 무역로가 아나톨리아 동북부를 통과했다)에 물리는 세금에서 얻는 이익을 확보하는 데 더 관심이 있었고, 자기네의 '극서' 지역을 거의 방치해 이전 셀주크 땅 서북 변경의 튀르크멘 우츠베이ᵤç beyi(변경 영주)들에게 맡겨버렸다.[2]

14세기 초에 아나톨리아는 새로운 세대의 이슬람교도 튀르크멘 베이국들의 소굴이 되었다. 이들은 전략적 동맹을 맺기도 했지만, 각자가 분명한 경제적·정치적 목표를 추구하면서 불가피하게 분쟁에 휩싸이게 되었다. 남쪽 안탈리아 부근에는 테케Teke 베이국이 있었고, 아나톨리아 서남부에는 멘테셰Menteşe가, 그 북쪽에는 아이든Aydın이 있었다. 내륙의 하미드Hamid 베이국은 으스파르타를 중심으로 했고, 사루한Saruhan은 마니사를 수도로 삼았으며, 그 북쪽 차나칼레(다르다넬스)해협 쪽으로는 카레시Karesi가 있었다. 게르미얀Germiyan의 수도는 퀴타히아였고, 아나톨리아 중북부는 이스펜디야르İsfendiyar 가문의 영토였다. 카라만Karaman 베이국은 아나톨리아 중남부를 지배했다. 수도는 처음에 토로스산맥 깊숙한 곳의 에르메네크였으나 이후 카라만으로 옮겼다가 마침내 옛 셀주크 왕조의 수도 콘야에 자리잡았다. 14세기 중반에 킬리키아에는 아다나를 중심지로 한 라마잔Ramazan 베이국과 이웃의 엘비스탄 동북쪽에 거점을 둔 둘카드르Dulkadır 베이국이 있었다. 동로마의 잔여 세력과 이웃한 아나톨리아 서북부에는 오스만Osmanlı 베이국, 즉 오스만 왕조가 있었다.

오스만은 1300년 무렵에 처음 등장한다. 당대의 동로마 역사가들에 따르면, 1301년에 오스만이라는 사람이 이끄는 병력과 동로마 군대 사이에 첫 군사적 충돌이 발생했다. 바페우스Bapheus 전투로 알려진 이 전투는 콘스탄티노폴리스에서 그리 멀지 않은 마르마라해 남쪽 해변에서 벌어졌다. 동로마의 패배였다.[3] 그러나 오스만 세력이 동로마 세력과 맞먹는다는 말이 나오려면 여러 해가 더 지나야 했으며, 어디서 튀어나왔는지 알 수 없는 왕조의 기원을 설명하기 위해 많은 신화가 만들어진다.

왜 오스만 가문이 그 이웃들을 지배하게 됐을까? 동로마와 셀주크-일한국 영토 사이의 변경 지역에 있던 여러 베이국 가운데 하나에 불과했던 오스만이 어떻게 이후 수백 년에 걸쳐 이들 국가 모두의 유일한 계승자가 되고 세 대륙으로 영토를 확장한 거대하고도 오래 지속된 제국으로 발전할 수 있었을까? 이 물음들은 계속해서 역사가들을 매혹시키지만, 결정적인 답은 나오지 않는다. 한 가지 이유는 중세 아나톨리아의 역사에 대해 여전히 알려진 바가 매우 적다는 것이다. 또 하나는 이 지역의 정주 국가들인 셀주크, 아르메니아, 동로마, 맘루크 술탄국, 라틴계 국가들의 역사를 쓴 당대의 역사가들이 자기네 문제에 몰두했기 때문이다. 그들이 맞서 싸운 상대나 조약을 맺은 상대에 관한 내용이 그들의 기록에 상세하게 들어간 것은 오직 우연일 뿐이었다. 아나톨리아 튀르크멘인들의 전승은 구전口傳이었고, 오스만인들은 경쟁자 대부분이 지도에서 사라진 뒤에야 자기네의 뿌리에 관한 이야기를 기록하고, 오래전에 사라진 경쟁자들과 영속적인 국가를 만들기 위한 그들의 실패한 노력을 제물로 삼아 자신들의 역사를 강조했다.

살펴봐야 할 질문들이 더 있다. 오스만 베이국은 그 무엇보다도 모든 신자의 기본적인 의무로서 비이슬람교도를 상대로 한 투쟁인 지하드('성전聖戰')[4]에 대한 헌신으로부터 동기 부여를 받았을까? 이슬람교도들에게 세계는 관념상 '다르 알이슬람Dār al-Islām'('이슬람의 집')과 '다르 알하르브Dār al-Harb'('전쟁의 집')로 나뉘었다. 전자는 이슬람교가 압도하는 지역이고, 후자는 언젠가는 이슬람교를 받아들여야 할 이교도들의 땅이다. 그리고 '성전'은 이슬람교로 개종시키기 위한 수단이었다. 결국 '성전'은 새로운 신앙이 전파를 추구하면서 초기의 이슬람 공동체에 동기를 부여했고, 기독교도 십자군의 선언과 마찬가지로 시간이 흐르면서 전사들에게 자극을 주었다. 아니면 그것은 오스만 베이국이 광대한 영토를 지배할 수 있게 해준 당시 변경 사회의 유동적인 성격이었을까? 오스만 베이국이 경쟁 왕조나 국가들을 제압할 수 있었던 것은 방어가 허술한 동로마제국의 변경이라는 유리한 전략적 위치 때문이었을까, 아니면 오스만 왕조의 팽창이 정치적 총명과 행운의 결과였을까? 현대 역사가들은 후대의 이야기(여기서 오스만 역사가들은 왕조의 기원을 설명한다)에 들어 있는 신화로부터 역사적 사실을 찾아내고자 한다. 당대의 새김글, 주화, 문서, 서사시, 그리고 튀르크어 이외의 언어로 작성된 자료들에 들어 있는 단서들의 도움을 받아서다. 오스만 왕조의 성공에 대한 질문의 답이 무엇이든, 아나톨리아의 이웃들을 상대로 한 오스만 왕조의 투쟁은 200년 가까운 힘든 싸움이었다.

튀르크멘 베이국들의 본거지였던 아나톨리아 땅의 지리 및 기후 특성은 그들의 역사를 형성하는 데서, 그리고 영토 거점을 확보하기 위한 시도에서 성공과 실패를 결정한 중요한 요인이었다. 아나톨리아 대부분은 고지대로, 서쪽을 제외하면 해발 4천 미터 높이의 산들로 둘러싸인 높은 중앙 고원을 형성하고 있다. 지형은 서부에서 완만하며, 그곳에서 고원 발치의 산들이 에게해와 마르마라해로 내려가며 넓고 비옥한 해안 평원을 만들어낸다. 동남쪽에서는 산맥이 물러나고 이란, 이라크, 시리아의 사막으로 이어진다. 북쪽과 남쪽에서는 해안 지대가 좁으며, 깊은 계곡이 가파르고 울퉁불퉁한 봉우리들 사이의 산지를 관통한다. 고원의 스텝 목초지는 가축들에게 풍부한 풀을 제공하지만, 극단적인 기후가 펼쳐진다. 튀르크멘 목축민들은(오늘날 아나톨리아의 많은 목축업자도 마찬가지다) 여름철에 가축 떼를 고지대의 목초지로 데려갔다. 그들은 서부 저지대와 해안에 사는 정주 농경민들과 교역했다. 해안은 땅의 생산성이 더 높고 기후는 덜 혹독한 곳이다. 해안 지역의 주민들은 생계를 꾸려가기 위해 바다로 향했다. 이런 식으로 상품이 교환되고 동맹이 이루어졌다.

오스만 왕조는 몽골 이후 시대에 역사 기록에 나타난 이슬람교도 튀르크멘 왕조의 첫 물결이 아니었다. 1301년 오스만이 동로마와 전투를 벌이기 훨씬 전인 1239~1240년에 게르미얀 가문이 나오며,[5] 카라만 베이Karaman Bey라는 사람의 이름을 딴 카라만 왕조는 1256년에 처음 나타난다.[6] 새로 등장한 왕조들은 영속적인 영토를 주장하면서 새로운 방식으로 스스로를 드러내고자 했다. 예를 들어 잠재적인 지지자들에게 깊은 인상을 심어주기 위해 기념물을 세우는 것 따위다. 이것은 정주민의 관행이었으며, 유목민이나 생계농이 할 수 있는 일은 아니었다. 따라서 유목민이던 사람들이 정주 국가를 건설하려던 야심을 나타낸 것으로 볼 수 있다. 튀르크멘 왕조들의 건축 활동의 증거는 날짜가 적힌 새김글들에 남아 있다. 이슬람력 696년(서기 1296~1297)에 아나톨리아 서남부 호수 지역인 베이셰히르Beyşehir의 작은 왕조에슈레프Eşref 가문이 세운 마스지드[7] 그리고 이슬람력 699년(서기 1298~1299) 게르미얀의 군장들이 설교단을 재건한 앙카라의 크즐베이 Kızıl Bey 마스지드(지금은 파괴되었다) 같은 것들이다.[8] 카라만 왕조의 지도자 마흐무드 베이Mahmud Bey가 에르메네크에 세운 커다란 마스지드는 그 새김글이나 건축 증서에 따르면 이슬람력 702년(서기 1302~1303)에 세운 것이다.[9] 현재 기록에 남아 있는 가장 이른 오스만 왕조 구조물은 이즈니크의 하즈외즈베크Hacı Özbek 마스지드인데, 건설 비문에는 이슬람력 734년(서기 1333~1334)에 지은 것으로 되어 있다.[10]

오스만 전승은 에르투으룰Ertuğrul이라는 부족 군장이 셀주크-일한국과 동로마제국 사이의 변경 지역인 아나톨리아 서북부에 정착했고, 코니아의 셀주크 술탄이 그에게 도릴라이온(오늘날 에스키셰히르 부근) 서북쪽에 위치한 쇠위트의 작은 정착지 주변 땅을 주고, 쇠위트 서남쪽 고지대를 가축을 위한 여름 목초지로 이용할 권리를 주었다고 전한다. 오스만 시대로부터 오늘날까지 전해 내려온 유일한 유물인 주화 (발행 시기가 적히지 않았다)가 진짜라면 에르투으룰은 역사적 인물이라고 볼 수 있다. 거기에는 "에르투으룰의 아들 오스만이 주조함"이라는 문구가 들어 있기 때문이다.[11] 그리고 주화 발행은 이슬람 관행에서(서방도 마찬가지다) 주권자에게만 부여되는 특권이기 때문에, 이는 오스만이 단순한 부족 군장이 아니라 군주로서의 통치권을 주장하고 있었음을 시사한다. 그리고 자신 및 자기 백성에 대한 종주권을 주장한 일한국에 맞설 수 있을 정도로 충분한 권위를 축적했음을 보여준다. 튀르크멘 베이국들은 일한국의 명목상 종주권을 인정하는 동안에는 자기네 베이의 이름으로 주화를 발행하지 않았다. 그러나 현재 남아 있는 것으로 발행 시기가 적힌 가장 오래된 오스만 주화는 오스만이 죽은 뒤인 1326~1327년의 것이다. 일부에서는 이를 일한국에서 독립했다고 볼 수 있는 가장 이른 오스만 국가로 본다.[12]

오스만 왕조는 지리적으로 운이 좋았다. 오스만의 영토는 콘스탄티노폴리스에서 가까워서, 아나톨리아 서북부 동로마 도시의 총독들과 접촉할 수 있었다. 오스만은 영향력과 추종자들의 가축을 방목할 목초지를 놓고 그들과 경쟁했다. 콘스탄티노폴리스에 가까웠기 때문에 이 도시가 함락되면 막대한 보상을 얻을 수 있었지만, 그들이 포위된 영토의 남은 부분을 지키려 하면서 오스만은 동로마 군대로부터 압력을 받게 되었다. 동로마를 향한 오스만의 초기 진격은 도시를 노리기보다는 시골의 작은 정착지들에 집중됐던 듯하다. 도시를 함락하는 것은 어려웠지만, 시골도 그나 그 병사들에게 더 큰 가치가 있는 자원을 제공했기 때문이다. 이 지역이 부유하고 인구가 많으며 방어가 잘되어 있었다는 당대 동로마 역사가들의 묘사는 고고학 증거로 입증되었다.[13] 1301년 동로마를 상대로 한, 시기를 확인할 수 있는 첫 승리를 거두기 이전에도 이미 오스만은 쇠위트 부근 아버지의 목초지와 이즈니크 사이에 있는 땅의 통제권을 장악했던 듯하다. 이즈니크 자체는 1299년부터 1301년까지 오랜 포위전을 벌였으나 함락시키는 데 실패했다.[14]

오스만은 1301년에 동로마 군대와 싸워 승리를 거둔 뒤 무시할 수 없는 존재가 되었다. 그가 제기하는 위협이 점점 커지자 동로마 황제 안드로니코스 2세는 이에 맞서 혁명적인 동맹을 체결하고자 했다. 황실의 딸 가운데 하나를 오스만의 명목상 상위 군주로서 이란 서북부 타브리즈에 자리잡고 있던 일한 가잔Ghāzān에게 시집보내기로 한 것인데, 가잔이 죽자 그 동생에게 보냈다. 그러나 그 반대급부로 기대했던 병력과 물자의 도움이 올 기미가 보이지 않았고, 안드로니코스는 1303~1304년 에스파냐 십자군 모험가들인 '카탈루냐 대大용병대'를 고용해 점점 진격해 들어오는 오스만으로부터 자기네 영토를 방어하게 했다. 매우 많은 용병 집단이 그렇듯이 카탈루냐인들은 자기네 이익을 챙기기 위해 약탈자로 돌변했고,[15] 튀르크멘 전사들(모두가 오스만의 통제를 받는 사람들은 아니었다)까지 불러들여 자기네의 목표를 추구하는 데 합류하게 했다. 이들은 다르다넬스 해협을 건너 발칸반도로 들어갔다. 오직 동로마제국과 세르비아 왕국 사이의 동맹[16]만이 튀르크-카탈루냐 연합군의 진군을 저지하고 있었다.

튀르크멘인들이 아나톨리아에 들어오면서 더 오래된 국가들의 균형이 깨졌다. 한때 강대했던 동로마와 셀주크-일한국의 행정력은 양자 사이에 놓인 이 불안정한 지역에서 어떤 권위도 가지지 못했다. 그러나 이 변경에 오로지 전사들만 존재했던 것은 아니다. 변경이 제공하는 기회가 모험가들을 매혹했음은 확실하지만, 사람들이 변경으로 간 것은 달리 갈 곳이 없었기 때문이기도 하다. 오스만 국가가 그 출발점으로 삼은 이들 변경 지역의 환경은 이렇게 묘사되었다.

유목민과 반半유목민, 약탈자, 군사적 모험가로 합류하기 위해 길을 나선 자원자, 다양한 배경을 가진 노예, 떠돌아다니는 데르비시, 신도들과 접촉을 유지하려는 수도자와 성직자, 이산해서 피난처를 찾는 농민 및 도시민, 성소에서 치유와 위안을 찾으려는 불안한 사람, 후원자를 찾는 이슬람 학자, 불가피한 위험에 내몰린 중세 말 유라시아 상인 등의 서로 중첩된 연결망이 교차하는 (⋯)[17]

데르비시라는 이슬람 성자의 존재는 변경의 가장 두드러진 특징 가운데 하나였다. 일부는 기독교 수도자와 마찬가지로 시골을 떠돌아다녔지만, 다른 일부는 신자 공동체 안에서 살았다. 그들의 행적과 신앙심은 오랜 구비 전승의 일부를 이루는 서사시와 칭송 전기에 상술되었다. 초기 오스만 지배자들과 데르비시 사이의 연결은 잔존하는 오스만 국가 초기의 문서로 입증된다. 오스만의 아들 오르한Orhan이 1324년 이즈니크 동쪽의 땅을 한 데르비시 테케tekke (회관)에 준다는 문서다.[18] 그런 회관은 기독교 성자의 무덤과 마찬가지로 새로운 지역으로 정착민을 끌어들이는 중심지가 됐으며, 서민들의 충성심을 확보하기 위한 값싼 수단이었다. 데르비시 회관은 아나톨리아에서 셀주크 제국 문화의 순나파(수니파) 이슬람교와 함께 번성한, 이슬람교의 대중적 표현을 상징했다. 오스만 자신은 순나파 이슬람교의 방식을 잘 몰랐을 테지만, 오르한은 자기 나라의 기반을 위해 그 형식을 채용했다. 오르한은 자신이 열망한 종교의 수준 높은 형식을 장려하기 위해 신학교를 세웠고,[19] 1324년 토지 양여 문서의 표현과 양식을 보면 그의 행정관들이 전형적인 이슬람 공문서 관행을 완벽하게 익혔음을 알 수 있다.[20] 오르한 이후의 오스만 술탄들은 모두 데르비시 교단 가운데 하나와 관계를 맺었다. 다양한 방식의 종교적 신앙과 관습이 공존하고 타협하는 모습은 오스만의 역사에서 변치 않는 현상 가운데 하나다.

아나톨리아 서북부에 많은 데르비시 회관이 만들어졌다. 그러나 변경의 유동적인 상황은 관조적인 성향과는 거리가 먼 데르비시들의 활동적인 에너지를 끌어들였고, 오스만 왕조가 발칸반도를 식민화하기 시작한 14세기 중반 이후에 그들은 특히 중요한 역할을 했다. 데르비시들은 변경의 전사들과 함께 싸움에 나서면서 튀르크-이슬람 문화를 품은 채 전사들을 독려했으며, 공지나 주민들이 달아나면서 얻은 땅을 보상으로 받았다.[21] 다양한 데르비시 교단은 그들의 형성과 재형성의 역사만큼이나 혼란스러웠다. 그중 가장 잘 알려진 것이 베크타시Bektaş 교단이다. 이들은 본래 작은 분파였으나 나중에 술탄의 정예 보병 부대인 예니체리와 연결되면서 유명해졌다.

일반 이슬람교 신자와 데르비시가 한 건물에서 나란히 예배를 드릴 수도 있었고, 오늘날 순나파 이슬람교 의식과 관련된 많은 마스지드는 한때 더 광범위한 기능을 갖고 있었다. 신도들의 기도 시설이면서 동시에 데르비시의 은둔처로도 사용되었다. 실제로 두 번째 오스만 술탄 오르한과 그 아들이자 후계자인 무라드 1세Murad I가 부르사에 세운 마스지드들은 기부 증서에서 데르비시 회관으로 지칭되었다.[22] 현재 유럽에 남아 있는 오스만 건축물 가운데 가장 오래된 것이 오늘날 그리스령 트라케의 코모티니에 있는 가지 에브레노스 베이Gazi Evrenos Bey의 무료 급식소인데, 이곳은 동시대의 다른 수많은 비슷한 시설들과 마찬가지로 옆에 반구형 지붕의 작은 방들이 있고 이곳에서 데르비시들이 모일 수 있었다.[23]

오르한의 1324년 토지 양여 문서는 이슬람교가 처음부터 오스만 베이국 군장君長들의 공적 정체성을 구성하는 요소였음을 보여준다. 그가 이론의 여지가 없는 이슬람식 표현으로 스스로를 '신앙의 옹호자'로 부르고, 죽은 아버지 오스만을 '신앙의 영광'으로 칭하고 있기 때문이다.[24] 오스만이 스스로를 어떻게 불렀는지를 알려주는 문서는 남아 있지 않지만, 13세기 말에 이미 아나톨리아 서부의 다른 일부 베이국 지배자들은 스스로를 이슬람식 별칭으로 부르고 있었다. 예컨대 '신앙의 승리자'나 '신앙의 검劍' 같은 것들이다.[25] 이 시기에 스스로를 가지

ğāzī('신앙의 전사')라 칭한 최초의 튀르크멘 군장은 아이든 가문의 군장으로, 1312년 아나톨리아 서부 비르기의 마스지드 건설에 관해 기록한 새김글에서였다. 1330년대에는 멘테셰의 베이와 오르한이 새김글에서 스스로를 '가지들의 술탄'으로 불렀다.[26]

'가지'는 가자ğazā를 행하는 사람을 가리킨다. 가자는 '신앙을 위한 전쟁', '이교도를 상대로 한 전쟁', '성전聖戰'을 의미하므로 '지하드'와 거의 동의어로 간주될 수 있다. 가지는 셀주크 시대와 그 이전에도 이슬람 전사에게 부여됐지만, 14세기 초에는 대결적이고 반反기독교적인 함의를 지니지는 않았다. 가지라는 말은 오스만인들 사이에서 널리 사용됐고, 그 연대기나 시에서 오스만과 그 군대를 '가지'라고 찬양할 때는 '전사' 또는 '약탈자'를 의미했다. 그것은 모든 이슬람교도가 이교도와 싸워야 한다는, 지워진 의무에 내재된 종교적 명령을 넘어서는 것은 아니었다.[27] 우연하게도 오스만 베이국은 한 기독교도 국가와 국경을 맞대고 있었지만, 그들이 '성전' 이데올로기를 받아들이는 데서 그 이웃 베이국들 사이에서 독특했다거나, '성전' 이데올로기를 받아들인 것이 그들의 성공을 충분히 설명해준다고 주장할 근거는 없다. 오스만 베이국의 존재 이유가 '성전' 추구였다는 널리 받아들여지던 견해에 대해 최근에 재검토한 결과는 그들이 오히려 이슬람교도와 기독교도 전사들을 모두 아우른 '약탈 연맹'이었다는 것이다. 그들의 목표는 "그 지배자들이 어떻게 포장했느냐와 관계없이 전리품, 약탈물, 노예"였다.[28] 이 연맹에서 튀르크멘 전사들은 소수에 불과했다고 이 가설은 이어간다. 정복의 속도가 빨랐기 때문에 대규모의 기독교도를 기꺼이, 그리고 무차별적으로 오스만 집단에 받아들여 국가를 창설하고 갓 태어난 나라를 관리하기 위해서는 부족한 인력을 채워 넣을 필요가 있

었다.[29]

초기 오스만 이슬람교도들은 종교적으로 배타적이지 않았다. 변경 영웅들의 행적을 노래하는 구비 전승은 이슬람 전사와 동로마 기독교도 사이의 협력이 빈번했다는 사실뿐만이 아니라 그들 사이의 혼인도 드물지 않았음을 이야기하고 있다.[30] 아나톨리아 서북부 변경의 기독교도 주민들이 계속해서 자기네 신에게 자유롭게 예배드릴 수 있었다는 것은 1354년 오스만에게 포로로 잡혀 이 지역을 여행했던 테살로니키 대주교 그리고리오스 팔라마스Grigórios Palamás의 편지에서 확인할 수 있다.[31] 게다가 오르한의 시대는 물론 16세기 초까지도 유명한 동로마인들이 오스만 궁정에 고용되었다.[32] 후대의 오스만 역사가들은 발칸반도와 그 너머의 기독교 국가들과 전쟁을 벌였던 오랜 시기에 대해 기록하면서, 왕조의 초기 정복에서 종교적 열망이 강했음을 강조했다. 튀르크멘 변경의 주민들이 오로지 이슬람교를 전파하려는 욕망에 의해 움직였다는 것이다. 이슬람 순나파를 공식 종교로 삼는 신정神政 국가라는, 정치적 환경이 사뭇 다른 시대에 글을 쓴 그들은 이 변경 지역민들에게 호전적인 신앙심이 있었다고 보았다. 이는 언제나 그랬고, 또한 국가는 이슬람 전사들이 그 상대라고 하는 동로마와 유럽의 기독교 왕국들과 투쟁을 벌이는 지칠 줄 모르는 노력에 의해 만들어졌다고 주장하는 것이 적절해 보였다. 현대 역사가들 역시 오스만 왕조의 과거에 대한 연대기 작가들의 설명을 받아들여 자발적인 공범이 되는 경우가 너무도 많다.

오스만제국의 시작 이야기가 기록될 때쯤에는 그것이 이미 먼 기억으로 물러나 있었다. 나중에 눈부신 성공을 거둔 왕조의 초기 역사는 흔히 수수께끼에 가려져 있었고, 후대의 전승은 정통성을 부여하려는 시도로서 대단찮은 진실을 거창하게 윤색했다. 오스만은 생전에 동로마를 위협한 튀르크멘 군장 가운데 가장 활기찬 인물 중 하나로 묘사되었다. 비록 그가 이즈니크를 점령하는 데 실패하기는 했지만, 이 중요한 도시에 대해 포위전을 벌인 것과 1301년 동로마 군대에게 군사적 성공을 거둔 것은 틀림없이 그에게 위신과 명성을 가져다주었고, 많은 전사들이 그와 그 무리에 합류해 자기네의 운명을 걸도록 자극했다. 그러나 시대가 변하면서 오스만이 영토에 대한 권리를 주장하고 아나톨리아의 다른 튀르크멘 왕조들에 대한 우월성을 주장하기 위해 정당성이 필요했고, 따라서 오스만이 생전에 거둔 개인적인 명성은 오스만 왕조의 우월성을 입증하는 강력한 근거로 강화할 필요가 있었다.

수백 년 동안 많은 사람이 오스만 왕조의 권력에 도전했고, 오스만 왕조에게는 자기네 지배가 자연스러운 질서임을 보여주는 일이 중요했다. 그러나 오스만의 꿈이라는 전설은 모든 도전을 무력화하기에 충분하지 않은 것으로 드러났고, 이 지역의 정치사 속에서 신생 오스만 국가가 자리를 잡으려면 좀더 가시적인 유산이 필요했다. 15세기 말에 대중적인 서사시는 오스만의 아버지 에르투으룰이 바로 룸셀주크 술탄으로부터 직접 쇠위트 부근의 땅을 양여받았다고 주장하고 있었다. 이 주장은 셀주크 술탄이 오스만에게 셀주크 왕조의 후계자로서 그의 정통성을 인정하는 표시로서 말총 깃발, 북, 영광스러운 예복禮服 등 지위를 나타내는 표지를 수여했다는 이야기로 더욱 보강되었다. 다시 100년 뒤인 1575년에 한 오스만 니샨즈nişancı(비서장祕書長)는 이 표지를 수여한 기록이라는 문서들을 만들어냈다.[33] 이런 이야기들은 셀주크의 의발을 물려받을 오스만 왕조의 권리에 대한 의문에 답하기 위한 것이었지만, 오스만의 통치권을 주장하려면 다른 경쟁자들보다 더 고귀한 혈통을 타고나는 것도 필요했다. 그리고 오스만 왕조는 티무르 왕조나 악코윤루Akkoyunlu('백양白羊') 튀르크멘 부족연맹(오스만 가문이 포함된 이주 물결 이후의 시기에 서쪽으로 이동해왔다) 등 경쟁국들을 만난 15세기 초 이후 자신들이 중앙아시아의 튀르크계 오구즈Oghuz 부족의 후예라고 주장했다. 또한 유명한 조상으로는 선지자 노아를 내세웠다. 동방을 그 아들 야벳에게 주었다는 사람이다.[34] 오늘날까지 전해오는 문헌들 가운데는 오스만의 가족이 결코 낭만적인 과거를 가진 것이 아니며 그는 사실 농민에 불과했다고 내비치는 것도 있다. 또다른 전 승은 오스만의 조상이 홍해 동안 헤자즈의 아랍인이라고 말한다. 이 런 것들은 오스만 왕조가 어느 시점에서는 이런 꾸며낸 계보가 자기네 의 정통성을 주장하기에 최선이라고 생각했으리라는 점을 시사한다.[35] 이 주장은 일찌감치 사라졌으나, 이와 대조적으로 오스만의 꿈 전설 은 시대가 지나서도 반복되고 심지어 그 꿈이 예고한 오스만제국의 후 기까지도 이어졌다.

아나톨리아 서북부 동로마 변경의 튀르크멘 이슬람교도 변경 영주 였던 오스만 왕조의 첫 술탄 오스만에 대해서는 그가 실존 인물일 듯 하고 그 아버지가 에르투으룰이라고 불렸으리라는 것 외에는 그 이력 에 대해 다른 정보가 거의 없다. 그러나 그의 꿈은 우연하게도 문서 증 거로 확인되는 추가적인 세부 사항 하나를 제공한다. 초기 오스만 토 지 증서는 셰이흐 에데발리라는 성자가 오스만과 동시대에 생존했음 을 시사하며, 그의 딸이 오스만과 혼인해 두 아내 중 하나가 되었다는 약간의 증거도 있다.[36]

에르투으룰의 영토 심장부였던 쇠위트에는 그의 이름이 붙은 작은 마스지드와 무덤이 있다. 그의 아들 오스만이 그를 위해 개방된 구조물로 만들었고, 나중에 오스만의 아들 오르한이 담을 둘렀다고 한다.[37] 그러나 마스지드와 무덤 모두 나중에 자주 재건됐기 때문에 본래의 건축 구조가 전혀 남아 있지 않으며, 현존하는 건물 가운데 어느 것도 오스만이 세웠다고 확실하게 말할 수 없다. 그럼에도 불구하고 19세기 후반에 술탄 압뒬하미드 2세Abdülhamid II는 그것을 빛나는 조상의 위대한 행적과 좀더 가깝게 일치시킴으로써 비틀거리는 정권을 강화하고자 했는데, 쇠위트를 오스만제국의 심장부로 떠받드는 것이 좋겠다고 여겨 그곳에 첫 오스만 영웅들을 위한 진짜 묘지를 만들었다. 그는 에르투으룰의 영묘를 재건하고 그 유해라는 것을 대리석 관에 넣어 매장했으며, 에르투으룰의 아내 무덤, 오스만의 무덤(그의 아들 오르한이 그를 부르사에 다시 매장한 사실이 있음에도 불구하고), 그리고 오스만의 전우 25명의 무덤을 추가했다.[38] 오늘날까지도 쇠위트는 여전히 성소이자 오스만 왕조의 처음 시기를 기념하는 연례 축제가 열리는 곳으로 남아 있다.

오스만은 1323~1324년에 사망한 듯하다. 그는 '새 도시' 예니셰히르(멜랑게이아)에서부터 '옛 도시' 에스키셰히르(그 중심부에 쇠위트가 있다)에 이르는 아나톨리아 서북부에 상당한 영토를 확보해 자손에게 물려주었다. 예니셰히르는 그가 점령하려 했으나 실패한 두 도시 이즈니크와 부르사 사이의 전략적인 위치에 있었다.[39] 1326년 그의 아들 오르한이 부르사를 점령했고, 이 중요한 도시는 오스만 권력의 새로운 중심지가 되었다. 이즈니크나 이즈미트(니코메디아)와 마찬가지로, 부르사는 오스만이 주변 시골 지역을 장악한 결과로 한동안 콘스탄티노폴리스로부터 단절되었다. 오르한은 아버지의 이 도시 봉쇄를 유지해 굶주린 주민들이 항복하게 만들었다. 모로코 여행자 이븐바투타Ibn Baṭṭūṭa 는 1330년부터 1332년 사이 아나톨리아에 머물 때 몇몇 튀르크멘 군장의 궁정을 방문했는데, 그 군장들 가운데 오르한이 가장 중요하고 부유하다고 기록했다. 또한 그는 오르한이 결코 한 장소에 오래 머무르는 법이 없으며, 자신이 지휘하는 대략 100개의 요새들 사이를 계속 옮겨 다녔다고 적었다. 요새들이 잘 정비되도록 감독하기 위해서였다. 이븐바투타는 새로이 오스만에게 정복된 부르사를 방문했는데, 그곳은 "훌륭한 시장과 넓은 거리를 가지고 있으며 사방이 정원과 물이 흘러나오는 샘에 둘러싸여" 있는 도시였다.[40] 오르한은 이곳에 그 아버지와 어머니(아마 셰이흐 에데발리의 딸이 아니라 다른 여성일 것이다)를 매장했다. 아버지의 유해는 어쩌면 쇠위트에서 새 수도인 부르사로 옮겨와 다시 안장했을 것이다. 오르한 자신도 나중에 이곳에 매장됐는데, 아내인 아스포르차Asporça와 닐뤼페르Nilüfer, 그리고 여러 가족 구성원들도 함께 이곳에 매장되었다.[41] 오르한의 아들이자 후계자로 1389년 세르비아의 코소보 평원 전투에서 전사한 무라드 1세도 마찬가지였다. 부르사는 언제나 오스만 왕조의 기억에서 특별한 위치에 있었는데, 궁정이 에디르네(하드리아노폴리스)와 나중에 콘스탄티노폴리스로 옮겨간 뒤에도 여러 세대 동안 계속해서 황실의 매장지로 선호되었다.

1327년 불가리아 차르 미하일 시슈만Mihail Shishman이 동로마의 트라케 서부 변경을 침공했다. 그의 군대가 두 차례 에디르네가 보이는 곳까지 진격한 뒤 협상이 타결되었다. 위기를 넘겨 안도한 동로마 황제 안드로니코스 3세(안드로니코스 2세의 손자)와 그 군대의 총사령관인 메가스 도메스티코스mégas doméstikos 요안네스 칸타쿠제노스(나중에 요안네스 6세 황제로 즉위한다)는 1329년 동방의 더욱 위협적인 상황을 처리하기 위해 눈길을 돌렸다. 두 사람은 이즈미트 서쪽 펠레카논에서 오르한이 지휘하는 군대와 맞닥뜨렸다. 오르한은 이즈미트만 북쪽의 가파른 비탈에 머무르며 전면전을 벌이지 않았으나, 궁수 부대를 보내 동로마군을 공격했다. 오스만군이 싸움에 응하지 않자 황제는 퇴각을 준비했다. 그러나 그는 지체하다가 부상을 당했다. 그의 군대는 추격하는 오스만 군대와 싸움을 벌이지 않을 수 없었고, 교전은 무승부로 끝났다.

이즈니크는 포위돼 몇 년을 버티다가 1331년 오스만군에 항복했다. 그 주민 다수는 이미 도시를 버리고 콘스탄티노폴리스로 도망친 뒤였다. 함락되고 7개월 뒤 이즈니크에 갔던 이븐바투타는 도시가 "허물어져가는 상황이었고, 술탄을 위해 일하는 약간의 사람들만 남고 주민들이 거의 사라졌다"라고 적었다.[42] 이즈니크를 상실하자 안드로니코스 황제는 군사적 수단으로는 제국의 남은 부분(그리고 가장 결정적으로 콘스탄티노폴리스)도 생존을 보장할 수 없음을 절실히 깨달았고, 1333년에는 당시 이즈미트를 포위하고 있던 오르한을 만나러 가는 처지가 되었다. 동로마 황제와 신생국의 건방진 지도자 사이의 첫 번째 외교 접촉은 의미심장했다. 그 결과로 한때 도도했던 동로마는 황제가 여전히 아나톨리아에 가지고 있는 작은 영토를 유지하는 대가로 오스만 왕조에 조공을 바치는 데 동의했다.

이즈미트의 방어는 견고했다. 이즈니크나 부르사처럼 이즈미트는 오랜 포위전을 버텨낼 수 있었고, 1337년이 돼서야 그 주민들은 도시 접근 봉쇄에 굴복했다. 이렇게 오래 지속된 포위전은 오스만 왕조의 힘을 보여주었다. 그들은 아직 화약 기술을 가지지 못했지만 이미 확보한 영토의 통제를 유지하는 데 충분한 병력을 배치할 수 있었으며, 또한 상당한 기간에 걸쳐 도시 성벽 바깥에 부대를 주둔시켰다. 오스만 군대의 약탈 전략은 그들의 뿌리가 유목민이었음을 생각하면 당연한 일이었다. 오르한은 점차로 정착 주민에 의해 유지되는 정주민 군대의 기술을 채용하고 있었다.

그러나 동로마를 위협하고 있는 것은 오스만 왕조와 불가리아만이 아니었다. 카레시 베이국은 거의 오스만 왕조만큼이나 콘스탄티노폴리스에 가까이 있었고, 1330년대에는 에게해 북부에 면한 아나톨리아 해안의 영토를 점령했다. 마르마라에서부터 에드레미트만灣에 이르는 선의 서쪽이었다. 그 긴 해안선과 바다에 대한 접근성으로 인해 그들은 아직 내륙 세력으로 남아 있던 오스만 왕조에 비해 전략적 이점을 가지고 있었다. 카레시의 다르다넬스 해협 통제는 발칸반도에 남아 있는 동로마 고립지들에 실제적인 위협을 제기했고, 1330년대에 카레시 튀르크멘은 두 차례에 걸쳐 말을 타고 트라케로 건너가 내륙을 노략질했다. 그뒤 동로마인들은 십자군 갤리선들이 도착해 카레시 함대를 격파하고 나서야 구조되었다.[43]

정교도들의 동로마와 그 교회는 1054년 이래로 가톨릭 로마 교회로부터 분리론자로 낙인찍혀 있었다. 게다가 1204년부터 1261년까지 가톨릭교도들이 콘스탄티노폴리스를 점령한 기억은 여전히 생생했고, 이제 황제가 어려움에 빠진 가운데 이 해묵은 경쟁심이 다시 불붙었다. 정교회와 가톨릭교회의 공통된 기독교 신앙이 아무런 도움도 되지 못한다는 암시는 1337년에 나왔다. 이때 콘스탄티노폴리스에서 할리치만(골든혼) 건너편에 있던 무역 정착지 갈라타(페라로도 알려졌다)의 제노바인들이 오르한의 동로마 수도 공격 계획을 지원해 그들과 접촉했다. 안드로니코스는 교황에게 사절을 보내, 다가오는 오스만 왕조에 맞서는 데 도움을 준다면 논쟁이 되고 있는 정교회와 가톨릭교회 사이의 종교적 차이 문제에서 양보할 용의가 있다고 밝혔다.[44] 동로마가 정교 신앙을 버리고 그 교회를 로마와 다시 합치기를 거부한 것은 워낙 민감한 문제인 데다가 역대 교황과 황제 사이의 불화가 매우 깊었기 때문인데, 그들 사이에 50년 정도 대화가 거의 없다가 이 접근이 이루어진 것이었다.

1341년 안드로니코스 3세의 죽음으로 동로마는 내전의 수렁에 빠져들었다. 아이든의 우무르 베이Umūr Bey와 마니사의 사루한 베이는 이전에 가톨릭교도들이 에게해의 동로마 영토를 공격했을 때 자기네 해군을 보내 안드로니코스를 도운 바 있었으며, 우무르 베이는 이제 안드로니코스가 신뢰했던 조언자이자 그 어린 아들 요안네스 5세의 섭정 요안네스 칸타쿠제노스의 편에 섰다. 날로 커가고 있던 우무르 베이의 육·해군 군사력, 그리고 요안네스와의 동맹 덕분에 그는 발칸반도로 습격을 나갈 수 있었다. 이는 서방의 십자군을 촉발했고, 그들은 1344년 우무르가 바다로 나가는 출구인 이즈미르(스미르나)의 요새와 항구를 불태워버렸다.[45] 오스만 왕조 또한 1346년 오르한이 요안네스 칸타쿠제노스의 딸 테오도라Theodora와 화려한 혼례를 올리면서 미래의 황제와 동맹을 맺었다.[46]

오스만인들 사이에서는 문자 그대로의 의미에서의 올바른 언동political correctness이 일찍부터 존재했다. 그들의 연대기는 오르한이 기독교도인 동로마 황제 요안네스 6세와 동맹을 맺었다거나 테오도라 공주와 혼인했다거나 하는 언급이 없다. 그것을 언급했다면 형성 중인 이슬람 제국에 대한 그들의 그림을 망쳤을 것이다. 이와 대조적으로

15세기 오스만의 한 역사가는 당시에는 이미 멸망한 아이든 왕조에 대해 기록하면서 요안네스 6세가 우무르 베이에게 도움을 청해야 했으며 또한 딸 하나를 그에게 주었다고 망설임 없이 말했다.[47] 오스만 왕조와 기독교도들이 유연하게 동맹을 맺는 것은 동로마의 마지막 세기에 흔한 일이었고, 동로마가 사라진 뒤에도 계속되었다. 최초의 오스만 전사들이 종교적 고려와 관계없이 전략적 동맹을 맺었듯이, 성숙한 오스만제국은 현실정치가 요구하는 바에 따라 어떤 기독교 국가와 대적하기 위해 다른 기독교 국가와 손을 잡았다. 이 시기 이슬람 세계와 기독교 세계 사이에 영속적이고도 화해할 수 없는 구분이 존재했다는 만연한 관념은 허구에 불과하다.

같은 이유로 오스만 왕조는 이런저런 기독교 국가들과 동맹을 맺으면서 같은 이슬람교를 신봉하는 나라들을 공격하고 그 땅을 합병했다. 그러나 아나톨리아에서 이슬람교도 이웃들을 정복하는 일은 골치 아픈 문제를 제기했다. 기독교 국가들에 출정해 정복하는 일은 따로 정당화할 필요가 없었다. 이들 국가는 비이슬람 지역인 '전쟁의 집'으로 간주됐고, 이곳을 이슬람교도의 땅인 '이슬람의 집'으로 흡수하는 것은 시간문제였기 때문이다. 그러나 역사가들은 교리상 문제의 소지가 있는 같은 이슬람교도에 대한 공격을 정당화하는 일을 피하려고 했으며, 오스만 왕조가 이슬람교도 경쟁자들을 밟고 팽창하고자 했던 동기를 전통적으로 숨겨왔다. 오스만 왕조에 의해 합병된 튀르크멘 베이국 가운데 첫 번째인 카레시 합병은 좋은 사례다. 오르한은 1340년대 중반 카레시 베이국 내부의 파벌 싸움을 이용했지만, 역사가들은 이 일을 주민들의 평화적인 복속으로 그리고 있다.

1350년 이후 오스만 왕조의 활동이 처음으로 유럽 국가들의 이해에 직접적인 영향을 끼치기 시작했다. 1351년에서 1355년 사이에 제노바와 베네치아는 이익이 많이 나는 흑해 무역의 통제권을 놓고 전쟁에 말려들었다. 1204년 4차 십자군의 주역들이 콘스탄티노폴리스에 온 직후 베네치아는 아조프해 꼭대기의 타나이스(아조프)에 식민지를 획득했으며, 제노바 또한 크림반도의 카파(페오도시야)를 비롯해 흑해 연안에 여러 곳의 식민지를 갖고 있었다. 이 식민지들은 모피, 비단, 향신료, 보석, 진주 등을 서방으로 수출하는 중계 무역항이었다. 오르한은 제노바–베네치아의 충돌에서 제노바 편을 들어 그 함대와 갈라타에 있는 그 무역 식민지에 보급을 해주었고, 1352년에는 이 동맹국과 협약을 체결했다. 그의 군대는 또한 갈라타가 베네치아와 동로마 군대의 공격을 받자 제노바를 지원했다.[48]

제노바는 배를 제공해 오르한의 병력이 보스포루스 해협을 건널 수 있게 했으나,[49] 사면초가에 몰린 요안네스 6세는 의도치 않게도 오스만 왕조가 트라케에 영구 진출할 수 있게 도움을 주었다. 1352년 요안네스 6세의 초대로 문헌에 '튀르크인들'로 나오는 용병 무리가 다르다넬스 해협 북안의 겔리볼루(갈리폴리) 동북쪽에 있는 도시 볼라이으르Bolayır 부근의 동로마 요새 침페Tzympē에 주둔했다. 얼마 뒤 이 '튀르크인들'은 오르한의 아들 쉴레이만 파샤Süleyman Paşa에게 충성을 바쳤고, 오스만 왕조는 발칸반도에 첫 거점을 획득했다.[50] 트라케에 오스만 왕조의 기지를 마련한 것은 오르한 치세의 결정적인 사건이었고, 오스만 역사가들은 이를 교훈적으로 다루고 있다. 그들은 쉴레이만의 기획에 따른 오스만 왕조의 트라케 진출이 신의 은총과 오스만인들의 능력 및 용맹함 덕분으로 묘사하는 데 심혈을 기울였으며, 쉴레이만과 함께 싸운 과거 카레시 베이국 사람들이 한 결정적인 역할은 적당히

얼버무렸다.[51]

역사가들은 오스만 정복에서 자연의 힘이 역할을 했다고는 생각조차 하지 않았다. 동로마 자료들은 오스만 왕조가 처음 해협을 건너 침략하고 2년 뒤인 1354년에 지진이 발생했음을 이야기하는데, 이로 인해 겔리볼루의 성벽이 무너지고 마르마라해 서북 해안의 여러 도시가 파괴되었다. 이곳들은 이후 오스만 왕조와 기타 튀르크계 세력이 차지했다. 동로마 역사가들은 자기네가 강력한 적을 맞아 힘을 발휘하지 못한 이유로 지진을 강조했지만, 오스만 사료에는 이에 대한 언급이 없다.[52]

트라케에서 일어난 이 사건들은 요안네스 6세 황제가 아들 마타이오스Matthaios를 위해 퇴위하도록 재촉했지만, 그 아들은 잠깐 재위한 뒤 안드로니코스 3세의 아들 요안네스 5세에게 제위를 넘겼다. 아직 어린아이였던 오르한의 막내아들 할릴Halil이 1357년 제노바 해적들에게 사로잡히자 새 황제는 그의 몸값을 주어 해방을 꾀하는 민감한 협상에 개입하게 됐고, 이로써 동로마에 약간의 쉴 틈을 주었다. 이후 2년 동안 오스만 변경에서는 전진이 별로 없었다. 요안네스 5세는 동로마와 오스만 영토를 통합하려는 열망에 사로잡혀 딸 에이레네Eirene를 할릴에게 시집보냈다. 그 아버지가 그랬듯이, 모든 아들이 이론적으로는 동등한 계승 기회를 갖는 오스만 체제에서 할릴이 아버지의 뒤를 이을 것이라는 희망이었다. 그러나 이 계획은 물거품이 되었다. 결국 할릴의 형인 무라드 1세가 아버지의 뒤를 이었기 때문이다.

오르한과 요안네스 5세의 평화로운 공존은 신기루임이 드러났다. 오르한은 맏아들 쉴레이만 파샤에게 자신의 뒤를 잇게 할 생각이었지만, 쉴레이만은 1357년에 할릴이 해적들에게 잡힌 직후 낙마 사고로 죽었다. 그의 군마는 볼라이으르에 있는 그의 무덤 옆에 묻혔고, 두 무덤은 오늘날에도 그 자리에 있다.[53] 무라드는 쉴레이만을 대신해 트라케 전선의 총사령관으로 파견됐고, 현지 지휘관들의 도움을 받아 더 많은 승리를 거두었다. 이에 따라 1362년에 오르한이 사망할 무렵 오스만 왕조는 트라케 남부 대부분을 점령하고 에디르네 남쪽의 중요한 동로마 도시 디디모티호를 차지했다. 변경이 서쪽으로 이동함에 따라 술탄과 그 궁정의 위치도 이동했다. 예니셰히르에서 부르사로, 디디모티호로, 그리고 1360년대의 어느 시기에 점령한 에디르네로 옮겼다. 아나톨리아의 에게해 북쪽 해안에 있던 카레시의 땅은 오르한이 사망할 때 오스만 왕조의 통제 아래에 들어와 있었으며, 그의 영토는 동쪽으로 멀리 앙카라에까지 이르렀다. 오늘날 튀르키예의 수도인 앙카라는 쉴레이만 파샤가 경쟁 튀르크멘 왕조에게서 빼앗은 곳이다. 오르한이 죽은 1362년에 만들어진 앙카라 알라엣딘 마스지드[54]의 비문에서 오르한은 처음으로 '술탄'으로 일컬어졌다. 오스만 왕조가 절대권력을 주장했다는 얘기다. 아나톨리아 서부의 다른 베이들도 도전에 나서서 곧 이 칭호를 채택했다. 게르미얀과 카라만은 1368~1369년, 아이든은 1374년, 사루한은 1376년, 멘테셰는 1377년부터였다.[55]

오르한 치세에 오스만 영토가 빠르게 확장된 것은 당대 건축에서도 분명하게 볼 수 있다. 새로운 정권의 흔적은 이즈니크나 부르사 같은 주요 도시들에서 가장 확실하지만, 아나톨리아 서북부의 소도시나 마을에 세워진 30개가량의 마스지드에도 그의 이름이 붙어 있다. 그는 여러 도시에 마스지드, 목욕탕, 신학교, 무료 급식소, 다리, 무덤, 데르비시 회관 등을 세워 이 도시들에 이슬람교와 오스만 왕조의 색깔을 입혔다. 오르한은 또한 아버지 오스만이 정복한 각지에 마스지드와 기타 이슬람교도의 생활에 필요한 건물들을 지어 그 아버지의 정복을 기렸으며, 그의 시대에 지어진 많은 건물들에는 오스만 왕조의 성공에서 두드러진 역할을 수행한 다른 인물들(전사나 성자 등)의 이름이 붙여졌다. 쉴레이만 파샤는 아나톨리아 오스만 왕조 중심부의 마스지드, 신학교, 목욕탕을 통해 기억되고 있으며, 그밖에 그가 성당을 개조한 비제(비지에)의 소 아야소피아 마스지드 등은 트라케에서의 그의 정복을 표시하고 있다.[56] 오스만 왕조의 정복 이후 그렇게 건축물의 기능이 바뀌는 것은 흔한 일이었고, 특히 도시가 항복하지 않고 무력으로 점령된 경우에는 더 그러했다. 변경 전사들의 뒤를 따라 튀르크계 주민들이 다시 정착하면서 트라케는 다시 서서히 번창하기 시작했다. 동로마 봉건 체제의 무게로 인해 많은 토착 기독교도 주민들은 지방 귀족과 콘스탄티노폴리스의 군주로부터 소외된 지 오래였고, 이런 상황은 1340년대 초 내전으로 초래된 엄청난 파괴로 더욱 악화되었다.

콘스탄티노폴리스의 동로마 황제는 여전히 서방 기독교 세계가 오스만으로부터 자신들을 구해줄 것을 바라고 있었는데, 오스만 왕조는 그들의 트라케 진출로 분명해졌듯이 항구적인 화해를 할 생각이 전혀 없었다. 그러나 서방에 원조를 호소할 때마다 그 대답에는 같은 조건이 붙었다. 동로마의 정교도들이 분리주의적 태도를 버리고 로마 교회를 받아들이라는 것이었다. 콘스탄티노폴리스로 오는 도움은 개별 국가의 정치·외교·상업적 이해관계에 따라 좌우되었다. 1364년 요안네스 5세는 같은 정교도 국가인 세르비아로 눈길을 돌렸다. 세르비아 역시 바야흐로 오스만 왕조의 팽창에 의해 위협을 받고 있어 동맹 가능성이 있었다. 그러나 세르비아는 1355년 국왕 스테판 두샨Stefan Dušan이 사망하고 그 후계자들이 서로 권력을 다투면서 이전의 활력을 잃어버렸다. 그뒤 요안네스는 헝가리로 가서 국왕 러요시 1세Lajos I에게 도움을 청했으나 성과를 거두지 못했다. 유일하게 희망적인 조짐은 1366년 가톨릭 세력의 해군이 중요한 트라케 항구 겔리볼루를 탈환한 것이었다. 그것은 포위당한 동로마를 돕기 위한 소규모 십자군의 첫 공격이었다. 동로마는 로마에 사절을 파견하고 1369년에는 황제가 직접 갔다. 그는 절망 속에서 교황이 도와주는 대가로 가톨릭 의례를 받아들이겠다고 약속했다. 그러나 교황의 약속은 공허한 것이었음이 곧 드러났다. 아무런 도움도 오지 않았기 때문이다.

오스만 왕조의 발칸반도 잠식에 대해 두려움을 느낀 것은 동로마만이 아니었다. 1360년대 에디르네가 정복당한 뒤 세르비아의 스테판 두샨의 여러 후계자들은 남쪽과 동쪽 변경에서 오스만 왕조의 압박을 느끼고 있었다. 이들 군소 지배자 일부는 오스만 왕조를 멈춰 세우지 않으면 어떤 결과가 올 것인지를 깨닫고 군대를 배치하기 위해 연합했지만, 1371년 에디르네 서쪽 마리차강 변에서 벌어진 치르멘(현 오르메니오) 전투는 세르비아의 군주들에게 재앙이었다. 패배한 세르비아인들은 함께 싸운 불가리아의 다른 세 지배자와 함께 오스만 왕조의 제후가 되었다. 이제 오스만이 마케도니아로 진격하는 것을 막는 모든 장애물이 제거되었다.

변경에서의 확장은 오스만 왕조와 운명을 함께하기로 한 반半독립적 전사들과 함께 이룬 것이었다. 오스만 왕조의 루멜리Rūmeli(그들이 발칸반도를 지칭하는 데 사용한 말이다) 정복 기간에는 특히 네 이슬람교도 가문이 두드러졌다. 에브레노스Evrenos 가문, 미할Mihal 가문, 투라한Turahan 가문, 말코츠Malkoç 가문이다. 앞의 두 가문은 아나톨리아 서북부의 기독교도 전사들로, 오스만 변경이 확장되면서 트라케로 건너와 이슬람교로 개종했다. 말코츠(정확한 세르비아어로는 말코비치Malković다) 가문은 세르비아 출신의 기독교도들이었다. 투라한 가문의 기원은 여전히 분명하지 않다.[57]

이들 가문 가운데 에브레노스 가문이 가장 큰 명성을 얻었다. 가지 에브레노스 베이는 이전에 카레시 가문의 동맹이며, 오르한의 아들 쉴레이만과 함께 다르다넬스 해협을 건넜다고 한다.[58] 그는 1361년 당시 세르비아 쪽 변경에 있던 도시 코모티니를 점령해 오스만 땅으로 만든 이후 그곳을 본거지로 삼았고, 루멜리에 오스만 초기 건축물 일부를 세웠다. 변경이 서쪽으로 나아감에 따라 가지 에브레노스도 본거지를 옮겼고, 결국 야니차로 가서 이 도시를 건설하고 1417년 그곳에서 사망한 뒤 매장되었다.[59]

술탄 무라드 1세는 오르한이 사망한 1362년부터 그가 아나톨리아 원정을 위해 다르다넬스 해협을 건너던 1373년까지 루멜리에 머물렀다. 최근 그의 제후가 된 요안네스 5세도 함께 갔다. 무라드의 아들 사브즈Savcı와 요안네스의 아들 안드로니코스가 이때를 노려 아버지들을 상대로 반란을 일으켰으나, 아버지들은 재빨리 본거지(요안네스는 콘스탄티노폴리스, 무라드는 루멜리)로 돌아왔다. 무라드는 사브즈와 반란 동조자들을 처형했다. 안드로니코스는 항복하고 무라드의 고집에 따라 투옥되고 시력을 빼앗겼다. 그밖에 사브즈에 대해서 알려진 바는 거의 없다. 오스만 연대기의 전통은 부모의 권위에 저항한 오스만 왕자들을 호의적으로 대하지 않는다. 특히 기독교 군주와 손을 잡고 그렇게 한 경우는 더욱 그러했다.

진짜 패자(적어도 한동안은)는 요안네스 5세의 지차 아들인 마누엘Manouêl이었다. 그는 형 안드로니코스의 반란 직후 아버지의 후계자로 지명됐지만, 1381년 요안네스 5세와 안드로니코스 사이의 갈등이 마침내 해소되면서 후계자는 안드로니코스의 아들인 또다른 요안네스로 바뀌었다. 마누엘은 동로마 세계에서 지식과 예술의 중심지로 매우 중요했던 마케도니아의 도시 테살로니키로 달아났고, 그곳에 독자적인 궁정을 차렸다. 이는 오스만의 이익에 크게 반하는 행위였다. 마케도니아의 이 지역에서 오스만의 진격에 맞선 마누엘의 군사 행동에 불안해진 무라드는 결국 행동에 나섰다. 무라드의 장수 찬다를르 카라 할릴 하이렛딘 파샤Çandarlı Kara('검은') Halil Hayreddin Paşa는 세레스를 비롯한 마케도니아 남부의 도시들을 점령했으며, 1387년에는 4년간의 포위 끝에 마누엘이 테살로니키를 떠나고 이 도시는 오스만 왕조의 지배를 받아들였다. 다만 다른 문제에 매달려 있던 오스만 왕조가 이곳에서 토착 동로마 관리를 제거하고 이 도시와 그 배후지를 점령해 통치하게 된 것은 이 공식 복속으로부터 7년 뒤였다. 테살로니키가 함락된 직후 마누엘은 자신이 오스만 왕조의 제후가 돼야 한다는 현실을 받아들였다. 그는 이 도시를 버린 일로 요안네스 5세로부터 처벌을 받았다. 에게해 북부 렘노스섬으로 유배되어 3년 동안 그곳에 머물렀다. 1390년 그 아버지 요안네스 5세는 그를 콘스탄티노폴리스로 불러들였다. 1385년에 사망한 안드로니코스의 아들 요안네스가 요안네스 7세로서 제위를 주장하는 데 맞서기 위한 것이었지만, 마누엘은 조카를 설득해 제노바로 가서 오스만 왕조에 대항하기 위한 도움을 청하게 했다. 1390년에 귀국한 요안네스 7세는 콘스탄티노폴리스에서 추방돼 무라드 술탄에게로 도망쳤다. 1391년에 요안네스 5세가 죽자 마누엘은 그의 뒤를 이어 마누엘 2세로서 동로마 황제로 즉위했다.[60]

찬다를르 카라 할릴 하이렛딘은 아나톨리아 이슬람교도 가문의 자손인데, 이 가문은 이후 오스만 왕조에서 유명한 정치가를 여럿 배출했다. 1385년에 그가 세운 마스지드는 세레스에서 기록상 가장 오래된 오스만 기념물이다.[61] 카라 할릴 하이렛딘이 역임한 여러 직책은 오스만 국가가 어떻게 유목민의 뿌리로부터 진화해 유동적인 변경 뒤의 확실한 핵심 영토를 바탕으로 한 나라로 진화하고 있었는지를 보여준다. 무라드 1세의 치세는 그의 정복의 범위만큼이나 행정의 발전이라는 측면에서도 중요하다. 카라 할릴 하이렛딘은 이즈니크와 부르사에서 카드kadı(판관)의 자리에 있었고, 이어 무라드의 첫 카자스케르kazasker(대법관)가 되고 그의 수석 대신을 겸했다. 거기에다가 군 지휘관도 겸했다. 이렇게 그는 군사와 행정 양쪽을 감독했기 때문에 사실상 오스만 국가 최초의 대大와지르인 셈이었다.[62]

무라드는 테살로니키 포위를 위한 준비 작업으로 많은 병력을 루멜리로 옮겼다. 이곳에서 마누엘의 요새 봉쇄에 참여하지 않은 병력은 정치적으로 파편화된 이 지역의 다른 군소 군주들을 상대로 한 작전에 나섰다. 그들은 에피루스와 알바니아로 밀고 들어갔고, 1386년 세르비아 군주 라자르 흐레벨랴노비치Lazar Hrebeljanović로부터 니시를 빼앗아 오스만은 모라바강 유역으로 진출했다. 이 진격은 서북쪽으로 베오그라드와 중유럽 심장부 쪽으로, 서쪽으로는 보스니아와 아드리아 해안의 라구사(두브로브니크)까지 이어졌다. 그 직후 불가리아 지역에 있던 무라드의 제후들이 오스만 종주권으로부터의 독립을 선언했다. 그 가운데 하나가 터르노보Tŭrnovo의 지배자 이반 시슈만Ivan Shishman이었는데, 무라드의 처남이기도 했던 그는 중세 불가리아 왕국의 분열 이후 가장 큰 세력을 이루고 있었다. 1388년 초 카라 할릴 하이렛딘의 아들 찬다를르 알리 파샤Çandarlı Ali Paşa가 이끄는 군대가 눈 덮인 발칸반도의 고개들을 넘었고, 그가 진격하면서 이반 시슈만의 북부 불가리아 영토에 있는 많은 도시들이 항복했다. 이 도시들은 이반 시슈만에게 반환됐지만, 그는 자신이 무라드의 제후라는 사실을 추호도 의심하지 않았다. 그러나 오스만 왕조는 1388년 세르비아를 다시 침공했다가 두브로브니크 동북쪽 빌레차 전투에서 보스니아 군주들의 연합군에게 패배했다.[63]

무라드는 1389년에 세르비아를 침략했는데, 세르비아의 라자르가 오스만의 빌레차 패전과 연관이 있다고 생각했기 때문인 듯하다. 틀림없이 그를 처벌한 뒤 계속해서 보스니아로 진격해 들어가려는 의도였을 것이다.[64] 6월 15일 무라드의 군대는 프리슈티나 부근의 코소보('찌르레기') 평원에서 라자르의 군대와 맞닥뜨렸다. 오스만군 병력은 2만 5천 명가량이었고, 세르비아-코소보-보스니아 연합군은 대략 1만 6천 명이었다. 여덟 시간 뒤 전투가 끝나고 오스만 군대가 승리했으나, 양쪽의 군주는 모두 죽었다. 전투 중 어느 순간에 무라드는 자기네 군의 본대에서 떨어져 고립됐고, 라자르의 휘하 장수 하나가 투항하는 체하며 무라드에게 접근하다가 그를 찔러 죽였다. 라자르는 곧 생포됐고, 무라드의 천막에서 참수되었다.[65]

무라드가 죽었다는 소식이 유럽에 전해지자 프랑스 왕 샤를 6세는 노트르담 성당에서 신에게 감사 기도를 올렸다.[66] 그러나 이로써 오스만 왕조 또한 멸망하리라는 기대는 그저 희망 사항에 불과했다. 무라드의 아들 바예지드 1세Bayezid I는 아버지가 죽자 지휘권을 장악하고 동생 야쿱Yakub을 살해함으로써 자신의 계승을 확고하게 했다. 이는 오스만 왕조의 역사에서 기록된 첫 형제 살해였다. 야쿱이 전투가 한창 벌어지고 있을 때 살해됐는지 아니면 몇 달 뒤에 살해됐는지는 분명하지 않다.[67] 라자르의 아들 스테판 라자레비치Stefan Lazarević가 이끄는 세르비아는 오스만 왕조의 제후국이 돼서 조공을 바치고 병력을 보내야 했다. 보스니아는 그 군주 부크 브란코비치Vuk Branković의 지휘 아래 1392년까지 독립을 유지했다. 코소보도 마찬가지였다.

오스만 왕조가 코소보 평원에서 술탄을 잃기는 했지만, 세르비아가 치른 대가는 훨씬 컸다. 바예지드의 승리는 독립 세르비아 왕국의 종말을 알렸고, 오스만의 발칸반도 점령이 영구화할 것임을 확인했다. 600여 년이 지난 오늘날에도 코소보 평원 전투는 세르비아 민족의식에서 결정적인 역사의 순간으로 생생하게 남아 있다. 기독교의 심장부에서 기독교도 왕이 이슬람교도 술탄에게 패배를 당한 기억은 시대를 지나면서 서사시로 암송돼 극화되고 영원히 남았다. 이런 서사시들은 20세기 후반의 끔찍한 전쟁들 속에서 이 지역 세르비아의 기독교도 주민의 감정에 기름을 부었다. 그들은 이를 이슬람교도 주민을 제거할 기회로 보았다. 수백 년이 지난 뒤에도 많은 사람이 여전히 그들을 이방인으로 여겼던 것이다. 그리고 이슬람교도 주민들 역시 곧바로 응수해, 남아 있을 권리를 주장하고 있다.

제2장

왕조의 분열

술탄 무라드 1세는 자신의 나라 서쪽 변경에서 사망했다. 그 아들이자 후계자인 술탄 바예지드 1세는 발칸반도 영토에 대한 추가적인 공격이 멈출 것으로 기대했다. 세르비아의 입지가 약화되고, 코소보 평원 전투 이후 세르비아의 새 데스포테스 스테판 라자레비치의 누이 올리베라Olivera와 혼인했기 때문이다. 그는 아버지의 오스만 왕조 영토 확장으로 아나톨리아의 여러 다른 튀르크멘 이슬람교도 베이국들과의 충돌이 불가피해진 동방의 일을 챙겨야 했다. 바예지드는 원정에 대단한 정력을 쏟아 '이을드름Yıldırım'('벼락')이라는 별명을 얻었다.

바예지드의 즉위는 아나톨리아의 베이국들을 고무해, 바예지드의 매부인 카라만의 알라엣딘 베이Alâeddin Ali Bey를 필두로 한 반反오스만 동맹에 합류하게 했다. 카라만은 오스만 왕조의 영토 확장에 맞서기 위해 노력한 모든 튀르크멘 이슬람 국가들 가운데 가장 다루기 힘든 상대였다. 알라엣딘 베이는 두 나라 사이 힘의 균형이 아직 한쪽으로 기울어지지 않았던 1378년에 바예지드의 누이 네피세 술탄Nefise Sultan과 혼인했다. 왕가 사이의 혼인은 유용한 외교적 도구가 될 수 있었지만, 항상 잠재적 동맹의 신의를 보장해주거나 잠재적 적수의 충성을 확보해주지는 않았다. 신부의 가족은 암묵적으로 열등한 위치였기 때문에 오스만 왕조는 자기네 공주를 다른 이슬람교도 왕자들과만 혼인시켰고, 기독교도들에게는 보내지 않았다(그러나 기독교도와 다른 이슬람교도 지배자들은 모두 동맹을 희망하며 초창기 오스만 가문의 구성원과 자기네 공주를 혼인시켰다).[1] 오스만 왕조는 또한 에브레노스 가문, 미할 가문, 투라한 가문 같은 정복 대상에게도 공주를 내주지 않았다. 아마도 이 혼인으로 대담해진 변경 영주들이 오스만 가문의 우월한 지위에 도전하지 않을까 두려워했기 때문이었을 것이다.[2] 오스만 왕조가 특정한 경쟁 베이국보다 우월하다는 인식은 바예지드가 1381년 게르미얀 가문의 공주 데블렛샤흐 하툰Devletşah Sultan Hatun과 혼인한 일에서 상징적으로 드러났다. 이 혼인으로 바예지드는 게르미얀 베이국을 손에 넣었다.

오스만 왕조는 게르미얀과 하미드 베이국(하미드는 1380년대에 무라드에게 팔렸던 듯하다)을 통해 지중해 쪽으로 남진하고자 열의를 보였다. 국가가 번성하는 데 필요한 신뢰할 만한 수익원을 찾아 나선 것이었다. 동방에서 오는 주요 교역로 중 하나는 지중해를 건너 아나톨리아 남부의 항구 안탈리아로 들어와 북쪽으로 하미드와 게르미얀을 지나 흑해 연안이나 발칸반도로 가는 것이었다.[3] 카라만은 이 교역로와 영토 안에서 발생하는 관세와 기타 세금을 통제하려는 오스만 왕조의 시도에 맞설 태세가 되어 있었다. 최초의 충돌은 1386년에 일어났다. 술탄 무라드 1세가 아직 살아 있을 때였다. 오스만의 역사 전통에서는 정확성을 기하기 위해 알라엣딘이 먼저 공격을 시작했다는 비판을 받아야 했다. 그는 무라드의 딸이자 자신의 아내인 네피세의 애원 때문에 오스만 영토를 공격했다고 한다. 무라드는 이때 충돌하려고 하지 않았다.

술탄 바예지드 1세는 서방 변경을 확보한 뒤 재빨리 동쪽으로 이동했다. 그의 군대는 데블렛샤흐 하툰과의 혼인 이후 상실했던 게르미얀을 탈환했으며, 아이든을 합병하고 바예지드는 그 공주와도 혼인했다.[4] 그는 이 시기에 사루한과 멘테셰 두 베이국을 항복시켜 오스만 왕조가 아나톨리아 서부 전역을 지배하게 되었으며, 그 영토는 아나톨리아 중남부의 카라만과 경계를 맞대게 되었다. 1391년 바예지드는 자신의 제후 스테판 라자레비치와 이제 동로마 황제가 된 마누엘 2세를 불러, 그들과 함께 동쪽으로 행군해가서 이스펜디야르 베이국으로부터 아나톨리아 중북부의 카스타모누 땅을 빼앗고자 했다. 그보다 약간 더 많은 것을 얻어낸 군대는 그해 12월에 귀환했다. 마누엘이 바예지드의 요구를 들어주기는 했지만, 그가 원정에 관해 쓴 편지는 자신의 불쾌한 위치에 대해 느낀 실망과 깊은 불안을 생생하게 전한다.

지금 우리가 있는 이 작은 평원에 로마인들이 살며 이곳을 지배했을 때는 틀림없이 그들이 이곳에 자기네의 이름을 붙였을 것이다. (…) 이곳에 도시는 많지만 거기에는 도시의 진정한 장려함의 요소가 없다. (…) 그것은 사람이다. 그 대부분은 이제 폐허로 변했고 (…) 이름조차 남아 있지 않다. (…) 나는 우리가 정확히 어디에 있는지도 말해줄 수 없다. 이 모든 것을 견디기가 어렵다. (…) 보급이 부족하고 겨울은 혹독하며, 많은 병사를 쓰러지게 한 병 때문에 (…) 나는 몹시 우울하다. (…) 심신을 안정시키기 위해 아무것도 볼 수 없고 아무것도 들을 수 없고, 정신을 고양시키기 위해 (…) 이 모든 시간 동안 어떤 식으로든 아무것도 할 수 없는 것이 (…) 견딜 수가 없다. 이 엄청나게 답답한 시간은 지금 우리가 관여하고 있거나 무엇이든 그와 연관된 것으로부터 계속 거리를 두고 전혀 관계하지 않는 것을 가장 중요하게 생각하는 우리에게 전혀 길을 내주지 않는다. 우리는 이런 종류의 일에 대해 배우지도 않았고, 그것을 즐기는 데 익숙한 것도 아니며, 그것이 본성인 것도 아니기 때문이다. 잘못은 현재의 상황에 있으며, 그런 잘못의 주체(바예지드 1세)는 말할 것도 없다.[5]

1393년에서 1394년으로 넘어가는 겨울, 바예지드와 마누엘 두 지배자의 관계는 새로운 국면으로 접어들었다. 마누엘이 조카이자 경쟁자인 요안네스 7세(1390년에 잠시 황제 자리에 올라 통치했다)에게 화해를 제의했다는 소식이 바예지드의 귀에 들어갔는데, 마누엘은 조카와 힘을 합치면 오스만 왕조에 저항할 수 있으리라 기대했던 것이다. 그러나 바예지드의 호의를 얻기 위해 안달하던 요안네스는 그 제안을 일러바쳤다.[6] 그 직후 바예지드는 기독교도 제후들을 마케도니아의 세레스로 불러 모았다. 마누엘의 동생인 모레아(대략 펠로폰네소스반도에 해당한다)의 데스포테스 테오도로스 1세Theodōros I, 마누엘의 장인인 세레스의 군주 콘스탄틴 드라가시Konstantin Dragaš, 세르비아의 스테판 라자레비치, 요안네스 7세 등이었다. 이들은 각기 별도로 세레스에 도착하도록 조정됐기 때문에 다른 사람이 오는 것을 알지 못했다. 마누엘의 설명에 따르면 바예지드의 초대는 거절할 수 있는 것이 아니었으며 그는 술탄이 그들 모두를 죽이려는 것이 아닌지 두려워했음을 분명히 했다.

이 튀르크인은 자신과 함께 있는 사람들이 어떤 능력이 있거나 아니면 기독교 지도자였기 때문에 (…) 그들 모두를 완전히 없애버리고 싶어했다. 반면에 그들은 나중에 그의 명령에 따르지 않아 위험에 빠지기보다는 (세레스로) 가서 위험을 마주해야겠다고 생각했다. 그들은 그가 있는 곳에 가는 것이 위험하다고 생각할 정말로 충분한 이유가 있었다. 특히 그들을 모두 동시에 불러들였다면 말이다.[7]

안전 문제에 대한 마누엘의 두려움은 근거가 없는 것이었음이 드러났다. 바예지드는 각자의 영토를 잘못 다스리고 있다고 엄하게 질책한 뒤(아마 장래에 그들의 영토를 침략하는 것을 정당화하기 위해서였을 것이다) 그들을 모두 돌려보냈다. 그러나 1394년 봄, 술탄은 콘스탄티노폴리스 포위전에 나섰다. 가장 먼저 보스포루스 해협의 가장 좁은 목, 즉 콘스탄티노폴리스에서 북쪽으로 약 5킬로미터 떨어진 곳의 아시아 쪽 해안에 성채를 건설했다. 이 성채는 귀젤제히사르Güzelce Hisarı('미려한 성')라 불렸는데, 바로 오늘날의 아나돌루히사르Anadolu Hisarı다. 콘스탄티노폴리스의 성벽은 수백 년 동안 많은 포위전을 버텨냈고, 다시 한번 이를 무너뜨리려는 모든 시도를 저지했다.

오스만 왕조가 위협했던 것은 동로마만이 아니었다. 바예지드는 베네치아의 약화 또한 노렸다. 베네치아는 에게해, 달마티아 해안, 펠로폰네소스반도에 수많은 식민지와 영토를 보유한 중요한 해상 세력이었다. 베네치아는 무역에 의존해 번영을 누렸는데, 이 지역에 각기 상업적·정치적 이해관계가 있었던 피렌체, 카탈루냐, 나폴리의 전초기지가 상시적으로 존재해 혼란스러운 동맹 형태가 만들어졌다. 그런 혼란은 오스만 세력이 등장하면서 복잡해졌다. 서로 다른 기독교도 군주들이 자기네 경쟁자들에 맞서 오스만에게 도움을 청했기 때문이다. 술탄 무라드 1세는 전반적인 전략에서 베네치아 쪽으로 기울어져 있었고, 바예지드 1세의 정책은 제노바와 손잡고 베네치아를 견제한 할아버지 오르한과 더 가까웠다.[8] 바예지드가 1390년대 초에 펠로폰네소스의 동로마 요새들을 위협한 것과 1394년 테살로니키를 점령하고 콘스탄티노폴리스 포위전을 벌인 것은 부분적으로 동로마-베네치아 동맹을 미연에 방지하기 위해서였다.[9] 로도스섬에 자리잡은 구호기사단은 이 지역의 또다른 세력이었다. 이들은 12세기 십자군 시기에 예루살렘에서 출현한 군사 교단이었다. 1187년 이슬람교도들에게 예루살렘을 빼앗긴 뒤 이들은 100년 동안 아코(아크레)를 기반으로 삼다가, 1291년에 이 도시가 함락되자 키프로스섬으로 옮겨갈 수밖에 없었으며, 1306년 로도스섬을 본거지로 삼았다. 14세기 말 구호기사단은 펠로폰네소스반도에 진출하기 위해 노력했고, 1397년 모리아 데스포테스 테오도로스 1세로부터 코린토스를 넘겨받았다. 북방에서 오는 오스만의 공격에 대항하겠다는 약속의 대가였다. 그들은 1400년에는 미스트라스도 장악했지만, 가톨릭교도들이 데스포테스의 수도를 점령하면서 폭동을 촉발해 1404년에 구호기사단은 철수하는 데 동의했다.

발칸반도에서 바예지드에게 가장 위험한 적은 헝가리 왕국이었다. 헝가리는 당시 유럽에서 가장 큰 나라 가운데 하나였다. 그들은 13세기 중반 몽골의 침공에 저항했고 기독교 정교회와 보고밀파 등 이단을 근절하기 위해 선교사를 파견하는 등 교황청의 이익에 공헌했기 때문에 가톨릭 유럽의 동방 방벽으로 간주되었다.[10] 헝가리와 오스만의 영향권은 코소보 평원 전투 이후 충돌하게 됐고, 이제 바예지드의 목표는 발칸반도의 동맹자를 끌어 모으려는 헝가리의 시도를 좌절시키는 것이었다. 그는 1393년에 반항적인 이반 시슈만이 도나우강 유역의 불가리아에서 보유한 영토를 합병해, 헝가리의 속국인 왈라키아의 보예보다 미르체아 1세Mircea I가 도나우강을 넘어 남쪽을 약탈하는 것을 받아쳤다. 1395년 바예지드는 헝가리와 방위조약을 체결한 미르체아를 상대로 전투에 돌입했고, 미르체아는 도망치지 않을 수 없었다. 오스만 왕조의 마케도니아 정복은 같은 해에 마무리되었다. 이렇게 오스만이 발칸반도에서 성공을 거두자 헝가리는 다급하게 서방에 도움을 청했고, 이번에는 그 위협이 십자군 지망자(특히 프랑스와 잉글랜드의 기사들)와 그 정부들 사이에 협력이 이루어진 드문 시기와 일치했다. 1396년 9월 25일, 십자군은 도나우강 변의 니코폴(니코폴리스)에서 바예지드가 지휘하는 오스만 군대와 마주쳤다. 십자군은 종교보다는 자기네 조상들이 거둔 성공에서 더 큰 자극을 받았다. 적을 만나지 못해 애를 태우던 프랑스 기사들은 기동성 있는 오스만 기병과 싸우는 데는 둔중한 서방 군대보다 헝가리 왕 지기스문트Sigismund von Luxemburg의 동맹 왈라키아가 더 능숙하다는 사실을 인정하지 않았으며, 그에게서 총괄 지휘권을 박탈했다. 그럼에도 불구하고 지기스문트의 군대는 바예지드를 거의 패주 직전까지 몰아붙였다(다만 지기스문트 자신은 그의 제후 스테판 라자레비치 덕분에 겨우 살아남았다). 그러나 결과는 오스만의 승리였다.[11]

니코폴에서 오스만이 승리하면서 바예지드는 발칸반도의 도나우강 이남에 대한 통제권을 확보했다. 전투 이후 그는 강을 넘어 처음으로 헝가리로 들어갔고, 그의 군대는 광범위한 약탈을 벌였다. 요하네스 실트베르거Johannes Schiltberger라는 바이에른 출신의 어린 십자군 병사는 자신이 가까스로 처형을 면한 일을 묘사했다. 전투 다음날 많은 기독교도 포로가 냉혹하게 살해당했지만, 실트베르거는 어렸기 때문에 처형당하지 않고 몇몇 귀족들과 함께 수감되었다.[12] 이때 그와 함께 사로잡힌 귀족들은 9개월이 되기 전에 친지들이 중재하고 바예지드에게

사치스러운 선물과 현금 30만 플로린을 바친 뒤에 풀려났다.[13]

술탄 바예지드가 발칸반도에서 거둔 성공은 카라만 왕조의 지배자인 매부 알라엣딘에게 큰 인상을 주지 못했다. 알라엣딘은 자신이 오스만 왕조에 복속되었다는 사실을 인정하지 않았다. 실트베르거의 말에 따르면, 그는 "나는 당신만큼이나 강한 군주"라고 주장했다.[14] 실트베르거는 당시, 도나우강에서 승리한 이후 카라만의 도시 콘야를 상대로 승리를 거둔 부대를 이끈 바예지드의 휘하에 있었다. 알라엣딘은 이 오만의 대가로 목숨을 잃었고, 카라만 베이국은 독립을 잃었다.

이 카라만 합병은 경쟁 국가 하나로부터 오는 압박을 덜어주었지만, 오스만 왕조는 동방 변경에서 여전히 도전을 받고 있었다. 바예지드의 이전 원정에서 정복을 모면한 북쪽의 카드 부르한엣딘 아흐마드Kadı('판관'), Burhâneddin Ahmad였다. 시인이자 지식인이었던 부르한엣딘은 아나톨리아 북부 시바스에 있던 에레트나Eretna 왕조의 권좌를 찬탈했다.[15] 오스만 왕조가 스스로를 아나톨리아에 있었던 셀주크 국가의 후계자로 생각했고 카라만이 그들의 지배하고자 하는 노력에 저항한 것은 비슷한 튀르크멘 기원을 가진 경쟁 베이국으로서였지만, 부르한엣딘은 칭기스 칸이 세운 몽골 제국 계통인 일한국의 계승자를 대표했다. 이미 유명해진 중앙아시아의 몽골인 지배자 티무르의 군대가 곧 입증하겠지만, 몽골인들의 도전은 훨씬 더 위험했다. 오스만 왕조의 신민과 카드 부르한엣딘의 신민 사이의 구분은 1391년 마누엘 2세가 바예지드와 함께 원정에 나서 동방으로 이동할 때 이미 드러났다. 그는 아나톨

• 실트베르거는 이후 바예지드 휘하로 들어갔고, 6년 뒤 앙카라 전투에서 술탄에게 승리한 몽골인 정복자 '절름발이' 티무르에게 사로잡혔다. 그는 티무르와 그 후계자들 아래에서 오랫동안 노예로 살았으나, 결국 포로 상태에서 탈출해 32년 만에 고향으로 돌아갔다.

리아 서부의 튀르크인 주민을 당시 동로마의 일반적인 용법에 따라 '페르시아인'으로 불렀으나, 부르한엣딘의 신민은 몽골인을 가리키는 데 쓰이던 '스키타이인'이라 불렀다.[16]

1397년 바예지드의 콘스탄티노폴리스 포위는 가차 없는 봉쇄였고, 황제 마누엘 2세는 동로마 수도를 구하기 위해 다시 해외에 도움을 요청했다. 1399년 6월, 여러 차례 파리, 런던, 로마, 콘스탄티노폴리스를 오가는 외교적 노력이 이어진 끝에 프랑스의 샤를 6세는 마누엘을 돕기 위해 소규모 군대를 보냈다. 부대를 이끈 것은 '부시코Boucicaut(약골)'라는 별명으로 불린 프랑스의 장 르 멩그르Jean Le Meingre 원수였는데, 그는 니코폴에서 포로가 된 귀족 가운데 하나로 오스만에 의해 감금되었다가 몸값을 내고 풀려난 바 있었다. 르 멩그르는 오스만의 봉쇄를 뚫고 나아가 마누엘에게로 갈 수 있었다. 그는 자신의 군대로 콘스탄티노폴리스를 구하기에는 역부족임을 깨닫고, 황제를 설득해 유럽에 가서 직접 사정을 설명하게 했다. 12월에 르 멩그르는 마누엘과 함께 귀로에 올라 바닷길로 베네치아까지 갔고, 거기서 천천히 육상으로 이동해 파리로 갔으며, 황제는 여섯 달 동안 그곳에 머물렀다. 1400년 12월 21일 그는 런던에 도착했고, 헨리 4세의 호위를 받으며 도시로 들어갔다. 마누엘은 두드러진 신앙심과 진심으로 동정을 얻었고, 수행원인 수염 기른 사제들의 이국적인 모습은 두 달에 걸친 방문 동안 어디를 가든 놀라움을 불러일으켰다. 당대 잉글랜드 역사가인 어스크의 애덤Adam of Usk은 이렇게 썼다.

이 황제는 언제나 시종들과 함께 걸었는데, 그들은 모두 비슷한 옷을 입고 있었다. 타바드tabard처럼 재단된 같은 색깔(흰색)의 옷이었다. (…) 그의 사제들은 머리칼이나 수염을 자르지 않았다. 이 그리스인들은 예배에 매우 열심이었는데, 여기에는 병사들과 사제들이 함께 참여했다. 그들은 자기네 모국어와 상관없이 함께 성가를 읊조렸다.[17]

마누엘은 샤를과 헨리 모두로부터 환대를 받고 더없이 정중한 대우를 받았기 때문에 바예지드에게 맞서기 위해 필요한 도움이라면 뭐든지 보내줄 것이라고 확신했다. 그러나 잉글랜드 전역에서 마누엘을 위해 모금된 것이 사라져버린 듯했다(그리고 그것이 사라진 문제에 대해서는 1426년까지도 여전히 조사가 진행되고 있었다).[18]

마누엘은 1403년 초에 귀국해 자기네의 환경이 크게 변했음을 알게 되었다. 그의 도시는 오스만 세력의 종말을 예고하는 듯한 사건으로 말미암아 임박한 파괴로부터 살아남았다. 바예지드의 군대가 앙카라에서 티무르의 군대에 패배한 것이다. 바예지드의 패배로 아나톨리아는 발칵 뒤집어졌고, 발칸반도는 극심한 혼란에 휩싸였다. 장기적으로 보아 그 패배는 또한 콘스탄티노폴리스가 동로마의 수도로 50년 동안 더 존속할 수 있게 했다.

30년 전에 티무르는 중국에서부터 이란까지 이르는 여러 차례의 원정에 나섰고, 오스만의 경우에는 앙카라에서의 대결로 정점을 이루었다. 티무르는 스스로를 칭기스 칸의 후계자이고 따라서 아나톨리아의 셀주크-일한국 영토의 상속자라고 생각했다. 그것이 그로 하여금 여전히 독립적인 지역 왕조들의 난립 속에 만연한 분열을 이용하기 위한 강력한 위치를 차지할 수 있게 했다. 그러나 바예지드는 이 지역을 잠식해 들어가고 있었고, 1398년 여름 시바스의 베이인 카드 부르한엣딘 아흐메드가 살해된 뒤 오스만이 이곳을 점령하면서 바예지드와 티무르의 영향권은 아나톨리아 동부에서 맞닿았다. 바예지드는 자신이 티무르로부터 독립적이라는 반항의 표시로서 카이로의 칼리파에게 '룸Rūm 술탄'이라는 칭호를 달라고 요청했다. 아나톨리아의 셀주크 술탄들이 사용했던 칭호다. 티무르는 바예지드에게 자신의 종주권을 인정하라고 요구했지만 바예지드는 단칼에 거부했다.[19] 카드 부르한엣딘을 살해한 악코윤루('백양') 튀르크멘 부족연맹의 수장(그는 아나톨리아 동남부의 디야르바크르를 본거지로 삼고 있었다)은 티무르에게 도움을 청했고, 티무르는 이에 응답해 1399년 자신의 치세 중 가장 긴 원정에 나섰다. 이 원정은 7년 동안 지속되었다.

대략 비슷한 시기에 바예지드는 자신의 동맹인 바그다드의 술탄 아흐마드 잘라이르Aḥmad Jalāyir와 아나톨리아 동부 반Van에 중심지를 둔 튀르크멘 부족연맹 카라코윤루Karakoyunlu('흑양黑羊') 수장에게 설득되어 유프라테스강 서쪽의 몇몇 맘루크 요새를 점령하기 위한 원정을 조직했다. 이 원정은 어느 정도 성공을 거두었지만, 티무르에게는 심한 모욕이었다. 1400년 여름 바예지드가 콘스탄티노폴리스 포위전에 몰두하고 있을 때 티무르는 시바스를 점령하고 이어 유프라테스강을 따라 남진해 맘루크 영토인 다마스쿠스까지 진군했고, 그뒤에 아제르바이잔 쪽으로 방향을 틀었다.[20]

티무르의 군대와 바예지드의 군대는 1402년 7월 28일 앙카라 부근에서 만났다. 티무르는 약 14만 명의 병력을 동원했고, 바예지드의 군대는 총 8만 5천 명이었다. 티무르 군에는 바예지드가 즉위한 직후 오스만의 통제를 받게 되어 불만을 품은 아나톨리아 서부 베이국들의 이전 지배자들이 포함되었다. 아이든, 사루한, 멘테셰, 게르미얀에서 축출된 이 지배자들은 모두 티무르의 궁정으로 도피했고, 이들에게 충성을 바치던 부하들은 이제 바예지드의 신민으로서 그의 지휘를 받고 있었다. 바예지드 직속 기병과 보병은 그의 군대의 핵심을 이루었다. 직속 보병 가운데는 예니체리('새로운 군대')라 불리는 보병 군단이 있었다. 이 보병 부대는 처음에 술탄 무라드 1세 치세에 발칸반도의 기독교도 땅에서 잡은 전쟁 포로들로 구성되었으며, 바예지드가 안정적인 인력 공급원을 확보하기 위해 발칸반도의 기독교도 신민들 가운데 소년을 뽑는 데브시르메devşirme('징발')를 채택해 제도화했다.* 바예지드의 군대에는 그의 제후인 세르비아의 스테판 라자레비치나 최근 정복당한 테살리아에서 온 블라흐인 등도 있었다. 또한 '타타르인' 지원군도 있었다. 이 전투에서 티무르의 포로가 된 요하네스 실트베르거의 전투에 대한 짧은 목격 기록을 보면 그들의 수는 3만 명에 이르렀고, '백白타타르' 출신이었다.[21] 이들이 티무르의 진격 이전에 카스피해와 흑해 북안의 자기네 땅에서 서쪽으로 달아난 사람들이었음을 시사한다. 이에 대해서는 최근에 의문이 제기됐으며, 이 '타타르인'들은 오히려 아나톨리아 동부 출신의 튀르크멘 부족민이었을 듯하다.[22]

전투는 온종일 계속되었다. 양군의 진형은 비슷했다. 지배자가 한가운데 자리잡고, 보병(바예지드의 경우에는 예니체리)이 그를 둘러쌌으며, 기병이 양 날개에 위치했다. 이 전투에 대한 가장 이른 기록은 바예지드와 함께 싸웠으나 전장에서 도망친 크레타인이 남긴 글이다.

---

* 이 시기부터 17세기 초에 이르기까지 오스만 관리들은 정기적으로, 그러나 시간이 지나면서 갈수록 산발적으로 기독교도 마을(처음에는 아나톨리아보다는 발칸반도의 마을들을 대상으로 했다)에 가서, 군인으로서 집중 교육을 받고 행정 기구에서 일하거나 술탄의 궁정 및 그의 고위 관리를 위해 일할 소년들을 선발했다. 선택된 소년들은 이슬람교로 개종해야 했고, 특히 군대로 보내진 사람들은 오직 술탄에게만 충성하도록 훈련받았다.

바예지드의 군대는 160개 중대로 이루어졌다. 처음에 티무르의 군대가 그 가운데 4개 중대를 궤멸시켰다. (그 가운데 셋의) 지휘관은 위대한 이슬람 지도자 타미 코자페로 모르체스베이Tami Cozafero Morchesbei(피루즈 베이Firuz Bey), 바예지드의 아들(쉴레이만 왕자), 라제로Lazzero 백작의 아들(스테판 라자레비치)이었고, (…) (네 번째 부대의 지휘관은) 바예지드였다. 바예지드의 병사들은 아주 용감하게 싸워 티무르의 병력 대부분이 흩어졌고, 티무르가 전투에서 패배했다고 생각했다. 그러나 티무르는 다른 곳에 있었고, 즉각 10만 명을 보내 바예지드와 그 부대를 포위하게 했다. 그들은 바예지드와 그의 두 아들을 사로잡았다. 바예지드의 부대 가운데 단 6개 중대만이 전투에 참여했고, 나머지는 달아났다. 티무르는 승자가 되었다.[23]

주석가들은 티무르의 군대가 먼저 앙카라에 도착해 개울가에 군영을 차리는 바람에 바예지드의 병사와 군마는 물을 얻을 수 없었다고 지적했다. 실트베르거에 따르면 티무르에게는 훈련받은 코끼리 32마리가 있었고,[24] 그 등 위에서 그는 '그리스 화염'으로 알려진 유명한 액체 소이제燒夷劑를 오스만 병사들에게 발사했다고 한다.[25] 이것이 바예지드가 이기고 있다고 착각했다가 결국 포위당하고 패배한 일을 잘 설명해줄 것이다. 그러나 오스만 역사가들은 바예지드가 휘하 병력 다수의 탈주 때문에 전투에서 패배했다는 데 의견을 모으고 있다. 많은 수의 '타타르인'들, 그리고 한때 독립국이었던 아나톨리아 서부 베이국 출신의 병사들(그들은 싸움에 나서지 않았다)이 모두 그랬다. 바예지드와 그 아들 무사Musa는 포로가 됐으며, 바예지드의 세르비아인 아내와 다른 아들 무스타파Mustafa도 마찬가지였을 것이다. 다른 아들들인 이사isa, 쉴레이만, 메흐메드Mehmed(나중의 술탄 메흐메드 1세)는 달아났다. 바예지드의 정복은 하루아침에 물거품이 되었다. 티무르의 침략 이전에 바예지드의 영토는 도나우강부터 거의 유프라테스강까지 뻗쳐 있었다. 이제 오스만 영토는 1389년 그의 아버지가 물려준 수준으로 줄어들었다. 8년간의 콘스탄티노폴리스 봉쇄는 끝이 났다. 티무르는 카라만, 게르미얀, 아이든, 사루한, 멘테셰 등의 베이들에게 영토를 돌려주었으며, 아나톨리아의 나머지 바예지드의 영토에 대해서도 1년 동안 습격과 약탈을 벌여 자신의 종주권을 강요했다.

역사가들은 바예지드가 앙카라에서 패배한 이야기를 기록하면서, 오스만 왕조를 덮친 재앙에 대한 해명을 모색했다. 15세기 역사가 아슈옥파샤자데Aşıkpaşazade는 바예지드에게 패배의 책임을 물으며, 그가 난봉꾼이었으며(바예지드의 동시대인들의 한결같은 시각이다[26]) 세르비아인 아내가 그의 음주를 부추겼다고 비난했다. 그는 또한 바예지드의 와지르 찬다를르 알리 파샤가 종교적 자격이 의심스러운 성자들과 어울렸다고 비판했다.[27] 티무르에게 패배한 것도 충분히 굴욕적이었지만, 이후 세대들에게 가장 통탄스러웠던 것은 그뒤 바예지드의 아들들이 후계자 자리를 놓고 벌인 분쟁이었다. 앙카라 전투에서 무사 왕자와 아마도 무스타파 왕자가 티무르에게 붙잡힌 상태에서 쉴레이만, 메흐메드, 이사는 즉각 자신의 왕위 계승 주장을 지원할 동맹자를 찾기 위해 움직였다. 또다른 아들 유수프Yusuf 왕자는 콘스탄티노폴리스로 피신해 기독교로 개종하고 데메트리오스Dēmétrios라는 이름으로 세례를 받았다.[28] 이후 20년 동안 벌어진 내전은 오스만 국가에 전례 없는 규모의 혼란과 고통을 초래했다.

한때 강력한 지배자였던 바예지드는 굴욕적인 패배로 인해 비극적인 인물이 되었다. 앙카라 전투 이후 100년 뒤의 오스만 역사가들은 그의 운명에 동정을 품어, 티무르가 아나톨리아 곳곳에서 승전 행진을 할 때 굴욕을 당한 술탄을 쇠우리에 가두어 끌고 다녔다고 썼다. 그러나 후대의 역사가들은 이를 공상으로 치부한다. 보다 당대에 가까운 오스만 작가들은 바예지드가 패배의 치욕을 견디지 못하고 스스로 목숨을 끊었다고 주장했다.[29] 술탄 바예지드의 운명에 관한 진실은 좀더 평범했던 듯하다. 실트베르거가 당시에 쓴 기록에 따르면, 그는 1403년 3월 아나톨리아 중서부의 도시 악셰히르에서 자연사했다.[30] 유해는 방부 처리한 후 처음에는 셀주크 성자의 무덤에 안장했다. 당대 역사가들은 그의 아들 무사가 곧 티무르로부터 허락을 받아 유해를 부르사로 옮겼다고 전한다.[31] 바예지드의 아들 쉴레이만이 바예지드를 위해 이곳에 만든 무덤의 비문에 따르면, 바예지드는 1406년에 매장되었다.[32] 수십 년 후에 동로마 역사가 두카스Doukas는 그뒤에 카라만의 알라엣딘의 아들이 무덤을 파고 유해를 꺼냈다고 썼다. 1397년 바예지드가 콘야에서 자기 아버지를 처형한 데 대한 복수였다.[33]

술탄 바예지드의 패배는 후대 서방 작가, 작곡가, 화가들에게 인기 있는 주제가 되었다. 그들은 바예지드가 티무르에 의해 사마르칸트로 끌려갔다는 전설을 한껏 즐기며, 그 이야기를 여러 등장인물로 윤색해 그 호소력을 유지시킨 동양적 공상물로 만들었다. 크리스토퍼 말로Christopher Marlowe의 연극 〈탬벌레인 대왕Tamburlaine the Great〉〔영어의 Tamburlaine 또는 Tamerlane은 '절름발이 티무르'를 뜻하는 페르시아어 Tīmūr-i Lang이 와전된 것이며, 뒤에 나오는 Tamerlano는 이탈리아어형이다〕은 1587년 런던에서 처음 상연됐는데, 이해는 윌리엄 하본William Harborne이 레반트상사商社의 대리인으로 이스탄불에 가서 잉글랜드-오스만 교역 관계를 공식 개설한 지 3년이 지난 때였다. 1648년에는 장

마뇽Jean Magnon의 연극 〈티무르 대왕과 바예지드Le Gran Tamerlan et Bajezet〉
가 등장했고, 1725년에는 헨델의 〈타메를라노Tamerlano〉가 런던에서 처
음 공연되었다. 이 이야기를 변형한 비발디의 오페라 〈바야체트Bajazet〉
는 1735년에 만들어졌다. 마뇽은 바예지드에게 흥미로운 아내와 딸을
더했고, 헨델과 비발디의 해석에는 티무르와 바예지드 및 그 딸과 함
께 동로마의 왕자와 트라브존의 공주가 더해져 열정적이고도 믿을 수
없는 사랑 이야기가 만들어졌다. 이 주제는 오스트리아 그라츠 부근
에겐베르크궁의 회화 연작으로도 표현되었다. 이 연작은 강력한 오스
만 군대가 중부 유럽에서 합스부르크 왕조를 공격하기 직전인 1670년
대에 완성되었다.[34]

쉴레이만 왕자와 그 추종자들(바예지드의 와지르인 찬다를르 알리 파샤
도 그중 하나다)은 아나톨리아를 티무르에게 넘겨주고 아버지의 영토 서
부의 통제권을 장악하겠다는 전략적 결정을 했다. 오스만 왕조와 마찬
가지로 티무르에게도 역사가들이 있었고, 이들 역시 특정한 관례를 준
수했다. 티무르의 사관 샤라풋딘 알리 야즈디Sharaf al-Dīn 'Alī Yazdī는 티무
르가 쉴레이만을 추격하지 않은 것이 나약함으로 해석되지 않을까 우
려하면서, 그의 주인이 쉴레이만과 사절을 교환했고 쉴레이만은 루멜
리에서 자유로이 행동할 자유를 얻는 대가로 티무르의 종주권을 인정
했다고 썼다.[35] 쉴레이만은 발칸반도의 기독교 세력들과 협상을 시작
했다. 그 목표는 자신의 약화된 국가(그러나 여전히 이 지역에서 가장 큰
나라였다)에서 그들이 루멜리 영토에 대한 역사적인 권리 주장에 나서
는 것을 미연에 방지하기 위함이었다. 그의 재빠른 행동은 또한 발칸
반도 내의 그의 제후들(동로마, 세르비아, 라틴계 세력)이 과거 아나톨리

아의 베이들처럼 오스만 영토의 분할에서 이익을 얻는 것도 방지했다. 그럼에도 불구하고 1403년 겔리볼루에서 체결된 조약의 조항에 따라 쉴레이만 왕자는 영토 양도에 동의했다. 몇 달 전만 해도 상상할 수 없는 일이었다. 게다가 동로마는 제후 신분에서 벗어났고, 몇몇 라틴계 고립지도 마찬가지였다. 세르비아 군주들이 서로 반목하지 않았다면 세르비아 역시 제후 신분을 벗어났을 것이다. 황제 마누엘 2세가 얻은 곳 중에는 흑해 서남 해안과 테살로니키도 있었다. 그는 쉴레이만의 동의 아래 중요한 추가 양보도 얻어냈다. 티무르가 공격해올 경우 그를 도우러 오기로 한 것이다. 동로마의 오스만 왕조에 대한 공포가 이렇게 완화되자 마누엘은 대담해져서, 콘스탄티노폴리스에서 활동하는 오스만 상인들을 추방하고 그들 공동체에 이바지하기 위해 최근에 지어진 마스지드를 철거했다.[36] 베네치아와 제노바는 모두 쉴레이만이 통제하는 지역에서 유리한 무역 협정을 얻어냈다.[37] 베네치아의 협상자 피에트로 제노Pietro Zeno에 따르면, 가지 에브레노스 베이는 그와 그 동료 변경 영주들이 확보한 땅을 오스만 가문의 한 성원에게 양도하는 데 강하게 반대했다.[38]

이후의 사건들을 다룬 가장 잘 알려진 자료는 내전에서 최후의 승자가 된 메흐메드 왕자를 찬양하는 익명의 글이다. 앙카라 전투 이후 메흐메드는 아나톨리아 중북부의 본거지로 물러나 있다가 1403년 티무르가 동쪽으로 돌아가자 다시 모습을 드러냈다. 그뒤 메흐메드는 마르마라해 남쪽에서 벌어진 전투에서 이사 왕자를 물리치고 이사가 장악하고 있던 부르사로 들어갔다. 그의 군대는 이후 오스만 왕조의 지배로부터 독립을 회복했다고 주장하는 여러 지방 군주들과 전투를 벌였다. 이사 왕자 또한 카이세리에서 티무르의 군대와 싸움을 벌였던 듯하지만, 그뒤 아나톨리아 서북부로 물러났다가 1403년 후반에 결국 쉴레이만에게 피살되었다.[39] 쉴레이만 왕자의 겔리볼루 조약은 발칸반도에 안정을 가져왔다. 1404년에 그는 아나톨리아로 건너가 메흐메드 왕자의 손에 있던 부르사와 앙카라를 취했고, 메흐메드는 아나톨리아 중북부의 토카트로 물러났다. 쉴레이만은 루멜리와 아나톨리아(멀리 앙카라까지에 이르렀다)를 모두 지배했고, 그 아버지의 후계자로서 그의 미래는 확고한 듯했다. 실제로 일부 역사가들은 그가 술탄이 된 것으로 간주해 쉴레이만 1세라고 부르기도 한다.

그러나 1409년에 새로운 인물이 무대에 등장해 쉴레이만의 영토를 위협했다. 그의 동생 무사 왕자는 1403년 티무르에게서 풀려나 게르미얀 베이의 보호 아래로 들어갔고, 게르미얀 베이는 다시 무사를 메흐메드에게 넘겨주었다. 쉴레이만에 대한 공격은 전혀 예상치 못한 방향에서 왔다. 무사는 아나톨리아 북부의 항구 시노프에서 배를 타고 왈라키아로 갔고, 그곳에서 왈라키아 보예보다 미르체아 1세의 딸과 혼인함으로써 이 지역에서 발판을 마련했다. 미르체아는 바예지드에 대한 반감을 쉴레이만에게로 옮겼고, 무사 편을 드는 것이 자신에게 이익이 될 것이라고 주판알을 튀겼다. 무사의 루멜리 원정은 차질도 있었지만, 1410년 5월에 그는 쉴레이만의 수도 에디르네를 점령하고 겔리볼루에 도달해 쉴레이만으로 하여금 약간 서둘러 아나톨리아로부터 귀환하게 했다. 마누엘 황제는 이 계승 분쟁이 자신에게 유리하다고 생각해 이를 질질 끌게 하려고 노력했다. 그는 1403년 조약의 결과로 아나톨리아와 루멜리 사이의 왕래에 대한 통제권을 다시 얻었고, 보스포루스 해협 건너편의 쉴레이만을 도와주었다. 그러나 쉴레이만은 곧 무사의 명령에 의해 에디르네 부근에서 처형당했고(익명의 역사가를 믿는다면 그는 술에 취한 상태였다고 한다), 전쟁터에는 메흐메드와 무사만이 남았다.

무사 왕자는 이렇게 해서 형 쉴레이만의 루멜리와 아나톨리아 양쪽 영토를 물려받았고, 이후 2년 동안 불안하게 이곳들을 통치했다. 쉴레이만의 아들 오르한Orhan은 콘스탄티노폴리스로 피신했고, 그가 자신에게 불만을 품은 세력의 중심이 될까 우려한 무사는 1411년 가을에 콘스탄티노폴리스를 포위했지만 그 노력은 아무런 소득도 없었다. 그의 참모와 장수들은 점차 그를 버렸고, 그의 형 메흐메드 왕자는 이제 마누엘의 도움을 받아 보스포루스 해협을 건넌 뒤 트라케의 차탈자 부근의 전투에서 무사와 격돌했다. 그리고 메흐메드는 아나톨리아로 돌아갔다. 무사는 승리를 거두었지만, 옛 동맹자 스테판 라자레비치가 서북쪽에서 군대를 이끌고 루멜리에 있는 그의 영토를 침략했다. 스테판은 이듬해 무사가 세르비아의 요새 몇 군데를 공격해 보복하면서 대가를 치렀다. 1413년 오르한은 테살로니키에 상륙했는데, 아마 세르비아를 향한 무사의 눈을 다른 곳으로 돌리게 하려는 마누엘 황제의 부추김 때문이었을 것이다.[40] 무사는 오르한을 사로잡았지만 어떤 이유에서인지 그를 풀어주었고, 테살로니키 탈환도 실패했다.

이웃 국가들은 왈라키아의 지원을 받는 무사 왕자가 메흐메드 왕자보다 더 큰 위협이라고 보았다. 스테판 라자레비치는 메흐메드에게 무사에 맞서는 공동 작전에 합류할 것을 요청했다. 마누엘 또한 메흐메드의 편에 서서 그와 그의 병력을 싣고 다시 한번 루멜리로 건너갈 수 있게 배를 제공하고 병력을 공급했다. 양쪽 군대가 소피아 남쪽에서 맞닥뜨렸을 때, 메흐메드의 군대에는 아나톨리아 동남부 둘카드르 베이국에서 온 병력(메흐메드가 그 베이의 딸과 혼인한 덕분이었다), 황제가 제공한 동로마 병력, 스테판 라자레비치가 지휘하는 세르비아·보스니아·헝가리 병력, 전투 직전까지 무사에 대한 지지가 확고했던 아이든에서 온 병력, 변경 영주 가지 에브레노스 베이가 지휘하는 루멜리 병력이 포함돼 있었다. 무사의 군대는 전투에서 강력한 공격을 했지만 결국 패주할 수밖에 없었다. 무사는 타고 있던 말이 넘어져 낙마했고, 메흐메드의 장수에게 살해당했다.[41]

1413년 무사 왕자가 죽자 내전은 다시 한번 끝날 것처럼 보였고, 승계는 메흐메드 왕자(이때 이후 술탄 메흐메드 1세로 알려지게 된다)의 몫으로 결론이 났다. 술탄 메흐메드의 첫 번째 관심사는 군사적으로 자신을 지원했지만 1402년 앙카라 전투에서 티무르가 승리한 뒤 되찾은 독립을 포기할 생각이 없는 다양한 아나톨리아 베이국들의 충성을 얻는 것이었다. 메흐메드는 특히 카라만과 아이든(그 베이는 쥐네이드Cüneyd였다)으로부터 심한 저항에 직면했다. 이즈미르에 있던 쥐네이드의 거점은 결국 키오스섬, 레스보스섬, 포차(포카이아)의 제노바인들 및 로도스섬의 구호기사단 같은 동맹자들의 도움을 받아 점령했다. 쥐네이드는 술탄 바예지드가 1396년에 십자군에게 승리를 거둔 지역인 도나우강 유역의 니코폴 총독으로 임명되었다.[42] 이전 반란 세력을 국가의 관직에 임명하는 것은 초기부터 오스만 행정에서 반복적으로 나타난 관행이었다. 오스만 왕조는 패배한 지방 군주(그리고 나중에는 지나치게 독립적인 국가 관리)를 죽여 그 열성 지지자들 사이에서 추가적인 소요를 조성하는 위험을 떠안기보다는 보상으로 관직을 주어 달래는 편이 더 현명한 일임을 알았다.

이후 2년이 되기도 전에 술탄 메흐메드는 아나톨리아의 이전 오스만 영토를 거의 회복했고, 이에 따라 마누엘 황제의 입지가 약화되었다. 그는 오스만의 공위기空位期에 술탄 자리를 놓고 경쟁하는 이런저런 사람을 지원하면서 얻었던 주도권을 잃고 싶지 않았다. 그의 손에 남은 마지막 수단은 쉴레이만의 아들 오르한이었다. 오스만 가문의 내분을 지속시키기 위한 절박한 마지막 시도로 그는 오르한을 왈라키아로 보냈다. 그곳의 보예보다 미르체아 1세는 아직 이 지역에서 오스만 세력의 확실한 적으로 남아 있었다. 그러나 오스만인이 충성을 바칠 구심점의 대안이었던 오르한의 유용성은 이로써 끝장이 났다. 메흐메드는 오르한이 멀리 가기 전에 서둘러 그를 만났고, 그를 실명시켜 버렸다. 그뒤 1415년에 갑작스레(그리고 전혀 예상치 못한 가운데), 사라졌던 메흐메드의 형 무스타파 왕자, 혹은 매우 그럴듯한 무스타파 사칭자(그는 '가짜' 무스타파로 알려졌다)가 왈라키아에 나타났다. 아나톨리아 동북쪽 해안 트라브존의 동로마 전초기지를 거쳐 간 것이었다. 무스타파는 1402년 아버지 및 동생 무사와 함께 포로로 잡혔다고 알려졌지만, 그 사이에 어디에 있었는지는 여전히 모호하다.[43] 그가 티무르의 궁정에서 포로로 잡혀 있었고, 1405년에 죽은 티무르의 아들이자 후계자인 샤루흐Shahrukh가 그를 풀어준 것은 오스만 왕조의 계승 분쟁을 재점화하기 위해 시점을 맞추었다는 이야기가 솔깃하다.[44] 1416년 샤루흐는 메흐메드에게 편지를 써서 그가 형제들을 제거한 것에 대해 항의했다. 메흐메드는 도전적으로 "한 왕국은 두 파디샤pādişāh(황제)를 품을 수 없고 (…) 우리 주위의 적들은 언제나 기회를 노리고 있다"는 변명을 내놓았다.[45] 샤루흐 자신은 다른 경쟁자들과 10년이 넘는 투쟁을 거치고서야 권좌에 올랐고, 자기 아버지와 마찬가지로 주변에 약한 국가들이 있기를 바랐다.

메흐메드가 최근에 루멜리에 다시 세운 권위는 형 무스타파가 이끄는 도전에 직면했던 듯하며, 무스타파의 사절들은 마누엘 황제 및 베네치아와 협상을 개시했다. 메흐메드가 아이든의 쥐네이드를 임명해 도나우 변경을 장악하고 왈라키아에 맞서게 한 결정은 잘못된 판단임이 드러났다. 그의 이전 적수인 쥐네이드가 곧바로 무스타파에게 귀순했기 때문이다.[46] 그럼에도 불구하고 두 사람은 패배했고, 그들이 동로마 도시 테살로니키로 피신하자 마누엘 황제는 메흐메드가 살아 있는 동안 두 사람을 구금해두어야 한다는 설득에 넘어갔다.[47]

극심한 경제적·사회적 위기가 닥친 시기에 카리스마 있는 인물들의 출현과 그들이 지지자들을 끌어 모으는 능력은 유럽의 역사에서와 마찬가지로 오스만 왕조에서도 대단히 강력한 힘을 발휘했다. 술탄 메흐메드가 형 무스타파의 도전을 꺾은 해인 1416년에 그는 발칸 지방을 통치하려는 그의 노력에 맞선 또다른 반란에 직면했다. 이 봉기는 셰이흐 베드렛딘Şeyh Bedreddin이 이끌었다. 그는 이슬람 성직자 사회에서 저명한 인물로, 에디르네의 바로 서남쪽에 위치한 시마브나(키프리노스)라는 도시에서 이슬람교도 아버지와 기독교도 어머니 사이에서 태어났다. 셰이흐 베드렛딘은 또한 신비주의자였다. 그는 콘야와 카이로에서 신학을 공부한 뒤 아제르바이잔의 아르다빌로 갔다. 이곳은 당시 티무르 왕조의 지배를 받고 있었으며 신비주의 사파비 교단의 본거지였다. 아르다빌은 그의 범신론 사상, 그리고 특히 '존재의 단일성wahdat al-wujūd' 원리를 발전시키는 데 호의적인 환경이었다.

'존재의 단일성' 원리는 지상의 삶을 규정하는 대립들(예컨대 종교들 사이의 대립, 특권층과 힘없는 자들 사이의 대립 같은)의 제거를 추구했다. 이 대립이 개인과 신의 합일을 방해하는 것으로 여겨졌기 때문이다.

'단일성'을 위한 투쟁은 신비주의자들에게 중요한 역할을 하게 했다. 그들은 사람들을 신과의 합일로 인도하는 지혜를 가졌고, 따라서 그 일을 맡은 것은 정통파 성직자가 아니라 그들이었다. 이 이론은 정복을 통해 순나파 이슬람교를 국교로 삼고 오스만 왕조를 정점으로 하는 국가를 수립하려는 그들의 노력을 전개하는 데서 매우 파괴적일 수 있는 것이었다.[48]

술탄 메흐메드에 반대하는 분위기 속에서 셰이흐 베드렛딘은 자신의 신념을 설교할 기회를 엿보았던 듯하다. 1415년에 그는 갑자기 유배지 이즈니크(베드렛딘은 무사 왕자 휘하에서 에디르네의 대법관 자리에 있었으나, 무사가 죽은 뒤 이곳으로 보내졌다)를 떠나 흑해 해안의 시노프를 거쳐 왈라키아로 갔다. 셰이흐 베드렛딘은 무스타파와 쥐네이드의 지지자 등 메흐메드에게 실망한 사람들의 명목상 수장이 되었다. 그 지지자들의 본거지는 도나우강 삼각주 남쪽에 있는 루도고리에(델리오르만, '광기의 숲') 지역이었다. 이곳에서는 이전 시기의 격렬한 투쟁이 오스만 정복의 결과로서 경험한 혼란을 더욱 가중시켰는데, 그는 다른 신비주의자나 농민들 외에도 오스만 종주권이 강제되면서 지방 권력을 빼앗겨 불만을 품은 변경 영주와 그 추종자들 사이에서도 지지자를 모았다. 변경 영주와 그 휘하 사람들의 물질적 이해관계는 셰이흐 베드렛딘이 대법관으로 있는 동안 무사를 대신해 양여한 토지를 메흐메드가 환수하면서 부정적인 영향을 받았다.

셰이흐 베드렛딘이 자신의 혼합주의적 메시지를 설교하고 그 제자인 뵈르클뤼제 무스타파Börklüce Mustafa와 토를라크 케말Torlak Kemal이 그 말을 아나톨리아 서부에서 전파하자 오스만 당국은 깜짝 놀랐다. 한때 그 고위층 사이에서 기독교 신앙 활동이 허용됐지만 이제 정부는 동화정책을 꺼내 들었으며, 포고령에서는 종교적인 용어로 불만을 표하는 사람들을 묘사하면서 모욕적인 표현을 사용했다. 국가와 공식 역사가들은 이들을 '시골뜨기', '무지렁이', '쌍것' 따위로 낙인찍음으로써 이때는 물론 나중에도 터져 나오는 대중의 불만을 불법적이고 용납할 수 없는 일로 규정했다. 이렇게 대중 저항이 나타나면서 메흐메드는 좀더 생산적인 곳에 투입하고자 했을 자원과 정력을, 이들을 억압하는 데로 돌려야 했다.

셰이흐 베드렛딘이 루멜리에서 일으킨 반란은 오래가지 못했다. 술탄 메흐메드의 부하들은 곧 베드렛딘을 체포해 세레스로 보냈고, 그는 재판을 받은 뒤 그곳의 시장에서 처형되었다. 재산은 공동으로 소유해야 하며 다양한 종교와 그 예언자들 사이에 차이가 없다고 설교해 공공질서를 교란한 죄였다. 그러나 셰이흐 베드렛딘의 가르침은 계속해서 영향력을 발휘했다. 16세기 말과 그 이후까지도 그의 종파는 국가에 대한 위협으로 인식됐고,[49] 그가 설교한 원리는 제국이 존재하는 내내 무정부주의적 신비주의 종파 사이에서 널리 통용되었다. 예니체리와 연관이 있던 데르비시 교단인 베크타시가 그의 가르침을 신봉한 것이 가장 대표적인 예다.

셰이흐 베드렛딘의 이름은 현대 튀르키예에서도 아직 살아 있다. 정치 스펙트럼의 왼쪽에 있는 사람들에게는 특히 친숙하다. 튀르키예의 공산주의자 시인 나즘 히크메트Nâzım Hikmet의 긴 담시譚詩 〈셰이흐 베드렛딘 이야기Simavne Kadısı Oğlu Şeyh Bedreddin Destanı〉 덕분이다. 그는 자신의 1930년대 반파시즘 투쟁의 자극과 동기가 셰이흐 베드렛딘에게서 왔다고 생각했다. 시는 셰이흐 베드렛딘의 추종자들이 자신들의 '단일성'을 선언하고 술탄의 군대와 마주했을 때 절정에 달한다.

바다에서 모두 함께 노래를 부르며

그물을 당겨 올릴 수 있었으면

함께 쇠를 불려 끈처럼 만들 수 있었으면

모두 함께 땅을 갈고

꿀이 가득한 무화과를 함께 먹으며

이렇게 말할 수 있었으면:

사랑하는 이의 뺨을 제외한 모든 것을

모든 곳에서

우리 모두가 공유하자고.

이를 이루기 위해

만 명의 영웅 중 8천 명을 바쳤네.[50]

현대의 셰이흐 베드렛딘의 추종자들은 튀르키예 당국의 역반응을 매우 우려해, 1924년 그리스–튀르키예 주민 교환 시기에 그리스로부터 그 유해를 파내 가져왔지만 매장할 곳을 찾지 못했다. 그러다가 1961년에 이스탄불 카팔르차르슈으Kapalıçarşı('지붕 덮인 시장') 근처에 있는 술탄 마흐무드 2세Mahmud Ⅱ의 영묘 부근 묘지에 묻혔다.

형 무스타파 왕자와 그 동맹자 쥐네이드는 동로마에 안전하게 구금돼 있고 셰이흐 베드렛딘은 죽어, 술탄 메흐메드는 아나톨리아로 돌아가 다시 카라만 왕조를 정복하고자 했다. 그러나 카라만은 강력한 맘루크 술탄국의 제후로 복속했기 때문에 메흐메드는 퇴각하는 것 외에 다른 도리가 없었다. 그러나 그는 셰이흐 베드렛딘이 왈라키아로 갈 때 지났던 아나톨리아 중북부의 이스펜디야르 왕조의 영토를 합병하는 데 성공했고, 왈라키아의 미르체아 1세에게 조공을 바칠 것을 강요했다. 속국의 관례에 따라 미르체아는 처신을 잘하겠다는 담보로 세 아들을 메흐메드의 궁정에 인질로 보냈다. 이 세 소년 가운데 하나가 후일 '체페슈Tepeş'(관통형貫通刑 집행자)라 불리게 될 블라드 드러쿨레아Vlad Drăculea였다. 그는 트란실바니아의 민중 전설에서 흡혈귀로 악명을 떨치게 된다.

술탄 메흐메드는 1421년 낙마 사고로 사망할 때까지도 여전히 아버지 바예지드가 아나톨리아와 루멜리에서 차지했던 영토를 완전히 복구하지 못한 상태였다. 그는 생애 말년에 병마에 시달렸고, 승계 문제를 충분히 숙고할 시간이 있었다. 그의 최대 목표는 자신이 경험했던 권력 투쟁과 같은 분란을 피하는 것이었다. 그의 와지르들은 아직 스무 살이 되지 않은 그 아들 무라드 2세가 부르사에서 술탄으로 즉위할 때까지 메흐메드의 죽음을 비밀에 부쳤다.

당대의 역사가 두카스는 메흐메드가 어린 두 아들 유수프와 마흐무드를 콘스탄티노폴리스로 보내 황제 마누엘 2세에게 볼모로 맡기려 했다고 썼다. 이를 통해 그는 형인 '가짜' 무스타파의 계속적인 구금을 보장하고, 이에 따라 세 사람 중 누구라도 자신을 계승하기 위한 권력 투쟁에 나설 위험을 제거하기를 원했다. 결국 유수프와 마흐무드는 마누엘에게 넘겨지지 않았고, 메흐메드의 죽음은 '가짜' 무스타파와 쥐네이드의 석방을 재촉했다. 두카스는 어린 두 왕자를 넘기지 않은 것은 메흐메드의 와지르 바예지드 파샤Bayezid Paşa 때문이라며 "이슬람교도의 아이들을 신앙이 없는 자에게 양육하게 하는 것은 좋지도 않고 선지자의 포고에도 맞지 않는다"라고 주장했다.[51] 마누엘의 지원을 받은 무스타파와 쥐네이드는 루멜리의 겔리볼루에 상륙했고, 그들은 그곳에서 에브레노스 가문과 투라한 가문 등 이 지역의 가장 유명한 변경 영주들의 지원을 받았다. 그러나 이들은 에디르네에 도착하기 전에 바예지드 파샤가 이끄는 군대를 만났다. '가짜' 무스타파는 20년 전 앙카라 전투에서 입은(그렇게 주장했다) 흉터를 바예지드 파샤의 병력에게 보여주어 그들이 탈주하도록 유도했다. 바예지드 파샤는 처형당했고, 무스타파는 에디르네를 점령해 수도로 삼고 그곳에서 주화를 발행했다. 이전에 그의 형제인 쉴레이만, 무사, 메흐메드가 그랬듯이 자신을 술탄으로 선언한다는 의미였다.[52] 루멜리인들이 술탄 메흐메드의 아들이자 지명 후계자인 무라드 2세에게 충성하지 않고 기꺼이 무스타파 왕자에게 귀의한 것은 이 변경 전사들이, 오스만의 동반자로서 그들 자신이 정복한 영토에 단일하고 중앙집권적인 통치를 부과하려는 오스만의 노력을 여전히 거북하게 바라보았다는 징표였다. 무스타파는 약 6년 전에 동생인 술탄 메흐메드에 맞섬으로써 스스로 그들의 동맹자임을 입증했고, 많은 사람은 셰이흐 베드렛딘의 봉기에도 공감하고 있었다.

무스타파의 다음 목표는 부르사였다. 술탄 무라드는 도시 서북쪽 닐뤼페르강을 건너는 다리가 있는 곳에서 그와 대결하려는 계획을 세우고 다리를 파괴하라고 명령했다. 양쪽 군대는 강을 사이에 두고 대치했다. 무라드는 강의 상류에 있는 호수 인근으로 진군하려는 것처럼 보이게 하고는, 재빨리 다리를 복구해 삼촌에게 불의의 공격을 가했다. 변경 영주들은 무스타파를 버렸고, 무스타파는 도망쳤다. 그의 최후에 대한 대부분의 기록은 무스타파가 1422년 초 왈라키아로 가려고 하다가 에디르네 북쪽에서 술탄 무라드의 부하들에게 사로잡혔고, 이

전에 셰이흐 베드렛딘이 그랬듯이 일반 범죄자로서 교수형에 처해졌다고 말한다. 무라드가 그를 사기꾼으로 보았다는 얘기다. 또다른 전승은 그가 왈라키아에 도착했고, 그곳에서 크림반도의 카파로 갔다가 나중에 동로마의 테살로니키를 피난처로 삼았다고 말한다.[53] 그러나 그가 왈라키아에서 받아들여졌는지조차도 확신할 수 없으며, 이전에 동생 메흐메드를 상대로 전쟁을 벌일 때 받았던 수준의 지원은 언감생심이었다. 왈라키아는 이제 오스만 왕조의 제후였기 때문이다.

또다른 무스타파, 즉 무라드의 동생 '작은' 무스타파Küçük Mustafa 또한 술탄 자리 경쟁의 초점이 되었다. 그들의 아버지가 죽은 뒤 '작은' 무스타파는 오스만 왕조에 맞서는 아나톨리아 국가들 가운데 하나에 머무르고 있었다. 1422년에 이제 열세 살이 된 소년은 군대를 지휘하고 있었고 부르사는 포위되었다. 무라드가 구원군을 보내자 '작은' 무스타파와 그 지지자들은 콘스탄티노폴리스로 도망쳤다. 그러나 '작은' 무스타파의 술탄 자리 주장은 곧 오스만령 아나톨리아 전역에서 인정받게 됐지만, 무스타파의 와지르 일리아스 파샤İlyas Paşa가 배신한 덕분에 무라드는 이즈니크에 있는 그를 향해 진격했고 격렬한 전투 끝에 이 소년을 교살했다.[54] 거의 100년 뒤의 역사가 메흐메드 네슈리Mehmed Neşri에 따르면, 일리아스 파샤는 자신의 가장 큰 관심은 공공질서 유지였고 이 목표를 이루기 위해서는 어떤 희생도 지나치지 않다는 말로 그 배신을 정당화했다.[55]

그 이전의 자기 아버지와 마찬가지로 술탄 무라드 2세는 벅찬 과업인 국가 재건 사업을 시작했고, 즉위 후 시간이 어느 정도 지나서야 오스만 영토를 안정시킬 수 있었다. '가짜' 무스타파 왕자의 패배 이후 그와 함께 반란을 일으켰던 아이든의 쥐네이드는 고국으로 돌아갔으나,

그의 통치권은 찬탈당한 뒤였다. 무라드는 쥐네이드와 그 가족에게 안전 통행을 약속했으나 곧 살해해버렸고, 아이든은 다시 한번 오스만 영토가 되었다. 멘테셰는 이때 재합병됐으며, 1425년 이후의 어느 시기에 게르미얀도 합병돼 오스만 왕조는 다시 한번 아나톨리아 서부를 완전히 장악했다. 카라만 왕조는 독립 상태로 남았다. 무라드는 당장 카라만을 공격할 계획도 없었고, 그렇게 하기 위해 도발하지도 않았다.

1402년 바예지드 1세가 앙카라에서 패한 이후 몇 년 동안에 오스만의 모든 승계 투쟁 가운데 가장 소란스러운 일들이 일어났다. 이들 사건의 잊을 수 없는 기억은 나중에 술탄 무라드의 아들 메흐메드 2세가 술탄 승계를 매끄럽게 하는 수단으로서 형제 살해를 승인하는 계기가 되었다. 그런 끔찍한 유혈 사태가 다시는 반복되지 않기를 바란 것이었지만, 이 관행은 후대에 오스만 왕조에게 불명예를 안겨주었다. 당대의 기록이 없기 때문에 오스만과 그 직후의 후계자들이 어떻게 권좌에 올랐는지는 거의 알려진 바가 없다. 아마 마찬가지로 피비린내가 났을 것이다. 일부 역사가는 오스만이 아버지 에르투으룰의 사망 이후 가문의 수장이 되기 위해 삼촌 된다르Dündar와 경쟁했고, 오스만이 그를 살해했음을 암시한다.[56] 오스만의 아들이자 후계자인 오르한에게는 형제가 여럿 있었지만, 역사가들은 알라엣딘 단 한 사람만을 언급한다. 그의 존재는 그가 부르사에 건설한 마스지드, 목욕탕, 데르비시 회관에 의해 확인된다.[57] 오르한은 알라엣딘에게 오스만 베이국의 지도자 자리를 제의했지만 알라엣딘이 이를 거절해 오르한이 승계할 길이 열렸다고 하며,[58] 오르한의 오스만 승계는 이렇게 깔끔하게 설명되고 있다. 오스만의 다른 아들들이 맞은 운명은 알려져 있지 않다. 오르한이 죽을 때는 무라드와 할릴이 있었고, 어쩌면 또다른 아들 이브라힘Ibrahim도 있었을 것이다. 만약 승계 투쟁이 있었다면 마찬가지로 얼버무려졌을 것이다.[59] 술탄 무라드 1세가 코소보 평원에서 죽고 바예지드가 승계할 때는 앞서 말했듯이 그가 동생 야쿱을 살해했다고 한다.

당대 동로마의 역사가 라오니코스 할코콘딜레스Laónikos Chalkokondýlēs는 술탄 메흐메드의 의도가 오스만 영토를 나누어 루멜리는 무라드에게, 아나톨리아는 '작은' 무스타파에게 주는 것이었다고 썼지만, 오스만 왕조는 나라를 세울 때부터 왕조의 영토가 온전히 다음 세대의 구성원 한 사람에게 전해져야 한다는 원칙을 고수했다. 또한 오스만 왕조는 몽골식 관습에 따랐다. 즉 승계는 지배 가문의 어느 특정 구성원에게만 한정되지 않았다. 누가 승계하느냐는 신이 결정할 문제였다. 지배할 권리는 다른 무엇보다도 누가 권좌를 차지하느냐에 달려 있었다.[60] 술탄 바예지드는 여러 아들을 두었고, 그 아들들도 아들을 여럿 두었기 때문에 손자들 또한 승계권을 주장할 수 있었다. 이들이 때때로 나서 제위를 요구하면서(흔히 동로마 황제 마누엘 2세의 묵인이 있었다) 권좌를 차지하기 위한 투쟁이 가열되었다. 오스만 역사의 대부분 기간 동안에 정책 수단으로서의 형제 살해도, 오스만 초기 술탄들의 승계에서 문제가 없었음을 보여주려는 역사가들의 노력도, 한 술탄이 죽은 뒤 터져 나오게 마련인 국가를 약화하는 권력 투쟁을 막는 데 별 효과가 없었다. 게다가 그저 권좌를 차지하는 것만으로는 충분하지 않았다. 자신이 신이 선택한 지배자임을 입증한 각각의 새 술탄은 자신의 통치권을 휘두를 수 있게 해주는 사람들(정치가들, 그리고 가장 중요하게는 국가의 군인들)의 지지를 얻어내고 유지할 필요가 있었으며, 오스만 영토를 다스리고 지켜내기 위한 자금을 확보할 필요가 있었다.

　오스만 가문이 변경 영주들(때로는 경쟁자였고 때로는 자발적인 협력자였다)의 충성심을 이끌어내고 유지한 능력과 다른 국가들에게 그 대의에 동참하도록 자극한 능력은 오스만 자신의 성공에 의존했다. 그러나 그들이 언제나 성공한 것은 아니었다. 최근 연구들은 13~14세기 아나톨리아를 "지배적이고 중앙집권적인 패권 군사 가문, (…) 반항적이고 당파적인 변경 영주, (…) 소심하고 파멸을 앞두고 있지만 현실에 안주하는 작은 공국公國들"[61]이 권력을 다투던 곳으로 묘사하며, 또한 한 가문 또는 그 개별 성원에 대한 충성이 정치사의 경로를 결정한 다른 중세 국가들(예컨대 12~13세기에 웨일스와 아일랜드를 합병한 노르만인의 정복 이후의 잉글랜드 국가)과 비교돼왔다. 강대국 간의 외교는 오스만 왕조에 영향을 준 또다른 요소였고, 상황이 요구한다면 오스만에 격렬하게 반대하던 카라만 왕조도 더 강력한 맘루크 술탄국의 위협을 느낄 때 오스만 왕조와의 휴전에 동의하는 것이 현명하다고 생각했다.

　오스만 왕조가 나라를 세운 지역의 위치는 실질적인 이점을 가져다주었다. 그들은 오래된 제국 가운데 가장 소멸에 가까워진 동로마와 국경을 맞대고 있었다. 콘스탄티노폴리스, 테살로니키, 모레아, 트라브존 등 동로마제국의 광대한 영토는 나라를 전략적으로 약화했다. 팔라이올로고스Palaiologos 가문과 칸타쿠제노스Kantakouzenos 가문 내부 또는 그들 사이의 피비린내 나는 다툼, 그리고 동로마가 유럽(매우 다른 기독교 전통을 유지해왔고 각국의 이익이 불가피하게 충돌하고 있던 곳이다)에서 도움을 이끌어내지 못한 것 역시 이 제국을, 끝없이 도전해오는 활기 넘치는 세력에 취약하게 만들었다. 발칸반도에서는 변경 영주든 성자든 농민이든 어떤 집단이 오스만 가문의 개별 성원에 대해 가진 기대가 격렬한 다툼의 시기를 만들어냈지만, 전반적으로 말해서 오스만 왕조는 14세기의 정복과 성공 기간에 자기네가 끌어 모았던 사람들의 충성심을 보유했다. 오스만 왕조는 지역 내의 약한 국가들을 이용할 수 있었고, 1389년 세르비아 왕국이 독립을 상실한 뒤로는 그들 가운데 오스만 왕조의 지배에 의문을 제기하는 세력이 거의 없었다. 게다가 오스만 왕조의 발칸반도 침략을 지역 주민들이 반기지 않은 것도 아니었다. 새 정권은 봉건 영주들이 부과했던 귀찮은 의무들로부터 주민들을 해방시켜주었기 때문이다. 그러나 아나톨리아에서는 오스만의 종주권에 대한 진정한 대안이 존재했고, 여기서는 티무르가 앙카라에서 승리한 이후 아나톨리아 베이국들을 보호해 그들이 별개의 정체성을 주장할 수 있게 했다. 한동안 오스만 왕조는 또래 가운데 첫째라고 하기도 어려웠지만, 베이국들은 지리적으로 통일되지 않았고 그들 사이에는 오스만 왕조에 대한 반감을 제외하면 공통의 관심사라 할 만한 것도 없었기 때문에 오스만 왕조의 확장에 대한 어떤 지속적인 도전도 나타나지 않았다.

오스만의 내전이 베네치아, 동로마, 기타 이 지역의 세력들에게 가져다준 유예는 술탄 무라드 2세가 그의 지배를 강화하면서 끝이 났다. 베네치아는 재편된 오스만 국가가 자기네 해외 영토를 공격할 것이라고 두려워할 이유가 충분했고, 내전이 끝나자 그 식민지들의 생존을 위해 분투하고 있었다. 동로마의 모레아 데스포테스령은 라틴계 군주 카를로 토코Carlo Tocco에게 위협받았다. 토코는 오스만 왕조의 제후로, 그 영지는 펠로폰네소스반도 서북부에 있었다. 1422년 이래 오스만군에 포위당한 상태였던 테살로니키는 이듬해 베네치아로 넘어갔다. 그 데스포테스 안드로니코스 팔라이올로고스가 정교회 관행을 존중한다는 조건으로 넘긴 것이다. 테살로니키는 상업과 교통의 중심지였지만, 베네치아가 그곳을 소유함으로써 얻고자 했던 것이 무엇이었든 간에 오스만의 봉쇄로 인해 좌절되었다. 이 도시는 식량 공급을 받기 어려웠고, 그곳을 점령하는 것은 베네치아의 자원에 대한 부담을 늘렸다. 베네치아는 여러 차례 오스만 왕위 요구자를 내놓겠다고 위협했지만, 술탄 바예지드의 후손이라고 주장하는 자들의 혈통에 관한 증거는 어느 모로 보나 '가짜' 무스타파와 '작은' 무스타파의 것보다 약했다. 그들 중 하나로 베네치아가 에비아(네그로폰테)섬에 잡아두고 있던 '이스마일ismail이라는 튀르크인'은 1424년 무라드에 맞선 반란의 중심으로 삼으려 한 사람이었다. 그들이 새로 확보한 테살로니키에 대한 봉쇄로부터 무라드의 주의를 돌리려 한 것이다.[62] 동로마 역시 필사적이었다. 병약한 아버지 마누엘 2세가 국정의 부담을 나누기 위해 공동 황제로 지명한 요안네스 8세는 1423년 서방에 도움을 청하기 위해 콘스탄티노폴리스를 떠났지만, 이번에도 헛고생만 했다. 그러나 1424년 마누엘은 무라드와 조약을 맺어 얼마간 숨 쉴 틈을 벌었다. 공물을 바치고 또한 흑해 연안의 일부 영토를 넘겨준다는 조건이었다.

　베네치아는 오스만 왕조와 합의에 이르지 못하자 헝가리 쪽에 접근했다. 헝가리가 오스만 영토를 침공하면 보급을 지원하겠다는 제안이었다. 그들이 반反오스만 동맹에 참여할 의사가 있다고 판단한 무라드는 1425년과 1426년에 각각 속국인 왈라키아와 세르비아를 침공해 베네치아가 이 지역에서 얻기를 바랐던 어떤 지원의 희망도 무산시켜버렸다. 이듬해 스테판 라자레비치가 사망하자 헝가리 왕 지기스문트는 도나우강과 사바강의 합류 지점에 위치한 전략적으로 중요한 베오그라드 요새를 점령함으로써 오스만 왕조의 이 지역에 대한 야심을 좌절시켰다. 무라드는 역시 도나우강 변이지만 약간 동쪽으로 떨어져 있는 거대한 요새 골루바츠를 점령했다. 새로 얻은 이들 요새에 대한 지배권은 1428년 헝가리-오스만 조약으로 공식화되었다. 스테판 라자레비치는 35년가량 오스만 왕조의 믿을 만한 제후였는데, 그의 죽음으로 헝가리와 오스만 변경의 전초기지들은 그 이전 어느 때보다 서로 가까워졌다.

베네치아와 오스만 왕조 사이의 전쟁은 1429년까지는 공식 선언되지 않았지만, 그들의 관계는 베네치아가 동로마로부터 테살로니키를 넘겨받은 뒤로 악화 일로를 걸었다. 무라드는 1430년에 이 도시를 점령한 뒤에야 베네치아와 조약을 맺는 데 동의했다. 무라드는 테살로니키를 얻은 직후 휘하 병력의 전면적인 약탈을 금지하고 곧바로 그들을 도시에서 철수하게 했다. 본래 그곳에 거주했던 주민들이 곧 재정착했는데, 그중에는 포위전 초기 단계에 도망쳤던 사람들도 있었다. 도시 재건 명령이 내려졌고, 교회 재산도 본래의 주인에게 반환되었다. 교회는 두 곳만이 곧바로 마스지드로 전환됐는데, 이는 이 시점에 이슬람교도 인구가 소수였음을 보여준다. 아마 주둔병 정도에 그쳤을 것이다. 무라드는 2년 뒤에 다시 찾아왔는데, 이때는 기독교 종교 시설 일부를 접수하고, 이곳을 이슬람교의 중심지로 변모시키는 일을 추진하기 위해 도시의 자원을 조사했다.[63]

테살로니키 함락 이후 무라드 2세가 가장 몰두한 일은 발칸반도에서 오스만, 베네치아, 헝가리 사이에 벌어진 거대한 세력 다툼이었다. 1428년에 맺은 헝가리-오스만 조약이 만료되는 1431년 이전에도 무라드는 알바니아에서 영토를 주장하는 베네치아에 대응하기 위해 움직였다. 오스만 군대는 1380년대 무라드 1세 치세에 이미 요청을 받아 알바니아에 들어간 적이 있었다. 경쟁하는 세르비아 군주에 맞선 지역 군주 가운데 한 사람을 돕기 위해서였다. 그들이 세르비아의 야심을 꺾는 데 성공하면서 오스만 왕조의 권위가 어느 정도 자리를 잡았고, 이는 바예지드 1세의 치세와 이어 메흐메드 1세 치하에서 더욱 강화되었다. 알바니아는 이해관계가 충돌하는 여러 군주들이 지배하고 있었고, 따라서 그곳을 오스만 국가로 편입하는 일은 점진적인 과정이었다. 1432년 그곳에서 이루어진 토지 조사[64]는 오스만 왕조의 통제력을 더욱 강화했고, 이에 대한 저항은 곧 분쇄되었다.[65] 1427년 스테판 라자레비치의 사망 이후 세르비아의 충성심이 불확실해지면서 1430년대 중반 오스만 왕조의 공격을 촉발했고, 세르비아의 데스포테스 주라지 브란코비치Đurad Branković가 공물을 바치고 딸 마라Mara를 무라드에게 시집보내면서 세르비아가 헝가리 아닌 오스만 왕조의 속국이라는 사실을 공식화했다.

오스만 왕조가 발칸 문제에 깊숙이 관여하면서, 카라만의 이브라힘 베이Ibrahim Bey는 기회를 포착해 그들의 아나톨리아 영토를 공격하기 시작했다. 이후 몇 년 동안의 싸움 끝에 무라드는 카라만 국가의 서쪽 영토 일부를 확보했으나,[66] 오스만의 자원은 이 시점에서 카라만을 영구히 복속시키기에는 충분치 않았다. 카라만 왕조는 두 가지 중요한 이점이 있었다. 지리적으로 오스만 왕조와 맘루크 술탄국 사이의 완충 지대에 있어 한쪽을 이용해 다른 쪽을 견제할 수 있었고, 그 대부분을 차지하는 유목 부족민들이 산악 지형에서 오스만의 공격을 물리치는 데 능숙했다. 이 지역은 발칸반도와 마찬가지로 오랜 세력 다툼의 현장임이 드러났다.

1435년 티무르의 후계자 샤루흐는 오스만 술탄을 비롯한 아나톨리아의 여러 국가 지배자들에게 예복을 보내고 충성의 표시로 그것을 입으라고 요구했다. 무라드는 이를 거부할 수 없다고 생각했지만, 분명히 공식적인 행사에서는 그것을 입지 않았다. 그는 독자적인 선전 활동으로 저항해, 오스만 가문이 자기네 조상이라 주장하던 중앙아시아 오구즈 튀르크의 카이으Kayı 부족의 문장이 들어간 주화를 발행했다. 이런 가계 주장은 아나톨리아 중동부의 튀르크멘계 둘카드르 베이국과 카라코윤루에 의해 인정받았다. 그들은 카라만 왕조나 악코윤루와 달리 오스만의 열성 지지자였다. 그러나 샤루흐는 아나톨리아 동부에서 전략적 이해관계를 갖고 있던 다른 반反오스만 가문들과 마찬가지로 오구즈 부족과 연결된다는 이 주장을 인정하지 않고, 오스만 가문을 벼락부자로 보았다.[67]

무라드는 남은 치세 동안 발칸반도의 세력 균형에 매달렸다. 오스만의 정책은 더욱 결연해졌다. 오랜 속국이었던 세르비아를 오스만 영토로 편입함으로써 헝가리에 맞서 베오그라드 서쪽의 도나우강–사바강 경계선을 확보하고자 했다. 세르비아의 데스포테스 주라지 브란코비치가 무라드의 장인이라는 사실은 정치적으로 별다른 의미가 없었다. 오스만은 속국 왈라키아를 통해 헝가리의 트란실바니아주를 토벌한 뒤 1438년과 1439년에 세르비아 원정에 나섰고, 이때 도나우강 가에 새로 세운 스메데레보 성이 무라드에 손에 떨어졌다. 그의 다음 목표였던 핵심 거점 베오그라드는 1440년에 6개월 동안 포위전을 펼쳤으나 굴복시키지 못했다.

요안네스 8세는 1425년 마누엘 2세가 사망한 이후 동로마의 황제가 되었다. 그는 1437년 페라라 공의회에서 교회 통합이라는 골치 아픈 문제에 대해 새로이 살펴볼 것을 요구했다. 회의 자체가 그 목적을 위해 소집된 것이었다. 동로마가 지원을 요청할 때 유럽의 기독교 국가들 사이에서 거듭 망설임의 구실이 되었던 것은 수백 년 동안 이어진 보편교회Catholic와 정통교회Orthodox 사이의 분열이었다. 테살로니키 재정복 이후 오스만제국이 재기해 동로마 영토를 위험에 빠뜨렸을 뿐만 아니라 베네치아와 헝가리에게도 좀더 직접적인 위협을 제기했기 때문에, 요안네스는 가톨릭교도들이 자신의 교회 통합 제안을 호의적으로 바라보기를 원했다. 두 교회를 갈라놓은 가장 결정적인 신학적 문제는 성찬식에서 발효된 빵을 쓰느냐 그러지 않은 빵을 쓰느냐 하는 문제, 정교회에서는 받아들이지 않는 가톨릭의 연옥 교리, 교황 수위권首位權 문제 등이었다. 1439년 7월, 1년 반 동안 이어졌다 끊어졌다 한 논쟁과 흑사병이 페라라를 덮쳐 공의회 장소가 피렌체로 변경된 끝에 교회 통합 문서에 서명하면서 375년에 걸친 분열이 마감되었다.

처음에는 요안네스의 오산으로 보였다. 로마 교회와의 연합은 정교회 주류와 동로마 주민 대부분에게 격분을 불러일으켰다. 심지어 그의 동생이자 흑해 서안 메셈브리아(네세버르)의 데스포테스였던 데메트리오스 팔라이올로고스가 튀르크인 병력과 함께 콘스탄티노폴리스를 공격하는 일까지 벌어졌다. 더 먼 곳에서는 교황이 추기경으로 임명한 키이우 주교 이시도로스가 모스크바에 갔다가 파면당하고 체포되었다가 이탈리아로 도망쳐야 했다. 알렉산드리아, 예루살렘, 안타키아(안티오키아)의 총대주교들은 통합을 인정하지 않았다. 정교회 세계에서는 내부 분열이 일어났지만, 요안네스 쪽에서 보자면 그의 대담한 행동은 성과를 거두고 있었다. 교황이 약속대로 오스만제국을 상대로 한 십자군을 위해 지원을 모으고 있었기 때문이다.

유럽에서는 오스만제국을 저지하기 위한 통합된 노력이 이번에는 성공을 거둘 것으로 낙관했다. 성공했을 경우의 이득은 상당했다. 헝가리는 발칸반도에서 영토를 확보하고, 세르비아는 그 독립을 회복하며, 에게해와 아드리아해에서 베네치아에 가해지는 위협은 사라지고, 콘스탄티노폴리스는 살아남게 된다. 그리고 조짐도 긍정적이었다. 유능한 군 지휘관인 트란실바니아의 보예보다 후녀디 야노시Hunyadi János는 왈라키아를 통해 들어오는 오스만제국의 공격을 두 차례 막아냈지만, 1443년에서 1444년으로 넘어가는 겨울에 소피아 동쪽의 눈 덮인 즐라티차 고개에서 오스만군에 의해 밀려났다. 지역 기독교도 군벌 가문 출신으로 무라드 2세의 궁정에서 이슬람교도로 양육된 '스컨데르 베우Skënderbeu'(튀르크어 이스켄데르 베이İskender Bey의 변형이다) 제르지 카스트리오티Gjergj Kastrioti가 초기에 알바니아 북부에서 일으킨 반反오스만 봉기, 그리고 모레아의 데스포테스로 미스트라스를 본거지로 삼고 있던 요안네스 8세의 동생 콘스탄티노스 팔라이올로고스가 그리스 중부에서 동로마의 세력을 확장한 것은 또다른 조짐이었다. 콘스탄티노스의 특별한 성공은 1431년 튀르크 공격자들이 허물어버린 코린토스 지협의 엑사밀리온 장성을 1444년 봄에 재건한 것이었다.[68] 기독교 세계의 분열 종식으로 생겨난 동력에 대한 우려로 인해 오스만인들의 생각은 티무르가 자기네 국가에 입혔던 심각한 타격이 서방의 반오스만 세력의 통일된 노력으로 재연될 실제적인 가능성에 집중되었다.

그러나 이제 젊은 왕 브와디스와프 3세Władysław III(헝가리에서는 울라슬로 1세Ulászló I) 휘하에 통합된 헝가리와 폴란드, 그리고 데스포테스 주라지 브란코비치 휘하의 세르비아 등 중부 유럽 세력들의 이해관계는 지중해 가톨릭교도들의 경우와 달랐음이 드러났다. 가톨릭교도들에게 십자군 운동의 이상은 떨칠 수 없는 강박관념이었고, 그들의 태도는 1396년(이때 프랑스인들이 보다 노련한 헝가리 왕 지기스문트의 병사들로부터 주도권을 빼앗으려고 고집한 것이 니코폴 패전의 중요한 요인이 되었다)과 크게 다르지 않았기 때문이다. 1443~1444년의 원정에서 헝가리 연합군이 고통스럽고도 무질서한 퇴각을 한 것은 또다른 쓰라린 경험이었다. 이 때문에 중부 유럽의 오스만제국의 이웃들은 정말로 상당한 이득을 얻을 것으로 기대할 수 있는지 아니면 협상을 통한 세력 균형이 더 유리할지를 묻지 않을 수 없었다. 헝가리-폴란드의 브와디스와프, 트란실바니아의 후녀디 야노시, 세르비아의 주라지 브란코비치 등 지도자들은 술탄의 세르비아인 아내 마라 브란코비치로 인해 손쉬워진 접촉을 통해 에디르네의 무라드 2세에게 사절을 보냈고, 그곳에서 1444년 6월 12일에 10년 동안의 정전에 합의했다. 이 무렵에 무라드는 옛 사루한 베이국의 수도였던 아나톨리아 서부의 도시 마니사에서 사루한주의 제후총독으로 있던 어린 아들 메흐메드(2세)를 에디르네로 불렀다. 어리둥절한 무라드의 장수들은 십자군 운동에 나선 베네치아 함대(7월 중순 펠로폰네소스반도 앞바다에 나타났다[69])가 제기하는 위협에 대해 그에게 경고했지만, 그는 퇴위를 발표해 모두를 놀라게 했다.[70] 술탄의 퇴위는 오스만의 역사에서 전례가 없는 일이었다. 무라드 2세가 고작 마흔한 살의 나이에 왜 이런 결정을 내렸는지는 생각해볼 문제다. 그는 이전 몇 달 동안에 시련을 겪었다. 예를 들어 맏이이자 가장 사랑하던 아들 알라엣딘이 갑자기 죽었다. 부르사에 있는 그 무덤 곁에 자신을 묻어달라고 지시했을 정도다.[71] 어쩌면 20년이 넘는 적극적인 통치 끝에 그저 지쳤을 뿐이었는지도 모른다.

무라드가 물러나고 그의 열두 살짜리 아들이 즉위하자 서방은 이를 약점으로 이용할 수 있겠다고 생각했다. 8월 헝가리에서 브와디스와프, 후녀디, 브란코비치가 에디르네 정전 협정을 확인할 때, 브와디스와프와 후녀디는 거짓 맹세를 했다. 교황은 보헤미아, 헝가리, 폴란드 왕국에 보낸 특사 줄리아노 체사리니Giuliano Cesarini 추기경을 통해 미리 사면을 해주었다.[72] 1444년 9월 18일에서 22일 사이에 헝가리 십자군은 도나우강을 건너 동쪽으로 행군해 곧 흑해 연안의 바르나에 이르렀다. 주라지 브란코비치만이 이 진격에 동참하지 않았다. 세르비아는 무라드에게서 독립과 도나우강 변의 요새 스메데레보 및 골루바츠 반환을 약속받았기 때문이다. 바르나에서 2주 행군 거리에 있는 에디르네는 공포의 분위기에 휩싸였다. 헝가리군이 마지막으로 발칸반도를 지나 이 도시로 이어지는 도나우강 유역으로 진격했던 일이 1년도 되지 않은 시점이었다. 도시 방어를 위해 해자가 파이고 성벽이 보수되었다. 공포는 이란에서 기원한 금욕주의 종파 후루프huruf 데르비시들로 인해 가중되었다. 그들의 교리는 이단적인 셰이흐 베드렛딘의 가르침과 공통점이 많았다. 후루프파가 일으킨 소요를 진압하는 과정에서 생겨난 폭동으로 공공건물과 민가가 모두 파괴되었다.[73] 동로마 황제 요안네스 8세는 혼란을 키우기 위해 오스만 왕위에 도전하는 또다른 왕위 요구자를 풀어놓았다. 이 사람은 트라케에서 지원을 얻지 못하자 북쪽으로 방향을 돌려 도나우강 삼각주 남쪽의 '광기의 숲'으로 향했다. 셰이흐 베드렛딘이 술탄 메흐메드 1세에 대항해 반란을 일으켰던 곳이다. 그를 잡기 위해 에디르네에서 병력이 파견됐지만, 그는 도망쳐 콘스탄티노폴리스로 돌아갔다.[74]

무라드는 자신을 대신할 술탄으로 메흐메드를 지명하면서 신뢰하는 와지르 찬다를르 할릴 파샤Çandarlı Halil Paşa에게 에디르네에 머물러 그와 함께 있으라고 명령했다. 찬다를르 가문 사람들은 무라드 1세의 치세 이래 거의 단절 없이 오스만 가문의 수석 대신 자리를 차지해왔다. 이 친밀함은 티무르의 재앙과 격렬한 내전 이후에도 지속됐고, 찬다를르 할릴 파샤는 1430년대 중반 아버지 찬다를르 이브라힘 파샤Çandarlı İbrahim Paşa의 자리를 물려받았다. 찬다를르 할릴은 메흐메드가 너무 어리고 그 주위에 있는 사람들은 믿을 수 없다고 생각했다. 자아노스 메흐메드 파샤Zağanos Mehmed Paşa, 사르자 파샤Sarıca Paşa, 그리고 재능 있는 지휘관 셰하벳딘 파샤Şehabeddin Paşa 같은 사람들은 '오스만인 전문가'였다. 이들은 에브레노스 가문 같은 변경 영주들이나 찬다를르 가문 같은 아나톨리아의 오래된 이슬람교도 가문들과 달리 무라드 재위 중에 유명해진 기독교도 가정에서 태어난 정치가라는 새로운 계층에 속했다. 이들은 동로마에서 탈주한 사람도 있었고, 소년 징발을 통해 데려와 이슬람교로 개종시킨 사람도 있었다. 셰이흐 베드렛딘의 반란은 오스만 국가의 취약성이 지속되고 있음을 보여주고, 무라드에게 자신이 신봉하는 신앙이 그 주춧돌이 되어야 한다는 것을 보여주었다. 이에 따라 그는 소년 징발을 확대해 충성스러운 군사 인력을 충원할 신뢰할 만한 공급원으로 만들었고, 이렇게 모집된 개종자들은 그의 가문과 그의 궁정이 신봉하는 종교를 믿었다.

찬다를르 할릴 파샤의 두드러진 지위는 메흐메드 주변의 패거리들에게 상당한 질투를 불러일으켰고, 메흐메드는 무라드와 그의 참모들이 조심스럽게 지향했던 아나톨리아와 루멜리의 안정적인 권력 균형과는 성격상 다른 오스만 국가를 구상했다. 찬다를르 할릴은 열정적인 어린 술탄이 십자군에 맞서 군대를 지휘하는 일을 용인하고 싶지 않았고, 에디르네의 내정 불안에 놀라 자신의 선택지는 단 한 가지뿐이라고 생각했다. 바로 마니사에 있는 무라드를 다시 불러오는 것이었다. 아나톨리아에서 에디르네로 돌아온 무라드는 시내로 들어가지 않고 곧장 군대를 이끌고 헝가리인을 상대로 한 전선으로 향했다. 11월 10일 흑해의 루멜리 쪽 해안에 있는 바르나에서 큰 전투가 벌어졌다. 서방에서 십자군을 싣고 오는 함대는 아직 콘스탄티노폴리스에 도착하지 않았고, 이에 따라 헝가리-폴란드의 브와디스와프와 트란실바니아의 후녀디가 이끄는 군대는 오스만제국만을 상대로 싸웠지만 처음에는 상황이 오스만군에 불리하게 돌아갔다. 그러나 저녁이 되면서 브와디스와프 왕이 전사했고, 그의 군대는 달아났다. 이 대결에서 만족스러운 결과를 얻은 것은 무라드의 지휘 솜씨도 한몫했지만, 메흐메드의 장수인 셰하벳딘 파샤가 트라케 평원으로 이어지는 발칸반도의 고개들로 적이 통과하지 못하도록 효과적으로 막은 덕분이기도 했다. 그러나 이것이 끝은 아니었다. 이듬해 십자군 함대가 후녀디 및 왈라키아의 보예보다와 함께 도나우강 유역의 오스만 진지를 공격했지만, 역시 셰하벳딘 파샤가 성공적으로 방어했다.

메흐메드는 첫 번째 재위 초반 오스만 통화인 악체akçe 은화의 품질을 10퍼센트 이상 떨어뜨리는 전례 없는 조치를 통해 아버지로부터의 독립을 주장했다.[75] 이에 따라 많은 양의 주화가 발행돼 계속 늘어나는 오스만 영토의 방위 및 행정 비용을 충당했다. 그러나 주화의 품질 저하로 국가의 수입은 늘었지만, 봉급을 받는 관리들에게는 어려움을 초래하는 바람직하지 않은 결과를 낳았다. 그들은 이전과 같은 액수의 주화를 받았지만 은 함량이 낮아졌기 때문에 실질적으로는 임금이 감소한 셈이었다. 무라드는 바르나에서 승리를 거둔 뒤 다시 마니사로 물러났지만, 이 두 번째 퇴위 시도는 첫 번째보다 약간 더 길게 이어졌을 뿐이다. 예니체리는 주화 가치 저하로 피해를 본 이들 가운데 가장 목소리가 컸고, 1446년 에디르네에서 폭동이 발생했다. 아마 메흐메드의 주화에 대한 개입으로 인해 촉발됐을 것이다. 찬다를르 할릴 파샤는 다시 무라드에게 트라케로 돌아오라고 요청했다. 셰하벳딘 파샤는 희생양이 돼서 예니체리의 분노가 집중됐고, 복위한 술탄이 말썽꾼들을 추적하라고 명령을 내리자 궁궐로 도피했다. 무라드는 이렇게 단호하게 권위를 행사한 뒤 예니체리들이 겪은 경제적 고통에 대한 배상으로 그들의 봉급을 올려주겠다고 약속했다.[76]

부왕이 마니사에 머무르는 동안 메흐메드가 어느 정도의 독립을 누렸는지는 현대의 역사가들에게는 물론이고 당대의 주석가들에게도 논란거리였다. 나라 안팎의 일부 사람들은 메흐메드가 루멜리를 통치하고 그 아버지 무라드는 아나톨리아의 술탄이었다고 보았다. 카라만 왕조는 자기네가 1444년에 무라드와 맺은 조약을 메흐메드가 깰 것이라고 두려워했다. 전임 술탄의 모든 조치는 새 술탄이 즉위하면 재확인해야 했기 때문이다. 메흐메드가 법적인 술탄이었고 즉위 초의 콘스탄티노폴리스 정복 시도나 주화 가치 절하 등 아버지에게서 독립된 권한을 행사하려 노력하기는 했지만, 찬다를르 할릴 파샤가 메흐메드와 그 무리의 거친 환상을 억제하는 데 성공(그러자면 그들을 소외시켜야 했다)한 덕분에 메흐메드의 실제 권력은 제한적이었다. 찬다를르 할릴은 무라드를 다시 불러올 명분을 만들기 위해 예니체리들의 봉기를 부추기기까지 했을 것이다. 사실 메흐메드 제거는 시위자들의 요구 가운데 하나였다. 예니체리들이 1444년 요안네스 8세에 의해 풀려났다가 이때는 콘스탄티노폴리스로 돌아간 오스만 왕위 요구자 편을 들겠다고 위협하면서 이 시위는 완전히 통제할 수 없는 지경으로 치달았다.[77]

메흐메드는 권좌에서 물러나는 데 동의했고, 마니사로 돌아갈 것을 강요당했다. 그는 아버지에 대한 반항의 몸짓으로 아나톨리아 서부 주조소에서 자신의 이름으로 주화를 발행했으며, 정전 협정을 위반해 에게해에 있는 베네치아의 전초기지들을 공격했다. 찬다를르 할릴은 무라드와 함께 에디르네에 머물렀고,[78] 아나톨리아에는 메흐메드의 행동을 감독할 수 있는 비슷하게 유명한 원로 정치인이 없었다.

술탄 무라드는 국경을 안정시키는 긴급한 문제로 눈을 돌렸다. 그 직전에 요안네스 8세의 동생인 모레아 데스포테스 콘스탄티노스 팔라이올로고스는 지역의 라틴계 군주들과 오스만제국을 모두 몰아내고 아티케를 차지했다. 무라드는 직접 군대를 이끌고 남진해, 휘하 장수인 투라한Turahan과 함께 아주 최근에 콘스탄티노스가 재건한, 난공불락으로 알려진 엑사밀리온 장성을 돌파하고 이를 파괴했다. 이어 그는 알바니아 재정복을 시도했는데, 이곳에서는 스컨데르베우가 오스만 당국을 상대로 한 반란을 부추기고 있었다. 오스만의 가장 중요한 승리는 1448년에 이루어졌다. 이때 그들은 2차 코소보 평원 전투에서 불요불굴의 후녀디 야노시가 지휘하는, 주로 헝가리인과 왈라키아인으로 이루어진 군대를 격파했다. 그곳에서 왈라키아 동맹군은 달아났고, 후녀디 자신도 도망쳤다.

1448년에 요안네스 8세가 사망하자 그의 동생 콘스탄티노스가 제위를 이어받았고, 그는 1449년부터 콘스탄티노스 11세로서 통치했다. 무라드는 1451년에 죽었고, 그 아들이 완전한 술탄의 권력을 장악해 메흐메드 2세로서 통치했다. 그와 그 참모들은 이제 자기네의 권력과 독립을 재확인해줄 큰 승리를 추구하고 있었다.

제3장

제국의 비전

오스만은 4세기 이래 동로마제국의 중심지였던 콘스탄티노폴리스를 탐낼 전략적 이유가 많았다. 동로마가 보스포루스 해협을 통제하면서 술탄(또는 술탄 지망자)과 그 군대가 자기네 영토인 루멜리와 아나톨리아 사이를 이리저리 건너다니는 데서 여러 차례 심각한 병참 문제를 초래했다. 게다가 오스만의 지배 아래 들어오는 영토의 정복과 통치 비용은 늘어가고 있었고, 흑해 연안과 지중해·유럽 사이의 활발한 무역에 대한 과세에서 들어오는 이득의 통제는 오스만의 미래를 위한 지출에 투입되어야 했다. 1439년 정교회와 가톨릭교회의 통합은 오스만에게 심각한 영향을 미쳤다. 그것은 미래의 십자군의 가능성을 높이고 콘스탄티노폴리스에 대한 가톨릭의 영향력이라는 망령을 다시 제기했기 때문이다. 그것은 오스만과 정교회 모두에게 저주였다. 콘스탄티노폴리스를 보유하는 것은 또한 강력한 상징적 가치를 지녔다. 제국임을 확인하고 신앙의 승리를 확인하는 것이었다. 이 도시는 성과 속 양쪽의 이슬람 전승에 모두 등장했고, 오스만에 의한 정복은 선지자 무함마드의 전승을 성취하는 것이었다. 그중 한 형태로서 그들은 이런 인용을 즐겨 했다. "언젠가 콘스탄티노폴리스는 틀림없이 정복될 것이다. 훌륭한 베이와 훌륭한 군대가 이를 이룰 수 있을 것이다."[1] 콘스탄티노폴리스는 또한 '크즐엘마Kızıl Elma'('빨간 사과')였다. 오스만인들이 자기네의 궁극적인 열망을 묘사하기 위해 사용한 표현이다. 이 동로마 황제의 도시를 공격함으로써 술탄 메흐메드 2세는 그의 제국 심장부에서 이방인의 존재를 축출하고자 했다.

메흐메드는 1451년에 두 번째로 즉위한 뒤 콘스탄티노폴리스 포위를 시도하기 전에 국경을 안정시켜야 했다. 그는 아버지가 세르비아의 주라지 브란코비치와 맺었던 조약을 갱신하고, 헝가리의 섭정 후녀디 야노시와 3년짜리 조약을 맺었다. 또한 자신의 아버지가 1446년에 베네치아와 맺은 조약을 확인함으로써 그들로부터의 공격을 미연에 방지했다.[2] 그리고 아나톨리아의 자기네 영토를 유지하기 위해 끊임없이 경계를 해야 했다. 이전에 베이국이었던 아이든, 멘테셰, 게르미얀이 다시 독립을 주장하고 오스만의 지배에서 벗어나 진로를 개척할 준비를 하고 있었기 때문이다. 물론 명목상으로는 오스만의 속국이었지만 카라만 베이국은 이들 지역에 대한 다수의 권리 주장자를 보호했고, 그 군대는 술탄 무라드 2세에게 잃은 영토를 탈환하기 위해 이동했다. 메흐메드가 이 도전에 맞설 생각임을 알아차린 카라만의 지배자 이브라힘 2세İbrahim II(그는 메흐메드의 고모부였다)는 화평을 청했다.

메흐메드는 아버지가 죽자 하나 남은 남동생을 죽여버렸다. 그의 알려진 유일한 남성 친척이자 남아 있는 잠재적 경쟁자는 콘스탄티노폴리스에 있는 왕위 요구자로 그의 삼촌이라는 오르한Orhan이었다. 왕위 요구자의 출현으로 야기된 혼란의 기억은 오스만인들의 마음속에 여전히 생생했고, 이에 따라 그는 오르한을 계속 구금해두는 데 대한 비용을 지불하기로 동의했다. 메호메드가 카라만을 정벌하고 있는 동안에 콘스탄티노스 11세 황제는 사절을 보내 오르한을 묶어두는 데 대한 돈을 추가로 요구하면서, 돈을 보내지 않으면 그를 풀어줄 것임을 내비쳤다. 메호메드는 이 도발에 대응할 때를 기다렸다. 그가 보기에 이 도발은 콘스탄티노스 황제의 즉위 직후 그에게 허락한 조약을 깨는 것이었다.[3]

그러나 메호메드는 증조부 바예지드 1세가 8년 동안 포위전을 벌이고도 콘스탄티노폴리스를 함락시키지 못했다는 사실을 알았지만 이에 굴하지 않고 곧 정복에 나섰다. 1444~1446년[그의 1차 재위기이며, 1444년에 그는 열두 살이었다] 소년 시절에 아버지의 수도 에디르네에서 술탄의 권력을 처음 맛본 이래 꿈꿔온 도시였다.[4] 포위전 준비와 그 경과는 역사 서술에서 가장 친숙한 이야기에 속한다. 당대 서방에서는 콘스탄티노폴리스가 기독교도의 지배에서 이슬람교도의 지배로 바뀐 것을 '함락'으로 묘사했다. 오스만인에게 그것은 '정복'이었다.

콘스탄티노폴리스를 동로마로부터 빼앗으려는 이슬람교도의 시도는 메호메드 술탄이 열세 번째였고, 그 첫 번째는 서기 650년 무렵 아랍인의 포위전이었다.[5] 메호메드는 세심하게 준비했다. 그는 1451~1452년에 보아즈케센('목/해협 자르개')의 성채를 빠르게 건설함으로써 보스포루스 해협을 건널 수 있는 방도를 확보했다. 콘스탄티노폴리스 성벽에서 북쪽으로 5킬로미터쯤 올라간 곳이다. 오늘날 루멜리히사르Rumeli Hisarı로 알려진 이 성채는 술탄 바예지드 1세가 이 도시를 점령하고자 시도하면서 아나톨리아 쪽 해안에 건설한 아나돌루히사르의 맞은편에 있다. 바예지드의 성채와 마찬가지로 보아즈케센은 점령을 위한 병참 전진기지 역할을 하도록 계획됐으며, 이 돌출부에서는 흑해 연안에서 남쪽으로 오는 곡물 보급을 차단할 수 있었다. 이것은 당대의 축성 기준으로 최신식이었으며, 그 두터운 성벽은 화약 시대의 기술적 진보를 충분히 견뎌낼 수 있었다.[6] 그 망루들은 메흐메드의 에디르네 시절 참모들의 이름을 땄는데, 아마 그들이 돈을 댔을 것이다. 자아노스 메흐메드 파샤, 사르자 파샤, 찬다를르 할릴 파샤 같은 사람들이다.

포위된 콘스탄티노폴리스 주민들이 오랫동안 두려워했던 일이 서서히 현실이 되어가고 있을 때, 동로마 황제는 과거에 수도 없이 그랬듯이 서방에 긴급 구조 요청을 보냈다. 제노바와 베네치아는 상업적 경쟁관계였기 때문에 두 국가 중 어느 쪽도 콘스탄티노폴리스를 방어하기 위해 상대보다 더 큰 몫의 짐을 지려 하지 않았다. 제노바는 유능한 지휘관 조반니 주스티니아니 롱고Giovanni Giustiniani Longo가 지휘하는 병력을 보냈고, 콘스탄티노스는 그에게 도시 성벽의 육지 쪽 구간에 배치한 병력의 지휘를 맡게 했다. 베네치아는 황제에게 해상 지원을 해주었다. 필사적이었던 콘스탄티노스는 흑해 서안의 도시 네세버르를 후녀디 야노시에게, 에게해 북부의 렘노스섬을 아라곤 및 나폴리 왕 알폰소에게 양도했으나, 어느 쪽도 임박한 싸움에서 동로마를 도울 생각이 없었다. 콘스탄티노스의 동생들인 모레아의 공동 데스포테스 데메트리오스와 토마스Thomás의 지원 가능성은 1452년 가을 투라한 파샤 Turahan Paşa의 공격적인 펠로폰네소스 원정으로 인해 사라졌다. 그러나 공식적으로는 무관심했음에도 불구하고 많은 자원자들이 동로마와 함께 콘스탄티노폴리스 방어를 분담하기 위해 왔다.

교황 니콜라우스 5세가 지원에 대한 대가로 요구한 것은 동방 교회가 로마와의 통합에 좀더 결연하게 나서겠다는 황제의 다짐이었다. 그는 두 명의 사절을 보냈다. 이전에 키이우에서 봉직했던 이시도로스

추기경과 키오스의 레오나르도Leonardo 대주교였다. 그들은 하기아소피아 대성당에서 미사를 열었고, 여기서 콘스탄티노스는 통합을 맹세했다. 그러나 황제가 마침내 두 교회의 통합을 이루는 쪽으로 옮겨가는 것이 교황으로부터의 도움을 기대해볼 수 있는 첫 조치라고 결론을 내렸지만(이 조치는 남은 그의 영토가 직면한 당장의 위협이 사라지면 천천히 재고할 수 있는 것이었다), 다른 사람들은 생사의 기로에 있으면서도 자기네의 신앙을 양보하려 하지 않았으며 콘스탄티노폴리스 거리에서는 폭동이 일어났다. 이 나중 집단의 간판은 수도사 게오르기오스 스콜라리오스Geórgios Scholários(또는 겐나디오스Gennádios)였는데, 그는 오스만의 정복보다도 신의 징벌을 더 두려워했다.* 그런 내부의 이견은 대중의 결의에 더 큰 재앙이었다.[7]

보아즈케센의 요새가 완성되자 술탄 메흐메드는 에디르네로 돌아가 포위전을 위한 마지막 준비를 감독했으며, 그런 뒤에 콘스탄티노폴리스를 향해 진군했다. 포위전 때 현지에 있었던 베네치아 상인 니콜로 바르바로Nicolò Barbaro에 따르면 그의 군대 병력은 약 16만 명에 이르렀다. 동로마 정치가 게오르기오스 스프란체스Geórgios Sphrantzés는 방어군이 5천 명도 되지 않았으며, 여기에 이 도시를 도우러 온 라틴계 사람 수천 명이 가세했다고 평가했다. 술탄 메흐메드는 1453년 4월 5일 성벽 앞에 도착했고, 해군의 도움을 받아 할리치만 한 방면을 제외하고 콘스탄티노폴리스를 완전히 포위했다. 그쪽은 오스만 해군의 진입을 막기 위해 방재防材를 설치한 곳이었다. 끊임없는 오스만의 포격이

---

* 겐나디오스는 이 도시가 술탄 메흐메드에 의해 함락된 뒤 정교회 공동체의 영적 지도자인 총대주교에 임명되었다.

육지 쪽 성벽을 무너뜨렸다. 그 안에서는 무너진 쪽에 누구를 배치해야 하느냐를 놓고 라틴계와 그리스인들이 옥신각신했다. 오스만이 땅굴 파기 작업에 나서자 방어자들도 땅굴을 파면서 맞대응했다. 육상과 해상에서 작은 충돌이 이어지다가 5월 29일 동트기 세 시간 전에 허물어진 육지 쪽 성벽에 대한 공격이 시작되었다. 결과적으로 마지막 공격이었다. 공격의 세 번째 파도가 성공을 거두었다. 술탄은 휘하 예니체리들과 함께 한 망루로 들어섰고, 일시적으로 밀려났다가 대포를 더 발사해 성벽에 큰 구멍을 만들었다. 이로써 승기를 잡은 오스만 병사들이 그곳을 통해 도시로 밀려들어 갔다.

역사가이자 관리인 투르순 베이Tursun Bey는 포위전에 대해 오스만어로 된 유일하게 상세한 당대 기록을 제공한다.

그리스 화염의 연기와 불을 숭배하는(이교도라는 말이다) 군주의 영혼이 "그림자처럼" 성에 깔리자 그 의미가 분명해졌다. 경건한 행운아 술탄은 말하자면 이 다신교를 믿는 사람들과 폐허 위에 주 하느님 그분처럼 "산을 공중에 매달"았다.• 그래서 안과 밖 양쪽에서 대포, 장총, 경포輕砲, 크고 작은 활, 쇠뇌(의 발사)가 4월의 빗속에서처럼 파라오의 땀방울을 연상케 하는 많은 것을 뿜어내고 쏟아냈으며(마치 의로운 자들의 기도를 전하는 전령 같았다), 하느님께서 정하신 대로 하늘에서 정말로 참화가 쏟아져 내렸다. 그리고 아래의 가장 먼 곳에서부터 가장 높은 부분까지, 그리고 더 높은 곳에서부터 아래로 지면 높이까지, 백병전과 돌격에 더해, 대포가 만들어 놓은 폐허 속의 틈새에서 무기, 갈고리창, 도끼창이 부딪치고 던져졌다.

• 두 인용은 《쿠란》 7장 171절에서 가져온 것이다.

외부에서는 이슬람 투사들이, 내부에서는 완고한 자들이
진짜 싸움에서 창과 창을 맞부딪치고 백병전을 벌였다.

한 번 나아갔다가 한 번 속이고, 총을 (쏘고) 팔을 당기고
셀 수 없는 머리를 그 몸통에서 베어냈다.

그리스 화염이 연기를 뿜고
이교도가 만든 무수한 불똥이 이슬람 전사에게 쏟아져 내렸다.

성벽을 때리고 해자를 넘으며
그들은 적을 향해 그리스 화염을 발사했다.

(이번에는) 그들(오스만 병사들)이 요새를 향해 갈고리창을 들이대고
그것을 휘둘러 전투하는 전사들을 땅바닥에 쓰러뜨렸다.

굴을 파다가 가장 깊숙한 기반암을 만난 것처럼
성은 곳곳에서 아래로부터 꿰뚫린 듯했다.

이른 오전 시각에
마구 터지는 발사의 소란과 싸움의 먼지는 잦아들었다.[8]

　포위전에 관한 유럽과 동로마의 기록들은 모두 술탄 메흐메드가 자
신의 목표를 성취하기 위해 취한 대담한 조치들을 자세하게 이야기했
다. 헝가리에서 귀순해온 대포 제작자가 에디르네에서 그를 위해 만든

커다란 대포,* 도시 성벽보다 높은 공성탑 건조, 할리치만 입구에 설치한 방재를 피하기 위해 그의 갤리선을 오늘날의 돌마바흐체 궁전 부근의 보스포루스 해협에서 산으로 끌어올려 만瀅 안으로 집어넣은 일, 갈라타에서 콘스탄티노폴리스에 이르는 항만을 가로질러 배다리를 만든 일(이를 이용해 오스만군은 도시의 그쪽 측면에서 성벽을 공격하고 도시를 완전히 포위할 수 있었다) 등이었다.

술탄의 영적 안내자인 신비주의자 셰이흐 악솀셋딘Şeyh Akşemseddin이 한 역할은 최종 결과에 가장 큰 영향을 미쳤다. 오스만은 네 척의 곡물 운반선(세 척은 제노바, 한 척은 동로마의 것이었다)이 오스만의 봉쇄를 뚫고 들어가 화물을 할리치만 안에 전달했을 때의 전투에서 많은 병력을 잃었다. 이 실패 이후 악솀셋딘은 술탄에게 쓴 편지에서 자신이 승리를 예언하는 신의 신호를 보았다고 말했고, 그것이 메흐메드의 절망감을 달래고 포위 공격에 나선 군사들의 사기를 끌어올렸다.[9]

공격을 시작한 지 54일 만에 술탄 메흐메드는 포위전으로 파괴되고 약탈로 황폐화된 도시로 들어갔다. 콘스탄티노스 황제는 어느 곳에서도 보이지 않았다. 동방과 서방 모두의 15세기 역사가 대부분은 그가 전투 중에 죽었다는 데 동의하지만, 그의 시신의 행방을 알 수 없어(지금도 마찬가지다) 그의 운명에 관해 이야기하는 설화들이 자꾸 생겨나고 도시의 여러 곳이 그의 무덤으로 지목되고 있다.[10] 오스만이 당면한 재건 작업은 벅찬 일이었다. 역사가 두카스에 따르면 술탄 메흐메

• 오스만은 14세기 말 이전에 화약 기술을 채용한 듯하지만(바예지드 1세가 콘스탄티노폴리스 포위전을 벌일 때 화승총과 대포 모두를 사용했음이 확인된다), 봉쇄가 아니라 대포가 성채를 함락시킨 것은 15세기 중반 메흐메드 2세의 이 도시 정복에 이르러서였다(Ágoston, 'Ottoman Artillery' 24~25).

드는 동로마의 정치가인 루카스 노타라스Loukás Notarás 대공을 불러, 황제가 왜 도시를 자신에게 넘겨주어 그 건조물들의 손상과 파괴를 막지 않았는지 알려달라고 요구했다.[11]

  세이흐 악셈셋딘이 집전한 정복 후 첫 금요 기도는 하기아소피아 대성당에서 열렸다.[12] 유스티니아누스 황제의 황실 성당이었던 이곳은 마스지드로 바뀌어 있었다. 메흐메드 술탄은 투르순 베이와 함께 맨 먼저 하기아소피아로 걸어 들어갔다고 하는데, 투르순은 그 내부를 보고 느낀 경외감과 놀라움을 기록으로 남겼다. 동로마 기독교 교회를 오스만의 마스지드로 전환하는 일은 기독교 의례 용품(십자가와 종)을 없애고 이슬람교도들이 숭배하는 것(기도 벽감, 설교단, 뾰족탑)으로 대체하기만 하면 끝이었다. 나중에 메흐메드는 이 단지에 신학교를 추가했다. 포위전 때 가지고 갔던 술탄의 기치는 그의 위대한 승리를 기념하기 위해 전시됐고, 선지자 무함마드의 것이라는 기도 방석은 이 교회의 종교적 성격을 다시 규정했다.[13] 19세기 역사가 아흐메드 뤼트피 에펜디Ahmed Lütfi Efendi는 메흐메드가 하기아소피아의 '천사의 얼굴' 그림을 보존하라고 명령했다고 썼으며,[14] 연구에 따르면 중심 천장의 판토크라토르Pantokrátor('전능자') 같은 종교 모자이크는 17세기 초 술탄 아흐메드 1세Ahmed I의 치세 때까지도 볼 수 있었으나 인물 표현이 금지되었던 시대인 이때 덧칠이 가해졌다. 중앙 기도 공간에서 보이지 않는 다른 인물 모자이크들은 18세기 초까지도 덧칠이 되지 않았다.[15] 오스만에서는 건물의 이름조차 바꾸지 않았고, 그저 튀르크식인 '아야소피아Ayasofya'로 불렀다.
  아야소피아 바깥의 기둥 위에는 말을 타고 손에 황금 공을 든 유스티니아누스 황제의 거대한 조각상이 있었다. 서기 543년에 세운 것이다.[16] 동로마에서는 이 조각상을 부적처럼 여겼는데, 이 조각상이 파괴되면 동로마 멸망의 전조가 된다. 요하네스 실트베르거(그는 동방에 여러 해 동안 포로로 잡혀 있다가 1426년 고국으로 돌아가는 길에 콘스탄티노폴리스에 석 달 동안 머물렀다) 같은 많은 여행자들과 마찬가지로 오스만인들은 이 공을 '빨간 사과'의 표상으로 보았고,[17] 정복한 지 3년도 되기 전에 조각상이 제거되었다. 패배한 제국 세력은 영원히 돌아올 수 없다는 상징적인 행동이었다. 1540년대 중반 이스탄불에서 살았던 프랑스의 인본주의자 피에르 질Pierre Gilles은 톱카프 궁전 내에서 조각상 잔편을 보았다. "잔편 가운데 유스티니아누스의 다리가 있었는데 그것은 내 키보다 컸고, 그의 코는 길이가 23센티미터나 되었다. 나는 마당에 놓여 있는 말의 다리 길이를 재볼 엄두를 내지 못했지만, 발굽 가운데 하나를 슬쩍 재보니 높이가 23센티미터였다."[18]

그러나 메흐메드가 동로마의 콘스탄티노폴리스를 오스만의 이스탄불로 개조하기 위해 과거의 모든 흔적을 지울 필요는 없었다. 오히려 그는 동로마 건물들(종교적인 것과 세속적인 것 모두)을 새로운 기능으로 전환함으로써 과거에 새로운 의미를 불어넣고자 했다. 하기아소피아는 정복 이후 마스지드로 개조된 여섯 개의 교회 가운데 하나였다.[19] 그러나 이교도의 과거를 떠올리게 하는 것을 보존하는 일은 정당화가 필요했고, 메흐메드는 이후 솔로몬, 콘스탄티누스, 유스티니아누스 등 도시를 건설하고 재건한 황제들의 신화적 역사를 주문했다. 이 문헌 또는 문헌들(서로 다른 시기에 쓰인 많은 판본이 있다)에서 이슬람교의 현재는 선지자 무함마드의 예언 전통을 통해 정해진 것으로 간주됐으며, 셰이흐 악솀셋딘이 선지자의 친구 아부아이유브 알안사리Abū Ayyūb al-Anṣārī(그는 서기 668년 아랍의 실패한 콘스탄티노폴리스 포위전에 참가했다가 도중에 사망했다)의 무덤을 '발견'함으로써 보강되었다. 이 기적은 메흐메드 술탄의 정복에 그가 찾던 종교적 정당성을 제공했다.[20]

메흐메드는 도시라는 천에 이슬람의 생활방식에 적합한 대형 건설 공사로 자신의 흔적을 남겼다. 예를 들어 아부아이유브의 무덤이 발견되었다는 곳에 건설된 마스지드 마당에 적당한 그의 무덤을 만드는 데 매우 큰 중요성이 부여되었다. 도시 성벽 바깥 할리치만 꼭대기의 에이읩Eyüp(아이유브의 튀르크식 변형이다)*이라는 구역이었다.[21] 1457~1458년에 동로마인들에게 포르타아우레아Porta Aurea('황금 문')로 알려진 도시 어귀에 예디쿨레Yedikule('일곱 망루') 요새가 건설됐고, 그곳에서 육지 쪽 성벽이 마르마라해까지 이어진다. 이곳은 서로마제국의 수도인 로마에서 오는 에그나티우스 가도가 동로마제국의 수도인 콘스탄티노폴리스로 들어가는 문이다. 예디쿨레에는 처음에 잘못을 저지른 오스만 고위 관료들을 수용했으나, 16세기 말 이후 외국 사절 구치소로 악명이 높아졌다.[22] 메흐메드는 또한 도시 중심부의 동로마 타우루스 광장 터에 궁궐을 지으라고 명령했다. 오늘날 그곳에는 바예지드 광장과 이스탄불대학이 있다. 예디쿨레와 마찬가지로 이 궁궐은 1458년에 완공되었다. 오늘날 카팔르차르슈으('지붕 덮인 시장') 또는 뷔윅차르슈으Büyük Çarşı('큰 시장')로 알려진 산만한 단지의 중심부 건설은 1460~1461년에 시작되었다. 그 가게들에서 나오는 임대료 일부는 아야소피아 유지 비용으로 들어갔다.[23]

─────────

• 이 구역은 아직도 순례 장소이지만, 아부아이유브의 마스지드와 무덤은 수백 년이 지나는 동안 많이 바뀌었다.

두 개의 추가적인 구조물 건설 명령은 이스탄불이 에디르네를 대신해 오스만제국의 수도가 될 것이라는 신호였으며, 동시에 제국 전통의 계승자이자 걸출한 이슬람 지배자라는 술탄 메흐메드의 주장을 표현한 것이었다. 옛 동로마 아크로폴리스의 눈에 띄는 장소에는 1459년 얼마 전 타우루스 광장에 세운 궁궐(이곳은 이제 에스키사라이Eski Saray, 즉 '옛 궁궐'로 알려지게 된다)을 능가하는 근사한 궁궐을 짓기 위한 첫 돌이 놓였다.[24] 1463년에는 이 술탄의 별명인 파티흐Fatih('정복자')라는 이름을 지닌 기념비적인 마스지드 단지의 초석이 놓였다.

톱카프 궁전은 오스만인들이 19세기에 이르기까지 예니사라이Yeni Saray('새 궁궐')라고도 불렀는데, 높은 담으로 둘러싸이고 세 개의 큰 안뜰(각기 커다란 문이 있다)이 있다. 바깥 정원에는 따로 서 있는 몇 채의 간이 건물이 있다. 처음 두 개의 안뜰은 궁정의 공개 의식과 의례를 위한 곳이고, 반면에 세 번째 문 안쪽은 술탄과 그 가족을 위한 사적인 구역이었다. 궁궐의 평면도는 오스만 군대 숙영지의 모습을 닮았다. 술탄의 내실이 한가운데 있고, 그 주위에 다른 구조물들이 조직의 기능과 서열에 따라 배치되었다. 동시대의 서방 궁궐과 전혀 다른 이런 배치는 건축을 통해 술탄이 그 신민과 분리되어 있음을 표현했다. 수백 년에 걸쳐 다양한 재건축 작업이 이루어졌음에도 불구하고 이 궁궐 단지는 오늘날에도 기본적으로 같은 형태를 유지하고 있다.[25]

술탄 메흐메드의 궁궐은 그가 한거할 수 있게 해주었다. 여기서 그는 신비와 권위의 기氣를 배양했다. 치세 말년에 그가 반포한 규정들은 이를 향상시키기 위한 것이었다. 새로운 규정들은 이후 술탄이 메흐메드의 선조들에 비해 그 백성들의 눈에 덜 띄게 했다. 이제 술탄은 공개 석상에(심지어 그 측근들 앞에도) 덜 자주 나타나게 되었다.[26] 이런 규정들은 궁정 의례의 기준으로 자리잡아 술탄의 정치가와 관료들 사이의 서열과 우선권, 그들을 부르는 칭호, 그들이 종교 축제에서 술탄의 손에 입맞춤을 하는 차례를 규정했다. 술탄이 대중 앞에 나타나는 데 대한 규정은 없었다. 그는 휘하 정치가들의 청원을 듣기 위해 일주일에 네 차례 그들을 만날 때 자신의 모습을 가리기 위해 장막 뒤에 있게 되었다.[27] 이후 100년 동안 술탄들은 두 차례의 연례 종교 축일에만 조정 신하들 앞에 모습을 드러냈다.[28]

술탄 메흐메드는 그의 새 건물들을 다양한 양식으로 장식했고, 그것은 그의 이후 정복을 반영했다. 2층으로 된 치닐리쾨슈크Çinili Köşk('타일 붙인 전각')는 1464년 카라만의 지배자 이브라힘 베이가 죽은 뒤 아나톨리아 동부 원정의 성공적인 결과, 그리고 특히 악코윤루 지배자 우준 하산Uzun('키다리') Hasan을 상대로 오스만이 얻은 이득을 기념하기 위해 궁궐 마당에 만들었다. 원정 이후 카라만에서 와서 이스탄불에 정착한 기술공이 장식을 담당했으며, 그 화려함은 많은 현란한 시들에 영감을 주었다.●[29]

메흐메드의 마스지드 단지는 그를 기려 파티흐구區로 알려진 할리치만 서쪽 지구에 있는 한 야산 꼭대기에 건설되었다. 그것을 짓기 위해 역대 동로마 황제들의 매장지인 사도 교회Agioi Apostoloi를 허물었다. 이 마스지드가 있는 마당 남북으로 여덟 개의 신학교가 있었다. 북쪽의 네 개는 흑해에서 이름을 따왔고, 남쪽의 네 개는 튀르크어로 악데니즈Ak Deniz('백해白海')인 지중해에서 이름을 따왔다. 구호소 하나, 데르

● 현재 치닐리쾨슈크는 더이상 궁궐 정원에 있지 않고, 본래의 환경에서 벗어나 이스탄불 고고학 박물관의 19세기 물건들을 마주하고 있다.

비시 회관 하나, 상인 숙소 하나도 있었고, 메흐메드는 시장 하나, 목욕탕 하나, 그리고 많은 가게를 지었다. 가게 임대료는 이들 시설을 유지하는 데 투입되고 그 자선 기능을 위한 재정 지원에 이바지했다. 아야소피아와 견주려는 의도로 만들어진, 파티흐 마스지드 단지의 한가운데에 있는 돔은 그것을 아래 기도 공간 위로 들어올리고 있는 마찬가지의 돔으로 떠받쳐졌다. 운명이었겠지만 메흐메드 마스지드의 설계자는 아야소피아를 능가하고자 과욕을 부린 탓에 결과적으로 건물이 허술하게 건축되었고, 전하는 바에 따르면 그는 처형되었다고 한다.[30] 이 마스지드 단지는 1470년에 완공됐고, 이후 100년 동안 오스만 '고전기'의 복합 건물들의 본보기가 되었다.*

메흐메드는 콘스탄티노폴리스의 주민을 다시 늘리는 일에 나섰다. 다양한 종교를 가진 사람들이 세금 우대와 다시 살아난 대도시에서 기대되는 더 나은 삶을 위한 기회에 이끌렸다. 세금과 기타 유인책이 사람들을 끌어들이는 데 불충분함이 드러나면 오스만은 자기네의 경제적·정치적 목표에 부합할 경우 주저 없이 신민들을 살던 곳에서 빼내 이주시켰고, 정복 이후의 이스탄불만큼 이주의 효과를 크게 본 경우는 없었다. 이후의 시기에 이슬람교도, 유대교도, 아르메니아인·그리스인·라틴계 기독교도 등 모든 공동체가 강제로 이 도시로 이주했다. 이제까지의 오스만 정복의 전례를 유지해 이슬람교도 이주자는 전적으로 아나톨리아 중·서부와 트라케에서 왔고, 기독교도와 유대교도는 아나톨리아 전역과 발칸반도에서 왔다. 라틴계 기독교도들은

---

* 이 돔은 1766년에 강력한 지진을 만나 붕괴했고, 이때 대규모 재건 사업이 펼쳐졌다. 지금 우리가 보는 마스지드는 이 시기에 재건한 것이다.

1475년 크림반도 카파의 이전 제노바 식민지가 합병될 때 그곳에서 실려 온 별도 집단이었다.[31] 동로마 시절 콘스탄티노폴리스에 살았던 이전 그리스인 주민들이 돌아오도록 장려하기 위해 집과 땅을 주겠다고 했다.[32] 이 도시의 이슬람교도 수는 기존 기독교도나 유대교도의 개종에 의해서가 아니라 나라의 다른 지역에서 이주해온 이슬람교도로 인해 증가했다. 이스탄불의 인구는 메흐메드의 치세 말에 7만 5천 명 이상에 이르러,[33] 1453년에 그가 이 황폐화된 도시를 점령했을 때의 인구의 절반 정도를 회복했다.

1459년 이후 술탄 메흐메드는 이스탄불의 물리적 외양을 바꾸는 매우 효과적인 방식을 채용해, 관찰자로 하여금 자신이 이슬람 도시에 있음을 바로 알아보게 했다. 그는 자신이 세운 마스지드와 궁궐 등 새 구조물들과 아야소피아를 장식한 뾰족탑 같은 새로운 지형지물들에 더해 새로운 주거 구역들을 조성하도록 휘하 정치가들에게 명령했다. 모두 마스지드 단지 주위에 만드는 것이었고, 이 도시로 이주해오는 이슬람교도들에게 새로운 삶을 유지할 수 있는 기반시설을 제공해야 했다. 이들 단지에는 마스지드 외에 자신의 것과 마찬가지로 여러 가지 다른 구조물을 만들었다. 아마 학교, 신학교, 무료 급식소, 목욕탕, 상인 숙소, 건설자를 위한 영묘 같은 시설들이었을 것이다. 그들이 생계를 유지하는 데 필요한 자선 시설과 상업 시설을 섞어놓은 것이었다.[34] 그 사례 가운데는 이전 세르비아계 동로마 귀족으로 두 차례 대와지르를 지낸 벨리 마흐무드 파샤Veli Mahmud Paşa가 건설한 것이 할리치만으로 내려가는 경사면에 있는 지붕 덮인 시장 바로 바깥에 있고, 팔라이올로고스 가문 출신 개종자로 메흐메드의 총애를 받은 하스 무라드 파샤Has Murad Paşa가 세운 것이 현재 이스탄불대학과 가까운 악사라이에 있다. 이렇게 새로운 주거 구역을 만드는 관행은 메흐메드의 아들이자 후계자인 바예지드 2세의 치세와 그 이후에도 계속되었다.[35] 이스탄불로 새로 이주해온 사람들은 흔히 새로운 도시 주거 구역에 자기네가 떠나온 곳의 이름을 붙였다. 메흐메드 2세의 마스지드 부근에 있는 카라만 출신자들이 정착한 곳은 아직도 카라만파자르로 불린다. 악사라이 주거 구역은 오스만의 카라만 베이국 합병 이후 이곳으로 이주한 사람들의 고향인 아나톨리아 중부의 지역을 떠올리게 한다.

콘스탄티노폴리스가 함락되고 이틀 뒤, 이스탄불에서 할리치만 건너편에 있는 제노바 식민지 갈라타가 항복했다. 동로마 시절에 누렸고 메흐메드가 보장했던 독립을 유지하기를 바란 것이었고, 메흐메드는 이를 보장했다. 그러나 메흐메드는 이 도시를 차지하게 되자 생각을 바꿨다. 이 식민지는 특정한 특권이 주어졌지만, 그 주민들은 오스만의 다른 비이슬람교도 신민들과 마찬가지로 지즈야jizya(인두세)를 내야 했다(오스만 이외의 이슬람 국가에서도 이는 마찬가지였다). 자신의 방침 변경을 정당화하기 위해 메흐메드는 갈라타인 가운데 일부가 콘스탄티노폴리스 포위전 때 동로마 방어군 편에서 싸웠음을 그들에게 상기시켰다.[36] 그는 또한 갈라타 망루의 높이를 7.5미터로 낮추라고 명령했다. 낯선 자들을 포착하기 더 어렵게 하기 위해서였다.[37]

이 도시의 동로마 시절 이름은 튀르크어로 코스탄티니예Kostantiniyye로 변형되어 새 이름 '이스탄불'과 함께 계속 사용되었다.* 이스탄불은

---

* 이스탄불은 고전기 그리스어 '에이스 틴 폴린(eis tin polin: '도시로'라는 뜻)'에서 온 듯하며, 이는 당시 구어체 그리스어로 '스틴 폴리(stin poli)'로 쓰였다. '도시로'와 '도시 안에서'(성벽으로 둘러싸인 도시 안이라는 말이다) 모두를 의미했으며, 나중 의미가 교외 아닌 '중심부' 지역을 가리키는 것으로서 가장 적합하다.

말장난으로 '이슬람볼Islambol', 즉 '이슬람교도 천지'로 변형됐고, 또한 아시타네이사아데트Āsitāne-i Sa'ādet('행복의 문턱') 또는 데르이사아데트 Der-i Ssa'ādet('행복의 집') 등으로도 불렸다. 이스탄불은 1930년이 되어서야 도시의 공식 이름으로 채택되었고, 이 변화는 노래로 기려졌다.

　　이스탄불은 전에 콘스탄티노폴리스

　　이젠 콘스탄티노폴리스 아닌 이스탄불이라네

　　오랜 시간이 지나도

　　옛 콘스탄티노폴리스는 아직 튀르크인들의 즐거움

　　달빛 비치는 밤에

　　콘스탄티노폴리스의 모든 여자는

　　콘스탄티노폴리스가 아니라 미스탄불Miss-stanbul

　　그래서 콘스탄티노폴리스에서 데이트를 한다면

　　상대는 이스탄불에서 기다릴 거야

　　이스탄불!!

　　오래된 뉴욕도 한때는 뉴암스테르담

　　이름을 왜 바꿨는지 나는 몰라

　　(사람들은 그저 그쪽이 좋았겠지)

　　나를 다시 콘스탄티노폴리스로 데려다주오

　　아니, 콘스탄티노폴리스로 돌아갈 수는 없어

　　이제 그곳은 콘스탄티노폴리스가 아니라 이스탄불

　　왜 콘스탄티노폴리스가 사라져야 했지?

　　그건 누구도 아니고 튀르크인이 알 일

　　이스탄불!!³⁸

콘스탄티노폴리스가 오스만에게 함락된 것은 기독교도 서방에게 공포스러운 일이었다. 그들은 언제나 공격적인 정복 정책을 두려워했다. 교황은 기독교 세계를 위해 이 도시를 탈환하고자 십자군을 양성하려 했다.[39] 그들은 이전에도 그랬듯이 오스만에 맞선 통일전선을 이뤄내지 못했지만, 기독교 세계는 술탄 메흐메드의 정책 결정에서 언제나 고려 사항이었다. 그의 성공은 서방의 해양 경제에 상당한 영향을 미쳤다. 오스만이 보스포루스 해협을 통제하면서 흑해, 에게해, 지중해로 이루어진 전략 및 무역 지대가 쪼개졌고, 오스만은 방대한 자원에 접근할 수 있게 되었다. 이전의 콘스탄티노폴리스와 마찬가지로 메흐메드의 새 제국 수도는 그가 구상한 번성하고 활기찬 공동체를 뒷받침할 식량과 물자가 필요했다. 필요한 것의 상당 부분은 흑해 연안으로부터 왔다.

흑해 무역에 경제활동과 생존을 의존해온 제노바와 베네치아 식민지들에게 전망은 암울했다. 콘스탄티노폴리스 공격 바로 이듬해에 메흐메드는 56척으로 이루어진 함대를 흑해에 보내 "위력을 과시"했다. 드니스테르강 하구의 제노바 요새 빌호로드-드니스트로우스키(체타테아알버)를 점령하는 데 실패한 오스만 선박들은 더 나아가 크림반도로 갔고, 그곳에서 타타르계 크림 칸국의 하즈 기라이Hacı Giray의 지원을 얻어 카파에 있는 제노바 전초기지를 공격했다. 제노바인들은 연례 공물을 지불하기로 약속한 덕분에 적어도 한동안은 어느 정도의 독립을 유지할 수 있었다.[40] 베네치아는 자기네 도시국가들을 먹여 살리기 위해 흑해 연안으로부터 특히 곡물을 운송하는 주요 무역로의 통제권을 잃었는데, 다행스럽게도 그해에 메흐메드와 조약을 맺을 수 있었다. 그 조건에 따라 그들은 관세를 내고 이스탄불에서 거래하는 것이 허

용됐고, 거류지도 유지할 수 있었다.[41]

제노바를 상대로 한 오스만과 타타르의 연합 행동은 그들 미래의 가까운(때로는 미묘했지만) 관계의 전조였다. 18세기 말 러시아 제국이 정복하기 전까지 크림반도를 지배한 타타르계 기라이 왕조는 15세기에 그 종주였던 '울루그울루스'(금장한국, 그들은 칭기스 칸이 창건한 몽골 제국의 서쪽 부분을 장악했다)의 타타르인들로부터 독립을 주장하면서 떠올랐으며, 오스만 역사에서 특별한 위치를 차지하게 되었다. 기라이는 자기네 혈통이 칭기스 칸까지 거슬러 올라간다고 주장했으며, 이에 따라 오스만인들은 그저 동경만 할 수 있을 뿐인 일종의 정치적 정통성을 주장할 수 있었다. 타타르는 중앙아시아 가문들 사이에서 서열상 우월했기 때문에 이슬람 국가들 사이에서 독특한 위신을 지녔고, 이는 오스만에게 상당한 우려를 불러일으켰다.[42]

술탄 메흐메드는 콘스탄티노폴리스 정복 이후 첫 10년 동안 관심을 거의 전적으로 발칸반도에 집중했다. 1453년 이후 그의 첫 주요 원정 대상은 세르비아였다. 이곳은 오스만과 헝가리 영토 사이의 완충 지대였고, 헝가리의 영향력이 발칸반도를 관통할 수 있는 통로이자 헝가리 군이 이곳을 통해 그의 서북 변경을 위협하고 있었다. 세르비아를 정복하고 그들을 완전히 메흐메드 제국 안에 편입하는 데는 5년이 걸렸다. 오스만은 1454년 모라바강 유역의 세르비아 요새 몇 개를 점령하고 잠시 보유했지만, 베오그라드 동쪽의 도나우강 통로를 지키는 중요한 거점인 스메데레보를 점령하는 데는 실패했다. 이듬해의 원정 목표는 전혀 달랐다. 오스만군은 세르비아 남부를 지나 은 광산이 있는 지역인 노보브르도를 점령해 자기네 영토에서 얻기 어려운 필수적인 자원을 확보했다. 1456년에 메흐메드는 베오그라드 포위전을 지휘했다.

이 요새는 도나우강과 사바강이 합류하는 전략적 위치에 있어 헝가리에 핵심적인 곳이었다. 그가 육상과 해상 합동 작전에도 불구하고 이곳을 점령하지 못한 것은 상대를 구원하러 온 많은 수의 혼성 십자군 때문이기보다는 이곳이 난공불락이며 강력한 방어 시설을 갖추고 있었기 때문이다. 그곳은 1522년까지 헝가리의 수중에 있었다.

후녀디 야노시는 베오그라드 포위전 직후 전염병으로 죽었지만, 그의 기백이 넘치는 성채 방어는 그를 헝가리 역사에서 전설적인 위치에 올려놓았다. 그가 죽은 뒤에 헝가리는 내정에서 혼란스러운 시기를 맞았지만, 1458년에 결국 그의 아들 후녀디 마차시Hunyadi Mátyás가 왕위를 이어받았다. 세르비아의 주라지 브란코비치는 1456년 12월에 죽었고, 그의 아들 라자르Lazar가 곧바로 뒤따라 죽었다. 남자 자손이 없어 권력 공백이 생기자 헝가리가 침공했다. 세르비아는 1389년 코소보 평원 전투 이후 처음 오스만의 속국이 됐지만, 그 지배자들은 자기네 주인들에 대해 조심스러운 정책을 채택했다. 많은 정교도 명사들에게 오스만의 지배가 가톨릭교도인 헝가리의 지배보다 바람직했기 때문이다.

세르비아의 친오스만 파벌의 지도자는 미하일로 안젤로비치Mihailo Anđelović였는데, 그는 막 메흐메드의 대와지르로 임명된 마흐무드 파샤와 형제간이었다. 이 형제는 세르비아 데스포테스국에서 세력이 약한 가문에 속했다. 마흐무드 파샤는 아주 어려서부터 오스만의 부림을 받기 시작한 듯하다. 1427년 메흐메드 술탄의 아버지 무라드 2세 치세 때 오스만에게 사로잡힌 이후다. 라자르가 죽은 뒤에 공동 섭정이 된 미하일로 안젤로비치는 헝가리의 계획을 좌절시키기 위해 오스만의 개입을 요청했던 듯하다. 1458년 봄에 마흐무드 파샤가 스메데레보 요새로 진격해왔기 때문이다. 그러나 그사이에 스메데레보의 친헝가리 파벌이 반란을 일으켰고, 미하일로는 라자르의 아내 헬레나Helena(미하일로와 공동 섭정이었다)에게 체포돼 수감되고 헝가리로 보내졌다. 스메데레보 방어자들은 항복을 거부했고, 마흐무드 파샤는 요새를 공격해 이 도시를 점령했지만 최후 거점에는 미치지 못했다. 그는 또한 도나우강 일대의 다른 몇몇 전략적 지점을 정복했다. 마흐무드 파샤는 헝가리의 진격에 위협을 느끼고 마케도니아의 스코페에 있던 술탄에게로 합류했다. 메흐메드는 그해 초 펠로폰네소스 원정 이후 그곳으로 물러나 있었는데, 그들은 메흐메드의 지친 병력의 도움을 받아 헝가리를 저지했다.[43] 1459년에 스메데레보의 친오스만 파벌 대표가 최후 거점의 열쇠를 메흐메드에게 넘겨주었고, 그는 그곳을 점령하라고 명령했다. 이로써 세르비아는 마침내 오스만 영토의 필수적인 부분이 되었다.[44]

오스만의 제후국인 왈라키아가 연례 공물을 이스탄불로 보내지 않고 이어 그 보예보다인 '체페슈' 블라드 드러쿨레아가 도발적인 행동을 하자, 메흐메드는 1462년에 자신보다 앞서서 마흐무드 파샤를 도나우강 건너로 보내 질서를 회복하게 했다. 원정은 성공했고, 좀더 협조적인 블라드의 동생 라두Radu(그는 블라드가 처신을 잘하도록 보장하기 위해 이스탄불에 인질로 잡혀 있었다)가 블라드를 대신할 보예보다로 승인되었다. 블라드는 헝가리로 달아났다.[45]

헝가리의 침략으로부터의 안전은 오직 도나우강-사바강 경계선을 오스만이 완전하게 통제해야만 보장될 수 있었다. 이 선은 발칸반도를 동쪽의 흑해에서부터 서쪽의 아드리아해까지 거의 양분하는 선이었다. 세르비아 서북쪽 사바강 이남에는 오스만의 속국 보스니아가 있었다. 그 왕 스테판 토마셰비치Stjepan Tomašević 역시 술탄에게 공물을 바치지 않았다. 1463년 스테판은 15년의 휴전을 청해 허락받았으나, 거의 곧바로 오스만 군대가 보스니아를 향해 출발해 남쪽으로부터 이 나라로 들어왔다. 스테판은 달아났으나 마흐무드 파샤가 클류치에서 그를 붙잡았다. 그는 그곳에서 무사히 돌아갈 수 있다는 약속을 받고 항복했다. 보스니아는 세르비아와 마찬가지로 오스만의 속주가 되었고(그러나 이곳은 이듬해 헝가리의 공격으로부터 방어를 해야 했다), 마흐무드 파샤는 이어 이웃 헤르체고비나를 점령했다.[46] 오스만이 휴전 상태에서 보스니아를 공격한 것은 배신 때문이었는데, 그 배신이 다시 한번 드러나자 술탄 메흐메드는 보스니아의 스테판을 처형하라고 명령했다. 그러나 포로가 된 그의 이복동생 시기스문드Sigismund는 이슬람교로 개종했고, 크랄오을루 이스하크 베이Kraloğlu('왕의 아들') İshak Bey라는 이름으로 술탄의 친구가 되었다.[47] 헤르체고비나 군주의 아들 또한 이슬람교로 개종했고, 헤르세크자데 아흐메드 파샤Hersekzade('군주의 아들') Ahmed Paşa라는 이름으로 메흐메드의 아들이자 후계자인 바예지드 2세(그의 장인이 된다)와 손자 셀림 1세Selim I의 두 치세에 걸쳐 대와지르를 지냈다.[48]

1455년에 오스만은 에게해의 제노바 식민지들을 점령했다. 이즈미르 북쪽 아나톨리아 해안의 구舊·신新 포카이아(에스키포차와 예니포차)와 트라케의 마리차강 입구에 있던 아이노스(에네즈) 같은 곳이었다. 포카이아에는 풍부한 명반 광산이 있었고 그 산물은 유럽 의류 산업의 염색에 필수적이었으며, 아이노스는 소금 무역에서 그 수입을 얻고 있었다. 같은 해에 투라한 파샤의 아들인 변경 영주 외메르 베이Ömer Bey가 아테네를 피렌체 군주로부터 탈취했다. 베네치아령 낙소스섬과 제노바령 레스보스섬·키오스섬은 1458년 술탄에게 공물을 바치는 데 동의했다. 1459년 세르비아 정복 이후 술탄 메흐메드는 이스탄불로 돌아왔고, 이어 육로로 이동해 이스탄불에서 보낸 수군의 도움을 받아 아나톨리아의 흑해 연안 아마스트리스(아마스트라)의 제노바 식민지를 함락시켰다. 1462년에 레스보스섬은 오스만의 포위 공격을 받고 항복했고, 그러는 사이에 메흐메드는 이스탄불의 안전을 개선하기 위해 다르다넬스 해협에서 축성을 했다. 그는 이곳에 한 쌍의 요새를 건설했다. 종전에 술탄히사르Sultanhisar('술탄의 성')로 알려졌던 아나톨리아 해안의 차나칼레와 그 건너편 루멜리 해안의 킬리트윌바흐르Kilit-ül-Bahr('바다의 자물쇠')에 만든 요새였다. 남쪽에서 이스탄불로 들어오는 것을 이제 오스만이 확실하게 통제하게 되면서 이 도시는 해군의 공격으로부터 안전해졌다.

콘스탄티노폴리스가 함락된 뒤에도 동로마제국의 일부 영토는 살아남았다. 이 철 지난 정치체들은 콤네노스Komnenos 가문의 트라페준타(트라브존) 왕국과 모레아 데스포테스국이었다. 전자는 1456년에 오스만의 속국이 됐고, 후자는 팔라이올로고스 가문의 데메트리오스와 토마스 형제가 공동으로 통치했는데 그들은 좀처럼 공통의 대의를 지지해 함께 행동하지 않았다. 오랫동안 오스만의 속국이었지만 두 데스포테스는 3년 동안 공물을 바치지 않았고, 그러자 1458년에 술탄 메흐메드의 군대가 침공했다. 막판에 몰려 공물을 바치겠다고 했지만 메흐메드의 계획을 막지는 못했고, 그는 남쪽으로 밀고 내려왔다. 지협에 있는 코린토스가 석 달 동안의 포위전 끝에 항복했고, 오스만의 행정력은 펠로폰네소스반도 대부분에 뻗쳤다. 데스포테스 토마스는 건성으로 이전 영토 일부를 회복하고자 했지만, 형과의 전쟁에 휘말리게 되었다. 1460년에 메흐메드는 직접 군대를 이끌었고, 이해 말에는 일부 남은 베네치아의 식민지를 제외하고 펠로폰네소스반도의 거의 전부가 오스만의 통제 아래 들어왔다. 당대 그리스 자료들은 데메트리오스의 딸 헬레나가 술탄의 식구로서 여성 구역인 하렘에 들어갔다고 전한다. 메흐메드 시대의 역사가인 게오르기오스 스프란체스의 딸 타마르Tamar도 마찬가지였다.[49]

트라페준타는 악코윤루 부족연합의 정력적인 지도자 우준 하산(콤네노스 가문의 공주와 혼인했다)의 수도 타브리즈의 무역을 위한 해상 출구였다. 아나톨리아의 이슬람교도 베이국들을 복속시키려는 오스만의 노력은 이제 시작된 아나톨리아 동부를 장악하려는 싸움에 비하면 하찮은 일로 보였다. 우준 하산은 트라페준타가 자신의 영향권 내에 있는 것으로 생각했으며, 1460년 말 조카를 메흐메드 술탄에게 사절로 보내 자신은 이 왕국을 자신의 노획물로 생각한다고 주의를 주고 술탄이 콤네노스 왕조를 탈취할 생각은 하지 말라고 경고했다. 메흐메드는 이 경고를 무시하고, 그의 이슬람교도 속국인 카스타모누의 이스펜디야르 왕조 및 카라만 왕조의 지원 아래 이듬해 동쪽으로 진격했다. 이 마지막 남은 아나톨리아의 동로마 고립지(그들은 작은 나라이면서도 스스로를 제국이라 불렀다)를 합병하기 위해서였다. 우준 하산은 그의 진군을 막기 위해 병력을 보냈으나, 야심찬 두 지배자 사이의 첫 대결에서는 양쪽 모두 이렇다 할 성과를 거두지 못했다.

콤네노스의 땅은 높고 살기 어려운 산들에 의해 아나톨리아 배후지와 단절돼 있었다. 오스만 군대와 함께 트라페준타 원정에 참여했던 한 예니체리 병사는 행군이 어려웠다고 회상했다. 먼 거리, 오스만의 진군(중무장한 병사보다는 날렵함이 요구되는 가파르고 숲이 우거진 지형이었다)에 대한 지역 주민들의 적의, 굶주림, 끊임없이 내리는 비(길이 진창으로 변했다). 그는 금화를 실은 낙타가 고개에서 쓰러지는 바람에 도시로 굴러 내려가 돈이 사방에 흩어진 일을 이야기했다. 메흐메드 술탄은 누구라도 할 수 있으면 금화를 주워 가지라고 명령했다. 그러나 그것은 충분한 유인책이 되지 못했다.

우리는 산을 내려가면서 많은 어려움을 겪었다. 땅은 죽처럼 질척거렸고, 예니체리들은 황제(술탄)를 평지에 이를 때까지 내내 팔에 올려 날라야 했으며, 보물을 실은 낙타들은 산에 남아 있었다. 메흐메드 황제는 예니체리들에게 낙타를 평지로 끌고 내려오도록 노력해달라고 청했고, 우리는 죽을힘을 다해 다시 산으로 올라가 밤새 애쓴 끝에 낙타를 평지로 끌고 왔다. 황제는 그날 그곳에 머물며 휴식을 취하고 예니체리들에게 금화 5만 닢을 나눠주었으며 예니체리 켄투리오centurio(백인대장)들의 봉급을 올려주었다.[50]

트라페준타는 오스만 육군 및 해군에 6주 동안 포위 공격을 당한 끝에 항복했다. 이슬람법에 따르면 전투에서 항복한 사람들은 풀어줘야 했다. 따라서 황제와 그 가족은 처음에 용서받고 에디르네에서 수감됐지만, 2년 뒤에 처형되었다(메흐메드의 하렘으로 들어간 황제의 딸 안나Anna만은 예외였다).[51] 오스만이 거둔 손쉬운 승리에 대해 일부에서는 트라페준타의 재무대신 게오르기오스 아미루체스Geórgios Amiroútzes에게 책임을 돌렸다. 그는 오스만의 대와지르 마흐무드 파샤와 이 고립지의 항복 협상을 했는데, 마흐무드는 그의 친척이었다.[52] 아미루체스는 다른 학식 있는 그리스인들 및 동로마 귀족들과 마찬가지로 오스만 궁정에서 경력을 이어갔다. 그는 술탄의 어용 철학자 겸 대필자가 되었다. 그의 공헌 중 하나는 고전기 그리스의 지리학자 프톨레마이오스의 흩어진 지도를 한데 모았다는 것이다. 프톨레마이오스의 저작은 이슬람 세계, 그리고 나중에 오스만 및 르네상스기 지도 제작을 위한 토대 가운데 하나가 되었다.[53] 트라페준타에서 콤네노스 가문을 제거함으로써 메흐메드는 1204년 4차 십자군 때까지 콘스탄티노폴리스의 동로마가 통치했던 영토를, 몇몇 고립지를 제외하고 거의 모두 오스만의 지배하에 재통일하는 데 성공했다.

베네치아의 해상 식민지를 합병하는 일은 여전히 오스만의 목표였다. 오스만이 콘스탄티노폴리스를 점령한 이후 베네치아는 오스만에게 직접적인 전략적 위협이 될 수는 없었지만 그래도 강력한 해군을 보유했기 때문에 귀찮은 존재였다. 오스만-베네치아의 관계는 상호 의심으로 인해 언제나 골치 아팠지만, 전면전은 언제나 회피되었다. 상업적 고려와 다른 십자군 세력이 자기네를 고립시킬 것이라는 우려로 베네치아는 오스만에 도발하는 것을 망설였는데, 1463년 오스만의 보스니아 정복이 아드리아 해안의 베네치아 영토들을 위험에 빠뜨렸다. 다른 베네치아 식민지인 케르키라(코르푸), 메토니, 에우보이아, 낙소스 등은 오스만이 아드리아해의 중요한 해상 작전 기지인 나우팍토스(레판토) 주변의 베네치아 영토를 공격하면서 취약해졌다. 보스니아 상실에 따라 마찬가지로 안전에 위협을 받는 헝가리가 동맹이 될 수 있겠다는 희망으로 대담해진 베네치아는 1463년 7월에 술탄에게 선전포고를 했다.

전쟁의 초기 단계에서 펠로폰네소스반도의 상당 부분이 다시 베네치아의 통제 아래 들어왔다. 1463년 가을, 헝가리 왕 마차시가 보스니아를 침공했고, 이듬해 그의 군대는 그가 다시 사바강을 넘어 남쪽으로 이동하고 있다는 소식을 듣고 물러난 메흐메드의 군대를 물리쳤다.

교황과 부르고뉴 공작은 반오스만 십자군을 위해 3년 약정을 맺었다(다만 이 일은 오래가지 못했고, 1464년 말 이 약정은 십자군 역사의 다른 수많은 동맹처럼 불화로 인해 와해되었다).[54] 베네치아는 에게해 북부의 레스보스섬을 오스만으로부터 탈환하지는 못했지만, 그것을 단순히 하나의 차질로 생각한 베네치아는 대와지르 마흐무드 파샤의 평화 제의를 받아들이려 하지 않았다.[55]

베네치아는 여전히 문제였고, 펠로폰네소스반도에서뿐만이 아니었다. 오스만령 마케도니아와 아드리아 해안의 베네치아 거점 사이에 분열된 완충 지대인 스컨데르베우의 산악국 알바니아가 있었다. 스컨데르베우는 기독교를 다시 받아들이고 무라드 2세를 상대로 반란을 일으킴으로써 오스만에 대한 충성을 버린 이래 여러 차례, 잠식해 들어오는 오스만으로부터 독립을 유지하려는 그의 노력에 대한 가톨릭 세력의 후원을 얻고자 했다. 나폴리는 1451년 이래 그의 보호자였지만, 1458년에 알폰소 왕이 죽자 다시 오스만의 종주권을 인정했다. 1463년 베네치아-오스만 전쟁의 발발은 그에게 오스만에게서 벗어날 또다른 기회를 제공했고, 그는 베네치아에 협력하겠다고 제안했다. 국지화된 2년 동안의 전쟁 끝에 메흐메드는 스컨데르베우를 상대로 한 전면적인 원정에 나섰고, 1466년 여름 단 25일 만에 오스만은 엘바산에 큰 요새를 건설했다. 이곳에서 오스만령 발칸반도를 아드리아 해안과 연결하는 간선도로(이전의 에그나티아 가도)가 해안 평원으로 이어진다. 스컨데르베우의 거점 크루여는 북쪽에 고립돼 있어 더이상 육상으로 해안의 베네치아 세력과 접촉할 수 없었다. 겨울 동안에 스컨데르베우는 이탈리아로부터 물자 지원을 구했고, 이듬해에 크루여의 오스만 포위군을 공격했다. 이것이 메흐메드의 2차 원정을 촉발했고, 그 결과로 몇몇 베네치아 전초기지를 제외한 알바니아 전체가 오스만의 지배를 받게 되었다. 매우 오랫동안 알바니아의 오스만에 대한 저항 지도자였던 스컨데르베우 자신은 베네치아 영토로 달아났고, 1468년 그곳에서 죽었다. 이 호의적이지 않은 지역에서 오스만의 권력 행사는 시원치 않았지만, 헝가리와 베네치아는 더이상 알바니아 군소 군주들의 변덕스러움을 자기네에게 유리하게 이용할 수 없었다.[56]

서방 역사가들은 메흐메드 2세가 주로 오스만의 유럽 진출의 기획자라고 생각하지만, 그는 치세의 상당 부분을 자기네 동부 변경을 방어하며 보냈다. 우준 하산이 1460년 트라페준타에 대해 메흐메드에게 경고한 것은 좀더 공격적인 정책의 전조였음이 드러났다. 그는 곧 베네치아에 사절을 보내 오스만을 상대로 한 베네치아의 전쟁에 협력할 것을 제안했기 때문이다. 그의 수단 가운데 가장 강력한 것은 오스만의 영토를 빼앗은 티무르의 성공을 재현하겠다는 그의 약속이었다. 베네치아는 그가 아나톨리아에서 얻는 영토를 모두 갖는 데 동의했다.

15세기 중반에 길고도 험악했던 오스만과 카라만국 사이의 관계는 난국에 처했다. 1464년 메흐메드의 제후인 카라만의 이브라힘 베이가 죽자 오스만과 악코윤루는 카라만을 놓고 엇갈리는 주장을 하기 시작했다. 우준 하산은 이브라힘의 맏아들 이스하크ishak를 대신해 카라만에 개입하고 그가 나라를 차지하게 함으로써 오스만을 상대로 주도권을 되찾을 기회를 잡았다. 우준 하산과 이스하크는 모두 맘루크의 보호를 받아들였다. 틀림없이 있을 메흐메드의 대응 때 손을 잡고자 한 것이었는데, 그 대응은 오래 지체되지 않았다. 오스만의 지원을 받은 이브라힘의 또다른 아들 피르 아흐메드Pir Ahmed가 이스하크를 쫓아내 우준 하산에게로 피신하게 만들었다. 얼마 후 이스하크가 죽는 바람에 우준 하산은 카라만에 개입할 명분이 없어졌고, 티무르를 닮고자 하는 그의 계획은 일시 정지되었다.[57]

그러나 곧 오스만군의 정예가 제국의 서쪽 변경에 매달리고 있는 동안 동쪽 변경의 우준 하산은 1467년에 경쟁자인 카라코윤루 부족연합의 땅을 합병해 얻은 것이다 넓은 영토를 추가하고 있었다. 이후 2년에 걸쳐 그는 아제르바이잔, 이라크, 파르스, 키르만 등지와 더 동쪽의 티무르의 고향까지 진출하며 통치권을 확립했다. 이로써 아나톨리아 동부에서의 세력 균형이 근본적으로 바뀌면서 그저 부족의 군장이었던 우준 하산은 이제 훨씬 더 가공할 경쟁자가 되었다.[58]

1468년에 우준 하산은 새 맘루크 술탄 카이트베이Qaitbay에게 사절을 보내 오스만을 상대로 맘루크가 자신을 보호해줄 것인지를 확인하고자 했다.[59] 당대의 두 작가인 베네치아 역사가 도메니코 말리피에로Domenico Malipiero와 오스만의 투르순 베이는 각기, 메흐메드 술탄이 1468년 맘루크령 시리아로 행군할 계획을 세웠다고 적었다.[60] 그러나 그의 제후인 카라만의 피르 아흐메드가 이 원정에 대한 원조 의무를 이행하지 않자 메흐메드는 군대를 돌려 카라만 쪽으로 향했다. 피르 아흐메드가 왜 그런 어리석은 결정을 내렸는지는 분명하지 않다. 카라만의 군대는 메흐메드를 당할 수 없는데 말이다. 메흐메드는 토로스산맥 이북의 카라만 영토 대부분을 점령하는 데 성공했다. 우준 하산은 동부에서 자신의 제국 설계에 몰두하고 있었기 때문에 피르 아흐메드를 돕기 위해 개입할 수 없었다.

우준 하산은 1469년 티무르 지배자 아부 사이드Abu Sa'id를 죽인 뒤 이 지역에서 가장 넓은 영토의 군주이자 카라코윤루 및 티무르 국가의 계승자가 되었다. 현대의 이란과 이라크 대부분, 아나톨리아 동부 상당 부분에 이르는 영토를 보유한 우준 하산은 메흐메드 술탄의 영토에 맞먹는 제국의 주인이었으며, 그해 6월에 카이트 베이에 대한 선포에서 자신이 유일한 정통 이슬람 주권자라는 주장을 펼쳤다.[61] 이는 맘루크와 메흐메드 술탄 양쪽에 대한 도전이었다. 전자는 모든 이슬람교도가 순례를 해야 하는 이슬람교 성지 메카와 메디나의 수호자였고, 후자는 이슬람 세계의 지도자가 되려는 열망을 품고 있었다. 메흐메드는 콘스탄티노폴리스를 정복한 이후에도 순례와 관련된 일은 맘루크에게 맡겨두는 데 만족했으며, 자신의 책무를 세속적인 일, 즉 이슬람 땅을 확장하는 것으로 보았다.[62]

우준 하산의 심리전은 격화되었다. 그는 세속적인 차원뿐만 아니라 영적인 차원에서도 메흐메드와 경쟁했다. 그는 1471년 술탄에게 보낸 편지에서 자신이 최근에 정복한 이란 남부의 시라즈를 '칼리파국의 옥좌'로 칭했다.[63] 메흐메드는 그의 주장에 크게 신경쓰지 않았다. 칼리파 자리는 없어진 지 오래였기 때문이다. 그러나 우준 하산이 티무르의 망령을 불러낸 것은 좀더 걱정이 되는 일이었다. 하산의 장수 가운데 하나가 오스만의 시바스 총독에게 편지를 써서 이 악코윤루 지도자와 티무르를 비교했다. 그는 하산이 열네 가지 점에서 낫다고 말했다. 거기에는 세계의 이 지역에서 지배자의 정당성 주장을 뒷받침하는 온갖 종류의 자질이 포함돼 있었다. 우준 하산은 오스만의 행정 방침을 비판함으로써 자신의 우려를 구체화했다. 이슬람교도 부족민에게서 인두세를 거두는 일과 부족들을 정주 농민의 일원으로 만들기 위해 강제로 정착시키는 일 등이었다. 인두세는 비이슬람교도에게 거두는 것으로 생각됐고, 강제 정착은 아나톨리아 동부를 복속시키는 오스만 정책의 중요한 부분이었다.[64] 우준 하산의 옛 튀르크 혈통 주장은 오스만이 이 시기에 쓰인 역사에서 자기네가 중앙아시아에 뿌리를 두고 있음을 강조한 데 대한 단호한 대응이었다.[65]

술탄 메흐메드가 1471년에 카라만의 잔여 세력을 소탕하기 위해 군대를 보내자 피르 아흐메드는 우준 하산에게로 달아났지만, 피르 아흐메드의 튀르크멘 동맹자들은 토로스산맥의 고개들을 넘어오는 오스만을 막지 못했고 오스만 함대는 아나톨리아 서남부 알라니아 항구 부근의 카라만 예속민 취락을 합병했다. 이듬해 오스만은 실리프케 동쪽 아나톨리아 남해안에 있는 카라만의 거점들을 점령했지만, 서쪽의 자기네 항구 안탈리아(말리피에로에 따르면 "아시아에서 가장 크고 가장 유명한 해항"이었다[66])는 새로이 우준 하산과 손잡은 기독교도 함대에 의해 보복 차원에서 불태워졌다. 아나톨리아 서해안의 오스만 항구 이즈미르는 베네치아 함대에 의해 불태워졌고, 함대는 또한 메흐메드가 이스탄불을 보호하기 위해 아주 최근에 건설한 다르다넬스 해협의 요새들을 파괴한 대담한 공격을 통해 겔리볼루 또한 불태웠다.

1472년 7월, 우준 하산은 카라만의 남은 부분을 오스만으로부터 구하기 위해 개입하겠다는 의사를 다시 표명하고, 메흐메드에게 철수하고 트라페준타 또한 넘기라고 요구했다. 티무르의 궁정과 마찬가지로 우준 하산의 궁정은 나라를 빼앗긴 아나톨리아의 군주들에게 피난처를 제공했고, 그들은 그곳에서 강력한 후원자의 주시 아래 영토 수복을 계획했다. 이 시기에 카라만의 피르 아흐메드도 그중 하나였고, 우준 하산의 조카이자 나라를 빼앗긴 아나톨리아 북해안 시노프의 지배자의 아들도 마찬가지였다. 메흐메드가 이스탄불을 떠날 무렵에 그는 우준 하산의 또다른 조카 유수프 미르자Yusuf Mirza가 지휘하는 군대가 오스만의 이전 수도 부르사로 접근하면서 아나톨리아를 통과하는 과정에서 상당한 영토를 획득했음을 알게 되었다. 오스만의 우월한 힘에 밀려 그들은 퇴각했고 유수프 미르자는 사로잡혔으며, 그와 함께 있던 카라만의 피르 아흐메드는 달아났다.

1472년 말에 우준 하산이 유프라테스강을 넘어 맘루크의 영토 북부를 침공하자 맘루크와 오스만은 잠시 그를 상대로 힘을 합쳤다. 이 원정의 직접적인 원인은 연례 메카 순례와 관련된 의식에서 카이로에서 온 맘루크의 가마가 앞에 가야 하느냐, 이전 칼리파의 수도인 바그다드를 차지하고 있는 우준 하산의 가마가 앞에 가야 하느냐를 둘러싸고 벌어진 충돌과 관련이 있었을 것이다. 이 원정의 결과로 우준 하산은 일시적으로 지중해 쪽으로 가는 토로스산맥의 고개들에 대한 통제권을 장악했다. 지중해에서는 해상의 동맹자 베네치아가 활동하고 있었다.[67] 우준 하산의 공격적인 자세는 메흐메드 술탄이 베네치아-악코윤루 협정을 두려워할 충분한 이유를 제공했지만, 그가 베네치아와 헝가리 측에 평화를 논의하기 위한 사절을 이스탄불로 보내달라고 청한 것은 우준 하산을 그 유럽 동맹자들로부터 고립시키기 위한 속임수였을 것이다.

우준 하산이 1472년에 맘루크령 시리아를 침공하자 메흐메드 술탄은 이 악코윤루 지도자를 상대로 한 전면적인 원정의 시기가 무르익었다고 생각했다. 1473년 8월 4일, 양군은 에르진잔 동쪽 유프라테스강변에서 마주쳤다. 조우전은 승부가 나지 않았지만, 오스만은 큰 손실을 입었다. 한 주 뒤인 8월 11일, 그들은 북쪽 산악 지역 바슈켄트에서 다시 만났다. 우준 하산은 자기네와 달리 대포와 권총을 잘 갖춘 오스만군을 보고 달아났으며, 그의 군대는 패주했다.[68] 사반세기 동안 화약 시대의 무기에 익숙한 오스만은 동쪽의 경쟁자들에 비해 이점을 지니고 있었다.

우준 하산은 이 패배로 잃은 영토가 별로 없었다. 메흐메드 술탄이 승리의 여세를 몰아가지 않았기 때문이다. 오스만으로서는 이 방면에서 자기네 지배를 확대하는 데 반대하는 적들의 결연한 저항에다 동부 변경의 험악한 지형에서 군사작전을 펼치기에는 병참 문제가 있었다. 이곳에서 얻은 것을 지키는 일의 어려움을 인식한 오스만 지휘관들은 좀더 방어적인 경계선으로 물러났다. 우준 하산이 자신과 마찬가지로 신의 인도를 주장한 지배자에게 패배한 것은 그의 위신과 주장을 갉아먹는 상당한 효과를 발휘했고, 메흐메드의 명성은 이에 상응해 높아졌다. 승리를 거둔 뒤에 으레 그러하듯이 이슬람 세계의 군주들에게 그의 승리를 전하는 편지들이 급히 발송되었다. 선전전의 무기로서 이 편지들은 메흐메드에게 거창한 별명들을 붙였다. 이전에 우준 하산의 권력이 오름세에 있는 것으로 보일 때 그에게 붙여진 것들이었다. 내부 반란은 우준 하산이 패배한 보다 직접적이고 실제적인 결과였다.[69]

우준 하산이 무대에서 사라지자 오스만은 늘 골칫거리였던 카라만을 영원히 합병할 기회를 맞았다. 1474년 지휘관 게딕 아흐메드 파샤 Gedik('축성자築城者') Ahmed Paşa[70]에게 군대를 딸려 보내 토로스 산지의 카라만 심장부를 정복하게 했으며, 카라만이 그 십자군 동맹자들의 도움을 받아 빼앗은 요새들을 탈환하게 했다. 오스만의 행정 방침은 부족 군장들을 트마를르시파히tımarlı sipahi(지방 기병) 신분으로 강등하고 그 추종자들이 마을과 도시에 정착하도록 장려하는 것을 추구했지만, 카라만의 부족민들(특히 투르구들루Turghudlu와 바르삭Varsak 튀르크멘)은 특히 새로운 체제를 받아들이기를 꺼리는 것으로 드러났다. 그들을 평정하는 것은 쉽지 않았다. 16세기에 접어들어서도 그들은 자기네 산악 요새에서 저항했고, 지역 상황이 새로운 속주의 과세 자원을 평가할 수 있게 되면서 파견된 오스만 감독자들을 피했다.

메흐메드 술탄은 해군의 발전을 매우 우선시했다. 오스만과 다른 아나톨리아 베이국들은 이른 시기부터 바다를 방어선으로 사용했다. 오스만은 14세기 중반 처음 마르마라 해안에 진출했을 때 조선소를 만들었다. 그들은 트라케로 건너가자 특히 베네치아로부터 방어할 필요성을 느끼고 해군 문제를 새로운 긴급 과제로 삼았다. 1390년대에 겔리볼루에 큰 조선소가 하나 있었는데,[71] 아나톨리아 에게 해안의 베이국들이 오스만에 합병된 뒤 그들이 만든 조선소들이 가세했다. 그러나 오스만 해군이 연안 해역에서 베네치아와 제노바를 상대로 점차 승리를 거두기 시작하고 더 먼 거리의 약탈 원정을 할 수 있었지만, 공해상의 근접전에서 이 두 무역 강국의 전함을 당할 수는 없었다. 술탄 메흐메드는 콘스탄티노폴리스를 차지한 후 할리치만에 큰 조선소를 세웠고, 그곳에서 건조된 전함 함대를 이용해 흑해 통제권을 장악했으며, 지중해 일대의 더 먼 곳까지 자신의 야망을 펼쳤다. 새로이 출현한 세력 균형은 융통성을 필요로 했고, 메흐메드는 육상은 물론 해상에서도 오스만의 힘을 더욱 먼 거리까지 투사하는 문제를 해결해야 했다.

1475년, 이제 대와지르가 된 게딕 아흐메드 파샤가 지휘하는 함대가 크림반도로 가서 카파와 기타 제노바의 작은 영토, 그리고 베네치아의 항구 타나이스를 합병했다. 오스만의 작은 함대는 크림반도에 모습을 드러낸 뒤 흑해 동북쪽으로 항해해 라틴계 군주들이 장악하고 있던 아조프해 출구 부근의 쿠바와 크림반도 동쪽 해안의 아나파를 점령했다.[72] 이후 크림반도의 남해안은 오스만의 산자크sancak(군郡: 본뜻은 '기旗')가 됐는데, 아마 타나이스(지금의 아조프), 쿠바, 아나파도 포함됐을 것이다. 1478년, 하즈 기라이 칸의 아들들 사이의 12년에 걸친 승계 다툼이 해결되면서 크림반도 땅의 나머지 부분은 멩리 기라이 Meñli Giray를 칸으로 삼아 오스만의 종주권을 받아들였다.[73]

오스만제국에 의한 영토 합병은 흔히 속국의 왕위 주장자들 사이의 내부 다툼에 의해 촉발되었다. 1464년 카라만의 이브라힘 베이 사후에 후계자들 사이의 경쟁이 오스만의 직접 개입을 촉발하고 카라만 독립의 종말을 재촉했을 때 일어났듯이 말이다. 이제까지 독립국이었던 나라들에서 일어난 다툼은 또한 이 지역의 최대 강국인 오스만이 개입하고 속국으로 만들 기회를 제공했다. 타타르는 칭기스 칸의 후손이라는 점에서 다른 오스만 속국들과 구별되었다. 이것은 다른 제후들이 술탄에게 공물을 바치는 데 반해 타타르 칸은 그의 독특한 신분이 인정돼 연례 급료와 수당을 지급받는다는 사실에서 드러났다.[74] 타타르인들은 많은 공헌을 했다. 그들의 기병은 속도와 민첩성으로 찬탄을 자아냈고, 동방과 서방 양쪽으로 가는 오스만 원정군에서 중요한 역할을 했다.

콘스탄티노폴리스 정복과 해협 장악 이후 오스만은 흑해 연안에서 가장 강한 세력이었다. 그들은 흑해 북쪽의 끝없이 펼쳐진 건조한 스텝 지역을 정복하고 보유하려 시도하는 것은 쓸데없는 일임을 알았던 듯하며, 이후 시기에 그들은 그 해안 일대의 전략적 지점에 위치한 라틴계 무역 식민지들을 효과적으로 탈취하는 데 성공했다. 이곳을 지나는 무역을 통제할 수 있게 해주는 곳들이었다. 크림반도가 오스만의 보호 아래 놓인 뒤에 흑해 북부 지역의 문제에 관한 오스만의 영향력과 그것을 자기네에게 이롭게 다룰 수 있는 능력은 향상되었다.[75]

메흐메드 술탄이 서방에서 점차 자신의 전략적 목표를 달성하면서 오스만 영토는 갈수록 밀집한 덩어리를 이루었고, 약간의 고립된 요새만이 적의 수중에 남아 있었다. 나우팍토스를 굴복시키려는 메흐메드의 시도는 실패했지만, 알바니아 북부의 크루여와 슈코더르는 각기 1478년과 1479년에 오스만에게 항복했다. 후자는 그 베네치아 주둔군의 결연한 저항을 꺾은 것이었다. 오스만 서북 변경에서 베네치아의 어떤 군사작전에 대해서도 선제하려는 의도를 지녔던 베네치아에 대한 공격은 갈수록 파괴적인 습격의 형태를 띠었다. 그것이 1470년대 중반 프리울리 지역으로 깊이 뚫고 들어가 그 도시에까지 이르렀다. 1478년 우준 하산의 죽음은 베네치아가 평화 협상에 나서기로 결정하는 데 도움이 됐고, 1479년에 협상이 타결되었다. 전쟁의 마지막 단계에서 나폴리 왕 휘하의 토코 가문이 보유하고 있던 이오니아제도의 케팔로니아, 산타마우라(레프카다), 잔테(자킨토스) 등의 섬이 오스만에게 점령되었다. 베네치아와의 강화 이후 오스만의 습격은 새롭고도 공격적인 방향을 택했다. 트란실바니아와 오늘날의 오스트리아 남부다. 이들 습격은 아큰즈akıncı로 알려진 비정규 경기병이 담당했다. 그들은 자기네가 노획한 전리품의 노른자위를 보상으로 받았다. 이들은 오스만군의 중요한 요소로, 메흐메드의 치세에 병력이 이슬람교도와 기독교도를 합쳐 5만 명 정도였다.[76]

그러나 가장 대담한 것은 1480년 여름 지중해 동부 로도스섬의 구호기사단과 이탈리아 본토 오트란토의 나폴리 왕국을 상대로 한 대규모 해상 작전이었다. 로도스는 오스만 남쪽 해상에 남아 있는 라틴계 전진 기지 가운데 가장 위험한 곳이었고, 오스만이 생각하기에 진즉에 점령했어야 할 곳이었다. 게다가 그들은 최근의 전쟁에서 베네치아를 원조했다. 그곳에 있는 해적이 성가시기도 했지만, 이스탄불에서 이집트로 가는 해로상에 있는 이 섬의 전략적 위치 때문에 메흐메드로서는 그곳을 정복해야 할 이유가 충분했다. 오스만은 이제 바다에서도 지중해의 그 이웃들만큼이나 자신감을 느꼈고, 로도스섬 점령은 맘루크 영토의 육상 침공(투르순 베이는 술탄이 그것을 계획하고 있었다고 말했다)을 지원하는 데서 이집트와 시리아를 상대로 한 해상 작전의 필수적인 예비 단계로 생각되었다.[77] 그러나 해상과 육상 작전을 결합한 포위전과 메흐메드 술탄의 해군에 대한 엄격한 검증은 실패로 끝났다. 구호기사단은 오래전부터 포위전을 예상했고, 따라서 섬의 방비를 강화했다. 오스만의 함대는 동로마에서 귀순한 메시흐 파샤Mesih Paşa가 지휘했다. 그는 5월 23일 로도스섬 건너편의 아나톨리아 본토에 있는 마르마리스 항구에 도착했고, 6만 명의 병사(그들은 이스탄불에서 육로로 행군해왔다)로 이루어진 군대를 배에 실어 섬으로 이동시켰다. 그곳에서 그들은 도시를 내려다보는 곳에 진을 쳤다. 오스만은 두 차례 공격에 실패한 뒤 도시에 대포와 박격포를 발사하고 굴착병들은 참호를 팠다. 방어군은 여전히 저항하며 메시흐 파샤의 평화 제의를 거부했다. 7월 28일 오스만의 추가 공격이 실패했고, 포위군은 상당한 인명 손실을 입고 퇴각했다. 8월 중순에 나폴리 왕 페르디난도 1세가 기사단을 돕기 위해 보낸 두 척의 배가 섬에 도착했고, 교황이 도움을 주기로 약속했다는 소식을 전했다. 이 말을 들은 메시흐 파샤는 병력을 배에 싣고 이스탄불로 돌아갔다.

페르디난도의 배 두 척이 기사단을 돕기 위해 항해하고 있던 바로 그때, 게딕 아흐메드 파샤가 이끄는 오스만 함대가 그의 영토를 공격하기 위해 아드리아해 남부의 항구 블로러(발로나)를 출발했다. 배로 불과 하루 거리에 있던 오트란토 요새는 2주가 되지 않아 함락되었다. 오스만 군대가 이탈리아 땅에 도착하자 이탈리아 국가들 사이에서 부산한 외교 활동이 펼쳐졌다. 그들은 이번만은 자기네 사이의 경쟁심을 잊고 공동의 방어를 위해 힘을 합치는 쪽으로 기운 듯했다.[78] 이탈리아 본토 남부에 대한 이 공격이 교황의 본거지 로마를 점령하려는 야심의 실현을 위한 첫 단계였는지는 알 수 없다. 메흐메드가 자신의 의도를 드러내기 전에 죽었기 때문이다. 메흐메드 술탄이 자신의 칭호로 주장했던 것 가운데 하나가 '카이세르이룸Kayser-i Rûm'(로마의 카이사르)이었다. 콘스탄티누스와 유스티니아누스 치세에 가장 위대했던 동로마 제국의 의발을 승계하겠다는 열망을 드러낸 것이다. 이런 칭호 주장이 또한 그가 로마 자체에 관한 구상을 갖고 있었음을 드러낸 것이었는지에 대해서도 의견이 엇갈린다. 콘스탄티노폴리스에 이어 로마를 점령하는 것은 궁극적인 목표 달성을 의미했다. 로마가 메흐메드의 목표였다면 성전에 호의적인 역사가 아슈윽파샤자데가 그것을 언급하지 않고 15세기에 쓰인 다른 역사서들에 그저 지나가는 말로 언급된 것은 놀라운 일이다.[79] 메흐메드가 정말로 로마에 대한 구상을 가지고 있었다면 그가 이탈리아반도에 발판 확보를 시도하리라 예상할 수 있었는데, 적어도 그는 그러지 않았다. 이듬해에 그는 서쪽이 아니라 동쪽을 향했다.

1481년 4월 말에 술탄 메흐메드는 보스포루스 해협을 건너 군 집결지인 위스퀴다르로 가서 군대를 이끌고 아나톨리아를 관통할 준비를 했다. 5월 3일, 그저 한 단계 더 나아간 말테페 부근의 '술탄의 목초지

Hünkâr Çayırı'로 알려진 곳에서 그는 마흔아홉 살의 나이에 죽었다. 아마 통풍과 관련된 합병증이었을 것이다.[80] 그의 건강이 좋지는 않았지만 예기치 못한 죽음이었고, 그는 후계자를 지명해놓지도 않았다. 이 문제에 관한 그의 생각은 그가 몇 년 전에 반포한 법률에 들어 있었다. 여기서 그는 형제 살해 관행을 공식 승인해, 아들 중 누가 술탄이 되든 "세계의 질서를 잡기 위해" 다른 형제를 죽이는 것은 정당하다고 말했다.[81]

메흐메드 술탄의 지차 아들 무스타파Mustafa는 그가 좋아하는 아들이었지만, 그는 새로 정복한 카라만주를 그 중심지 콘야에서 통치하던 중인 1474년에 병에 걸려 죽었다. 남은 아들은 둘이었다. 아마시아의 제후총독인 바예지드와 콘야의 무스타파 자리를 이어받은 젬Cem이었다.

메흐메드 술탄은 권좌에 있던 30년 동안 열여덟 차례 직접 원정에 나갔다. 그가 만들어낸 오스만제국은 당시 거대한 무역망의 중심에 있던 방대한 육지와 바다의 덩어리였다. 소멸해가며 인구가 줄어든 동로마의 콘스탄티노폴리스는 서쪽으로 멀리 아드리아해에서부터 북쪽으로 도나우강–사바강 선에 이르는 발칸반도와 아나톨리아 대부분을 포괄하는 영토의 번창하는 수도로 개조되었다. 흑해 연안은 비교적 안전한 변경이었다. 그 너머에는 당시 오스만 세력을 위협할 수 있는 국가가 없었다. 경쟁자들이 여전히 동쪽과 서쪽을 위협했지만, 메흐메드의 국가 범위 안에서는 팍스 오스마니카Pax Osmanica/Ottomanica('오스만의 평화')가 상당한 안정을 가져왔고 그것은 육지에서의 지역적인 도적 활동이나 바다의 해적에 의해 교란될 뿐이었다.

혹해 항구들에 대한 통제는 멀리 폴란드, 리투아니아, 모스코비야, 이란에까지 뻗쳐 있는 방대한 스텝 배후지의 무역에 대한 통제를 가져왔다. 과거에 특히 제노바와 베네치아의 부에 매우 중요했던 이들 지역이 이제 오스만의 융성에 기여했다. 비단은 이란의 북부 속주들에서 오스만의 주요 상업 중심지인 부르사로 왔고, 그곳에서 대부분이 이탈리아의 여러 나라로 갔다. 생사 또는 부르사에서 생산된 비단 천의 형태였다. 이탈리아에서 수입하는 또다른 사치품은 앙고라염소의 털이었고, 이란 상인들은 비단을 팔아 벌어들인 돈으로 유럽에서 수출한 양모 제품을 샀다. 인도와 아랍에서 온 향신료는 그곳을 통과해 서쪽으로 가거나 오스만인들의 내수에 충당되었다.[82] 메흐메드 술탄이 죽은 직후의 시기(1484년 도나우강의 항구 킬리야와 드니스테르강의 항구 빌호로드를 몰도바로부터 빼앗고 보예보다가 제후 신분을 받아들임에 따라 흑해가 사실상 '오스만의 호수'가 된 때다)의 크림반도 페오도시야 세관 기록에 대한 연구는 거래된 상품의 범위를 보여준다. 무명과 면제품, 비단 제품, 모직물, 곡물과 과일과 임산물, 원자재와 금속 가공품, 각종 동물 가죽, 향신료와 설탕과 꿀, 염료와 명반 같은 것들이었다.[83]

제국의 수도를 차지하게 되자 오스만은 그에 걸맞은 궁정 의례를 개발했다. 주로 페오도시야를 통해 무역을 한 모스코비야는 고급 모피를 수출했다. 검은담비, 북방족제비, 은여우, 스라소니 등의 가죽이었다. 이들은 오스만 황실 이미지의 필수적인 요소가 됐고, 궁정에서 입고 술탄이 총애의 표시로 고관에게 선물하는 호사스러운 옷의 테두리를 장식하는 데 사용되었다.[84] 매사냥은 왕의 경우와 마찬가지로 술탄의 오락이었고, 이런 새들 역시 스텝에서 남쪽의 오스만 궁정으로 들여왔다. 노예무역 역시 번창했다. 이전에 간간이 있었던 크림타타르족의 약탈은 더 잦아졌다. 그들은 북쪽으로 특히 폴란드 남부와 리투아니아를 약탈했는데, 상당한 경제적 이득을 안겨주는 오스만 노예 시장의 수요를 채우기 위해서였다. 예를 들어 한 전거에는 1468년 타타르인의 첫 대규모 폴란드 약탈에서 사로잡은 포로의 수가 1만 8천 명에 이르렀으며, 이후 시기에는 수천 명이 더 늘었을 것이라고 추산했다.[85] 스텝 민족들과 우호적인 관계를 수립한 첫 세력이었던 오스만은 사실상 그 북쪽 이웃들이 이후 여러 해 동안 흑해로 들어오지 못하게 하고 이 지역을 안정시킴으로써 자기네의 관심을 다른 변경에 집중할 수 있었다.[86]

지중해와 흑해의 무역망을 통제하면서 메흐메드는 관세를 부과해 국고를 채울 수 있었다. 전략적으로 배치된 대리인과 중개자들이 오스만 영토를 통과하거나 내수용으로 들어오는 상품에 세금을 물렸다. 메흐메드는 선대 술탄들과 마찬가지로 '카피튈라시온kapitülasyon'으로 알려진 무역 특권을 외국 상인에게 부여했다. 이 시기의 주요 수혜자는 이탈리아 국가들이었다. 그런 특권은 전쟁 기간에는 중지되기 쉬웠고, 그들 사이의 경쟁으로 인해 그중 어느 한 국가에만 부여하는 혜택은 술탄에게 유용한 무기가 될 수 있었다.[87] 외국 상인들은 무역 특권을 주는 정권하에서 부과되는 관세를 오스만 치하의 광대한 영토 전역에서 나는 원자재를 얻기 위해 지불해야 하는 작은 비용이라고 생각했다. 오스만은 명목상 '계획경제'를 선호했다. 여기서 그들의 가장 큰 책임은 국고의 부를 극대화하고 시장의(특히 이스탄불의) 상품 부족을 막는 것이었다. 이 원칙은 언제든 부분적으로만 실행될 수 있는 것이었지만, 정치적·사회적 우선 사항을 경제적인 것보다 앞세우는 것은 그들의 서방 무역 상대자들(그들은 경제 활동과 이득을 늘릴 많은 기회를 잡았다)의 서로 다른 비전을 강조하는 데 이바지한다. 이 두 경제적 견해는 상승작용을 일으켜 결국 오스만에게 불리하게 작용했다. 그들은 서방 국가들이 오스만과 특권 협정을 맺고자 하는 열망이 장래에 그들 자신의 경제적(그리고 정치적) 안녕에 해가 되는 쪽으로 작동할 것임을 생각할 수 없었다.

오스만 경제는 압도적으로 농업에 의존했고, 이는 20세기에 들어서도 계속되었다. 심지어 오늘날에도 튀르키예공화국 인구의 40퍼센트는 농촌 주민이다. 화폐 사용도 부분적으로만 이루어졌다. 국가와 그 대리인에게 인도되는 상품과 그들에게 제공되는 용역은 화폐 가치로 쉽게 계량화할 수 없었다. 메흐메드 치세의 국고 수입의 원천에 관해서는 당대 역사가 라오니코스 할코콘딜레스가 약간의 정보를 전해준다. 그는 오스만 국고가 얻는 수입에서 가장 큰 비중을 차지하는 것이 비이슬람교도에게 거두는 인두세라고 생각했다. 복속민에게 정복 전 신앙을 유지하도록 허용하는 이 정책은 상당한 재정 수입을 가져왔고, 이는 다시 이슬람교 전도를 난망하게 했다. 대차대조표에 기여한 또다른 요소는 가축과 농업 생산, 그리고 무역과 광산에 부과되는 세금이었다고 그는 말했다. 오스만 속국들이 내는 공물 또한 국고로 들어갔고, 노예 판매에서 나오는 돈도 마찬가지였다. 이슬람법은 지배자에게 이교도를 상대로 한 어떤 전쟁에서든 노획한 전리품의 5분의 1에 대한 권리를 주었다. 수입의 마지막 항목은 군사 및 기타 국가 관리가 매년 봄 원정을 나가면서 술탄에게 바치는 '선물'로 구성된다고 할코콘딜레스는 썼다. 이 수입은 다시 술탄의 정예 병력과 그의 궁정 및 정부 관리들을 지원하기 위해 곧바로 지출되었다.[88]

군사 원정과 새로 정복한 영토에 대한 직접 지배 확립은 국고에 무거운 부담이었고, 오스만의 영토가 확대되고 행정이 더 복잡해지면서 국가를 유지하는 비용도 불어났다. 메호메드 술탄의 치세 이전에도 정예 병력의 상비군은 보병인 예니체리와 시파히sipahi(기병) 6개 연대로 이루어져 있었다. 당대의 자료를 보면 그가 1473년 바슈켄트에서 우준 하산에게 승리를 거둘 때 예니체리는 1만 2천 명에 이르렀고, 술탄의 기병은 7500명이었다.[89] 이 병사들에게는 석 달에 한 번씩 봉급을 지불했고, 포병·병기공·수송병도 마찬가지였다. 반면에 트마를르timarlı로 불린 지방 기병에게는 각기 세밀하게 규정된 양의 토지인 트마르timar('봉토')에서 농민들로부터 세금을 거둘 권리를 주었다. 그 부하들을 거느리고 전쟁에 나갈 의무에 대한 반대급부였다.

오스만제국 전역에서 그 행정 체제는 서로 다른 시기와 서로 다른 장소에서 서로 다른 형태를 띠었다. 오스만인들은 과거와의 깔끔한 단절을 택하지 않고 기존의 방식을 유지하는 경향이 있었다. 새로 정복된 지역에 널리 적용된 모형은 그 땅과 자원에 대한 조사에 의존했다. 이론적으로 술탄의 소유인 이들 자산은 다양한 그의 신민들이 이용했다. 농민들은 경작지를 이용하고 그 생산물에 대한 세금을 내서 지방 기병이나 자선 재단을 뒷받침했다. 토지(더 정확하게는 거기에서 나오는 조세 수입)는 또한 자유 보유가 가능했다. 그런 완전한 공여는 초기에 흔히 데르비시 회관을 위한 것이었는데, 시간이 지나면서 점차 정부의 고위 관리와 총애하는 개인들에게 주어졌으며 그들은 흔히 이 선물들을 자선 재단으로 전환했다.[90]

메호메드 술탄은 상당수의 자유 보유 토지와 자선 재단을 뒷받침한 토지를 몰수했다. 지방 기병에게 지불할 봉록을 마련하기 위해서였는데, 그 인력은 그의 잦은 군사 원정에 매우 중요했다.[91] 발칸반도에서 지방 기병을 우대하기 위해 무력으로 땅을 얻은 변경 영주와 국가 토지의 이용 권한을 부여받은 데르비시 같은 사람들의 땅을 빼앗은 것은 매우 평판이 나빴다. 이 개혁은 아나톨리아 일부 지역에서 그다지 근본적인 효과를 거두지 못했다. 그것은 그저 지역의 기존 이슬람교도 귀족의 지위가 토지에서 전통적인 수입을 얻는 지방 기병의 것으로 바뀐다는 얘기였다.[92] 이렇게 상황이 뒤집힌 것은 메흐메드의 후계자 바예지드 2세 치세 때였다.

메흐메드의 새 수도를 재건하고 거기에 상품과 용역을 공급하는 것은 그가 동원할 수 있는 재정에 큰 부담이었다. 그는 손쉽게 돈을 얻기 위해 여섯 차례에 걸쳐 주화의 품질을 떨어뜨렸지만, 1444~1446년 그의 아버지가 퇴위하고 잠깐 보위에 올랐을 때 처음 가치 절하를 하면서 맞닥뜨렸던 것 같은 예니체리의 추가적인 저항은 기록에 없다.[93]

오스만제국의 통치 계급은 그 전성기에 대체로 술탄의 기독교도 신민들에게 강요된 소년 징발을 통해 오스만 관직에 들어온 사람들로 이루어졌다. 소년 징발은 처음에는 발칸반도로 국한됐으나, 15세기 말에는 아나톨리아로 확대되었다. 어떤 지역(예를 들어 이스탄불과 부르사)에는 면제되었다. 알바니아인, 보스니아인, 그리스인, 불가르족, 세르비아인, 크로아티아인 소년들이 선호되었다. 유대인과 튀르크인, 쿠르드인, 페르시아인, 루테니아인(대략 우크라이나인), 모스크바인, 그루지야인 혈통의 소년들은 면제됐고, 아르메니아인은 군대가 아닌 궁궐 근무에만 동원되었다.[94] 처음에 오스만 가문과 그 추종자들을 나타내기 위해 사용된 '오스만르Osmanlı'(오스만인)라는 말은 지배 계급의 일원, '술탄은 히즈메트카르Sultanın Hizmetkârı'(술탄의 하인)의 일원, 전시나 평화 시에 나랏일을 하도록 교육받은 사람을 의미하게 되었다. 농민과 온갖 신앙을 가진 지방민은 이 국가의 신민으로 레아야reaya로 알려졌다. '무리'

를 의미하는 아랍어 라아야ra'āyā에서 온 말이다.

소년 징발을 군대와 관료의 인력 충원 수단으로 제도화한 것은 술탄 바예지드 1세라고 생각됐지만, 새로운 증거는 이 관행이 그의 아버지 무라드 1세 치세로 거슬러 올라갈 수 있음을 시사한다. 이때 그것은 술탄이 아니라 변경 영주인 가지 에브레노스 베이가 도입했다. 1380년대 그의 변경 군대가 정복한 마케도니아 영토에서였다.[95] 그러나 술탄이 채택하자 그들과 왕조에 대한 충성이라는 강한 유대를 지닌 전문적이고 봉급을 받는 이 군대 확충 방법의 성공은 과거에 정복의 선봉이었던 사람들(가지 에브레노스 같은 루멜리의 이슬람교도 변경 영주와 그들의 침략군)의 희생을 수반했다. 상비군 보병을 가리키기 위해 사용된 예니체리yeniçeri('새로운 군대')라는 말은 진행 중이던 급격한 변화를 드러냈다. 시간이 지나면서 오스만의 통치 계급은 기독교도로 태어나고 그 뿌리가 튀르크인이 아닌 사람들의 우위로 그 성격이 바뀌었다.

그럼에도 불구하고 변경 영주들은 술탄 메흐메드 2세의 치세와 그 이후 오스만 국가의 정복(특히 발칸반도에서의)에서 선도적인 역할을 했다. 테살로니키 서북쪽, 남부 마케도니아와 서부 트라케의 그들 영토 중심부 야니차에 에브레노스 가문의 본거지가 있다. 가지 에브레노스의 아들들은 바예지드 1세의 승계 투쟁 과정에서 '가짜' 무스타파를 지원했지만, 그들은 최종 승자인 술탄 메흐메드 1세로부터 용서받았고 가지 에브레노스의 손자들은 많은 원정에서 중요한 지휘관 역할을 담당했다.[96] 투라한 베이가 라리사시市를 건설한 테살리아에서는 투라한 가문이 오스만 정복의 기획자였다. 투라한 베이, 그의 아들 외메르 베이, 손자 하산 베이Hasan Bey는 테살리아에 풍부한 자선 재단의 유산을 남겼다. 열아홉 곳의 마스지드, 열두 곳의 데르비시 회관, 여덟 곳의 목욕탕, 세 곳의 무료 급식소 등 60개 정도의 건물들이다.[97] 트라케에는 오스만 국가 초기의 또다른 유력 가문인 미할 가문의 토지가 있었다. 이 가문 자손들의 이름이 오스만의 발칸반도 정복 기록에 자주 나온다. 시조인 쾨세 미할Köse Mihal의 아들 가운데 하나는 가지 에브레노스의 아들들과 마찬가지로 15세기 초 승계 투쟁에서 밀기로 선택한 자(이 경우에는 무사 왕자였다)가 패배했다.[98] 오스만 왕조의 성공을 뒷받침한 이들 및 기타 전사 가족들은 발칸반도에서 지방 관직을 계속 유지할 수 있었고 그 추종자들에게 물려줄 수 있는 봉지를 나눠주는 특권을 누렸지만,[99] 소년 징발을 바탕으로 한 체제가 확대되면서 그들이 이전에 가졌던 위신은 줄어들었다.

메흐메드 술탄의 치세 동안에 역시 영향력이 줄어든 또다른 집단은 아나톨리아 튀르크인 신학자 귀족이었다. 그 가운데 가장 대표적인 것이 찬다를르 가문이다. 오르한 술탄의 치세 이후 100년 동안 찬다를르 가문은 오스만 술탄들의 막역한 친구 노릇을 했다. 찬다를르 카라 할릴 하이렛딘은 무라드 1세의 대와지르로 일했고, 그의 두 아들도 이 자리에 올랐다. 1443년에 무라드 2세가 임명한 대와지르는 카라 할릴의 손자 할릴 파샤였다. 찬다를르 할릴은 무라드가 죽은 뒤 메흐메드 2세 치하에서 대와지르 자리를 지켰으나, 메흐메드를 설득해 콘스탄티노폴리스 포위전을 단념시키려 한 것이 그의 종말을 재촉했다. 이슬람교도와 기독교도 작가들은 모두 그가 이 도시의 방어자들과 결탁했다고 말했는데,[100] 그곳을 정복한 직후에 처형되었다. 그의 뜻밖의 죽음은 이제 이 오랜 튀르크인 가문이 오스만 국가의 미래에 하게 될 역할이 줄어든다는 것을 상징한 사건으로 볼 수 있다. 메흐메드 치세의 대와지르 일곱 명 가운데 하나는 튀르크인 이슬람교도, 둘은 소년 징발로 양성된 기독교도 출신의 개종자, 또다른 둘은 기독교도 출신의 동로마 귀족 또는 세르비아계 동로마 귀족, 그리고 마지막 하나는 역시 기독교도 출신이지만 뿌리를 알 수 없는 사람이었다.[101]

찬다를르 할릴 파샤의 이력에 대한 여담으로 왕위 요구자 '바예지드 오스만Bayezid Osman'의 흥미로운 이야기가 있다.[102] 1456년 6월 밀라노 공작 프란체스코 스포르차Francesco Sforza는 메흐메드 술탄의 동생이라는 소년에 관한 보고를 받았다. 그 아버지 무라드 2세가 그를 조반니 토르첼로Giovanni Torcello라는 가톨릭교도 기사에게 맡겼다는 것이다. 이 소년은 교황 칼리스투스 3세의 대리인 손에 넘겨졌고, 1456년 봄 베네치아에 도착했다. 베네치아에서 그는 아펜니노 산지의 스폴레토 요새로 옮겨졌다. 1458년에 나온 작품에서 찬다를르 할릴 파샤는 이 소년을 이탈리아로 보내는 데 역할을 했다고 한다. 이 주장이 사실인지 아닌지는 여전히 알 수 없지만, '바예지드 오스만'의 이후 모험은 흥미롭지 않을 수 없다. 그를 손아귀에 넣은 유럽 지배자들은 오스만 권좌에 대한 이 소년의 이른바 권리 주장을 밀어붙이는 데 그다지 힘을 쏟지 않았던 듯하다. '바예지드 오스만'은 계속 스폴레토에 머물다가 1459년 피우스 2세 교황이 이탈리아를 종단하는 데 동행했다. 이 여정의 정점은 만토바 공의회였는데, 여기서 오스만을 상대로 한 십자군이 선포되었다. 1464년에 교황은 다시 한번 자신의 요구를 대중에게 드러냈다. 그는 이제 열여섯 살인 소년에게 안코나에서 오스만을 향해 출발하는 함대를 전송하게 했는데, 이 장면은 시에나 대성당의 피우스 2세 관련 프레스코에 남아 있다. 이듬해에 '바예지드 오스만'은 베네치아에 있었고, 그는 나중에 부다에 있는 후녀디 마차시의 궁정에 나타났다. 1473년에 그는 신성로마제국 황제 프리드리히 3세의 빈 궁정에 있었는데, 황제는 오스만풍으로 옷 입는 것을 좋아했던 듯하며 '바예지드 오스만'을 수행원에 포함시켜 자기 영토를 여행했다. 1474년 '바예지드 오스만'은 오스트리아 귀족 여성과 혼인했으며, 이후 역사에서 사라졌다. 사라진 동로마 황제들과 마찬가지로 가톨릭 군주들이 술탄 자리에 대한 권리를 주장하는 자들을 보호하고 조종했던 것은 오스만 왕가의 위신에 대해 바치는 공물이었다.

술탄 메흐메드 2세가 만드는 데 착수했던 제국은 오스만 가문이 또래(아나톨리아의 다른 이슬람교도 튀르크인 가문들) 가운데 첫째에 지나지 않았을 때 그 조상들이 많은 노력을 기울여 얻은 나라와는 아주 다른 것이었다. 기독교도였던 개종자들을 오스만 통치 계급으로 끌어들이는 방식은 그의 새롭고도 야심찬 제국의 미래 비전에 좀더 적합한 것으로 받아들여지게 되었다. 술탄의 집행관이었던 대와지르가 행사하는 권력은 커졌다. 물론 술탄은 기각이나 실행의 최종 승인권을 휘두를 수 있었다. 종교계 엘리트들의 지위 역시 메흐메드 2세 치세에 높아졌다. 메흐메드 마스지드 단지 안에서 신학교에 주어진 넓은 면적의 구역, 그리고 마스지드 양쪽에 있는 그 부지(사원을 감싸기 위한 것이지만)는 종교 지도자들이 높은 지위를 누리게 하겠다는 그의 의도를 상징하는 것으로 보일 수 있었다. 마찬가지로 데르비시 회관을 마스지드에서 물리적으로 거리를 둔 것은(종전에는 정통 이슬람 의례와 함께 데르비시의 의례를 위한 공간이 한 건물 안에서 제공되었다) 종교 활동의 심장부에서 그들의 입지가 줄었던 것으로 해석할 수 있다.[103] 메흐메드는 갈수록 중앙으로 집중되는 국가가 나아가려는 방향에 반대하는 데르비시들의 행동을 제한했다. 그를 지지할 태세가 되어 있는 사람들은 비교적 운신의 폭이 더 컸다.

　술탄 메흐메드 2세의 시대 이후 예니체리와 상비군의 다른 부대들은 오스만 영토를 보호하고 확장하는 주요 도구가 되었다. 그들의 선두에 술탄이 있었다. 물론 '신앙의 전사'로서 선봉에 서려는 그의 적극적인 역할은 중앙집권화된 관료제 국가를 만들려는 욕구로 인해 갈수록 감퇴하기는 했다. 아버지 무라드 2세가 아직 살아 있을 때 찬다를르 할릴 파샤가 에디르네에서 예니체리를 조종했던 것에 착안한 메흐메드는 그들에게 자신의 권력을 행사하려 애썼지만, 자신의 의지에 따라 그들을 완전히 굽히게 만들 수 없었다. 그는 1451년 두 번째 즉위 때 이를 기념해 하사금을 달라는 그들의 요구를 들어줄 필요가 있음을 깨달았다. 이 관행은 분명히 바예지드 1세가 시작했지만, 이제부터 으레 해야 하는 일이 되었다.[104] 문제는 마리차강 입구의 항구 에네즈를 제노바로부터 빼앗기 위한 1455년 겨울 원정 동안, 그리고 다시 이듬해 실패로 끝난 베오그라드 포위전 때 예니체리의 반란이 일어나면서 다시 불거졌다.[105] 메흐메드의 후계자들은 더이상 운에 기댈 수 없었고, 예니체리를 억누르지 못한 일의 무서운 결과는 수백 년에 걸친 오스만 역사에서 여러 차례 드러나게 된다.

　메흐메드 술탄은 말년에 입법 강화와 중앙집권화 계획을 진행했다. 그 설계자는 아마 1476년부터 메흐메드가 죽을 때까지 대와지르를 지낸(메흐메드의 대와지르들이 임명되고 물러난 정확한 날짜는 논란이 있다) 카라만르 메흐메드 파샤Karamanlı Mehmed Paşa였을 것이다. 그는 제국의 행정에서 두드러진 이력을 쌓았다. 찬다를르 가문 사람들과 마찬가지로 그는 튀르크인 귀족 가문 출신이었다. 신비주의자이자 데르비시 교단 메블레비Mevlevi를 세운 몰라나 잘랄룻딘 루미Mawlānā('우리 스승') Jalāl al-

Dīn Rūmī의 후손이었다.[106] 메흐메드 치세 때 만들어진 법전 두 개가 알려져 있다. 첫 번째는 신민에 대한 과세 규정과 함께 처벌 조항을 담고 있고, 두 번째는 정부 형태와 그 기관들 사이의 관계에 관한 것이다. 법전에서 '옛 법' 또는 '옛 관습'을 언급한 것은 이것이 대체로 이미 통용되고 있는 규정을 공식화하는 것임을 분명히 한다. 그러나 이 법전들의 현존 판본 가운데 어느 부분이 실제로 메흐메드의 시대에 나온 것이고 어떤 조항이 그 이후의 시기에 수정을 통해 들어간 것인지는 학자들이 토론할 문제다. 메흐메드는 종교법에서 제공하지 않는 행정 같은 국가 활동의 영역에 적용할 수 있는 법을 반포한 첫 술탄이었다. 그의 두 법전은 모두 종교법에 관해 언급하지 않고 그 정당성이 바로 술탄의 의지에 달려 있기는 했지만, 그 조항들은 종교법의 조항들과 모순되지 않는다.[107] 논쟁을 좋아하고 데르비시에게 호의적인 역사가 아슈윽파샤자데는 메흐메드 술탄의 정책을 재검토하면서(1476년에서 1502년 사이에 글을 썼다) 카라만르 메흐메드가 국가 수입을 정부 통제로 되돌리는 사업을 통해 데르비시와 변경 영주의 상황을 악화시킨 책임이 있다고 말했다.[108]

　메흐메드 2세 재위 동안의 또다른 발전은 새로운 동맹 방식이 나타났다는 것이다. 정부의 고위 관료들이 혼인을 통해 오스만 가문과 연결되었다. 이런 양상은 제국이 끝날 때까지 계속되었다. 오스만 왕가가 이전에 충성의 대상이 요동하는 세계에서 충성을 요구하는 수단으로 통혼했던 동로마, 세르비아, 카라만 같은 국가들이 오스만 영토로 흡수되면서 술탄과 그 집안사람들에게 적당한 혼인 상대가 부족해지는 현상이 나타났다. 메흐메드의 첫 대와지르였던 찬다를르 할릴 파샤가 처형된 이후 이 자리는 자아노스 메흐메드 파샤에게 돌아갔던 듯하다. 그는 메흐메드의 스승이자 어린 시절 이후 막역한 친구로, 자신의 주군이 콘스탄티노폴리스를 점령할 것이라고 확신했다. 그는 기독교도 출신 개종자로, 자신의 딸을 메흐메드와 혼인시켰다.[109] 자아노스 메흐메드 파샤의 대와지르 자리를 이어받은 사람은 세르비아 전쟁 포로 출신의 벨리 마흐무드 파샤였고, 그는 술탄의 딸과 혼인했다. 1456년에 실패한 베오그라드 포위전에서 보인 용맹을 인정받아 이 자리에 임명됐고, 1468년까지 자리를 지켰다. 그해에 그는 경쟁자인 룸 메흐메드 파샤Rum Mehmed Paşa의 음모에 희생됐는데, 룸 메흐메드는 콘스탄티노폴리스 정복 때 포로로 잡혔을 것이다. 재능 있는 군 지휘관인 마흐무드 파샤는 메흐메드 술탄의 가장 성공적인 원정 여러 곳에 함께 출정했다.[110] 역사가 메흐메드 네슈리Mehmed Neşri는 16세기로 넘어가는 시기에 그에 대해 쓰면서, 술탄이 그의 대와지르를 위해 뒤로 물러난 듯하다고 했다.[111] 마흐무드 파샤를 대와지르에서 해임한 구실은 1468년 원정 이후 카라만 주민을 이스탄불로 이주시키는 임무를 수행하면서 부유한 사람들을 이주 대상에서 빼주었다는 것이었던 듯하다. 그는 또한 순종하지 않는 카라만 군주 피르 아흐메드에게 지나치게 호의적이었던 듯하다.[112] 룸 메흐메드는 주로 아슈으크파샤자데의 적대적인 시선을 통해 기억되고 있다. 이 역사가의 가족은 이스탄불의 재산에 대한 세금 도입(메흐메드 술탄은 정복 초기에 도시를 부흥시킨다는 목표 아래 이를 면제해야 한다고 명령했다)에 의해 악영향을 받았다. 아슈으크파샤자데는 룸 메흐메드 파샤의 동기에 대해 의문을 표하면서, 그가 동로마의 대리인 노릇을 했다는 비방에 의존했다. 이 세금 가운데 일부는 메흐메드의 아들 바예지드가 즉위한 뒤 또다른 정책 변화를 통해 철회되었다.[113]

마흐무드 파샤는 1472년에 대와지르로 복귀했지만, 술탄의 완전한 신뢰를 다시 얻지는 못했다. 1473년 우준 하산과 그의 군대를 상대로 한 원정에서 맡은 역할을 둘러싸고 논란이 일어난 뒤 그는 해임되어 야심찬 경쟁자에게 자리를 내주었다. 또다른 육상과 해상에서의 유능한 지휘관인 게딕 아흐메드 파샤로, 역시 동로마 또는 세르비아계 동로마 귀족이었다.[114] 그는 마흐무드 파샤를 대신해 대와지르에 임명됐지만, 거의 동시대의 관찰자들은 마흐무드 파샤가 결국 죽게 된 것은 그가 메흐메드 술탄의 아들 무스타파 왕자와 관계가 좋지 않았기 때문이라고 말했다. 당시의 역사가들은 왕자와 대와지르 사이의 불화의 원인이나, 메흐메드가 1474년 여러 해에 걸쳐 정복 구상의 대리인이었던 사람을 처형하겠다고 결정한 이유에 대해 아무런 이야기도 하지 않고 있다. 기억하겠지만 무스타파 왕자는 1474년 병에 걸려 죽었다. 100년 뒤에, 왕자가 마흐무드 파샤의 하렘을 범해 그 보복으로 마흐무드가 왕자를 독살했다는 주장이 나왔다. 사건이 일어나고 500년 후에 발견된 당대의 문서는 마흐무드 파샤의 첫 번째 아내와 두 번째 아내의 딸들 사이에 그의 유언을 둘러싸고 일어난 법적 분쟁을 상세히 전한다. 두 번째 아내는 마흐무드 파샤가 1474년 우준 하산을 상대로 한 원정에서 돌아온 뒤에 이혼했음이 분명하다. 그 아내가 무스타파 왕자의 어머니 집에서 왕자가 있을 때 밤을 보내 자신의 명예를 손상시켰다는 말을 들었기 때문이다. 남편이 멀리 나가 있는데 그 아내가 밤에 왕자의 어머니 집에 갔으니 그 행동에 대한 고약한 해석이 나오는 것은 당연했다.[115] 마흐무드 파샤는 피해자였지만, 아내를 단속하지 못한 잘못으로 아내를 잃었다. 제국의 고위 정치가의 삶은 불확실한 것이었다. 그가 술탄의 총애를 받고 있는 경우에도 마찬가지였다.

메흐메드의 선대 술탄들은 절대주권에 의해 통치되고 '술탄의 하인' 이라는 그를 섬기는 데 전념하는 노예 계급에 의해 관리되고 보호되는 국가의 토대를 쌓았다. 메흐메드의 거대한 열망과 야심찬 비전은 이 생각을 더욱 발전시켰다. 그는 자신이 동로마의 적법한 상속자이며 비길 데 없는 도시 콘스탄티노폴리스가 언젠가는 이슬람화할 것이라는 이슬람 전승을 자각하고 있는 사람이라고 생각했다. 그리고 고전기 세계 영웅들의 후계자라고도 생각했다. 그는 그리스어를 약간 알았고, 고대 세계에 대한 그의 관심은 당대 정치권에서 널리 알려졌음이 틀림없다. 그와 동시대에 살았던 에우보이아 토박이인 베네치아인 니콜로 사군디노Niccolò Sagundino가 쓴 오스만에 관한 기록에 나오는 내용이다. 메흐메드는 스파르타인, 아테네인, 로마인, 카르타고인에 매혹됐지만 무엇보다도 마케도니아의 알렉산드로스 및 율리우스 카이사르와 동질감을 느꼈다고 사군디노는 썼다.[116] 동로마의 미카엘 크리토불로스Michaél Kritóboulos는 자신이 쓴 찬양 전기 서문에서 메흐메드의 공적이 알렉산드로스의 것과 맞먹는다고 썼다.

당신이 많은 위대한 일을 한 사람임을 보고 (…) 예전 장군과 왕들 또는 그저 페르시아인과 그리스인의 많은 위대한 성과가 영예와 화려함과 무용에서 당신의 것과 비교할 가치가 없음을 믿으며, 나는 그들과 그들의 행실 및 성취가 (…) 모든 사람으로부터 찬양되고 칭송받아야 하고 (…) 당신은 미래를 위한 증언자가 없거나, (…) 다른 사람들의 행실이 (…) 더 잘 알려지고 더 유명해지며 (…) 당신의 성취는 (…) 결코 마케도니아의 알렉산드로스와 비교해도 손색이 없는데 (…) 후대에 제시되거나 (…) 전해지지 않는 것은 옳지 않다고 생각합니다.[117]

메흐메드는 자신을 과거의 위대한 전사들과 동일시하는 이런 정체성을 키웠다. 그는 1462년 레스보스섬을 베네치아로부터 빼앗으러 가는 과정에서 트로이를 찾았다. 트로이에서 그는 폐허를 보고 그곳의 유리한 위치에 주목했으며, 아킬레우스와 아이아스와 기타 포위전 영웅들의 무덤에 대해 조사하고 그들이 호메로스 같은 시인에 의해 칭송됐음이 정말로 다행이라고 생각했다.[118] 그후 곧 그는 《일리아스》와 알렉산드로스의 표준 전기인 아리아노스Arrianos의 《알렉산드로스의 원정Alexándrou Anábasis》을 베껴 자신의 도서관에 비치하게 했다.[119] 메흐메드 술탄이 살려놓으려 했고 자신이 그 일부라고 느꼈던 역사 전통은 과거로 멀리 거슬러 올라갔지만, 그의 눈은 자기 제국의 찬란한 미래에 고정돼 있었다.

제4장

신자들의 술탄

술탄 메흐메드 2세는 오스만 영토에 대해 확실한 지배 체제를 확립했지만, 정작 자신의 가정에 대해서는 비슷한 권위를 행사할 수 없었다. 그가 죽은 뒤 남아 있던 두 아들 바예지드와 젬(젬 술탄으로 알려졌다) 사이의 경쟁은 나라의 평온을 크게 어지럽혔다. 바예지드는 대권 주장을 관철시키기는 했지만, 카리스마 있는 그의 동생이 제기한 통치권에 대한 도전은 1495년에 젬이 죽을 때까지 계속되었다.

두 번째 도전은 다루기가 좀 어려웠고, 바예지드와 그 아들이자 후계자인 셀림 1세 모두를 계속해서 괴롭혔다. 승리한 오스만은 서방 국가들에게 항구적인 위협으로 생각됐지만, 오스만 자신은 동쪽에서 오는 위험에 매달려 있었다. 이란의 사파비 왕조와 그들이 아나톨리아 동부의 튀르크멘 민족들(메흐메드 2세는 그들을 무력으로 자신의 제국에 끌어들이려 애썼다)에게 갖는 매력이라는 형태였다.

메흐메드 술탄이 죽을 때 젬은 오스만의 속주 카라만의 제후총독으로 주도 콘야에 있었고, 바예지드는 1454년 이래 자신이 다스리던 (물론 어렸을 때는 명목상일 뿐이었다) 변경 속주 룸의 행정 중심지인 아마시아에 있었다. 바예지드는 아버지 재위기에 아나톨리아 동부 변경의 지휘관으로 일했고, 우준 하산과 악코윤루를 상대로 한 원정에서 공을 세웠다. 아마시아에 있는 그의 궁정은 그 아버지에 반대하는 사람들의 피난처였고, 특히 대와지르 카라만르 메흐메드 파샤가 지방에 대한 중앙정부의 권위를 높이려는 작업을 하고 있던 메흐메드 말년 동안에 더욱 그랬다. 메흐메드는 고전기와 동로마 유산 속에서 교육받았고 스스로가 그 상속자라고 생각했지만, 바예지드는 이슬람 과학과 철학 교사, 시인과 신비주의자, 지적 뿌리가 동방에 있는 사람들의 무리를 찾았다.[1]

이슬람 풍습은 시신을 가능한 한 빨리 매장할 것을 요구했지만, 메흐메드 2세의 시신은 그가 죽은 날 밤 비밀리에 이스탄불로 옮겨진 뒤 방치되었다가 사흘이 지나서야 냄새를 가리기 위해 그 옆에 향초를 밝혔다.[2] 카라만르 메흐메드 파샤는 바예지드 왕자가 아니라 젬 왕자가 승계하는 것이 죽은 술탄의 바람이라고 생각했다. 그리고 이를 실현하기 위해 두 형제 모두에게 메흐메드의 죽음을 알리는 통지를 보냈다. 콘야는 아마시아에 비해 수도에서 더 가까웠기 때문에 그는 젬이 바예지드보다 먼저 도착해 보위를 주장하기를 바랐다. 그러나 예니체리가 바예지드를 지지했고, 카라만르 메흐메드의 전략에 분노했다. 비밀에 부쳤음에도 불구하고 메흐메드의 사망 소식은 퍼져나갔고, 예니체리가 이스탄불에 돌아오지 못하게 카라만르 메흐메드가 막으려 하자 (그들은 들어오지 못하도록 금지돼 있었다) 그들은 메흐메드를 죽였다. 그의 죽음은 오스만 술탄들이 자기네의 충성스러운 경호대이자 그들 군대의 정예 병력으로 만든 예니체리 부대가 믿을 수 없는 괴물임을 분명하게 보여주었다. 주인의 이익보다는 자기네의 이익을 앞세우는 존재였다.

시신이 수도에 도착하고 카라만르 메흐메드 파샤가 살해되자 불확실성과 폭동의 나날이 이어졌다. 대와지르를 지낸 이스하크 파샤Ishak Paşa는 술탄과 대와지르가 출정해 자리를 비웠을 때 이스탄불에 남아 있었는데, 전개되는 사태의 중요성을 이해했다. 그는 바예지드에게 편지를 써서 서둘러 주도권을 잡으라고 청했다. 바예지드가 수도에 도착하기 전까지 그의 열한 살짜리 아들 코르쿠드Korkud를 섭정으로 선포하라고 했다. 메흐메드는 치세 말년에 가족 내 경쟁자에 대한 공포가 매우 컸고, 코르쿠드는 할아버지에 반대하는 사람들의 충성의 구심점이 될 수 있어 이스탄불에 붙잡혀 있었다. 코르쿠드가 섭정으로 선포되자 약탈과 혼란이 진정되고 친바예지드 파벌이 소집돼 젬의 진군을 막았다. 바예지드 지지파에는 지배 집단에 영향력이 있는 그의 사위 둘이 들어 있었다. 루멜리 총독 헤르세크자데 아흐메드 파샤Hersekzade Ahmed Paşa와 아나돌루주 총독 시난 파샤Sinan Paşa였다. 이들은 콘야와 수도 사이의 길을 막으라는 지시를 받았다. 시난 파샤는 불운한 카라만르 메흐메드가 콘야에 있는 젬에게 보낸 전령을 중간에 붙잡았던 듯하다.

바예지드는 이스탄불에 도착하면 열렬한 환영을 받을 것으로 확신할 수 있었지만, 젬은 아나톨리아에서 강한 지지를 받았다. 젬의 군대는 콘야에서 오스만의 옛 수도 부르사를 향해 진군했고, 도중에 바예지드 지지파로부터 저항을 받았다. 바예지드는 약간의 불안을 안은 채 옥좌의 권리를 주장하기 위해 아마시아로부터 길을 떠났지만, 이스탄불에 도착해 1481년 5월 22일 술탄으로 선포되었다. 방부 처리한 메흐메드의 시신은 톱카프궁에 놓여 있다가 바예지드가 도착한 후 매장을 위해 그의 마스지드로 옮겨졌다.[3] 아마도 당대에 쓰인 듯한, 장례 행진을 묘사한 익명의 프랑스어 기록은 술탄의 초상이 관 위에 놓여 있었다는 흥미로운 정보를 제공한다. 현대에 메흐메드의 장례 의식과 서기 337년 콘스탄티노폴리스의 건설자 콘스탄티누스 대제의 장례식을 비교해본 결과, 메흐메드는 죽음에 있어서도 자신이 동로마의 수도와 제국의 정당한 상속자라는 이미지를 배양했다.[4] 오스만 왕조의 이전 술탄과 고위 인사들은 부르사에 묻혔으나, 이제 메흐메드 제국의 수도인 이스탄불이 술탄의 매장 장소가 되었다. 어디서 죽더라도 마찬가지였다.[5]

형의 군대를 물리친 젬은 부르사에서 스스로 즉위했다. 그곳에서 그는 주화를 발행하고 금요 기도에서 자신의 이름을 내세운 설교를 하게 해서 옥좌에 대한 권리 주장을 추구했다. 그러나 자신이 약세임을 인식한 그는 자신의 아주머니를 바예지드에게 사절로 보내 제국을 둘이 나누어 갖자고 제안했다.[6] 바예지드 술탄은 이를 거부했지만, 젬의 인기가 그의 아나톨리아 지배를 위협할 가능성을 심각하게 받아들이고 노련한 지휘관인 게딕 아흐메드 파샤를 오트란토로부터 소환했다. 게딕 아흐메드는 왕자 형제가 부르사 동쪽 예니셰히르 전투에서 만났을 때 바예지드 편에 섰다. 젬은 밀려나 콘야로 철수했고, 그는 바예지드에게 쫓기며 6월 25일 그곳에 도착했다. 젬의 군대에는 카라만 출신의 병사들과 카라만의 최근 오스만 국가 편입에 분개한 부족민들이 있었지만,[7] 그가 아나톨리아에 남아 있는 것은 안전하지 않았기 때문에 가족과 참모들을 데리고 남쪽의 토로스산맥을 넘어 아다나로 갔다. 그곳은 맘루크의 보호를 받는 라마잔 가문의 본거지였다.[8]

바예지드는 장인인 이웃 둘카드르의 지배자 알라윗데블레Alaüddevle

Bozkurt에게 젬을 잡아달라고 요청했다. 이 요청이 묵살된 것은 젬이 보좌에 대한 진정한 도전자로 인식돼 둘카드르(라마잔 가문의 베이국과 마찬가지로 오스만과 맘루크 사이의 완충 국가로 이들 강대국과 번갈아 손을 잡고 있었다)조차도 무시할 수 없는 존재였음을 보여주었다. 젬은 아다나에서 더 나아가 안타키아와 이어 할라브(알레포)로 갔고, 거기서 맘루크 영토로 들어가 9월 말 카이로에 도착했다.[9]

젬과 그 일행(여기에는 그 어머니 치책 하툰Çiçek Hatun, 그의 아내, 그의 직계 가족이 포함되었다)[10]은 술탄 카이트 베이의 카이로에서 대단한 환대와 의전으로 영접을 받았다. 젬은 메카 순례를 갔고, 카이로로 돌아오자 카라만의 왕자로 우준 하산의 보호를 받고 있던 피르 아흐메드의 동생인 카슴Kasım이 접촉해왔다. 그 이전의 다른 많은 쫓겨난 왕자들과 마찬가지로 카슴은 계승권 분쟁에서 기회를 발견했고, 조상의 땅을 수복한다는 희망을 가지고 젬에게 바예지드를 상대로 한 공격적 동맹을 제안했다. 이에 따라 젬은 1482년 초 아나톨리아로 돌아와 아다나에서 카슴과 그의 군대를 만났다. 그들은 콘야(바예지드의 맏아들 압뒬라흐Abdüllah가 젬 대신에 제후총독으로 임명되었다)를 포위했지만, 압뒬라흐와 게딕 아흐메드 파샤에게 격퇴되었다. 젬과 카슴은 앙카라를 향해 진격했지만, 바예지드가 이스탄불에서 직접 진군해온다는 소식을 듣고는 킬리키아로 퇴각하지 않을 수 없었다. 그곳에서 젬은 그에게 약간의 금을 주고 예루살렘에 칩거할 기회를 주겠다고 제안하는 바예지드의 사절을 맞았으나, 젬은 물러날 생각이 없었다.[11]

바예지드가 왜 젬이 맘루크 영토 안 깊숙이 있는 도시 예루살렘에 정착하는 데 동의할 것이라고 생각했는지는 분명하지 않다. 맘루크와 오스만의 관계는 우호적이지 않았을 뿐만 아니라 예루살렘은 광역권 시리아에서 십자군 운동을 계속 벌이고자 하는 서방 군주들이 여전히 권리를 주장하고 있는 곳이었다. 나폴리 왕 페르디난도는 1481~1482년 바예지드 술탄에게 보낸 편지에서 '예루살렘 왕'을 자처하며 오스만이 오트란토에서 철수하는 문제를 협상했고,[12] 심지어 1483년에 프랑스 왕이 된 샤를 8세는 더욱 야심찼다. 그는 '예루살렘 왕'이라는 칭호를 사용했을 뿐만 아니라 메흐메드와 마찬가지로 스스로를 동로마 황제들의 후계자로 상상했다.[13]

바예지드 2세의 고조부 바예지드 1세가 1402년 티무르에게 패배한 이후 그랬던 것처럼 오스만제국은 다시 분열의 위험에 처한 듯했다. 아나톨리아를 가로질러 바예지드를 추적하는 데 성공할 가능성에 관해 젬보다 덜 낙관적이었던 카라만의 카슴 베이는 젬이 그 대신 배를 타고 루멜리로 건너가 그곳에서 반란을 선동할 것을 제의했다(아마 그는 약 70년 전 바예지드 1세의 아들 무사의 사례를 염두에 두었을 것이다). 그러나 젬은 루멜리에서 자연발생적인 지지자를 기대할 수 없었고, 그곳에서 투쟁을 계속할 생각이 없었다. 그의 지지자들은 아나톨리아에 있었다. 이 지역 밖에서는 적법한 술탄이었던 바예지드가 물려받은 정규 군대의 모든 자원이 그의 반대편에 설 터였다.[14] 젬은 로도스섬의 구호기사단으로부터 통행증을 얻어 30명가량의 친구와 하인들을 데리고 아나톨리아 남해안인 지중해의 항구 코리코스를 출항해 1482년 7월 29일 로도스섬에 도착했다. 카슴은 자신이 루멜리에서 더 많은 일을 해야 하니 무기를 달라고 기사단에 호소했지만, 그들은 공개적으로 바예지드에게 적대하는 것을 꺼려 그에게 무기를 주지 않았다.[15] 젬은 로도스섬에서 한 달을 보냈는데, 그 기간 동안에 기사단의 단장 피에르 도뷔송Pierre d'Aubusson이 자신을 대신해 바예지드와 협상하는 것을 허락했다.[16] 그뒤 그는 프랑스로 갔고, 그곳에서는 기사단원들이 그를 형의 위협으로부터 안전하게 지켜주기로 했다.

이 무렵에 젬은 바예지드에게 대구對句 하나를 보냈다. 여기서 그는 자신의 상황이 불공정하고 슬프다는 느낌을 표현했다.

미소 지으며 장미의 침대에 당신은 기쁨에 겨워 눕고
슬픔 속에 화덕 있는 방 재 속에 나는 몸을 눕히오. 왜 그럴까?

여기에 바예지드는 이렇게 대답했다.

내게 제국은 앞으로 영원히 정해져 있고
그러나 너는 운명에 굴복하지 않을 테지. 왜 그럴까를 왜 묻나?
'나는 성지를 순례하는 자'라고 하면서도
너는 지상의 술탄 자리 때문에 한숨짓는구나. 왜 그럴까?[17]

젬이 로도스섬을 떠나 프랑스로 간 바로 다음날, 사절들이 이 섬을 떠나 오스만 궁정으로 갔다. 기사단은 취약한 술탄을 상대로 한 십자군에 대한 지원을 모으는 방법을 생각했지만, 동맹자를 찾지 못했고 오스만과의 평화조약 갱신을 서둘렀다. 이해 연말에 비준된 이 조약은 메흐메드 2세의 즉위 때 합의한 내용과 대체로 비슷했다. 젬을 손에 넣음으로써 기사단은 바예지드에 대해 큰 영향력을 발휘할 수 있고 1480년의 포위전이 재연되지 않으리라는 확신을 가질 수 있었다. 적어도 현재로서는 그랬다. 게다가 그들은 젬의 신뢰를 배반할 수도 있었다. 즉 도뷔송은 바예지드로부터 젬을 보호하기 위해 행동하는 대신에 그의 사절에게 비밀 메모를 주어 젬의 상황을 논의할 용의가 있음을 바예지드에게 넌지시 알리게 했다. 바예지드는 젬이 그의 제국에 대한 기독교도들의 공격의 간판으로서 끼칠 위해를 알고 있었고, 비밀 메모에서 약속했듯이 그가 조약에 대한 기사단장의 비준을 얻기 위해 로도스섬에 보낸 사절은 추가적인 거래를 타결했다. 그것은 왕위 요구자 오르한을 둘러싼 메흐메드 2세와 동로마 황제 콘스탄티노스 11세 사이의 거래를 떠올리게 하는데, 기사단이 젬을 프랑스에 두고 감시하는 대가로 바예지드가 매년 금화 4만 두카트를 지불한다는 내용이었다.[18]

젬은 1482년 10월 17일 니스에 도착했고, 주위의 이국적인 모습에 대해 이런 대구로 놀라움을 표시했다고 한다.

이 도시 니스는 얼마나 멋진 곳인가.
이곳에서는 종잡을 수 없는 일이 있더라도 누구도 의문을 품지 못하네.[19]

젬이 서방으로 떠나면서 두 가지 일이 집행되었다. 전 대와지르이자 카프탄으데르야Kaptan-ı Derya(대제독)였던 게딕 아흐메드 파샤는 젬이 이집트로 달아날 때 그를 체포하지 못해 바예지드의 눈 밖에 났는데, 젬이 제기하는 직접적인 위협이 사라지자 바예지드는 게딕 아흐메드를 에디르네에서 살해하게 했다. 이스탄불에서는 시장인 이스켄데르 파샤İskender Paşa가 젬의 어린 아들 오우즈Oğuz(그는 코르쿠드와 마찬가지로 메흐메드 2세 시대 이래 인질로 이스탄불에 붙잡혀 있었다)를 교살하라는 명령을 받았지만, 자기 손으로 이 섬뜩한 살해를 실행할 수 없다고 생각했다. 그는 대신에 독살을 택했다.[20]

바예지드는 젬이 독자적으로 음모를 꾸미거나, 더 나쁘게는 그 적들이 젬을 자기네 목적을 위해 이용하는 것을 두려워했다. 그러나 젬이 강제적으로 프랑스로 옮겨지면서 그는 보좌에서 더욱 멀어졌다. 카슴이 루멜리에서 가하는 어떤 공격도 바예지드의 통제를 받는 오스만 함대에 의해 격퇴되리라는 것을 그는 알고 있었다. 젬은 또한 서방에서 아무런 도움도 기대할 수 없음을 알았다. 이탈리아 국가들은 입증된 적을 상대로 모험하기를 꺼렸고(나폴리는 오트란토를 수복했지만, 1480년 오스만의 요새 점령에 충격을 받은 왕은 평화협정을 고려하지 않을 수 없었다[21]), 젬은 로도스섬에 있는 동안 루이 11세가 자신을 밀어줄 가능성을 상상했을지 모르지만, 프랑스는 바예지드를 상대로 십자군을 추진하는 데 관심이 없음이 드러났다.[22]

젬은 니스에서 내륙으로 옮겨졌다. 프랑스 동남부의 이 성에서 저 성으로 이동했다. 그를 잡은 사람들은 그의 억류를 보장하기 위해 술탄이 매년 주는 상당한 돈이 목적이었다. 바예지드는 동생이 어디에 있는지, 그리고 무엇을 하고 있는지를 확인하기 위해 여러 요원들을 보냈다.[23] 그중 한 명이 바라크Barak라는 선원이었다. 그는 1486년에 이스탄불을 떠나 이탈리아를 거쳐 프랑스로 향했다. 위험한 여정이어서 도중에 강도도 만났다. 그는 제노바에 도착했고, 그곳에서 토리노로 가서 사보이아 공작 카를로 1세를 만났다. 공작은 이전에 젬을 만난 적이 있었고 그의 탈출을 위해 애쓴 사람이었는데, 처음에는 바라크를 미심쩍어했지만 바라크가 비용을 대면 안내자를 붙여주겠다고 동의했다. 바라크는 충분한 돈을 모으지 못했고, 이스탄불로 돌아가려는 심산으로 제노바에서 배를 탔다. 그러나 제노바 남쪽 라팔로의 해안에서 내린 그는 중요한 대화를 엿들었다. 아마 선술집에서였을 것이다. 기사단이 젬을 이탈리아로 옮길 것이라는 얘기였다. 퍼뜩 정신이 든 바라크는 제노바로 돌아갔고, 그곳에서 어찌어찌 필요한 돈을 모은 뒤에 하려던 일을 계속했다. 그러고는 공작이 붙여준 안내자와 함께 토리노를 출발해 서쪽으로 향했다. 그들은 몽스니 고개를 통해 알프스 산맥을 넘었고, 현지 사람들로부터 '튀르크인'을 보았다는 말을 듣고 프랑스 중부의 외딴 요새 부르가뇌프에 도착했다. 구호기사단 단장 피에르 도뷔송의 출생지 오뷔송에서 서쪽으로 40킬로미터쯤 떨어진 곳이었다. 바라크는 이스탄불로 돌아온 뒤에 그를 심문한 사람들에게 이렇게 말했다.

우리는 선술집 주인에게 "미사 시간인가요?" 하고 물었습니다. (…) "그렇습니다" 하고 그가 대답했습니다. 그(그의 안내자를 말한다)가 나를 교회로 데리고 갔습니다. 교회에 들어서자 기사騎士가 여럿 있었고, 각자 손에 들고 있는 책을 읽고 있었습니다. 나는 구석의 격리된 곳에 섰습니다. 나를 안내하는 사람이 내게로 와서 어깨를 잡아끌었고, 우리는 교회를 나왔습니다. 우리는 성 밖 해자 옆에서 터번을 두른 여러 명의 남자를 보았습니다. 터번을 두른 사람은 여섯이었습니다. 바로 그 사람(젬을 말한다)은 검은 우단 옷을 입고 수염이 덥수룩한 사람과 이야기를 하고 있었습니다. 상대는 일반인처럼 보였습니다. 젬은 턱수염은 짧게 깎고 콧수염을 길게 길렀으나, 얼굴은 창백했습니다. 나는 (내 안내자에게) 이에 대해 물었는데, 당시 그는 병에서 갓 회복한 것처럼 보였습니다.[24]

이때가 그가 젬에게 가장 가까이 다가간 때였다. 사보이아의 카를로 (그는 반역자를 손아귀에 쥐고 있었다)로부터 더이상의 도움은 없었고, 바예지드의 요원 바라크는 이스탄불로 돌아왔던 듯하다.[25]

맘루크 술탄 카이트 베이는 젬의 어머니 치책 하툰(그 아들이 떠난 뒤 이집트에 남아 있었다)이 졸라대자, 바예지드의 즉위 직후 몇 달 동안 젬을 카이로로 돌려보낼 수 있는지에 대해 로도스섬의 기사단과 여러 차례 연락했지만 번번이 거절당했다.[26] 그는 맘루크와 오스만이 전쟁을 벌인 1485년 이후 이런 노력을 강화했고, 1487~1488년 로렌초 데 메디치Lorenzo de' Medici라는 대리인을 통해 프랑스 왕 샤를 8세에게 연락해 젬을 카이로로 돌려보내면 금화 10만 두카트를 주겠다고 제안했다.[27] 이 무렵에 바라크가 내용을 엿들었던 협상이 진행되고 있었다. 교황 인노켄티우스 8세는 젬을 그에게 넘겨주는 것이 기독교 세계의 이익에 큰 도움이 된다고 샤를 왕을 설득하려 애쓰고 있었다. 1489년 3월에 젬은 로마(그리고 바티칸)에 도착했고, 그의 나이는 스물아홉 살이었다.

젬을 손에 넣은 교황은 바예지드를 상대로 한 야심찬 십자군에 대한 지원을 모으기 시작했고, 1489년 가을 카이트 베이에게 사절을 보내 맘루크가 도와줄 수 있는지에 대한 협상을 시작했다.[28] 여전히 젬이 그의 보호 아래로 돌아오기를 원했던 카이트 베이는 인노켄티우스가 젬을 이집트로 보내면 이전의 예루살렘 십자군 왕국을 다시 건설할 수 있을 것이라고 그에게 약속했다.[29] 그러나 1490년에 젬을 보호 아래 두고자(자신을 위해서든 카이트 베이를 대신해서든[30]) 여러 해 동안 노력했던 후녀디 마차시가 죽었고, 새로운 외교의 시기가 시작되었다. 바예지드와 교황 사이에 사절들이 왕래했고, 로도스섬의 기사단과 바예지드 사이에 타결됐던 것과 기본적으로 같은 협정이 마침내 이루어졌다. 교황은 젬을 보호하되 그를 바예지드에 맞서도록 이용하지 않을 것을 약속했고, 그 대가로 매년 금화 4만 두카트를 받기로 했다. 십자가 처형

때 예수의 옆구리를 찔렀던 창의 머리(콘스탄티노폴리스 함락 이래 이스탄불에 보존되어 있었다) 같은 기독교의 유물들과 함께였다. 거래는 양쪽 모두의 상당한 불신 속에서 타결되었다.[31]

젬이 잡혀 있는 기간이 길어지면서 지루해지기 시작했다. 그를 수용하기 위해 부르가뇌프에 건설한 난공불락의 망루(오늘날에도 남아 있다)에서 소수의 하인들과 함께한 망명 생활은 시들해지기 시작했고, 형과 싸우기 위한 열의는 감퇴했다.[32] 그가 로마에 도착하자 그의 안락을 위해 상당한 돈이 지출됐지만, 그가 가장 원한 것은 고향으로 돌아가거나, 아니면 이란이나 아랍 땅이나 인도에서 여생을 보내는 것이라고 그는 썼다.[33] 심지어 십자군의 가능성이 엿보이자 그는 자신이 "심지어 전 세계의 지배를 위해서라고 하더라도" 신앙을 버릴 수 없다고 교황에게 말했다.[34] 로마에서 바예지드에게 전한 편지에서 젬은 감금 생활에서 풀려나고 싶다는 간절한 바람을 피력했으며, 둘 사이의 반목을 잊고 형에게 충성을 맹세할 태세가 되어 있다고 말한 것은 진실이었을 것이다.[35]

로마에 잡혀 있던 젬은 심지어 고향과 더 먼 곳에서, 그곳에 영향을 미치게 될 일들이 전개되고 있음을 알았을 것이다. 1492년 1월 2일, 이슬람교도 나스르 왕조의 본거지인 에스파냐 남부 안달루시아의 그라나다가 아라곤의 페란도 2세와 그 아내인 카스티야의 이사벨 1세의 군대에 의해 함락되었다. 한 달 뒤에 에스파냐의 승리를 축하하기 위해 로마에서 성대한 가장행렬이 열렸다. 콘스탄티노폴리스 함락은 기독교 세계 사람들에게 아직 생생했고, '모로인'(무어인)들에 대한 승리는 오스만인들에게 당한 많은 고난에 대한 어느 정도의 복수로서 환영받았다.[36] 술탄 메흐메드 2세는 1477년에 그의 보호를 요청하는 안달루시아 이슬람교도 대표단의 방문을 받았다.[37] 에스파냐 종교재판소가 공식적으로 문을 열기 바로 전해였다. 바예지드는 그라나다가 함락된 이후 그들에게 피난처를 제공했다. 1501년까지는 개종과 해외 이주 사이의 선택을 강요받지 않았지만 많은 사람들이 이 제안을 받아들였고, 몇 년이 되지 않아 테살로니키의 큰 교회 세 곳이 오스만을 피난처로 삼은 사람들을 위해 마스지드로 개조되었다.[38] 많은 우여곡절 끝에 안달루시아 이슬람 공동체의 나머지 사람들은 1609년에서 1614년 사이에 이베리아반도에서 축출되었다.[39]

세파르디Sefardi로 불린 이베리아 유대인들은 운이 덜 좋았다. 그들은 종교재판이 벌어지기 오래전부터 압박을 받았고, 많은 사람이 가톨릭으로 개종했다. 그러나 종교재판은 개종자들의 진실성을 검증하고자 했고, 많은 사람이 부적합 판정을 받아 사형에 처해졌다. 유대교를 믿는 사람들은 1492년 에스파냐에서 쫓겨나 포르투갈, 프랑스, 그리고 유럽의 다른 나라들로 이주했다. 많은 사람이 오스만제국으로 떠났고, 그곳에서 그리스어를 사용하는 유대인 로마니오티Romanioti와 역시 고향에서 쫓겨난 독일계 유대인 아슈케나지Ashkenazi를 만났다. 바예지드 술탄은 에스파냐 유대인들을 환영했다. 이런 생각이었다고 한다. "그런 왕(페란도를 말한다)이 현명하고 지적이라고 할 수 있는가? 그는 자기 나라를 가난하게 만들고 나의 왕국을 부유하게 만들고 있다."[40] 오스만 땅으로 들어오는 유대인의 이주 물결은 1492년에서 1512년 사이에 가장 컸다. 이 기간 동안 유럽 일대에 박해가 확산된 이후다. 바예지드는 이 난민들을 각 속주 중심지로 모으기를 원했고, 제국의 많은 도시에 곧 세파르디 공동체가 생겨났다. 그러나 그들은 이스탄불에서는 환영받지 못했고, 수도의 새 유대교 회당들이 폐쇄되고 저명 유대인들은 이슬람교로 개종하라는 권유를 받았다.[41]

1490년 젬에 관해 인노켄티우스 8세와 바예지드가 체결한 협정에 의해 이루어진 평형은 지속되지 않았다. 이 오스만 왕위 주장자는 샤를 8세가 나폴리 왕국에 대한 권리 주장을 벌충하려 시도하면서 유럽 정치의 볼모로 이용되었다.[42] 1492년 인노켄티우스에 이어 알렉산데르 6세가 교황이 되었고, 새 교황은 바예지드와의 합의를 고수할 절박한 이유가 있었다. 교황은 바예지드에게 프랑스 왕의 계획에 대해 이렇게 썼다.

> 프랑스 왕은 최강의 육군과 해군을 동원해 로마를 압박하고 있습니다. 밀라노인, 브르타뉴인, 포르투갈인, 노르만인 등의 뒷받침을 받아서입니다. 그들은 우리에게서 전하의 동생인 젬 술탄을 떼어내려 하고 있고, 나폴리를 점령해 알폰소 왕을 쫓아내려 합니다.[43]

바예지드가 교황에게 보내는 답신과 젬에 대한 연금 비용으로 로마에 보낸 돈이 중간에 적발돼 공개되었다. 교황이 기독교 세계의 적과 내통했다는 꼼짝 못할 증거였다. 피렌체에 있던 샤를은 남쪽으로 이탈리아를 가로질러 이동해 1494년 마지막 날 공포에 질린 로마에 도착했다. 그는 젬을 자신에게 넘기라고 요구했다. 알렉산데르 교황은 강압을 받고 동의했다. 단지 6개월 동안이며 그에 대한 보증금을 지불한다는 조건이었다. 젬은 곧 샤를의 보호 아래 들어갔고, 왕의 군대와 함께 나폴리로 진군을 계속했다.[44]

나폴리 왕 페르디난도 1세의 계승자인 알폰소 2세는 바예지드에게 도움을 청했다. 당대의 한 베네치아 작가에 따르면 술탄은 샤를이 젬을 데리고 발칸반도로 들어와 이 지역 사람들을 그에게 맞서 궐기하도록 부추기지 않을까 정말로 두려워했다. 베네치아에 파견된 오스만 사절은 프랑스 왕이 동로마 및 세르비아 귀족 가문의 상속권을 박탈당한 자손 및 스컨데르베우 같은 카스트리오티Kastrioti 가문으로부터의 지원을 기대했다고 적었다. 술탄은 다르다넬스 해협의 방비를 강화하고 함대를 준비했다. 공포가 이스탄불에 확산됐고, 그는 이곳에서 도시를 방어하기 위해 성벽을 점검하고 총좌銃座를 설치했다.[45]

샤를과 그의 군대가 나폴리에 도착하고 이틀 뒤인 1495년 2월 24일에서 25일로 넘어가는 밤에 젬이 그곳에서 죽었다. 나이는 서른여섯이었고, 국외를 떠돈 지 13년 만이었다. 독살되었다는 소문이 있었지만, 자연사인 듯하다. 그는 죽어서도 안식을 하지 못했다. 바예지드는 심부름꾼을 보내 그의 시신을 보내달라고 청했다. 대신에 자기가 가지고 있는 기독교의 유물을 더 주겠다고 했다. 시신이 없으면 젬이 죽었다는 증거를 확인하지 못하는 것이라고 그는 말했다. 샤를은 시신을 나폴리 북쪽 해안 가에타의 견고한 요새로 옮겼으며, 1496년 11월 프랑스가 가에타에서 철수할 때 그 관은 나폴리의 손에 있던 프랑스 포로들을 돌려받는 대가로 나폴리의 군주 페데리코Federico에게 넘겨졌다. 나폴리는 그 적들을 상대로 술탄의 지원이 필요했고, 바예지드는 나폴리가 젬의 시신을 이스탄불로 보내지 않으면 평화 협정을 파기하겠다고 위협했다. 추가적인 위협이 효과를 발휘해, 젬의 시신은 1499년 초 이스탄불로 향했다. 이탈리아반도의 발뒤꿈치 부분에 있는 산카탈도에서 아드리아해를 건너 알바니아 해안의 블로러로 갔다. 그곳에서 귀로에 올랐는데, 아마 바다를 통해서였을 것이다. 겔리볼루를 지난 뒤 성대한 의식이 치러지고 부르사로 옮겨졌다. 여기서 젬은 마침내 그의 맏형 무스타파와 함께 묻혔다. 그의 할아버지인 술탄 무라드 2세의 묘역이었다. 그의 무덤은 지금도 찾아갈 수 있다.[46] 이례적인 젬의 생애 이야기는 동방과 서방 모두에서 작가들의 관심을 끌었고, 오늘날까지도 계속해서 영감을 제공하고 있다.[47] 그는 대단한 수준의 비극적 인물이자 진정한 만능 교양인 왕자(학식 있고 논리 정연하며 매우 존경받는 시의 저자)로 그려졌다. 그는 정치적 야망의 어리석음을 너무 늦게 깨달은 탓에 품위 있는 포로 생활과 수수께끼에 싸인 죽음으로부터 스스로를 구하지 못했다.

젬이 매장되면서 바예지드 술탄은 마침내 자유로워졌지만, 오스만 역사의 이 사례는 오스만의 기독교 열강들에 대한 외교 방식의 변화를 알렸다는 점에서 주목할 만하다. 한 국가가 이해관계가 있는 다른 국가들을 대신해 오스만과의 관계를 중재한 과거의 외교 협정과 달리, 젬의 보호를 둘러싼 협상은 각각의 나라와 개별적으로 이루어졌다. 바예지드는 그들 사이의 경쟁을 이용할 수 있었고, 1480년대 중반 이후 유럽 국가들과의 직접적인 쌍무 관계가 과거의 집단적인 협정을 능가하기 시작했다. 오스만의 첫 사절들은 이 시기에 유럽 각국의 궁정에 보내졌다. 1483년 프랑스에, 1495년 모스코비야에, 그리고 1496~1497년에는 신성로마제국에 보냈다.[48] 기독교와 이슬람 국가들은 모두 그들의 관계가 계속 적대적이었던 것처럼 그리고 있지만, 젬의 방랑은 종교적 관념이 아니라 정치적 방편이 그들의 태도를 어떻게 규정했는지를 보여주었다. 이탈리아의 평화에는 오스만제국보다 샤를 8세의 프랑스가 훨씬 더 직접적인 위협이었음이 누구에게나 분명했고, 오스만은 이 상황을 영리하게 이용했다.

바예지드가 젬의 운명에 매달리고 있던 시기는 또한 메흐메드 2세의 놀라운 업적에도 불구하고 오스만제국의 온전성을 당연한 것으로 여길 수 없음을 보여주었다. 젬이 1482년 7월 로도스섬으로 떠나면서 바예지드 술탄은 국내의 혼란으로부터 한숨을 돌릴 수 있었다. 젬과 협력했던 카라만의 카슴 왕자는 술탄에게 관용을 구했고, 독립 주장을 포기하는 대가로 아나톨리아 남부 이츠일주의 총독으로 임명되었다. 대략 킬리키아 지역에 해당하는, 이전 카라만 베이국의 일부였던 지역이다.[49] 노인이었던 그는 1483년에 죽었다. 카라만은 이제 오스만 영토의 불가결한 부분으로 통치될 수 있었으나, 상황은 여전히 긴장돼 있었다. 1500년에 바예지드는 또다른 카라만의 권리 주장자인 무스타파(카슴의 조카다)를 무찌르기 위해 군대를 파견하지 않을 수 없었다. 무스타파는 그곳에서 일어난 폭동을 지원하기 위해 이란에서 군대를 이끌고 온 사람이었다.[50]

맘루크와 오스만 사이의 완충 지대에 사는 튀르크멘 부족민의 충성을 얻기 위해 경쟁하면서 카이트 베이 술탄은 젬을 이용하려는 유혹을 이겨냈지만, 1481년 젬이 맘루크 술탄에게로 피신했던 기간은 다가올 충돌의 전조였다. 비록 불만이 있지만 이제 적어도 명목상으로는 오스만에 편입된 카라만 부족 외에, 여전히 독립 베이국인 둘카드르와 라마잔 왕조가 있었다. 그들은 각기 엘비스탄과 아다나의 자기네 중심지에서 유동적인 경계를 지닌 영토를 통제하고 있었으며, 그들의 지속적인 생존을 맘루크 또는 오스만의 지원에 의존하고 있었다.

1차 오스만-맘루크 전쟁은 1485년에 시작되었다. 둘카드르의 알라 윗데블레는 사위인 바예지드의 승인 아래 아나톨리아 동남부 유프라테스강 서쪽에 있는 맘루크의 도시 말라티아를 포위했다. 맘루크가 보복을 하자 바예지드는 알라윗데블레를 지원하기 위해 증원군을 보냈다. 맘루크는 패배했지만 밀고 나아가 그 직후의 두 번째 교전에서 승리했다.[51] 맘루크 지배자는 남인도 데칸의 샤가 바예지드에게 보내는 선물이 맘루크 영토를 지나갈 때 그것을 몰수해 굳이 그를 조롱했다.[52] 1485년 여름, 바예지드는 새 카라만 총독인 카라괴즈 메흐메드 파샤Karagöz('검은 눈') Mehmed Paşa의 지휘 아래 투르구들루와 바르삭 튀르크멘 부족을 상대로 군대를 파견했다. 이들은 오스만의 카라만 합병에 가장 격렬하게 저항했으며, 1481년 젬의 군대가 이스탄불로 가고자 할 때 병력을 공급했다. 카라괴즈 메흐메드는 타르수스-아다나 지역의 요새들을 점령했는데, 그곳은 아나톨리아에서 시리아로 가는 통로를 통제하는 전략적 위치여서 '아랍 땅의 열쇠'라는 별명을 얻은 곳이었다.[53]

술탄 카이트 베이는 자신의 영토에 대한 오스만의 위협을 저지하기 위해 단호하게 움직였다. 1486년 3월에 맘루크 군대는 아다나 부근의 전쟁터에서, 카라만에서 온 카라괴즈 메흐메드의 부대와 이스탄불에서 보낸 헤르세크자데 아흐메드 파샤(바예지드의 사위로 이제 아나돌루 총독이었다) 군대의 연합군과 충돌했다. 카라괴즈 메흐메드와 그의 부하들은 달아났고(카라괴즈는 나중에 붙잡혀 처형되었다), 헤르세크자데 아흐메드는 사로잡혀 카이로로 보내졌다. 맘루크는 아다나와 타르수스, 그리고 킬리키아 평원을 장악했다.[54] 이듬해 대와지르 다우드 파샤Daud Paşa는 제국 군대를 이끌고 전쟁터로 가서 이번에는 둘카드르에서 온 알라윗데블레의 군대와 합류했다. 알라윗데블레의 조언과 달리 맘루크를 상대로 진격한다는 본래의 계획을 버리고 군대는 바르삭과 투르구들루 부족의 봉기를 진압하는 쪽으로 방향을 돌렸다. 여기에 성공한 다우드 파샤는 오스만이 맘루크를 상대로 언제 공격을 재개하더라도 후방으로부터의 공격 위험이 줄었음을 알고 귀국했다.[55]

　1488년, 오스만은 맘루크에 대해 육지와 해상의 두 갈래 공격을 시작했다. 최근 카이로의 포로에서 풀려난 헤르세크자데 아흐메드 파샤는 함대를 지휘해 육상 작전을 지원했고, 반면에 육군은 루멜리 총독 하듬 알리 파샤Hadım('환관') Ali Paşa가 지휘했다. 군대는 분쟁 지역 안으로 들어가면서 맘루크와 그 속국들로부터 여러 곳의 요새를 빼앗았다. 적대하는 양측은 서방으로부터의 지원을 끌어들이려 애썼다. 베네치아는 맘루크와 조약을 맺고 있어 바예지드가 키프로스를 기지로 사용하는 것을 거절했으며, 카이트 베이는 다른 이탈리아 국가들에 접근했으나 마찬가지로 성공을 거두지 못했다.[56] 오스만 함대가 아무런 요구도 하지 않고 로도스섬 옆을 지나가자 그들은 안도했다. 구호기사단은 맘루크와 외교 및 상업적 관계를 유지하고 있어 오스만을 두려워했기 때문이다.[57] 베네치아는 키프로스에 함대 하나를 보냈고, 그곳에서는 헤르세크자데 아흐메드의 함대가 상륙하는 것을 막았다. 대신에 그들은 아나톨리아 해안의 이스켄데룬(알렉산드레타)에 입항했고, 시리아에서 고개를 넘어 북진해오는 맘루크 군대와 맞닥뜨렸다. 그러나 큰 폭풍우를 만나 오스만 함대가 난파했고, 맘루크는 아다나를 향해 방해받지 않고 계속 나아갈 수 있었다. 하듬 알리의 군대는 이어진 전투에서 크게 패배해 달아났으며, 튀르크멘 부족민 군대로부터 추적당했다. 알레포로 돌아가던 맘루크 부대가 헤르세크자데 아흐메드에게 패주한 것은 작은 위안이었다. 하듬 알리는 카라만으로 철수했고, 흩어진 그의 군대를 재편하고자 했다. 전쟁터에서 달아난 많은 지방 지휘관들은 이스탄불로 붙잡혀와서 보스포루스 해협의 루멜리히사르 요새에 감금되었다. 아다나 성은 포위전에 맞서 석 달 동안 버티다가 그 오스만 주둔지를 맘루크에게 내주었다. 오스만은 패배로 인해 그들이 영향력을 행사할 수 있었던 약간의 튀르크멘 부족민들의 지지를 상실했고, 또한 둘카드르의 알라윗데블레가 이 지역에서 더 강한 세력인 맘루크에 대한 선호를 더 공개적으로 표할 수 있게 했다. 오스만은 이에 대응해 그의 형제 샤흐부닥ṣah Budak을 둘카드르의 지배자로 밀었으나 관철하지 못했고, 알라윗데블레는 그를 포로로 이집트에 보냈으며 그곳에서 그 역시 맘루크의 편이 되었다.[58]

그러나 맘루크는 자기네의 이점을 살릴 수 없었다. 1490년에 그들의 군대는 카라만으로 밀고 들어가 아나톨리아 중부의 카이세리를 포위했지만, 헤르세크자데 아흐메드 파샤가 자기네를 향해 진군해오고 있다는 소식을 듣자 철수하고 말았다. 맘루크는 교착 상태에 빠지게 된 전쟁 비용을 더이상 감당할 수 없었고, 전쟁에 대한 내부의 반대에 직면했다. 오스만은 자기네 군대가 서방에서 오는 십자군과 대결해야 하리라는 것을 알고 있었고, 이듬해에 평화 협정에 합의했다. 두 국가 사이의 경계는 동부 토로스산맥을 넘는 통로를 내려다보는 쿨렉 고개에서 고정됐고, 맘루크는 아다나 지역에서 자기네의 영향력을 유지했다.[59]

요령부득의 오스만-맘루크 전쟁이 1495년 젬의 죽음으로 이미 끝났기 때문에 바예지드는 이제 자유롭게 눈길을 서쪽으로 돌릴 수 있었다. 이스탄불에 간 베네치아 사절은 1499년 할리치만의 병기고에서 광범위한 준비가 이루어지고 있는 것을 보았지만, 자기네 공화국이나 그 해외 영토가 목표물이 될 것이라고는 믿지 않았다. 베네치아는 젬이 잡혀 있는 동안에 논의되고 있던 십자군 계획으로부터도 조심스럽게 거리를 두었으며, 1479년 이래 오스만과 평화로운 관계를 유지하고 있었다. 그는 대신에 함대가 로도스섬을 향해 갈 것이라고 생각했다 (기사단도 마찬가지로 생각했다).[60]

바예지드는 베네치아인들을 그들의 전진 기지에서 몰아내는 자기 아버지의 사업을 마무리 짓는 데 언제나 결연한 듯했다. 나우팍토스는 1499년 8월 28일 육상과 해상의 공격에 항복했고, 오스만은 좁은 코린토스만 입구 서쪽에 한 쌍의 마주 보는 요새를 건설해 방비를 강화했다. 그들이 또다른 전략적 수로인 보스포루스 해협과 다르다넬스 해협에 축성한 것과 마찬가지였다. 베네치아는 10월에 도시로부터 30킬로미터 이내의 지역에 들어오는 습격에 시달렸다. 1500년에 이미 베네치아 사절이 오스만 궁정의 알현에서 나우팍토스의 반환을 청했지만, 술탄은 아드리아해 동부의 베네치아 기지들 역시 점령해 아드리아해를 그의 영토와 베네치아 사이의 경계로 삼고자 한다는 말을 들었을 뿐이다. 그해의 나중에 펠로폰네소스반도 서남 해안의 메토니, 코로니, 나바리노(필로스)가 오스만 해군의 공격으로 함락되었다.[61]

그들의 분쟁을 제쳐놓고, 그리고 많은 외교적 줄다리기 끝에 베네치아, 교황, 헝가리는 1501년 5월에 오스만을 상대로 한 동맹을 체결했다. 베네치아는 여전히 키프로스섬, 크레타섬, 케르키라(코르푸)섬을 보유하고 있었으나, 그들이 소소하게 보유하고 있는 곳들의 수는 줄고 있었다. 그들은 오스만 영토에 대한 공격을 강화했다. 그해 나중에 프랑스-베네치아 연합군이 아나톨리아 서북부 해안 앞바다의 레스보스섬에 상륙했지만 격퇴당했다.[62] 이듬해에 베네치아군이 아나톨리아 서남 해안 페트히예(마크리)에 상륙해 주변 지역을 약탈했다.[63] 베네치아는 그 동맹들의 원조에도 불구하고 이 하찮은 힘의 과시 이상으로 나아갈 수 없었다. 그들은 평화를 청했고, 1503년에 조약을 체결함으로써 바예지드는 베네치아를 발칸반도에서 몰아낸다는 목표에 더 가까이 다가갔다.

바예지드는 해군력으로 베네치아와의 전쟁에서 승리했고, 그 목표에 다가서자 전면적인 해군 개혁에 착수했다. 더 가볍고 더 조종하기 쉬운 배들을 건조했고, 병력을 크게 확충했다. 몇 년 동안 중요한 해상 작전이 없었지만, 함대는 해로의 개방을 유지하고 상업과 기타 해운을 지중해 동부 해역에서 활동하는 해적(외국 및 토착의)으로부터 보호하는 데 이용되었다.[64]

강력한 해군 보유는 다른 유럽 국가들에서 그랬던 것처럼 오스만에게 새로운 전망을 열어주었다. 바스쿠 다 가마가 1497년 11월 보아이스페란사곶(희망봉)을 돌고 이듬해 봄에 인도에 도착한 뒤 포르투갈의 상업 세력이 아랍인이 오랜 세월 인도양에서 이어온 무역망을 위협하기 시작했다. 그들은 특히 남아시아와 동남아시아에서 오는 향신료 무역에 대한 맘루크의 통제권을 위협했다. 맘루크의 해군력은 이 무역이나 고국에 더 가까운 무역의 어느 것도 보호하기에 충분하지 않은 것으로 드러났다. 같은 해 포르투갈인들이 인도양에서 적극적으로 움직이면서 로도스섬의 해적이 지중해 동부에서 증가했고, 1508년 시리아 북부 해안으로부터 목재를 운반하던 맘루크 호송대가 로도스 함대에게 패배하자 맘루크가 해상에서 무력하다는 사실이 드러났다. 맘루크는 바예지드에게 도움을 청하지 않을 수 없었고, 이에 따라 바예지드는 무력으로 얻을 수 없었던 것을 우호를 통해 이룰 수 있었다. 이 지역의 세력 다툼에서 맘루크에 대한 오스만의 우위를 인정받은 것이다. 1510년 오스만 궁정에 파견된 사절은 맘루크 해군을 위한 원자재와 보급품 등 상당한 원조를 확보했다. 오스만은 해상 문제에 대한 전문지식에 더해, 유럽인들이 사용하는 것과 맞먹는 대포를 가지고 있었다. 그들은 맘루크 해군에 포르투갈인들을 상대로 사용할 대포를 제공하고, 또한 자기네 장교들을 보내 맘루크 함대를 지휘하게 했다.[65]

맘루크가 포르투갈로부터 자기네 해운을 보호할 수 없는 상황은 바예지드에게 맘루크 문제에 개입하고 자신의 이익을 확대할 수 있는 상당한 기회를 제공했다. 그의 동기는 다양했다. 오스만의 인도양 진출은 수익성 있는 향신료 무역의 한몫을 차지할 수 있는 기회였고, 한편으로 맘루크를 도움으로써 이제 동쪽 변경에서 나타나고 있는 새로운 적인 사파비 왕조의 샤 이스마일Ismāʿīl과 그들이 손잡지 못하게 하며 또한 맘루크가 그의 아들 코르쿠드를 도울 가능성을 차단하는 것이었다. 코르쿠드는 자신이 통치하도록 맡겨진 군郡의 선택에 불만을 품고 〔그는 임지를 마니사에서 안탈리아로 옮기게 됐는데, 그곳이 수도에서 훨씬 멀었기 때문에 이를 술탄의 냉대로 해석했다〕 1509년에 카이로로 갔는데, 아마 바예지드의 지배에 대한 도전을 준비하려는 의도였을 것이다. 바예지드의 계산은 열매를 맺었다.

포르투갈이 인도양에 도착하고 이어 오스만이 이곳에 개입하면서 둘 사이의 오랜 싸움이 시작됐지만, 두 나라는 이제까지 별 관심을 가지지 않았던 세계의 이 지역에서 상당한 경제적·전략적 이점을 얻을 수 있음을 인식했다. 더욱 중요한 것으로, 바예지드가 맘루크 문제에 개입한 것은 몇 년 뒤 그 아들 셀림의 시리아 및 이집트 정복을 위한 길을 열어놓았다. 그러나 그 이전에 이란의 사파비 국가가 오스만 정통성의 기초에 대해 과거의 그 어느 세력만큼이나 공격적으로 도전해왔다. 이슬람 세계 내부의 패권 경쟁은 모든 면에서 기독교 국가와 이슬람 국가 사이의 경쟁만큼이나 치열했고, 등장한 이후 300년 동안은 오스만제국에 더 큰 위협을 제기했다.

바예지드 치세 초기는 그의 동생 젬의 운명이 지배했다면, 그의 말년은 크즐바시ĸızılbaş('붉은 머리') 현상이 골치를 썩였다. '크즐바시'는 시아파 이슬람교의 열두 이맘imam('지도자')에 대한 그들의 헌신을 표현하기 위한 방법으로 주름이 열두 개인 붉은색의 긴 모자를 쓴 사람들을 묘사하는 말이었다. 맘루크와 오스만처럼 순나파 이슬람교를 신봉한 카라만 및 악코윤루와 달리 오스만 동쪽 변경에서 떠오른 새로운 강자인 신생 사파비 국가는 이슬람교의 소수파인 시아파의 신앙에 의해 지지된 이데올로기를 발전시키게 된다. 순나파와 시아파의 종교적 관행과 법은 서로 조금 다르다. 주된 차이는 교리적인 것이다. 시아파 이슬람교는 이슬람 공동체의 지도자 자격을 선지자 무함마드의 가족으로 제한하며, 이 역할을 승계한 우마이야와 아바스 왕조의 정통성을 인정하지 않는다. '열두 이맘파' 신조의 열렬한 신자들은 이슬람 공동체의 지도자인 열두 번째 이맘이 서기 940년에 사라진 이래 그저 신도들 앞에 나타나지 않고 있을 뿐이며, 언젠가 다시 나타나 지상에서 하늘의 왕국을 안내할 것으로 믿는다.[66] 이 신조는 근세 유럽의 메시아 운동의 이슬람판이었다.

이 사파비 국가는 그 이름을 이란 서북부 아르다빌에서 일어난 사파비 교단의 창시자인 셰이흐 사피웃딘 이스하크Şāfī ad-Dīn Isḥāq에게서 따왔다. 셰이흐 사피웃딘은 1334년에 죽었고, 역사적인 관행은 그의 이름을 딴 국가의 건설을 1501년으로 본다. 이때 열네 살의 사파비 왕조 샤 이스마일이 군대를 이끌고 악코윤루(그 지배자는 그의 외사촌이었다)

국가 잔여 세력의 수도 타브리즈를 점령했다. 이것은 악코윤루 왕자들 사이의 긴 승계 전쟁에서 결정적인 전투였다. 이 승계 전쟁은 이스마일이 태어나기도 전인 1478년 우준 하산(이스마일의 외조부였다)이 죽으면서 시작되어 15세기 말에 격화되었다. 셰이흐 사피웃딘의 시대와 이스마일의 시대 사이에 사파비 가문에서 일어난 변화는 아직 제대로 알려지지 않고 있다. 한 현대 역사가가 묘사한 "특별히 탈세속적이지 않은 방식으로 점차 신도와 재산을 모은 거의 전통적인 순나파 수피 조직"[67]으로부터 오스만에 대한 극단적인 혐오와 함께 보통 순나파 '정통' 이슬람교라고 생각되는 것에 대한 급진적인 자세를 보여주는 국가로의 변화다. 사실 오스만의 이슬람교를 묘사하기 위해 '정통'이라는 말을 사용하는 것은(그리고 사파비 왕조의 이슬람교를 묘사하기 위해 '이단'이라는 말을 사용하는 것은) 이 지역에서 나타난 종교적 관행의 다양성에 대한 감을 충분히 전달하지 못한다. 이곳은 '올바른' 신봉의 방식을 강제하기 위한 제도가 미숙하고 대중의 믿음이 학구적인 이슬람교의 영향을 별로 받지 않았다.

사파비 교단은 이 문화적으로 다양한 지역에서 중앙 아라비아 땅의 순나파 교의를 강제하기 위한 효과적인 중앙 권력이 없을 때에 아나톨리아와 이란 서부의 울퉁불퉁한 산지에서 만들어졌다. 아르다빌의 사파비파 셰이흐들의 가르침은 처음에는 순나파 이슬람교와 그리 다르지 않았다. 사파비파 신앙의 변모에서 핵심적인 인물은 이스마일의 조부인 셰이흐 주나이드Junayd였다. 그는 1447년에 사파비파 종단의 수장이 되었다. 주나이드의 호전적인 가르침은 당대의 순나파와 열두 이맘파 이슬람교 신자 모두에게 충격이었을 것이다.[68] 주나이드는 영향력이 매우 커져 시아파였던 카라코윤루 지도자로 시아파를 신봉하는 자한

샤흐Cahanşah(아르다빌이 그의 영토 안에 있었다)에 의해 추방됐고, 자한샤흐의 적이었던 우준 하산에게로 도피했다.[69] 주나이드는 오스만 세력이 이 지역에 당도하고 있던 바로 그때 아나톨리아 동부, 시리아 북부, 아제르바이잔의 튀르크멘 부족들 사이에서 열성적인 신도를 얻었다. 그는 특히 50년쯤 전에 오스만 내전의 흐름을 복잡하게 만들었던 셰이흐 베드렛딘의 추종자 자손들로부터 관심을 끌었다.[70] 그러나 역설적으로 주나이드는 무라드 2세로부터 돈과 선물을 받은 성자 가운데 하나였는데, 무라드의 아버지 메흐메드 1세는 셰이흐 베드렛딘을 처형했다.[71]

1447년 주나이드가 사파비 교단의 수장이 되고 1453년 콘스탄티노폴리스가 술탄 메흐메드 2세에 의해 함락되기 50년쯤 전인 1402년에 티무르는 바예지드 1세를 물리친 후 사마르칸트로 돌아가다가 아르다빌에 들렀다. 의무감을 느낀 셰이흐는 티무르를 설득해 그가 아나톨리아 원정에서 잡은 전쟁 포로를 석방하게 했고, 티무르 또한 본래 자리를 회복한 아나톨리아의 베이들에게 포로가 됐던 사람들의 세금을 면제해주라고 요구하는 편지를 썼다. 이것 역시 그들과 그 자손들 사이에서 사파비파에 대해 호의적인 성향을 키웠을 것이다.[72]

이스마일은 그 이전의 메흐메드 2세와 마찬가지로 권좌에 올랐을 때 매우 어렸고, 역시 메흐메드와 마찬가지로 그가 취할 방향에 대해 참모들로부터 자극을 받았다. 그가 사파비 왕조를 위해 오스만과 뚜렷이 대조되는 이데올로기를 적극적으로 택한 것은 분명 종교적 차원을 지닌 정치적 움직임이었고, 그것이 두 나라를 양 극단에 세우고 아나톨리아 동부에서 벌어진 영토 경쟁을 격화했다. 술탄 메흐메드 2세에 대한 우준 하산의 도전은 종교적이면서, 순나파 이슬람 세계의 패권을 둘러싼 도전이었다. 아나톨리아 동부와 그 너머에서의 세력 경쟁은 이전 그 어느 때보다도 더 격렬하고 사악해지려 하고 있었다. 이 지역의 반대파들은 오스만을 특히 콘스탄티노폴리스 점령 이후 서쪽을 바라보는 동로마와 같은 발칸 세력으로 보았고,[73] 동쪽에서 구원이 오기를 기대했다. 이스마일의 메시지는 이 내키지 않는 술탄의 신민들에게 저항의 길을 제공했고, 특히 아나톨리아의 산악으로 둘러싸인 지역의 튀르크멘 유목 부족민들에게 그랬다. 그들은 반란의 미덕을 높게 보는 나라를 선호한다고 말할 수 있게 되었다. 오스만에게 위험은 이스마일의 새로운 대중주의적 교의가 이제 종교적·정치적 믿음이 세밀하게 규정되지 않은 사람들, 그리고 한때 마찬가지로 가능성이 있다고 생각되던 다른 베이국들의 폐허 위에 건설된 중앙집권적인 오스만 정권에서 자기네의 입지가 별로 없다고 보는 사람들을 끌어들였다는 점이었다. 오스만–이란 변경 지역의 권리를 박탈당한 부족민들은 오스만에게 부담스러운 존재였다. 오스만은 그들을 자기네 국가 운영에 참여시키고 싶지 않았지만, 사파비파에 잃고 싶지도 않았다. 사파비는 그들을 자기네 군사적·정치적 이익을 촉진하는 데 이용할 수 있었다.[74]

사파비의 교리는 샤가 선지자 무함마드의 사위이자 사촌인 이맘 알리'Alī ibn Abī Ṭālib(알리로부터의 승계는 적어도 시아파의 이맘 승계의 필요조건이었으며, 알리 자신은 인간의 모습을 한 신의 현신이었다)의 환생이라고 선언했으며,[75] 16세기 초 이란을 찾은 서방 사람들은 이스마일이 그 추종자들에 의해 신으로 숭배되었다고 전했다.[76] 크즐바시라는 말은 이스마일의 아버지인 셰이흐 하이다르Haidar의 시대에 처음 사용되었다. 사파비 국가의 건설과 함께 그의 신자들이 마침내 자기네 것이라고 부를 수 있는 영토를 찾았다는 샤 이스마일의 선언은 수천 명의 사람들이 임박한 열두 번째 이맘의 재출현에 대한 기대를 품고 그에게로 모여들게 했다. 그는 자신의 추종자들에게 "누구라도 그 심장이 깨끗하고 그 피 묻은 내장이 홍옥 같지 않으면 크즐바시가 될 수 없다"라고 썼다.[77] 1502년 이스탄불에 5천 명가량의 크즐바시가 있다는 소문이 술탄 바예지드를 자극해 그들의 활동을 억압하기 위한 첫 조치가 취해졌다. 도시 성문을 닫고 용의자를 체포했다. 크즐바시 동조자들이 이스마일에게로 도망칠 것을 두려워한 그는 오스만-사파비 국경을 넘어가는 것을 금지했지만, 별로 효과가 없었다.[78]

바예지드는 아마시아의 제후총독으로 있을 때 신생 데르비시 교단인 할와파Khalwa를 후원한 바 있었다. 그 셰이흐들은 우준 하산과 연결돼 있었고, 그 가르침은 사파비 교리와 공통된 특징들이 있었다. 동부 지방 출신의 성자들에 대해 미심쩍어하던 메흐메드는 영향력 있는 한 할와파 셰이흐를 이스탄불에서 쫓아냈으나, 자신의 아버지 바예지드를 이어 즉위한 뒤 그 셰이흐의 수제자 가운데 하나를 초청해 수도에 정착하게 했고, 교단은 번성했다.[79] 바예지드 자신의 신비주의 취향은 그가 왜 새 이웃 사파비와의 공개적인 충돌을 피하기 위해 노심초사했는지를 적어도 부분적으로는 설명해줄 것이다. 1504년에서 1505년으로 넘어가는 겨울에 그는 이스마일에게 편지를 써서 그의 순나파 이슬람교도에 대한 대우를 비난하고, 그런 박해를 중단해야만 우호관계를 발전시킬 수 있다고 경고했다.[80] 1505년 바예지드의 아들 셀림의 사파비 영토 습격에 대해 이스마일은 가벼운 대응만 했다. 이스마일과 바예지드가 서로를 조심스럽게 대한 것은 1507년 바예지드가 이스마일에게 오스만 영토를 넘어 둘카드르의 베이국으로 원정할 수 있도록 전술적 허락을 했을 때 더욱 분명했다.[81] 이스마일은 그 이전의 우준 하산과 마찬가지로 한동안 베네치아와 접촉했다.[82] 반오스만 동맹에 대한 기대를 품고서였지만, 성공하지는 못했다. 예를 들어 1508년에 그가 새로이 동맹 제안을 했을 때 베네치아는 이에 반대했다. 자기네는 오스만과의 평화조약을 존중해야 한다는 이유에서였다.[83] 샤 이스마일은 점차로 이전 악코윤루 영토를 지배하게 되었고, 1508년에는 이라크에 도달해 이전 칼리파국의 수도인 바그다드를 점령했다.

바예지드가 샤 이스마일을 자극하지 않으려 한 것은 그의 아들인 셀림 왕자와 대비를 이루었다. 셀림은 자신이 크즐바시의 위협이라고 본 것과 대결하려고 열심이었다. 살아 있는 바예지드의 네 아들 가운데 셋째였고* 여러 해 동안 곤궁한 제국 변경 지역 트라브존의 제후총독이었던 셀림은 아버지가 행동을 하지 않는 데 대해 분개했다. 트라브존은 크즐바시가 오스만 영토의 온전성에 제기하는 위협이 가장 분명한 곳이었다.[84] 아버지와 아들 사이의 긴장 관계는 1510년에 악화되었다. 바예지드는 셀림이 바로 트라브존을 향해 진군하던 이스마일의 형제가 지휘한 군대를 격파했다며 질책했다.[85] 같은 해에 셀림은 아버지에게 보낸 편지에서 트라브존에 관해 심하게 불평을 했다. 그곳은 황량했고, 공급이 제대로 이루어지지 않았으며, 바예지드가 자신을 지원하도록 배정한 땅은 생산성이 낮았다.

이 지역에서는 곡물이 익지 않고 늘 결핍과 빈곤이 존재해 누가 (제후총독을) 하든 약하고 무력합니다. 생산물은 밖에서 옵니다. 그래서 제가 이곳

---

* 바예지드 술탄은 아들이 여덟 명이었고, 딸이 열일곱 명이었다. 1510년에 살아 있던 아들은 아흐메드·코르쿠드·셰힌샤흐·셀림이었고, 압뒬라흐·마흐무드·알렘샤흐·메흐메드는 그 이전에 죽었다.

에 온 이래 곡물은 배에 실려 오거나 튀르크멘인들에게서 왔습니다. 이곳은 가치가 있었던 적이 없으며, 아무것도 변하지 않았습니다. 저는 심지어 제가 쓸 배를 건조할 능력도 없습니다. (…) 결론적으로 말해서 그런 곤궁한 상황은 묘사할 길이 없습니다.[86]

얼마 뒤 셀림은 임지를 떠나 케페주 페오도시야의 제후총독으로 있던 자기 아들 쉴레이만Süleyman(나중의 '무흐테솀Muhteşem'(위인偉人) 쉴레이만이다)의 궁정으로 갔다. 그는 이 도전적인 행동을 하면서 장인인 크림의 칸 멩리 기라이의 도움을 받았다.[87] 셀림의 바예지드 술탄에 대한 반항과 사파비에 대한 그의 공격적인 정책은 이후에 오스만 역사의 흐름을 바꾸었다.

1511년 아나톨리아 서남부의 테케주는 크즐바시의 대규모 봉기의 현장이었다. 바예지드 술탄이 자주 기부금을 보내던, 카라브이으클르Karabıyıklı 가문의 하산 할리페Hasan Halife(대중적으로 샤흐쿨루Şāh Ḳulu('샤의 노예')로 알려졌으며, 이스마일 샤의 가르침을 신봉했다)라는 사람이 이끌었다.[88] 이 성자의 전도사들은 아나톨리아에서 오스만 지배에 대한 불복종을 선동했을 뿐만 아니라 루멜리에서 반란을 조장했다. 몇몇은 체포되었다.[89] 1511년 초, 바예지드의 살아 있는 아들 가운데 둘째인 코르쿠드 왕자는 이집트 망명에서 돌아와 테케를 통치하게 됐지만, 셀림이 사루한의 제후총독으로 임명됐음을 알았다. 그곳은 수도와 더 가깝다는 점에서 테케보다 좋은 임지였다. 코르쿠드는 갑자기 안탈리아의 임지를 떠나 북쪽으로 향했고, 샤흐쿨루는 재빨리 자신이 샤 이스마일을 대신한 오스만 권좌의 정당한 계승자라고 선언했다. 반란의 시점은 결코 우연이 아니었다. 반란은 4월 9일 정점에 이르렀는데, 이날은 시아파의 축제일로서 이맘 알리의 아들 이맘 후세인의 순교 기념일인 무하람Muḥarram 달 10일이었다.[90] 샤흐쿨루는 추종자들로부터 메시아이자 선지자로 환영을 받았는데,[91] 이 말은 스스로를 정통 이슬람교를 믿고 있다고 생각하는 나라의 지배자에게는 저주였다. 오스만은 스스로를 이슬람 최고 권력으로 보았기 때문에 샤흐쿨루를 그저 반란자가 아니라 이단자로 낙인찍었다.

샤흐쿨루는 이 역할을 떠맡아서 기쁠 뿐이었다. 코르쿠드 왕자가 이동 중일 때 4500명 규모의 샤흐쿨루의 크즐바시 추종자 무리가 코르쿠드 일행을 습격해 그 부하 일부를 죽였다. 공격에 대응했던 지역 정부군은 무질서하게 안탈리아의 숲으로 퇴각하지 않을 수 없었다. 샤흐쿨루의 추종자를 모두 광신도로 묘사할 수는 없다. 농민과 부족민 외에 자기네 땅을 빼앗긴(엄밀하게 그것을 소유할 자격이 없는 정부 관리들과 그 종복들이 차지했다) 가난해진 지방 기병들도 있었다. 또한 옛 이슬람교도 튀르크인 가문(그들의 땅이 떠오르는 기독교도 출신 이슬람교도 기병 계층에게 전공에 대한 보상으로 주어지면서 재산을 빼앗겼다)에 속하는 지방 기병도 있었다.[92]

박탈당한 자들로 이루어진 샤흐클루의 군대는 승리에 고무돼 아나톨리아를 가로질러 북쪽으로 행군하면서 가는 도중의 도시와 마을들에 불을 질렀다. 정부는 그들이 마스지드와 데르비시 회관, 심지어 쿠란을 불태운다며 비난했다. 그들의 수는 2만 명까지 불어났고, 그들은 아나톨리아 서남부의 호수 지구에 있는 부르두르를 지나 퀴타히아에 도달했다. 그들은 처음에는 그곳을 주도로 삼고 있던 아나돌루주 총독에게 패주했다. 총독은 이후 고립돼 샤흐쿨루의 군대에게 사로잡혔고, 그들은 총독을 참수하고 말뚝형을 가하고 꼬챙이에 꿰어 불태웠다. 크즐바시가 지나가는 것을 목격한 한 병사는 그들이 도중에 있는 모든 것을 공격하고 약탈했으며, 여기에는 퀴타히아 시민들의 협력이 있었다고 말했다.

그들은 모든 것을 파괴했고(남자, 여자, 아이를 가리지 않고 죽였다), 심지어 양과 소도 자기네기 필요한 것에 비해 너무 많으면 죽였습니다. 그들은 고양이와 닭도 죽였습니다. 그들은 퀴타히아주 (주민들의) 모든 값나가는 재산(카펫과 기타 눈에 들어오는 모든 것)을 약탈했으며, 그것들을 모아 불태웠습니다. (…) 당신의 종인 하사관 이스켄데르iskender는 이 모든 것을 보았습니다. (…) 특히 퀴타히아의 시민들은 매우 치욕스럽게 행동해 (크즐바시가 마을 사람들의) 생계 수단을 파괴하도록 버려두었고 (그들을 돕지) 않았습니다.[93]

코르쿠드 왕자가 크즐바시를 막기 위해 보낸 군대는 패배했고, 그는 마니사 성으로 피신해야 했다. 부르사로, 그리고 그곳을 지나 이스탄불로 가는 길은 이제 반란군에게 뻥 뚫렸다. 1511년 4월 21일, 부르사의 판관은 예니체리 사령관에게 편지를 써서, 그와 그 부하들이 이틀 안에 이 도시에 도착하지 못하면 나라를 잃을 것이라고 말했다. 샤흐쿨루는 아나톨리아에서 오스만 세력을 몰아내고 샤 이스마일의 이름으로 권력을 수립하는 데 가까이 다가선 듯했다.[94] 대와지르인 하듬 알리 파샤는 샤흐쿨루와 그 추종자들을 상대로 한 원정대를 이끌도록 임명되었다. 퀴타히아 부근에서 그는 살아 있는 바예지드의 아들 가운데 맏이인 아흐메드 왕자의 군대와 합류했지만, 아나톨리아를 가로질러 시바스까지 서둘러 행군해간 뒤에야 반란군을 따라잡았다. 이어진 전투에서 샤흐쿨루와 하듬 알리가 모두 전사했다.[95] 크즐바시 다수는 동쪽 이란으로 달아났다.[96] 오스만에게 붙잡힌 사람들은 1500년 베네치아와의 전쟁 때 바예지드가 점령한 펠로폰네소스반도의 메토니와 코로니로 옮겨졌다.[97]

샤흐쿨루의 반란은 바예지드의 아들들이 그의 권좌를 물려받는 경쟁에서의 세력 균형에 극적인 영향을 미쳤다. 나이 든 술탄(그는 이제 예순 살 무렵이었다)은 또한 손자도 많아서 승계 경쟁을 더욱 격화했다. 제후총독 제도의 취지는 왕자들을 이스탄불에서 떼어놓아 그들이 현직 술탄에게 도전하지 못하게 하려는 것이었다. 동시에 술탄은 자신이 원하는 후계자를 이스탄불에서 가장 가까운 곳에 임명했기 때문에 술탄이 죽으면 그가 다른 경쟁자들보다 먼저 수도에 도착해 권좌를 차지할 가능성이 가장 높았다. 셀림은 1510년 트라브존을 버리고 떠나기 전에 자신의 아들 쉴레이만이 이스탄불에서 동쪽으로 200킬로미터도 떨어져 있지 않은 볼루주의 총독 자리를 확보하도록 하기 위해 노력했지만, 바예지드(그 자신은 아흐메드를 좋아했다)의 지원을 받은 아흐메드 왕자에 의해 가로막혔다.[98] 셀림 자신은 사루한에 임명돼 아버지의 자리를 이어받은 아마시아의 제후총독 아흐메드보다 수도와 더 가까운 곳에 있었다. 그러나 사루한은 셀림이 보기에 충분히 가깝지 않았고, 그는 이 주에 임명되기 전에 루멜리주 총독 자리를 요청했다. 이 요청 역시 거부되었다. 그것은 적법하지 않다는 이유였다.[*][99]

---

[*] 제후총독 제도는 거의 아나톨리아의 이슬람교도 지역과 흑해 북안 케페주에만 적용되었다. 적어도 14세기 초의 내전 이후에 그랬다. 이때 반란을 일으킨 오스만 왕자들은 자기네의 권좌 주장을 지지하기 위해 불만을 품은 발칸반도 변경 영주들의 추종자들을 끌어 모았다(Lowry, *The Nature of the Early Ottoman State* 141, 157).

셀림은 사루한에 갈 생각이 없었다. 1511년 3월 쉴레이만이 있는 케페주를 떠난 그는 군대를 이끌고 루멜리를 통과해 행군했다. 6월에 그는 에디르네에 도착했다. 그곳에는 1509년 9월 10일 대지진(당대 자료에 '작은 심판의 날'로 언급됐으며, 이스탄불과 주변 지역을 파괴했다) 이래 바예지드의 궁정이 머물고 있었다. 바예지드는 아들과 피투성이의 대결을 피하기 위해 아나톨리아 속주들 이외의 제후총독의 적법성에 관한 이전의 결정을 무시하고 셀림에게 도나우강 변경의 세멘디레주(중심지가 스메데레보였다)의 총독 자리를 주었다. 가장 결정적인 것으로, 그는 또한 아흐메드 왕자에게 자리를 물려주지 않을 것이라고 셀림에게 약속했다.[100]

아흐메드 왕자는 자신의 주요 지지자인 대와지르 하듬 알리 파샤가 샤흐쿨루를 상대로 한 전투에서 죽자 자기 입지가 상당히 약화됐음을 깨달았다. 그러나 아버지의 진실성을 의심하고 아흐메드가 그렇게 쉽게 내쳐졌음을 믿을 수 없었던 셀림 왕자는 군대를 이스탄불 쪽으로 돌리고 8월 초에 아버지에게 트라케에서 싸움을 청했다. 에디르네와 이스탄불 사이의 초를루 부근이었다. 바예지드가 자신의 군대에게 공격 개시를 명령하자 셀림은 달아나 다시 루멜리로 들어갔고, 배를 타고 흑해 해안을 올라가 도나우강 하구의 킬리야로 갔다. 그는 아버지로부터 케페로 돌아가라는 명령을 받았다. 바예지드는 다시 이스탄불을 주거지로 삼았다.[101]

이 시기 동안에 아흐메드 왕자는 샤흐쿨루 봉기 진압에 매달렸고, 그뒤에 그는 시바스 지역에서 아나톨리아 중서부 아피온카라히사르로 이동했다. 바예지드와 셀림 사이에 전투가 벌어졌다는 소식을 들은 그는 이스탄불을 향해 진군해 아버지에게 문안을 드리고 싶다고 고집했다. 바예지드는 그러라고 하며 그를 불렀다. 카라만주에서 온 부족민 분견대(이스마일 샤의 선전에 쉽게 넘어가고 오스만 왕조의 내분으로부터 다시 이득을 얻고자 하는 바로 그 사람들이다)를 포함한 자신의 군대를 모은 아흐메드는 대와지르 코자 무스타파 파샤Koca('큰') Mustafa Paşa에게 편지를 써서 자신의 도착에 대비하게 했다. 그러나 기대와 달리 1511년 9월 21일에 이스탄불에 도착했을 때 예니체리의 반란을 만났고, 그는 보스포루스 해협의 아시아 쪽 해안에 있는 위스퀴다르에 머무를 수밖에 없었다. 그는 사실 해협을 건너 수도로 가서 술탄으로 선포돼야 했지만 그러지 못했다.[102] 대와지르는 피살되었다. 그는 젬을 로마에 보호하기 위한 조건을 협상하고자 교황에게 파견됐던 바예지드의 믿을 만한 사절이었다.[103] 전선은 이제 그어졌다. 예니체리는 셀림을 지원했고, 샤 이스마일의 지지자들은 아흐메드를 지원했다.

아흐메드는 아나톨리아로 퇴각했다. 지원 세력을 늘려 급습을 통해 수도를 점령할 심산이었다. 술탄 자리를 차지하려는 희망이 좌절되자 그는 독자적으로 지방 관직을 임명함으로써 공개적으로 아버지의 권위에 도전했다. 그의 거듭된 카라만 총독(당시 바예지드의 손자 메흐메드 왕자가 얼마 전에 죽은 그 아버지 셰힌샤흐를 승계해 그 자리에 있었다) 자리 요구가 거절되자 그는 콘야의 제후총독 주재지를 포위 공격해 점령했다. 예니체리는 다시 아흐메드의 희망을 꺾는 데 역할을 했다. 그가 승리했다는 소식이 이스탄불에 전해지자 그들은 다시 반란을 일으켜 셀림에게 술탄으로서의 권리를 주장하라고 요구하고 그들의 통첩을 제국회의에 보냈기 때문이다. 그들의 강력한 셀림 지원은 바예지드를 강제했고, 그는 불가항력을 인정하고 셀림을 군 총사령관에 임명했다. 셀림은 다시 케페를 출발해 이스탄불로 행군했다.[104]

아흐메드는 콘야에 있고 셀림은 케페에 있는 상황에서 코르쿠드 왕자 쪽에서는 자신이 이스탄불에 먼저 도착해 권좌를 차지할 수 있을 것이라고 생각했다. 그는 마니사를 떠나 조용히 도착해 배를 타고 도시로 가서 바예지드에게 자신이 과거에 순종치 않았던 일을 용서해달라고 청하고, 셀림이 도착하기를 기다렸다. 코르쿠드는 금을 나눠주어 예니체리의 지지를 사야겠다고 생각했다. 그들은 금을 받았으나 1512년 4월 셀림이 이스탄불에 도착하자 그가 자기 아버지를 폐위시키는 일을 지원했다.[105] 예니체리는 처음으로 현직 오스만 술탄을 권좌에서 끌어내리는 데 역할을 했다. 그러나 이것이 결코 마지막은 아니었다. 오스만의 승계 관행이 어떻든지, 술탄을 그 자리에 올리고 내리는 것은 예니체리였다.

술탄 메흐메드 2세는 예니체리의 지위를 크게 격상했고, 샤 이스마일의 국가와 그 크즐바시 신자들에 대한 바예지드의 유화책을 받아들일 수 없었던 셀림은 이 유산의 상속자였다. 그의 병사 대다수는 나면서부터 오스만인이 아니라 교육을 통해 만들어진 오스만인이었고, 그들이 채용돼 자신들의 임무를 완수하도록 지도할 단호한 술탄이 필요했다. 반면에 아흐메드는 이전의 존재감을 박탈당하고 새로운 오스만 국가에서 자리를 찾을 수 없는 사람들의 구심점이 되었다. 바예지드의 동생 젬이 대체로 같은 부류의 사람들에게 호소했었다.

바예지드 술탄은 1492년 알바니아 원정 중에 암살 시도를 모면했다. 무정부적인 칼란다르Qalandar 종파의 한 데르비시가 그에게 달려들었고, 이 공격으로 루멜리에서 칼란다르파의 추방이 촉발되었다.[106] 그러나 그는 폐위 후 오래 살지 못하고 한 달 뒤에 자연사했다. 그의 출생지인 트라케의 디디모티호로 은거하러 가던 중이었다.[107]

콘야에 있던 아흐메드 왕자는 셀림이 아버지를 폐위시킨 데 대한 반응으로 스스로를 적법한 술탄으로 선포했다. 그는 둘째 아들 알라엣딘에게 군대를 딸려 부르사로 보냈고, 그들은 1512년 6월 중순에 도시로 들어가 그곳을 약탈해 주민들이 달아나게 만들었다. 셀림이 사냥을 위해 이스탄불에서 마르마라해를 건널 듯하다는 소식이 전해지자 알라엣딘은 퇴각해 이제 아피온으로 돌아간 그 아버지에게로 합류할 수밖에 없었다. 아흐메드는 가능한 모든 증원군을 불러 모아 아나톨리아를 혼란 속으로 몰아넣었다. 셀림은 아들 쉴레이만을 섭정으로 이스탄불에 남겨놓고 아나톨리아로 진군해 들어갔다. 아흐메드는 공개적인 전투에서 동생과 마주치는 것을 매우 꺼렸기 때문에 아피온에서 앙카라로 철수했고, 거기서 이전 본거지인 아마시아로 갔다. 그러나 막상 가보니 도시는 그를 상대로 방어를 하고 있었다. 그는 아나톨리아를 가로지르면서 파괴와 혼란의 흔적을 뒤에 남겼고, 셀림에 의해 반역자로 낙인찍혔다.[108]

아흐메드는 이어 남쪽으로 갔다. 셀림의 첩자들은 그의 일거수일투족을 관찰했고, 그 지지자들의 의도에 대해서도 보고했다. 아흐메드는 오스만 국외에서 피난처를 찾으면 왕조에 치욕이 될 것임을 시사하면서 셀림에게 아나톨리아의 땅 약간을 달라고 요구했다. 그러나 셀림은 자기 영토의 어떤 부분도 내줄 생각이 없었고, 아흐메드에게 이슬람 국가에서 피난처를 찾으라고 권했다. 아흐메드의 지지자들은 셀림이 술탄이 된 이후 아흐메드의 맏아들 무라드를 보호해주고 있던 이스마일 샤에게로, 또는 둘카드르나 이집트로 피할 것을 그에게 권했다. 맘루크의 새 술탄 칸수흐 알가우리al-Ashraf Qānṣūh al-Ghauri는 그를 도울 생각이 없었기 때문에 아흐메드는 겨울을 보내기 위해 둘카드르로 물러

났다. 셀림은 겨울을 위해 부르사를 본거지로 삼았다.[109]

셀림의 바예지드 승계에 수반되는 문제에 대한 이 명확한 해법에도 불구하고 형제 사이에는 신뢰가 전혀 없었다. 아흐메드는 셀림이 봄에 돌아와 공격할 것을 두려워했고, 셀림은 아흐메드가 이스마일 샤와 협상 중임을 알고 있었다.[110] 아흐메드는 다시 군대를 돌려 아마시아로 향했다. 이번에는 이 도시로부터 항복을 받아냈고, 1513년 첫날 넷째 아들 오스만을 섭정으로 그곳에 남겨두었다. 그는 술탄 자리를 차지할 수 있다고 격려하는 많은 편지를 받았고 그것을 믿었던 듯하지만, 이는 셀림이 파놓은 함정이었다. 부르사에 도달하는 데 열중했던 아흐메드는 아나톨리아 북부를 가로지르며 행군했고, 나아가면서 저항을 만났다.[111]

바예지드가 죽은 뒤 셀림은 한동안 코르쿠드를 보듬었다. 코르쿠드는 마니사로 돌아가도록 허용됐고, 그곳에서 그는 레스보스섬에 자리를 달라고 거듭 요청했지만 셀림은 거부했다. 코르쿠드는 임지를 테케나 알라니아로 바꾸어달라고 청했지만 그것 역시 거부되었다. 셀림은 그가 아나톨리아 남해안의 이곳들에서 숙부 젬처럼 이집트로 달아나고 유럽 십자군의 간판이 될 것을 두려워했다.[112] 1513년에 이미 셀림은 사냥 원정을 핑계로 내세워 남부를 여행하고 마니사를 공격했다. 코르쿠드는 이 도시를 탈출했고, 나중에 동굴에 숨어 있다가 발견되었다. 그는 부르사로 보내졌고, 3월 13일에 교살되었다. 이때 그의 나이는 40대 중반이었다.[113]

1513년 4월 4일, 셀림은 군대를 이끌고 부르사를 떠나 행군해 11일 뒤 예니셰히르에서 아흐메드와의 전투에 합류했다. 아흐메드는 말에서 떨어진 뒤 사로잡혔고, 교살되었다. 아마시아는 곧 그의 아들 오스만으로부터 탈환됐고, 그는 얼마 전에 처형된 사촌들(아흐메드·코르쿠드·셀림의 죽은 형제들인 셰힌샤흐·마흐무드·알렘샤흐의 아들들)과 같은 운명을 맞았다.[114] 이들 바예지드의 여러 손자들의 무덤은 지금도 부르사와 아마시아에서 볼 수 있다.

이제 보위를 굳힌 술탄 셀림 1세는 크즐바시에 관한 자신의 해법을 자유롭게 구사할 수 있게 되었다. 그들은 부분적으로 그의 보위 찬탈을 촉발한 사람들이었다. 바예지드 치세 말년에 셀림이 아버지의 권위에 공개적으로 도전한 것은 오스만 가문의 일부 다른 성원들에게 크즐바시의 편을 들도록 자극했다. 그의 형 셰힌샤흐는 샤흐쿨루를 내세워 이 반란에 동참하려 했던 듯하나 행동에 나서기 전에 죽었다. 아흐메드 왕자의 아들 무라드는 크즐바시에 상당한 정도로 공감해, 그의 아버지가 샤흐쿨루를 상대로 한 원정군에 임명되고 무라드가 그 대신에 아마시아의 총독이 된 1511년 여름 이후에 그들의 붉은 모자를 쓸 정도였다. 심지어 샤흐쿨루의 군대가 아나톨리아 서부의 넓은 지역을 휩쓸고 있을 때에도 크즐바시 동조자들은 아나톨리아 중북부 주민들을 대상으로 선전 활동을 하고 있었다. 실제로 봉기는 이곳에도 확산돼 있었다.[115]

여러 해 동안 사파비 왕조와 그 동조자들은 아나톨리아에서의 오스만의 정치적 권위를 뒤엎기 위해 노력해왔다. 가족 내의 권력 경쟁자들을 처리한 술탄 셀림은 바로 샤 이스마일과 대결할 태세를 갖추었다. 그는 원정을 준비하는 데 온 정신을 집중했다. 분명히 어려운 원정이 될 터였다. 군대가 행군해야 할 거리는 멀었고, 지형은 험악했으며, 크즐바시는 적대적이었다. 1514년 봄에 그는 보스포루스 해협을 건너 동쪽으로 가는 긴 여행을 시작했다.

콘스탄티노폴리스 포위전 직전의 술탄 메흐메드 2세와 마찬가지로 셀림 1세는 베네치아와 폴란드 등 유럽 국가들 및 맘루크와의 조약을 갱신했다. 이를 통해 양쪽 전선에서 전쟁을 벌일 위험을 차단하고자 했다. 헝가리와의 협정은 더욱 어려운 것으로 드러났다. 양측이 모두 협정이 자기네에게 이익이 된다는 것을 알면서도 그랬다. 헝가리 사절은 포로로 잡혔고, 그 수행원들과 함께 셀림의 이란 원정과 이후의 시리아 및 이집트 원정에 끌려갔다. 사절은 그곳에서 셀림의 막강한 권력을 과시하기 위한 목적으로 관람자들에게 헝가리 왕으로 제시되었다.[116]

이슬람법에서 이슬람교도가 같은 이슬람교도를 상대로 벌이는 전쟁이 유일하게 정당화되는 경우는 종교적인 것이다. "신의 법을 강제하거나 그 위반을 저지"하기 위한 경우다.[117] 따라서 오스만의 원정은 그 상정된 적이 진정한 이슬람의 길에서 벗어났다는 종교 당국의 판결인 파트와fatwā라는 형태의 승인이 필요했다. 아나톨리아 베이국들이 영토 분쟁의 결과로 오스만의 종주권 아래로 들어올 때 역사가들은 정복자에게 마땅한 명분을 제공하는 데 열을 올렸다. 사파비 왕조와의 싸움은 분명히 병참상의 부담도 컸겠지만 교리에 따른 승인이 없어 불법적인 것이었다. 따라서 오스만의 싸움은 종교적 수사修辭 속에 감춰졌고, 그릇된 사파비 왕조와 구별해서 '올바른 종교'의 집합체라는 그들의 주장은 당연히 강조되었다. 사파비 왕조에 대한 선전전이 격화되면서 이스마일의 신도들을 묘사하기 위해 새로운 어휘가 채택되었다.

신의 법 규정에 따라 (…) 우리는 견해를 밝힌다. 이에 따르면 (아르다빌의 이스마일을 수령으로 삼는 크즐바시는) 신앙이 없는 자들이며 이단자들이다. 그들에게 동조하고 그들의 가짜 종교를 받아들이거나 그들을 돕는 사람은 누구라도 역시 신앙이 없는 자이며 이단자다. 그들이 학살되고 그 공동체가 해산되는 것은 필연이며 신의 은총이다.[118]

케말파샤자데Kemalpaşazâde('케말파샤의 아들')로 알려진 학자이자 역사가 솀셋딘 아흐메드Şemseddin Ahmed(이어지는 술탄 쉴레이만 1세 치세에 오스만 종교계의 최고위직인 셰이흐월이슬람Şeyh'ül-İslam을 지냈다)는 이 문제를 좀 더 강력하게 이야기했다. 그의 견해에 따르면 크즐바시를 상대로 한 전쟁은 '성전'으로 간주되었다. 이슬람의 적인 비이슬람을 상대로 한 전쟁과 같은 가치를 지니는 것이었다.[119] 오스만 자료에서는 사파비 왕조를 대놓고 비난하는데, 이는 사파비 역사가들이 오스만을 존중하는 말로 언급(그들을 유럽의 신앙이 없는 자들에 맞선 이슬람교의 보루로 본다)하는 것과 사뭇 대비된다. 오스만인들은 자기네의 가혹한 억압 수단을 정당화하기 위해 그들의 종교가 허용하는 한 가장 가혹한 용어로 사파비 왕조를 비난할 필요가 있었다.[120]

술탄 셀림은 대단히 효율적으로 종교적 의무를 이행했다. 그는 샤 이스마일을 상대로 한 전쟁을 벌일 수 있도록 허용하는 파트와를 손에 넣자 그의 적이 신앙으로부터 이탈했다고 비난하기 위해 이렇게 썼다.

너희는 고결한 무함마드의 공동체를 (⋯) 너희의 교활한 의지에 종속시켰고, 신앙의 굳건한 토대를 훼손했다. 너희는 침략의 주장으로 억압의 기치를 펄럭였고, 더이상 하느님 법의 계율과 금제를 지키지 않는다. 너희는 혐오스러운 너희 시아파를 부추겨 더러운 성적 결합과 무고한 자의 희생을 초래했다.[121]

셀림은 이란으로 가는 도중에 크즐바시로부터 공격당할 위험을 피하기 위해 아나톨리아 중북부의 룸주에 관리들을 보내 그곳에 정착한 크즐바시들의 이름을 등록하게 했다. 4만 명의 등록자 가운데 수천 명이 학살됐고, 또다른 수천 명이 체포되었다.[122] 그 결과로 술탄의 행군 뒤에 크즐바시의 선동은 없었고, 이후 5년 정도에도 마찬가지였다.[123] 셀림은 또한 사파비 국가와의 변경을 봉쇄해 상인들이 어느 방향으로도 지나다니지 못하게 했다. 이것은 사파비가 비단을 서방으로 수출하지 못하게 해서 그 경제를 허물어뜨리는 것을 목표로 한 무역 전쟁이었지만, 서방의 무기·금속·정금正金이 이란으로 들어가는 것을 막으려는 목표도 있었다. 이보다 철저한 조치의 전조로서 셀림은 부르사에서 1512년에서 1513년으로 넘어가는 겨울을 보내는 동안 그곳에서 이란 상인들을 쫓아냈다.[124]

셀림에게 도움이 된 것은 이스마일 샤의 동쪽 변경에 있는 우즈베크 국가의 존재였다. 그들은 사파비에 의해 멸망한 악코윤루와 티무르 제국의 잔여물을 놓고 다투는 경쟁자 가운데 하나였다. 1510년 이스마일은 우즈베크인을 옥수스강 너머로 다시 몰아냈으나, 1512년 그들은 다시 그의 영토 동북부의 호라산주에 침입해 사파비 군대를 격파했다. 1514년 여름 셀림은 이스마일의 영토를 서쪽에서 공격했다. 이스마일은 셀림의 의도에 대해 사전 경고를 받았음에도 불구하고 이 대결을 준비하기 위해 할 수 있는 것이 별로 없었고, 그가 택할 수 있는 유일한 전술은 오스만 군대가 오기 전에 초토화 작전을 펴는 것이었다.

이스마일 샤와 전투를 벌이기 위해 셀림의 군대가 아나톨리아를 가로지른 혹독한 행군으로 병사들은 녹초가 되었고, 식량은 바닥났으며, 이스마일이 있는 곳까지 가지도 못해, 결국 불만을 촉발했다. 원정을 정당화하는 파트와에도 불구하고 오스만 군대에서는 같은 이슬람 교도들끼리 싸우는 것은 잘못이라는 불평이 있었다. 분노를 숨기는 법이 없는 예니체리들은 완전히 폭동 직전까지 가서 그들이 반 호수 북쪽에 숙영할 때 술탄의 천막에 총을 쏘았다. 셀림은 곧 샤 이스마일의 군대가 호수 동북쪽 찰드란에 집결했다는 소식을 들었다. 곧 대결이 벌어질 듯하자 예니체리는 누그러졌다. 1514년 8월 23일에 벌어진 전투에서 이스마일은 8만 명의 기마 궁병을 배치했다. 그 상당수는 둘카드르와 카라만 같은 셀림이 복속시키고자 하는 부족 출신이었다. 셀림의 군대는 10만 명가량을 헤아렸고, 그중 1만 2천 명이 예니체리 장총 부대였다. 이스마일은 장총뿐만 아니라 대포도 없었다. 오스만은 대포 500문을 가지고 있었고, 그것을 서로 연결해 사파비의 전진을 막았다. 이어진 전투에서 양쪽은 모두 큰 손실을 입었다. 특히 고위 지휘관이 많았다.[125] 이스마일의 아내 가운데 하나가 사로잡혀 오스만의 한 정치가에게 주어졌고,[126] 이스마일 자신은 전쟁터에서 달아나 타브리즈로 갔다가 다시 동남쪽으로 갔다. 셀림은 그를 멀리 타브리즈까지 쫓아갔는데, 그곳에 9월 6일에 도착해 도시를 약탈했다. 날씨는 계절에 맞지 않게 추웠다. 셀림은 이듬해 봄에 싸움을 벌일 심산으로 이 지역에 머물 생각이었을 테지만, 지방 기병을 포함하는 오스만 병사들이 동쪽에서 겨울을 나는 것에 반대해 다시 아마시아로 돌아오지 않을 수 없었다.

군대 안의 불만의 소리를 잠재우기 위해 희생양이 필요했다. 그 가운데 하나가 대와지르 헤르세크자데 아흐메드 파샤였다. 그는 1474년에 메흐메드 2세의 군대가 고향 땅 보스니아에서 데려온 뒤 오스만 정부 관리로서 오랜 이력을 쌓았다. 그는 해임되고 그 자리를 제2와지르인 두카킨오을루 아흐메드 파샤Dukakinoğlu('공작의 아들') Ahmed Paşa(그 아버지는 알바니아 귀족이었다)가 물려받았다. 그는 곧 1515년 초에 또다른 동방 원정을 막겠다는 목표 아래 발생한 아마시아에서의 예니체리 폭동을 공모했다는 이유로 처형되었다. 두카킨오을루 아흐메드는 또한 둘카드르의 지배자 알라윗데블레와 내통했다는 의심을 받았다. 알라윗데블레는 이스마일을 상대로 한 그들의 전쟁에 참여하기를 거부했으며, 둘카드르 군대는 찰드란에서 사파비 샤와 싸웠다. 샤는 크즐바시 군대를 보내 알라윗데블레가 셀림의 보급선을 차단하기 위해 오스만 변경을 넘어 공격을 개시하는 것을 도왔다. 셀림은 둘카드르의 존재를 끝장내기로 결심했다. 이때 맘루크는 알라윗데블레를 돕지 못했다. 둘카드르는 1515년 6월 셀림의 군대에 의해 멸망했고, 이로써 오스만에게 시리아와 이집트로 가는 길이 열렸다.[127]

찰드란 원정 이후 에르진잔 서남쪽 유프라테스강 변 케마흐Kemah(아니카마흐Ani-Kamakh)의 크즐바시 피난처가 오스만의 손에 떨어졌다. 티그리스강 변의 전략적 도시 디야르바크르 같은 곳들도 마찬가지였다. 찰드란 승리의 명성을 듣고 셀림 편에 서기로 한 이 지역의 쿠르드 부족 군주들은 아나톨리아 동남부 산악에서 이스마일의 장교와 관리들을 추적했다. 그리고 변경 지역에 대한 셀림의 장악력이 커지면서 오스만의 영향권은 동쪽의 에르진잔-디야르바크르 선과 지금의 이라크 북부로 확대되었다. 이와 함께 시행된 셀림의 '국경 폐쇄' 정책은 타브리즈를 크즐바시 지지자들로부터 거의 떼어놓았고, 사파비 땅의 무게 중심은 어쩔 수 없이 동쪽으로 이동해 이스마일의 튀르크멘 지지자들에게 불리하게 되었다.

그러나 셀림은 안주할 수 없었다. 휘하 병사들의 충성심과 관련된 새로운 문제들이 생겨났다. 아마시아 출신의 한 지휘관은 편지를 써서 불평했다. 그는 이 지역의 경제 상황이 너무나 열악해서 룸주의 기병들에게 배정된 소유지(그들이 먹고살 돈을 얻을 수 있게 하기 위한 것이었다)가 매우 황폐해졌고 이 때문에 그들이 전쟁에 나갈 수 없게 될 위험이 있다고 말했다. 오스만이 아나톨리아의 다른 나라들로 통제권을 확대하기 이전에는 기병이 다른 사람을 대신 전쟁터에 내보내는 것도 가능했지만, 이제 오스만 법은 해당 기병이 직접 나가야 한다고 요구했다. 더구나 이전에는 상속이 가능했던 토지에 대한 권리가 이제는 술탄의 기분이 내키는 대로 주어졌다. 두 변화 모두 커다란 불만의 원인이라고 그 지휘관은 썼다.[128]

세 명의 술탄 모두 연달아 지방 기병의 생활을 안정시키는 데 실패했다. 지방 기병은 전쟁에 나간 군대에서, 그리고 평화 시의 농촌 질서에서 매우 중요한 요소였다. 술탄 메흐메드 2세가 아나톨리아 토착 가정의 보유지를 새로운 종류의 기독교도 출신 기병들에게 재배정하는 정책을 어느 정도나 실행했는지에 대해서는 학계의 의견이 엇갈리지만, 그런 추세는 그의 치세에 시작된 듯하다. 바예지드 2세는 아버지의 조치를 뒤집어 이 토지들을 이전 주인에게 돌려주었고, 이로 인해 메흐메드가 우대했던 사람들로부터 반감을 샀다. 셀림은 술탄을 넉넉한 부조의 원천으로 만듦으로써 지역의 유대를 약화하는 할아버지의 정책을 이어갔다. 예를 들어 카라만주에서 그는 가문 및 부족에 대한 충성이라는 옛 질서를 깨기 위한 목적으로(그가 세우고자 했던 새로운 제국 질서보다 옛 질서가 더 강력한 충성의 대상임이 드러났기 때문이다) 루멜리에서 데려온 기병들에게 토지를 주었다.[129] 룸주의 악코윤루 시대로 거슬러 올라가는 법의 보존 같은[130] 농민 계층에게 적용된 처방은 지방의 토착 기병에게로 확대되지 않았고, 셀림의 개혁은 크즐바시 억압과 부글거리는 이란에 대한 적대감으로 초래된 불확실성과 불안정을 심화했다.

이스마일은 찰드란에서 패배한 뒤 셀림이 원정을 계속하기 위해 봄에 돌아올 것이라고 생각했으며, 그의 불안은 동방에서 우즈베크가 또 공격해옴으로써 고조되었다. 셀림은 이스마일의 평화 요청을 받아들이지 않고 이를 애원하러 그의 궁정에 온 사파비 사절(그 가운데는 아제르바이잔의 최고위 종교 당국자도 있었다) 몇 명을 체포해 구금했다.[131] 이스마일은 기독교 세력들 가운데서 동맹자를 찾기 시작했으나, 아무도 그의 호소에 귀를 기울이지 않았다. 베네치아는 그 세기 초부터 이스마일과 우호적인 관계를 유지했으나, 1513년에 오스만과의 조약을 갱신하고 이스마일에게 지원을 제공하기를 거부했다. 젬의 아들 무라드는 그 아버지가 1482년에 잠시 로도스섬에 체재한 이후 계속 그곳에서 살았지만, 오스만 제위 주장자로 나서지는 않았다. 그는 이 점을 강조하려는 듯이 가톨릭으로 개종했다. 그러나 이스마일은 기사단에 그를 넘겨달라고 요구했다. 1510년과 1513년에 이스마일은 그들의 공동의 적인 맘루크에 대한 공격으로 아폰수 드 알부케르크Afonso de Albuquerque(동인도의 부왕副王이자 포르투갈의 인도양 팽창의 기획자였다)의 관심을 끌고자 했으나 실패했다. 그는 찰드란 전투 이후 포르투갈에 다시 호소했고, 알부케르크는 작은 대포 2문과 화승총 몇 개를 보냈다. 상징적 제스처라고 보기도 어려운 것이었다. 헝가리, 에스파냐, 교황에게도 호소했지만 모두 거절당했다.[132]

오스만은 시리아와 이집트 정복을 시도할 여러 가지 이유가 있었고,

이제 행동할 시간임이 분명했다. 찰드란 전투 이전에 맘루크 술탄 칸수호 알가우리는 그의 선택권을 살려두고 싶어서 이스마일을 상대로 한 셀림과의 동맹에 참여하기를 거부했었다. 찰드란 이후인 1515년에 그는 오스만을 상대로 한 이스마일과의 협정에 참여하기를 거부했다. 찰드란 이전에 셀림은 맘루크에 대해 유화적인 태도를 보였다. 찰드란 이후에 오스만의 둘카드르 합병은 맘루크를 직접적인 공격에 노출시켰고, 술탄은 좀더 공개적인 공격의 위험을 감수할 수 있었다. 그는 알라윗데블레의 조카이자 경쟁자인 알리 베이Ali Bey를 새로 설치한 둘카드르주 총독에 임명하고 알라윗데블레의 머리를 카이로로 보내 맘루크의 콧대를 꺾었다.[133]

서아시아 강대국들 사이의 외교는 복잡한 일이었다. 오스만, 맘루크, 사파비 등 각국의 첩자와 요원들은 똑같이 선전과 역정보를 퍼뜨리는 끝없는 경쟁을 벌였다. 1516년 셀림의 군대는 다시 이스탄불을 출발해 동쪽으로 가서, 분명히 대규모 원정을 준비하며 겨울을 보냈다. 칸수호 알가우리는 이 원정이 이스마일을 향할 것이라고 생각했고, 이스마일 자신도 그렇게 생각했다.[134] 현대 학자들은 셀림이 1516년에 이스마일을 상대로 원정을 하려 했으나 진행 상황이 좋아 방향을 바꾸었을 뿐이라는 견해에 대해 의견이 엇갈리고 있다. 이에 반해 셀림의 1514년 원정은 힘들었고, 그의 병사들은 반항하며 열의를 보이지 않았다. 그리고 이스마일은 찰드란에서 패배해 완전한 굴욕을 당했고, 이슬람 세계에서 더이상 우월적인 지위를 주장할 수 없었다.

오스만의 속임수는 알레포의 맘루크 관리 하이르 바크Khayr Bak가 보낸 편지로 절정에 달했다. 그는 1516년 4월 칸수호 알가우리에게 소식을 전하면서, 대군을 이끌고 오스만 영토를 침공한 이스마일이 최근 설치한, 맘루크 국경에서 가까운 디야르바크르의 오스만 요새를 탈취했다고 거짓말을 했다. 그러자 칸수흐 알가우리는 무슨 일이 일어나고 있는지 직접 확인하기 위해 알레포로 행군해왔고, 셀림은 이 진군을 엉큼하게 해석해 도발로 간주했다. 그러나 순나파 이슬람교도이자 메카 및 메디나의 이슬람 성지 수호자인 맘루크에 대해서는 오스만의 현실정치에 득이 된다고 하더라도 함부로 이단이라는 낙인을 찍을 수 없었다. 따라서 맘루크를 상대로 한 원정은 사파비나 그 크즐바시 신자들을 상대로 한 원정보다 정당화하기 어려웠다. 칸수흐 알가우리가 이스마일과 이른바 음모를 꾸몄다는 증거는 이스마일이 1515년 그에게 접근했다는 것밖에 없었지만,[135] 오스만 종교계 고위층은 맘루크 원정을 지원하는 데 동의했다. "이단자를 돕는 자는 그 자신이 이단"이며 그들을 상대로 전투를 하는 것은 성전으로 간주된다는 이유에서였다.[136] 셀림은 이 구실의 약점 때문에 자신의 목적으로부터 물러날 생각이 없었다. 오스만 역사가들은 술탄의 경우가 율법상 의문스러운 것임을 알았던 듯하고, 그래서 이 원정이 이 순나파 맘루크가 아니라 '이단적'인 사파비를 상대로 한 것임을 강조하려 애썼다.

자신이 원했던 파트와로 무장한 셀림은 말라티아에서 남쪽으로 행군해 시리아로 들어갔고, 오스만군과 맘루크군은 1516년 8월 24일 알레포 북쪽 다비크 초원에서 만났다. 전투는 몇 시간 만에 끝났다. 맘루크군은 병력이 셀림의 군대와 맞먹었던 듯하지만, 화약 기술을 아예 도입하지도 못했기 때문에 오스만의 대포와 장총에 맞서기 위한 화기가 없었다. 칸수흐 알가우리가 전쟁터에서 도망치면서 그의 병사들은 공포에 빠졌고, 그의 도주는 맘루크의 250여 년에 걸친 시리아 지배에 종언을 고했다. 하이르 바크(이제 알레포 총독 하이으르 베이Hayır Bey가 되었다) 휘하 맘루크 군사들이 오스만에게 투항한 것은 이 전투에서 또 다른 결정적인 요인이었다. 오스만의 교활함은 다시 분명해졌다. 하이르 바크는 얼마 동안 술탄의 요원이었기 때문이다. 칸수흐 알가우리는 살아남지 못했지만, 그 죽음의 원인은 불확실하다.[137]

알레포 사람들은 맘루크에 대해 애정이 없었고, 오스만군이 진격해 온다는 소식에 환호했다. 셀림의 군대는 남쪽으로 이동해 다마스쿠스로 가면서 아무런 저항도 받지 않았고, 이 도시는 항복했다. 성스러운 라마단 달의 첫 금요일에 기도는 8세기 초에 건설된 이 도시의 거대한 우마이야 마스지드에서 셀림 술탄의 이름으로 올려졌다. 이로써 시리아의 새 지배자인 오스만은 그의 승리를 세계에 알렸다. 셀림과 그의 참모들은 처음에 군대가 카이로로 전진해야 하는지에 대해 정해놓지 않았다. 원정 절기는 이미 저물었고, 맘루크 수도는 사막 건너 멀리 있었다. 그러나 이집트가 계속 맘루크의 손에 남아 있다면 시리아에서 얻은 소득은 안전하지 않을 터였고, 따라서 셀림은 이 성공적인 원정을 계속하고자 열심인 사람들의 조언을 받아들였다. 카이로에서는 셀림의 항복 요구에 응할 것인지의 여부에 대해 귀족들 사이에서 의견이 엇갈렸다. 새 맘루크 술탄 투만 베이 2세Tuman Bay II는 셀림과의 화해를 선호했지만, 주전파가 논쟁에서 승리했다. 가자 남쪽에서 벌어진 전투에서 영지를 빼앗긴 맘루크의 다마스쿠스 총독 잔비르디 알가잘리Jān-Birdi al-Ghazālī가 지휘하는 맘루크군은 화력과 전술에서 밀렸다. 셀림 술탄은 남쪽으로 진군하면서 예루살렘의 이슬람교 성지들에 들렀다. 기독교도와 유대교도에게도 성지인 이 도시는 이슬람교에서 세 번째로 중요시되는 성소였다. 일부 전승에 따르면 선지자 무함마드가 승천한 곳이었다. 다마스쿠스를 떠난 지 일주일 뒤인 1517년 1월 22일, 오스만군은 카이로 교외 리다니에에서 맘루크를 격파했다. 맘루크는 찰드란에서 사파비가 그랬던 것처럼 자기네의 움직이는 기마 궁병에 의존했지만 오스만의 대포와 장총을 당할 수 없었다. 셀림은 카이로에 잠시 들어갔는데, 며칠 뒤 강력한 저항을 만났다. 그의 군대가 겨우 진압했고, 양측 모두 상당한 손실을 입었다. 맘루크 지휘관들은 나일강을 건너 달아났고, 두 달가량 동안 잡히지 않았다. 투만 베이는 붙잡혀 3월 31일 셀림 앞으로 끌려왔다. 그는 살해되고 그 시신은 모든 사람이 볼 수 있도록 도시 성문 중 하나에 공개 전시되었다. 그제야 오스만 술탄은 카이로가 자신의 것이고 맘루크 제국은 사라졌다고 생각할 수 있었다.[138]

셀림의 맘루크 영토 정복은 오스만제국의 무게중심을 동쪽으로 이동시켰다. 지리적으로는 물론 문화적으로도 그랬다. 그는 이제 이슬람교가 일어난 아랍 땅의 지배자였고, 그 역사상 처음으로 제국 주민 대다수가 이슬람교도였다. 셀림은 이제 분명히 그 시대의 가장 성공적인 이슬람 지배자였다. 그는 크즐바시 이단을 상대로 한 싸움 과정에서 권좌에 올랐고, 이에 따라 종교적 정통성으로 오스만 정체성을 강화했다. 정치와 이데올로기 두 측면 모두에서였다. 맘루크에 대한 승리로 그는 메카와 메디나 성지의 수호자이자 순례길의 보증자가 되었다. 그 길을 통해 이슬람교 신자들이 800여 년 동안 선지자 무함마드의 삶과 관련된 곳을 찾았다. 이슬람 정통성에 성스러운 곳들을 보유하는 것은 오스만 왕조에 적법성을 더 불어넣는 데 그치지 않았다. 제국 안에서 갑작스럽게 이슬람교가 우월한 위치를 차지하면서 아랍 땅의 전통적인 이슬람교 관행 및 습속을 더 완전하게 채택하려는 오스만의 경향이 확인되었다. 최근에 이야기됐듯이 "누가 누구를 정복했는지의 문

제는 논쟁의 여지가 있"었다.[139]

　바그다드는 1258년 몽골의 약탈과 그들에 의해 아바스 왕조(500년 동안 정권을 차지하고 있었다) 칼리파 알무스타심al-Mustaʿsim bi-Ilāh이 살해되기까지 이슬람 칼리파국의 중심이었다. 1261년에 맘루크 장군 바이바르스Baybars al-Bunduqdārī는 아바스 왕조의 자손 하나를 카이로로 데려왔지만, 칼리파직은 이슬람 지배자들이 지배의 완전한 정통성을 위해 칼리파라는 외피를 써야 하는 시절에 누렸던 종교적 권위를 잃은 지 오래였다. 카이로의 칼리파는 권력이 없었고, 과거 영향력의 찌꺼기만 보유했다. 맘루크는 그들을 자기네 즉위 의식의 일부로 이용했고, 그들의 칭호는 이슬람 지도자들에 의해 자기네의 정통성을 확립하는 도구로 전용되었다. 예컨대 칼리파 칭호는 무라드 2세 이후 오스만 술탄들이 가끔 사용했지만, 이슬람 공동체 통치권에 대한 정치적·법적 주장이라기보다는 수사적 의미에서 사용되었다. 셀림은 확실히 이 직위의 신성한 권위의 자투리를 행사하기 위한 주장을 하지 않았다. 마지막 칼리파 알무타와킬 3세al-Mutawakkil III는 이스탄불로 유배됐고, 그곳에서 셀림의 아들 쉴레이만의 치세 때까지 머물렀다. 시간이 지나면서 칼리파 문제는 오스만 지식인들의 관심을 끌게 되었지만, 셀림이 카이로를 정복했을 때 칼리파라는 칭호를 공식적으로 넘겨받았다는 이야기는 18세기까지 유포되지 않았다.[140] 이때에 이르러 러시아의 오스만 기독교도 보호에 대한 주장에 러시아 이슬람교도에 대한 오스만의 영적 권위에 대한 주장으로 맞설 필요가 있었다.

　셀림의 이집트 및 시리아 정복으로 이란에 대한 무역 봉쇄는 더 쉬워졌다. 셀림의 금지에도 불구하고 상인 행렬은 상품을 이란에서 맘루크 영토로 보내고 거기서 바다를 통해 서쪽으로 보냄으로써 이를 우회했다. 정복 이후 맘루크의 무역로는 육상과 해상 모두 오스만의 직접적인 통제를 받게 되었다. 이것은 만족스러운 일이었겠지만, 진실은 사파비와 오스만 경제가 모두 봉쇄로 인해 고통을 받고 있었다는 것이다. 무역로를 통해 전달되는 비단은 이란 경제의 동력원이었고, 부르사는 오스만제국에서 이 상품의 주요 시장이었다. 그 부족은 말단 시장인 이탈리아에서도 예민하게 느껴졌을 것이다. 그곳에서 비단은 매우 귀한 상품이었으며, 그 무역에서 나오는 이득은 도시국가들의 경제에 필수적이었다. 추방은 셀림이 사파비와의 이 무역 전쟁에서 사용한 또 다른 도구였다. 새로이 오스만으로 편입된 도시 알레포(상업 중심지인 이 시장에서, 이란에서 온 비단이 특히 베네치아 상인들에게 팔렸다)의 이란인 공동체는 이스마일 샤와 관계를 유지하고 있다는 의심을 받았고, 그 이전 부르사의 이란인 공동체와 마찬가지로 1518년에 이스탄불로 옮겨졌다.[141]

맘루크 땅 정복은 위신과 지리적 이점을 기대할 수 있게 했고, 오스만 팽창의 새로운 전망을 열어놓았다. 셀림은 이제 홍해로 가는 길을 확보했고, 오스만이 인도양에서 포르투갈과 직접 경쟁하는 새로운 시대가 시작되었다. 맘루크 국가는 그 전성기인 14~15세기에 오스만에 맞먹을 만큼 대단했다. 동방에서 오는 향신료 무역 통제에서 나오는 수입과 지역에서 재배하는 쌀, 설탕, 면화에 부과되는 세금 덕분이었다. 이런 부가 이제 오스만 술탄의 금고를 채우게 되었다. 1514년 찰드란에서 이스마일 샤를 격파한 일은 오스만 동남부 구석의 들썩거리는 부족들을 잠재웠고, 그들 상당수는 이 지역의 정치적 재편을 통해 오스만의 지배 아래로 들어왔다. 크즐바시는 그 지지자들이 좌절을 겪은 가운데 당분간 복속됐지만, 그들에 대한 전면적인 억압은 16세기 내내 오스만 국내 정치의 커다란 관심사였다.

셀림은 1517년 9월에 카이로를 떠나 느긋한 속도로 북쪽으로 이동했다. 이스마일 샤의 사절이 많은 선물을 가지고 다마스쿠스에 와서 그 주인이 평화를 희망한다는 말을 전했지만 사절은 처형되었다. 1518년 5월 셀림의 군대는 유프라테스강을 향해 행군했다. 분명히 이란 쪽을 향한 것이었다. 그러나 그때 경고도 없이 방향을 서쪽으로 틀어 이스탄불로 돌아갔다. 그가 이렇게 방향을 튼 이유는 알려지지 않았지만, 그의 결정은 이란을 상대로 또 하나의 원정을 한다는 전망에 대해 병사들 사이에서 일어난 불만 또는 그런 원정을 수행하기 위한 병참상의 준비가 충분한지에 대한 의구심에 영향을 받았을 것이다.[142]

관찰자들은 셀림이 다음에 무슨 일을 할 것인지 알 수 없었다. 그가 맘루크 땅을 합병한 뒤 서쪽에 있는 이웃들은 이제 자기네 쪽으로 공격해오지 않을까 두려워했다. 동시에 그의 시리아 정복은 그들이 공격을 계속할 명분을 주었다. 기독교 성지인 베들레헴과 예루살렘이 오스만의 손에 들어간 것이다. 7세기 이래 기독교 성지들이 이슬람교도의 손에 있었지만(그곳들이 십자군의 손에 있었던 1099년에서 1244년 사이의 막간은 예외다) 맘루크에 비해 오스만이 서방에는 훨씬 더 위협적이었고, 그들이 이 성지들을 차지하고 있는 것이 교황 레오 10세의 십자군 조직 노력을 더욱 증강시켰다. 그는 적의 목표가 기독교 세계의 파괴인 이상 십자군 외의 대안은 없다고 1517년 11월에 응답한 추기경들에게 보고서를 주문했다. 프랑스의 프랑수아 1세와 신성로마제국 황제 막시밀리안 1세도 각자 견해를 냈는데, 막시밀리안은 온 유럽에서 5년간 평화가 유지된 뒤에야 십자군을 고려할 수 있다고 말했다. 이에 따라 교황은 1518년 기독교 세계의 군주들은 다툼을 그쳐야 한다고 선언했

다. 그 다툼이 이전에 오스만을 상대로 힘을 합쳐 행동하는 일을 너무도 자주 방해했다는 것이다.[143]

교황이 이 계획의 승인을 추구하면서 한바탕 외교 활동이 이어졌지만,[144] 그는 이 일의 성공에 필수적인 여러 당사자들의 미적지근한 반응으로 다시 한번 실망하게 된다. 베네치아는 끼어들 수가 없었다. 1513년 오스만과의 평화조약을 갱신했고 이스마일이 찰드란에서 패배한 뒤 그의 청을 거절했던 공화국은 1517년 오스만으로부터 키프로스를 공물 지불을 위한 식민지로 계속 보유할 권리를 얻었다(맘루크 치하에서 그랬던 것의 연장이었다).[145] 습격과 맞습격이 긴 오스만–헝가리 국경에서 여러 해 동안 저강도로 계속됐지만, 1513년 헝가리 왕은 오스만과 평화 협정을 맺었다.[146] 오스만제국과 폴란드 사이의 조약은 1519년에 갱신되었다.[147] 그러나 제안된 십자군에 대한 가장 큰 장애는 아마 유럽 안에서의 패권을 놓고 벌인 프랑스의 프랑수아 1세와 신성로마 황제 카를 5세 사이의 다툼이었을 것이다. 오스만은 기독교 세력들 사이의 경쟁을 어떻게 이용할지를 배우고 있었고, 십자군 계획은 무산되었다.

1519년에 제국 군수품의 동향은 로도스섬이 오스만이 노리는 목표물 후보임을 시사하는 듯했다. 이집트 정복 이래, 이스탄불과 셀림의 새 속주들 사이의 해상로에 있는 이 기독교도 본거지에 대한 공격은 오직 시간문제일 뿐이었다. 그러나 이스마일 샤는 최악의 경우를 우려했다. 그는 이전에 지녔던 권력을 상실했지만 셀림을 괴롭힐 능력은 여전히 갖고 있었고, 1520년 초에 샤흐벨리şah Veli 봉기로 알려지게 되는 크즐바시 반란에 대한 승인을 했다. 샤흐벨리는 크즐바시의 지도자였는데, 샤흐쿨루가 1511년 전투 중에 죽은 장소인 시바스 부근 출신이었다. 몇 년 전 샤흐벨리의 아버지 세이흐 젤랄Celal은 수천 명의 남자를 끌어 모아 스스로 메시아라고 선포하고 아나톨리아 중북부에서 체제에 심각한 위협을 제기했으며, 1516년과 1518년에 샤흐벨리 자신이 오스만의 봉쇄를 피해 이란에 다녀왔다. 시바스의 오스만 총독은 아나톨리아에서의 크즐바시의 파괴 정도에 관해 이스탄불에 보고했다. 그곳에서 둘카드르 가문 사람들을 포함한 그 동조자들은 셀림의 휘하에 있는 알리 베이에 반대했다. 술탄은 이 재개된 위협을 상대로 군대를 동원했으며, 아나톨리아 중부와 중북부에서 두 건의 주요 전투가 벌어졌다. 알리 베이는 샤흐벨리를 처형하고 사람들이 보는 가운데 그의 시신을 절단했다. 그 지지자들에게 교훈을 주고 크즐바시 성향이 있는 자신의 부하들에게 경고하기 위한 것이었다.● 이 봉기 이후 오스만군의 지휘관은 부하들과 아나톨리아에서 여름을 보내라는 명령을 받았다. 새로운 원정을 준비하기 위한 것이었다.[148]

이스탄불의 옥좌에서 나는 대군을 이란으로 이끌고
부끄러움의 피 속에 깊이 빠져 나는 황금 머리(크즐바시)를 쓰러뜨렸네.
기쁘게도 불굴의 노예(맘루크)가 이집트 왕국의 주인이 되니
그래서 나의 왕기王旗를 구천九天만큼 높이 올렸네.
내가 승리의 축연에서 천우天佑의 현악기를 탈 때
이라크의 왕국 축제에서 이 소식이 헤자즈로 날아가네.
나의 칼은 아무강(옥수스강) 건너 땅을 피의 바다에 빠뜨리고

● 세이흐 젤랄과 샤흐벨리는 오늘날까지도 존경받고 있으며, 시바스 서남쪽에 있는 그들의 무덤으로 여겨지는 것이 여전히 명백하게 존재한다.

나는 적의 눈 에스파한에서 화장 먹을 지웠네.

적병의 머리칼 한 올 한 올에서 아무강이 흘러내리고

공포의 열병으로 땀이 흘러내리는 것을 내가 보게 되누나.

주권의 판 위에서 제국의 장기를 두니

초楚의 왕이 차車 장군에 외통수로 걸렸네.

'신의 사랑'을 도가니에서 금처럼 녹여

오, 셀리미, 당신의 이름으로 세계의 주화를 만드네.[149]

셀리미Selimi라는 필명으로 쓴 술탄 셀림의 이 시에 의해 떠오르는 폭력적인 이미지는 그가 스스로 얻은 적에 대해 잔인하다는(사파비 샤의 불운한 사절의 경우가 그렇다) 명성을 확인시켜준다. 그가 이스마일의 사절을 그렇게 대한 것은 이전에 샤가 바예지드의 사절들을 잘못 대한 일의 대응이었을 것이다. 순나파인 샤의 반대자를 불태워 죽이는 것을 보게 하고, 또한 금지된 돼지고기를 먹게 했다고 한다.[150] 그러나 셀림은 자기네 대신들을 대하면서 '술탄의 하인들'에 대해 생살여탈의 절대권을 최대한도로 행사했다. 그의 아버지는 29년의 치세 동안 일곱 명을 대와지르의 자리에 돌아가며 앉혔다. 셀림은 8년 치세 동안에 대와지르의 자리에 올랐던 여섯 명 가운데 세 명을 처형했다. 셀림은 후세에 '야부즈Yavuz'('냉혈한')로 알려졌다. 그는 폭력적으로 권좌에 올랐고, 폭력은 그의 치세의 특징이었다. 그는 1520년 9월 21일에서 22일로 넘어가는 밤에 에디르네에서 이스탄불로 돌아오는 도중에 죽었다. 그는 아들로 쉴레이만 하나만을 남겼고, 쉴레이만은 위기 없이 권좌에 올랐다. 그는 죽기 전에 고위 성직자들에게 이스마일과의 전쟁을 승인하는 파트와를 갱신할 것을 명령했다.[151]

콘스탄티노폴리스 정복은 메흐메드 2세에게 수백 년 동안 매력을 발산한 제국 도시의 보유에 수반하는 권력을 제공했다. 이 유산은 그가 동로마의 영광스러운 세속적 전통의 상속자이자 인계자라는 대담한 주장을 하는 데 끌어다 썼다. 맘루크 국가에 승리하고 이슬람 성지들을 손에 넣은 술탄 셀림은 오스만을 똑같이 영광스러운 성스러운 전통의 상속자로 만들었다. 성과 속의 전통이 함께 그 후계자들의 정통성과 권위를 유지해줄 터였다.

제5장

세계 왕국들의 소유자

(술탄 쉴레이만은) 장엄하고 전능하신 주님, 영토와 주권의 창조자께 가까이 이끌렸고, 그분의 노예인 (술탄 쉴레이만은) 신의 권능으로 강해졌으며, 칼리파는 신의 영광으로 빛나고 비서秘書에 쓰인 명령을 수행하며 사람이 사는 (모든) 지역에서 그 포고를 이행한다. 전능하신 하느님과 그 승리하는 군대의 도움으로 동방과 서방에서 땅을 정복한 자, 왕국들과 세계의 소유자, 모든 사람에게 드리운 하느님의 그림자, 아랍인과 페르시아인의 술탄 중 술탄, 술탄의 말의 전파자, 열 번째 오스만 카간, 술탄의 아들 술탄, 술탄 쉴레이만 칸 (…) 그 술탄의 계승이 시대의 계승이 끝나는 날까지 이어지기를![1]

이 거창한 주장들은 술탄 쉴레이만 1세의 거대한 마스지드 주 출입구 위에 새겨진 것이다. 이 마스지드는 그의 치세 말년인 1560년대에 이스탄불에 세워졌다. 그는 야심찬 르네상스기 유럽 군주들과 동시대인이었다. 신성로마제국 황제인 합스부르크가의 카를 5세와 그 동생 페르디난트 1세, 카를의 아들인 에스파냐의 펠리페 2세, 합스부르크가의 적수인 프랑스 발루아 왕가의 왕 프랑수아 1세와 그 아들 앙리 2세, 잉글랜드 튜더 왕가의 헨리 8세 및 그 자녀들인 메리 1세, '처녀왕' 엘리자베스 1세, 에드워드 6세, 모스코비야의 차르인 '그로즈니Groznyi'('공포스러운 자') 이반 4세 같은 사람들이다. 쉴레이만이 즉위하고 인도에서 1556년 무굴 황제 아크바르Akbar가 즉위할 때 이란에서는 이스마일 샤가 여전히 통치하고 있었다. 쉴레이만의 궁정에 왔던 베네치아 사절 같은 유럽의 관찰자들은 그를 이들과 같은 반열에 놓고 '위인' 또는 간단하게 '대大튀르크인'으로 불렀다.

이스탄불에 왔던 베네치아 사절은 1520년 즉위할 때의 쉴레이만을 이렇게 묘사했다.

> 겨우 스물다섯 살이고, 키가 크고 호리호리하지만 강인하며, 얼굴은 홀쭉하고 앙상하다. 수염은 굵지만 듬성듬성하다. 술탄은 친절한 듯하고 붙임성이 좋다. 소문에 따르면 쉴레이만은 적절하게 이름 붙여졌고,* 책읽기를 좋아하며, 아는 것이 많고, 판단력이 뛰어나다고 한다.[2]

그는 경쟁 없이 즉위했다는 점에서 행운아였다. 그러나 셀림이 딸 여섯을 보는 가운데 아들이 하나뿐이었을 것 같지는 않고, 1514년 셀림이 사파비를 상대로 원정을 나갔을 때 정변을 막기 위해 처형된 형제들이 있었을 가능성이 있다. 그러나 이들에 대해 자료에는 언급이 없다. 쉴레이만은 46년 동안 재위해 다른 어느 술탄보다도 재위 기간이 길었으며, 열세 차례 군대를 이끌고 그의 영토 변경에 출정했다.

유럽인들은 오스만의 군사적 정복 속도에 감탄했다. 쉴레이만의 치

---

* 쉴레이만이 현명하다는 말이다. 쉴레이만은 히브리어 Šəlōmōh(솔로몬)의 오스만식 변형이다.

세 동안에 제국을 방문한 사람들은 고국의 열렬한 독자들에게 매우 화려한 경험의 기록을 보냈고, 외교 관계, 궁정 의례, 건축의 웅대함과 과시에 대해서도 자세히 이야기했다. 그러나 이 화려함은 오스만의 당대인들, 그리고 후대의 오스만 작가들에게 가장 인상적인 것은 아니었다. 쉴레이만은 즉위하면서 공평한 정의가 그의 치세의 특징이 될 것이라고 선언했으며, 곧 이런 의도와 배치되는 것으로 생각되는 자기 아버지의 결정 일부를 뒤집었다. 그의 첫 조치 중 하나는 셀림 술탄이 사파비와의 무역을 금지하면서 비단을 몰수당했던 부르사의 이란 상인들에게 보상을 해주는 것이었다. 셀림이 타브리즈와 카이로를 정복하면서 강제 추방된 기술자와 학자들은 고향으로 돌아갈 수 있게 되었고, 권력을 남용하고 신뢰를 저버린 총독들은 처벌되었다.[3] 칼리파 알무타와킬은 이스탄불 유배에서 풀려 카이로로 돌아갈 수 있도록 허용되었다.[4] 이런 조치들과 그가 나중에 제국의 법을 편찬하는 데 기울인 관심은 18세기와 그 이후 오스만 작가들에게 쉴레이만을 '카누니 Kanûnî'('입법자')로 묘사하게 했다.[5] '위인'과 '입법자'라는 별명은 유럽인과 오스만인이 쉴레이만의 치세에 대해 가졌던 인식의 차이를 잘 보여주지만, 그것은 또한 대조적인 두 단계를 개괄적으로 보여준다. 그의 즉위로부터 그가 총애했던 대와지르 이브라힘 파샤를 처형한 1536년까지 술탄은 과시적이고 공개적인 인물로 살았다. 그의 술탄 재위 나머지 30년 동안(그가 죽은 1566년까지) 그는 별로 존재를 드러내지 않아 그 신민들이나 외국인 방문객의 눈에 거의 띄지 않았다. 이스탄불에 갔던 한 베네치아 사절은 1553년에 그에 대해 이렇게 썼다.

(그는) 지금 병 때문에 술을 전혀 마시지 않고 (…) 맹물만 마신다. 그는 아

주 공정하기로 유명하며, 사건에 관한 사실을 정확하게 안다면 어떤 사람이라도 부당한 처리를 받게 하지 않는다. 그의 신앙과 그에 따른 법에 관해 그는 선조 누구보다도 더 잘 준수한다.[6]

쉴레이만 치세 후반 특유의 자제력은 이슬람력 1000년(서기 1591~1592)이 다가오는 데다 그가 임박한 완전한 세계를 위해 스스로 준비할 필요가 있었기 때문에 발휘한 것이었다.[7] 당시 군주들 사이에서의 기대를 자극하기 위해서는 천 년의 마감이 필요하지는 않았고, 유럽 역시 사회 각계각층의 몽상가들에게 영향을 미친 종말론 개념이 넘쳐나고 있었다. 예를 들어 에스파냐에서는 15세기 말의 십자군 열정이 1492년 그라나다의 이슬람 왕국을 멸망시켰다고 해서 결코 식지 않았다. 북아프리카와 아메리카에서 얻어야 할 영혼들이 있었기 때문이다. 예를 들어 크리스토퍼 콜럼버스는 예루살렘을 이슬람교도 지배로부터 회복하고 세계를 가톨릭으로 개종시킨다는 두 가지 목표에 매달렸으며, 스스로를 마지막 날의 메시아로 보았다.[8]

1530년에 합스부르크 황제 카를 5세는 세계군주국dominium mundi으로서의 신성로마제국 개념을 되살렸고, 볼로냐에서 교황으로부터 대관戴冠을 받았다. 신성로마제국은 이탈리아와 중부 유럽 상당 부분을 포괄하는 중세 국가였으며, 그것은 공상적으로 로마제국의 계승자로 간주됐고 모든('가톨릭'은 '보편적'이라는 말이다) 기독교도를 한 통치자 아래 통합한 것으로 주장되었다. 얼마 뒤인 1547년에 이반 4세는 공들인 의식을 통해 러시아의 차르로 대관했다. 유럽의 왕들(그들에게는 오직 교황만이 그 칭호를 부여할 수 있었다)과 대등하다는 이 대담한 언명은 그가 동로마의 상속자이며 세계군주라고 주장하는 진술이기도 했다.[9]

이슬람교 탄생 천 년이 다가오면서 이슬람 지배자들은 자기네의 끝 없는 야망에 걸맞은 세계에 대한 비전을 홍보할 한층 더 중요한 이유가 있었고, 다양한 방식으로 그렇게 했다. 인도에서 무굴 황제 아크바르 의 대응은 자신의 다민족 국가가 세속적·종교적으로 중립적인 성격을 지녔으며 자신이 "전통에 의존하기보다는 이성을 추구"한다는 사실을 강조하는 것이었다.[10] 사파비 샤 이스마일은 스스로를 '정의의 회복자' 이자 크즐바시 추종자들의 '진정한 종교'로 자리매김했다. 그의 적수 쉴레이만 술탄 역시 정의의 추구를 핵심으로 보았지만, 정통 순나파 이슬람교의 외관을 두른 것이었다.

이런 치열한 경쟁의 분위기에서 거창한 칭호를 사용하는 것은 세계 군주권을 주장하는 효과적인 방법이었다. 쉴레이만의 포고령, 서신, 주화는 그의 새김글과 마찬가지로 이 목적을 위해 적합한 수단이 되었 다. 그의 아버지 셀림 1세는 1516~1517년 시리아 및 이집트 정복 이후 스스로를 '세계 정복자'로 일컬었다. 가장 강력한 방식으로 절대주권 을 나타낸 용어다. 쉴레이만은 이 주장을 영속화했으며, 1525년 폴란 드-리투아니아 왕 지그문트 1세Zygmunt I에게 보낸 이 편지 같은 공문서 에서 그 제국의 영토적 범위를 과장된 말로 설명했다.

백해(지중해)와 흑해의, 루멜리아·아나톨리아·카라만의, 둘카드르·디야 르바크르·쿠르디스탄·아제르바이잔·페르시아·다마스쿠스·알레포·이 집트·메카·메디나·예루살렘 여러 주州와 온 아랍 땅의, 예멘의, 그리고 나의 고귀한 아버지들과 당당한 할아버지들이 압도적인 힘으로 정복한 많은 땅의 파디샤 (…)[11]

쉴레이만은 그 아버지 셀림의 맘루크 정복으로 예루살렘을 얻었지만, 그곳에 대한 권리를 주장한 유일한 사람은 아니었다. 프랑스군이 1495년 나폴리에 들어갔을 때 샤를 8세는 예루살렘 왕으로 환호를 받았다. 에스파냐 왕 카를로스 1세(신성로마제국 황제로서는 카를 5세) 또한 이 역할을 자임했으며(그 후임 펠리페 2세도 마찬가지였다), 그가 이 도시를 점령하리라는 예언이 서방에 널리 퍼져 있었다.

쉴레이만이 즉위한 이후, 동방에서 그 아버지 셀림이 펼쳤던 공격적인 정책은 이완 정책으로 대체되었다. 쉴레이만은 이란을 정복하는 것이 아니라 묶어두려 했다. 이스마일 샤가 제기하는 위험을 알아보기 위해 타브리즈의 사파비 궁정에 비밀리에 보낸 사절들은 샤가 자기네 동쪽에 있는 순나파 우즈베크 국가의 군대(그들이 다시 사파비 영토를 위협하고 있었다) 문제에 매달려 있음을 확인했다. 이에 새 술탄은 자유롭게 첫 원정을 시작할 수 있었는데,[12] 그 진군 방향은 일이 추진되다 중단된 서쪽이었다. 이스마일 샤와 마찬가지로 유럽 군주들 또한 다른 일에 매달려 있었고(카를 5세는 종교개혁의 첫 동요에, 프랑스의 프랑수아 1세는 자신의 이탈리아 내 영토에 대한 카를의 권리 주장에 맞서는 데 매달렸다), 여러 해에 걸친 평화 뒤에 오스만의 정책이 갑자기 뒤집힌 데 대해 준비되어 있지 않았다. 쉴레이만은 큰 요새인 베오그라드를 점령하고자 했다. 무라드 2세도, 메흐메드 2세도 헝가리로부터 떼어낼 수 없었던 곳이다. 헝가리는 약하고 고립되어 대응할 수 없었고, 베오그라드는 거의 두 달 동안의 포위전 끝에 1521년 8월 29일에 항복했다. 남아 있기를 원했던 방어자들 가운데 일부는 강제로 이스탄불로 옮겨졌고, 그곳에서 예디쿨레 요새 부근에 정착했다. 또한 도나우강과 사바강 사이의 지역인 스렘의 여러 도시와 성 출신들은 겔리볼루반도의 마을들에 정착했다.[13] 다른 몇몇 헝가리 요새 역시 오스만에게 함락됐으며, 오스만은 이제 사바강을 따라 서쪽으로 가는 길을 확보했고 이로써 하천 운송의 가능성이 열렸다. 1440년과 1456년의 포위전 실패 이후 베오그라드를 점령함으로써 오스만은 언제라도 헝가리 심장부로 밀고 들어갈 수 있는 강력한 전진 기지를 보유하게 되었다.

그다음은 로도스섬 차례였다. 메흐메드 2세가 점령하는 데 실패한 또다른 요새였고, 기사단은 셀림이 반드시 공격해올 것이라고 두려워하던 곳이었다. 오스만이 참을 수 없다고 생각한 것은 로도스섬이 오스만 해운을 공격하는 해적들을 숨겨주고 공급한다는 사실이 아니라, 기사단이 메카 순례 과정에서 사략선 습격으로 붙잡힌 많은 이슬람교도를 노예로 삼고 있는 일이었다. 로도스섬에서 탈출하는 데 성공한 사람들은 자기네가 당한 가혹한 대우에 불만을 터뜨렸다. 탈출하지 못하거나 몸값이 없어 풀려나지 못하는 사람들에게는 흔히 죽음이 기다리고 있었다.[14]

쉴레이만은 군대를 직접 지휘했다. 포위전은 다섯 달 동안 지속됐고, 오스만은 1522년 12월 20일에 로도스섬의 항복을 받아들였다. 기사단은 큰 손실을 입었고, 자유롭게 떠나도록 허락받았다. 발칸반도와 아나톨리아에서 온 정착자들이 곧 도착해 그들의 자리를 차지했다. 기사단은 배를 타고 서쪽으로 향했으나 항구적인 피난처를 찾을 수 없었고, 1530년이 돼서야 살기 어려운 몰타섬에 정착했다. "그저 완만한 사암의 섬"으로, 그들이 북아프리카 타라불루스(트리폴리)의 에스파냐 전초기지 방어 책임을 맡는다는 조건으로 카를 5세가 그들에게 제공한 곳이었다.[15] 로도스섬 정복으로 오스만은 지중해 동부 연안의 완전한 통제에 한 발 더 다가섰다. 그러나 그들은 이 섬의 상업적 또는 전략적 가능성을 이용하지 못했다. 베네치아 사절 피에트로 제노 Pietro Zeno는 이렇게 방치된 것을 거의 즉각적으로 알아차리고 1523년에 "술탄은 로도스섬을 이용하지 않았다"고 말했다.[16] 이 지역의 큰 섬들 가운데 키프로스와 크레타만이 여전히 비오스만인의 손에 있었다.

셀림 1세의 맘루크에 대한 승리는 오스만이 이전에 정복했던 사람들과는 아주 다른 역사를 지닌 신민들을 제국에 가져다주었다. 동로마와 발칸반도의 기독교 국가들을 상대로 한 원정은 어느 정도 '성전'이라는 미명에 의해 자극됐고, 여기서는 이슬람의 지배를 신앙이 없는 자들에게로 확대하는 것이 이슬람교도의 의무였다. 아나톨리아에서 오스만에 합병된 소국들은 그들과 마찬가지로 뿌리가 튀르크인이고 이슬람교도여서 공통의 문화를 나누고 있었다. 맘루크 땅은 새로운 접근이 필요했다. 주민 다수는 이슬람교도였지만, 이 새로운 오스만 신민들은 아랍인이었다. 그들의 문화와 전통은 오스만의 것에 비해 더 오래되고 아주 다른 것이었다.

맘루크 정복지들은 곧 오스만 속주들로 재편됐고, 그 목표는 새 신민들이 오스만 체제가 '당연함'을 믿도록 장려할 수 있는 관계를 구축하는 것이었다. 1519년에 공포된 시리아 트리폴리주의 법전 전문前文은 술탄이 어떻게 자신의 통치권을 정당화하고자 했는지를 보여준다. 그것은 이 속주가 이제까지 '폭군'(맘루크를 말한다)의 소유였지만 신이 그에게서 권력을 떼어내 더 좋은 지배자인 오스만에게 주었다고 썼다. 맘루크는 신의 위임을 오용했다고 했다. 이와 대조적으로 오스만의 지배는 술탄의 지도 아래 정의의 시대로 안내할 것이다. 술탄에게는 통상 전능자인 신에게 귀속되는 여러 자질이 부여되었다.[17]

쫓겨난 정권의 유명 인사를 행정 요직에 임명하는 것은 그들의 권력 장악을 매끄럽게 하기 위해 오스만이 사용한 또다른 책략이었다. 다마스쿠스주와 므스르주(이집트)를 통치하기 위해 셀림 술탄은 오스만에 협력한 사람들을 임명했다. 이전 맘루크의 다마스쿠스 총독 잔비르디 알가잘리는 그 주에 다시 임명됐고, 이전 맘루크의 알레포 총독 하이르 바크는 카이로로 가서 이집트 총독이 되었다. 그러나 셀림이 죽고 바로 직후에 잔비르디 알가잘리는 그의 새 주인을 상대로 한 반란을 이끌어 스스로 주권자라고 선언하고 로도스섬의 기사단과 외교 관계를 수립했으며, 그들로부터 군사 및 해상 지원을 얻고자 했다.[18] 그렇게 섬에서 배로 불과 며칠 거리에 있는 최근 정복된 맘루크 국가에서 오스만 당국의 약점을 드러낸 것이 쉴레이만으로 하여금 로도스섬을 정복하도록 더욱 자극했다. 그는 반란을 진압하기 위해 군대를 보냈고, 잔비르디는 살해되었다. 하이르 바크는 1522년에 죽었고, 쉴레이만의 매부인 초반 무스타파 파샤Çoban('목부') Mustafa Paşa가 이집트 총독 자리를 이어받았다. 그는 1524년에 후임 오스만 총독 하인 아흐메드 파샤Hain('반역자') Ahmed Paşa가 선두에 서서 맘루크 술탄국을 재건하려는 시도를 분쇄해야 했다. 이를 매우 우려한 쉴레이만은 총애하는 대와지르이자 매부인 파르갈르 이브라힘 파샤Pargalı('파르가 출신') İbrahim Paşa(그의 누이 하티제 술탄Hatice Sultan과 혼인했다)를 보내 이집트를 통치하고, 법과 질서를 다시 세우며 주의 법전 제정을 감독하게 했다.

이브라힘 파샤는 코르푸섬 건너편 이오니아 해안의 파르가에서 베네치아 신민으로 태어났으며, 오스만에게 붙잡힌 뒤 마니사에서 사루한의 제후총독이던 쉴레이만의 가정에서 일했다. 쉴레이만은 술탄이 되자마자 곧 그에게 이스탄불 히포드롬에 거대한 저택을 지어주어 이브라힘에 대한 애정을 과시했다(이 저택은 조금 바뀌어 현재 튀르크-이슬람 유물관이 되었다). 쉴레이만의 첫 대와지르는 아버지 시절에 임명된 피리 메흐메드 파샤Piri Mehmed Paşa였는데, 그 후임으로 임명된 것이 이브라힘이었다. 그렇게 와지르가 아닌 술탄 가정의 고위 관리가 대와지르로 승진한 것은 이례적인 일이었다.

맘루크에서 오스만으로의 통치 전환은 시리아 및 이집트에서의 반란 이후 좀더 신중하게 처리되었다. 유화적인 어조로 표현된 1525년 이집트 법전은 현지 주민을 달래고 이민족인 오스만군에 대한 난폭 행위로부터 그들을 보호하려는 목적이 있었다.[19] 내부 상황이 안정되고 반대파를 달래 가시적인 미래가 제시되자 오스만 국가는 이집트에서 나오는 수입으로부터 이득을 얻기 시작했다. 한 현대 역사가가 말했듯이 "오스만 왕관의 보석이자 그 재정 안정의 필수불가결한 원천"이었다.[20] 오스만의 이집트주는 그 이전의 맘루크 국가와 마찬가지로 이슬람교도의 연례 메카 순례를 조직할 책임이 있었지만, 이 목적과 이슬람 성지 유지를 위해 수입을 떼어두고서도 남는 게 많아 매년 이스탄불의 오스만 중앙 금고로 보내졌다.

이브라힘 파샤가 이집트에서 오스만 지배의 굳건한 토대를 확립하자 아라비아해, 홍해, 페르시아만에서 제국의 상업적·영토적 이익을 보호하기 위해 좀더 활발하게 노력할 수 있는 길이 열렸다. 이와 함께 바예지드 2세 시대에 맘루크에게 제공한 해상의 도움이 오스만 선장들에게 약간의 익숙한 느낌을 주었다. 맘루크가 아직 이집트를 통치하고 있을 때 포르투갈은 홍해에 함대를 보냈고, 이에 따라 향신료 무역의 수입이 감소해 이집트 경제에 악영향을 미쳤다. 이브라힘은 오스만 배들을 위해 홍해의 안전을 바랐고, 수에즈에 셀만 레이스Selman Reis를 함장으로 하는 함대를 준비하도록 명령했다. 그는 인도양 해안에 점재하는 포르투갈 영토와 예멘 및 홍해 항구들의 풍부한 부에 대해 길게 묘사하고 공격적인 정복 전략을 권하는 보고서를 준비했다.[21]

인도양에서의 전진 정책을 지지한 또다른 항해자는 선원이자 지도 제작자였던 피리 레이스Piri Reis였다. 그는 1516~1517년 셀림 1세의 이집트 육상 공격에 병참 지원을 제공한 함대 일부를 지휘했고, 1524년 이브라힘 파샤가 이집트에 갈 때 타고 간 배를 조종했다. 피리 레이스는 직접 제작한 세계 지도를 셀림에게 바쳤으며, 또한 지중해의 바다와 해안에 관해 상세히 설명하는 해양 편람 《바다의 책Kitab-ı Bahriye》을 만들었다. 그 서두에는 포르투갈의 인도양에서의 활동에 관한 분석을 실었다. 이브라힘은 1525년 이스탄불로 돌아오자(이집트에는 불과 몇 달 머물렀다) 이 편람의 수정본을 쉴레이만에게 바쳐 그의 관심을 끌었다. 인도양으로 팽창하려는 자신의 비전에 술탄이 공감해주기를 바란 것이었다.[22] 그러나 이브라힘의 뒤를 이어 이집트 총독이 된 정력적인 하듬 쉴레이만 파샤Hadım('환관') Süleyman Paşa(그는 총 12년 동안 총독으로 있었다)가 순례자와 상인 선단에 대한 포르투갈의 공격(이는 그들이 성지들을 점령할지 모른다는 공포를 오스만인들에게 환기시켰다)에 대응하기 위해 수에즈 함대를 건설했지만, 이스탄불에 대한 행동 호소는 큰 반향을 일으키지 못했다. 인도양에서 포르투갈의 패권에 도전할 시기는 1531년으로 계획됐지만, 그곳 대신에 지중해에서 총과 탄약이 필요해지는 바람에 연기할 수밖에 없었다.[23] 틀림없이 하듬 쉴레이만의 부추김에 의해 오스만은 1531~1532년에 홍해와 나일강 사이에 운하를 파기 시작했다. 포르투갈의 손이 닿지 않는 또다른 향신료 무역로를 제공한다는 의도였다. 당대 베네치아의 역사가이자 기록 관리자인 마리노 사누토Marino Sanuto의 일기에 나오는 이야기는 이 공사에서 수천 명이 일했다고 전한다. 공사는 마무리되지 않았다.[24]

이브라힘 파샤는 카이로에서 이스탄불로 돌아온 직후 헝가리 원정에 나서는 제국 군대의 지휘관에 임명되었다. 그는 술탄과 함께 전선을 향해 출발했고, 1526년 8월 29일 오스만은 헝가리 남부 모하치 습지에서 두 시간 동안 벌어진 전투에서 헝가리와 보헤미아 왕 러요시 2세의 군대에 승리를 거두었다. 러요시는 도망치다가 물에 빠져 죽었고, 살아남은 병사들은 전쟁터에서 달아났다. 오스만이 모하치에서 승리를 거둔 것은 술탄 무라드 1세가 1389년 코소보 평원에서 중세 세르비아 왕국에게 승리를 거둔 것(중부 유럽에서 오스만과 합스부르크 사이의 150년에 걸친 투쟁의 시작이었다)만큼이나 중대한 결과를 가져왔다.

합스부르크가의 핵심 영토는 현재의 오스트리아 상당 부분에 걸쳐 있었지만, 15세기 말의 현명한 혼인 상대 선택이 왕조를 광범위한 제국의 지배자로 만들었다. 1477년에는 합스부르크가의 미래의 막시밀리안 1세가 부르고뉴 공작(그는 네덜란드 역시 통치하고 있었다) '테메레르Téméraire'('무모한 자') 샤를의 딸 마리와 혼인했고, 이어 1496년에는 막시밀리안의 아들 필리프(나중의 카스티야 왕 펠리페 1세)가 아라곤의 페란도 2세 및 카스티야의 이사벨 1세의 딸 후아나와 혼인했다. 후아나는 그 부모의 통합 왕국 승계 6순위였지만, 앞 순위자들이 모두 죽으면서 결국 승계에 성공했다. 1519년에 막시밀리안이 죽었을 때 그의 후계자인 카를 5세(필리프와 후아나의 맏아들이다)는 카스티야와 아라곤 두 왕국의 지배자이자 나바라, 그라나다, 나폴리, 시칠리아, 사르데냐, 에스파냐령 아메리카의 지배자였고, 부르고뉴 공국과 네덜란드의 지배자였으며, 오스트리아 합스부르크 영토의 지배자였다. 1521년 카를의 동생 페르디난트는 헝가리와 보헤미아의 왕인 야기에우워Jagietto 왕가의 브와디스와프(울라슬로 2세)의 딸 안나와 혼인했고, 이듬해에 그들의 여동생 마리아는 브와디스와프의 아들 러요시 2세와 혼인했다. 1521년 이후 합스부르크가의 오스트리아 영토는 페르디난트에게 주어져 대공으로서 독립적으로 통치하게 되었다.[25]

쉴레이만과 그 참모들은 페르디난트 대공의 오스트리아를 전혀 임박한 위협으로 보지 않았다. 그들은 합스부르크 세력을 카를 5세 및 그가 서유럽에서 벌이는 전쟁과 결부시켜 생각했고, 서유럽에서 합스부르크의 주적은 프랑스의 발루아 왕가였다. 프랑스의 샤를 8세가 나폴리 왕국으로 원정을 떠난 1494년부터 에스파냐가 이를 빼앗은 1503년까지 그들의 경쟁이 이탈리아 남부에서 펼쳐졌다. 이후 그들은 경쟁의 초점을 이탈리아 북부로 옮겨갔다. 1525년 2월 24일 밀라노 남쪽 파비아에서 벌어진 전투는 결정적인 것으로 생각되었다. 프랑스 군대는 패배하고, 그 왕 프랑수아 1세는 전쟁터에서 카를 5세에게 붙잡힌 뒤 에스파냐로 보내져 수감되었다. 그는 1년 뒤 자신의 영토 일부를 내놓고 이탈리아에서의 권리 주장을 포기하는 데 동의한 뒤 석방되었다. 프랑수아는 또한 강압을 받아 오스만에 맞서는 데 협력하기로 동의했다. 프랑수아가 아직 수감 중일 때 프랑스 사절이 실제로 프랑수아의 석방을 위해 쉴레이만에게 도움을 요청하고 카를에 맞서는 데 술탄의 원조를 청하기 위해 파견됐지만, 사절은 그 수행원들과 함께 보스니아 총독에 의해 살해되었다. 그러나 프랑수아의 편지는 이스탄불에 도착했고, 쉴레이만은 긍정적으로 반응했다. 프랑수아는 풀려난 뒤, 카를에 대한 그의 약속에도 불구하고 1526년 7월 자신이 앞으

로 보답할 수 있기를 희망한다는 답장을 보낼 수 있었다.[26]

　쉴레이만이 프랑수아와의 우호적인 관계가 실제 원조에서 어느 정도의 결과를 가져올 것이라고 생각했는지는 분명하지 않다. 술탄은 1526년 헝가리로 진격해 들어갈 자신만의 이유가 있었고, 최근 연구는 그가 1521년 베오그라드 포위전에서 승리를 거둔 이후 그렇게 할 생각을 했음을 시사한다. 셀림이 거둔 승리들로 인해 오스만의 동부 변경이 안정됐고, 어쨌든 오스만의 이슬람교도들이 같은 종교를 믿는 사파비 및 맘루크 국가를 상대로 벌이는 전쟁은 제국의 군대 안에서 인기가 없었다. 오스만을 오랫동안 짜증나게 했던 구호기사단이 1522년 로도스섬의 기지에서 쫓겨나자, 헝가리 왕국을 침공하기 위해 베오그라드 함락의 이점을 이용하는 것은 현실적인 유혹이 되었다.[27]

　쉴레이만은 모하치에서 승리를 거둔 뒤 헝가리 수도 부다로 진군했고, 9월 11일 도시에 입성했다. 술탄 메흐메드 2세의 동시대인인 후녀디 마차시 왕은 너그러운 후원자이자 감식안을 가진 이탈리아 유물 수집가였다. 직물, 도자기, 금 세공품, 유리, 조각품 같은 것들이었다. 그는 또한 비길 데 없는 명성을 지닌 도서관도 만들었다. 사라진 왕국들의 약탈품을 소유하는 것은 우월성을 분명하게 말해주는 것이었고, 오스만 정복자들은 많은 전리품을 가지고 이스탄불로 돌아왔다. 많은 필사본들이 입수되었다. 수백 년에 걸쳐 그 일부는 서방으로 반환됐고, 술탄 압뒬하미드 2세는 1887년에 나머지를 헝가리에 돌려보냈다고 한다. 그러나 일부는 아직 톱카프궁 도서관에 있을 것이다. 부다 성채의 성모마리아 대성당에서 가져온 거대한 청동 촛대 한 쌍이 아직 아야소피아 미흐라브mihrāb(기도 벽감) 옆에 있다.[28]

　오스만이 장래에 오스트리아 합스부르크가와 충돌하는 부분은 헝가리 왕 러요시 2세가 죽은 뒤 그 왕위를 주장하는 두 경쟁 후보가 나타나면서 분명해졌다. 혼맥을 통해 러요시와 연결된 트란실바니아의 보예보다 서포여이 야노시Szapolyai János는 헝가리 의회에서 선출돼 승계하게 됐고, 1526년 11월 헝가리 왕으로 즉위했다. 한편 페르디난트 대공은 아내를 내세워 헝가리와 보헤미아의 왕위에 대한 권리를 주장했고, 1526년 10월 보헤미아 왕으로 선출되었다. 11월에 페르디난트는 또한 카를 5세를 지지하는 파벌에 의해 헝가리 왕으로 선출되었다. 오스만에 대한 공포는 그가 이들 왕위를 차지하는 길을 순탄하게 했다. 많은 헝가리 귀족에게 합스부르크가는 이 위협에 가장 잘 맞설 수 있는 왕가로 생각되었다. 1527년 9월, 페르디난트는 서포여이를 부다에서 몰아내고 11월 3일 헝가리 왕으로 즉위했다.[29]

러요시가 모하치에서 죽으면서 오스만에게는 모든 것이 바뀌었다. 그들은 후녀디 마차시의 시대 이래 크게 약화된 독립 헝가리 대신에 자기네만큼이나 큰 야심을 갖고 있는 왕조를 마주하게 되었다. 페르디난트는 이제 중부 유럽에서 오스만의 적이 됐으며, 최근에는 오스만의 노력이 양국 국경 일대에서 좀더 정력적으로 합스부르크를 향하는 조건이 무르익는 것은 시간문제였을 뿐이라는 주장이 나왔다.[30] 카를은 오스만을 상대로 페르디난트에게 아무런 도움도 제공할 수 없었다. 1527년에 그는 합스부르크의 유럽 지배에 맞서기 위한, 프랑스가 이끄는 연맹을 상대로 방어에 나서야 했기 때문이다. 좋지 않은 결과는 그해 5월 로마가 그의 군대에 의해 약탈당하고 연맹에 참여했던 교황이 포로로 잡혔다는 것이다. 프랑스는 1528년에 나폴리를 포위했고, 1529년에 카를은 종교개혁 문제를 처리할 여유를 갖기 위해 프랑스와 캉브레 조약을 맺는 데 동의했다. 프랑스는 다시 이탈리아에 대한 권리 주장을 포기하는 데 동의했다.

페르디난트의 헝가리 국왕 취임으로 오스만의 정책 방향은 새롭게 설정되었다. 패배한 서포여이가 부다에서 물러난(처음에는 트란실바니아로, 이어서 폴란드로) 이후 그는 쉴레이만과 협상을 개시해 1528년 2월 동맹을 체결했다. 쉴레이만은 모하치의 승자로서 정복의 권리에 따라 헝가리 왕권(영토 자체는 아니고)은 자신이 주는 것이라고 생각하고, 서포여이에게 이를 약속했다. 이 일에서 술탄은 진실하지는 않았고, 서포여이의 왕권을 자신이 페르디난트와 직접 대결할 수 있게 되기까지 헝가리의 상황을 안정시키기 위한 일시적인 수단으로 보았다. 1529년 5월 10일, 쉴레이만은 군대를 거느리고 빈을 향해 출발했다. 중간의 모하치에서 서포여이 야노시는 술탄을 알현했고, 그뒤 부다는 페르디난트의 손으로부터 다시 탈취되었다. 페르디난트는 오스트리아의 합스부르크 영토에서든 헝가리 자체에서든 동원할 수 있는 자원이 부족했다. 인력과 돈 모두 그랬다. 1528년 봄에 그는 평화 협상을 위해 이스탄불에 사절을 파견했다. 그러나 그들은 빈손으로 돌아왔다.[31] 행군은 세찬 비와 홍수로 인해 병참상의 어려움을 겪었다. 술탄의 군대가 이스탄불에서 부다까지 가는 데는 거의 넉 달이 걸렸고, 거기서 빈에 도착하는 데는 2주가 더 걸렸다. 빈에 도착한 것은 9월 말이었다. 헝가리에서 오스만군의 작전은 언제나 매우 힘겨웠다. 여러 큰 강들(그중 도나우강이 가장 크다)이 중부 유럽의 평원들을 흘러 1년의 상당 기간 동안 물에 잠긴 지형을 만들어냈고, 현대의 배수 시설이 만들어지고 나서야 육상 이동이 한결 쉬워졌다. 오스만의 보급선은 너무 벌어졌고, 병사들은 녹초가 되었다. 빈 도시 성벽은 약간의 수리만으로도 오스만의 공격을 버텨냈고, 겨우 3주가 지나서 쉴레이만은 퇴각 명령을 내렸다.

후줄근한 그의 군대는 부다로 돌아왔고, 그곳에서 서포여이는 성인이기도 한 존경받는 중세 헝가리 왕 이슈트반 1세의 왕관을 썼다. 합스부르크가의 헝가리 왕권 주장을 무너뜨리려는 목적을 띤 상징적인 행동이었다. 쉴레이만과 그의 병사들은 그후 계속해서 베오그라드로 갔고, 다시 이스탄불로 갔다. 이 빈 포위전은(헝가리에서 오스만 종주권을 종식시킨 전쟁들 중의 1683년 포위전도 마찬가지였다) 당대인이나 후대의 주석가 모두의 가슴속에 기독교 세계에 대한 이슬람 공격의 은유가 됐으며, 서방의 이슬람교도 이웃에 대한 그들의 태도를 규정했다.

쉴레이만은 1532년에 또다른 헝가리 원정을 이끌었지만, 그의 육군이 빈에 가장 가까이 간 것은 이 도시 남쪽 80킬로미터 정도에 있는 작은 도시 쾨세그(귄스)였고, 이곳은 고작 3주의 포위전 끝에 항복했다. 쉴레이만은 페르디난트가 헝가리 북부와 서부(당대인들에게 '왕령 헝가리'로 알려졌다)를 차지하게 내버려두었지만, 그곳에 대한 권리 주장을 포기하지는 않았다.[32] 그해 여름에 펠로폰네소스반도 남부 앞바다의 오스만 함대가 카를의 유능한 제노바인 제독 안드레아 도리아Andrea Doria가 지휘하는 합스부르크 함대로부터 공격을 받았다. 그들은 나우팍토스와 코로니 항구를 점령했다. 이 역전은 쉴레이만이 그의 함대를 개선하고 바르바로스 하이렛딘 파샤Barbaros('붉은 수염') Hayreddin Paşa를 대제독으로 임명하도록 촉발한 계기가 되었다. 그는 레스보스섬 출신의 해적으로 알제리를 본거지로 활동했는데, 셀림 1세가 죽기 직전에 그 휘하에 들어와 일하기 시작했다. 나우팍토스와 코로니는 곧 탈환되었다.[33]

쉴레이만 술탄은 1533년 페르디난트와 정전 협상을 한 뒤 이브라힘 파샤를 동쪽으로 보냈다. 자신의 정책과 행동으로 셀림 1세를 많이 짜증나게 했던 사파비 샤 이스마일은 1524년에 죽었다. 이때 그의 아들이자 후계자인 열 살짜리 소년 타흐마스브 1세Tahmāsb I는 크즐바시 수장들(사파비 왕조는 그들에게 지원을 바라고 있었다) 간의 권력 투쟁의 희생자가 되었다. 이 내분과 우즈베크의 잦은 사파비 영토 공격은 이스마일이 세운 국가를 약화하고 사파비의 오스만령 아나톨리아 침략 가능성을 줄였다. 오스만과 우즈베크는 사파비를 무너뜨리는 데서 공통의 이익을 발견했다.[34] 1528년에 크즐바시인 바그다드 총독은 쉴레이만에게 항복하겠다고 청했지만 곧 살해됐고 사파비의 권력이 재건되었다. 오스만과 사파비 영토 사이의 경계는 사파비의 아제르바이잔주 총독이 술탄에게 투항하고 반 호수 서쪽 비틀리스의 쿠르드인 베이가 샤에게 투항(그러나 1533년 말 이브라힘 파샤와 그 군대가 이 지역에 도착했을 때는 비틀리스가 다시 오스만의 손에 들어와 있었다)하면서 변경되었다.[35]

이브라힘 파샤는 겨울을 알레포에서 보냈다. 1534년 여름에 그는 샤 타흐마스브의 수도 타브리즈를 점령했다. 타흐마스브는 오스만인들과 마주치는 것을 피해 달아났다. 이전의 자기 아버지와 마찬가지로 그는 대결을 피했는데, 이 전술이 이란 원정의 불확실성을 가중시켰다. 술탄 쉴레이만은 여름의 열기 속에서 아나톨리아를 가로지르는 석 달 동안의 행군 끝에 타브리즈에 있는 이브라힘 및 그 부하들과 합류했고, 그들은 샤를 뒤쫓기로 결정했다. 두 달 뒤, 이란 서남부의 눈 덮인 산지를 지나는 긴 행군 끝에 오스만 군대는 바그다드에 도착했고 이 도시는 항복했다. 8세기 중반부터 1258년 몽골군에 의해 칼리파가 살해되기까지 칼리파국의 중심이었던 바그다드는 오스만 왕조가 이슬람 세계의 패자라는 주장을 정당화하기 위한 그들의 노력에서 중요한 도시였다. 쉴레이만은 바그다드에 머무는 몇 달 동안에, 술탄 메흐메드 2세가 콘스탄티노폴리스를 정복하던 시기에 이슬람 성인 아부아이유브 알안사리의 무덤을 발견한 것과 판박이인 기적적인 발견을 했다. 오스만 왕조가 순나 이슬람교의 다른 세 법학파(말리크파, 샤피이파, 한발파로, 이들이 하니파파와 함께 아랍의 여러 속주에서 계속해서 역할을 했다)보다 아꼈던 학파의 창시자인 이슬람 법학자 아부하니파Abū Ḥanīfa는 서기 767년 바그다드에서 죽었다. 쉴레이만은 그의 무덤을 '재발견'하고, 바그다드에 대한 그의 성스러운 권위를 역설했으며, 무덤을 수선하고 마스지드와 구호소를 더했다.* 쉴레이만은 또한 신학자이자 신비주의자인 압둘카디르 알질라니Abd al-Qādir al-Jīlānī의 무덤 위에 돔을 만들어[36] 정통 이슬람 신앙의 성인이라고 주장했으며, 이스마일 샤가 시작한 마스지드를 완성해[37] 이곳은 이로써 시아파 성소가 아니라 순나파 성소가 되었다. '두 이라크 출정'(메소포타미아 남부인 이라쿨아랍'Irāq ul-'Arab(아라비아 이라크)과 동쪽의 산악 지역인 이라쿨아잠'Irāq al-'Ajam(비非아라비아, 즉 페르시아 이라크)을 말한다)으로 알려진 이 원정 과정에서 시아파 이슬람교의 가장 성스러운 성지인 나자프와 카르발라 역시 오스만의 손에 들어왔다. 전자는 선지자의 사위인 알리가 매장된 곳이고, 후자는 알리의 아들 후세인의 무덤이 있는 곳이다. 쉴레이만은 프랑수아 1세에게 보낸 편지에서 자신이 이 성지들을 방문했다고 썼다.[38] 바그다드에 대한 쉴레이만의 세속적 권한은 같은 이름의 새 속주 법전의 반포로 공식화되었다. 많은 부분에서 그것은 사파비의 법과 유사했지만, 세금 부담은 줄었고 승리자인 오스만인들이 법을 벗어난다고 생각한 관행

• 아부하니파의 것이었다는 터번이 17세기 초 톱카프궁의 보물 창고에서 전시되었다(Necipoğlu, *Architecture, Ceremonial and Power* 141).

은 폐지되었다. 그의 목표는 오스만의 정의가 멸망한 사파비의 정의보다 우월함을 드러내는 것이었다.[39]

오스만은 헝가리 및 펠로폰네소스반도는 물론 지중해 서부에서도 합스부르크와 충돌했다. 포르투갈은 15세기 초 이래 북아프리카 해안에 전진 기지를 설치했고, 에스파냐는 그라나다와 그 항구들을 병합한 뒤에 토착 이슬람교도 주민들에 대한 독자적인 공격 계획을 시작했다. 이베리아 십자군은 '레콩키스타Reconquista'('재정복')로 불렸는데, 이 지역이 한때 기독교 지역이었다는 이유에서였다.[40] 카를 5세는 1530년 자신의 신성로마 황제 즉위를 에스파냐에서의 권력[그는 1516년 이후 에스파냐 국왕으로 카를로스 1세로 불렸다] 강화를 밀고 나아갈 도덕적 권위를 확보한 것으로 보았다. 공격당하던 북아프리카의 이슬람 주민들은 이슬람 공동체의 보호자인 술탄에게 도움을 청했고, 합스부르크와 오스만 사이의 치열한 경쟁이 이어졌다. 이들 바다에서 펼쳐진 오스만의 해양 정책은 여러 해 동안의 경험을 통해 연마한 북아프리카 해안 해적 선장들의 기술에 의존했고, 그 선장들은 오스만 국가에 고용돼 자기네의 정력을 에스파냐와 싸우는 데로 돌렸다. 바르바로스('붉은 수염')는 그들 가운데 가장 유명한 사람일 뿐이었다. 해적들은 때로 자기네가 고용돼 보호해야 할 상대를 공격하기도 했다. 바르바로스는 1534년에 이슬람교도 하프스Hafṣ 왕조로부터 튀니지를 점령했다. 이에 대한 대응으로 카를은 함대를 보내 이 항구를 탈환하고 인근 할크알와디(라굴레트)에 거대한 요새를 건설해서 그의 기독교도 병사들이 주둔하게 했다. 어떻든 오스만의 권력이 북아프리카 내륙으로 점차 확산되면서 현지 이슬람교도 군주들은 자기네의 독립이 에스파냐만큼이나 오스만에 의해서도 위협을 받을 수 있음을 인식했다. 오스만제국에 의한 합병 가능성은 그들 상당수에게 달갑지 않은 전망이었다. 아나톨리아 동부와 동남부 변경의 군주들이 느꼈던 것과 비슷한 일이었다.

쉴레이만과 그 참모들은 카를 5세와 프랑수아 1세 사이의 오랜 경쟁과 적대를 이용하는 데 능숙해졌고, 1536년에는 현대의 한 역사가가 "튀르크인에 대한 반대의 희극"이라 묘사한(오스만이 이탈리아에 상륙할 경우 그곳의 방어를 돕겠다고 같은 기독교도 군주들에게 프랑수아가 한 약속 때문이다) 것에 또다른 에피소드가 있었다.[41] 콘스탄티노폴리스 정복 이전부터 오스만은 '카피튈라시온'으로 알려진 특권을 베네치아 및 제노바 상인들에게로 확대했고, 이를 통해 그들은 무역 공동체를 만들도록 허용되었다. 맘루크 치하에서(그리고 맘루크의 멸망 이후 오스만 치하에서) 프랑스인, 베네치아인, 카탈루냐인 상인들은 시리아 및 이집트 안에서 상당한 특권을 누렸고, 1536년에 프랑스인들은 자기네 특권을 오스만제국 전역으로 확대하는 협상을 했다. 그리고 오스만인들은 프랑스 영토에서 비슷한 특권을 부여받았다. 이 프랑스와의 특수 관계 인정은 이브라힘 파샤가 취한 마지막 조치 가운데 하나였다. 그는 한 달 뒤에 처형되었다. 무역 이외에 이 협정의 목표는 오스만이 합스부르크를 상대로 한 동맹을 확보하는 것이었다.[42] 쉴레이만은 베네치아에 사절을 보내 오스만-프랑스 동맹에 참여할 것을 제안했지만, 이 제안은 거절당했다.[43] 베네치아의 합스부르크에 대한 공포는 오스만에 대한 공포보다 더 컸다.

오스만과 베네치아의 관계는 전체적으로 유럽 정치의 엇갈리는 흐름에 영향을 받지 않았지만, 육상의 달마티아와 아드리아 해상에서의 거듭된 충돌로 인해 새로운 국면으로 접어들었다. 게다가 이브라힘 파샤의 처형으로 베네치아는 오스만 궁정에서 친구를 잃어버렸다. 1537년 술탄은 아드리아 해안의 블로러를 향해 행군했다. 분명히 남쪽으로부터 바르바로스와 그 함대의 도움을 받아 이탈리아에 대한 협공을 시작하려는 의도였다. 이것은 로마를 정복할 기회였을 것이다(그 주민들도 로마 정복이 쉴레이만의 목표라고 여전히 두려워했다). 프랑수아 1세는 1531년 프랑스 궁정에 온 베네치아 사절에게, 술탄의 목표는 로마에 가는 것이라고 말했다.[44] 바르바로스는 오트란토 주변 지역을 휩쓸었고, 쉴레이만 술탄은 베네치아의 섬 코르푸를 공격했다. 그러나 오랜 시간 포위를 해야만 요새가 오스만의 손에 들어올 것임이 분명해지자 철수했다. 베네치아가 과거 오스만과 맺었던 좋은 관계는 깨졌고, 베네치아는 그들을 상대로 십자군 운동을 벌이기 위한 카를 5세 및 교황의 신성동맹에 참여하기로 동의했다. 1538년 9월 27일, 안드레아 도리아가 지휘하는 연합군 함대가 바르바로스가 지휘하는 오스만군과 코르푸섬 남쪽 이오니아 해안 도시 프레베자 앞바다에서 만났다. 바르바로스의 승리는 지중해 서부의 다른 해상 세력들이 상대적으로 약함을 드러냈다. 베네치아는 그 번영(그리고 특히 그 시민들을 계속 먹여 살릴 곡물)에 긴요한 오스만과의 무역 붕괴에 직면하자 1539년에 평화를 요청했다. 기독교 동맹이 그 취약한 해안 전진 기지들을 오스만의 공격으로부터 보호해준다는 장기적 목표에 이바지할 것이라는 기대는 무너졌다. 카를의 우선적인 목표는 지중해 서부와 에스파냐를 북아프리카 해적의 약탈로부터 방어하는 것이었기 때문이다. 해적들은 바르바로스 하이렛딘으로부터 도움과 함께 그들의 부추김을 받고 있었다. 베네치아에게 1540년 말에 타결된 평화의 대가는 펠로폰네소스반도의 나머지 요새들(그 가운데 일부는 그들이 300년 동안 보유하던 것이었다)

을 오스만에 양도하고 대규모 배상금을 지불하는 것이었다.[45]

　오스만 해군이 지중해에서 전투에 참여하고 있는 가운데서도 이집트 총독 하듬 쉴레이만 파샤(그는 '두 이라크 원정'에서 돌아온 지 얼마 되지 않았다)는 아라비아해 건너의 한 이슬람교도 지배자를 돕기 위해 항해를 하고 있었다. 1535년, 구자라트의 술탄 바하두르 샤흐Bahadur Shah는 무굴 황제 후마윤Humāyūn에게 패배했고, 포르투갈의 도움을 요청했다. 그는 포르투갈인들이 구자라트반도 남쪽 끝에 있는 디우에 요새를 건설하도록 허락했다. 인도에서 서방으로 향신료를 전달하는 중계 무역항이었다. 그러나 후마윤으로부터 가해진 위험이 지나가고 나자 그는 포르투갈에 맞서 오스만에게 도움을 호소했다. 하듬 쉴레이만은 72척의 배로 이루어진 함대를 이끌고 수에즈를 출발해 19일 동안 바다를 항해한 뒤 구자라트 앞바다에 나타났다.[46] 포르투갈은 그사이에 바하두르 샤흐를 처형했고, 그들의 견고한 요새는 오스만의 총포를 잘 견뎌냈다. 포르투갈의 증원 함대가 오고 있다는 소식을 들은 하듬 쉴레이만은 포위를 풀고 고국으로 돌아갔지만, 그가 임무를 완수하지 못했음에도 불구하고 이는 이 지역에서의 오스만-포르투갈 경쟁에서 전환점이었던 것으로 드러났다. 그는 오스만 함대가 아라비아해를 건널 능력이 있음을 보여주었기 때문이다. 하듬 쉴레이만은 디우로 가는 도중에 아덴 항구를 점령했으며, 아라비아반도 남쪽에 전략적으로 중요한 예멘주를 설치했다. 다만 그곳에 대한 오스만의 장악력은 미약했다. 외교는 곧 홍해로 들어가는 해상로의 통제권이 오스만의 손에 있음을 확실하게 했다. 오스만과 포르투갈은 1538년 전투 이후 사절을 교환하고 두 나라 각자의 무역권을 인정했으며 그 상인들의 안전 보장에 합의했다.[47]

헝가리에서는 1532년 이후 상황이 정체되었다. 오스만은 빈을 점령하려는 두 번째 시도에 실패했으나, 페르디난트는 그들에 대한 공격을 고려할 상황이 아니었다. 술탄의 제후인 몰도바의 보예보다 페트루 라레시Petru Rareş는 합스부르크와 통모했다는 의심을 받았고, 1538년 쉴레이만은 그를 상대로 군대를 이끌어 이전 몰도바의 수도 수체아바를 점령했으며 일시적으로 페트루를 제거했다. 그는 또한 도나우강 하구와 드니스테르강 하구 사이의 넓은 지역인 남부 바사라비아(오스만인에게 부자크로 알려진 곳이다)를 합병했고, 드니스테르강에서 부흐강 사이의 흑해 북안을 점령했다. 드니프로강 하구에 있는 잔케르만(현대의 오차키우 지역) 요새도 함께였다. 이 지역에 대한 통제권은 오스만 원정군의 필수 요소였던 타타르 기병이 크림반도에서 나와 통과하는 데 전략적 중요성을 지니고 있었다. 드니스테르강 변에 벤데르(현대의 티기나) 요새가 있는데, 거기에 있는 한 새김글은 정복한(또는 부분적으로 정복한) 나라들인 사파비, 동로마, 맘루크에 대한 쉴레이만의 놀랍도록 대담한 주장이 들어 있다. "바그다드에서 나는 샤이고, 동로마 땅에서는 카이사르이고, 이집트에서는 술탄이다."[48]

1538년, 서포여이 야노시와 페르디난트 왕은 협정을 맺었다. 그들은 두 사람이 헝가리 내 각자의 지역에서 왕을 칭하되 서포여이가 죽으면 그의 영토는 페르디난트에게로 넘긴다는 데 동의했다. 서포여이 야노시는 1540년 7월 22일에 죽었는데, 그 아들이 태어난 지 2주 만이었고 아들의 이름은 서포여이 야노시 지그몬드Szapolyai János Zsigmond였다. 페르디난트는 오스만이 대응하기 전에 이 예기치 못한 상황을 서둘러 이용하기 위해 부다를 포위했다. 카를 5세의 동생이었던 페르디난트의 헝가리 왕위 승계는 신성로마제국의 확장을 가져올 것이고 이는 쉴레이만이 용인할 수 없는 일이어서, 그는 아기인 야노시 지그몬드에 대한 보호를 약속하고 1541년 봄 페르디난트에 대한 원한을 푸는 데 나섰다. 그는 합스부르크의 부다 포위를 푼 뒤 헝가리 중부를 오스만의 직접 지배하에 두었다. 페르디난트는 이전 헝가리 왕국의 서부 및 북부를 보유했고, 야노시 지그몬드에게는 트란실바니아가 주어져 오스만의 제후로서 그곳을 통치하게 되었다(오라데아의 주교 머르티누지 죄르지 Martinuzzi György가 섭정이었다).

오스만과 그 속국 트란실바니아와의 관계는 오랜 속국이었던 몰도바 및 왈라키아와의 관계와는 조금 달랐다. 처음인 16세기 중반에는 오스만 군대가 트란실바니아에 주둔하지 않았다. 트란실바니아의 보예보다는 지역 의회에서 선출돼 술탄의 재가를 받았지만, 몰도바와 왈라키아의 보예보다는 술탄이 임명했다. 트란실바니아의 보예보다는 자기 아들들을 인질로 오스만 궁정에 보낼 필요도 없었다. 트란실바니아의 연례 공물은 도나우의 두 공국보다 적었고, 이들이 부담하게 되어 있는 오스만에 대한 물품 및 용역 제공도 필요하지 않았다.[49]

쉴레이만 치세 초기는 거창한 전시와 개선 행진이 두드러졌다. 많은 측면에서 이전 오스만의 풍습과는 이질적이었다. 이스탄불의 히포드롬은 동로마 치하에 그랬듯이 다시 대중오락과 구경거리의 무대가 되었다. 황실 혼인과 할례에서부터 반체제 인물들의 처형에 이르기까지 삶과 죽음의 중요한 의례들이 여기서 치러졌다. 그런 행사 중 첫 번째가 1524년 쉴레이만의 누이 하티제와 이브라힘 파샤의 혼인이었다. 이때 공식 축연이 보름 동안 이어졌다. 1530년 쉴레이만의 어린 아들들인 무스타파, 메흐메드, 셀림(미래의 술탄 셀림 2세)의 할례 이후에는

40일 동안 축연이 벌어졌다. 이 마지막 경우는 오스만 권력의 과시를 위한 비길 데 없는 기회를 제공했으며, 이에 따라 악코윤루, 사파비, 맘루크 등 그들에게 패배한 경쟁자들의 천막이 군중에게 전시되고 잔치에서는 악코윤루, 맘루크, 둘카드르의 인질로 온 왕자들이 과시적으로 술탄 가까이에 앉았다.[50]

대와지르이자 술탄의 매부인 이브라힘 파샤는 이 값비싼 전시에서 지휘도 하고 즐기기도 했다. 그리고 그는 1525년에서 1529년 사이에 톱카프궁 개수를 감독하면서 그의 사치스러움을 더욱 드러낼 수 있었다. 메흐메드 2세의 회의 청사와 보물 창고는 훨씬 큰 돔 여덟 개를 덮은 보물 창고와 돔 세 개를 덮은 회의 청사를 만들 공간을 내기 위해 허물었다. 아달렛쿨레시Adalet Kulesi('정의의 탑') 옆에 지은 것이었다. 인상적인 개수는 제3안뜰 입구의 아르즈오다스Arz Odası('청원관請願館')를 전면적으로 재건하면서 이루어졌다. 이 독립적인 구조물은 오늘날에도 방문객이 궁궐 중심부로 직접 들어가는 것을 막고 있다. 이 건물의 화려한 장식과 가구는 당대인들이 보고서는 은, 금, 보석, 귀한 직물, 대리석이 절묘한 조화를 이루고 있다고 칭찬할 정도였다.[51] 프랑스와의 카피튈라시온 조인 직후 이스탄불을 방문한 프랑스의 골동품 애호가 피에르 질은 술탄이 사절을 맞이하기 위해 "대리석으로 지어지고 금과 은으로 장식됐으며 금강석과 보석이 휘황찬란한 작은 방에서" 낮은 소파에 앉아 있었다고 묘사했다. "이 알현실은 최고급 대리석 기둥(그 기둥머리와 대좌는 모두 도금되어 있었다)으로 떠받쳐진 주랑현관으로 둘러싸여 있었다."[52]

서방의 일에 대해 잘 알고 있던 술탄과 대와지르는 1530년 카를 5세가 클레멘스 7세 교황의 집전으로 신성로마 황제 즉위식을 화려하게 치렀다는 소식을 금세 들었고, 이는 신성로마 황제가 스스로를 재현된 로마제국의 카이사르로 생각한다는 주장을 더욱 뒷받침하는 것이라고 역시 금세 해석했다. 술탄 메흐메드 2세는 세계군주가 되기를 열망했고, 후녀디 마차시는 그를 경쟁자로 생각했다. 마차시는 당시 중부 유럽의 가장 강력한 군주였으며, 자신이 새로운 헤라클레스 또는 알렉산드로스 대제라고 상상했다(메흐메드 자신 및 16세기의 베네치아 사절들에 따르면 셀림 1세나 쉴레이만도 마찬가지였다).[53] 쉴레이만은 자기가 알고 있는 이 도전을 해결하지 않을 수 없었다. 이브라힘 파샤는 베네치아에서 네 개의 관이 겹쳐지고 꼭대기에 깃털 장식이 있는 황금 투구를 주문했다. 그것은 1532년 5월 오스만에 종속된 아드리아해의 항구 도시 두브로브니크(라구사)를 거쳐 에디르네에 도착했다. 술탄이 군대를 이끌고 헝가리를 향하고 있을 때였다. 이 투구형 왕관은 쉴레이만이 알현을 받을 때 눈에 띄게 과시됐고, 군대가 출정하는 길을 따라 벌어진 꼼꼼하게 연출된 승리의 행진에서 그 역할을 했다. 술탄이 자신의 권력을 각인시키고자 했던 외국 사절과 기타 관찰자들을 위한 것이었다. 니시에서 쉴레이만이 접견한 합스부르크 사절들은 터번이 술탄의 모자라는 것을 알지 못했던 듯하며, 이 번지르르한 투구가 오스만 술탄의 관이라고 생각했다. 이브라힘 파샤가 그것을 주문한 시점과 그 형태는 모두 우연이 아니었다. 이 투구형 왕관은 황제의 관, 그리고 교황의 삼중관三重冠과도 양식상의 유사성이 있었다. 다만 그것은 줄이 더 많아 그들의 권력에 대한 도전을 상징했다.[54]

이브라힘은 술탄에게 형제 같았다. 그의 가까운 참모이자 나라의 최고위 관리였다. 그리고 이 매우 가까운 관계로 인해 그에게는 적들이 생겼다. 1525년 그의 경쟁자들이 부추긴 듯한 이스탄불의 예니체리 봉기 때 히포드롬에 있는 그의 저택이 약탈당했다.[55] 국가 재정 담당자는 그가 돈이 많이 드는 원정 중에 이 투구형 왕관을 주문해 낭비벽을 드러냈다며 그를 비판했다. 투구형 왕관이 당대 오스만 기록 자료와 세밀화에 전혀 나오지 않는 것은 이 구매에 대한 반감을 보여준다. 재정 담당자는 또한 이브라힘이 많은 돈을 들여 바그다드로 '두 이라크 원정'을 전개했다며 비난했고,[56] 이브라힘은 자기 지위의 권력을 이용해 재정 담당자를 처형했다.

쉴레이만과 이브라힘의 관계는 술탄 메흐메드 2세와 그가 총애한 대와지르 벨리 마흐무드 파샤의 관계를 떠올리게 했다. 쉴레이만은 그의 증조부 메흐메드 2세만큼이나 무자비할 수 있었고, 마흐무드 파샤와 마찬가지로 이브라힘은 그 주군의 변덕에 따라 갑자기 처형되었다. 1536년 3월 그가 '두 이라크 원정'에서 돌아온 직후였다. 술탄은 대와지르였던 그에게 공과 사 모두에서 재량권을 주었다. 이제 그는 표시도 없는 무덤에 묻혔다. 이브라힘은 생전에 '막불Makbul'('좋아하는 자')이라는 별명으로 불렸지만, 그가 죽자 언어유희를 통해 '막툴Maktul'('살해된 자')로 바뀌었다. 그를 애도하는 사람은 별로 없었다. 그가 죽은 뒤 군중은 1526년 부다의 후녀디 마차시의 궁궐에서 그가 가져와서 히포드롬의 그의 저택 바깥에 설치한 세 점의 고전기 인물 조각상을 부숴버렸다.[57] 이브라힘 처형은 쉴레이만 치세 제1기의 종말을 의미했다.

이브라힘 파샤는 대와지르 시절에 쉴레이만의 총애에 대한 경쟁자였다. 상대는 루테니아 출신의 노예 여성으로 쉴레이만의 하세키haseki('전속專屬')였던 휘렘 술탄Hürrem Sultan이었다. 서방에는 록셀라나Roxelana로 알려진 여성이다. 휘렘은 1521년에 술탄의 첫 아이를 낳았는데, 여섯 아이(그중 다섯이 아들이었다)를 낳은 후인 1534년에 성대한 의식과 함께 쉴레이만과 혼인했다. 한 유럽인 목격자는 이 혼인에 대해 이렇게 묘사했다.

예식은 궁전에서 열렸고, 축제는 전례 없이 호사스러웠다. 예물을 든 사람들이 대중 앞에서 행진을 했다. 밤에는 주요 거리가 화려하게 조명을 밝히고 성대한 음악과 잔치가 베풀어졌다. 집들은 꽃줄로 장식됐고, 곳곳에 그네가 있어 사람들이 한참씩 즐겁게 그네를 탔다. 옛 전차 경주장에는 커다란 단이 만들어졌는데, 이곳은 황후와 귀부인을 위한 자리로 금색 격자 칸막이로 가려졌다. 여기에 록셀라나와 신하들이 나와 기독교도와 이슬람교도 기사들이 함께 참여하는 마상 경기를 보았고, 곡예사와 마술사도 재주를 부렸으며, 야생동물과 기린(그 목이 너무 길어서 하늘에 닿은 듯했다)의 행진도 있었다.[58]

한 베네치아 사절은 휘렘 술탄이 "젊지만 아름답지 않고, 우아하지만 몸집이 작다"라고 말했다.[59] 쉴레이만은 휘렘을 매우 사랑했고, 휘렘이 다른 모든 사람을 밀어내고 그 사랑을 독차지한 뒤 휘렘에게만 매달렸다. 쉴레이만이 해방 노예와 혼인한 것은 그가 이브라힘 파샤를 빠르게 승진시킨 것과 마찬가지로 전통과의 급격한 단절이었다.[60]

술탄과 다른 부유하고 권력 있는 남자들의 사적인 가정을 위해 여성을 얻는 것(전쟁에서 붙잡아왔든 노예무역을 통한 것이든)은 오스만이 제국을 위해 병사와 행정가들을 양성하는 소년 징발과 비슷한 일이었다. 이 사적인 가정은 하렘harem(아랍어의 문자적 의미로는 '성스럽고 보호되는 곳'을 의미한다)이라는 말로 알려져 있는데 궁궐의 여성에게 배정된 처소와 여성 집단 자체를 동시에 의미했다. 제국이 '보다 이슬람적'이 되면서 오스만은 다른 이슬람 왕조들의 관행을 채택했다. 법적 아내가 아닌 노예 후궁들이 술탄의 자손을 낳을 수 있게 했다. 오스만의 산아 정책에는 독특한 특징이 있었다. 메흐메드 2세 치세 이후(어쩌면 그 이전부터) 후궁들은 아들을 하나만 낳을 수 있었다. 다만 딸은 아들이 하나 태어나 출산이 제한되기 전까지 계속 낳을 수 있었다. 이것은 아마 성적 절제 또는 산아 통제를 통해 이루어졌겠지만, 우리는 여기에 사용된 방법에 대해 알지 못한다. 후궁들은 비천한 출신이고 '거리낄 것 없는' 신분이어서 초기 오스만 시대의 왕족 출신 신부들과 달리 가문에 대한 욕심도 없고 외국 세력이나 오스만 술탄의 국내 경쟁자들의 대리인이 될 가능성도 없었다. 일모일자—母—子 정책의 논리는 죽은 술탄의 모든 아들에게 이론적으로 그 아버지를 승계할 동등한 기회가 있는 것이었고, 어머니들이 그 자식의 승계를 위해 얼마나 활동하느냐가 중요했다. 오스만 왕자들은 속주에서 제후총독으로 일했기 때문에 그 어머니들이 그들의 대권을 위해 준비하는 데 중요한 역할을 했다. 그러나 어떤 후궁이 왕자 둘을 낳았다면 불가피한 승계 경쟁에서 그중 누구 편을 들지 선택해야 했다.[61]

쉴레이만이 후궁과 혼인한 것은 매우 충격적인 일이었다. 그가 일모일자 규범을 무시한 것은 더욱 그랬다. 휘렘은 술탄에게 마법을 걸었다는 비난을 받았다. 휘렘은 혼인한 뒤 그 아이들과 함께 에스키사라이('옛 궁궐')에서 톱카프궁으로 옮겼고, 그곳 하렘에서 휘렘의 방들은 술탄의 방들과 가까웠다. 이는 많은 사람의 눈살을 찌푸리게 한 또다른 파격이었다. 톱카프궁 안에서 이전 술탄들의 하렘에게 배정된 구역은 비교적 작았고, 이브라힘 파샤는 이를 새 '황실 가족'과 그 하인들을 수용할 수 있게 확장하는 일을 감독했다.[62] 휘렘은 쉴레이만과 딸어져 있을 때 열정적으로 산문과 시를 써서 보냈고, 그가 원정을 나가 있을 때 그를 궁궐 안의 문제와 연결시켜주는 중요한 역할을 했다. 1525년쯤에 휘렘은 이렇게 썼다.

술탄님, 이별의 타는 듯한 괴로움에는 한이 없습니다. 이제 이 불쌍한 것을 용서하시고 당신의 귀한 편지를 아끼지 마소서. 편지를 받고 약간의 위안이라도 얻게 해주소서. (…) 당신의 귀한 편지를 읽으면 당신의 종이자 아들인 미르 메흐메드Mir Mehmed와 당신의 노예이자 딸인 미흐리마흐Mihrimah는 당신이 그리워 눈물 흘리며 흐느낍니다. 그들이 울면 저는 미칠 것 같습니다. 마치 상중에라도 있는 듯합니다. 술탄님, 당신의 아들 미르 메흐메드와 당신의 딸 미흐리마흐, 그리고 셀림 칸Selim Khan과 압둘라흐Abdullah는 당신께 거듭 안부를 전하고, 당신 발 앞 땅바닥에 얼굴을 비빕니다.[63]

쉴레이만의 애정에서 차지하는 자신의 자리는 난공불락이었지만, 휘렘 술탄은 이브라힘 파샤에게 질투심을 느꼈다. 그는 쉴레이만의 살아 있는 아들 가운데 맏이인 무스타파의 어머니인 후궁 마히데브란Mahidevran 술탄과 가까웠기 때문이다. 휘렘이 마히데브란의 자리를 빼앗으면서 후계 예정자로서 무스타파의 지위는 휘렘의 아들들 쪽으로 옮겨졌다. 쉴레이만과 휘렘 사이의 혼인은 마히데브란과 무스타파의 운명을 확정했고, 이제 휘렘에게 남아 있는 유일한 적수는 이브라힘이었다. 휘렘은 이브라힘의 처형을 공모했다는 의심을 받았고, 정황 증거는 설득력이 있다.

오스만이 바그다드에서 사파비에 승리하고 프레베자에서 신성동맹에 승리한 것, 디우 원정 이후 포르투갈과 정전한 것, 헝가리의 상당 부분을 합병한 것은 모두 전쟁의 일시적인 중단이었을 뿐이다. 각 전선에서는 몇 년 안에 활동이 재개되었다. 1542년 합스부르크가 부다로부터 도나우강을 건너 페스트를 공격한 것은 현지 오스만군에 의해 격퇴됐으며, 이듬해 쉴레이만은 다시 서쪽으로 떠나 몇 개의 전략적 요새를 점령했고 그것들은 부다주에 추가되었다. 오스만의 잇단 승리에 페르디난트는 결국 평화를 청하지 않을 수 없었고, 1547년 대와지르 뤼스템 파샤Rüstem Paşa(1539년 쉴레이만의 딸인 미흐리마흐 공주와 혼인했다)와 5년간의 정전에 합의했다. 페르디난트는 여전히 이전 헝가리 왕국의 더 북쪽과 서쪽 지역을 장악하고 있었지만, 이 정전은 술탄에게 연례 공물을 바치는 굴욕적인 의무를 부과했다.

1547년의 정전은 한동안 지속되었다. 그러나 1551년 트란실바니아 권좌 뒤의 실세인 머르티누지 주교의 술책으로 트란실바니아가 페르디난트에게 넘어가 중세 헝가리 왕국의 대부분이 재통합되자 오스만의 보복은 오래 지체되지 않았다. 루멜리 총독 소콜루 메흐메드 파샤Sokollu('소콜로비치 출신') Mehmed Paşa는 트란실바니아로 이동해 들어가 수도 티미쇼아라를 포위했으며, 도중에 몇 개의 중요한 요새를 점령했다. 증원군이 도착하고 절기가 늦어 도시는 잠시 함락이 늦춰졌지만, 1552년에 결국 함락돼 오스만의 신설 테메슈바르주(트란실바니아의 서부에 해당한다)의 중심지가 되었다. 같은 해 오스만은 격렬한 공격을 퍼부었음에도 불구하고 부다 동북쪽의 에게르를 점령하는 데 실패했지만, 그들이 얻은 다른 거점들은 장래의 오스만 지배를 공고히 하는 데 이바지했다. 부다와 테메슈바르 두 속주는 이제 오스만의 직접 지배 아래 들어왔고, 오스만령 헝가리는 처음으로 연속적인 요새의 연결망으로 방어되는 촘촘한 통일체가 되었다. 요새 일부는 새로 건설했지만 대부분은 헝가리로부터 빼앗은 것이었다.[64]

합스부르크와 오스만은 모두 헝가리를 지배하는 데서 타협을 해야 했다. 두 제국 세력은 모두 혼자서 헝가리를 병합하고 관리하고 방어할 수 없었으며, 모하치 패배에서 살아남은 헝가리 귀족들에게 의존해야 했다. 많은 헝가리 귀족은 종교개혁 때 개신교도가 되었고, 페르디난 트와 그 정부는 그들이 오스만을 상대로 방어의 부담을 나눈다면 그 들을 신중하게 대할 필요가 있었다. 오스만은 이전에 자기네가 가톨릭 과 정교를 가지고 놀았듯이 가톨릭과 개신교도 사이의 분열을 조종할 수 있었지만, 합스부르크와 마찬가지로 여전히 강력한 귀족들의 말을 들어주어야 했다. 그들은 '왕령 헝가리'에서 그랬던 것처럼 오스만령 헝 가리의 통치에서 계속 여러 가지 일상적인 기능을 행사하고 있었다.[65]

쉴레이만 술탄은 그의 서북 변경이 1547년 정전으로 안정되자 이란 을 상대로 또 한 번의 원정에 나섰다. 사파비 왕조 타흐마스브 샤의 동생 알카스 미르자Alqas Mirza가 오스만에 귀순해왔기 때문이다. 알카 스 미르자는 카스피해 서쪽 캅카스의 시르반주 총독이었고, 형과의 관계는 언제나 불편했다. 타흐마스브가 그의 반항을 누르기 위해 군대 를 보내자 그는 크림반도의 항구 페오도시야를 거쳐 이스탄불로 달아 났다. 쉴레이만은 1548년 원정에서 자신에 앞서 알카스 미르자를 보 냈는데, 오스만 군대는 타브리즈에 도착했지만 이 도시에서 보급품을 구할 수 없어 그곳을 버렸다. 알카스 미르자가 지역에서 지지도 얻지 못하고 타흐마스브의 자리를 빼앗으려는 야심도 없음이 분명했고, 쉴 레이만은 별 소득도 없이 귀국했다. 다만 변경 도시 반을 점령하고 일 부 값진 전리품을 얻었을 뿐이다. 전리품 가운데는 이스마일 샤가 주문했고 타흐마스브가 가장 귀중하게 지녔던 천막도 있었다. 알카스 미르자는 순나파 이슬람교를 신봉했지만, 이는 실용적인 몸짓에 지나지 않는 것으로 보였다. 그는 곧 고국으로 돌아갔기 때문이다. 물론 쉴레이만의 대와지르 뤼스템 파샤가 쉴레이만에 대한 그의 충성심에 의문을 제기해 그가 돌아가도록 만들었다고 생각하는 사람들도 있었다. 알카스 미르자는 타흐마스브에게 용서를 청하는 편지를 보냈지만, 1549년 초 타흐마스브의 명령에 따라 살해되었다.[66]

오스만이 악조건인 동부 변경 원정을 꺼리는 것을 이용해 타흐마스브는 곧 최근 빼앗긴 영토 수복에 나섰다. 1554년에 쉴레이만은 보복을 했고, 다시 직접 군대를 이끌었다. 남南캅카스의 예레반(현대 아르메니아의 수도)과 나흐츠반은 그의 원정 중 가장 먼 거리에 있었는데, 그 과정에서 오스만은 적의 전략을 따라 했다. 사파비가 습격을 시작했던 변경 지역에서 초토화 작전을 펼친 것이다. 두 나라 사이의 첫 공식 조약인 아마시아 조약은 1555년에 조인되었다. 그 조항에 따라 오스만은 이라크의 이전 정복지를 지켰다. 그러나 쉴레이만의 두 번째와 세 번째 이란 원정은 소득이 지속되는 성과가 없었고, 양측이 바랄 수 있었던 최선의 결과는 공존이었던 듯하다.

지중해에서도 교착 상태가 나타났다. 1541년 알제리에 있는 바르바로스 휘하 장수 하듬 하산 아아Hadım('환관') Hasan Ağa로부터 그곳을 빼앗기 위한 카를 5세의 시도는 단지 우연한 폭풍으로 인해 좌절되었다. 그 바람이 불어준 덕분에 형편없이 수가 적었던 이슬람교도 방어군은 강력한 에스파냐 함대로부터 살아남았다. 다른 한편으로 지중해 서부에서 오스만과 합스부르크가 교전하고 있던 시기에 북아프리카의 오스만 지휘관들은 지중해 북안을 자주 습격해 초토화했다. 예를 들어

1543년에는 이탈리아의 섬들과 나폴리 해안이 공격을 당했다.[67]

1551년, 카를을 위해 구호기사단(이제 몰타에 기지를 두고 있었다)이 장악하고 있던 트리폴리 항구가 오스만제국 함대와 또다른 유명한 해적 투르구트 레이스Turgut Reis가 지휘하는 함대의 합동 작전에 의해 포위돼 함락되었다. 카를과의 협정 조건에 의해 트리폴리를 방어해야 했던 몰타의 기사단은 그곳에 오스만이 진출한 것을 매우 불편하게 바라보았다. 에스파냐-구호기사단 연합 함대는 1560년 봄 트리폴리 서쪽의 제르바섬에 도착했고, 지중해의 이 지역에서 오스만을 몰아내기 위한 전진 기지로 삼을 강력한 요새를 건설했다. 그러나 이스탄불에서 보낸 함대가 이 섬을 포위하고 점령했다. 바다에서 오스만의 자신감은 끝이 없는 듯했다. 몇 년 동안 평화가 이어졌지만, 1565년에 예기치 않은 역전이 일어났다. 오스만의 몰타섬 기사단 거점 포위전이 실패한 것이다.[68] 이것은 이전에 오스만이 패배했던 일들과 마찬가지로 기독교 세계 승리의 전조로 환영받았다. 지중해 연안에서의 전략 실패로 위안을 찾던 서방 열강이 잡은 지푸라기였다.

아라비아해와 그 주변부의 치안을 유지하는 것은 오스만에게 만만찮은 일이었다. 그들의 해상 잠재력과 한계가 분명해지고 있던 시기에 자기네의 야망에 대한 까다로운 검증이었다. 오스만 선박은 아직 포르투갈의 선박에 비해 열등했다. 드넓은 대양을 건너기보다는 연안 항해에 적합했다. 디우 원정과 아라비아해에서 포르투갈과 이룬 합의 이후 두 세력 사이의 경쟁은 본국에 더 가까운 곳, 특히 페르시아만에서 펼쳐졌다. 만 꼭대기의 바스라 항구는 바그다드가 오스만에게 함락된 뒤 그들 손으로 넘어갔다. 그곳은 기존의 수에즈나 아덴 항구보다 인도에 더 가까운 아라비아해 쪽 출구를 제공했고, 조선소를 만들기에도 귀중한 장소였다. 그러나 불행하게도 포르투갈인들이 1515년 이래 호르무즈섬의 무역 중심지를 장악하고 있었고, 이에 따라 만에서 아라비아해로 나가는 해협 출구를 통제했다. 이곳은 사파비의 이란 남해안과 우화 속의 동방 땅으로 가는 통로로서 덜 노출된 곳이었다.

1552년에 경험 많은 선원 피리 레이스는 호르무즈와 바레인(진주 채취 산업의 중심지이고 역시 포르투갈이 장악하고 있었다)을 모두 점령하라는 지시를 받고 수에즈를 출발했다. 그는 호르무즈시를 점령했지만 필수 장비를 실은 배를 잃어 요새를 점령할 수단이 없었다. 그는 원정을 단축해 부근의 케슘섬을 약탈하고 전리품을 챙겨 바스라로 갔다.[69] 피리 레이스의 이력은 이브라힘 파샤의 후원 아래서 화려해졌다. 그러나 이브라힘 파샤는 죽은 지 오래였고, 피리 레이스는 더이상 통치 핵심에 있는 사람들에게 자신이 공헌한 바의 가치를 설득할 수 없었다. 그는 이 임무에 실패해 처형됐고, 그 시대의 가장 위대한 사람 중 하나가 그렇게 비명에 죽었다. 이는 또한 쉴레이만이 필요하다고 생각하면 언제라도 무자비해질 수 있음을 다시 한번 보여준 것이기도 했다.

피리 레이스가 처형된 직후 오스만은 만 남안의 아라비아반도 쪽에 라흐사주州를 설치했다. 포르투갈을 상대로 한 해상의 노력을 지원하는 육상 기지를 제공하기 위해서였다. 그리고 1559년에 바레인을 점령하기 위한 육상 및 해상 합동 작전이 라흐사와 바스라에서 시작되었다. 바레인의 지배자는 강력한 이웃들인 오스만과 포르투갈 사이에서 몇 년 동안 흔들거리고 있었다. 포르투갈 함대는 호르무즈에서 출항해 바레인의 중심 요새 마나마에서 오스만의 공격을 격퇴했다. 그러나 오스만은 재앙의 문턱에서 협정을 맺어 위안을 찾을 수 있었다. 이에 따라 양측은 전략적 철수를 했고, 1562년부터는 사절을 교환했다. 페르시아만에서는 다른 곳에서처럼 타협이 이루어졌다. 포르투갈은 페르시아만을 통과하는 해로에 대한 통제권을 유지했고, 오스만은 이어서 육로를 통해 알레포로 가는 무역로를 통제했다.[70]

페르시아만 연안과 마찬가지로 홍해 연안 역시 길고 적당한 정박지가 별로 없었다. 이 악조건의 지역에서 존재감을 유지하는 것은 물류 측면에서 벅찬 일이었고, 오스만의 영향력이 미치는 곳은 제국의 다른 주변 지역과 마찬가지로 몇몇 거점을 제외하고는 급속하게 줄어들었다. 예를 들어 그들이 신설한 라흐사주는 예멘주와 마찬가지로 처음에는 '가상 속주'였다. 이곳에서 오스만은 아랍 토착 부족들에게 끊임없이 시달렸다. 그들은 강력한 중앙 권력에 익숙지 않았고, 오스만이 어떤 의미 있는 방식으로 지배권을 행사하는 일을 막았다. 그러나 오스만은 그런 행사를 기대하지 않을 만큼 현실적이었다. 제국의 권력이 제한적인 곳 이외의, 지역 생활에 별로 영향을 미치지 않는 지역을 그들이 속주라고 주장하는 것은 오스만 세계를 정리하고 분류하며 그 행정의 틀을 제공하려는 의도를 가진 몸짓이었다. 오스만은 언제나 지나치게 벌려놓는 것을 두려워했고, 전략적 목표에 필요한 제한된 영토의 배후지(드넓고 '비어 있는' 지역이다)를 직접 지배하는 것이 불가능함을 잘 알고 있었다.

이집트에서 맘루크 지배의 남쪽 한계인 나일강 변 아시우트 너머 역시 미지의 땅이었다. 아시우트와 아스완 남쪽 제1폭포 사이에 누비아가 있었고, 누비아 너머에 푼지 술탄국이 있었다. 그보다 더 남쪽에는 대체로 기독교도들의 땅인 아비시니아가 있었다. 셀만 레이스Selman Reis 선장은 인도양에서의 포르투갈의 활동에 관한 1525년 보고에서, 포르투갈로부터 향신료 무역 통제권을 빼앗기 위해 오스만인들에게 하베시로 불린 아비시니아(그가 말하는 이곳은 홍해의 서쪽 연안 지역, 바브엘만데브 해협을 지나 아덴만의 남안까지를 가리켰다)에서 오스만의 통제권을 확립해야 한다고 권했다. 그는 이 지역 부족들(기독교도와 이슬람교도 모두)의 약점에 대해 이야기했으며, 또한 1520년대 이래 오스만이 장악하고 있던 수아킨섬 요새와 상아 및 금 무역의 중심지였던 나일강의 중계 기지 아트바라 사이의 땅을 정복할 것을 제안했다. 당시에는 아무런 행동이 취해지지 않았지만, 1555년에 푼지족의 북진이 한몫해서 오스만의 방침이 바뀌었다. 이전에 맘루크를 위해 일했던 예멘 총독 외즈데미르 파샤Özdemir Paşa가 그해에 명목상의 하베시주 총독으로 임명됐지만, 카이로를 출발해 나일강을 거슬러 올라가는 원정은 병사들이 제1폭포 너머로 나아가기를 거부해 실패했다. 2년 뒤, 한 부대가 수에즈에서 수아킨으로, 그리고 거기서 남쪽 미치와(내륙 도시 아스마라를 위한 홍해의 항구였다)로 갔고, 미치와는 외즈데미르 파샤와 그 병사들에 의해 함락되었다. 많이 지체되기는 했지만 포르투갈을 홍해에서 몰아낸다는 셀만 레이스의 목표는 실현됐고, 오스만은 그 해안의 항구들을 통과하는 고가 무역의 관세에 대한 통제권을 장악했다.[71]

오스만은 인도양 무역로를 열어놓으려는 노력에서 동맹자들을 얻었다. 가장 중요한 동맹자 가운데 하나가 수마트라섬 서북부의 이슬람 술탄국으로 후추 생산자인 아체였다. 아체는 포르투갈 팽창 정책으로 위협을 받자 오스만에 군사 원조를 모색했다. 오스만은 포르투갈을 상대로 술탄을 돕기 위해 1537년과 1547년에 원조를 보냈고, 아체는 1566년에 오스만의 보호를 공식 요청했다. 술탄은 오스만 술탄을 자신의 종주로 생각한다고 말하고, 금요 기도에서 그 이름을 언급했다.

이듬해 오스만 함대가 아체를 돕기 위해 수에즈를 떠날 때 아체의 항구들은 포르투갈에 의해 봉쇄되어 있었다. 대포와 전쟁 물자, 그리고 500명의 병력을 실은 두 척의 배가 그 목적지에 도착했는데, 생각했던 것보다는 상당히 규모가 작았다. 포르투갈을 이들 해역에서 몰아낸다는 임무에 충분하지는 않았지만, 이 군대의 존재는 포르투갈이 마음대로 활동할 수 없음을 보여주었다(페르시아만에서 오스만이 애를 먹인 것과 마찬가지였다). 오스만이 이렇게 상업적 이익을 단호하게 방어하면서 16세기 중반 이후 이집트를 통과하는 향신료 무역의 물량은 회복세를 보였다.[72]

1547년, 이반 4세는 흑해 북쪽 스텝 지역을 가로질러 먼 곳에 있는 자신의 나라 모스코비야의 수도에서 '온 러시아인의 차르'로서 즉위했다. 스텝은 약탈하는 카자크인과 아시아에서 이동해온 여러 유목 민족이 사는 곳이었고, 이 불안한 지역에서 오스만은 크림반도의 이슬람교도 타타르 칸국과 손을 잡고 있었다. 16세기 초까지 이 크림반도의 칸국은 모스코비야의 굳건한 동맹이었다. 폴란드-리투아니아와 스텝의 그 동맹자들에 맞서 서로의 경제적·영토적 이익을 방어했다. 오스만과 모스코비야의 경제적 이익 역시 상보적이었고 관계가 우호적이었다. 1498년에 모스코비야 상인들은 오스만제국에서 자유롭게 장사할 권리를 부여받았다. 셀림 1세의 치세 동안에 모스코비야와 크림반도 양쪽에서 온 사절들은 오스만의 호의를 얻기 위해 적극적인 외교 활동을 펼쳤다. 모스코비야는 폴란드-리투아니아와 오스만의 모피 무역에서 자기네 몫을 얻어내기 위해 경쟁했고, 타타르는 모스코비야가 이슬람 땅을 잠식해 들어오는 것을 두려워했다.[73] 이반의 즉위는 스텝의 이슬람교도 타타르 칸들(크림의 지배자들인 카잔 칸과 아스트라한 칸이며, 칭기스 칸으로부터 내려온 그들의 혈통이 자신의 혈통보다 우월했다)에게 자신이 그들과 동등하다는 신호를 보내는 것이었다.[74]

양쪽 모두에게 이익이 되는 모스코비야-오스만의 무역 접촉은 그의 즉위 불과 5년 후인 1552년에 이반이 볼가강 변의 카잔 칸국을 점령하고 그로부터 4년 뒤에 아스트라한(같은 이름의 그 수도가 카스피해 서북쪽 연안의 볼가강 삼각주에 있었다)을 점령할 때까지 계속되었다. 모스코비야 군주들은 오랫동안 카잔 및 아스트라한의 정치에 개입해왔고, 차르 이반 4세는 서로 싸우는 지역의 파벌들 가운데 하나를 지원함으로써 이들 칸국을 정복할 수 있었다. 오스만은 피정복민들에게 원래 믿던 종교를 유지하도록 허용했고(다만 규정된 한계 내에서였다), 자기네 행정을 완전히 받아들이게 하는 일은 점진적으로 추진했다. 그러나 비기독교도이고 슬라브어를 사용하지 않는 사람들이 사는 곳으로서 모스코비야가 병합한 첫 땅에 대한 그들의 정책은 비타협적인 것이었다. 모스코비야의 품으로 들어오는 것은 다른 무엇보다도 먼저 정교회 기독교를 받아들이는 것이었기 때문이다. 그러나 이슬람교도인 새 신민들을 강제로 개종시키려는 시도는 지역의 저항에 직면했고, 모스코비야 선교사들은 때로 자기네가 이슬람 신앙을 무너뜨리고 있던 오스만과 크림 칸국에서 나오는 불만에 굴복해야 했다.[75]

칸카스의 시르반이 1540년대 말부터 1551년에 이곳을 타흐마스브 샤가 재점령할 때까지 오스만과 동맹을 맺은 것은 오스만이 칸카스 남쪽 지역에서의 정책에 대해 생각하도록 자극했으며, 모스코비야의 카잔 및 아스트라한 정복은 오스만과 모스코비야의 전략적 이해관계가 언제나 합치하는 것은 아니라는 확실한 첫 신호였다. 아스트라한이 모스코비야의 손에 들어간 것은 오스만의 위신에 그림자를 드리웠다. 그에 따라 아스트라한을 지나는 길(이 길을 따라 순나파 이슬람 순례자들은 중앙아시아에서 흑해의 한 항구로 간 뒤 남쪽으로 여행을 계속해 메카로 갔다)에 대한 술탄의 보호가 사라졌기 때문이다. 아나톨리아 흑해 연안의 시노프에 있던 조선소는 곧 갤리선 전함 건조를 늘렸다. 이 변경에서 오스만의 영향력에 대한 도전에 대처하기 위해서였다.[76]

쉴레이만의 아들 가운데 다섯이 그의 치세 초반 이후까지 살아남았다. 후궁인 마히데브란에게서 태어난 무스타파와 휘렘 술탄에게서 태어난 메흐메드, 셀림, 바예지드, 지한기르였다. 휘렘의 맏아들인 메흐메드는 당대인들이 보기에 아버지의 총애를 가장 많이 받았지만, 1543년에 요절했다. 아마 천연두 때문이었을 것이다. 그는 전통을 깨고 왕자들의 통상적인 안식처인 부르사가 아닌 이스탄불에 매장되었다. 그의 무덤은 쉴레이만이 그를 기념해 지은 셰흐자데Şehzade('왕자') 마스지드 단지의 뜰에 있다. 16세기 오스만의 위대한 건축가였던 시난Sinan이 초기에 담당했던 중요한 작품이었다. 시난이 여기서 실험했던 여러 가지 건축과 장식의 기법은 이후 그 주군의 치세에는 좀더 차분해졌다.[77]

1553년, 쉴레이만의 사실상의 맏아들인 무스타파 왕자가 30대 후반의 나이에 처형되었다. 성인이 된 아들을 처형한 최초의 술탄은 14세기 말의 무라드 1세였다. 그는 반란을 일으킨 사브즈를 사형에 처하게 했다. 무스타파를 처형한 공식적인 이유는 그가 제위 찬탈을 계획했다는 것이었지만, 술탄이 총애한 이브라힘 파샤 처형의 경우와 마찬가지로 책임은 휘렘 술탄에게로 돌려졌다. 휘렘은 사위이자 동맹자인 대와지르 뤼스템 파샤와 공모했다는 의심을 받았다. 휘렘이 자기 아들을 후계자로 만들기 위해 무슨 일이든 했으리라고 상상하기는 어렵지 않다. 아마 나이가 들어가는 술탄을 자극해, 인기 있는 인물인 무스타파가 그의 퇴위를 강요할 것이라는 의심을 부추겼을 것이다. 쉴레이만의 아버지 셀림 1세가 할아버지 바예지드 2세에게 그런 강요를 했었다. 몇 년 전 메흐메드 왕자가 죽은 뒤 상비군은 정말로 쉴레이만에게 에디르네 남쪽 디디모티호에 은거하라고 요구할 생각을 했다. 바예지드의 운명과 매우 비슷한 것이었다.[78] 무스타파의 의도가 무엇이었든, 쉴레이만은 거리낌 없이 이 즉결 조치를 시행할 수 있었다. 그에게는 권좌를 물려받도록 미리 정해진 권리가 없는 다른 아들들이 있었기 때문이다. 무스타파는 부르사에 묻혔고, 쉴레이만의 독단적인 행동을 비판하는 사람들을 달래기 위해 뤼스템 파샤가 일시적으로 관직에서 해임되었다. 무스타파는 장애인이었던 이복동생 지한기르 왕자와 특히 친했는데, 지한기르는 곧 이란을 상대로 출정하던 중 알레포에서 죽었다. 쉴레이만이 그를 위해 지은 마스지드는 궁궐에서 쉽게 볼 수 있었다. 외양은 많이 변했지만(가장 최근에는 19세기 말에 술탄 압뒬하미드 2세가 재건축했기 때문이다), 아직도 이스탄불 구시가에서 바다 건너 지한기르구區의 산허리에 올라앉아 있다.

무스타파 처형이 쉴레이만 가족의 문제를 끝내지는 못했다. 전에도 그랬듯이 그를 대신한 왕위 주장자가 나타났다. '가짜 무스타파'가 발칸반도에서 봉기를 주도했다. 페르디난트의 대사이자 헝가리에서의 오랜 평화 협상에 관여했던 오지에 기슬랭 드 뷔스베크Ogier Ghislain de Busbecq가 1556년 7월 이스탄불에서 쓴 편지에서 그는 쉴레이만과 휘렘의 아들 바예지드 왕자(휘렘의 총아였다)가 반란을 선동했다는 의심을 받았다고 보고했다. 가짜 무스타파와 그 추종자들은 체포돼 이스탄불로 이송됐고, 그곳에서 술탄의 명령에 따라 사형에 처해졌다. 휘렘 술탄은 바예지드의 이른바 개입으로 결말이 지어지는 것은 피했지만,[79] 1558년에 휘렘 자신이 죽었다. 바예지드와 남아 있는 그의 형 셀림의 야망을 억누르는 휘렘의 영향력이 사라지자 그들 사이의 공개적인 충돌이 일어났다.

분명히 정변을 두려워한 쉴레이만은 바예지드와 셀림을 먼 속주들로 보내 통치하게 했다. 셀림은 마음에 드는 임지인 마니사를 떠나 이스탄불에서 더 먼 콘야로 갔다. 바예지드는 에디르네의 군 지휘관 자리에서 아마시아로 옮겨갔다. 그 이전에 무스타파 왕자가 맡았던 곳이었다. 그는 그 자리에 임명되어 일한 마지막 제후총독이었다. 술탄 후보자가 속주를 통치하면서 왕권을 경험하게 하는 관행은 그 세기 말에 중단됐기 때문이다. 바예지드는 쉴레이만을 승계하기 위한 경쟁이 본격적으로 시작됐음을 알았다. 그는 아나톨리아 북부를 가로질러 아마시아로 갔고, 주변에 불만을 품은 무리를 끌어들였다. 지방 기병과 비정규병, 아나톨리아 동남부의 부족민 등이었다. 이들은 수천 명에 이르렀고, 그 상당수는 그 이복형 무스타파의 지지자들이었다.[80]

바예지드가 이란으로부터 지지를 끌어내지 않을까 우려한 쉴레이만은 그를 죽이는 것이 적법한지에 대해 파트와를 구했고,[81] 아나톨리아 속주의 총독들에게 휘하 병사들을 셀림 주위로 집결시키라고 명령했다. 그는 이들의 봉급을 대폭 인상해주고 협력하는 자에게 빠른 승진을 약속했다. 대항하는 양군은 콘야 부근에서 만났는데, 셀림의 군대가 병력이 더 많고 장비도 우세했다. 두 번째 날에 바예지드는 전쟁터에서 달아나 아마시아로 갔다. 그가 아직 지지를 얻고 있는 곳이었다.

타흐마스브 샤는 1555년에 술탄과 평화 협정을 맺었음에도 불구하고 바예지드에게 이란에 피난처를 제공했다. 그 소식을 들은 쉴레이만은 변경 속주 총독들에게 바예지드를 잡으라는 명령을 내려보냈지만, 다시 그들의 협력을 얻기 위해 유인책에 의존해야 했다. 1559년 7월, 바예지드는 네 아들과 함께 동쪽으로 달아나 이란으로 갔다.[82] 마지막까지 그는 용서를 청했으나, 쉴레이만은 그의 호소에 흔들리지 않았다. 절망에 빠진 바예지드는 대와지르 뤼스템 파샤에게 이렇게 썼다.

위대하고 너그러우신 하느님께 맹세코, 저는 애초부터 세계의 피난처이시며 걸출하고 절묘하신 파디샤 폐하께 제가 왕국에 대해 반역을 하고 반대를 하고 해를 끼치고 파멸을 불러올 의사가 없음을 약속하고 맹세했습니다. 저는 이전에 후회를 하고 진심으로 하느님의 용서를 청했으며, 좋지 않은 분노의 표출로 나타난 제 잘못을 인정했습니다. 저는 거듭 용서와 은혜를 청하는 사과 편지를 보냈고, 이어 폐하의 심기를 거스르지 않겠다고 약속하고 맹세했습니다.[83]

바예지드가 타흐마스브의 궁정에 피신해 있는 것은 샤에게 적절한 복수처럼 보였다. 1547년 쉴레이만이 자신을 상대로 자신의 동생 알카스 미르자를 이용했던 것에 대한 복수였다. 셀림은 바예지드를 다시 데려오는 일에 깊숙이 개입했고, 이후 3년에 걸쳐 일곱 차례의 오스만 사절이 왕자를 내놓도록 타흐마스브를 설득하는 임무를 띠고 사파비 궁정에 갔다. 1562년에 그는 마침내 굴복하고 바예지드와 그 아들들을 많은 금화 및 사치스러운 선물과 교환하는 데 동의했다. 선물 중에는 장식된 검 하나, 단도 하나, 허리띠 하나, 구렁말 한 필, 아랍산 종마 다섯 필이 있었고, 이는 바예지드와 그 아들들의 신병이 사절들에게 넘어갔다는 소식을 셀림이 듣는 대로 그에게 주기로 되어 있었다. 그러나 그러기 전에 바예지드 등이 타흐마스브의 수도 카즈빈에서 셀림의 믿을 만한 하수인에 의해 살해됐고, 그들의 시신이 대신 넘겨졌다. 그의 형 메흐메드에게 베풀어졌던 사후 배려와는 사뭇 다르게, 반란자인 바예지드와 그 아들들은 지방의 아나톨리아 도시 시바스 성벽 바깥에 매장되었다.[84]

1555년의 아마시아 조약으로 이룬 오스만-사파비 관계의 안정은 1578년까지 지속됐고, 심지어 타흐마스브 샤가 바예지드에게 피난처를 제공한 일도 이를 깨지는 못했다. 오스만은 조약에 의해 외국 세력과의 관계를 안정시킬 수 있었으나, 국내의 불만과 불안을 완전히 잠재울 수는 없었다. 종교적으로 촉발된 것이든 아니든 마찬가지였다.

쉴레이만은 즉위하면서 자신의 치세가 정의의 시대가 될 것이라고 선언했지만, 1526~1527년 아나톨리아에서는 광범위한 반란이 일어났다. 이 봉기의 직접적인 원인은 킬리키아에서 조세 수입을 평가할 목적으로 벌인 조사였다. 그것은 지역 주민들에게 불공정한 것으로 비쳤다. 지방 군대는 혼란을 진압하는 일을 감당할 수 없음이 드러났고, 디야르바크르에서 온 증원군이 투입되었다. 그러나 반란은 아나톨리아 동부에서 널리 확산됐고, 칼렌데르 첼레비Kalender Çelebi가 주창한 무장 요구로 공공연하게 정치적·종교적 분위기를 띠었다. 칼렌데르는 칼란다르Qalandar파 데르비시로, 존경받는 13세기 신비주의자 하즈 베크타시Hacı Bektaş의 영적 후예였다. 쉴레이만은 그들이 이란으로 도망치는 길을 봉쇄하라고 명령하고, 대와지르 이브라힘 파샤를 직접 반란군을 상대하도록 파견했다. 그가 아직 동쪽으로 달려가고 있을 때 오스만 군대는 몇몇 지방 태수 휘하 사람들(1527년 6월 8일 아나톨리아 중북부 토카트 부근에서 벌어진 충돌에서 살해된 사람들 가운데 일부였다)의 희생 속에 반란군을 해산시키는 데 성공했다. 6월 말, 이브라힘 파샤와 그의 군대는 반란군과 만나 그들을 격파했다.[85]

덜 폭력적인 형태의 저항 역시 나타났다. 1527년 제국의 최고 종교 권위자 셰이흐월이슬람인 케말파샤자데 솀셋딘 아흐메드의 견해가 몰라 카브즈Molla Kâbız라는 학자의 처형을 불러왔다. 이 학자는 쿠란과 전승에 나오는 선지자 무함마드가 했다는 말을 근거로 예수가 영적으로 무함마드보다 더 우월하다고 주장했다. 제국회의실의 살창문 뒤에서 카브즈에 대한 예비 심문을 들은 쉴레이만 술탄은 이단자를 그의 면전에 데려왔다며 이브라힘 파샤를 질책했다. 카브즈는 자신의 신념을 버리기를 거부했고, 추가적인 심문을 거쳐 처형되었다.[86] 케말파샤자데는 1529년 셰이흐 이스마일 마슈키İsmail Maşuki라는 젊은 설교자의 경우에도 비슷한 견해를 냈다. 이 설교자의 생각은 광범위한 대중의 지지를 얻고 있었다. 그의 생각 가운데 하나로 '존재의 단일성', 즉 인내천人乃天의 교리가 있었다. 100년 전 내전 기간 동안에 셰이흐 베드렛딘이 신봉한 교리다. 술탄 메흐메드 1세는 그것이 매우 파괴적이라고 보았고, 쉴레이만 술탄의 종교 당국자들도 마찬가지로 그것이 불안 요소라고 생각했다. 셰이흐 베드렛딘과 마찬가지로 마슈키도 이단의 죄목에 걸려 열두 명의 조력자와 함께 히포드롬에서 처형되었다. 여론은 그가 순교자라는 것이었고, 그 추종자들의 활동은 30년이 지난 뒤에도 오스만 당국을 여전히 성가시게 하고 있었다.[87]

이단이 되기 위해서는 종교적 표현이 공인된 신앙과 관행에서 얼마나 멀리 벗어나야 하는지에 대한 개념이 '이단자' 자신이 아니라 권력을 잡고 있는 사람에 의해 결정된다. 오스만 국가는 특정 신앙들을 '이단'으로 규정하고 그들이 부정적인 정치적 결과를 가져오기 쉽다고 생각했으며, 마찬가지로 정치적 결과가 하찮다고 생각하면 관대할 수 있었다. 이렇게 오스만과 사파비 양국 사이의 영토 다툼이 당분간 수그러들면서 크즐바시 '이단'은 더이상 이웃을 상대로 군사 행동이 필요한 문제가 아니고 점차 내부의 일로 재규정되는 문제가 되었다. 1533~1535년 쉴레이만의 동방 원정 이후 상당수의 크즐바시가 이란으로 이주했고, 오스만 경내에 남아 있는 사람들은 박해를 받았다. 1545년부터 1574년까지 셰이흐윌이슬람으로 재직한 에부수우드 에펜디Ebussuud Efendi의 파트와는 그들이 배교자이며, 그들에 대한 종교적인 처벌은 죽음이라는 것이었다. 마슈키의 설교에 관한 케말파샤자데의 견해는 또한 에부수우드에 의해 지지를 받았다.[88] 오스만 주류 세력은 공인된 형태의 이슬람교를 강제하기 위한 노력으로, 국내의 반체제파에 대해 어떤 자비도 베풀지 않았다.

쉴레이만 술탄은 치세 초반에 오로지 이브라힘 파샤와 휘렘 술탄의 조언에만 의지했다. 이브라힘 파샤가 처형된 뒤 휘렘은 계속해서 그 남편의 가까운 친구였고, 여기에 그들의 딸 미흐리마흐가 가세했다. 이 딸은 뤼스템 파샤의 아내로, 뤼스템은 1544년부터 거의 중단 없이 1561년까지 대와지르를 지냈다. 술탄의 사위였던 뤼스템 파샤의 위치는 그에게 큰 권력을 주었고, 그는 많은 적을 만들었다. 그는 궁정의 작동 방식을 이브라힘 파샤보다 잘 알고 있었고, 그가 비록 휘렘과 함께 무스타파 왕자 처형에 연루되기는 했지만 죽은 왕자의 지지자들을 달래기 위해 그저 잠시 자리를 물러나 있다가 이후 복직했다. 그는 더 나아가 주화와 곡물 시장을 조종하고 관직을 팔아 국가 수입을 늘림으로써 명성을 얻었다. 그는 막대한 개인 재산을 축적했고, 그가 재직하는 동안 뇌물을 받는 관행이 상례가 되었다고 당대인들이 말했다고 한다.[89] 뤼스템이 죽자 그는 쉴레이만의 아들 메흐메드를 기념하기 위해 건설한 세호자데 마스지드 단지에 묻혔다. 쉴레이만이 그를 매우 존중하고 있었음을 분명하게 인정한 것이었다.

부자였던 뤼스템 파샤는 관대한 후원자 노릇을 할 수 있었고, 제국 곳곳에 많은 마스지드와 기타 종교적이고 세속적인 건물들을 지을 돈을 댔다. 대개의 경우 1538년 이래 술탄의 수석 건축가였던 시난의 기술을 빌렸다. 뤼스템 자신의 마스지드는 할리치만에 면한 이스탄불의 중심 항구 구역 에미뇌뉘에 있다. 땅값이 비싸고 임대료가 높은 지역에 있는 기존의 마스지드(교회를 개조한 것이다)를 허물고, 시난은 1층에 가게가 있는 뤼스템의 마스지드를 설계했다. 부속 신학교는 약간 떨어진 항구 위 비탈에 세웠고, 상인들을 위한 여행자 숙소는 할리치만 건너 갈라타 상업 지구(역시 많은 이익을 창출하는 곳이다)에 건설했다. 뤼스템은 또한 아나톨리아 중심 무역로(에르주룸, 콘야 부근의 에레일리)와 트라케의 두 곳에도 상인용 여행자 숙소를 건설했다.[90]

'정통' 오스만 미술과 건축이 가장 완전한 표현에 도달한 것은 뤼스템 파샤의 후원 아래에서였다. 셀림 1세가 자신의 정복 때 데려온 명장名匠들이 죽어 그 영향력이 사그라지면서, 소년 징발로 충원되고 오스만 가문을 위해 일하도록 훈련된 장인들로 대체되었다. 정규적인 충원과 승진 체계가 도입되고, 그 결과로 예술 표현(직물과 타일 위에 하는 것이든 서예 장식이든)이 더욱 표준화되었다. 한때 이란 표준의 미묘하고 추상적인 디자인이 우세하던 곳에서, 좀더 의식적으로 정통 이슬람교의 영향 아래서 대담하게 양식화된 초목 위주의 디자인 묘사가 끊임없이 반복적으로 혼합돼 이제 지배적인 것이 되었다. 세밀화를 제외하고 인간에 대한 묘사는 드물어졌다.[91] 에미뇌뉘에 있는 뤼스템 파샤의 마스지드는 그 타일의 화려함과 다양함으로 유명하다. 암청색, 청록색, 녹색, 토마토색 타일 위에 투명한 유약을 발랐다. 이것이 이스탄불에서 마르마라해 건너편 이즈니크에 있는 작업장의 가장 좋은 생산품 가운데 하나였고, 여기서는 100여 년 동안 궁정을 위한 타일을 생산했다.

산등성이에 우뚝 서서 할리치만을 내려다보고 있는 쉴레이만 마스지드 단지는 뤼스템 파샤의 재임 기간에 지어진 것으로, 정통 이슬람 제국 술탄에게 적절하게 위압적인 기념물이었다.[92] 쉴레이만은 만년에 더욱 신심이 깊어지면서 오스만 왕조의 진실한 모습을 전하기 위해 셰이흐월이슬람 에부수우드에게 의존했다. 거의 고정된 영토 안에서 이슬람 세계 권력에 적절하다고 생각된 왕조였다. 자신과 제국의 이런 모습은 기독교도가 대부분인 나라를 통치했던 그의 증조부 메흐메드 2세 같은 허세를 부리는 정복자의 모습이 아니고, 이집트와 시리아를 포함하는 비옥한 초승달 지대〔티그리스강·유프라테스강 유역에서 지중해 동안을 거쳐 이집트까지에 이르는 지역〕의 옛 이슬람 땅의 자기 신민인 이슬람교도들에게 호소하는 것이었다. 이브라힘 파샤의 지원 아래 제국이 홍보한 모습이 카를 5세를 향했던 치세 초기와 달리 이제 목표물은 그의 아버지 시대와 마찬가지로 사파비였다(다만 덜 공격적이었다). 에부수우드는 오스만 왕조의 세속 권력에 대한 주장을 이슬람 세계의 지도권에 대한 주장과 조화시키기 위한 노력에서 능숙한 협력자였다.[93]

셀림 1세는 칼리파 칭호를 별로 중요시하지 않았지만, 셀림의 맘루크 땅 정복에 따른 이슬람 성지들의 보호자 역할은 술탄이 그 완전한 의미에서 떠맡을 필요가 있다고 에부수우드는 생각했다. 전승은 칼리파가 선지자 무함마드가 속한 쿠라이시 부족 출신으로 내려가야 한다고 요구했지만, 에부수우드는 이것 때문에 고민하지는 않았다. 그는 오스만이 쿠라이시와 연결되었다는 주장의 근거를 간단히 조작해버렸다. 그리고 이 날랜 솜씨의 무게를 더하기 위해 이 칭호가 세습되는 것이라고 공표했다. 에부수우드는 역사가들의 작품에서 원군을 찾을 수 있었다. 이미 셀림 1세의 치세에 메흐메드 네슈리는 이 왕가를 선지자의 후계자들로 묘사했고, 1539년에서 1541년까지 쉴레이만의 대와지르였던 뤼트피 파샤Lütfi Paşa는 1540년대에 글을 쓰면서 오스만 술탄들이 진정한 정통성을 가진 유일한 존재라고 강조했다.[94] 쉴레이만 마스지드 정문에 쓰인 과장된 새김글(이 장 서두에 인용되었다)은 쉴레이만의 칼리파 칭호에 대한 권리 주장을 영원히 남겨놓았다.

에부수우드는 또한 왕조의 국가 법 카눈kanun(여기서 쉴레이만의 튀르크어 별명 카누니Kanûnî('입법자')가 나왔다)을 신의 법 샤리아와 일치시키는 일도 했다고 한다. 왕조 또는 세속의 법은 상당한 정도로 종래의 관습에서 나오고 술탄에게서 비롯된 원칙들에 의존했지만, 신의 법은 실제적인 문제보다는 쿠란과 선지자 무함마드 및 그 사하비ṣaḥābiyy('동반자')들의 언행을 통해 드러난 '하느님의 법'을 발견하는 데 관심이 있다(과거에도 그랬다). 그 실행자인 법학자들은 이론 문제, 즉 법학 토론에서 추론과 해석을 함으로써 이를 이루고자 했다. 세속 법에서 다룬 실제적인 문제들은 이슬람교도의 의례상의 의무(기도와 단식의 실천에 관한 규칙), 형벌의 공평성과 규제에 관한 구체적인 부분, 확립된 기준(주로 남성-여성, 이슬람교도-비이슬람교도, 자유인-노예의 이분법을 바탕으로 한 것이다. 각 범주의 후자에 들어가는 사람은 종속적이지만 분명하게 규정된 법적

지위를 부여받는다)에 따른 사회의 안정 유지 같은 것이 포함된다.[95]

따라서 오스만 국가에는 세속의 법이 적용되지 않는 복잡한 행정 실무의 수많은 영역이 있었다. 메흐메드 2세는 처음으로 이전 술탄들의 전례를 바탕으로 한 왕조의 법전을 성문화했다. 1540년 무렵에 선포된 쉴레이만의 총괄적인 법전은 메흐메드 2세와 바예지드 2세의 법전을 수정하고 증보한 것으로, 지방 기병대, 세금(오스만제국 수입의 상당 부분은 농업 관련 세금에서 나왔다), 소수파 주민에 대한 규정 같은 제국 전반의 문제에 관한 입법 원칙을 담고 있다.[96] 쉴레이만은 또한 새로 정복한 영토를 위한 법전을 만드는 선대 술탄의 작업도 이어갔다. 그 작동을 통제하는 관료가 증가함에 따라 시대에 맞는 최신의 법이 필요했고, 에부수우드는 오스만제국의 새 통제 조직과 더 오래되고 상위에 있는 신의 법의 원칙을 조화시키기 위해 노력했다.

제국 법의 조직화와 함께 종교 지도층의 개편도 이루어졌다. 그 성원들 또한 신의 법과 왕조의 법 모두와 관련된 문제를 중재하는 판사 역할을 하고 있었다. 쉴레이만의 시대에 종교 지도층이 확대됐고, 그 직업 구조는 제국의 법률 및 종교 관리를 충원하는 데 필요한 잘 훈련된 사람을 공급하기 위해 조직화되었다. 오스만제국이 유일하게 진정한 이슬람 국가라는 쉴레이만의 주장은 법의 집행과 종교 교리의 언명에서 일관성이 필요했다. '이단적'인 사파비의 유혹에 맞서고, 동시에 비이슬람교도 신민들에게 이슬람법의 구조 안에서 배정된 자리를 갖게 하기 위해서였다. 무프티mufti로도 알려진 셰이흐윌이슬람은 이제까지 그저 이스탄불의 종교 당국 수장일 뿐이었지만, 그 지위는 이제 전체 종교 지도층의 우두머리이자 국가 최고위 종교계 인사로 격상되었다. 그러나 그의 새 책무에는 종교계 고위층 내부의 포상과 임명이라는 시간이 들고 매우 긴장된 일이 포함됐으며, 그 자신이 영향을 받게 될 조직의 내부 투쟁에 가까워짐으로써 정치적 흐름에 더(덜이 아니라) 취약해지고 불편부당함에 대한 기대를 경시하게 만들었다. 쉴레이만과 그 참모들은 셰이흐월이슬람에게 광범위한 문제에 관해 파트와를 구하면서 최고 이슬람 군주로서의 술탄의 적법성을 더욱 강화하고자 했다. 그러나 그들은 그 대신에 이 자리를 정치화하는 길을 열어놓았음을 알게 되었다.[97]

쉴레이만의 성숙기에 자신의 흔적을 남긴 세 번째 고위 관리는 그의 니샨즈(비서장)였던 젤랄자데 무스타파 첼레비Celâlzâde('젤랄의 아들') Mustafa Çelebi였다. 젤랄자데 무스타파는 제국회의의 비서로서 1525년에 이브라힘 파샤를 따라 이집트에 갔고(그는 아마 이집트 법전을 준비했을 것이다[98]), 1536년 이브라힘 파샤가 처형된 이후 20여 년 동안 비서장으로 일했다. 그는 왕조의 법과 신의 법을 조화시키기 위해 에부수우드와 함께 일했고, 비서장을 왕조 법의 최고 책임자로 만들었다. 그는 또한 관료를 전문화했다. 종교 및 예술계 지도층과 마찬가지로 승진을 위해 후보자들이 훈련을 받도록 하기 위해서였다.[99] 에부수우드가 후대에 셰이흐월이슬람 직위에 오르는 사람들의 모범으로 생각됐듯이, 젤랄자데 무스타파는 비서장의 전형으로 생각되었다.

젤랄자데 무스타파는 또한 1557년(그는 이때 뤼스템 파샤에 의해 관직에서 밀려났다)까지의 쉴레이만 치세에 대한 기념비적인 역사를 쓰기도 했다. 그의 작품은 술탄과 왕조 묘사에서 새로운 기풍을 정립해, 쉴레이만을 무엇보다도 공정하고 성숙한 체제의 진실한 통치자로 묘사했다.[100] 이런 이상적인 군주에 대한 묘사는 궁정 사관 자리가 만들어진 뒤 의례화하는 경향이 있었다. 이 운문 형식의 찬양문(그것을 짓는 것이 사관의 책무였다)은 지배자를 대단한 영웅으로 그리는 이란의 전통에 그 뿌리가 있었다. 그것이 첫 궁정 사관 아리피 페툴라흐 첼레비Arifi Fethullah Çelebi(1548~1549년 타흐마스브 샤의 동생 알카스 미르자의 반란 때 이스탄불로 왔다) 같은 매우 능숙한 이주자들의 작품을 통해 오스만 궁정 문화에 스며들었다. 술탄이 이슬람 제국의 지배자로서 인정받을 권리는 종교적 건축물과 선행에서, 그리고 왕조 법의 시행에서 공개적으로 실증되는 것이었고, 따라서 그의 이미지는 당시의 역사 저작 속에서 연마되었다. 그런 저작들은 그것을 주문할 능력이 있거나 그것을 보고 그 낭독을 들을 기회가 있는 소수의 사람을 위한 것이었다. 인쇄술이 없었기 때문에 이런 역사 저작은 돈 많고 권력 있는 사람들 사이에서만 유통되었다. 그들의 충성심이 언제나 가난하고 글을 모르는 사람들보다 더 보장되는 것은 아니었으며, 그들 역시 술탄의 양도할 수 없는 통치권에 대해 설득할 필요가 있었다. 쉴레이만이 궁정 사관 자리를 만들면서 또 하나 관심을 가졌던 것은 아버지의 명예 회복이었다. 그의 아버지가 잔인했다는 오명은 이상적인 이슬람 통치자의 이미지와 맞지 않았고, 이 때문에 그는 셀림의 행동을 구체적으로 칭찬하는 여러 개의 작업을 주문했다. 그 세기 말에 셀림은 당연히 잔인한 인물이 아니라 영웅적인 인물로 받아들여졌다.[101] 쉴레이만의 치세 초기에 글을 쓴 그의 셰이호윌이슬람 케말파샤자데는 셀림에 대한 비가를 지었고, 이후 이런 부류의 글이 많이 나왔다. 그 비가는 이렇게 시작한다.

조심스러운 저 노인, 젊어서는 힘이 있었지.
칼을 들면 언제나 이겼고, 말은 틀리는 법 없었네.
아시프Asif(솔로몬의 대신)처럼 지혜롭고, 그 무리의 자랑이었지.

그에게는 대신이 필요 없고, 전쟁에서 장수도 필요 없었네.

그의 손은 검이었고, 그의 혀는 단검이었지.

손가락은 화살이었고, 팔은 빛나는 창이었네.

눈 깜짝할 사이에 많은 훌륭한 일을 했고

그 힘의 그늘이 온 세계를 덮었네.[102]

오스만은 자기네의 패권 주장을 강화하는 데서 상징 조작의 명수가 되었다. 메흐메드 2세는 궁정 의례를 성문화했고, 궁정과 정부 관료의 행동거지에 관한 엄격한 규정을 만들었다. 쉴레이만은 이를 그 논리적 결론으로 끌고 갔다. 술탄은 더이상 신하들과 함께 밥을 먹지 않았고, 당연하게도 청원을 직접 받지 않았다. 메흐메드는 흔히 제국회의를 방의 벽 높은 곳에 난 격자창을 통해 내려다보았다. 거기에 직접 참여하는 것이 아니었다. 쉴레이만은 이를 예외가 아니라 상례로 만들었다. 그는 찾아오는 사절을 맞이하기 위해 일어나지 않음으로써 그들의 열등한 위치를 두드러지게 만들었다. 그들은 이어 술탄이 청원실에서 자기네를 맞이할 때 말이 없고 움직임이 없었다는 점에 주목했다.[103] 쉴레이만은 백성들 앞에도 거의 모습을 드러내지 않았다. 모습을 드러내는 경우(금요 기도에 참석하거나 전쟁에 출정하는 것 같은 경우다)에는 그의 신비감을 높이기 위해 행사가 치밀하게 연출되었다.

정복은 무한히 이루어질 수 없었고, 쉴레이만의 치세 후반기에는 그 초년의 축제와 개선 행진이 좀더 영구적인 건축 유산으로 대체되었다. 왕조의 위대성에 대한 상징이었다. 황실 여성들이 처음으로 술탄 및 그 정치가들과 함께 자기네의 신심을 이스탄불 사람들에게 과시하는 데 나섰다. 쉴레이만의 치세 동안 왕가 사람들이 수도에 세운 마스지드 단지 여섯 개 가운데 셋이 여성과 관련이 있었다. 이전에 여성들은 지방에만 건축물을 세웠다. 그 전임자들과 비교해 쉴레이만 자신의 세속 및 종교적인 건설 사업(마스지드 단지에서부터 고가 수로에 이르기까지)은 방대했다. 그런 아낌없는 공공 지출을 미심쩍게 보는 사람들이 있었다. 16세기 말의 관리이자 지식인이었던 겔리볼룰루 무스타파 알리Gelibolulu Mustafa Âli는 종교적 사업에 관한 결정을 내릴 때 특정 지역에서의 공공 서비스의 필요성은 고려 사항이 아니었다고 지적했다. 중요한 것은 공공 재정이 아니라 전리품을 재원으로 삼는 새로운 재단이었다고 그는 말했다.[104]

쉴레이만 가족의 황실 여성들이 추진한 사업들은 상업적인 것이기보다는 자선을 위한 것이었다. 그중에는 왕가 남성들이 후원한 재단에서는 통상적으로 발견되지 않는 병원이나 무료 급식소도 있었다. 쉴레이만의 어머니 하프사 술탄Hafsa Sultan은 아들이 사루한의 제후총독일 때 그와 함께 살았던 도시 마니사에 커다란 건물 단지를 건설했다. 그곳을 관리할 인원만도 100명이 넘었다. 그곳에는 마스지드 외에 신학교, 데르비시 회관, 초등학교, 빈민을 먹이기 위한 무료 급식소 등이 있었다. 쉴레이만은 나중에 병원과 목욕탕을 추가했다.[105] 술탄의 건축가 시난은 쉴레이만의 딸 미흐리마흐 술탄을 위해 위스퀴다르의 부잔교浮橋 옆에 진료소와 무료 급식소를 갖춘 마스지드 단지를 건설했다. 이스탄불에서 해협 건너편이자 아나톨리아의 전쟁터로 나가는 길목에 있는 첫 역참이었다. 또 하나는 이스탄불의 에디르네 문 옆 높은 단구에 세웠는데, 제국 군대가 유럽의 전쟁터로 나갈 때 이 문을 통과했다.

휘렘 술탄이 만든 것들(일부는 휘렘의 직접적인 지시에 따른 것이고, 일부는 그저 이름만 내건 것이다)은 수천 명의 사람이 그 인자함을 접하고 이에 따라 그들의 복지를 위한 휘렘의 관심(그리고 왕가의 관심)에 감사할 수 있게 했다. 그것들은 제국의 주요 지역에 위치했다. 왕가의 본거지인 이스탄불과 에디르네, 이슬람교의 성지들, 예루살렘 같은 곳들이었다. 가장 이른 것은 시난이 휘렘을 위해 1537년에서 1539년 사이에 이스탄불에 지은 복합 시설이었다. 이것은 그가 당시까지 맡았던 것 가운데 가장 큰 사업이었고, 황실 여성이 이스탄불에 건설하도록 후원한 최초의 마스지드 단지였다. 1536년 이브라힘 파샤가 처형된 이후 곧바로 휘렘의 이름으로 마스지드 단지를 건설한 것은 틀림없이 그 이미지를 개선하려는 의도였을 것이다. 여기에는 무료 급식소와 병원이 포함되었다. 휘렘이 죽기 직전인 1556년에 시난은 히포드롬 끄트머리, 아야소피아 담장 옆에 휘렘의 이름을 지닌 대형 하맘hamam(공중목욕탕)을 지었다.

휘렘이 예루살렘에 지은 것은 그 어느 것보다도 거창했다. 마스지드 하나, 55개의 방이 있는 순례자용 숙박소 하나, 빵집 하나, 무료 급식소 하나, 지하 저장실 하나, 곡물 창고 하나, 장작 헛간 하나, 휴게실 하나, 여러 개의 화장실, 여관 하나, 마구간 여러 개 등이었다.[106] 메카나 메디나와 마찬가지로 오스만이 맘루크로부터 물려받은 예루살렘은 선지자 무함마드가 승천했다는 곳이었다. 1537년에서 1541년 사이에 쉴레이만은 7세기 말에 지어진 쿱밧앗사흐라Qubbat aṣ-Ṣakhra('바위의 돔')의 마스지드를 오스만 방식으로 재단장하고 옛 도시 성벽을 광범위하게 개축했다.[107]

오스만은 메카와 메디나 성지의 보호자가 된 뒤 이 지역들을 아름답게 장식하는 맘루크의 관행을 계속했다. 맘루크는 주의 깊게 이곳에서의 종주권을 지켰고, 경쟁 이슬람 지배자들에게 기부 특권을 주지 않았다. 이것이 그들에게 더 큰 위신을 부여할 것을 두려워했기 때문이다. 카바 성소 덮개를 제공하겠다는 술탄 메흐메드 2세의 제의가 거절당했던 것과 똑같이, 티무르의 아들이자 후계자인 샤루흐의 선물을 거절했다. 셀림 1세는 성지들에 대한 경의를 과시할 시간이 별로 없었지만, 쉴레이만은 광범위한 혁신을 이루었다. 그는 메카에 네 개의 신학교를 세웠고, 마스지드 알하람의 뾰족탑을 재건하고 매우 높은 일곱 번째 뾰족탑을 추가했다. 그는 또한 급수 시설을 개선했다. 방문자 수가 늘었고, 세정식과 음용을 위한 깨끗한 물을 풍부하게 공급하는 것이 그 어느 때보다도 긴요했다. 쉴레이만은 또한 저녁 기도 동안 마스지드를 밝혀줄 큰 양초와 카바를 위한 향료를 기부했다.[108] 그는 메카와 메디나 두 곳에 휘렘 술탄의 이름으로 무료 급식소를 짓게 했다.

오스만이 자기네가 물려받은 기독교 세계의 종교 기념물에 대해 보인 반응은 파괴가 아니라 경쟁이었다. 좋은 사례는 메흐메드 2세가 기독교 정교회의 하기아소피아 대성당과 경쟁하기 위해 이스탄불에 마스지드를 건설한 것이었다. 선지자의 삶과 관련이 있기는 하지만, 쉴레이만이 예루살렘에 퍼부은 관심은 사실상 작은 지방 도시였던 곳의 중요성과는 걸맞지 않을 것이다. 그러나 그는 여기서 다양한 대상에게 자신의 영광을 과시할 수 있었다. 그와 휘렘 술탄이 후원한 공공사업은 이슬람교도 관찰자들에게 예루살렘이 이제 오스만의 도시임을 알려주는 역할을 했다. 과거 이슬람 지배자들의 덕을 입은 곳이기는 하지만 말이다. 그 사업들은 이후 100년 동안 그곳에 갔던 연평균 600명 가까운 기독교도 순례자들의 눈에도 띄었을 테지만,[109] 프랑스 사절이었던 아라몽 남작 가브리엘 드 뤼에츠Gabriel de Luetz의 생각이 일반적이었다고 보면 그들은 쉴레이만의 개선을 대수롭지 않게 생각했다. 그는 1548년 팔레스타인에 갔는데, 당시 기독교 성지들에서 프란체스코회 사람들이 겪은 어려움과 관련해 그 일행의 인상은 그리 호의적이지 않았다.

예루살렘은 튀르크인들이 건설한 도시 성벽으로 둘러싸여 있지만, 방벽도 없고 해자도 없다. 도시는 중간 규모이고 사람이 많이 살지 않으며, 거리는 좁고 포장되지 않았다. (…) 이른바 솔로몬 신전은 도시의 아래쪽에 있고, (…) 둥글며 납을 입힌 돔이다. 그 한가운데 근처에 우리의 교회들과 마찬가지로 예배당이 있고, 그것이 추측할 수 있는 전부다. 어떤 기독교도라도 그곳에 들어가려면 죽이겠다는 위협을 듣거나 (이슬람교도가) 되어야 하기 때문이다.[110]

베네치아 사절단에게 쉴레이만은 치세 말기에도 여전히 그 초기만큼이나 '위대'했지만, 그 방식은 달랐다. 그의 개인적 태도는 이제 정의의 화신이기를 열망하는 술탄에 걸맞게 경건한 절제로 낮추어졌다. 그의 위대함은 개인적인 것과 좀더 멀어져, 건설 공사와 도덕적 행동을 통해 과시되었다. 쉴레이만의 치세는 곧 제국의 황금시대로 간주되며(최근까지 역사가들이 이 판단을 무비판적으로 받아들였다), 그 결과 이후의 시대는 이 정점으로부터의 쇠락에 지나지 않는 것으로 생각되었다. 쉴레이만 이후 시기의 오스만 문필가들은 그가 나라에 가져온 정의에 관해 향수에 젖어 되뇌었다. 그들은 그것이 이후 부패한 정치가와 행정가들에 의해 손상되었다고 생각했다. 그러나 그의 치세를 질서가 잡힌 시대로 이상화하는 사람들이 있는 반면에, 일부에서는 그의 정권이 채택한 정책이 그 안에 불화의 씨앗을 담고 있다고 보았다. 비판자 중

한 명이 뤼트피 파샤였다. 그는 심지어 쉴레이만이 아직 재위 중이던 시기에도 광범위한 뇌물수수, 과도한 군사 지출, 농민의 군사 계층 침투에 대해 우려의 목소리를 냈다.[111] 쉴레이만 치세에 대와지르를 지낸 뤼프티 파샤는 술탄이 통치에서 한발 물러나는 것을 목격했을 터이고, 그에 반대했을 것이다. 그는 술탄에게 측근들이 국정을 전횡하지 못하게 하라고 조언했다. 국가를 통치하는 것은 술탄과 그가 임명한 대와지르의 업무라고 그는 말했다. 술탄이 공무에서 물러나면 필연적으로 닥치게 될 결과 가운데 하나를 예니체리들이 예측했는데, 그들은 1558년 쉴레이만에 대해 이렇게 불평했다. "그는 구중궁궐 안에 살고 있어 누구에 대해서도 아무것도 알 수 없다. 그는 한 무리의 독재자만을 전적으로 믿는다. (…) 그는 백성의 사정을 알지 못한다."[112]

1558년 형 카를 5세로부터 신성로마 황제 자리를 물려받은 페르디난트가 1564년에 죽고 정력이 넘치는 그 아들 막시밀리안 2세가 즉위하자 오스만-합스부르크의 적대 행위가 다시 불붙었다. 새로운 원정의 직접적인 구실은 막시밀리안이 술탄에게 내야 할 공물을 바치지 않았다는 것이었다. 나이가 60대 중반이고 11년의 공백이 있었지만 쉴레이만 술탄은 직접 군대를 이끌기로 결심했다. 그의 결정은 딸 미흐리마호 술탄의 잔소리와 어떤 식이든 관련이 있을 것이다. 딸은 그가 이교도에 맞선 성전에서 군대를 이끌어야 하는 의무를 게을리하고 있다고 말했다.[113] 1566년 봄에 그는 대와지르 소콜루 메흐메드 파샤와 함께 23년 만에 처음으로 서쪽을 향해 행군했다. 9월 7일 동트기 네 시간 전에 쉴레이만은 헝가리 남부 시게트바르 요새 성벽 아래서 죽었다. 그의 군대는 거기서 한 달 동안 포위전을 벌이고 있었다. 시게트바르는 이튿날 함락됐고, 벌러톤 호수 남쪽 지역은 점령되었다.

원정 중인 술탄의 운명이 흔히 그랬듯이 쉴레이만 1세는 수도에서 멀리 떨어진 곳에서 사망했다. 그가 죽을 때 살아 있던 아들은 한 명뿐이었지만, 그 아들 셀림은 제후총독으로 임지인 아나톨리아 퀴타히아에 있었다. 따라서 소콜루 메흐메드 파샤가 우려했던 것은 형제들 사이의 승계 투쟁이 아니라 정권 중심의 공백이 오스만 왕가 바깥에서 권좌를 노리는 사람들의 야심을 자극할지 모른다는 것이었다. 소콜루 메흐메드는 매장과 그에 선행하는 절차는 가능한 한 빨리 치러야 한다는 이슬람교의 제한을 무시하고, 셀림이 술탄임을 선포할 때까지 쉴레이만의 죽음을 비밀에 부칠 정교한 계략을 지휘했다. 셀림이 퀴타히아에서 급히 수도로 오도록 소환한 대와지르는 계속해서 쉴레이만의 이름으로 국정을 지휘했으며, 헝가리의 요새들이 오스만군에 함락됐음을 이야기하는 승리의 서신이 보내졌다. 그의 주군이 살아 있다는 투였다. 급조된 마스지드의 금요 기도에 술탄이 상례에 따라 참석한다고 군대에 공지됐고, 이후 그의 불참에 대해서는 통풍이 약간 문제를 일으켰다는 핑계를 댔다. 이스탄불에서 온 관리들이 시게트바르에 도착하기 시작하면서 헝가리에 있던 병사와 장교들은 무언가 잘못된 것이 아닌가 의문을 품었지만, 소콜루 메흐메드는 당분간 계략을 유지할 수 있었다.[114]

제6장

친정하지 않는 술탄

셀림은 쉴레이만 술탄이 죽고 3주 정도가 지나서야 퀴타히아의 총독 임지로부터 이스탄불에 도착했다. 소콜루 메흐메드 파샤는 너무도 능숙하게 술탄의 죽음을 숨겼기 때문에 그 아들이 9월 29일에 수도에 나타나자 많은 사람이 놀랐다. 셀림 2세로서 즉각 술탄임을 선언한 그는 사흘 뒤 헝가리 전선으로 출발했지만, 소콜루 메흐메드는 그에게 베오그라드 너머로 계속 나아가서는 안 된다고 경고했다. 새 술탄이 즉위할 때 관례적인 하사금을 병사들에게 주려면 원정 자금이 너무 부족했기 때문이다. 소콜루 메흐메드는 요새의 수리를 마무리한다는 핑계로 부대를 시게트바르에 묶어두었으며, 시간이 지나자 원정을 계속하기에는 절기가 너무 늦었다고 발표할 수 있었다. 그리고 10월 20일에 명령을 내려 힘든 귀국 행군을 시작했다.[1]

군대가 이튿날 이스탄불을 향해 출발했을 때에도 쉴레이만이 죽고 셀림이 즉위했다는 소식은 병사들에게 공표되지 않았다. 쉴레이만의 시신은 그가 죽은 뒤 세척돼 그의 막사 아래에 임시로 묻혀 있었는데, 이제 고국으로 옮기기 위해 파내졌다. 죽은 술탄의 시동 하나가 선택돼 술탄의 수레에 앉아 병사들을 향해 그의 흉내를 냈다. 젊어서 시게트바르 원정에 갔던 역사가 셀라니키 무스타파 에펜디Selaniki('테살로니키의') Mustafa Efendi는 수레가 지나갈 때 그 옆에서 쿠란에 나오는 구절을 암송하도록 선발된 여섯 명 중 하나였다. 그는 쉴레이만의 대역으로 선택된 시동이 얼굴은 희고 매부리코에 수염이 성글고 목에 붕대를 감았으며, 외견상 건강이 좋지 않았다고 묘사한다. 무스타파 에펜디는 그때쯤에는 모든 사람이 쉴레이만의 죽음을 알았지만, 48일이 되도록 공식 발표는 없었다고 적었다. 그 무렵에 행렬은 새 술탄이 기다리고 있는 베오그라드에 접근하고 있었다.[2] 그곳에서 셀림이 참석한 가운데 장례 기도가 치러졌고, 장례는 나중에 그 아버지가 새로 세운 이스탄불의 마스지드에서 다시 치러져 쉴레이만의 수도 사람들이 술탄과 그의 업적을 기억할 마지막 기회를 가졌다. 이후 쉴레이만 술탄은 자신이 선택한 장소에 묻혔다. 관례적으로 자신의 이름이 붙여진 사원의 미흐라브가 있는 벽 앞이 아니라 그 뜰에 만들어진 무덤이었고, 아내 휘렘 술탄의 무덤 옆이었다.[3]

　오스만 술탄의 즉위에 수반되는 의식은 관례적으로 조촐했다. 새 통치자가 보좌에 앉고 그 휘하 정치가들이 그에게 충성을 맹세했다. 그러나 셀림 2세는 자신도 모르는 사이에 미래를 위한 선례를 만들었다. 그의 아버지나 할아버지와 마찬가지로 술탄으로서 확인받은 뒤 그는 아부아이유브 알안사리(선지자 무함마드의 사하비('동반자')로, 그의 무덤이 1453년 콘스탄티노폴리스 포위전 동안에 기적적으로 재발견되었다)의 사당을 찾아 이 성인의 축복을 빌고 그런 뒤에 전선으로 떠났다. 셀림은 이 순례를 즉위 직후에 하게 됐고, 이후 새 술탄은 즉위식의 필수적인 요소로서 이 사당을 방문했다.[4] 이 순례의 한 가지 이점은 새 술탄이 신민들이 보는 가운데 의기양양하게 시내를 행진할 기회를 가졌다는 것이다.

소콜루 메흐메드 파샤는 가까스로 병사들을 베오그라드에 묶어두는 데 성공했고, 병사들은 그곳에서 새 술탄을 처음으로 만나 즉위 하사금을 요구했다. 술탄은 그들을 달랠 수 있을 정도의 소액을 지급하고 나중에 채워주겠다고 약속했으며, 그들의 봉급과 역시 원정에 나온 다양한 관료 및 시중 인력의 봉급도 인상해주었다. 귀국 행군은 아주 매끄럽게 진행됐지만, 군대가 이스탄불에 도착하자 예니체리가 폭동을 일으켰다. 술탄과 그 수행원들은 셀림의 누이 미흐리마흐 술탄이 후원한 마스지드의 그늘에 있는 에디르네 문을 통해 도시로 들어왔지만, 그들이 셰흐자데 마스지드 부근의 연병장에 도착했을 때 예니체리는 톱카프궁을 향해 계속 나아가기를 거부했다. 그들은 한 시간 동안 그 자리에서 버텼다. 그러다가 다시 움직였지만 또 멈춰 섰다. 이번에는 술탄 바예지드 2세의 목욕탕 앞이었다. 여기서 셀림의 와지르 가운데 하나이자 대제독인 피얄레 파샤Piyale Paşa가 그들을 힐난했다. 양쪽은 자기네 말 위에서 서로 비난했으며, 대치는 약간의 금화를 나눠주고 나서야 끝이 났다. 궁궐에서의 임무에 배정된 이 예니체리들은 그곳으로 나아갔지만, 안으로 들어가자 문을 닫고 술탄이 들어오지 못하게 했다. 소콜루 메흐메드 파샤는 이 위험한 상황에서 벗어나는 유일한 길은 즉위 하사금 잔액을 당장 지급하는 것이라고 셀림에게 조언해 위기를 해결했다.[5]

이전에도 예니체리 폭동이 있었다. 가장 유명한 것이 1440년대 메흐메드 2세의 1차 술탄 재위기 동안에 있었다. 셀림의 굴욕은 매끄럽게 제위에 오르려면 단독 계승자라는 것만으로는 충분하지 않음을 보여주었다. 예니체리와 다른 정예부대의 지지를 받는 것 또한 여전히 중요했다. 이론적으로 이 부대들은 술탄의 하인이었지만, 실제로 그는 병사들의 변덕의 포로였고 그들의 지지가 없으면 통치권을 행사할 수 없었다. 그들의 충성심을 확보하는 것은 유럽 군주들에게나 마찬가지로 오스만 술탄에게도 필수적이었다. 오스만의 역사가 충분히 보여주었듯이 폐위 또는 시해는 그들의 충성심을 잃은 군주의 운명이었다.

그의 형제들과 마찬가지로 셀림은 전사 왕자에 적합한 훈련을 받았고, 이미 원정의 엄혹함에 노출되었다. 그는 짧은 기간 콘야에서 근무한 뒤 스무 살의 나이에 마니사로 보내졌다. 죽은 형 메흐메드를 대신해 사루한주의 제후총독으로 임명된 것이었고(이 자리는 관례적으로 술탄 승계 우선권자가 맡았다), 1558년 동생 바예지드와 충돌할 때까지 그곳에 머물렀다가 이때 다시 콘야로 보내졌다. 셀림은 승계 경쟁에서 바예지드를 물리친 후 퀴타히아에 임명됐고, 그의 아버지가 죽을 때까지 그곳에 머물렀다. 쉴레이만은 1548년에 직접 이란 전선으로 떠나 자리를 비우면서 셀림을 섭정으로 이스탄불에 남겨놓아, 그가 얼마나 이 아들에게 의존하는지를 보여주었다.[6] 그때 셀림은 맡은 일을 잘 해냈던 듯하지만, 술탄으로서 전적인 책임을 맡게 됐을 때는 아주 정력적으로 새 역할을 떠안지 못했다. 부대들이 폭동을 일으킬 수 있다는 상존하는 위협으로 인해 촉발된 공포는 그가 수도를 비운 사이에 정변이 일어나지 않을까 하는 공포와 맞먹었다. 셀림은 술탄이 된 뒤 다시는 이스탄불을 떠나 멀리 나가지 않았다. 에디르네에 있는 황실 사냥터가 고작이었다.[7]

소콜루 메흐메드 파샤는 오스만 통치의 가시적인 간판으로서 셀림 2세의 제국을 경영했고, 반면에 술탄은 의사 결정의 격론에서 떨어져 있었다. 이 놀라운 인물은 세 명의 술탄 치세에 걸쳐 연속해서 14년 동안 대와지르 자리를 지켰다. 그는 세르비아의 하급 귀족 가문 소콜로 비치Sokolović('매사냥꾼의 아들') 출신이었고, 소년 징발의 산물이었다. 쉴레이만의 치세 동안에 그는 순조롭게 궁정의 승진 계단을 밟아 올라갔다. 그의 첫 번째 중요 직책은 바르바로스 사후에 임명된 함대 제독이었다. 그는 이후 제국의 서방과 동방 변경에서 여러 중요한 속주 총독과 군 사령관 자리를 맡았고, 1565년에는 쉴레이만에 의해 대와지르에 임명되었다. 쉴레이만이 아들들 사이의 분쟁을 막으려 할 때의 위험한 상황에서 소콜루 메흐메드 파샤는 자신의 가치를 보여주었다. 그는 1555년 왕권을 노리는 가짜 무스타파의 반란을 진압하는 일을 맡았고, 1559년에는 군 사령관으로서 쉴레이만의 명령으로 셀림을 지원하는 일에 파견되었다. 셀림은 동생 바예지드와 대결하고 있었고, 메흐메드는 미래의 술탄에게 자신이 꼭 필요함을 입증했다. 셀림은 소콜루 메흐메드 덕분에 승리했고, 왕자는 그에게 보답을 했다. 쉴레이만은 1562년에 셀림의 딸 에스메한 술탄Esmehan Sultan을 그에게 시집보내 관계를 더욱 돈독하게 했다(메흐메드는 이 영광을 받아들이기 위해 다른 두 아내와 이혼해 스스로 자유로워졌다). 이 유능한 정치가이자 군 사령관이 주군과 맺은 관계는 쉴레이만의 불운한 총아 이브라힘 파샤의 경우와 판박이였다. 이브라힘의 경우와 마찬가지로 메흐메드의 특별한 지위는 히포드롬에 있던 저택의 위치로 널리 알려졌다. 그 주군의 궁궐과 가까운 곳이었다.[8]

셀림 2세 치세 초기에 오스만은 먼 변경에서 작지만 중요한 작전에 매달려 있었다. 1567년 쉴레이만이 죽었다는 소식이 예멘주에 도착했을 때, 강력한 자이드Zayd 씨족의 수장인 이맘('지도자') 알무타하르Al-

Mutahhar는 자신의 추종자인 시아파들을 모아 공개적인 반란을 일으켰다. 예멘에서 오스만의 권위는 언제나 미약했다. 험하고 사람이 많이 살지 않는 이곳은 독립적인 지역 아랍인 군장들을 진압하는 일이 불가능하다는 것이 드러났고, 이슬람교라는 공통의 신앙은 완전히 낯선 정권이 들어서는 것에 대한 묵종을 확보하기에 불충분했다. 지역의 반대를 진압하려는 오스만의 시도에 필수적인 요새를 건설하고 주둔하다 보니 이 주는 통제하는 데 돈이 많이 들었고, 정력적인 총독 외즈데미르 파샤는 1549년부터 1554년까지의 재임 기간에 오스만의 지배를 좀더 효과적으로 만들었지만,[9] 그 후임자들은 더 미약한 것으로 드러났다. 예멘은 1565년에 두 속주로 나뉘었지만, 사나를 중심으로 한 남부의 오스만 속주 총독이 살해됐고, 이전에 오스만이 확보했던 많은 거점은 이맘 알무타하르의 손으로 넘어갔다.[10]

예멘은 중요했다. 향신료 무역로의 통제권이 오스만제국의 금고로 상당한 관세 수입을 가져다주었기 때문이다. 1568년에 강력한 원정대가 이 지역을 평정하기 위해 파견되었다. 지휘관은 셀림 술탄의 이전 가정교사이자 상담역인 랄라 무스타파 파샤Lala('가정교사') Mustafa Paşa였다. 이 선택은 셀림이 완전히 소콜루 메흐메드의 꼭두각시는 아니었음을 보여주었다. 메흐메드는 술탄의 총애에서 무스타파가 차지하는 위치에 대해 분개했기 때문이다. 예멘에서 일어난 봉기를 진압하기 위해 랄라 무스타파는 이집트에서 병사와 보급품을 받을 필요가 있었지만, 또다른 경쟁자인 코자 시난 파샤Koca('큰') Sinan Paşa는 그의 요청을 거절해 그가 원정을 진행할 수 없게 만들었다. 술탄에 대한 잇따른 요청에서 두 사람은 각자의 입장을 주장했다. 코자 시난이 결과적으로 더 강했고, 랄라 무스타파는 예멘 원정대 지휘관에서 해임되었다. 그러나 셀림은 그를 계속 신임한다는 표시로 제국회의에 여섯 번째 와지르 자리를 만들어 그를 임명했다. 코자 시난이 원정의 지휘권을 떠맡았지만 예멘에서 전쟁을 하는 데 따른 병참상의 필요로 인해 자이드파와 협정을 맺지 않을 수 없었다. 예멘의 두 속주는 다시 합쳐졌고, 1571년에 코자 시난은 카이로로 돌아올 수 있었다.[11] 이 지역의 불안정은 오스만으로 하여금 지중해와 홍해를 연결하는 운하 건설의 가능성을 다시 돌아보게 했다. 술탄의 한 명령은 이집트 총독에게 이렇게 요구했다.

> 괘씸한 포르투갈인들이 온 동네에서 인도에 대한 적대감을 품고 있고, 이슬람교도가 성지들로 가는 길이 막혔으며, 게다가 이슬람교도가 형편없는 이교도의 권력 아래서 사는 것은 옳지 않다고 생각되니, (…) 너는 그곳의 모든 능숙한 건축가와 기사들을 한데 모아 (…) 지중해와 홍해 사이의 땅을 조사하고 (…) 그 황량한 곳에서 어디에 운하를 만들 수 있는지, 얼마나 오래 걸릴지, 얼마나 많은 배가 나란히 지나갈 수 있는지를 보고하라.[12]

그러나 다시 한번, 이 제안은 더이상 진척되지 않았다.

1550년대에 모스코비야가 이슬람교도 타타르 칸국들인 카잔과 아스트라한을 병합한 일은 오스만과의 우호적인 관계에 역작용을 불러왔고, 이 지역의 전략적 균형을 바꿔놓았다. 모스코비야가 점차 남캅카스로 침투해 들어오면서 지역 지배자들에게 잠재적 충성의 대상으로서 세 번째 세력이 추가되었다. 그들이 오스만과 사파비 사이에서 왔다 갔다 하면서 이 지역의 전통적인 경쟁 관계가 악화되었다. 지역 주민들이 모스코비야의 보호를 원하게 만든 스텝 타타르로부터의 압박은 또다른 골칫덩이였다. 1567년 한 군장이 도움을 요청하자 이반 4세는 중앙 캅카스에서 발원해 카스피해로 흘러들어가는 테레크강 변에 보루를 건설해 그 바람을 들어주었다.[13] 우즈베크와 히바의 칸들은 이에 대응해 오스만에게 호소했다. 모스코비야가 아스트라한을 장악해 상인과 순례자 모두가 남쪽 메카로 가는 길이 막혔다고 불평했다.[14]

쉴레이만 술탄과 그 와지르들은 사파비와의 변경 지역보다 더 살기 어려운 땅으로 그들을 데려가게 될 원정에 그리 흥미를 보이지 않았지만, 셀림이 즉위한 뒤 방침이 바뀌었다. 이 지역 이슬람 지배자들의 부추김을 받은 소콜루 메흐메드 파샤는 돈강과 볼가강 사이의 운하 굴착 가능성에 대해 현지인들에게 조언을 구했고, 그들의 권고에 따라 운하 건설이 가능하다고 믿게 되었다. 쉴레이만의 시대에 아조프해와 카스피해 사이의 운하를 건설한다는 이야기가 이스탄불에서 모스크바로 전해졌지만, 이 계획을 실현하기 위한 아무런 조치도 취해지지 않았다. 모스코비야가 테레크강 변에 보루를 건설한 지 1년 뒤인 셀림의 재위 2년째에 아스트라한을 확보하기 위한 원정대가 만들어지고 있었다. 돈강을 운항할 수 있는 배가 페오도시야의 조선소에서 만들어졌고, 필요한 물자와 보급품이 이스탄불에서 배에 실려 아조프로 보내졌다. 병사들은 루멜리와 아나톨리아 북부에서 동원되었다. 크림반도의 타타르 칸은 그런 운하의 현실성이 의문스럽고 개입해오는 오스만이 자기 영토에 너무 가까이 있는 것이 두려워 참여하기를 망설였다. 그러나 거부할 수 없었다. 모스코비야는 캅카스로 관심을 돌리게 하려고 사파비에 대포와 총을 주겠다고 제의했지만 받아들여지지 않았다.[15]

1569년 아스트라한 원정은 케페주 총독 카슴 파샤Kasım Paşa가 지휘했다. 돈강은 여름에 너무 얕아서 페오도시야에서 만든 특수한 배로도 아조프해에서 강을 거슬러 올라가기가 어려웠다. 운하를 위해 선택된 곳은 현대의 볼고그라드 남쪽에 있었다. 여기서도 돈강과 볼가강은 65킬로미터 떨어져 있었다. 그 사이의 땅은 산이 많아 운하를 팔수 없음이 분명해졌다. 이에 따라 두 강 사이의 육로로 소함대와 보급품을 수송한다는 결정이 내려졌다. 돈강 카자크들의 관행을 따른 것이었다. 그러나 이 목적을 위해 단순히 땅을 평평하게 하는 데 필요한 노력은 적절치 않은 것이었고, 카슴 파샤는 그의 무거운 장비를 다시 돈강으로 내려보내 아조프로 보내기로 결정했다. 그뒤 그곳에서 이를 받는 군대가 스텝을 건너 아스트라한으로 와서, 볼가강을 따라 남쪽으로 내려와 이 도시에 도착하는 자신 및 자신의 부하를 만나는 것이었다. 그들만큼이나 장비와 식량이 부족했던 오스만 군대는 아스트라한에 많은 영향을 줄 수 없었다. 그들은 9월에 퇴각했는데, 그들이 아조프로 돌아갈 때와 이스탄불로 돌아가는 바다 항해 모두에서 병력과 물자의 추가적인 손실을 입었다. 계절적인 폭풍우 때문이었다.[16]

운하를 뚫어 두 큰 강을 연결하려는 계획은 야심찬 토목 공사를 벌이는 소콜루 메흐메드의 성향 및 그의 군사 병참에 대한 관심과 일치했지만, 그는 적극적이고 집요한 조력자 카슴 파샤를 만났음에도 불구하고 이듬해에 원정을 계속하려는 카슴의 의도는 이스탄불에 의해 거부되었다. 대담한 운하 계획은 실패했지만, 그럼에도 불구하고 그것은 중대한 결과를 가져왔다. 오스만만큼이나 차르 이반 4세도 스텝에서의 전쟁에 말려들기를 원치 않았고, 1569년 원정이 끝나자 사절을 이스탄불에 보내 셀림의 즉위를 축하했다. 러시아인들은 테레크 보루를 포기했지만, 이반은 아스트라한을 내주지 않았다.[17]

그러나 차르와 술탄 사이의 이 우호 협정은 크림 타타르를 고려하지 않은 것이었다. 1571년 타타르는 카잔과 아스트라한 양도를 요구했고, 수도 모스크바를 습격해 불태웠다. 셀림은 이 새로운 상황을 이용해 차르 이반에게 전갈을 보내고 그들의 요구를 되풀이했다. 그리고 두 도시를 탈환하는 새로운 원정에서 타타르 칸을 지원하는 데 동의했다. 1572년 여름에 타타르의 군대는 다시 모스크바를 향해 출발했지만 이 도시 가까운 곳에서 크게 패했고, 크림 타타르와 오스만은 모두 볼가강 하류 지역 재정복을 포기했다.*18

오스만의 육상 장거리 모험에 대한 관심이 아직 다 식지는 않았지만, 술탄 셀림 2세의 치세는 해상 활동이 더 두드러졌다. 쉴레이만이 지중해 서부에서 에스파냐 합스부르크를 상대로 추구했던 적극적인 진격 정책을 이어간 것이다. 오스만에 맞선 것은 에스파냐만이 아니었다. 마그레브에서는 모로코의 사아드 왕조와 튀니지의 하프스 왕조가 이슬람교도들에게 대안을 제공했다. 오스만은 기지가 멀리 있어 그들의 북아프리카 영토 보호 능력은 해상로의 안전에 달려 있었다. 오스만의 지중해 서부 통항을 막고 있는 것은 몰타, 시칠리아(에스파냐 부왕이 통치했다), 튀니지 부근의 에스파냐 전초기지 할크알와디(라굴레트)의 구호기사단이었다.

1568년에 오스만은 사아드 씨족 내부에 불화의 씨앗을 뿌리고 있었다. 이 왕조의 모로코에 대한 장악력을 약화하려는 시도였다. 이때에 오스만에 고용된 해적 선장 클르츠 알리 파샤Kılıç('칼') Ali Paşa(비이슬람교

• 돈강과 볼가강을 연결하는 운하 계획은 1952년에 마침내 현실화되었다. 오스만인들이 계획했던 경로를 따라 400년 뒤에 이루어진 것이다.

도이고 이탈리아 출신이라서 울루치Uluç('이방인') 알리로도 알려졌다)는 알제리에서 소규모 부대를 육상으로 보냈고, 그들은 전투에서 하프스 군대를 물리치고 튀니지 영토를 얻었지만 아직 핵심 요새인 할크알와디는 얻지 못했다. 클르츠 알리는 이들 에스파냐 속국들에 대한 원정 시점을 잘 맞추었다. 에스파냐 군대가 네덜란드 문제 또는 에스파냐 본토의 모리스코morisco[이베리아반도에서 이슬람 세력이 밀려나던 이 시기에 가톨릭으로 개종한 이슬람교도를 가리킨다] 반란을 진압하는 데 매달려 있었기 때문이다. 모리스코들은 술탄에게 도움을 청했지만 그들의 봉기는 국왕 펠리페 2세의 군대에 의해 진압됐고,[19] 이에 따라 더 많은 모리스코들이 오스만 영토로 이주했다.[20]

이 시기의 주요 사건은 1571년 오스만이 베네치아로부터 키프로스를 빼앗은 것과 같은 해 나우팍토스(레판토) 해전에서 오스만 함대가 패배한 것이었다. 베네치아는 1489년 이래 키프로스를 통치했다. 뤼지냥Lusignan 가문의 허약한 마지막 왕들이 오스만의 공격으로부터 보호해달라고 불러들인 것이었다. 맘루크 이집트가 무시할 수 없는 세력이었던 그 시절에 베네치아는 가장 동쪽 영토였던 키프로스의 몫으로 카이로에 연례 공물을 바쳐야 했는데, 이제는 오스만에게 보내야 했다. 오스만과 베네치아 사이의 마찰은 완전히 사라지지 않았지만 전면적인 전쟁은 언제나 피했다. 당대 오스만 역사가들에 따르면, 이집트를 왕래하는 오스만 선박들을 괴롭힌 것은 해적들에 대한 베네치아의 보호였고, 이는 결국 셀림에게 키프로스 정복 원정에 나서게 했다.[21] 해군의 준비는 불운으로 끝난 아스트라한 원정이 있던 해인 1569년에 진행되고 있었다. 소콜루 메흐메드 파샤는 1565년 몰타 참사 이후 얼마 되지 않아서 그런 일을 벌이는 데 대해 경고했지만, 경쟁자들은 원정을 승인하는 파트와를 구하라고 술탄을 설득했다. 그 원정은 그의 즉위 직후 갱신된 베네치아와의 평화조약에 위배되는 것이었다. 셰이흐월이슬람 에부수우드는 키프로스 공격은 선전포고 뒤의 의도가 한때 이슬람교도의 지배하에 있던 땅을 회복하는 것이라면 정당하다는 편의적인 의견을 발표했다. 키프로스가 그랬다. 이슬람 시대 초기였고, 짧은 시간이었다. 문제는 이렇게 틀 지워졌다.

한 땅은 이전에 이슬람 영토 안에 있었다. 얼마 뒤에 비열한 이교도들이 그곳에 몰려들어 학교와 마스지드를 파괴하고 그곳을 황폐하게 만들었다. 그들은 설교단과 회랑을 불신앙과 오류의 징표들로 뒤덮고 이슬람 신앙을 온갖 종류의 악행으로, 그리고 자기네의 추악한 행위를 세계 구석구석에 퍼뜨림으로써 모욕하고자 했다. (…) 전에 앞의 이교도들이 소유한 다른 땅들과 평화조약을 맺을 때 앞서 말한 땅이 포함되었다. 이것이 술탄이 조약을 깨기로 결심하는 데 (하느님의 법에 비추어) 장애물이 되는지의 여부에 대해 설명이 요구되고 있다.

답:
이것이 장애물이 될 가능성은 없습니다. 이슬람 백성들의 술탄(하느님, 그의 승리에 영광을 더하소서!)이 이교도들과 평화를 맺는 것은 모든 이슬람교도에게 이익이 되는 한 적법합니다. 이익이 없다면 평화는 적법하지 않습니다. 이득이 보인다면, 그리고 그것을 깨는 것이 더 이익이 된다면 그것을 깨는 것은 절대적으로 필요하고 의무적인 일이 됩니다.[22]

이것은 16세기를 통틀어 오스만이 평화조약을 깬 유일한 경우였다.[23]

오스만이 키프로스 정복에 나서기 위해 필요한 상당한 양의 돈은 부분적으로 제국의 유럽 속주들의 정교회에 속하는 수도원과 교회를 팔아서 충당했다. 기독교 정교회는 가톨릭 세력(이전에는 베네치아인과 교황이라는 형태였지만, 이제는 가톨릭을 믿는 합스부르크가가 대표적이었다)에 맞선 방벽으로서 훌륭한 역할을 한 과거가 있었고, 오스만제국 안에서 정교회의 기능은 전반적으로 문제가 없었다. 기관이 그 국가와의 관계에서 규정된 범위 안에서 움직이는 한 그것은 별로 불만의 원인이 되지 않았다. 셀림 술탄의 1568년 교회 토지 몰수는 교회 파괴를 목표로 한 것이 아니라 오스만 영토 내 토지 소유 제도를 효율화하기 위한 셰이흐윌이슬람 에부수우드(그는 셀림 이전의 쉴레이만을 위해 일했던 것과 마찬가지로 1574년에 죽을 때까지 셀림을 위해서도 일했다)의 지속적인 노력에 맞춘 것이었다. 교회와 수도원은 몰수됐더라도 다시 살 수 있었다. 국고에 이익이 되는 일이었다. 그러나 몰수의 영향은 고르지 않았다. 부유한 수도원들은 살아남았고, 반면에 가난한 수도원들은 그 값을 지불할 수 있는 새로운 소유자에게 팔렸다.[24]

　오스만의 국고는 풍부해졌고, 랄라 무스타파 파샤는 키프로스 육상군 총사령관에 임명되었다. 반면에 함대는 대제독 뮈엣진자데 알리 파샤Müezzinzade('기도 알리미의 아들') Ali Paşa가 지휘했다. 알리는 한 현대 역사가의 말에 따르면 "평생 작은 돛배 하나 지휘해본 적이 없는" 사람이었는데,[25] 이전에 14년 동안 대제독으로 일했던 피얄레 파샤가 옆에 있는 것이 다행이었다. 유럽 각국은 오스만이 장비가 잘 갖춰지고 병력이 많은 함대를 준비하고 있음을 한동안 알고 있었지만, 그것이 어디로 향할지에 대해 확신할 수 없었다. 소문은 키프로스 쪽에 우세했지만, 1568~1569년 베네치아에서는 불안이 확실하게 감지되었다. 이 섬의 통치 기구가 부패했으며 오스만이 공격이라도 하면 거기에 맞서 버틸 수 없는 것으로 인식됐기 때문이다. 이 소문이 확인될 즈음에 방어 시설과 보급에 약간의 개선이 이루어졌다. 술탄의 사절이 1570년 3월 최후통첩을 들고 베네치아에 도착했다. 키프로스는 항복해야 하며, 그러지 않으면 오스만은 공격을 시작하겠다는 것이었다. 9월에 그들은 내륙의 도시 니코시아를 점령했다.

베네치아는 키프로스 방어를 위한 동맹자를 찾는 데 애를 먹었다. 오스트리아 합스부르크와 오스만은 1568년 헝가리에서 평화조약을 맺었다. 에스파냐 합스부르크는 이 섬에서 아무런 전략적 가치를 발견하지 못했고, 베네치아에 진 빚도 없었다. 베네치아는 1565년 몰타에서 오스만을 상대할 때 지원을 제공하지 않았기 때문이다. 사실 베네치아는 지난 시기에 오스만에 맞서는 동맹에 참여하기보다는 언제나 오스만과 좋은 관계를 유지하는 쪽을 선호했다. 이때 많은 노력(특히 교황 쪽의) 끝에 1571년 5월 베네치아-교황-에스파냐 사이의 협정이 이루어졌다. 그 조건은 베네치아가 에스파냐를 도우러 북아프리카로 간다는 것이었다.

1571년 9월, 신성로마제국 전 황제 카를 5세의 사생아이자 에스파냐 펠리페 2세의 이복동생인 돈 후안 데 아우스트리아Don Juan de Austria 가 지휘하는 함대가 시칠리아의 메시나에서 동쪽으로 출항했다. 함대는 이오니아제도의 케팔로니아섬에 도착한 뒤에야 키프로스의 마지막 베네치아 거점인 마우사(파마구스타)가 11개월의 포위전 끝에 8월 1일 오스만에게 함락됐음을 알았다. 기독교 연합군의 목표는 이제 키프로스의 방어가 아니라 재정복이어야 했다. 그러나 코린토스만 입구의 파트라만灣에서 돈 후안의 함대는 오스만 함대를 발견했는데, 이 함대는 여름을 보내면서 아드리아 해안의 베네치아 섬들과 영토를 습격하고 심지어 점령한 함대였다. 돈 후안은 기회를 잡았고, 두 함대는 10월 7일 나우팍토스 앞바다에서 교전했다.

오스만이 1529년과 1683년에 빈 앞에서 그러했듯이 레판토 해전은 기독교 세계가 '이교도 튀르크'의 유린으로부터 가까스로 벗어난 일로 서방 사람들의 의식에 각인되었다. 이 해전은 목격자와 후대 역사가 양쪽에 의한 묘사가 많지만, 당대의 오스만인 가운데 어느 누구도 후손을 위해 자신의 기억을 보존할 생각을 하지 않았다.[26] 실제로 오스만 선원 가운데 생존자는 별로 없었다. 돈 후안에게는 200여 척의 갤리선과 6척의 갈레아차가 있었다. 전자는 대포로 무장한 노 젓는 전함이었고, 후자는 더 큰 포로 무장한 대형 갤리선이었다. 반면에 오스만은 선박 수는 훨씬 많았으나 갈레아차는 없었다. 바람의 변화로 전투는 고요한 바다에서 벌어졌고, 중포는 최대의 효과를 거둘 수 있었다. 근거리에서 끊임없이 오스만 함대에게 퍼부어댄 중포는 기독교 연합군에게 결정적이었다. 오스만 함대 대부분은 불타고 가라앉았다. 부상자와 시신으로 "온 바다가 피투성이"가 되었다. 네 시간 동안 벌어진 전투가 끝난 뒤에 거센 폭풍우가 불어와 구조를 바랐을 모든 사람을 집어삼켰다.[27]

돈 후안은 1572년에 다시 바다로 나갔지만, 기독교도들의 도취감과 미래의 오스만 영토 공격 계획은 오래가지 못하는 것으로 드러났다. 오스만은 겨울을 보내며 함대를 재건해 레판토에서 잃은 것을 대체했다. 뮈엣진자데 알리 파샤는 이 전투에서 죽어 대제독의 지휘권이 클르치 알리 파샤에게 주어졌다.[28] 두 함대는 펠로폰네소스반도 앞바다에서 충돌해 승부를 내지 못했지만, 기독교도들은 다음에는 승리할 것이라며 피해 갔다. 동맹은 금이 가기 시작했고, 1573년 오스만을 상대로 예정됐던 해상 출격은 이루어지지 않았다. 대신에 베네치아는 이스탄불에 가 있는 대표를 통해 평화를 모색했는데, 그 사절은 1570년 봄 적대가 시작된 이래 가택 연금 상태에 있었다.[29] 베네치아는 키프로스 상실을 인정하는 동시에 오스만에게 30만 두카트의 배상금을 지불했다. 포로가 교환됐고, 아드리아 해안의 경계선은 1570년 이전의 범위로 설정되었다.[30]

승자 쪽의 적어도 한 사람은 이 조약을 통해 자신이 원한 것을 받지 못했다. 셀림 술탄의 가까운 친구인 세파르디 유대인 은행가이자 상인 야세프 나시Yasef Nassi였다. 나시는 셀림이 동생 바예지드와 다툴 때 셀림을 지원해 그 보상으로 낙소스 공작의 칭호를 받았고, 그 섬의 포도주 무역에서 나오는 상당한 관세 수입을 함께 받았다. 그는 이제 키프로스 왕이 되기를 원했다고 한다. 당대 유럽 역사가들은 확실히 그가 셀림을 부추겨 1569년에 베네치아를 상대로 선전포고를 하게 했다고 생각했다. 또한 그가 베네치아의 문장紋章과 '키프로스 왕 야세프 나시'라는 금색 글자의 명문銘文을 수놓은 깃발을 준비했다는 소문도 있었다.[31] 그러나 술탄은 그 섬의 수입을 국고에 귀속시키는 쪽을 선택했고, 나시는 실망했다.

오스만은 자기네 백성을 키프로스에 정착시키기 위해 아나톨리아 주민들에게 자발적 이주를 권면하는 데서 상당한 어려움을 겪었다. 이 섬에는 예를 들어 새로 정복된 루멜리 전선의 영토가 지니는 매력이나 1453년 메흐메드 2세의 콘스탄티노폴리스 정복 이후 이 도시에서 찾을 수 있었던 위안 같은 것이 없었다. 게다가 기후는 여름에 불쾌할 정도로 더웠고, 목초지도 별로 없었다. 약간의 자원자는 있었겠지만, 대다수는 강제 이주였다. 독신 여성이 섬의 요새에 주둔하고 있는 병사들의 신부로 보내졌다. 이름이 난 숙련된 농민이 땅을 주고 세금을 감면해준다는 약속을 받고 그곳으로 수송되었다. 이주 대상자로 선정된 많은 사람은 붙잡히기 전에 당국의 눈을 피해 숨었고, 또 많은 사람은 갔다가 본토로 돌아오는 데 성공했다. 이는 분명히 정부에 우려스러운 일이었고, 이에 따라 탐탁지 않은 사람들을 그곳으로 보내버리는 방법을 사용했다. 소소한 범죄자들을 오스트레일리아로 추방한 영국의 정책의 이른 선례였을 것이다. 16세기 후반에 새로이 경계의 물결이 일었던 크즐바시 동조자로 의심되는 사람들이 그곳으로 보내졌고,[32] 사회 안정을 위협한다고 여겨지는 다른 사람들도 마찬가지였다. 불법적인 종교 연구자, 강도, 신임을 잃은 하급 관리 같은 사람들이었다.[33]

레판토 해전 이후 예견된 오스만 해군력을 궤멸시킬 계략을 꾸미는 데 실패해 무익한 1572년을 보낸 돈 후안은 1573년 에스파냐 함대를 동원해 튀니지를 탈환하고 할크알와디(라굴레트)에 새로운 요새를 건설했다. 오스만은 레판토에서 잃은 것보다 더 큰 함대로 1574년에 다시 튀니지를 점령했다. 알제리주·트리폴리주·튀니지주 육상 병력과의 합동 작전을 통해서였다. 오스만은 함대가 출발하기 전에 외교 활동으로 에스파냐 모리스코의 지원을 모색했는데, 이는 그들이 네덜란드의 개신교도들과 연합했음을 시사한다. 오스만의 대리인 하나가 또한 직접 네덜란드에 파견돼 에스파냐를 상대로 합동 공격을 하기 위한 동맹을 제안했으나 성과는 없었다.[34] 유럽 전역에 퍼진 정보원과 첩자들이 오스만 정치가들에게 정치적 동맹에 관해 충분한 정보를 주었고, 야세프 나시의 상업적 연결망은 넓은 범위에 걸친 또다른 효율적인 정보 수집망을 술탄에게 제공했다.

북아프리카의 통제권 유지는 합스부르크와 오스만 모두에게 각자의 위신이 걸려 있는 문제를 제기했다. 오스만은 같은 이슬람교도를 보호할 책임이 있었지만, 거듭 에스파냐 해군의 집중 공격을 당하는 데는 분명한 위험이 있었다. 반면에 펠리페 2세는 자기네 왕국 심장부에서 그렇게 가까운 곳에 오스만이 진출해 있는 것을 받아들일 수 없었지만, 네덜란드의 개신교도 반란을 진압하는 것이 먼저라고 결정했다. 그 병참 업무는 복잡하고 돈이 많이 드는 일이었다. 1575년 에스파냐는 스스로 파산을 선언했다.[35]

오스만이 튀니지를 재점령한 해인 1574년, 술탄 셀림 2세가 목욕탕에서 넘어진 뒤 사망했다. 쉰 살의 나이였다. 그는 유명하고 거대한 마스지드 단지를 건설해 그 조상들을 흉내 냈지만, 그 위치를 트라케의 옛 오스만 수도 에디르네로 잡아 전통을 깼다. 에디르네는 그가 사냥에 대한 열정으로 탐닉하던 곳이었다. 그의 아버지 쉴레이만의 마스지드는 제국 수도에서 이슬람 종교와 오스만 왕조의 힘을 표현했다. 셀림은 이 메시지를 이스탄불의 범위 바깥으로 옮겼다. 에디르네는 유럽으로 향하는 군대의 이동로에 있고, 유럽 각국 사절들이 외교적인 임무를 띠고 이스탄불로 오는 육상로에 있다. 도시 중심부 둔덕에 1360년대 술탄 무라드 1세가 건설했던 궁궐터에 자리잡은 셀림 2세 마스지드는 어느 방향에서도 볼 수 있을 것이다.[36] 하늘로 70여 미터씩 솟아 있는 이 마스지드의 뾰족탑 네 개는 오랫동안 이곳을 지나는 사람들의 시선을 사로잡았다. 150년 뒤 이스탄불 주재 영국 대사의 아내 메리 위틀리 몬터규Mary Wortley Montagu는 셀림 2세 마스지드가 "내가 본 것 중 가장 고상한 건물"이라고 말했다.[37] 17세기 여행가 에블리야 첼레비Evliya Çelebi는 셀림이 에디르네를 선택한 것에 대해 전형적으로 오스만다운 정당화 논리를 제시했다. 선지자 무함마드가 셀림의 꿈에 나타나 그곳에 건설하라고 지시했다는 것이다.[38] 셀림 2세 마스지드 초석에 연대가 1564~1565년으로 되어 있기 때문에 선지자가 꿈에 나타난 것은 쉴레이만이 죽기 전이었던 듯하지만,[39] 공사가 마무리된 것은 셀림이 죽은 뒤였다. 이 마스지드는 키프로스 원정의 전리품으로 건설되었다. 쉴레이만 마스지드가 베오그라드, 로도스섬, 몰타 원정의 전리품으로 건설된 것과 마찬가지다.[40] 술탄의 건축가 시난은 보통 중앙에 돔을 얹고 그 주변에 작은 돔들을 배치하는데, 그의 걸작으로 간주되는 이 셀림 2세 마스지드는 그와 달리 아야소피아의 것보다 더 넓은 하나의 돔으로 되어 있다. 이를 통해 그는 그가 본보기로 삼았던 동로마의 것을 넘어섬으로써 자신의 기술과 안목을 과시했다.[41]

셀림 2세 마스지드 단지는 에디르네에 건설됐지만, 그는 또한 이스탄불의 건축과 스카이라인에 자신의 흔적을 남겼다. 1572년에 그는 아야소피아에 대한 대대적인 개수에 나섰다. 메흐메드 2세가 이를 교회에서 마스지드로 전용한 뒤 처음이었다. 정복 이후 100여 년 동안에 이 건축물 주변에는 집과 기타 부속 건물들이 빙 둘러쳐져 있었는데, 셀림은 이들을 허물라고 명령했다. 이후 조사해보니 버팀벽이 무너져가고 있어 수리가 시급하게 필요했다. 역사가 셀라니키 무스타파 에펜디는 건물이 기울어지고 있었다고 적었다. 셀림은 시난을 대동하고 마스지드를 점검한 뒤 광범위한 개수를 하라고 명령을 내렸다. 정복 때 추가된 뾰족탑 두 개 가운데 하나는 나무로 만들어졌는데, 이것은 벽돌로 다시 지어졌다. 그리고 새로운 뾰족탑 두 개가 더해졌다. 술탄은 하기아소피아가 비이슬람교도가 세운 것이라는 이유로 이 공사를 불

필요하다고 생각하는 사람들을 호되게 꾸짖었다.[42]

셸림은 아야소피아 구내에 두 개의 신학교와 자신의 영묘를 건설하라고 명령했다. 그는 영묘가 마무리되기 전에 죽었고, 그곳의 천막이 쳐진 아래에 묻혔다. 이스탄불에서 죽은 첫 술탄이었다. 두 신학교는 결국 건설되지 못했고, 뾰족탑과 영묘의 완공은 그의 맏아들이자 후계자인 무라드 3세에게로 넘어갔다.[43] 셸림이 아야소피아를 자신의 무덤으로 선택한 것은 놀랍지 않다. 그는 제국 수도 이외의 곳에 묻힐 수 없었고 선대 술탄이 건설한 마스지드에 묻힐 수도 없었으며, 아야소피아는 파티흐('정복자') 메흐메드 2세와의 관련성으로 인해 성스러운 곳이었다. 아야소피아를 수선한다는 셸림의 결정은 전적으로 자신의 매장을 위한 계획과 관련된 것도 아니고 전적으로 우연인 것도 아니었다. 오스만의 키프로스 정복 직후에 이 과거 기독교 대성당에 관심을 기울이면서 그는 기독교 세력에게 거둔 승리로 과시된 이슬람교의 우월성을 강화하고 있었으며, 오스만이 레판토 해전 패배로 쇠퇴할 것이라는 어떤 주장에 대해서도 반격하고 있었다. 셸림이 죽을 무렵에 이 기독교도 승리의 실속 없는 속성은 분명해지고 있었다.

셸림 술탄은 또한 아버지에 이어 메카에 관여했고, 그의 관여로 인해 마스지드 알하람은 지금과 같은 분명히 오스만적인 외양을 지니게 되었다. 이 구내는 이스탄불의 사원과 같은 거대한 마스지드를 들일 공간이 부족했기 때문에 마당을 둘러싼 회랑은 오스만 양식으로 개조되고 본래의 평평한 지붕 대신에 돔을 얹었다. 이 작업은 무라드 3세의 치세 동안에 계속돼 전 세계에서 온 순례자들에게 이슬람 성지의 새 보호자들의 권력과 관대함을 드러내는 역할을 했다.[44]

셸림의 죽음은 예기치 못한 일이었고, 새 술탄으로의 권력 승계는 다시 소콜루 메흐메드 파샤가 관장했다. 그는 비밀리에 마니사에 사람을 보내 무라드 왕자에게 아버지의 죽음을 알렸다. 왕조의 연속성 확보가 급박한 가운데 다시 한번 지연 끝에 새 술탄이 권좌에 대한 주장을 명확히 할 수 있었다. 한편 셀림의 시신은 궁궐에서 얼음에 채워져 보존되었다.[45] 또 한 가지 관례를 벗어난 것으로, 장례 기도는 마스지드에서 대중이 보는 가운데서가 아니라 톱카프궁의 제한된 공간에서 치러졌다. 죽어서도 살아서와 마찬가지였다. 사사롭고 비공식적인 의식은 술탄과 신민 사이의 점점 멀어지는 거리를 반영했다. 더구나 셀림의 장례식에서 의례 기도는 셰이호윌이슬람이 담당했는데, 이는 쉴레이만 치세에 이 직책에 주어진 보다 가시적이고 공식적인 역할을 보여주었으며 미래를 위한 선례를 남겼다.[46]

셀림의 맏아들(아버지와 20년쯤 나이 차이가 났다)은 또한 마침 살아 있는 왕가의 남자 가운데서도 가장 나이가 많았다. 무라드 3세는 분명히 아버지의 뒤를 따를 운명이었지만, 그의 승계 권리에 대한 도전을 막기 위해 예방 차원에서 즉위 때 자신의 동생들을 처형하라고 명령했다. 동생들은 아버지 셀림과 함께 묻혔다.[47] 무라드의 '제3 어의御醫'인 유대인 도메니코 히에로솔리미타노Domenico Hierosolimitano는 살해 직전 주군의 불안을 이렇게 묘사했다.

그러나 너무 동정심이 많아 피 흘리는 것을 볼 수 없었던 술탄 무라드는 열여덟 시간을 기다렸고, 그사이에 그는 술탄의 보좌에 앉거나 자신이 이 도시에 도착한 것을 공개하지 않았으며, 먼저 궁궐에 있는 피를 나눈 아홉 형제를 풀어주는 방법을 모색하고 논의했다. (…) 그러기 위해 그는 오스만 국가의 법을 어기지 말아야 했다. (…) 그는 그들을 교살하기 위해 울면서 벙어리들을 보냈고, 손수건 아홉 장을 벙어리의 우두머리에게 직접 전해 주었다.[48]

무라드의 후계자 메흐메드 3세는 그의 맏아들(열아홉 살 차이였다)이었고, 1595년에 즉위하면서 남아 있는 동생들의 처형을 명령했다. 가장 나이가 많은 동생도 그보다 스무 살쯤 어렸다. 무라드의 형제와 메흐메드의 형제들을 안치한 작은 석관들은 살해가 흔히 술탄 승계에 수반되는 내부 분란을 피하기 위한 대가임을 보여주었다. 대중은 큰 충격을 받았다. 이후 세대들은 아들이 많지 않아서, 그렇게 많은 어린 왕자들이 자기 형제가 순조롭게 권좌에 오르도록 보장하기 위해 죽지 않아서 다행이었다고 해야 할 것이다.

대와지르 자리는 셀림 2세의 치세 8년 동안 소콜루 메흐메드 파샤가 차지하고 있었고, 무라드 3세 치세에도 그가 계속 맡았다. 그러다가 1579년에 그는 제국회의 회의실에서 불만을 품은 청원자에 의해 살해되었다. 그가 죽은 뒤에 대와지르의 위신은 떨어졌다. 무라드 3세의 21년 치세 동안 일곱 명이 이 자리에 올랐고, 술탄의 총애의 부침에 따라 이들 사이에서 열한 차례 자리의 주인이 바뀌었다. 대와지르는 술탄의 기분에 의해 좌지우지됐고, 주군의 요구를 충족시키지 못하는 것으로 드러나면 언제든지 교체되었다. 무라드 3세나 그의 아들 메흐메드 3세도 제국 경영에 직접 개입하려 하지 않았지만, 그렇다고 그들이 더이상 결정을 내리지 않는다는 말은 아니었다. 오히려 정반대였다. 대와지르의 독립적인 의사 결정 권한은 박탈되었다. 일상적인 행정 문제에서도 그랬다. 술탄과 대와지르 사이의 직접 접촉은 덜 상례적이 되고 문서 교환으로 대체되었다. 술탄은 문서를 통해 임명, 봉급 지불, 요식적인 행정 등 여러 가지 국정에 대한 자신의 결정을 알렸고, 현안 문제의 요약을 바탕으로 한 결정이 청원이라는 형태로 술탄에게 제공되었다.[49]

무라드 3세와 메흐메드 3세는 셀림 2세보다도 더, 국사를 논의하는 회의실보다 사적인 공간에서 하루를 보내기를 좋아했다. 그리고 좋아하는 사람들로부터 영향을 받기 쉬운 자기네 방에서 지냈으며, 그런 사람들에게는 정부의 관료적 절차가 별로 먹히지 않았다. 소콜루 메흐메드 파샤는 궁료와 총신들이 쳐놓은 한계에 제약을 받기는 했지만 술탄의 권위가 약했던 이 시기에 번성한 파벌들이 저지르는 최악의 방종을 억제할 수 있었으며, 영향력 있는 많은 자리에 자신이 후원하는 사람들과 가족을 임명했다.[50] 그가 죽은 뒤에 술탄의 영향권 아래 있는 사람들 사이의 경쟁이 고착화되었다.

아내 휘렘 술탄을 공개적으로 좋아하고 하렘의 후궁들을 거들떠보지 않았던 쉴레이만의 시대 이후 황실 고위 여성들의 지위는 변화를 겪었다. 휘렘이 시작한 경향을 이은 그들은 더 자주 눈에 띄었고, 자기네의 공공건물 공사를 통해 보다 영속적으로 그렇게 했다. 일부는 또한 새롭고도 강력한 역할을 얻었다. 발리데valide(태후), 즉 통치하는 술탄의 어머니 역할이다. 휘렘은 아들 셀림이 즉위하기 전에 죽었지만, 셀림의 후궁 누르바누 술탄Nurbanu Sultan은 아들 무라드 3세가 즉위한 뒤부터 자신이 죽기까지 거의 10년 동안 아들의 삶을 지배했다. 누르바누는 그 말의 가장 완전한 의미에서의 발리데였고, 이 칭호를 공식적으로 사용한 첫 여성이었다.[51] 누르바누는 베네치아 귀족 가문 태생으로 어려서 대제독 바르바로스에게 붙잡혀 술탄의 하렘에 배속된 것으로 오랫동안 생각됐지만, 그보다는 코르푸섬 출신의 그리스인이었던 듯하다.[52] 휘렘은 쉴레이만의 이름으로 폴란드 왕이나 사파비 샤의 누이와 서신을 나누며 외교에 아주 부분적으로만 참여했지만, 누르바누가 오스만 국가의 국제 관계에 미친 영향은 좀더 공개적이었다. 외국 사절들은 누르바누의 호의를 얻는 것이 얼마나 중요한지 알았다. 베네치아 대사 야코포 소란초Jacopo Soranzo의 수행원으로 이스탄불에 갔다가 1582년 메흐메드 왕자의 할례 의식 참관에 초대됐던 한 목격자는 이렇게 썼다. "아내는 (…) 태후와 함께 모든 것을 통치하며, (…) 그들에게 의존하거나 적어도 그들을 적으로 만들지 말아야 한다."[53]

무라드 3세가 들어서면서 왕가는 더욱 '황실 가족'의 것이 되었다. 그는 즉위하면서 황실 가솔들을 마니사(그가 제후총독으로서 아내 사피예 술탄Safiye Sultan 및 그 자녀들과 함께 살던 곳이었다)에서 이스탄불로 옮겼다. 이스탄불에서 누르바누는 다시 자기 아들 옆에 자리를 잡았다. 셀림이 죽은 후 은거했던 에스키사라이('옛 궁궐')에서 톱카프궁의 하렘으로 옮겼다. 누르바누는 태후로서 하렘이 잘 돌아가도록 단속했고, 그 서열의 정점에 있었다. 그 급료는 제국에서 가장 많았고, 술탄의 급료에 비해서도 세 배였다. 누르바누 술탄이 옛 궁궐에서 새 궁궐로 거처를 옮긴 것은 이스탄불 시내의 공개 행진을 통해 경축되었다.[54] 무라드가 즉위하고 10년도 되지 않아 톱카프궁 하렘의 여성(후궁과 하인들)은 두 배로 늘어 100명이 넘었다. 하렘 구역은 술탄의 어머니에게 더 화려한 방들을 제공하고, 그곳에 살 여성이 더 늘어남에 따라 그들이 사용할 공간을 넓히기 위해 개축되었다. 무라드 자신을 위해서는 돔 지붕의 2층짜리 침전을 지었다. 이 별관의 내벽은 이즈니크에서 생산된 최고급 타일을 붙였고, 목욕탕과 그의 침실 옆에는 돔 천장의 알현

실을 더 만들었다.[55]

셀림은 쉴레이만과 마찬가지로 궁궐 제3안뜰의 별도 처소에서 생활하고 하렘에는 들르기만 했지만, 무라드는 가정생활에 푹 빠져들었다. 술탄의 행동과 그의 제국의 성격에 중대한 변화가 일어났다는 많은 지표가 있다. 무라드는 전쟁에서 자기 군대를 이끌기를 열망하는 호전적인 술탄은 아니었고, 여자들과 함께 나날을 보내는 것을 좋아하는 지배자였다. 무라드는 마니사에서 보낸 10여 년 동안 그의 유일한 성생활 짝인 사피예 술탄과 함께 살았다. 아들 셋(그중 맏이가 미래의 메흐메드 3세다) 및 딸들을 둔 핵가족이었다. 그러나 그의 누이 에스메한 술탄과 그의 어머니는 이 일부일처 관계가 유사시에 왕위 후보자를 확보하기에 충분하지 않다고 생각했고, 1580년대 초쯤[무라드는 1574년에 즉위했다] 그들은 무라드에게 후궁을 들이라고 권했다. 그가 죽을 때 남아 있던 자녀는 50여 명이었다.[56]

하렘의 규모와 중요성이 커지고 태후의 권위와 노출이 늘어남에 따라 하렘 관리자(그곳에 사는 여성들을 관리하는 아프리카 흑인 환관들 가운데 가장 선임자다*)의 지위가 높아졌다. 술탄 무라드는 즉위한 직후 크즐라르아아스kızlar ağası('여자들의 우두머리', 흑인 환관장宦官長) 자리를 만들고(만들지 않았다면 분명히 강화했다), 그 직책에 있는 사람에게 이슬람 성지들을 위한 기증을 감독하는 일을 맡겼다. 이제까지 이츠오을라느içoğlanı('궐내 소년', 남자 하렘격인 시종)를 관리하는 궁궐의 카프아아스kapı ağası('문門의 우두머리', 백인 환관장)가 관리하던 일이었다.[57] 이전 술탄

---

* 맘루크 술탄들과 마찬가지로 오스만 술탄들은 사적인 가정을 지키기 위해 환관들을 고용했다. 술탄 본인과 그들(그리고 벙어리와 난쟁이)만이 하렘에 들어갈 수 있게 허용된 성인 남성이었다. 그들의 충원과 훈련에 대해서는 알려진 바가 별로 없다.

들인 메흐메드 2세, 바예지드 2세, 셀림 1세, 쉴레이만 1세의 광범위한 기부 또한 곧 흑인 환관장의 주관 아래로 들어왔고, 그는 이 일을 처리하기 위해 주례 접견을 열기 시작했다. 그는 상당한 양의 돈의 흐름을 통제했고, 그에 수반되는 권력을 즐겼다.[58] 대와지르와 기타 정부 대신들도 하렘과 그 고위 관료들이 이득을 얻게 된 결과로 이루어진 권력 재분배의 패자였다. 지식인이자 관리인 겔리볼룰루 무스타파 알리는 무라드 3세 치세에 관한 기록에서, 만들어지고 있던 관행의 해로운 효과를 지적했다. 하렘의 환관과 후궁들은 술탄과 가까운 거리에 있어 이제 정치 과정에 압력을 행사함으로써 관직 임명에 영향을 미칠 위치에 있었다고 그는 지적했다. 그들은 심지어 관직을 팔기까지 했다.[59] 이 때문에 술탄이 실망하지는 않았을 것이다. 술탄은 틀림없이 궁정의 권력을 확대하기 위한 자신의 계획이 가져온 첫 열매에 매우 만족했다. 셀라니키 무스타파 에펜디는, 적어도 무라드 3세 치세까지는 막강한 대와지르의 전형이었던 소콜루 메흐메드 파샤가 1579년 암살된 직후에 술탄은 이 자리를 아예 없앨 생각까지 했다고 말한다.[60]

무라드 3세가 그 선대 술탄들보다 훨씬 많은 시간을 보내게 된 하렘의 세계와 비슷한 것이 그가 총애하는 남성들의 세계였다. 그들 가운데는 마니사 시절 이래 그와 함께한 사람들도 있었다. 그의 가정교사 호자 사뎃딘 에펜디Hoca('스승') Sâdeddin Efendi, 그의 재정 관리자 카라 위베이스 파샤Kara('검은') Üveys Paşa, 그의 영적 조언자이자 할와파 교단 셰이흐인 쉬자Şüca 같은 사람들이었다.[61] 호자 사뎃딘의 아버지는 쉴레이만과 셀림의 셰이흐윌이슬람이었던 에부수우드를 도우면서 셀림과 친밀하게 지냈다. 오늘날 사뎃딘은 무라드에게 헌정한 오스만 역사서로 유명하다.[62] 그의 아들 에사드 에펜디Esad Efendi는 나중에 셰이흐윌이슬람이 되어 국가의 중심에 있는 그 가문의 위치를 유지했다. 무라드가 즉위한 직후 소콜루 메흐메드는 카라 위베이스에게 재정상의 잘못을 저질렀다며 고발해 이들 측근 집단과 대립각을 세웠다. 소콜루 메흐메드의 계획은 실패로 돌아갔고, 그의 위신 추락은 누가 보기에도 명백했다. 카라 위베이스는 제국회의에 자리를 차지한 채 제국의 재정을 통제했고, 반면에 소콜루 메흐메드가 임명한 사람들은 숙청되고 그들의 재산은 몰수되었다. 가장 대표적으로 유능한 부다 총독이었던 그의 사촌 소콜루 무스타파 파샤Sokollu Mustafa Paşa가 처형되고 그 자리에 카라 위베이스가 임명되었다. 카라 위베이스는 권력의 자리에서 매우 먼 이 자리를 받아들이는 것이 내키지 않았지만 선택지가 별로 없었다.[63] 그는 나중에 이집트 총독으로 임명됐고, 재임 중에 그가 군대에 가한 가혹한 재정 통제에 대한 반발로 반란이 일어났다. 반란자들은 회의실로 난입해 그의 개인 공간을 약탈했다. 그는 직접 공격당했고, 그의 수하 사람들은 살해되었다.[64]

무학자인 셰이흐 쉬자는 무라드가 신비주의에 관심을 갖게 만들었다. 술탄은 자신의 꿈을 해석하고 운명을 예측하는 데서 쉬자에게 의존했다. 이것은 결코 이례적인 일이 아니었다. 순나 정통주의에 대한 공식적인 장려는 열렬한 비교祕敎적 지식 추구와 함께했고, 할와파는 오스만 기득권층 사이에서 널리 받아들여졌다는 측면에서 가장 '정통적'인 데르비시 종파가 됐기 때문이다. 사실 소콜루 메흐메드 파샤는 자기네 할와파의 영적 조언자에게 회관을 제공했다. 그가 아내 에스메한을 위해 이스탄불의 카드르가구區에 지은 마스지드 단지에 부속된 시설이었다.[65]

무라드 3세는 1574년 즉위 이후 셀림 2세가 펼쳤던 북아프리카와 지중해 서부에서의 공격적인 정책을 이어갔다. 사실 소콜루 메흐메드가 대와지르 자리를 지키는 동안 즉각적이고 급진적인 방향 전환은 기대할 수 없었다. 이 시기에 사태는 빠르게 전개되었다. 오스만의 군사적 지원으로 사아드 지배자가 권좌에서 쫓겨났고, 그 대신에 불만을 품은 가족 성원이 오스만의 제후로서 모로코를 차지했다. 이 승리로 오스만은 북아프리카 해안 전체를 장악했고, 그들은 제국의 동쪽 변경은 물론 서쪽 변경에서도 포르투갈인들과 다툼을 벌이게 되었다. 포르투갈 왕 세바스티앙 1세는 에스파냐 사절이 술탄과의 평화를 모색하고자 이스탄불에 도착했을 때에도 오스만에 맞서기 위해 외숙인 에스파냐의 펠리페 2세에게 도움을 청했다. 펠리페는 모호한 태도를 취했지만, 결국 병력과 선박 모두를 제공했다. 1578년에 포르투갈은 모로코를 침공했다. 세바스티앙 왕은 알카사르 전투에서 죽었으며, 오스만의 속국 지배자 역시 죽었지만 그 동생이 오스만의 원조를 받아 형을 이어받을 수 있었다. 지중해 서부에서 오랫동안 벌어진 오스만-합스부르크 전쟁은 1580년 조약과 함께 끝이 났고, 이 조약으로 에스파냐는 자유로이 관심을 북쪽으로 돌릴 수 있게 되었다.[66]

트리폴리, 튀니지, 알제리는 이제 모두 명목상 오스만 총독의 관할 아래 있는 속주였지만, 지역 지도자들은 계속해서 자기네의 지역적인 관심을 앞세웠으며 오스만 중앙정부가 가졌을 어떠한 개념(이 속주들에 제국 다른 지역의 관료적 규범에 맞는 행정을 도입하려는)도 훼손했다. 오스만의 이들 마그레브 속주들과의 관계는 '정략혼인'이었다. 양쪽은 서로에 대해 기대치가 낮았다. 오스만은 마그레브에서 수입이 별로 없을 것으로 예상했지만 지중해의 공통의 적에 맞서 지원해줄 것을 바랐고,

마그레브의 명목상 오스만 신민들은 결코 '오스만화' 또는 제국으로의 편입을 추구하지 않고 중앙정부 투자와 기반시설 같은 것을 별로 기대하지 않았다.[67]

오스만-합스부르크의 1580년 평화조약은 두 제국 사이의 해상 세력 균형에서 어떤 평형이 이루어졌음을 보여주었다. 동시에 인도양에서 오스만이 포르투갈에 대해 적극적으로 개입하는 일은 점차 사그라졌다. 포르투갈의 모잠비크 해안 장악을 깨기 위한 1585년과 1589년의 시도는 마지막 숨이었다.[68]

오스만은 지중해에서의 휴식이 기뻤다. 1578년에 그들은 전면적인 국제적 위기에 말려들게 되었기 때문이다. 바로 캅카스에서 벌어진 이란과의 전쟁이었다. 무라드의 재위 상당 기간에 걸쳐 진행된 이 전쟁은 두 세력 사이의 오랜 교전 기간을 열었다. 이는 1639년 마침내 항구적인 평화에 합의하기까지 지속되었다. 이 변경에서는 1555년 아마시아 조약 이래 평화가 유지됐지만, 1576년 타흐마스브 샤가 죽은 이후 파벌 사이의 내분과 크즐바시 활동의 재개가 이어졌다. 소콜루 메흐메드 파샤는 이란과의 전쟁 재개를 강력하게 반대했다. 그는 모스코비야가 캅카스로 팽창하는 것을 견제하기 위해 오스만이 그곳에 진출하는 것을 선호하기로 유명했지만, 또한 그와 관련된 병참 문제를 잘 알고 있었고 이 지역에서의 전쟁 비용에 대해 경계하고 있었다. 소콜루 메흐메드는 심지어 무라드 주변의 새로운 파벌이 두드러지기 전에도 적들이 있었다. 태후 누르바누 술탄과 하렘이 전에 없던 권력을 얻기 전이었다. 그의 옛 경쟁자 랄라 무스타파 파샤는 자신이 상황을 이용할 태세가 되어 있음을 드러냈고, 주변에 무스타파를 싫어하는 술탄 측근들이 모여들 수 있는 간판이 되었다. 그들은 키프로스의 영웅인 랄라 무스타파가 다시 전쟁에서 승리한다면 이는 소콜루 메흐메드가 밀려나고 랄라 무스타파가 그 대신 승진한다는 얘기라고 주판알을 튀겼다. 사파비를 상대로 전쟁에 나서기로 결정한 이후 랄라 무스타파는 지휘관에 임명되었다. 예멘 원정 시절 이후 끊임없이 야심을 보인 또다른 경쟁자 코자 시난 파샤와 함께였다. 그러나 그들은 함께 일할 수 없어 곧 코자 시난이 해임됐으며, 랄라 무스타파가 단독 지휘관으로 남아 그가 예측하고 있는 승리의 열매를 거둘 태세를 갖추었다.[69]

칸카스가 전쟁 지역이었기 때문에 아나톨리아 동부의 변경 도시 에르주룸은 이란을 상대로 한 오스만 출정의 전진 기지였다. 랄라 무스타파와 그의 군대는 배를 타고 트라브존으로 가고 이어 산을 넘어 남쪽으로 행군해 1578년 여름 동안에 에르주룸에서 집결했다. 사파비와 칸카스의 그 속국들이 매우 혼란스러워하는 와중에 오스만은 그루지야를 가로질러 전진할 수 있었고, 도중에 티플리스(현대 조지아의 수도 트빌리시)를 점령하고 북쪽의 공국들에 도달했다. 여름 끝 무렵에 이 지역의 몇몇 군주들이 오스만에 항복했고, 오스만은 이제 카스피해 서안의 시르반 지역 일부를 점령했다. 하베시주 전 총독 외즈데미르 파샤의 아들 외즈데미르오을루 오스만 파샤Özdemiroğlu('외즈데미르의 아들') Osman Paşa에게는 이 멀고 취약한 새 속주를 통치하는 시시한 일이 맡겨졌다. 타타르의 도움으로 그는 지역과 사파비의 저항을 물리쳤지만, 티플리스의 오스만 점령군에게로 가는 보급선이 끊어져 겨울을 나기 위해 시르반주의 중심 도시인 샤마흐로부터 카스피해 연안의 요새 도시 데르벤트로 철수하지 않을 수 없었다.[70]

옛 적수 코자 시난 파샤를 이스탄불에 남겨둔 것은 랄라 무스타파 파샤에게 치명적이었음이 드러났다. 1579년 소콜루 메흐메드 파샤가 암살되자 제2와지르인 세미즈 아흐메드 파샤Semiz('덩치 큰') Ahmed Paşa(미흐리마흐 술탄과 뤼스템 파샤 부부의 딸 휘마샤흐 술탄Hümaşah Sultan의 남편이다)가 그를 대신해 대와지르 자리에 올랐다. 서열이 올라가 제3와지르가 된 코자 시난은 자신의 이익을 위해 일을 처리하기에 좋은 위치에 있었다. 세미즈 아흐메드는 랄라 무스타파를 전선으로부터 소환하고 그 대신에 코자 시난을 지휘관으로 임명했다. 랄라 무스타파의 추종자들은 부패 혐의로 고발됐고(일부 경우는 혐의 없음이 해명됐음에도 불구하고), 정부 직위에서 해임되었다. 그러나 그는 제2와지르 자리를 유지하는 데 성공했고, 세미즈 아흐메드가 재임 불과 몇 달 만에 사망하자 대와지르 자리는 마침내 그의 차지가 되는 듯했다.[71]

　그러나 랄라 무스타파는 결국 그렇게 원했던 승진을 이루지 못했다. 그는 대와지르의 일을 수행했지만 코자 시난은 그의 취임 확정을 막을 수 있었고, 석 달 동안의 공백 끝에 1580년 8월에 대와지르로 임명된 것은 코자 시난이었다. 랄라 무스타파는 그뒤 곧 죽었다. 소콜루 메흐메드 파샤, 랄라 무스타파 파샤, 세미즈 아흐메드 파샤의 죽음은 한 시대의 종말을 의미했다. 그들은 쉴레이만 치세와의 마지막 연결 고리였기 때문이다. 코자 시난은 젊은 세대였다. 술탄 셀림 2세 치세에 원숙해지고 권력의 자리에 오른 사람이었다. 그는 파벌을 통해 좀더 쉽게 정부에 적응할 수 있었고, 정말로 감각을 가지고 적응함으로써 다섯 차례나 대와지르를 지냈다.[72]

　여전히 군 총사령관이기도 했던 코자 시난이 1580년 11월 에르주룸에 도착한 직후 사파비가 평화를 청했다.[73] 전쟁은 끝났다고 생각한 코자 시난은 이스탄불로 돌아왔지만, 사실 이때 그루지야에서 전쟁이 계속돼 오스만-이란 평화 협정이 마무리되지 못하고 있었다. 그는 몇 달 뒤에 해임됐고 제2와지르 시야부시 파샤Siyavuş Paşa가 그 대신 임명되었다. 이후 몇 년은 캅카스에서 오스만의 통제권을 확보하는 데 매달렸다. 사파비를 상대로 한 이전의 변경 원정들과 대조적으로, 이번에 오스만은 이 지역에 대한 영구 점령을 시도했다. 시르반은 이 시기에 만들어진 네 개의 새로운 속주 가운데 하나일 뿐이었다.[74] 캅카스에서 직면한 문제들은 예멘에서의 문제와 비슷했다. 즉 지역 지배자들이 변덕스럽고 기후와 지형이 험악했다. 이 주변 지역으로 제국이 팽창하는 것은 오스만이 요새를 만들고 유지하는 데 달려 있었으며, 그 바깥에서 그들은 거의 통제력을 가지지 못했다. 오늘날 튀르키예 동북부의 카르스 요새는 새로 정복된 영토의 수비대에 보급을 하는 전진 기지로서 재건되었다. 예레반 또한 재건됐고, 더 작은 기타 거점들이 확보되었다.

외즈데미르오을루 오스만 파샤는 1582년 루멜리로부터 크림반도를 거쳐 증원군이 도착할 때까지 데르벤트에 머물렀고, 그뒤 육로로 행군해 사파비를 동부 캅카스에서 몰아냈다. 크림의 타타르 기병은 이 지역에서 미약했던 그들의 장악력을 유지하는 데 필수적이었지만, 메흐메드(2세) 기라이Mehmed Giray 칸은 이제 술탄의 제후로서의 의무를 무시하고 오스만을 돕기 위한 병력을 제공하기를 거부했다. 외즈데미르오을루 오스만은 이에 따라 크림반도로 행군해 들어갔고, 이스탄불에서 온 클르츠 알리 파샤가 지휘하는 오스만 함대의 도움을 받아 새칸을 세웠다. 외즈데미르오을루 오스만은 캅카스 전선에서 복무하는 5년 동안 궁정의 음모로부터 격리되었다. 그는 이스탄불로 돌아와 영웅으로서 환영을 받았고, 1584년 여름 대와지르에 임명되었다. 이번에는 무라드 술탄에게 영향력을 발휘하지 못한 술탄 주변 파벌은 분노할 수밖에 없었다. 그는 1년 뒤에 죽었지만, 추가적인 동방 원정 과정에서 타브리즈를 점령했다(이번에는 타타르의 상당한 도움이 있었다). 그리고 처음으로 그곳을 오스만의 손아귀에 넣었다.[75]

1585년 외즈데미르오을루 오스만 파샤가 이전에 사파비 수도였던 타브리즈를 정복한 것은 이란과의 전쟁에서 새로운 국면을 열었다. 오스만의 자신감이 너무 커서 정치가들은 한때 우즈베크 칸(그의 영토는 이란 동북쪽 아무강 건너에 있었다)이 자신의 군대를 북진시켜 아스트라한을 모스코비야로부터 탈환하겠다는 제안을 긍정적으로 바라보았다.[76] 이란에 대한 또다른 전선이 남쪽에서 열렸다. 바그다드의 새 총독 즈알라자데 유수프 시난 파샤Cığalazade('치칼라의 아들') Yusuf Sinan Paşa(제노바 치칼라 가문의 자손으로 어려서 바다에서 붙잡힌 뒤 이슬람교로 개종했다)가 공세로 나서면서다. 그는 이란 서남부 일부를 오스만에 보탰고, 새로운 속주 두 개를 만들었다.[77]

타흐마스브 샤의 죽음 이후 벌어진 이란 내부의 동란은 1587년 권좌에 오른 그의 손자 아바스 1세'Abbās I의 단호한 노력에 의해 그해에 마침내 종식되었다. 아바스 샤는 그 오랜 치세 동안 사파비의 장엄함과 위대함의 축도로서 명성을 확립하게 되지만, 1588년과 1589년에 그는 공격에 노출되었다. 우즈베크가 아무강을 건너 이란을 공격하고 헤라트, 마슈하드, 니샤푸르 같은 도시들을 점령했다. 샤 아바스는 오스만에 평화를 청했다. 그 조건에 따르면 그는 현상 유지에 만족해야 했다. 사파비로서는 값비싼 평화였다. 오스만은 이제 캅카스와 쿠르디스탄의 상당 부분을 차지하고 있었다(비싼 대가를 치르기는 했다). 오스만에게 이것은 1514년 셀림 1세가 찰드란에서 승리를 거둔 이래 그들이 사파비를 상대로 거둔 보다 결정적인 결과였다. 조약은 이전에 가능했던 것보다 더 동쪽과 북쪽으로 들어간 경계선을 확정했고, 사파비와 오스만 사이의 100년 묵은 다툼은 끝이 난 듯했다.

한편 모스코비야는 캅카스에 발판을 마련하자 빠르게 팽창을 지속했다. 더욱 자신감에 넘치는 이 나라는 지역 수장들(그루지야인들처럼 기독교도든 아니면 이슬람교도든)이 차르에게 충성을 맹세할 것을 요구하며 이 지역 식민화에 나섰다. 이를 듣지 않으면 곧 군대가 올 것이라고 을러댔다. 상황의 급박함은 1589년 다게스탄 지배자가 오스만 술탄에게 보낸 전갈에 극적인 언어로 표현되어 있다.

폐하께서 페르시아로부터 빼앗은 도시들은 (…) 스스로를 방어할 수 없을 것입니다. 러시아인들은 페르시아 샤 및 그루지야 왕과 손을 잡을 것이고, 이어 그들은 이곳에서 이스탄불로 행군하고 프랑스 왕과 에스파냐 왕은 다른 방향에서 (들어와) 폐하께서는 이스탄불에서 살아남지 못할 것입니다. 그리고 폐하께서는 사로잡히고 이슬람교도들은 기독교도가 되며, 우리의 신앙은 끝장날 것입니다. 폐하께서 주선해주지 않으면 말입니다.[78]

이 청원은 무시된 듯하지만, 이반 4세의 모스코비야가 캅카스로 침공한다는 두려움은 오스만이 이 지역을 무시할 수 없다는 얘기였다. 이 세기 초 아나톨리아 동남부와 마찬가지로 그것은 외부 세 강국의 전략적 관심을 끈 사안이었다.

오스만은 자기네 동부 국경에서 성공을 거두면서 자신감이 있었기에, 제국의 유럽 쪽 육상 변경에서 합스부르크와 충돌을 재개하는 데 반대하는 목소리는 크지 않았다. 1568년에 평화조약이 공식적으로 맺어졌지만(그리고 1574년과 1583년에 조약이 갱신됐지만), 광대한 크로아티아-보스니아 경계를 따라 국지적인 교전과 충돌은 끊이지 않았다. 합스부르크 당국은 오스만 지역 세력의 습격에 대해 끊임없이 항의했고, 자기네 백성을 보호하기 위해 국경 방어를 재편했다. 그러나 그들은 평화를 유지하기 위해 노심초사하고 1568년 합의한 연례 공물(또는 관점에 따라 선물)을 열심히 바쳤다. 오스만이 공식적인 원정을 일으킬 빌미를 주지 않기 위해서였다. 합스부르크와 오스만 양쪽은 마지막으로 부딪친 시기 이래로, 어느 쪽도 결정적인 승리를 기대할 수는 없음을 인식하게 되었다.[79]

1591년, 보스니아 총독 하산 파샤Hasan Paşa는 오스만-합스부르크 변경의 서부인 크로아티아 쪽에서 몇 개의 요새를 점령했으며(겉보기에는 독립적인 행동이었지만 아마 이스탄불에서 지원했을 것이다), 쿠파강 변 페트리냐에 새 오스만 요새가 건설되었다. 자기네 국경 방어가 방치된 상태임을 잘 알고 있던 합스부르크는 이를 적대 행위로 봤지만, 외교적 수단을 시도해 싸움이 확대되는 것을 피하고자 했다. 1593년 하산 파샤는 쿠파강을 건너 시사크 요새를 포위했다. 누구든 시사크를 장악하면 사바강을 따라 자그레브로 가고 오스트리아로 들어가는 통로를 장악하게 된다. 서둘러 소집된 구원군이 오스만 공격자들을 물리쳤으며, 하산 파샤를 포함하는 그들 상당수는 살해되었다.[80]

이것이 다시 대와지르가 된 코자 시난 파샤가 추구했던 본격적인 원정의 구실이었다. 1593년 7월 그는 군대를 이끌고 서쪽으로 출발했다. 오스만은 시사크 포위전 실패에 대해 신속하게 대응할 수 있었기 때문에, 오스만 해군이 레판토에서 손실을 입은 이후 빠르게 회복했듯이 오스만 육군 조직은 최근 이란과의 전쟁 이후 빠르게 재건됐음이 분명하다. 중부 유럽에서 대규모 공격이 예견되면서 다른 모든 문제가 뒤로 밀려났다. 그중 하나가 에스파냐를 상대로 한 해상 원정이었는데, 이는 개신교 세력이 요청하고 있었고 1590~1591년에 이미 준비된 것이었다. 특히 이 원정을 포기한 것에 대해 오스만 정부는 그다지 후회가 없었을 것이다. 서부 지중해에서 그들의 전략적 목표는 이루어졌고, 그들이 이 지역에서 철수한 것(1580년 에스파냐와의 조약이 대표적이다)은 이후에 재확인됐기 때문이다. 어떻든 베네치아 대사와 코자 시난 모두에게 근년의 함대 방치로 인해 오스만 해군이 또다른 몇 차례의 먼 거리 해상 전투를 벌일 수 없을 것임은 분명했다.[81] 해상 원정과 달리 육상에서의 전쟁은 보다 직접적일 수 있다고 코자 시난 파샤는 말했다. "육상 원정은, 모두 말에 올라 출발하라는 단순한 명령으로 시작할 수 있다. 해상 원정은 그와 다르다. (…) 물질적인 투자와 인간의 노력을 아무리 많이 들이더라도 일고여덟 달은 걸려야만 실현될 수 있다."[82] 1593년 그렇게 경솔하게 서둘러 시작한 중부 유럽의 전쟁은 1606년까지 계속되었다. 어느 쪽도 이 전쟁을 통해 많은 것을 얻지는 못했고, 재정적으로나 국가 조직에 대한 손상 측면에서나 비용은 막대했다.

16세기 말에 전쟁의 성격은 동방과 서방 모두에서 변하고 있었다. 이전 시기에 특히 이란에서는 시골로 자취를 감춤으로써 총력전을 피하는 적의 능력이 흔히 결정적인 승리를 얻으려는 오스만의 노력을 좌절시켰지만, 최근의 그쪽 전선 원정은 보다 정적인 형태의 전쟁이 이제 표준이 됐음을 보여주었다. 영토를 점령하려면 긴 포위전으로 요새를 항복시켜야 했다. 합스부르크-오스만 경계에서는 1568년 정전 이후 합스부르크와 그 유격대들이 배후지를 적의 침입으로부터 보호하려는 의도를 가진 거점들의 연결선(변경의 오스만 쪽에도 마찬가지의 것이 있었다) 뒤로 피신했다. 이 전선의 중앙 부분 합스부르크 쪽에는 너지커니저, 죄르(라프), 코마롬, 노베잠키(노이호이젤), 에게르가 있었다. 이에 맞서 오스만 쪽에 줄지어 있던 것은 시게트바르, 세케슈페헤르바르(슈툴바이센부르크), 부다, 에스테르곰이었다. 제2선은 베오그라드에서 티미쇼아라에 이르기까지 활 모양으로 늘어선 요새들이었다.[83]

이 13년에 걸친 전쟁으로 인한 오스만, 합스부르크, 헝가리 모두의 득실은 그 피곤하고 지지부진한 성격을 잘 보여주었다. 처음 두 해에는 아무런 성과가 없었다. 1595년 초, 술탄 무라드 3세가 죽고 그의 스물아홉 살짜리 아들 메흐메드 3세가 순조롭게 승계했다. 메흐메드는 혼란스러운 나라를 물려받았고, 술탄과 제국 양쪽의 위신을 세우려면 새로운 전략이 긴급하게 필요하다는 것이 분명했다. 대와지르 코자 시난 파샤가 소집한 회의에서는 최근의 관행과는 아주 달리, 새 술탄이 경험이 없기는 하지만 전쟁에서 군대를 이끌어야 한다는 데 의견을 모았다.[84] 1566년 쉴레이만의 마지막 원정 이래 어떤 술탄도 하지 않았던 일이었다. 코자 시난은 1596년 4월에 죽었다. 6월에 오스만 술탄의 군대가 출발해 전선을 지키고 있는 병력과 합류했다. 그들의 목표는 에게르 요새를 점령하는 것이었다. 이 요새는 오스트리아와 트란실바니아 사이의 경로에 있었고, 트란실바니아는 몰도바 및 왈라키아와 함께 합스부르크의 보호를 추구했다. 에게르는 함락됐고, 이어 오스만 군대는 타타르인 증원군과 함께 10월 25일 부근 메죄케레스테시 평원에서 트란실바니아군 및 합스부르크 주력군과 맞닥뜨렸다. 이어 벌어진 치열한 야전(이 전쟁의 유일한 전투였다)에서 오스만이 승리했다. 처음에는 패배한 것처럼 보였지만, 오스만 숙영지를 약탈하는 합스부르

크 군대를 거세게 공격하고서야 패배를 면했다. 총사령관 역할을 달가
워하지 않았던 술탄은 신임 대와지르 다마트 이브라힘 파샤Damat('부마駙
馬') İbrahim Paşa에게 자신은 이스탄불로 돌아가겠다고 말했다. 그러나 그
는 괴롭게도 자리를 지켜야 했다.[85] 오스만 궁정의 잉글랜드 대사 에드
워드 바턴Edward Barton은 메흐메드의 요구로 원정에 따라갔다. 술탄에
게 온 합스부르크 대사와 동행하라는 명목이었다. 술탄은 그와 그 일
행이 안전하게 고국으로 돌아갈 수 있다고 보장했다. 바턴의 비서 토
머스 글로버Thomas Glover는 오스만군이 대패한 충돌 이후의 장면을 이
렇게 묘사했다.

그때 나는 혼비백산해서, 술탄이 자기네 군사들이 달아나는 것을 보면서
어떤 공포에 사로잡혔을지를 생각했다. 그러나 그는 주변의 몇몇 장수들
의 격려를 받으며 술탄의 깃발을 들고 기독교도들 쪽으로 걸어 나왔다. 그
리고 자신의 활과 화살로 세 번을 쏘았고, 어떤 사람들에 따르면 기독교도
세 명을 죽였다.[86]

그 이후 시기에는 국경 요새들이 계속 손바뀜을 하는 가운데 평화
회담이 논의되었다. 왈라키아는 다시 오스만 속국이 되는 것을 선택했
다. 1600년에 오스만은 합스부르크의 남쪽 방어선을 돌파해 전략적으
로 중요한 너지커니저 요새를 점령했다. 빈은 또 한 번의 포위전을 두
려워했고,[87] 이듬해에 합스부르크는 너지커니저 탈환을 시도했으나 실
패했다. 페슈트는 오스만에게 빼앗겼으나 이후 전쟁 막바지의 산만한
시기에 되찾았으며, 트란실바니아는 다시 오스만과 손을 잡았다. 전쟁
의 마지막 해인 1605년에는 1595년 합스부르크가 차지했던 에스테르

곰이 다시 한번 오스만의 손으로 넘어갔다. 이제 모든 주역들은 지쳐서 평화를 갈망했고, 이듬해 합의가 이루어졌다. 언제나 그랬듯이 이스탄불이 아니라 국경 마을 지트바토로크에서였다. 이것은 그 자체로 술탄의 양보였다. 그 조상들은 습관적으로 패배한 적들에게 평화 조건을 부과했다. 여러 조항 가운데 하나에서 양측은 당시 그들이 장악하고 있던 땅을 보유하게 됐으며(오스만은 두 개의 새로운 거점 에게르와 너지커니저만을 얻어 보상이 미약했다), 합스부르크 황제 루돌프 2세는 추가적인 이득을 얻었다. 즉 그와 그 후계자들은 앞으로 술탄과 동등한 대우를 받게 된 것이다. 황제가 술탄에게 내는 '공물'은 일시불로 20만 플로린을 내고 폐지하기로 했다.[88]

합스부르크 쪽의 군사적 대응은 반反종교개혁Contrareformatio〔유럽 개신교의 종교개혁에 맞선 가톨릭의 개혁〕으로 인해 혼란스러웠다. 가능했을 개신교도 동맹자들의 지원이 그쪽으로 쏠렸다. 한편 오스만은 이란의 샤 아바스가 1590년 조약으로 내준 영토를 회복하려 시도하면서 1603년 이후 두 전선으로 원정을 나갔다. 게다가 제국 안에서는 1580년대 이래 커지고 있던 여러 가지 국내 문제가 곪아터졌다. 1599년에는 불안스러운 아나톨리아의 반란 물결에 맞서는 여러 차례의 군사 원정 가운데 첫 번째 원정이 있었고, 제국의 많은 다른 곳에서도 소요가 일어났다. 술탄 메흐메드 3세가 1603년에 죽고 열세 살짜리 아들 아흐메드가 승계한 것은 그다지 중요하지 않은 듯했다.

16세기 말은 오스만에게만큼이나 유럽 국가들에게도 어려운 시기였다. 모든 나라가 자주 벌였던 전쟁은 재정 부담을 안겼고, 각국은 거기서 벗어나고자 애를 썼다. 에스파냐, 프랑스, 잉글랜드, 오스트리아의 경제는 극심한 혼란과 방만함에 시달렸다. 연간 지출은 수입을 웃돌았고, 위기를 넘기고자 혁신적인 수단을 강구해야 했다. 사회적·정치적 격변은 불가피한 결과였다. 오스만은 이런 격변이 일어나지 않기를 기대할 수 없었고, 그들의 경우에 이는 독특하게 오스만적인 과정을 밟았다.

16세기 말에 오스만제국 내부에서 벌어진 혼란의 정확한 원인은 여전히 잘 알 수 없고, 원인과 결과의 경중은 아직 밝혀지지 않았다. 16세기까지 오스만의 경제 및 인구의 팽창은 새로 정복된 속주들에서 나오는 수입으로 뒷받침됐지만, 정복 속도가 둔화되면서 이 화폐 사용 비중이 매우 높은 경제가 잘 돌아가게 하기 위해 손에 넣을 수 있는 돈이 덜 들어왔다. 1585년에서 1586년으로 넘어가는 겨울에 이란과 전쟁을 하면서 더 많은 돈을 손에 넣기 위한 시도로 오스만 정부는 은화인 악체의 품질을 떨어뜨렸다. 은 함량을 거의 절반으로 줄인 것이다. 주화에서 비금속卑金屬과 섞이는 은(또는 금)의 양이 그 가치를 결정하는 경제에서 이런 조치는 상당한 금융 불안정을 야기했다.[89]

오스만 경제는 언제나 외부의 영향에 좌우되었다. 16세기 초 이래 아메리카 대륙의 광산에서 온 정화正貨(주화)가 상업적 거래 과정에서 동방으로 흘러가 은 함량이 적은 토착 주화를 유통에서 축출했다. 1585~1586년의 가치 하락 이후 악체로 지급받는 정액 봉급자(관료나 군인 등)는 큰 고통을 받았다. 그들이 받는 봉급으로 살 수 있는 물건이 이제 과거의 절반으로 줄었기 때문이다. 그런 가파른 물가 급등은 사회적 불만을 촉발해 당국은 품질이 떨어진 주화로 주는 봉급을 받으라고 강제할 수 없는 지경에 이르렀다. 세금은 대체로 악체로 받았기 때문에 국고 수입 또한 실질 가치 기준으로 반 토막이 났다. 정부는 농민들에게 새로운 세금을 부과해 국가의 수입과 지출 사이의 격차를 줄이고자 노력했으며, 일티잠iltizam이라는 징세 도급제가 확대되었다. 징세 도급제는 개인 또는 회사가 국가에 해당 징세처에서 나올 조세 수입에 해당하는 액수를 미리 지급하고 자기네가 실제 징세를 하는 것이다. 물론 자기네의 이익을 더 붙여 징수했다. 국고는 또한 기득권층의 부유한 사람들에게 돈을 빌렸다. 이 국내 차입은 유럽 각국과는 매우 다른 재정 관리에 대한 접근법을 보여주었다. 오스만제국은 19세기까지 외국 차관을 얻지 않았다.* 반면에 합스부르크가 동맹국들로부터 금융 지원을 받지 않았다면 1593~1606년의 전쟁은 다른 결과가 나왔을 것이다. 신성로마제국 안의 독일 군주들은 1594년에 오스만과의 전쟁에, 카를 5세의 모든 대對오스만 원정에 대해 지불한 총액보다도 더 많은 기여를 했다.[90]

1589년에 악체 품질 저하의 부작용은 예니체리의 반란을 불러왔다. 1440년대 메흐메드 2세의 1차 재위 때 그의 통화 조작에 대한 반응으로 분출했던 것과 마찬가지였다. 세이흐윌이슬람의 지원을 받고 있던 예니체리들은 루멜리 총독과 데프테르다르defterdar(재무대신)가 봉급을 품질이 떨어진 주화로 지급했다고 비난했다. 술탄 무라드 3세는 이 관리들을 폭도에게 내주어 희생시켰다. 술탄이 겁에 질려 측근의 경쟁 파벌들에 의해 완전히 휘둘리는 이런 이야기는 여러 차례 반복되는데, 이것이 첫 사례였다(셀림 2세나 무라드 3세는 모두 쉴레이만이 느꼈던 이슬람

---

* 이슬람교에서는 고리대금을 금지하고 있음에도 불구하고 오스만의(적어도 발칸반도와 아나톨리아의) 대출자들은 대출을 해주고 이자를 받았다. 그들은 이를 위장하기 위해 여러 가지 속임수를 썼다. 나중에 제국이 유럽 열강에게 많은 빚을 지고 있던 19세기 말에 유럽인들의 규정이 적용됐고, 오스만 정부의 강제는 종교적 명령을 준수한다는 모든 가면을 벗어던졌다.

교 1천 주년의 전조로서의 성격을 공유하지 못했던 듯하다. 반면에 당대 지식인들은 이 폭력적인 사건을 권위의 붕괴를 알리는 전조로 보았다). 이 세기 말의 계속되는 금융 불안정에 대해 궁궐 기병들은 술탄 메흐메드의 어머니인 사피예 술탄의 시녀 에스페란자 말키Esperanza Malchi를 비난했다. 이 여성은 태후가 바깥 세계와 하는 거래를 처리했고, 1600년에 기병대 무리 가운데 일부에 의해 살해되었다.[91] 17세기의 많은 주요 정치가들은 계속되는 위기의 속죄양이 됐으며, 어떤 술탄도 군대와 맞서지 못했다. 일을 더욱 복잡하게 만든 것은 그의 정예 병력의 두 주요 부대인 예니체리 보병과 카프쿨루시파히kapıkulu sipahi(궁궐 기병)가 서로 다른 파벌을 지지하는 경우가 많았다는 것이다. 1582년에 이 두 집단 사이의 싸움이 몇몇 사망자를 내고 사치스러운 공개 축연을 극적으로 끝냈다. 히포드롬에서 열린, 아직 왕자였던 메흐메드 3세의 할례 축연이었다.[92]

주화의 품질 저하에 따른 재정적·사회적 고통은 전투 방식이 변하면서 전쟁 비용이 미증유의 수준에 도달한 시기에 나왔다. 전쟁에 나가는 의무 대신 지불하는 농업세로 지탱되는 지방 기병 부대는 방어적이고 포위전을 바탕으로 하는 전쟁에서는 덜 효율적이었고, 제국의 경계가 확장되면서 출정에 대한 열의를 상실했다. 그들은 자기네의 활약이 필요했던 시기(먼저 합스부르크 전선에서, 이어 이란 전선에서)에 1578~1590년의 소모적인 이란과의 전쟁 여파에서 헤어나지 못하고 있었다. 셀라니키 무스타파 에펜디가 1597년에 썼듯이, 그들은 20년 동안 전쟁을 계속하고 있었다.[93] 보병(오스만의 상황에서 그것은 기본적으로 소총을 든 예니체리를 의미했다)은 근대 전쟁에서 기병보다 더 유용했고, 이에 따라 그들의 수는 증가했다. 1527년 8천 명가량에서 술탄 셀림 2세가 죽던 1574년에는 1만 3500명으로, 그리고 1609년에는 거의

4만 명으로 늘었다.[94] 그들은 국가에 고용된 다른 봉급자들(그들의 수역시 가차 없이 증가했다)과 마찬가지로 현금으로, 그리고 문제를 일으키지 않으려면 제때에 지급받아야 했다.

정부는 진퇴양난이었다. 봉급을 받는 병사 수의 급속한 증가는 무한정 지속될 수 없었고, 다른 인력 공급원이 모색되었다. 비용이 적게들기 때문에 매력적인 한 해법은 농민(이제 중요한 자격은 총을 다룰 수 있는 이슬람교도였다) 가운데서 병사를 징발해 원정 기간 동안 복무하게하고 원정이 끝나면 소집을 해제하는 것이었다. 이 혁신은 농민이 전투병으로 복무하지 못하고 술탄의 정예 전투병과 지방 기병 옆에서 그저잡다한 보조 업무만 한다는 허구를 공개적으로 비웃었다. 그러나 그들이 징집 전에 말썽꾸러기가 아니었다 해도, 이미 무거운 세금과 생계를꾸려갈 수 없음에 불만을 가진 사람들이 소집 해제 후 중요한 파괴 요소가 된다는 것이 곧 분명해졌다. 그들은 총을 가지고 있었고, 이전의직업으로 돌아가지 않았다. 이들의 충성심은 누구라도 그들에게 보수를 주기만 하면 살 수 있었다. 강도 두목이라도 좋고 괴팍한 국가 관리라도 좋았다. 통신이 빈약한 시기라서 먼 이스탄불의 정부와 그 관리에 대한 충성보다는 지역의 연줄이 언제나 더 강했고, 중앙정부의 세금과 인력 요구에 대한 주민들의 경험은 그들이 끼여 사는 이른바 반란자들의 손아귀에 든 경험보다 더 나을 것이 없었다. 농민 가운데서병사를 육성한 것은 주로 아나톨리아에서였고, 잇따르는 강도질과 노골적인 반란으로 가장 폭력적인 영향을 경험한 것도 아나톨리아에서였다. 지방 기병이 새로운 방식의 전투에 적합하지 않다는 것이 드러난 데다 여전히 돈을 마련하고자 했던 정부는 많은 기병에게 직접 전쟁에 나가지 말고 대신에 세금을 내라고 명령했다. 그들 역시 소요에 합류할 가능성이 있었다.

　오스만 국가 초기에는 그 권력에 대해 많은 도전이 있었다. 오스만의 영토 통제에 대한 아나톨리아 베이국들의 저항, 오스만 왕자들의 승계 투쟁, 순나 정통주의에 맞선 크즐바시의 반란, 개별 성직자와 전도자들이 취한 거리낌 없는 태도, 이스탄불 정예 병사들의 대권을 좌우하기 위한 반란 등이었다. 이슬람의 두 번째 천 년의 시작은 제국 전역에서 오스만 통치에 대한 봉기가 일어나면서 깊숙한 위기가 감지된 시기였다.

　오스만 군대가 서방과 동방 양쪽에서 전쟁을 벌이고 있던 바로 그때, 시리아 북부의 세습 지배자인 쿠르드족 잔불라드Janbulad 씨족이 독립을 주장할 기회를 잡았다. 1606년 오스만의 알레포 총독으로 임명된 잔볼라트오을루 알리 파샤Canbolatoğlu('잔불라드의 자손') Ali Paşa는 스스로 주권을 선언하기 위해 금요 기도에서 자신의 이름을 읽게 했다. 그리고 자신의 주화를 발행했을 것이다. 잔볼라트오을루 알리는 아나톨리아의 반정부 반란군의 지원을 받았고, 또한 토스카나 대공 페르디난도 1세의 격려도 받았다. 페르디난도는 이란산 비단과 기타 유럽 시장으로 가는 상품들의 출구인 알레포의 상업적 중요성을 인정했으며, 잔볼라트오을루 알리의 행운을 나누기를 희망했다. 대와지르인 쿠유주 무라드 파샤Kuyucu('굴착자') Murad Paşa가 1607년 대군을 이끌고 잔볼라트오을루 알리를 상대하기 위해 파견되었다. 쿠유주 무라드는 자신이 술탄의 충성스러운 종이라는 알리의 주장을 무시하고 계속 남쪽으로 내려가 반란을 일으킨 총독과 접전을 벌였다. 잔볼라트오을루 알리는 목숨을 건져 달아났고, 이후 용서를 받아 멀리 떨어진 헝가리 테메슈바르주 총독으로 임명되었다. 쿠유주 무라드 파샤는 결국 1610년에 베오그라드에서 잔볼라트오을루 알리를 처형해 복수를 할 수 있었다.[95]

한때 잔볼라트오을루 알리의 동맹자였던 드루즈파 수장 파흐룻딘 마안Fakhr al-Dīn Maʿn은 현대 레바논의 영토 대부분과 이스라엘 북부를 장악하고 있었으며, 마찬가지로 야심이 있었다. 파흐룻딘은 1608년 토스카나 대공과 조약을 맺었고, 1611년 쿠유주 무라드의 대와지르 후임인 나수흐 파샤Nasuh Paşa는 그의 커가는 힘을 누르기 위해 군대를 동원했다. 파흐룻딘은 1613년 토스카나로 달아났지만, 5년 뒤에 돌아왔다. 이때는 그 동생 유누스Yunus가 그의 오스만 주군과 타협을 한 상황이었다. 파흐룻딘의 이스탄불 정부에 대한 지속적인 저항과 그가 통제하는 영토 확장의 이력은 1635년에 그가 처형되고 나서야 끝이 났다.[96]

오스만 중앙정부는 또한 그 권위에 대항하는 여러 소소한 반란들도 처리해야 했다. 이집트는 자주 폭동이 일어나는 곳이었다. 1589년 총독인 카라 위베이스 파샤에 대항해 폭동이 일어난 데 이어 1598년에는 당시 총독인 '샤리프al-Sharīf' 메흐메드 파샤Mehmed Paşa에 대한 공격이 발생했다. 1601년에는 병사들이 샤리프 메흐메드의 회의실로 난입해 관리 몇 명을 죽였다. 1604년 하즈 이브라힘 파샤Hacı(`순례자') İbrahim Paşa가 살해되었다. 이런 방식으로 죽은 첫 이집트 총독이었다. 그러자 이스탄불에서 제3와지르 하듬 메흐메드 파샤Hadım(`환관') Mehmed Paşa가 파견되었다. 이 무렵의 군사 봉기들을 진압하기 위해서였는데, 이로 인해 그는 '군대의 망치'라는 별명을 얻었다.[97] 유럽 속주들에서는 기근이 1590년 부다 총독을 살해한 구실이었고,[98] 북아프리카에서는 트리폴리와 튀니지에서 반란이 일어났다. 트리폴리는 거의 오스만에게 함락될 뻔했다가 이집트 병사들이 파견돼 1592년에 질서를 회복했으며,[99] 튀니지 총독은 자신이 마흐디al-Mahdi('안내된 자' 즉 메시아)라고 주장하는 사람의 주위에 있던 군중에게 살해되었다.[100]

그러나 이런 사건들은 돈과 인력 자원이 최대한 전개된 시기에는 중앙정부에 경고음을 울리기에 충분했지만, 이 시기에 아나톨리아를 진동시킨 반란들에 의해 가려졌다. 이 반란들은 앞서 보았듯이 16세기 초 반란을 이끌었던 셰이흐 젤랄의 이름을 따서 젤랄계系 반란으로 알려져 있다. 공식 문서들은 젤랄계 반란의 습격을 생생하게 묘사하고 있다.

> (24명의 이름) 등 수백 명의 기병과 소총수가 도적 떼처럼 이 속주에 와서 가난한 사람들의 물건을 약탈하고, 그들의 집을 불태우고, 200여 명의 남자를 죽이고, 어린 남자아이와 젊은 처녀들을 데리고 달아났다. 그리고 5만여 마리의 양, 염소, 말, 좋은 낙타를 훔치고 보리, 밀, 기름, 꿀, 기타 상품들이 있는 창고를 차지했다. 그러고는 300여 명의 남자들을 사로잡아 밤낮으로 고문했다.[101]

사파비 국가는 16세기 중에 샤 미스마일 치세의 이슬람교 1천 주년에 대한 열정을 잃어버리고 샤 아바스 치세에 오스만과 타협을 했다. 사파비와의 종교적 경쟁이 사그라지면서 위기에 찌든 오스만 국가에서의 생활에 불만을 품은 사람들은 서로 다른 방식으로 그 권위에 맞서 반란을 일으켰다. 종교적으로 어떻게 표현되든 상관없었다. '젤랄계'라는 말은 종교에 의해 자극된 저항 운동의 맥락에서 나온 것이지만, 16세기 동안에 오스만 관리들에 의해 국가에 맞선 광범위한 반란을 묘사하는 데 사용되기 시작했다.[102] 심지어 그들의 불만에 분명한 종교적 동기가 없는 경우에도 그랬다. 한 현대 역사가가 보기에 "젤랄계 봉기 이전과 그 도중의 말썽꾸러기들의 특징적인 분위기는 고상한 사회적 가치에 대한 호소보다는 그들에 대한 무모하고 냉소적인 경멸에 더 가까웠던 듯"하며,[103] 오늘날의 학자들은 16세기에서 17세기로 넘어가는 시기의 젤랄계 반란을 도적, 신학자, 속주 총독, 제대한 병사, 탈영병, 땅 없는 농민 등 각계각층의 불만을 품은 사람들의 세속적인 반란으로 본다. 그러나 이전에 아나톨리아에서 일어난 많은 저항 운동과 달리 젤랄계 반란들은 자기네의 대의를 종교적인 방식으로 제시하지 않은 것이 사실이지만, 제국의 발칸반도 속주들에서 비슷한 봉기가 없었다는 사실은 적어도 이들이 아나톨리아의 종교적·정치적 저항의 이전 역사와 연결되지 않는 단순한 무장 반란 이상의 것이었음을 시사한다.

종교로부터 생겨나는 문제는 물론 사라지지 않았다. 사람들은 여전히 이단의 혐의를 받았다. 크즐바시에 동조한다는 것이다. 고발된 사람들은 시아파이며 술탄이 아니라 샤에게 충성을 바친다는 얘기다. 1578년 이란과의 전쟁이 발발하기 전에 크즐바시 숙청령이 내렸다. 이때 많은 사파비 동조자가 있었던 바그다드주의 총독은 "이단과 그릇된 신앙을 가진 자가 끝이 없"다고 보고했다.[104] 이스탄불의 정부는 이 시아파가 많은 지역에서 제5열의 활동에 대해 두려워했다. 16세기 후반의 유일하게 심각한 크즐바시 봉기가 1578년에 일어났는데, 이때 아나톨리아 동남부 튀르크멘들 사이에서 샤 이스마일이라고 주장하는 사람이 나타났다.[105]

오스만 당국의 관심을 끈 '신형' 반란자의 첫 주자는 국가의 직업 군인 일도 하고 지방 태수의 수행원 일도 했던 카라야즈즈 압뒬할림

Karayazıcı('검은 서기') Abdülhalim이라는 사람이었다. 그 주인이 해임되면서 일
자리를 잃은 그는 한 민병대 무리에 합류했고, 거기서 곧 지도자가 되
고 그의 이름은 많은 군인이 헝가리 원정에 나가 있는 동안에 아나톨
리아 일대에 불안정을 확산시킨 일련의 동란과 연결되기에 이르렀다.
기독교도와 이슬람교도가 뒤섞인 많은 사람들은 이스탄불로 이주하기
로 결정했다. 카라야즈즈 압뒬할림은 자신이 마치 술탄인 것처럼 명령
을 내리고 추종자 가운데 하나를 대와지르로 삼는 등 관직을 임명했
으며, 마치 중앙 국가의 것이라도 되는 듯이 자신의 군대를 조직했다.
자기네 지위 상승을 추구하는 다른 지도자들과 마찬가지로 그는 자신
이 여러 샤의 자손이며, 선지자 무함마드가 꿈에 나타나 자신에게 통
치할 권리를 주었다고 주장했다. 1599년 카라야즈즈 압뒬할림의 반란
을 진압하라는 명령을 받은 카라만주 총독은 오히려 반군에 합류해버
렸다. 그러자 이스탄불에서 시난파샤자데 메흐메드 파샤Sinanpaşazade('시
난 파샤의 아들') Mehmed Paşa가 지휘하는 군대가 파견되었다. 죽은 강력한 대
와지르 코자 시난 파샤의 아들이었다. 반란자들은 아나톨리아 동남부
도시 샨르우르파(에데사)로 피신했다. 두 달가량의 포위전 끝에 시난파
샤자데 메흐메드는 포위를 풀고 카라야즈즈 압뒬할림과 거래를 해서
불운한 압뒬할림의 동맹자인 카라만 총독을 넘겨받았으며, 총독은 이
스탄불로 이송돼 고통스러운 최후를 맞았다. 1600년 봄에 시난파샤자
데 메흐메드는 카라야즈즈 압뒬할림을 추격해 아나톨리아를 가로지
르고 아마시아까지 갔다. 반란자는 아마시아군郡 태수 자리를 주어 매
수했던 듯하다.[106]

  카라야즈즈 압뒬할림은 곧 새 임지 초룸으로 옮겼고, 1601년 소콜
루 메흐메드 파샤의 아들 소콜루자데 하산 파샤Sokolluzade('소콜루의 아들')

Hasan Paşa가 지휘하는 군대가 압뒬할림의 군대를 카이세리 동남쪽 엘비스탄의 전투에서 격파해 젤랄계의 사기에 큰 타격을 입혔다. 카라야즈즈 압뒬할림은 그 직후에 죽었고, 반란군의 지도권은 그 동생 델리 하산Deli('미친') Hasan에게 넘어갔다. 1602년 봄에 젤랄계 군대는 아나톨리아 중북부 도시들을 공격했고, 토카트에서 소콜루자데 하산을 포위했다. 베네치아의 시리아 영사 빈첸초 단돌로Vincenzo Dandolo는 알레포의 그 기지에서, 소콜루자데 하산이 금 500만 닢, 그의 운송 화물, 그의 하렘을 젤랄계에게 잃었다고 보고했다. 그는 또한 자신의 생명을 잃었다. 델리 하산과 그의 부하들은 계속 이동해 앙카라와 기타 도시들을 포위했다. 젤랄계의 약탈로 가장 큰 피해를 입은 곳은 동부 속주들이었다. 그러나 모든 계층의 오스만 백성들은 그들을 지원했다. 스스로 칸국을 얻기 위해 젤랄계의 지원을 바랐던 크림 칸의 동생이 그랬던 것과 마찬가지였다. 정부는 뇌물을 써서 해결 방법을 찾으려는 또다른 필사적인 시도로 델리 하산에게 파샤의 지위를 주고 멀리 떨어진 보스니아 총독에 임명했다.[107]

반란자를 지방 총독과 군 지휘관으로 삼아 제국의 통치 계층으로 끌어들이는 방침은 그들의 정력을 무력화하는 불완전한 방법이었다. 정부는 14세기의 역사를 힐끗 돌아보면 이를 떠올릴 수 있었을 것이다. 오스만 주도층은 내쫓긴 아이든 군주 쥐네이드가 도나우강 변의 니코폴 총독이 되었다가 그후 바예지드 1세의 왕자들 사이의 내전에서 적극적이고도 파괴적인 역할을 한 일을 망각한 듯했다. 델리 하산은 정부의 바람에도 불구하고 더이상 충성스러운 종이 아님이 드러났다. 그는 몇 차례 합스부르크를 상대로 원정을 나간 뒤에 그들과 불충한 거래를 했다는 의심을 받고 처형되었다.[108] 당시 헝가리 전선에 있었던 역사가 페추일루 이브라힘 에펜디Peçuylu('페치 출신') İbrahim Efendi(또는 이브라힘 페체비İbrahim Peçevi)는 전쟁에 나선 델리 하산의 군대의 행태에 대해 비판 일색이었다. 특히 그들의 불복종에 대해서 그랬다. 헝가리 전쟁의 막바지에 전투 과정에서 토루 건설을 도우라는 명령을 받은 그들은 이렇게 대꾸했다. "우리는 여러 해 동안 아나톨리아에서 전투를 했는데, 어디서도 해자를 파거나 울타리를 세운 적이 없습니다. 지금도 그런 일을 할 생각이 없습니다."[109]

아나톨리아에서 델리 하산이 사라졌어도 변한 것은 없었다. 오스만 정부는 젤랄계 반란을 처리할 수 없었다. 혼란을 결정적으로 진압할 충분한 병력을 투입할 수 없었기 때문이다. 두 개의 먼 전선에서 강력한 외적과 전쟁을 벌이기 위해서는 국가가 동원할 수 있는 모든 전략적 창의성이 필요했다. 만연한 위험은 무역로를 붕괴시켰으며, 군대의 이동은 농경지를 파괴해 납세자들이 더이상 세금을 납부할 수 없게 만들었다. 지방 기병들은 이 세금에 의존해 자신과 수행원을 무장시키고 군사작전에 참여했다. 아나톨리아에서 젤랄계의 약탈로 인해 수많은 사람이 땅을 떠나야 했으며, 이 대규모 이주는 '대탈출Büyük Kaçgun'로 알려지게 되었다. 부유한 사람들은 이스탄불로 갔고, 덜 유복한 사람들은 성벽으로 둘러싸인 비교적 안전한 아나톨리아의 도시들로 피신했다. 마을과 농지는 버려졌으며, 1603년부터 아나톨리아 상당 부분에 가뭄이 들었고 겨울은 이례적으로 혹독했다. 물가는 치솟았다.[110]

오스만 국가를 상대로 한 적대적인 군사 활동은 다른 지역에서도 나타났다. 흑해 북쪽 스텝의 카자크들은 정규군을 계속해서 몇 달씩 묶어둘 수 있었으며, 젤랄계와 마찬가지로 그들의 약탈은 처음에는 국지적이었지만 점점 더 심각한 양상을 띠었다. 카자크는 14세기에 역사 기록에 처음 등장한다. 중앙정부의 권력이 미약했던 스텝의 '공백' 지역에서 떠돌아다니며 사는 도적이나 모험가들이었다. 그들은 정주민과는 다른 삶의 방식을 추구했다. 물고기를 잡고 사냥을 하거나, 흑해와 그 북쪽 도시들 사이를 오가는 상인들을 습격하거나, 스텝에서 크림 타타르족과 싸우기도 하고 함께 폴란드-리투아니아 및 모스코비야를 착취하기 위해 힘을 합치기도 했다.

15세기 말 오스만제국이 흑해 북안에 나타나고 이어 이 거인과 크림 타타르족 사이의 공생 관계가 만들어지면서 스텝의 정치 지형이 변했다. 중앙정부를 거의 인정하지 않던 국경 지대의 폴란드와 우크라이나(우크라이나는 '변경 지대'라는 의미다) 귀족들은 타타르족의 약탈로부터 자신들의 영지를 방어하기 위해 카자크 전사들을 모집했다. 얼마 뒤인 1538년, 술탄 쉴레이만이 말을 듣지 않는 속국 몰도바에 원정해 승리를 거둔 후, 북부 흑해 연안의 드니스테르강에서 부흐강에 이르는 지역을 새로운 속주로 지정했다. 그후 요새들에 대한(그리고 목부와 여행자들에 대한) 카자크의 공격은 오스만제국에 갈수록 큰 우려를 불러일으켰다. 수천 명의 포로와 가축, 무기, 온갖 종류의 재물이 약탈당했다. 이 지역은 안전을 보장하기 위한 의도로 술탄의 명령이 내려진 곳이었다.[111]

1550년대와 1560년대 초, 우크라이나 군주 드미트로 비슈네베츠키 Dmytro Vyshnevéts'kyy가 카자크를 이끌었다. 그는 타타르족에 맞서 그들을 조직하고, 드니프로강 여울 아래의 어느 섬에 요새를 건설하는 일을 지휘했다. 하구에서 375킬로미터쯤 거슬러 올라간 이곳이 이 지역의 중심지가 되었다. 이 행정 중심지 건설은 카자크의 집단 정체성 형성의 첫걸음이었다. 비슈네베츠키는 모스코비야를 위해 일하겠다고 제의했고, 몰도바와 새로운 오스만 속주를 모두 공격했다. 1556년에는 요새화한 이 속주의 중심지 잔케르만(오차키우)을 공격했지만 도시와 그 주변을 크게 파괴한 후 떠났고, 그는 1563년에 붙잡혀 이스탄불에서 처형되었다. 오스만은 이러한 습격이 폴란드-리투아니아와 술탄 사이의 공식적인 평화 상태를 깨는 것이라고 생각했다. 1569년 폴란드-리투아니아 연방이 형성되기 전, 그리고 폴란드 왕이 방위군으로서 카자크와의 관계 정규화를 시작하기 전에 이미 오스만은 자신들의 영향권에 속한다고 여기는 지역에 카자크가 침입하는 데 대한 불만을 이들의 명목상 종주인 폴란드 왕에게 제기했다.

카자크족은 습격 범위를 점차 확대해 그들의 공격을 더이상 스텝에만 국한하지 않았다. 오스만제국의 '마레노스트룸mare nostrum'('우리 바다')이었던 흑해와 그 연안의 거의 절대적인 안전이 16세기 말부터 갑자기 깨졌다. 드니프로 지역의 카자크족이 조종하기 쉬운 긴 배를 타고 와서 루멜리 해안의 정착지들을 공격하고 보스포루스 해협 입구까지 도달하면서다. 1614년, 그들은 아나톨리아 북부 해안에 나타나 시노프 항구를 약탈하고 엄청난 파괴를 초래했다는 것이 일치된 견해다. 당대의 지식인 카티프 첼레비Kâtip Çelebi는 이렇게 말했다.

(카자크족은) 이슬람의 땅에서 도망쳐 나온 배교자들의 안내를 받아 아나톨리아 해안에 위치한 시노프 요새로 가서 기습적으로 그 오래된 성에 들어가 큰 해를 입혔다. (…) 그들은 약탈한 물품과 가족들을 데리고 바다로 나아갔다.[112]

그렇게 은밀하고 재빠른 적을 상대로 오스만인들이 할 수 있는 일은 별로 없었다.

술탄 아흐메드 1세는 1603년 아버지 메흐메드 3세가 사망하자 술탄 자리에 올랐다. 2년 후 그는 젤랄계 반란을 진압하는 정부의 노력을 이끌던 나수흐 파샤의 설득을 받아들였다. 반란군의 활동을 단념시키는 유일한 방법은 술탄이 제국 군대의 선두에 서는 것이라는 이야기였다. 그의 아버지는 어쨌든 1596년 헝가리의 메죄케레스테시 전투에 직접 참여했고, 이때 오스만제국이 승리를 거두었다. 그러나 아흐메드의 군사 원정 기간은 거의 시작되자마자 끝났다. 1605년 11월 부르사에 도착했을 때, 그는 울루산에서 흘러 내려온 물을 마시고 병에 걸렸다. 당시 잉글랜드 대사였던 헨리 렐로Henry Lello는 이를 이렇게 묘사했다.

> 황제 자신이 그 익숙하지 않은 공기 속에 들어가고 눈 덮인 산에서 흘러나온 물을 마시고 위가 상해 병에 걸리기까지 했다. 그는 앞으로 나아갈 방법이 없어 다시 마음을 진정시키고자 했다.[113]

한 베네치아의 보고 역시 어린 황제의 민감성에 대해 언급했다.

> 아흐메드는 아나톨리아보다 자신의 정원에 있을 때 더 행복했다. 아나톨리아는 늑대가 어슬렁거리고, 굶주린 사람들이 풀을 뜯어 먹으며 죽은 말과 낙타의 악취 나는 사체를 먹고, 지나가는 이들에게 구걸하는 곳이었다.[114]

술탄은 불편한 경험들로 인해 대결보다는 화해를 선호하는 경향이 생겼고, 당시 부르사 근처에 주둔하고 있던 가장 저명한 젤랄계 지도자들과 그 추종자들이 오스만 군대에 들어오는 것을 허용했다.[115] 그러나 이듬해 헝가리에서의 전쟁이 끝나자, 오스만 정부는 마침내 제국의 서부 변경에서 관심을 돌려 동부의 문제들(아나톨리아 반란 및 이란과의 지속적인 전쟁)에 모든 힘을 집중할 수 있었다.

또다른 저명한 젤랄계 지도자는 칼렌데르오을루 메흐메드Kalenderoğlu('칼렌데르의 아들') Mehmed라는 사람이었다. 그는 1605년 아나톨리아 서부에서 첫 번째 주요 반란을 일으켰다. 1607년, 대와지르인 쿠유주 무라드 파샤가 시리아에서 일어난 잔볼라트오을루 알리 파샤의 반란을 진압하기 위해 아나톨리아를 가로질러 진군할 때, 그는 칼렌데르오을루 메흐메드에게 앙카라군의 태수 자리를 제안했다. 메흐메드는 이를 수락했으나, 앙카라는 도시 성문을 닫아걸고 그의 입성을 막았다. 그는 2주간의 포위 공격이 실패하자 좌절해 서쪽으로 가서 다시 부르사를 공격했다. 반란군은 내성을 제외한 거의 모든 곳을 점령했다. 쿠유주 무라드가 잔볼라트오을루 알리를 격파했다는 소식이 전해졌지만, 시민들이 칼렌데르오을루 메흐메드가 곧 올 것이라고 예상하면서 이스탄불의 공포는 진정되지 않았다.[116] 케마흐의 그리고르Grigor Daranaghtsi는 당시 사건을 면밀히 추적한 아르메니아인 사제로, 젤랄계가 제지를 받지 않고 이스탄불에 들어와 도시를 불태울지도 모른다는 두려움에 대해 기록했다. 술탄은 수상해 보이는 모든 사람을 체포하고, 아무도 보증하겠다고 나서는 사람이 없으면 구금하라고 명령했다.[117] 젤랄계에 맞설 인력은 어디서든 보이는 대로 끌어 모았다. 당시 프랑스 대사였던 살리냑 남작 공토-비롱Jean-François de Gontaut-Biron에 따르면, 이스탄불 시민들도 그 대상이었다. 그러나 그는 이들이 "싸우기도 전에 공포에 질려 죽을 것"이라고 말했다.[118]

칼렌데르오을루 메흐메드와 그의 부하들은 부르사 서쪽 지역에서 한동안 머문 뒤 남쪽으로 이동해 아나톨리아 중서부로 갔다가, 1608년 여름 동쪽으로 방향을 틀어 다시 약탈을 시작했다. 한편 잔볼라트오을루 알리를 격파한 후 알레포에서 귀로에 오른 쿠유주 무라드 파샤는 자신이 이끄는 동남쪽에서 돌아오는 군대와 이스탄불에서 그를 맞으러 오는 군대 사이의 아나톨리아 중부에서 반란군을 잡으려 했다. 국가 관직을 약속해 젤랄계 지도자들을 매수하려는 새로운 노력들에 반응이 없었기 때문이다. 고질적인 병참 문제에도 불구하고 쿠유주 무라드 파샤는 군 지휘관으로서의 기술과 경험, 병사들의 충성심을 유지하는 능력을 발휘해 결국 1608년 8월 5일에 아다나 동북쪽 토로스산맥 깊숙한 곳의 한 고개에서 벌어진 전투에서 칼렌데르오을루 메흐메드의 군대를 격파했다.[119]

정부군이 추격에 나서자 칼렌데르오을루 메흐메드의 군대는 동북쪽으로 도망쳤다. 시바스 동북쪽의 셰빈카라히사르 부근에서 반란군이 거의 전멸할 듯했지만, 그들은 다시 달아나 바이부르트 동쪽에서 추격자들과 맞섰고 그곳에서 또다른 전투가 벌어졌다. 칼렌데르오을루 메흐메드의 젤랄계 군대 잔여 세력(1만 명가량의 "총잡이와 완전 무장한 기병"에 그들의 하인과 마부들이 있었다)은 1608년 늦가을에 안전하게 이란 영토에 도착했다. 이들 무법적인 전사들을 받아들이는 데 대해 처음에 이란에서 느꼈던 불안은 모두 근거가 없는 것이었다. 사파비 궁정의 고위 비서 가운데 한 명인 에스칸다르 몬시Eskandar Monshi는 그들 500명이 사파비 수도 에스파한에 도착한 것과 샤의 사절이 그들을 맞이한 일을 목격했다. 그의 설명에 따르면 그들은 가는 곳마다 잔치와 축하를 받았다.[120] 그것은 오스만 술탄에게 굴욕을 의미하는 것이었다.

이란과 오스만은 여전히 전쟁 중이었지만, 1609년 봄에 평화 논의가 있었다. 다만 칼렌데르오을루 메흐메드와 다른 젤랄계가 이란 내에 있는 것이 술탄과 샤 사이의 관계를 악화시켰다. 아나톨리아에 남아 있는 모든 반란군을 소탕하기로 결심한 쿠유주 무라드 파샤는 1609년 원정 기간 동안 이란에 대한 전면적인 공격에 나서는 대신에 반란군을 진압하라고 휘하 지휘관들을 보냈고, 아나톨리아에 아직 남아 있던 마지막 젤랄계 지도자들이 그 추종자들과 함께 살해되었다. 칼렌데르오을루 메흐메드는 1610년 5월에 죽었고, 그를 따라 이란으로 갔던 부하들은 이제 디야르바크르 총독이 된 나수흐 파샤의 보호 아래 아나톨리아로 돌아왔다. 나수흐는 이 경험 많은 전사들을 정예 총병 부대로 편성했다.[121]

쿠유주 무라드 파샤는 이로써 오스만이 여러 해 동안 이루지 못한 승리를 거두었고, 이스탄불로 돌아오자 영웅으로서 환영을 받았다. 시골에서 안전한 수도로 피신한 많은 난민과 더 나아가 트라케로 갔던 사람들은 고향으로 돌아가는 데 석 달의 기간이 주어졌다. 술탄은 기독교도 신민들을 안심시키기 위해 젤랄계가 파괴한 교회와 수도원을 수리하라고 명령했으며, 3년 동안 세금을 면제했다. 이 명령에 감동한 사람 가운데 하나인 케마흐의 그리고르는 아나톨리아 북중부의 고향으로 돌아가는 난민들의 위험한 귀환 여정을 묘사했다. 그들은 고향에서 불확실한 미래에 직면했다.

우리는 목자 없는 양 떼처럼 길을 나섰다. (…) 우리는 7천여 명(아르메니아인과 튀르크인)이었고, 도중에 충분한 음식이나 가축 사료를 찾을 수 없었다. (…) 우리는 별다른 사고 없이 토시아에 도착했지만, 젤랄계의 움직임이 있는 듯해 두려워하며 이곳에서 숙영할 수밖에 없었다. (한 젤랄계 수장과) 많은 병사들이 하즈함자 평원에 진을 치고 있었고, 도시와 성문은 모두 닫혀 있었다. 그뒤 우리는 모두 한꺼번에 이동하기 시작했다. 여자, 아이, 그리고 좀 성치 않은 남자들은 위쪽 길을 따라 걸었고, 나머지 우리는 활과 화살을 가지고 큰길을 따라갔다. 젤랄계는 우리의 수가 많은 것을 보고 두려워 천막 속에 숨었다. 일부는 자기네 천막 문 앞에 서서 우리에게 인사를 건넸다. 그렇게 우리는 아무런 사고 없이 계속 나아가 메르지폰으로 가고 이어 닉사르로 갔다.[122]

1603년 오스만이 이란과의 전쟁을 재개한 것은 자원을 한계에까지 벌려놓고 있는 나라에 치명적인 일이었다. 특히 오스만은 동부에서 최근 얻은 영토를 방어할 가용 병력이 없었다. 샤 아바스는 오스만이 과도하게 벌어져 있는 것을 이용할 수 있었다. 1590년 이래 그는 오직 자신에게 충성하는 병사들로 이루어진 정예부대를 충원함으로써 자신의 군대를 변모시켰다. 오스만의 관행과 유사한 사실상의 군사 노예 계급이었다. 그의 목표는 100년 전 사파비의 성장을 뒷받침했던 부족민 징모병의 변덕스러운 충성심에 대한 의존을 줄이는 것이었다. 이들은 또한 그의 승계에 수반된 혼란을 상당수 야기하기도 했다.[123] 그 이전의 샤 이스마일과 마찬가지로 샤 아바스 역시 평화로운 시기 동안 서방으로부터 외교적·재정적 지원을 얻고자 활발하게 움직였지만 소득이 없었다.[124] 여러 국경 분쟁이 일어나면서 결국 전쟁이 다시 촉발됐고, 1603년 9월에 샤 아바스는 군대를 이끌고 12일 만에 에스파한에서 타브리즈까지 행군했다. 그가 도시에 도착해보니 오스만 주둔지는 비어 있었다. 타브리즈를 탈환한 사파비 군대는 이후 나흐츠반을 되찾았으며, 여섯 달에 걸친 포위전 끝에 예레반을 함락시켰다.

당시 그들은 서쪽 변경에서 심한 압박을 받고 있었지만, 이스탄불의 정부가 보기에 샤 아바스에게 맞서는 일을 동부 속주들의 군사력에만 맡겨둘 수 없음은 분명했다. 이에 따라 1604년 와지르인 즈알라자데 유수프 시난 파샤가 이스탄불에서 파견되는 군대의 지휘관으로 임명되었다. 그가 변경 지역에 가보니 주민들이 사라지고 식량도 없었다. 이는 과거에 오스만의 진군을 방해했던 바로 그 초토화 전술의 결과였다. 샤는 자기네 조상들의 방식으로 돌아가 그 추격자들의 바로 앞에서 움직였다. 디야르바크르와 반Van에서 겨울을 보내던 즈알라자데 시난과 그의 군대는 사파비 왕조의 공격을 받아 에르주룸으로 퇴각하지 않을 수 없었다. 1605년 5월, 두 군대는 타브리즈 부근에서 만났다. 오스만군은 그들답지 않게 대부분의 장비와 식량을 남겨둔 채 전쟁터를 버리고 떠났다.[125]

오스만이 이후 몇 년 동안 아나톨리아의 국내 문제에 집중하는 사이, 사파비는 캅카스와 아제르바이잔에 남아 있던 오스만 요새에서 수비대들을 몰아냈다. 전투는 오스만이 제대로 방어하지 못한 채 끝이 났다. 대와지르 쿠유주 무라드 파샤는 1610년 샤 아바스를 상대하러 떠났으나 그와 전투를 벌이지 못했고, 1611년 8월 디야르바크르에서 죽었다. 이듬해에 정전 협정이 체결되었다. 오스만-사파비 국경은 1555년 아마시아 조약에서 합의된 것으로 돌아간다는 조건이었다. 오스만은 1578~1590년 전쟁에서 얻은 모든 영토를 상실했다.[126]

그러나 조약이 비준되기 전에 두 명의 그루지야 군주가 오스만에 보호를 요청해 샤 아바스의 공격을 촉발했고, 오스만은 이를 정전 위반으로 해석했다. 게다가 샤는 오스만 사절을 그의 궁정에 억류했다.[127]

이란과의 평화를 지지한 나수흐 파샤는 1614년에 처형됐고, 그의 후임 대와지르에는 좀더 공격적인 인물인 외퀴즈 메흐메드 파샤Öküz('황소') Mehmed Paşa가 임명되었다. 그는 술탄 아흐메드 1세의 딸과 혼인한 사람 이었다. 그의 임명은 정책 변화의 전조였다. 1616년 8월, 그는 대군을 이끌고 예레반 요새 앞에 도착했다. 그러나 그는 포위전을 벌였다가 실 패했고, 결국 교체되었다. 소규모 충돌이 계속 벌어진 이후인 1618년 9월 10일에 오스만군은 타브리즈 부근에서 매복 공격을 당해 패배했 고, 샤 아바스의 비서였던 에스칸다르 몬시가 들은 정보에 따르면 1만 5천 명의 전사를 잃었다.[128] 전쟁은 적어도 당분간은 끝이 났고, 몇 년 전 나수흐 파샤가 이루고자 노력했던 평화가 마침내 현실이 되었다.

이 몇 해(그리고 그뒤를 이은 해들)는 오스만제국에게 정말로 '혼란스 러운 시대'였다. 당대 문인들의 저작에는 자기네가 관찰한 위기(그 해 결은 불가능해 보였다)의 징후들에 대한 불안이 반영되어 있으며, 지난 300년 동안 쌓아 올린 모든 것이 곧 붕괴할 것이라고 예견했다. 겔리 볼룰루 무스타파 알리는 이슬람교의 역사가 천 년을 넘어설 때 오스 만 정치체에서 일어날 변화에 대해 자신의 분석을 이야기한 사람 가운 데 하나였다. 그는 당시 존재했던 네 개의 주요 이슬람 국가(오스만, 사 파비, 무굴, 우즈베크 등의 지역 제국들로 이들 모두는 13세기 몽골 침략 이후에 세워졌고 튀르크 및 스텝 유목민에 뿌리를 두고 있다)를 언급하며, 티무르 왕 조의 후예임을 주장한 무굴과 칭기스 칸의 후예임을 주장한 우즈베크 와 달리, 오스만은 혈통에 근거한 정통성을 주장하지 못했다고 지적했 다. 또한 사파비 왕조처럼 선지자 무함마드까지 거슬러 올라가는 종교 적 이데올로기도 지니지 못했다. 중앙아시아 오구즈 씨족의 후예라거나, 셀주크 왕조의 계승자라거나, 유일하게 진정한 이슬람 전사들이라는 이데올로기를 바탕으로 한 그들의 과거 정통성 주장은 사실 적절하지 않았다고 그는 보았다. 오스만에게 의문의 여지가 없는 정통성을 제공한 것은 무엇보다도 강력한 중앙 권력이 제공하는 보편적 정의에 전념하는 좀더 실체적인 속성이었다고 그는 주장했다. 그러나 이는 셀림 2세의 시대 이후, 또는 더 거슬러 올라가 쉴레이만이 총애하는 사람들에게 국정 개입을 허용한 때부터 손상되었다.[129]

이슬람 천 년은 비관적인 분석을 촉발했을 뿐만 아니라, 오스만 지식인들이 과거에 존재했다고 상상한 질서정연한 세계에 대한 동경을 불러일으켰다. 정의로운 정치체의 환상을 창조하려던 술탄 쉴레이만의 시도는 그 성공의 희생양이 되었다. 영토 정복은 이제 점점 어려워졌고, 술탄은 통치 업무에 적극적으로 개입하는 데서 물러났다. 권력을 가진 자들에게 축적되는 보상의 한몫을 차지하려는 치열한 투쟁은 구체제에서 자란 사람들에게 깊은 충격을 주었음이 틀림없다. 그러나 오스만제국만 그런 것은 아니었다. 1598년 펠리페 2세의 사망과 1610년 앙리 4세의 죽음 이후, 에스파냐와 프랑스에서도 총신의 통치가 비판 대상이 되었다. 당대의 한 논문의 필자는 펠리페 2세의 아들 펠리페 3세를 비난하며, 진정한 군주는 "단순히 최고 권력을 가졌다는 데 만족해 (…) 그저 자고 쉬기만 해서는 안 되며, 통치에서, 회의에서, 그리고 모든 국가 직무에서 앞장서야 한다"라고 썼다.[130]

전사 술탄이 끊임없이 확장하는 제국을 이끄는 모습은 갈수록 유지하기 어려워지고 있었다. 메흐메드 3세는 왕자 시절에 술탄이 되기 위한 준비로서 속주를 통치한 마지막 술탄이었다. 이제 오스만이 개입하게 되는 전쟁터들은 이스탄불에서 너무 멀리 떨어져 있어, 술탄이 직접 군대를 이끌고 출정하면 몇 달, 심지어 몇 년이 걸릴 수 있었다. 더 구나 신속한 야전 전투보다 장기간에 걸친 포위전이 제국의 군사작전 에서 전형적인 형태가 되면서 승리를 예측하기가 더 어려워졌다. 전쟁 에서 패배할 경우 왕조의 위신에 대한 손상은 그 책임을 술탄이 지기 보다는 소모품이 될 수 있는 국가 관리에게 보다 쉽게 돌릴 수 있었다. 동시에 일부 대와지르도 마찬가지로 군사적 패배에 대한 책임 추궁을 당하는 불쾌한 입장을 피하고 싶어했으며, 원정 중에 자리를 잃을까봐 마찬가지로 두려워했다. 그 결과 전투에서 제국 군대를 지휘하는 일은 점차 하급 와지르나 특정 원정 기간을 위해 임명된 군사 지휘관들에게 맡겨졌다.[131] 처음에는 술탄을 다른 무엇보다도 전사로 여겼던 동시대 인들이 이런 과거 관행과의 단절을 위험한 혁신이라고 보았지만, 17세 기 초가 되자 술탄의 역할에 대한 인식이 변해 새로운 현실을 받아들 였고, 술탄이 수도에 남아 있는 것이 현명한 일로 간주되었다.[132]

그러나 모든 논자들이 시류에 공감한 것은 아니었으며, 술탄의 역할 변화에서 바람직하지 않은 결과만을 본 일부는 그가 주변적인 인물이 되었다는 견해를 표명했다.[133] 오스만 문인들이 쓴 조언 편람인 이른 바 '군주 귀감speula principum'은 14세기 말까지 거슬러 올라가는 오랜 전 통을 가지고 있었다. 그들이 나열한 문제들과 마찬가지로 그들이 기대 했던 축복 역시 거의 달라지지 않았다. 즉 강하고 공정한 통치자, 술탄 으로부터 급여를 받는 기병 및 보병 상비군과 지방 기병대 사이의 균 형, 생산 계층의 납세(국가가 원활하게 돌아가는 것이 이에 의존한다)를 위 한 평화와 안정, 그리고 16세기 동안 정립된 술탄의 법에 제시된 사회 구조의 고수 등이었다.[134] 최근의 사건들은 이러한 이상적인 규범이 얼 마나 심각하게 어지럽혀졌는지를 분명하게 드러냈다. 어쩌면 그 이상에 가까이 다가선 적이 없었는지도 모른다. 술탄은 더이상 국정을 통제하고 있지 않은 듯했다. 16세기에서 17세기로 넘어가는 시기에 전쟁의 인력 수요로 인해 생산 계층 남성들("말과 장비를 갖출 수 있는" 자라면 누구나[135])의 징집이 필요해졌고, 이런 방식은 한때 거의 전적으로 소년 징발을 통해 충원됐던 술탄의 정예부대에까지 적용되었다. 또한 근대 군대의 핵심인 소총병으로 활동하는 민병대를 유지하기 위한 급여 지급 때문에 재정 수요가 늘면서 국가 재정을 심각하게 압박했다. 다양한 '군주 귀감'들은 세금 면제 계층에 '무자격' 외부인이 진입하는 것을 막을 필요성에 대해 길게 이야기했으며, 어떤 사람이 술탄의 관리로 부적합한지에 대해 상세히 설명했다. 그들은 이슬람교도 튀르크인, 유목민, 아르메니아인, 유대인, 쿠르드인, 롬인(집시), 그리고 흑해 연안의 여러 민족 집단이었다.[136] 이러한 저술의 편찬자들은 이상적이지만 상상 속에 있는 국가와 새로운 현실 사이의 간극을 메우지 못한다는 사실을 받아들일 수 없었다. 그들이 한탄했던, 분명히 계층화된 '신분'이라는 전통적인 체제가 끝났다는 사실도 마찬가지였다. 그것이 정말로 존재한 적이 있었다면 말이다.

이스탄불의 천문대 건설과 관련된 한 사건은 이 시기에 한 개인이 권력을 장악하는 것이 얼마나 불안정했는지를 보여준다. 소콜루 메흐메드 파샤는 진취적이고 설득력 있는 대와지르로, 그의 재임 기간 동안 돈강-볼가강 운하와 홍해 운하와 같은 사업들이 제안되었다. 그는 1574년, 새로 즉위한 술탄 무라드 3세를 설득해 이스탄불에서 할리치만 건너편인 갈라타에 천문대를 건설하라는 명령을 내리게 했다. 이 천문대는 우주에 대한 과학적 연구(천문학)를 확대함으로써 술탄이 각종 사업을 추진할 때 길일을 예측하는 데 사용되는 점성술의 정확도도 높일 터였다. 그러나 소콜루 메흐메드는 1579년 10월에 암살당했고, 1580년 1월에는 천문대가 철거되었다. 에부수우드 에펜디의 아들로 당시 셰이흐월이슬람이었던 아흐메드 셈셋딘 에펜디Ahmed Şemseddin Efendi가 무라드에게 별 관측이 불운을 가져온다고 조언했기 때문이다. 그는 지난 몇 년 동안 오스만 국가에 닥친 재난들이 그 증거라고 말했다.[137]

이스탄불 천문대의 운명은 또한 셰이흐월이슬람이, 대와지르의 위신이 약화되면서 위신이 높아진 국가 관직자 가운데 하나였음을 보여주는 데 이바지했다. 종교계 고위층이 이전과 달리 세속적인 일과 거리를 두지 않으면서 그와 그 참모들은 정치 무대에서 성직자들의 이익을 대변하게 되었다. 이들은 공개적으로 후원 경쟁을 벌이는 일을 주저하지 않았으며, 이는 겔리볼룰루 무스타파 알리 같은 전통주의자들을 비탄에 젖게 했다. 그는 자신이 보았던, 종교계 고위층이 정치 위에서 공정성이라는 도덕적 권위를 지녔던 시절을 그리워했다.[138] 아흐메드 1세의 치세에 셰이흐월이슬람의 파트와는 특히 토지 문제와 관련해 법의 원천이 됐으며, 그는 의사 결정 과정에서 의존하는 존재가 되었다(이전에는 비서장의 몫이었다).[139] 1550년부터 1650년까지의 당대 자료들은 종교계 고위층 가운데 가장 높은 세 자리를 차지한 사람들의 거의 절반이 열 개 가문 출신이었음을 보여준다. 실제로 메흐메드 3세의 옛 스승이자 이후 셰이흐월이슬람이 된 사뎃딘 에펜디(그는 1596년 메죄케레스테시 전투에서 소심한 술탄의 곁을 지켰다) 가문의 권력은 오스만 왕가 다음으로 강력했다.[140]

이슬람의 새로운 천년기와 새로운 세기가 시작되면서 오스만의 국가 종교가 엄격하고 심지어 교조적인 쪽으로 흐르고 있다는 징후가 나타났다. 천문대 사건은 이런 경향의 한 징표였다. 다른 것들도 있었다. 기독교도와 유대교도의 복장을 제한하는 법이 반포됐고, 술을 마시는 것이 금지되었다(비록 잠시 동안이었지만).[141] 그러나 오스만제국은 이슬람 신앙의 실천에서 관용파를 갈수록 용인하지 않게 됐고 자기네의 이슬람 신앙 표현에서 받아들일 수 있는 범위를 넘어선 사람들을 추적할 태세를 갖추었음에도 불구하고, 비이슬람 소수파에 대한 관용 면에서는 여전히 놀라운 측면이 있었다. 이들은 법적으로 별개의(그리고 불평등한) 신분을 보장받았다. 대신에 인두세를 납부해야 했다. 유대인들은 상업에서 두드러졌고, 많은 이들은 징세 도급제로 성공을 거두었다. 16세기 대부분의 기간 동안 유대인들은 오스만 왕가와 가까웠으며, 술탄들의 주치의나 외교관으로 고용되었다. 유대인 은행가 야세프 나시는 쉴레이만과 셀림 2세 모두의 자문에 응했다. 그러나 1580년대의 금융 위기와 그에 이어진 사회적·경제적 혼란 이후, 저명한 유대인들의 처지는 바뀌었다. 예를 들어 그들이 축적한 부에 대한 시샘이 이례적인 세금 부과를 초래했는데, 그들이 이제까지 누렸던 면제에 반하는 것이었다. 1600년 궁정 기병대원들에게 살해당한 에스페란자 말키(메흐메드 3세의 어머니 사피예 술탄의 시녀였다)는 유대인이었는데, 1580년대 중반의 통화 조작에 개입했다고 생각해 분노가 더욱 커졌을 수 있다. 그들은 또한 말키가 세금 징수 과정에도 개입했다고 비난했다. 메흐메드 3세의 즉각적인 반응은 유대인의 기존 권리를 추가적으로 제한해 궁정 기병대를 달래는 것이었으나, 그는 2년 후 이를 해제했다.[142]

무라드 3세는 유대인 측근에게 의존하는 관행을 계속 이어갔는데, 그의 경우 측근은 라구사의 상인 다비드 파시David Passi였다. 그는 야세프 나시의 통역이었다. 파시는 1580년대 중반부터 오스만 궁정에서 활동했다. 그는 재정 문제에 관해 조언했을 뿐만 아니라 국내 및 외교 정책에 관해서도 조언했다. 그의 몰락을 초래한 것은 이 외교 정책이었다. 그는 다섯 차례 대와지르를 지낸 코자 시난 파샤와 적대했는데, 코자 시난은 누가 오스만 국가의 적인지에 대해 다른 생각을 갖고 있었다. 코자 시난은 파시에 대한 격렬한 비방 활동을 벌였다. 그는 파시가 저질렀다는 이른바 범죄에 대해 술탄에게 편지를 썼을 뿐만 아니라, 모든 유대인에게 비난을 퍼붓고 그들이 이슬람 국가에서 영향력 있는 자리에 앉기에 부적절하다고 단언했다. 그는 당시 경제적 문제의 원인을 파시에게 돌리고, 그를 처형시키고자 했다. 1591년, 무라드는 파시를 로도스섬으로 추방하라고 명령했는데, 그곳은 가까스로 처형을 면한 이들의 유배지가 되었다.[143]

16세기에서 17세기로 넘어갈 무렵, 이스탄불시에서 가장 인구가 많은 유대인 공동체 중 하나가 해산되었다. 태후 사피예 술탄의 마스지드 단지를 건설할 자리를 만들기 위해서였다. 이곳은 할리치만의 항만 시설과 언덕 위의 시장 사이에 위치한 도시의 상업 중심지로, 뤼스템 파샤가 그의 마스지드와 가게들을 건설한 곳이었다. 사피예의 복합 시설을 위한 터를 제공하기 위해 유대교 회당과 많은 유대인 가옥이 강제 매입되었다. 이 조치는 논란을 불러일으켰고, 공사 비용 때문에 비판을 받았다.[144] 1598년 8월 20일에 첫 돌이 놓였으며,[145] 공사가 계속되었다면 이스탄불 성벽 내에서 태후가 세운 첫 마스지드였을 것이다. 그러나 1603년에 메흐메드 3세가 죽고 1605년에 사피예가 죽으면서 건설 공사는 중단되었다.*

---

* 뒤에 보겠지만 이 마스지드는 결국 1665년에 '예니(새) 마스지드' 또는 예니 발리데(태후) 마스지드로 완공됐고, 오늘날까지 에미뇌뉘 광장을 위압하고 있다.

제국의 그리스 정교도 신민들 또한 압박을 받았다. 1587년, 그들은 이스탄불의 팜마카리스토스Pammakáristos 교회를 상실했는데, 이곳은 오스만이 이 도시를 정복한 직후부터 총대주교의 주교좌 교회로 사용되었다. 이 교회는 오스만이 캅카스에서 이란에 승리한 것을 축하하기 위해 페티예자미이Fethiye Camii('승리의 마스지드')가 됐고, 총대주교는 할리치만의 페네르구區에 있는 성 게오르기오스 교회로 옮겨갔다(지금도 그곳에 있다).[146] 속주 총독들이 이 사례를 따라 교회를 마스지드로 개조하는 것은 금지됐지만,[147] 이슬람 공동체의 복지를 위해 마스지드, 다리, 분수, 목욕탕 등 많은 시설을 건립한 코자 시난 파샤는 1590~1591년(이슬람력 999년)에 자선 재단을 설립하고 테살로니키에 있는 성 게오르기오스 원형교회를 마스지드로 개조하는 데 필요한 물품과 자금을 제공했다. 1591년 베네치아 사절 로렌초 베르나르도Lorenzo Bernardo가 이 도시를 지나갈 때, 이전 교회의 모자이크는 아직 가려지지 않은 상태였다.[148]

무라드 3세의 통치기까지 술탄의 도서관에는 여전히 100여 권의 그리스어 필사본이 보관되어 있었으며, 16세기 중반에 이스탄불에 온 페르디난트 1세의 대사 오지에 길랭 드 뷔스베크 남작과 같은 방문객들도 이 도시에서 쉽게 그리스어 필사본을 구입할 수 있었다. 1540년 오스만이 자신의 고향 나플리오를 정복한 후 이스탄불로 이주한 그리스 학자 요안네스 말락소스Ioannes Malaxos는 셀림 2세 시대에 여덟 개의 사설 도서관을 조사해 555권의 그리스어 필사본을 발견했다. 이들의 이후 행방은 알려지지 않았지만, 16세기 말에 이르러 오스만의 동로마 유산에 대한 관심이 사라졌음은 분명하다.[149]

아흐메드 1세는 아야소피아에 대한 대대적인 보수 작업을 했으며,

그곳에서는 정복 이후에도 몇몇 기독교 성서 인물의 모자이크를 중앙 기도 공간에서 여전히 볼 수 있었다. 아흐메드는 이제 그 상당수를 덮어 가렸는데, 어느 것을 가릴지에 대한 선택은 쿠란의 원칙을 따랐다. 돔 천장에 있던, 예수가 신으로 묘사된 모습인 판토크라토르('전능자')는 이슬람교의 관점에서 전혀 받아들일 수 없었지만, 마리아가 이슬람 교리에서 존경받는 인물이었기 때문에 후전後殿의 성모자상은 건드리지 않고 남겨두었다.[150] 이러한 성상 파괴 충동이 전하는 메시지는 술탄이 당시의 상황에 맞는 새로운 역할을 찾으려 했다는 것이었다.

셀림 2세, 무라드 3세, 메흐메드 3세 중 누구도 이스탄불에 술탄의 마스지드를 건설하지 않았다. 셀림 2세는 에디르네에, 무라드 3세는 자신이 제후총독을 지냈던 마니사에 마스지드를 건설했으며, 메흐메드 3세는 마스지드를 전혀 건설하지 않았다. 세 술탄 모두 아야소피아 주위 정원에 있는 각자의 영묘에 안장되었다. 술탄 아흐메드 1세는 비록 자기 아버지 메흐메드 3세의 군 지휘 능력을 배우지 못했지만, 머뭇거리기는 했어도 혁혁한 전사 조상들의 전례를 따라 이스탄불에 기념비적인 마스지드 단지를 건설했다. 그는 18세기 중반까지 그 일을 한 마지막 술탄이었다. 공사는 1609년에 시작됐고, 여기에는 반대하는 사람들이 있었다. 술탄의 마스지드는 오직 정복의 수익금으로만 건설되어야 하기 때문에 부적절하다는 지적이었다.[151] 이런 반대는 이전에도 다른 마스지드 단지와 관련해 제기된 바 있었다. 겔리볼룰루 무스타파 알리는 이러한 사치가 신의 법(샤리아)에 어긋난다고 보았다.[152] 대외 및 국내 전쟁이 제국의 국고를 마르게 하고 있는 극심한 자금난의 시기에 이는 반발을 피할 수 없는 사업이었다.

술탄 아흐메드의 마스지드 건설이 시작된 시기는 의미가 있었다.

오스만제국은 1606년 합스부르크와 체결한 평화조약의 조건에 함축된 체면 손상, 그리고 계속되는 전쟁에서 사파비에 영토를 빼앗긴 일로 속이 쓰린 상태였다. 그러나 대와지르 쿠유주 무라드 파샤는 막 젤랄계 반란자들을 진압하는 데 성공했다. 이는 전통주의자들이 인정하는 정복의 형태는 아니었지만 근년에 오스만이 거둔 유일한 군사적 승리였으며, 술탄 아흐메드 마스지드는 이를 기념하는 것이었다. 오늘날 내부를 뒤덮은 타일의 압도적인 색깔 때문에 보통 '마비 자미이Mavi Camii'('푸른 마스지드')라는 이름으로 널리 알려진 이 거대한 복합 단지는 술탄 아흐메드가 사망한 해인 1617년에 마무리되었다. 이 사원은 히포드롬 남쪽에 위치한 눈에 띄는 부지에 세워졌으며, 그 자리를 내기 위해 소콜루 메흐메드 파샤의 저택(한때 쉴레이만의 총애를 받았던 이브라힘 파샤의 저택 맞은편에 있던 동로마 황궁의 유적 위에 세워진 것이었다)이 철거되었다.

아흐메드가 유명한 장소를 선택해 그 위에 기념비적인 마스지드를 건설한 것은 술탄 쉴레이만을 모방하고자 했던 유일한 시도가 아니었다. 당대의 오스만인과 외국인들은 모두 그가 증조부인 술탄 쉴레이만에 집착했다고 언급했다. 쉴레이만처럼 아흐메드는 자신의 법전을 반포했고, 쉴레이만이 한때 정원을 만들었던 돌마바흐체에 그도 정원을 건설했고, 쉴레이만이 주문했던 문학 작품들의 새로운 판본을 출판하라고 명령했고, 조상들이 이전에 그랬던 것처럼 보석으로 화려하게 장식되고 잘 꾸민 말을 타고 이스탄불 거리를 행진했다.[153] 그러나 젊은 술탄의 유명한 조상 모방은 시대의 현실을 바꿀 수 없었고, 당시의 문학과 예술 활동 모두에서 황실 인사를 표현하는 데서 새로운 주제 또한 다루어지고 새로운 양식이 채택되었다. 술탄의 군사적 승리를 찬양한 16세기 중반의 찬미 방식은 사라지고, 궁정과 제국 전역에서 일어난 광범위한 사건들을 통해 좌정하는 통치자의 삶을 묘사하는 서사가 이를 대신했다. 작가들은 이제 '자료'를 기반으로 서술했다. 자신이나 다른 사람들이 목격한 경험, 그리고 성장하는 관료제에서 만들어지는 실제 문서 모두를 이용했다. 그들의 역사 서술은 왕가 자체보다는 국가 전체에 초점을 맞추었으며, 제국의 일상적인 통치를 나열하고 관직 임명과 정치적 문제들을 강조했다. 아흐메드 1세가 즉위했을 때, 술탄 개인을 찬양하는 일을 맡았던 공식 사관의 직책은 난처하고 부적절한 것이 되어버려 폐지되었다.[154]

셀림 2세는 옛 필사본에 관심을 보이지 않았다. 이와 대조적으로 그의 아들 무라드 3세는 책과 관련된 예술의 열렬한 후원자였으며, 그의 치세 동안 최고의 오스만 필사본 일부가 만들어졌다. 필사본은 전통적인 양식의 세밀화로 꾸며졌을 뿐만 아니라 무라드와 그 조상들의 초상도 들어갔다. 그는 역사 서적에 그림을 넣기 위해 처음으로 여러 술탄의 초상화를 의뢰한 인물이기도 했다. 1579년 소콜루 메흐메드 파샤가 암살되기 전에 완성된 이 초상화들은 대와지르가 베네치아에 주문한 술탄들의 초상화를 기반으로 한 것이었다. 아마 파올로 베로네세Paolo Veronese의 공방에서 만들었을 것이다. 이와 동시에 술탄을 옥좌에 앉은 모습으로 표현하는 것이 관례로 정착했다. 이는 말을 타고 군대를 이끄는 술탄에서 옥좌에 앉아 있는 술탄으로의 시각적 전환이었으며, 당시의 현실을 반영한 것이었다.[155]

그러나 정복 야망이 사라지지는 않았다. 아흐메드 1세 치세에 만들어진 술탄 초상화첩이 이를 잘 보여준다. 이 화첩은 '빨간 사과'라는 형태의 새로운 도상 요소를 집어넣었는데, 이는 세계 정복의 상징이었다. '빨간 사과'는 한때 콘스탄티노폴리스를 가리켰으며, 이후 로마·부다·빈을 차례로 나타냈다.[156] 아버지 아흐메드가 사망하고 몇 달 후 술탄의 자리에 오른 그 아들 오스만 2세는 폴란드-리투아니아 연방을 상대로 원정을 떠나면서 술탄 쉴레이만의 갑주를 입었다고 한다.[157] 마치 이 부적이 걱정스러운 그의 나라로 하여금 과거의 위대함을 되찾게 해줄 것처럼 말이다.

제7장

파벌 통치

확장 일로의 오스만제국의 이데올로기를 뒷받침하기 위해 발전한 정치 및 행정 관행은 16세기 말 제국의 팽창이 둔화하면서 제국을 둘러싼 문제들을 처리할 수 없었다. 술탄들이 더이상 일상적으로 군대를 이끌고 전쟁에 나가지 않게 되자, 이를 훈련하는 것이 쓸모없어졌다. 술탄의 아들들을 속주에 보내 통치 교육을 시키는 관습이 정책적으로 폐지됐는지 아니면 그저 메흐메드 3세의 아버지인 무라드 3세가 죽을 때 메흐메드의 동생 열아홉 명 가운데 누구도 총독으로 활동할 나이가 아니었기 때문인지는 알 수 없으며, 메흐메드 자신 역시 아들 가운데 누구도 장성하기 전에 죽었다. 여럿의 승계 주장을 사전에 차단하기 위한 방법으로서 무라드 3세와 메흐메드 3세가 실행한 형제 대량 살해는 대중의 호감을 얻지 못했고, 대안이 모색되었다. 메흐메드 3세의 치세 이후로 어린 왕자들은 더이상 아무런 공식적인 역할을 부여받지 않았으며, 대신에 톱카프궁의 하렘 내 거처에 유폐되었다.•

• 서방 저자들은 이들이 문자 그대로 '새장/우리'에 갇혀 있다고 상상했다. 그러나 이에 해당하는 튀르크어 카페스(kafes)는 나중에야 사용되었다.

왕자들의 낮아진 위상은 그들이 받는 수당이 줄어든 사실로도 알 수 있다. 미혼인 술탄의 누이들, 즉 고모들과 같은 수준이었다.[1]

그러나 왕자들의 격리는 술탄의 죽음에 따른 권력 이양 때 역사적으로 수반됐던 혼란을 방지하는 데 쓸모가 없었다. 이전에는 경쟁하는 왕자들이 제위를 놓고 스스로 노력했지만, 이제 그들은 지배층 내부의 경쟁하는 파벌들의 손에 놀아나는 볼모에 지나지 않았다. 제국의 정치 및 군사 실무에 경험이 있는 왕가의 승계 후보자가 없어, 이 파벌들을 중심으로 무제한의 다툼이 벌어졌다. 또 많은 술탄이 즉위할 때 나이가 어렸던 점도 말 많은 신하들이 전횡을 하게 하는 요소가 되었다.

술탄 아흐메드 1세는 1617년, 스물일곱 살의 나이에 죽었다. 당대의 학자인 카티프 첼레비에 따르면, 주요 정치가들은 아흐메드의 아들들이 너무 어려 제위 계승에 부적합하다는 데 합의했고, 대신에 스물여섯 살짜리 동생 무스타파를 즉위시켰다.[2] 사실 아흐메드의 맏아들 오스만Osman은 열네 살이었고, 아흐메드 자신이 즉위할 때는 그보다 더 어렸다. 그러나 오스만의 조부와 증조부가 대규모 형제 학살을 단행했던 기억이 생생했고, 오스만은 살아남았다. 아흐메드의 총애를 받았던 후궁 마흐페이케르Mahpeyker(그리스 여성으로 '쾨셈 술탄Kösem Sultan'으로 알려졌다)의 힘이 오스만을 제위에서 배제하는 데 결정적인 역할을 했을 것이다. 오스만은 이 후궁과 괜찮은 관계였지만, 오스만의 생모는 마흐피루즈Mahfiruz였다. 쾨셈은 술탄 쉴레이만의 아내 휘렘과 마찬가지로 어린 아들들을 두고 있었고 이들을 제위에 올리려는 야망을 품고 있었다.[3] 무스타파의 즉위는 약 300년 전 오스만 왕조가 개창된 이래 지배적이었던 부자 승계 관행에서 벗어나는 일이었다.

무스타파의 승계를 기획한 사람은 셰이흐월이슬람 에사드 에펜디였던 듯하며, 그는 술탄 아흐메드가 죽을 때 수도의 고위 정치가였다.[4] 그는 결과적으로 불운한 선택을 했다. 무스타파는 짧은 치세 초기부터 백성들이 싫어했으며, 머리가 모자라는 것으로 생각되었다. 당대 역사가인 이브라힘 페체비에 따르면, 술탄 무스타파는 금화와 은화를 주머니 가득 채운 뒤 배에서 던져버리거나 길에서 마주친 가난한 사람들에게 나누어주었는데, 이는 가장 부적절한 행동으로 간주되었다.[5] 그는 겨우 석 달 술탄으로 있다가, 흑인 환관장 무스타파 아아Mustafa Ağa가 일으킨 정변으로 폐위되었다. 무스타파 아아는 봉급 지급을 위해 제국회의가 소집된 날, 술탄 무스타파를 그의 방에 가두고 그의 조카인 오스만을 즉위시켰다.[6] 무스타파 1세는 왕가 일원이 아닌 인물이 주도한 궁정 정변으로 폐위된 최초의 술탄이었으며, 오스만의 치세 동안 즉위 이전에 그랬듯이 하렘에 유폐된 채 지냈다.

매우 굴욕적으로 제위 계승에서 배제되었다가 즉위한 술탄 오스만 2세는 주도권을 되찾고 술탄의 위신을 재확립하는 데 더욱 열중했던 듯하다. 그는 무스타파의 치세 동안 동부 전선에서 원정을 이끌었던 대와지르 카이세릴리 할릴 파샤Kayserili Halil Paşa를 해임했는데, 그가 군대를 이끌고 사파비와의 전투에서 패배했기 때문이다. 오스만은 또한 무스타파를 제위에 올리는 데 기여한 제2와지르 소푸 메흐메드 파샤Sofu('독실한') Mehmed Paşa를 해임하고 셰이흐윌이슬람 에사드 에펜디의 권한을 제한했다. 이전에 셰이흐윌이슬람의 특권이었던 성직자 임명권은 오스만의 스승 외메르 에펜디Ömer Efendi에게 넘어갔다. 어린 술탄은 여전히 그와 긴밀한 관계를 맺고 있었다. 흑인 환관장 무스타파 아아는 정변 이후에도 살아남았다. 그러나 얼마 뒤인 1619년 말 오스만의 새 대와지르 귀젤제 알리 파샤Güzelce('아름다운') Ali Paşa에 의해 이집트로 유배되었다(그것이 이 시기에 해임된 흑인 환관장의 관례적인 운명이었다). 알리 파샤는 전직 대제독으로, 그가 술탄에게 미치는 영향은 무스타파 아야보다 더 컸다. 이때 외메르 에펜디 또한 궁정에서 멀리 메카로 보내졌으나, 1621년 3월 귀젤제 알리 파샤가 죽은 뒤 돌아왔다.[7]

1618년, 이후에 '30년 전쟁'으로 알려진 유럽 전역에 걸친 전쟁이 발발했다. 오스만은 처음에 이 전쟁에 이해관계를 가지고 있었으며, 개신교도인 트란실바니아의 보예보다 베틀렌 가보르Bethlen Gábor의 요청으로 가톨릭 합스부르크가에 맞서 헝가리인들을 보호하는 역할을 맡았다. 그러나 보헤미아의 개신교도 왕 프리드리히 5세의 군대는 1620년 11월 8일 프라하 외곽의 빌라호라 전투에서 패배했다. 그해 앞선 시기에 오스만에 의해 축출된 보예보다 후보를 지원하기 위해 폴란드령 우크라이나의 군대가 몰도바로 진격했다. 이는 오스만의 속국 영토에 대한 침입이었다. 이 대결은 결국 침략자의 패배로 끝났지만, 이듬해 봄에 술탄 오스만은 제국 군대의 총동원을 명령했다.[8] 연방에 대한 공격이 다른 방향에서 가톨릭의 대의를 격파할 기회를 제공한 것이다. 당시의 일부 평자들은 1621년 전쟁이 일어난 것이 오히려 흑해 일대에서 카자크족의 약탈이 지속적으로 이루어졌기 때문이라고 보았다.[9] 오스만과 폴란드-리투아니아 연방 사이의 관계에서 지도 원리는 각자가 자기네의 다루기 어려운 스텝 지역 제후들을 통제하는 것이었다. 크림 타타르족과 우크라이나 카자크족[*]은 각각 종주국에게 보조 병력으로

---

[*] 중요한 집단은 슬라브어 자료에서 '자포리자(Zaporizhzhya, '급류 너머의') 카자크'로, 오스만 자료에서는 '드니프로 카자크'로 알려진 세력이었다.

서 필수적인 존재였지만, 이들이 약탈하기 위해 무차별적인 습격을 감행하는 것을 억제하기란 거의 불가능했다.

메호메드 3세가 1596년 메죄케레스테시 전투에서 마지못해 직접 군대를 이끈 이후, 어떤 술탄도 직접 군을 지휘한 적이 없었다. 오스만 2세는 술탄이 여전히 전사 왕임을 보여줄 기회를 잡았다. 그러나 그는 이스탄불에 공백이 생길 것을 우려해 출발 전에 바로 아래 동생 메호메드를 살해하는 예방 조치를 취했다. 셰이흐월이슬람 에사드 에펜디는 오스만에게 멸시당한 보복으로, 이 살해에 대한 긍정적인 파트와를 내서 이를 정당화하기를 거부했다. 최고의 법적 권위자를 자신의 뜻에 숙이게 하지 못한 오스만은 종교 서열에서 그다음 순위자로부터 지지를 얻으려 했다.[10] 그의 숙부 무스타파 1세는 여전히 살아 있었고, 그의 동생들 역시 어머니 쾨셈 술탄의 보호로 살아남았다.

오스만은 1621년 원정을 통상적인 시기인 5월에 출발했지만, 군대의 열의 부족과 계속되는 악천후에 시달렸다. 심지어 직전 겨울에 보스포루스 해협이 얼어붙어 이스탄불 사람들이 할리치만을 얼음 위로 건널 수 있었다.[11] 오스만 군대는 군용 도로를 따라 북쪽으로 진군하는 동안 많은 짐꾼 동물과 장비를 잃었으며, 결국 이사크체아에서 배다리로 도나우강을 건넜다. 당시 연방군에 카자크족이 합류한 것으로 알려졌으며(사실 그 병력의 절반 이상을 차지했다[12]), 이제 대제독 자리를 맡은 카이세릴리 할릴 파샤는 카자크족이 공격해올 경우를 대비해 계속해서 다리를 경계했다.[13] 오스만이 이끈 군의 주력 부대는 드니스테르강 상류의 호틴 요새 앞에 도착했다. 이곳은 몰도바 영토였다가 몇 년 전 폴란드-리투아니아 연방에 양도된 곳이었다. 성 앞에서 한 달을 보냈지만 그들은 여섯 차례의 공격을 막아냈다. 술탄 오스만은 처음에는 패배를 인정하지 않았으나, 들떠 있는 병사들을 데리고 겨울 동안 버틸 수 없음이 분명했다. 그는 마침내 포위를 풀고 귀국하는 것을 받아들였다. 이후 체결된 평화 협정에 따라, 카자크족의 오스만 영토 습격이 중지되고 타타르족과 몰도바의 폴란드-리투아니아 연방에 대한 침략도 중지되었다. 한편 연방은 오스만령 헝가리와 오스만의 속국인 트란실바니아, 몰도바, 왈라키아에 간섭하지 않기로 합의했다. 오스만 제국이 수세였지만, 폴란드-리투아니아 연방 역시 더이상 그들을 자극하기를 원치 않았다.[14]

　군대는 1622년 1월 이스탄불로 돌아왔으며, 호틴에서의 치욕적인 철수는 마치 큰 승리라도 되는 것처럼 축하했다. 술탄 오스만의 서기들은 오스만제국의 전쟁 승리를 선포할 때 관례적으로 내놓는 것 같은 '승리의 편지'를 작성했으며, 문학 작품들도 이 원정을 찬양했다.[15] 그러나 호틴 전투는 술탄과 그의 정예부대 사이의 관계를 극한으로 몰아갔으며, 예니체리와 기병들 사이에서 반항심이 점점 커지고 있었다. 술탄 오스만은 전선에서 돌아온 직후 메카 순례를 떠나겠다고 발표하고, 소수의 병력만을 데리고 보스포루스 해협을 건너 위스퀴다르로 갈 준비를 했다. 정확한 사실은 여전히 불분명하다. 술탄이 군대를 이끌지 않고 이스탄불을 멀리 떠나는 일은 매우 드물었으며, 그 경우 사냥이 가장 일반적인 목적이었고 순례를 간 적은 전혀 없었다. 주변 사람들은 오스만의 선언이 까다로운 근위부대를 아나톨리아 및 그 너머의 농민과 부족민들로부터 충원한 사람들(그리고 여기에 더해 16세기 말부터 이미 소총수들로 구성된 민병대)로 바꾸려는 계획을 감추기 위한 것이라고 생각했다. 틀림없이 재난이 시작되고 있음을 인식한 셰이흘윌이슬람 에사드 에펜디는 술탄에게 이스탄불을 떠나지 말도록 설득하고자 했다. 술탄에게는 순례를 수행할 의무가 없으며 오히려 현 위치에 머물러야 한다는 의견을 제시했다.[16] 그러나 그의 충고도, 대와지르나 외메르 에펜디의 조언도 통하지 않았고, 오스만 술탄이 카이로를 제국의 새로운 수도로 삼으려 한다는 소문이 퍼졌다.[17]

1622년 5월 18일, 술탄 오스만 2세가 아나톨리아를 가로지르는 여행을 떠나기로 한 날에 수도에서 군사 반란이 발생했다. 이브라힘 페체비는 이어진 사건들을 목격하고 이를 소름 끼치도록 상세하게 기록했다. 그에 따르면, 도시의 주민들이 모이면서 예니체리와 술탄의 기병대가 히포드롬으로 진군해 대와지르, 흑인 환관장 쉴레이만 아아 Süleyman Ağa(무스타파 아아의 후임자), 그리고 외메르 에펜디의 목을 요구했다. 아직 궁궐 안에 있던 술탄은 상황이 심각하다는 경고를 받았지만, 자신의 신하들을 희생시키기를 거부했다. 그러는 사이에 반란에 동조하는 궁료들이 문을 열어주었고, 병사들이 궁궐 안으로 쏟아져 들어와 전 술탄인 무스타파를 수색했다.[18]

한 전직 예니체리는 여섯 병사의 활약에 대한 생생한 기록을 남겼다.

군중이 (무스타파가 숨어 있던 하렘 방의) 돔 천장을 뚫고 있을 때, 몇몇 하인들이 쏜 화살이 사람들 속으로 날아가 그들을 쓰러뜨렸다. 지붕 위에 있던 이들은 그것을 뚫었으나 (아래 방으로) 내려갈 수 없었다. 밧줄을 찾을 수 없자, 그들은 와지르 회의실의 휘장 끈을 잘라 세 명의 예니체리와 세 명의 기병이 자기 몸에 묶고 내려갔다. 그들은 술탄 무스타파의 발 앞에 엎드렸다.

병사들은 같은 방법으로 무스타파를 탈출시켰고, 대와지르와 흑인 환관장은 난도질당했다.[19]

이브라힘 페체비는 세흐자데 마스지드 부근의 잘 보이는 곳에서 바라보았는데, 무스타파와 그의 어머니를 태운 수레가 거대한 군중에 둘러싸인 모습을 곧 목격했다. 그들은 예니체리 병영으로 향했고 거기서 다시 자기네의 마스지드로 갔으며, 그곳에서 예니체리들은 무스타파를 술탄으로 추대했다. 오스만은 1킬로미터 떨어진 궁궐에서 상황이 어떻게 돌아가고 있는지도 모른 채 새로운 관직 임명을 하며, 금을 나눠주어 예니체리들을 설득할 수 있기를 기대했다. 다음날 소요를 진압하라고 보낸 신임 예니체리 총사령관이 살해되고, 오스만이 임명한 새 대와지르 또한 목숨을 잃었다. 그러자 오스만은 비밀리에 직접 예니체리 총사령관의 공관으로 가서 뇌물을 받고 자신을 지지해줄 장교들을 찾고자 했으나, 그의 모습이 반란군에게 발각되고 말았다. 이브라힘은 그들이 오스만에게 누더기를 입히고 그를 말에 태워 예니체리의 마스지드로 끌고 가는 모습을 창을 통해 지켜보았다.[20]

마스지드에 있던 한 지인이 이브라힘 페체비에게 전한 바에 따르면, 오스만은 무스타파를 복위시키는 것이 잘못임을 알아야 한다고 자신을 잡고 있는 병사들에게 애원했으며, 무스타파는 미흐라브 앞 그의 자리에서 일어나 바깥 거리에서 들리는 소리의 원인을 알아보려 했지만 알 수 없었다. 무스타파의 매부 다부드 파샤Davud Paşa가 올가미를 들고 나타났다. 오스만은 그것을 붙잡으며 다부드 파샤가 몇 차례 사형에 처해질 만한 죄를 저질렀으나 자신이 관대히 대했다고 사람들에게 상기시켰다. 무스타파의 어머니는 다부드 파샤의 편을 들었고, 이브라힘의 정보원이 개입하지 않았다면 올가미는 곧바로 오스만의 목에 걸렸을 것이다. 그날 오후 무스타파는 술탄으로서 궁궐로 갔고, 오스만은 시장에서 쓰는 수레에 실려 예디쿨레 요새로 보내지고 그곳에서 목이 졸렸다. 그의 한쪽 귀와 코는 무스타파의 어머니에게 보내졌다. 술탄 오스만은 아흐메드의 '푸른 마스지드' 옆에 위치한 혼잡한 왕가 묘지 그의 아버지 술탄 아흐메드의 무덤 발치에 묻혔다.[21]

무스타파가 하렘에서 풀려난 일에 대한 감동적인 기록을 남긴 한 예니체리는 동료들의 입장이 정당함을 보여주려 애썼고, 그들의 불만 몇 가지를 적어두었다. 첫째, 그들은 술탄 오스만의 스승인 외메르 에펜디의 두드러진 영향력에 강한 불만을 표했다. 외메르는 보잘것없는 지방 출신으로, 예니체리 기풍과는 맞지 않았다. 그러나 그들이 봉기한 직접적인 원인은 오스만이 그들을 아나톨리아에서 충원한 소총병으로 대체하고 또한 술탄의 기병대를 시리아와 이집트에서 온 기병으로 교체하려는 의도를 명백히 보인 것이었다. 그들은 이러한 생각이 실행 가능하다고 오스만에게 주장했다는 이유로 흑인 환관장 쉴레이만 아아를 비난했다. 지방의 이슬람 가정 출신의 병사들을 새로운 군대의 핵심으로 삼겠다는 제안은 예니체리들의 지위를 심각하게 위협하는 것이었으며, 특히 이들 병사들이 이전에 술탄 아흐메드 치세를 뒤흔든 반란에서 기존 질서에 맞서 일어났던 바로 그자들이기 때문에 더욱 큰 모욕이라고 그들은 지적했다. 정예부대들은 또한 호틴 원정에서 세운 공로에 대한 보상이 미흡했다고 느꼈으며, 귀환 후에는 장교들로부터 치욕스럽게 통제를 받았다. 장교들은 변장한 채 거리를 순찰하며, 술에 취해 난동을 부리는 병사들을 적발해 건축용 석재를 운반하는 배에서 강제 노역을 하게 했다.[22]

이렇게 한 달변의 예니체리는 술탄의 부대들이 느꼈던 깊은 불안을 설명했다. 그들이 보기에 자신들이 세심하게 지켜온 특권, 나아가 그들의 존재 자체가 새로운 곳에서 병력을 충원한다는 오스만의 급진적인 계획으로 인해 위협받고 있었다. 실제로 그것이 오스만의 의도였다면 말이다. 오스만의 참혹한 최후에 대한 당대의 기록들은 그 저자들의 당파성을 반영하고 있다. 대부분의 기록자들은 정치가나 고위 관료들과의 연줄 덕분에 자기네 지위를 유지하고 있었으며, 오스만이 파렴치한 조언자들의 말을 받아들였기 때문에 불운한 결말을 맞았다고 주장했다. 그들은 자신들의 후원자처럼, 술탄의 사적 가정에 있는 사람들(그의 스승과 흑인 환관장 같은 사람들이다)이 정책 결정 과정에서 점점 더 큰 영향력을 행사하는 것을 도무지 용납할 수 없었다.

술탄 오스만 2세는 제국 역사상 최초로 군주 시해의 희생자가 되었다. 그가 처형되면서 숙부 무스타파와 그의 동생들만이 왕가의 생존 남성이 되었다. 무스타파는 16개월 동안 더 통치하다가 다시 폐위됐는데, 이번에는 그를 복위시킨 바로 그 정예부대에 의해서였다. 이런 방식이 굳어져 그 세기 말까지 이어졌다. 무스타파의 뒤를 이어 쾨셈의 맏아들인 무라드 4세가 즉위했으나, 그는 20대 후반이던 1640년에 남성 후계자를 남기지 못하고 죽었다. 무라드 다음에는 그의 동생이자 또다른 쾨셈 술탄의 아들인 이브라힘이 즉위했다. '델리Deli'('미치광이')로 알려진 이브라힘은 8년 뒤에 폐위되고, 겨우 일곱 살인 그의 맏아들 메흐메드 4세가 제위를 계승했다. 이 경우에는 어린 나이가 왕자의 제위 계승 자격을 박탈하는 이유가 될 수 없었다. 이때는 메흐메드가 오스만 왕가 혈통의 유일한 생존자였기 때문이다. 이렇게 장성한 후계자가 없이 갑작스레 치세가 끝나고 술탄이 조기에 사망하던 시기에 왕조의 생존 자체가 의문스러워 보였다. 메흐메드 4세는 1687년에 폐위되었다. 오스만 2세, 무스타파, 이브라힘과 마찬가지로 반란을 일으킨 병사들에 의해서였다. 이번에는 계승이 가능한 후보자들 가운데서 선택할 수 있었다. 메흐메드의 아들들뿐만 아니라 그의 형제들도 있었다. 결국 메흐메드의 동생이자 이브라힘의 둘째 아들인 쉴레이만 2세가 즉위했으며, 그뒤에는 또다른 동생인 아흐메드 2세가 즉위했다. 통치자 적격성의 기준은 메흐메드 4세의 아들들 사이에서 연장자 우선원칙이 확립되어, 아흐메드 2세 사후 그의 조카이자 메흐메드 4세의 아들들인 무스타파 2세와 아흐메드 3세가 제위에 올랐다.[23] 이들은 모두 예니체리의 반란으로 강제 폐위되었다.

오스만제국 초기의 핵심적인 정치 투쟁 가운데 하나는 국가가 강요한 통일성에 대해 아나톨리아 상당 부분에서 일어난 저항이었다. 국가 행정이 더욱 관료적이고 중앙집권적으로 변하고, 종교가 좀더 정통화됨에 따른 것이다. 오스만 중앙정부에 대한 반발이 기독교도가 다수인 발칸반도보다 주민 대부분이 이슬람교도인 아나톨리아에서 훨씬 더 강했다는 것은 얼핏 보기에 놀라울 것이다. 이러한 모순에 대한 부분적인 설명은 틀림없이, 이슬람 국가에 대한 이슬람교도들의 기대가 기독교도들의 기대보다 더 높지만 자기네가 받아야 할 만큼 받았다고 생각한 사람이 별로 없었다는 사실에 있었을 것이다. 젤랄계 반란은 아나톨리아 속주들과 이스탄불 사이에서 계속된 투쟁의 최신 국면일 뿐이었다. 이렇게 아나톨리아 군대가 이스탄불에서 권력에 직접 접근할 수 있는 자들이 누리는 특권에 대해 오랫동안 반발해온 것에 더해 이제 새로운 요소가 추가되었다. 그것은 바로 이스탄불 내부에서의 권력을 둘러싼 경쟁자들 간의 긴장이었으며, 그중에서도 특히 술탄의 근위대가 두드러졌다. 오스만 2세 살해는 이러한 특정한 투쟁의 징후였으며, 이는 이후 몇 년간 국내 정치에 영향을 미치고 지방의 불만을 표출할 수 있는 완벽한 구실을 제공했다.

오스만 술탄 살해에 대한 복수는 예상치 못한 곳에서 일어났다. 아나톨리아 동부의 에르주룸주 총독 아바자 메흐메드 파샤Abaza('압하스인') Mehmed Paşa가 이끈 반란이라는 형태였다. 당시 대와지르 귀르쥐 하듬 메흐메드 파샤Gürcü('그루지야인') Hadım('환관') Mehmed Paşa와 혼인 관계로 얽혀 있던 아바자 메흐메드는 그때까지 다양한 업무를 수행한 오스만 국가의 모범적인 관리였다. 이브라힘 페체비는 무언가가 진행되고 있음을 감지했다. 1622년, 그는 디야르바크르주의 재무관으로서, 아바자 메흐메드와 자신의 상관인 디야르바크르 총독 하프즈 아흐메드 파샤Hafız('쿠란 암송자') Ahmed Paşa 사이에서 전령들이 오가는 것을 목격했다. 그리고 하프즈 아흐메드가 지방 군 지휘관들의 군대를 이끌고 위스퀴다르로 행군해 술탄 오스만을 살해한 자들에게 복수하려 한다는 사실을 알았다.[24] 아바자 메흐메드가 에르주룸과 그의 관할 지역 내 다른 요새들에서 예니체리 주둔병들을 몰아냈다는 소식이 이스탄불에 전해지자 그는 관직에서 해임되었다. 아바자 메흐메드와 그의 추종자들이 오스만 살해의 공범이라고 보았던, 아나톨리아에서 공무를 수행하고 있던 술탄의 기병과 보병들은 자기네 업무를 수행할 수 없음을 알게 되었다.[25] 아르메니아 사제인 케마흐의 그리고르는 오스만 시해 이후의 혼란을 피해 이스탄불의 톱카프 구역(육지 쪽 성벽 부근)에 숨었고, 에르주룸에서 벌어진 사태에 대한 소식을 접했다. 운 좋게 아바자 메흐메드의 분노를 피해 탈출한 예니체리들은 신분이 탄로 나는 것을 막기 위해 옷을 바꿔 입고 아르메니아식 이름을 사용하며 이스탄불로 향했다는 이야기였다.[26]

술탄 무스타파와 예니체리들은 모두 오스만 살해에 대한 책임을 부인했다. 무스타파의 매부 다부드 파샤는 오스만 사후에 잠시 동안 무스타파의 대와지르였지만, 이번에는 그의 인맥도 그의 지위도 그를 구할 수 없었다. 그는 속죄양으로 선택되어 처형당했으며, 이는 아나톨리아에서 커져가는 불만의 물결을 달래기 위한 시도였다. 오스만의 폐위에 적극적인 역할을 했던 다른 정부 관리들도 같은 운명을 맞았다. 예니체리들은 이스탄불을 장악했다. 1623년 2월, 그들은 대와지르 하듬 메흐메드 파샤를 해임하고 그의 전임자 가운데 한 명을 다시 임명하도록 강요했는데, 그는 예니체리들의 지지를 유지하기 위해 국고를 탕진한 사람이었다. 종교계 고위 인사들은 새로 임명된 대와지르가 그들 가운데 한 사람을 공격하자 술탄 메흐메드 2세 마스지드에 모여 그의 해임을 요구했다. 대와지르와 그의 예니체리 지지자들의 위협에도 불구하고 그들의 결의는 흔들리지 않았다. 대와지르는 폭력배들을 보내 그들을 공격했으며, 많은 이들이 살해당하고 그들의 시신은 바다에 던져졌다.[27]

한편 에르주룸 총독에서 해임된 것에 분노한 아바자 메흐메드 파샤는 이스탄불의 긴장된 상황과 정부 핵심부의 공백 상태를 확실히 파악하고 군대를 모으고 있었다. 아바자 메흐메드는 지방의 아나톨리아와 시리아에서 일어난 젤랄계 반란을 진압하는 과정에서 술탄에게 충성하는 군대가 가했던 가혹한 탄압을 기억하는 사람들, 그리고 오스만이 제안했던 아나톨리아–아랍 군대에 참여할 기회를 빼앗겼다고 느끼는 이들의 구심점이 되었다. 술탄의 군대에 있는 경쟁자들에 맞서 행동하기를 열망하는 응모자를 찾기는 어렵지 않았다.

아바자 메흐메드 파샤가 4만 명의 군대를 이끌고 앙카라로 진격하고 있다는 보고가 이스탄불에 전해졌다. 수도에서 보낸 사절들은 그의 진격을 돌려내지 못했고, 1623년 5월에 정부는 술탄의 부대 병사들을 보내 그에 맞서게 했다. 그러나 그들의 지휘관은 곧 자신의 군대가 충분하지 않다는 것을 깨닫고, 자명한 패배를 피하기 위해 부르사로 후퇴했다.[28] 아바자 메흐메드는 7개월 동안 앙카라를 포위했다.[29] 제국 국고에는 그를 상대로 원정을 벌이는 데 쓸 수 있는 돈이 별로 없었고, 그와 그의 군대가 장악한 광대한 지역에서는 세금 징수가 불가능했다. 솔락자데 메흐메드 헴데미 첼레비Solakzade Mehmed Hemdemi Çelebi는 궁정에 고용돼 이때 수도에서 벌어진 일들을 목격했다. 그는 예니체리 총사령관 바이람 아아Bayram Ağa가, 국고를 탕진하며 예니체리들의 지지를 얻으려 했던 대와지르를 제거하기 위해 음모를 꾸몄다고 전한다.[30]

해임된 대와지르에게 고문을 당했던 성직자들은 이에 고무되어, 술탄 무스타파는 제국을 통치할 능력이 매우 모자란다고 술탄의 어머니에게 탄원했다. 그가 계속 권좌에 머문다면 지금 겪고 있는 불안정과 중첩된 고통이 더욱 악화될 뿐이라고 강력히 주장했다. 국가와 국가의 공복인 자신들의 최선의 이익을 고려하면 무스타파는 폐위되고 무라드 왕자가 이를 대신해야 한다는 주장이 나왔을 때 반대하는 사람은 별로 없었다. 무라드는 열한 살로 술탄 아흐메드 1세의 생존한 아들 가운데 가장 위였다. 아들의 목숨만은 살려달라는 어머니의 간청은 존중됐고, 무스타파는 다시 하렘에 유폐되었다. 지지 세력이 없는 무스타파는 아무런 위협도 되지 않는다고 판단되었다. 1639년에 결국 그가 사망했을 때, 그를 어디에 매장해야 할지 누구도 결정할 수 없었다. 그의 시신은 17시간 동안 방치된 후, 결국 아야소피아의 뜰에 있던 폐기된 올리브기름 저장고에 초라하게 묻혔다.[31]

아흐메드 1세의 사망 이후 격변의 5년 동안, 술탄국 주변의 세력 균형에 변화가 일어났다. 술탄은 여전히 궁극적이고 합법적인 권력의 중심으로 여겨졌지만, 그의 신하들과 주변 인물들은 이전에 자기네 술탄과의 관계를 특징 지었던 존경심을 벗어던지고 한정 없이 이득을 다투었다. 이런 경향은 술탄을 점점 더 은둔하게 만들었다. 이것이 다시 술탄의 이름을 내세워 권력을 행사하고자 하는 사람들의 목소리가 더욱 커지게 자극했으며, 그 안에는 술탄의 어머니, 대와지르, 흑인 환관장, 궁료, 예니체리 장교 같은 사람들이 포함되었다. 이러한 부침 속에서도 오스만 왕조는 어떻든 헌신과 열의를 불러일으킬 수 있는 힘을 유지했으며, 심각한 도전을 받지는 않았다. 다만 18세기 초 관료이자 중요한 오스만 연대기 중 하나의 저자인 무스타파 나이마Mustafa Naimâ는, 오스만제국의 보호를 받던 크림반도의 타타르 기라이 왕조 성원들이 1624년의 혼란기 동안에 오스만 왕조를 전복하고 권력을 차지하려 했다는 소문이 돌았다고 기록하고 있다.[32] 아바자 메흐메드 파샤가 주도한 반란과 같은 지방의 항거는 17세기 동안 여러 차례 반복됐지만, 이는 혁명을 의도한 것이 아니었다. 이 반란들은 술탄 체제를 전복하려 한 것이 아니라, 체제 내에서 반란 지도자 개인과 그 집단의 입지를 개선하려는 목적이었다. 이로써 술탄이 무엇보다도 전사 왕인 제국에서, 변경이 점점 더 고착화하는 나라에 권위를 행사하는 것이 요구되는(그러나 흔히 해내지 못하는) 제국으로의 힘겨운 이행이 계속되었다.

1623년 9월 어린 술탄 무라드 4세가 즉위한 후 이스탄불을 지배했던 상대적인 평온은 다른 지역의 혼란과 대조적이었다. 아나톨리아에서는 아바자 메흐메드 파샤와 그의 군대가 여전히 활개치고 있었고,

바그다드에서는 총독이 최근 지역에서 고용한 주둔군 병사들에게 살해되었다. 이들은 명목상 오스만 술탄의 부하였으나, 그에 대한 충성심은 별로 없었다.[33] 디야르바크르 총독인 하프즈 아흐메드 파샤는 이 반란자들을 처리하라는 명령을 받았다. 이전에 하프즈 아흐메드가 술탄 오스만의 죽음에 대한 복수를 위해 이스탄불로 진군하려 한다고 주장했던 이브라힘 페체비는 여전히 그의 휘하에 있었는데, 반란자들이 사파비에 동조하고 있어 바그다드를 사파비에게 넘길 태세인 듯하다고 자신이 총독에게 경고했음을 적고 있다.[34] 사태는 결과적으로 이브라힘이 예리하다는 것을 보여주었다. 1624년 1월 14일, 총독의 권력을 빼앗은 한 오스만 장교가 바그다드 요새를 사파비 왕조에 넘겼다. 바그다드는 약 90년 동안 오스만제국의 영토였으며, 이 상실은 1639년까지 지속될 이란과의 전쟁 기간을 예고했다.

아바자 메흐메드 파샤는 술탄 무스타파의 제거와 술탄 오스만 살해에 책임이 있다고 그가 생각한 사람들이 제거된 후에도 이스탄불의 지배 기득권층과 여전히 대립했다. 그러나 그의 군대가 카이세리 부근에서 이스탄불에서 보낸 또다른 원정군에 패배한 뒤, 그는 동쪽의 에르주룸으로 후퇴하고 술탄에게 용서를 빌었다.[35] 하프즈 아흐메드 파샤 역시 바그다드 상실에 대해 용서를 받고 1626년 초 대와지르가 됐으며, 같은 전선의 총사령관으로도 임명되었다. 그러나 이후 아홉 달 동안 포위전을 펼치고도 바그다드를 탈환하지 못해 해임되었다.[36] 오스만군은 열심히 싸웠지만 샤가 고용한 부족민 병력의 후방 공격을 받았다. 구원군의 도움을 받을 희망이 없었던 그들은 궤멸했다.[37] 사파비 왕조는 더 북쪽에서 다른 오스만 요새들을 점령하고 그루지야의 자기네 제후들에 대한 반란을 진압함으로써 새로운 활력을 보여주었다.[38]

이란과의 전쟁에서 이 국면을 끝내는 책임은 이제 다시 임명된 술탄 아흐메드의 마지막 대와지르 카이세릴리 할릴 파샤에게 맡겨졌다. 그에게는 술탄의 용서를 받았음에도 불구하고 여전히 아나톨리아에서 혼란을 일으키던 아바자 메흐메드 파샤를 진압하는 일도 맡겨졌다.[39] 아바자 메흐메드는 새 대와지르에게 아들 같은 존재였지만, 평생 친밀한 관계였음에도 불구하고 사파비 왕조의 포위 공격을 받고 있던 국경 요새를 구원해달라는 카이세릴리 할릴의 요청을 거부했다. 게다가 카이세릴리 할릴이 포위를 해제하기 위해 보낸 군대가 에르주룸에 있는 아바자 메흐메드의 기지에 도착하자 그는 그 군대의 지휘관을 살해하고 보급품과 장비를 약탈했다.[40] 1628년 4월, 카이세릴리 할릴은 아바자 메흐메드를 진압하지 못했다는 이유로 해임되었다.[41] 에르주룸 총독직은 이 속주가 사파비 땅과 경계를 접하고 있어 매우 민감한 자리였으며, 술탄에 대한 총독의 충성심에 대한 완전한 신뢰가 필수적이었다. 사파비 샤 아바스 궁정의 수석 비서이자 전기 작가였던 에스칸다르 몬시는 아바자 메흐메드가 두 차례에 걸쳐 사파비 왕조에 접근했다고 썼다. 그러나 샤 아바스는 그를 기회주의자로 간주했다.[42]

1628년 여름, 아바자 메흐메드 파샤의 반란은 카이세릴리 할릴 파샤의 후임 대와지르인 보슈나크 휘스레브 파샤Boşnak('보스니아인') Hüsrev Paşa에 의해 진압되었다. 적어도 잠시 동안은 말이다. 그는 예니체리 총사령관 출신으로 대와지르가 된 최초의 인물이었다. 보슈나크 휘스레브는 바그다드를 탈환하기 위해 원정을 떠나 카이세릴리 할릴에게 맡겨졌던 과업을 완성하라는 명령을 받았으며, 목표 지역을 향해 진군하면서 사파비와 국경을 맞대고 있는 지역에서 여러 사파비 군대와 조우했다. 오스만 군대는 1630년 9월 바그다드 교외에 도착했지만, 도시를 탈환하기 위한 포위전은 다시 한번 실패했다. 그리고 참담하고 비용이 많이 드는 원정 이후 오스만 군대는 마르딘의 겨울 숙영지로 퇴각하면서 사파비군의 강력한 공격을 받았다. 이듬해에 예정했던 원정은 포기해야 했다. 보슈나크 휘스레브는 해임되었고, 하프즈 아흐메드 파샤가 복권된 뒤 그의 자리에 대신 임명되었다.[43]

보슈나크 휘스레브 파샤의 바그다드 원정에 군사 행정 요원으로 참여했던 학자 카티프 첼레비는, 비록 원정이 실패했고 병사들이 전선에서 고난을 겪었음을 기억하면서도 그들이 여전히 자기네의 총사령관으로 다름 아닌 보슈나크 휘스레브를 원했으며 그의 해임에 격분했다고 기록했다.[44] 반면에 하프즈 아흐메드 파샤는 술탄 무라드 4세의 어머니 쾨셈 술탄과 그 동맹자인 흑인 환관장 주변에 모여든 일파의 지지를 받았다. 하프즈 아흐메드는 술탄 아흐메드 시절 여러 고위직을 거친 인물로서, 쾨셈의 과거와의 연결고리였으며 또한 술탄 무라드 4세의 누이 아이셰Ayşe와 혼인한 인물이었다. 무라드 4세는 어린 나이에 즉위했기 때문에 어머니 쾨셈 술탄이 섭정했는데, 국정의 감독에서 전례 없는 권력을 휘둘렀으며 무라드의 치세가 한참 진행된 이후까지도 그 영향력을 유지했다.[45]

보슈나크 휘스레브 파샤의 해임은 1632년 정초 수도를 마치 술탄 무스타파의 폐위 때와 같은 혼란 상태에 빠뜨렸다. 역사가 이브라힘 페체비는 이 소동을 벌집에 비유했다.[46] 카티프 첼레비는 이 혼란을 부추긴 책임을 보슈나크 휘스레브 파샤의 이스탄불 대리인인 레제프 파샤Recep Paşa에게 돌렸는데, 그는 대와지르가 되려는 야망을 품고 있었다. 술탄 무라드는 반란을 일으킨 군대의 최후통첩에 굴복해 그들 앞에 나섰고, 그들은 하프즈 아흐메드 파샤를 요구한 뒤 술탄의 눈앞에서 그를

단도로 살해했다. 레제프 파샤가 대와지르의 자리를 이어받았다.[47]

하프즈 아흐메드 파샤가 다시 대와지르로 임명될 때 재무대신과 예니체리 사령관직 또한 교체됐으며, 새로 임명된 인사들은 궁정 파벌과의 연결을 통해 보슈나크 휘스레브 파샤의 해임 문제에 책임이 있는 것으로 생각되었다. 술탄 무라드의 총애를 받은 무사 첼레비Musa Çelebi 역시 마찬가지였다. 군중은 히포드롬에 있는 대와지르의 저택으로 몰려가 이 세 사람을 내놓으라고 요구했다. 레제프 파샤는 술탄이 그들을 숨기고 있지 않다고 주장했지만, 이브라힘 페체비는 자신이 곧 히포드롬에 놓여 있는 무사 첼레비의 시신을 목격했다고 기록했다. 이튿날, 예니체리 총사령관과 재무대신도 술탄의 묵인 속에 처형되었다. 이브라힘 페체비는 이러한 사건이 아무리 끔찍하게 들릴지라도, 실제로는 더 참혹했다고 기록했다.[48] 레제프 파샤에 대한 무라드의 불신은 곧 그의 처형으로 이어졌다. 보슈나크 휘스레브가 군대에서 아무리 인기가 높다 해도, 무라드는 그가 이 혼란을 조장한 책임이 있다고 보고 정부 요원들을 아나톨리아 중북부의 도시 토카트로 보내 그를 찾게 했다. 휘스레브는 전선에서 이스탄불로 돌아오는 길에 이 도시에서 지체하고 있었다. 토카트의 주민들은 요원들이 이 도시에 들어오는 것을 저지했지만 결국 제압당했고, 보슈나크 휘스레브는 처형당했다.[49]

아바자 메흐메드 파샤의 이야기는 아직 끝나지 않았다. 그는 이미 두 번째 기회를 얻었지만 이번에도 자신의 책무를 완수하지 못했다. 그럼에도 불구하고 그는 1628년 보스니아 총독으로 임명되었다. 그곳은 그의 권력 중심지와 그의 지반에서 먼 곳이었다. 아바자 메흐메드는 발칸반도에서 여러 차례 전쟁을 했고, 1632년에는 외지주의 총독이 되었다. 오스만의 이 전략적 지역에 대한 통제를 감독하는 도나우강 유역 및 흑해 북안의 속주였다. 그는 1633년 새로운 원정이 계획될 때 술탄 무라드 곁에 있었지만, 그가 반란을 일으킨 총독에서 충성스러운 측근으로 변모하는 과정은 1634년에 끝이 났다. 술탄 무라드는 그의 처형을 요구하는 적들의 외침을 더이상 무시할 수 없었다. 무라드의 명령에 따라 아바자 메흐메드에게는 공식 장례식이 베풀어졌으며, 술탄이 직접 장례 행렬에 참여했다. 그가 1608년 젤랄계 반란의 첫 물결을 진압한 쿠유주 무라드 파샤의 무덤에 묻힌 것은 최종적으로 그가 반역자로 간주되지 않고 술탄이 보기에 오스만 지배 체제의 충성스러운 일원으로 남았음을 의미하는 영예였다.[50]

오스만제국의 여행가이자 작가인 에블리야 첼레비는 아바자 메흐메드 파샤와 마찬가지로 캅카스 출신이었다. 1646년에 그는 에르주룸에서 복무하고 있었으며, 그의 유명한 저서 《여행기Seyahatnâme》에서 자신이 아바자 메흐메드라고 주장하는 남자가 그곳에 나타난 일을 기록했다. 이 남자는 1634년 술탄의 묵인 아래 다르다넬스 해협의 겔리볼루로 도망쳐 처형을 피했다고 말했다. 이후 알제리에서 7년간 해적으로 지내고, 전투에서 붙잡힌 뒤 다시 7년을 덴마크에서 보냈으며, 인도양에서 포르투갈 해군과 함께 3년 동안 있었고, 그후 인도와 중국을 여행했으며, 마지막으로 중앙아시아와 이란을 거쳐 마침내 다시 에르주룸으로 돌아왔다고 말했다. 에블리야의 상관이었던 에르주룸 총독을 통해 이 사실이 이스탄불에 보고됐고, 진위 여부를 밝히기 위한 조사가 촉발되었다(우선 연도부터가 맞지 않았다!). 곧 한 관리가 이 남자를 처형하라는 명령을 받고 에르주룸으로 파견됐고, 그를 환대했던 총독도 해임되었다.[51] 술탄이 아바자 메흐메드의 장례식에 참석한 것은 당시 관에 든 것이 정말로 그의 시신인지에 대한 의문을 불러일으켰다.

무라드가 한때 반역자였던 사람에게 그렇게 공개적으로 애정을 표한 다는 것은 상상하기 어려운 일이었기 때문이다. 그래서 관 속에 술탄이 처형한 형제 가운데 한 명이나 궁궐에 감금돼 있다가 어떤 식으로든 풀려난 그의 숙부 무스타파의 시신이 담겼을 것이라는 소문이 돌았다. 그러나 아르메니아 사제인 케마흐의 그리고르는 몇몇 재봉사(일을 하는 과정에서 궁중 직원들과 잡담을 나누게 되는 사람들이다)를 알고 있었는데, 그중 한 명이 아바자 메흐메드를 목 졸라 죽인 사람과 이야기를 나눈 적이 있다고 주장했다. 그리고르가 보기에는 그것이 진상이었다. 그리고르에 따르면, 아바자 메흐메드의 죽음은 특히 아르메니아인들에게 큰 충격을 주었다. 그는 에르주룸에서 오랫동안 아르메니아인들과 함께 살았으며, 그들의 고통에 관심을 기울였기 때문이다. 이 사제는 아바자 메흐메드를 "기독교인과 특히 억압받는 아르메니아인 공동체를 사랑한 사람이었으며, 자기 나라를 위해 헌신하고 모든 (종교의) 약자를 차별 없이 배려하는 사람"이었다고 묘사했다.[52]

술탄 무라드 4세는 1632년 초 이스탄불을 뒤흔든 사건들을 겪으며 단련되고 더 지혜로운 사람이 되었다. 그는 스무 살이었고, 원숙미를 발휘하며 위기에 대처했다. 그의 어머니 쾨셈 술탄이 대와지르에게 보낸 편지(1628년에 쓰인 듯하다)는 아들이 아직 10대였던 그때에도 쾨셈이 아들의 독립적인 결정에 맡겨두고 있었음을 보여준다.[53] 사위 하프즈 아흐메드 파샤의 죽음과 예니체리 봉기를 진정시키기 위해 희생된 파벌의 몰락으로 인해, 쾨셈은 다소 신뢰를 잃고 술탄의 어머니로서 정치적 영향력을 행사하는 데 신중해졌다. 이후 쾨셈은 1640년 무라드가 요절하고 지능이 부족한 둘째 아들 이브라힘이 제위에 오를 때까지 이스탄불 정치 무대에서 한 발 물러나 있었다.

　무라드는 이제 좀더 적극적인 역할을 하기 시작했다. 개인적인 권위를 과시한 그는 통치와 군사 양쪽의 문제에서도 술탄의 권위를 재확립하려 했다. 군사 분야에서 그는 사파비 왕조를 상대로 한 원정에서 군대를 이끌어 혁혁한 선조들을 본받기로 결정했다. 또한 아나톨리아에 만연한 혼란이 초래한 참혹한 결과를 목격한 그는 강경책과 유화책을 병행하며 이를 해결하고자 했다. 반란을 군사력으로 대응하면서 또한 국가의 관리들과 지역 유력자들이 모두 정부에 맞서 무기를 들게 만든 불만을 해소하기 위해 짜낸 행정 조치들을 시행했다. 그는 또한 도적 문제를 해결하기 위해 나섰다. 이집트 총독 출신으로 새로이 대와지르가 된 타바느야스 메흐메드 파샤Tabanıyassı('평발') Mehmed Paşa의 4년 반에 걸친 재임 기간 동안 이스탄불의 파벌 싸움은 통제하에 들어왔다.

　오스만 지식인들은 국가 경영에 대한 자신의 생각을 계속해서 제시했다. 남아 있는 문헌들은 그 저자들이 살던 혼란스러운 시대가 국가와 사회의 붕괴로 인해 만들어진 것이라는 우려를 공통적으로 담고 있다. 16세기에서 17세기로 넘어가는 시기에 만들어진 리살레risâle(참고 논문)들도 그렇지만, 이 문헌들의 목적은 술탄이 지나간 시대의 영광이라고 인식된 것을 회복하도록 안내하는 것이었다. 따라서 그들의 처방은 혁신적이기보다는 보수적이었으며, 그들이 과거에 존재했다고 믿는 중앙집권적 정부 형태를 복원해줄 것이라고 그들이 희망하는 방책을 권고했다. 카리스마 있는 술탄이 앞장서고 와지르들이 충실한 신하로서 이에 맞추어 움직이는 체제였다. 당시 급격한 변화에 붙잡혀 있던 이 작가들이 자신들의 사회적 입지가 좀더 안전했던 시대로 시계를 되돌리도록 권했던 것은 어쩌면 이해할 만한 일이었을 것이다. 술탄 오스만이 아나톨리아와 동방에서 병력을 충원하려 한다고 의심한 친위대가 위협을 느꼈듯이, 지식인들의 입지는 이전에 중요시되지 않았던 집단들을 후원하는 새로운 파벌들이 두각을 나타냄으로써 침식되었다. 17세기 초 이 경쟁적 파벌들의 급부상은 기존의 통치 체제, 그리고 술탄의 권력에 맞설 만한 또다른 권력의 성장을 억지하는 체제가 무너진 데 따른 것이었다. 이제까지는 야망이 억제됐던 파벌들도 이제는 강력해져, 특권을 지닌 군대 및 정부의 직책을 차지하기 위해 싸우는 과정에서 통치자를 세우고 끌어내리고 했다. 이들의 관직은 금전적 또는 기타 보상을 가져다주었고, 그것은 기득권층 사람들의 특권이었다.[54]

이 시기에 쓰인 리살레 가운데 가장 유명한 것으로는 술탄 궁정의 관리였던 코치 베이Koçi Bey의 것이 있다. 그는 1631년에 이 저작을 무라드 4세에게 바쳤다(이브라힘이 그 형의 자리를 승계하자, 코치 베이는 자신의 글을 고쳐 새 술탄에게 개정판을 제출했다). 코치 베이가 다룬 국가 조직의 다른 여러 측면 가운데 국가의 핵심에 있는 문제에 대한 그의 진단은 이전 시기 저술가들의 진단과 다르지 않았다. 그는 술탄이 국정 개입에서 물러나면서 하렘 사람들이 영향력을 행사할 수 있게 만들었다고 보았다. 지방 기병대는 흐트러졌고, 그들이 하인들을 거느리고 군사 원정에 참여할 수 있게 하기 위해 그들에게 배당됐던 토지 대부분이 이제 궁정 관리, 하렘 여성, 그리고 피지배 계층의 손에 들어갔다. 그 결과로 군 병력이 부족해 술탄의 정예부대는 예전처럼 소년 징발을 통해 선발되고 오스만 주류층의 가치관을 익힌 인원들로만 구성되는 것이 아니라 '외부인'에게 개방될 수밖에 없었다. 이 변화는 그들의 집단의식을 약화하고 누구나 볼 수 있는 혼란을 초래했다고 코치 베이는 주장했다.[55]

술탄 무라드는 리살레 필자들의 견해에 대체로 공감했으며, 국가 내부 체제 안정과 관련된 요소들에 대한 그들의 비판을 실행에 옮길 태세가 되어 있었다. 그러나 그는 보슈나크 휘스레브 파샤 해임에 따른 위기 이후 권력을 잡은 측근들과 함께, 이상적인 것보다는 현실적인 해법이 격변하는 시대의 긴급성에 대처하는 데 더 적합하다는 점을 인식하고 있었다. 무라드의 최우선 목표는 지방의 불안을 종식시키고, 바그다드를 탈환한다는 목표 아래 군대를 강화하는 것이었다. 그는 바그다드 탈환이 자신의 정예 군대가 지닌 불만을 해소할 수 있는 출구 역할을 할 것이라고 판단했다.

당시 이스탄불에서 관료로 근무하던 역사가들인 이브라힘 페체비와 카티프 첼레비는 무라드의 개혁 작업을 목격했다. 술탄의 기병 부대의 규모와 세금 징수 활동을 제한하는 조치가 시행되면서 1632년 6월 8일 히포드롬에서 폭력적인 시위가 벌어졌다.[56] 그해에 루멜리와 아나톨리아의 지방 기병대 개혁 또한 추진되었다. 군사적 의무 수행의 대가로 배정된 국유 토지가 적절한 사람들의 손에 있는지 확인하라는 명령이 떨어졌다.[57] 군역전軍役田의 부자 세습 관행은 폐지됐으며, 주인 없는 군역전을 받을 자격이 있는 사람들에는 이제 봉급을 받는 병사 중 희망자들(카티프 첼레비에 따르면 예니체리들이 토지 수급 자격을 얻기 위해 자기 부대를 떠났다), 지방에 주둔한 술탄의 기병대 병사들, 그리고 농민들("각종 전투에서 능력을 입증한 지방 청년들")도 포함되었다. 병사와 그 종자들을 부양하기에 부족한 작은 필지의 토지는 더 큰 단위로 통합되었다.[58] 술탄은 군역전을 받은 사람은 누구도 원정에 참여할 의무를 면제받을 수 없다는 원칙을 고수했다. 그는 관리들에게 보낸 서신에서, 그들이 자신의 임무를 정직하게 수행하고 있지 않다고 거듭 우려를 표

명했다. 이는 국고를 축내는 일이었다.[59]

이러한 개혁에도 불구하고 아나톨리아에서는 계속해서 소요가 발생했다. 정부가 반란군과 도적이라고 비난했던 자들이 활개를 치면서 시골의 광대한 지역이 텅 비었고, 이에 따라 농업 비중이 매우 높은 이 제국의 조세 기반이 붕괴했다. 국고를 채우고 군대를 위한 병력을 확보하려는 정부의 정책은 이미 무법자 무리들(정부는 그들과 싸우고 있었다)로 인해 마을에서 도망칠 수밖에 없는 농민들에게 더 큰 고통을 안겨 주었다. 이 정책들이 성공하려면 토지를 재배정하기 위해 1632년에 도입된 조치가 농민들의 재정착과 함께 이루어져야 했다. 이들의 노동에서 조세 수입이 나오고 그 수입으로 기병과 그 가족이 생계를 유지하며, 이를 통해 기병이 원정에 나갈 수 있기 때문이었다. 국고 보충은 무라드 술탄에게 닥친 가장 큰 시험이었다. 돈이 없으면 국가는 기능할 수 없기 때문이다. 케마흐의 그리고르는 무라드가 농촌이 처한 위기의 현실을 절실하게 깨달은 것은 1635년 캅카스 원정을 가면서 아나톨리아를 지나가던 때의 경험 때문이라고 주장했다. 시바스의 주민들은 그에게, 대부분의 사람이 이스탄불로 피난을 떠났으며 남아 있는 이들도 세금을 낼 수 없다고 하소연했다. 무라드는 곧바로 고향을 떠난 모든 사람들에게 귀향 명령을 내렸다. 이스탄불에서는 전령들이 시내를 돌며 그곳으로 피난 온 사람들에게 20일 이내에 떠나지 않을 경우 사형에 처할 것이라고 말했다.

현지(이스탄불) 여성과 혼인한 튀르크인 및 아르메니아인의 아내와 아이들은 낯선 곳에서 자기네가 마주치게 될 비참한 상황을 자각하고 남편을 따라가기를 원하지 않았다. (…) 이슬람교도들은 자기네 법에서 허용하는 대로 한마디의 말로 아내와 이혼했지만, 이제 부모로부터 떨어지지 않으려 하는 아이들의 울음소리가 터져 나왔다. 도시는 사랑하는 이들과 헤어진 사람들, 그리고 노인과 병자와 장애를 가진 자들의 비탄으로 가득 찼다.

태후 쾨셈 술탄은 전쟁 중에 더 큰 고통을 초래하는 것은 옳지 않다며 반대했다. 무라드는 누그러져서 자신들의 땅에서 쫓겨난 후 수도에서 스스로 일궈낸 새로운 삶을 버려두고 강제로 떠나 멀고도 황폐한 시골에서 불확실한 미래를 맞닥뜨려야 하는 사람들을 고려하기로 했다. 노인과 병자, 고아와 과부, 이스탄불에서 태어난 자들, 그리고 40년 이상 이 도시에 거주한 사실을 입증할 수 있는 모든 사람에게 예외를 인정했다.[60] 술탄 무라드가 시골에서 탈출해온 자들에 대해 처음 보인 반응은 감정적인 것을 바탕으로 했겠지만, 이 문제를 해결하기 위해서는 심사숙고한 정책이 필요했다. 1636년, 그는 아나톨리아의 재정 자원에 대한 상세한 보고서를 준비하도록 명령했는데, 그 목적은 끊임없는 불안 상황으로 세금을 내야 할 수많은 납세자들이 이산했기 때문에 과연 누가 과세 대상이 될 수 있는지를 파악하기 위한 것이었다.[61]

아나톨리아 너머 제국의 변경에서는 오스만제국의 중앙 권력이 약해진 틈을 타서 지역 왕조들이 자기네 힘을 과시했다. 현대 레바논 지역에서는 드루즈파 지도자 파흐룻딘 마안이 오스만제국 아래에서 오랫동안 군정총독직을 맡아왔다. 아나톨리아에서 일어난 반란으로 인해 그는 제국의 중심부로부터 고립됐고, 그 결과 이 지역과 그 수입원에 대한 장악력을 강화할 수 있었다. 그는 상업적으로도 매우 활발하게 활동하며 유럽 상인들과 독자적인 협정을 체결했다. 그의 준독립적인 지위는 그가 충성스럽고 이 지역에서 생산된 비단과 면화로부터 나오는 세수를 성실히 바치는 한 중앙정부로부터 존중받았다. 그러나 1633년, 파흐룻딘이 지나치게 강성해졌다고 생각한 대와지르는 다마스쿠스의 오스만 총독에게 그를 체포해 아들들과 함께 이스탄불로 압송하라고 명령했고, 파흐룻딘은 이후 이스탄불에서 처형되었다.[62] 그를 제거하면서 생긴 권력 공백을 메우고자 했던 소소한 가문들 가운데 그 누구도 오스만에 도전할 만큼의 힘을 가지지 못했다. 파흐룻딘의 아들 후세인Huseyin은 오스만인으로서 교육받았으며, 궁정에서 근무한 후 1656년에 메흐메드 4세 술탄의 사절로 인도에 파견되었다. 그의 이름은 역사가 무스타파 나이마의 주요 구전 정보 제공자로서 역사에 남아 있다.[63]

오스만은 100년 가까이에 걸쳐 풍요로운 예멘주에 자기네 권력을 심으려 애썼지만 복속시키지 못했고, 그 유명무실한 보유를 포기했다. 그들이 철수할 때 통치권은 좁은 해안 지대에 제한되어 있었다. 현지 자이드파의 '성전' 요구는 17세기 초 오스만에 맞선 지속적인 행동을 촉발했고, 그뒤 잠시 동안의 휴식에 이어 지역의 저항이 재개되고 결국 1635년 오스만의 치욕적인 퇴각으로 끝이 났다. 이 멀고 적대적인 땅을 장악하려는 오스만의 노력은 양측 모두에게 비싼 대가를 치르게 했다.[64] 종주 제국 오스만의 종교적 엄격성은 예멘의 토착 왕조들에게 매력이 없었고, 오스만 국가는 더이상 이곳에 머물기 위해 자원을 투입할 의지도 능력도 없었다. 예멘은 인도양의 여러 바다에서 포르투갈과 경쟁하던 시기 이래로 전략적 가치가 줄어들었다.

무라드 4세는 지방의 소요를 진압하기 위해 군사적 공세와 행정 개혁이라는 두 가지 무기를 사용했다. 그는 또한 신민들의 품성 개조를 목표로 한 도덕 재생 운동에도 관여했는데, 이 운동은 그 세기 내내 사회 및 정치 생활에 영향을 미쳤다. 1609년, 술탄 아흐메드 1세는 잉글랜드 상인들이 최근 자기네 나라로 들여온 담배의 재배 및 소비를 금지했다. 사람들이 일을 하지 않고 밤낮으로 커피하우스에서 담배만 피운다는 이유에서였다. 그러나 담배는 너무나 인기가 많았기 때문에 이 금지는 효과가 없었고, 1614년에 다시 한번 선포되었다. 그때쯤 담배는 이미 매우 수익성 높은 작물이 되어 전통적인 분야인 양봉업과 땅을 두고 경쟁했으며, 그 결과 벌꿀 가격이 상승했다. 술탄 오스만 2세 역시 이 금지를 반복하며 파트와를 덧붙였으며, 술탄 무라드 4세도 1630년 말에 이를 따랐다.[65]

　1631년 3월, 술탄은 비이슬람교도를 대상으로 한 사치 금지법을 더욱 엄격히 시행할 것을 명령했다. 이는 법적인 것처럼 보이지만 정치적 문제였고(비이슬람교도는 이등 신민으로서 "경멸로 대하고, 순종하게 만들고, 옷과 복장 양식이 수수"해야 했다), 올바른 종교의 모범을 보이기 위해 오직 이슬람교도만이 입을 수 있는 의복을 정한 것은 바로 아흐메드 1세였다. 무라드는 이렇게 분명하게 금령을 재확인했다.

　이슬람법과 제국의 법령에 따라 이교도들을 외양, 옷, 옷차림을 가지고 모욕하고 굴욕감을 주어라. 앞으로 그들이 말을 타는 것과 검은담비 모피, 검은담비 모피 모자, 공단 및 비단 벨벳을 착용하는 것을 허용하지 마라. 그 여성들이 천으로 감싼 염소털 모자와 '파리제' 천을 착용하는 것을 허용하지 마라. 이교도와 유대인이 이슬람교도의 차림과 옷으로 돌아다니는 것을 허용하지 마라. 이러한 것들을 금지하고 제거하라. 내가 이렇게 반포한 명령을 지체 없이 실행하라.[66]

무라드 4세의 사회 운동의 투사로 나선 사람은 카드자데 메흐메드 Kadızâde('법관의 아들') Mehmed라는 카리스마 넘치는 설교자였다. 그는 아나 톨리아 서북부의 도시 발르케시르 출신으로, 1631년 아야소피아 마스지드의 설교자로 임명되었다. 제국 내 그 부류 중에서 가장 권위 있는 직책이었다. 1633년에는 선지자 무함마드의 탄생일에 해당하는 날이 9월 16일이었는데, 이날을 맞아 술탄 아흐메드 마스지드에서는 무라드 4세가 임석한 가운데 두 차례의 설교가 진행되었다. 첫 번째 설교는 이 마스지드에서 행해지는 금요 설교의 정규 설교자인 존경받는 할와파 셰이흐 에뷜하이르 메즈뎃딘 압뒬메지드 Ebülhayr Mecdeddin Abdülmecid(시바시 에펜디 Sivasi Efendi로 알려졌다)가 맡았고, 두 번째 설교자는 카드자데 메흐메드였다. 카티프 첼레비에 따르면, 시바시 에펜디는 경쟁자의 생각을 조롱하며 그 발언을 예측하려 했지만, 카드자데 메흐메드는 종교 활동과 신앙, 그리고 사회적 행동에서의 모든 혁신을 신랄하게 규탄함으로써 근년의 혼란으로 피폐해진 회중의 심금을 울렸다.[67]

선지자를 위한 기도가 끝난 후 흩어지던 군중은 도시의 선술집을 습격했고, 술탄은 이를 막기 위한 아무런 조치도 취하지 않았다. 그가 제국 전역의 커피하우스를 폐쇄하고 철거하도록 명령한 것 역시 이러한 중요한 대립이 있던 시기였다. 이집트, 그리고 메카와 메디나에 있는 커피하우스만이 예외였다. 이례적으로 큰 해를 입힌 이스탄불의 대화재는 이 도시 주민들을 불안하게 만들었고, 그들은 자주 커피하우스에 모여 불안을 토로했다. 이로 인해 정부 요인들은 또 한 차례의 폭동이 곧 일어날지도 모른다는 두려움을 품게 됐으며, 무라드는 선술집 또한 폐쇄하도록 명령했다. 담배, 선술집, 커피하우스는 떼려야 뗄 수 없게 연결된 것이었고, 경제적 고려를 떠나서도 무라드가 몇 달 전에 시행한 담배 금지령은 단순히 해로운 담배 자체에 대해서만이 아니라 커피하우스와 선술집의 통제되지 않는 생활 자체를 공격한 것으로 볼 수 있다. 이번에 그는 좀더 직접적인 조치를 취한 것이다. 한때 술탄 메흐메드 3세는 사람들이 쉴 수 있는 곳을 제공하기 위해 이스탄불 이외의 도시에 커피하우스를 차리는 것을 장려했다. 반면에 아흐메드 1세는 이를 폐쇄하도록 명령했지만 시행될 수 없었다.[68]

혁신가와 근본주의자 사이의 논쟁은 이슬람 지식 사회에서 오랫동안 활발하게 이루어졌으며, 17세기 내내 지속된 엄격한 도덕주의 분위기(카드자데 메흐메드의 이름을 따서 카드자델리Kadızadeli 운동이라 불렸다)는 술탄 쉴레이만 시대의 학자 이맘 비르기비Imam Birgivi가 제시한 보수적 경향에서 그 뿌리를 찾을 수 있다. 비르기비는 공적·사적 도덕성을 다룬 여러 저술에서 종교적 사유의 엄격한 긴장을 권장했다. 카드자델리 운동은 선지자의 시대 이후에 만들어진 혁신들을 배제한 순수한 이슬람교를 추구하면서 비르기비의 저술을 그들의 표준으로 삼았다.[69]

카드자델리파는 특히 데르비시들에 대해 비판적이었으나, 술탄 무라드는 완전히 설득되지는 않고 중립적인 입장에 서려 했던 것으로 보인다. 그는 카드자데 메흐메드와 시바시 에펜디에게 균형 잡힌 호의를 보였다.[70] 한때 발칸반도에서 국가들을 정복하는 데 한 축을 담당했던 좀더 '초세속적'인 데르비시 수도회들은 오래전에 공적 영역에서의 역할이 줄어들었지만, 오스만 술탄들과 지배 기득권층은 주류 신비주의 교단들에 대해 관대한 태도를 유지했다. 예를 들어 바예지드 2세 즉위 때 이스탄불에 본부를 설립한 할와파 교단은 셀림 1세와 쉴레이만 1세 치세에도 우위를 유지했다.[71] 무라드 4세는 할와파 교단의 한 분파인 젤베티파Celveti의 셰이흐 아지즈 마흐무드 휘다이Aziz Mahmud Hüdayi를 공개적으로 후원했다. 이 셰이흐는 그의 아버지의 영적 스승이었으며, 어린 술탄이 즉위할 때 에이윱에서 열린 의식에서 그에게 검을 채워주었다.[72] 무라드는 또한 메블레비 교단 데르비시들이 그를 위해 궁정에서 공연하는 의식儀式으로서의 선무旋舞인 사마samā를 감상한 것으로 유명하며,[73] 17년의 통치 기간 중 13년 동안 셰이흐윌이슬람으로 제케리야자데 야흐야 에펜디Zekeriyâzâde('제케리야의 아들') Yahyâ Efendi를 기용했다. 그는 저명한 법학자이자 신비주의 시인이었으며, 데르비시 동조자로 유명한 사람이었다.[74]

카드자델리 교단은 데르비시들의 신비주의와 의식상 관습뿐만 아니라 이슬람 고위층에 대해서도 반대했다. 그 성직자들이 국가의 정치 생활과 연관되어 때가 묻었다고 생각했기 때문이다. 카드자데 메흐메드는 또다른 유형의 성직자를 대표했는데, 그는 신비주의자도 아니었고 이슬람 사상, 법률, 종교를 학습한 국가 종교 고위층의 일원도 아니었다. 대신에 그는 자신의 본령이 마스지드의 일상적인 종교 생활이라고 생각한 사람이었다. 1634년 당시 셰이흐윌이슬람 아히자데 휘세인 에펜디Ahizâde('독실한 수도사의 아들') Hüseyin Efendi의 처형을 가능하게 한 것도 틀림없이 카드자델리 교단의 논변 때문이었다. 당시 아히자데 휘세인은 술탄 무라드가 이즈니크의 판관을 단지 지역 주민들의 불만을 이유로 처형하라고 명령하자 이에 항의했다. 술탄이 부르사에 가고 없는 동안, 그는 무라드의 처분에 대한 불편한 심경을 밝히는 편지를 쾨셈 술탄에게 보내, 전통적으로 종교 지도자들에게 부여된 특권과 존경에 대해 쾨셈이 관심을 갖게 하고 그 아들에게도 일깨워줄 것을 요청했다. 아히자데 휘세인이 무라드를 제거하려는 음모를 짜고 있다는 소문이 퍼졌고, 술탄은 어머니의 편지를 받고 이스탄불로 돌아온 후 먼저 아히자데 휘세인과 이스탄불의 판관이었던 그의 아들을 키프로스로 유배 보냈다가 이후 생각을 바꿔 처형 집행자를 보내 그들을 죽이게 했다.[75] 이것은 충격적이고 전례 없는 사건이었다. 국가의 군사 및 행정 분야에서 일하는 관리들에게는 처형과 재산 몰수 같은 그런 징벌이 직업상의 위험 요소였지만, 종교 지도층의 성직자들은 전통적으로 그러한 징벌에서 예외였다. 이는 그들이 파벌의 음모로부터 거리를 두고 있다는 허구적 추론에 따른 것이었다. 그러나 아히자데 휘세인의 처형은 종교 지도층이 당대 정치에서 한 실제 역할에 대해 보여주었으며, 나랏일을 하면서 물질적 보상을 얻자면 어떤 대가를 치러야 하는지 분명히 말해주었다. 그것은 또한 성직자 불가침 원칙이 그저 원칙에 불과하며, 정치적 편의에 따라 불변의 관습조차 무시될 수 있음을 보여주었다. 그러나 아히자데 휘세인이 셰이흐월이슬람의 직위를 가지고 처형된 최초의 인물이었지만, 오스만제국 전 기간 동안 그 직위에 있었던 약 130명 가운데 처형당한 사람은 단 세 명뿐이었다.[76]

무라드 4세 치세의 말년은 이란을 상대로 한 원정이 중심이었으며, 이는 제국 초기를 떠올리게 한다. 그 온전성에 대한 가장 심각한 도전이 서쪽이 아니라 동쪽의 카라만 왕조, 악코윤루, 사파비 왕조로부터 왔던 시기다. 그러나 16세기 초 샤 이스마일을 상대로 한 셀림 1세의 절멸 전쟁이 쉴레이만 1세의 치세 초반에 잠시 되살아났지만, 1555년 아마시아 조약으로 오스만과 사파비 각자의 세력권이 확립되면서 이후 상호관계의 기준이 되었다. 양국은 더이상 세계 지배를 추구하지 않았고, 상대의 존재를 인정했다. 이후의 오스만-사파비 전쟁은 국지적인 국경 지역 충돌이었고, 개별 요새의 상실이나 획득 외에는 큰 변화 없이 끝났다.

오스만과 사파비 사이의 전쟁의 성격이 아무리 변했다 하더라도, 이전 시대의 위대함을 되살리고자 하는 술탄 무라드 4세의 시도는 전사 술탄 전통의 부활을 요구했다. 그는 100년 전 술탄 쉴레이만이 그랬듯이 사파비를 상대로 한 전쟁에서 직접 군대를 이끌기로 결심했다. 이런 점에서 술탄 오스만 2세의 노력은 기간이 짧았고 설득력이 없었다. 무라드 4세의 국가 기구 장악은 오스만에 비해 더욱 확실했으며, 그는 동부 전선에서의 승리가 가져다줄 정치적 이익이 그의 부재 중 정변이 일어날 위험보다 훨씬 크다고 판단했다.

샤 아바스는 1629년에 사망했고, 그의 손자이자 후계자인 샤 사피Safi는 이스탄불과 아나톨리아의 반란으로 혼란해진 틈을 이용해 그루지야의 군주들을 선동하고 또한 군대를 보내 반Van의 오스만 요새를 포위 공격했다.[77] 술탄 무라드는 1635년 봄이 되어서야 샤 사피를 상대로 한 원정에 나설 수 있었다. 이렇게 지체된 것은 부분적으로 1634년 여름 그 전선의 원정에서 폴란드-리투아니아 연방을 상대로 군대를 이끌겠다는 그의 명확한 의도의 결과였으며(그는 이 목적을 위해 멀리 에디르네까지 진군했다[78]), 부분적으로는 병사들이 전쟁에 나가기를 꺼린 결과였다. 이 때문에 술탄은 휴식 기간을 준 뒤 동방 원정을 떠났다.[79] 연방과의 평화 협정이 체결되면서 무라드는 이란과의 국경에서 일어나는 사태에 단호하게 대응할 여유를 가졌고, 결국 대군을 파견해 사파비에 맞서고 있던 아나톨리아의 병사들을 지원했다. 이 군대는 술탄이 합류하기 전까지 대와지르 타바느야스 메흐메드 파샤가 지휘했다. 결국 술탄은 이스탄불에서 멀리 떨어진 곳으로 간 첫 번째 원정에서 군대를 이끌고 아나톨리아를 가로질렀다. 그는 에르주룸과 카르스를 거쳐 사파비가 차지하고 있는 요새인 예레반으로 진격했다. 진군하는 동안 그는 자신의 술탄 재위 초기를 괴롭혔던 반란과 도적 행위에 대해 즉결 재판으로 화를 풀 기회를 가졌다. 그는 권력을 남용한 것으로 간주된 여러 지방 총독 등 불만을 산 사람들을 처형했다.[80] 이러한 엄격한 기강 유지 전술은 동부 변경의 혹독한 전쟁 상황 속에서도 그에게 상당한 도움이 되었다. 이는 이전 술탄들의 원정을 그렇게 자주 망치게 했던 군대의 반란을 방지했다.

예레반은 1583년부터 1604년까지 오스만에게 점령됐던 곳이었다. 그곳은 이제 8일 동안 포위 공격에 저항한 끝에 1635년 8월 8일 수비대가 항복했다. 무라드의 군대는 예레반에서 계속해서 남쪽 타브리즈로 진격했지만, 이전에 오스만 군대가 이 도시에 왔을 때의 경험이 반복되었다. 그들은 도시를 점령할 수 없었고, 겨울이 다가오자 반으로 철수했다. 예레반의 패배한 총독 타흐마스브 콜리 한Tahmāsb Qolī Khān과 술탄 사이에는 깊은 우정이 싹텄고, 그는 오스만인들에게 '에미르구네오을루 유수프 파샤Emirgûneoğlu('아미르구나Amir-Guna의 아들') Yusuf Paşa'라는 이름으로 알려졌다. 그후 유수프 파샤는 이스탄불로 불려가 그곳에서 정기적인 연금을 지급받았으며, 오늘날 에미르간으로 알려진 보스포루스 해협의 한 마을에 정원을 하사받아 그곳에 '페르시아 양식'의 저택을 지었다.[81] 17세기에 이스탄불에 갔던 프랑스인 장-바티스트 타베르니에Jean-Baptiste Tavernier에 따르면, 무라드는 유수프와 많은 시간을 함께 보냈으며, 술판을 벌이고 즐겼다.[82]

1635년 12월, 술탄 무라드는 조상들의 전통을 다시 세운 전사로서 성대한 의식을 갖추어 이스탄불에 입성했다. 그의 승리를 기념하기 위해 톱카프궁 정원의 할리치만이 내려다보이는 단구에 레반쾨슈퀴Revan Köşkü('레반'은 '예레반'의 오스만 시대 페르시아어다)라는 별관이 건설되었다. 유수프 파샤가 항복한 지 8개월도 되기 전에, 그리고 무라드가 이스탄불에 입성한 지 3개월 만에 사파비가 예레반을 수복했다는 사실이 이 원정의 성공을 빛바래게 하지는 않았다. 예레반 상실은 일시적 후퇴 정도로 여겨졌을 것이다. 사파비의 반격 소식이 전해지자 이 도시의 오스만 수비대를 지원하기 위해 군대를 파견했으나, 병력이 너무 적었고 날씨는 꽁꽁 얼어붙어 있었다. 디야르바크르의 겨울 야영지에 있던 대와지르 타바느야스 메흐메드 파샤는 예레반 상실을 이유로 해임됐고, 그의 후임에는 술탄의 매부로 전직 예니체리 총사령관이자 이집트 총독이었던 바이람 파샤Bayram Paşa가 임명되었다.[83]

사파비는 예레반을 탈환하고 전투에서 오스만군을 격파했음에도 불구하고, 술탄 무라드가 또다른 동방 원정을 준비하고 있다는 소식을 듣고 평화 협정을 요청하기 위해 사절을 보냈다.[84] 하지만 무라드는 단념하지 않았다. 이번에 이스탄불을 떠나기 전, 그는 도시의 모든 단체들이 그의 앞을 지나 행진하게 하라고 명령했다. 이 화려한 의식에 대한 에블리야 첼레비의 생생한 기록을 보면 그가 직접 참석했을 가능성이 있지만, 그는 자신의 책 《여행기》에 나오는 이 의식에 대한 상세한 설명은 그의 후원자이자 친척인 정치가 멜레크 아흐메드 파샤Melek('천사') Ahmed Paşa가 소유한 《이스탄불 이야기》라는 필사본에서 베낀 것이라고 말한다(이 필사본은 현재 행방을 알 수 없다). 술탄은 궁궐 경내 외벽의 서남쪽 모퉁이에 위치한 '알라이쾨슈퀴Alay Köşkü'('알라이'는 튀르크어로 '행렬'을 의미한다)라는 별관에서 735개의 직업과 직종을 대표하는 단체들의 행렬을 지켜보았다. 에블리야 첼레비가 베낀 이 묘사에는 각 단체의 역사와 관행에 대한 설명이 들어 있으며, 그의 설명에 따르면 이 행렬은 무라드가 지시한 많은 것이 그렇듯이 목록 작성을 위한 것이었다. 《이스탄불 이야기》는 또한 마스지드에서 감옥에 이르기까지 이 제국 도시의 모든 건물에 대한 목록을 포함하고 있으며, 그의 의도는 50년쯤 전 술탄 셀림 2세의 명령으로 만들었던 것을 이 목록으로 대체하는 것이었다.[85]

술탄이 그 선두에 선 오스만제국군은 1638년 5월 8일 위스퀴다르를 출발해 콘야, 알레포, 디야르바크르, 모술을 거쳐 11월에 바그다드에 도착했다. 요새는 39일에 걸친 포위전 끝에 항복했다. 시아파가 대부분인 이 도시를 점령한 뒤, 무라드 4세는 신학자이자 신비주의자인 압뒬카디르 알질라니의 영묘를 수리하라고 명령했다. 이 영묘는 쉴레이만 1세가 1534년에 바그다드를 점령한 뒤 건설한 것이었으며, 당시 그는 저명한 법학자인 아부하니파의 사당도 재건했다. 무라드가 질라니의 영묘에 관심을 보인 의도는 마찬가지로 오스만의 이슬람 신앙이 패배한 사파비의 것보다 우월함을 재천명하려는 것이었다. 제케리야자데 야흐야 에펜디도 무라드와 함께 바그다드에 갔는데, 셰이흐윌이슬람이 원정군을 따라간 것은 이번이 처음이었다.[86] 술탄 무라드는 이스탄불로 귀환한 뒤, 궁궐 마당 할리치만을 내려다보는 곳에 바으다트쾨슈퀴Bağdat Köşkü라는 별관을 지어 자신의 승리를 기념했다. 예레반 원정 이후에 세운 별관과 짝이 되는 건축물이었다.

술탄 무라드 4세는 또한 제국 내 또다른 곳의 중요한 건축 작업에도 관여했다. 그의 이름은 이슬람교에서 가장 성스러운 사당인 메카의 카바를 재건한 지배자 목록의 마지막 사람으로 새김글에 나온다. 무라드의 아버지인 술탄 아흐메드 1세 치세에 그 담을 보강하려는 시도가 있었지만, 1630년의 파멸적인 홍수로 인해 이 구조물이 거의 붕괴했다. 그 재건은 실무적으로도, 철학적으로도 간단한 일이 아니었다. 실무적으로는 카바 신전이 신이 지은 것으로 간주되기 때문에 돌 하나하나 경건하게 해체해야 했고, 철학적으로는 일부 종교 당국자들이 현대적 복원을 받아들일 수 없다는 생각을 가지고 있었고 또 일부에서는 이러한 작업이 먼 곳에 있는 오스만 술탄이 아니라 메카의 수장인 샤리프의 전통적인 책임이라고 생각했기 때문이다. 파트와가 요청됐고, 타협이 이루어졌다. 오스만 국가는 필요한 자재와 전문기술(아마 현지에서 구할 수 없었을)을 제공하고, 메카의 유력 인사들은 명예로운 예복을 받아 재건 공사의 여러 단계를 드러내며 이 선행을 인정해 술탄과 오스만 지배의 지속을 위한 기도를 올리기로 했다. 비문에서 무라드 4세가 이 사업에 참여했음을 눈에 띄게 언급한 것은 오스만 술탄들이 이슬람 성지의 수호자로서 행한 은혜로운 행위를 이슬람 공동체에 상기시키기 위함이었다.[87]

유럽은 술탄 아흐메드가 사망한 직후부터 30년 전쟁(1618~1648)에 휘말려 오스만이 동방에서 전략적 이익을 추구할 수 있게 했지만, 17세기가 시작될 때 해결되지 않고 남아 있던 서방의 작은 문제들이 불거져 관심을 끌었다. 그중 하나는 트란실바니아에 대한 종주권 문제였다. 그곳에서는 1629년 베틀렌 가보르가 사망한 후 이 속국의 공작 작위가 경쟁의 대상이 됐고, 그 후계자인 라코치 죄르지Rákóczi György가 보인 지나치게 독립적인 자세를 꺾기 위해 1636년 오스만군이 파견됐으나 패배했다.[88] 그럼에도 불구하고 1593~1606년의 합스부르크-오스만 전쟁을 끝맺었던 지트바토로크 조약이 1642년에 서로의 희망에 따라 갱신되었다. 30년 전쟁은 1648년에 끝났고, 주된 참전국이었던 합스부르크 왕가는 이듬해 이 조약을 갱신하는 데 적극적이었다.[89] 공통의 적에 맞서 행동하기 위한 오스만제국과 베네치아 사이의 협정은 오스만이 30년 전쟁에 조금 끼어들 여지를 주었다. 문제가 된 것은 이탈리아에서 북쪽으로 알프스를 넘는 발텔리나 고개의 통제권이었다. 이 고개는 합스부르크 왕가가 이탈리아 북부와 네덜란드 영지를 연결하는 데 필수적인 곳이었다. 1624~1625년, 베네치아는 오스만령 보스니아, 알바니아, 펠로폰네소스 등 특정 지역에서 용병을 모집하겠다고 술탄 무라드에게 요청해 허락을 받았다. 합스부르크에 맞서 자기네의 이해관계를 방어하는 일을 돕기 위한 것이었다.[90]

오스만 2세가 호틴 전투에서 패배한 후 오스만과 폴란드-리투아니아 연방이 맺은 1623년의 평화조약은 각자의 제후들인 크림 타타르족 및 우크라이나 카자크족과 관련된 문제를 해결하지는 못했다. 그러나 두 나라는 이 시기에 전면전을 벌이지는 않았다. 1623년의 평화는 불안정하게 유지되었다. 심지어 1634년의 가짜 전쟁 이후에도 그랬다. 카자크족의 아나톨리아와 루멜리 해안 습격이 수그러들지 않고 계속되면서 오스만 육·해군과 지역 병력은 흑해 변경에서 해안과 항로를 순찰하고 전체 해안의 거점들을 방어하기 위해 분주히 움직였다. 타타르족과 달리 카자크족은 육상뿐만 아니라 해상에서도 자유자재였으며, 오스만의 흑해 갤리선은 그들의 작고 기동성이 뛰어난 선박을 당할 수 없었다. 스텝의 큰 강들이 흑해로 흘러드는 얕은 수역에서 이에 맞서기 위해 작은 배들로 이루어진 특수 소함대를 만들었지만, 카자크족은 또한 은폐의 달인들답게 오스만 선박들과의 교전을 쉽게 피할 수 있었다.[91] 오스만제국 군대는 1475년에 처음으로 흑해 북안에 진출한 이후

16세기 중반까지 수십 년 동안 큰 걱정 없이 이 변경을 '관리'했으며, 그 자원을 오스만 영토의 더 문제가 있는 지역들로 안심하고 돌릴 수 있었다. 이후 드미트로 비슈네베츠키가 카자크족을 이끌던 시기에 스텝의 소란은 카자크족이 17세기 초 '오스만의 호수'로 불린 흑해에 침입해 들어온 일의 전조에 불과했다. 이때는 페오도시야, 빌호로드, 콘스탄차, 바르나, 삼순, 트라브존 같은 대도시가 반복적으로 공격당하고 심지어 약탈당했다. 킬리야, 이즈마일, 브러일라, 이사크체아 등 도나우강 하류의 정착지들도 공격을 피할 수 없었다. 이것은 엄청나게 중요했다. 이러한 공격은 이스탄불과 제국 경제가 의존하고 있는 원자재 및 식료품 공급망을 붕괴시켰다.[92] 카자크족은 또한 이 시기에 몇 차례에 걸쳐 보스포루스 해협 안쪽 깊숙이까지 공격했다. 1624년에 그들은 적어도 남쪽 멀리 예니쾨이까지 연안 마을을 약탈하고 불태웠다. 잉글랜드 대사 토머스 로Thomas Roe는 1624년 7월 19일의 카자크 습격을 이렇게 증언했다.

각기 50명의 노잡이와 병사를 태운 약 70~80척의 카자크 배가, 카프탄바사captan bassa(대제독)가 타르타리아 지역에서 전투 중인 틈을 타 동틀 무렵 보스포루스 해협으로 진입했다. 이들은 그곳에서 흩어져 해협 양안의 거의 모든 마을과 환락의 집(해변 별장)들을 약탈하고 불태웠다. 멀리 성채들(루멜리히사르와 아나돌루히사르)까지, 그리고 이 도시(이스탄불)에서 6~7킬로미터 떨어진 곳까지였다. 주요 공격 대상은 뷔윅데레Büyükdere와 예니쾨이, 그리고 아시아 쪽 해안의 스테니아(유럽 쪽 해안의 이스티니에?) 등이었다. 그들은 그곳에서 많은 전리품을 챙긴 뒤 오전 9시까지 머물렀다. 이때 이 도시와 주변 지역 전체가 경보를 받았고, 대군주(술탄)가 해안으로 나왔다. (…) 그들은 방어 준비를 갖춘 갤리선은 하나도 없어, 크고 작은 온갖 종류의 배들을 끌어 모아 400~500척을 무장하고 사람을 채웠다. 노를 저을 수 있거나 싸우기를 희망하는 사람들이었다. 또한 해안이 더 궤멸되는 것을 막기 위해 도시의 모든 기병과 보병 1만 명의 병력을 급파했다. 이보다 극심한 공포와 혼란은 본 적이 없었다.[93]

토머스 로는 카자크족의 보스포루스 해협 습격이 오스만 정부를 극도의 불안에 빠뜨렸으며, 제국회의가 진행 중일 때 또다른 소식이 전해지면 회의가 "즉각 중단되고 추가적인 공격을 막기 위해 서둘러 병력을 내려보냈"다고 전했다.[94]

호틴 전쟁 이후인 1623년 메흐메드(3세) 기라이는 크림 칸국의 칸이 됐고, 이듬해 그의 동생 샤힌Şahin이 다시 크림으로 돌아왔다. 10년 전 계승 분쟁으로 샤 아바스의 궁정으로 피신했던 사람이었다. 샤힌이 샤 아바스와 가까웠기 때문에 오스만 정부는 이들 형제와 권력을 놓고 경쟁하던 이전 칸 자느벡Canıbek 기라이를 복위시키기로 했다. 자느벡은 이스탄불에서 배를 타고 이동했으나, 권좌를 확보하기 위해서는 오스만의 지원이 필요했다. 이미 육·해군이 지나치게 벌려져 있던 오스만은 그 지원을 제공할 수 없었다. 메흐메드와 샤힌은 이전까지 크림 타타르의 숙적이었던 드니프로강 카자크들과 사상 최초의 정치적 동맹을 맺고 자느벡과 맞섰고, 7월에 오스만 대제독이 자느벡을 돕기 위해 크림반도를 향해 출발했다. 그들의 연합군은 타타르-카자크 군대의 공격을 막아낼 수 없었다. 타타르군이 그들을 포위하자 자느벡과 그의 부하들은 도망치고 오스만 보병대는 전멸했으며, 타타르군이 원정대의 자금을 탈취했다.[95] 결국 메흐메드 기라이는 칸으로 남았고, 샤힌이 후계자로 인정받았다. 1625년 카자크들은 트라브존을 습격해 막대한 피해를 입혔는데,[96] 이는 이 시기의 무시무시한 여러 공격 가운데 하나일 뿐이었다. 같은 해 8월 초, 도나우강 삼각주 인근에서 오스만 함대와 카자크 사이의 대규모 해전이 벌어졌다. 오스만 제독은 바람이 도와준 덕분에 가까스로 살아남았다.[97]

타타르-카자크 동맹은 오스만뿐만 아니라 폴란드 정부도 놀라게 했고, 폴란드는 카자크가 연방과 그 강력한 이웃 사이의 전쟁을 촉발하지 않도록 그들을 억압하는 조치를 취했다. 토머스 로는 이 동맹과 함께 생겨난 새로운 지역 정세에 관해 잉글랜드 본국에 전한 급보에서 "이들 두 유랑 민족 사이의 어떠한 정보도 (…) 이 도시(이스탄불)와 국가(오스만)에 매우 골치 아픈 문제가 될 것"이라고 말했다.[98] 이스탄불 주재 유럽 외교관들은 흑해에서 벌어지는 일들이 지중해 및 중부 유럽에서의 오스만 세력에 미칠 영향을 잘 알고 있었다. 따라서 그들은 상황을 면밀히 주시하며 자기네 나라에 유리한 방향으로 사태에 영향을 미치려 했다. 따라서 합스부르크 제국에게 흑해에서 일어난 혼란은 오스만의 관심과 역량을 중부 유럽에 쏟지 못하게 하는 데 이바지했고, 그들의 경쟁자인 프랑스와 잉글랜드의 입장에서는 흑해가 평화로워야 오스만군이 합스부르크 및 그 동맹국들과 자유롭게 싸울 수 있었다.[99]

카자크들의 위협에 대응하기 위해 오스만은 흑해 북안 지역의 방어망을 강화하기로 결정했다. 드니프로강을 몰래 내려와 공해로 향하는 카자크를 좀더 즉각적으로 방해하거나 심지어 예방할 수 있으리라는 희망에서였다. 1627년과 이어 1628년의 두 차례 원정을 통해 그들은 드니프로강 하구의 오차키우에 있는 요새망에 몇 개의 새로운 요새를 추가했다. 또한 1628년에는 카자크의 지원을 받는 메흐메드 기라이와 샤힌 기라이 형제를 폐위시킬 수 있었다.[100] 크림반도의 타타르 칸들 가문 내의 빈번한 계승 분쟁(한 도전자가 다른 도전자에 맞서기 위해 자기네 이웃들과의 동맹을 추구했다)은 흔히 오스만의 개입을 촉발했다. 자기네 가 선호하는 후보자의 즉위를 확보하기 위해서였다.

드니프로강의 카자크들이 흑해로 나가려면 강어귀의 오차키우 요 새를 통과해야 했던 것처럼, 돈강의 카자크들도 1475년부터 오스만 이 항구 도시 아조프를 지배하고 있어 자유로운 통행을 방해받았다. 1636년, 돈 카자크들은 우크라이나 카자크들의 지원을 받아 아조프를 포위했고, 이듬해에 이를 점령했다. 이로 인해 그들 편이었던 모스코비 야는 그들을 도와 오스만의 화를 촉발할 위험을 감수할 것인지 말 것 인지 하는 난감한 처지에 빠졌다. 오스만은 이후 몇 년에 걸쳐 아조프 를 되찾기 위해 많은 노력을 기울였다. 아조프해 입구에 있는 자기네 요새들이 공격받을까 두려워해서였다. 공격이 성공하면 카자크들은 흑해로 들어오는 또다른 통로를 확보하는 것이었다.[101] 1641년 아조프 를 탈환하기 위한 대규모 원정이 시작되었다. 함대가 진격해 타타르와 함께 요새를 포위했다. 여러 주에 걸친 포위전 동안에 방어군의 땅굴 작전이 성공을 거두어 많은 사람이 죽었고, 결국 겨울이 다가오자 그 들은 카자크를 몰아내지 못한 채 철수하지 않을 수 없었다.[102] 그러나 모스코비야는 아조프의 방어군에게 어떠한 지원도 제공하지 않았고, 이듬해 그들은 오스만 교대 병력에 요새를 내주었다.

모스코비야는 17세기 대부분의 기간 동안 오스만과 적대하지 않으 려 했으며(스웨덴과 폴란드-리투아니아 연방에 더 많은 관심을 기울였다), 이 러한 정책은 1680년대 오스만-신성동맹 전쟁 중 실패로 끝난 스텝을 가로지르는 남하 원정과 1696년 표트르 대제의 아조프 공격을 계기로 변화했다. 1632~1633년 폴란드-리투아니아 연방이 점령한 모스크바 서남쪽 스몰렌스크 포위전은 모스코비야의 군사적 취약성을 치욕스럽게 드러낸 사건이었다. 이러한 하찮은 목표조차 달성하지 못한 군대가 당시 지역에서 가장 강력한 군사력을 가진 오스만제국을 상대하는 것은 자살 행위나 다름없었다.[103] 모스코비야는 크림 칸국의 타타르 칸에게 계속해서 조공을 바쳤으며, 이는 중세의 그 조상들인 울루그울루스(금장한국) 칸에게 조공 바치던 일을 답습한 것이었다. 이는 그 지위를 상기시키는 것이었지만, 그들이 이제 이 공물을 감히 '선물'이라 부른 것은 그들의 관계에 상당한 변화가 있음을 보여주는 것이었다.[104] 15세기 울루그울루스가 붕괴하면서 시작된 스텝 지역의 권력 투쟁은 100여 년 전 아나톨리아 동남부에서 이집트의 맘루크 왕조, 이란의 사파비 왕조, 오스만제국 사이에서 벌어진 투쟁과 큰 틀에서 그리 다르지 않았다. 모스코비야와 폴란드-리투아니아 연방은 모두 스텝 지역으로 확장해나가는 발걸음을 막 떼고 있었다. 그곳은 오스만이 오랫동안 완충 지대로 생각하던, 자기네를 대신해 크림 타타르가 질서를 유지해온 곳이었다.

오스만제국의 흑해 연안이 자주 카자크의 공격 대상이 됐듯이, 그 지중해 및 아드리아해 변경과 그 선박들도 북아프리카 해안과 아드리아해의 해적들에게 끊임없이 괴롭힘을 당했다(아드리아해에서 활동한 우스코크Uskok로 알려진 해적들은 합스부르크 왕가의 지원을 받았다). 이 해적들은 또한 몰타, 베네치아, 기타 이탈리아 공화국들의 상선뿐만 아니라 메카로 가는 이슬람 순례자들을 태운 배나 아프리카에서 이스탄불로 향하는 노예선까지 공격했다. 때로 상업적 피해가 크고 모욕이 심할 때는 오스만이 보복에 나섰지만, 지역 당국이 충동적으로 행동하거나 일을 독단적으로 처리하지 않는 한 오스만과 합스부르크는 대체로 우호적인 관계를 유지했다.[105] 바그다드 원정이 진행 중이던 1638년, 베네치아가 아드리아해의 해적 활동에 대한 보복 조치를 취하면서 험악한 사건이 일어났다. 16척에 이르는 북아프리카 해적 선단이 칼라브리아 해안을 습격한 것이다. 이에 놀란 베네치아는 함대를 보내 이들을 추격했다. 북아프리카 해적들이 아드리아해 항구인 오스만령 블로러로 도망치자 베네치아 함대는 항구를 봉쇄하고 요새에 포격을 가했으며, 해적선을 나포해 15척을 격침하고 1척을 전리품으로 베네치아에 보냈다. 이에 따라 오스만제국 내 베네치아인들에 대한 보복과 함께 양국 간 무역 단절의 위협이 있었으나, 현명한 조언이 효과를 발휘해 사건은 결국 외교 경로를 통해 마무리 지어졌다. 베네치아 바일로bailo(공관장)는 10개월간의 억류 끝에 석방됐고, 베네치아는 1573년과 마찬가지로 오스만에 배상금을 지불했다.[106]

동방에서는 1639년 사파비와 맺은 주하브Zuhab 조약으로, 1514년 찰드란 전투에서 시작된 오랜 오스만-사파비 전쟁이 끝났다. 이후 오스만은 다른 지역의 문제에 집중했으며, 1720년대에 사파비 왕조가 붕괴할 때까지 평화가 유지되었다. 주하브 조약에 따라 사파비는 예레반과 그 부근의 캅카스 지역을 보유했고, 오스만은 이라크와 바그다드를 유지했다. 1555년 아마시아 조약 이후 잃어버린 이 균형 회복은 무라드 4세의 중요한 업적 가운데 하나였다.

제8장

파샤들의 복수

1639년 2월, 사파비로부터 바그다드를 탈환한 후 이스탄불로 돌아가던 술탄 무라드는 디야르바크르에 도착했다. 그는 병이 났고, 이곳에서 두 달을 머무른 뒤에야 이스탄불을 향한 귀로에 올랐다. 그는 그로부터 1년도 되지 않아 사망해 그의 아버지 아흐메드 1세가 묻힌 혼잡한 황실 묘지에 안장되었다. 나이 스물아홉이었다. 두 차례 술탄 자리에 올랐던 무능한 그의 숙부 무스타파 1세도 얼마 전에 사망한 상태였다. 최근의 관행과 달리 무라드는 여러 원정을 마치고 귀국한 후에야 형제들을 처형했다. 무라드의 이복동생이자 오스만 2세의 친동생인 바예지드*와 쉴레이만은 1635년 예레반 원정을 기념하는 축제 중에 처형했고, 그의 친동생인 카슴Kasım은 무라드 자신이 바그다드에서 돌아온 후 살해했다.

무라드는 아우 단 한 명만 살려두었다. 아마 어머니 쾨셈 술탄의 간

---

* 바예지드는 오스만 2세의 친동생이었기에 무라드의 적법한 후계자로 볼 수도 있었다. 그의 운명에 영감을 받은 프랑스 극작가 장 라신(Jean Racine)은 1672년 초연된 희곡에서 그의 이야기를 극화했다. 라신은 무라드가 동생을 죽일 때 프랑스 대사로 술탄의 궁정에 가 있었던 세지(Cézy) 백작의 급보를 통해 바예지드가 살해된 것을 알았다.

청 때문이었을 것이다. 그렇게 살아남은 '미치광이'로 알려진 이브라힘이 무라드 사후 새 술탄이 되었다. 쉴레이만 1세가 아버지 셀림 1세를 승계한 이래 처음으로 제위 경쟁자가 없었다. 무라드는 살아남은 아들이 없었고, 직계 남성 혈통은 끊기기 직전이었다. 이브라힘의 정신건강에 대한 의문이 있었지만, 오스만 가계가 완전히 끊어지면 어떤 결과가 생길지 상상할 수 없었다. 이브라힘은 궁궐 깊숙한 곳에서 불려 나왔을 때 무라드가 죽었다는 사실을 믿을 수 없었고, 자신도 불운한 형제들과 같은 운명을 맞게 되리라고 생각했다.

술탄 이브라힘은 무라드가 임명한 셰이흐윌이슬람과 대와지르를 유임했다. 제케리야자데 야흐야 에펜디는 1644년에 사망할 때까지 18년 동안 세 명의 술탄을 섬기며 셰이흐윌이슬람으로 재직했다. 무라드의 마지막 대와지르인 케만케시 카라 무스타파 파샤Kemankeş Kara('검은 궁수') Mustafa Paşa는 이란과 평화조약을 체결해 전쟁을 끝냈으며, 약 5년이라는 비교적 오랜 기간 동안 자리를 유지하다가 결국 파벌 다툼에 휘말려 역시 1644년에 처형되었다. 쾨셈 술탄은 국정 참여에 그다지 관심이 없는 술탄 이브라힘의 어머니로서 전면에 나섰고, 1632년의 유혈 사태 이후에 내려놓았던 권력을 다시 행사했다. 대와지르와 태후 사이의 경쟁은 불가피했지만, 이브라힘 치세 초기에는 최고위층에서의 권력 다툼이 억제되었다.[1]

케만케시 카라 무스타파 파샤는 무라드 4세와 그의 전임 대와지르 타바느야스 메흐메드 파샤가 시작한 개혁을 계속 추진했다. 타바느야스 메흐메드가 재임한 4년 반 동안과 마찬가지로, 이 추가적인 안정기는 파벌 싸움을 멈추게 해서 입법을 계속할 수 있게 했다. 재정 당국은 농민들을 그들의 옛 땅으로 재정착시키는 것이 해결할 수 없는 문제로 가득 차 있음을 인정하고, 대신 그들이 현재 거주하는 곳에서 등록하도록 하는 새로운 세금 조사 명령을 내렸다.[2] 케만케시 카라 무스타파는 예니체리와 기병의 수를 각기 1만 7천 명과 1만 2천 명으로 줄였다. 그는 화폐 가치를 안정시키고, 국고의 입출금을 약속어음이 아닌 현금으로 하도록 했으며,[3] 상세한 가격 규정을 발표했다.[4] 그는 또한 그 시대의 가장 처리하기 어려운 문제 중 하나에 대한 조치를 취했다. 국가에 아무런 실질적인 기여를 하지 않으면서도 국고에서 급여를 받는 사람이 늘어나는 것을 막는 일이었다.

그러나 이렇게 결연한 대와지르가 반발을 불러일으키는 것은 불가피했고, 1642~1643년에 또다른 반란이 일어났다. 알레포 총독이었던 나수흐파샤자데 휘세인 파샤Nasuhpaşazade(`나수흐 파샤의 아들`) Hüseyin Paşa(나수흐는 술탄 아흐메드 1세의 대와지르였다)는 케만케시 카라 무스타파 파샤와 사이가 매우 나빴다.[5] 나수흐파샤자데 휘세인은 정부가 수배한 말썽꾸러기를 숨겨주고, 이스탄불에서 보내온 명령을 무시했으며, 자신의 편지 첫머리에 불법적으로 술탄의 서명을 집어넣었다. 지방에서 근무하는 와지르들은 술탄의 서명을 사용할 수 없었다.[6] 그는 또한 알레포 총독직을 얻는 데 너무 많은 돈을 썼기 때문에 이 직책에서 나오는 수입으로는 밀린 부채를 갚을 수 없다고 불평했다. 카티프 첼레비는 돈을 낸 사람들에게 고위 관직을 주기 시작한 것이 대략 이 시기부터였다고 말했다. 케만케시 카라 무스타파는 대신에 나수흐파샤자데 휘세인을 시바스 총독으로 임명했지만, 동시에 현직 시바스 총독에게 군사력을 동원해 그를 저지하라는 비밀 명령을 내렸다. 그러나 혼란 속에서 불운한 현직 총독이 살해되고, 나수흐파샤자데 휘세인은 자신의 불만을 터뜨리기 위해 이스탄불로 진격했다. 그의 군대는 아나톨리아를 가로지르는 동안 불어났다. 그는 이스탄불에서 불과 수백 킬로미터 떨어진 이즈미트에서, 자신에게 맞서기 위해 수도에서 파견된 군대를 격파하고 위스퀴다르까지 진군했다. 그의 최후에 대한 당대의 기록은 엇갈린다. 한 기록에 따르면, 나수흐파샤자데 휘세인은 흑해에서 배를 탔지만 도나우강 변의 루세 외곽에서 정부 요원들에게 붙잡혀 살해되었다.[7] 다른 기록에 따르면 대와지르가 그를 용서하는 척하며 루멜리주 총독직을 약속한 뒤, 처형자들을 보스포루스 해협 너머로 보내 처벌하게 했다.[8]

나수흐파샤자데 휘세인 파샤는 대와지르가 되기를 열망했다. 케만케시 카라 무스타파 파샤의 자리를 노리는 또다른 경쟁자는 지반카프즈바슈으Civankapıcıbaşı('젊은 수문장')로 알려진 술탄자데 메흐메드 파샤Sultanzade('술탄의 자손') Mehmed Paşa였다. 그는 흑해 북안의 외지 총독으로 재직하던 1642년, 카자크족으로부터 아조프 요새를 탈환하면서 군사 및 행정 분야에서 비교적 성공적인 경력을 쌓았다. 케만케시 카라 무스타파의 개혁은 많은 기득권층의 이익을 위협했고, 그의 입지는 취약해졌다. 1643년 말, 대와지르 무스타파는 술탄자데 메흐메드를 다마스쿠스 총독으로 임명해 궁정에서 멀리 떼어놓았다. 그러나 케만케시 카라 무스타파는 끊임없이 그를 음해하는 파당들을 이기리라는 희망을 품을 수 없었다. 나수흐파샤자데 휘세인의 반란은 그의 개혁이 야기한 불만의 한 증후에 불과했고, 1644년 2월에 술탄 이브라힘은 그를 처형하라고 명령했다. 술탄자데 메흐메드는 다마스쿠스에서 소환돼 그의 후임 대와지르로 임명되었다.[9]

술탄 이브라힘은 일상적인 문제들을 휘하 와지르들에게 맡겼지만, 그의 형 무라드와 마찬가지로 총신들의 말에 잘 넘어갔다. 무라드가 카드자델리 전도자들의 영향을 받아 커피하우스를 폐쇄하고 사치 금지법을 강제했다면, 이브라힘은 병약한 몸 때문에 각종 돌팔이 치료법에 쉽게 현혹되었다. 그는 진지호자Cinci Hoca('무사巫師')로 불린 카라바슈자데 휘세인 에펜디Karabaşzade('성직자의 아들') Hüseyin Efendi를 자신의 필요에 적합한 영적 조언자로 여겼다. 공식적으로 카라바슈자데 휘세인이 올랐던 가장 높은 자리는 아나톨리아 대법관이었지만, 당시 그가 정치권에서 한 역할은 그 직책의 한계를 훨씬 넘어섰다.[10] 술탄이 카라바슈자데 휘세인 호자를 총애한다는 것은 셰이흐윌이슬람의 입지가 위태로워졌음을 의미했지만, 마침 술탄 이브라힘이 그를 제거하라는 사주를 받기 전에 당시 셰이흐윌이슬람이었던 제케리야자데 야흐야 에펜디가 사망했다.

1638년 블로러에서 발생했던 해적 사건이 확전될 가능성이 있었으나 결국 해결된 것처럼, 1644년 여름에 발생한 사건 역시 해결될 수 있는 것처럼 보였다. 그러나 이 사건은 1669년까지 간헐적으로 지속된 오스만과 베네치아 사이의 전쟁을 촉발했다. 카티프 첼레비의 기록 등 당대 오스만 사료에 따르면, 그해 여름 몰타 해적들이 로도스섬과 크레타섬 사이에 위치한 카르파토스섬 앞바다에서 소규모 선단을 공격했다. 이 선단에는 이집트로 국내 추방되는 흑인 환관장 쉰뷜 아아Sünbül Ağa와 메카 순례에 나선 약간의 명사들이 타고 있었다. 당시에는 흑인 환관장이 퇴직하면 이집트로 가는 것이 관례였다. 쉰뷜 아아는 전투 중 사망했고, 약탈한 보물은 크레타의 한 항구에 잠시 정박한 배에 실렸다. 해적들은 자신들을 지원해준 데 대한 보답으로 베네치아령 크레타 총독에게 보물 일부를 선물했다. 칸디아(이라클리온)에 있던 총독에게 선물하기 위해 쉰빌 아아의 말 가운데 한 마리를 하역하던 중 말의 발굽이 땅에 닿았는데, 카티프 첼레비에 따르면 이는 불길한 징조로 여겨졌다. 며칠 후 해적들은 배를 타고 서쪽으로 떠났으나, 얼마 가지 않아서 그들은 나포했던 오스만 배를 침몰시켰고 배에 남아 있던 보급품과 가축들도 상실했다.[11]

이 해적 행위에 대한 소식은 이스탄불에서 분노를 촉발했고, 그곳에서는 크레타의 베네치아인들이 조약을 의도적으로 능멸했다고 생각했다. 조약은 상대방의 선박을 공격할 의도가 있거나 이미 공격한 해적선에 피난처를 제공해서는 안 된다고 규정하고 있었다. 이스탄불의 베네치아 바일로인 조반니 소란초Giovanni Soranzo에 따르면, 영향력 있는 술탄의 총신 카라바슈자데 휘세인이 수도에 주재하는 모든 외국 사절을 소환해 면담했다. 그들은 각자 자기네 군주들이 이 사건에 개입했는지의 여부에 대해 면밀한 조사를 받았으며, 각기 개별적으로 서면 진술서를 제출하라는 명령을 받았다. 사절들은 처음에는 이를 거부했지만 결국 동의했다. 다만 진실을 밝히려면 누군가를 크레타에 보내야만 한다는 단서를 붙였다. 사건 후 살아남은 오스만 선원 일부가 결국 이스탄불로 돌아왔고, 그들은 몰타인들이 20일 동안 크레타에 머무르며 약탈품을 판매하고 보급을 받았다고 밝혔다. 이는 오스만에게 간과할 수 있는 사소한 조약 위반이 아니었으며, 베네치아와 몰타의 기독교도들이 의도적인 동맹을 맺은 듯한 인상을 풍겼다.[12]

이 사건에 대한 다른 쪽의 설명은 오스만의 설명과 크게 달랐다. 크레타의 베네치아 총독은 몰타 선박들이 몇몇 그리스인을 하선시키기 위해 잠시 정박했을 뿐, 곧바로 몰타를 향해 떠났다고 도제doge(국가 원수)에게 보고했다. 실제로 몰타인들이 상륙했던 해안 지역을 담당한 관리는 당시 자리를 비운 죄로 처형되었다. 사건에 대한 이렇게 다른 두 진술은 양립할 수 없었다. 베네치아는 오스만의 공격에 맞서 스스로나 자기네 속령을 방어할 능력이 없었으므로, 평화를 유지하는 것이 명백히 이익이었다. 크레타섬에서도 원주민인 그리스인들은 애정이 없는 베네치아 지배층을 방어하기 위해 나설 것 같지 않았다. 오스만의 제국회의에서는 이번 사건을 두고 전쟁을 벌이는 것이 유용할지에 대해 별다른 논의가 없었던 듯하다. 카라바슈자데 휘세인이 취한 호전적인 자세는 술탄 이브라힘의 또다른 총신으로 술탄의 사위였던 달마티아 출신 개종자 실라흐타르 유수프 아아Silahtar('무기 시종') Yusuf Ağa의 지지를 받았다.[13] 실라흐타르 유수프는 파샤 계급으로 승진하고, 육·해상 합동 작전을 지휘하는 대제독으로 임명되었다.[14] 케만케시 카라 무스타파 파샤가 죽고 그의 온건한 목소리가 사라지자, 주전파가 득세했다.

이제 출항 준비를 마치고 제국 조선소에서 대기 중이던 오스만 함대의 목적지는 몰타일 것으로 생각되었다. 여전히 결백을 주장하던 베네치아도 그렇게 믿을 수밖에 없었다. 그런데 1645년 6월 26일 오스만 함대가 크레타 앞바다에 도착하자 깜짝 놀랐다.[15] 이 원정 첫해 여름에 오스만은 두 달 가까이 걸려 카네아(하니아) 요새를 점령했으며, 수비군이 목숨과 재산을 보존한 채 떠나게 해주었다. 이슬람 전쟁 규범과 오스만의 관행을 준수한 것이었다. 정복을 상징하기 위해 대성당은 술탄의 이름을 딴 중심 마스지드로 개조되었다. 다른 두 개의 교회 역시 개조됐는데, 그중 하나는 승전한 사령관 실라흐타르 유수프 파샤의 이름을 땄다.[16]

그러나 실라흐타르 유수프 파샤는 그의 경력에 유망한 자극제가 된 이 일 이후에 오래 살아남지는 못했다. 이스탄불로 귀환한 그는 대와지르인 술탄자데 메흐메드 파샤로부터 비난을 받았다. 포위전을 수행한 방식과 특히 너무 적은 전리품을 가져온 데 대한 것이었다. 술탄 이브라힘은 양측의 주장을 듣고 술탄자데 메흐메드를 대와지르에서 해임했지만, 실라흐타르 유수프는 술탄의 총애가 변함없으리라고 믿을 수는 없었다. 실라흐타르 유수프가 겨울은 원정에 나설 만한 계절이 아니며 함대가 어쨌든 준비되지 않았다는 이유로 크레타로 돌아가기를 거부하자, 술탄 이브라힘은 그를 불복종 혐의로 처형하라고 명령했다.[17]

1646년, 전쟁은 여기저기 흩어진 베네치아-오스만 국경의 또다른 전장으로 옮겨붙었다. 이때 오스만은 달마티아 해안의 베네치아 영토 상당 부분을 정복했지만, 이듬해 곧바로 그 일부를 다시 빼앗겼다.[18] 그러나 크레타섬에서의 전쟁은 순조롭게 진행되었다. 레팀노는 그해 초에 함락됐고, 그 직후 섬 곳곳의 소규모 요새들도 함락되었다. 섬에서 가장 큰 도시였던 이라클리온(칸디아)의 포위전은 1647년 10월에 시작됐고(이후 22년 동안 지속되었다), 1648년까지 약간의 작은 요새를 제외한 크레타섬의 대부분이 오스만의 손에 들어왔다. 심지어 기본적인 형태의 오스만 행정 체계를 구축할 수 있었지만, 이 섬에서는 아직 세금이라고 할 만한 것이 나오지 않았다.[19] 그러나 오스만의 행운은 여기서 끝나려 하고 있었다. 베네치아군은 1646년 보즈자(테네도스)섬에 상륙했고, 결국 격퇴되었지만 그들이 오스만의 근거지에 그렇게 가까운 곳(그리고 크레타섬으로 가는 해로상의 매우 전략적인 지점)에서 오스만 해운을 괴롭힐 수 있다는 것은 미래를 위해 좋은 징조가 아니었다. 1648년, 베네치아 함대는 다르다넬스 해협을 봉쇄했고, 오스만은 1년 동안 에게해로 나가 크레타섬에 있는 주둔군에 보급품을 전달할 수 없었다. 이스탄불로 들어오는 공급 또한 영향을 받았다. 이에 따라 오스만 해군은 봉쇄로 인한 작전상의 기동성 문제를 어느 정도 극복하기 위해 그 기지를 아나톨리아 서부의 요새 항구 체슈메로 옮겼다(육로를 통해서였다).[20] 1649년 4월, 이스탄불에서 강력한 새 함대가 발진하면서 봉쇄는 결국 뚫렸다.[21]

오스만제국과 베네치아 사이의 전쟁이 발발하면서 전쟁터인 크레타 섬에서 먼 곳에도 영향이 미쳤다. 폴란드의 크림 타타르족에 대한 분노는 근년 들어 새로운 수준에 도달했다. 그들의 습격에 대응해 연방을 방어하기 위한 노력이, 다른 곳에서 더 유용하게 사용할 수 있었을 자원을 그쪽으로 돌리게 만들었기 때문이다. 폴란드 왕 브와디스와프 4세는 1632년에 즉위한 직후부터 '오스만과의 전쟁' 계획을 품어왔고, 이제 그의 궁정에 온 베네치아 사절 조반니 티에폴로Giovanni Tiepolo의 말을 귀담아들었다. 티에폴로는 오스만이 크레타에 관심을 집중하는 동안, 명목상 브와디스와프의 신민인 카자크들이 오스만의 흑해 연안을 공격해야 한다고 제안했다. 이것은 과거에 오스만을 경악하게 했던 전략이었다. 티에폴로는 또한 재정적 도움도 제공했다. 브와디스와프는 오스만을 직접 자극하는 것은 너무 위험하고, 더 현명한 방법은 타타르족을 공격하는 것이라고 생각했다. 그것이 어떻든 그 종주국인 오스만과의 전쟁으로 확대될 터였다. 이런 생각은 1646년 3월에 이 계획에 재정 지원을 하겠다는 베네치아 정부의 약속을 얻어낸 티에폴로에게 호소력이 있었다.[22]

브와디스와프는 자국 정부의 지지를 얻지 못했지만, 이웃인 모스코비야와 오스만의 속국들(왈라키아, 몰도바, 트란실바니아)은 모두 그의 계획에 대해 틀림없이 지원할 것이라는 의사를 내비쳤다. 다만 브와디스와프는 자신이 동원할 수 있는 카자크 병력을 이용하는 정도의 최소

비용으로 이를 실행할 수 있다고 생각했다. 그러나 당시 타타르족의 연방 영토 침입이 잠잠해졌고, 오스만 정부 역시 두 개의 전선에서 전쟁을 수행하는 것이 매우 어렵다는 것을 알고 있었기에 브와디스와프와의 관계에서 유화적인 태도를 보였다. 그러나 가장 중요한 것으로, 폴란드 헌법은 침략 전쟁을 허용하지 않았으며 그의 정부도 움직이지 않았다. 이에 따라 브와디스와프 왕은 그 뜻을 따르지 않을 수 없었다.[23]

베네치아와의 전쟁은 오스만 정부가 혼란스러운 가운데 벌어졌다. 무라드 4세의 최고위 정치가들이 무대에서 사라지자, 궁정과 정부 양쪽 일 모두에서 혼란이 이브라힘의 치세 내내 이어졌다. 술탄의 정신박약으로 인해 그의 어머니가 의사 결정에 개입할 기회를 가졌지만, 태후는 술탄이 스스로 총애하는 사람들에게 조언을 구하는 것을 막는 데 무력했다. 술탄은 하렘에 틀어박혀 외교나 내정 모두에 거의 관심을 보이지 않았다. 정부 관료들은 자기네가 편드는 파벌의 운세가 부침을 거듭하면서 자리를 차지하기 위해 술수를 썼다. 당시에는 음모가 일상적이었지만 이는 위험이 따르는 일이었다. 1645년부터 대와지르로 재임했던 네베신리 살리흐 파샤Nevesinli('네베시네의') Salih Paşa가 1647년 술탄 이브라힘을 폐위하고 그의 아들 중 한 명을 옹립하려 한다는 소문이 퍼지자 그는 즉각 숙청당했다.[24] 무라드 4세가 국가가 세금을 더 쉽게 징수할 수 있도록 개혁을 단행했음에도 불구하고, 국고는 다시 비어 있었다.

지방의 계속된 소요는 사회에 만연한 불만의 또다른 징후였다. 아나톨리아는 혼란에 빠졌다. 농민들의 삶은 정치적 반란을 일으킨 아바자 메흐메드 파샤와 나수흐파샤자데 휘세인 파샤 같은 사람들이 일으킨 정치적 동기의 반란뿐만 아니라 지역의 산적들에 의해서도 파탄이 났다. 그들의 대응은 전통적인 생활방식을 버리고(경제 상황이 악화되자 많은 사람이 그렇게 했다) 이런저런 파샤 수하의 군인으로 들어가 성공을 노리거나, 그들끼리 무리를 지어 시골에서 약탈에 의존하는 것이었다. 국가는 반란과 산적 행위를 구별해 표현했다. 파샤들은 무엇보다도 오스만인으로 간주됐으며, 반란을 일으킨 파샤들은 통치 계급이 되기 위해 교육을 통해 길러진 사람들 가운데 일탈자로 생각되었다. 그들은 특히 고집스러운 것으로 드러나지 않는 한, 무리 안에 다시 받아들여졌다. 적어도 한동안은 말이다. 반면에 산적들은 국가에서 보기에 사회 하층민으로, 세금을 내야 하는 농민 계층이지만 불법적으로 사회 질서 속에서 자신에게 주어진 지위를 버린 자들이었다. 따라서 그들은 형법에 따라 처벌을 받았다. 어떤 산적이든 오스만 엘리트 계층에 편입되는 경우는 극히 드물었다. 반란을 일으킨 파샤나 산적들은 모두 지나가는 상인 무리를 습격하고 농민을 억압하며 세금 징수를 담당한 중앙정부 관리들에게 저항했다. 그들은 지역 주민들에게서 사랑을 받기도 하고 미움을 받기도 했다. 그들은 실직한 이들에게 정력을 발산할 기회를 제공했고, 많은 무장한 젊은이들을 자기네 군대에 끌어들였다. 그들은 또한 당대 민요에도 등장했는데, 민요는 그들에게 불법적인 방식을 포기하라고 충고하기도 하고, 권력과 충돌하는 그들을 격려하기도 했다.[25]

이 시기의 전형적인 산적 두목은 카라하이다르오을루 메흐메드 Karahaydaroğlu('카라하이다르의 아들') Mehmed였다. 그는 오스만 군대가 크레타 섬에 출정한 틈을 타 1640년대 중반부터 그의 아버지인 카라 하이다르 Kara('검은') Haydar를 따라 산적 생활을 시작했다. 그는 아나톨리아 서부의 주요 무역로 일대에서 상인 행렬들을 약탈했고, 동시에 산자크(군郡)의 태수직을 요구했다. 이는 거부당했고, 카라만주 총독이었던 입시르 무스타파 파샤İbşir Mustafa Paşa(그는 술탄 오스만에게 복수하려 했던 아바자 메흐메드 파샤가 양육했고, 나중에 대와지르가 된다[26])가 이끄는 군대가 파견돼 1647~1648년 겨울에 그를 체포하려 했으나 실패했다. 이후의 시도들도 마찬가지였다. 카라하이다르오을루 메흐메드는 결국 1648년 말에 붙잡혀 교수형에 처해졌다.[27] 그는 다른 산적 두목들과 마찬가지로 대중가요 속에서 기억되고 있다.

하이다르의 아들이여, 네가 제정신일 수 있어?
어찌 오스만의 가장 고귀한 영토를 배반하는 반역자로 변할 수 있나?
네가 이 세상에서 저지른 잔혹한 행위가 아무리 많아도
하나하나 책임을 추궁당하게 될 것이다.
(…)
어째서 조용히 머물러 평온하게 살지 않았나?
이제 모든 이들의 입에 오르내리는 것은 바로 너, 너의 이름이다.
조심하라, 네 목숨은 카라알리Kara-Ali(형리)의 손에 달려 있으니
너는 천 번의 고통을 겪으며 죽을 것이다.
(…)
카티브 알리Katib Ali(이 글의 저자)가 말하노니, 너는 네 일에나 신경쓰라.
교수대에 걸린 네 머리 위에 온 세상이 올려질 것이다.
언젠가 검은 까마귀들이 너의 시신 위에 내려앉을 것이니
네가 그 장려함을 영원히 지닐 것이라 착각하지 마라.[28]

1623년 아바자 메흐메드 파샤의 반란은 술탄 오스만의 죽음을 복수하기 위해 일어났으며, 나수흐파샤자데 휘세인 파샤의 불만은 속주 총독으로서의 권한이 제한된 데 있었다. 속주들의 싸움을 덧붙여 마찬가지로 이스탄불의 불화를 악화시킬 위험이 있었던 또다른 아나톨리아 봉기는 시바스 총독 바르바르 알리 파샤Varvar('바르바라의') Ali Paşa의 반란이었다. 반세기 후 역사서를 집필한 역사가이자 관료인 무스타파 나이마는 1647년 이스탄불에서 라마단 성월聖月에 맞추어 기획한 축제 비용으로 시바스에 3만 악체를 요구했다고 기록하고 있다. 그러나 바르바르 알리는 도시 유지들과 논의한 끝에 이 부담을 지역 납세자들에게 지울 수 없다고 결정했다. 이스탄불에서는 이후 다른 요구들도 했는데, 그중에는 입시르 무스타파 파샤의 아내 하나를 이스탄불로 보내라는 요구도 있었다. 그러나 바르바르 알리는 이슬람교도의 아내는 합법적인 남편 외의 누구에게도 넘겨줄 수 없다는 이유로 이를 거부했다. 결국 그의 분노는 커져, 농촌 사회의 혼란을 초래한 책임이 있는 것으로 보이는 사람들에 대해 공개적으로 이야기하기 시작했다. 그는 술탄이 국정을 돌보지 않는다고 비난하며, 황권이 주변 여성들의 손에 넘어갔다고 불평했다. 특히 총독과 태수들의 재임 기간이 지나치게 짧은 것이 고질적인 문제라고 지적했다. 그가 보기에 속주 고위직이 최소 3년을 재임하지 않으면 대개 본전을 뽑지 못하기 때문에, 새로운 사람이 오면 해임되기 전까지 지역 주민들을 착취해 최대한 많은 돈을 뜯어내려 했다. 바르바르 알리는 국가의 원활한 운영을 위해 직접 이스탄불로 가서 자신의 생각을 이야기하겠다고 선언했다.[29]

　당시 에르주룸에 있었던 에블리야 첼레비는 이 지역의 총독이었던 자신의 후원자 데프테르다르자데 메흐메드 파샤Defterdarzade('재무관의 아들') Mehmed Paşa가 살리흐 파샤의 처형 소식과 죽은 대와지르 살리흐의 수하였던 메흐메드 자신이 새 대와지르 헤자르파레 아흐메드 파샤 Hezarpare('1천 조각') Ahmed Paşa('1천 조각'은 그의 시신이 성난 군중에 의해 갈가리 찢긴 사실을 표현한 것이다)로부터 목숨을 위협받고 있다는 경고를 받았다고 기록했다. 헤자르파레 아흐메드는 살리흐 파샤 사후 5일 만에 대와지르 자리를 이어받았으며, 자신이 생각하기에 고분고분하지 않은 여러 속주 총독들을 없애버릴 심산이었다. 데프테르다르자데 메흐메드는 이 일에 대해 속관들과 논의하고, 자신이 속주 재정을 장악하고 에르주룸 성에 틀어박혀 "아바자 (메흐메드) 파샤처럼 젤랄계 반란군이 되면" 저들이 어떻게 반응할 것인지를 물었다. 그러나 요새에서 예니체리 수비대를 몰아내려는 그의 시도는 실패했다.[30] 그 직후 에르진잔에 있는 동안 바르바르 알리 파샤의 서신이 왔다고 에블리야 첼레비는 말했다. 그 편지에는 그가 입시르 무스타파 파샤의 아내를 둘러싼 문제로 인해 시바스 총독직에서 해임됐으며, 다른 일곱 명의 속주 총독과 열한 명의 태수를 포함한 강력한 부하들을 다수 이끌고 이스탄불로 진격 중이라는 소식이 들어 있었다. 바르바르 알리는 헤자르파레 아흐메드 파샤의 공포정치에 대해 언급하며, 데프테르다르자데 메흐메드와 그 부하들이 자신의 이스탄불을 향한 진군에 합류할 것을 제안했다. 데프테르다르자데 메흐메드는 이에 동의하고 급박한 준비에 착수했다. 에블리야 첼레비는 어쩔 수 없이 이러한 혼란에 휘말렸으나, 그에게 최대 관심사는 자신이 소지하고 있던 재화의 안전이었다.[31]

바르바르 알리 파샤의 계획은 반란을 일으킨 다른 파샤들, 특히 입시르 무스타파 파샤와 제국의 동부 속주들을 나누어 가지는 것이었으나, 그의 연합 제안은 유지되지 못했다. 데프테르다르자데 메흐메드 파샤는 에블리야 첼레비에게 편지를 들려 당시 아마시아 동남쪽에 주둔하고 있던 바르바르 알리에게 보냈는데, 입시르 무스타파가 믿을 수 없다며 경고하는 내용이었다. 입시르 무스타파의 후임 카라만 총독인 쾨프륄뤼 메흐메드 파샤Köprülü('쾨프뤼의') Mehmed Paşa는 그사이에 바르바르 알리의 군대를 격퇴하기 위해 파견된 관군을 지휘하라는 명령을 받았으나, 그 부대가 동원되기도 전에 쾨프륄뤼 메흐메드가 바르바르 알리에게 사로잡혔다. 곧이어 입시르 무스타파와 그의 군대가 이제 앙카라 북쪽에 있던 바르바르 알리의 진영에 도착해 쾨프륄뤼 메흐메드를 구출한 후 바르바르 알리를 처형했다. 에블리야 첼레비가 이스탄불에서 꾸며진 음모를 그에게 전달할 시간도 없었다. 그 음모란 바르바르 알리가 데프테르다르자데 메흐메드를 제거하라는 지시를 받았듯이 데프테르다르자데 메흐메드 파샤가 그를 추격하도록 했다는 내용이었다. 에블리야 첼레비는 입시르 무스타파와 난처한 면담을 해야 했으나, 자신이 데프테르다르자데 메흐메드와 어떠한 긴밀한 관계도 없다고 강력히 부인했다. 그는 단순히 길을 가다가 우연히 혼란 속에 휘말렸을 뿐이라고 주장했다.[32]

바르바르 알리 파샤는 자신의 국가 관료로서의 경력을 상세히 기록한 운문 자서전을 썼다. 그는 소년 징발로 군대에 들어갔는데, 이는 17세기 중반에는 거의 중단된 제도였다. 이 시기에는 예니체리 수가 너무 많아져서 그 제도가 유명무실해지고, 기독교도를 개종시켜 오스만 지배 계층을 충원할 필요가 더이상 없었기 때문이다. 바르바르 알리의 대구對句는 오스만제국의 군사 및 행정 권력자들의 이력에 관한 희귀한 개인적 기록 가운데 하나로서 중요하다. 그는 약 1600년경 술탄 아흐메드의 징집 요원들에게 뽑혔으며("그들은 비통해 울고 있는 나를 데려갔으며, 나는 내가 어떻게 될지 알지 못했다"), 이스탄불로 보내져 궁정에서 일하는 시종으로 교육을 받았다. 그는 4년간의 준비 과정을 거친 후 10년 동안 궁정에서 훈련을 받았다. 이후 술탄 아흐메드의 매사냥꾼 가운데 하나가 됐으며, 그 분야에서 술탄에게 깊은 인상을 남길 기회를 얻었다.

어느 날 사냥을 나갔을 때
술탄께서 다가와 내 손에서 직접 매를 받아 가셨다.

하늘에 독수리가 보이자 술탄께서는 곧바로 매를 풀어 사냥을 시키셨고
매가 독수리를 치자 그것이 땅으로 떨어졌다.

그 순간 술탄께서 나를 부르시며 말씀하셨다.
"네 소원을 말해보아라. 무엇이든 해주겠다."

나는 그 대답으로 간청드렸다. "폐하의 최측근 시종으로서
원정길에 오르실 때 저도 따르게 해주소서."

이것은 오스만제국의 지배 계층에 들어간 모든 신참들이 열망했을 법한, 역대 술탄들과의 친밀한 관계의 시작이었다. 바르바르 알리 파샤는 술탄 오스만 2세를 따라 호틴 원정에 참여했고, 그 보상으로 술탄의 기병대에 배속되었다. 그는 다마스쿠스주의 토지를 지급받았으나, 오스만 2세가 타도되는 과정에서 술탄의 근위대가 한 역할에 혐오감을 느껴 기병대를 떠났다. 그는 곧 이집트의 예니체리 지휘관으로 임명

됐으며, 1년 뒤 이스탄불로 돌아와 매 사냥 부대 두 곳의 책임자를 차례로 맡았다. 1625년경 그는 어린 술탄 무라드 4세의 사냥에 따라다니며 총애를 받았고, 기병대 지휘관이 되어 1629~1630년의 실패한 바그다드 원정에 참여했다. 그는 이어 키프로스 총독으로 임명돼 처음으로 중요한 직책을 맡았으나, 유감스럽게도 단 6개월 만에 이스탄불로 소환되었다. 이후 아다나, 키프로스(두 번째로), 디야르바크르, 마라시 총독직을 차례로 역임했다. 1635년 그는 술탄을 따라 바그다드 재정복 원정에 나섰고, 그 용맹을 인정받아 포상금과 카프탄을 하사받았다.

원정 중 세 차례나 샤 이스마일의 군대(사파비군)를
신의 뜻으로 격파하고 전리품을 우리 술탄께 바쳤도다.

나의 용맹한 공적을 인정해 샤 무라드 칸께서
네 개의 주머니에 담긴 악체(주화)와 명예로운 예복을 하사하셨도다.

예레반 원정과 이어진 타브리즈 약탈에서 두각을 나타낸 바르바르 알리는 다시 키프로스 총독으로 임명됐으며, 1년 후에는 아나톨리아 서부의 아나돌루주 총독이 되었다. 그는 1638년 바그다드 원정에서 공격을 이끌다가 부상을 당해 의병제대했으며, 이후 루멜리주 총독으로 임명되었다. 술탄 이브라힘이 즉위하면서 잠시 실각했으나, 이후 반주, 아나돌루주, 아다나주 총독과 볼루군(이스탄불과 앙카라 사이에 위치했다) 태수를 차례로 맡았다. 그는 자신과 동료들이 자주 관직을 옮겨 다녀야 하는 현실(틀림없이 그가 나중에 그런 자리는 3년 이상 임기를 보장해야 한다고 제안하게 된 배경이었을 것이다)에 회의를 느끼던 시기에 40년쯤

전 떠났던 고향 보스니아의 총독으로 임명되었다.

43년이 지나 (보스니아 총독직을) 얻었으니
요컨대 나의 염원하던 목표를 알렸도다.

이 최고의 은혜를 받고
나는 세상과 온 우주를 잊었노라.

하느님의 은총이 그분의 종에게 내려진다면
목자도 술탄의 영토에 (옮겨질 수) 있으리라.[33]

안타깝게도 바르바르 알리 파샤의 자서전은 1648년 그가 사망하기 3년 전인 여기서 끝을 맺는다. 따라서 그가 기존 체제의 권력에 강력히 도전하게 된 동기는 추측만 할 수 있을 뿐이다. 어려서 떠난 고향 보스니아에 오스만제국의 총독이 돼서 돌아온 것은 분명히 자부심의 원천이었으며, 그의 화려한 경력은 가난한 농가에서 떨려난 그와 같은 소년에게 기회가 열려 있었다는 분명한 증거였다. 틀림없이 이러한 소년들이 집과 가족을 떠날 때 양쪽 모두 눈물을 흘렸겠지만, 소년 징발은 그 대상이 됐던 기독교도들 사이에서 큰 저항을 불러일으키지는 않았던 듯하다. 이는 포악한 강요라기보다는 정당한 군주에게 바치는 법적인 의무로 여겨졌을 가능성이 매우 높다. 그러나 17세기 중반에 이러한 징발의 빈도가 점점 더 줄어들면서 현대의 여러 서방 국가들이 시행하는 것과 같은 병역 징집과 유사한 것으로 여겨졌을 것이다.

술탄 이브라힘의 치세는 유혈 사태로 마감되었다. 당시 이스탄불에서 활동하던 역사가 하산 베지히Hasan Vecihi는 그 세부 사항으로 책 한 권을 쓸 수 있을 것이라고 장담했다.[34] 1648년이 되자 모든 파벌은 하나같이 술탄을 폐위하는 것이 불가피하다고 보았다. 심지어 이브라힘의 어머니인 쾨셈 술탄조차 그의 행동이 국내적으로나 대외관계에 있어서나 국가의 미래에 해롭다는 것을 깨닫게 되었다. 쾨셈은 다른 측근들과 마찬가지로 이브라힘의 사치스럽고 변덕스러운 모습에 지쳤을 뿐만 아니라, 대와지르인 헤자르파레 아흐메드 파샤에게 보낸 편지에서 밝혔듯이 자신의 입지에 대해서도 두려움을 갖고 있었다. "결국 그는 그대와 나를 모두 살려두지 않을 것이오. 우리가 정부를 통제할 수 없게 될 것이오. 사회 전체가 무너지고 있소. 그를 당장 권좌에서 끌어내리시오."[35]

헤자르파레 아흐메드 파샤는 많은 곳에서 인기가 없었으며, 이스탄불에서나 국가가 원활하게 돌아가려면 의존해야 할 지방 총독들 사이에서나 불만의 대상이었다. 그는 자신의 지위를 통해 누릴 수 있는 사치스러운 생활을 너무도 노골적으로 즐겼고, 술탄의 방탕을 자제시키는 데에도 거의 노력을 기울이지 않았다. 당시 사건에 가까이 있던 역사가 카티프 첼레비에 따르면, 대와지르가 크레타 원정에서 돌아온 지휘관들에게 검은담비 옷을 선물한 것이 이브라힘 폐위로 이어진 반란의 동력을 제공했다.[36] 이러한 과시적인 행위는 비록 관행적으로 인정되어왔지만, 나라 안팎의 분쟁으로 인해 고통받던 시민들에게는 더할 수 없는 모욕이었다. 이해 앞선 시기에 시작된 베네치아의 다르다넬스 해협 봉쇄로 인해 이스탄불에서는 물품이 부족한 상황이었다.

불만은 먼저 예니체리 마스지드에서 표출되었다. 이곳은 1623년에 술탄 오스만이 폐위되고 그의 숙부 무스타파가 복위할 때 핵심적인 역할을 했던 장소였는데, 예니체리들이 술탄의 즉위와 폐위에서 중심적인 역할을 담당했음을 다시 한번 보여주었다. 1648년 8월 7일, 예니체리들은 여기서 궁궐에 전갈을 보내 다음 세대의 어린 왕자들이 위해로부터 보호돼야 한다고 요구했다. 헤자르파레 아흐메드 파샤는 도망쳤지만 곧 붙잡혀 술탄의 명령으로 처형되었다. 1623년과 마찬가지로, 예니체리들은 종교 지도자인 셰이흐월이슬람 및 고위 성직자들과 손을 잡고 그들을 자기네 마스지드로 초대했다. 이튿날 그들은 히포드롬에 집결했다.[37]

예니체리들과 그들을 지원하기 위해 초청된 술탄의 기병대들은 관례적인 존중의 형식을 내던지고, 바로 술탄을 국가 혼란의 원흉으로 지목했다. 그러나 그들은 이스탄불에서 무력을 독점하고 있었음에도 불구하고, 술탄 폐위 같은 매우 중대한 행위가 그저 폭력만으로 가능하다고 생각하지는 않았다. 그들은 국가를 떠받치는 암묵적 합의의 틀을 벗어나 움직이려는 생각을 품을 수 없었으며, 자기네의 행동을 규범적인 정당성을 통해 승인받기 위해 셰이흐월이슬람의 파트와가 필요하다고 생각했다. 파트와가 없으면 통제되지 않는 무질서에 불과했다. 술탄의 정예부대라는 본래의 존재 이유는 이제 먼 기억이었고, 예니체리와 기병대는 스스로를 국가의 수호자로 여기게 되었다. 이 역할은 당연히 술탄의 종복이라는 자기네 위치와 충돌하는 것은 아니었지만, 실제로는 갈수록 더 충돌했다. 술탄의 권위가 그 주변 파벌들의 목소리가 커지면서 약화된 시대에, 예니체리들은 기존 통치 체제를 영속화하고 그 안에서 자신들의 입지를 확보하는 것이 자기네 임무라고 생각했다. 술탄 개개인은 폐위될 수 있었지만, 오스만 왕조 중심성의 지속은 그들의 신조 중 하나였다.

셰이흐월이슬람은 다른 정치가들과 마찬가지로 최종 결정을 내리기 전에 쾨셈 술탄의 의견을 들어야 한다는 것을 알고 있었으므로, 이브라힘 폐위 문제도 쾨셈의 의견을 따랐다. 그들은 모두 술탄이 물러나야 한다는 데 동의했으며 가장 나이가 많은 왕자인 술탄의 아들 메흐메드에게 충성을 맹세할 준비가 되어 있음을 알리는 전갈을 쾨셈에게 보냈다. 쾨셈 술탄은 이를 논의하기 위해 궁궐에서 그들을 만나는 데 동의했고, 이 자리에서 그들에게 반대하는 입장을 밝혔다.

그대들은 오랫동안 내 아들이 원하는 것은 무엇이든 묵인하며 충성을 드러냈고, 그대들 가운데 누구도 한 번이라도 그를 타이르거나 잘되기를 바라지 않은 경우는 없었소. 지금 그대들은 상황을 뒤집고 그처럼 순진한 사람을 비판하려 하고 있소. 이는 사악한 행위요.

이 문제는 두 시간 동안 논의됐고, 마침내 쾨셈은 절망에 빠진 듯이 보였다.

모두가 한목소리로 술탄을 폐위해야 한다는 의견이고, 이를 바꿀 수는 없겠지요. 내가 왕자를 넘기지 않으면 사람들이 궁궐에 들어와 강제로 데려가겠지요.[38]

술탄의 어머니라는 존재, 특히 당시 태후의 권위는 매우 높았기 때문에 셰이흐월이슬람이 자신의 의견을 내놓기 전에 반드시 태후를 설득할 필요가 있었다. 태후는 대와지르에게 자신의 진심을 담은 편지를 사적으로 보낼 수 있었지만, 정치가들 앞에서는 그들에게 반대하는 듯이 보이는 것이 관례상 필요했다. 이브라힘을 복위시키려는 시도가 있을 것을 우려해 이후 그의 처형에 대한 또다른 파트와가 요청되었다.[39] 곧 '미치광이' 술탄은 살해됐고, 아야소피아 경내의 폐위된 그의 숙부 술탄 무스타파의 무덤에 안장되었다.[40]

만약 누군가가 무능한 술탄 이브라힘의 퇴위와 일곱 살짜리 메흐메드 4세의 즉위가 이스탄불의 파벌 싸움과 지방의 혼란을 진정시킬 것이라고 기대했다면, 그 기대는 곧바로 산산조각이 났다. 새로운 술탄(특히 아주 어린 술탄)은 그저 새로운 동맹을 작동시키는 것일 뿐이었다. 당시 규범으로 자리잡은 관습에 따라 메흐메드가 성인이 될 때까지 그의 어머니가 섭정 노릇을 해야 했다. 무라드 4세 때도 쾨셈 술탄이 섭정을 하다가 그의 치세 후반에 물러났다. 그러나 이번에는 지난 몇 년간의 혼란스러운 일들과 메흐메드의 어머니 투르한 술탄Turhan Sultan이 아직 20대 초반이라는 점이 섭정으로 매끄럽게 이행하는 일을 방해했다. 정치가들은 투르한이 권력 행사에 참여하기에는 너무 경험이 부족하다고 판단했다. 이에 따라 태후의 위치가 재정의되었다. 죽은 술탄 아흐메드 1세의 아들이 아니라 동생이 즉위했던 1617년의 승계권 문제와 유사한 방식이었다. 하렘의 여성 가운데 가장 어른인 쾨셈 술탄이 궁궐에 남았고, 투르한 술탄은 뒤로 물러나 자신의 차례를 기다려야 했다.[41]

헤자르파레 아흐메드 파샤의 후임 대와지르인 소푸 메흐메드 파샤 Sofu('고행자') Mehmed Paşa는 술탄 이브라힘의 폐위를 기획한 세력들의 절충 후보였고, 아홉 달의 재위 기간 동안 서로 경쟁하는 파벌들의 꼭두각시에 불과했다. 그는 해임되어 처형당했고, 예니체리 총사령관인 카라 무라드 파샤Kara('검은') Murad Paşa가 그 자리를 이어받았다. 카라 무라드의 대와지르 승진은 술탄 메흐메드 4세의 미성년 시기에 예니체리들이 계속해서 국정에 영향을 미칠 것임을 보여주는 신호였다.[42] 실제로 이시기 동안 예니체리 총사령관이 여러 차례 대와지르 자리에 올랐다.

이브라힘의 폐위는 이스탄불 거리의 소요를 끝냈다기보다는 파벌 간의 투쟁을 끝낸 것이었다. 시위자들은 이제 궁정에서 자리를 얻거나 술탄의 기병대에서 복무하기를 기대하며 교육받은 청년들이었다. 기병대에 들어갈 만한 많은 사람들에게 급여를 지급할 돈이 없어 기병대는 근년 들어 방치 상태에 놓였다. 이러한 방치는 최근의 술탄 교체 시기에 더욱 두드러졌다. 술탄 교체기에는 관례적으로 병사들의 승진이 이루어졌다. 현역 기병들의 지원을 받은 이 불만에 찬 예비 기병들은 술탄 이브라힘이 부당하게 처형되었다고 주장했다. 그러나 그의 폐위에 동의했던 예니체리들과 성직자들은 여전히 단결해 있었다. 예니체리들은 시위가 불법적인 반란이라는 파트와를 등에 업고, 며칠에 걸쳐 히포드롬에 집결한 기병 및 기병 지망생들의 시위를 유혈 진압했다.[43] 이렇게 보병인 예니체리와 기병이 각자 자기네의 이익을 추구하면서, 최근에 이루어졌던 그들 사이의 연대가 소요의 또다른 희생물이 되었다.

술탄 이브라힘의 폐위에 동반된 이스탄불의 기병 반란 진압은 지방의 격렬한 반응을 촉발했다. 아나톨리아 중부 니으데를 근거지로 활동하던 술탄 기병대 출신의 귀르쥐 압뒬네비 아아Gürcü('그루지야인') Abdülnebi Ağa는 최근 학살된 사람들을 대신해 항의하기 위해 이스탄불로 향했다. 눈앞에서 벌어지는 이 위기에 충격을 받은 당대의 역사가들은 놀라운 사건의 연쇄에 대해 상세히 기록했다. 훗날 파샤 지위에 오르고

메흐메드 4세의 총애를 받았던 압두르라흐만 압디Abdurrahman Abdi는 히
포드롬 학살이 있던 바로 그 시기에 갈라타사라이 궁정학교를 졸업하
고 톱카프궁에서 근무하게 되었다. 그는 자신이 작성한 사건에 대한
요약에서, 귀르쥐 압뒬네비가 정부에 대해 개인적인 불만을 품고 있었
다고 지적했다. 그가 돈을 벌 수 있는 정부의 일자리를 빼앗겼기 때문
이다. 귀르쥐 압뒬네비는 자기 동료들의 학살을 승인한 파트와를 낸
셰이흐윌이슬람의 처형을 요구했으며, 술탄 앞에서 자신의 주장을 펼
칠 기회를 요청했다.[44] 역사가 무스타파 나이마에 따르면, 귀르쥐 압뒬
네비는 특히 시위자들의 시신이 장례식도 치르지 않고 아무렇게나 바
다에 던져진 사실이 통탄스러웠다. 복수에 나선 그는 희생자들이 마
치 기독교도 전쟁 포로처럼 살해되었다고 말했다.[45]

　귀르쥐 압뒬네비 아아는 카트르즈오을루 메흐메드Katırcıoğlu(`노새꾼
의 아들`) Mehmed라는 산적과 그의 무리를 포함한 대규모 군대를 모아 아
나톨리아를 가로질렀고, 1649년 여름에 이즈니크에 도착했다. 정부의
대응은 당시 이스탄불에 있던 에르주룸 총독 타북추 무스타파 파샤
Tavukçu(`닭 사육자`) Mustafa Paşa가 지휘하는 군대를 파견하는 것이었다. 그러
나 그 군대가 이즈니크에서 두 역참 북쪽에 있는 이즈미트에 도착했을
때 총독의 군대가 반란군을 저지하기에 역부족임이 분명해졌고, 그들
은 수도로 돌아왔다. 대신에 그들은 대규모 군대를 이스탄불에서 해
협 바로 건너편에 있는 위스퀴다르와 그 위의 참르자 산지에 배치하기
로 결정했다. 정부군이 자리를 잡았을 때, 대와지르 카라 무라드 파샤
의 요청에 따라 선지자 무함마드의 산자크으셰리프Sancak-ı Şerif(`성스러운
깃발`)가 궁궐에서 참르자에 있는 그의 진영으로 옮겨졌다.[*46] 그러나 압
두르라흐만 압디의 기록에 따르면, 술탄(또는 어쩌면 섭정인 그의 할머니

쾨셈 술탄)은 군대가 귀르쥐 압뒬네비에 대항하도록 독려하기 위해 이 깃발을 사용하는 것을 허락하지 않았다. 그들은 이 강력한 상징의 사용이 초래할 수 있는 유혈 사태 없이 위기를 해결하고자 희망했기 때문이다. 그럼에도 불구하고 대와지르의 강경하면서도 유화적인 태도는 분명히 정당화되었다. 귀르쥐 압뒬네비가 다시 보내온 전갈에서는 그의 요구를 세이흐윌이슬람의 해임으로 완화했다가 이번에도 거부되자 자신과 카트르즈오을루 메흐메드를 포함하는 그의 동료들을 지방 고위직에 임명하는 것으로 더욱 완화했기 때문이다. 반란군이 이제 대와지르의 군대에 아주 근접한 불구를루Bulgurlu에 진을 치자, 그는 이 완화된 요구를 받아들이는 것이 마땅하다고 생각했다.[47] 이 보스포루스 해협 건너편에서 펼쳐지는 위협적인 사건들이 이스탄불에서 불러일으킨 공포는 무스타파 나이마의 이 반란에 대한 기록(다만 이 기록은 반란이 일어난 지 약 50년 후에 만들어졌다)에서 뚜렷하게 드러난다. 그는 반란군과 싸우기 위한 새로운 예니체리의 황급한 모집, 도시의 빵 공장들을 최대한 가동하라는 명령, 이제 병사들이 빠져나간 도시의 치안을 유지하기 위한 목동과 하층민들의 무장 등의 세부 사항을 전하고 있다.[48]

대와지르 카라 무라드 파샤가 반란군과 제한적인 타협을 한 것은 먹히지 않았다. 양쪽 전초 부대가 서로 마주쳤고, 치열한 전투를 벌인 끝에 반란군이 승리를 거두었다. 그러자 대와지르는 귀르쥐 압뒬네비의 군대를 공격하도록 자기네 병력을 보냈고, 반란군은 아나톨리아로 도

• 이 깃발은 분명히 1593~1594년에 다마스쿠스에서 이스탄불로 옮겨져 합스부르크와의 전쟁에서 자극을 주기 위해 사용된 것으로 보인다. 술탄 메흐메드 3세가 헝가리의 메죄케레스테시 전투에 이를 가지고 갔으며, 1596년 원정 기간이 끝난 후에도 다마스쿠스로 반환되지 않았다 (Necipoğlu, *Architecture, Ceremonial and Power*, 151).

주했다. 귀르쥐 압뒬네비는 앙카라 동쪽 크르셰히르에서 체포됐으며, 그의 잘린 머리는 톱카프궁 밖에 걸려 술탄에게 도전하고자 하는 사람들에게 경고했다.[49] 카트르즈오을루 메흐메드는 용서를 받아 오스만의 군사 및 행정 기득권층에 편입됐으며, 이후 지방 총독 일을 맡았다가 크레타섬에서 전투 중 사망했다.[50] 이것은 도적의 우두머리가 고위 관료가 된 드문 사례였다.

이 사건에 대한 무스타파 나이마의 회고적 기록에서 또 하나 놀라운 세부 정보는 대와지르가 지휘하는 더 많은 군대가 파견되기 전에 타북추 무스타파 파샤가 이즈미트에서 철수한 일을 둘러싼 상황과 관련된 것이다. 나이마에 따르면, 타북추 무스타파와 그의 부하들은 이즈미트에서 카트르즈오을루 메흐메드 및 그의 군대와 맞닥뜨렸으나, 타북추 무스타파의 예니체리들이 조준을 하자 카트르즈오을루 메흐메드는 사격을 하지 말라고 외쳤다. 그들과 싸울 이유가 그에게는 없었기 때문이다. 그러자 예니체리들은 참호에서 나와 이른바 '적'과 함께 앉아서 차를 마셨다. 일부 예니체리는 심지어 전선을 넘어 귀르쥐 압뒬네비의 진영을 찾아갔고, 그곳에서 비슷하게 우호적인 접대를 받았다. 타북추 무스타파의 군대는 이 싸움이 이유가 없다고 판단했고, 배를 타고 현장에 도착한 지원군까지 설득해 무기를 내려놓게 했다. 이런 식의 이야기에 따르면, 타북추 무스타파는 휘하 병사들의 반항에 직면하고 이즈미트 주민들이 반란군을 지지하는 모습을 보자 이스탄불로 후퇴하는 것 외에 다른 대안이 없었다.[51]

귀르쥐 압뒬네비의 반란은 오스만제국의 자칭 수호자들 사이의, 그리고 핵심 지배층 내부의 분열이 얼마나 깊은지를 드러냈다. 술탄의 기병대는 처음에는 예니체리들과 대립하며, 자기네와 마찬가지로 히포드롬 학살의 복수를 원한다는 반란군을 지지할 태세였다. 그러나 예니체리 병사들은 반란군과 쉽게 우호적인 왕래를 할 수 있었다. 일부 관료들은 술탄의 섭정인 태후가 귀르쥐 압뒬네비의 군대를 상대로 성스러운 깃발을 사용하는 것을 허락하지 않은 일을 비판했다. 그러나 태후는 같은 편인 흑인 환관장의 지지를 받았다. 그 역시 태후와 마찬가지로 이 깃발은 비이슬람교도를 상대로만 사용해야 한다고 주장했다. 그러나 결국 이 깃발을 궁궐에서 내가는 일에 대한 허락은 나키브월에 슈라프Nakibü'l eşrâf(선지자 후손 등록관)가 내렸다. 그런 결정을 내릴 권한이 오직 술탄에게 있다는 전통을 무시한 것이었다. 다른 한편으로, 한 고위 성직자는 반란군의 불만에 일말의 진실이 있는데 그들을 공격하는 것이 정당하다는 파트와를 내는 것이 어떤 결과를 가져올지에 대해 우려했다. 히포드롬에서 벌어진 최근의 학살 사건은 또다시 폭력이 발생할 수 있음을 보여주었다는 것이다.[52] 따라서 귀르쥐 압뒬네비와 그 지지자들이 거리낌 없이 무장을 하고 자기네의 불만을 이스탄불로 가져온 것은 정치가들에게 자신들의 권력 장악을 심각하게 위협하는 일로 받아들여졌다. 술탄의 근위대가 반란을 일으킬 기미를 보였기 때문에 더욱 걱정스러웠다. 그러나 반란자들은 국가 관직을 부여받는 것 외에는 다른 보상책을 생각할 수 없었다.

귀르쥐 압뒬네비가 아나톨리아의 불안을 오스만 국가의 한가운데까지 가져왔지만, 그의 반란이 해결되었다고 해서 아나톨리아 주민들의 삶이 조금이라도 나아지지는 않았다. 1650년, 국가의 토지 공여를 받은 자들은 소득의 절반 이상을 특별세로 납부하라는 명령을 받았으며,[53] 이는 이미 혼란스러웠던 지방의 상황을 더욱 악화시키는 조치였다. 이 혼란을 통해 두각을 나타낸 '반란 파샤들'의 이력은 일정한 패턴을 따르는 경향이 있었다. 이들은 관직에 있다가 저항하다가를 번갈아 반복했으며, 다른 반란 세력을 진압하기 위해 파견되면 중앙 권력의 대리인 노릇을 하는 데 머뭇거렸다. 그들은 이스탄불의 정치가들에게 지방의 문제를 인식시키고, 지방에서 목격한 혼란 속에서 자기네의 통치 비전을 실현하기를 원했다. 이스탄불의 여러 파벌이 이들 파샤의 활동을 억제할 수 있을 만큼 충분히 단결했을 때는 가능한 일이었다. 그러나 흔히 이러한 단합이 부족했고, 수천 명의 무장 병력이 수도를 향해 진군하는 끔찍한 가능성 앞에서는 지배 기득권층에 편입(또는 재편입)시켜달라는 그들의 요구를 큰 폭이든 작은 폭이든 들어주는 수밖에 다른 대안이 별로 없었다. 귀르쥐 압뒬네비의 반란은 중앙 권력을 점점 더 장악해가던 예니체리들에 대한 지방의 깊은 반감을 수도 바로 근처에서 폭력적으로 표출한 여러 사례 중 하나였다(잉글랜드에서는 7년 전 적대적인 군대가 수도를 향해 진군해 터넘그린에서 비슷한 대치 상황을 만들어냈다. 터넘그린과 런던 중심부의 거리는 불구를루와 이스탄불 중심부의 거리와 비슷했다. 그러나 잉글랜드의 경우 '반란자'는 권좌 복귀를 노리던 국왕 찰스 1세였고, 권력을 장악하고 있던 것은 장기 의회 의원들이었다).

1623년 술탄 오스만이 암살된 때로부터 1656년 쾨프륄뤼 메흐메드 파샤(한때 바르바르 알리 파샤의 포로였다)의 대와지르 임명에 따른 지방 소요의 진정 사이에 특히 두각을 나타낸 몇몇 반란 파샤들의 공통점은 그들이 캅카스 출신이었다는 것이다. 아바자 메흐메드 파샤는 흑해의 캅카스 쪽 연안에 있는 압하지야 출신이었고 입시르 무스타파 파샤도 마찬가지였으며, 귀르쥐 압뒬네비는 그루지야인이었다. 1653~1654년에 대와지르를 지낸 데르비시 메흐메드 파샤 또한 캅카스 출신이었다.[54] 에블리야 첼레비의 친척이자 후원자였던 멜레크 아흐메드 파샤는 또다른 압하지야 출신이었으나, 에블리야는 압하지야 사람들이 인색한 것으로 여겨진다고 기록하며 이스탄불에서 태어난 멜레크 아흐메드는 정말로 같은 부류로 취급해서는 안 된다고 말했다.[55] 이런 사람들은 소년 징발의 산물이 아니었는데, 이들은 이슬람교도로 태어났고 전통적으로 오스만 지배 기득권층에 자원을 공급하지 않았던 지역 출신이었기 때문이다. 그러나 16세기 말부터 캅카스 출신 청년들에게도 관직에 나아갈 가능성이 생겼다. 에블리야 첼레비는 대포 제작소 주변의 갈라타 지역을 묘사하면서, 그곳에 사는 사람들이 주로 흑해 연안 출신, 그루지야와 압하지야 출신이라고 기록했다. 그는 압하지야인들이 자녀를 겨우 한두 살 때 고국으로 보내 양육하게 한 뒤, 열다섯 살이 되면 이스탄불로 데려와 술탄의 총신들에게 보내거나 국가 고관들에게 팔았다고 썼다. 멜레크 아흐메드는 그런 배경을 가지고 관직에 나아갔다고 에블리야는 썼다.[56]

다른 반란자들은 오스만제국의 서쪽 지역 출신이며, 전통적인 방식인 소년 징발을 통해 모집되었다. 예를 들어 바르바르 알리 파샤는 보스니아* 출신이었고, 한때 에블리야 첼레비의 후원자였던 데프테르다르자데 메흐메드 파샤는 헤르체고비나 출신이었다. 당대 기록을 보면, 보스니아나 알바니아 출신 인사들과 압하지야, 그루지야, 또는 더 먼 캅카스 지역 출신자들 사이에 긴장이 있었음이 분명하다. 발칸반도 출신으로 오스만 체제에 들어간 사람들은 캅카스에서 데려온 사람들을 침입자로 여겼으며,[57] 예컨대 데프테르다르자데 메흐메드가 불운한

---

* 여기서 사용된 무스타파 나이마의 연대기 인쇄본은 그를 '바르다르 알리 파샤'로 언급하고 있어, 그가 마케도니아의 바르다르강 지역 출신이거나 적어도 그곳과 어떤 연관이 있을 가능성을 시사했다.

바르바르 알리에게 입시르 무스타파 파샤를 믿지 말라고 경고할 때 그가 압하지야 출신임을 언급했다.

1650년 8월, 멜레크 아흐메드 파샤는 대와지르로 임명됐지만, 그의 재임은 1년 만에 갑작스럽게 끝났다. 이스탄불 상인들의 폭동을 처리하는 데서 보인 그의 무능함의 결과였다. 이 시기에 국고는 바닥났고, 1651년 여름 예니체리들의 급료를 지급할 시기가 되자 국가 재무 관리들은 예니체리 장교들과 결탁해 베오그라드 주조소에서 만들어진 저품위 주화와 깎아낸 주화를 보이는 대로 모아들였다. 그리고 이스탄불 상인들에게 금화와 강제로 교환하게 했으며, 이 과정에서 상인들은 공식 환율에 비해 30퍼센트나 손해를 봐야 했다. 이후 금화는 환전상들에게 넘겨져 은화로 교환됐으며, 환전상들 역시 손실을 입었다. 이런 방식으로 급료를 지급할 자금을 마련하는 동시에, 예니체리 장교들은 상당한 이득을 챙길 수 있었다.[58] 마침 바닷길이 불안정해(지속적인 카자크족의 공격 때문이었을 것이다) 아조프 수비대에 가야 할 급료를 보내지 못했기 때문에, 평소보다 더 많은 저품위 주화가 이러한 금융 조작에 활용되었다.[59]

상인조합 지도자들은 멜레크 아흐메드 파샤에게 이 최근의 골칫거리 외에도 그해 자기네가 감당해야 했던 열네 가지 세금을 들먹이며 불만을 토로했다. 그들의 탄원은 아무 소용이 없었다. 멜레크 아흐메드는 이들을 '이교도 고양이들'이라고 모욕하며 그들을 내쫓으라고 명령했다.[60] 저품위 주화의 급증에 대한 반응은 8월 21일 이스탄불 시장에서 일어난 소동으로 정점에 도달했다. 상인들은 가게 문을 닫고 그 지도자들은 셰이흐윌이슬람 카라첼레비자데 압뒬아지즈 에펜디Karaçelebizade('카라 첼레비의 자손[*]) Abdülaziz Efendi의 집으로 모였다. 압뒬아지즈는 루멜리와 아나톨리아 양쪽에서 대법관을 역임했으며 술탄 이브라힘 폐위에 관여한 인물로, 따라서 쾨셈 술탄과 사이가 좋지 않았다.[61] 압뒬아지즈는 당대의 역사를 썼는데, 여기서 그는 자신이 상인들의 봉기에 휘말렸다고 기록했다. 상인 지도자들은 셰이흐윌이슬람에게 자기네를 대신해 술탄에게 중재해줄 것을 호소했지만, 그는 자신이 할 수 있는 일이 아니라고 주장하며 한 번 더 대와지르를 찾아가라고 그들에게 조언했다. 그들의 말투는 위협적으로 변했고, 그는 어쩔 수 없이 이 문제에 관해 멜레크 아흐메드에게 서신을 보내는 데 동의했다. 이 사건에 대한 카라 첼레비자데 압뒬아지즈의 기록에는 없지만(그러나 무스타파 나이마가 기록했다), 상인 지도자들이 그에게 자기네보다 앞서 궁궐로 갈 것을 고집하자 그는 손을 씻는다는 핑계로 다른 방으로 들어간 후 몰래 집에서 빠져나가려 했다.[62] 그의 말에 안장이 얹히자 카라첼레비자데 압뒬아지즈는 상인들의 엄중한 감시 속에 아야소피아로 끌려갔으며, 그곳에는 2만 명으로 추산되는 군중이 운집해 있었다.[63]

술탄은 카라첼레비자데 압뒬아지즈에게 알현을 허락했지만, 소년 술탄이 도착하기 전에 쾨셈 술탄은 셰이흐윌이슬람이 기다리고 있는 것을 보고 그가 어떻게 안으로 들어오도록 허락받았는지를 물었다. 카라첼레비자데 압뒬아지즈는 두려움에 떨며 용건을 말했고, 오랜 논의 끝에 태후를 설득해 대와지르의 인장을 가져오게 했다. 이는 대와지르의 해임을 의미했다.[64] 술탄 메흐메드는 겁에 질린 대와지르를 불러 소요를 진정시키기 위한 문서를 작성하라고 명령했으나, 군중은 술탄의 친서만 받아들이려 했다. 이에 따라 술탄은 최근 부과된 모든 세금을 철폐하고, 술탄 쉴레이만 1세의 법전에 명시된 세금 이외에는 아무엇도 부과하지 말라고 명령했다. 군중은 해산할 준비를 했고, 사태는 마무리되는 것처럼 보였다. 그러나 곧 상인들이 국가 재정을 유용했다고 비난하는 열여섯 명에 대한 처형 요구가 나왔다. 그들 대부분이 예니체리 장교였으며, 총사령관인 카라 차부시 무스타파 아아Kara Çavuş('검은 전령') Mustafa Ağa도 포함돼 있었다. 군중은 또한 멜레크 아흐메드 파샤의 해임을 요구했다. 소요를 종식시키려는 순진한 시도로 쾨셈 술탄은 카라 차부시 무스타파를 멜레크 아흐메드 파샤의 후임으로 임명할 것을 제안했지만, 카라 차부시 무스타파는 궁궐로 가기를 거부하고 직인을 가져오라고 요구했다. 결국 와지르인 시야부시 파샤Siyavuş Paşa가 대신 새 대와지르로 임명되었다.[65] 예상할 수 있는 일이지만 에블리야 첼레비는 멜레크 아흐메드의 실각을 다른 이들의 책임으로 돌렸고, 카라첼레비자데 압뒬아지즈가 자신의 후원자인 아흐메드에게 등을 돌리고 군중과 궁정을 선동했다고 비난했다.[66]

날이 저물었다. 새 대와지르와 셰이흐윌이슬람은 긴장을 완화하려 노력했다. 그들은 예니체리 마스지드로 가서 부대 장교들과 회합을 가졌으며, 이 자리에서 총사령관 카라 차부시 무스타파 아아는 시야부시 파샤에게 예니체리들의 지지가 없다면 그는 무력할 것임을 상기시켰다. 이튿날 아침 거리는 다시 가득 찼고, 예니체리들은 도처에서 칼을 빼들고 위협적으로 서서 사람들이 궁궐로 가지 못하게 했다. 많은 시위자들이 다쳤고, 일부는 살해되었다. 공포로 인해 결국 군중은 해산했으나, 상인들은 가게를 다시 열기를 거부했다.[67]

예니체리 장교들은 궁궐 내에서 자신들의 지배에 반대하는 모든 세력을 없애기로 결심했다. 그들의 표적은 술탄 메흐메드의 모후 투르한 술탄을 중심으로 한 파당이었다(투르한의 시어머니인 쾨셈 술탄은 자신의 목적을 위해 암묵적으로 이에 동의했다). 메흐메드 4세를 폐위하고 그 동생 쉴레이만을 즉위시키는 것도 그들의 계획 중 하나였다. 쉴레이만의 어머니는 투르한보다 덜 위협적인 경쟁자였다. 쾨셈의 하인 하나가 어린 술탄을 독살하려는 음모에 관한 소식을 투르한의 파당에게 누설했고, 이에 따라 투르한과 그 지지자들은 쾨셈을 암살하기로 결정했다. 쾨셈은 1651년 9월 2일 밤, 매수된 궁궐 하인들에게 살해되었다.[68] 쾨셈이 죽자 투르한의 파당이 이제 전면에 나섰고, 그들 가운데 가장 고위직에 있던 사람은 투르한의 흑인 환관장 쉴레이만 아아였다. 새 대와지르 시야부시 파샤는 불과 며칠 전에 자신이 이 자리에 임명될 때 예니체리들의 폭력을 당했던 사람이었기 때문에 자연스럽게 이 파벌과 손을 잡았다.

예니체리 장교들이 대중 정서에 저항하는 일은 금세 한계에 부닥쳤다. 모든 사회 계층은 메흐메드 4세 즉위 이후의 사건들이 보여주듯이 예니체리들에게 반감을 품고 있었다. 나이든 태후 쾨셈 술탄이 권력을 유지할 수 있게 한 것은 예니체리들이었지만, 평자들은 태후가 그들과 적극적으로 동맹을 맺으려 했는지 아니면 국가의 온전성을 유지하기 위한 유일한 수단으로서 어쩔 수 없이 그들을 달래야 했는지에 대해 의견이 엇갈린다. 일부 사람들에게는 예니체리의 권력이 군중의 모든 변덕을 용인해야 한다는 임박한 전망보다 덜 나쁜 것으로 여겨졌다.[69]

쾨셈 술탄은 살해당할 때 60대였으며, 거의 50년 전 아흐메드 1세의 총애를 받는 후궁이 된 이후 권력의 중심에 있었다. 태후는 아들 무라드 4세와 이브라힘, 그리고 손자 메흐메드 4세의 치세에 섭정으로 있는 동안 왕가와 국가 보호자라는 역할을 통해 정치적 의사 결정에 전례 없는 영향을 미쳤다. 그러나 태후가 예니체리들의 입장을 지지한 동기에 대해서는 의견이 분분했으며, 태후의 다른 활동에 대한 평가에서도 마찬가지였다. 어떤 사람들은 태후가 가장 비난받을 일로 불법적 수단을 통해 엄청난 재산을 축적했으며, 국정에 개입한 것도 옳지 않았다고 생각했다. 그러나 역사가 무스타파 나이마는 태후가 훌륭한 자선가라고 보았다. 왕조의 백성에 대한 관심을 드러내는 자선 활동과 건축 사업을 수행한 위대한 후원자로 평가했다. 땅에서 나오는 소득과 자신에게 배당된 수입을 좋은 목적에 사용해, 왕가의 신민에 대한 관심을 드러내는 표현으로서 자선 사업과 건설 공사를 펼쳤다는 것이다.[70] 위스퀴다르에 있는 쾨셈의 마스지드는 크지 않으며, 시증조모로 역시 태후였던 누르바누 술탄이 같은 지역에 마스지드, 신학교, 데르비시 회관, 병자 수용소, 학교, 여행자 숙소, 목욕탕, 기타 건축물을 세운 것에 비하면 훨씬 덜 화려하다. 그러나 태후가 이스탄불의 지붕 덮인 시장 근처에 세운 커다란 여행자 숙소 발리데 한Valide Han('모후의 여관')은 여전히 남아 있는데, 다만 많이 퇴락한 상태다.

  쾨셈 술탄이 살해된 다음날 이른 아침, 술탄은 휘하 정치가들과 궁정 관리들을 불러 회의를 열었다. 가장 먼저 발언한 것은 두 명의 고위 성직자 하네피 에펜디Hanefi Efendi와 호자자데 메수드 에펜디Hocazade('교사의 아들') Mesud Efendi였다. 그들은 오스만제국의 술탄이 이슬람교의 칼리파이므로 그에게 반대하는 자는 누구라도 반역자로 간주돼야 하며, 그들을 처형하는 것이 정당하다고 주장했다. 이들은 성스러운 깃발을 꺼내고 전령을 도시 곳곳에 보내 모든 진정한 신자들을 소집하라고 권했다. 궁궐로 오지 않는 자들은 모두 처벌해야 한다고 했다. 술탄은 그들의 논리에 설득된 듯 보였으며, 비록 혼란을 일으킨 자들이 이슬람교도였음에도 불구하고 성스러운 깃발을 보관소에서 꺼내게 했다. 세이호윌이슬람인 카라첼레비자데 압뒬아지즈 에펜디는 궁궐에 나타나지 않아 눈에 띄었다. 그는 많은 망설임 끝에 조언을 무시하고 술탄의 소환에 응하지 않았으며, 예니체리 장교들을 믿는 쪽을 선택했다. 그는 이들을 매우 두려워했으며, 그들이 결국 혼란 속에서 승리할 것이라고 판단했다. 그는 다른 여러 고위 성직자들과 함께 예니체리 총사령관의 집으로 피신했다. 그러나 성직자들과 예니체리 지휘관들이 근처의 예니체리 마스지드로 이동하기로 결정했을 때, 예니체리 병사들이 길을 막고 있었다. 예니체리는 수가 많고 무장을 했으며 사방에서 그들을 둘러쌌다. 예니체리들은 성직자들이 술탄의 소집에 응하지 않은 것에 대해 문제를 제기했다. 이 시점에서 전령들은 정권 찬탈에 나서 용인할 수 있는 행동의 한계를 넘은 자들에 맞서도록 도시 사람들을 일깨웠다. 격분한 군중은 예니체리들이 쾨셈 살해에 책임이 있다며 복수를 맹세했다.[71]

셰이흐윌이슬람인 카라첼레비자데 압뒬아지즈 에펜디는 부재 중에 해임되었다. 그의 후임으로 누가 적절한지를 놓고 많은 논의가 이어졌다. 투르한 술탄 파벌이 지지한 후보인 차상급자 에부사이드 에펜디Ebusaid Efendi가 임명됐고, 그의 첫 번째 조치는 성스러운 깃발의 소집에 응하지 않은 자들의 처형에 관해 파트와를 내는 것이었다. 자기네 마스지드에 갇혀 포위되고 궁지에서 벗어날 방법이 없는 예니체리 장교들은 사실상 고립되었다. 곧 거리는 궁궐로 몰려드는 사람들로 가득 찼고, 그들 각자는 예니체리에 맞서 스스로를 보호하기 위해 무장했다. 당황한 군중은 처음에는 때가 오기를 엿보고 무슨 일이 일어나는지를 보려고 기다렸으나, 곧 예니체리 병사들이 성스러운 깃발 아래로 몰려드는 대열에 합류하기 시작했다. 에부사이드 에펜디는 예니체리 마스지드에 있는 그 장교들에게 서신을 보내 자신 앞으로 출두할 것을 명령했다. 이는 무시됐고, 예니체리 총사령관인 카라 차부시 무스타파 아아는 자기네 병사들이 구출해줄 것이라 생각하고 그 동료들에게 굳건히 버티며 새 정권에 충성하는 군대가 그들을 치러 오면 방어할 태세를 갖추라고 말했다. 그러나 최고위 장교들을 제외한 대부분은 곧 빠져나갔다. 오만한 카라 차부시 무스타파 아아는 궁궐에 최후통첩을 보내 이전에 자신이 요구했던 투르한 파벌의 네 명의 아아 외에 추가로 열 명의 관리들의 목을 요구했다. 그는 대안으로, 먼저 요구한 네 명을 이집트로 유배 보낼 것을 제안했다.[72]

이스탄불 시민들의 충성심은 그들이 자진해서 성스러운 깃발 아래 모여든 것으로 입증됐고, 군중(그리고 그 속에 섞여 있던 예니체리들)은 흩어졌다. 결국 이 충격적인 사태를 끝낸 협상은 예니체리 지휘관들에게 자기네가 살아남을 수 있다고 믿게 했음이 틀림없다. 유배를 가지만 관직에 있을 때 축적한 재산은 여전히 소유한 채였다. 카라 차부시 무스타파 아아는 테메슈바르 총독으로, 그 휘하의 부사령관인 또다른 무스타파는 보스니아 총독으로, 전 예니체리 총사령관이었던 베크타시 아아Bektaş Ağa는 부르사의 태수 자리가 주어졌다. 그러나 결국 이들 모두는 곧 술탄의 명령으로 처형됐고, 몰수된 막대한 재산은 국가의 심각한 재정 위기를 해소하는 데 어느 정도 기여했다.[73] 이 예니체리 장교들과 가까워 위험해진 카라첼레비자데 압뒬아지즈 에펜디는 키오스섬으로 유배되었다.[74] 그의 행동은 종교 지도층 사람들이 정치에 초연하다는 허구를 명백히 무너뜨린 것이었다. 이렇게 해서 3주간의 혼란이 끝났고, 술탄과 그의 젊은 어머니를 둘러싼 정치가들이 폭발적인 상황을 훌륭하게 처리했다는 평가를 받았다.

예니체리의 이스탄불 정계 지배가 끝나면서 또다른 파벌의 패권이 시작되었다. 투르한 술탄이 태후로서의 위치를 확고히 하도록 만든 궁정 아아_ağa들의 파벌이었다. 투르한은 공식적으로 술탄이 성년이 될 때까지 그를 대행하는 위치에 있었으나, 태후의 뜻을 주로 대리한 것은 흑인 환관장인 쉴레이만 아아였다. 그는 질서를 회복하고 예니체리 지휘관들을 제거하는 과정에 관여했다. 대와지르 시야부시 파샤는 실질적인 권력을 가지지 못했으며, 불과 몇 주 만에 고령으로 무능했던 귀르쥐 메흐메드 파샤_Gürcü Mehmed Paşa(반란을 일으킨 귀르쥐 압뒬네비와 형제간이었다)로 교체되었다.[75] 귀르쥐 메흐메드는 몇 달 후 타르훈주 아흐메드 파샤_Tarhuncu('사철 쑥을 먹는/파는 자') Ahmed Paşa로 대체되었다. 그는 1649년부터 1651년까지 이집트 총독을 지냈으며, 이후 이스탄불 육지 쪽 성벽의 예디쿨레 요새에 수감되고 재산을 몰수당한 뒤, 굴욕적으로 발칸 지역의 어느 군의 태수로 좌천되었다.[76] 그의 복권을 기획한 사람은 호자자데 메수드 에펜디였는데 당시 아나톨리아 대법관이었으며, 국사에 깊숙이 관여하고 궁정에서 존재감이 매우 컸다. 그러나 복권은 술탄과 국가 고위 관료들 쪽에서 심사숙고가 이루어지지 않아 무산되었다. 메흐메드 자신이 좋아했던 사람은 당시 크레타에서 군대를 지휘하고 있던 그의 스승 델리 휘세인 파샤_Deli('미치광이') Hüseyin Paşa였지만, 호자자데 메수드가 논의를 주도했다. 그는 해군의 상태, 크레타에서의 전쟁, 그리고 이 전쟁을 치르기 위한 자금 확보 등 국가가 직면한 세 가지 주요 문제에 대한 명확한 분석을 제시하면서, 타르훈주 아흐메드가 유일한 적임자라고 설득했다. 그는 아흐메드가 이집트 재정을 흑자로 유지했음을 모든 사람에게 상기시켰다.[77]

타르훈주 아흐메드 파샤는 과거 관행에서 멀리 벗어나, 임명 조건으로 술탄과 그의 와지르들과 셰이흐윌이슬람 앞에서 호자자데 메수드 에펜디가 말한 세 가지 문제를 해결할 것을 약속해야 했다. 임무를 달성하지 못할 경우 목을 내놓아야 할 처지가 된 타르훈주 아흐메드는 두 가지 조건을 내걸었다. 첫째는 국가가 받아야 할 세금을 확보하기 위해 자신이 노력하는 과정에서 신분 여하를 막론하고 누구도 예외가 될 수 없으며 자신은 이 문제에 관한 한 완전한 독립성을 가져야 한다는 것이었고, 둘째는 전임자가 부당하게 임명한 관직과 특혜를 철회할 수 있는 권한을 달라는 것이었다.[78]

이전의 개혁 노력은 통상 과거에 지배적이었던 것으로 상상된 규범을 다시 확립하려는 시도에 뿌리를 두고 있었다. 그러나 이제는 현재를 통해 과거를 확인하기보다는 현재에 대처하기 위해 설계된 해결책이 필요하다는 인식이 싹트고 있는 듯했다.[79] 타르훈주 아흐메드의 임명은 최근의 혼란이 오스만제국의 정치가들에게 엄청난 충격을 주었으며, 국가가 더욱 파산의 늪으로 빠지는 것을 막는다는 최우선 목표 아래 건설적인 태도를 취할 수밖에 없었음을 시사하는 듯했다. 그러나 이러한 드문 합의도 실행 가능한 해결책이 발견될 것이라고(또는 발견될 수 있다고) 보장하기에는 충분하지 않았다. 예를 들어 타르훈주 아흐메드가 크레타 전쟁에서 만족스러운 결과를 얻어내겠다고 한 약속은 국가의 재정 문제를 바로잡을 필요성과 충돌했다. 그는 곧 해군의 준비 상태를 유지하기 위한 자금 문제로 대제독 데르비시 메흐메드 파샤 Derviş Mehmed Paşa와 갈등을 빚었다.[80] 이 시기는 또한 전염병이 돌고 흉년이 든 시기였다.[81] 불가피했겠지만 타르훈주 아흐메드는 예산 균형을 맞추는 데 실패했다. 그는 1년이 채 되지 않아 자리에서 물러났고, 계약 조건에 따라 목숨을 잃었다. 그의 엄격한 조치는 인기가 없었고, 에블리야 첼레비는 그의 후임자로 데르비시 메호메드 파샤가 임명됐을 때 "사람들은 안도의 한숨을 내쉬었고 (…) 매일을 마치 새해 전야처럼 경축하고 (…) 모든 사람이 기뻐했"다고 기록했다.[82] 그러나 바그다드 출신의 한 당대인은 그를 잔인한 폭군으로 묘사했다. 데르비시 메호메드는 1638년 바그다드를 재정복한 직후부터 그곳 총독으로서 혁신적 경제 조치를 시행했지만 흔히 인기가 없었다.[83] 1651년 이스탄불 봉기를 무능하게 처리한 후 실각했던 전임 대와지르 멜레크 아흐메드 파샤는 빠르게 복권되었다. 1653년에는 제2와지르의 자리에 올랐으며, 보스포루스 해협에 있는 열두 채의 저택에서 인생을 즐기는 위치에 있었다고 에블리야 첼레비는 비꼬는 기색 없이 기록했다.[84]

1648년 바르바르 알리 파샤의 손에 죽을 위기에 처했던 미래의 대와지르 쾨프륄뤼 메호메드 파샤를 구한 입시르 무스타파 파샤 역시 잠시 대와지르를 지냈다. 그는 젊은 시절 아바자 메호메드 파샤의 수행원으로서 1623년 이스탄불로 진격할 때와 이후 발칸반도에서 근무할 때 그와 함께했다. 그는 1639년에 이란과의 평화를 주도한 대와지르 케만케시 카라 무스타파 파샤의 후원을 받았고, 예레반 원정에서 술탄 무라드와 함께 싸웠으며, 여러 주의 총독을 맡았다. 그의 강경한 방식은 인기를 얻지 못했지만, 이 시기의 반란들을 진압할 수 있는 유일한 사람으로서 명성을 쌓았다. 그는 자신과 한패였던 반란을 일으킨 파샤들을 상대로 국가를 대신해 싸우기를 거부했다. 예를 들어 1646년 당시 아나돌루주 총독이었던 데르비시 메호메드 파샤를 상대로, 그리고 1648년 바르바르 알리 파샤를 상대로 한 경우 등이었다(그러나 후자의 경우에 그는 결국 국가의 편에 섰다).[85]

1651년, 시바스 총독으로 있던 입시르 무스타파 파샤는 앙카라를 점령하고 이 지역에서 독자적인 통치권을 확립하려 하면서, 예니체리에 맞서 술탄 기병대의 옹호자가 되었다. 그가 정부에 요구한 사항 중 하나는 레바논의 드루즈파를 탄압해달라는 것이었다. 그는 과거에 그들이 이 지역의 징세 도급권을 장악하고 있는 것을 깨뜨리려다가 실패한 바 있었다. 그는 곧 알레포 총독으로 임명되고, 드루즈파의 반항을 제압하는 임무를 부여받았다. 그가 이 일에서 성공을 거두고 당시 이스탄불에서 벌어진 극적인 사건들을 인식하게 되자, 정부가 직면한 문제들을 해결하기 위한 독자적인 계획을 제시할 용기를 냈다. 그 이전의 불운한 바르바르 알리 파샤가 했던 일이었다. 그는 이를 아나톨리아 여러 주의 총독들에게 알렸으나, 반응은 신통치 않았다. 그의 가혹한 알레포 통치 방식에 대한 불만이 이스탄불에 전해졌고, 그가 수도로 진군해 재직 중인 정치가들에게 보복할 계획이라는 보고도 들어갔다. 깜짝 놀란 이스탄불에서는 그의 분노를 달래기 위해 그를 대와지르로 임명하고자 했다. 처음에는 거절했으나, 1654년 12월에 그는 알레포에서 이스탄불로 진군해 그 자리를 차지했으며, 징세 도급권을 자신의 주변에 나누어주고 가는 곳마다 즉결 처분을 단행했다. 그를 왕가에 충성하도록 묶어두기 위한 시도로, 그는 아흐메드 1세의 딸인 중년의 미망인 아이셰 술탄Ayşe Sultan과 약혼하게 되었다.* 입시르 무스타파는 불과 몇 달 동안 대와지르로 재임했는데, 그 기간 동안 그는 자신을 지지했던 기병들마저 소원하게 만들었다. 그들은 예니체리와 손을 잡고 반란을 일으키기까지 했고, 이 과정에서 그는 처형되었다.[86] 입시르 무

• 아이셰 술탄의 전남편 여섯 명 중 두 명도 대와지르를 역임했다. 나수흐 파샤(1611~1614년 재임)와 하프즈 아흐메드 파샤(1625~1626년, 1631년 재임)다.

스타파는 이스탄불과 멀리 떨어진 바람에 얻은 기회를 이용해 중앙정부의 통제를 벗어나려 했던 지방 총독들의 여러 사례 중 하나일 뿐이었다. 이 총독들은 지방에서 근무하는 동안 지역 권력 기반을 구축했고, 이를 통해 정부에 자신들의 조건을 강요할 수 있었던 듯하다. 그러나 입시르 무스타파처럼 정부의 높은 자리에 오르는 경우는 드물었다. 그리고 그의 오만은 곧바로 응보應報로 이어졌다.

크레타섬을 차지하기 위한 전쟁은 계속되었다. 지배 계층이 권력을 놓고 격렬한 내부 투쟁을 벌이고 있는 동안에는 일관된 정책이 나올 가능성이 별로 없었다. 지휘관들은 병력이나 자금이 도착할지 언제나 불확실한 가운데, 그리고 1649년 8월 예니체리의 반란(이라클리온의 참호에서 2년간 복무한 뒤 귀국을 요구하며 일으킨 것이다[87])과 같은 반란 사건이 반복될까 신경을 곤두세우며, 그들이 생각하는 최선의 방식으로 목표를 추구했다. 그들에게는 단지 전함뿐만이 아니라 병력과 군수 물자 등 높은 수준의 병참 지원이 필요했다. 그들은 이것 없이는 전혀 기능할 수 없었다. 1651년 7월(그 여름에 상인들의 봉기와 쾨셈 술탄 살해가 일어났다)에 이 전쟁의 첫 주요 해전이 벌어졌다. 강력한 오스만 함대가 이스탄불에서 남쪽으로 출항해 티라(산토리니)섬 부근에서 베네치아 함대와 만나 처음 충돌했고, 이어 키클라데스제도의 낙소스섬 앞바다에서 해전이 벌어져 오스만 함대는 흩어지고 베네치아군은 거의 천 명에 달하는 포로를 사로잡았다.[88]

타르훈주 아흐메드 파샤가 대와지르였던 시기에는 크레타 전쟁에서 별다른 움직임이 없었지만, 전직 대제독이었던 그의 후임 데르비시 메흐메드 파샤는 이 전쟁에 우선순위를 부여했다. 그의 임기 중인

1654년 5월, 다르다넬스 해협에서 결국 네 차례가 되는 해전 중 첫 번째 전투가 벌어졌다. 이는 오스만의 승리로 끝났지만, 베네치아는 오스만이 6천 명의 병력을 잃었다는 사실로 위안을 삼을 수 있었다. 새로운 대제독 카라 무라드 파샤는 키오스섬에서 함대를 재정비한 뒤 티노스섬을 약탈하고, 밀로스섬에서 베네치아 함대와 교전한 뒤 이즈미르 북쪽의 포차를 거쳐 다시 다르다넬스로 돌아왔다. 그곳에서 그는 남쪽 크레타로 갔다가 가을에 이스탄불로 돌아왔다. 베네치아는 1654년 오스만 함대와의 두 번째 작전 대결을 피했지만, 1655년 6월에는 베네치아-몰타 연합 함대가 다르다넬스 해협에서 오스만과 충돌했고 이번에는 오스만이 여섯 시간에 걸친 전투 끝에 퇴각했다. 7월에는 베네치아가 펠로폰네소스반도의 모넴바시아를 5주간 포위했으나 성과 없이 끝났다.[89]

17세기의 해전에서 승패는 풍향 변화에 따라 좌우될 수 있었다. 1656년 6월 다르다넬스 해전에서는 해류가 베네치아 쪽에 유리했을 뿐만 아니라, 풍향 변화가 이점을 더했다. 바람은 오스만 함대를 해협의 해안으로 몰아붙여 베네치아의 포화로부터 도망칠 수 없게 만들었다. 대제독 케난 파샤Kenan Paşa는 이 패전 상황에 대한 보고에서 자신의 생각을 분명히 드러냈다. 그는 전투 전에 자기네 병력이 부족하다는 사실을 잘 알고 있었다. 술탄의 부대 병사들이 해상 복무를 거부해 그는 질이 떨어지는 병사들에게 의존해야 했다. 베네치아가 싸움을 걸어오자 병사들이 배에서 뛰어내려 인근 해안으로 헤엄쳐 달아나는 바람에 그는 추가적인 손실을 입었다. 그는 바람에 밀려 서로 충돌하는 함선들을 무력하게 바라볼 수밖에 없었다.[90] 베네치아가 이전에 해협을 봉쇄하고 이에 따라 오스만이 이라클리온 공격을 강화하기 위해 이스탄불에서 크레타섬으로 보내는 해상 보급과 병력이 이스탄불에서 크레타로 향하는 것을 봉쇄하려 했지만 실패했는데, 이 파멸적인 전투에서 오스만은 전략적으로 중요한 보즈자섬과 렘노스섬을 잃었다. 이 섬들을 장악한 베네치아는 해협과 오스만이 에게해 및 그 너머의 공해로 진출하는 출구를 통제할 수 있었다. 무스타파 나이마는 오스만이 1655년에는 가볍게 위기를 모면했지만 1656년에는 나우팍토스(레판토) 해전 이후 최악의 해전 패배를 겪었다고 기록했다.[91]

베네치아와의 전쟁은 17세기 중엽 오스만제국을 괴롭힌 유일한 국제적 위기는 아니었다. 폴란드-리투아니아 연방과의 관계는 여러 해 평화 공존의 시기를 거친 후, 1648년 제국의 서북 변경에서 일어난 사건들로 인해 흔들렸다. 우크라이나의 카자크들이 헤트만hetman인 보흐단 흐멜니츠키Bohdan Khmelnytsky의 유능한 지휘 아래 폴란드 지배자들에 맞서 봉기한 것이다. 오스만이 베네치아와 크레타섬을 두고 전쟁 중이던 때에 그들을 두 번째 전선인 흑해로 끌어들이기 위한 계략을 구체화하고 있던 폴란드 왕 브와디스와프는 비밀리에 흐멜니츠키를 포함한 카자크 지도자들과 접촉해 그들의 참여 의지가 얼마나 되는지를 타진했다. 비록 그의 희망은 좌절됐지만, 이 논의는 기존의 상태를 흔들고 연방 안의 카자크들이 억압받는 상황이 개선될 수 있다는 기대를 불러일으켰다. 그러나 흐멜니츠키 봉기의 직접적인 원인은 한 폴란드 귀족이 그의 토지를 강탈한 일이었다. 흐멜니츠키는 다른 많은 카자크들과 달리 이런 행위를 받아들이지 않았고, 사건이 벌어지기 시작해 카자크와 연방 사이의 전면전으로 이어졌다.

과거의 불화를 제쳐놓고 흐멜니츠키는 타타르 칸 이슬람(3세) 기라이İslâm Giray와 동맹을 맺어, 카자크 보병과 타타르 기병이라는 가공할 조합을 형성했다. 그 전례가 된 것은 1624년 카자크들이 메흐메드와 샤힌 기라이를 지지해 자느벡 기라이를 크림 칸으로 복위시키려던 오스만의 시도에 저항한 일이었다. 흐멜니츠키가 이슬람 기라이와 동맹을 맺는 조건 중 하나는 카자크들이 그들의 흑해 함대의 배 3천 척을 불태운다는 것이었다. 이는 칸국의 해안을 공격하는 데 사용될 경우 오스만 해안 지역에 큰 피해를 입힐 수 있기 때문이었다. 연방군은 카자크-타타르 연합군에 맞서 저항할 희망이 없었다. 그들의 육군은 여러 전투에서 패했고, 바르샤바는 공격에 취약한 상태가 되었다. 그러나 카자크와 크림 타타르 간의 동맹은 양측의 지리적·정치적 이해관계가 매우 달랐기에 자연스러운 것이 아니었고, 칸은 카자크의 봉기가 완전한 성공을 거둘 만큼 강해지지 않도록 챙겼다. 흐멜니츠키는 다른 동맹자를 찾아 나섰고, 오스만 술탄이 그 가운데 하나였으며 오랜 협상이 이어졌다. 모스코비야는 1634년에 연방과 조약을 체결했기 때문에 흐멜니츠키의 지원 요청에 응할 수 없었다. 하지만 1654년에 그의 옛 동맹 타타르가 이제는 폴란드 왕과 우호관계를 맺자 흐멜니츠키는 차르에게 충성을 맹세했고, 그것이 우크라이나를 둘러싼 모스코비야와 연방 사이의 전쟁을 촉발했다. 흐멜니츠키의 봉기와 그 피비린내 나는 결과는 스텝에서 벌어진 연방, 모스코비야, 오스만제국 사이의 큰 세력 다툼에 밑자락을 간 중요한 요소였다. 이 세력 다툼은 100여 년 뒤 폴란드의 분할, 크림 칸국의 멸망, 오스만제국의 흑해 북안에서의 철수로 절정에 이르게 된다.[92]

1656년, 몇 달 동안 이스탄불을 뒤흔든 매우 격렬한 또 하나의 반란이 일어났고, 이는 당대의 여러 기록에 남아 있다. 당시 청년이었

던 아르메니아계 오스만인 쾨뮈르지얀 에레미야 첼레비Kömürciyan('숯장
수') Eremya Çelebi에 따르면, 반란은 1656년 3월 1일 금요일 한낮에 시작
되었다. 그는 어느 가게에 앉아 있었는데, 갑작스레 큰 소리가 터져 나
왔고 상인들이 가게 문을 닫기 시작했다. 술탄의 근위대 장교와 병사
들이 저품위 주화로 급여가 지급된 것에 항의하며 자기네 연병장에 집
합하면서 중요한 금요일 정오 기도가 취소되었다. 사실 이런 일은 더이
상 이례적인 것도 아니었으나, 이번에는 주화의 질이 너무 심하게 떨어
져 1천 악체가 시장에서 100악체의 가치도 지니지 못했다. 병사들은
히포드롬으로 행진하며, 화폐 가치를 떨어뜨려 술탄 메흐메드를 속인
자들을 처형하라고 큰 소리로 요구했다. 이틀 후 술탄은 반란 지도자
들에게 알현을 허락했다. 그들은 술탄에게 충성을 맹세하면서 술탄의
통치를 왜곡했다며 "일부 흑인·백인 아아들과 여자들"에게 비난을 퍼
부었다. 하렘의 아아들은 반란자들이 겨냥한 것은 술탄이라며 반격했
고, 이를 듣고 어린 술탄은 잔뜩 겁을 먹은 채 몸을 떨며 울기 시작했
다. 술탄은 눈물을 닦으며 반란자들에게 원하는 것을 물었고, 그들은
술탄의 어머니와 흑인 환관장을 포함한 31명의 명단을 제출했다. 메흐
메드는 여전히 울면서 자기 어머니는 살려달라고 애원했다. 그것은 반
란 지도자들이 받아들일 수 있는 것이었지만, 곧 흑인 환관장과 백인
환관장의 시신이 궁궐 담장 너머 아래에 있던 군중에게 던져졌다. 그
들의 훼손된 시신은 히포드롬의 버즘나무에 거꾸로 매달렸다.[93]

다음날 병사들은 다시 궁궐을 향해 행진했다. 술탄은 그들의 요구
를 거부할 수 없었다. 더 많은 궁정 관리들이 희생됐으며, 그들의 시신
은 담장 너머로 던져지고 버즘나무에 매달렸다. 병사들은 자신들이 원
하는 인물들을 국가 고위직에 임명하라고 강요했다. 그중에는 두 번째

로 대와지르 자리에 오른 시야부시 파샤와 셰이흐월이슬람이 된 호자자데 메수드 에펜디가 있었다. 그들이 해치려 했던 일부 인물들은 도망쳤고, 이들에 대한 수색이 도시에서 시작되었다. 전령들이 돌아다니며 이들을 찾아내는 자에게는 술탄의 기병대나 보병대 관직을 주고, 토지도 주겠다고 약속했다. 반란이 시작된 지 닷새 후, 전령들은 가게를 다시 열라고 명령했다. 에레미야 첼레비는 과거 쾨셈 술탄의 음모를 투르한 술탄에게 밀고했던 술탄의 보모 멜레키 하툰Meleki Hatun이 끌려가 살해당하고 나무에 매달리는 모습을 보았다고 회상했다. 사흘 뒤 버즘나무에 매달린 시신들의 가족에게 와서 시신을 수습하라는 명령이 내려졌다. 이후 몇 주 동안 공포정치가 이어졌다.[94]

4월 말 보이누에으리Boynueğri('굽은 목') 또는 보이누야랄르Boynuyaralı('다친 목')로 알려진 80대 후반의 다마스쿠스 총독 메흐메드 파샤Mehmed Paşa가 임지에서 소환돼 대와지르가 되고, 두 달도 되지 않아 죽은 시야부시 파샤의 후임으로 임명되었다. 보이누에으리 메흐메드는 시리아로 파견돼 멜레크 아흐메드 파샤의 동맹자이자 같은 압하지야계인 세이디 아흐메드 파샤Seydi Ahmed Paşa의 활동을 진압하기 위해 보내졌던 인물이다. 세이디 아흐메드는 그후 알레포 총독에서 해임돼(그곳에서 그와 그의 병사들이 약탈을 하고 엄청난 파괴를 저질렀다) 시바스로 전출되었다. 술탄 메흐메드 4세의 참모들은 이번 위기를 처리하는 데서 약간의 기술을 보여주었다. 이 위기는 예니체리와 기병대가 일치된 목적을 가졌다는 점에서 과거의 반란보다 더 위험했다. 5월 9일, 술탄은 병사들에게 출정 준비를 명령했고, 예니체리와 기병대는 이 출정이 세이디 아흐메드 파샤를 상대로 한 것이기를 바랐다. 원정의 보상은 분명히 매력적일 것으로 보였다. 에레미야 첼레비는 편입될 자격이 없이 거짓으로 예니체리나 기병대원 행세를 한 자들은 모두 옷이 벗겨졌다고 적었다. 그는 왜 그런 일이 있었는지는 설명하지 않았지만, 열성적인 평민을 당시 경멸적 표현이었던 '튀르크인'으로 묘사함으로써 세금을 면제받는 군인들이 세금을 내는 일반 대중과 특권을 공유하는 것을 강하게 거부했음을 시사하고 있다. 일부 '튀르크인'은 노란 장화, 화려한 모피 모자와 누빈 터번, 화려한 웃옷과 비단 허리띠로 알아볼 수 있는 아르메니아인 복장을 했다. 반면에 이 '튀르크인'들은 어떤 희생을 치르더라도 군 복무를 피하려 했던 듯하다. 이슬람교도가 아니면 병사로 복무하지 않았기 때문이다.[95]

에레미아 첼레비는 술탄이 변장(술탄들이 자주 하던 일이다)하고 도시를 돌아다니는 모습을 여러 차례 보았다. 한번은 술탄이 그의 가게 지척에 있는 시장을 지나갔다. 또 어떤 경우에는 술탄이 담배를 피우다 적발된 자를 참수하라고 명령했다. 혼란이 시작된 지 거의 두 달이 지난 후에야 메흐메드 4세는 공개적인 의전 행렬에 나서서 궁궐 바깥에 있는 마스지드에서 금요 예배를 올릴 수 있었고, 그를 존경하는 상인들과 시민들은 그의 말 발굽이 땅에 닿지 않도록 그가 가는 길에 모래를 뿌렸다.[96]

이스탄불의 위험한 상황은 통제되었고, 분할 통치라는 고전적인 전략을 사용해 마침내 어느 정도 안정을 회복했다. 예니체리와 기병대가 공통의 대의에 대한 충성심을 서로 의심하게 만든 것이다. 메흐메드 술탄이 금요일 기도에 참석하기 위해 처음 대중 앞에 등장했을 무렵, 예니체리들 사이에는 최근 수도에 도착한 세이디 아흐메드 파샤가 술탄의 기병대 장교들과 함께 궁궐에서의 알현을 허락받았다는 소문이 퍼졌다. 일주일 후에 예니체리의 총사령관이 처형되고, 세이디 아흐메드는 사면을 받았다. 에레미아 첼레비는 그의 추종자들이 이스탄불에 도착하는 모습을 묘사한다. 그들이 아나톨리아를 지나는 과정에서 약탈한 물자와 무기(심지어 대포까지 있었다)를 가득 싣고 있었다. 그들은 오래 머물지 않고 도나우강 변의 실리스트라로 향했는데, 이곳은 최근 (그리고 결국 드러나듯이 잠시 동안만) 독립한 속주였으며 세이디 아흐메드가 총독으로 가게 되는 곳이었다.[97] 예니체리들은 기병대의 지지를 잃고 자기네 총사령관도 제거되자 점차 침묵 속에 빠져들었다.

셰이흐윌이슬람 호자자데 메수드 에펜디는 이 폭력 사태의 희생자였다. 1634년 아히자데 휘세인 에펜디가 정치에 개입했다는 이유로 무라드 4세에 의해 유죄 판정을 받고 처형된 최초의 셰이흐윌이슬람이 된 지 22년 만에 호자자데 메수드가 두 번째 희생자가 되었다. 그를 임명하는 결정은 혼란의 열기 속에서 술탄에게 강요된 것이었다. 호자자데 메수드가 아히자데 휘세인과 마찬가지로 정치에 개입하면서 부패하고 편파적이기로 유명했음에도 말이다. 에레미아 첼레비가 보기에 그는 부르사의 아르메니아인 공동체에 대한 천벌이었다. 그는 관직 생활 초기에 이 도시에서 판관으로 재직하면서 한 아르메니아 교회를 철거했는데, 이로 인해 당시의 대와지르가 사건을 조사하라고 이 도시에 감찰관을 파견하기까지 했다.[98] 에레미아 첼레비의 기록에 따르면 호자자데 메수드는 부르사에서의 행위에 대한 벌로 발바닥에 500대의 채찍질을 당하고 향후 관직 임용이 금지되었다. 그러나 그것이 그를 멈추게 할 수는 없었다.[99]

1656년 여름 그 격동의 두어 달 동안(시야부시 파샤가 4월 말에 사망하고 다마스쿠스로부터 보이누에으리 메흐메드 파샤가 7월 초에 도착하기까지의 사이)은 대와지르가 없었다. 다르다넬스에서의 파멸적인 해전은 6월 26일에 벌어졌고, 보즈자섬은 7월 8일, 렘노스섬은 8월 20일에 베네치아에게 함락되었다.[100] 그 이후 다르다넬스 해협의 봉쇄는 크레타섬에서의 전쟁에만 영향을 미친 것이 아니었다. 이스탄불에서는 식량과 기타 물자가 부족해 물가가 급등했다. 많은 사람들이 조치를 취해줄 것을 바라며 술탄에게 청원을 올렸다.[101]

9월 4일 술탄 메흐메드와 그의 최고위급 정치가들 및 군 지휘관들이 가진 회의에서는 베네치아를 상대로 한 육상 및 해상 원정의 준비 및 전략에 관한 상세한 계획이 논의되었다. 최근의 봉기로 살해당한 자들의 재산을 몰수하고 폭동을 야기한 저품위 주화를 녹여 상당한 액수가 최근 국고로 들어왔지만,[102] 국가 재정을 채우기에는 턱없이 부족했다. 게다가 보이누에으리 메흐메드 파샤는 전통적으로 원정 비용을 충당하기 위해 배정됐던 수입원 가운데 일부가 더이상 국가의 소유가 아니라 사인私人의 손에 넘어갔음을 지적했다. 그는 이 문제를 해결하지 않으면 베네치아와 전쟁을 계속하는 비용을 부담하기 위해 올해 안에 여러 정치가들과 군 지휘관들이 자기 주머니를 털어야 할 것이라고 위협했다. 당연히 이는 받아들여지지 않았지만, 이 수입원들이 재배정될 때 보이누에으리 메흐메드는 이를 자신의 지지자들에게 나눠 주었다.[103]

술탄은 새 대와지르에게 불만을 품어, 그가 취임한 이후 아무 성과도 없을뿐더러 오히려 많은 짜증을 불러일으켰다고 불평했다. 일주일 후 또다른 회의가 소집되었다. 메흐메드 4세는 자신이 직접 군대를 이끌고 원정에 나설 생각이라고 밝혀 모두를 놀라게 했다. 보이누에으리 메흐메드 파샤는 이것이 어쨌든 가장 권할 수 없는 일에 비용만 더 증가시킬 것이라고 주장했지만, 그의 항의는 받아들여지지 않았다.[104] 며칠 후 그는 솔직한 의견을 개진한 대가로 해임됐고, 9월 15일 그 자리는 쾨프륄뤼 메흐메드 파샤가 대신하게 되었다. 쾨프륄뤼 메흐메드는 입시르 무스타파 파샤에게 명운을 건(결과적으로 현명치 못한 일이었다) 이후 관직이 없이 제2의 고향인 아마시아 부근 쾨프뤼에서 살고 있었다. 그는 7월에 보이누에으리 메흐메드와 함께 이스탄불로 돌아와 몇 년간의 공백 이후 다시 중앙 정치에 발을 들였다. 보이누에으리 메흐메드를 해임하고 그 대신 쾨프륄뤼 메흐메드를 대와지르로 발탁한 기묘한 운명의 작동은 이후 수십 년간 대와지르직을 독점하게 될 가문의 부상을 적절하게 시작한 것이었다.

제9장

귀족들의 지배

17세기 후반 오스만제국의 역사는 쾨프륄뤼라는 이름이 지배했다. 1656년 9월, 쾨프륄뤼 메흐메드 파샤가 대와지르로 임명되면서부터 그의 가문이나 그 측근의 사람들이 이 직책을 장악하기 시작했다. 쾨프륄뤼 메흐메드는 1661년에 사망할 때까지 권력을 유지했다. 그 아들 파즐 아흐메드Fazıl Ahmed가 그의 뒤를 이어받아 재임하던 중 1676년에 죽었다. 이는 당시로서는 전례 없는 장기 재임이었다. 그다음은 쾨프륄뤼 메흐메드의 사위 메르지폰루 카라 무스타파Merzifonlu('메르지폰 사람') Kara Mustafa였는데, 그는 1683년 빈 포위전 실패로 처형당했다. 1687년에는 또다른 사위인 시야부시Siyavuş가 몇 달 동안 이 자리를 맡았다. 1689년부터는 쾨프륄뤼 메흐메드의 또다른 아들 파즐 무스타파Fazıl Mustafa가 1691년 합스부르크와의 전투에서 전사할 때까지 대와지르로 재직했다. 1692년에는 카라 무스타파의 수하였던 찰륵 알리 파샤 Çalık('굽은') Ali Paşa가 임명돼 1년간 재직했다. 그리고 1697년부터 1702년까지는 쾨프륄뤼 메흐메드의 조카, 즉 파즐 아흐메드와 파즐 무스타파의 사촌이었던 암자자데 휘세인 파샤Amcazade('조카') Hüseyin Paşa가 대와지르로 있었다. 이 가문에서 마지막으로 대와지르에 오른 인물은 파즐 무스타파의 맏아들 누만Numan으로, 그는 1710년에 임명되었다. 성공은 성공을 낳았다. 가문의 성원들이 제국을 지휘할 위치에 오르면서 후원의 기회가 늘어났고, 그들이 쌓아 올린 충성스러운 수하들의 인맥은 그들의 권력 장악을 더욱 공고히 해주었다. 그들이 휩쓸던 시기 동안 다른 정치가들이 잠깐씩 대와지르를 맡기도 했지만, 그들의 운세가 쇠락한 것은 17세기가 저물어가는 시기에 셰이흐월이슬람 페이줄라흐 에펜디Feyzullah Efendi의 성직자 가문과 대립하면서부터였다.[1]

쾨프륄뤼 메흐메드는 알바니아 출신으로 소년 징발 제도의 산물이었고, 아나톨리아 중북부의 도시 쾨프뤼를 제2의 고향으로 삼았다. 그는 70대였으며, 그의 과거 경력은 길고 적당히 뛰어났으나 다른 가능한 후보들 가운데서 발군이라 할 정도는 아니었다. 그러나 그는 근년에 수도를 괴롭혔던 고질적인 파벌 싸움에 관여하지 않았다는 분명한 이점을 가지고 있었다. 발탁 당시 그는 이스탄불에 거주 중이었지만 정부 내의 어떤 직책도 맡고 있지 않았다. 그는 먼 시리아의 트리폴리주 총독으로 부임하려 하던 순간에 대와지르로 임명되었다. 당시의 다른 대와지르들 역시 궁정 측근 이외의 사람들 가운데서 발탁되었다. 쾨프륄뤼 메흐메드 직전 대와지르인 80대의 보이누에으리 메흐메드 파샤도 다마스쿠스 총독으로 있다가 소환됐고,[2] 그 이전의 시야부시 파샤는 대와지르로 임명될 때 도나우강 연안의 실리스트라를 근거지로 삼고 있었다(그가 실리스트라 총독이었는지 아니면 흑해 북안의 외지 총독이었는지는 분명하지 않다).[3] 1656년 2월, 술탄은 13년 동안 크레타섬에 주둔하고 있던 델리 휘세인 파샤를 소환하기로 결정했다.[4] 그러나 델리 휘세인이 취임하기 전에, 쾨프륄뤼 메흐메드를 권력자의 자리에 올린 봉기가 일어났다.

역사가 무스타파 나이마는 반세기 후에 기록하면서, 사실 델리 휘세인 파샤의 대와지르 임명이 논의될 때 쾨프륄뤼 메흐메드 파샤를 대와지르 자리에 올리자고 제안한 것은 태후 투르한 술탄과 그 파벌이라고 썼다. 그가 결국 궁정으로 소환된 것은 태후의 가족들과의 연줄 덕분이었으며, 그들은 다른 가능한 후보자들에 맞서 그를 지지했다.[5] 나이마는 투르한 이전의 태후였던 쾨셈 술탄에 대한 평가에서, 술탄의 어머니가 섭정으로서 국사에 개입하는 원칙에 대해 거부감이 없음을 드러내고 있다.[6] 더 나아가 그는 소요 사태에 연루돼 더럽혀진 관리가 아니라 통치 왕가의 일원이자 미성년 술탄의 인정된 대리인이 임명에 중요한 역할을 했다는 사실에서 안도감을 느꼈다. 이 임명은 결과적으로 앞서 일어난 추악한 사태를 끝내는 데 매우 효과적이었다.

쾨프륄뤼 메흐메드 파샤가 투르한 술탄의 기대에 부응할 수 있도록 하기 위한 행정적 기반은 이미 마련되어 있었다. 1654년쯤에, 아마도 투르한 술탄의 주도에 의해 대와지르 집무실은 궁궐 경내 바깥으로 이전되었다. 대와지르를 궁중의 음모로부터 물리적으로 떼어놓으면 지난 반세기 동안 실추된 이 직위의 위신을 회복시킬 수 있다는 희망에서였다.[7] 투르한과 그 측근들의 선택은 결과적으로 통찰력이 있었다. 쾨프륄뤼 메흐메드가 "황소 두 마리에게 짚도 줄 수 없는 (…) 한심한 자"[8]라는 멜레크 아흐메드 파샤의 인장 관리인의 말에 동의하는 사람들도 있었겠지만, 그를 후원한 사람들은 그 임명에 반대한 기득권 세력을 이겨낼 만큼 강력했다. 몇 년 동안의 혼란 이후 그가 정부의 수장으로 오자 많은 사람들이 이를 환영했다.

쾨프륄뤼 메흐메드 파샤가 국내 문제에서 처음 취한 조치는 당시 부활을 구가하고 있던 카드자델리파를 상대로 한 것이었다. 그들의 엄격한 메시지는 메흐메드 4세 치세 초기의 격렬한 파벌 싸움 동안에 다시 한번 공감을 얻었으며, 그들이 공공질서(그것을 재확립하는 것이 대와지르의 목표였다)를 교란할 가능성은 무시할 수 없는 것이었다. 이들의 영적 지도자인 위스튀바니 메흐메드 에펜디Üstüvânî Mehmed Efendi는 도시의 여러 사원에서 명성을 쌓은 설교가였고, 궁궐의 일부 관리들에게 인기가 있어 궁정에도 발을 들일 수 있었다. 카드자델리 교단은 고위 성직자 일반을 공격했지만, 그들의 공격의 기세는 다시 한번 데르비시들에게 집중되었다. 위스튀바니 메흐메드가 처음으로 성공을 거둔 것은 1651년, 당시 대와지르였던 멜레크 아흐메드 파샤를 설득해 이스탄불의 한 할와 교단 데르비시 회관을 파괴하도록 명령하게 했던 일이었다. 두 번째 회관을 공격하다가 방어자들에게 쫓겨난 그의 추종자들은 셰이흐윌이슬람인 바하이 메흐메드 에펜디Bahai Mehmed Efendi(카라첼레비자데 압뒬아지즈 에펜디의 전임자다)를 감금하고 데르비시들의 관행을 비판하는 파트와를 받아냈다. 그러나 이 파트와는 이후 철회되었다.[9]

쾨프륄뤼 메흐메드 파샤가 취임한 지 일주일도 되기 전에 카드자델리들은 도전장을 내밀었다. 신앙의 근본 원칙으로 돌아갈 것을 촉구하는 여러 항목의 계획이라는 형태였다.[10] 그들이 메흐메드 2세의 마스지드에 모여 이 계획을 실행할 방안을 논의할 때 쾨프륄뤼 메흐메드는 국가의 '공식' 기관에 의존하겠다는 의지를 분명히 했다. 그는 카드자델리들이 고위층에서 영향력을 행사함에 따라 국가 기구의 종교 부문으로서의 지위를 위협받고 있던 고위 성직자들에게 조언을 구했다. 아마도 대중의 정서를 두려워한 탓에, 새 대와지르는 체포한 카드자델리 지도자들을 처형하지 않고 키프로스로 유배시켰다. 영향력 있는 위스튀바니 메흐메드 에펜디도 여기에 포함돼 있었다.[11]

코프륄뤼 메흐메드가 두려워하거나 불안을 조장한 책임이 있다고
판단한 다른 제거 대상자들은 그렇게 운이 좋지 않았다. 왈라키아의
기독교도들이 오스만 지배에 맞서 반란을 일으키도록 부추겼다는 이
유로 정교회 총대주교를 교형에 처한 것은 전례 없는 일이었다.[12] 크레
타 전쟁 자금으로 써야 할 돈을 횡령한 혐의를 받은 델리 휘세인 파샤
는 처음에는 태후 측근에 있는 코프륄뤼 메흐메드 후원자들의 개입으
로 목숨을 건졌다. 그렇게 오랫동안 훌륭하게 일해온 사람이 그런 운
명을 맞게 허용할 수 없다는 이유였다. 그리고 당시 셰이흐월이슬람은
그의 처형을 권고하는 파트와를 내기를 거부했다. 하지만 델리 휘세인
의 지지자들은 곧 허를 찔렸다. 2년 뒤 코프륄뤼 메흐메드는 그를 이스
탄불로 불러들였고, 술탄에게 자신의 경쟁자였던 그의 즉각적인 처형
을 명령하도록 설득하는 데 성공했다.[13]

코프륄뤼 메흐메드 파샤가 죽어서 자리를 지킬 수 없을 때까지 권력
을 유지할 수 있다는 것은 전혀 기정사실이 아니었으며, 그의 경쟁자
들은 지지 세력만 충분히 모은다면 그 자리를 차지할 기회가 있다는
기대에 매달렸다. 최근의 치고받는 폭력을 견디며 계속 살아남은 오스
만 고위 관리들은 자신을 행운아로 여길 수 있었으며, 살아남았다는
사실 자체가 언젠가 대와지르가 될 것이라는 야망을 키우게 만들었다.
오래된 불만은 곪았고, 불만을 품은 자들은 이를 표출하고 시정할 기
회를 엿보았다. 코프륄뤼 메흐메드는 취임 직후 또다른 경쟁자를 이스
탄불에서 멀리 떼어놓기 위해, 1656년 늦여름 베네치아의 다르다넬스
공격을 격퇴하는 데 참여해 대제독에 임명된 세이디 아흐메드 파샤를
해임하고 보스니아 총독으로 보냈다.[14] 세이디 아흐메드를 지지하던 술
탄의 기병대는 이에 반발해 난동을 부렸고, 예니체리는 설득돼 당국

편에 서서 그들과 맞섰다. 쾨프륄뤼 메흐메드는 정부 모든 부문의 관리들을 자신의 저택으로 불러 공동 전선을 펴고자 애썼다. 술탄은 그에게 무법자들을 처벌할 권한을 위임했고, 통행금지령이 내려졌다. 기병대 장교 일부가 처형됐고, 이 도시와 보스포루스 해협 건너편 위스퀴다르의 여행자 숙소에 숨어 있던 많은 기병도 붙잡혀 참수되었다. 말썽꾸러기들을 뿌리뽑으려는 지속적인 노력을 통해 이들과 뜻을 함께한 자들 또한 모두 추적당했다.[15] 술탄 메흐메드 4세의 측근이자 역사가인 압두르라흐만 압디 파샤가 매우 우아하게 표현했듯이 그들의 시신은 "바다 생물들의 양식으로 제공되었다."[16]

크레타섬은 여전히 점령되지 않고 있었다. 베네치아의 다르다넬스 해협 봉쇄는 오래가지 못했고, 1657년이 되자 오스만 선박들은 평소처럼 에게해에 나타났다. 베네치아는 아나톨리아 본토와 가깝고 본국 항구들에서 멀리 떨어진 보즈자섬과 렘노스섬을 점령하려 하면서 전선을 지나치게 벌리고 있었다. 다르다넬스 해협에서 몇 달 동안 치열한 해상 전투를 벌인 뒤(이때 쾨프륄뤼 메흐메드는 직접 육군을 지휘해 해협의 아나톨리아 해안에 주둔했다), 오스만은 이 섬들을 탈환했고 원정 동안 직무에 태만했던 것으로 간주된 자들은 처형되었다.[17] 이는 쾨프륄뤼 메흐메드 파샤 정권이 최근의 기억 속에 남아 있는 정권들과는 다른 체제라는 초기의 신호였다. 베네치아가 오스만과의 전쟁으로 재정이 고갈되고 있음을 인식하고 있다는 것 또한 사실이었다. 일부 원로원 의원들은 자기네 수입의 상당 부분을 의존하고 있는 베네치아 상인들이 오스만 시장에 접근할 수 있도록 하기 위해 정상적인 관계 회복이 필요하다는 것을 인정했지만, 이러한 실용주의적 견해는 우위를 점하지 못하고 있었다. 오스만제국은 베네치아와의 평화 가능성을 잠시 만지작거렸지만(자기네의 제후인 트란실바니아의 라코치 죄르지 2세가 독자적인 외교 정책을 추진하자 그곳에 원정군을 투입시켰을 때다), 오스만이 크레타섬 전체를 요구해 베네치아가 받아들일 수 없었다.[18]

라코치는 헝가리 개신교도의 수호자를 자처하며 1656년 12월 스웨덴 국왕 칼 10세 구스타브와 맺은 협정으로 자신감을 얻고 북진해 폴란드 땅으로 들어갔다. 그는 이웃의 오스만 속국인 왈라키아와 몰도바를 설득해 합류하게 하는 데 성공했고, 이는 기존의 세력 균형(합스부르크와 오스만 모두 이를 유지하는 것이 이익이었다)을 위협하는 일이어서 이스탄불 정부는 깜짝 놀랐다. 서북 변경에 약체인 폴란드-리투아니아 연방이 있는 것이 스웨덴의 지원을 받는 정력적인 제후가 장악하고 있는 영토보다 오스만에게 훨씬 나았다. 결국 연방을 상대로 한 라코치의 원정은 아무런 소득도 가져오지 못했다. 1657년 봄, 당시 외지주 총독이던 멜레크 아흐메드 파샤는 라코치와 그 동맹들을 제압하라는 명령을 받았다. 그해 늦여름에는 크림 칸의 군대가 여기에 합류했고, 1658년에는 쾨프륄뤼 메흐메드 파샤가 직접 군대를 이끌고 트란실바니아로 진군했다. 그 군에는 폴란드 연방이 보낸 수천 명의 병사도 포함돼 있었다. 라코치는 달아났고, 그와 궤도를 이탈한 왈라키아·몰도바의 제후들은 보다 독립심이 약하거나 덜 흔들리는 인물들로 교체되었다.[19]

보즈자섬과 렘노스섬을 탈환한 후 다가오는 봄의 트란실바니아 출정을 앞두고 에디르네의 겨울 숙영지에 머무르는 동안 쾨프륄뤼 메흐메드 파샤는 소집 명령을 받고 그곳에 온 많은 기병들을 학살했다. 그들이 원정 중 문제를 일으키기 전에 골칫거리들을 미리 제거하기 위해서였다. 무스타파 나이마조차도 이 사건을 담담하게 기록할 수 없었다. 그는 에디르네의 툰자 강둑이 그들의 시체로 뒤덮였다고 기록했다.[20] 압두르라흐만 압디 파샤는 그해 겨울이 유난히 추워 많은 고통을 안겨 주었다고 적었다. 눈이 너무 많이 와서 길이 막히고 식량을 구하기가 어려웠으며, 난방용 장작을 찾을 수 없어 연료로 쓰기 위해 과일나무까지 베었다.[21]

쾨프륄뤼 메흐메드 파샤는 이스탄불의 질서를 회복하고 베네치아 및 라코치를 상대로 한 전쟁에서 승리했으나, 여전히 아나톨리아의 속주 총독들로부터는 받아들여지지 않았다. 1658년 말, 트란실바니아 원정을 마치고 돌아온 그는 이들이 일으킨 반란에 직면했다. 반란자들을 토벌하지 못한다면 틀림없이 그의 관직도 날아가고 지배 기득권층 전체에 상당한 영향을 미칠 터였다. 결과적으로 반란은 30명쯤의 파샤들(그들 대부분은 오랫동안 관직을 가지고 일한 사람들이었다)이 학살당하면서 마무리됐고, 이로써 과거 수십 년 동안 아나톨리아 지역에서 끊임없이 일어났던 빈번한 반란은 일시적으로 종식되었다.

아나톨리아의 핵심 지도자는 아바자 메흐메드 파샤와 같은 지역 출신인 아바자 하산 파샤Abaza Hasan Paşa였으며, 그는 쾨프륄뤼 메흐메드 파샤가 오스만 정치의 중심부로 들어오기 전에도 이미 적극적인 반대자였다. 이전에 반란을 일으켰으며 대와지르를 지낸 입시르 무스타파 파샤의 지지자였던 아바자 하산은 다른 많은 아나톨리아 파샤들과 마찬가지로 쾨프륄뤼 메흐메드의 대와지르 임명을 정당하다고 받아들일 수 없었다. 대와지르가 에디르네에서 술탄의 기병을 숙청한 일은 결과적으로 역효과를 불러왔다. 숙청을 피한 많은 병사들이 혹독한 날씨를 무릅쓰고 도망쳤고, 아직 소집 명령에 응하지 않은 지방 기병들은 집결하라는 그들의 명령을 따르지 않았다. 결국 1658년 한여름에 약 3만 명이 집결지 대신 아나톨리아 중부의 콘야에 모였다. 여기에는 다마스쿠스주와 아나돌루주 총독과 15명의 다른 속주의 전·현직 총독들이 있었고, 아바자 하산 파샤가 그들을 이끌었다. 반란자들은 소집 명령에 불만을 표하며, "우리는 쾨프륄뤼 메흐메드 파샤가 해임될 때까지 계속 (이곳에) 집결할 것이다"라고 선언했다.[22] 이들은 그를 대신할 인물로 다마스쿠스 총독 타이야르자데 아흐메드 파샤Tayyarzade Ahmed Paşa를 제안했는데, 그의 아버지는 술탄 무라드 4세 치세 때 잠시 대와지르를 지냈고 그의 형제는 시리아의 락카주 총독이었다. 술탄은 반란자들에게 즉시 트란실바니아 전선으로 가라고 명령했으나 소용이 없었다. 그들은 그저 쾨프륄뤼 메흐메드에 대해 자기네가 갖고 있는 두려움과 그가 자리에서 물러나지 않으면 싸우지 않겠다는 말만 되풀이했다. 이에 따라 쾨프륄뤼 메흐메드 파샤는 대부분의 아나톨리아 병력 없이 1658년 한여름에 에디르네를 떠나 전선으로 가야 했다. 그들이 파괴를 초래할 수 있다고 생각한 술탄은 그들에게 대와지르 휘하에서의 발칸 전선 복무를 대신할 방안을 제시하는 것이 낫겠다고 판단하고, 바그다드의 국경 방어에 나가라고 명령했다. 그러나 아바자 하산 파샤는 그 명령을 무시하고 서쪽 부르사 방면으로 이동했다. 반란의 정당성을 보여주려는 의도에서 그는 추종자들에게 행군 중 농민들로부터 식량과 돈을 강제로 징수하지 말고, 거둔 모든 물자에 대해 보고하라고 명령했다.[23]

그들이 부르사로 접근하고 있다는 소식이 들리자 당국은 그들의 의도가 진지하다는 것을 알았다. 불과 몇 년 전에 일어난 귀르쥐 압뒬네비의 반란 등의 기억이 여전히 관리들의 뇌리에 생생했다. 쾨프륄뤼 메흐메드 파샤가 원정으로 자리를 비운 동안 그의 대리 역할을 한 전직 대제독 케난 파샤는 부르사를 방어하라는 술탄의 명령을 받았다.[24] 아바자 하산 파샤(전령은 그를 '술탄의 종'이라고 묘사했다)로부터 온 또다른 서신은 메흐메드 4세를 격분시켰다. 술탄의 회고를 기록한 압두르라흐만 압디 파샤는 그의 반응을 이렇게 전했다.

이런 말을 하게 돼서 매우 유감스럽지만, 이자들은 내 종이 아니다. 그들은 악마의 종일 것이다. 나는 이미 그들에게 무익하고 부당한 생각을 버리고 (내 앞에) 나오라고 명령했지만 그들이 오기를 두려워하기 때문에, (대신) 바그다드 방어에 참여하러 가거나 아니면 집결을 멈추고 주어진 직무로 돌아가라고 했다. 명령을 계속 거역하는 자들이 무슨 이슬람교도란 말인가? 생각 같아서는 내가 (베어) 죽이는 것이 한 사람에 그치지 않을 것이다. 그들 모두를 죽일 것이다.[25]

대와지르는 전선 부근의 진지에서 최후통첩을 보냈다. 반란자들이 와서 합류하지 않으면 원정이 끝난 후 그들을 처단하겠다는 것이었다.[26]

아바자 하산 파샤의 반란은 아나톨리아 기병대가 일으킨 이전 반란들과는 조금 달랐다. 그의 선배들은 전통적인 방식으로 불만을 제기했으며, 술탄에 대한 자기네의 충성을 주장하면서 그 신하들에 대한 경멸을 드러냈다. 그들은 제국의 문제에 대해 신하들에게 책임이 있다고 말했다. 아바자 하산은 메흐메드 4세가 그의 요구를 인정조차 하지 않자, 기존 체제에 관여하고 싶어하지 않았다. 그의 의도는 자신의 국가를 세우는 것이었다. "이제부터 우리를 이란의 샤만큼이나 불구대천의 원수로 간주하라. 그들(술탄)은 루멜리를 갖고, 우리는 아나톨리아를 갖겠다."²⁷ 이러한 급진적인 선언은 대와지르와 제국의 충성스러운 병력 대부분이 먼 곳에 나가 있을 때 젊고 경험이 부족한 술탄에게 던져진 것이어서 더욱 위험했다.

아바자 하산 파샤와 그의 병사들은 부르사 외곽에 참호를 팠다. 그는 지방 행정 기구 비슷한 것을 만들고, 쾨프륄뤼 메흐메드 파샤와 함께 원정에 나간 사람들이 맡고 있던 총독직에 자신의 동료들을 임명했다. 마치 대안 정부의 수장이 된 듯했다. 그리고 군대를 먹인다는 구실로 지역 주민들로부터 식량을 징발했다. 부르사의 주민들은 케난 파샤가 자기네에게 부과한 무기와 식량을 모았다. 그러나 그들은 아바자 하산 파샤와 접촉하고, 그의 군대에도 보급을 제공했다. 이는 술탄 메흐메드를 더욱 자극했고, 그는 이교도와의 전쟁에 나서기를 거부하고 반란을 선동한 자들이 이교도보다도 더 나쁜 존재라는 내용의 파트와를 요구했다. 그러나 성직자들이 그런 의견을 내기를 거부하자 술탄은 파트와 없이 진행하기로 결정했고, 반란자들에 맞서 무기를 들라는 총소집령을 선포했다. 디야르바크르 총독 무르테자 파샤Murteza Paşa는 여전히 믿을 수 있는 충성스러운 병력으로 구성된 반란 진압군을 지휘하라는 명령을 받았다. 이 병력은 동부 속주들인 디야르바크르, 에르주룸, 알레포, 이츠일İçil(킬리키아와 키프로스로 이루어졌다) 및 쿠르드족 지도자들로 구성되었다. 정부의 포고들은 질서가 회복될 것이라고 아나톨리아 사람들을 안심시켰고, 술탄 앞에서는 대와지르에 대한 비판이 금지되었다. 반란군을 진압하는 정부의 능력은 케난 파샤가 설득당해 아바자 하산 쪽에 운명을 걸기로 하면서 더욱 약화되었다. 부르사로 가는 길목에 있는 해안 도시 겜릭을 방어하기 위해 이스탄불에서 파견된 병력이 무단야에 도착했을 때 아바자 하산의 병력 일부를 죽이는 데 성공하기는 했지만, 하산은 그 손실에 대해 복수하기 위해 추가 병력을 보냈고 정부군은 다시 마르마라해를 건너 이스탄불 쪽으로 퇴각했다. 9년 전 귀르쥐 압뒬네비의 반란 때처럼 수도 방어를 위해 위스퀴다르에 참호를 파고 대포를 배치했다.[28]

반란군이 곧 도착할 것으로 예상되자, 지역은 혼란에 빠졌다. 주민들은 방어막을 치고 집 안에 숨었으며, 마르마라 해안에 사는 사람들은 가재도구를 이스탄불로 옮겨 보관하고 수확철이 되기 전에 정원과 과수원의 작물을 수확했다. 약탈자들이 날뛰고 소문이 무성했다. 쾨프륄뤼 메흐메드 파샤에 대한 증오는 널리 퍼져 있었고 뚜렷하게 느껴졌다. 무스타파 나이마에 따르면 대부분의 사람들은 아바자 하산 파샤가 승리하기를 바랐으며, 특히 설교자들이 그랬다. 쾨프륄뤼 메흐메드가 그들의 지도자 위스튀바니 메흐메드 에펜디를 키프로스로 유배 보내면서 단호하게 반대자들을 만들어냈던 것이다. 그들 중 일부는 아바자 하산을 이슬람력 11세기의 '신앙의 쇄신자'이며, 선지자의 전통 속에서 종교의 근본을 회복하기 위해 온 메시아적 인물이라고 공언했다.[29]

술탄은 쾨프륄뤼 메흐메드 파샤에게 트란실바니아에서 즉각 복귀할 것을 명령했다. 압두르라흐만 압디 파샤는 그의 주군 곁에 있었던 듯하며, 메흐메드와 그의 어머니 및 수행원들이 원정이 시작되기 전부터 에디르네에 머물고 있었다고 기록했다. 쾨프륄뤼 메흐메드는 이곳 에디르네로 갔고, 도착한 지 사흘 뒤인 1658년 10월 15일에 그들과 셰이흐윌이슬람, 최고 군 지도자들과 회동했다. 이후 이들은 모두 이스탄불로 이동했으며, 그곳에서 술탄은 충성심을 유지한 정예부대 병사들에게 밀린 봉급을 지급했다. 병사들은 이를 위해 할리치만 꼭대기의 도시 외곽 카으트하네 초원으로 소집됐는데, 이는 그들 가운데 섞여 있는 반란군 병사들을 시험하려는 목적이었다. 술탄의 부대원 중 5일 내에 급료를 수령하러 나타나지 않은 자는 모두 명단에서 이름이 지워졌다.[30] 정부는 다시 주도권을 회복하고 있는 듯했다.

반란군과 정부군은 두 달 동안 아나톨리아 중서부의 퀴타히아 부근에서 충돌했다. 반란군은 큰 손실을 입고 패배했으며, 이즈니크에 대한 공격이 성공해 정부군을 패주시켰지만 반란군의 희망을 되살리기에는 역부족이었다. 급료 지급 소식이 술탄의 부대 출신인 아바자 하산의 추종자들 귀에 들어가자, 그들 중 많은 이들이 부대에 복귀할 기대를 품고 이스탄불로 갔다. 그러나 트란실바니아 원정에 참여하지 않은 약 7천 명의 정예 기병들은 명단에서 이미 삭제돼 있었고, 쾨프륄뤼 메흐메드 파샤는 체포된 자들을 모두 처형하라고 명령했다. 며칠 사이에 아나톨리아에서 천 명이 살해됐고, 점호에 응하기 위해 이스탄불에 늦게 도착한 다른 사람들도 마찬가지였다. 그러나 쾨프륄뤼 메흐메드는 아직 승리를 확신하지 못했고, 이즈미트를 방어하기 위해 5천 명의 예니체리를 파견했다. 그러나 계속된 기병 학살은 지금까지는 정부에 대한 지지로 뭉쳐 있던(공포심 때문이기는 하지만) 예니체리들 사이에서도 반란에 대한 생각을 촉발하기 시작했다. 이제 이들은 더이상 같은 이슬람교도를 죽이는 데 동참할 생각이 없다며 항의했고, 대와지르를 적으로 낙인찍으며 그를 아바자 하산에게 넘기자고 주장했다. 이위협은 매우 심각해서 쾨프륄뤼 메흐메드는 반란군을 상대로 직접 원정에 나서는 것을 단념했고, 무르테자 파샤가 그 대신 지휘를 맡았다. 그러나 쾨프륄뤼 메흐메드는 곧 자신의 결정이 현명했는지에 대해 의문을 품게 되었다. 무르테자 파샤는 처음에 아나톨리아 중부에서 기회가 왔을 때 전투를 밀어붙이지 못했고, 이어 아바자 하산에게 대패했

다. 이 전투에서 양측은 8천 명에 이르는 사상자를 냈다.[31]

겨울이 되고 정부군과 반란군 진영 모두에 첩자가 침투했다. 쾨프륄뤼 메흐메드 파샤는 반란군과 비밀 협상을 고려했고, 아바자 하산 파샤의 입지는 점점 약해지고 있었다. 그는 동남쪽으로 이동했지만, 가지안테프(아인타브)의 겨울 숙영지는 눈 많은 날씨와 정부에 충성하는 지역 주민들의 적대감 때문에 보급이 어려울 것임을 알고 시리아로 이동하기로 결정했다. 그는 멀리 가지 않아 유프라테스강 변 비레지크 부근에서 매복 공격을 받아 천 명 이상의 병력을 잃었다. 무르테자 파샤는 알레포의 겨울 숙영지에서 변장을 한 요원들을 아바자 하산의 진영에 보냈다. 술탄의 사면 약속을 들고 가서 반란군 병사들이 그 지도자를 버리도록 설득하기 위해서였다. 아바자 하산은 흔들리는 병사들에게 자신이 그들의 대의를 위해 싸우고 있다고 호소했다. 그러나 배고픔에 시달리던 병사들은 결국 무르테자 파샤의 감언이설을 참아 낼 수 없었다. 자신에 대한 지지가 녹아내리는 것을 본 아바자 하산은 그를 대신해 술탄에게 중재하겠다는 가지안테프의 고위 성직자의 제안을 받아들였다. 무르테자 파샤는 제안의 진정성을 증명하기 위해 인질을 보냈고, 아바자 하산과 남아 있는 그의 추종자들(여전히 많은 전직 고위 관리가 포함돼 있었다)은 사면을 청하는 동안 알레포에 머물라는 초청을 받아들였다. 무르테자 파샤는 그들에게 해를 입히지 않을 것이라고 맹세했다.[32]

그들이 알레포에서 보낸 나날은 매우 우호적인 분위기에서 지나갔다. 아바자 하산 파샤는 무르테자 파샤의 저택에 머물렀고, 그의 동료 31명과 하인들은 다른 곳에 묵었다. 그러나 이스탄불에서는 그들의 청원에 대한 응답이 오지 않았고, 반란군이 계속해서 알레포에 머무르는 것이 무르테자 파샤를 불안하게 만들기 시작했다. 마침내 그는 1659년 2월 24일 밤, 알레포 요새에서 대포가 발사되면 각자의 집에 머물고 있던 반란군을 살해하라는 명령을 내렸다. 그날 밤 아바자 하산 파샤, 타이야르자데 아흐메드 파샤, 케난 파샤와 몇몇 사람들은 무르테자 파샤와 함께 저녁을 먹었다. 그들은 친밀하게 먹고 마시며 과거의 다툼은 잊어버리기로 했을 것이라고 나이마는 이 장면을 추측한다. 그러나 이들이 저녁 기도 전 세정 의식을 위해 무르테자 파샤 저택의 욕실로 가던 중 20~30명의 '거친 용사들'이 들이닥쳐 이들을 잔혹하게 칼로 찔러 살해했다. 학살 소식은 즉시 요새의 총독에게 전달됐고, 그는 대포를 발사해 덜 유명한 반란자들을 처형할 시간이 됐음을 알렸다. 그들의 머리는 짚이 채워져 이스탄불로 보내 전시했고, 시신은 알레포의 한 성문 밖에 걸어두었다.[33]

아바자 하산 파샤의 반란을 종식시키는 과정에서 쾨프륄뤼 메흐메드 파샤가 공모했음을 시사하는 직접적인 증거는 없지만, 그 결과는 틀림없이 그를 만족시켰다. 이런 결말은 불만을 품은 오스만 국가 관리들이 그의 사례를 따르려는 생각을 단념시킬 만한 것이었다. 그러나 안탈리아 지역의 태수 쾨르 무스타파 파샤Kör('맹인') Mustafa Paşa는 아바자 하산의 반란이 일으킨 혼란을 틈타 자신의 관할 지역에서 불안을 조장했다. 이에 대해 정부는 육상과 해상을 통한 강력한 대응에 나섰고, 술탄의 사면 약속을 어리석게 믿은 쾨르 무스타파는 곧 처형되었다. 쾨프륄뤼 메흐메드에게 도전하려 했던 다마스쿠스와 카이로의 다른 이들도 마찬가지였다.[34]

대와지르는 요행을 바라지 않았다. 아나톨리아 지역의 반란이 진압되자 그는 이스탄불에 있는 자기 대리인인 이스마일 파샤İsmail Paşa(케난 파샤의 후임자였다)를 동부 변경 지대로 보내 국가 질서에 위협으로 간주될 수 있는 잔당을 모두 색출하게 했다. 속주 총독이든, 예니체리나 기병이든, 판관이나 종교 지도자든, 그 누구도 피해 갈 수 없었다. 그 처벌은 사형이었고, 이는 파트와로 승인되었다. 쾨프륄뤼 메흐메드가 공통의 목적을 강요하려 한 시도의 일환이었던 이스마일 파샤의 조사단은 군 장교와 이슬람법을 담당하는 관료로 구성되었다. 술탄과 그의 대신들이 완전히 통제권을 갖고 있음을 백성들에게 인식시키기 위해 그들은 성대한 의식을 갖추고 아나톨리아 전역을 돌아다녔다. 그들의 임무 중 하나는 군인이라고 주장하는 자들의 신분을 조사하는 것이었다. 그들이 실제로는 농민인데 병적에 올려 과세를 피하고자 한 것이 아닌지를 확인하기 위해서였다. 세수를 극대화하는 것은 오스만 정부의 지속적인 관심사였고, 이러한 필요와 국가의 병력 수요 사이의 균형을 맞추는 일은 절충이 필요했다. 이스마일 파샤의 조사단은 불법적으로 농민의 손에 들어간 총기 8만 정을 찾아내 압수하고 국가 무기고로 넘겼다. 콘야에서 붙잡힌 몇몇 메블레비 교단 데르비시들은 신원이 입증되어 풀려났지만, 다른 네 명은 데르비시 복장을 했지만 자세히 조사해본 결과 아바자 하산 파샤의 옛 추종자로 드러나 합당한 처벌을 받았다.[35]

아나톨리아와 아랍의 속주들은 일단 진압됐고, 크레타 전쟁은 교착 상태에 빠졌으며, 속국인 왈라키아와 몰도바에서는 군주의 교체로 질서가 회복되었다. 그러나 트란실바니아에서는 술탄에 의해 폐위된 라코치 죄르지가 여전히 이를 인정하지 않고 합스부르크의 지원을 받아 술탄이 선택한 후임자에 맞서 싸우고 있었다.

젊은 술탄과 그의 어머니는 쾨프륄뤼 메흐메드 파샤가 국내의 반대파들을 잔혹하게 탄압하는 일에서 분명히 공모했다. 술탄 메흐메드는 그저 다른 대안이 없어서 그의 대와지르를 지지했을 뿐이었다. 쾨프륄뤼 메흐메드는 이제 오스만 백성들의 마음을 얻기 위해 술탄의 탁월함과 태후의 관심을 드러낼 때가 되었다고 생각했다. 메흐메드 4세는 사냥에 대한 열정이 대단해서 '아브즈Avcı'('사냥꾼')라는 별명을 얻었고, 그가 좋아한 거처는 에디르네였다. 그곳 도시 바깥의 궁궐 사냥터에서 그는 옥신각신하는 수도에서 벗어나 자유롭게 사냥감을 좇을 수 있었다. 그는 11년 동안 재위했지만 이스탄불과 에디르네 사이만 오갔을 뿐이고, 이런 술탄의 행차는 쾨프륄뤼 메흐메드가 염두에 둔 선전 목적을 위해 떠벌리기에 충분하지 않았다. 강력한 군주의 상징성에 대해 잘 알고 있던 그는 자기네 군주의 위엄을 적절하게 표현하는 방법을 마련했다.

1659년 5월 26일, 톱카프궁의 깊숙한 곳에서 제국의 깃발이 꺼내져 바브윗사아데Bab üs-Sa'ade('행복의 문') 밖에 세워졌다. 이 문은 궁궐의 사적 영역과 공적 영역을 나누는 경계였다. 이후 한 달에 걸쳐 술탄과 태후, 그의 와지르들과 군대는 해협 건너 위스퀴다르로 이동했고, 6월 30일에는 성대한 행렬과 함께 황실 묘지가 있는 도시인 부르사를 향해 출발했다. 그들은 느긋한 속도로 움직이고 도중에 길게 행차를 멈추기도 해서 7월 29일에 도착했다. 부르사는 아바자 하산 파샤의 반란 동안 큰 위기에 처했던 곳이었고, 술탄 메흐메드가 그곳에 머무는 동안 대중의 환호와 찬양이 쏟아졌다. 정상적인 정부 업무는 계속되었다. 새로운 관직 임명이 이루어졌으며, 쾨프륄뤼에 반대하는 봉기에 협력했던 자들은 면직되고 술탄은 아바자 하산이 이스탄불을 향해 진격할 때 그에게 물자를 제공한 부르사 주민들을 처형하라고 명령하면서 정의가 구현되었다. 세속적 권위를 과시한 뒤 술탄은 조상들의 무덤을 찾았고, 이곳에서 야간 의식의 중심으로서 선지자의 성스러운 외투가 전시되면서 신의 권능에 의해 그의 것으로 과시된 정통성과 위엄이 강조되었다.[36]

술탄이 부르사에 체류한 것은 그가 백성들과 동행하는 일의 시작일 뿐이었다. 대와지르가 그를 위해 계획한 것이었다. 그들은 그곳에서 다르다넬스 해협을 방문했다. 베네치아인들과의 최근 해전에서 15세기 중반 술탄 메흐메드 2세가 그 양안에 세운 요새들이 최신 범선의 통과를 막기에는 충분하지 않다는 사실이 드러났다. 무스타파 나이마에 따르면, 매년 30~40척의 베네치아 선박이 이들 성채 너머에 정박해 해협을 봉쇄했다. 다른 선박들은 그들의 존재를 모른 채 에게해에서 이 해협으로 들어오다가 매복에 걸려들었다. 이 문제는 태후 쾨셈 술탄이 살해되기 직전에 인지했으며, 쾨셈은 더 서쪽, 해협의 에게해 쪽 끝에 대항 포대를 건설하는 일의 타당성을 검토하기 위해 한 건축가를 임명했다. 쾨셈의 새로운 성채 계획은 투르한 술탄의 섭정 시기로 넘어갔고, 1659년 9월 말에 투르한이 방문할 때는 해안 쪽을 제외한 요새 대부분이 완공된 상태였다. 술탄 일행은 다르다넬스 해협에서 에디르네로 돌아갔다.[37] 거의 2년 후 성채가 완공되자, 술탄과 그의 어머니는 다시 해협을 방문해 성대한 의식과 함께 그곳을 둘러보았다. 이는 술탄의 친구 압두르라흐만 압디 파샤에 의해 묘사됐는데, 그는 "술탄 메흐메드 칸 가지의 어머니"의 "자애로운 선물"을 기리는 시를 썼다.

(해협) 양쪽에 하나씩 요새 둘을 세움으로써

신앙인들의 땅을 적으로부터 안전하게 만드셨도다.

(…)

은혜로 양편의 바다를 채워

이렇게 나란히 해협을 새로이 건설하셨도다.[38]

1661년 9월 30일, 쾨프륄뤼 메흐메드 파샤는 몇 달 동안 앓던 끝에 에디르네에서 세상을 떠났다. 투르한 술탄처럼 그 역시 자선을 베푸는 후원자였다. 그의 기부는 새로 정복한 땅에 오스만제국의 도장을 찍으면서 자신의 삶과 정복의 방식을 따랐다. 그의 가장 다채로운 기부 사업은 그가 대와지르가 된 직후 베네치아인들로부터 재탈환한 보즈자섬에서 한 것이었다. 그는 이곳에 마스지드 두 곳, 학교 하나, 여행자 숙소 하나, 목욕탕 하나, 커피하우스 하나, 마구간 하나, 방앗간 아홉 곳, 물레방아 하나, 빵집 하나, 상점 여든네 곳을 건설했다. 그러나 이 재단의 수익 창출 요소는 지출 및 자선 사업을 충당하기에 충분한 수입을 내지 못해, 메흐메드 파샤에게 여러 마을과 기타 농촌 수입원이 제공돼 부족분을 보충하게 했다. 여기에는 그가 보즈자섬을 탈환한 직후 역시 베네치아인에게서 탈환한 렘노스섬의 두 마을에서 거둬들이는 세금도 포함돼 있었다.[39]

1658년의 트란실바니아 원정에서는 라코치의 거점 이네우Ineu가 오스만제국의 영토가 됐고, 쾨프륄뤼 메흐메드 파샤는 이곳에 마스지드 하나, 학교 두 곳, 방앗간 아홉 곳, 상점 서른 곳을 지었다. 그의 고향인 알바니아의 로슈니크에서는 마스지드 겸 학교 하나를 세웠으며, 대와지르가 되기 전 관직에서 물러났을 때 가곤 하던 제2의 고향 아마시아 지역에서는 다른 기부를 여러 가지 했다. 그 가운데 하나가 아나톨리아 중북부를 가로지르는 동-서 교역로에 위치한 도시 아마시아 서북쪽의 귀뮈슈하즈쾨이에 상업을 자극하기 위해 지은 여행자 숙소다. 시리아에서 근무한 경험은 그로 하여금 순례길의 안전을 강화하게 만들었고, 그는 안타키아 남쪽의 아시(오론테스)강 변 지스르앗슈구르에 요새 한 곳, 마스지드 두 곳, 여행자 숙소 한 곳, 학교 한 곳을 건설했다. 이는 운영 측면에서 그의 기부 가운데서도 가장 많은 비용이 든 사업이었다. 이것이 상인과 순례자들을 사막 민족의 습격으로부터 보호하는 중요한 방어 목적에 이바지했기 때문이다.[40]

오스만제국에서 후원은 오랫동안 승진의 중요한 경로였으며, 50년 넘게 국가의 고위 관직을 아버지로부터 아들이 계승하는 일이 계속되었다. 이는 수많은 와지르들이 'A-오을루 B 파샤' 또는 'X-파샤자데 Y 파샤' 같은 이름을 가진 데서 나타난다. 오을루는 튀르크어로 '아들'을, 자데는 페르시아어로 '아들'을 뜻한다. 따라서 예를 들어 외즈데미르오을루 오스만 파샤와 나수흐파샤자데 휘세인이라는 이름은 오스만이 외즈데미르 파샤의 아들이고 휘세인이 나수흐 파샤의 아들임을 나타낸다. 쾨프륄뤼 메흐메드 파샤가 사망하자 그의 아들 파즐 아흐메드 파샤가 대와지르 자리를 이어받았는데, 이때 그는 스물여섯 살이라는 이례적으로 젊은 나이였다. 그는 이런 방식을 응용해 쾨프륄뤼자데 파즐 아흐메드 파샤Köprülüzade Fazıl Ahmed Paşa라는 이름으로 알려지게 된다. 이것이 아버지의 대와지르 자리를 아들이 계승한 첫 번째 사례였다. 파즐 아흐메드는 신학교에서 공부를 시작했고, 졸업 후 이스탄불의 종교계에서 여러 직책을 맡았다. 그러나 아버지가 대와지르가 된 직후 종교 분야를 떠나 행정 분야로 옮겼다. 그는 민감한 변경 지역인 에르주룸의 총독에 임명됐는데, 이곳은 언제나 신뢰할 만한 사람이 필요한 지역이었다. 그를 대와지르로 임명하는 결정은 아버지가 사망하기 전에 이미 이루어졌다. 죽음이 임박했음을 안 쾨프륄뤼 메흐메드는 다마스쿠스(당시 그곳의 총독으로 재직 중이었다)에서 파즐 아흐메드를 불러들여 자신의 대리로 삼았다.[41] 쾨프륄뤼 메흐메드가 스스로 선택한 후계자를 가까이 두고자 한 욕망은 과거 술탄들의 전략을 떠올리게 하며, 쾨프륄뤼 메흐메드의 가문을 위한 야망과 15~16세기 오스만 술탄들의 왕가에 대한 야망 사이의 유사성은 이 대귀족 가문의 끝없는 열망을 인상적으로 보여준다.

파즐 아흐메드 파샤의 15년에 걸친 대와지르 재임 기간(1676년에 요절하는 바람에 갑자기 중단되었다)에는 여러 차례의 군사 원정이 두드러졌다. 특히 서북 변경이 중심이었고, 오스만제국은 다시 한번 팽창의 시기를 구가했다. 파즐 아흐메드의 첫 번째 목표는 크레타섬을 둘러싼 베네치아와의 교착 상태를 깨기 위한 새로운 시도였고, 1662년 9월 25일 제국 군대의 총동원령이 내려졌다. 그는 1663년 달마티아 지역으로 원정을 갈 계획을 세웠다. 시베니크, 스플리트, 코토르 등 이 지역의 베네치아 요새들을 상대로 활동을 펼쳐 끊임없이 그들을 괴롭히던 현지 오스만 병력을 지원하는 것이 목적이었다. 오스만은 이 요새들을 점령한다는 희망을 품었지만, 11월이 되자 군대는 달마티아가 아니라 헝가리 쪽을 향하고 있음이 분명해졌다.[42]

트란실바니아에서 라코치 죄르지의 활동으로 인한 불안정은 1660년에 대군이 오스만의 권위를 회복하면서 해결된 듯했다. 오스만군은 여러 요새들을 점령했으며, 골치 아픈 이전 군주를 죽였다. 함락된 요새 가운데 하나가 1658년에 가까스로 함락을 면했던 오라데아Oradea(튀르크어로 바라드Varad)였는데, 이 도시는 이제 그 튀르크어 이름을 내건 작은 새 속주의 중심지가 되었다.[43] 오라데아 포위전과 관련된 흥미로운 세부 정보 하나는 200년 전 오스만의 콘스탄티노폴리스 정복과 연결된다. 콘스탄티노폴리스를 '보호'했던 황제 유스티니아누스의 기마상과 마찬가지로, 오라데아는 14세기 말에 제작된 네 점의 중세 헝가리 성인聖人 왕들의 청동 조각상이라는 부적으로 '보호'받고 있었다. 당대의 트란실바니아 역사가들은 이 조각상들이 그 자리에 있는 한 이 도시는 다른 세력에게 함락되지 않을 것이라는 헝가리인들의 믿음을 기록했다. 오스만은 이에 따라 화력을 이들에게 집중시키고자 했다. 그들은 조각상들을 파괴하는 데(그리고 요새를 점령하는 데) 성공했고, 파괴된 동상은 베오그라드로 옮긴 뒤 녹여 대포를 만들었다. 오스만인들은 이를 비꼬아 '헝가리인의 신들'이라 불렀다.[44]

트란실바니아에 대한 오스만의 그런 직접적인 개입은 합스부르크가에게 큰 불안을 자아냈다. 라코치의 후임자로 합스부르크가가 지명한 케메니 야노시Kemény János는 곧 오스만군에 의해 축출됐고, 1661년 말 지방 유력자였던 아퍼피 미하이Apafi Mihály가 그 자리를 차지했다. 케메니는 잠시 저항했지만, 1662년 2월 전투에서 전사했다.[45] 1662년에는 오스만과 합스부르크 사이에 평화가 이루어질 수 없었고, 1663년 4월 14일 파즐 아흐메드 파샤는 제국 군대를 이끌고 에디르네를 출발해 6월 7일 베오그라드에 도착했다. 대와지르는 화해할 생각이 없었으며, 황제 레오폴트 1세의 사절단을 만났을 때 그는 트란실바니아와 양국이 맞대고 있는 다른 국경 지대에서 일어난 평화 조건 위반을 그들에게 상기시켰다. 또한 당시 오스만의 자신감을 반영하듯, 술탄 쉴레이만 치세의 헝가리 전쟁 시기부터 1593~1606년 전쟁이 끝날 때까지 신성로마제국이 오스만 술탄에게 지불하던 연례 공물의 복원까지 요구했다.[46] 그러나 협정은 이루어지지 않았고, 사절단은 억류되었다.

파즐 아흐메드 파샤는 분명히 빈으로 가는 길목을 지키던 요새 가운데 하나인 죄르를 향해 진격할 생각이었다. 그곳은 오스만이 1594년에서 1598년 사이에 잠시 차지했던 곳이다. 그러나 부다에 도착하고 합스부르크 대표들과의 추가 협상이 결렬된 뒤 그의 계획이 변경되었다. 오스만군은 북쪽으로 이동해 에스테르곰에서 도나우강을 건너 1663년 8월 17일 노베잠키 요새 앞에 도달했다. 이 결정은 라이몬도 몬테쿠콜리Raimondo Montecuccoli 장군이 지휘하는 합스부르크군을 놀라게 하고 불안에 떨게 했다. 그들은 빈 방어 전략을 아직 마련하지 못했고, 다른 곳의 공격에 대해서는 더욱 준비가 부족했다. 파즐 아흐메드의 결정은 대담하면서도 공격적이었다. 노베잠키는 빈과 트란실바니아를 잇는 길목에 위치했고, 합스부르크 방어 체계의 핵심 지점 가운데 하나였기 때문이다. 수비대는 처음에 성을 내주기를 거부했고, 포위전은 5주 동안 계속되었다. 이 포위전 동안에 파즐 아흐메드의 군대는 카자크, 크림 타타르, 그리고 몰도바·왈라키아에서 온 군대의 도움을 받았다. 마침내 수비대가 항복하자 방어자들은 무사히 떠날 수 있게 허용되었다. 파즐 아흐메드 파샤와 그의 군대는 겨울을 보내기 위해 베오그라드로 돌아갔다. 1663년의 원정 기간은 정리 작전에 해당하는 것으로 마무리되었다. 이 지역의 작은 여러 성채들이 점령됐고, 이들은 노베잠키를 중심으로 한 우이바르로 알려진 새로운 속주에 편입되었다.[47]

서방의 당대 사람들에게 노베잠키 정복은 과거를 반복하는 것이었으며, 오스만의 군사력과 활력의 부활을 나타내는 듯했다. 그럼에도 불구하고 합스부르크에 충성하는 군대는 파즐 아흐메드 파샤가 포위전에 매달리고 이어 겨울철에 병력이 철수하는 틈을 타 빠르게 움직였다. 1664년 1월, 그들은 헝가리 남쪽의 여러 오스만 요새를 점령해 일시적으로 보유했다. 그러나 상황은 심각했다. 빈은 다시 위협받고 있는 듯했고, 합스부르크에 대한 지원이 교황으로부터, 에스파냐로부터, 일부 독일 군주들로부터, 심지어 당시 신성로마제국과 평화 상태였던 프랑스로부터도 오려 하고 있었다. 합스부르크는 노베잠키를 되찾으려 하지 않고 1664년 너지커니저로 방향을 돌렸다. 베오그라드와 빈 사이 통로의 핵심 거점으로 1601년 이래 오스만이 장악하고 있던 곳이었다. 파즐 아흐메드 파샤와 그의 군대가 도착하면서 포위는 풀렸고, 오스만군은 진군을 이어가며 다른 여러 요새를 점령했다. 이 가운데는 우이바르 원정에 앞선 실패한 평화 협상에서 오스만이 철거를 요구했던 곳도 들어 있었다. 이제 그들은 죄르를 포위할 생각을 품고 있었다.[48]

　오스만이 품었을 어떤 희망도 1664년 8월 1일 너지커니저 동북쪽 라버강 변의 센트고트하르드에서 벌어진 야전에서 몬테쿠콜리의 군대에 패배하면서 산산이 부서졌다. 여행가이자 작가인 에블리야 첼레비는 파즐 아흐메드 파샤의 군대와 함께 있었고, 너지커니저에서 라버강으로 향하는 힘든 행군을 묘사했다. 그들이 나아갈 때 합스부르크 부대가 강의 서쪽 둑을 따라 그림자처럼 따라붙었다. 식량은 매우 부족했으며, 진창과 습지대가 많아 전진이 극도로 더뎠다. 단 한 시간 걸릴 거리를 다섯 시간이 걸렸다.[49] 군대가 센트고트하르드 성채 맞은편에 있는 강의 동쪽 둑에 도착했을 때는 해가 나왔지만 적은 어디에도 보이지 않았다. 에블리야 첼레비의 말에 따르면, 그 지점에서 강물은 얕아 기껏해야 말등자 높이 정도였고, 파즐 아흐메드는 습격대를 강 건너로 보내 서안의 마을을 공격하게 했다. 계절은 늦고 식량이 부족했음에도 불구하고 빈을 포위한다는 결정이 내려졌고, 고단한 병사들은 이에 반대할 수 없었다. 급히 강을 가로지르는 다리를 놓으라는 명령이 내려졌고, 군대는 이틀 안에 진군 준비를 했다. 에블리야 첼레비는 이 어리석은 결정을 못마땅해했다. 그는 그 책임을 파즐 아흐메드 휘하의 두 지휘관에게 돌렸다. 알레포 총독이자 1651~1652년의 몇 달 동안 대와지르였던 귀르쥐 메흐메드 파샤, 그리고 몇 해 전 아나톨리아를 돌아다니며 무자비한 조사를 해서 악명을 얻은 이스마일 파샤였다. 군대의 상황은 물 없는 물레방아와도 같았다고 에블리야 첼레비는 썼다. 그는 자신과 열한 명의 수행원의 식량을 찾고 여섯 필의 말이 풀을 뜯게 하기 위해 타타르족 군영으로 몰래 이동하기도 했다.

다음날은 금요일이었고, 전투 전의 휴식을 취하고 있었다. 수천 명의 오스만 병사가 강을 건너 정찰을 나갔고, 포로로 잡은 정보원들로부터 적 1만 명이 인근 숲에 숨어 있다는 사실을 알아냈다. 귀르쥐 메흐메드 파샤와 이스마일 파샤는 당장 공격을 시작해야 한다고 파즐 아흐메드 파샤를 설득하고자 했다. 더 현명한 참모들은 많은 오스만 병사가 말에게 풀을 뜯게 하려고 자리를 비웠고 합스부르크 병사들이 그렇게 적은 것은 속임수일 것이라고 지적했지만, 두 파샤는 고집을 꺾지 않았다. 결국 오스만군의 주력은 계획했던 것보다 하루 앞서 강을 건너라는 명령을 받았다. 다리가 안전하게 놓이기도 전이었다.

전투는 처음에는 순조로웠다. 숲에서 겨우 수천 명의 적이 더 나타났고, 오스만군은 수백 명의 포로와 전리품, 그리고 전투에서 죽인 적의 머리를 가지고 돌아올 수 있었다. 이들은 관례대로 보상을 받았다. 에블리야 첼레비는 자신도 전쟁터에 있었다고 주장하며, 오스만군

760명이 죽은 반면에 합스부르크군은 9760명이 죽었다고 기록했다. 승세를 탄 파즐 아흐메드 파샤의 병사들은 광범위한 습격전을 펼쳤다. 그러나 오스만 병사 상당수가 아직 다리를 건너지 못한 상태에서, 강력한 합스부르크 군대가 모습을 드러내고 곧 강을 따라 늘어섰다. 그리고 새로운 병력이 속속 전쟁터에 나타났다. 심지어 백병전에 돌입하고 여섯 시간 뒤에도 추가되었다. 오스만 병사들은 "적군의 바닷속에 있는 물 한 방울에 불과"했다고 에블리야 첼레비는 말했다. 그러나 파즐 아흐메드는 타타르 병력을 지원군으로 부르지 않았다. 그들을 지휘하는 칸의 아들에게 불만이 있었기 때문이다. 에블리야 첼레비는 전투가 한창일 때 타고 있던 말이 총에 맞았고, 강을 건너 다른 말을 찾으러 갔다. 그는 오스만 군영에서 강 건너의 전쟁터를 뒤돌아보았는데, 놀랍게도 오스만 군대가 패배하고 있었고 싸움은 여전히 계속되고 있었다. 이때 파즐 아흐메드는 예니체리 부대에게 교두보를 지키는 참호로 이동하라는 명령을 내렸으나, 그들이 이동하는 모습을 본 다른 병사들은 전쟁터에서 도망치는 것으로 생각했다. 곧 오스만군은 완전히 무너졌고, 할 수 있는 자들은 모두 달아나 강 건너의 군영으로 돌아가려 했다. 에블리야 첼레비는 목격한 현장을 이렇게 묘사했다.

다리는 급히 만들어졌기 때문에 어떤 곳들은 대포를 안정시키는 데 사용하는 줄로 묶었고, 많은 병사들이 개미 떼처럼 그 위로 몰려들어 건너편으로 가려 하면서 다리가 그 무게를 견디지 못하고 무너졌다. 예니체리들이 모두 물에 빠졌지만, 일부는 나무나 다리를 만드는 데 사용된 줄을 붙잡을 수 있었다. (…) 강 양안은 가파르고 갈라진 곳이 많아 사람도 말도 도망칠 수 없었다. 수천 명이 말에서 내렸지만 말들은 물속에 있었고, 말

들의 고삐와 등자가 뒤엉켜 병사들은 그것들과 노새들 사이에 갇혔다.[50]

그러나 어떤 병사들은 운 좋게도 혼란을 벗어나는 방법을 찾아냈다. 쓰러진 전우들의 시신을 밟고 강둑에 도달하거나, 다리에서 멀리 떨어진 곳에서 강을 건넜다. 다른 이들은 물이 얕은 지점을 발견했지만, 그런 곳은 대개 적병들이 모여 있어서 위험하기는 마찬가지였다. 그것은 "심판의 날과 같았"다고 에블리야 첼레비는 말했다.

바다에서 풍향의 변화가 승패를 좌우할 수 있는 것처럼, 육지에서는 험한 지형과 악천후가 군사작전의 성패를 결정할 수 있었다. 오스만 군대가 이스탄불과 에디르네의 기지들로부터 이동해야 하는 거리로 인해 생기는 한계보다도 더 큰 영향을 미쳤다. 도나우강과 그 여러 지류들은 병력과 보급품 수송에 유용했지만, 헝가리의 이 지역에서는 범람이 잦았고 주변 평원은 진창이 되기 십상이었다. 이는 이 시기의 연대기에서 자주 언급되는 늦여름의 폭우로 인해 흔한 현상이었다. 이러한 조건은 수많은 병사와 말, 무겁게 짐을 실은 보급 행렬과 대포 등으로 구성된 군대의 이동에 매우 불리했으며, 특히 다리 건설과 이를 통한 도하를 어렵게 만들었다.

라버에서의 패배 후 오스만은 좀더 방어적인 자세를 취하게 되었고, 며칠 만에 합스부르크와 20년 기한의 평화조약을 체결했다. 합스부르크의 전투력은 그들의 승리로부터 추가적인 이득을 뽑아내는 일을 감당할 정도는 되지 못했다. 트란실바니아는 오스만의 영향 아래 독립을 유지하기로 했으며, 오스트리아 황제(버슈바르Vasvár 조약의 오스만어판에서는 '로마' 황제로 불렸다)는 술탄의 금고에 연례 '선물'을 준다는 데 다시 동의했다. 새로 정복한 노베잠키는 오스만의 영토로 남았다.[51] 파즐 아흐메드 파샤는 이후 조약의 조항이 철저히 지켜지도록 꼼꼼하게 챙겼다. 오스만은 베네치아 문제를 처리할 여유를 얻기 위해 이 전선에서 평화의 기간이 필요했다. 크레타를 둘러싼 전쟁이 이제 19년째로 접어들고 있었기 때문이다.

조약의 비준을 위해 합스부르크 궁정에 간 오스만 사절인 루멜리주 총독 카라 메흐메드 파샤Kara('검은') Mehmed Paşa의 수행원 중에는 에블리야 첼레비도 포함돼 있었는데, 그는 외국에 파견된 오스만 사절에 관한 현존하는 가장 이른 기록을 남겼다.[52] 파즐 아흐메드는 메흐메드 파샤의 소박한 복장과 수행원에 대해 비판적이었던 듯하며, 술탄의 사절에 걸맞은 화려함과 넉넉함을 갖추고 황제 앞에 서야 한다고 그에게 말했다. 에블리야 첼레비는 빈에서 본 모든 것을 생생하게 묘사했으며, 1658년 불과 열여덟 살의 나이로 아버지의 뒤를 이어 신성로마제국 황제가 된 레오폴트 1세에 특히 매혹됐음을 드러내고 있다.

그는 중키이고 허리가 잘록하며, 뚱뚱하지도 탄탄하지도 마르지도 않았다. 희생을 아끼지 않는 젊은 용사처럼 털이 없다. 신은 그의 두개골을 메블레비 수도승의 모자 또는 호리병박 또는 물병 모양으로 만드셨다. 그의 이마는 판자처럼 평평하다. 눈썹은 짙고 검지만 그 사이 간격은 적당하다. 그의 눈은 올빼미 눈처럼 둥글고 불그스레하다. 속눈썹은 길고 검다. 얼굴은 여우처럼 길다. 그의 귀는 아이의 신발만큼 크다. 코는 쭈글쭈글한 포도 같고, (…) 아니면 펠로폰네소스 가지처럼 크고 붉다. 콧구멍 하나에 손가락 세 개가 들어갈 수 있을 정도이며, 이 넓은 콧구멍에서 서른 살 용사의 수염 같은 검은 털들이 비어져 나와 콧수염과 뒤섞여 있다. 그는 귀까지 닿는 풍성한 검은색 콧수염을 갖고 있고, 입술은 낙타의 입술 같다(그

입에 빵 한 덩이가 들어갈 만하다). 이도 마찬가지로 크고 흰 낙타의 이 같다. 그가 말을 할 때마다 (…) 낙타 같은 입술에서 침이 흘러내리며, 그 곁의 많은 (시종들이) 수건 같은 빨간 천으로 닦아낸다. 그는 계속해서 턱수염과 콧수염을 빗는다. 그의 손가락은 랑가Langa(이스탄불의 상업용 과수원 지역이다)의 오이만 하다. (…) 그의 왕가는 모두 그처럼 못생겼으며, 그의 흉측한 얼굴은 모든 교회와 가정, 그리고 주화에서 찾아볼 수 있다.[53]

술탄 메흐메드 4세는 그의 대와지르가 헝가리에 있는 동안, 에디르네에 있는 궁궐과 트라케 및 마케도니아에 있는 사냥터 사이를 오가며 2년의 시간을 보냈다. 술탄은 후손을 위해 총애하는 압두르라흐만 압디에게 궁정 생활의 모든 세세한 사항을 기록하게 했다. 하루 동안 사냥한 표범·여우··노루의 수나, 코끼리와 그 기수를 땅에서 들어올린 괴력사의 묘기 같은 것들이다. 심지어 압두르라흐만 압디가 병에 걸렸을 때에도 술탄은 그에게 그날의 일을 기록하라고 당부했다.[54] 파즐 아흐메드 파샤는 1665년 7월 에디르네로 돌아왔고, 궁정은 다르다넬스(그곳에서 요새를 점검했다)를 경유해 천천히 이동하며 이스탄불로 돌아왔다. 다음으로 시급한 과제는 크레타섬 정복의 완수였다.

이 시기에는 순례자와 상선을 노린 해적 행위가 바다에서 여전히 성행하고 있었고, 약탈과 노예사냥도 계속되었다. 주요 정치가들이 모인 회의에서 술탄은 대와지르를 계획된 크레타 원정의 지휘관으로 임명했고, 1665~1666년 겨울 동안 준비가 진행되었다. 베네치아 대사는 지난 12년 동안 에디르네에 억류돼 있었는데, 그에게는 이제 평화 협정을 체결할 마지막 기회가 주어졌다. 파즐 아흐메드는 베네치아가 이라클리온을 보유하는 대가로 오스만에 일시불로 금화 10만 닢과 여기에 더해 매년 1만 닢을 납부할 것을 제안했다. 그러나 대사는 이 제안과 다른 조건들을 거부했고, 동원은 계속 빠르게 진행되었다.[55]

원정에 나갈 병력들은 테살로니키, 에우보이아섬, 펠로폰네소스의 모넴바시아 항구에 집결하라는 명령을 받았고, 여기서 배를 타고 크레타섬으로 갈 예정이었다. 예니체리는 이스탄불에서 바다를 건너 이동했고, 파즐 아흐메드 파샤와 그의 수행원들은 1666년 5월 25일 에디르네를 떠나 육로로 마케도니아와 테살리아를 거쳐 에우보이아로 가서 승선했다. 그러나 행군 중에 일이 좀 꼬였다. 많은 병사들이 도중에 병에 걸려 사망했고, 파즐 아흐메드는 군대를 티바(테베)에서 두 달 동안 휴식시켜야 했다. 크레타섬에는 겨울이 돼서야 도착할 수 있었다.[56] 대와지르가 에디르네를 떠날 때 술탄은 압두르라흐만 압디에게 자기 조상들의 위대한 승리에 대한 이야기를 들려달라고 졸랐다. 1514년 찰드란에서 셀림 1세가 이란의 샤 이스마일을 격파한 일, 1521년 쉴레이만 1세가 로도스를 정복하고 이듬해 베오그라드를 점령한 일 등에 관해서였다.[57]

이라클리온 요새는 여전히 항전하고 있었고, 오스만군은 1667년과 1668년에도 포위전을 계속했다. 수비대는 지쳐 있었고, 비관적인 상황이었다. 그들이 기대했던 프랑스의 지원은 오지 않았으며, 다른 동맹국들은 기독교도 함대 선박들의 지휘관 서열 문제로 자주 혼란을 겪었다. 사보이아, 베네치아, 교황청, 몰타의 구호기사단, 나폴리, 시칠리아가 제공한 배들이었다.[58] 베네치아는 1668년에 평화 협정을 요청했으나 이것이 전투를 끝내지는 못했다.[59] 그러나 1669년 봄이 되자 프랑스의 루이 14세가 마침내 크레타 전쟁을 위한 병력을 제공하기로 했다.[60] 그들이 도착하자 오스만의 포위군은 해상에서 자기네 위치로 가해오는 공격에 강력히 저항했고, 양측 모두 많은 사상자를 냈다. 한 달 반에 걸친 결판나지 않는 전투 끝에 오스만에 대한 공격의 주축을 이루었던 프랑스군은 전투 지속을 꺼렸고, 그들의 존재가 술탄으로 하여금 평화 협상에 응하도록 자극할 수 있음을 잘 알면서도 배를 거두어 귀국했다. 이에 따라 베네치아 방어군의 지휘관 프란체스코 모로시니 Francesco Morosini는 항복하는 수밖에 다른 도리가 없었다.[61] 500년 가까이 베네치아가 지배했던 크레타섬은 24년에 걸친 전쟁 끝에 오스만에게 넘어갔다. 다만 동부의 스피날롱가와 서부의 수다·그람부사(그라부사) 해안 요새만이 베네치아의 손에 남았다.

파즐 아흐메드 파샤는 1664년 합스부르크와의 버슈바르 조약 체결 후에 그랬던 것처럼, 크레타의 평화조약 이행을 감독하기 위해 그곳에 머물렀다. 전투에서 벗어난 섬은 큰 피해를 당하지 않았고, 두 가지 주요 수출 작물인 올리브기름과 포도주는 시간이 지나면 회복될 수 있었다.[62] 이라클리온시는 폐허가 됐고, 베네치아인들이 떠나자 버려졌다.[63] 도시가 오스만의 손에 넘어간 지 일주일 후, 에블리야 첼레비는 승리한 병사들과 함께 금요 예배를 올렸다. 도시 구조물들을 수리하라는 명령이 내려졌고, 성대한 축하 행사가 이어졌다.[64]

술탄 메흐메드 2세가 동로마의 콘스탄티노폴리스를 오스만과 이슬람교의 도시로 만든 것처럼, 파즐 아흐메드 파샤는 베네치아령 크레타를 오스만화하고 이슬람화했다. 그는 부유한 성 프란체스코 교회를 이라클리온의 중심 마스지드로 개조하고 술탄의 이름을 붙였다. 베네치아 총독의 저택은 오스만 총독을 위해 개조됐으며, 새 속주 재무관은 트인 방인 로지아에 자리를 잡았다. 다른 교회들도 마스지드로 개조됐는데, 그 외관상 가장 뚜렷한 변화는 교회 종탑이 이슬람 뾰족탑으로 교체된 것이었다. 파즐 아흐메드는 이라클리온에서 가장 눈에 띄는 교회를 골라 술탄의 마스지드로 만들고 여기에 뾰족탑을 추가해 눈길을 끌게 함으로써, 오스만의 존재를 멀리서, 바다와 육지 양쪽에서 이 도시를 향해 다가오는 사람들이 확실히 볼 수 있게 했다. 그들에게는 누가 이 섬을 지배하고 있는지에 대해 어떤 모호함도 남기지 않는 것이 중요했다. 다른 주요 도시들인 카네아(1645년 점령)와 레팀노(1646년 점령)의 눈에 띄는 위치에 있는 교회들도 마스지드가 되었다.[65]

이라클리온에서 도망친 베네치아인 주민들이 남긴 재산은 파즐 아흐메드 파샤와 그 휘하 지휘관들이 세운 자선 재단을 지원하기 위한 기부금 제공에 배정되거나, 또는 최고액 입찰자(예니체리든 유대인이든 기독교 정교회 신자든)에게 경매돼 사적 용도로 쓰였다. 자선 재단들은 이슬람교도의 정착, 상업, 오스만 및 이슬람 문화 확산을 촉진하는 데 기여했다. 과거의 데르비시 회관이 했던 역할과 약간 비슷한 것이었다. 오스만제국은 새로운 정복지의 주민을 채우기 위해 인구를 강제로 이주시켰던 과거의 정책을 폐기했다. 크레타섬 시골 지역에서 사람들이 이라클리온으로 이주해왔고, 섬의 이슬람화는 좀더 점진적으로 이루어졌다. 본토에서 이슬람교도를 데려오는 방식이 아니라 개종을 통해서였다. 이주는 100년 전 키프로스에서 시도했다가 실패한 방식이었다. 게다가 이라클리온으로 옮겨온 대부분의 사람들은 사실 여부는 차치하더라도 명목상으로는 군인이었으며, 대체로 크레타 출신이어서 지역 주민들과 쉽게 동질감을 형성할 수 있는 이들이었다.[66]

이러한 오스만화 과정에는 과거와 다른 특징이 또 하나 있었는데, 오스만 왕가가 이 시기에 그 권력과 위신의 일부를 쾨프륄뤼 가문과 같은 고관 가문들에게 빼앗겼음을 드러내는 것이었다. 크레타섬의 여러 도시에 술탄들의 이름을 딴 마스지드가 있었지만, 그것들이 반드시 가장 중요한 사원은 아니었다. 오스만이 카네아를 정복한 후 그곳의 대성당은 당시 재위 중이던 술탄 이브라힘의 이름을 딴 마스지드로 개조됐지만, 이라클리온이나 레팀노에서 가장 많은 신도가 다니는 마스지드는 크레타 정복에 참여한 오스만 정치가들과 술탄의 어머니 투르한 술탄이 후원한 것이었다. 주요 후원자는 물론 대와지르 자신이었다. 에블리야 첼레비는 술탄 이브라힘(그의 치세에 베네치아와의 전쟁이 시작되었다)의 이름을 딴 마스지드가 전쟁 끝 무렵 화약 보관소로 사용되고 있었다고 기록했는데, 이는 그 권력 이동을 잘 보여주는 일화다. 술탄의 권위가 떨어졌다는 또 하나의 지표는 이전 술탄들이 세운 마스지드와 달리 크레타에 세워진 마스지드들은 뾰족탑이 하나뿐이었다는 점이다.[67]

이라클리온 포위전을 성공적으로 마무리해 오랜 크레타 전쟁이 끝난 뒤에도 평화가 유지된 것은 잠시뿐이었다. 1670년 여름 파즐 아흐메드 파샤는 다시 이스탄불로 돌아왔고, 2년 뒤 그는 다시 군대를 이끌고 우크라이나로 출정했다. 이 시기에 폴란드-리투아니아 연방은 매우 약화된 상태였는데, 1648년에 시작된 카자크 봉기는 1654년이 되자 우크라이나에 대한 종주권 문제를 둘러싸고 연방과 모스코비야 사이의 전쟁으로 확대되었다. 연방은 스웨덴을 비롯한 사방에서 공격을 받았고, 이후 몇 년에 걸친 산발적인 전투가 1667년에 끝났다. 우크라이나는 드니프로강을 기준으로 분할돼 서쪽의 우안은 연방의 종주권 아래에, 동쪽의 좌안은 모스코비야의 지배 아래에 들어갔다. 우크라이나의 카자크들은 연방과 모스코비야 모두로부터의 독립을 원했으며, 우안 카자크의 헤트만(지도자) 페트로 도로셴코Petro Doroshenko는 이에 저항하면서 오스만제국의 보호를 요청했다.[68] 1669년 6월, 도로셴코가 진심으로 오스만의 종주권 아래 복속하기를 원하는지 확인하기 위한 몇 달 동안의 협상 끝에 술탄은 오스만이 전통적으로 자기네 제후에게 수여하는 상징물들을 도로셴코에게 보냈다. 말꼬리 깃발, 북, 휘장, 임명장 같은 것들이었고, 이는 우크라이나 전역에 대한 도로셴코의 권위를 인정한 것이었다. 보흐단 흐멜니츠키가 처음으로 '술탄의 노예'가 되고 싶다는 바람을 표현했던 때로부터 거의 20년 만에,[69] 우크라이나의 상당 부분이 다시 오스만제국의 일부가 되었다.

우안 카자크에 대한 직접 지원은 오스만이 스텝 지역에서 타타르 외에 또 하나의 동맹을 갖게 해준 것으로 보였다. 오스만은 연방에 맞서 카자크를 지원하기로 결정함으로써 이 지역에서 연방과 모스코비야 사이의 균형을 유지하던 전통적인 정책을 포기했다. 이에 대응해 연방은 1671년 헤트만 얀 소비에스키Jan Sobieski 휘하의 군대를 우안 우크라이나로 보내 오스만에 도전장을 던졌다. 이에 오스만 쪽에서는 폴란드가 자기네의 새로운 속국 영토에 간섭했다고 지적하고, 이를 명분으로 삼아 전쟁을 선포했다.[70] 오스만의 목표는 북쪽 변경을 더 가까이에서 통제하기 위한 보루로서 포딜리아주의 전략적 요새 카미아네츠포딜스키를 점령하는 것이었다. 드니스테르강의 한 지류가 깊은 협곡을 이룬 절벽 위에 위치해 난공불락으로 여겨지던 곳이었다. 또다른 잠재적 이익은 포딜리아를 속주로 만들면 종종 불복종하던 속국인 몰도바와 왈라키아를 좀더 주의 깊게 감독할 수 있다는 것이었다.[71]

17세기 초부터 오스만 왕자들은 톱카프궁 안에서 격리돼 지내는 것이 당연했지만, 메흐메드 술탄은 자신의 맏아들이자 후계 예정자인 무스타파가 술탄이 무슨 일을 해야 하는지를 알아야 한다고 판단했다. 이 새로운 원정은 오스만제국이 여전히 전사 왕의 지휘 아래 영토 확장 전쟁에 나설 수 있음을 보여줄 기회였다. 술탄은 원정을 직접 지휘하기로 결심했고, 왕자 무스타파와 함께 무스타파의 어머니이자 자신이 총애하는 후궁 에메툴라흐 라비아 귈누시Emetullah Râbia Gülnûş를 대동하기로 했다. 어머니 투르한 술탄은 동행하지 않았다.*[72]

폴란드를 향해 북상하는 행군은 비가 많이 오고 위험한 여정이었다. 에메툴라흐 라비아 귈누시가 타고 있던 은색 마차는 여정의 어느 지점에서 진흙 속에 푹 빠졌고, 귈누시는 대와지르에 의해 구조되었다. 무스타파 왕자와 그 어머니 귈누시는 도나우강 남쪽 바바다그에 머물렀고, 술탄과 그 군대는 이사크체아로 계속 나아가 그곳에서 도나우강을 건너기 위한 다리를 건설했다.[73] 술탄 메흐메드는 강 북안으로 건너가기 전에 잠시 바바다그로 돌아가 가족을 만났다.[74] 39일 후 목적지인 카미아네츠에서 네댓 시간 거리에서 군대는 드니스테르강을 건너 폴란드 영토로 진입했다. 요새는 방어가 허술했고, 아흐레 동안의 집중 포격 끝에 1672년 8월 27일 오스만에게 함락되었다. 열쇠가 파즐 아흐메드 파샤에게 넘겨진 뒤, 술탄은 오스만의 이 최신 정복지를 방문할 수 있었다. 그는 전투 중 안전지대 그의 곁에 있었던 압

• 이것은 전례가 전혀 없는 것은 아니었다. 당대 연대기들은 1668년의 크레타 원정을 '친정(親征)'으로 서술하고 있다. 술탄은 테살리아의 라리사에 가기 위해 에디르네를 떠났으나, 그의 참여는 상징적인 일에 불과했다. 그는 이 지역에서 여러 달 동안 사냥을 하면서 보냈고, 1669년 9월에야 크레타로 가기 위해 에우보이아로 이동했다. 그곳에서 그는 이라클리온 함락 소식을 듣고 방향을 돌려 수도로 돌아왔다(Abdurrahman Abdi Pasa, *'Abdurrahman Abdi Pasa Vekayi'name'si'*, 256~295).

두르라흐만 압디 파샤에게 24연의 대구對句로 된 기념시와 연대명年代銘
〔chronogram, 글 속에 로마숫자로 쓰이는 문자를 끼워 넣어 특정 연대를 표시
하도록 지은 글〕을 지으라고 명령했다. 이런 시는 추후 대리석에 새겨져
요새의 문 위에 전시되는 것이 상례였다.[75]

　　카미아네츠의 수비대는 생명과 재산의 안전을 보장받았고, 그들이
원하면 요새에 남아 살 권리, 그리고 가톨릭이든 정교회든 자신의 신
앙에 따라 예배할 권리를 부여받았다. 그들은 또한 필요한 만큼 교회
를 보유하는 것도 허용되었다. 관례에 따라 일부 교회는 마스지드로
개조되었다. 성 베드로와 성 바울로 가톨릭 대성당은 메흐메드 4세 술
탄의 마스지드가 되었고, 나머지는 그의 어머니 투르한 술탄, 에메툴
라흐 라비아 귈누시, 대와지르 파즐 아흐메드 파샤, 제2와지르 무사히
프 무스타파 파샤Musahip('친구') Mustafa Paşa, 제3와지르 메르지폰루 카라
무스타파 파샤의 이름을 땄다. 오래지 않아 이슬람 도시들에 전형적
인 자선 재단들이 설립되면서 새로운 통치 체제의 다른 표시들이 분명
해졌다. 정복 후 첫 번째 금요일, 전사 술탄은 자신의 새 마스지드에서
기도를 올렸다.[76]

　　폴란드-리투아니아 연방의 포딜리아주를 바탕으로 만들어진 오스
만의 새 속주 카미아네츠(또는 카마니체)는 쾨프륄뤼 가문 집권기 동안
형성된 다른 속주들인 바라드, 우이바르, 기리트(크레타) 등과 마찬가
지로 오스만 정복의 초기에 만들어진 속주들보다 훨씬 작았다. 과거에
비해 새로운 영토의 전면적인 점령이 어려워진 것이다. 카미아네츠는
1672년 말 이전에 세금 징수를 위한 조사를 실시했으며, 새로운 관리
들은 원정 참여를 요구받으면 이에 응하는 대가로 기병에게 토지를 주
는 토지 보유 제도를 도입하려 했다.[77] 이는 한때 제국 중앙 지역 일대

에 적용됐지만 중지된 제도였다. 17세기 말의 보다 정적인 전쟁에서도 기병이 완전히 쓸모없어진 것은 아니었지만, 사실 이 시기는 보병의 시대였고 이러한 오래되고 소중한 제도를 카미아네츠와 기타 이 시기에 정복된 다른 속주에 적용한 것은 당면한 문제를 해결하려는 노력이라기보다는 제국의 황금기를 재현하려는 시도라는 냄새를 더 풍긴다.[78]

폴란드-리투아니아 연방은 패배로 인해 술탄에게 포딜리아를 할양하고 우크라이나 우안에 대한 술탄의 종주권을 인정하며 연례 공물을 지불(이는 오스만 법에 따르면 폴란드 왕이 오스만의 제후가 됐음을 의미한다)하는 대가를 치러야 했지만, 오스만이 카미아네츠에서 자기네의 토지 제도를 시행하려 시도한 것은 시기상조였다. 폴란드 왕은 평화조약에 서명했지만, 그는 널리 무시당하고 있었고 휘하 귀족들은 자기네가 잃은 것을 되찾으려는 결의를 다지고 있었다. 과거의 분쟁은 잊혔고 연방의 군대는 서둘러 정비됐으며, 그 결과 1673년 파즐 아흐메드의 구원군이 도착하기 전에 호틴에 주둔한 오스만 수비대를 무찌를 수 있었다.[79] 그러나 1675년에는 오스만 부대가 국경을 넘어 폴란드 영토를 습격해 더욱 불안을 야기했다.[80] 이제 연방은 휴식을 원했고, 1676년 개정된 평화 조건에 합의해 폴란드 왕이 술탄에게 연례 공물을 지불해야 하는 치욕에서 벗어날 수 있었다. 그러나 이것과 우크라이나의 두 요새 확보보다 더 중요한 것은 오스만이 폴란드로 하여금 이 평화 정착을 통해 이득을 얻었다고 믿게 한 일이었다.[81]

오스만이 우안 우크라이나를 옹호해 연방과의 전쟁이 벌어지고 이는 만족스러운 영토 확장을 가져왔지만, 이 지역에서의 세력 균형 변화는 모스코비야의 대응을 촉발했다. 모스코비야의 군대는 오스만 보호령을 침범했고, 이에 1674년 술탄 메흐메드가 이끄는 군대가 헤트만 페트로 도로셴코를 구하기 위해 에디르네에서 북쪽으로 진군했다. 도로셴코는 드니프로강 서쪽 지류 강변의 요새 도시인 수도 치히린에서 포위돼 있었다. 오스만을 위한 해결사가 된 것은 크림 타타르였으며, 메르지폰루 카라 무스타파 파샤가 지휘한 그들의 습격 부대는 오스만이 아니라 모스코비야의 종주권을 인정한 요새와 정착지들을 파괴했다.[82]

폴란드-리투아니아 연방 및 모스코비야와의 적대 관계로 인해 오스만 군대의 최근 승리를 부활한 군사 대국의 전사 술탄에 걸맞은 방식으로 기념하는 것은 1675년에 이르러서야 가능했다. 그해 봄, 술탄 메흐메드 4세는 에디르네에서 자신의 아들들인 열한 살의 무스타파와 두 살의 아흐메드의 할례식을 기념해 15일간의 축제를, 그리고 열일곱 살 된 딸 하티제 술탄Hatice Sultan과 제2와지르 무사히프 무스타파 파샤의 혼인을 기념해 18일간의 축제를 열라고 명령했다. 6개월의 준비 끝에 할례식 축제는 5월 14일부터 29일까지, 혼인 축제는 6월 9일부터 27일까지 열렸다. 1524년 술탄 쉴레이만 1세의 누이 하티제 술탄과 그의 대와지르이자 총신인 이브라힘 파샤의 혼인, 1562년 그의 손녀들과 고위 관리들 세 쌍의 혼인, 1582년 미래의 술탄 메흐메드 3세의 할례식 축제 이후로 유례가 없는 일이었다.

관료 출신의 헤자르펜 휘세인 에펜디Hezarfen('박식가') Hüseyin Efendi는 아마 직접 목격했을 이 축제의 하루하루를 상세하게 기록했다. 연회, 값비싼 선물, 연극 공연, 불꽃놀이, 광대극, 기마 시범 등은 모두 왕가의 뛰어남과 관대함을 보여주기 위해 치밀하게 연출된 전시였다. 오스만 관료와 성직자, 에디르네의 시민들은 계급에 따라 연회에 초대됐고, 술탄과 왕자들에게 선물을 바쳤다. 종교적인 글과 시, 은제 그릇, 값비싼 직물 등이 중심을 이루었다. 하티제 술탄은 혼인 때 술탄으로부터 많은 선물을 받았으며, 신랑은 국가의 고위 관료들에게 연회를 열고 광범위한 사람들에게 선물을 나눠주어야 했다.[83] 축제 장소는 황궁 앞의 광장이었다.

한쪽에는 스물두 척의 배의 돛 활대가 세워지고, 그 각각에는 천 개의 작은 등불이 매우 기발한 방식으로 달려 있었다. (술탄은) 축제가 시작될 때부터 끝날 때까지 불을 계속 밝히라고 명령했다. 술탄은 황실 천막 일곱 개를 세웠다. 일부는 술탄과 왕자들이 항상 머물 수 있게 마련됐고, 나머지는 대와지르, 셰이흐월이슬람, 루멜리와 아나돌루의 대법관, 그리고 제국회의의 다른 성원들을 위한 것이었다. 각 천막 앞에는 나무로 된 관람석이 있어 음악과 재담, 그밖의 오락을 감상할 수 있었다.[84]

잉글랜드 레반트상사의 수행 사제였던 잉글랜드인 존 코벨John Covel은 1675년 에디르네와 그 주변을 방문했으며 이 축제에 직접 참석했다. 많은 일반 시민들도 왕자들과 함께 할례를 받았고, 코벨은 이를 관찰했다. 그는 이렇게 썼다.

튀르크인들은 구경하는 것을 막기는커녕 길을 터줄 정도였다. 나는 그들 중 수백 명이 할례받는 것을 보았다(13일 동안의 밤에 모두 해서 약 2천 명이었다). (…) 어른이 많았고, 특히 튀르크인이 된 개종자들이었다. 개종의 일반적인 방식은(내가 여러 번 보았다) 대군주(술탄)와 대와지르 앞에 나아가 자기 모자를 던지거나 오른손 또는 검지를 치켜드는 것이었다. 그들은 곧바로 관리(의도적으로 그 옆에 서 있었다)에게 인도돼 다른 사람들과 함께 할례를 받았다. 나는 스무 살쯤 된 러시아 청년이 대와지르 앞에 갔다가 천막으로 와서 펄펄 뛰며 엄청나게 기뻐하는 모습을 보았다. 그러나 할례를 받을 때는 얼굴을 찡그렸다(많은 어른들이 그랬다). 어느 날 밤 우리는 젊은 친구 하나를 만났는데, 그는 대와지르가 어디 있느냐고 우리에게 물었다. 시골 소년이어서 우리는 무슨 볼일이 있느냐고 물었다. 그는 형이 튀르크인이 됐는데, 자기도 대와지르를 찾아가서 역시 할례를 받겠다고 우리에게 말했다. 이틀 후 그는 자기 말대로 했다. (…) 이 13일 동안 적어도 200명의 개종자가 생겨났다.[85]

파즐 아흐메드 파샤는 젊어서 신학 공부를 중단했지만, 여전히 그 영향을 받고 있었다. 그가 대와지르로 있을 때, 그의 아버지에게는 혐오스러운 존재였던 청교도적인 카드자델리 교단이 되살아났다. 에르주룸의 총독이었던 그는 쿠르드족 설교자 메흐메드 이븐 비스탄Mehmed ibn Bistan의 영향 아래에 놓였다. 반주 출신이어서 바니 에펜디Vani Efendi로 알려진 이 설교자는 지역 종교계 상류층에서 카리스마 있는 인물이었다. 파즐 아흐메드보다 훨씬 연장자인 바니 에펜디는 파즐 아흐메드가 재능을 행정 쪽으로 돌리면서 떠나온 지적 세계의 동지와도 같은 존재였다. 두 사람은 친구가 됐고, 파즐 아흐메드가 대와지르가 되자 바니 에펜디는 그의 영적 조언자로서 이스탄불로 초청되었다. 이후 그는 1665년에 준공된 투르한 술탄의 새 황실 마스지드의 금요 예배 설교자라는 영향력 있는 자리에 임명됐고, 계속해서 대와지르의 영적 안내자 노릇을 했다.[86]

바니 에펜디가 대와지르와 가까웠기 때문에 자연히 술탄 메흐메드

4세와도 가까워졌고, 메흐메드 4세의 총애를 받은 압두르라흐만 압디 파샤의 연대기에는 그의 이름이 술탄의 가장 저명한 와지르들의 이름만큼 자주 등장한다. 바니 에펜디는 궁정이 에디르네에 머물던 시기에 메흐메드 술탄과 함께 있었고, 여기서 압두르라흐만 압디는 그를 관찰할 기회를 충분히 가졌다. 흥미롭게도 바니 에펜디와 셰이흐윌이슬람 민카리자데 야흐야 에펜디Minkarizade('매부리코의 아들') Yahya Efendi로 대표되는 종교 지도자들 사이에는 중요한 사상적 충돌이 없었던 듯하다. 그러나 전통적으로 셰이흐윌이슬람이 영적 권위를 독점하던 일에서 두 사람의 견해가 동등한 지위를 부여받았다는 점은 주목할 만하다. 바니 에펜디는 술탄의 실패한 크레타 군사 원정에 동행했으며, 카미아네츠 원정에도 따라갔다. 카미아네츠에서는 이 도시의 카르멜회 교회가 그의 이름을 딴 마스지드로 개수됐고, 그는 자선 재단을 설립하도록 허가를 받았다.[87]

술탄과 그의 대와지르는 모두 나이가 젊어 바니 에펜디와 같은 인물의 지도에 영향을 받기 쉬웠고, 그의 지위가 높아지자 덜 높은 그의 추종자들도 그 덕을 입었다. 이들은 1656년에 위스튀바니 메흐메드 에펜디와 그 조력자들이 키프로스로 추방된 이후로 목소리를 내지 못하고 있었다. 쾨프륄뤼 이전 시기의 사건들은 수도에서 벌어진 정치와 파벌 싸움에 휘말렸던 고위 성직자들의 신뢰를 크게 떨어뜨렸고, 도덕을 다시 확립하는 데서 정당하게 자기 몫을 주장할 수 있는 카드자델리파 같은 집단이 부흥하기에 적절한 시점이었다. 바니 에펜디가 잘나갈 때, 신비주의 교단들은 다시 카드자델리파가 노리는 목표물이 되었다. 그는 에디르네 부근의 베크타시 데르비시 회관을 철거하라고 명령했으며, 부유하고 영향력 있는 갈라타의 메블레비 회관에도 수피 음악과 춤의 공개 공연을 전면 금지하는 조치를 강요했다. 이것이 정통 신앙의 교리와 부합하지 않는다고 판단했기 때문이다. 카드자데 메흐메드가 술탄 무라드 4세의 신임을 받던 시절에 그랬듯이 커피하우스들이 철거되고 흡연도 다시 금지되었다.[88]

데르비시들은 적어도 이슬람교도였다. 바니 에펜디와 그의 추종자들은 제국 내에 비이슬람교도가 존재하고 그들에게 특권이 부여되었다는 데 훨씬 더 모욕감을 느꼈다. 예를 들어 포도주의 생산과 소비는 전통적으로 이슬람교도에게는 금지됐지만 기독교도와 유대인에게는 허용되었다. 여기서 십일조를 거두기 때문에 국고에 도움이 되었다. 1670년에 포도주 판무관 직책을 폐지하고, 이스탄불 광역권의 선술집을 철거하며, 포도주 판매를 금지하는 술탄의 칙령이 발표되었다. 이 조치는 국고에 재정적 손실을 초래했을 뿐만 아니라, 수익성 높은 이 사업에 종사하던 기독교도와 유대인들을 처벌하는 결과를 낳았다. 그러나 이전에 포도주 유통을 억제하려 했던 때와 마찬가지로, 속임수와 밀매로 인해 이 칙령은 큰 효과를 보지 못했다.[89] 바니 에펜디를 격앙시킨 것은 매일같이 '수백' 명의 사람들이 에디르네에서 멀지 않은 카라아아츠Karaağaç 마을의 선술집을 찾기 위해 몰려드는 광경이었을 것이다. 존 코벨은 '뤼르크인'들의 포도주 사랑에 대해, 그리고 카라아아츠의 퇴폐를 눈감아주는 대가로 예니체리 총사령관이 보호비를 받는 것에 대해 직접 목격했기 때문에 잘 알고 있었다. 그는 술탄과 두 명의 무스타파 파샤(메르지폰루 카라와 무사히프)를 제외하고 궁정의 모든 이가 술을 마신다고 말했다.[90]

비이슬람교도의 용인된 지위는 메흐메드 2세 치세 이전부터 오스만 법률에 성문화됐으며, 법적으로 규정된 그들의 지위는 인두세 납부로 상징화되었다. 그러나 오스만 기독교도와 유대인들이 기회가 있을 때마다 외국 상인이나 외국 정부의 대리인들과 적극적으로 관계를 맺는 모습은 바니 에펜디 같은 엄격주의자들에게 우려를 불러일으켰고, 그는 이 소수 집단의 성원들을 통제하고 눈에 띄지 않게 해야 한다고 결론지었다. 전통적으로 비이슬람교도의 예배 장소에 대한 오스만의 태도는 일정 크기를 넘지 않는 한 관대했으며, 필요하다면 수리도 허용했다. 그러나 원래 건물이 완전히 파괴된 경우에는 재건이 금지될 수도 있었다. 바니 에펜디의 영향 아래에, 1660년대 이스탄불과 갈라타를 휩쓴 대화재로 소실된 25개 교회 중 18개 교회의 부지가 처음에는 기독교도들에게 되돌려졌으나 나중에 몰수되고 이슬람교도들에게 매각되었다.[91]

1664년, 바니 에펜디는 이교도들과의 공동 기도를 금지하는 데 성공했다. 다가오는 군사 원정의 성공을 위해 제국 전역에서 술탄을 언급해야 한다는 셰이흐월이슬람의 조언을 받아들이지 않게 한 것이다. 결국 오스만이 센트고트하르드 전투에서 합스부르크에게 패배하자, 오직 이슬람교도의 기도만으로도 원정의 승리를 보장하기에 충분하다는 바니 에펜디의 주장은 미심쩍어 보였다.[92] 카드자델리 활동의 초기 물결은 방황하는 이슬람교도들을 올바른 길로 되돌리는 데 목적이 있었다. 반면에 바니 에펜디는 오스만의 전통적인 관용 정책을 버리고 이슬람 사회 내 비이슬람교도의 지위에 대한 이슬람 법규를 강제하고자 했고, 그가 술탄과 대와지르 모두의 지지를 받고 있었기 때문에 자신의 계획이 실행에 옮겨지는 것을 볼 수 있었다.

다르다넬스 해협에 위치한 투르한 술탄의 성채보다 더 광범위한 대중의 눈에 띄는 것이 오늘날 예니자미Yeni Cami('새 마스지드')라고 불리는 곳이다. 이는 원래 이름인 예니 발리데 술탄 자미이_{Yeni Valide Sultan Camii}('태후의 새 마스지드')의 줄임말이다. 이 마스지드는 이스탄불 에미뇌뉘 구의 할리치만 연안에 웅장하게 자리잡고 있으며, 술탄 전용관, 초등학교, 공중 분수, 도서관, 시장('이집트 시장' 또는 '향신료 시장'으로 알려졌다), 투르한 술탄의 대형 영묘 같은 많은 부속 건물이 있다. 이 마스지드 단지는 황실 여성에 의해 건설된 최초의 건축물로서, 술탄들의 큰 마스지드 단지들과 동등한 것으로 여겨졌다. 메흐메드 2세, 바예지드 2세, 셀림 1세, 쉴레이만 1세 등의 마스지드, 쉴레이만이 죽은 아들 메흐메드 왕자를 위해 지은 셰흐자데 마스지드, 아흐메드 1세 마스지드, 그리고 물론 아야소피아와 같은 것들과 비교된다.[93] 이 공사는 메흐메드 3세의 어머니 사피예 술탄이 처음 시작했지만, 메흐메드 3세가 사망하고 사피예가 뒤로 물러나면서 중단되었다. 메흐메드의 손자인 무라드 4세는 분명히 공사 재개를 고려했지만 포기했다. 투르한 술탄이 이스탄불의 상업 구역에 있는 이 터의 공사를 떠맡기로 결정하면서, 유대인을 누를 수 있는 예상치 못한 기회를 제공했다.

1660년 도시의 많은 부분을 파괴한 화재는 항구 지역인 에미뇌뉘의 유대인 거주 지역에도 큰 피해를 주었다. 통치 핵심에서는 유대인들로부터 화재가 시작되었다고 비난했고, 그후 유대인들의 재산이 몰수되고 유대인 공동체는 이 지역에서 추방당했다. 이 조치가 칭찬받을 일로 여겨졌다는 사실은 마스지드 술탄 전용관 내부의 새김글과 그 기부 증서의 내용 양쪽에서 명확히 드러난다. 술탄 전용관의 타일 판에는 선지자 무함마드가 메디나에서 한 유대인 부족을 추방하고 그들의 땅을 몰수한 일을 언급하는 쿠란 구절이 쓰여 있고, 투르한 술탄의 기부 증서에는 "이슬람의 적인 유대인들"이라는 표현이 등장한다.[94] 이렇게 이슬람교는 이 상업 지구에 강요됐으며, 이는 외국의 이교도들을 상대로 한 전쟁과 유사한 국내 판이었다. 유대인들은 대부분 눈에 띄지 않게 할리치만 위쪽의 하스쾨이구區에 있는 또다른 유대인 공동체로 옮겨갔으며,[95] 나중에 에미뇌뉘로 돌아오려 했지만 또다시 추방 명령을 받았다.[96] 이 유대인 혐오에서 바니 에펜디가 했던 역할은 1590년대 사피예 술탄이 같은 장소에 자신의 마스지드를 건설하기로 결정하기 직전, 메흐메드 3세의 대와지르인 코자 시난 파샤가 반유대인 정서 분출을 이용하면서 했던 역할과 유사하다. 투르한 술탄은 자신의 아들 및 그 대와지르와 마찬가지로 바니 에펜디의 노력을 높이 평가했고, 자신의 마스지드 단지에 그를 위한 수도원을 추가함으로써 이를 드러냈다.[97]

1665년, 국제적 상업 항구 이즈미르 출신의 랍비 샤브타이 츠비Şavtay Tsvi가 자신을 메시아라고 선언하면서 제국의 유대인들이 다시 두드러진 존재가 되었다. 그를 믿는 이즈미르와 이스탄불의 유대인들은 상업 활동을 포기했고, 예루살렘 '복귀' 희망을 품은 그들과 그렇지 않은 유대교도들 사이에 갈등이 발생했다. 바니 에펜디의 영향 아래 정부는 츠비의 활동을 진압하기 위해 개입했다. 처음에 그는 다르다넬스 성채 가운데 한 곳에 수감됐지만, 그 제자들의 소란이 지역의 공공질서를 위협하자 에디르네로 이송돼 술탄의 최측근 참모들의 심문을 받았다. 메르지폰루 카라 무스타파 파샤, 민카리자데 야흐야 에펜디(셰이흐 윌이슬람으로, 기독교도나 유대인을 이슬람교로 개종시키는 명령을 내려도 된다는 파트와를 낸 사람이다),[98] 바니 에펜디 같은 사람들이었다. 술탄은 그 과정, 그리고 츠비가 사형과 개종 중 하나를 선택하라고 했을 때 결국 이슬람교로 개종하는 모습을 비밀리에 지켜보았다.[99] '새로운 이슬람교도' 아지즈 메흐메드 에펜디Aziz Mehmed Efendi로 거듭난 샤브타이 츠비는 궁정의 유급 관리가 되고 새로 택한 종교를 포교하기 시작했으며, 이는 그의 이전 추종자들에게 적지 않은 혼란을 야기했다. 그는 제국의 공공 생활에서 비이슬람교도의 두드러진 존재감을 최소화하려는 바니 에펜디의 운동에 뜻밖의 동맹자가 되었다. 종교에 관한 이단적 견해가 처형으로 이어질 수 있었던 술탄 쉴레이만 1세 시대와 달리, 오스만 기득권층은 이전에 뉘우친 아나톨리아의 군사 반란자들을 받아들였듯이 이제 참회한 종교적 말썽꾸러기를 흡수할 수 있었다. 그러나 샤브타이 츠비의 새로운 신앙에 대한 열정은 오래가지 않았으며, 결국 그는 알바니아로 유배되고 1676년 그곳에서 생을 마감했다. 그가 일으킨 운동은 유럽과 서아시아 일대에서 반향을 일으켰고, 제국 곳곳에서 유대인과 기독교도가 이슬람교로 개종하는 일로 이어졌다.[*][100]

유럽의 관찰자들은 술탄 메흐메드 4세의 치세 동안, 샤브타이 츠비 이전과 특히 이후 시기에 일어난 개종의 물결을 설명하는 데 애를 먹었다.[101] 이때 많은 기독교인과 유대인이 에디르네에 위치한 술탄의 궁정이나 그의 잦은 사냥 여행 중에도 그를 직접 찾아왔다. 그 수가 너무 많아 1676~1677년 술탄의 비서 압두르라흐만 압디 파샤가 편찬한 새로운 법령집에 '개종자법'을 집어넣었는데, 이는 개종 절차를 정형화한 것이다. 그 내용은 이슬람 교리 교육, 개종자에게 주화와 적절한 복장 지급, 기독교도 개종자의 경우 할례 같은 것들이었다. 개종은 유대인과 기독교인이 제국 내 다수파인 이슬람교도 주민이 누리던 혜택을 똑

• 그 추종자들의 후손은 튀르키예에서 오늘날까지도 '돌아오다'라는 뜻의 튀르크어 동사에서 유래한 '된메(dönme)'라는 이름의 식별 가능한 집단으로 남아 있다.

같이 누릴 수 있게 했고, 이들이 '관용받는' 지위에 따른 정치적·재정적 제약에서 벗어나게 해주었다. '신입 이슬람교도' 남성들은 기존 이슬람교도와 마찬가지로 국가의 최고 관직까지 오를 기회가 있었다. 그들은 다른 여러 혜택 가운데서 특히 자신이 선택한 상대와 혼인할 수 있었고, 반면 비이슬람교도 남성은 비이슬람교도 여성하고만 혼인해야 하는 제약이 있었다. 여성과 아이도 개종했다. 여성들이 얻는 혜택으로는 비이슬람교도 남편과 이혼할 수 있었고, 비이슬람교도 주인의 가사 노예일 경우 결국 자유를 얻을 수 있었다.[102]

궁정이 상당한 시간 동안 에디르네(메흐메드 4세는 그곳에서 사냥에 대한 열정에 탐닉할 수 있었다)에 머물고 술탄이 국정에 대해 방임적 태도를 취할 수 있었다는 사실은 아나톨리아가 마침내 평온을 되찾았음을 시사하며, 이는 죽은 대와지르 쾨프륄뤼 메흐메드 파샤가 그 지역의 소요를 폭력적으로 진압하는 데 성공한 덕분이었다. 쾨프륄뤼 메흐메드는 또한 17세기 전반 정치의 특징이었던 파벌 싸움과 궁중 음모를 근절함으로써 그의 아들 파즐 아흐메드 파샤가 안정적인 정권을 수립할 수 있는 기반을 마련했다. 15년 동안 대와지르를 지낸 파즐 아흐메드 정권 아래에서 최고위 관직의 인물들은 놀라울 만큼 변함이 없었다. 메르지폰루 카라 무스타파 파샤는 쾨프륄뤼 메흐메드 치하에서도 고위직을 맡았으며, 파즐 아흐메드가 권력을 잡은 이후에도 계속해서 술탄의 조언자 역할을 했고, 와지르인 무사히프 무스타파 파샤 역시 마찬가지였다. 1662년에 임명된 재무대신 제베지 아흐메드 파샤Cebeci('병기공') Ahmed Paşa는 14년 동안 그 직을 유지했다. 쾨프륄뤼 메흐메드 사후에 임명된 또다른 인물인 셰이흐윌이슬람 민카리자데 야흐야 에펜디는

11년 동안 그 자리를 지키다가 1674년에야 물러났다.

파즐 아흐메드 파샤는 1676년 11월 3일 이스탄불에서 에디르네로 가던 중 "음주로 인한 급성 수종水腫"으로 사망했는데, 이때 나이 마흔한 살이었다. 그는 이스탄불의 지붕 덮인 시장 근처에 있는 아버지의 묘에 안장되었다.[103] 그가 죽을 때 곁에 있던 동생 파즐 무스타파 파샤는 대와지르의 직인을 술탄에게 바쳤고, 술탄은 이 자리를 메르지폰루 카라 무스타파 파샤에게 맡겼다. 메르지폰루 카라 무스타파는 쾨프륄뤼 메흐메드 파샤의 후원으로 처음 고위직에 올랐고, 어린 시절 친구이자 처남이었던 파즐 아흐메드의 집권 기간에 술탄과 친분을 쌓은 덕분에 승진을 할 수 있었다. 그는 파즐 아흐메드의 대리로서 거의 궁정을 떠난 적이 없었으며, 몇몇 서방 외교관들은 그가 파즐 아흐메드를 음해하려 했다고 의심했다.[104]

대와지르가 된 후 메르지폰루 카라 무스타파 파샤가 처음 해야 할 일은 또다시 모스코비야와 좌안 우크라이나 세력의 침공으로부터 우안 우크라이나 내의 오스만의 이익을 방어하는 일이었다. 1674년의 오스만 원정 이후 그가 우안 우크라이나 주민들에게 가한 가혹한 보복과 오스만의 그곳에 대한 통제 강화는 헤트만인 페트로 도로셴코의 지도력에 대한 불만을 확산시켰다. 도로셴코는 술탄에게 실망하기 시작했고, 강력한 이웃들 사이에 놓인 자신의 취약한 입지에 대해 불안해했다. 1676년 도로셴코는 술탄으로부터 받은 휘장을 차르에게 보냈으며, 자신의 수도 치히린을 차르에게 넘기고 모스코비야로 망명했다. 술탄은 새로운 카자크 지도자로 1648년 폴란드-리투아니아 연방에 맞서 봉기를 일으킨 영웅 보흐단 흐멜니츠키의 아들을 임명했지만, 그는 아버지나 전임자 도로셴코에 비해 한참 못 미치는 인물이었다. 오스만은 자신들의 영토로 간주하던 지역에 모스코비야 세력이 존재하는 것을 용납할 수 없었고, 양국은 곧 전쟁에 돌입했다. 1677년에 치히린을 포위했지만 재탈환에 실패한 후, 메르지폰루 카라 무스타파 파샤는 1678년에 결국 그곳의 수비대를 몰아내는 데 성공했다.[105] 자신의 전사 자격을 입증할 또다른 기회를 맞이한 메흐메드 4세는 성대한 의식을 갖추어 출정했고, 멀리 도나우강 변의 요새 실리스트라까지 가서 원정 기간 내내 그곳에 머물렀다.[106]

외딴곳에 위치하고 모스코비야가 새로이 공격이라도 한다면 방어하기 어려웠던 치히린은 오스만의 공격으로 무너졌다. 이 지역에서 그들의 방어 필요에 더 잘 충족하는 세 개의 새로운 성채가 더 동쪽의 드니프로강과 부흐강 옆에 세워졌다.[107] 모스코비야가 새로운 공격을 준비 중이라는 소식이 전해지자 술탄은 다시 군대를 이끌고 전쟁에 나설 준비를 했으나, 타타르 칸의 중재로 모스코비야는 평화를 청했다. 1681년 크림반도에 있는 칸의 수도 바흐치사라이에서 5년간 이어진 드니프로 지역의 긴장을 끝내는 조약이 체결되었다. 이것은 모스코비야와 오스만 사이의 첫 번째 공식 조약으로, 20년간의 평화를 약속하며 키이우를 제외한 우크라이나 우안 지역에 대한 오스만의 종주권을 인정했다(키이우는 좌안 우크라이나와 함께 1667년 이래 모스코비야의 속령이었다). 결국 오스만의 흑해 북안에 대한 정책은 크게 바뀌지 않은 듯했다. 그곳에서 자국의 심장부를 공격으로부터 보호하기 위해 필요한 일만을 하는 정도였다. 포딜리아 정복을 제외하면, 오스만의 우크라이나 개입은 그들의 통제 밖에서 벌어진 모스코비야와 폴란드-리투아니아 연방 사이의 관계 발전으로 인해 불가피하게 이루어진 것이었다. 1681년 무렵에 오스만은 과도하게 벌려놓은 상황에서 휴식을 반기는

분위기였으며, 북부 변경의 전략적 문제는 해결된 것으로 보였다.[108]

　한편 서북쪽에서는 1664년 버슈바르 조약 이후 오스만과 합스부르크의 국경이 조용했으며, 중부 유럽은 평화로웠다. 파즐 아흐메드 파샤는 도나우강 북쪽에 있는 우이바르주를 오스만의 영토로 인정한 조약 조항에 만족하고 있었다. 그러나 헝가리 귀족들은 몬테쿠콜리 가문과 레오폴트 황제가 '왕령 헝가리'의 입헌 정부를 절대주의적 통치로 대체하려는 의도를 드러내자 실망감을 느꼈다. 이들 중 일부는 프랑스나 오스만의 지원을 얻으려 한 혐의를 받았고, 1671년에 반역죄로 처형되었다. 17세기 중에 가톨릭 개혁운동은 때에 따라 강도를 달리하며 벌어졌지만, 레오폴트 1세 치하에서는 매우 가혹하게 이루어졌다. 이 음모는 그 출발이 종교적인 것이라기보다는 민족주의 초기 단계의 것이었다. 가톨릭과 개신교 모두와 관련된 것이었지만, 헝가리의 개신교도들은 계층을 막론하고 박해를 받았다. 헝가리는 점점 더 정복된 영토로 간주돼 빈에서 직접 통치하기 시작했다.[109]

　반체제파인 많은 헝가리 개신교도들은 오스만의 관용이 편협한 합스부르크 통치보다 나을 것으로 생각했기에 오스만의 속국인 트란실바니아로 피신했다. 파즐 아흐메드 파샤는 언제나 이러한 불만 세력의 투쟁에 개입하는 것을 거부했으며, 트란실바니아 군주 아퍼피 미하이에게도 같은 방침을 따르라고 명령했다. 그러나 1678년에 개신교도 귀족이자 합스부르크의 패권과 가톨릭의 지배에 맞선 헝가리인들의 투쟁에서 주요 인물인 퇴쾰리 임레Thököly Imre가 불만을 품은 개신교도의 지도자로 선출되었다. 그는 합스부르크군과의 몇 차례 전투에서 승리를 거두어 헝가리 북부 지역을 차지하면서 명성이 더욱 높아졌다. 이 무렵 레오폴트 황제는 헝가리에서의 정책이 오히려 역효과를 내고 있음을 인식하게 되었다. 그는 1680년에 퇴쾰리와 휴전 협정을 체결했고, 1681년 5월에는 의회를 소집해 지방 자치와 종교 관용 조치의 회복을 제안했다. 퇴쾰리는 이 회의에 참석하지 않았다.[110] 이 시기의 역사가인 실라흐다르 픈드클를르 메호메드 아아Silahdar('무기 시종') Fındıklılı('픈드클르 출신') Mehmed Ağa는 당시 궁정에서 시종으로 있었는데, 그해 7월 퇴쾰리의 사절들이 와서 술탄에게 협력을 호소했다고 전한다.[111] 1682년 초, 퇴쾰리는 14개 조항으로 된 조약을 통해 오스만의 제후로 인정받았다.[112] 메르지폰루 카라 무스타파 파샤는 그를 합스부르크에 대한 자신의 계획을 실현시켜줄 수 있는 잠재적 도구로 보았다. 이에 따라 1684년에 만료될 버슈바르 조약의 갱신을 위해 레오폴트가 오스만에 사절을 보냈는데, 그 사절은 오스만이 이미 조약 갱신을 고려하지 않고 있음을 알고 '중앙 헝가리 왕'(퇴쾰리의 새로운 지위를 인정하고 붙인 이름이다)을 지지하기로 동의했다.[113] 퇴쾰리가 제시한 가능성과 오스만 궁정에 주재하는 프랑스 사절이 제공한 격려(합스부르크제국에 대해 자체 계획을 갖고 있던 프랑스는 합스부르크와 오스만 사이의 어떤 전쟁에도 개입하지 않을 것임을 시사했다) 사이에서 합스부르크 사절이 조약 갱신 문제에 관해 전혀 만족할 수 없었던 것은 당연한 일이었다.[114]

술탄은 헝가리에서 긴장이 고조되는 것을 보고 싶지 않았겠지만, 대와지르는 단호했고 예니체리 총사령관 테키르다을르 베크리 무스타파 파샤Tekirdağlı('테키르다으 출신') Bekri('술고래') Mustafa Paşa도 병사들이 전투를 갈망하고 있다며 이를 지지했다. 실라흐다르 픈드클를르 메흐메드 아아의 기록에 따르면, 메르지폰루 카라 무스타파 파샤는 국경 지대의 문제를 과장하는 허위 보고를 올리게 하는 데까지 나아갔다. 그는 또한 셰이흐월이슬람의 파트와를 구했으며, 전쟁이 정당하지 않다는 셰이흐월이슬람의 불편한 회답을 무시한 채 어떤 대가를 치르더라도 평화를 이루고자 했던 합스부르크 사절을 연금 상태에 두었다.[115]

이때는 오스만이 합스부르크를 상대로 전쟁을 벌일 절호의 기회였다. 퇴쾰리의 전방 지원이 있었고 합스부르크는 헝가리에서 물러서고 있었으며, 프랑스는 개입하지 않을 것임을 시사했다. 모스코비야는 평화 유지를 갈망했고,[116] 폴란드-리투아니아 연방은 너무 약해 위협이 되지 않았다. 1683년 5월 3일, 술탄 메흐메드가 동행한 오스만제국의 군대는 전쟁 절기가 되자 이번에는 일찍 출발해 베오그라드에 도착했다. 군대가 도나우강을 따라 전진하자 퇴쾰리의 병력과 크림 칸의 병력도 합류했다.[117] 실라흐다르 픈드클릘르 메흐메드 아아도 이 원정에 동행했는데, 3월 30일 군대가 에디르네에서 출발한 후 전진을 방해한 끔찍한 비에 대해 엄청나게 불평을 했다. 그는 특히 플로브디프 부근에서 술탄의 총애를 받는 후궁 에메튤라흐 라비아 귈누시와 하렘 여성의 수레 80대를 안전하게 다리를 통해 강 건너로 옮기는 데서 겪은 어려움에 대해 이야기했다.[118]

원래 계획은 메르지폰루 카라 무스타파 파샤가 쾨르를 점령하는 것이었다. 1664년에 파즐 아흐메드 파샤가 의도했던 바였다(합스부르크 측 사절은 출정 전 협상에서 이 도시를 내주기를 거부했다). 그러나 군대가 이 요새 앞에 진을 치고 있을 때 열린 회의에서 카라 무스타파는 이 요새가 예상보다 강력하니 여기서 포위전을 벌여 병력을 소모하기보다는 곧장 빈으로 진격하는 편이 나을 것이라고 말했다. 그는 반대 의견은 전혀 들으려 하지 않았고, 군대는 앞으로 나아갔다.[119] 이 결정은 충분히 타당한 이유가 있었다. 합스부르크군의 최고 지휘부는 개인 및 직책상의 분쟁으로 분열돼 있었고, 효과적인 방어 전략을 세우거나 병력을 동원하는 데 속도를 내지 못했다. 7월 초, 빈은 공황 상태에 빠졌다. 오스만군이 가까이 진격해오고 있음이 분명해졌기 때문이다. 황제와 그의 궁정은 7월 7일 도시를 버리고 퇴각해 7월 18일 재물과 함께 파사우에 도착했다. 그들은 이동하는 동안 타타르 기병대의 추격을 받았고, 타타르 병사들은 7월 16일 빈에서 서쪽으로 약 100킬로미터 떨어진 지역을 습격했다.[120]

실라흐다르 픈드클를르 메흐메드 아아에 따르면, 메르지폰루 카라 무스타파 파샤의 독단적인 행동 소식이 베오그라드에 있던 술탄 메흐메드에게 전해지자 술탄은 자신의 명확한 명령을 노골적으로 무시한 대와지르의 행동에 경악했다. 그러나 사태의 흐름을 바꿀 수는 없었다.[121] 그럼에도 불구하고 행운은 오스만과 그 동맹자들에게 미소 짓고 있는 듯했다. 그들은 수적으로 황제의 군대를 압도했고, 비록 죄르는 지나쳤지만 진격하면서 전략적인 위치에 있는 다른 여러 지점을 점령했다.[122]

빈 성벽 바깥에 도착한 지 며칠 만에, 메르지폰루 카라 무스타파 파샤는 자신의 군대를 배치해 도시를 완전히 둘러싸고 구원군이 접근할 곳을 찾을 수 없게 했다. 포위 공격은 수비 측이 요새를 내주면 안전을 보장하겠다는 관례적인 제안으로 시작됐지만, 이는 역시 관례대로 거절당했다. 오스만군은 빠르고 능숙하게 참호를 구축했고, 7월 14일에 포격이 시작되었다. 성공적인 결과를 보장할 모든 세부 사항을 놓치지 않으려 했던 카라 무스타파는 서두르지 않고 체계적으로 접근했지만, 전투는 치열했고 긴장감은 고조되었다. 포위전이 시작된 지 한달이 지났을 무렵, 오스만군이 땅굴을 파서 틈이 만들어졌고, 공격자

들은 외곽 보루의 중간 방어선을 돌파할 수 있었다.[123]

오스만의 승리라는 결과는 유럽의 군주들과 정치가들에게 무거운 짐이 되었다. 지난 수백 년 동안 공동의 적에 맞서 통일된 행동을 하자는 호소가 좀처럼 반응을 얻지 못했고, 시도되더라도 지속적이거나 결정적인 경우는 더욱 드물었다는 사실이 그들을 짓누르고 있었다. 오늘의 동맹국이 내일의 적이 될 수 있었다. 상호 불신과 오래된 불화의 잔재는 결속력 있는 행동을 방해했다. 프랑스는 자신들의 암시대로 움직이며 빈에 구원 병력을 보내지 않았다. 합스부르크를 방어하러 올 수 있는 유일한 국가는 폴란드-리투아니아 연방이었다. 연방은 여전히 우크라이나 우안 카자크에 대한 영향력을 상실한 것과 1672년 및 1676년 조약에 의해 오스만에 넘겨준 포딜리아의 넓은 영토를 상실한 것에 대한 상처가 남아 있었다. 지역 의회들의 독립성과 특권으로 인해 겉보기에는 이 지역에서조차 어떤 도움이 올 수 있을지 확실하지 않았으나, 포딜리아의 귀족들(오스만이 패배할 경우 자신들의 땅을 되찾을 수 있다는 희망을 품고 합스부르크를 지원하러 올 가능성이 가장 높았다)은 동료들을 움직였다.[124] 공통의 적에 맞선 지원의 필요성으로 하나가 된 연방과 합스부르크제국은 불안한 동맹으로 뭉쳤고, 1683년 3월에는 상호방위조약을 체결하면서 연방이 오스만과 맺은 조약은 유지할 수 없게 되었다.

폴란드군은 6월에 이미 남부 국경에서 경계 태세를 갖추고 있었다. 트란실바니아에서 퇴쾰리가 폴란드 영토를 침공하고 오스만 군대가 부다에서 진군하는 것을 우려했기 때문이다. 오스만의 포위가 막 시작된 7월 중순에 빈에서 처음으로 절박한 호소가 도착했을 때 얀 소비에스키는 별다른 긴박감을 내보이지 않은 채 궁정을 바르샤바에서 크라쿠프로 옮겼다. 하지만 포위전 상황이 자세하게 알려지면서 그는 이에 맞설 충분한 병력을 동원하기 위해 부지런히 노력했다. 실패한다면 연방에 대한 오스만의 추가 군사 행동을 유발할 수 있었지만, 소비에스키 자신의 개인적 야망에도 차질이 생길 수 있었다. 소비에스키의 군대는 8월 15일 크라쿠프를 출발했고, 그달 말에는 빈 동북쪽의 홀라브룬에 도착했다. 이곳에는 황제의 매부이자 소규모 합스부르크군의 지휘관인 로렌 공작 샤를 5세가 있었으며, 그는 오스만의 보급로를 방해하고 있었다. 빈 서남쪽의 바이에른과 서북쪽의 개신교도 작센 또한 병력을 파견했으나, 브란덴부르크 선제후 같은 다른 잠재적 동맹국들과는 협정이 체결되지 않은 상태였다.[125]

포위는 어느 쪽도 결정적인 우위를 점하지 못한 채 거의 두 달 동안 이어졌으나, 방어군의 입장은 절박했다. 구원군은 느리게 움직여 툴른에서 도나우강을 건넜고, 강 남쪽 둑에 집결하고 비너발트를 지나 서쪽에서 도시로 접근하려 했다. 오스만군은 아무리 결연한 구원군이라 해도 산악 지형과 울창한 숲을 통과하지 못할 것이라 생각하고 이쪽에서의 접근에 대해 충분히 방어하지 않았다. 그러나 다가오는 6만 명 규모의 군대를 무시할 수 없었지만, 그렇다고 포위를 풀 수도 없었다. 여러 주 동안 공을 들여온 데다 승리의 기미가 보였기 때문이다. 소비에스키는 자신의 부대를 정렬하는 데 사흘을 보냈다. 오스트리아군은 강에 가장 가까운 왼쪽에, 독일군은 중앙에 자리잡았고, 뒤늦게 자기 자리를 잡은 폴란드-리투아니아 연방군은 오른쪽 둔덕에 위치했다. 메르지폰루 카라 무스타파는 병력이 크게 열세였다. 약 3만 명의 자기네 병력에 수를 알 수 없는 몰도바인, 왈라키아인, 타타르인이 가세했다. 9월 12일 치열하게 벌어진 전투는 저녁까지 이어졌다. 아침에는 대부분의 전투가 강에 가까운 저지대에서 벌어졌고, 소비에스키와 연방 기병대가 다른 부대들과 합류할 수 있게 되자 조직적인 진격이 가능해졌다. 그날이 끝날 무렵에 오스만군은 적의 진격에 의해 밀려났고, 살아남은 자들은 상황이 절망적이라는 것을 깨닫고 달아났다.[126] 포위전은 실패로 끝났다. 버려진 오스만 진지는 약탈당했으며, 소비에스키의 병사들이 노른자위를 차지했다. 그중 하나가 오스만 고위 지휘부의 수를 놓은 대형 천막들로, 오늘날 크라쿠프 및 옛 폴란드 땅의 다른 박물관들에서 볼 수 있다.

살해되거나 포로가 되지 않은 오스만 병력은 추위와 배고픔에 시달리며 죄르로 향하는 길을 따라 무질서하게 퇴각했고, 그곳에서 라버강을 건넜다. 빈을 눈앞에 두고 패전했다는 소식이 베오그라드의 군영에 있던 술탄에게 전해지자 그는 분노에 휩싸였고, 카라 무스타파 파샤를 처형하겠다고 위협하며 즉시 자기 앞으로 오라고 그를 호출했다. 그러나 대와지르는 베오그라드로 가지 않고 병이 났다고 변명했다.[127] 그러나 다음번 전쟁을 위한 준비를 바로 시작해야 한다는 것은 명백했고, 메흐메드 술탄과 그 수행원들은 카라 무스타파가 베오그라드에 도착하는 것을 기다리지 않고 에디르네로 귀환하는 길에 올랐다.[128] 소비에스키의 개입 외에 이 패배의 책임이 카라 무스타파에게 있다면 그것은 빈으로 곧장 진군한다는 그의 결정 때문이라기보다는 그가 몇 가지 기술적인 오산을 했다는 데 있었다. 포위전에 중포를 가져오지 않고 경포에 의존했다는 것이 그중 하나다. 경포는 분명히 기동성이 있고 수송이 쉬웠지만, 강력하게 요새화된 빈의 성벽을 무너뜨리기에는 역부족임이 드러났다. 또한 그는 방어군의 성공적인 대응 땅굴 작전에 제대로 대처하지 못해, 포위전 동안 오스만의 전진이 저지당했다.[129]

메르지폰루 카라 무스타파 파샤는 겨울 숙영지로 철수하기에 앞서 헝가리 전선의 방어를 재조직했다. 그는 이번 참패의 책임을 부다 총독에게 돌렸다. 총독은 전쟁 초기 죄르를 건너뛰고 빈으로 진격하자는 그의 전략에 반대했으며, 이후에도 지휘 능력의 수준이 대와지르를 만족시키지 못했다. 그는 처형되고, 그의 재산은 국고로 몰수되었다.[130]

메르지폰루 카라 무스타파 파샤는 오랫동안 술탄의 가까운 참모였으나, 그가 원정을 나가 없는 동안 음모자들이 제국 내 혼란에 대한 보고를 날조하면서 메흐메드 4세가 그에 대해 품고 있었을 의혹은 더욱 증폭되었다. 실라흐다르 픈드클를르 메흐메드 아아의 기록에 따르면, 음모자 중 한 명인 술탄의 마구간 책임자 보슈나크 사르 쉴레이만 아아Boşnak('보스니아인') Sarı('금발') Süleyman Ağa는 빈에서의 패배 소식을 듣고 이렇게 선언했다. "우리의 적(메르지폰루 카라 무스타파 파샤)은 끝장났다. 지금이야말로 복수를 할 절호의 기회다." 다른 음모자로는 흑인 환관장 유수프 아아Yusuf Ağa와 제3와지르 카라 이브라힘 파샤Kara İbrahim Paşa가 있었다. 메흐메드 술탄은 카라 무스타파를 비방하는 자들의 압력에 넘어갔고, 다음해 봄에 있을 새로운 진격 계획을 짜고 있던 대와지르는 1683년 12월 25일 베오그라드에서 처형되었다.[131] 그의 대와지르 자리는 카라 이브라힘이 이어받았다. 카라 무스타파의 시신은 베오그라드 궁궐 맞은편 마스지드의 뜰에 매장되었다.[132] 실라흐다르 픈드클를르 메흐메드 아아의 기록에 따르면, 술탄은 그의 머리를 이스탄불로 가져와 지붕 덮인 시장 부근 그의 묘소에 매장하라고 명령했다.[133] 그러나 현재 빈 시립박물관에 보관 중인 두개골이 그의 것이라고 널리 알려져 있다.[134]

실라흐다르 픈드클를르 메흐메드 아아는 대와지르가 빈 원정을 지휘한 책임과 그로 인한 재앙의 책임이 전적으로 그에게 있다고 확신했다. 그러면서 중요한 꿈 이야기를 기록했다.

그때(원정을 앞두고 논의하던 시기) 대와지르가 꿈을 꾸었다. 그가 새 장화를 신고 있는데 일곱 개의 머리를 가진 용이 나타나 그를 마구 짓밟고 물어뜯었다. 그리고 이튿날 그는 점쟁이 하산 에펜디Hasan Efendi에게 이 꿈을 해몽하게 했다. "합하께서 신은 장화는 출정을 의미하고, 용은 합스부르크 카이사르입니다. 그는 노시르반Noshirvan(사산 왕 호스로 1세)의 왕관을 쓰고 있으니 일곱 왕의 명령에 순종합니다. 이 원정은 가시지 않는 것이 가장 좋습니다. 그러지 않으면 합하께서는 반드시 후회하실 것입니다."[135]

실라흐다르 픈드클를르 메흐메드 아아는 빈 전투에서 패배한 책임이 카라 무스타파에게 있다는 확신에도 불구하고, 대와지르의 부재 중 벌어진 궁중의 음모에 대해서는 참기가 어려웠다. 그는 나중에 카라 무스타파의 운명에 전조가 있었다고 주장했다. 그는 12월 13일의 큰 폭풍우에 대해 쓴 뒤 이렇게 적었다. "12월에 천둥과 번개가 치면 그 땅의 통치자가 고위 정치가를 몰래 처형하고 그의 재산을 몰수할 징조다."[136] 빈 원정의 또다른 희생자는 카드자델리 교단의 설교자 바니 에펜디였다. 카라 무스타파와 마찬가지로 빈을 점령하고자 하는 열망을 가졌던 그는 군대를 따라 그곳에 갔다.[137] 그러나 메흐메드 술탄은 이를 못마땅하게 여겼고, 그는 궁중에서 쫓겨나 부르사 부근 자신의 영지로 갔다가 1685년 그곳에서 사망했다.[138]

메르지폰루 카라 무스타파 파샤가 역사에 남게 된 이유는 바로 오스만의 2차 빈 포위전에서의 실패 때문이다. 이 굴욕적인 오스만의 패배는 합스부르크 왕가와 온 유럽에 큰 심리적 영향을 끼쳤다. 당시 서방 관찰자들이 보기에 오스만 정복의 흐름이 바뀌고 있는 듯했다. 이 시기에 쓰인 문헌들은 기독교 세력이 수백 년의 투쟁 끝에 마침내 승리를 거둘 것이라는 당시 사람들의 과장된 기대를 반영하고 있다. 빈의 참패는 틀림없이 오스만에게 큰 충격을 주었다. 그러나 당시에 그들은 이것이 단지 연속된 패배의 시작일 뿐이며, 1699년 치욕적이고 매우 불리한 평화조약을 맺은 뒤에야 끝나리라는 사실을 알지 못했다.

제10장

권위의 균열

1684년 2월 초, 베오그라드에서 도달한 걱정스러운 보고가 에디르네의 오스만 궁정에 전해졌다. 헝가리 전선의 지휘관 테키르다을르 베크리 무스타파 파샤는 술탄 메흐메드 4세에게 기독교 국가들이 오스만 제국에 대항하는 동맹을 맺었다고 알렸다. 그는 모스코비야가 크림반도를 공격할 계획이며, 폴란드-리투아니아 연방은 포딜리아를 되찾고 왈라키아를 점령하려 한다고 썼다. 베네치아는 보스니아에서 공격에 나서고, 지중해의 크레타섬과 루멜리 해안 및 에게해의 다도해 섬들을 노릴 것으로 보였다. 스웨덴, 프랑스, 에스파냐, 잉글랜드, 네덜란드 연합공화국, 제노바, 교황청 또한 이 동맹에 참여했다. 에디르네에 모인 오스만의 정치가들은 여러 전선에서 동시다발적으로 벌어질 전쟁에 대한 우려를 표명하며, 각 전선에 지휘관을 배치하고 술탄이나 대와지르 카라 이브라힘 파샤는 후방에 남아 다가올 전쟁 준비를 감독해야 한다고 결정했다. 테키르다을르 베크리 무스타파 본인은 건강이 좋지 않아 디야르바크르의 총독 멜레크 이브라힘 파샤Melek('천사') İbrâhim Paşa가 그 대신 부다로 가라는 명령을 받았다.[1] 1684년 3월에 체결된 신성 동맹의 서명국은 오스트리아 합스부르크, 폴란드-리투아니아, 베네치아, 교황청이었다. 1684년 여름 프랑스와 오스트리아 사이의 휴전 협정 체결은 더 나쁜 상황을 예고했으나,[2] 이듬해 오스만과 프랑스 사이의 평화 협정이 갱신되어[3] 프랑스의 참전 가능성은 사라졌다.

메르지폰루 카라 무스타파 파샤가 죽은 후, 쾨프륄뤼 가문의 다음 유력 인물은 쾨프륄뤼 메흐메드의 둘째 아들이자 파즐 아흐메드 파샤의 동생인 파즐 무스타파 파샤였다. 그는 이라클리온 포위전의 종료 시점에 형 파즐 아흐메드와 함께 있었으며, 메르지폰루 카라 무스타파의 추천으로 제7와지르로 임명되었다. 그러나 술탄의 명령으로 태후와 어린 왕자들을 보호하는 임무를 맡으면서 이후 군사 원정에는 크게 참여하지 않았다. 이것이 술탄과의 긴밀한 관계를 암시하면서 그는 추가적인 혜택을 입었다. 그러나 빈 전투 패배, 메르지폰루 카라 무스타파의 처형, 그를 대신한 카라 이브라힘 파샤의 대와지르 임명 이후 쾨프륄뤼 가문에 대한 반감이 커졌으며, 그 과정에서 파즐 무스타파는 매부가 처형되기 전에 임명됐던 중요한 직책인 흑해 북안의 외지 주 총독에서 해임되었다. 이 변경의 지휘권은 신임 대와지르의 측근인 사르 쉴레이만Sarı Süleyman에게 넘어갔고, 그는 파샤의 지위도 부여받았다. 파즐 무스타파는 앞으로 벌어질 위험한 전쟁 단계에서 적극적으로 개입할 길을 박탈당했다.[4]

이제 권력을 잡은 반反쾨프륄뤼 세력의 무능함은 오스만제국에 참혹한 결과를 가져왔다. 빈에서 철수하는 과정에서 오스만은 부다 북쪽 도나우강 변에 위치한 에스테르곰을 잃었다. 이 도시는 1543년부터 대체로 오스만의 지배 아래에 있었으며, 단 10년 동안만 합스부르크의 수중에 있었다. 1684년 한 해 동안 합스부르크는 헝가리에서 중요한 진격을 이뤄냈다. 에스테르곰 인근의 두 핵심 거점 비세그라드와 바츠가 그들의 손에 들어왔고 부다는 포위 상태가 됐으며, 오스트리아군은 그 도시 남쪽 하루 행군 거리의 지역에서 오스만군을 격파했다. 1685년에 오스만은 바츠를 탈환했지만 에스테르곰 재탈환 시도는 실패했고, 불과 20년 전 파즐 아흐메드 파샤가 정복했던 우이바르주도 상실했다. 서방에서는 크게 환호했다.[5] 베네치아 역시 이 시기에 활발히 움직였다. 그 군대는 그리스 이오니아 해안의 산타마우라, 프레베자, 나바리노를 포위하고 점령했으며, 기타 여러 다른 요새들과 달마티아의 오스만 거점들도 빼앗았다.[6]

1685년 원정 기간이 끝나고 사르 쉴레이만 파샤는 에디르네로 소환되어 곧 대와지르에 임명되었다. 군대의 병참 수요를 감독하는 임무를 소홀히 한 것으로 간주된 카라 이브라힘 파샤를 대신하는 것이었다. 술탄은 카라 이브라힘이 성지 순례를 가겠다고 청하자 허락했으나, 그의 적들 사이에서는 그의 진짜 의도가 아나톨리아에서 불법적인 군대를 조직하려는 것이라는 소문이 퍼졌다. 그의 재산은 몰수됐고, 그는 로도스섬으로 유배되었다.[7] 소문이 퍼지는 일은 정부의 관심사였다. 아나톨리아 민병대 사이의 소요와 강도질에 대한 보고가 이스탄불에 다시 들어왔기 때문이다. 그들 일부는 도시와 마을을 약탈하고 있었다. 이 혼란을 진압하려는 시도가 실패하자 당국은 이들을 원정에 동원하는 것이 유일한 해결책이라고 판단했다.[8]

전쟁으로 인한 피해가 발생하자, 정부는 인명과 물자에 대한 손실 및 이에 따른 국고의 고갈을 심각하게 고민했다. 1686년 초 고위 성직자, 군 장교, 정치가들이 모인 전쟁에 관한 회의가 술탄이 참석한 가운데 열렸다. 회의에서 지배적인 정서는 이제 중대한 원정에는 술탄이나 대와지르가 전선에 있어야 한다는 것이었다. 대와지르가 지휘한다면 술탄은 에디르네에 머물 필요가 없으며, 따라서 수도 이스탄불로 귀환해서 궁정의 지속적인 에디르네 체류로 인해 해당 지역 주민들에게 가해지는 까닭 없는 경제적 부담을 덜어야 한다고 했다. 메흐메드 4세가 4월에 이스탄불에 도착해보니, 수도는 기근에 시달리고 있었다. 사실 유사한 상황은 제국의 상당 부분에서 나타나고 있었다. 전쟁으로 인해 초래된 혼란이 한 원인이었다. 기본 식료품 가격이 급등했고, 아나톨리아 일부 지역에서는 사람들이 뿌리나 호두 껍질을 먹는 처지가 되었다. 여러 해 만에 궁정이 다시 수도로 돌아온 것을 기념해 술탄은 할리치만 꼭대기에 있는 아부아이유브 알안사리의 사당을 참배했다. 이후 그는 톱카프궁에 틀어박히는 것을 피해 보스포루스 해협 일대의 공원 지대에서 휴식하며 시간을 보내는 쪽을 선택했다.[9]

그리하여 사르 쉴레이만 파샤가 헝가리 전선으로 향하는 군대를 이끌도록 임명됐고, 다시 한번 동원 명령이 내려졌다. 메흐메드는 대와지르의 특별 알현을 허락했고, 그에게 선지자의 성스러운 깃발을 하사하면서 깃발과 대와지르와 그의 군대를 신의 가호에 맡겼다. 전례를 깨고 선지자의 외투(성스러운 깃발보다 먼저, 1517년 술탄 셀림 1세의 이집트 정복 이후 이스탄불로 가져왔다고 한다[10])가 펼쳐졌는데, 이 성스러운 유물의 힘을 끌어내기 위한 것인 듯했다. 당시 궁궐에 고용돼 있었고 이 의식을 직접 목격하지는 못했더라도 틀림없이 이에 대해 들었을 실라흐다르 픈드클를르 메흐메드 아아의 기록에 따르면, 참석한 모든 사람이 이 장면을 보고 감동의 눈물을 흘렸다고 한다.[11]

1686년 원정 기간은 오스만제국의 운명에 결정적이었다. 9월 2일, 술탄 쉴레이만 1세가 헝가리의 상당 부분을 정복했던 1526년 이래 오스만의 손에 있던 부다시가 합스부르크 포위군에 의해 함락되었다. 부딘Budin(부다)주는 거의 150년 동안 오스만-합스부르크 전선에 있었다. 빈과 달리 부다는 오스만의 도시였고, 이를 상실한 것은 군사적으로뿐만 아니라 심리적으로도 상당한 타격이었다. 이후 요새들이 하나둘 점령되면서 오스만의 헝가리 지배는 무너졌다. 겨울이 오자 오스만군은 베오그라드의 숙영지로 퇴각했고, 오스트리아인들은 트란실바니아의 몇몇 성채에도 수비대를 배치할 수 있었다.[12]

1686년에 당한 패배는 너무도 큰 것이어서, 오스만제국은 역사상 처음으로 그 적들과의 평화 협상을 시작하고자 했다. 그러나 부다 함락에 자극받은 대와지르 사르 쉴레이만 파샤의 접근은 아무런 관심도 끌지 못했다. 전년도에는 노베잠키가 함락된 후 헝가리 전선의 지휘관 멜레크 이브라힘 파샤가 이스탄불의 정부와 상의하지 않고 합스부르크 지휘관인 로렌 공작 샤를에게 평화 제안을 보냈다. 그는 아무런 답변도 받지 못했지만, 그의 독단적인 행동이 발각되어 처형당했다. 1687년의 원정 기간을 위한 준비는 겨울 동안 이루어졌고, 군대가 출정하기 전에 사르 쉴레이만은 이번에는 직접 황제 레오폴트 1세에게 서신을 보냈다. 더이상 요청자가 아닌 합스부르크는 이제 자기네도 오스만 못지않게 외교적 정밀성을 추구할 수 있음을 보여주었으며, 그러한 서신은 술탄이 황제에게 쓴 것이 아니면 아무런 가치가 없다고 주장했다. 더구나 서신이 진지한 검토의 대상이 되려면 대와지르 및 기타 정부 고위 관리들의 부서副署가 있어야 했다. 문제는 이러한 외교 의전만이 아니었다. 신성동맹의 회원국들은 앞으로 오스만과 별도 평화 협정을 체결하지 않겠다고 서약해 추가적인 협정을 맺기에는 넘을 수 없는 장애물을 설치했다. 동맹은 폴란드-리투아니아 연방에 포딜리아를, 베네치아에 크레타섬을 반환하고, 합스부르크를 위해서는 헝가리에서 오스만이 철수할 것을 요구했다. 베네치아에서는 오스만이 이란과 동맹을 맺으려던 희망이 샤의 거부로 무산되었다는 소식도 전해졌다. 샤는 오스만이 유럽에서 싸우는 동안 동방에서 오스만을 공격하지는 않았으나, 기독교도들과의 전쟁이 끝나면 바그다드를 되찾겠다고 맹세했다.[13]

전쟁은 국고를 고갈시켰고, 최고 지휘부의 가장 큰 관심사는 병사들에게 늦게라도 봉급을 지불할 수 있는 충분한 자금을 확보하는 것이었다. 병사들의 봉급이 체불될 경우 어떤 사태가 일어날지 잘 알고 있었기 때문이다. 1686년에는 고위 성직자들에게 새로운 '전쟁 성금'이 부과됐는데, 이들은 이전까지 이러한 부담을 면제받고 있었다. 명목상으로는 여건이 허락되면 갚는 대출이었지만, 이는 거센 불평을 촉발했다. 이 자금이 에디르네에 있는 것 같은 향락용 궁궐의 건설에 쓰일 것이라는 동료들의 우려를 대변한 한 고위 성직자는 술탄의 명령에 도전한 만용으로 인해 키프로스로 유배되었다. 그럼에도 불구하고 세금은 결국 제국의 도시민들에게 전가됐고, 적어도 이스탄불에서는 무장 경비병의 감시 아래 징수되어 대와지르 대리 저택으로 실려 갔다. 그중 대부분은 여기서 사라졌다. 그럼에도 불구하고 자금의 긴급한 필요성 때문에 황실 가족조차도 영지 수입으로 전쟁 자금을 지원해야 했다. 실라흐다르 픈드클를르 메흐메드 아아는 이러한 전쟁 성금을 둘러싼 긴박한 협상의 목격자였으며, 그해 겨울의 이례적으로 혹독한 추위가 그 고통을 얼마나 가중시켰는지를 기록했다. 사람들은 추위 때문에 50일 동안 집 밖에 나갈 수 없었고, 그 자신은 할리치만에서 배를 저으면서 노로 얼음을 깨며 나아가야 했다.[14]

신성동맹군이 오시예크를 공격하고 있다는 소식이 들려올 때 대와지르는 여전히 베오그라드에 있었다. 오시예크는 역사적으로 헝가리 나머지 지역과의 연결점이었던 드라바강 변의 교두보였다. 동맹군은 격퇴됐고 오스만군은 북쪽으로 후퇴하는 그들을 추격했지만, 사르 쉴레이만 파샤는 한심한 장수임이 드러났다. 1687년 8월 12일 모하치(1526년 술탄 쉴레이만이 헝가리 왕에게 결정적 승리를 거둔 현장이다) 남쪽에서 그의 군대는 엄청난 희생을 치르며 패배했다. 다른 전선들에서 들려온 소식은 마찬가지로 참담했다. 펠로폰네소스는 1669년에 칸디아 방어자였던 프란체스코 모로시니가 지휘하는 베네치아 해군에게 빼앗겼으며, 그는 9월에 아테네에 있는 오스만 수비대를 몰아내려다 파르테논 신전의 지붕을 날려버렸다.[15] 게다가 타타르 칸은 그해 원정에 직접 참여하지 않았는데, 얀 소비에스키가 모스코비야와 협정을 맺고 함께 크림을 공격하려 한다는 이유에서였다.[16] 소비에스키의 아들이 1687년 카미아네츠를 포위했으나, 오스만-타타르 구원군이 도착하자 그의 군대는 흩어져버렸다.[17]

사르 쉴레이만 파샤와 그의 군대는 모하치 근처에서 패배한 후, 도나우강을 따라 남쪽으로 베오그라드를 향해 퇴각해 8월 27일 페트로바라딘에 도착했다. 그곳에서 그들은 잠시 멈췄고, 대와지르는 복수를 시도해 북쪽으로 여덟 시간 거리에 있는 적의 진지를 공격하도록 다시 부대를 보냈다. 그러나 그 부대가 폭넓고 급류가 흐르는 강의 다리를 건너는 동안 거센 폭풍우가 몰아쳤고, 선봉대는 흠뻑 젖은 북쪽 강둑에 고립되었다. 그들은 식량도, 폭풍우를 막을 보호 수단도 없었다. 이 사건은 결과적으로 군 내부에 끓고 있던 불만을 폭발시키는 도화선이 됐고, 심각한 결과를 초래했다. 이들은 무질서한 상태로 다리를 건너 돌아왔다. 대와지르는 그들을 달래려 했지만, 병사들은 그에게 그의 직위를 상징하는 물건들을 넘기라고 요구했다. 그가 대와지르로서 보유한 인장과 술탄이 그에게 맡긴 선지자의 성스러운 깃발이었다.[18]

사르 쉴레이만 파샤는 도망쳤다. 그는 성스러운 깃발을 챙겨 배를 타고 베오그라드 방향으로 강을 내려갔다. 그의 천막에 모인 많은 병사들은 그가 없는 가운데 자기네 개인과 집단에게 닥친 모든 문제의 원인을 한목소리로 그에게 돌렸다. 그들은 수십 년 전에 반란을 일으킨 아나톨리아의 파샤들이 했을 법하게, 자기네가 이스탄불로 돌아갈 때 군을 지휘할 후보자로 쾨프륄뤼 메흐메드 파샤의 사위이자 알레포 총독이었던 나이 들고 노련한 시야부시 파샤Siyavuş Paşa(1656년에 죽은 앞의 대와지르 아바자 시야부시 파샤와는 다른 인물이다)를 내세웠다. 반란군은 술탄에게 제출할 보고서를 준비했는데, 여기서 그들은 지난 두 해 동안 군대에 약속하고 지켜지지 않은 여러 가지 일들에 대해 불평했다. 식량을 약속했지만 양이 충분하지 않게 공급됐고, 급료와 전공에 대한 포상금도 약속대로 지급되지 않았다. 그들은 또한, 자신들이 다리를 건넌 후 사르 쉴레이만이 병사들에게 12일치 식량만을 지급하고는 북쪽으로 몇 시간 거리에 있는 적과 싸우는 것이 아니라 페트로바라딘에서 멀리 떨어진 에게르로 진군하라고 명령한 것에 대해 분노했다고 기록했다. 그들은 더이상 참을 수 없었고, 엄청난 폭우 속에서 아무런 보호 장비도 없어 명령을 거부했다고 말했다.[19] 사르 쉴레이만 파샤가 달아날 때 당시 다시 예니체리 총사령관이 된 테키르다을르 베크리 무스타파 파샤 같은 일부 고위 관리들이 그와 함께 베오그라드로 갔지만, 대부분은 이후 페트로바라딘의 군대로 복귀하기로 결정했다. 베오그라드에서 그와 함께 배를 타고 루세로 가고 이어 육로로 이스탄불을 향한 사람 가운데 하나가 제국의 재무 책임자인 세이이드 무스타파

파샤Seyyid Mustafa Paşa였다.[20]

　세 개의 전선에서 전쟁을 벌이며 큰 군사 반란까지 일어난 상황에서, 술탄 메흐메드 4세는 제국의 방어를 가장 긴급한 문제로 챙기라고 시야부시 파샤에게 명령했다. 술탄은 군대에 베오그라드의 숙영지에서 월동하라고 지시하고, 어떤 병사도 이스탄불로 돌아가는 것을 금지했다. 이에 격분한 병사들은 요구 조건을 강화했으며, 사르 쉴레이만 파샤를 처형하고 그 대신에 시야부시 파샤를 대와지르로 임명할 것을 요구했다. 그들은 또한 베오그라드에 머무르는 것도 거부했다. 술탄이 조언을 구한 이스탄불의 퇴역 장교들은 군대의 상층부를 정리하라고 권했다. 무엇보다도 먼저 새 대와지르를 임명하고, 테키르다을르 베크리 무스타파 파샤와 전선에서 군 부대를 지휘하고 있는 모든 장교들을 교체해야 한다고 그들은 말했다. 밀린 급여 역시 정산해야 했다. 그러나 이것이 반란을 끝내기 위한 최선의 방책인지 결정을 내리기도 전에, 반란군의 서한이 다시 도착해 사르 쉴레이만의 처형을 요구했다. 술탄은 대와지르의 직인과 선지자의 성스러운 깃발을 시야부시 파샤에게 즉시 전달하라고 명령했고, 이 물건들은 시야부시가 반란군과 함께 이스탄불로 돌아오는 도중에 니시에서 그에게 전달되었다.[21]

　반란 지도자들 가운데는 술탄의 보병 및 기병대의 장교들이 있었다. 이들과 연합한 것이 아나톨리아 출신 민병대 지휘관들이었다. 그들의 분노는 대와지르의 교체에도 가라앉지 않았고, 니시에서 그들은 사람들을 접견하고 있던 시야부시 파샤의 천막을 포위했다. 그들은 급여가 지급되지 않은 책임이 세이이드 무스타파 파샤에게 있다고 생각하고 그의 목을 요구했다. 시야부시 파샤가 병사들을 보내 그들을 진정시키려 하자, 반란군은 그의 천막을 향해 발포했다. 시야부시 파샤는 세이이드 무스타파에게 자신은 이 무장 세력을 통제할 권한이 없으며, 자기 대신 세이이드 무스타파가 직접 나서서 그들을 설득해야 한다고 말했다. 이를 위해 밖으로 나간 무스타파는 난도질을 당했다. 시야부시 파샤는 가까스로 목숨을 건져 달아났지만, 접견에 참석했던 다른 정부 고위 관리들은 모두 살해당했다.[22]

레제프 파샤Recep Paşa라는 인물은 사르 쉴레이만 파샤가 전선에 있는 동안 이스탄불에서 그의 대리로 임명됐는데, 이 자리는 사르 쉴레이만의 전임자 카라 이브라힘 파샤를 제거하는 데 공을 세운 한패이자 보스니아인 동포에게 주어진 보상이었다. 레제프 파샤는 스스로 대와지르가 되려는 생각을 갖고 있었고, 메흐메드 4세의 맏아들인 당시 스물세 살의 무스타파(2세) 왕자를 즉위시키고 싶어했다. 1617년 아흐메드 1세 사망 이후 처음으로 술탄은 아들과 형제들을 모두 후계자 후보로 삼을 수 있었다. 반란군이 이스탄불에 도착하면 혼란이 일어날 것이라고 예측한 레제프 파샤는 셰이흐윌이슬람 안카라비 메흐메드 에펜디 Ankaravi Mehmed Efendi에게, 반란군이 술탄을 폐위시키고 대신에 그의 동생 쉴레이만 왕자를 옹립할 생각인 듯하니 선수를 쳐서 당장 무스타파를 즉위시키는 것이 현명할 것이라고 제안했다. 셰이흐윌이슬람은 중년에 가까운 쉴레이만을 선호했던 듯하다. 그는 제안된 반역 행위를 승인하는 파트와 내기를 거부했기 때문이다. 레제프 파샤는 그를 제거하려 했으나 이는 자신의 권한을 넘어서는 것이었고, 이 사실이 술탄에게 보고되자 술탄은 망신을 당한 대와지르와 음모를 꾸민 그 대리를 모두 체포하라고 명령했다. 반쿼프뤼뤼 파벌은 혼란에 빠졌다. 술탄 메흐메드는 다르다넬스로 사람을 보내 신뢰하는 동맹자 파즐 무스타파 파샤를 데려오게 했다. 그는 궁정에서 쫓겨나 그곳에 있었다. 그의 말은 군대 내에서 술탄의 말보다 더 큰 무게를 지녔고, 메흐메드는 그를 레제프 파샤 대신 대와지르 대리로 임명했다. 반란군의 수도 도착이 임박한 상황에서 술탄은 가능한 한 단호하게 행동하며, 이 조치가 병사들을 진정시키고 위험한 혼란을 종식해주기를 바랐다.[23]

레제프 파샤는 도피했고, 당분간은 체포를 피할 수 있었다. 얼마 지나지 않아 보스포루스 해협을 멀리 올라간 곳의 공원 지대에 변장을 하고 숨어 있던 사르 쉴레이만이 발각돼 처형되었다. 그의 머리는 헝가리에서 돌아오는 병사들을 달래기 위해 그들에게 보내졌다. 니시에서 행군해 플로브디프로 와서 진을 치고 있던 새 대와지르 시야부시 파샤와 그의 군대에게 쉴레이만의 머리가 도착한 것은 1687년 10월 17일이었다. 대와지르의 천막 안 장교들 앞에서 술탄이 동봉한 서신이 낭독되었다. 술탄은 병사들이 사르 쉴레이만의 머리를 직접 볼 수 있을 것이라고 썼다. 레제프 파샤는 밤낮으로 수색 중이고, 체포되면 처형될 것이라고 했다. 그는 병사들의 급여와 식량을 충분히 제공하고, 사르 쉴레이만으로 인해 군대에 발생한 불공정을 바로잡기 위한 모든 노력을 다하겠다고 약속했다. 그러나 여러 곳에서 전쟁이 벌어지고 있는 때에 군대가 이스탄불로 오는 것은 옳지 않다고 술탄의 편지는 이어갔다. 그들은 전쟁을 계속하기 위해 추가 병력을 동원하고 새로운 재정 자원을 마련하는 동안 플로브디프와 소피아에서 겨울을 보내야 했다. 그러나 군대는 이에 만족하지 않았다. 술탄의 말에서 새로운 것은 아무것도 없었기 때문이다. 그들은 점령지 요새의 보수와 주둔군의 급여 및 처우에 대한 추가적인 보장을 원했다. 특히 그들은 술탄이 자주 나가는 사냥을 포기해야 한다는 것도 요구했다. 반란군은 분위기가 험악했다. 그들은 대와지르의 천막 줄을 끊었고, 술탄의 깃발을 이스

탄불로 가는 길의 다음 역참으로 보냈다.[24]

　군 반란의 지도자는 아나톨리아 출신 예엔 오스만Yeğen('조카') Osman 이었다. 그는 헝가리 전선의 멜레크 이브라힘 파샤 휘하에서 복무했다. 1685년 멜레크 이브라힘이 우이바르주를 상실했다는 이유로 처형되자, 예엔 오스만은 불만에 찬 병사들과 함께 다시 동쪽으로 도망쳤다. 이들은 아나톨리아 중부 일대의 도시와 농촌을 지나가며 약탈을 했다. 예전과 마찬가지로 국가에서는 그를 매수해 협력을 얻어내려 했고, 그를 아나톨리아 민병대의 지휘관으로 임명했다. 그는 이 민병대를 헝가리 전선에서 활약하는 부대로 만들었는데, 당시는 효율적인 군 인력 부족이 절박한 문제인 때였다. 이렇게 그는 관직을 받음으로써 이 시기의 소란스러운 사건들 속에서 중심적인 역할을 맡게 되었다.[25]

　10월 18일, 군대는 플로브디프를 출발해 8일 뒤 에디르네에 도착했다. 이제 파샤가 된 예엔 오스만은 이스탄불로 진격하지 말고 그곳에서 멈추자고 동료들에게 조언했다. 대와지르 시야부시 파샤도 이에 동의했지만, 예니체리 부대를 포함한 술탄의 근위대가 이에 반대하며 계속해서 이스탄불로 진군해 결전을 벌이자고 강력히 주장했다. 예엔 오스만은 그들의 위협적인 태도에 굴복했다. 그의 민병대 및 그들과 함께 행군한 병사들을 만족시키려면 술탄을 폐위하는 수밖에 없다는 것이 명확했다.[26] 이슬람력 새해 첫날, 술탄의 근위대는 메흐메드 4세의 폐위를 요구하는 서한을 이스탄불로 보냈다. 파즐 무스타파 파샤는 이미 대와지르로부터 병사들의 요구에 대해 들었고, 술탄은 자신의 아들 무스타파 왕자에게 자리를 물려주기로 동의한 상태였다.[27] 술탄은 아야소피아 마스지드에서 회의를 소집했고,[28] 제국의 최고 율법학자들과 술탄 근위대 지휘관들, 그리고 기타 정치가들과 이 도시의 명사들이 모여, 진군해오고 있는 군대의 요구 사항이 낭독되는 것을 들었다. 그러나 회의에서는 술탄 메흐메드 4세가 동생 쉴레이만에게 자리를 내주고 퇴위해야 한다고 결정했다. 실라흐다르 픈드클를르 메흐메드 아아는 당시 사적인 방에서 시종으로 근무하고 있었고, 그 자신이 말했듯이 "그 진실을 모두 목격"했다.

흑인 환관장이 (톱카프궁의) 왕자 쉴레이만 칸이 유폐돼 있던 '회양목 정원'으로 알려진 곳에 가서 왕자에게 (그곳에서) 나오기를 청했다. 왕자는 자신을 죽이려는 것이라고 생각하고 공포에 질려 나오기를 거부했다. "폐하, 술탄이시여, 두려워 마소서! 하느님께 맹세코 해를 끼치려는 뜻은 없습니다. 제국의 모든 대신과 신학자, 그리고 폐하의 병사들이 폐하를 (다음) 술탄으로 선택하고, 지금 폐하의 임어臨御를 기다리고 있습니다. 폐하의 명을 따르겠습니다." 여전히 마음이 불안한 왕자는 울면서 이렇게 말했다. "만약 나를 제거(처형)하라는 명령이 떨어졌다면 말해주시오. 그 명령이 실행되기 전에 정해진 대로 기도를 올릴 수 있게 말이오. 나는 40년 동안 갇혀 있었소. 어릴 적부터 그랬소. 매일매일 (수천 번) 죽느니, 차라리 빨리 (단번에) 죽는 것이 낫겠소. (…)"

　궁관宮官이 다시 왕자의 발에 입을 맞추며 이렇게 대답했다. "절대 그럴 리 없습니다. 제발 그런 말씀은 하지 마십시오. 폐하께 마련된 것은 죽음이 아니라 보좌에 오르시는 것입니다." (흑인 환관장이 왕자의 모든 시종이 그를 따를 것이라고 말하자) 왕자 곁에 있던 그의 동생 아흐메드가 안심을 시키며 말했다. "송구하지만 두려워하지 마십시오. 아아(흑인 환관장)는 언제나 진실만을 말합니다." 그러자 왕자가 방에서 나왔다. (그는) 붉은 공단 옷을 입고 발에는 짧고 무거운 승마용 장화를 신

고 있었는데(여러 해 동안 매우 초라하고 누추한 것밖에 걸치지 못했다), 아
아는 자신의 옷 하나를 가져오게 했다. 검은담비 털로 안감을 댄 진한
청갈색 외투였다. (그는 그 옷을 쉴레이만 왕자의) 공단 옷 위에 걸쳐주고,
(이어) 정중하고 순종적인 태도로 왕자에게 팔을 내밀어 내전內殿의 행
운각幸運閣으로 안내한 뒤 연못 옆의 옥좌에 앉혔다. 보검寶劍 시종과 내
전의 시종들이 이제 앞으로 나아왔고, 왕자는 그들과 함께 술탄의 알
현청謁見廳으로 가면서 물었다. "(온통 어둠에 싸인) '사자의 집'*으로 가
서 나를 처형하려는 것인가?" (보검 시종이) 대답했다. "폐하, 어찌 그
런 말씀을 하시나이까? 결코 그렇지 않습니다. 폐하를 ('회양목 정원'에
서) 모시고 나온 것은 보좌에 오르셔야 하기 때문임을 통촉하소서. 보
소서, 폐하의 종인 백인 환관장이 술탄의 전령과 함께 폐하를 맞이하
기 위해 내전에서 오고 있습니다." 백인 환관장이 (왕자에게) 예를 갖추
고, 자기 팔로 왕자의 왼팔을 부축해 술탄 알현청으로 모시고 가서 (옥
좌에) 앉혔다. 오랜 전통에 따라 제국 보물 창고에 보관돼 있던 선지자
요셉의 성스러운 터번**을 내다가 (왕자의) 고귀한 머리에 씌웠고, 그것
은 세 개의 보석을 박은 깃털로 장식돼 아래로 늘어뜨려졌다. 이때 해
는 창 한 자루 반쯤 높이에 있었으니, 시각은 3시였다.

(쉴레이만 왕자는) 술탄의 보위에 올랐다. (…) 가장 먼저 충성을 맹세
한 사람은 선지자 무함마드의 후손 등록관이었고, 이어서 (대와지르)
대리, 비서장, 루멜리주와 아나톨리아주의 대법관이 차례로 맹세했으
며, 그뒤에 셰이호윌이슬람 뎁바으자데 메흐메드 에펜디Debbağzade('무두

• '사자의 집'은 아야소피아 남쪽 궁궐 마당 바깥에 위치한 옛 동로마 교회 건물로, 오스만 술탄
들이 그 지하실에 야생 동물을 가둬두었다.

•• 요셉의 터번은 톱카프궁에 보관된 종교 유물 중 하나로 지금도 여전히 볼 수 있다.

장이의 아들') Mehmed Efendi(안카라비 메흐메드 에펜디의 후임이다)와 여러 신학자들, 민병대 및 술탄 친위대의 고위 장교들, 반란군(원문 그대로다), 궁궐 수문장과 술탄의 술병 시종장 등 모두가 술탄에게 충성을 맹세했다. (그러자) 술탄은 알현청에 모인 사람들에게 인사를 한 후 내전에 들어가 자리를 빛내고 그곳에서 못 옆의 옥좌에 앉았다. 이제 재정, 병참, 원정 담당 관리들 또한 나와 충성을 맹세했다. 흑인 환관장 알리 아아 Ali Ağa가 술탄의 칙령을 가지고 와서 (새 술탄의) 동생 아흐메드 칸, 폐위된 술탄(메흐메드 4세), 두 왕자 (…) 무스타파 칸Mustafa Khan과 (…) 아흐메드 칸Ahmed Khan(메흐메드 4세의 아들들)을 구금할 것을 명했다. 이들은 끌려 나와 '회양목 정원'에 감금되었다. 이는 궁중의 다른 사람들과 (이스탄불) 시민들에게는 비밀리에 진행되었다. 칙서가 술탄 메흐메드 칸에게 제시되자 그는 이렇게 말했다. "나는 하느님의 뜻에 순종하노라. 우리가 감금되고 나서 처형되는가?" 아아는 이렇게 대답했다. "전혀 그렇지 않습니다, 폐하! 그런 날이 오지 않아야 합니다. 명령서에는 그저 감금한다고만 되어 있습니다." 같은 날, 궁궐의 전령들이 이 좋은 소식을 태후에게 전했고, 헤아릴 수 없이 많은 선물을 받았다. 전령들은 술탄 즉위의 기쁜 소식을 도시에 선포했고, 금요일 예배의 설교는 새로 즉위한 술탄의 이름으로 이루어졌으며, 주화에도 이제 새 술탄의 이름이 새겨졌다.[29]

메흐메드 4세와 그의 아들들은 모두 이전에 궁궐에서 많은 시간을 보내지 않았다. 그의 치세 대부분의 기간 동안 궁정은 에디르네에 있었고, 이스탄불에 있을 때도 톱카프궁의 어두운 분위기보다는 황실 공원의 전각들을 선호했다. 그러나 폐위 이후 메흐메드는 분명히 수도를 떠나는 것이 허락됐을 것이다. 그는 1692년에 에디르네에서 사망했기 때문이다. 그의 시신은 이스탄불의 상업 지구에 위치한 어머니 투르한 술탄의 마스지드 근처에 있는 어머니 무덤에 안장되었다.[30]

　메흐메드의 폐위는 반란을 일으킨 군사들의 요구를 충족시켰다. 예엔 오스만 파샤는 민병대와 함께 도시 바깥에 머무르고 있었고, 대와지르는 술탄의 친위대 및 원정에 동행한 모든 관료들과 함께 이스탄불로 입성해 행정 업무를 감독했다. 그러나 11월 14일, 예니체리들이 연병장에 모이고 술탄의 기병대가 히포드롬에 집결하자, 그들은 새로운 요구를 제기했다. 한 달 동안 체포를 피해 도망쳤다가 트라케의 차탈자에서 발견돼 투옥된 레제프 파샤를 자기네에게 넘기라고 요구한 것이다. 나흘 후 그들에게 9개월치의 체불 급여를 지급하기로 결정되었다. 그렇게 하면 그들이 병영으로 돌아올 것이라고 기대했다. 그러나 기병대에게 급여가 지급되던 중 예니체리 연병장에서 연락이 왔다. 예니체리들은 새로운 술탄이 즉위할 때 관례적으로 지급되는 즉위 하사금을 함께 주지 않으면 급여를 받지 않겠다는 것이었다. 기병대 역시 이 문제 제기에 가세해 도시는 곧 혼란에 빠졌다. 당장 줄 돈이 없고 소요를 진정시키는 일은 급해 곤경에 처한 당국은 어떤 식으로든 주동자들이 원하는 징세 도급권을 내줄 수밖에 없었다. 예엔 오스만 파샤는 도성으로 들어오는 것을 막기 위해 루멜리주 총독으로 임명해주었고, 자격이 있는 많은 병사들에게 줄 즉위 하사금을 충당하기 위해 몇몇 동부 속주에서 보내온 송금액을 긁어모았다. 데프테르다르 사르 메흐메드 파샤Defterdar('재무관') Sarı Mehmed Paşa의 추산에 따르면 이를 받을 자격이 있는 병사는 적어도 9만 명에 달했으며, 이 가운데 약 7만 명이 예니체리이고 5천 명가량이 기병이었다. 그리고 레제프 파샤는 처

형됐지만, 어떤 일로도 군사들을 달래기에는 역부족인 듯했다.[31]

술탄 쉴레이만 2세는 궁궐 깊숙한 속에서 이끌려 나온 지 20일 만에 이제는 전통이 된 에이윕에서의 의식에서 검을 허리에 찼고, 이어 이스탄불의 에디르네 문을 통해 행진하며 이 도시로 들어가 상징적으로 제국의 소유권을 선언했다. 그러나 반란은 계속되었다. 대와지르 시야부시 파샤는 예니체리 총사령관의 해임을 명령하고 새 인물을 그 자리에 임명했지만, 반란을 일으킨 예니체리의 주동자가 살해되었다는 소식은 오히려 예니체리와 기병대 모두를 더욱 자극했다. 그 보복으로 그들은 새 사령관을 살해했다. 대와지르 시야부시 파샤가 과감한 조치를 취할 수 없음을 안 그들은 자기네의 여러 불만에 대한 또다른 속죄양을 찾았고, 질서 회복 시도를 기획한 장본인으로 생각된 파즐 무스타파 파샤가 그 대상이었다. 시야부시 파샤는 자신의 대리 파즐 무스타파를 다시 다르다넬스 방어 임무로 돌려보내야 한다는 데 동의했다. 반란군은 셰이흐월이슬람인 뎁바으자데 메호메드 에펜디를 협박해 파즐 무스타파 처형을 정당화하는 파트와를 받아내지 못했지만, 셰이흐월이슬람을 면직시키는 데 성공했다. 새로이 셰이흐월이슬람으로 임명된 사람은 선지자 무함마드의 후손이자 바니 에펜디의 제자인 엣세이이드 페이줄라흐 에펜디Es-seyyid Feyzullah Efendi였다. 그는 성직자 사회에서 빠르게 승진 과정을 밟아온 인물이었다.[32]

길고도 위험한 군사 반란이 절정에 이르렀다. 반란을 일으킨 병사들과 폭동 및 약탈의 기회를 이용해 이득을 노리는 데 열중하는 폭도들이 대와지르 시야부시 파샤의 저택을 포위했는데, 이때 그는 집에서 페이줄라흐 에펜디 등 여러 사람을 만나고 있었다. 포위자들은 저택 담장에 돌을 던지고 소총을 발사했다. 압박을 견디지 못한 페이줄라흐 에펜디는 대와지르의 인장을 들고 몰래 빠져나와 이를 반란 지도자에게 넘겼다. 몇 시간 뒤 폭도들은 마침내 연로한 대와지르의 저택에 난입하는 데 성공했다. 일부 폭도들이 하렘에 침입하고 있고 자신이 그들의 분노로부터 벗어날 수 없다는 것을 알고 몸서리를 친 대와지르는 하렘과 외부인이 들어갈 수 있는 방들 사이를 구분하는 문을 막으려 했다. 그러나 그는 자기가 있던 자리에서 살해당했다. 폭도들은 가져갈 수 있는 모든 것을 약탈하고, 하렘의 여인들 역시 '전리품'이라 부르며 끌고 갔다.[33]

이스탄불 시민들은 이 혼란에 여러 방식으로 대응했다. 옛 시장의 한 상점이 약탈당한 뒤 다른 상인들은 자기네 가게 문을 막아버렸다. 한 상인이 하얀 천을 장대 끝에 매단 채 진정한 이슬람교도 모두 모이라고 외쳤다. 궁궐에서 선지자의 성스러운 깃발이 꺼내졌다는 소문이 도시와 교외에 퍼졌다. 점차 군중이 톱카프궁으로 모였다. 성스러운 깃발이 성벽 위에서 행진했고, 사람들은 반란군이 초래한 혼란으로부터 구원해달라고 외쳤다. 많은 반란 지도자들이 궁궐 밖에 모인 군중에 의해 사적인 제재를 당했고, 동료들에게 합세하려고 그곳으로 온 다른 사람들도 같은 운명을 맞았다. 새 대와지르에 비서장 이스마일 파샤가 임명되었다. 파즐 무스타파가 다르다넬스로 돌아가자 그 후임이 된 대와지르 대리였다. 반란 때 비루한 역할을 한 셰이흐윌이슬람 페이줄라흐 에펜디와 다른 고위 성직자들도 교체되었다.[34] 1687년 9월 초 도나우강 변에서 시작된 반란은 1688년 4월 중순에 이렇게 막을 내렸다. 반란군은 1687년 11월에 도시에 들어왔는데, 다섯 달의 긴 공포 끝에 새로운 술탄이 즉위하면서 마침내 공공질서가 회복되었다.

멀리 헝가리에서는 전쟁이 계속되었다. 오스만의 야전군이 이스탄불로 철수한 뒤, 적들에 둘러싸인 수비대 병력이 뒤에 남겨져 신성동맹 군대를 상대해야 했다. 1687년 겨울과 1688년 초, 합스부르크군은 방어가 허술한 국경선을 따라 일부 지역을 점령했다. 1596년 이래 오스만이 차지하고 있던 에게르도 그중 하나였다. 그들은 또한 더 서쪽의 보스니아 전선에서도 주목할 만한 성과를 거두었다. 이곳에서는 수비대가 있는 지점들을 지원하기 위한 지역 오스만 병력의 동원이 실패로 돌아갔다. 이들은 위험 신호가 보이자마자 너무 쉽게 도망쳤고, 매우 많은 이들이 오스트리아군에 투항했다.[35]

이스탄불에서는 겨울철 동안의 위기 상황으로 인해 1688년 원정 준비가 소홀해졌다. 대와지르 이스마일 파샤는 헝가리에서의 군 지휘를 맡지 않았다. 그 대신에 어디로 튈지 모르는 예엔 오스만 파샤가 합스부르크의 공세를 돌려세우기 위한 노력을 떠맡았다. 그는 겨울 동안 부하들과 함께 이스탄불 성벽 밖에 진을 치고 있었기 때문에 그 기간 동안 벌어진 폭력적인 사태에 직접 연루되지 않았다. 예엔 오스만은 군내 여러 직책에 자신의 수하를 임명했지만 그것이 온전한 성공을 거두지는 못했다. 이들은 결과적으로 옛 습관을 버리기가 어려웠던 듯하다. 그들이 농민을 괴롭힌다는 보고가 계속해서 이스탄불에 들어왔기 때문이다. 그 농민들은 여러 해에 걸친 전쟁에 따른 요구로 굶주리고 곤궁해져 있었다. 예엔 오스만은 분명히 부하들을 단속하는 데 무능하거나 의지가 없었다. 그들에 대한 총동원령이 내려졌고, 그는 헝가리 전선의 지휘관에서 해임되었다.[36]

대와지르 이스마일 파샤는 취임한 지 불과 두 달 만에 궁정 내 권력 싸움에 희생되었다. 그의 후임으로는 1688년 5월 2일, 전 예니체리 총사령관이자 빈 원정 실패 이후 헝가리 전선 지휘관을 지낸 테키르다을르 베크리 무스타파 파샤가 임명되었다. 그는 건강이 좋지 않았으나 이제 회복한 상태였다. 테키르다을르 베크리 무스타파는 이전에 폭동이 처음 시작될 때 페트로바라딘에서 사르 쉴레이만 파샤와 함께 오스만 진영을 이탈했다가 다시 복귀했으며, 그 이후 혼란스러웠던 겨울 몇 달 동안 이스탄불을 떠나 다르다넬스 요새에서 보냈다.[37] 테키르다을르 베크리 무스타파는 오스만군이 준비가 부실한 상태로 오스트리아군(그리고 기타 전선의 적들)과 맞닥뜨려 그들에게 기회를 주지 않기 위해 긴급히 원정 준비에 나섰다.

그러나 오스만제국의 전쟁 활동은 혼란스러웠다. 1688년 원정 기간이 상당히 경과했고 평화의 가능성은 보이지 않는 가운데, 정부는 넓은 전선에서 싸울 군 병력의 심각한 부족을 해결할 해법을 심사숙고해 만들어낼 시간이 없었다. 야전군이 명령을 무시하고 집단으로 전선에서 이스탄불로 행진한 최근의 반란에서처럼, 술탄의 부대가 이스탄불을 계속해서 몇 주씩 혼란에 빠뜨리며 기존 질서의 존재 자체를 위협한 것처럼 보인 많은 사례들은 군대의 기강이 완전히 무너졌음을 보여주었다. 게다가 지방 기병에게 자기네 종자를 이끌고 원정에 참여한다는 조건으로 토지를 지급하는 제도는 제국의 방어적 필요조차 더이상 충족하지 못했다. 참으로 이는 오래전에 무력화된 제도였다. 충분한 병력 확보를 보장하기 위해 가장 큰 희망을 걸 수 있는 방법은 예엔 오스만 파샤와 그 부하들의 정력을 다시 제국 변경 지대로 집중시키는 것인 듯했다. 다만 그들은 여전히 시골 지역과 그 주민을 약탈하고 있어 예전의 버릇을 버리지 못했음을 보여주었다. 이에 따라 그들에 대한 총동원령은 철회됐고, 그들은 각 속주 총독과 태수직을 부여받는 형태로 국가 조직에 재편입되었다. 자기네 휘하의 병력을 이끌고 원정에 참여하는 것이 조건이었다. 반항적인 인물은 전통적으로 국가 조직에 편입시켜왔는데, 이는 그들의 충성 대상을 전환시키는 수단이었다. 이제 새로운 것은 국가가 군대의 중추로서 이런 통제가 어려운 병력에 크게 의존해야 한다는 점이었다. 충성심이 술탄보다는 자기네 지도자에게 먼저 향하는 신뢰할 수 없는 군대에 제국 방어를 맡기고자 하는 것은 분명히 또다른 재앙을 초래하는 일이었다. 1687년에서 1689년 사이에 이라클리온, 카미아네츠, 티미쇼아라 요새의 지휘관들이 오스만 수비대 병사들에게 살해된 것은 중앙 권력의 통제력 상실을 보여주는 또다른 증거였다.[38]

　원정 자금을 마련하는 일은 전쟁에 나가 싸울 병력을 확보하는 일만큼이나 어려운 문제임이 드러났다. 국고는 바닥났고, 이에 따라 군대에 쓰일 자금을 마련하기 위한 필사적인 노력으로 금과 은 식기가 녹여졌다.[39] 17세기 중에 오스만은 자체 주화를 주조할 은을 확보하는 데 어려움을 겪었기 때문에, 여러 유럽 국가들의 은화와 새로 정복한 영토에서 사용되던 은화를 제국 내에서 자유롭게 유통되도록 허용했다. 구리의 공급은 상대적으로 더 원활했지만, 아직 밝혀지지 않은 이유로 오스만은 1630년대 말부터 동전 주조를 거의 중단했다. 겨울 몇 달 동안의 봉기 뒤인 1688년 이후, 동전이 다시 대량으로 주조되고 유통되었다. 국가가 술탄 쉴레이만 2세의 즉위 하사금을 지급하고 급여를 받는 관리들(특히 술탄의 근위대 병사들)에게 급여를 지급하며 계속되는 전쟁 비용을 충당하기 위해서였다. 그러나 동전은 위조가 쉬웠고, 국가가 이스탄불과 군대 양쪽에 공급하는 데 필요한 물자를 얻는 원천인 상인들이 언제나 이를 받는 것은 아니었다. 결국 동전 주조는

1691년에 중단되었다.[40]

상황의 심각성은 쉴레이만 2세와 그의 정치가들도 잘 알고 있었다. 그러나 1688년 6월, 오스만 궁정에 주재하는 네덜란드 연합공화국 대사가 대와지르에게 면담을 청해, 황제 레오폴트와 그의 동맹국들이 평화 협정에 긍정적임을 알려주었다. 전쟁을 끝내기 위한 방안으로 나온 이 중재 제안은 빌럼 반 오라녀(곧 잉글랜드, 스코틀랜드, 아일랜드 왕 윌리엄 3세가 되는 인물이다)가 프랑스의 루이 14세에 맞서 그가 새로이 맺은 동맹을 지원하기 위해 현재 헝가리에서 전투 중인 오스트리아군을 빼내 라인란트팔츠에서 복무하게 하려는 의도에서 촉발된 것이었다. 이런 움직임에 대한 소식은 베오그라드에 주둔하던 군 지휘관을 통해 이스탄불에도 전해졌다. 술탄 쉴레이만은 즉위 당시 조상들이 막대한 대가를 치르며 정복했던 영토를 직접 군을 이끌고 되찾겠다고 약속했음에도 불구하고[41] 황제에게 사절을 보내 자기네 조상들 사이의 우호를 상기시키기로 결정했다. 반세기 전인 페르디난트 3세와 무라드 4세의 치세에 합스부르크와 오스만 사이에는 평화가 있었다. 새 술탄의 즉위를 다른 군주들에게 알리는 서신을 보내는 것은 통상적인 일이었고, 이번에 서신은 무굴제국 술탄 아우랑제브, 이란, 우즈베키스탄, 예멘, 프랑스, 잉글랜드, 네덜란드에 보내졌다. 그리고 1688년 7월 11일, 고위 비서관인 쥘피카르 에펜디Zülfikar Efendi가 레오폴트 황제에게 보내는 쉴레이만의 서신을 지닌 채 평화 협상 사절단을 이끌고 빈을 향해 출발했다. 이 사절단에는 '수석 통역관'이라 불렸지만 실질적으로는 술탄과 외국 통치자들 사이에서 중개인 역할을 하던 그리스계 오스만인 이스케를레트자데 이스켄데르İskerletzâde İskender(그리스명으로는 알렉산드로스 마브로코르다토스Aleksandros Mavrokordatos)도 포함되어 있었다.[42]

하지만 이러한 평화 제의들이 전쟁을 끝내지는 못했고, 준비는 계속해서 속도를 냈다. 전쟁 활동을 지휘할 강력한 지도자가 없는 상황에서, 군사 반란 진압과 새로운 술탄 즉위는 헝가리 전선에서 오스만 군대가 성과를 내는 데 아무런 도움이 되지 못했다. 그곳에서 오스만의 존재는 몇몇 작은 보루를 겨우 차지하고 있을 뿐이었다. 1688년 오스만에게 가장 치명적인 타격은 베오그라드 상실이었다. 이곳은 한 달간의 포위 끝에 9월 8일 합스부르크 군대에 의해 함락되었다. 예엔 오스만 파샤는 공격자를 상대로 어떤 실질적인 방어도 시도조차 하지 않고 병사들에게 전투 대신 도시의 시장을 약탈하도록 허용한 뒤, 그들과 함께 전선에서 훨씬 뒤편에 있는 안전한 니시로 퇴각했다. 베오그라드 방어는 루멜리 총독에게 맡겨졌다. 바이에른 선제후 막시밀리안 에마누엘Maximilian Emanuel이 지휘하는 합스부르크 군대는 도시 외곽의 전투에서 퇴퀼리 임레와 일부 오스만 병력을 손쉽게 물리쳤다. 베오그라드가 한 달 동안이나 저항한 것은 놀라운 일이었다. 수비대가 빈약하고 구원군도 기대할 수 없는 형편이었기 때문이다. 쥘피카르 에펜디와 그의 사절단은 마침 포위전이 끝날 무렵 합스부르크 진영에 도착했는데, 그의 평가에 따르면 합스부르크의 무기는 인상적이었지만 합스부르크 병사들의 상태는 매우 열악해서 자기네 영토 방어만 확보하면 철수할 태세였다.[43] 전략적으로 중요한 이 요새는 150년 이상 범접할 수 없는 전진 기지였으며, 여기서부터 합스부르크를 상대로 한 군사작전이 수행되었다. 그곳을 빼앗기자 이스탄불로 향하는 길이 열렸다. 베오그라드 주민들은 진격하는 합스부르크군을 피해 도나우강을 따라 도주해 내려갔고, 강을 따라 위치한 오스만 점령 요새들의 수비대도 마찬가지로 철수했다.[44] 10월에는 쥘피카르 에펜디와 마브로코르다토

스가 체포되어 빈 외곽에 억류되었다.[45]

예엔 오스만은 합스부르크군이 오스만의 심장부로 손쉽게 진격하도록 허용한 책임이 있었지만, 베오그라드 상실 이후에도 다음해의 위태로운 전선에서 총사령관으로 확인받았다. 다른 경험 있는 지휘관을 찾을 수 없었고, 중앙정부와 밀접한 관계인 것으로 확인된 이들은 그 휘하 병사들의 충성심을 장담할 수 없었다. 제국의 국경이 매우 심각하게 위협받고 있는 상황에서 예엔 오스만은 유일하게 해법을 제시하고 있는 듯했다. 전투 가능한 이슬람교도 남성의 징집 명령이 내려졌다. 다가오는 원정에 참여하는 것은 또한 비전투원에게도 의무라고 선포되었다. 이들은 납세자로서 원정이 진행될 수 있도록 자금을 제공해야 했고, 일부 세금은 선납이 요구되었다. 국고를 채우기 위한 노력의 일환으로 채택한 전례 없는 조치였다.[46]

헝가리에서 오스만제국의 전략의 핵심 인물이었던 예엔 오스만 파샤의 위상에도 불구하고, 오스트리아군에 맞서기 위해 준비하면서 새로이 동력이 생겼다고 느낀 오스만 정치가들은 그를 제칠 수 있으리라는 희망에 부풀었다. 대와지르에서부터 셰이흐월이슬람 뎁바으자데 메흐메드 에펜디(해임된 페이줄라흐 에펜디 후임으로 재임명되었다), 그리고 술탄의 친위대 지휘관들에 이르기까지 대부분의 고위 관료들은 예엔 오스만과 그 주위 사람들을 직무에서 배제한다면 승리를 거둘 수 있으리라는 생각에 뜻을 같이했다. 정부는 또한 민병대 지도자로서의 그의 권위를 훼손함으로써 불만을 품은 사람들의 카리스마 있는 대표자라는 그의 지위를 약화하기로 결심했다. 몇 달 안에 그는 계급을 박탈당했으며, 당시 벌어지고 있던 이란 및 오스트리아와의 전쟁에 투입될 기본적인 병력을 제공하기 위해 17세기 초부터 이미 조직됐던 비정규 부대들도 해체되었다. 이들 병사의 전투 능력은 여전히 필요했기 때문에 정부는 이들을 반란과 무관한 부대에 배속하도록 강제함으로써 국가에 대한 반대 세력에 이끌리는 일이 사라질 것을 기대했다.[47] 파트와는 모든 반역 분자(이제 예엔 오스만을 포함해서다)를 색출할 수 있도록 승인했고, 이런 취지의 명령이 루멜리와 아나톨리아의 오스만 총독들에게 하달되었다. 특히 아나톨리아에서 다르다넬스 해협을 통과해 루멜리로 이어지는 경로는 이스탄불로 진군하기 위해 지나는 어떤 반란 세력도 저지할 수 있도록 강력한 요새 시설을 갖추었다. 예엔 오스만과 그의 추종자들이 헝가리 전선 방어를 소홀히 한 행위는 아나톨리아에서의 산적, 노상강도, 시골과 도시의 약탈 등 너무도 낯익은 행위들에 비견되었다.[48]

베오그라드 함락 이후 예엔 오스만 파샤는 소피아에서 겨울을 보냈다. 봄이 되고 자신에 대한 체포령으로 인해 자유로운 이동이 극히 어려워지자 그는 서쪽으로 도망쳐 알바니아를 향했다. 페야(페치) 부근에서 그와 열세 명의 추종자들은 자기네를 손님으로 맞아주었던 집에서 그 주인에 의해 살해당했다. 그의 가장 가까운 두 측근은 변장을 하고 이집트로 도피했지만, 체포돼 에디르네로 송환된 뒤에 처형되었다. 이란 쪽으로 달아났던 이들도 에르주룸에 도착했을 때 체포되어 같은 운명을 맞았다.[49] 오스만 정부는 마침내 신성동맹과의 전쟁에서 승리를 거두기 위해 필수적인 군사작전의 원활한 수행을 심각하게 방해하던 반역자들을 제압하는 데 성공했다.

이제 전쟁의 추이는 오스만 땅에서 먼 바깥의 사건들에 의해 영향을 받았다. 빌럼 3세가 주도한 미묘한 평화 협상이 성공적인 결과를 낼 가능성은 분쟁의 어느 한 당사자 또는 잠재적인 당사자들의 변화무쌍

한 부침에 달려 있었다. 오스트리아가 베오그라드에서 큰 승리를 거둔 직후, 프랑스의 루이 14세는 1684년에 체결된 레오폴트 황제와의 정전 협정(이에 따라 그는 20년의 평화를 약속했다)을 무시하고 팔츠를 침공했다. 1688년 10월부터 서유럽에서 프랑스를 상대로 한 전쟁('아우크스부르크동맹전쟁', '대동맹전쟁', '9년 전쟁', '윌리엄 왕의 전쟁' 등 다양한 이름으로 알려졌다)이 재개되면서 합스부르크의 자원은 오스만을 상대로 한 전쟁으로부터 이쪽으로 돌려졌다. 그들은 서로 멀리 떨어진 두 전선에서 결연한 적들과 싸워야 했다.[50]

1689년 4월 10일, 술탄의 천막이 에디르네 평원에 쳐졌다. 쥘피카르 에펜디의 평화 협상이 별다른 진전을 보지 못한 가운데, 쉴레이만 2세는 그해의 원정을 직접 지휘함으로써 자신의 맹세를 지키고 '가지'의 칭호를 얻을 수 있는 상황이었다. 국고는 어느 정도 채워졌고, 동원에 관해서는 엄중한 명령이 내려졌으며, 예엔 오스만 파샤와 그의 무리는 격파되고, 아나톨리아의 혼란은 진압되었다. 술탄이 원정에 나온 것은 제국의 생존 능력에 관한 새로 찾은 자신감을 드러내려는 의도였지만, 또한 임박한 재앙에 직면해 명예와 영토를 지키기 위한 필사적인 조치이기도 했다. 술탄은 멀리 소피아까지 군대와 동행했고, 그곳에서 총독인 아랍 레제프 파샤Arab Receb Paşa가 예엔 오스만 파샤의 뒤를 이어 총사령관에 임명되었다.[51] 아랍인이 이처럼 높은 지위에 오르는 일은 드문(심지어 전례 없는) 일이었다. 이러한 아랍인에 대한 편견은 데프테르다르 사르 메흐메드 파샤가 쓴 이 시기의 연대기에도 나타난다. 여기서 그는 레제프 파샤의 출신을 경멸하는 어조로 언급했지만, 그럼에도 불구하고 그가 용맹하기로 유명했다고 적었다. 데프테르다르 사르 메흐메드의 견해에 따르면, 지혜롭고 유능한 총사령관이 절실히 필요하던 바로 그 시기에 병사들과의 관계가 좋지 않고 그들과 상의하지 않은 채 행동하며 자신이 선택한 행동 방침이 어떤 결과를 낳을지 숙고하지 않는 인물이 총사령관 자리에 앉은 것이 문제였다.[52]

1689년의 사건들이 전개되면서, 술탄의 원정 '참여'에 따른 화려한 과시는 발칸반도의 방어 상황이 그 어느 때보다도 나빠지고 있다는 사실을 감추기에 충분하지 않았다. 합스부르크가 다른 전선에 몰두하고 있었음에도 불구하고 그랬다. 5월 12일, 프랑스에 맞서는 서방 나라들의 새로운 연합(오스트리아, 잉글랜드, 네덜란드 연합공화국으로 이루어졌다)이 만들어졌다. 유럽 정치 무대에서 윌리엄 3세가 결정적인 인물로 등장함에 따라 이 '대동맹'은 합스부르크 황제 레오폴트와 여러 독일 군주들 사이의 방어적인 아우크스부르크 동맹(1686)을 대체했다. 쵤피카르 에펜디는 이러한 변화된 정세에 맞춘 새로운 지침이 필요했고, 그 목적을 위해 에디르네에 사절을 보냈다.[53] 오스만은 이제 합스부르크의 평화 조건을 받아들이려 했으며, 쵤피카르 에펜디는 황제를 설득해 베오그라드로 돌아오게 하고 새로운 합스부르크-오스만 국경을 사바강-도나우강 선으로 합의하는 방안을 추진하라는 지시를 받았다. 신성동맹의 참여국들이 별도 평화 협정을 체결하지 않기로 결의했음을 의식한 오스만은 베네치아가 점령한 이오니아 해안과 달마티아 지역을 양보하고 폴란드-리투아니아 연방이 요구한 카미아네츠 요새 철거에도 동의할 태세가 되어 있었다. 그러나 1689년 9월, 술탄의 궁정에 새로 부임한 프랑스 대사 피에르-앙투안 드 샤토뇌프Pierre-Antoine de Châteauneuf는 오스만-프랑스 동맹을 제안해 오스만과 신성동맹 사이의 합의 가능성을 적극적으로 방해했고,[54] 오스만이 자신들의 입지를 회복할 수 있는 기회가 생겼다고 판단하면서 평화를 위한 기회의 창은 다시 쾅 하고 닫혔다.

한편 새 총사령관은 군대를 이끌고 북쪽으로 행군했다. 8월 말 그들이 베오그라드에 접근했을 무렵, 적군이 앞에 있다는 소식이 전해졌다. 아랍 레제프 파샤는 병사들에게 적을 추격하라고 명령했지만 그들은 방향을 틀었고, 추격하던 병사들은 밤중에 사격을 당했으며 오크 숲에서 움직이지 못하고 싸울 수도 없었다. 결국 그들은 중장비를 버린 채 니시로 향하는 길로 도망쳤다. 아랍 레제프는 병사들의 기동을 조율하거나, 유용한 군사 정보를 수집하거나, 심지어 병사들에게 규율을 강제하는 일조차 할 수 없었다. 병사들은 니시에서 재편성하라는 명령을 거부했으며, 대신 자기네의 불만을 대와지르 테키르다으르 베크리 무스타파 파샤에게 전하기 위해 다시 소피아로 행군해가기 시작했다. 마지막 결정타는 9월 말 합스부르크군이 니시를 점령한 일이었다. 오스만군이 급류가 흐르는 니샤바강의 다리를 확보하지 못한 틈을 탄 것이었다.[55] 니시의 참사는 1688년 베오그라드 함락과 함께 시작된 이슬람교도들의 대규모 남방 이주(발칸반도를 거쳐 아나톨리아 지역으로 갔다)를 가속화했고,[56] 이는 이제 전쟁과 반란으로 인해 초래된 국내 인구 이동 문제를 더욱 악화시켰다.

니시 함락은 아랍 레제프 파샤의 처형으로 이어졌다. 오스트리아군은 베오그라드가 자기네의 새로운 전진 기지에 의해 보호되자 도나우강 변에 있는 몇몇 오스만 보루를 점령할 수 있었다. 서쪽으로 멀리 페트로바라딘까지 이르렀다. 별로 저항을 받지 않았던 왈라키아에서 새 전선을 연 그들은 부쿠레슈티를 향해 진격하다가 보예보다 콘스탄틴 브란코베아누Constantin Brâncoveanu의 군대에 의해 격퇴되었다. 술탄의 참모들은 그에게, 소피아에서 플로브디프를 거쳐 에디르네로 철수할 것을 권고했다. 게다가 분명히 정교도 농민들이 부추긴 것이었겠지만, 합스부르크군은 남쪽 멀리 마케도니아의 스코페시와 큐스텐딜시까지 이르는 오스만 영토를 습격했다. 발칸반도의 이슬람교도들이 술탄의 영토 안으로 후퇴해 안전을 추구하려 했던 것처럼, 정교회 신자들은 오스트리아의 방어선 뒤로 피신했다. 이 기독교도 신민들의 충성을 저버린 행위로 인해 요새 진지 방어에 실패한 것은 오스만 정부에게 정말로 우려스러운 일이었다.[57]

1689년 10월 25일, 고위 성직자들은 회의를 열고 키오스에서 근무하고 있던 파즐 무스타파 파샤를 소환해 대와지르로 임명해야 한다는 결론을 내렸다.[58] 메흐메드 4세의 폐위를 초래한 반란 당시, 셰이흐월이슬람 뎁바으자데 메흐메드 에펜디는 파즐 무스타파의 처형에 찬성하는 파트와 작성을 거부하며 그의 편임을 드러냈다. 그의 형인 파즐 아흐메드 파샤와 마찬가지로, 파즐 무스타파 역시 군사 및 행정 직종의 고관으로 전향하기 전에 성직자였다.[59] 1656년 내부 혼란으로 제국이 분열될 위기에 처했을 때 고위 정치가들은 쾨프륄뤼 가문에 의지해 오스만제국을 구했고, 이에 따라 이제 그들이 에디르네의 술탄 천막에서 알현을 위해 모였을 때 만장일치로 이에 동의했다.[60] 이번에는 대와지르 교체가 순조롭게 이루어졌다. 테키르다을르 베크리 무스타파 파샤는 합스부르크 전선에서 훌륭하게 제국에 봉직했고, 자신의 영지로 은퇴하도록 허락받았다. 그러나 테키르다을르 베크리 무스타파와 달리 파즐 무스타파 파샤는 네덜란드와 잉글랜드가 중재하려 했던 평화 제안에 넘어가지 않았고, 오히려 다가오는 원정 시기를 위한 준비를 했다. 전쟁을 통해 오스만의 운세를 반전시켜야 한다고 그는 생각했다.

앞서 그의 아버지 쾨프륄뤼 메흐메드 파샤가 그랬듯이, 파즐 무스타파 파샤도 집권하자 강경한 조치를 취했다. 그는 새 정권의 요구에 부적합하다고 여겨지는 전 정권의 관료들을 해임하거나 처형하도록 명령하고, 그 자리에 자신의 측근들을 임명했다. 오스트리아 전선의 군 지휘권은 예니체리 총사령관 코자 마흐무드 아아Koca Mahmud Ağa에게 맡겨졌는데, 이는 코자 마흐무드가 휘하 병사들에게 자기네의 전설적인 전투 잠재력을 되살리도록 격려하고 고무하기를 바라는 뜻에서였다. 좀더 규율이 있던 시절을 연상케 하는 방식으로 부대에는 철저한 점호가 시행됐고, 전사한 예니체리들의 이름은 명단에서 삭제돼 그 패거리들이 급여를 대신 수령하는 일을 방지하게 했다.[61] 더 효과적이고 효율적인 동원을 위해 다른 부대들 역시 재등록됐고, 그들의 위치가 파악되었다. 이집트와 북아프리카의 다른 속주들에서도 병력이 소집됐으며, 해군 징집병도 베네치아에 대항할 함대를 준비하라는 명령을 받았다. 전년도와 마찬가지로 이슬람교도 주민 전체에 대한 총동원이 선포되었다.[62]

1690년 원정 절기에 육군의 병력 수요를 충당하기 위해 채택된 급진적인 해결책은 아나톨리아와 루멜리 지역의 정착 및 유목 부족민들을 징집하는 것이었다. 아나톨리아 동남부의 튀르크멘과 쿠르드 부족으로부터 5천 명의 병력이 모집됐고, 이들이 오스트리아 전선에 가서 복무하도록 보장하기 위해 보증인을 지정하는 방식이 도입되었다. 대상자가 에디르네의 소집 장소에 도착하지 않으면 보증인이 재정적으로 책임을 져야 했다. 루멜리 지역에서는 다른 방식이 사용되었다. 유목 부족민들은 그들이 통상적으로 내야 하는 특정 세금을 면제해주는 대신 병역에 참여하도록 요구되었다.[63] 발칸 지방의 부족민들은 초기에 보조군으로 복무했으며, 메흐메드 2세의 치세부터 전투병으로서의 역할을 부여받았다. 이제 이들은 보다 정규적인 부대로 편성돼 '정복자의 자손들'로 알려졌다. 이는 그들의 조상이 오스만의 발칸반도 정착 과정에서 수행했던 역할을 상기시키는 고무적인 이름이었다.[64]

1690년, 오스만제국은 어색한 승리의 기쁨을 맛보았다. 오스트리아군이 점령한 요새들 중 가장 전방에 위치한 피로트(니시의 동남쪽, 소피아로 가는 길목에 위치했다) 요새가 사흘 동안의 포위전 끝에 탈환되었다.[65] 니시는 더 잘 저항할 수 있었지만 역시 9월에 탈환되었다. 예니체리와 기타 부대의 뛰어난 굴착 기술 덕분이었고, 증원군의 도착도 한몫했다. 수비군은 항복을 거부한 자에게 통상적으로 내려지는 처형 대신에 베오그라드로 떠날 수 있게 해달라고 협상했고, 오스만은 그들의 사과를 받아들였다. 수비군은 공격해온 오스만군으로부터 문서를 받긴 했지만 이를 읽을 줄 아는 사람이 없어, 그것이 통상적인 안전 보장 제안 문서인 줄 몰랐다고 변명했다.[66]

피로트와 니시 요새에 의해 확보된 니샤바강 유역을 따라 올라가는 길은 오스만 전초기지에서 베오그라드로 가는 접근로 중 하나였다. 또다른 경로는 죽 늘어선 그 요새들로 보호되는 도나우강 유역이었다. 이곳에서는 비딘이 탈환되고, 그후 더 서쪽의 스메데레보와 골루바츠가 탈환되었다. 1690년 10월 초 술탄의 부대, 지방 기병대, 이집트와 타타르 등에서 온 소총병으로 이루어진 대군이 베오그라드 앞에 도착했다. 주변 지역은 평정됐고, 요새는 도나우강과 사바강 양쪽에서 포위되었다. 포위 7일째 되는 날 수비군의 무기고가 폭발하며 불에 탔고, 10월 8일에 성채는 재탈환되었다. 이후 폭우와 겨울 날씨로 인해 대와지르와 그의 주력군은 도나우강을 따라 서북쪽으로 이동해 드라바강-도나우강 합류 지점 서쪽에 있는 오시예크를 포위 중이던 보스니아 총독과 합류하려는 시도를 포기해야 했고, 결국 그 포위 작전은 철회되었다.[67] 이스탄불에 정박해 있던 프랑스 선박에서 데려온 프랑스 기술자들과 포병들이 베오그라드 복구 작업을 도운 것은 프랑스와 오스만제국이 최근에 화해한 것을 뒷받침하기 위한 샤토뇌프의 매우 경제적인 조치였다.[68] 요새 아래 도나우강의 섬에서 쫓겨난 지역 주민들은 강제 노동자로 징발되었다.[69] 1690년 중에 오스만이 입은 중요한 손실 하나는 헝가리 벌러톤 호수 남쪽에 있는 너지커니저 요새였는데, 이곳은 한때 '독일로 가는 열쇠'로 알려졌던 곳이다.[70]

베오그라드를 재탈환한 후, 파즐 무스타파 파샤는 전선 진지들의 방어망이 잘 갖춰지고 보급이 충분히 이루어졌으며 다음해의 전투 준비가 시작된 것을 확인한 후 이스탄불로 돌아갔다. 겨울 동안에도 현지 부대들의 작전은 계속되었다. 보스니아에서는 베오그라드와 다른 성채들에서 가져온 오스트리아 박격포가 효과적으로 사용됐고, 크닌 요새가 포위되고 점령되었다. 아드리아해에서는 베네치아 해군이 블로러를 구원하기에는 너무 늦게 도착했다.[71]

아랍 레제프 파샤의 무능한 지휘로 인해 군대 내에서 반란이 일어났던 1689년의 참담한 원정 이후, 1690년의 승리들은 참으로 달콤한 것이었고 이는 쾨프륄뤼 가문의 사람이 정부 수반 자리에 있었기에 가능했던 일로 여겨졌다. 파즐 무스타파 파샤는 군사 문제에 주의를 기울이면서도 제국의 많은 행정 개혁을 감독했다. 일부는 긴급 상황에 대한 대응이었지만, 다른 일부는 장기적인 효과를 염두에 둔 것이었다. 그가 대와지르에 올라 처음으로 취한 조치 중 하나는 현금을 조달하기 위한 수단으로 1688년에 도입했던, 비이슬람교도 주민의 포도주와 기타 주류(양회향洋茴香을 원료로 한 아라크 같은 것들이다)의 생산에 부과하던 세금을 폐지하는 것이었다.[72] 파즐 무스타파는 군무에 시달리는 변경의 번잡한 활동에서 멀리 떨어진 에게해 지역의 속주 총독으로 재임할 때, 좀더 객관적으로 사태를 관찰할 수 있었다. 그가 정부의 권력 핵심부에 있고 알력과 동료들의 위기 정서에 얽혀 있었다면 불가능했을 일이었다. 그는 이 포도주세가 에게해 지역 농민들의 생계에 직접적인 타격을 주었고, 그들로 하여금 적과 협력하게 만들었다는 것을 인식했다. 그래서 그는 이제 생산에 세금을 부과해 돈을 마련하는 대신 다른 방법을 강구하고자 했다. 생산된 주류의 국내 소비를 금지해 제국 내에서 생산된 주류는 모두 수출하게 하며, 이에 대해 수출세를 부과함으로써 여전히 국고에 수입이 들어오도록 했다.[73] 담배 생산은 1646년에 합법화됐고, 1690년대에는 이 작물이 기후 조건이 맞는 제국 전역에서 재배되었다. 포도주와 달리 담배는 생산과 수출 모두에 세금이 부과되었다.[74] 커피는 오스만의 옛 속주인 예멘에서 이집트를 거쳐 제국으로 들어왔는데, 눈살을 찌푸리게 하는 것이었지만 세관 수입을 올릴 가능성이 있는 또다른 품목이었다. 그 수입에 대해서는 쉴레이만 2세의 치세에 처음으로 세금이 부과됐고, 국고 수입을 더욱 늘리기 위해 그 판매에 대해서도 추가로 세금이 부과되었다.[75]

1690년 원정 절기의 가장 시급한 필요에 대응하기 위한 즉흥적인 조치에 더해, 파즐 무스타파 파샤는 오스만 정부가 17세기 중에 주기적으로 부닥쳤던 문제에 달려들었다. 전쟁이나 강탈 등으로 인해 자기네 땅을 떠난 사람들을 재정착시키는 문제였다. 정부는 이를 끈질기게 추진했다. 어떤 경우에는 집을 떠난 지 40년이 지난 사람들에게도 귀향을 강제하고자 했다.[76] 토지가 없는 농민들에게도 유인책을 제공해 버려진 땅에 정착시키려 했지만, 이 정책은 제한적인 성과를 거두었을 뿐이다.[77] 파즐 무스타파는 자신이 더 효과적인 정착 정책이 되어야 한다고 생각한 것을 두 특정 집단에 집중시켰다. 즉 유목 부족민(정부는 그들을 영구히 정착시키고자 했다)과 제국 내 기독교도였다.

오스만의 정복 초기에는 전통적으로 유목 생활을 하던 부족들을 정착시키는 것이 중요한 요소였지만, 이후 제국이 걷잡을 수 없는 팽창의 시기를 지나 좀더 방어적인 자세가 필요해지면서 이러한 정책은 오랫동안 중단되었다. 그러나 파즐 무스타파는 전선에서 멀리 있는 "부족들의 (강제적) 정착을 통해 황폐하고 주인이 없는 땅을 다시 농지로 개척"[78]함으로써 옛 정책을 현재의 필요에 맞게 개편했다. 1691년 초부터 아나톨리아 및 더 동쪽 지역의 쿠르드족과 튀르크멘족을 영구적으로 정착시키라는 명령이 내려졌다. 이들은 전통적으로 저지대와 산악 지역의 목초지 사이를 오가며 가축을 길렀고, 따라서 계절적 이주를 시작한 이후에는 어느 정도 정착 생활의 경험이 있었다. 이 부족들은 유목민 습성을 포기하고 배정받은 지역의 농업 잠재력을 회복시키는 조건으로 특별 세금을 면제받았다. 여름철 목초지로는 부족 전체가 아닌 목부들만이 가축을 데리고 이동했다.[79]

이후 수년 동안 부족들은 우르파-하란 지역의 유프라테스강 굽이, 아다나와 이스켄데룬 사이 지역, 크즐강 굽이의 앙카라와 토카트 사이 지역, 서남 아나톨리아의 으스파르타와 데니즐리 사이 지역 같은 곳들로 강제 이주했다.[80] 살인과 약탈로 비난받은 아나톨리아 중부 일부 부족들은 키프로스나 시리아 락카로 이동했는데, 시리아에서는 베두인족의 공격에 대비한 최전방 방어선 역할을 하도록 기대되었다.[81]

오스만 정부는 베드인족을 싫어해 거의 신앙이 없는 사람들 수준으로 여겼는데, 이는 그들이 교역로와 특히 메카로 가는 순례길을 자주 공격했기 때문이다. 이 계획은 성공을 거두지 못했다. 특히 1697년의 경우를 비롯해 부족들의 저항이 반란의 형태로 나타났고,[82] 사람들이 땅에 정착하자마자 그곳들은 다시 버려졌다. 계절에 따라 자유롭고 주기적인 이동에 익숙했던 이들에게 한곳에 영구히 정착하는 것은 지속하기 어려웠을 뿐 아니라, 현실적 고려가 불충분했던 듯하다. 일부 지역은 재정착지로서는 기후가 혹독하거나 물이 부족하고, 토질이 연중 농업에 적합하지 않았다.[83] 요컨대 이 정책은 구상이 잘못된 계획으로서 그 목적을 달성하지 못했으며, 부족민의 삶에 대한 이러한 가혹한 개입의 실패는 16세기 중반 바그다드 부족을 조사하던 관리들에게 전통적인 권리를 존중하라고 강력히 경고했던 이들의 통찰력이 얼마나 날카로웠는지를 보여주었다.[84]

자기네 마을을 떠났던 기독교도 주민들의 재정착은 좀더 수월하게 이루어졌다. 교회 신축과 개축을 허가하는 권한은 국가 당국의 재량이었으며, 파즐 무스타파 파샤가 제시한 재정착 유인책 가운데 하나는 아나톨리아 및 루멜리 지역의 이러한 요청에 대해 신속하고 긍정적으로 대응하는 것이었다.[85] 이는 오스만 당국이 제국 안의 기독교도들이 자기네 교회를 재건하고자 하는 욕구에 우호적으로 대응한 첫 사례는 아니었다. 그리고 결과적으로 마지막 사례도 아니었다. 이 문제를 해명하기 위해 더 많은 연구가 필요하긴 하지만, 전쟁이나 반란으로 사람들이 살기 위해 피난을 떠나지 않을 수 없었던 시기에 그러한 요청을 들어주는 것은 아주 일상적이었음이 분명하다.[86] 정부는 그들의 교회가 개수되면 기독교 공동체가 재건되고 농업 생산이 다시 이루어질 것으로 기대했다. 그래야 세금을 거둘 수 있을 터였다.

1688년에 도입되고 1691년에 처음 시행된 법에 따라 제국 내 비이슬람교도들이 납부하던 인두세의 부과 기준이 바뀌었다. 전통적으로 이 세금은 성인 남성 개인에게 부과됐지만 마을이나 도시 전체에 집단적으로 부과될 수도 있었으며, 지역사회의 생산성에 따라 세율이 지역마다 달랐다. 시간이 지나면서 개인 과세는 점차 집단 과세로 바뀌었고, 세율은 때때로 조정됐지만 그 조정은 불가피하게 현실을 뒤따라가는 것이어서 인구가 더 많거나 번영을 누리던 시기에 마지막으로 평가된 세금 공동 부담액이 전쟁으로 인구가 감소한 사회에 과도한 부담을 안길 수 있었다. 이는 분명히 오스만령 발칸반도의 기독교도 농민들의 불만을 키우고 그들이 제국을 떠나 합스부르크 영토로 도망치게 하는 데서 틀림없이 중요했다. 예를 들어 흑해 서안의 항구 도시 바르나는 전쟁 이전 약 1300가구였던 비이슬람교도 주민의 3분의 1을 잃었다. 1685년에 새로운 조사가 실시되지 않았다면 남은 사람들은 여전히 이 1300가구에 본래 부과되던 세금을 감당해야 했을 것이다. 물론 세금 징수자들은 피해를 당한 지역에서 정해진 세금을 거두기가 실제로 불가능했을 것이다.[87]

세금 징수가 점점 더 어려워지자, 오스만 정부는 1688년에 제도 개혁을 단행하기로 결정했다. 파즐 무스타파 파샤는 권력을 잡자 정력적으로 개혁을 추진했고, 1691년부터 인두세는 다시 지역 전체가 아니라 개인 성인 남성에게 부과되었다. 납세자의 재산 수준에 따라 부과됐고, 세율은 제국 전역에 걸쳐 표준화되었다. 전쟁 중에 새로운 제도를 도입한 것은 혼란을 초래하고 아주 매끄럽게 이루어질 수는 없었을 것이다. 그리고 이 문제는, 세금을 내야 할 사람들은 쉽게 구할 수 있는 화폐로 납부하고자 원한 반면에(이해할 수 있는 일이다) 포고령은 오스만 금화와 순은화만을 받는다고 해서 더욱 복잡해졌다. 물론 새로운 세금의 과세 및 징수 과정에서 부정이 판을 쳤지만, 이후 여러 해에 걸쳐 그 운용에 대한 조정이 이루어졌고 이 세금은 여전히 국고 수입의 상당한 부분을 제공했다.[88] 개혁 이후 점차 더 효과적인 과세가 가능해졌고, 국가는 기독교도 및 유대인 신민으로부터 더 많은 세금을 거둘 수 있었다. 이는 국방이라는 물리적 부담을 이슬람교도 남성 주민들이 짊어졌으니, 그들이 고생하며 죽어가는 동안 비이슬람교도들이 오스만 영토 방어에 금전적으로 더 큰 몫을 담당하는 것이 공정하다는 측면에서 정당화될 수 있었다.

1691년, 파즐 무스타파 파샤는 다소 불안한 마음으로 전선을 향해 떠났다. 술탄 쉴레이만 2세가 수종으로 병석에 있었고, 그달을 넘길 수 있을지 알 수 없었기 때문이다. 그러나 그는 사촌 암자자데 휘세인 파샤를 자신의 대리로 임명해놓았고, 쉴레이만을 폐위시키고 메흐메드 4세를 다시 제위에 올리려는 고위 성직자들의 음모가 최근에 발각된 사실[89]은 그의 마음을 놓이게 했을 것이다. 게다가 6월 15일 에디르네를 떠나기 전 그는 고위 정치가들과의 회의를 주재했으며, 그들은 중년인 쉴레이만의 동생 아흐메드가 제위를 계승할 자격이 있다는 데에 의견을 모았다. 반면에 메흐메드나 그의 아들들인 무스타파와 아흐메드는 고려 대상이 아니었다. 메흐메드는 40년 치세 동안 제국에 파멸만을 가져왔다는 평가였고, 그의 두 아들은 아버지의 치세에 "아버지와 함께 난폭한 사자처럼 말을 달리고, 아버지와 함께 먹고 마시며, 전쟁을 하고 음악을 즐기"는 것을 배웠다고 그들은 말했다.[90]

파즐 무스타파 파샤가 에디르네를 떠난 지 불과 일주일 만에 쉴레이만 2세가 그곳에서 죽고, 그의 동생으로 연장자인 아흐메드(그 역시 쉴레이만과 마찬가지로 수십 년 동안 유폐 생활을 했다)가 에디르네의 첼레비 술탄 메흐메드 1세의 마스지드(에스키자미Eski Cami, 즉 '옛 마스지드'로 더 잘 알려졌다)에서 검을 허리에 차는 의식을 치르고 술탄임을 선포했다.[91] 쉴레이만 치세의 마지막 원정 기간은 미래에 대한 희망을 품게 했다. 파즐 무스타파는 빈 포위전 이후의 암울했던 세월 이후 오스만의 운명 역전을 이끌고 있는 듯 보였다. 쉴레이만이 행정 업무에서 거둔 성과는 그의 대와지르의 결단력과 군사적 성공에 가려졌지만, 이 긴 전쟁 기간 동안 오스만의 행정을 전면적으로 개혁한 것은 두 사람의 공동 사업이었다.[92] 죽은 술탄의 가장 오래 남은 기념물(그의 주문으로 편찬했으나 유감스럽게도 아직 출판되지 않은 연대기로, 그의 짧은 치세에 일어난 사건들에 대한 1100쪽이 넘는 기록이다)은 그가 세부적인 문제에 관심을 가지고 통치에 관여했다는 증거로 남아 있다.[93]

합스부르크는 이제 베오그라드를 탈환하려 했고, 파즐 무스타파 파샤는 그들이 요새에 도달하기 전에 신속하게 차단할 대응 계획을 세웠다. 그의 주력 군대에 합류해야 할 타타르 병력이 아직 도착하지 않았지만, 그는 차선을 택해 자신의 병력만으로 단독 진격을 하기로 결심했다. 그러지 않으면 기회를 놓칠 듯했다. 1691년 8월 19일 베오그라드 북쪽 도나우강 변의 슬랑카멘에서 벌어진 야전에서 오스만군은 참패했고, 파즐 무스타파 파샤는 유탄에 맞아 전사했다. 그의 군대는 대포와 군자금을 전장에 남겨둔 채 무질서하게 베오그라드로 후퇴했다. 파즐 무스타파의 전사로 인해 1688년 베오그라드가 함락된 이후 그랬던 것처럼 군기가 무너질 위기에 처했고, 실제로 그랬다. 많은 병사들이 전선을 이탈해 후방의 소피아 쪽으로 도망쳤으며, 그들이 지나가면서 도적과 약탈자들이 합류해 그 수가 불어났다.[94]

전선의 군인들과 성직자들이 파즐 무스타파 파샤의 총사령관직을 일시적으로나마 대체할 인물로 선택한 사람은 최근에 펠로폰네소스와 달마티아에서 베네치아인들과의 전투를 지휘했던 코자 할릴 파샤Koca('큰') Halil Paşa였다.[95] 그러나 새로운 대와지르는 평범한 제2와지르로 카드Kadı('판관') 또는 코자Koca로도 알려진 아라바즈 알리 파샤Arabacı('수레꾼') Ali Paşa였다. 에디르네에서 열린 제국회의에서 루멜리 대법관은 아라바즈 알리가 즉시 베오그라드로 가서 1692년 원정을 위한 준비를 감독할 것을 제안했다. 아라바즈 알리는 마지못해 동의했지만, 베오그라드에 도착하려면 서너 달이 걸릴 터였고 겨울이 시작되면서 그의 출발도 지연되었다. 대신 에디르네가 군대의 겨울 숙영지이자 작전 기지로 결정되었다.[96]

새 술탄과 새 대와지르는 변화를 가져왔다. 파즐 무스타파 파샤는 평화를 추구하기보다는 전쟁에서 승리하려는 결심이 확고했지만(다만 잠시 동안은 베오그라드에서 평화 협상이 열릴 것이라는 생각을 받아들이는 듯도 했다[97]), 아라바즈 알리 파샤는 군대를 지휘할 의욕이 없었고 헝가리 상실을 묵묵히 받아들일 수 있었다. 그곳에서 오스만의 존재감이 약화됨에 따라 트란실바니아에 대한 오스만의 종주권도 더욱 형식적인 것으로 전락했으며, 오스만이 부다를 잃은 해인 1686년에 트란실바니아 신분의회身分議會는 종교 자유가 존중되고 아퍼피 미하이가 계속해서 군주로 남도록 허락된다면 국가를 합스부르크의 보호 아래에 두겠다는 그들의 바람을 밝혔다. 이 조건은 1688년 3월에 현실이 되었다.[98] 아퍼피가 1690년 4월에 사망하자 신분의회는 그의 아들을 후계자로 지명했지만, 오스만은 전쟁 내내 자기네를 군사적으로 지원한 퇴쾰리 임레를 군주로 삼으려 했다. 이는 합스부르크의 주의를 분산시켜 1690년에 오스만이 이 노력에서 성공을 거두는 데 기여했으나, 1691년에 퇴쾰리는 합스부르크 군대에 의해 축출됐고 그해 말에는 트란실바니아가 마지못해 다시 한번 합스부르크의 종주권을 받아들였다. 오스만으로서는 엄청난 재앙이었다. 트란실바니아가 합스부르크 쪽으로 넘어가면서 오스만은 방어해야 할 새로운 전선이 생겼고, 이때 그들에게는 할애할 여분의 자원이 별로 없었다.

이 시기에 오스만이 합스부르크를 상대로 거둔 성공은 상당 부분 파즐 무스타파 파샤의 지도력에 더해, 서유럽에서 프랑스와의 전쟁이 격화되면서 합스부르크 군대가 동부 전선에서 이탈한 데 힘입은 바가 컸다. 그렇지만 이런 유리한 국제 정세와 유능한 대와지르의 우연적인 조합은 오스만에게 마침내 전쟁에서 승리할 수 있다는 희망을 주었다. 반면에 만약 파즐 무스타파가 덜 호전적이었다면, 오스만에 막대한 대가를 치르게 한 이 전쟁은 여러 해 전에 끝났을 수도 있었다.

파즐 무스타파 파샤의 사망 이후 한동안 불확실한 시기가 이어졌고, 1692년 초에는 군사 및 행정 분야의 여러 자리에 대한 임명이 이루어졌다. 이는 정권 핵심에서 벌어진 치열한 권력 투쟁을 반영한 관직 이동이었다. 대와지르 아라바즈 알리 파샤와 암자자데 휘세인 파샤는 그 피해자였다. 아라바즈 알리는 로도스섬으로 유배되고 재산이 몰수됐으며, 암자자데 휘세인은 다르다넬스에 배치되었다. 도나우 전선에서 오스트리아 전진 기지는 이제 페트로바라딘에 있었으며, 이곳은 베오그라드에서 몇 역참 떨어지지 않은 곳이었다. 오스만 최고사령부에게는 현재로서는 북쪽으로의 진군이 불가능하며 도나우 방어선을 유지하는 데 힘을 집중해야 한다는 것이 분명했다. 11월에는 베오그라드 요새를 보수하거나 개수하지 않기로 결정한 뒤, 군대를 에디르네로 철수했다.[99]

그사이에 잉글랜드와 네덜란드의 중재 노력이 계속되었다. 오스만군이 남하하기 직전, 합스부르크 궁정에 파견된 빌럼 3세의 네덜란드 대사 쿤라트 반 헤임스커르크Coenraad van Heemskerck는 오스만 궁정에 이미 파견돼 있던 네덜란드 대사 야코부스 콜리어르Jacobus Colyer와는 별도로 잠시 '잉글랜드' 국왕의 오스만 주재 대사[네덜란드의 통치자 빌럼 3세는 잉글랜드 왕 윌리엄 3세이기도 했기 때문에 콜리어르는 네덜란드 대사, 헤임스커르크는 잉글랜드 대사로 직함을 분리한 것이다]로 임명되어 빈에서 베오그라드로 이동해 마브로코르다토스에게 오스트리아 및 그 동맹국들을 대표한 평화 제안을 전달했다. 이 제안은 영토를 내주어야 한다는 부담 때문에 오스만 측에서는 결국 받아들일 수 없었지만, 헤임스커르크는 에디르네로 이동하라는 명령을 받았고 12월 초 그곳에 도착했다. 그는 전 빈 주재 잉글랜드 대사이자 이제 오스만 주재로 전임된 윌리엄 패짓William Paget이 잉글랜드에서 돌아오기 전까지는 대와지르와의 접견을 허락받지 못했다. 1693년 2월 패짓이 에디르네에 도착하자, 치열한 서열 다툼이 벌어졌다. 오스트리아가 제안한 조항의 문구가 분명하지 않다는 사실이 드러나면서 평화의 가능성은 점점 멀어졌다. 양측 대표 사이에 몇 주 동안 추가적인 논의 끝에, 그리고 접견의 가능성이 높아졌다가 곧바로 좌절되고 결국 1693년 3월 24일에 패짓, 헤임스커르크, 콜리어르는 술탄의 와지르들과 고위 장군들 앞에 소환되었다. 그들에게는 놀랍게도 이 자리에서 몇 달 전 헤임스커르크가 베오그라드에서 마브로코르다토스에게 전달한 오스트리아와의 평화 제안이 낭독되었다(그들은 괴로웠다). 이 제안은 요컨대 협상 당시 각자가 점유하고 있는 영토를 그대로 유지한다는 우티포시데티스uti possidetis로 알려진 원칙을 바탕으로 한 것이었다. 이 한 편의 연극은 오스만이 이제 평화에 대한 의지가 없음을 보여주었다.[100] 패짓은 에디르네에서 대와지르 대리와 가진 회담에 대해 이렇게 보고했다.

이 사람과 나눈 대화를 통해 나는 그가 우티포시데티스가 무엇을 말하는지, 중재가 무엇인지, 중재자가 어떻게 유용할 수 있는지를 전혀 이해하지 못하고 있다는 것을 알게 됐으며, 이로부터 나는 그들이 이 제안을 전혀 진지하게 받아들인 적이 없다는 판단을 내렸습니다.[101]

대사들의 추가적인 노력에도 불구하고, 전쟁이 끝나는 것을 보고 싶어하는 윌리엄 국왕의 절박한 바람을 만족시키기 위해 그들이 할 수 있는 일은 별로 없다는 것이 명백해졌다. 헤임스커르크(그는 1694년 4월에 귀국했다)와 패짓 사이의 서열을 둘러싼 다툼(그들은 동일한 군주를 섬기면서도 서로 다른 국가를 대표하는 사절이었다)은 분명히 평화 협상이 실패하는 데 한몫했다.[102]

1692년에서 1693년으로 넘어가는 겨울 동안에 오스트리아 군대는 트란실바니아 공국에 남아 있던 오스만의 마지막 거점들을 위협했고, 이에 따라 1693년의 작전들은 이 전선으로 옮겨졌다. 새 대와지르 보조클루 무스타파 파샤Bozoklu('보조크 출신') Mustafa Paşa는 군대를 이끌고 에디르네에서 출발해 루세로 갔으며, 도나우강을 건너 왈라키아로 들어간 뒤 타타르 군대와 합류했다. 이때 오스트리아의 대군이 베오그라드를 포위하고 있다는 소식이 전해졌다. 이 곤경에 대해 논의한 오스만 최고사령부는 군대가 트란실바니아를 방어하면서 동시에 베오그라드를 구원하는 것은 불가능하다고 판단했다. 우선시할 것은 베오그라드 방어였으며, 타타르군을 포함한 병력은 도나우강을 따라 다시 서쪽으로 이동했고 대포는 강을 통해 운반되었다. 오스만군의 진격 소식을 들은 오스트리아군은 포위를 풀었다. 방비가 허술한 요새는 포격으로 큰 손상을 입었고, 이 손상은 추가 공격에 대비해 즉시 수리해야 했다. 그러나 위안을 삼을 만한 것이 있었다. 오스트리아군이 페트로바라딘으로 철수할 때 타타르군이 그들을 추격했는데, 많은 전리품과 포로를 획득했던 것이다. 1694년 9월 초, 오스만군은 또다른 대와지르 쉬르멜리 알리 파샤Sürmeli('눈화장을 한 자') Ali Paşa의 지휘 아래 페트로바라딘 요새 앞에 진을 치고 있었다. 이들은 참호를 파고 이 난공불락의 강변 요새를 22일 동안 포위했지만, 도나우강의 둑이 터져 참호에 물이 차자 포기하고 베오그라드로 철수했다. 이 두 중요한 거점을 둘러싼 전투는 교착 상태에 빠졌다. 당대의 역사가 데프테르다르 사르 메흐메드 파샤는 합스부르크 가문이 비록 약화됐지만 여전히 무시할 수 없는 존재라고 인정했다.[103]

술탄 아흐메드 2세는 1691년 그의 형 쉴레이만을 계승하기 위해 공개적인 삶으로 나왔을 때 마흔여덟 살이었다. 그는 1695년 2월 7일 이스탄불에서 죽었고, 그의 조부인 술탄 아흐메드 1세가 세운 영묘에 안장되었다. 지금도 이곳에는 서른여섯 명의 왕가 사람들이 묻혀 있다. 그의 후계자는 '사냥꾼' 메흐메드 4세의 아들 무스타파 2세로, 당시 서른 살이 갓 넘은 나이였다. 그는 두 숙부 쉴레이만과 아흐메드보다 자유롭고 덜 은둔적인 삶을 살았다. 그는 아버지가 폐위된 이후 12년 동안 에디르네에서 격리 생활을 했지만, 톱카프궁에 있었더라면 겪어야 했을 것에 비해 덜 억압적인 유폐였다. 그리고 그 이전에는 부왕의 원정에 동행하기도 했다. 그 역시 자신의 선대들과 마찬가지로 술탄이 직접 제국 군대를 이끄는 것이 승리의 열쇠라고 보았고, 즉위 후 첫 포고문에서 조상 쉴레이만 1세처럼 자신이 직접 군대를 이끌고 전쟁에 나설 것이라고 선언했다. 그의 정치가들은 사흘 동안 이 문제를 논의한 끝에, 술탄의 참전 비용은 막대하겠지만 전세를 오스만에게 유리한 쪽으로 돌리는 데는 분명 효과적일 것이라는 결론을 내렸다.[104]

그의 숙부들이 보여준 제한적인 열의와는 달리, 무스타파 2세는 자신이 원정에서 군대를 이끌겠다고 선언했을 때 그것은 말 그대로였다. 그는 1695년 7월 1일 에디르네를 출발해 8월 9일 베오그라드에 도착했다. 그는 셰이흐윌이슬람 페이줄라흐 에펜디 및 현직 대와지르 엘마스 메흐메드 파샤Elmas('금강석') Mehmed Paşa와 동행했다. 페이줄라흐 에펜디는 한때 그의 스승이었고 무스타파의 즉위 직후 고위 성직자의 수장으로 다시 임명됐으며, 메흐메드 파샤는 비서실의 의례 담당관 출신으로 이 자리에 발탁되었다. 베오그라드에서는 전쟁 회의가 소집돼, 페트로바라딘을 다시 포위할 것인지 아니면 북쪽 티미쇼아라 방향으로 진군해 합스부르크의 수중에 들어간 이 지역의 트란실바니아 요새 일부 탈환을 시도할 것인지에 대해 논의했다. 오스트리아는 이 지역에서 그 요새들 가운데 하나인 티미쇼아라 동북쪽의 리포바를 전진 기지로 삼아 이 중요한 오스만 요새를 공격하려 하고 있었다. 오스트리아군이 더 서쪽의 자기네 기지에서 이곳을 오가면서 이 전선의 오스만 사령관들에게는 티미쇼아라에 대한 병력 증강과 재보급이 변함없는 과제였으며, 그들이 만약 리포바를 탈환할 수 있다면 오스트리아의 식량 및 군수 물자를 획득할 수 있다고 마침내 판단했다.[105]

술탄 무스타파는 잠행으로 베오그라드 요새와 성곽을 시찰했으며, 자신이 생각했던 것보다 수리 상태가 양호하다는 점을 확인했다.[106] 보루를 추가하고 수비대를 증강해 방어력을 강화한 뒤, 군은 움직이기 시작했다. 리포바는 성공적으로 탈환됐고, 그곳에 저장돼 있던 상당한 양의 보급품이 티미쇼아라로 이송되었다. 겨울이 다가오자 술탄과 그의 군대는 남쪽으로 이동해 왈라키아를 지나 니코폴에서 도나우강을 건넜고, 그곳에서 무스타파는 후궁들과 다시 만났다. 그들은 오스트리아의 공격을 우려해 베오그라드에서 이곳으로 철수한 바 있었다. 무스타파는 여러 해 만에 처음으로 에디르네가 아닌 이스탄불에서 겨울을 났다. 1696년 원정 시기에 대한 준비를 좀더 면밀하게 감독하려는 목적이었다.[107]

술탄의 전선 임재는 정말로 성공을 보장해주는 듯했고, 이듬해에는 더 큰 승리가 있을 것이라고 실라흐다르 픈드클를르 메흐메드 아아는 기록했다. 그는 술탄 무스타파의 명에 따라 그의 치세를 기리는 연대기(술탄은 오만하게도 이 책을 '승리의 책'이라고 불렀다)를 집필했으며, 이 책에서 그는 1696년 1월 술탄의 개인 보물 창고에서 기적적으로 발견된 보물에 대해 기록했다. 그것은 귀중한 검이었고, 그 유래를 설명한 청동판이 함께 있었다. 청동판 한쪽에는 '수리아니Suryani' 또는 히브리어 문자, 다른 쪽에는 아랍어 문자가 새겨져 있었다. 새김글에 따르면 이 검은 다윗 왕이 만든 것으로, 그는 이 검으로 골리앗을 베었다. 검은 예수의 손을 거쳐 결국 이집트의 맘루크 왕조로 전해졌다(그리고 1516~1517년 셀림 1세의 맘루크 땅 정복 이후 이스탄불에 도착한 것으로 추정할 수 있다). 이 검의 발견은 신의 뜻으로 여겨졌으며, 술탄 무스타파가 대업을 이룰 것임을 암시하는 신의 인정으로 받아들여졌다. 이후 술탄 은 이 검을 부적 삼아 원정 때마다 패용하겠다고 맹세했다.*[108]

기적의 검을 가져갔음에도 불구하고 1696년의 원정은 결판이 나지 않았고, 만족스럽지 못했다. 무스타파 술탄은 군대를 이끌고 베오그라 드로 향할 계획이었지만, 오스트리아군이 티미쇼아라를 포위하고 있 다는 소식을 듣고 계획을 바꿔 도나우강 너머 북쪽으로 향해 요새를 구원하려 했다.[109] 1697년, 세 번째로 출정에 나선 무스타파는 에디르 네에서 출발해 늦여름인 8월 10일 베오그라드에 도착했는데, 이때 그 해의 목표를 어떻게 잡아야 하느냐를 놓고 의견이 크게 엇갈렸다. 서 로 맞선 파벌들은 각자의 주장을 제시했다. 하나는 트란실바니아에 서 입지를 강화하는 것이었고, 다른 하나는 도나우강을 따라 올라가 합스부르크가 차지하고 있는 페트로바라딘을 공격하는 것이었다. 티 미쇼아라 요새의 책임자는 첫 번째 방안을 강력히 지지했고,[110] 반면 에 베오그라드 요새의 책임자인 암자자데 휘세인 파샤는 페트로바라 딘 공략을 주장했다. 암자자데 휘세인은 지난 몇 년 동안 육지에서 있 었던 전쟁과 함께 벌어진 신성동맹과의 해전에서 에게해의 베네치아인 들을 상대로 여러 차례 눈에 띄는 승리를 거둔 인물이었다.[111] 이제 그 는 트란실바니아로 진군하는 것을 반대하며 설득력 있는 주장을 펼쳤 다. 늦여름의 비는 늪지대를 진창으로 만들어 대포 운반이 어렵고, 다 리를 여럿 만들어야 한다는 것이다. 그는 1664년 라버강에서 벌어진

• 동판과 검은 모두 톱카프궁에 소장된 종교 유물 모음으로 전시되고 있다. 나는 실라흐다르 폰 드클를르 메흐메드 아아가 언급한 새김글이 히브리어인지 시리아어(수리아니어)인지, 혹은 그 번 역이 존재하는지의 여부는 확인할 수 없었다.

일련의 대참사를 상기시켰다. 이때 그의 사촌 파즐 아흐메드 파샤가 병력을 강 건너편으로 이동시키려다 혼란 속에 목숨을 잃었다.[112] 그들은 비록 페트로바라딘을 점령하지 못하더라도 그곳을 포위 상태로 만들 수는 있었다. 그리고 페트로바라딘을 합스부르크로부터 빼앗지 못한다면 오스만은 더이상 정복을 기대할 수 없었다. 그의 조언은 무시됐고, 군대는 트란실바니아로 향했다.[113]

엘마스 메흐메드 파샤는 티미쇼아라를 향한 진격을 이끄는 선택을 했다. 그는 인기가 없는 사람이었고, 실라흐다르 픈드클를르 메흐메드 아아에게 심하게 불신을 받고 있었다. 그는 술탄 무스타파 2세의 공적에 관한 자신의 기록에서 엘마스 메흐메드가 지난 2년 동안 군대 규모를 과장해 고의적으로 술탄을 잘못 이끌었다고 비난했다. 실제 병력은 5만 명에 가까운데 10만 4천 명이라고 주장했다는 것이다.[114] 처음에는 암자자데 휘세인 파샤의 견해가 지나치게 조심스러운 것처럼 보였다. 오스만군은 세 개의 강을 큰 사고 없이 건넜으며, 티서강에서 오스트리아군을 격파하고 티텔 성채를 점령했기 때문이다. 티텔은 주둔시킬 병력이 없어 파괴해버렸다.[115] 술탄 무스타파는 이어 안전하게 티서강을 건너 티미쇼아라 쪽으로 이동했다. 그러나 대와지르가 지휘하는 군대 일부는 강을 건너기 전에 후방에서 오스트리아군의 공격을 받았다. 외젠 드 사부아 공자(흔히 합스부르크 역사상 최고의 장군으로 꼽혔다) 휘하의 오스트리아 군대는 센타에서 다리를 파괴해 대와지르의 군대가 건널 수 없게 만들었다. 치열한 전투에서 엘마스 메흐메드와 오스만의 많은 최고위 문·무 관리들이 전사했다. 술탄과 함께 강을 건넌 실라흐다르 픈드클를르 메흐메드 아아는 그의 주군이 아직 그 재앙의 규모를 모른 채 강 건너편을 바라보며 공포에 빠진 모습을 기록했다.[116]

술탄 무스타파가 남은 병사들에게 다리를 확보하라고 명령하자 그들은 도망쳐 갈대밭에 숨었다. 술탄과 소수의 수행원들(그의 조언자인 셰이흐월이슬람 페이줄라흐 에펜디도 그중 하나였다)은 오직 말에 실을 수 있는 짐만 챙겨 안전한 티미쇼아라를 향해 떠났다. 그들은 가면서 한 번도 쉬지 않고 이틀 뒤에 그곳에 도착했다. 술탄의 천막은 전장에 버려졌지만, 성스러운 깃발과 선지자의 외투는 무사했다. 실라흐다르 픈 드클를르 메흐메드 아아는 자신의 물건이 가득 든 궤짝을 혼란 속에 잃어버린 것을 애통해했다.[117]

이렇게 오스만은 암자자데 휘세인 파샤의 조언을 무시한 대가를 톡톡히 치렀다. 그는 적의 공격으로부터 베오그라드를 방어하기 위해 후방에 남아 있었는데, 이제 엘마스 메흐메드 파샤를 대신해 대와지르로 임명되었다. 국제 정세가 바뀌면서 센타 전투는 14년간의 전쟁 이후 평화를 가져온 촉매제 역할을 한 것으로 드러났다. 합스부르크 군대를 서부 전선에 묶어둔 대동맹과 프랑스 사이의 싸움이 1697년에 끝나면서 오스트리아가 다시 한번 모든 병력을 오스만과의 싸움에 투입할 수 있게 된 것이다. 1688년 쥘피카르 에펜디가 빈에 온 이후(그는 빈에서 일부 구금 기간을 포함해 4년간 머물다가 고국으로 돌아갔다) 간헐적으로 이어져온 평화 협상은 마침내 결말을 맺게 되었다. 신성동맹 가맹국들은 병약한 에스파냐 국왕 카를로스 2세의 죽음이 언제든지 다시 프랑스와의 새로운 전쟁을 일으킬 수 있음을 잘 알고 있었기 때문에 오스트리아의 동부 국경을 안정시켜 루이 14세를 상대로 한 행동이 재개될 경우를 대비해 합스부르크 군대를 자유롭게 해두려 노력했다.

17세기 말 유럽 국가들 사이, 그리고 이들 국가와 오스만제국 사이의 복잡한 관계는 평화 협상에 영향을 미쳤다. 암자자데 휘세인 파샤는 센타 전투에서 패배한 이후 대와지르에 올랐을 때 평화를 원치 않았고, 군사적 움직임이 없으면 결의가 부족한 것으로 해석되어 진행 중인 협상에서 오스만의 교섭력을 약화할 수 있음을 잘 알고 있었다. 이에 술탄 무스타파는 평상시처럼 1698년 원정 준비를 진행하라고 명령하고 에디르네에 머물렀다. 한편 암자자데 휘세인은 군대를 이끌고 국경 지대인 베오그라드를 향해 출발했고, 소피아에 도착했을 때 황제의 사절단이 오스만이 요구한 평화 제안서의 사본을 가지고 그곳에 도착했다. 술탄의 궁정에 파견된 윌리엄(빌럼) 3세의 잉글랜드 및 네덜란드 대사인 패짓과 야코부스 콜리어르는 오스만 사절을 동반한 군대보다 앞서 베오그라드로 갔다. 오스만 사절은 비서장 라미 메흐메드 에펜디Rami('궁수') Mehmed Efendi와 수석 통역관 이스케를레트자데 이스켄데르(마브로코르다토스)였다. 그사이에 전투는 계속되었다. 타타르 군대는 동북쪽에서 도착해 오스트리아 진지를 성공적으로 공격하고 폴란드로 습격해 들어갔다.[118]

중재 사절단과 그 일행은 대와지르가 군대와 함께 베오그라드에 도착했을 때 그들을 기다리고 있었다. 평화 협상 장소도 논란의 대상이었다. 오스만은 정복된 헝가리 영토에서 만나자는 오스트리아의 초청을 받아들일 수 없다고 선언했고, 오스트리아는 오스만 영토에서의 회담을 받아들이지 않았다. 결국 두 제국 각자의 전진 기지인 페트로바라딘과 베오그라드 사이의 도나우강 변에 위치한 마을 스렘스키카를로브치(카를로비츠)에서 타협점을 찾았다. 이곳이 베오그라드보다 페트로바라딘에 훨씬 더 가까웠다는 점은 중요했을 것이다. 대표단을 위한 숙소와 마구간이 서둘러 지어졌고, 두 오스만 사절이 패짓과 콜리어르, 그리고 2천 명의 호위 병사와 함께 1698년 10월 20일 그곳에 도착했다. 한편 겨울이 다가오자 대와지르는 군대를 이끌고 이스탄불로 돌아갔고, 협상단을 남겨 평화 협정을 도출하게 했다.[119]

오스만은 처음에는 신성동맹의 모든 가맹국이 아니라 오직 오스트리아와의 평화만을 생각했지만, 패짓의 강력한 요구에 따라 동맹 가맹국 전체와의 평화에 동의했다.[120] 협상에는 결국 아홉 명의 주요 당사자(그리고 그 수행원들)가 참여했다. 오스만 두 명, 오스트리아 두 명, 폴란드 한 명, 모스코비야 한 명, 베네치아 한 명, 네덜란드 한 명, 잉글랜드 한 명이었다. 대표들은 넉 달 동안 매일 화려하게 장식된 오스만의 천막에서 만났다. 특히 모스코비야와 베네치아 대표들의 시간 끌기 전술은 오스만 사절단을 크게 답답하게 만들었고, 과거의 적들이 제출한 문서의 물리적 외양 같은 매우 사소한 문제조차도 혐오감을 자아낼 수 있었다. 오스만 평화 회담 대표 라미 메흐메드 에펜디의 신임장은 금으로 장식된 술탄의 서명이 있는 커다란 종이 한 장의 형태였고, 은 봉투에 넣어 무늬비단 주머니에 담고 무거운 천으로 감쌌다. 이를 성대한 의식과 함께 오스트리아 대사에게 전달했다. 이에 상응하는 오스트리아의 문서는 그와 대조적으로 밀랍으로 봉인된 허술한 종이 몇 장에 불과했다.[121]

카를로비츠 조약의 조항들에 따라 오스만은 최근까지 자신들의 영토라 여겨온 유럽의 많은 지역을 영원히 상실했다. 협상의 바탕에 깔린 원칙은 우티포시데티스(현 상태 유지 원칙)였으며, 따라서 각 당사자들이 요청해 조율해야 할 사항들은 이 원칙의 예외였다. 오스만은 적국들과 각각 별도의 조약을 체결했다. 그들은 오스트리아에게 헝가리와 트란실바니아를 양도하되, 바나트 지역은 제외되었다. 바나트는 티서강, 티미시강, 도나우강, 무레시강 사이에 위치한 쐐기 모양의 땅으로 티미쇼아라 요새가 포함돼 있으며, 이 요새의 방어는 막대한 병참 부담을 안겨주었다.[122]

폴란드-리투아니아 연방이 신성동맹에 참여한 주된 목적은 1672년에 오스만에게 빼앗긴 포딜리아 지방을 되찾는 것이었다. 전쟁 과정에서 여러 차례 견고한 카미아네츠 요새를 탈환하려는 시도가 있었으나, 이는 대체로 크림 칸국의 타타르 군대가 오스만을 지원하고 요새 주변 지역과 심지어 연방 영토 안까지 빈번한 습격을 감행함으로써 좌절되었다. 오스트리아가 오스만의 영토를 대거 획득한 것과 달리, 폴란드-리투아니아 연방은 어떠한 영토도 획득하지 못했고 오히려 큰 손실을 입었다. 오스만과 연방 사이의 조약에서 우티포시데티스 원칙은 완화됐고, 포딜리아를 연방에 돌려주는 대신 몰도바에 간섭하지 않겠다는 약속이 조건으로 붙었다.[123]

전쟁 기간 동안 오스만 해군은 베네치아에 맞서 최대한 가동되었다. 에우보이아섬에 있는 같은 이름의 요새는 1688년 베네치아의 포위 공격을 견뎌냈으며,[124] 1691년 베네치아 총사령관 도메니코 모체니고 Domenico Mocenigo 는 크레타와 에게해의 섬들을 탈환하려는 시도보다는 펠로폰네소스(오스만 해군이 예측 가능한 미래에 그곳에 출현할 가능성은 낮다고 그는 말했다) 방어가 더 현실적인 목표라는 견해를 표명했지만,[125] 그람부사섬(1669년 이래 베네치아가 점유하고 있었다)의 수비대가 오스만에 항복한 1692년에 연합군 함대가 크레타섬의 하니아를 포위했다. 이에 크레타 본토에서 증원군이 파견됐고 포위는 풀렸다.[126] 베네치아는 1691년에 키오스섬을 공격하는 방안을 검토했으며, 1694~1695년 겨울에 이 섬을 잠시 장악하기도 했으나 암자자데 휘세인 파샤가 지휘하는 오스만 함대에 의해 다시 빼앗겼다.[127] 보즈자섬과 레스보스섬은 각기 1697년과 1698년에 베네치아의 공격을 받았으나 버텨냈고,[128] 오스만-베네치아 국경 지대의 달마티아 요새들이 이 시기에 자주 포위되고 주인이 바뀌었다. 오스만령 보스니아는 북쪽과 서북쪽에서 오스트리아군이 이따금씩 강하게 압박해 두 전선을 동시에 방어해야 했다. 카를로비츠 조약에 따라 베네치아는 펠로폰네소스반도와 달마티아 거점들에 대한 영유권을 인정받았다.[129]

1686년 모스코비야의 뒤늦은 신성동맹 가입은 오스만에 대해 일반적으로 비공격적인 태도를 취해오던 정책의 변화를 알리는 신호였다. 같은 해, 모스코비야는 폴란드-리투아니아 연방과 조약을 맺어 서로를 적대시하게 만들었던 여러 문제를 해결했는데, 특히 1667년 모스코비야가 차지한 좌안 우크라이나와 키이우에 대한 종주권을 확인했다. 키이우는 본래 연방 측이 2년 동안만 모스코비야에 양도한 곳이었다. 이 이른바 '영구 평화조약'에서 모스코비야가 그 대가로 한 약속 중 하나는 크림반도에서 전쟁을 벌이겠다는 것이었다.[130] 그곳의 타타르 주민은 양측 모두에게 예측할 수 없는 위협이었다. 모스코비야의 가장 큰 목표는 이들의 약탈을 영구히 종식시키고 우안 우크라이나에 대한 확고한 통제권을 확립하는 것이었다. 1687년, 모스코비야는 도발적인 요구를 내걸어 타타르족과의 전쟁을 촉발했다. 크림반도의 할양, 타타르 주민의 아나톨리아로의 이주, 금 200만 닢 지불이 요구 사항이었다. 이어 바실리 골리친Vasily Golitsyn 왕자의 지휘 아래 군사 원정이 이루어졌고, 1689년에도 또 한 차례의 원정이 이어졌다. 두 차례 모두 타타르족이 스텝을 불태우고 모스코비야 병사들에게 가는 보급을 차단하면서, 낯선 지역에서 병참 문제가 발생해 굴욕적인 실패로 끝났다.[131]

표트르 대제는 1682년에 열 살의 나이로 정신박약자인 이복형 이반과 함께 공동 차르로 즉위했다. 1689년 그의 이복누이 소피아의 섭정 체제가 무너졌다. 소피아의 총신이었던 골리친이 크림 원정에서 실패한 것이 그 한 원인이었다. 1695년, 표트르는 돈강 하구에 위치한 오스만 요새 아조프에 대한 두 달 동안의 포위전을 이끌었지만 실패했다. 그러나 그해 겨울 동안 외국 기술자와 기타 전문가를 고용하고 오스만의 흑해 함대가 아조프를 구원하는 것을 저지할 함대를 건조한 뒤 1696년에 다시 공격에 나섰다.[132] 이번에는 성공했다. 표트르 차르는 어쩔 수 없이 카를로비츠에서의 협상에 참여했지만 충분히 전쟁을 계속할 수 있다고 생각했다. 그러나 오스만은 오스트리아와의 사전 협정을 통해 유리한 위치를 차지했기 때문에 적어도 어느 정도는 유리한 조건을 관철시킬 수 있었다. 2년 동안의 휴전이 카를로비츠에서 합의됐고, 항구적인 평화는 추후에 협상하기로 했다.[133] 1700년이 되면서 표트르의 관심은 남부 영토에서 북부로 옮겨갔다. 그는 이제 스웨덴을 상대로 한 '북방 대전쟁'[134]을 추구하기 위해 오스만과의 평화를 모색했고, 곧 조약이 체결되었다.[135] 대등한 위치에서 체결된 이 조약은 오스만 술탄이 모스코비야 차르를 하위자로 보던 외교적 위계를 뒤집는 것이었고, 모스코비야는 이제 오스만 외교가 무시할 수 없는 주요 강대국임을 의미했다. 이때 처음으로 모스코비야 대사가 이스탄불에 상주하기 시작했다.

1699년의 오스만제국은 1683년의 오스만과는 매우 다른 위치에 있었다. 조약에 따른 영토 상실이 가장 눈에 띄는 변화의 징표였지만, 그 일이 일어난 방식은 오스만 외교의 새로운 시대를 예고하는 것이었다.

카를로비츠에서 체결된 합의에 따라 모든 당사국은 영토 보전 개념을 존중한다는 선언을 했다. 오스만-합스부르크 조약은 25년 동안 지속되는 것이었고, 폴란드-리투아니아 연방 및 베네치아와의 조약은 무기한이었으며, 1700년 모스코비야와 체결된 조약은 30년 동안 지속되는 것이었다.[136] 이것은 비이슬람 세력과의 이론상 영원한 전쟁 상태가 단순히 중단되었음을 넘어서는 의미를 지니며, 새로이 등장하는 국제법의 원칙을 따르려는 이 의지는 끊임없는 전쟁을 그 이데올로기적 기반으로 삼았던 나라에는 맞지 않는 일이었다. 오스만 협상가들은 "평화는 다른 수단에 의한 전쟁의 연속"[137]이라는 원리에 따라 자기네의 양보가 '성전'의 범주 안에 있는 것이라고 정당화하려 했다. 압도적인 동맹이 자기네를 상대로 눈앞에 펼쳐져 있는 상황에서 지금 평화를 추구하는 것은 국가에 이익이라는 논리였다. 조약의 조항들은 엄격한 일정에 따라 실행되어야 했다. 예를 들어 카미아네츠의 주둔 병력은 술탄의 칙령에 의해 1699년 5월까지 성에서 철수하라는 통보를 받았다. 이는 카를로비츠에서 합의가 이루어진 때로부터 불과 4개월쯤 뒤였다. 늦여름에 그들은 다른 곳으로 재배치되었다.[138]

오스만과 그 이웃 국가들 사이의 물리적인 국경 설정은 오랜 역사를 가지고 있었다. 한 폴란드 국경 획정단 단원은 1676년 오스만제국과 폴란드-리투아니아 연방 사이의 조약에 따라 소규모 국경 변동이 있었던 1680년에 오스만 쪽 단원들이 어떻게 업무를 수행했는지를 이렇게 묘사했다.

흙더미를 쌓을 때가 되자, 튀르크인들은 안장에 매어놓았던 삽을 가지고 가운데 있는 커다란 참나무 밑동 주위를 파낸 뒤에 순식간에 뗏장 더미를 만들어냈다. 그리고 작업을 마치자 그 상관들이 흙더미 위에 올라가 개처럼 얼굴을 하늘로 향한 채 울부짖었으며, 그들이 매우 많은 것을 칼로 정복했다며 신을 찬양했다.

오스만인들은 흙더미마다 터번을 쓴 머리 모양의 나무 기둥을 세웠고 폴란드인들은 십자가를 사용했다고 이 폴란드 관리는 전했다.[139]

합스부르크의 장군이자 박식한 학자였던 볼로냐 출신의 루이지 마르실리Luigi Marsigli 백작은 발칸반도에서 10년간 측량한 경험이 있었는데, 카를로비츠 회의에서 합스부르크 대표단의 자문역을 맡았고 레오폴트 황제로부터 국경위원회 수장으로 임명되었다. 지도 제작자 및 지리학자였던 마르실리의 집착과 기술 덕분에 카를로비츠 이후의 국경 획정에는 이전의 사례들보다 더 많이 인공 둔덕에 더해 지형적 특징들이 들어갔다.[140] 오스만 쪽에서는 1699년 이후 연방과의 국경을 확정하는 책임을 맡았던 관리인 흑해 북안 외지주 총독의 보고서가 이 체계가 어떻게 작동했는지를 보여준다.

그후 우리는 야호르윅강(드니스테르강의 지류)이 발원한 곳을 향해 출발했고, 양측은 서로 마주 보는 적절하고 알맞은 장소에 흙둔덕을 세웠다. 경계 표지를 세우면서 (…) 우리는 야호르윅강의 발원지에 도착했다. 그리고 다시 양측은 서로 마주 보는 두 개의 큰 흙둔덕을 세웠다. 그런 다음 야호르윅강의 주 계곡을 따라 양측은 앞서 기술한 방식대로 적절하고 알맞은 장소에 경계 둔덕을 세워나갔다. 앞서 말한 야호르윅강이 끝나는 '쇠스랑'이라 불리는 곳 부근 계곡의 오른쪽에 분기점이 있었다. (…) 그런 다음 우리는 그 계곡을 한 시간 정도 따라간 후 쿠잘니크강의 발원지에 있는 '유목민 통로'를 지났다. (그곳에는) '양의 언덕'이라는 큰 언덕이 있었다. 이 근방에는 이 언덕과 유사한 언덕이 없기 때문에 그곳을 경계 표지로 삼았다.[141]

새로운 국경이 설정되면서 그 영향을 받은 농민 집단들은 오스만 국경에서 더 후방으로 이주했다. 이는 상대국의 공격 위험을 피하고, 전쟁 기간 동안 모든 지역을 휩쓸었던 인구 감소에 대처하겠다는 기대를 품은 것이었다. 카를로비츠 조약은 오스만제국 초기부터 많은 집단이 삶의 방식으로 지속해온 습격 행위에 제동을 걸었다. 제국의 북부 스텝 변경 지대에서는 특히 타타르인들이 오랫동안 폴란드-리투아니아 연방과 모스코비아를 상대로 한 장기간의 약탈로 생계의 대부분을 조달했다. 폴란드-리투아니아 연방과 오스만제국 사이의 이전 휴전 협정들은 양측이 상대국의 신민인 카자크와 타타르의 습격 행위를 제한하도록 요구했지만 소용이 없었다. 그러나 1699년에 오스만은 조약을 엄격히 준수하겠다는 의지를 보여 좀더 결정적인 제약을 가했고, 중앙 정부가 타타르인들에게 습격 행위를 중단하라고 한 명령은 크림반도에서 노골적인 반란을 촉발했다. 당시 칸은 오스만의 제후 신분을 포기했고, 이러한 불복종에 대한 통상적인 대응으로 좀더 유순한 칸이 새로 임명되었다. 이전까지 타타르의 전쟁 방식은 오스만의 군사적 야망을 지원하기 위해 이용할 수 있는 자산으로 여겨졌다. 카를로비츠 조약 이후의 새로운 세계에서 그것은 부담으로 간주되었다.[142]

카를로비츠 협상은 예루살렘 등지의 기독교 성지 문제에도 오랜 영향을 끼쳤다. 19세기(이때 오스만제국 내 비이슬람교도의 지위가 열강들의 정치적 관심사가 되고 '동방 문제'의 핵심 요소 중 하나가 되었다)의 유리한 위치에서 보면 이 문제는 기독교 열강이 제국의 내정에 간섭하는 구실로 삼을 수 있었다. 오스만은 국가 내 비이슬람교도의 지위를 법적 규제의 문제로 접근했으며, 예루살렘과 기타 지역의 기독교 성지에 대해서도 오랫동안 실용적인 태도를 취해왔다. 자기네가 성지를 점령하고 있는 것은 견강부회를 통해 정당화했고, 가능할 경우 해당 장소가 본래 이슬람 성지였다는 주장을 근거로 내세웠다. 그러나 두 곳만은 여전히 범할 수 없었다. 바로 예루살렘의 성묘聖墓 교회와 베들레헴의 성탄聖誕 교회였다. 이 두 곳은 기독교 세계에 특별히 중요한 의미를 지녔기 때문에 오스만은 이곳들에 대해서는 간섭하지 않으려고 조심했다.[143]

따라서 이 두 성지의 관할권을 둘러싼 다툼은 오스만 당국과 기독교도 신민들 사이의 문제가 아니라 가톨릭교도들(특히 프란체스코 수도회)과 정교회 신자들 사이의 문제였다. 프란체스코회는 전통적으로 성묘 교회와 성탄 교회에 부속된 대부분의 성소들을 관리해왔지만, 오스만제국의 정복으로 옛 동로마 교회의 네 총대주교좌(콘스탄티노폴리스, 안타키아, 예루살렘, 알렉산드리아)가 한 통치자 아래에 놓이게 되자 정교회는 이 성지들에 대한 권리를 회복하고자 했다. 그들은 1637년 술탄 무라드 4세로부터 일부 지지를 얻었고, 1675년에는 메흐메드 4세에게서 가장 중요한 인정을 받았다. 그러나 1683년 빈 포위전의 실패 이후 오스만 당국은 성지 수호권을 조사하기 위한 위원회를 구성했는데, 이는 신성동맹에 맞서 프랑스의 지원을 얻기 위한 시도였다. 당시에는 아무런 변화가 없었지만, 1690년 파즐 무스타파 파샤는 오스트리아로부터 베오그라드를 탈환할 준비를 하면서 프랑스의 지원을 얻고자 프란체스코회의 우선권을 회복시켜주었다. 이 시기에 외국 세력의 요청에 따라 한 집단 대신 다른 집단에 수호권을 부여하는 개입을 함으로써 오스만제국은 의도치 않게 이제까지 내부 문제였던 사안에 외세의 간섭을 허용하는 선례를 만들었고, 다른 유럽 열강이 자신들과 같은 종교를 믿는 이들을 대신해 개입할 수 있는 길을 열어놓았다.[144]

그러나 카를로비츠에서 오스만 협상자들은 정교회가 1675년부터 1690년 사이에 성지들에서 누렸던 우월한 지위를 회복시켜달라는 모스코비야 특사의 요구를 거부할 수 있었다. 만약 이에 양보했다면 훨씬 더 위험했을 것이다. 한 최근 연구는 이를 명확히 보여준다.

> 가톨릭 열강은 (오스만제국 내에 거주하는) 자국민을 대신해 (…) 개입했지만, 러시아가 가톨릭교회에 반대하고 이들 성지의 그리스 정교회의 이익을 지지한 것은 한 (…) 교회와 관련된 것이었고 이 교회의 신자는 거의 대부분이 여전히 오스만의 신민들이었다.[145]

내부 반란이 진압된 후, 1656년 쾨프륄뤼 메흐메드 파샤가 대와지르로 임명되면서 국내외적으로 안정이 찾아왔다. 그는 6년 동안 재직하면서 권력의 고삐를 잡았으며, 술탄 메흐메드 4세와 그의 어머니는 국사를 그에게 맡기는 데 만족했다. 이러한 방식은 1661년부터 1676년까지 그의 아들 파즐 아흐메드 파샤가 재직하는 동안에도 이어졌으며, 이 시기에 대신들은 목표를 공유하며 여러 해 동안 재직했다. 또다른 아들 파즐 무스타파 파샤는 2년이 채 되지 않는 기간 재직했지만, 오스만의 전쟁 승리를 목표로 한 재정 및 기타 부문의 중요한 변화를 이끌어냈다. 그러나 1683년 메르지폰루 카라 무스타파 파샤의 빈 전투 실패 이후 임명된 다른 많은 대와지르들은 아예 군인이 아니었으며, 원정을 지휘할 수 있는 사람들조차도 제국 군대에 만연한 심각한 기강 문제에 대처할 수 없었다.

1683년부터 1699년까지 오스만의 자원은 최대한도로 벌려져 있었다. 군대는 에디르네와 이스탄불에서 멀리 떨어진 국경을 방어하고자 했다. 17세기의 마지막 몇 년 동안에는 전쟁 활동에 들어가는 자금과 병력을 위한 고투가 다른 모든 고려 사항을 압도했으며, 이에 따라 그 세기 중반부터 일어나고 있던 중대한 변화들이 가려졌다. 쾨프륄뤼 메흐메드 파샤와 그 아들들의 지배가 끝나고, 특히 1687년 메흐메드 4세가 폐위된 이후에는 술탄들이 일상적인 제국 운영에 더욱 밀접하게 관여했고, 적어도 환상 속에서라도 군림할 뿐만 아니라 지배하는 일을 즐기며 전쟁 중에 이루어진 복잡한 관료제 개혁을 뒷받침했다. 이 개혁들은 비록 절박한 필요에 대한 대응으로 시작됐지만, 장기적으로는 오스만 사회 내 권리와 책임의 배분 방식에 중대한 영향을 미쳤다. 전쟁의 상당 기간 동안 효과적인 군사 지도력은 부족했지만, 고위 관료들은 국가가 직면한 재정 문제를 해결하기 위한 해법을 찾는 데 상당한 의지를 보였다.

미래의 방향을 설정하는 하나의 변화가 된 것은 세기의 마지막 몇 년 동안에 자선기금에 대한 전통적인 면세 혜택이 폐지된 일이었다.[146] 1686년에 도입된 '전쟁 성금'은 전쟁 기간 동안 계속 부과됐고, 전쟁이 끝나면 중단되었다. 물론 다음 전쟁이 시작되기 전까지였다. 처음에는 축적된 부를 가진 사람들에 대한 '일회성' 대출 요구를 의도했던 이 논란의 여지가 있는 세금은 곧 술탄과 특히 주요 정치가들의 재단에 부과되기 시작했으며, 시간이 흐르고 국고의 만성적인 재정난이 심화되면서 최고위층조차도 예외 없이 내야 하는 부유세의 성격을 띠기 시작했다.[147] 부유층과 권력층은 항상 공익을 위해 기여해왔다. 예를 들어 일시적인 군인 급여 부족을 메우기 위해 와지르들이 돈을 빌려주거나,[148] 크레타 전쟁 당시 투르한 술탄이 다르다넬스 요새 건설 비용을 보증한 일 등이다. 세기가 진행되면서 민간 재산은 점점 공공 목적을 위해 충당되었다. 이후 개인들은 국고를 위해 더 자주 상당한 기여를 요구받았다. 특히 1683~1699년 전쟁 후반에는 실각한 정치가들의 재산이 국고로 몰수되는 일이 흔했으며, 이러한 경향은 이후에도 계속된다.[149] 전쟁을 위한 또다른 과세 형태는 병력 제공의 의무였다. 예를 들어 1696년에 오스만의 세 정치가들(파즐 무스타파 파샤의 맏아들인 쾨프륄뤼자데 누만 베이Köprülüzade Numan Bey가 그중 한 명이었다)은 각자 자신의 비용으로 500명의 보병을 제공하도록 요구받았다.[150]

시간이 지나면서 오스만 사회에 장기적으로 가장 큰 영향을 미친 것은 종신 징세 도급제의 도입이었다. 이 특정한 국가 수입원을 장기적으로 민간의 손에 넘기는 것이었고, 이는 거부巨富의 수를 늘렸다. 이전에는 징세 도급권을 3년마다 다시 경매에 부쳤으며, 이로써 이론상으로는 여러 개인과 집단에게 기회를 제공함으로써 특정한 사람에게 부와 영향력이 너무 쏠리지 않게 했다. 그러나 1695년 1월 10일의 칙령으로 종신 징세 도급제가 도입되었다. 이는 정부가 기존 시스템에 불만을 품었기 때문이다. 징세 도급자들은 단기적인 시야를 갖는 경향이 있어 그들의 '자원'에 전혀 투자하지 않았다. 그 결과 농민들은 씨앗이나 기타 필요한 것을 마련하기 위해 대출을 받아야 했고, 결국 대금업자들에게 빚을 많이 져서 더이상 경작을 하지 못하게 된다. 국가는 그들의 농산물에 대해 세금을 매기는데 말이다. 게다가 징세 도급자들의 과도한 요구로 인해 농민들이 마을을 떠나는 일이 발생했고, 그 결과 땅이 버려지고 인구가 줄어드는 너무도 익숙한 문제가 더욱 악화되었다.[151]

종신 징세 도급권을 낙찰받은 사람들은 이전 제도가 제공했던 것보다 더 큰 안정성을 누릴 수 있었다. 그가 자신의 자산을 확보하기 위해 경매에서 국고에 지불한 일시금은 예상 연간 순익의 두 배에서 여덟 배에 해당하는 금액이었으며, 따라서 국고는 종신 징세 도급권을 경매에 부칠 때마다 이익을 얻었다. 이는 사실상 국가가 투자할 재산이 있는 사람들로부터 내부 차입을 하는 형태였고, 전쟁 중 국가 수입의 심각한 부족을 해결하는 데 큰 도움이 되었다.[152] 그러나 이 제도가 확고히 자리잡기까지는 시간이 걸렸고, 그 효과도 오직 점진적으로 나타났다. 종신 징세 도급제는 처음에는 아나톨리아 동남부 일부 속주와 아랍의 속주들에 적용됐고,[153] 이후 다른 지역으로 확대되었다. 주로 이슬람교도들이 거주하는 이들 지역에서 이 제도를 처음 도입한 것은 제국 전역에 걸쳐 조세 부담을 좀더 공평하게 분산하는 데 도움이 되었다. 예를 들어 국가의 또다른 주요 수입원 가운데 하나였던 개혁된 인두세는 주로 기독교도(발칸반도에서는 이들이 다수였다)와 서부 및 중부 아나톨리아 주민에게 부과되었다.[154]

절박한 전쟁의 시기에 지배 계층의 왕조에 대한 충성심이나 변방 속주 유력자들의 중앙정부에 대한 충성심은 당연한 것으로 간주될 수 없다는 사실이 드러났다. 이 시기에 도입된 새로운 징세 도급제는 국가의 혜택에 접근하는 기반을 변화시켰다. 오스만 왕가의 권력에 도전할 수 있을 만큼 힘을 가진 자들은 이제 모두 무력화(적어도 한동안이라도)할 수 있었다. 국가의 재산을 더욱 널리 분산시킴으로써 그들이 지배 기득권층에 포섭될 가능성을 제공한 것이다.

쾨프륄뤼 가문은 새로운 조세 제도의 가장 두드러진 수혜자 중 하나였지만, 종신 징세 도급제가 도입되기 전부터 이미 막대한 부를 축적해 관대한 자선기금을 설립했다. 이를 통해 그들은 오스만 왕가에 필적할 만한 위신을 얻었다. 아흐메드 1세의 통치기부터 18세기 중엽까지, 오스만 왕가는 자신들의 권력을 과시하던 웅장한 마스지드 단지의 후원자라는 이전의 두드러진 역할에서 물러났고, 황실 사람들이 지은 대형 마스지드는 서너 개 정도에 불과했다. 반면 쾨프륄뤼 가문의 자선 행위는 훨씬 두드러졌으며, 이스탄불에만 국한되지도 않았다. 예를 들어 1658~1659년에 쾨프륄뤼 메흐메드 파샤는 에게해의 도시 이즈미르를 보호하는 만 입구에 요새를 건설했다. 크레타 전쟁이 벌어지고 있는 중에 베네치아의 공격으로부터 항구를 보호하기 위해서였다. 이즈미르는 16세기에는 마을 수준에 불과했으나, 아나톨리아 서부 내륙의 농산물을 유럽으로 수출하는 국제적 상업 중심지로 성장했다. 이 성채를 통해 당국은 무역선을 더 효과적으로 감시할 수 있었고, 여기서 관세를 징수했다. 파즐 아흐메드 파샤는 세금 징수뿐만 아니라 상업 진흥에도 관심을 가졌다. 그가 제국을 위해 정복한 새로운 속주뿐만 아니라 본토에서도 그랬다. 1670년대에 그는 이즈미르를 번성하는 중계 무역 도시로 탈바꿈시키기 위해 필요한 기반시설의 건설을 후원했다. 시장, 여행자 숙소, 공중목욕탕, 대형 세관 건물 같은 것들이었다. 그는 또한 도시로 물을 끌어오는 고가 수로高架水路를 건설하고 주요 도로를 포장했다.[155]

자선기금은 종교적 목적에 사용되어야 한다는 요구 조건 외에, 그 운영에 대한 규정은 흔히 느슨하고 그 운영을 책임진 사람들의 재량에 크게 의존했다. 게다가 기증된 재산이나 자금이 실제로 양도되어야 한다는 조건은 잘 지켜지지 않았고, 시간이 흐르면서 현금은 재단에서 다시 쾨프륄뤼 가문과 같은 유력 가문들의 손으로 '새어' 나갔다. 이를 통해 그들은 막대한 재산을 몰수로부터 보호하고 자손들에게 물려줄 수 있었다.[156] 그들의 권력을 보여주는 한 가지 지표는 1656년 쾨프륄뤼 메흐메드 파샤가 대와지르로 임명된 이후 47년 가운데 38년 동안 그의 가문 또는 친척 가문 사람들이 이 직위를 차지했다는 점이다.[157] 이 주제에 대해서는 더 많은 연구가 필요하지만, 17세기 말에는 쾨프륄뤼처럼 두드러지지 않았던 가문들 역시 이스탄불은 물론 제국 전역에 자선기금을 설립했다는 증거가 있다. 금융 자산에 대한 자기네의 통제를 영속시키는 것이 목적이었다. 그러한 기금은 세금이 면제된다는 인식 때문이었다.[158] 중앙 행정과 지방 총독직에서 아버지의 직책을 아들이 세습하는 경향이 점차 강해지면서, 권력 사다리의 첫 단계에 오른 소규모 가문들도 그 지위를 공고히 하고 점차 영향력을 키워갈 수 있었다.[159]

후대에 전해진 쾨프륄뤼 메흐메드 파샤의 모습은 편파적이어서 속임수가 있는 무스타파 나이마의 연대기에 크게 영향을 받았다. 그러나 나이마의 후원자가 쾨프륄뤼 가문의 일원인 암자자데 휘세인 파샤였다는 점을 유념해야 한다. 그는 1697년 대와지르가 되면서 나이마를 공식 사관 자리에 앉혔으며,《나이마의 역사 Tārīḫ-i Naʿīmā》는 쾨프륄뤼 메흐메드가 권력을 잡은 지 약 40년 후에 집필되었다. 나이마는 쾨프륄뤼 메흐메드의 대와지르직 수락을 술탄과 대와지르 사이의 '계약'으로 묘사한다. 그는 이 자리를 받아들이면서 당시 열네 살이었던 메흐메드 4세에게 여러 가지 조건을 제시했다. 첫째로, 그는 국사에 관해 절대적인 권한을 가지기를 원했다. 심지어 술탄의 의지보다 우선되어야 했다. 둘째로, 모든 관직 임명은 자신이 결정해야 했다. 셋째로, 자신의 결정은 다른 정치가들의 의견에 의해 제한받지 않아야 했다. 넷째로, 그를 방해하려는 자는 누구든 무시되어야 했다.[160] 이런 대와지르 임명 정황에 대한 묘사(그것이 근거했을 것으로 생각되는 당대의 어떤 기록에도 보이지 않는 세부 사항들로 꾸며져 있다)는 오늘날 역사가들에 의해 허구로 치부된다. 나이마가 글을 쓰던 17세기에서 18세기로 넘어가는 시기의 지배적인 상황에 가깝게 만든 것이며, 쾨프륄뤼가 통치한 뒤 수십 년이 지난 때에 그 후원자의 이해관계가 반영되었다는 것이다. 이 시기에는 오스만제국의 군주제는 제도화되고 비인격화됐으며, 오스만 왕가 자체는 실질적 중요성이 별로 없었다.[161] 술탄은 거의 상징적인 중심에 지나지 않았으며, 다음 세기에 전개되기 시작하는 권력과 부의 체계 중심에 있는 또래 중의 우두머리일 뿐이었다. 1683~1699년의 전쟁과 그 결과로서 카를로비츠 조약에 명기된 영토 상실을 겪은 뒤에도 살아남은 제국은 새로운 상황에 적응하면서 고통스럽기는 하지만 되살아났다.

제11장

태평성대의 위험

비록 또다른 쾨프륄뤼가 1710년에 잠깐 대와지르의 직책을 맡았지만, 이 가문의 전성기는 카를로비츠 조약 체결 이후 곧 막을 내렸다. 암자자데 휘세인 파샤는 5년간의 재임 끝에 1702년 병으로 물러나야 했으며,[1] 이후에는 이 가문의 어른들이 중앙정부보다는 속주의 직책을 맡는 경우가 많았다. 암자자데 휘세인의 숙적은 셰이흐월이슬람 페이줄라흐 에펜디였다. 페이줄라흐는 바니 메흐메드 에펜디Vani Mehmed Efendi의 제자이자 사위였고, 바니 메흐메드 자신은 페이줄라흐의 아버지(에르주룸에서 최고위급 성직자였다)의 후원을 통해 경력을 쌓았다.[2] 페이줄라흐 에펜디는 무스타파 술탄의 어린 시절부터 스승이자 조언자로서 역할을 했으며, 1687~1688년의 군사 반란 당시 술탄 쉴레이만 2세의 즉위 후 잠시 셰이흐월이슬람으로 임명되며 처음으로 두각을 나타냈다. 무스타파가 즉위한 직후, 그는 다시 종교 고위층의 수장에 올랐다. 임명 방식이 이례적일 뿐만 아니라, 그가 행사한 권력과 후원은 전례 없는 것이었으며 절대적이었다. 그의 맏아들은 선지자 후손 등록관이었고, 둘째 아들은 아나톨리아 대법관이었으며, 셋째 아들은 한때 부르사의 판관이었고, 넷째 아들은 왕자 중 한 명의 가정교사였고, 그의 매부는 루멜리 대법관이었다.[3] 암자자데 휘세인과 같은 정부 대신들은 국가 운영에서 한층 축소된 역할만을 수행하게 되었다. 오스만 왕가와 쾨프륄뤼 및 페이줄라흐 에펜디 가문 사이의 혼인동맹은 긴장을 잠재우는 데 도움이 되지 못했다. 페이줄라흐 에펜디는 1702년까지의 자기 가문의 성쇠에 대해 기술한 자서전에서 자신이 술탄의 가장 가까운 친구이며 모든 사안에서 자문을 받았다고 말했지만,[4] 그의 독점적인 영향력은 오래가지 못했다. 자신의 권력 한계를 인정하지 않고 세력을 늘리기로 악명 높았던 그는 마침내 억눌려온 불만의 폭발에 직면했고, 1703년 격렬한 반란 속에서 살해되었다. 무스타파의 퇴위까지 이끌어낸 그 반란이었다.

에디르네는 술탄 무스타파의 아버지 메흐메드 4세의 치세 이래 오스만 궁정이 좋아한 치소였다. 1703년에 발생한 반란은 '에디르네 사건'으로 알려져 있으며, 아주 최근에야 끝난 전쟁 기간 동안 오스만 사회에 축적돼온 불만에 원인이 있었을 것이다. 메르지폰루 카라 무스타파 파샤가 빈 포위전에서 패한 지 20년이 지났고 오스만은 전쟁 후반에 일부 군사적 성공을 거두었지만, 카를로비츠 조약의 조건을 기꺼이 수용한 무스타파 2세는 많은 이들로부터 이슬람의 명예를 훼손한 인물로 여겨졌다. 조약의 함의는 서서히 명확해졌는데, 유럽 내 제국의 축소된 새 국경을 설정하는 작업은 1703년에도 여전히 진행 중인 오랜 과정이었지만 그것이 무스타파의 군사적 실패를 잘 드러내주었기 때문이다.

7월 17일 화요일, 먼 서부 그루지야의 오스만 속국에 가서 반란을 진압하라는 명령을 받은 병사들이 이스탄불에서 반란을 일으켰고 이는 곧 광범위한 지지를 얻었다.[5] 고위 성직자가 전례 없는 파트와를 발표했는데, 그 내용은 금요 예배가 열리면 안 된다는 것이었다. 이는 술탄이 군대뿐만 아니라 고위 성직자들로부터도 충성을 상실했음을 나타내는 도전 행위였다.[6] 무스타파 2세 및 페이줄라흐 에펜디와 연루되어 실각한 사람들을 대신해 새로운 지도자들이 등장했고, 에디르네 정부에 대항해 이스탄불에 세워진 임시 정부의 수장으로 암자자데 휘세인 파샤의 매부가 임명되었다.[7] 페이줄라흐 에펜디를 내주고 술탄 및 그 궁정이 영구히 수도로 복귀해야 한다는 반군의 요구가 에디르네에 있던 무스타파에게 전달되자 그는 이 청원을 가지고 온 대표단을 체포하고 페이줄라흐 에펜디와 그의 가족을 도시 바깥의 안전한 장소로 피신시킨 뒤 반군과 대결할 준비를 했다.[8] 당시 대와지르였던 라미 메흐메드 파샤는 카를로비츠 조약을 체결한 두 명의 오스만 측 협상가 중 한 명이었다. 그는 페이줄라흐 에펜디의 후원을 받았지만, 두 사람의 관계는 틀어져 반군은 그를 온건파로 간주했다.[9]

사건들은 이스탄불에 대안 정부가 수립되면서 거의 혁명적인 양상을 띠었다. 그러나 이는 오스만식 혁명이었으며, 그 전형적인 요소는 기존 통치 체제를 완전히 전복하는 것이 아니라 통치자를 폐위하고 황실의 다른 사람이 계승하게 하는 것이었다. 1687~1688년 겨울 반란군 병사들이 이스탄불에 혼란을 야기했던 일 같은 가까운 시기의 피비린내 나는 봉기의 기억 때문에 반란자들은 어느 정도 조심스럽게 행동했던 듯하며, 이런 태도는 그들이 반란의 각 단계마다 성직자들의 인가를 받을 필요가 있다고 느꼈다는 사실에서 잘 드러난다. 이스탄불에서 에디르네로 보내진 추가 사절단은 아무런 응답을 받지 못했고, 이 때문에 반란군은 술탄이 최후의 결전을 준비하고 있다고 의심했다. 반란군의 전력은 술탄이 모을 수 있었던 병력보다 훨씬 우세했고, 8월 19일 에디르네와 이스탄불 사이의 하브사 근처에서 벌어진 전투에서 술탄의 병사들은 탈주했고 술탄은 다시 에디르네로 도망쳤다. 아무도 그에게 충성하지 않고 있음이 명백해졌다.[10] 8월 24일, 무스타파 2세의 동생 아흐메드 3세가 그를 대신해 술탄이 됐고, 무스타파는 그의 생애 마지막 넉 달을 톱카프궁의 '회양목 정원'에서 보냈다.[11] 그는 아버지 메흐메드 4세가 폐위됐을 때 그곳에 유폐된 적이 있었다. 무스타파의 회고록을 쓴 실라흐다르 픈드클를르 메흐메드 아아는 술탄의 고위 관리들이 반역죄를 저질렀다고 생각했으며, 그들이 예비 정부의 와지르라는 사람들과 내통한 뒤 시야에서 사라졌고 폐위된 술탄이 그들을 가장 필요로 할 때 그를 저버렸다고 비난했다.[12]

반란군이 관심을 자기네 주장의 확실성에서 돌려 미래에 초점을 맞추면서 무정부 상태가 이어졌다. 무스타파의 지지자들로부터 아흐메드 3세의 세력으로 권력이 이양되는 과정은 혼란스러웠으며, 아흐메드가 즉위한 후에도 마찬가지였다. 정부와 궁정 관리들이 에디르네를 떠나 시골로 도피하면서 어떤 권력을 정통성 있는 것으로 받아들여야 할지에 대한 문제가 계속됐기 때문이다. 실라흐다르 픈드클를르 메흐메드 아아는 페이줄라흐 에펜디와 그의 가족이 에디르네에서 흑해 연안의 바르나로 이동했으며, 그들이 트라브존을 거쳐 페이줄라흐 에펜디의 고향 에르주룸으로 가기 위해 배를 구하던 중 반란군이 보낸 요원들에게 붙잡혀 바르나 성채에 투옥되었다고 썼다. 페이줄라흐 에펜디는 몰래 라미 메흐메드 에펜디에게 연락을 취했고, 그는 새 술탄을 설득해 전 셰이흐월이슬람을 에우보이아섬으로 유배시키도록 했다. 그는 길을 떠났지만, 얼마 가지 않아 위험한 순간이 닥쳤다. 폐위된 무스타파 술탄의 상반되는 명령을 받은 반란자들이 그를 붙잡으려 했다. 그러나 지방 당국은 술탄 아흐메드의 명령을 따랐고, 페이줄라흐 에펜디와 그 일행은 에디르네를 향했다. 그들이 도시 바깥 하루거리의 여행자 숙소에서 하룻밤을 묵던 중, 그의 재산을 조사하라는 명령을 받은 관리들이 들이닥쳤다. 이들은 1683~1699년 전쟁의 연대기 작성자이자 이제 제국의 재무대신으로 첫 임기를 수행 중이던 데프테르다르 사르 메흐메드 파샤(그는 이 격변의 시기에 곧 그 직위를 상실하게 되지만 이후 여섯 차례 더 그 자리를 맡는다)의 지시를 받고 온 것이었다.[13] 그 의미는 분명했다. 관리들은 그를 크즐바시(이단자)라고 저주하며 조사를 시작했다. 페이줄라흐 에펜디와 그의 아들들, 그 일행들은 속옷만 입은 채 엉성한 소달구지에 태워졌고, 예니체리 한 무리가 이들을 감시했다. 예니체리들은 그들을 에디르네까지 데려가는 동안 내내 욕설을 퍼부었으며, 에디르네에 도착하자 감옥에 수감했다. 그들은 사흘 밤낮 동안 고문을 당했지만, 그나 그의 아들들은 재산을 숨긴 곳을 실토하지 않았다. 더 잔혹한 고문을 가했지만 알아내지 못한 뒤 술탄에게 상황을 보고했고, 전 셰이흐윌이슬람의 처형에 대한 파트와가 내려졌다. 페이줄라흐 에펜디는 감옥에서 끌려 나와 짐말에 태워졌으며, 군중(종교인, 예니체리, 반란자, 도시의 하층민들로 이루어졌다)의 비난을 받으며 벼룩시장까지 끌려가 그곳에서 참수되었다. 사제를 포함한 300명가량의 비이슬람교도(강제로 동원된 사람들이었다)가 잘린 머리에 발을 묶은 그의 시신을 끌고 도시를 돌아다녔다. 한 시간 반이 지난 후 시신은 도시를 가로질러 흐르는 툰자강에 던져졌다. 페이줄라흐 에펜디의 머리는 장대에 꽂혀 예니체리 병영을 돌아다닌 뒤 역시 강에 던져졌다. 실라흐다르 픈드클를르 메흐메드 아아는 무스타파 2세의 충실한 신하였고 따라서 당연히 페이줄라흐 에펜디와 같은 편이었음을 기억할 필요가 있다. 그는 오직 제국의 절망적인 상황을 보여주기 위해 이 사건들을 서술했다고 말했다. 이 잔혹한 연극에서 가장 인상적인 부분 중 하나는 전 셰이흐윌이슬람의 시신이 도시에서 끌려 다닐 때 향로에 향을 피웠다는 그의 관찰이다. 그가 결코 이슬람교도로 죽은 것으로 생각할 수 없음을 분명히 하기 위한 것이었다.[14] 고위 성직자들은 페이줄라흐에게 거의 동정심을 느끼지 않았는데, 이는 그가 빠르게 권력의 자리에 올랐고 셰이흐윌이슬람 직위의 권한을 남용해 그들을 멀어지게 했기 때문이다. 분명히 사건의 가까이에 있었던 것으로 보이는 한 익명의 저자는 페이줄라흐 에펜디의 확인 가능한 재산이 국고로 몰수됐으며, 그 일부는 체불 급여와 관례적인 즉위 하사금을 달라는 군대의 시끄러운 목소리를 달래는 데 사용되었다고 전했다. 여기에 필요한 막대한 나머지 돈은 이집트 재정 수입과 신임 술탄, 그의 어머니, 대와지르, 기타 사람들의 토지에서 나오는 수입에서 충당했다.[15] 무스타파 2세가 페이줄라흐 에펜디의 후계자로 지정했던 그의 맏아들은 이스탄불에서 처형됐으며,[16] 시신은 바다에 던져졌다. 카드자델리 설교자 바니 메흐메드 에펜디의 두 아들도 이 숙청 때 살해되었다.[17]

대체 정부를 구성했던 반란의 주동자들은 곧 유배되거나 처형됐지만, 1703년의 폭발적인 사건들은 계속해서 여진을 남겼다. 1706년, 반란에 가담했다가 사후 해임된 중간급 국가 관리들 중 일부가 술탄 아흐메드를 폐위하고 그의 아들 중 한 명을 대신 세우려는 음모를 꾸몄지만, 그들은 고발되고 그중 군인들은 교살당한 뒤 바다에 던져졌다. 이는 위험한 일이었다. 1649년 이슬람식 장례를 거부당한 비슷하게 굴욕적인 종말이 귀르쥐 압뒬네비의 반란을 촉발했기 때문이다. 몇 달 뒤 오스만의 제위를 주장하는 자가 나타났다. 그는 자신이 술탄 메흐메드 4세의 아들이며 따라서 무스타파 2세와 아흐메드의 동생이라고 주장했다. 그는 북아프리카에서 배를 타고 키오스로 왔는데, 자신의 주장을 뒷받침한다는 문서를 가지고 왔다. 이스탄불에 도달한 소문은 그가 아나톨리아의 불만 세력을 규합해 부르사에서 술탄으로 옹립될 수도 있음을 암시했다. 그는 술탄 아흐메드의 명령에 의해 참수되었고, 그의 머리는 톱카프궁 바깥에 전시되었다.[18]

카를로비츠 조약은 이후 국내 혼란을 초래했지만, 오스만 국가의 바깥 세계에 대한 관계에도 변화를 가져왔다. 제국과 그 국경 너머 세계와의 관계가 변화하고 있다는 초기 신호 중 하나는 조약의 협상이 이전처럼 군인인 파샤가 아니라 최고위 관료에 의해 이루어졌다는 점이다. 그 이후로는 문서 담당 관료들이 협상 대표로 나서는 것이 표준적인 관행이 되었다.[19] 유럽 국가들은 오스만제국이 예전처럼 자신들에게 도전할 힘이 없다는 사실을 알아차렸고, 18세기가 진행되면서 군사력이 아닌 외교가 오스만이 유럽의 그 이웃들을 대하는 조건들을 규정했다. 국제적 갈등을 해결하는 방식으로 침략보다 협상이 우선시되기 시작했기 때문이다. 1739년부터 1768년 사이, 제국의 서부 국경에서는 외교 활동이 평화를 가져왔다. 그러나 그것은 오스만이 전적으로 자신들이 만들어낸 것은 아닌 여러 가지 갈등에 휘말리게 된 뒤였다.

표트르 대제 치하의 모스코비야(이 시기부터 관례적으로 러시아로 불리게 된다)는 광대한 나라였지만 아직 멀리 떨어진 전선에서 전면적인 군사작전을 벌일 자원이 부족했다. 서쪽에서는 강력한 맞수인 스웨덴이 러시아의 발트해 접근(이는 표트르 차르의 영토 개발 계획에 매우 중요했다)을 차단하고 있었으며, 남쪽의 흑해와 그 너머 따뜻한 바다로의 접근 또한 마찬가지였다. 1699년, 그는 발트해를 지나는 통로를 개척한다는 목표 아래 덴마크 및 폴란드-리투아니아 연방과 동맹을 맺었다. 스웨덴과 오스만이 평화 협정을 체결했다는 소식을 들은 표트르 대제는 1700년 8월에 스웨덴에 선전포고를 하고 동맹국들을 북방 대전쟁에 끌어들였다. 오스만은 스웨덴과의 오랜 우호관계에도 불구하고 그들의 지원 요청을 거절했다. 러시아군(그들은 보급이 부족하고 수가 적었으며, 그 동맹국들의 도움도 받지 못하고 있었다)에 포위된 핀란드만의 나르바를 구원한 스웨덴의 스무 살짜리 국왕 칼 12세(오스만에는 '쇠머리 칼'로 알려졌다)는 남쪽으로 폴란드의 아우구스트 2세를 상대하러 달려갔다.[20] 그가 이처럼 남쪽에 매달려 있던 1701년과 1702년에 러시아는 리보니아(현재의 에스토니아 남부와 라트비아 북부)에 자주 침입했고, 1703년 5월 네바강 하구의 작은 요새를 점령했다. 표트르는 발트해에 발판을 마련했고, 그곳에 나무로 세워지기 시작한 마을에 대해 한 현대 역사가는 이렇게 주장한다. "상트페테르부르크의 건설은 (…) 칼 12세가 전쟁터에서는 지지 않았지만 전쟁에서는 졌다는 (…) 선언이나 마찬가지였다."[21]

1706년 봄, 이스탄불에 크림 칸이 보낸 보고가 도착했다. 이는 분명히 대와지르 발타즈 메흐메드 파샤Baltacı('미늘창병') Mehmed Paşa의 요청에 따른 것으로, 러시아가 오스만의 흑해 국경을 위협하고 있고 함대 하나가 그를 지원하기 위해 파견되었다는 내용이었다.[22] 오스만과 러시아의 관계는 긴장되어 있었고, 1708년 칼 12세의 러시아 원정 이후 러시아와 스웨덴 사이의 적대감은 오스만의 이해관계와 충돌하기 시작했다. 1708년 5월, 칼은 퇴각하는 러시아군을 따라 리투아니아를 지나 점점 더 동쪽으로 진격했으나, 표트르는 스웨덴군이 의존할 수 있는 모든 것을 파괴하도록 명령했다. 칼은 드니프로강을 건너 남쪽 우크라이나로 방향을 틀었는데, 그곳은 보급 상황이 좀더 양호할 것으로 예상되었다. 좌안 우크라이나(폴란드가 1700년에 우안 우크라이나의 헤트만 체제를 폐지한 후 우크라이나에서 카자크의 수중에 있는 곳은 그곳뿐이었다)의 카자크 헤트만인 이반 마제파Ivan Mazepa는 11월 초에 칼에게 귀순했지만, 키이우 동북쪽 약 150킬로미터 지점에 있는 그의 본거지 바투린은 러시아군에 의해 무자비하게 약탈당하고 기대했던 보급품도 사라져버렸다.[23]

　1708년에서 1709년으로 넘어가는 겨울은 이례적으로 추웠고, 칼은 우크라이나 스텝에서 발이 묶여 수백 명의 휘하 병사가 동사했다. 1709년 3월에는 자포리자 카자크(드니프로강 하류의 카자크)들이 칼에 대한 지지를 선언했지만, 그들의 본거지는 5월 러시아군에 의해 파괴되고 그들의 지원이 전세를 바꿀 것이라는 희망도 모두 무너졌다. 결국 7월에 칼은 마제파의 재촉에 따라 키이우 동남쪽의 도시 폴타바를 포위했다. 차르 표트르는 포위를 풀기 위해 도착했고, 그달 말 스웨덴군을 패주시켰다.[24] 칼은 먼저 드니프로강 하구 오차키우의 오스만 요새로 피신했고, 그후 드니스테르강 변의 티기나로 이동해 그곳의 도시 바깥에 정착지를 건설했다. 그는 자발적인 망명 상태에서 스웨덴을 계속 통치했으나, 그가 폴타바에서 패배한 것은 스웨덴이 '강대국'으로서의 지위를 상실했다는 신호였다.[25] 폴타바 전투는 우크라이나의 운명을 결정지었고, 드니프로강 좌안의 카자크 국가에 대한 러시아의 지배는 더욱 강화되었다.

　스웨덴 국왕이 오스만 영토에 머무르도록 허용한 것은 1700년에 체결된 조약에 위배된다고 러시아는 항의했지만, 술탄 아흐메드와 그의 대와지르 초를룰루 알리 파샤Çorlulu('초를루의') Ali Paşa는 칼의 존재를 러시아와 체결한 평화 조건을 개선하기 위한 협상 카드로 활용하고 싶어 했다. 그러나 외교는 처음에는 칼에게 불리하게 돌아갔고, 1710년 초 평화 협정이 갱신되고 그가 스웨덴에 돌아가는 조건으로 합의가 이루어졌다. 그러나 칼은 티기나를 떠나기를 거부했으며, 오스만이 러시아에 대해 유화적인 정책을 취한 것이 초를룰루 알리 때문이라고 여기고 그에 대해 음모를 꾸몄다.[26] 칼과 그의 지지자들이 오스만 영토에 머무르는 것과 관련된 여러 음모는 몇몇 고위 관리의 해임을 초래했다. 그 가운데는 대와지르도 포함되어 있었으며, 그는 이후 처형되었다.

오스만에 망명한 칼과 다른 '북방인들'의 영향은 러시아에 대한 좀 더 공격적인 정책의 일부 원인이 되었다. 칼은 1708년 말 우크라이나로 남하하면서 오스만의 지원이 있을 것으로 기대했다.[27] 자신들이 러시아의 힘에 의해 피해를 입었다고 생각한 칼과 그 추종자들로서는 오스만에게 러시아의 군사적 팽창을 저지하는 것이 공동의 이익이라는 믿음을 심어줄 필요가 있었다. 오스만 정부는 전반적으로 러시아와의 충돌을 꺼렸지만, 행동을 주장한 이들도 있었다. 가장 대표적인 사람이 크림 칸 데블렛(2세) 기라이Devlet Giray였다. 그가 오스만과 독립적으로 입안한 반러시아 정책은 스웨덴의 입장 못지않게 비타협적이었다.[28] 크림 칸들은 오랫동안 자기네 신민의 이익을 위해 이스탄불 정부의 민감한 반응을 교묘히 이용할 수 있음을 보여주었으며, 그들의 활동이 더 광범위한 전략적 필요에 얼마나 기여하는지에 따라 임명되거나 해임되었다. 이번에도 오스만의 종교계 고위층은 팽창하는 러시아의 남하 경로에 있는 이들을 대신한 데블렛 기라이의 간청에 우호적인 태도를 보였고, 예니체리는 1696년의 아조프 상실에 대한 복수를 하고 싶어했다. 아조프에 대해 표트르 대제는 거의 상트페테르부르크(그의 "서방 쪽으로 난 창"이었다)에 쏟는 것과 맞먹을 정도로 많은 관심을 기울이고 있었다.[29]

오스만제국 북방 변경에서 들어오는 보고들은 표트르가 가하는 위협을 확인하는 데 이바지할 뿐이었고,[30] 오스만은 1710년 11월에 러시아에 선전포고를 했다. 전쟁 준비를 하며 겨울을 보낸 뒤, 1711년 7월 19일 오스만과 러시아 양국의 선봉대(러시아군은 차르 표트르가 직접 이끌었다)는 도나우강의 지류인 프루트강을 사이에 두고 마주쳤다. 그날 밤, 타타르군은 헤엄을 쳐서 강을 건너 러시아군과 교전했고, 오스만 공병대는 강을 건너는 다리를 확보해 수적으로 훨씬 우세한 오스만군 본대가 건널 수 있게 했다. 표트르의 군대는 강가의 전쟁터에서 조금 떨어진 곳으로 후퇴했으나, 그의 병사들은 포위당하고 보급이 부족한 상황에서도 처음에는 자기네 진지에 대한 오스만의 공세를 버텨냈다. 7월 22일, 대와지르이자 총사령관인 발타즈 메흐메드 파샤가 이끄는 오스만군이 러시아군을 공격한 이후 표트르는 화평 조건을 제시했고, 발타즈 메흐메드는 선뜻 응했다.[31] 그러나 러시아의 기만과 전쟁을 계속할지의 여부에 대한 오스만의 우유부단함 속에서,[32] 에디르네 조약으로 알려진 이 조약은 1713년에 가서야 비준되었다. 이 조약에 따라 러시아는 1700년에 얻은 모든 것을 상실했다.[33] 발타즈 메흐메드가 분명한 우위를 점하고도 밀어붙이지 않은 이유는 추측의 대상으로 남았으며, 만약 오스만이 좀더 결연한 자세를 취했다면 역사의 흐름이 달라졌을까 하는 문제도 마찬가지다. 오스만이 또다른(그리고 아마도 질질 끄는) 전쟁에 개입할 자원이나 의지가 없었다는 주장은 술탄을 설득하지 못했으며, 술탄은 발타즈 메흐메드를 해임하고 투옥했다. 수십 년이 지난 1763년, 프로이센의 프리드리히 대왕이 오스만의 유능한 정치가이자 베를린 주재 대사였던 아흐메드 레스미 에펜디Ahmed Resmi Efendi에게 프루트 전투에 대해 물었다. 그는 오스만이 싸움에서 물러난 것은 술탄의 관용에 따른 것이었다고 답했다.[34]

1714년 10월, 칼 12세 및 그와 함께 있던 다른 소란스러운 '북방인들'(마제파가 티기나에서 사망하면서 여기에는 이제 그의 카자크 헤트만 후계자인 필리프 오를리크Pylyp Orlyk와 술탄에게 파견된 칼의 폴란드인 특사 스타니스와프 포냐톱스키Stanisław Poniatowski가 포함되었다)은 마침내 오스만 영토를 떠났다. 이와 함께 그들의 다툼은 사라졌지만, 오스만의 인내심이 바닥난 뒤였다. 1713년 초, 티기나 외곽에 있던 칼의 궁정이 현지 오스만인 및 크림 군대의 공격을 받아 칼과 그의 부하 여럿이 포로로 잡혔다. 술탄은 이 과정에서 사용된 과도한 폭력에 대해 분노를 표했지만, 칼과 그의 부하들은 우선 트라케의 디디모티호로 이송되었다가 에디르네로 보내졌다. 칼은 그곳에서 러시아와의 평화조약이 비준될 때까지 협상 카드로 억류되었다. 북방 대전쟁은 1721년에 이르러서야 끝났다. 칼은 1718년 노르웨이에서 덴마크군과 싸우다 전사했고, 표트르 대제는 1725년에 사망했다. 두 사람의 후계자는 모두 그들만큼 유능하지 못했다.[35]

그러나 칼 12세와 오스만의 관계에 관한 이야기는 그가 떠난 뒤에도, 심지어 그가 죽은 뒤에도 끝나지 않았다. 그는 술탄과 민간 대부업자 모두에게 빚을 남기고 오스만 땅을 떠났으며, 1727~1728년과 1733년에 술탄에게 진 빚의 상환 일정을 협의하기 위해 오스만 사절이 스톡홀름에 파견되었다. 은화 300만 탈러에 달하는 액수였다. 1738년에 마침내 합의가 이루어졌다. 오스만 국고는 미지급액의 3분의 1을 현금으로 받았으며, 나머지 대신 완전한 장비를 갖춘 전함 1척, 70문의 대포를 탑재한 호위함 1척, 소총 3만 정을 요구했다. 전함은 이스탄불로 가는 도중 카디스 근처에서 난파됐지만 또다른 스웨덴 선박은 목적지에 도착했고, 그 안에 실려 있던 화약과 소총 1만 정은 오스만 측에 전해졌다. 이후 스웨덴이 제공한 소총 6천 정을 받고 잔여 부채는 모두 상환된 것으로 간주되었다.[36]

1715년부터 1717년까지 펠로폰네소스반도에서 벌어진 오스만-베네치아 전쟁의 발단은 몬테네그로에서 오스만의 지배에 맞서 일어난 반란으로 거슬러 올라간다. 표트르 대제가 발칸반도의 같은 정교회 신자들에게 보낸 지원 호소(이는 1690년 술탄과의 긴 전쟁이 한창일 때 합스부르크 황제 레오폴트가 했던 요청이나, 1711년 초 표트르 자신이 했던 행동과 유사하다)로 촉발된 것이었다.[37] 표트르가 프루트 전투에서 패배한 이후, 몬테네그로인들은 오스만의 권력을 피해 베네치아령 달마티아로 도피했다.[38] 보스니아 총독 누만 파샤(과거 장군이자 대와지르였던 쾨프륄뤼 파즐 무스타파 파샤의 아들로, 초를룰루 알리 파샤가 실각한 후 잠시 대와지르를 지냈다)는 몬테네그로인을 진압하라는 명령을 받았고, 그는 베네치아가 카를로비츠 조약의 조건을 위반하고 있다고 이스탄불에 보고했다. 오스만은 1715년 1월 베네치아에 전쟁을 선포했고, 주로 해군 전력에 의존하게 될 원정을 위해 함대 준비에 특별한 주의를 기울였다.[39]

이 불만들에 대한 보상, 그리고 조약의 조건에 따라 오스만이 펠로폰네소스반도를 상실한 데 대한 보상은 이 반도에서 가장 전략적인 요새 몇 곳을 항복시키거나 점령하는 방식으로 이루어졌다.[40] 그러나 베네치아는 오스만의 영토 확장이 크로아티아의 자기네 국경을 위협할 것이라고 우려한 오스트리아와 상호방위조약을 체결하고 있었다. 술탄이 하고자 했던 대로 처음의 원정에서 성공을 거두고 이어 베네치아 자체를 정복하는 대신에,[41] 오스만은 두 개의 전선에서 싸움을 벌여야 했다. 이는 정부가 예상했던 일이 전혀 아니었다. 협상이 결실을 맺지 못하자 대와지르 실라흐다르 알리 파샤Silahdar('무기 시종') Ali Paşa는 1716년 군대를 이끌고 베오그라드로 진격했고, 해군은 코르푸섬을 포위하기 위해 출항했다.[42]

오스트리아와 전쟁을 하는 것은 어리석은 일이라고 생각한 오스만 정부 내의 일부 인사들의 견해는 무시되었다.[43] 병력 동원은 지체되고 병력도 부족했으며, 8월 5일 1683~1699년 전쟁 후반에 오스트리아군의 전진 기지였던 페트로바라딘에서 양군이 마주쳤을 때, 외젠 드 사부아 공자가 지휘한 오스트리아군은 불과 다섯 시간 만에 오스만군을 격파했다. 실라흐다르 알리 파샤는 전사했다. 코르푸에서도 상황은 좋지 않았다. 페트로바라딘 전투에서의 패전 소식이 전해지자 오스만군의 사기는 급락했고, 결국 포위를 포기했다.[44] 외젠은 페트로바라딘에서 바나트로 진군했고, 티미쇼아라 요새는 몇 주 만에 항복했다. 1717년에 그는 오스트리아군을 이끌고 다시 한번 베오그라드에서 오스만군을 몰아냄으로써 수가 더 많은 적을 상대로 큰 승리를 거두었고, 계속해서 발칸반도의 강 유역들을 따라 남진해 오스만 영토로 깊숙이 들어갔다. 진격로에 있던 주민들은 이산해 공포 속에 이스탄불로 달아났다.[45]

트란실바니아 군주 라코치 페렌츠 2세Rákóczi Ferenc II는 8년 동안 합스부르크로부터 자국의 개신교도들에 대한 관용과 트란실바니아 독립 인정을 얻어내려 했지만, 1711년 2월 결국 폴란드로 망명하지 않을 수 없었고 1713년 이후에는 프랑스에 머물렀다. 1718년 초 그는 에디르네로 초청됐고, 술탄을 알현하면서 트란실바니아의 통치권을 되찾기 위한 계획이 세워졌다. 그러나 계획이 실행에 옮겨지기 전에 오스만은 오스트리아와 평화조약을 체결했다.[46] 그는 비록 헝가리에서의 오스만의 이익에 실질적인 도움은 되지 못했지만, 1718년 8월부터 1735년에 사망할 때까지 마르마라해 북안의 이스탄불 서쪽에 있는 도시 테키르다으(로도스토)에서 그 수행원들과 함께 오스만제국의 손님으로 체류하며 합스부르크를 상대로 한 음모에 몰두했다.[47]

1718년 5월, 신임 대와지르인 네브셰히를리 다마드 이브라힘 파샤 Nevşehirli('네브셰히르 출신') Damad('부마') İbrahim Paşa가 임명되면서 오스만 정부는 평화 협상을 고려할 태세가 되어 있었다. 협상은 베오그라드 동남쪽의 파사로비츠에서 진행됐고, 카를로비츠 조약 때처럼 오스만에 주재하는 영국과 네덜란드 대사가 중재에 나섰다. 이 조약을 통해 오스트리아는 오스만을 희생시켜 베오그라드와 티미쇼아라를 유지하고 국경을 니시까지 확장했다. 이 합의는 쉴레이만 1세의 원정 이전 헝가리와 크로아티아의 국경을 회복한 것이며,[48] 부속 협정으로 오스트리아는 오스만 영토에서 더 쉽게 무역을 할 수 있게 되었다.[49] 오스트리아의 동맹국 베네치아는 오히려 오스만보다 더 큰 불이익을 당했다. 오스만은 펠로폰네소스반도를 유지한 반면에, 베네치아는 달마티아에서 정복했던 곳을 보유하는 데 그쳤다.

그 군대는 먼 전선에서 전투를 벌이고 있었지만, 오스만제국 정부의 일상 업무는 멈춰 있지 않았다. 1703년 봉기의 보다 격렬한 양상이 가라앉고 궁정이 다시 이스탄불로 돌아오자, 정부와 공공 생활에서는 점차 새로운 균형이 자리잡았다. 와지르들이 해임되고 임명됐으며, 외국 사절들이 관례적으로 새 술탄에게 자국 군주의 축하를 전하기 위해 도착했다. 이란의 샤는 "거대한 코끼리 한 마리"를 보냈다.[50]

카를로비츠 조약의 충격과 '에디르네 사건'의 위기는 과거의 확신들을 무너뜨렸지만, 점차 기억에서 사라져갔다. 쾨프륄뤼 가문의 권력은 결국 페이줄라흐 에펜디의 권력으로 대체되지 않았다. 그러한 지위를 성직자 가문에 넘겨주는 일은 오스만 지배 계층과 술탄의 백성들 모두의 세계관에서 상상할 수 없을 정도로 급진적인 변화를 요구했을 것이기 때문이다. 17세기 중반의 고통스러운 시기에, 쾨프륄뤼 가문의 여러 인물들이 권력 행사에 대한 자기네 몫을 주장하던 예니체리, 궁궐 관리, 그리고 불만을 품은 지방의 군인들의 투쟁으로 생겨난 혼란을 다루는 데 능력이 있음을 잇달아 입증하면서 귀족 가문들이 정부에서 해야 할 정당한 역할이 있다는 원칙이 확립되었다. 18세기 초에는 오스만 왕가와의 밀접한 관계를 통해 이들이 이전에 누렸던 독점이 붕괴했고, 쾨프륄뤼 가문은 단지 권력을 공유하는 가장 두드러진 귀족 가문 중 하나가 되었다.

술탄 아흐메드 3세는 귀족 가문들의 권력 균형을 추구하고, 또한 이들의 이해관계를 오스만 왕가의 이익과 맞추고자 했다. 아흐메드 3세는 여러 명의 아들 외에 서른 명의 딸을 두었으며, 이 시기의 연대기 기록은 그들의 출생과 혼인 소식을 다수 포함하고 있다(사망 소식도 많은데, 이는 요절한 사람이 많기 때문이다). 오랫동안 궁중에 유폐됐던 오스만 왕자들과 달리, 오스만 공주들은 이제 처음으로 공적인 역할을 부여받았다.[51] 정치가들의 오스만 왕가에 대한 충성을 보장하기 위해 그들을 공주와 혼인시키는 전통적 관행은 공주들이 새로운 귀족 가문의 주요 인물들과 혼인(과부가 된 경우 재혼하는 일도 흔했다)하면서 더욱 강화되었다. 아흐메드의 딸 가운데 여섯 명은 총 열일곱 번 혼인했으며, 그중 가장 많이 혼인한 살리하 술탄Saliha Sultan은 다섯 번 혼인했다.[52] 카를로비츠 조약 이후 전개된 국제 정세에 따라 오스만 권력의 성격과 구성 요소를 대외적으로뿐만 아니라 국내적으로도 재정의할 필요가 있었고, 이러한 측면에서 아흐메드 3세의 많은 자녀는 공주와 정치가 사이의 혼인 관행을 확대하는 데 기여했으며, 이제 오스만 가문의 권력을 나누어 가진 귀족 가문들 사이의 안정성을 촉진했다.

술탄과 귀족 사이의 암묵적인 계약으로 귀족들은 충성을 바치는 대가로 왕가와 결합하는 보상을 얻을 수 있었으며, 그들은 이를 통해 커져가는 자기네 가문의 필요를 충족했다. 이에 따라 전통적으로 국가 재정을 가장 많이 소모했던 전쟁 비용 외에, 이제 술탄의 딸들의 혼인으로 형성된 여러 독립된 가정을 유지하고 영속화하는 비용이 추가되었다. 그들의 낭비를 뒷받침하기 위해 현금이 필요했고, 그들이 자기네 권리라고 생각한 사치와 자기네 의무라고 생각한 자선 활동 모두의 비용을 충당하기 위한 혁신적인 해법이 모색되었다. 전쟁으로 인한 재정 고갈에 대응하기 위해 1690년대에 시작된 조세 제도의 재편(가장 대표적으로 인두세 개혁과 종신 징세 도급제를 통한)은 18세기 전반기에 나타난 지역 무역의 뚜렷한 증가와 맞물렸으며, 이는 오스만 국가의 회복을 돕고 부유한 계층이 더 큰 부를 축적할 수 있게 해주었다.

1695년에 도입된 종신 징세 도급제는 아흐메드가 제위에 올랐을 때 아직 실험 단계에 있었다. 이론적으로는 모든 남성이 징세 도급권 입찰에 참여할 수 있었지만, 이 새로운 재정 제도의 장기적인 수혜자가 누구인지는 곧 명확해졌다. 종신 징세 도급권을 사려는 사람이 그 분배를 위한 경매에서 입찰할 돈을 내기 위해서는 기존 자산을 활용할 수 있어야 했기 때문에, 예를 들어 군의 고위 장교나 고위 성직자처럼 이미 부유한 사람들이 이러한 국가 자산을 쉽게 획득할 수 있었다. 독자적으로 징세 도급권을 사기에는 개인 자본이 부족한 이들은 다른 가족 구성원 또는 사업 관련자와 협력하거나, 유럽 자본에 접근할 수 있어 오스만 경제의 많은 부분을 보증했던 비이슬람교도 금융업자(주로 이스탄불에 기반을 둔 아르메니아인)에게서 자금을 빌렸다. 사실 이들의 참여는 이 제도의 필수 요소였다.[53]

수익성이 높을 것으로 보이는 징세 도급권을 구매하려는 사람은 넘쳐났고, 경쟁은 경매 가격을 끌어올려 국고에 이득을 가져다주었다.[54] 제도 도입 후 단 2년 만에, 계속되는 전쟁 자금을 마련하기 위한 국고의 현금 수요로 인해 당국은 종신 징세 도급권으로 경매에 부치는 자산의 범위를 확대하기에 이르렀다. 처음에 이 제도는 그저 황실 영지의 재정 관리를 재조직하기 위한 것이었으며, 이들 영지는 이미 단기(일반적으로 3년) 도급 형태로 운영되고 있었다. 이제 와지르의 영지나 원래 수비대나 기병대를 지원하기 위해 배정된 토지까지도 새로운 제도의 범위 안에 포함되었다.[55]

종신 징세 도급권을 구매한 자들은 안정적인 수입을 보장받는 것에 만족했지만, 제도가 도입될 당시의 손쉬운 조건이 지나치게 관대한 것이었음이 곧 드러났다. 이에 따라 1715년 베네치아와의 전쟁이 선포된 직후 대부분의 종신 징세 도급권이 무효화되었다. 네브셰히를리 다마드 이브라힘 파샤가 대와지르가 되기 직전인 1717년에 또다른 정책 변화가 있었고, 종신 징세 도급권은 원래 매입 가격의 절반에 해당하는 비용으로 원 소유자들에게 반환되었다.[56] 투자자들은 특히 유동자산에 큰 관심을 보였다. 각종 관세와 소비세 같은 농업 이외의 징세 도급에서 발생하는 수익이며, 이는 무역의 확대와 함께 증가하고 있었다. 그러나 아흐메드가 제위에 오를 무렵이 되자, 원래는 아나톨리아 동부와 아랍 지역의 농업을 활성화하기 위한 목적도 있었던 이 제도가 지리적으로 왜곡돼 있음이 두드러졌다. 가장 가치 있는 (따라서 가장 매력적인) 종신 징세 도급권은 동방이 아닌 발칸반도에 집중돼 있음이 드러났다.[57]

또다른 제도 개편으로 인해 1714년 이후 전통적인 납세 계층의 구성원들은 능력이 있더라도 더이상 종신 징세 도급권을 입찰할 수 없게 되었다.[58] 그 결과 이 제도로부터 가장 큰 혜택을 본 사람들은 약 천 명의 관료, 군인, 성직자 등 상류층 이슬람교도였다. 이들은 대부분 자신들의 수입원으로부터 멀리 떨어진 이스탄불을 근거지로 삼고 있었다.[59] 아흐메드 3세와 그 후계자들의 수많은 딸들 역시 주요 수혜자였다. 여성으로서는 오직 공주들만이 종신 징세 도급권을 가질 수 있었다.[60] 이들은 특히 발칸 지역에서 토지 소유권과 관세 수입에 대한 권리를 보유했다.[61] 지방의 징세 도급권은 지역 사정에 밝은 사람들에 의해 관리되었으며, 이들은 그 대가로 조세 징수액의 일부를 가져가는 방식으로 재정적 이익을 얻었다.[62] 심지어 가장 부유한 지방민들조차도 이 시기 징세 도급제로부터 보상을 얻는 것은 오직 이스탄불 바깥의 중심지들에서 경매가 도입됨으로써 미미하게 확대되었다. 이 경매들은 시장세와 같은 상업 및 도시 징세 도급권을 포함하지 않고 마을 및 농업의 수익에만 국한됐기 때문이다.[63] 그러나 이는 소규모 투자자들에게 시장에 참여할 기회를 제공했다. 운이 좋다면 이들도 어느 정도의 부를 축적할 수 있었고, 따라서 그들은 새로운 재정 제도(그리고 따라서 국가의 활동)를 긍정적으로 바라보았다. 아흐메드 3세가 치세 동안 귀족들로부터 받았던 지지는, 국가가 나눠줄 수 있는 보상을 분배하는 이 새로운 방식이 어쩌면 정부의 권위에 도전할 위치에 있었을 사람들조차도 만족시켰음을 보여준다.

서유럽의 초기 가공산업 국가들에 대한 원자재(특히 곡물, 양모, 면화, 건과 등)의 수출은 이제 오스만제국이 공유하기 시작한 새로운 경제적 상호 의존성의 특징 가운데 하나였다. 17세기 초부터 수출 무역은 주로 이즈미르를 통해 흘러나갔고, 테살로니키는 점차 두 번째로 큰 수출 중심지로 성장했다. 18세기에는 면화가 양모를 제치고 오스만의 주요 수출 품목이 되었다.[64] 오스만은 내수용으로는 소규모 작업장에서 단순하고 저렴한 직물을 생산했지만, 18세기 초에는 수입에 대한 의존도를 줄이고 부족분을 해소하기 위해 유럽에서 들어오는 더 고급스럽고 더 전문화된 직물의 재현도 시도했다. 라미 메흐메드 에펜디의 후원으로 시작된 모직물 생산이 1703년 반란으로 위축됐지만 1709년에 다시 생산이 시작됐다. 그러나 결국 품질이 좋지 못하고 수입품과 가격 경쟁이 어려워 1732년에 중단되었다. 선박용 범포帆布의 국영 생산은 1709년에 시작됐고, 여러 곡절을 겪으며 19세기까지 이어졌다. 1720년부터 국가는 부유층이 선호하던 직물인 비단의 생산에도 관여했지만, 세기 중반 이후 민간에서 생산된 국내산 비단과 경쟁할 수 없었다.[65]

영국과의 관계는 전통적으로 우호적이었지만, 18세기 초 프랑스가 영국을 대신해 오스만의 주요 교역 상대국이 됐고, 이 발전은 외교 관계를 더욱 강화하는 일로도 이어졌다. 프랑스와 오스만은 합스부르크 세력에 맞서는 데서 공통의 이해관계를 가졌기 때문에 이를 바탕으로 한 전략적 동맹의 오랜 역사가 있었으며, 프랑스 국왕 루이 14세의 유능한 대신 장-바티스트 콜베르Jean-Baptiste Colbert가 1670년 이후 프랑스 무역을 재편한 덕분에 1699년 전쟁이 끝난 후 프랑스 상인들이 그 기회를 활용할 수 있게 되었다.

신성동맹 전쟁과 에스파냐 왕위 계승 전쟁 이후, 북방 대전쟁 이후, 카를로비츠 조약과 1703년 반란과 러시아·오스트리아·베네치아와의 전쟁 이후 서유럽에, 그리고 오스만제국의 서부 변경에 평화가 찾아왔다. 이제 술탄이 유럽의 나라들에 사절을 보내는 것은 더이상 전쟁 때문만은 아니었다. 1720년, 이르미세키즈 메흐메드 첼레비Yirmisekiz('스물여덟') Mehmed Çelebi(그가 예니체리 제28대대 출신이어서 '이르미세키즈'라고 불렸다)는 예루살렘에 있는 성묘 교회를 프랑스가 수리하도록 술탄이 허락했다는 소식을 전하기 위해 파리로 파견되었다. 이런 정보는 대단한 의전 없이도, 심지어 이스탄불에 있는 프랑스 사절을 통해서도 쉽게 전달할 수 있는 사안이었다. 하지만 이르미세키즈 메흐메드 첼레비는 "요새와 공장들을 시찰하고 문명과 교육의 방법을 면밀히 조사해 오스만제국에 적용할 수 있는 것을 보고하라"라는 대와지르 네브셰히를리 다마드 이브라힘 파샤의 지시를 받고 있었다.[66] 사실상 그는 오스만제국의 첫 공식 문화 사절이었다. 그는 대와지르의 지시를 따랐고, 돌아온 뒤 자신의 경험을 자세히 보고했다. 다마드 이브라힘 본인도 전해에 파사로비츠 조약을 비준하기 위해 빈을 방문했으며, 외국에서 배울 수 있는 모든 것들에 대해 잘 알고 있었다.[67]

이르미세키즈 메흐메드 첼레비의 관찰은 당시 나라의 권력을 잡고 있던 사람들이 서방과의 평화적 접촉의 유익함을 인정하도록 자극하는 데 영향을 주었다. 오스만은 실용적인 필요를 충족시킬 것으로 보이고 기존의 문화적 관습에 부합할 수 있다면 언제나 기술 혁신을 수용하는 태도를 보였다. 초기 사례로는 그들이 심지어 콘스탄티노폴리스 포위전 이전부터 대포를 사용한 것과 16세기부터 휴대용 화기火器를 사용한 것을 들 수 있다. 당시 정부에는 당황스럽게도 휴대용 화기가 널리 확산되면서 제국 안에서 힘의 균형을 무너뜨렸고, 무장한 남성들이 지역을 떠돌며 특히 아나톨리아에 상당한 사회적 격변을 초래했다. 반면 유럽의 시계와 자명종, 자기와 옷은 부자만이 살 수 있고 쉽게 소화할 수 있는 물건들로, 그저 신기한 것일 뿐 기존의 사회 질서에 눈에 띄는 부정적 영향을 미칠 가능성은 없었다. 오스만과 서방 사이의 이러한 상품 교류는 르네상스 시대까지 거슬러 올라가는 오랜 역사를 가지고 있었고, 네브셰히를리 다마드 이브라힘 파샤가 대와지르이던 시기에는 무역 호황 덕분에 이전의 그 어느 때보다 훨씬 더 대량으로 구할 수 있었다.

이런 소비재들이 구매 가능한 계층에게 빠르게 수용된 것은 사회생활의 활력을 되찾은 징표 중 하나에 불과했다. 술탄 아흐메드 3세는 오스만 왕조의 운세를 되살린다는 목표를 진척시키기 위해 공개 행사와 과시적인 후원을 이용했다. 1709년, 그의 다섯 살 난 맏딸 파트마 술탄Fatma Sultan이 거의 마흔 살이던 실라흐다르 알리 파샤와 혼인했을 때는 성대한 의식이 치러졌다. 파트마는 훗날 네브셰히를리 다마드 이브라힘 파샤와 재혼하게 된다.[68] 1718년 대와지르가 된 다마드 이브라힘은 술탄이 지배층과 민중 모두에게 인상을 주기 위한 수단으로 공개 행사와 전시를 활용하라고 권했다. 1720년에는 아흐메드 술탄의 살아 있는 네 아들의 할례를 기념하기 위해 15일 동안 성대한 축제가 열렸고, 이 행사를 기록하기 위해 호화로운 삽화가 들어간 산문 필사본 두 권이 만들어졌다. 한 권은 술탄에게, 다른 한 권은 대와지르에게 헌정되었다. 글은 세이이드 휘세인 베흐비Seyyid Hüseyin Vehbi가 썼고, 삽화는 당대 최고의 궁정 화가였던 레브니Levni라는 사람의 작품이었다. 이 책은 황실 축제에 바쳐진 두 번째이자 마지막 책이었다. 첫 번째 책은 1582년에 미래의 술탄 메흐메드 3세의 할례를 기념해 제작된 것이다. 1720년의 축제는 지난 200년 동안 벌어진 행사를 반복한 것이었다. 1523년 술탄 쉴레이만의 비운의 대와지르 이브라힘 파샤의 혼례, 1530년 술탄의 아들들의 할례, 1638년 사파비로부터 바그다드를 탈환하기 위한 술탄 무라드 4세의 출정 같은 행사들이다. 1720년의 행사에서 주요 볼거리 중 하나는 동업 조합들의 행진이었으며, 이는 17세기 에블리야 첼레비가 묘사한 것과 같은 행진이었다. 이 행진을 통해 상인들은 자신들의 상품(일상적인 물품이나 사치품)을 오스만 귀족, 유럽 사절, 이스탄불의 일반 대중 등 예비 고객들에게 선보일 수 있었다.[69]

  에메툴라흐 라비아 귈누시 술탄의 마스지드는 왕조의 정통성을 표현하는 데서 태후의 역할을 재천명한다는 것을 암시했다. 무스타파 2세와 아흐메드 3세의 어머니였던 라비아 귈누시는 1695년 무스타파가 즉위한 이래 1715년에 사망할 때까지 태후의 자리에 있었다. 1702년에 작성된 목록에 따르면 태후는 대와지르에 비해 세 배 가까이 많은 토지를 소유했고(대와지르 다음으로는 황실 공주들이었고, 와지르들과 크림 칸의 가문 사람들이 그뒤를 이었다),[70] 1708년에 태후는 위스퀴다르의 선착장에 눈에 띄게 위치한 마스지드 단지를 건설하기 시작했다. 쉴레이만 1세의 딸 미흐리마흐 술탄의 마스지드 맞은편이었다. 이

마스지드는 2년 반 후 군대가 러시아 원정을 떠나기 직전에 완공되었다.[71] 태후가 죽고 7년 뒤인 1722년, 이 마스지드는 라마단 성월을 표시하기 위해 뾰족탑 사이에 여러 개의 등을 걸 수 있는 특권을 부여받았고, 이는 이 마스지드가 이스탄불의 가장 위대한 마스지드들(쉴레이만, 술탄 아흐메드, 예니발리데 등)과 동등한 위상을 갖게 됐음을 의미했다.[72]

오스만의 귀족들 사이에서 국가의 시초 이래 그 어느 때보다도 권력이 더 널리 분산되면서, 새로운 질서에 대한 열망은 톱카프궁의 울타리 안에만 제한되지 않고 제한될 수도 없다는 사실이 금세 분명해졌다. 에디르네의 좀더 자유로운 분위기에서 성장한 아흐메드 3세는 궁정이 이스탄불로 돌아온 뒤 자신에게 강요된 제약을 못마땅하게 여겼다. 100여 년 뒤인 1837년에, 영국에서 온 귀부인 줄리아 파도Julia Pardoe는 당시 술탄 마흐무드 2세의 수석 건축가가 톱카프궁이 유럽의 그 어떤 궁전보다도 화려하다고 술탄을 납득시키려 하자 격렬한 반응을 보였다고 기록했다. "사기꾼이거나 바보가 아니라면 누구도, 높은 담벼락 아래, 어두운 나무들 속에 숨겨져 한낮의 햇빛을 마주하지도 못하는 듯한 그 궁궐을 (…) 자유로운 공기와 하늘의 맑은 햇살 아래 열려 있는 밝고 즐거운 궁궐들과 동렬에 놓을 수 없을 것이다."[73] 술탄 마흐무드가 실제로 그렇게 격정적으로 말했는지는 알 수 없지만, 아흐메드 3세도 거의 비슷하게 생각했던 듯하다. 술탄들과 그 대신들은 언제나 보스포루스 해협 연안에 사냥터와 정원을 가지고 있었고, 이곳에는 비공식적으로 사용할 수 있는 목재나 석재로 지은 소박한 누각과 별장들이 있었다. 하지만 18세기에는 변화가 일어나서, 다층 구조의 해안 궁전들이 건설되고 그 인상적인 모습들이 해안을 따라 뻗쳐 있었다.[74] 1717~1718년 이스탄불을 방문했던 영국 대사의 아내 메리 워틀리 몬터규의 편지는 보스포루스 해협에만도 "수백 채의 화려한 저택"이 있다고 말한다.[75] 과장이 있다고 하더라도, 이는 1720년대 이전부터 건축 경기가 상당히 진척됐음을 보여준다. 오늘날까지 일부(라운지의 일부분이다)가 남아 있는 이 해변의 가장 이른 저택은 쾨프륄뤼 가문의 대와지르 암자자데 휘세인 파샤가 1699년에 아나돌루히사르 마을에 지은 목조 저택이다.

1720년대의 벼락부자인 오스만 귀족들은 즐길 수 있는 여가와 기분을 풀 수 있는 돈을 모두 갖고 있었다. 이 '상류 사회'의 사교 모임은 빈번하고 과시적이었으며, 성벽으로 둘러싸인 옛 도시 이스탄불을 벗어난 장소에서 열렸다. 흔히 며칠씩 이어지는 잔치와 여흥은 아흐메드 술탄 본인의 궁궐과 그 친족 및 다른 저명한 가문들의 저택에서 열렸다. 어느 현대 건축사가에 따르면, 이 시기에 "한 내향적인 사회"가 처음으로 "도시적이고 외향적인" 삶의 방식에 눈뜨게 되었다.[76] 이러한 사교성의 증가는 지역 경제에도 영향을 미쳤다. 예를 들어 식품, 의류, 가구 등의 소비 형태에 변화가 촉발되었다. 음식의 경우 올리브기름, 해산물, 채소 요리가 이전보다 더 많이 이용되었다. 사람들은 또한 기꺼이 새로운 요리를 시도했으며, 특히 커피와 후식(이전에 꿀이 중심을 이루다가 설탕 사용이 늘면서 가능해졌다)이 '식당' 바깥의 이런 음식을 즐기기 위해 마련된 공간에서 새로운 사교 관계의 양식을 만들어내면서 오락의 방식이 변화하기 시작했다.[77]

아흐메드 술탄은 교외 정원과 공원의 호젓한 거처로 은둔해 왕가의 신비로움을 더하는 전통을 버리고, 대신 신민들 앞에 공개적으로 모습을 드러내는 길을 택했다. 그는 모든 사람이 볼 수 있게 수상水上 거둥을 했다. 150년 전 잉글랜드 여왕 엘리자베스 1세가 했던 것과 마찬가지였다. 사이먼 샤마Simon Schama는 엘리자베스가 "(템스강을) 무대로 삼아 치밀하게 계산된 홍보를 성공시키며 자신의 모든 백성을 끌어안았다"라고 말하면서 당대 연대기 작가의 말을 인용한다. 그 작가는 엘리자베스를 "백성들에게 그렇게 자유롭고 겸손하게 자신을 드러냄으로써 그들에게 사랑받고 받아들여지게 만든" 인물로 묘사한다.[78]

하지만 술탄은 그저 톱카프궁을 버릴 수는 없었다. 이곳은 전통적인 행정 중심지였기 때문이다. 이 궁궐은 반세기 동안 술탄의 정규 거처가 아니었으므로, 아흐메드가 그곳에서 가능한 한 적게 머무르고자 했더라도 그의 개인 공간을 재정비했을 것이다. 이 개조의 중심은 하렘에 있는 그의 방이었으며, 방의 모든 벽은 과일과 꽃을 그린 벽화로 뒤덮였다. 이는 당시의 생동감 있는 건축 장식이었다. 이런 자연주의적 모티프는 대리석에 표현된 것이든 필사본의 종이 위에 표현된 것이든, 어디서나 흔히 볼 수 있었다. 초상화 역시 변화했다. 영향력 있는 화가 레브니는 무스타파 2세와 아흐메드 3세 재위기에 활동하면서 술탄들의 모습을 더 세밀하게 묘사했다. 그의 초상화는 특히 인물의 성격을 충실히 반영한다는 점에서 인상적이며, 술탄의 개성이 강조되어 좀더 인간적으로 느껴지는 듯하다. 술탄과 관찰자 사이의 거리가 줄어든 듯하다.[79]

미래의 궁정 사관 메흐메드 라시드 에펜디Mehmed Raşid Efendi는 당시 이스탄불의 성직자였고,[80] 제국의 재정 상황에 대해 잘 알고 있었다. 그는 1720년 무렵, 여러 해 만에 처음으로 나라의 재정 수지가 흑자를 기록하기 시작했다고 언급했다. 재정 개혁이 드디어 효과를 내는 듯했다.[81] 이듬해 아흐메드 술탄은 가장 화려한 궁궐의 건축을 명령했다. 카으트하네Kağıthane('유럽의 감수甘水') 개울이 에이읍 부근에서 할리치만으로 흘러들기 전의 초원 지대에 지어진 사드아바드Sa'dabad('행복의 거처')궁이었다. 고관대작은 보스포루스 해협뿐 아니라 할리치만 주변에도 저택을 짓기를 좋아했으며, 카으트하네 초원은 오랫동안 도시에서 벗어난 휴식처로 사람들이 즐기고 축하하기 위해 모이던 장소였다. 아흐메드 3세의 사드아바드는 '원림 전각'이라는 개념을 새로운 차원으로 끌어올렸다. 카으트하네 개울은 대리석 옹벽의 수로(그 남은 부분을 아직도 볼 수 있다)를 따라 원림 내부를 흐르도록 물길을 돌렸으며, 이렇게 만들어진 직선 축을 따라 귀족과 신하들의 저택이 줄지어 마주 보며 늘어서 있었다. 술탄 자신의 궁전은 30개의 대리석 기둥 위에 세워졌고, 그 앞에는 연못이 있었다.[82] 이들 저택에는 '코끼리 다리橋', '첫 번째 폭포', '은빛 수로', '낙원의 전당' 등 공상적인 이름들이 붙여졌다.[83]

16세기의 술탄 쉴레이만 1세 시대와 마찬가지로 아흐메드 3세의 통치는 많은 면에서 동시대(또는 거의 동시대) 유럽 군주들의 통치와 유사했으며, 사드아바드는 얼마 전에 사망한 루이 14세의 베르사유궁이나 페트로그라드에 있는 표트르 대제의 여름 궁전 및 정원과 비교하지 않을 수 없다. 아니면 정말로 표트르의 수도 주변 교외 궁전들과 비교해도 좋다. 표트르 대제가 1716~1717년 서유럽을 방문한 후 루이 14세의 베르사유 및 퐁텐블로의 정원 궁전 모습이 담긴 화첩을 들고 페트로그라드로 돌아와 자신이 짓고 있던 새로운 궁전이 "베르사유에 필적"해야 한다고 선언했지만,[84] 이르미세키즈 메흐메드 첼레비 역시 프랑스 체재의 기념품을 가지고 고국으로 돌아왔다. 바로 베르사유의 판화 12점으로, 현재 톱카프궁에 소장되어 있다.[85] 차르 표트르와 마찬가지로 술탄 아흐메드도 자신이 짓는 건축물에 깊은 개인적 관심을 보였다.[86] 그의 어린 시절 환경은 사드아바드를 구상하는 데 영향을 미쳤다. 그곳은 에디르네와 마찬가지로 그가 방해받지 않는 삶을 즐길 수 있는 피난처가 되어야 했다. 최근의 술탄들이 이스탄불을 벗어나 추구했던 바로 그것이었다. 카으트하네 궁전들의 이름에서 감지되는 이란적 분위기는 사드아바드와 보다 광범위한 이 시대의 예술적 노력에 스며든 사파비 궁정의 영향력을 반영하고 있으며, 이는 베르사유의 영향력에 필적할 만한 것이었다.

보통 사람들은 부유한 자들의 사치로 인해 혜택을 보았다. 단지 상품과 서비스의 수요 증가로 인한 것만이 아니었다. 후원, 특히 술탄과 대와지르의 후원은 이스탄불과 그 인근 지역에 크고 정교하게 장식된 수많은 분수대를 포함한 공공 서비스를 제공했다.[87] 이스탄불의 황실 및 대신들의 마스지드가 밤에 조명을 밝히는 일이 그 어느 때보다 많아지면서 공공 공간이 확대되고 재구성되며 개인의 이동에 대한 제약이 완화되는 효과를 가져왔다. 이전에는 어두운 밤에 집에 머물러야 했던 빈민조차 도시를 돌아다닐 수 있었다. 이러한 새로운 자유는 '튤립 시대'(20세기에 붙인 용어다)라고 불리는 시기의 핵심적인 요소였다.[88]

튤립이 있었다. 그리고 많았다. 이 동방의 구근식물은 16세기 중반 쉴레이만 1세의 궁정에 있던 합스부르크 대사 오지에 길랭 드 뷔스베크를 통해 유럽에 전해졌든 혹은 최근 제기된 것처럼 더 일찍 전해졌든 간에,[89] 오랫동안 이스탄불의 귀족들 사이에서 인기가 있었듯이 곧 유럽의 귀족들에게도 인기를 끌었다. 16세기 이래 튤립은 그 모양을 직물에 짜넣었고, 도자기와 타일에 그려졌으며, 필사본에 그려지고, 분수에 조각되었다. 1630년대에 에블리야 첼레비는 보스포루스 해협의 튤립 정원에 대해 썼으며, 심지어 그의 시대에 카으트하네의 이름을 딴 튤립이 있었다는 언급도 했다.[90] 이제 거의 100년이 지난 후, 튤립은 전쟁의 상실을 달래기 위한 탐닉의 대상으로 다시 등장했다. 그러나 아흐메드 3세가 수입한 수천 뿌리의 구근은 튤립 교역의 중심지인 네덜란드에서 왔다. 오스만의 튤립 애호가들이 가장 선호했으며 완벽을 위해 추구했던 형태는 "아몬드 모양에 단도 같은 꽃잎"을 가진 것이었다. 오스만 사람들은 규제받지 않는 시장이 초래할 혼란을 잘 알고 있었고, 매우 다양한 품종들의 판매는 공식적인 가격 제도를 통해 통제돼야 했다. 이 가장 수요가 많은 상품에 대한 불가피한 투기 현상을 억제하기 위해서였다.[91] 네덜란드는 1620년대 말과 1630년대에 이른바 '튤립 열풍'을 겪었고,[92] 이는 알렉상드르 뒤마의 소설 《검은 튤립 La Tulipe noire》을 통해 영원히 남았다. 1726년, 프랑스의 이스탄불 주재 대사는 대와지르 네브셰히를리 다마드 이브라힘 파샤가 열었던 한 튤립 축제를 이렇게 묘사했다.

대와지르의 정원에는 50만 뿌리가 있다. 튤립이 만개하고 대와지르가 그 아름다움을 대군주(술탄)에게 자랑하고 싶을 때면 다른 정원에서 꺾어 병에 꽂은 튤립으로 빈 곳을 채운다. 네 뿌리마다 하나씩 튤립과 같은 높이에 촛불을 꽂고, 통로는 온갖 종류의 새가 든 새장으로 장식한다. 모든 격자 울타리는 꽃병에 담긴 꽃으로 둘러싸이고, 온갖 색깔의 수많은 수정 등불로 밝혀진다. (…) 거울에 비친 빛의 색깔과 반사는 놀라운 효과를 만들어낸다. 조명과 함께 요란한 음악이 어우러지고, 튤립이 핀 밤에 튀르크 음악이 밤새도록 연주된다. 이 모든 비용은 대와지르가 부담하며, 튤립이 피는 철 동안 그는 대군주와 그 수행원들에게 숙식을 제공한다.[93]

그러나 '튤립 시대'는 단지 쾌락과 관계된 것은 아니었다. 아흐메드 3세의 치세에 사치스러운 잔치, 알현, 행차를 보완한 종교적인 행사는 바로 술탄과 그를 수행하는 국가 고위 인사들이 선지자 무함마드의 성스러운 외투가 보관된 방을 참배하는 것이었다. 18세기 이전에는 이 외투에 대한 참배가 새 술탄이 즉위할 때만 정규적으로 이루어졌지만, 술탄 아흐메드의 치세에는 해마다 라마단 달의 15일(이슬람력으로 가장 거룩한 달의 한가운데 날인 보름날이다)에 열리는 정교한 국가 의례가 되었다. 그 전날 술탄은 의식이 열릴 방을 청소하고 외투를 전시할 준비를 하는 의식에 참여했다. 당시의 '의례서'는 의식에 대해 매우 상세하게 전하고 있다. 누가 참여해야 하는지(도표 형식으로 개괄된 자리 배치와 함께), 어떤 복장을 해야 하는지, 그리고 어떤 기도를 해야 하는지 등이다.[94]

술탄 아흐메드가 오스만 왕가 생활에서 종교가 필수적인 요소임을 신민들에게 다시 한번 상기시킬 수 있는 또다른 기회는 1720년 그의 아들들의 할례 축제 직후 화려하게 거행된, 어린 왕자들의 종교 교육을 상징하는 의식에서 찾아왔다. 어린 왕자 메흐메드, 무스타파, 바예지드는 술탄과 국가의 최고위 관료들(세속과 종교 양쪽의)은 톱카프궁 아래 해안의 인질리쾨슈크İncili Köşk('진주 전각')에서 열린 이 의식에 참석했을 당시 겨우 세 살 혹은 네 살이었다.[95] 술탄의 백성에 대한 관심은 5천 명의 가난한 소년들이 그의 아들들과 동시에 할례를 받은 것을 통해 드러났다.[96]

권력자들이 이슬람 책력에 대한 애착을 강조하는 또다른 제스처로, 다마드 이브라힘 파샤는 전통적으로 라마단 달의 종료를 나타내는 축제를 더욱 화려하게 만들었다. 그는 1721년 대와지르에 오른 직후 에이윕에서 축제를 열었고, 그후 그와 수행원들은 위풍당당하게 이스탄불로 돌아왔다. 이러한 축제는 시간이 지나면서 더욱 화려해졌고,[97] 마흐무드 1세Mahmud I와 그의 후계자들에 의해 18세기 내내 이어졌다. 술탄의 경건함과 국가수반으로서의 지속적인 정당성을 궁정과 백성들에게 인식시키는 수단이었다.[*]

궁정 사회의 행실에 대해 성직자층이 의문을 품었을 수도 있지만, 그럼에도 불구하고 그들은 쉽게 회유되었다. 라마단 기간 동안 다마드 이브라힘 파샤가 임석한 가운데 저명한 성직자들이 쿠란이나 선지자의 전승인 하디스al-ḥadīth에서 발췌한 구절을 놓고 학문적 논쟁을 벌이는 강연이 열렸다. 논쟁을 할 구절은 꼼꼼하게 선택되었다. 1720년대에 토론의 대상이 된 쿠란 구절에는 '승리'에 관한 것도 있었다. 1722년에 이란 원정이 시작되었다는 점에서 적절한 주제였다.[98]

성직자층이 왕가의 목표에 점점 더 긴밀하게 동조하면서, 이는 술탄의 정통성을 강화하기 위해 조작되고 동맹 집단이 형성되었다. 성직자층도 갈수록 폐쇄적이 되면서 그 역할 또한 미묘한 방식으로 변했다. 과거에 여러 명의 셰이흐윌이슬람을 배출한 가문들이 있었다. 이제 기본적으로 성직자 가문이라 할 수 있는 이들이 이 자리와 기타 종교 고위직을 독점하기 시작했고, 그 계층 구조의 꼭대기 자리에 대한 세습 원칙이 뿌리를 내리게 되었다. 셰이흐윌이슬람 페이줄라흐 에펜디는 살해당했지만, 그의 자손들은 복권되어 새 술탄이 아흐메드 3세를 승계한 이후 다시 고위직에 오르게 된다. 셰이흐윌이슬람 페이줄라흐 에펜디가 살해되고 아흐메드 3세가 즉위한 1703년부터 1839년까지, 페

---

[*] 오늘날에도 라마단 기간 중 정치인들이 표를 얻기 위해, 혹은 기업인들이 자신의 아량을 과시하기 위해 저녁 연회를 여는 전통은 이어지고 있다.

이줄라흐자데Feyzullahzade 가문을 포함한 세 가문이 총 58명의 셰이흐 월이슬람 가운데 13명을 배출했고, 이 직위는 자주 해임되고 나중에 재임명됐기 때문에 전체 76회 재임 중 20회를 이들 가문이 차지했다.[99] 이러한 성직자 가문들과 비슷한 가문들이 군사 및 관료 계층에도 있었고, 상당수의 군인과 관료의 자손들이 고위 성직자가 되었다. 성직자의 자손들을 위해 성직자층 진입을 제한한 1715년의 법률은 연고주의를 공식적으로 인정했다. 그리고 이스탄불의 고관들이 종신 징세 도급제를 사실상 독점했던 것처럼, 종교 영역에서도 제국의 수도는 성직자 후보생을 교육할 권리를 독점했다.[100] 이러한 '신新연고주의'는 전통적인 국가 '체제'를 뛰어넘어 특권 계층, 곧 사실상의 귀족을 형성했고, 이들은 17세기 동안 정부를 해쳤던 것과 같은 자기네 권력 및 술탄의 권력에 대한 도전에 맞서 공통의 이해관계로 힘을 합쳤다.

대와지르 네브셰히를리 다마드 이브라힘 파샤와 술탄 아흐메드의 관계는 그 세기 초 셰이흐월이슬람 페이줄라흐 에펜디와 술탄 무스타파 2세 사이의 관계를 연상케 했으며, 그는 마찬가지로 이 관계를 자신의 친족에게 유리하게 활용할 수 있었다. 다마드 이브라힘의 가문인 네브셰히를리자데Nevsehirlizade 출신들은 제국회의의 자리들을 자기네끼리 독점하며 상당한 영향력을 행사했다. 그의 사위 중 한 명은 대와지르 대리였고, 또다른 사위는 대제독이었다. 다마드 이브라힘 자신은 술탄 아흐메드의 맏딸 파트마 술탄과 혼인했으며, 그다음 세 공주도 그의 가문 사람들과 혼인했다. 다마드 이브라힘은 대와지르가 되기 전부터 이미 자신의 가문 사람들과 오스만 왕가 사이의 혼인을 주선하며 후원 연결망을 구축하고 있었다. 그는 경쟁자를 용납하지 않았다. 파즐 무스타파 파샤의 아들들인 압둘라흐 파샤Abdullah Paşa와 에

사드 파샤Esad Paşa, 그리고 전 대와지르 누만 파샤 등 쾨프륄뤼 가문 사람들은 페이줄라흐 에펜디가 권력을 휘두르던 시기에 자기네가 처했던 운명과 마찬가지로 제국의 먼 변방 자리에 배치되었다.[101]

네브셰히를리 다마드 이브라힘 파샤는 12년 동안 대와지르 자리에 있었으며, 이는 파즐 아흐메드 파샤의 대와지르 재임 기간에 필적하는 드문 정권 안정기였다. 셰이흐윌이슬람 예니셰히를리 압둘라흐 에펜디Yenişehirli Abdullah Efendi 또한 12년 동안 재직했다. 다마드 이브라힘의 사위였던 대제독은 9년 동안 자리를 지켰고, 재무대신 하즈 이브라힘 에펜디Hacı İbrahim Efendi는 10년 동안, 비서장 위찬바를르 메흐메드 에펜디Üçanbarlı('세 창고') Mehmed Efendi는 12년 동안 재직했다. 그러나 술탄의 측근 중 가장 오래 재직한 인물은 흑인 환관장 하즈 베시르 아아Hacı Beşir Ağa로, 그는 무절제했음에도 불구하고(혹은 그로 인해) 1717년부터 이례적으로 29년 동안 자리를 지켰다.

네브셰히를리 다마드 이브라힘 파샤는 당시 이스탄불을 방문한 유럽인들에게(현대의 많은 작가들에게도 마찬가지다) 오스만을 당대 세계로 이끌고 들어가려 노력한 계몽된 개혁가로 칭송받았지만, 동시대 오스만의 평자들은 그리 너그럽지 않았다. 평화를 지향하는 그의 명백한 태도는 분명히 일부 사회 계층의 불만을 샀다. 그들에게 오스만 국가의 방어적인 자세는 오스만이 대표하는 모든 것에 대한 배신이었기 때문이다. 18세기와 19세기 대부분의 오스만 역사가들은 기껏해야 다마드 이브라힘을 외래 사상 유입, 과도한 징세, 족벌주의의 원흉으로 여겼다. 그들은 그가 국가 자원을 낭비하고 귀족들의 공원과 궁전에서의 이완된 사회생활에 대해 지나치게 관대하다고 보았다. 심지어 남녀 사이의 관계를 뒤집어놓은 성적 방탕을 허용해준 책임이 있다고도 했다.

보통 사람들이 이런 오락에 참여하고 그 윗사람들을 흉내낼 약간의 기회를 가졌다는 것 또한 역사가들에게는 유감스러운 일이었다.[102]

1699년 카를로비츠 조약과 1719년 파사로비츠 조약 등 외교적 타결로 오스만제국의 서부 및 북부 국경에 평화가 찾아왔고, 이는 부유하고 권력 있는 자들이 '튤립 시대'의 사드아바드와 보스포루스 해협의 새 궁전에서 향락을 즐길 수 있는 시간을 가져다주었다. 술탄 아흐메드는 신민의 마음을 얻고 있는 것처럼 보였고, 그와 네브셰히를리 다마드 이브라힘 파샤는 황실과 귀족들의 삶에 대한 대중의 호기심을 충족시키는 것이 이스탄불 사회 전체에 유익하다는 그들의 판단도 옳았던 것처럼 보였다.[103] 그러나 곧 사건들은 그들이 틀렸음을 입증하게 된다. 합스부르크가 오스만 영토로 진군해온 신성동맹 전쟁 동안, 그리고 카를로비츠 조약 및 파사로비츠 조약으로 새로운 국경이 획정된 이후에 일어난 인구학적 정황의 심각한 변화는, 자기네가 이 조약들에 의해 설정된 국경의 바깥에 위치하게 됐음을 알고 절망에 빠진 많은 오스만 이슬람교도들로 하여금 동남쪽으로 이동해 발칸반도를 거쳐 수도 쪽으로 향하게 만들었다. 펠로폰네소스는 파사로비츠 조약으로 오스만에 반환됐지만, 그사이에 그 지역에서의 이주가 이어져 헝가리, 트란실바니아, 포딜리아의 영구 상실로 인한 문제를 악화시켰다. 한때 오스만의 전쟁은 적국 영토에서 벌어졌지만 1683년 이후부터는 제국 경내에서 벌어져 오스만 주민의 이산을 더욱 촉진했으며, 가장 좋을 때에도 공공질서 유지가 어려웠던 도시에서 이러한 새로운 인구의 유입은 환영받지 못했다. 이들은 하층민이 됐고, 그들의 존재는 이스탄불 상공인들에게 직접적인 영향을 미쳤다. 이주민들이 일자리를 구하려 하면서 오랜 기득권층은 자기네가 예민하게 지켜온 특권이 침해된다며 격렬하게 반발했다.[104] 1720년대 내내 이스탄불로 이주해온 사람들은 원래 있던 곳으로 돌아가야 한다는 명령이 반복적으로 내려졌고 루멜리의 지방 당국들은 그들의 이동을 규제하라는 지시를 받았다. 하지만 그런 단순한 권고는 아무리 강하게 표현되었다 하더라도 거의 효과가 없었다.[105]

이처럼 고향을 떠나고 가진 것 없는 하층민이 늘어나고 기득권 상공인들의 분노가 들끓으면서 사회적 격차는 더욱 벌어졌으며, 대중의 분노가 격렬하게 표출된 것은 부유한 사람들과 그 나머지 사람들 사이의 격차가 위험스러울 정도로 커졌음을 보여주었다. 1726년에는 군중이 열흘에 걸쳐 밤중에 베식타시에 있는 술탄 아흐메드의 궁전을 돌로 공격했고, 술탄은 할리치만에 있는 다른 처소로 옮겨가지 않을 수 없었다.[106] 이즈미르에서는 1727년과 1728년에 예니체리와 이 도시 정부 대리인의 병력 사이에 그들 각자의 권한 범위를 놓고 충돌했다. 이는 다양한 계층의 불만 세력이 참여하는 장기적인 반란으로 발전했으며, 이스탄불의 개입을 촉발했지만 주동자들이 도망치는 것으로 끝났다.[107] 종신 징세 도급제는 경매에 입찰할 수 있을 정도로 이미 부유한 이들에게 더 많은 부를 안겨주었고, 그들의 대리인 및 돈을 낼 수 있는 사람들을 상대로 물품과 서비스를 제공하던 상공인들에게도 이득이 되었다. 그러나 세금을 납부해야 하는 이들에게 이 제도는 점점 더 과도한 세금 요구와 세금 징수 권한을 둘러싼 관할 분쟁을 초래했고, 결국 그 피해는 고스란히 그들에게 돌아갔다. 사실 오스만 궁정과 귀족 가문들의 태평한 모습은 점점 더 불만을 샀고, 정치가들이 이 사실을 인식했을 때는 이미 민중의 동요를 돌이키기에는 너무 늦은 시점이었다.

1696년 표트르 대제가 아조프를 점령할 때 벌어진 일련의 군사 활동을 제외하면, 1639년 오스만-사파비의 주하브 조약으로 확립된 동부의 평화를 흔들 만한 일은 별로 일어나지 않았다. 18세기 초 이란은 내부적인 문제를 안고 있었고, 1720년 술탄은 그곳의 정세에 대한 정보를 얻고자 뒤르리 아흐메드 에펜디Dürri Ahmed Efendi를 샤 후세인Husayn에게 사절로 파견했다.[108] 이 방문의 공식적이고 표면적인 목적은 1718년 오스만-합스부르크 무역 협정에 대한 사파비 측과의 협의였다. 이 협정에는 이란 상인의 오스만 영토 통과를 규제하는 조항이 포함되어 있었다.[109] 1721년 순나파 아프간 부족들이 동쪽에서 이란을 침공했고, 이듬해에는 사파비 수도인 에스파한을 점령했다. 시아파 사파비 왕조는 붕괴했고, 러시아는 사파비 국가의 잔존 세력이 아프간인들을 상대로 싸우는 것을 돕는 대신 영토 양보를 받아내기로 합의했다. 혼란이 러시아와 접한 자국의 캅카스 변경으로 확산될까 두려워한 오스만은 정당성을 위해 사파비는 진정한 이슬람교도가 아니라는 오래된 주장을 내세워 혼란을 틈타 1639년 이전 여러 차례에 걸쳐 점령했던 이란 서북부 속주들을 다시 점령했다. 오스만과 러시아 간 충돌의 위기가 있었으나 외교가 이를 막았다. 1724년 프랑스 협상자들의 중재로 이란 서북부를 오스만과 러시아가 분할한다는 데 합의했고,[110] 오스만은 러시아로부터 영토 획득을 인정받았다. 러시아와의 이 협정에서 흥미로운 점은 오스만이 종교적 명분으로 자기네의 원정을 정당화했음에도 불구하고 이 조약은 아프간이 아니라 사파비의 회복을 지지한다고 명시했다는 것이다.[111]

그러나 이란의 평화는 오래가지 못했다. 아프간의 진격 앞에서 사파비에게는 희망이 없었다. 아프간은 대담하게도 오스만이 자기네를 상대로 부렸던 억지를 사용해, 자기네를 이란의 정당한 통치자로 인정해달라고 술탄에게 요청했다. 시아파는 이단이며 이미 오스만이 그렇게 규정하지 않았느냐는 논리였다. 하지만 이 요청은 이스탄불에서 먹히지 않았다. 아프간은 반란 세력으로 간주됐고, 이후 2년에 걸친 전투[112]가 벌어지다가 1728년에 마무리되었다. 이때 아흐메드 3세는 은퇴한 궁정 사관(1714년부터 1723년까지 재직했다) 메흐메드 라시드 에펜디를 보내 오스만-아프간 평화 협정을 확정했다.[113] 그러나 곧 아프간은 튀르크멘족 아프샤르Afshār 부족의 활력 넘치는 군사 지도자인 나디르 한Nādir Khān(타흐마스프 쿨리 한Tahmāsp Qulī Khān으로도 알려졌다)에 의해 축출됐고, 그는 오스만군과 맞서 1730년 8월 12일 오스만이 1725년에 점령한 타브리즈를 탈환했다.[114] 이전 서방에서의 전쟁들처럼, 이 이란과의 전쟁도 이스탄불로 향하는 농촌 사람들의 이주 물결에 한몫을 했다.

이란과의 새로운 전쟁 시기가 시작되면서 생겨난 기류를 인식한 네브셰히를리 다마드 이브라힘 파샤는 국민의 사기를 북돋우기 위해 술탄 아흐메드에게 1730년 원정에 직접 군대를 이끌고 출정할 것을 제안했다. 술탄이 군대와 함께 간 것은 이번이 처음은 아니었다. 1715년 펠로폰네소스반도를 두고 베네치아와 전쟁이 발발했을 때, 그리고 베오그라드를 잃은 해인 1717년에도 그는 병사들과 함께 출정했다. 그러나 그는 전선에서 멀찍이 떨어진 후방에 머물렀다.[115] 1730년 7월 말까지 군대는 위스퀴다르의 집결지에 모이기 시작했고, 8월 3일에는 병사들이 늘어서서 술탄이 이스탄불에서 해협을 건너오기를 기다렸으나 술탄은 건너올 기미가 없었다. 다마드 이브라힘은 술탄이 군대를 이끌고 동쪽으로 진군하지 않기로 결정했다고 판단할 수밖에 없었고, 급히 그에게로 가서 지체하지 말도록 간청했다. 만일 술탄이 모습을 드러내지 않으면 틀림없이 예니체리가 반란을 일으킬 것임을 상기시켰다. 동부 전선에 자신의 선조들처럼 나서는 것은 발칸반도에서 하는 것과는 전혀 다른 일이었고, 다마드 이브라힘은 예니체리 총사령관과 협의를 하고 여러 차례 간청한 뒤에야 아흐메드가 위스퀴다르에 모습을 드러내도록 설득할 수 있었다. 술탄은 매우 위풍당당하게 나타났고, 이에 앞서 에이윕으로 행차해 외국 대사들을 포함한 관중이 지켜보는 가운데 마치 대관식이라도 되는 양 검을 허리에 매는 의식을 치렀다.[116]

다소 불운한 우연으로, 바로 이때 타브리즈가 나디르 한에게 함락되었다는 소식이 이스탄불에 전해졌다. 바로 전달에 하마단 요새의 오스만 사령관이 자신의 주둔지를 버리고 떠났는데, 이제 타브리즈의 사령관마저도 같은 짓을 했다는 보고가 들어왔다. 수도에는 원정이 취소될 것이라는 소문이 퍼졌고, 군대는 여전히 위스퀴다르에 움직이지 못하고 있었다. 술탄이나 대와지르 모두 지도력을 발휘하는 데 열의가 없는 듯했고, 둘 다 집결지에서 물러나 보스포루스 해협의 저택으로 돌아갔다. 대중의 불만이 매우 커서 두 사람은 이때 이 도시를 떠나는 것을 두려워했다. 봉기가 일어날 것이 확실했기 때문이다. 성직자들과 예니체리들은 모두 네브셰히를리 다마드 이브라힘 파샤에 대한 불만을 품고 있었다. 성직자들은 그의 족벌주의를 문제 삼았고, 예니체리들은 전에도 그랬지만 변화에 적응하는 것이 어려웠고 새로운 외교 환경 및 예전에 적이었던 세력과의 화해에 적응하기 어려웠기 때문이다.[117]

군대는 여전히 위스퀴다르에서 기다렸고, 점점 불만이 커졌으며, 원정에 필수적인 병참에 관심이 기울여졌다는 어떤 확신도 얻을 수 없었다. 상공인들은 특히 불만이 많았다. 오스만 시대 초기부터 상인들은 군대를 따라 전쟁터로 향했고, 물건을 가지고 가서 팔았다. 그러나 이해에는 최근에 만들어진 번거로운 세금으로 인해 고통을 당했다. 그들은 원정에서 벌어들일 것으로 예상되는 수익에 대해 세금을 내도록 강요당했고, 그 세율은 그들이 생각하기에 너무 높았다. 이 세금은 결과적으로 물건을 사는 사람이 없어 더욱 고통스러운 것이 되었다. 상인들은 군인에게 팔기 위해 상품을 사놓았지만, 사려는 사람은 없었다.[118] 9월 8일, 술탄은 마침내 무기력에서 깨어나 대와지르가 원정에서 군대를 이끌 것이라고 발표했다.[119]

이스탄불에는 자신의 운명에 대해 불만을 가질 이유가 있는 이들이 많았지만, 1730년 9월 28일에 시작된 봉기의 주역들은 대략 25~30명의 상인과 전직 군인 등으로 이루어진 이질적인 무리였다. 이들 중 일부는 1727~1728년에 이즈미르에서 있었던 것 같은 소요 사태에 참가한 이력도 있었다. 이즈미르 사태는 이번에 이스탄불을 덮친 사태의 전조였다. 이들은 처음에 시장에서, 그리고 예니체리들로부터 지지를 얻고자 했지만, 그다지 큰 호응을 얻지 못했다. 당시 이 도시에 있던 유럽인 관찰자들은 이구동성으로 봉기를 곧바로 진압했더라면 누를 수 있었을 것이라고 했다. 봉기 소식을 들은 술탄은 위스퀴다르에 있는 궁전에서 참모들을 불러 모았다. 같은 날 저녁, 술탄과 국가 고관들은 큰 두려움과 당혹감에 사로잡혀 밤을 틈타 보스포루스 해협을 건너 좀더 안전한 톱카프궁으로 갔다. 그러나 이들은 어떤 조치를 취할지에 대해서는 결론을 내리지 못했다.[120]

다음날은 금요일이었고, 정오 기도 이후 불만과 정치적 항의를 표현하는 것이 관례인 성스러운 날이었다. 이제 반란자들은 더욱 대담해졌다. 처음에는 도시에서 자리를 잡지 못한 소외된 이들이 모여들어 군중이 불어났지만, 곧 예니체리 병사들도 설득되어 이들의 편에 섰다. 그러나 과거에 봉기가 일어났을 때 흔히 그랬듯이 반란자들은 자신들의 행동에 법적 정당성을 부여할 필요를 느꼈고, 곧 고분고분한 하급 성직자로부터 파트와를 얻어냈다. 이 성직자는 기꺼이 그들의 행동을 승인해주었다. 자신의 병사들을 신뢰할 수 없었던 술탄은 몇몇 궁료를 보내 반란자들의 불만 사항이 무엇인지를 묻고 해산을 명령하게 했다. 그들은 이를 거부하며, 37명의 고위 관리들을 넘겨주어 혐의에 대해 해명하게 할 것을 요구했다. 이 명단에는 대와지르와 그의 사위 중 한 명이 포함되어 있었다. 다른 사위인 대제독은 반란자들의 처지를 약간 동정하는 태도를 보였다.[121] 이 반란은 통상적인 양상을 보였고, 그 참여자들은 불만이 뭔지 명확히 밝히지 않은 채 다만 술탄의 측근들을 자기네에게 넘기라고 요구했다.

술탄은 선지자의 성스러운 깃발을 세우고 모든 독실한 이슬람교도들에게 그 아래로 집결할 것을 요구했다. 이는 1651년 이스탄불 봉기 당시 그의 조부 메흐메드 4세 술탄이 사용해 성공을 거두었던 계책이었다. 그러나 이번에는 아무 소용이 없었고, 반란자들은 네브셰히를리 다마드 이브라힘 파샤와 셰이흐윌이슬람 예니셰히를리 압둘라흐 에펜디를 넘기라는 요구를 반복했다. 아흐메드 술탄은 다마드 이브라힘을 버리고 싶지 않았지만, 그 주변에는 대와지르를 파면하는 것이 위기를 피하는 길이라고 생각하는 자들이 있었다. 반란이 벌어진 지 사흘째 되는 날, 반란자들은 톱카프궁으로 들어가는 식수와 음식의 공급을 차단했다. 흑인 환관장 하즈 베시르 아아는 대와지르의 직인을 그에게서 강제로 빼앗게 했고, 술탄은 다마드 이브라힘과 그의 두 사위를 처형하라는 명령을 내릴 수밖에 없었다. 왜 두 사위가 이때에 이르러 반란자들의 분노의 표적이 되었는지는 명확하지 않다. 다마드 이브라힘은 정부 핵심에서 많은 이들을 소외시켰고, 이 위기의 순간에 그는 가장 가까운 동맹자들조차 믿을 수 없음을 깨달았다. 반란자들이 궁궐을 공격하고 있다는 소식이 전해지자 처형 대상자들의 재산에 대한 조사가 서둘러 이루어졌고, 곧바로 형이 집행되었다. 세 사람의 시신은 군중에게 넘겨져 시내에서 전시되었다. 그중 한 구가 실제로 다마드 이브라힘의 시신인지, 혹은 그가 아직 궁궐 안에 숨어 있는지에 대해서는 약간의 혼란이 있었다.[122]

다마드 이브라힘 파샤와 그의 사위들이 살해됐음에도 불구하고 군중은 해산하지 않았다. 이제 그들은 아흐메드 술탄의 폐위를 요구했다. 이 최후통첩을 들은 술탄은 침착하게 자신의 형 무스타파 2세의 아들인 마흐무드에게로 갔다. 그와 살아 있는 자신의 아들 가운데 위로 둘인 쉴레이만과 메흐메드를 하렘에서 데리고 나와, 궁료들에게 자신의 후계자인 마흐무드에게 충성 맹세를 하게 했다. 이 질서 있는 제위 이양의 영향으로 도시에서도 물질적 피해가 눈에 띄게 적었다. 아흐메드 술탄은 무력으로 반란을 진압하기 위해 불러올 믿을 만한 병력을 보유하고 있지 않았기 때문에 인명 피해 또한 거의 없었다.[123] 이 반란의 가장 유명한 희생자 가운데 하나가 오스만 사절로 베르사유에 갔던 이르미세키즈 메흐메드 첼레비였다. 아흐메드 3세의 정권과 연관이 있던 다른 사람들과 마찬가지로 그도 궁정에서 먼 곳으로 보내졌다. 그는 키프로스로 유배됐으며, 1732년에 사망했다.[124]

반란자들은 아흐메드의 최측근들을 제거해 공석이 된 관직에 자신들의 후보를 임명함으로써 유사 정부를 구성했다. 새 술탄은 파트로나 할릴Patrona Halil(그는 알바니아인이었고 그의 별칭은 그가 한때 복무했던 배의 이름에서 유래했으며, 이 반란은 그의 이름을 따서 불리게 되었다)이라는 반란 지도자를 조심스럽게 궁궐로 초청해 불만 사항을 청취했다. 그에 대한 응답으로 술탄은 네브셰히를리 다마드 이브라힘 파샤가 부과했던 몇몇 세금을 철폐했다. 그러나 진정되기는 쉽지 않았다. 다마드 이브라힘의 절약 정책 중 하나는 술탄의 군대에서 여분의 인원을 감축하는 것이었는데, 반란자들은 이제 누구든지 원하면 입대할 수 있도록 개방했다. 수천 명이 이에 응하면서 다마드 이브라힘의 업적은 물거품이 되었다. 이 일들을 목격한 압디Abdi(그는 이름 외에는 알려진 바가 없다)는 이렇게 썼다. "가정 내에 얼마나 많은 사람이 있든(여자, 남자, 태중의 사생아까지) 모두 하나하나 등록되고 술탄의 군대에 편입되었다. 이렇게 국고가 털렸다." 아흐메드 3세가 폐위되기 직전 며칠에 비해 상황은 이제 훨씬 더 위험해졌다. 이스탄불과 국가의 핵심에 있는 진짜 권력은 이제 파트로나 할릴과 그 패거리들의 손에 넘어갔기 때문이다.[125]

파트로나 할릴은 자신이 민중의 사람이고 그들의 수호자라고 자처했으며, 오스만의 지배층은 그의 거친 겉모습을 매우 불쾌하게 생각했다. 새 술탄이 에이윕에서 검을 허리에 차는 관례적인 의식을 치를 때, 그는 행렬에서 간단한 옷차림과 맨발로 술탄 마흐무드 앞에서 말을 타고 갔다. 술탄의 어머니는 그의 라스푸틴 같은 매력에 매혹되어 그를 '나의 둘째 아들'이라 부르며, 그가 자신의 궁전을 찾을 때마다 듬뿍 은혜를 베풀었다. 거리에는 그의 지지자들과 그가 임명한 인물들이 가득했고, 이들은 국고에서 지급된 돈으로 욕구를 채웠다. 마흐무드는 제위에 오른 지 8일 뒤에 이제 질서를 회복할 시기라고 판단했다. 타협이 이루어졌다. 군중은 아무도 반란에 참여했다는 이유로 처벌하지 않으며 반란군이 무장을 한 일부 병력을 유지할 수 있다는 데 합의해 해산에 동의했다. 그러나 이들이 만든 유사 정부는 새 술탄이 관직에 자신이 원하는 사람을 임명(그것은 술탄의 고유 권한이었다)하는 과정에 개입했다. 반란 지도자들은 이전에 자기네가 최고위직에 오를 것이라는 꿈을 꾸지 않았지만, 이제는 국가 기구에 공식적으로 들어가는 것이 자기네를 구원해줄 유일한 희망이라고 여기며 직접 인사권을 행사할 권리를 요구했다. 분명히 바다로 돌아가기를 원했던 파트로나 할릴은 대제독이 되기를 원했다.[126]

반란이 시작된 지 한 달 만에 반란 지도자들과 예니체리 사이의 긴장이 드러났고, 그것은 11월 5일 한 예니체리 장교의 피살로 매듭지어졌다. 궁정은 평민의 통치를 끝내고자 하는 점에서 예니체리들과 한마음이 되었고, 민심도 마침내 돌아서기 시작했다. 정부는 비밀회의에서 파트로나 할릴과 그 패거리들을 공개적으로 진압하는 것은 불가능하다고 판단했다. 도리어 그 지지층을 키울 수 있기 때문이었다. 음모가 꾸며지고 있다는 사실을 감지한 반란 지도자들은 이란이나 러시아와의 전쟁이 선포된다면 자신들은 이스탄불을 떠나 전쟁터로 갈 것이라고 알렸다. 그러나 마흐무드 정부는 이를 받아들일 수 없었고, 그리하여 더 정교한 해결책을 마련했다. 파트로나 할릴과 다른 지도자들(모두 해서 약 30명이었다)은 회의에 참석하라는 초청을 받았다. 여기서 그들이 요구한 정부 직위가 수여될 것이라는 말을 흘렸다. 그들은 궁궐에 도착해 작은 집단으로 나뉘었고, 그들이 약속받은 직책의 임명 표시로 명예로운 예복을 하사해줄(그들은 그렇게 생각했다) 술탄을 기다리는 동안, 지도자들부터 시작해 전원이 술탄의 병사들에게 살해되었다. 알현하러 갔던 사람들이 아무도 돌아오지 않자 군중은 의심하기 시작했고, 곧 궁정에서 반란 지도자들이 피투성이 시신이 되어 끌려

나오는 것을 보았다. 이는 여전히 자신들의 대의가 승리할 수 있다는 희망을 품었던 이들의 용기를 꺾기에 충분했고, 많은 이들이 도시에서 도망치거나 자취를 감췄다. 술탄은 도망친 반란자들은 어디서든 발견하는 대로 체포하라는 명령을 내렸다. 프랑스 대사 루이-소뵈르 드 빌뇌브Louis-Sauveur de Villeneuve는 궁궐에서 벌어진 학살 이후 나흘 동안 천 명이 넘는 사람이 살해되었다고 추정했다.[127]

역사가 셈다니자데 픈드클를르 쉴레이만 에펜디Şemdanizade('촛대장이의 아들') Fındıklılı Süleyman Efendi는 이 사건이 일어났을 당시 어린아이에 불과했으며, 국가 관료로 일하던 아버지에게서 그 이야기들을 전해 들었음이 분명하다. 그는 특히 카바쿨라크 이브라힘 파샤Kabakulak('부은 귀') İbrahim Paşa에 대해 이야기한다. 이 인물은 이집트에서 여러 해 근무하는 동안 무자비한 성향으로 명성을 얻었으며, 파트로나 할릴 반란을 진압하는 데 주도적인 역할을 한 인물로 묘사된다. 셈다니자데 쉴레이만은 그를 과거의 두 대와지르와 비교한다. 한 사람은 1607년 시리아에서 일어난 잔불라드오을루 알리 파샤의 반란과 1609년 젤랄계를 상대로 군사적 성공을 거둔 쿠유주 무라드 파샤,[128] 다른 한 사람은 1632년 이스탄불 봉기를 진압한 타바느야스 메흐메드 파샤다. 카바쿨라크 이브라힘은 1731년 1월부터 몇 달 동안 대와지르를 지냈으나, 그해 가을에 해임되었다.

많은 반란자는 보복을 피해 도망쳤으며, 1731년 3월 동지들의 죽음에 대한 복수로 도시를 약탈하고 예니체리와 술탄의 다른 부대들의 병영으로 행진한 후 궁궐로 향했다. 압디로 알려진 목격자는 새로운 시위대에 합류한 이들 중 이스탄불에 최근 도착한 사람들(그는 분명히 이들을 사회의 쓰레기라고 여겼다)에 대해 언급했다. 라즈인(흑해 동안 출신),

롬인(집시), 아르메니아인, 그리스계 오스만인, 유대인, 쿠르드인, 보스니아인, 아나톨리아 이슬람교도(튀르크인), 발칸반도 출신의 순진한 이슬람교도 등이었다.[129] 그러나 이번에는 성스러운 깃발이 마법을 발휘했다. 술탄의 호소에 많은 이들이 깃발 아래로 결집했고, 반란자들은 도시민들 사이에서 전혀 지지를 얻지 못했다. 깃발에 총알이 맞자 군중은 반란자들에게 등을 돌렸다. 반란자들이 죽었다는 증거로서 그들의 잘린 머리를 궁궐로 가져온 이들은 큰 보상을 받았다.[130]

국가의 명령에 따라 주민이 이주하는 경우를 제외하고, 이주를 억제하는 것이 언제나 오스만의 정책이었다. 땅을 일굴 사람이 없으면 국가 재정에 도움이 되지 않기 때문이었다. 파트로나 할릴 반란은 통제되지 않은 주민 이동의 또다른 문제를 보여준 듯했다. 이스탄불로의 이주가 심각한 사회적 결과를 초래했다는 것이다. 1730년의 불안을 조장한 이들로 알바니아 출신 이주자들이 지목됐고, 이들의 역할은 이후 발칸반도 서부의 군정 및 민정 당국에 발송된 칙령에서 공식적으로 언급되었다. 1731년 9월 이스탄불에서 또다른 소규모 반란이 발생한 이후, 당국은 추가적인 이주를 철저히 막으라는 강력한 지시를 받았다. 파트로나 할릴은 알바니아인이었다. 그와 함께한 반란 지도자들 가운데 몇 명이 같은 지역 출신이었는지는 분명하지 않으나, 알바니아인들은 일반적으로 손쉬운 속죄양이었다. 1734년의 추가 탄압은 마르마라해 북안 마을 당국자들에게, 이슬람교도든 아니든 알바니아인이 배를 타고 불법적으로 이스탄불로 들어오려 할 경우 배를 타지 못하게 하고 체포해 이스탄불로 보내야 한다는 것을 일깨워주었다.[131] 이렇게 도시의 필요는 시간이 지나며 변화했다. 술탄 메흐메드 2세는 지방 주민을 이스탄불로 이주시키는 것을 장려하고 심지어 강제해 그곳을 번성하는 제국 수도로 만들려 했다. 마흐무드 1세 술탄은 지방 주민의 수도 유입을 막기 위한 엄격한 규정을 도입했지만, 효과적으로 강제할 수는 없었다.

이 시기의 전쟁이 인간에게 미친 결과로부터 아나톨리아 역시 자유로울 수 없었다. 발칸반도에서는 제국의 국경이 다시 획정되면서 그 결과로 이스탄불로 가는 이주 행렬을 촉발한 반면, 아나톨리아는 다시 한번 무질서한 군대의 파괴 행위로 인해 영향을 받았다. 1718년 오스트리아 및 베네치아와의 전쟁이 끝난 후 가장 규율이 엉망인 비정규군 부대들은 해산 명령을 받았으나,[132] 1720년대의 이란 전쟁은 그들에게 재집결 기회를 주었다. 실라흐다르 픈드클를르 메흐메드 아아는 통치 핵심층에 널리 퍼진 시각을 분명하게 표현하며 아나톨리아 속주들을 '도적의 소굴'로 묘사했다.[133] 아나톨리아는 일부에게 번영을 가져온 경제 성장에 거의 동참하지 못했으며, 농촌 지역 주민들의 어려움은 점점 더 가중되고 있었다. 제국의 동부 속주들에 종신 징세 도급권 도입을 자극한 것은 부분적으로 농업을 활성화할 필요성이었지만, 아나톨리아 대부분은 처음에는 여기에 포함되지 않았다. 이는 이 지역에서 입찰자들을 끌어들이지 못할 것이라고 예측했기 때문일 것이다. 1703년 아나톨리아 서부에서 일부 종신 징세 도급권 투자 사례가 있었으나, 그중 단지 5퍼센트만이 농촌 토지에 관한 것이었다.[134] 농경지를 대상으로 한 도급권 투자 유치 실패는 당시 농촌의 상태에 대한 일부 단서를 제공해준다.

네브셰히를리 다마드 이브라힘 파샤의 정부는 아나톨리아 지방 주민들이 겪는 고통을 잘 알고 있었고, 결코 이들을 방치하지 않았다. 사람들이 생계를 이어갈 수 있도록 함으로써 농촌의 고통을 경감하기 위한 노력은 새로운 정착지를 세우거나 기존 정착지를 개선하는 배경이었으며, 특히 오랫동안 치안 문제가 있었던 아나톨리아 동남부의 순례길을 따라 그러한 노력이 집중되었다. 여행자 숙소가 신축되거나 재건됐고, 그 주변 마을들에 부족민이나 극빈 지역 출신 시골 사람들이 이주했다. 이러한 정책은 마흐무드 1세 치세와 그 이후에도 이어졌다.[135] 다마드 이브라힘의 가장 야심찬 사업은 자신이 태어난 아나톨리아 중부의 작은 마을 무슈카라를 네브셰히르Nevşehir('새 도시', 오늘날 카파도키아 관광 지구의 행정 중심지다)로 바꾸는 것이었다. 그는 이곳에 두 개의 마스지드, 신학교 하나, 무료 급식소 하나, 학교 하나, 도서관 하나, 지붕 덮인 시장 하나, 두 개의 목욕탕, 여덟 개의 분수를 건설했고, 이것이 지금도 이 현대 도시의 상업 중심지를 이루고 있다.[136]

이스탄불에서 동남쪽으로 멀리 떨어진 지역, 아나톨리아의 핵심 지역을 넘어서는 곳에는 제국의 아랍 속주들이 있었다. 이들 지역은 16세기의 각기 다른 시기에 오스만의 영토가 되었으며, 대부분은 처음에 술탄의 이름으로 권한을 행사하는 총독의 통치 아래 지역 관습과 상황에 맞추어 만들어진 법전에 따라 행정이 이루어졌다. 이 지역에는 두 가지 주요 토지 소유 제도가 있었다. 예를 들어 모술주와 시리아의 알레포·다마스쿠스·트리폴리주에서는 아나톨리아 및 발칸반도 대부분과 마찬가지로 군 복무의 대가로 토지가 지급되었다. 그리고 예를 들어 바스라, 바그다드, 이집트, 하베시와 북아프리카 해안 지방인 알제리, 튀니지, 트리폴리타니아 등 중앙과 느슨하게 연결된 곳에서는 징세 도급권 제도가 주를 이루었다. 이 두 체제 외에 많은 영토는 여전히 부족장들(쿠르드족 족장들 같은)의 통제 아래에 있었고, 이들은 일부 중앙의 규제도 받았지만 다른 토지 소유자들보다 더 큰 폭의 자율성을 누렸다. 시간이 지나면서 이들 지방의 통치 방식은(영토 정복이 허용하고 행정 우선순위가 바뀌면서 만들어진 다른 속주들과 마찬가지로) 정복 직후 부과된 모형에서 상당히 멀어졌겠지만, 언제나 변하지 않은 것은 중앙의 통제가, 지방에 기반을 둔 집단들이 이스탄불을 희생시켜 권력을 축적하거나 일시적으로 양도함에 따라 강화되고 약화되기를 반복했다는 것이다.

이집트는 제국 내에서 가장 큰 속주였으며 주요 교역로의 전략적 위치에 자리잡은 덕분에 가장 부유한 지역이었다. 이곳은 또한 성지 순례의 원활한 수행을 보장하고 이슬람 성지에 곡물 및 재정 지원을 제공할 책임으로 인해 제국 내에서도 특별한 위치를 차지하고 있었다. 세관 관세는 이집트 재정 수입의 가장 큰 부분을 차지했으며, 오스만 치하에서 이 지역의 농업과 도시들은 번영을 누렸다. 가장 대표적으로 메카로 가는 연례 성지 순례 비용을 포함한 현지 지출을 충당한 후, 잉여 재정은 매년 이스탄불의 중앙 금고로 이송되었다. 정복된 맘루크 정권에 이질적인 오스만 정권이 접목된 데 따른 불가피한 문제들이 있었지만, 오스만의 이집트 통치는 총독의 권위에 대한 반란이 잇따라 발생하기 전인 16세기 후반까지는 상당히 안정적이었다.[137] 17세기에는 중앙의 이익과 지방의 이익 사이의 갈등에 내재한 긴장이 수익성 높은 속주 재무관 및 순례 지휘관 직책을 차지하기 위한 일련의 파벌 싸움에서 나타났으며, 이스탄불에서 임명한 총독은 파벌 사이의 중재자 역할을 하는 데 그쳤다. 이집트에서 중앙 권력을 강화하려 했던 쾨프륄뤼 가문 와지르들의 시도는 오래가지 못했고,[138] 18세기 초에는 예니체리들(그 일부는 술탄 직속 부대에서 일시적으로 파견됐고, 나머지는 현지 출신이었다)이 속주의 가장 강력한 세력이었다. 이들은 징세 도급과 가문 기반 정치의 연결망에 완전히 통합되어 있었으며, 그것이 부와 권력을 얻는 통로였다. 1711년, 예니체리 내부의 권력 투쟁에서 촉발된 특히 유혈이 낭자한 반란이 발생했고, 여기에 이집트 남부의 풍요로운 곡물 무역의 지배권을 놓고 다투던 주요 가문인 피카르Fiqar 가문과 카심Qasim 가문이 휘말렸다. 오스만이 자주 사용했던 분할 통치 전략은 균형을 회복하는 데 실패했다. 1730년에는 이들 경쟁 파벌이 다시 공개적으로 충돌했으며, 1736년 오스만 총독은 피카르 가문의 많은 지도자들을 살해했다.[139]

이스탄불의 명령에 도전한 대표적인 인물은 체르케스 메흐메드 베이Çerkes Mehmed Bey였다. 그는 1720년대 카심 파벌의 지도자가 되었지만 피카르의 지도자에 의해 카이로에서 쫓겨났다. 그는 배를 타고 지중해를 건너 트리에스테로 향했고, 합스부르크 궁정에 망명을 요청했다. 이는 술탄이 황제에게 강경한 어조의 서한을 보내면서 거절당했다. 그는 다시 북아프리카 연안의 트리폴리로 도피했다. 술탄의 적국에 망명을 요청했다는 단순한 행위만으로도 체르케스 메흐메드를 반역자로 낙인찍기에 충분했고, 그를 체포해 처형하라는 명령이 이슬람 세계 전역에 내려졌다. 이 명령에 사용된 격렬한 표현은 오스만이 외세에 그런 도움을 청하려는 시도를 얼마나 엄중하게 보았는지를 보여준다. 결국 체르케스 메흐메드는 이집트로 다시 들어오기는 했으나, 앙숙인 피카르 가문에게 쫓기다 나일강의 늪에 빠져 죽었다고 한다.[140]

중앙정부는 속주의 군사 및 재정 의무가 이행되고 지역 소요가 통제를 벗어나지 않는 한, 시리아 현지 유력 가문들에게도 지역 문제를 자율적으로 처리할 자유를 허용했다. 수천 명의 신자들이 매년 순례를 위해 시리아를 지났으며, 이들의 안전은 이 지역에서 술탄의 정통성을 입증하는 한 지표였다. 1690년대에는 이런 측면에서 현지 관리들이 자기네 책임에 적합하지 않은 것으로 드러났고, 속주의 재편을 주장하는 것이 불가피해졌다. 1708년 나수흐 파샤Nasuh Paşa가 다마스쿠스주 총독이자 순례 지휘관으로 임명됐고, 이 시기 이후 순례는 이스탄불이 직접 관리하는 대상이 되었다. 그러나 나수흐 파샤는 행정가로서 상당한 능력이 있었지만, 자기 권력 강화 성향은 이를 훨씬 능가했다. 1713년쯤이 되면 다마스쿠스주의 태수직 대부분이 그의 가문 사람들로 채워졌다. 중앙정부는 이를 더이상 봐줄 수 없었다. 알레포에 있는 군대를 보내 그를 죽이게 했다. 18세기의 나머지 기간 동안에는 알아 즘al-ʿAẓm 가문이 여러 차례 다마스쿠스 총독직을 맡으며 정치적·행정적 역할을 통해 재정적인 이득을 얻었다.[141] 다른 유력 가문은 레바논 산지의 마안Maʿn 가문과 시하브Shihāb 가문,[142] 갈릴리의 자이단Zaydan 가문이 대표적이었다.[143] 셰이흐 자히르 알우마르Zāhir al-ʿUmar는 자이단 가문의 유력 징세 도급자로, 해안 속주 시돈을 장악했다. 그는 그곳에서 18세기 전반기 동안의 무역 성장 이후 부를 축적했으며, 면화 시장을 독점했다. 1740년대에는 아코(아크레)의 세관 수입을 확보함으로써 이 지역에서 가장 강력한 유력자였던 그의 지위를 공식화했다.[144]

1720년, 술탄 아흐메드 3세는 예루살렘의 쿱밧앗사흐라('바위의 돔')와 알아크사 마스지드, 그리고 술탄 쉴레이만 1세 시대 이후로 거의 관심을 두지 않았던 이 지역의 수십 개의 이슬람 성지를 복원할 것을 명령했다. 유럽 국가들은 1699년 카를로비츠 조약 체결을 위한 협상 과정에서 예루살렘과 베들레헴의 기독교 성지에 대한 권한을 차지하기 위해 경쟁했으며, 이러한 성지들에 대한 명목상 권한은 여전히 술탄의 재량 아래 있었다. 다만 실제로는 그 권한이 이제 외교적 고려로 인해 그 어느 때보다도 더 제약받고 있었다. 아흐메드의 복원 계획 이면에는 외국 세력이 기독교 성지에 보이는 관심의 고양에 맞서 이슬람 종교 기념물에 대한 오스만의 관심을 알리고자 하는 바람이 있었던 듯하다. 시리아의 행정을 개선하려는 정부의 시도와 마찬가지로, 이슬람 성지의 복원은 현지 이슬람교도들의 충성심을 강화하려는 제스처였다. 이후 마흐무드 1세 시기인 1742년과 1753~1754년에도 예루살렘의 이슬람 성지에 대한 추가 복원이 이어졌다.[145] 마흐무드 술탄의 시기에는 이러한 호소가 점점 더 현지 유력자들을 대상으로 하게 되었다. 시리아의 속주들 같은 제국의 외곽 지역에서 오스만 행정의 원활한 운영을 위해 중앙정부가 의존하고 있던 사람들이었다.

이집트 및 그외 지역과 마찬가지로, 다마스쿠스의 군대 조직에는 많은 예니체리들이 있었다. 중앙 출신도 있고 지역 출신도 있었다. 이 두 집단은 불행하게도 속주의 여러 주둔지에서 공존했고, 1740년에는 갈등이 너무 커지는 바람에 중앙군이 다마스쿠스에서 철수해 6년 동안 그곳에 없었다. 중앙정부가 대응해야 했던 또다른 집단은 베두인 부족민이었다. 정부는 이들을 정착시키고 여기에 더해 지방 행정에 어느 정도 통합하는 정책을 통해 그들을 계속해서 통제 아래에 두고자 했다. 특히 이들을 순례자단 보호 및 보급 임무에 고용하는 방식이었다.[146]

오스만제국의 북아프리카 속주인 알제리, 튀니지, 트리폴리타니아는 통상 중앙정부로부터 이집트나 시리아보다도 더 적은 관심을 받았다. 16세기에 그들은 합스부르크 에스파냐에 맞서 오스만을 대신해 싸우는 해상 세력에게 기지를 제공하는 중요한 역할을 했다. 17세기에는 거의 자치 상태로 방임됐으나, 18세기 초부터 이들 세 속주는 현지에서 권력을 장악하고 이스탄불의 승인을 받은 왕조를 세운 인물들의 후손이 통치했다. 그 승인은 이들 속주가 제국의 일부임을 때때로 상기시켜주는 역할을 했다. 18세기의 특징이었던 외교 의존도가 높아지면서 그것이 이 속주들의 삶에 영향을 미쳤다. 이들의 주요 수입원이었던 해적 활동이 무스타파 2세 술탄이 해적의 공격으로부터 기독교도 선박의 안전을 보장하기로 합의하고 나서 금지됐기 때문이다. 해적선과 에스파냐 선박 사이의 충돌은 18세기 내내 계속됐으며, 오스만 정부는 명목상으로는 술탄의 신민이었던 이 멋대로 구는 선원들에게 거의 영향력을 발휘할 수 없었다. 그러나 상황이 요구할 때는 술탄이 이 속주들에 자신의 의지를 행사할 수 있었다. 다만 이를 위해서는 끊임없는 노력이 필요했다. 1727년에 체결된 오스트리아-오스만 해상 협약에 따라 오스만은 북아프리카 속주의 해적들로부터 합스부르크 선박을 보호할 책임을 떠맡았으며, 1729~1731년 사이 알제리 통치자가 지중해에서 자기네 배들이 오스트리아 선박을 공격하도록 허용하자 그를 정신 차리게 하기 위해 제재를 가했다. 이 속주에 대한 군사 및 재정 지원 중단, 동지중해 오스만 항구의 알제리 선박 입항 금지, 알제리 육군과 해군의 아나톨리아 병력 모집 금지 등이었다.[147]

17세기 러시아 정치가 아파나시 오르딘-나쇼킨Afanasiy Ordin-Nashchokin은 팽창하는 모스코비야를 위한 세 가지 주요 전략 목표를 제시했다. 첫째는 발트해에 도달하는 것이고, 둘째는 벨라루스와 우크라이나 땅을 재통합해 모스코비야의 지배 아래에 두는 것이며, 셋째는 모스코비야가 흑해로 진출하는 것이었다.[148] 발트해 접근은 표트르 대제가 달성했으며, 벨라루스와 우크라이나의 통합은 1795년 3차 폴란드 분할 때까지 완전히 이루어지지 않았다. 그러나 평범한 모스코비야가 러시아 제국으로 진화하기 시작하면서 오스만은 이제 세 번째 것을 막기 위해 시달려야 한다는 것을 깨달았다. 러시아가 흑해 및 그 너머의 온난한 수역에 접근하지 못하게 막는 일이었다. 1726년, 러시아와 오스트리아는 상호방위조약을 체결했다. 러시아는 오스만에 맞서기 위한 지원을 원했고, 오스트리아는 오랜 경쟁국 프랑스와 신흥 강국 프로이센 왕국에 맞서야 했다. 이 조약은 1733년 러시아가 자신들이 원하는 후보자를 폴란드 왕위에 앉히기 위해 개입했을 때 양국 모두에게 큰 도움이 됐으며, 이로 인해 이후 2년 동안 서유럽을 뒤흔든 폴란드 왕위 계승 전쟁이 시작되었다. 폴란드-리투아니아 연방의 약화는 러시아 서부 변경에 대한 공격 가능성을 줄였고, 이제 러시아의 남방 확장을 위한 새로운 단계가 무르익은 듯했다. 1735년 5월, 러시아는 오스만에 선전포고를 했고, 1736년 7월에는 크림의 수도 바흐치사라이를 점령했다. 드니프로강 하구의 오차키우 맞은편 모래톱에 위치한 흑해 요새 킨부른도 러시아에 함락되고 파괴되었다. 1737년 7월에 그들은 오차키우 자체를 점령했고, 10월 오스만의 이 요새 탈환 시도는 실패했다. 폭우, 탈영, 오스만 함대 쪽의 불충분한 노력 때문이었다. 러시아의 야심찬 추가 계획은 스텝 지대에서 벌이는 군사작전에 필요한 병참 문제를 계속해서 해결하지 못해 좌절되었다. 그들의 유일한 다른 성과는 1713년 에디르네 조약으로 상실했던 아조프 요새를 되찾은 것이었다. 1737~1738년에 열린 평화 협상은 성과가 없었다. 러시아의 요구는 자기네의 장기적인 목표를 반영한 것이었다. 그들은 크림반도, 쿠반 스텝, 드니프로강에서 서쪽으로 도나우강까지의 흑해 연안을 요구했고,

정교회 신자가 다수인 지역(도나우강 유역 몰도바 및 왈라키아와 흑해 북안 일대)을 러시아의 보호 아래 독립시킬 것도 추가로 주장했다. 이는 러시아가 처음으로 주민들의 종교를 근거로 오스만 영토에 대한 권리를 주장한 것이었다. 1738년에도 군사작전은 계속되어 흑해 서안 지역까지 확대됐으나 곧 교착 상태에 빠졌다.

러시아와의 상호방위조약으로 인해 오스트리아도 1737년 전쟁에 말려들었다. 오스만은 1737년과 1739년 스웨덴과의 협정 체결을 통해 이 두 강대한 적으로부터 스스로를 보호하고자 했다. 1739년의 협정은 러시아에 대한 상호방위조약을 포함하고 있었다.[149] 이 전쟁은 오스트리아에게 재앙이었고, 1739년이 되자 오스트리아 역시 휴전에 응할 태세가 되어 있었다. 프랑스의 중재로 협상이 이루어져 같은 해 체결된 베오그라드 조약에 따라 오스트리아는 베오그라드와 함께 20년쯤 전 파사로비츠 조약으로부터 얻었던 대부분의 영토를 상실했다. 러시아는 아조프를 제외한 모든 정복지를 포기했다. 그들은 전쟁 중 약 10만 명의 병력을 잃었는데, 대부분 그 병사들이 연명해야 했던 부족한 식사로 질병이 악화된 탓이었다.[150] 누가 베오그라드를 소유할 것인가를 둘러싼 술탄 측 협상단의 결의는 이 전쟁을 끝낸 평화조약에서 오스만에게 유리한 결과를 확보하는 데 중요한 역할을 했다.[151] 프랑스의 중재로 오스만제국은 프랑스에게 빚을 지게 되었다. 프랑스는 처음으로 술탄으로부터 무역 특권의 은사恩賜를 받는 것이 아니라 그것을 요구하는 위치에 있게 됐고, 1740년에 새로운 조약이 체결되었다. 현실적으로는 오스만의 불안정하고 조정되지 않은 시장을 통제하는 것이 불가능했기 때문에 프랑스는 그 새로운 특권을 완전히 활용할 수는 없었으나, 그럼에도 불구하고 외국 세력이 이제 더이상 상업 문제에서

오스만 술탄에게 구걸하지 않게 되었다는 사실은 분명했다.[152]

중부 유럽이 프로이센의 프리드리히 대왕의 팽창주의 정책으로 촉발된 오스트리아 왕위 계승 전쟁(1740~1748)과 7년 전쟁(1756~1763) 등 두 차례의 참혹한 전쟁에 휘말렸을 때, 오스만제국의 북부 및 서부 국경에서는 러시아 및 오스트리아와의 전쟁 이후 오랜 평화 시기가 이어지고 있었다. 그러나 동부 지역에서는 사정이 달랐다. 오스만은 사파비 왕조 말기의 안정 덕분에 100년 가까이 이란과 평화를 유지하고 있다가 나디르 한이 등장했다. 그는 1730년에 타브리즈를 점령하고, 1733년에는 바그다드를 몇 달 동안 포위한 끝에 오스만을 평화 협상 테이블로 끌어들였다. 그러나 1735년에 나디르 한이 러시아와 동맹 조약을 체결했고 그들은 러시아의 남진에 맞서 방어가 필요했기 때문에 오스만의 협상력은 제한적이었고, 따라서 자기네가 지킬 수 있는 최선은 1639년 국경으로 복귀하도록 하는 협정을 얻어내는 것이라고 생각했다. 오스만이 흑해에서 러시아의 진군에 맞서 방어전을 펼치고 있던 1736년, 나디르 한은 자신을 아프샤르 왕조의 초대 샤로 선포했다. 이후 그는 이란 이슬람교의 성격을 재정립하자는 제안을 내놓았다. 이는 1500년경 사파비 왕조의 초대 샤 이스마일이 국교로 채택했던 열두 이맘파 시아 이슬람교를 하나피파, 한발파, 샤피이파, 말리크파 등 오래전에 확립된 네 학파와 함께 순나 이슬람교의 다섯 번째 학파로 인정하자는 것이었다. 오스만 협상단은 당혹스러웠다. 그런 급진적인 제안을 어떻게 받아들여야 할지 도움이 될 만한 선례가 없었다. 나디르 한은 간청하고 협조적인 자세를 보였지만 그들은 나디르의 요청을 거부했다. 오스만에게는 다행스럽게도 나디르는 곧 동쪽으로 방향을 틀어 아프간, 인도의 무굴제국, 중앙아시아의 우즈베크족을 상대로 정복 활

동에 나섰다. 그의 이력은 350년 전의 티무르를 떠올리게 했다.[153]

1740년 나디르 샤가 이란으로 귀환한 것은 이 지역에서의 오스만의 전략적 이해관계에 직접적인 영향을 미쳤다. 서쪽 이웃인 오스만에 대한 그의 태도는 이제 더욱 공격적이었고, 종교 개편 제안을 다시 주장했다. 그러나 오스만은 여전히 이를 수용할 수 없었다. 그는 먼저 캅카스 지역을 원정했고, 공격을 계속해 1743년에는 이라크에 도달했다. 그곳에서 그는 모술 요새를 포위했지만 오스만이 간신히 지켜낼 수 있었고, 1745년에는 예레반으로 진군했다.[154] 이스탄불에서는 또다른 반란이 일어날 것을 우려해 공공 집회에 대한 새로운 통제가 시행됐고, 이것은 1746년 오스만–이란 평화조약이 마침내 체결되고 나서야 완화되었다.[155] 양측 모두 평화 협정에 적극적이었다. 오스만은 러시아와의 전쟁으로 인해 큰 피해를 당했고, 나디르 샤는 이제 종교에 관한 제안을 접었다. 그러나 이 제안은 성과가 없지 않았다. 1746년 조약은 오스만과 이란 사이의 관계에 완전히 새로운 기조를 제공했기 때문이다. 그 핵심은 이란이 더이상 이단 시아파의 버림받은 국가(그에 대한 오스만의 공격은 언제나 이런 궤변으로 정당화할 수 있었다)로 볼 수 없으며, 다른 이슬람 국가들과 동등한 입장의 같은 종교를 믿는 국가로 받아들여야 한다는 것이었다. 이는 분명히 오스만과 이란 양측 모두에게 이득이 되는 절충안이었다.[156]

술탄 마흐무드의 치세 첫 10년은 1730년 반란을 야기한 불만들을 해결하려는 시도에 바쳐졌으나, 아주 성공적이지는 못했다. 역대 오스만 정부는 물자 부족이 초래할 결과를 잘 알고 있었기 때문에, 이스탄불 주민들에게 충분한 식량을 공급하는 일은 항상 최대 관심사였다.

1650년대 베네치아의 이스탄불 봉쇄는 불안을 야기했지만, 18세기에 가속화한 이 도시로의 이주는 전혀 다른 차원의 문제들을 불러왔다. 1730년 반란 직후, 술탄은 이즈미르의 관리들에게 수도에서 발생한 식량 부족과 전염병에 대해 편지를 보냈다.[157]

이주는 그 목적지인 이스탄불뿐 아니라 출신지에서도 해결할 수 있었다. 오스트리아 및 러시아와의 전쟁 이후이자 이란과의 새로운 전쟁이 시작되는 1740년, 해산된 비정규 병사들이 아나톨리아에서 다시 광란을 벌였고, 정부군은 그들이 폭동을 계속하면 공격하라는 명령을 받았다.[158] 같은 해, 민간 관리들에게는 아나톨리아의 납세자들에게 과도하거나 불법적인 수탈을 하지 말라는 칙령이 내려졌다. 이러한 칙령들의 목적은 사람들이 이스탄불로 더 이주하는 것을 막는 것이었으며,[159] 이것이 술탄과 그 와지르들이 가장 우려한 바였다. 1740년 6월 6일, 이스탄불에서는 군중이 상점을 약탈하면서 시작된 사건이 곧 폭동을 일으키자는 외침으로 확대되었다. 1730년 반란 당시와 마찬가지로 술탄이나 대와지르는 모습을 드러내지 않았고, 상황은 예니체리 장교들의 손에 맡겨졌다. 이들은 소요의 확산을 저지했으나, 유혈 사태를 일으킬 수밖에 없었다. 도시에서는 관련자로 생각되는 사람들을 찾기 위한 수색이 벌어졌다. 알바니아인들이 다시 주요 용의자로 지목됐고, 이스탄불에 10년 미만 거주한 자들은 고향으로 돌아가라는 명령을 받았다. 영국 대사의 보고에 따르면, 이 사건으로 인한 사망자는 3천 명에 달했다.[160] 1748년 5월에도 이스탄불에서 소요가 발생했고, 또다시 폭력적으로 진압되었다. 그후 더 많은 추방 조치가 뒤따랐고, 이주를 거의 전면 금지하는 조치가 내려졌다. 그러나 이를 어긴 이들에게 가해진 가혹한 처벌에도 불구하고,[161] 세기 중반 무렵에도 알바니아인을 포함한 이주민들이 이스탄불에 거주하며 비교적 평온하게 생계를 유지하고 있었다는 충분한 증거가 있다.[162]

그러나 이 시기에 간간이 발생한 전쟁과 반란(그리고 그것이 이후 초래한 사회적 여파)은 오스만의 자신감을 꺾는 데 별다른 영향을 미치지 못했다. 18세기 중반의 국내 평화는 환상일 뿐이었지만, 이 시기는 세기 초부터 형성되기 시작한 사회 체제의 정착기였다. 아흐메드 3세의 치세에 시작된 술탄과 그 가족의 건축 후원 부활이 이어졌고, 고관들의 후원도 마찬가지였다. 별장, 도서관, 분수가 여전히 중요한 형태였다. 톱카프궁 담장 바깥과 위스퀴다르 선착장에 세워진 아흐메드의 분수는 이스탄불에서 가장 인상적인 기념물 중 일부다. 마흐무드는 즉위 직후 '튤립 시대'와 상징적으로 결별했다. 즉위 3일 만에 가장 강력한 상징인 사드아바드의 궁전들을 파괴하라는 명령을 소유주인 황족과 귀족들에게 내렸다.[163] 그러나 이것이 사드아바드의 끝은 아니었다. 1740년, 베오그라드 조약(조약 자체는 1739년에 맺어졌다) 비준을 위해 빈에서 파견한 사절단의 한 관리가 자신이 본 궁궐 그림 몇 점을 남겼다. 그곳에서 술탄과 와지르들이 사절의 수행원들을 접대하는 모습이다. 이 그림들로 보아, 1730년 사건에도 불구하고 많은 부분이 남아 있었음은 분명하다. 궁궐이 옛 영광을 되찾고 사드아바드가 다시 한번 화려한 행사의 무대가 되도록 수리한 기록이 여전히 남아 있다.[164] 1743년, 술탄은 아흐메드 3세의 휴양지에 독특한 개성을 부여했던 폭포수의 대리석 웅덩이를 수리하라고 명령했다.[165]

17세기 초 아흐메드 1세 이래 150년 가까이 지나도록 술탄이 새롭고도 인상적인 마스지드 단지 건설을 후원한 적은 없었다. 마흐무드 1세의 마스지드는 1755년에 이를 완공한 그의 후계자를 위해 누루오스만Nuruosman('오스만의 빛')으로 이름 붙여졌는데, 지붕 덮인 시장 입구에 위치해 있었다.[166] 18세기 중반은 또한 지방에서도 마스지드 건설이 이루어진 시기였다. 예를 들어 아이든과 에르주룸 같은 곳들이었다.[167] 마흐무드 1세는 전임자가 시작한 사업을 이어받아 계속 늘어나는 이스탄불 주민을 위해 도시 서북쪽 벨그라드 숲에 새로운 제방과 고가 수로 체계를 제공해 곳곳에 생겨나는 분수대에 물을 공급했다.[168] 마흐무드의 가장 인상적인 분수는 이스탄불 타크심 광장 서남쪽 모퉁이에 위치해 있었다(그리고 지금도 있다). '타크심Taksim'이라는 말은 '분배'를 뜻하며, 시골에서 끌어온 물이 오스만 수도 이스탄불의 주민들(전례가 없을 정도로 증가하고 있었다)에게 분배되는 곳이 바로 이 지점이었다. 타크심 광장의 서쪽 벽에는 물 배급관이 숨겨져 있다.

마스지드 단지는 언제나 도서관을 포함했지만, 18세기에는 도서관이 갈수록 독립적인 건축물로 세워졌다. 특별히 필사본 소장품을 보관하기 위해 설계된 것이었다. 파즐 아흐메드 파샤는 처음으로 도서관 전용 건물을 후원한 인물이었다.[169] 술탄 아흐메드 3세와 그의 측근들은 많은 도서관을 세웠으며, 이 전통은 마흐무드 1세와 그의 궁정에 의해 지방과 이스탄불 모두에서 이어졌다. 아흐메드 3세가 톱카프궁 제3안뜰에 지은 도서관의 기초를 세우기 위해 흙을 팔 때 사용한 황금 곡괭이는 그의 증조부인 술탄 아흐메드 1세가 1609년 자신의 마스지드를 건설할 때 사용했던 것과 동일한 것이라고 한다.[170] 이 곡괭이는 최근까지도 도서관에 전시되어 있었고,[171] 아흐메드 3세와 그 후계자들의 귀중한 필사본 수집품은 현재 메흐메드 2세 치세에 처음 세워진 인근 마스지드에 보관되어 있으며, 학자들에게 개방되어 있다.

오스만 학자들은 '튤립 시대' 동안 새로운 경험을 할 수 있었다.

1727년에 아랍 문자 인쇄기가 제국에 처음으로 도입된 것이다. 인쇄는 오스만제국에서 파란 많은 역사를 갖고 있었다. 1492년 에스파냐와 포르투갈에서 추방된 유대인 난민들이 이스탄불 등지에 정착할 때 이 비교적 새로운 기술을 가지고 왔지만, 당시 유대인 자료에 따르면 술탄 바예지드 2세는 곧 인쇄를 전면 금지했고 술탄 셀림 1세는 1515년에 이 금지 명령을 반복했다. 이 범죄는 사형에 처해질 수 있었다. 그 이후 아르메니아인, 그리스인, 유대인 공동체의 인쇄본 생산은 어려움이 없지 않았다. 16세기의 어느 시점에 이스탄불의 예수회 선교사들이 이 도시에서 케팔로니아 주교가 운영하던 인쇄소를 금지했고, 1698년에는 아르메니아인의 인쇄소가 예니체리들에 의해 파괴되었다.[172] 헝가리 출신으로 17세기 오스만 역사가였던 이브라힘 페체비는 왜 아랍어나 오스만어 독자들을 위한 인쇄물이 없는지 의문을 품었고, 이 문제를 위해 나서서 첫 인쇄소를 세운 것은 그의 동향인인 이브라힘 뮈테페리카Ibrahim Müteferrika였다. 그는 노예로 이스탄불에 왔고, 테키르다으에 망명 중이던 라코치 페렌츠의 통역으로 임명된 사람이었다. 그는 지도를 인쇄하는 것으로 시작했고, 1726년에는 자신의 계획을 상세히 적은 보고서를 대와지르 네브셰히를리 다마드 이브라힘 파샤에게 제출했다. 셰이흐윌이슬람의 파트와는 긍정적이었고, 술탄의 승인이 뒤따랐다.[173]

술탄 아흐메드가 이브라힘 뮈테페리카와 그의 사업 동료인 메흐메드 사이드 에펜디Mehmed Said Efendi(그는 1720년 프랑스에 사절로 간 아버지 이르미세키즈 메흐메드 첼레비를 따라갔다가 1733년 스웨덴으로 가서 칼 12세가 오스만 국고에 빚지고 있는 돈을 회수하려 했던 사람이다)에게 내린 명령은 인쇄술의 도입을 정당화하는 데서 술탄이 어려움을 느끼지 않았음을 분명히 보여준다. 그는 이슬람 시대의 여명기부터 신학자들이 쿠란에서부터 사전까지 다양한 책들을 저술해왔다고 썼다.

시간이 지나고 오랜 세월 전쟁들을 겪으면서, 그리고 말썽꾸러기 칭기즈 칸과 지각없는 훌라구 칸(1258년 바그다드를 약탈한 칭기즈 칸의 손자다)의 반란, 방종한 프랑크족에 의한 안달루시아 땅 점령(15세기 말 이후 이베리아 남부에서 이슬람교도를 추방한 일을 가리킨다), 기타 전쟁과 학살, 대화재 등으로 인해 대부분의 문헌이 사라지거나 유실됐기 때문에 이슬람 세계에는 오늘날 어휘집, 성명 점술 책, 아랍어 문법서 및 사전, 역사서, 선지자의 전승을 담은 상당량의 사본들, 그리고 필수적이고 방대한 저작들이 매우 드물다. 더구나 서기와 필사자들은 게으르고 열의가 부족하며, 그들이 쓴 것은 오류와 실수가 없지 않다.[174]

아랍 문자 인쇄라는 혁신은 유망하게 출발했지만 우여곡절을 겪었다. 이브라힘 뮈테페리카는 메흐메드 사이드 에펜디와 협력해, 1745년에 사망하기 전까지 총 17종의 책을 인쇄했다. 이들 대부분은 오스만 연대기였지만, 아랍어-오스만어 사전, 페르시아어-오스만어 사전, 오스만어-프랑스어 문법서, 아프가니스탄 역사서도 포함되어 있었다(술탄은 서기들이 일자리를 잃지 않게 하기 위해 종교 서적의 인쇄는 금지했다).[175] 뮈테페리카의 인쇄소는 창업자가 죽은 뒤에는 간헐적으로 운영되다가 결국 1796~1797년에 문을 닫았다. 인쇄소가 운영된 64년 동안 24종의 책만 찍어냈고, 대부분은 500부 정도의 소량 인쇄였다. 이 인쇄소의 소멸은 아랍 문자의 인쇄에 대한 공개적인 반대 때문이라기보다는 글을 읽을 수 있는 소수의 사람들 사이에서 관심을 끌지 못했던 탓으로 보인다.[176] 이들은 필사본의 감각적 즐거움을 더 선호했던 듯하다.*

  오스만제국에서 권력을 쥔 자들이 18세기의 새로운 영향에 어떻게 반응했는지는 일반적으로 현대의 저자들이 변화의 대리인이라고 생각한 다양한 인물들의 기록에 나타난다. 한 부류는 이르미세키즈 메흐메드 첼레비 같은 대사들이고, 인쇄업자 이브라힘 뮈테페리카는 또다른 부류를 대표한다. 유럽의 최신 군사 기술을 오스만에 도입한 조언자들은 세 번째 부류를 형성했으며, 프랑스 출신의 귀순자 보느발 백작 클로드 알렉상드르Claude Alexandre가 대표적이다. 그는 1716년에 합스부르크가 페트로바라딘 전투에서 오스만을 물리쳤을 당시 외젠 드 사부아 공자와 함께 싸웠으며, 1729년에는 외젠과 사이가 틀어져 오스만제국에 망명을 요청했다. 오스만인들은 전쟁 방식의 변화가 자신들에게 불리하게 작용하고 있음을 인식했으며, 1730년 술탄 마흐무드 1세가 즉위한 직후 뮈테페리카의 인쇄소에서 출판한 첫 작품 가운데 하나는 그가 직접 집필한 군사 조직에 관한 소책자였다.[177] 이듬해 마흐무드 1세는 클로드 알렉상드르를 이스탄불로 초청해 군대의 근대화를 추진하도록 고무했다. 이슬람교로 개종한 후 제2의 조국에서 홈바라즈 아흐메드 파샤Humbaracı('포병') Ahmed Paşa로 알려진 그는 군대에 서방의 방법을 도입할 것을 권고하는 논문을 썼으며, 특히 훈련 개선이

---

* 표트르 대제 시대의 러시아에서도 인쇄본 시장은 그리 활발하지 않았다. 그가 인쇄술에 대해 개인적으로 열정을 가졌고, 그것이 교육 및 개혁에 미치는 힘을 알고 있었음에도 그랬다. 그는 역사서에서부터 지침서, 법전, 순수문학에 이르기까지 모든 종류의 책 출판을 장려했다. 이는 그 이전 시대와는 아주 대조적인 상황이었다. 1560년대 모스크바에 인쇄소가 설립된 이후 그의 즉위 이전까지 출판된 책 가운데 성격상 "분명하게 종교적이지 않은" 책은 단 세 권에 불과했다 (Hughes, *Russia in the Age of Peter the Great*, 316~325).

필요하다는 점을 강조했다. 그의 노력은 그를 변절자로 여긴 프랑스 대사와 권력 다툼을 벌이던 와지르들에 의해 저해되기도 했지만, 그는 포병 부대의 재편성에 성공했으며 제국의 대포 및 무기 제조소와 화약 생산의 현대화에 관여했다. 그러나 그가 1734년에 세운 공병 학교는 1750년 성직자들의 압력으로 폐쇄됐고, 그의 포병 부대 확대 계획 역시 예니체리의 반대로 인해 좌절되었다.[178]

18세기 전반기에 오스만제국에서 일어난 변화들은 복잡했으며, 현대 세계가 제공하는 기회를 활용한 저명인사들의 라이프 스토리만으로는 그 모든 것을 설명할 수 없다. 18세기 중반 제국과 다른 국가들 사이의 관계가 비교적 평온했던 것은 이 시기에 고위직을 맡았던 정치가들의 역량이 한몫했다고 볼 수 있다. 이 시기는 전쟁보다는 외교를 통해 국제적 오해와 분쟁을 해결할 수 있는 가능성이 이전보다 더 높았던 막간이었으며, 이런 추세는 군사 분야의 위축과 행정 직군의 강세로 나타났다. 이는 제국이 장기적으로 군사적인 국가에서 방어에 더 관심을 갖는 국가로 변화해가면서 생긴 불가피한 결과였다. 오스만 고위 행정직에서 쌓은 경력이 이제 군대에서의 경력보다 더 중요해졌다. 군사적 용감성도 이제 새로운 영토의 점령에 성공하는 것보다는 포위된 요새를 완강하게 방어하는 일에서 구현되었다.

갈등을 해결하는 수단으로서 외교의 비중이 커지면서 비서장의 위상이 높아졌다. 그 책무는 매우 중요한 외교 업무 수행을 포함하는 것으로 변화했다. 오스만을 대표해 카를로비츠 조약 협상에 참여했던 라미 메흐메드 파샤는 마지못해 잠시 대와지르를 맡기 전에 8년 가까이 비서장으로 재임했으며, 코자 라급 파샤Koca Ragıp Paşa의 이력도 이와 비슷했다. 코자 라급은 나디르 샤와의 평화 협상 및 1739년 베오그라드 조약으로 이어지는 협상에 참여했다. 그는 1741년에 비서장이 됐고,[179] 1757년부터 7년 뒤에 죽을 때까지 대와지르를 지냈다. 코자 라급은 술탄 아흐메드 3세의 사위이기도 했는데, 그는 고위 관료들이 총애를 받는 흐름의 초기 수혜자였으며 이러한 경향은 제국 말기까지 이어졌다. 1768년 러시아와의 전쟁에서 새로운 국면이 시작되기 전까지 비서장을 지내고 나중에 대와지르가 된 인물은 다섯 명이 더 있었다. 이제는 군사적 배경을 지닌 인물이 더이상 우선시되지 않게 되었다.[180]

전쟁과 달리 외교는 상대에 대해 관심을 가지고 알 것을 장려한다. 이는 외교 담당자들이 정책 결정을 내리는 데 바탕이 될 지속적인 정보의 흐름을 알아야 하기 때문이다. 오스만제국의 경우, 1720~1721년 프랑스로 파견된 이르미세키즈 메흐메드 첼레비의 경우와 같은 개별 외교 사절은 낯설고 먼 세계에 대한 이야기를 비서장에게 제공할 수 있는 단발적인 기회였다. 다른 많은 유사한 보고서들이 이어졌다. 러시아, 오스트리아, 폴란드, 스웨덴, 이란 등에 파견된 오스만 사절들로부터였다. 무굴 인도와의 전통적이지만 불규칙적인 사절 교환도 계속됐으며, 1740년대에 이란의 나디르 샤의 활동이 동력을 제공했다.[181] 새로 즉위한 술탄이 다른 나라의 지배자들에게 인사를 전하는 것 역시 사절을 파견할 구실이 되었고, 사절들은 술탄의 대리인에 걸맞은 위엄과 격식을 갖추었다. 오스만 사절들은 과거 베네치아 사절들이 이스탄불을 다녀온 뒤 작성했던 보고서를 떠올리게 하는 방식으로 자신들이 방문한 국가들의 정치와 문화에 특별히 예민한 관심을 기울였다. 특히 문화 교류는 쌍방향으로 이루어졌다. 이 시기에는 이전의 그 어느 때보다도 더 많은 유럽인들이 호기심을 가지고 이스탄불은 물론 오스만 영토 깊숙한 곳까지 제국을 직접 살펴보았다.

재산을 소유한 상류층 인사들은 호기심을 자극하는 사상이나 유행을 즐거이 실험했지만, 이 시기에 오스만의 핵심 지배층이 서방을 무비판적으로 모방하지는 않았다. 모든 사회에는 적응성과 융통성의 한계가 있으며, 오스만이 유럽과 점점 더 밀접하게 접촉하면서 깊숙한 문화 변화를 초래할 것 같지는 않았다. 오스만을 연구하는 역사가들은 그들이 서방의 방식을 받아들이지 않은 보수성을 들어 자주 그들을 비난했다. 마치 근대 세계로 가는 서방의 방식이 매우 불가피하므로 이를 거부하는 모든 이들은 당연히 개혁과 계몽에 반대하는 잘못을 저지르는 것처럼 여겨졌다. 그러나 예니체리는 충분한 이유를 가지고 재편과 근대화에 반대했다. 그것이 물질적으로 자신들의 특권적 지위를 위협했기 때문이다. 한편 성직자들은 이 시기의 초기 변화를 자기네들의 교육 독점에 대한 위협으로 볼 수 있었다. 군사 기술과 같은 과학은 전통적이지 않은 교육을 받은 교사를 필요로 했고, 따라서 성직자들의 '폐쇄적인 조직'을 위협했기 때문이다. 표트르 대제가 자기 나라를 근대 세계로 이끌고 가기 위한 목적으로 구체제를 조작한 것은 유명하지만, 이는 오스만의 방식이 아니었다. 18세기의 오스만제국은 유럽 무역에 완전히 참여하고 있었지만, 사절이나 상인들이 서방에서 들여온 모든 새로운 것들(물건이든 사상이든)이 유럽 국가들과 사고방식이 근본적으로 다른 국가에서 깊게 뿌리내릴 가능성은 크지 않았다. 17세기 후반의 참담한 전쟁들로 인해 오스만제국의 손상된 자존감을 보상하려는 필요성은 술탄과 그 제국의 이슬람 정체성을 새로이 강조한 배경일 것이다. 그것은 소비주의 확대와 18세기의 특징이었던 서방 사상에 대한 분명한 개방성과 함께한 것이었다. 외부용으로서뿐만 아니라 내부용으로서도 설계된 것이기는 했지만, 18세기 술탄들의 통치에서 매우 분명했던 이 오스만 술탄의 이미지 재정의는 시대정신과도 아주 잘 부합했다. 유럽의 다른 국가들에서도 공식적으로 규정된 하나의 종교를 존중하고 이를 고수하는 것은 여전히 충성의 시금석이었다. 프랑스와 오스트리아의 가톨릭이든, 영국과 프로이센의 개신교든, 러시아의 정교회든 마찬가지였다.

18세기 중에 제국은 외국의 영향을 수용하거나 거부하는 데 대한 선택권이 더는 없었지만, 그 유해한 영향으로 간주되는 것을 저지하기 위해 자신들이 동원할 수 있는 수단을 이용했다. 소비가 증가하던 이 시기에는 전통적 확실성으로 회귀하는 일이 동반됐는데, 그 한 측면은 규율 잡힌 사회를 유지하기 위한 수단으로서 사치 금지법에 대한 새로운 강조였다. 군인, 관료, 성직자, 농민은 복장으로 구별될 수 있었지만, 가장 눈에 띄는 것은 비이슬람교도의 복장 차이였다. 그들의 옷차림은 양식과 색상이 규제되어, 그들을 적절하고 하위의 지위에 머물도록 하는 데 일조했다. 여성 또한 비이슬람교도와 마찬가지로 행동과 복장에 제한을 받았다. 특히 공공장소에서 그랬다. 그들은 어떤 추문의 낌새도 비치지 말아야 하며, 외양에 특징이 없어야 했다. 아흐메드 3세 통치 말기에 이스탄불 사람들(특히 모든 계층의 여성들)은 이전 그 어느 때보다 훨씬 더 자유롭게 움직이고 외출할 수 있었으며, 이러한 사실은 당국에 의해 인식되지 않을 수 없었다. '튤립 시대'의 절정이던 1726년, 네브셰히를리 다마드 이브라힘 파샤는 익숙한 도덕 질서가 돌이킬 수 없이 무너지기 전에 이를 떠받치고자 움직였으며, 유행을 따르는 여성들의 과도한 멋 부리기를 억제하고 예의범절의 규범을 다시 강제하는 것을 목표로 하는 일련의 규정을 발표했다.

정부가 에디르네에서 다가오는 군사 원정을 준비하고 전반적으로 중요한 문제에 몰두하고 있을 때, 아무짝에도 쓸모없는 일부 여성들이 기회를 틈타 복장을 치장하고 거리를 활보하며 교태를 부렸다. 이들은 온갖 이상한 형태의 이교도 여성들의 머리 장식을 모방해 정숙한 규율과는 전혀 맞지 않는 수치스러운 모양을 만들어냈다. 이들은 명예의 장막을 찢고, 그런 수치스러운 행위로 차림새를 어지럽히며, 자기 남편에게 부적절한 제안을 하고 악한 새 풍속으로 (여성에 대한 남성의 존경심을) 해쳐서는 안 된다. 앞으로 여성들은 옷깃이 손바닥 너비를 넘는 겉옷이나 정숙의 한계를 넘는 삼각형 이외의 손수건, 손가락 폭보다 넓은 머리띠를 착용하고 길거리에 나와서는 안 되며, 이를 어길 경우 옷깃이 잘릴 것이다.[182]

이러한 규정들이 실제로 시행되지는 않았던 것으로 보이지만, 이후의 정부들은 여성을 사회에서 정해진 위치에 묶어두려는 노력을 포기하지 않았다. 마흐무드 1세와 그의 동생이자 후계자인 오스만 3세(재위 1754~1757)는 자기네 숙부 아흐메드 3세가 분명히 묵인했던 여성의 부적절한 행동의 추세를 되돌리기 위한 여러 가지 사치 금지 규정을 발표했다.[183]

한 현대 역사가가 말했듯이, 오스만의 치세는 그가 가한 여성의 공적 생활에 대한 제한과 여성 및 비이슬람교도를 대상으로 한 사치 금지법 외에는 특별히 기억될 만한 것이 없었다. 이는 분명히 당시 널리 퍼진 독실한 신앙과 부합하도록 왕조를 재정의하는 문제에 대해 그가 취했던 접근 방식의 초석 가운데 하나였다. 비이슬람교도는 공적 무대에서 이전보다 덜 두드러졌지만 많은 경우 상당한 부를 축적했고(흔히 유럽인들과의 상업적 관계를 통해서였다), 비슷하게 성공한 이슬람교도들이 누리던 지위를 열망하며 자신들의 열등한 위치를 나타내는 복식 규정을 무시하고자 했다. 당시의 연대기에는 이를 위반한 자들을 처형하고 구타하고 익사시킨 사례가 다수 기록되어 있다.[184] 오스만의 후계자인 무스타파 3세 역시 독자적인 새 사치 금지법을 추가했으며, 1774년부터 1789년까지 재위한 술탄 압뒬하미드 1세Abdülhamid I도 마찬가지였다.[185] 이러한 규제는 카드자델리파의 청교도적 우려를 반영한 측면이 있었다. 외교와 무역으로 촉진된 다양한 수준의 교류는 오스만제국의 정치 및 문화 생활(특히 그 기반이 되는 종교적 하부구조)의 고유성을 지키려는 의지와 상충하며 균형을 이루었다. 이것은 왕가의 세속 권력과 마찬가지로 제국이 유럽과 갈수록 긴밀한 관계를 맺게 되면서 훼손될 우려가 있기 때문이었다.

제12장

지방의 권력

18세기 후반, 술탄 오스만 3세가 즉위한 1754년부터 그의 사촌인 술 탄 압뒬하미드 1세의 통치가 끝나는 1789년까지는 오스만제국의 역 사에서 가장 잘 알려지지 않은 시기 중 하나다. 오스만 3세의 짧은 치 세에서 가장 중요한 사건은 1756년 7월 5~6일에 발생한 대화재였을 것이다. 이는 18세기에 여러 차례 발생한 화재 중 하나였다. 이 화재 는 할리치만 연안의 지발리 지역에서 시작되어 이스탄불 성곽 내 도 시 전역으로 퍼졌다. 당대 역사가 셈다니자데 픈드클르 쉴레이만 에 펜디Şemdânizâde Fındıklılı Süleyman Efendi에 따르면, 화재는 48시간 동안 맹렬 히 불타면서 신학교 130개, 방앗간 335개, 마스지드 150곳, 주택 7만 7400채, 상점 3만 4200곳, 목욕탕 36곳을 재로 만들었다.[1] 그다음 술 탄인 오스만의 사촌 무스타파는 1757년 제위에 오르기 직전까지만 해도 술탄 아흐메드 3세의 생존한 두 아들 중 둘째였으며, 그가 오스 만의 후계자가 되리라고 기대할 이유는 없었다. 그러나 1756년 무스타 파의 형 메흐메드(당시 거의 마흔 살이었고 무스타파보다 며칠 먼저 태어났 다)가 오스만에 의해 독살되었고, 무스타파가 같은 운명을 피한 것은 오직 끊임없는 경계심을 유지한 덕분이었다. 술탄에 의해 왕자가 살해된 것은 100년 만의 일이었다. 메흐메드의 대와지르 가운데 하나는 이 왕자 살해를 반대해 해임되었고, 또다른 대와지르는 그 일이 세상에 알려지자 해임되었다.[2]

18세기 후반에 대한 자료는 풍부하지만, 대부분의 오스만 연대기는 필사본 형태로만 존재하고 있으며, 오스만 기록 문서 대부분은 여전히 해독과 평가가 거의 이루어지지 않은 상태다. 그러나 고위 정치가였던 아흐메드 레스미 에펜디의 삶은 당시 통치 방식의 변화를 엿볼 수 있는 단서를 제공한다.[3] 아흐메드 레스미는 다양한 비서직을 훌륭히 수행했으며, 술탄 무스타파의 특사로서 1757~1758년에는 마리아 테레지아의 빈, 1763~1764년에는 프리드리히 대왕의 베를린을 방문했다. 그의 보고서는 폭넓고 날카롭다. 예를 들어 빈에 사절로 갔을 때는 당시 유럽에서 벌어지던 7년 전쟁의 원인을 분석하고, 빈과 오가는 도중에 지난 도시들을 묘사하기도 했다. 베를린에 사절로 간 것은 오스만-프로이센 동맹의 가능성에 의해 촉발된 것이었다. 아흐메드 레스미가 프리드리히의 성격에 대해 찬탄한 일은 그들의 만남에 대한 기록에서 빛을 발하고 있다.

그는 밤낮으로 알렉산드로스와 티무르 같은 과거의 위대한 통치자들의 행적과 위업에 대해 읽는다. 그는 가문 내 갈등과 불만에서 멀리 떨어져 있으며, 종교와 교리 문제에 관여하지 않는다. 그의 모든 생각과 행동은 영토를 확장하고 영광과 명예를 얻는 일에만 집중되어 있다.[4]

이는 최근의 오스만 술탄들에 대한 암묵적인 비판임이 분명하며, 아흐메드 레스미는 오스만의 군대에 대한 불만과 프로이센 보병들의 처지에 대한 동정도 드러내고 있다.

프리드리히의 장교들은 일반 사병들을 성에서 성으로, 초소에서 초소로 밤낮없이 이동시키며, 특정한 시기에 베를린 시내나 근교의 특수 연병장에서 훈련시킨다. 병사들은 300명 단위로 총을 다루고 장전하고 발사하는 법, 서로 벽처럼 밀착해 걷는 법, 그리고 용감하든 두렵든 간에 진형을 무너뜨리지 않는 법을 훈련받는다. 병사들은 밤낮없이 지휘관들에게 들볶이며 소총을 손에 들고, 탄띠를 허리에 차고, 모든 것을 정확히 제자리에 놓도록 강요당한다. 그들은 비참한 상황에 있으며 노예보다 더 심한 대우를 받고, 빵 한 조각으로 겨우 죽음을 면한다.[5]

오스만은 1739년 이후에 이웃 유럽 국가들과 평화를 유지해왔다. 1760년대 중반에 오스트리아는 약화되고 전쟁에 지쳐 있었으며 프리드리히 대왕을 경계하고 있었다. 그리고 발칸 지역에서 오스트리아가 오스만을 상대로 어떤 모험이라도 벌일 경우 지원할 태세가 된 동맹국이 없었다.[6] 표트르 대제는 자신의 나라를 파산시켰으며, 1762년 불굴의 예카테리나 2세가 즉위하고 나서야 러시아는 비로소 다시 주도권을 잡을 수 있는 위치에 서게 되었다. 오스만과 러시아가 다시 충돌했을 때, 그들의 대결은 과거와는 전혀 다른 양상을 띠었다. 러시아는 과거의 약점을 교훈 삼아 군사 개혁을 단행했고, 그 결과 그 군대는 흑해 북쪽 스텝 지대에서 오스만을 상대로 승리할 수 있게 되었다. 아흐메드 레스미 에펜디는 18세기 후반에 오스만과 러시아 사이에 벌어진 두 차례의 큰 전쟁 중 첫 번째 전쟁(1768~1774)에 참여했다. 이 전쟁과 이어진 1787~1792년 전쟁은 19세기 오스만-러시아 관계의 바탕에 깔려 있는 적대감을 만들어냈다.

러시아가 오스만과 다시 충돌하게 된 배경에 있던 것이 폴란드-리투아니아 연방에 대한 그들의 정책이었다. 프랑스의 강력한 압박에도 불구하고 오스만은 1739년 베오그라드 조약 이후 러시아에 대항해 폴란드-리투아니아 연방이 여러 차례 요청한 지원을 완강히 거절했다. 아흐메드 레스미 에펜디는 1763년 아우구스트 3세가 막 죽었을 때 베를린에 사절로 가면서 폴란드를 지났고, 이듬해 러시아의 예카테리나 대제는 옛 연인 스타니스와프 포냐톱스키를 폴란드 왕위에 앉히는 데 성공했다. 프로이센과 오스트리아는 모두 러시아의 폴란드-리투아니아 내정 간섭을 우려했지만, 이 문제에 대한 군사적 해결은 다른 누군가(즉 오스만)가 해주기를 바랐다.[7] 1768년 초, 오스만 국경 근처인 포딜리아주(과거 오스만령 카미아네츠)의 도시 바르에서 외세(즉 러시아)의 연방 내정 간섭에 반대하는 일단의 폴란드 귀족들이 연합을 결성했다.[8] 이 연합은 지도자도, 명확한 계획도 없었다. 참으로 과거 합스부르크에 대항해 오스만의 지원을 호소했던 이전 시기의 트란실바니아 귀족 퇴쾰리 임레나 라코치 페렌츠(2세)의 운동처럼 약하고 조직력이 없었다. 그러나 이들은 전쟁을 유발하는 데 일정 역할을 했고, 그 전쟁은 러시아를 더 강하게 만들어주었을 뿐이다. 이 연합은 술탄에게, 그리고 프랑스에 강력한 지원 요청을 보냈다. 러시아는 이후 연방에서의 병력 철수를 요구한 오스만의 최후통첩을 무시했고, 1768년 10월 술탄은 러시아에 선전포고를 했다.

폴란드에 관한 러시아의 의도는 오스만이 우려하는 것 가운데 하나였다. 또다른 우려는 크림반도였다. 러시아는 1736~1739년 전쟁을 통해 이 지역에서 어느 정도 군사적 성과를 거두었으며, 끊임없이 이곳을 탐냈다. 1763년에 러시아는 크림 칸을 설득해 그 수도 바흐치사라이에 영사관을 설치할 수 있게 했지만, 영사가 신중하지 못해 상트페테르부르크가 다른 출처로는 설명될 수 없는 정보를 받고 있다는 사실이 명확해지면서 불과 2년 만에 추방당했다. 프로이센과 오스트리아 외에도, 프랑스는 여전히 오스만으로 하여금 러시아와 전쟁을 벌이게 하는 것이 유리했고, 1767년 프랑스군에 복무하던 헝가리 출신 포병 장교 프랑수아 드 토트François de Tott(1755년부터 서방으로 돌아온 1763년 사이에 이스탄불에 거주했다)가 이례적으로 크림 영사로 파견되자 예카테리나는 곧바로 의심을 품었다. 프랑스와 크림 사이에는 이렇다 할 무역 관계가 없었고, 예카테리나가 보기에 토트의 진짜 목적은 너무도 분명했다.[9] 아흐메드 레스미 에펜디의 견해에 따르면, 오랜 세월 평화가 유지되던 끝에 러시아와 오스만이 전쟁 직전까지 가게 된 데는 크림 타타르족에게 책임이 있었다. 그는 타타르족의 지속적인 러시아 영토 침범이, 러시아가 오스만과의 평화조약을 존중하지 않은 이유라고 보았다.[10]

러시아의 전략은 꼼꼼하게 고려되었다. 전쟁 발발 초기, 러시아군의 한 부대는 우크라이나 우안 지대를 가로질러 진격했고, 또 한 부대는 더 남쪽에서 이들을 따라 움직였다.[11] 1774년 평화조약이 체결되기까지 6년 동안 오스만은 도나우 전선에서 러시아에게 여러 차례 참패를 당했다. 가장 대표적인 것이 1769년 드니스테르강 변 카미아네츠 남쪽의 호틴 포위전 및 점령과 이듬해 프루트강 변 카훌에서의 야전이었다.[12]

1770년, 러시아 함대는 처음으로 발트해의 크론슈타트 항을 출발해 잉글랜드 해협과 비스케이만을 거쳐 지중해와 에게해로 긴 항해를 하며 대담한 진출을 감행했고, 오스만은 크게 당혹했다. 크론슈타트 함대(러시아 해군에 새로 들어온 영국 해군 장교 존 엘핀스톤John Elphinstone 소장이 지휘하는 전대戰隊가 포함돼 있었다)의 목적은 같은 정교회 신자들인 발칸반도 사람들이 오스만에 대항해 봉기하도록 돕는 것이었다. 몬테네그로, 보스니아, 헤르체고비나, 알바니아 등지에서 국지적인 반란이 발생했고, 오랫동안 방치되어 제대로 방어되지 못한 펠로폰네소스 지역에서 또 하나의 반란이 조장되었다. 펠로폰네소스의 경우에는 상륙후 지역 지도자들 및 러시아 요원들(이들이 몇 년 동안 불만을 조장해왔다)과 합류할 예정이었다.[13] 6월이 되자 오스만의 대제독 휘사멧딘 파샤Hüsameddin Paşa는 펠로폰네소스 앞바다에 함대를 이끌고 도착했으며, 이는 이 지역의 군정총독이자 전직 대와지르인 무흐신자데 메흐메드 파샤Muhsinzade('자선가의 자손') Mehmed Paşa가 이끄는 육군과의 합동 작전을 위한 준비였다. 이 합동 작전이 계획했던 대로 진행되지 않자, 휘사멧딘 파샤는 아나톨리아 해안의 안전지대인 이즈미르 부근 체슈메 항만 북쪽으로 퇴각했다. 러시아 함대는 그를 추격했으며, 7월 5일에 전투가 벌어졌다. 오스만 함대는 체슈메 앞바다 정박지로 후퇴할 수밖에 없었고, 러시아군은 그들을 그곳에 가두고 이틀 후 화공을 가했다. 약 5천 명의 오스만 선원이 목숨을 잃었다. 대제독의 배 한 척만이 탈출에 성공했고, 그는 해임되었다. 체슈메 참사 때의 영웅은 그 휘하의 해군 지휘관 중 한 명인 제자이를리 하산 파샤Cezayirli('알제리인') Hasan Paşa였다. 그는 러시아 함대를 에게해 북부의 렘노스섬에서 몰아낸 공로로 대제독으로 승진했다. 그곳은 러시아가 점령해 기지로 삼고 다르다넬스 해협을 봉쇄하려 했었다.[14] 한편 펠로폰네소스에서는 이슬람교도 주민들이 스스로 대응에 나섰다. 무흐신자데 메흐메드 파샤의 병력과 지방 유지들이 마케도니아 및 테살리아에서 서둘러 소집한 군대가 야기한 혼란은 러시아의 계획에 종지부를 찍었다.[15] 적어도 이것은 오스만에게 반가운 성과였다.

체슈메에서 러시아 해군이 가한 공격의 충격은 오스만에게 그들이 해상 대비를 소홀히 해서 위험에 빠졌음을 일깨워주었다. 또한 제국 본토가 그런 식으로 위협받을 경우 먼 북아프리카의 속주들이 제국 방어에 어떤 역할을 할 수 있는지도 일깨워주었다. 그러나 1787년 러시아를 상대로 한 전쟁의 또다른 국면이 시작되면서 오스만이 모로코와 에스파냐의 도움을 얻기 위해 외교 사절을 보낸 일은 실패로 돌아갔다. 모로코는 동원할 만한 함선이 없었고, 에스파냐는 전통적인 적국인 오스만을 도울 이유가 없다고 보았다.[16]

1769년부터 전쟁이 끝날 때까지 아흐메드 레스미 에펜디는 대체로 군 총사령관이었던 대와지르의 부사령관으로서 러시아를 상대로 한 전선에서 복무했다. 아흐메드 레스미 같은 고위 관료가 군사 지휘직을 맡는 일은 이례적이었다. 이와 함께 그는 파샤의 지위에 올랐으며, 제국이 입은 궤멸적인 패배 속에서 오스만의 명예를 회복하기 위한 전략적 의사 결정의 협력자가 되었다. 오스만은 1770년 말 러시아의 평화 제안을 거절했다. 여기서 아흐메드 레스미는 또다른 고위 관료이자 이 시기의 연대기 작가였던 아흐메드 바스프 에펜디Ahmed Vasıf Efendi(1771년 크림 전선에서 러시아에 포로로 잡혀 상트페테르부르크에 억류되었다)와 마찬가지로 정부와 의견을 달리했다. 1771년부터 그는 다시 대와지르에 임명된 무흐신자데 메흐메드 파샤의 부관으로 복무했으며, 그를 깊이 존경했다. 두 사람은 모두 이 전쟁이 제국에 끼친 막대한 피해를 분명히 인식하고 있었다. 그들은 유리한 조건으로 가능한 한 빨리 결말을 짓

고자 애썼다.[17]

체슈메에서 오스만 함대를 격파한 이후, 러시아는 또다른 전쟁 지역에서 놀라운 성공을 거두었다. 1771년 러시아군은 오랫동안 오스만제국의 속국이었던 크림반도를 침공했고, '당근과 채찍' 전술을 교묘히섞어 1772년 사히브(2세) 기라이Sahib Giray 칸으로부터 크림은 앞으로독립국으로 간주돼야 한다는 동의를 얻어냈다. 드니스테르강과 부흐강 사이의 스텝, 드니프로강과 아조프해 사이의 지역, 크림반도, 쿠반스텝으로 이루어지는 나라였다.[18] 크림의 오랜 역사 동안 역대 칸들은러시아와 맞선 최전선의 이 전초기지에 대해 오스만이 품고 있던 깊은감정을 이용했고, 동시에 스스로 적절하다고 판단하는 경우에는 독자적인 외교 정책 노선을 추구하는 것도 주저하지 않았다.

오스트리아와 오스만은 1771년, 오스트리아가 러시아에 맞서 군사적 지원을 제공하는 대가로 오스만이 영토를 할양한다는 데 합의했으나, 다음해 오스트리아는 자국 및 프로이센이 중재한 러시아-오스만평화 협상이 진행되던 도중 오스만과의 동맹을 파기했고, 1772년 7월러시아 및 프로이센과 함께 1차 폴란드 분할로 알려진 것에 참여했다(이후 1793년과 1795년에 두 차례 더 분할이 이루어졌다). 4개월 후 사히브기라이는 예카테리나 대제와 조약을 체결했고, 평화 협상은 '크림 문제'로 인해 실패로 끝났다. 오스만제국이 현실적인 국경선에 만족해야한다는 아흐메드 레스미의 경고를 이스탄불은 처음에는 무시했으나, 1773년 도나우강 전선에서 결실 없는 전투를 벌였고 이어 1774년 도나우 남쪽 수보로보와 슈멘에서 두 차례 치명적인 패배를 당하자 오스만은 다시 협상 테이블로 돌아올 수밖에 없었다.[19] 술탄 무스타파는1774년 1월, 당시 상황에 대해 이렇게 염려를 표명한 뒤 사망했다.

세상은 망해가고 있으니, 당연히 우리와 함께할 것이라고 생각지 마라.
국가는 야비하고 천박한 데로 빠져들고
궁정의 모든 사람들은 쾌락에만 몰두하는구나.
우리에게 남은 것은 신의 자비뿐.[20]

무스타파의 뒤를 이어 그의 동생 압뒬하미드가 술탄 자리에 올랐다. 아흐메드 레스미는 1774년 7월 평화 협상에서 오스만 대표로 임명됐으며, 1699년 카를로비츠 조약보다도 더 굴욕적인 조건을 받아들이는 데 관여했다. 그는 오스만인에게 퀴췩 카이나르자Küçük Kaynarca 조약(조약이 체결된 도나우강 변 실리스트라 동남쪽 25킬로미터 지점의 카이나르자 마을에서 이름을 땄다)에 서명한 그의 역할로 인해 신임을 잃었다.

오스만이 1768~1774년 대결에서 러시아를 상대로 벌인 전쟁 활동에 대한 아흐메드 레스미 에펜디의 평가는 그의 보고서 세 편에 드러나 있으며, 이는 오스만과 러시아의 접근방식의 차이를 잘 보여준다. 예카테리나의 전시 내각은 전략을 깊이 논의했으며, 과거의 실패에서 교훈을 얻기 위해 이전 전쟁들을 연구했다. 예를 들어 1768년 전쟁이 발발하자 상트페테르부르크에서는 3년간의 작전 계획이 논의되었다. 그 가운데는 전쟁 첫해에 수행할 네 가지 대안 계획이 있었고, 이는 오스만의 여러 가지 가능한 행동에 대처하기 위해 마련된 것이었다.[21] 오스만의 접근방식은 전혀 달랐다. 아흐메드 레스미는 전선 지휘관들의 조언을 받아들이지 않는 이스탄불의 태도와 협조 부족으로 인해 전쟁이 장기화하는 현실을 직접 경험했다. 그는 첫해 전투의 참패 이후 군사작전 절차에 대해 신랄하게 비판했으며, 이후 오스만-러시아 관계의 넓은 맥락으로 관심을 돌리며 양국 간 고정 국경선의 필요성과 외교 및 협상이라는 수단을 통해 지속되는 평화의 중요성을 주장했다. 1781년에 작성된 세 번째 보고서는 전쟁보다 평화가 낫다는 주장을 재확인했으며, 초기 이슬람 시대로부터 시작해 최근의 전쟁(오스만은 1771년 러시아가 훨씬 유리한 위치에 있을 때 예카테리나의 장군 표트르 루먄체프Pyotr Rumyantsev가 평화를 제안하자 이를 거부했다)에 이르기까지 역사적 사례들과 함께 자신의 주장을 설명했다.[22]

1765년, 루먄체프는 러시아 팽창주의를 지지하는 이들에게 중요한 여러 전략적 목표들을 다시 한번 강조했는데, 그중 특히 두 가지가 중요하다. 크림 칸국을 러시아 국가에 편입시키는 것과, 러시아 국경을 흑해 연안까지 확장하는 것이다.[23] 퀴췩 카이나르자 조약의 조건에 따라 이 목표들은 거의 달성되었다. 크림의 칸은 오스만의 종주권을 벗어났고, 이 지역은 이제 러시아의 영향력 아래에 있었다. 300년 동안 이어진 오스만의 흑해 통제는 러시아가 드니프로강 어귀의 킨부른, 아조프해 어귀의 케르치와 예니칼레를 차지함으로써 끝이 났다. 러시아는 또한 자국 상선이 흑해에서 자유로이 항해하고 지중해로도 나갈 권리를 획득했으며, 오스만 영토 내에 영사관들을 설치하고 이스탄불에 상주 대사관을 둘 수 있게 되었다.[24] 사상 처음으로 비밀 조항에 따라 오스만은 향후 3년에 걸쳐 분할로 전쟁 배상금을 지불하는 데 동의했다.[25] 그들의 위안거리는 러시아가 도나우 지역에서 획득한 영토를 반환한 것이었다.

펠로폰네소스 출신의 한 당대 오스만 저술가는 러시아 사절이 평화 조약의 세부 사항을 조율하기 위해 술탄의 궁정에 도착했을 때 꾼 꿈을 기록했다. 그는 그 꿈에서 힘을 얻었다(결과적으로는 틀린 생각이었다).

꿈속에서 나는 베이오을루에 있었고, 러시아 사절을 맞이하기 위해 거대한 가건물들이 세워진 것을 본 듯했다. 그는 백발의 외관으로 보아 나이가 여든 살쯤 되어 보였고, 크고 높은 가건물 안의 의자에 앉아 있었다. 술탄의 고위 관리들이 서서 사절의 시중을 들고 있었다. 궁정에 수많은 악기가 있고 놀이와 오락거리들이 있었지만 그 모두가 등장해 하나하나 시연됐으며, 곰과 원숭이들도 공연을 했다. 잠시 후 사절의 얼굴이 인간의 모습에서 벗어나, 기와보다 더 짙은 붉은색의 거대한 사자의 얼굴로 변했다. 그는 주위를 둘러보기 위해 가건물 가장자리로 나와 이렇게 말했다. "사절의 얼굴이 사자의 얼굴이 된다는 것은 모스코비야의 권력을 의미한다." 내가 꿈속에서 이 고귀한 국가의 관리들이 모욕당하는 모습을 보고 울고 있을 때, 한 남자가 나무 아래에 있는 내게 다가와 말했다. "걱정 마시오. 그대가 본 이 형상은 진짜 사자가 아니라, 종이로 만든 가짜일 뿐이오. 물을 좀 끼얹으면 금세 젖어 무너질 거요."[26]

퀴췩 카이나르자 조약의 이행 정도는 언제나 극히 불확실했다. 여러 조항들에 모호성이 내재해 있고, 오스만이 자기네가 서명한 것이 중요하다는 사실을 받아들이기를 꺼린 결과였다. 술탄은 크림 지역에서 어떤 식으로든 정치적 영향력을 주장하는 것을 포기했지만, 조약은 그가 이전 속국 신민들에게 영적 권위를 지닌다는 점을 명문화해, 그를 '모든 이슬람교도의 칼리파'로 인정했다. 이 칭호는 오스만 술탄들이 별로 사용하지 않았던 것이지만, 1517년 셀림 1세가 맘루크를 격파하며 실현했던 이슬람 군주들 가운데서 최고라는 술탄의 주장을 표현한 것이었다. 다만 그것은 종교적 권위를 이슬람의 개념이 아니라 서방식 개념에 맞는 말로 형식화했다. 조약의 조항들이 술탄의 정교회 신민들에 대한 영적 권위와 유사한 특권을 러시아에 대해 어느 정도나 부여했는지는 언제나 해석과 논란의 대상이었다. 이 조약이 러시아에 오스만제국 내 모든 정교회 신자를 대신해 개입할 권리(더 정확히는 '진정'을 제기할 권리)를 부여했다는 견해는 의문의 여지가 있다. 악명 높은 조약 제7조와 제14조는 구체적으로 단 하나의 교구만을 명시하고 있는데, 이는 이스탄불 갈라타의 옛 제노바인 지역 중심가인 베이오을루에 있는 러시아인(이탈리아어 및 오스만어 문서에서는 '러시아계 그리스인', 러시아어 문서에서는 '그리스 내 러시아인') 정교도 교구다. 그러나 이 교구는 만들어지지 않았다.[27] 베이오을루에 있는 같은 종교 신자들의 단일 교구를 보호하는 특권은 이미 가톨릭 국가인 프랑스와 오스트리아에 대해 인정됐지만 개신교 국가인 영국과 프로이센에는 인정되지 않았다. 새 정교회 교구도 같은 방식으로 '보호'받게 될 예정이었다.[28]

베이오을루에 건립될 예정이던 러시아인 교회 외에도, 조약의 여러 조항은 오스만 당국이 에게해 제도, 도나우 공국들인 몰도바와 왈라키아, 그루지야 서부에 거주하는 기독교인들을 억압하지 말 것을 요구했다. 평화 협상 당시 이스탄불에서 황제의 이익을 대변했던 오스트리아 외교관 프란츠 투구트Franz Thugut는 러시아가 오스만제국 내의 모든 정교회 신자들을 보호하기 위한 주장과 관련된 조항들에 대해 '러시아인의 교묘함'과 '튀르크인의 우둔함'을 상징하는 것이라고 평가했다. 그러나 투구트는 조약의 내용을 추측하고 있었고, 최종 문서를 보기도 전에 이런 말을 남겼다. 러시아가 오스만을 속였다고 주장한 책임은 19세기 말 오스만에 반대하는 민족주의적 열정이 한껏 고조됐을 때 글을 쓴 한 역사가에게 있을 것이다. 그는 투구트의 발언이 나온 맥락을 숨긴 채, 이를 의심할 여지가 없는 권위처럼 인용했다. 그런 해석은 러시아가 정말로 1774년에 오스만제국의 내정에 개입할 권리를 얻었다는 암시와 함께 19세기 후반 크림 전쟁 이후 세계에서 호응을 얻었고, 이후 내내 반복되어왔다.

그러나 조약은 오해의 소지가 있었다. 그것은 러시아어, 오스만어, 이탈리아어라는 세 가지 상이한 원문으로 존재했다. 유럽 외교에서 사용된 것은 1775년 예카테리나 대제의 정부가 발행한 러시아어판 조약문의 프랑스어 번역본이었다.* 이 문서의 혼란과 예카테리나의 오스만 정교회 신민들의 보호자라는 주장들이 해석상의 모호성을 더했고, 그것이 러시아에 유리하게 작용했다. 러시아가 정교회의 '분열'을 후원함으로써 서아시아에서 가톨릭이 곧 사라질 것이라는 투구트의 또다른 신경질적인 주장도, 당시 러시아가 발칸반도에서 영향력을 확장하던 시기에 가톨릭 신자들 사이에서 심심찮게 들을 수 있었다. 그러나 1821년 그리스인들이 오스만에 반대하는 봉기를 일으켰을 당시 오스트리아 외무대신이었던 클레멘스 폰 메테르니히Klemens von Metternich 후작은 조약을 면밀히 검토한 뒤 이 조약을 러시아가 오스만의 정교회 신자들을 보호할 권리를 얻었다는 근거로 인정하지 않았다.[29]* 퀴췩 카이나르자 조약의 문구가 어떠했든 간에, 중요한 것은 그 조약이 이후 어떻게 해석됐느냐였다. 그리고 러시아는 그 모든 모호함과 불일치를 교묘하게 이용하는 데 매우 능숙한 것으로 드러났다.

전후 몇 년 동안은 러시아의 지원을 받는 칸 후보들과 오스만이 원

• 퀴췩 카이나르자 조약은 크림전쟁 시기인 1854년까지 분명히 영어로 번역되지 않았다(Treaties (Political and Territorial) 131ff).

하는 후보들이 서로 경쟁하면서 크림반도가 매우 불안정한 상태였다. 1777년 4월, 예카테리나 2세의 지원을 받은 샤힌 기라이Şahin Giray가 칸으로 즉위했다. 그는 1772년 형인 사히브(2세) 기라이 칸을 대신해 독립 조약을 협상하기 위해 상트페테르부르크에 왔을 때, 뛰어난 외모와 베네치아식 교육으로 예카테리나에게 깊은 인상을 심어준 바 있었다. 그는 더이상 종주 제국의 지배에 속박되지 않는 국가에 필요한 군사 및 행정 제도를 확립하려 애썼으나, 그가 생각한 근대화의 선봉으로서 크림반도의 비이슬람교도 소수 민족들을 눈에 띄게 편애한 것이 반란을 촉발했고 러시아군이 곧 그를 지원하기 위해 파병되었다. 러시아군은 본국 귀환을 서두르지 않았다. 특히 샤힌 기라이가 이슬람교도 주민의 지지를 완전히 상실했기 때문이다. 기독교도들은 러시아군이 철수할 경우 이슬람교도들의 보복을 두려워했고, 그들 가운데 많은 이들이 러시아 영토로 이주했다. 1778년, 이스탄불의 타타르 망명자들의 부추김을 받은 술탄은 아나톨리아 중북부의 유력자 자니클리 하즈 알리 파샤Canikli Hacı Ali Paşa가 지휘하는 함대를 보내 샤힌 기라이를 축출하려 했으나, 아무런 성과도 없었고 술탄은 어쩔 수 없이 샤힌을 칸으로 인정했다.[30]

1779년, 러시아군은 오스만과의 협정 조항에서 규정한 대로 크림반도에서 철수했다. 샤힌 기라이의 개혁은 불안정하게 계속됐지만, 그는 오스만을 물리치고 이 지역에서 영토를 차지하려는 야심이 있고 경쟁하는 형제들에게조차 자기 권위를 행사하지 못한 탓에 1782년 쿠반에서 반란이 일어났다. 예카테리나는 다시 군대를 보냈고, 이번에는 철군하지 않았다. 예카테리나는 크림이 더이상 독립과 안정을 이루기가 불가능하다고 판단하고, 1783년 4월 8일 칸국의 병합을 선포했다.[31]

샤힌 기라이는 이후 4년 동안 러시아에 억류됐고, 어떻게 하면 억류에서 풀려 이스탄불로 갈 수 있을지를 모색했다. 그는 술탄과 예카테리나 양쪽에 탄원했지만, 자신은 그저 그들의 정치적 책략의 전당물일 뿐이었다. 1787년 예카테리나는 그가 떠나는 것을 허락했고, 그는 트라케 지역의 영지(크림 칸에게 주어지는 관례적인 특전이었다)를 약속받고 초여름에 에디르네로 향했다. 그가 온다는 소식을 들은 술탄 압뒬하미드는 지금이 샤힌 기라이의 배신에 대해 복수할 때라고 보고 그를 영지 대신 로도스섬으로 유배 보내라고 명령했다. 그러고는 "이 이교도 불한당, 이 사기꾼"을 조속히 처형하라고 몰래 지시를 내렸다. 그러나 전직 칸은 이후로도 두 달 동안이나 목숨을 부지했다. 계속해서 내려진 처형 명령은 이행되지 않았고, 그를 호송해 로도스섬으로 가던 관리도 그를 죽일 용기를 내지 못했다. 로도스섬에 도착한 샤힌 기라이는 프랑스 영사관에 피신했지만, 결국 강제로 끌려 나와 사형 명령이 집행되었다. 이로써 크림 칸국과 오스만제국이 300년 동안 공유해온 역사도 비참하게 막을 내렸다.[32]

이후 러시아는 스텝 지대에 대한 대대적인 식민화와 정착을 추진했으며, 이스탄불에서 배로 단 이틀 반 거리에 있는 드니프로강 하구의 헤르손을 근거지로 한 흑해 함대를 건설하기 시작했다. 예카테리나 대제는 크림 땅을 병합하는 데 서두르지 않았다. 1770년, 러시아 국가 평의회는 "타타르인들은 결코 폐하의 쓸모 있는 신민이 될 수 없으며, (…) 그들과 같은 종교를 믿는 튀르크인들을 상대로 한 변경 방어에도 부적절"하다는 성명을 발표했으며, 여제의 의견도 여러 해 동안 크게 달라지지 않았다. 심지어 1778년 샤힌 기라이를 상대로 한 두 번째 반란이 일어났을 때도 예카테리나는 참모들의 압박에도 불구하고 크림을 독립국으로 남겨두려는 의향인 듯했다. 그러나 시대가 바뀌었다. 여제를 설득해 1783년 칸국을 병합하게 한 것은 그 애인이자 총신인 그리고리 포툠킨Grigoriy Potyomkin이었다고 한다. 그는 퀴췩 카이나르자 조약 타결 때 러시아가 받아야 할 것을 받지 못했다는 이유로 칸국 병합을 정당화했다.[33]

크림반도 상실은 오스만에게 중대한 타격이었다. 과거였다면 즉각적인 전쟁 선포로 이어졌을 것이다. 전쟁이 일어나지 않았다는 것은 오스만의 군사적 입지가 약화되고, 국고가 텅 비었으며, 어떠한 대가를 치르더라도 평화를 지키고자 하는 정치가들이 주도권을 쥐고 있다는 의미였다. 통치 엘리트 내에서는 견해가 엇갈렸다. 크림을 되찾고자 해야 하는지, 아니면 더 폭넓은 국가의 안녕을 위해 상실을 담담히 받아들일 것인지의 문제였다. 이는 '영원히 팽창하는 국경'이라는 이념이 더 이상 오스만의 국익에 부합하지 않는 세계에 적응하려는 고통스러운 과정을 반영한 것이었다. 퀴췩 카이나르자 조약과 그 부속 문서에 대한 위반은 양측 모두에 의해 일어났으나, 아흐메드 레스미 에펜디의 평화주의 입장을 지지한 또다른 인물은 1782년부터 1785년까지 대와지르를 지낸 할릴 하미드 파샤Halil Hamid Paşa였다. 그는 제국 북부 방어선 강화를 주문했지만, 동시에 크림 상실을 묵묵히 받아들일 것을 주장했다.[34] 1784년 러시아는 새로운 상황에 대한 오스만의 동의를 인정하는 문서에 서명하라고 술탄 압뒬하미드 1세를 압박했다. 공개되었다면 큰 반발을 불러일으켰을 것이다. 서명은 비밀리에 이루어졌고, 술탄과 그의 와지르들과 고위 성직자들뿐만 아니라 러시아의 요구에 따라 후계 예정자인 조카 셀림(나중의 셀림 3세)도 서명했다.[35]

할릴 하미드 파샤는 술탄 압뒬하미드 1세를 폐위하고 셀림을 옹립하려는 궁정 내 정적의 음모에 엮여 들어가 자리를(그리고 머리를) 잃었다. 할릴 하미드의 측근들 가운데 당시 펠로폰네소스 총독과 전 예니체리 총사령관도 처형됐으며, 셰이흐월이슬람은 유배되었다. 이후 권력은 오랫동안 대제독으로 재직한 제자이를리 하산 파샤를 중심으로 한 파벌에게 넘어갔다. 그는 할릴 하미드가 제안한 육군 개혁에 상응하는 해군 개혁을 진행 중이었으나, 두 사람의 관계는 밀접하지 않았으며 그들 공통의 이해관계도 술탄의 폐위에까지 미치지는 않았다.[36]

예카테리나 대제나 휘하 정치가들이 오스만제국의 분할을 진지하게 고려했는지 여부는 오랫동안 논쟁의 대상이었다. 러시아와 오스트리아는 이미 각자 폴란드의 일부를 병합했으며, 예카테리나와 오스트리아 황제 요제프 2세가 맺은 비밀 협약은 여제의 이른바 '그리스 계획'('콘스탄티노폴리스'를 중심으로 동로마제국을 재건하려는 구상)을 촉진하는 방향의 것으로 널리 생각되었다. 이 꿈의 강력한 상징은 1779년 손자 콘스탄틴 파블로비치Konstantin Pavlovich의 탄생을 기념해 제작된 기념패에 하기아소피아의 이미지를 사용한 것이었다.[37] 1782년에 러시아의 의도에 대한 소문이 이스탄불에 도달했고,[38] 1787년 봄 예카테리나가 요제프 2세를 헤르손 교외에서 만나면서 그 신빙성은 더욱 높아졌다. 여기서 두 사람은 '비잔티온(콘스탄티노폴리스)으로 가는 길'이라는 그리스어 문구가 적힌 개선문을 통해 도시로 입성했다. 예카테리나가 실제로 '그리스 계획'에 매진했든 아니든, 술탄 압뒬하미드는 이를 심각하게 받아들였고 러시아의 다음 목표가 아나톨리아 점령이 될 것을 우려했다. 그는 아나톨리아 북부 해안 요새인 시노프와 삼순을 강화하기 위한 조치를 취하고,[39] 있을지 모를 공격으로부터 이스탄불을 방어하기 위해 1774년 이후 이미 지어진 다섯 개 요새 외에 보스포루스

해협 위쪽에 두 개의 새로운 요새를 건설했다.[40]

1786년부터 3년 동안 의사 결정 권한은 매파 성향의 대와지르 코자 유수프 파샤Koca Yusuf Paşa의 손에 있었다. 러시아와의 분쟁을 외교적으로 해결하는 방법은 예카테리나 2세가 새로이 병합한 크림반도의 속주를 순시할 시점에는 이미 바닥이 났고, 이후 여제는 오스만에 그루지야에서 철수할 것을 요구했지만 오스만은 다른 주장들을 내놓았다. 그루지야 동부를 자국의 속국으로 인정하고, 흑해에서 러시아 선박을 수색할 권리를 주며, 이아시·부쿠레슈티·알렉산드리아 등 몇몇 민감한 러시아 영사관을 폐쇄하고, 가장 결정적으로 크림반도를 반환하라는 요구였다. 마지막 요구는 특히 예카테리나가 양보할 수 없는 것이었다.[41] 1787년 8월, 오스만은 러시아에 선전포고를 했다.

오스만 국민 여론은 틀림없이 크림반도의 상실을 재앙으로 여겼지만, 전쟁의 가능성에 대해서는 호의적이지 않았으며 이스탄불 시민들은 처음으로 반대 의견을 표현하도록 고무되었다. 궁궐 같은 공공건물에 붙이거나 마스지드에서 배포한 전단지를 통해서였다. 카라쾨이구의 함대 본거지 부근 '제독의 샘' 근처에 남겨진 한 벽보는 이런 말로 시작되었다.

술탄 압뒬하미드여, 우리 인내심은 이제 바닥나려 하고 있습니다. 폐하께서는 아직 자신의 잘못을 깨닫지 못하고 있습니다. 폐하께서는 코자 유수프 파샤(그는 그루지야 출신이며 개종자였다)가 자신의 일을 제대로 수행하지 못하는 것을 보셨습니다. 그런데도 왜 그의 말에 속아 제국을 이교도들에게 넘기셨습니까?

셰이흐월이슬람과 대와지르 대리 또한 참된 이슬람교도가 아니라는 비난을 받았으며, 비난은 이렇게 이어졌다.

폐하께서는 즉시 변장하고 거리로 나가 백성들 틈에 섞여 대중의 분위기를 살피고, 평화를 위한 협상을 시작해야 합니다. 전쟁터에서 깃발을 거두고 병사들을 귀환시키십시오. 그러지 않으면 신께 맹세코 나중에 후회하실 것입니다. 유수프 파샤는 그 직무를 수행할 수 없으며, 폐하께서는 좋지 않은 결과를 얻게 될 것입니다. 폐하께서는 스스로를 웃음거리로 만드셨습니다. 궁정의 시종(유수프 파샤는 궁정의 시종으로 일했다)은 제국의 일을 감당할 수 없습니다.

다른 많은 술탄처럼 압뒬하미드도 미행으로 도시를 돌아다니는 습관이 있었기 때문에 이 벽보들을 직접 보았다. 그의 첫 반응은 이 벽보의 책임을 '이교도' 일반에게 돌리는 것이었지만, 대제독 제자이를리 하산 파샤가 그 배후일 수 있다는 의혹도 제기되었다.[42]

1768~1774년 전쟁을 촉발한 책임이 크림 타타르족에게 있다는 아흐메드 레스미 에펜디의 생각은 논란의 여지가 있지만, 1787년 개전 사유는 분명히 크림반도였다. 이 전쟁은 오스트리아(1788년 초에 전쟁을 선포했다)와 러시아 모두에게 시기적으로 좋지 않았다. 요제프 2세는 러시아의 목표에 대해 우려하면서도 프로이센에 대해, 그리고 자신의 행정 개혁으로 인해 생겨난 국내의 혼란에 대해 신경이 곤두서 있었고,[43] 예카테리나 2세는 1788년 자기네 국경에 대한 스웨덴의 공격에 대응해야 했다. 그러나 오스만은 달마티아에서부터 캅카스까지 펼쳐

져 있는 자기네 군대와 교전할 수 있는 적들을 상대로 전쟁에 나섰다. 1787년 말과 1788년에 러시아를 상대로 한 원정은 오스만의 오차키우 요새와 그 인근 드니프로강 하구의 러시아령 킨부른을 중심으로 전개됐으며, 이곳은 1736~1739년 전쟁에서도 치열한 전투가 벌어졌던 곳이다. 스웨덴의 전쟁 노력은 너무 미약해 러시아를 오래 대적할 수 없었다. 흑해 인근의 러시아 병력이 증원됐고, 오차키우는 포위 끝에 함락되었다. 오스트리아 전선에서는 코자 유수프 파샤가 도나우강을 넘어 헝가리로 진군했지만, 겨울이 되면서 이 희망찬 진격을 확대하지 못했고 오스트리아는 호틴을 점령했다.

전쟁 발발 직후 술탄은 새 주화를 '콘스탄티노폴리스 주조' 대신 '이스탄불 주조'라고 표기하라는 명령을 내렸고(이는 아마 예카테리나의 화폐 도전에 대한 대응이었을 것이다), 또한 앞으로 술탄의 칙령에서 오스만의 수도를 '이스탄불'로 표기하게 했다.*[44] 코자 유수프 파샤와 술탄 압뒬하미드(그는 심지어 모든 술탄이 염원하던 칭호인 '신앙의 전사'라는 칭호까지 부여받았다[45])가 보여준 호전성은 시대 분위기와는 동떨어진 것이었다. 이스탄불 시민들과 고위 관료들은 모두 국가의 안녕을 위해 평화가 필수적이라고 생각했다. 그러나 예카테리나 대제 역시 호전적이었다. 오차키우가 함락되기도 전인 1788년 8월에 이미 예카테리나는 영국, 프로이센, 네덜란드의 삼국동맹이 제안한 중재안을 고려하는 것을 거부했다.[46]

• 오스만제국 화폐 도감들을 살펴보면, 압뒬하미드와 그의 후계자 셀림 3세 치세 동안 만들어진 주화에 정말로 '콘스탄티노폴리스'라는 이름이 '이스탄불'('이슬람볼Islambol'이라는 형태다)로 대체된 것을 확인할 수 있다. 이후 다시 '콘스탄티노폴리스'를 사용했으나, 1730년 마흐무드 1세가 즉위하면서 비슷한 명령을 내려 그 시기 주화들에도 '이슬람볼'이 찍혀 있다(Pere, *Osmanlılarda Madeni Paralar*; Refik, *Onikinci Asr-i Hicri'de*, 185).

압뒬하미드 술탄은 1789년 봄에 죽었고, 그의 조카이자 무스타파 3세의 아들인 스물여덟 살의 셀림이 뒤를 이었다. 셀림의 최우선 과제는 전쟁을 승리로 마무리하는 일이었다. 당시 정부 핵심에서 선호했던 검증된 오스만 관행을 재평가하려는 분위기가 있었지만, 셀림은 넉넉한 보수를 주어 병사들의 헌신을 확보하는 전통적인 방식에 의존했다. 또한 요제프 2세 황제가 잠시 합스부르크군의 지휘를 맡았던 일을 모방한 듯,[47] 직접 자신의 군대를 이끄는 방안을 고려하기도 했다. 오스만제국이 당한 굴욕을 되갚고자 했던 그의 목표는 다름 아닌 크림반도의 회복이었다. 이 열망은 이후 100년 동안 오스만제국의 숙원으로 남게 된다. 매우 중대한 시기에 즉위한 셀림은 주요 정치가들의 충성을 확보할 필요성을 잘 알고 있었고, 처음에 대와지르 코자 유수프를 유임시키고, 유능하지는 않지만 고위 성직자들의 지지를 받는 인물을 셰이흐월이슬람에 임명했다.

술탄 셀림은 결국 군대를 이끌고 전쟁에 나서지 않았다. 이 발상은 대와지르 대리가 제안한 것이었고, 셀림은 그에게 보낸 편지에서 자신이 그런 행동 방침을 확정한 것처럼 받아들여진 것에 대해 불쾌감을 분명히 드러냈다.

우리가 이전에 이 문제를 논의했을 때, 그대는 내가 원정에 나서는 것이 의무라고 말했고 나는 가겠다고 했소. 하지만 처음에 내 생각은 그렇지 않았소. 그 생각은 그대가 냈고, 그대가 칙령을 썼기 때문에 이 일이 지금 온 세상 사람들의 입에 오르내리게 되었소. 스웨덴 대사는 그 칙령에 기쁨을 표했다고 하오. 나는 그런 유럽 열강이나 군대와 백성들에게 거짓말쟁이나 거짓말을 일삼는 술탄으로 보이지 않을 것이오. 거짓말쟁이 술탄이 어떤 꼴을 당하는지 그대도 알 것이오. 내가 보기에 그대의 처신이 내가 원정에 나서는 것을 저해하며 훼방하고 있다는 것이 분명하오. 그러나 황제는 빈약한 보급만으로는 출정할 수 없기 때문에 당장 준비를 갖춰야 하오. 그런데도 그대는 아무런 준비도 하지 않았소. 군주는 약속을 지켜야 하오. 전쟁이든 평화든, 나는 봄에 반드시 에디르네 또는 그 너머로 나아갈 것이오. 나는 무지한 자들의 조롱을 받지 않을 것이오. 내가 출정하는 데 그대가 지장을 받게 만들고 그렇게 하지 못하게 방해하며 그럼으로써 나를 온세계와 유럽 앞에서 망신시키려 한다면, 나는 맹세코 그 문제를 논의한 회의에 참석했던 당신들 모두를 망신 줄 것이오.[48]

1789년의 원정은 오스만에게 대참사였다. 셀림은 대와지르를 포함한 고위 군 지휘관들을 유임시켰지만, 그의 승계가 가져온 혼란은 이미 재정과 보급이 부족한 원정군이 겨우 만들어낸 동력을 꺾기에 충분했다. 오스트리아는 보스니아와 세르비아로 진군했고, 50년 만에 다시 베오그라드를 점령했다. 러시아는 왈라키아를 점령했다. 1774년 오스만의 종주권 아래로 복귀했으나 이후 갈수록 흔들거리던 곳이었다. 그해 겨울, 술탄은 평화 제의를 거절했다. 러시아는 좀더 광범위한 전략적 이해관계로 인해 관심을 서방으로 돌리고 있었다. 러시아는 스웨덴(셀림은 즉위 직후 이 나라와 동맹을 체결했다[49])과의 전쟁을 수행하고 프랑스 혁명이 제공한 듯한 주변국들의 혼란에서 이익을 얻을 기회를 최대한 짜내기 위해 평화가 필요했다.

베오그라드를 점령한 오스트리아군은 정확히 한 세기 전과 마찬가지로 발칸 지역을 거쳐 동남쪽 니시로 진군할 수 있었다. 이스탄불에서는 오스트리아군이 멀리 소피아까지 도달할 수 있을 것으로 예상했다. 오스만은 프랑스가 오랫동안 차지했던 자리를 대신하고자 열망하는 새로운 동맹국으로 프로이센을 발견했다. 프로이센은 1740년 프리드리히 대왕이 즉위한 이래 반세기 동안 오스만에 구애해왔으며, 1761년 양국 간에는 통상우호조약이 체결됐지만 완전한 동맹은 1790년에야 실현되었다.[50] 이제 술탄은 평화 협상에 더욱 부정적인 입장을 취하게 됐고, 그가 최근 임명한 대와지르 제자이를리 하산 파샤와도 대립하게 되었다. 하산 파샤는 신뢰받는 인물이었으나 고령이었고, 신념에 찬 평화주의자여서 술탄에게 대담하게 거역하며 독자적인 재량으로 평화 협상을 시작했다.

1790년, 러시아는 오스트리아 군대와 협조해 도나우강을 건너 공격하려던 계획이 무산돼 실망했으나, 그럼에도 불구하고 도나우강 하류 지역의 주요 오스만 요새들을 점령하는 데 성공했다.[51] 같은 해, 오스만은 러시아가 공격해올 경우에 대비해 폴란드와 상호방위조약을 협상했으나, 이는 비준되지 않았다.[52] 역시 1790년 황제 요제프 2세가 사망하고 레오폴트 2세가 즉위하자 오스트리아는 프로이센과의 갈등을 해소했으며,[53] 더 시급한 문제들에 직면한 프로이센은 오스만과의 동맹 조약(오스만은 이것이 크림반도를 회복할 기회를 줄 것이라는 희망을 걸었다)을 일방적으로 파기했다. 같은 해, 러시아는 제자이를리 하산 파샤의 평화 제안에 호의적으로 반응하며 비교적 좋은 조건으로 전쟁 종결을 제안했지만, 술탄 셀림은 이를 거절했다. 그는 오스트리아를 상대로 프로이센이 개입하겠다는 약속을 믿고 있었으며, 새 동맹 프로이센이 자기네의 목적을 위해 오스트리아와 비밀리에 협상을 하고 있다는 사실을 알지 못했다. 이는 이중으로 불운한 일이었다. 같은 해 러시아는 스웨덴과 평화 협정을 맺었고, 이로 인해 스웨덴은 오스만과의 조약도 파기했기 때문이다.[54] 긍정적인 것은 합스부르크의 정책 변화로 1791년에 오스트리아-오스만 간 평화조약인 스비슈토프 조약이 체결되었다는 것이다. 이에 따라 오스트리아는 베오그라드를 포함해 자기네가 점령한 오스만 영토를 반환했다.[55] 이 시기처럼 국제 외교의 연결망이 복잡하게 얽혀 있던 때는 드물었다. 이제 러시아는 합스부르크 오스트리아를 대신해 오스만의 주요 적수가 됐으며, 1791년에는 전년도에 이룬 도나우 지역에서의 진전을 공고히 했다.

동쪽 캅카스 지역에서는 러시아가 빠르게 세력을 확장하고 있었다. 작은 공국들이 있는 이 지역에서는 전통적으로 이란이 오스만과 이들에 대한 영향력과 통제권을 다투고 있었다. 크림 땅을 탈환하기 위해 망명 중인 타타르 칸들의 지도하에 쿠반 지역 부족들을 동원하려던 오스만의 희망은 좌절되었다. 병참 문제를 해결할 수 없고 지역 부족들이 결과적으로 이 지역에서의 오스만의 목적에 동조하려 하지 않았기 때문이다. 남캅카스의 족장들 역시 별 도움이 되지 않았다.[56] 러시아와 마찬가지로 오스만은 동쪽 및 남쪽 변경 지역의 민족들에게 순종을 요구할 때, 전략적 이해와 우선순위가 자신들과 뚜렷이 다른 주민들의 기회주의적 지지는 오직 많은 선물과 유인책을 제공해야만(오직 그런 뒤에야) 얻을 수 있음을 깨달았다.

1789년의 원정 시기를 위해 오스만은 아나톨리아 북부에서 병력을 동원하고 식량을 징발했다. 아조프해 출구의 동쪽, 흑해 동북부 해안에 위치한 아나파의 오스만 요새를 향한 러시아의 진격을 막기 위해서였다. 러시아가 쿠반강에 방어선을 구축하고 수비 병력을 주둔시키면서 전선이 고착되었다. 러시아가 아나파를 공격하자, 오스만은 이 지역 방어에 필수적인 인물인 바탈 휘세인 파샤Battal('서투른') Hüseyin Paşa에게

트라브존주를 주어 그를 끌어들이는 수밖에 없었다. 휘세인은 아나톨리아의 유력자 자니클리 하즈 알리 파샤의 아들이었다. 바탈 휘세인이 공언한 목표는 바로 캅카스에서 러시아를 몰아내고 크림을 탈환하는 것이었으나, 1790년 가을 쿠반에서 남쪽으로 흑해 해안까지 러시아군에게 추격당하면서 그의 야망은 꺾였다. 그가 항복하면서 그와 함께 싸우던 캅카스 민족들은 버려졌고, 그는 아들 타이야르 마흐무드 베이Tayyar('변덕스러운') Mahmud Bey와 함께 러시아에서 9년 동안 포로 생활을 했다. 자니클리 가문 출신의 새로운 지휘관이 캅카스 전선에 임명되었다. 러시아는 1791년 7월 아나파를 포위해 2주가 되지 않아 점령했고, 새로 임명된 사령관은 요새를 빼앗겼다는 이유로 처형되었다. 그러나 그는 트라브존을 떠나지도 않은 상태였다.[57]

오스만제국은 평화를 받아들일 준비가 되어 있었다. 1792년 1월에 체결된 이아시 조약은 퀴췩 카이나르자 조약에서 입은 오스만의 손실을 더욱 늘리고 심화했다. 오스만제국과 러시아제국 사이의 국경을 서쪽은 드니스테르강, 동쪽은 쿠반강으로 고정시킨 것이다. 아나파는 오스만제국에 반환됐지만, 오스만은 쿠반강 남쪽에 거주하는 사람들이 나쁜 짓을 하지 않도록 책임을 져야 했다. 이들이 강을 건너 습격을 해서 러시아 쪽 변경에서 생명이나 재산에 피해를 줄 경우 배상금을 지불해야 했다. 그러나 카자크처럼 캅카스 민족들도 자신들이 이 조약에 구속된다고 여기지 않았고, 명목상의 종주국인 오스만은 그들의 습격으로 인해 발생한 피해를 배상해야 했다. 이 조항은 예를 들어 1798년에 적용됐고, 오스만 국고에서 배상금을 지불해야 했다.[58]

아나파는 수리되고 강력하게 요새화됐지만, 크림반도의 탈환은 1792년 이후 덜 시급한 문제로 여겨지기 시작했다. 캅카스에 대한 오스만의 영향력 주장 역시 마찬가지였다. 그러나 이란이 이 지역에 새로이 관심을 보이면서 상황이 달라졌다. 카자르 왕조의 아가 모하마드 칸Āghā Mohammad Khān이 1795년 아라스강과 쿠라강 사이의 옛 사파비 왕조 영토를 재정복하기 위한 원정을 시작한 것이다. 그루지야 동부는 1783년부터 러시아의 보호국이었고, 이란과 오스만에 대항하기 위한 상호방위 협정이 서류상으로는 여전히 발효 중이었지만, 그루지야 통치자 중 한 명이 아가 모하마드에게 맞서기 위한 도움을 요청했을 때 러시아는 느리게 대응했다.[59] 실제로 예카테리나 여제가 1796년 11월 6일에 사망한 뒤 후계자인 차르 파벨 1세는 거의 곧바로 이란과 평화 협정을 맺었다.[60]

아가 모하마드 칸의 캅카스 침입은 오스만의 대응 역시 촉발했다. 모두 카스피해와 접한 아제르바이잔과 다게스탄은 오스만의 영향권에 있었고, 캅카스의 통치자들은 그들이 크즐바시로 표현한 카자르 왕조에 맞서 오스만의 도움을 요청했다. 처음에는 이 요청이 거절됐으나, 1795년 9월 트빌리시가 아가 모하마드 칸에 의해 약탈되자 에르주룸 총독이 캅카스 전선의 지휘관으로 임명되었다. 술탄 셀림이 처음에 캅카스의 신민들을 돕는 데 소극적이었던 것은 적어도 일관성의 결여를 드러낸다. 불과 몇 년 전 그의 전임자 압뒬하미드는 또다른 이슬람 국가의 무리인 북아프리카 이슬람 국가들(그들의 오스만 술탄에 대한 충성과 기대는 1774년 압뒬하미드가 칼리파 칭호를 채택함으로써 강화되었다)로부터 재정 지원을 받는 방안을 고려했다는 사실에 비추어 보면 그렇다.[61]

언제나 그렇듯이 전쟁은 오스만제국의 재정을 파탄에 이르게 했다. 1760년대부터 무역이 감소하면서 제국 국고는 최근 시기의 전쟁 비용을 충당하기에 빠듯한 상황에 처했다. 제국의 영토가 축소됨에 따라 오스만은 단지 땅만이 아니라 생산 중심지와 시장을 러시아에 빼앗겼고, 상황은 1768~1774년 전쟁 이후 오스만이 러시아에 지불한 배상금(당시 국고의 연간 현금 수입의 절반에 해당했을 것이다),[62] 그리고 전쟁에 수반된 전염병 등 우발적인 요인들로 인해 더욱 악화될 뿐이었다. 경제에 대한 마지막 일격으로, 오스만제국의 주요 무역 상대국인 프랑스가 혁명전쟁에 휘말리면서 이 나라와의 무역도 붕괴해 타격을 입히기 시작했다.[63]

징세의 상당 부분을 종신 징세 도급자들에게 의존하면서 중앙 국고는 자금 부족에 시달렸고, 국가는 필수적인 업무 일부를 수행하지 못할 지경에 이르렀다. 특히 전쟁을 위한 군대 양성 같은 일들이었다. 세기 말이 되자 국가는 이전의 그 어느 때보다 더 지방 유력자들(그들 가운데 일부가 바로 그 징세 도급자였다)에게 의존하게 됐으며, 군사 원정을 위한 재정적 부담을 감당할 수 있는 자원은 이들만이 갖추고 있었다.[64] 1768~1774년 전쟁 동안 지방 총독들과 유력자들은 군대에 보급품을 제공하는 책임의 상당 부분을 짊어졌다. 그리고 시장을 장악함으로써 여기서 이득을 챙겼다. 이 전쟁 중에 대와지르 겸 총사령관인 무흐신자데 메흐메드 파샤는 발칸 및 아나톨리아의 지방 유력자들과의 부정한 협상에 깊숙이 관여했다. 그들이 권력을 가진 지역에서 지방 병력을 양성하는 문제를 놓고서였다.[65] 국가가 점차적으로 기본적인 기능인 국가 방위를 새로이 부와 권력을 거머쥔 지방 거물들의 손에 넘기면서, 그들은 자기네가 적절하다고 생각할 경우 쉽게 이익에 따라 행동하고 정부의 명령을 무시하게 되었다. 전쟁을 위한 자원을 동원해야 하는 필요성, 즉 '전쟁 운영'은 이제 오스만제국에서 그 어느 때보다도 중요한 변화의 촉매제 가운데 하나가 되었다.

재정 위기에 대처하기 위한 노력으로 전통적인 방법들 역시 동원되었다. 세금을 더 거두고, 화폐 가치를 떨어뜨리고, 귀중품을 녹이고, 실각한 고위 관료들의 재산을 몰수하는 것 같은 일이었다. 특히 재산 몰수 관행은 1780년대부터 크게 확대돼, 거의 말도 안 되는 구실로 다른 부유한 개인들의 재산을 몰수하기까지 했다.[66] 퀴칙 카이나르자 조약이 체결된 이듬해인 1775년에는 비교적 자산이 적은 사람들까지 금융 시장에 끌어들이기 위해 공공 차입 제도가 도입됐지만, 국고가 이자 지급에 어려움을 겪으면서 이 제도는 자주 변경되었다.[67]

1784년, 오스만제국의 부유층이 더는 국가 재정을 감당할 의지도 능력도 없는 상황에 이르렀음이 분명해지자, 정부는 처음으로 해외에서 자금을 빌리는 방안을 논의했다. 유럽 국가들은 오래전부터 국내 예산이 부족해지면 국제 금융업자나 은행으로부터 자금을 빌려 이를 메우는 것이 관행이었지만, 오스만은 지금까지 언제나 국내 수입원을 짜내는 창의적인 방식에 의존해왔다. 이런 새로운 방식으로 자금을 조달할 때 보증을 할 수 있는 기관이 없었고, 대신 5천~1만 명의 개인들이 보증을 서고 대출금은 분할 상환하는 방식이 제안되었다. 프랑스, 네덜란드, 에스파냐가 가능한 자금 출처로 고려됐지만, 모로코가 가장 매력적인 전망을 제공하는 것으로 여겨졌다. 모로코는 얼마 전에 이스탄불에 대사를 파견했고, 그는 오스만의 우호를 얻기 위한 전략으로 재정적 지원을 암시했다. 이 모호한 약속은 일각에서 모로코가 오스만에게 자금을 빌려줄 수 있는 입장이라는 이야기를 만들어냈다. 대출은 이슬람 국가에서만 받아야 한다고 믿는 사람들을 만족시킬 수 있는 내용이었다.[68]

해외 대출을 얻을 가능성에 대한 논의는 이 시점에서는 더 나아가지 않았지만, 1787년 이후 오스만이 다시 러시아와 전쟁을 벌이면서 자금의 필요성이 더욱 절박해졌다. 그리고 단지 자국의 전쟁만을 위한 것이 아니었다. 재정 상황이 극도로 어려움에도 불구하고 오스만은 스웨덴에 러시아의 서부 전선을 공격해주면 상당한 보조금을 지급하겠다고 약속했다(하지만 1790년 스웨덴-러시아 평화 협정으로 인해 이 의무는 사라졌다).[69] 결국 모로코에서 아무것도 기대할 수 없음이 명확해지자, 정부는 알제리와 튀니지로 눈을 돌렸다. 대출을 '성전 지원'으로 포장하면 같은 종교를 믿는 이들 나라의 관심을 끌 것으로 기대했지만, 그런 일은 일어나지 않았다. 셰이흐월이슬람은 위기가 심각하기 때문에 비이슬람 국가와의 협상도 정당하다는 파트와를 냈고, 네덜란드 연합공화국에 접근했다. 그러나 네덜란드 대사는 오스만제국이 정부가 아닌 상인으로부터 민간 대출을 받는 편이 더 나을 것이라고 말했다.[70] 프랑스 혁명 이후 네덜란드 연합공화국에 대한 접근은 실패했고, 에스파냐를 상대로 한 또다른 시도도 마찬가지였다.[71]

어린 시절과 10대 초반(그의 아버지 무스타파 3세가 아직 살아 있던 시절이다)에 셀림의 삶은 비교적 자유로웠으며, 그는 과거 200년 동안의 오스만 왕자들(그들은 전적으로 궁궐 안에 갇혀 살았고, 때로는 수십 년을 그렇게 보내다가 즉위했다)에 비해 열린 사고방식을 지닌 채 성인이 되었다. 어린 왕자 셀림은 술탄 압뒬하미드가 즉위해 자유를 박탈당하기 전까지 제국회의에 참석했고, 오스만 정치가들이 진지하게 군사 개혁의 필요성을 고민하기 시작하던 시기에 아버지의 군대를 열병했다. 셀림은 1785년에 압뒬하미드를 폐위시키려는 음모가 발각된 이후 더욱 제한을 받았지만, 외부 세계와의 연결을 계속 유지했다. 그것이 변화는 불가피하며 그 변화는 체념으로 맞거나 저항하기보다는 능동적으로 도입하는 것이 낫다는 사실을 인식하는 데 도움이 되었다. 셀림은 첫 번째 오스만-러시아 전쟁 때부터 즉위 전까지 군사 개혁에 관해 프랑스의 루이 16세와 간헐적으로 서신을 주고받았다. 그는 프랑스를 모범국가로 존경한다고 밝혔지만, 프랑스가 1768년에 오스만을 전쟁으로 몰아넣고는 지원하지 않았다고 비난했다. 그는 러시아에 대해 복수하겠다는 욕망을 거의 숨기지 않았으며, 그 시기 이래 잃어버린 영토를 되찾는 데 루이의 도움을 얻고 싶다고 썼다.

소모적인 전쟁 속에서 제위에 오른 술탄 셀림 3세는 즉위 하사금을 지급해 전통적인 방식으로 그의 군대를 대했다. 그러나 불과 한 달 뒤 그는 군인, 관료, 성직자 등 국가의 고위 관리 약 200명을 소집해 무너져가는 제국의 미래에 대해 논의하는 자문 회의를 열었다. 셀림이 소집한 이 회의는 어떤 특정한 문제가 아니라 제국의 생존 자체를 다뤘다는 점에서 오스만 통치 과정에서 새로운 시도였다. 1792년 이아시에서 평화조약이 맺어진 이후 그는 휘하 정치가들이 주문한 제국의 상황에 관한 보고서(현재 20편 이상이 남아 있다)를 검토했다. 보고서는 주로 유럽(특히 러시아)과의 전쟁에서 오스만군이 더 나은 성과를 거둘 수 있는 방안에 관한 것이었다. 보고서 작성자들은 전통적 가치가, 오스만이 현대적 방법과 기술을 활용할 수 있도록 조정되어야 한다는 것을 인정했다. 비슷한 관점은 이미 과거에 아흐메드 레스미 에펜디 등의 인물이 초석을 놓았다. 이제 그 논의는 확대됐고, 그 후계자들은 좀더 수용적인 분위기 속에서 자신들 몫의 기여를 할 수 있었다. 정치가와 관료들은 언제나 자기네 견해를 술탄에게 제출했지만, 이제 그런 의견들을 적극적으로 청취하고자 했다. 다루는 범위도 예전에 비해 더 광범위했다. 셀림에게 가장 큰 영향을 미친 참모로는 고위 성직자 타타르즈크 압둘라흐 에펜디Tatarcık('작은 타타르인') Abdullah Efendi와 1792년 빈 대사이자 훗날 비서장이 된 에부베키르 라티브 에펜디Ebubekir Ratib Efendi가 있었다. 이들의 보고서는 순전히 군사적인 것 외에도 오스만의 다양한 분야의 통치 문제를 다루었다.

이 가운데는 옛 방식으로 돌아가자는 보수적인 성향의 권고들이 있었다. 기본적이고 오스만 특유의 제도들(주로 예니체리)이 정치가들의 견해처럼 치명적으로 부패하기 이전의 것이다. 그러나 이와 함께 새로운 군부대를 창설하거나 그 세기 동안에 이미 만들어진 것들을 개선하자는 제안도 나왔다. 이러한 보고서들은 핵심 지배층이 이교도로부터 그들을 강하게 만든 것을 차용할 필요성을 의식적으로 수용하고 있었으며, 동시에 이는 오스만 이슬람의 익숙한 방식으로 이루어져야 한다는 인식도 있었음을 보여준다.[72]

군사 개혁은 러시아의 힘이 오스만 지배층에 충격파를 던진 시기에 이루어졌다. 서방의 지원은 특히 프랑스로부터 왔으며, 돌이켜볼 때 그 지원과 가장 밀접하게 동일시되는 인물이 바로 프랑수아 드 토트였다. 그는 1767년 크림반도의 특임 영사에서 해임된 후 무스타파 3세 술탄의 부름을 받아 일했다. 오스만 해군이 1770년 체슈메 해전에서 러시아 함대에게 참패한 뒤였다. 프랑스의 기술 지원 프로그램에 해당하는 활동을 통해 그는 러시아 해군의 이스탄불 공격 가능성에 대비해 다르다넬스 요새를 다시 수축하는 일에서부터 각종 군사 전문학교와 속사 포병대를 만드는 일에 대한 조언에 이르기까지 다양한 활동을 벌였다. 토트는 자기 홍보에 뛰어난 재능을 보였고 이스탄불을 떠난 후 쓴 회고록이 큰 인기를 끌면서 관심은 언제나 외국인의 지도 아래 진행된 개혁에 집중됐고, 오스만인 스스로가 추진한 개혁(특히 중앙군이 아니라 지방군에 영향을 미친)은 소홀히 여겨졌다.[73]

그러한 내부 개혁 중 하나는 압뒬하미드 1세 술탄이 주도한 지역 소집 비정규군인 레벤드levend의 폐지였다. 이들은 10만에서 15만 명에 달하는 병력으로, 예니체리와 대비되는 보병 부대였다. 그들은 1768~1774년 전쟁에서 별다른 활약을 하지 못했다.[74] 아흐메드 레스미 에펜디는 1769년 그들의 활동을 목격하고 특히 혹평했는데, 이들이 통제 불가능한 오합지졸이고 차라리 집에 있는 것이 낫다고 말했다.[75] 선원의 한 계급을 지칭하는 데에도 사용됐던 레벤드라는 말은 적어도 200년 전부터 경멸적인 의미를 지니고 있었으며, 본래 16세기 말 아나톨리아에서 큰 불안을 야기해 해산된 비정규군에게 붙여졌던 이름 중 하나였다. 압뒬하미드 술탄은 그전의 다른 술탄들과 마찬가지로 전쟁 종료 직후인 1775년에 레벤드라는 말의 사용을 금지하는 칙령을 발표했는데, 이는 새로운 시작을 알리는 상징적 조치였다.[76]

셀림 술탄 치하에서는 술탄의 부대 또한 관심의 초점이었다. 18세기 중반 프로이센의 프리드리히 대왕의 개혁이 모방해야 할 전범이 된 이래, 규율이 잡히고 잘 조련된 군대를 만드는 문제는 모든 유럽 군주들의 관심사였다. 셀림과 그의 정치가들은 예니체리와 술탄 부대의 기타 병력들을 재편하기를 원했고, 또한 별도로 독립 재정을 갖춘 완전히 새로운 부대를 창설하고자 했다. 이 군사 현대화 실험은 대폭 개선된 화력과 훈련법을 갖춘 규율 있고 전문적인 군대를 만들어내는 데 목적이 있었다.

초기에 예니체리는 기독교도 가정의 소년을 뽑아 이슬람교로 개종시킨 뒤 술탄의 최정예부대 병사로 복무할 수 있도록 훈련시킨 것이었으나, 수백 년이 지나면서 이 '순수성'은 점차 희석되고 소년 징발은 폐지되었다. 대신에 이슬람교도 가정 출신의 사람들을 입대시켰으며, 평상시에는 병영 내에 머무르는 병력이라기보다는 민병대에 더 가깝고 이에 따라 훈련과 규율은 해이해졌다. 병력 수는 시간이 지나면서 증가했고, 여기에는 문서에만 존재하는 예니체리도 많았다. 죽은 지 오래됐거나 탈영했거나, 실제로 전투 부대에 복무한 적이 없는 이들이었다. 1768~1774년 전쟁 당시 병력 소집을 담당했던 역사가 솀다니자데 픈드클르르 쉴레이만 에펜디는 예니체리라고 주장하는 자는 누구든 예니체리로 인정되었다고 전했다.[77] 마흐무드 1세 치세 이후 병적兵籍 매매가 허용됐으며, 등록 병력 명부 관리가 느슨해져 이 증서를 사고파는 시장이 형성되었다. 부대 병사로서의 신분을 입증하고 이에 따라 급여, 수당, 면세 혜택의 자격을 부여받았다. 제도의 부패는 최고위층에까지 퍼졌다. 1779년에 해임된 예니체리 총사령관 출신의 대와지르로부터 몰수한 재산에는 예니체리의 일상 급여 약 1600명분에 해당하는 금액의 병적 증서가 포함되어 있었다. 1782~1785년 사이 대와지르 할릴 하미드는 실제 복무 중인 병력을 확인하고 병적 매매를 금지해 군대를 능률화하고자 시도했다가 격렬한 저항에 직면했다.[78]

전통적인 예니체리처럼, 셀림 3세의 '니잠으 제디드Nizâm-ı Cedid'(신체제) 군대도 신병들(이제는 모두 기독교도가 아닌 이슬람교도 가정 출신이었다)로 만들 예정이었고, 셀림이 구상한 근대적 군대에 복무할 수 있도록 전문적인 훈련을 받게 했다. 그러나 병사들을 모집하기에 앞서 그들을 지원할 자금이 배정돼야 했고, 1793년 3월 1일자 칙령에 따라 이 목적을 위한 새로운 기금이 설립되었다. 최초의 병사들은 일이 없는 이스탄불 청년들로부터 모집되었다. 셀림은 1794년 9월 18일이 되어서야 '신체제' 군대에 관한 규정을 공식 발표했다.* 그 이후 병력은 아나톨리아 지역에서 모집됐고, 6년 안에 '신체제' 군대의 병사 90퍼센트는 이 지역 출신의 농민이나 부족민들로 이루어졌다. 이들은 병영과 제복 등 다른 부대나 예전의 군대와 차별화되는 모든 규정과 표지를 갖추었지만, 물론 예니체리의 자랑스러운 역사에 필적할 만한 전통이 없었고 당연히 예니체리들은 그들과 함께 복무하기를 거부했다. 예니체리들이 군사 개혁이라는 미명하에 이전에 사용되지 않던 인력을 수용하기를 거부한 것은 새삼스러운 일이 아니었다. 1622년 오스만 2세는 예니체리와 병립하는 새로운 군대를 만들려 했다는 의심을 받아 살해당했다. 예니체리를 개혁하거나 증원하는 조치가 언제나 군사적 문제 때문에 촉발된 것은 아니었다. 술탄 압뒬하미드 1세 치세에 예니체리들이 민법과 질서의 대리인(19세기에 독립적인 소방대와 경찰이 만들어지기 전에 그들에게 기대됐던 평시의 역할이었다)으로서 행동하기보다는 너무도 흔히 이스탄불을 황폐화했던 화재들을 일으킨 책임이 있다고 생각되면서 대체 병력의 창설이 고려되었다.[79] 당대 자료에 따르면 압뒬하미드 술탄은 종종 미복 차림으로 이스탄불에서 일어난 여러 화재 현장에 직접 나가 인근 민가에서 밤을 보내며 그 진행 상황을 살펴보았으며, 화재를 진압하는 자들에게 포상을 내리기도 했다.[80]

술탄 셀림과 그의 참모들은 예니체리 조직을 철저히 개혁하는 것이 기득권의 저항 때문에 불가능하다는 사실을 잘 알고 있었다. 타타르

---

* 이 시기에 '신체제'라는 말은 오직 군사적 재편에만 사용됐으며, 다른 개혁에까지 확장된 것은 이후의 일이다(Shaw, 'The Origins of Ottoman Military Reform' 292).

즈크 압둘라흐 에펜디는 자신의 개혁안을, 예니체리 부대가 술탄 쉴레이만 1세 치세의 영광스러운 절정기(그것이 유럽 전쟁에서 시대에 뒤떨어진 것이 되고 국내에서 공공질서를 위협하기 오래전이었다)에 지녔던 명예에 호소하는 방식으로 교묘하게 포장했다.[81] 그러나 그의 야심찬 계획은 축소될 수밖에 없었다. 유일하게 가능한 해결책은 예니체리 조직은 건드리지 않고 그들에게 현대적인 유럽식 소총 사용법을 훈련시키는 것인 듯 보였다. 하지만 예니체리들은 훈련을 요구받을 때마다 폭동을 일으켰고, 그 병력 규모는 계속 증가했다.

반면에 '신체제' 군대는 성공이 예정된 것처럼 보였으며, 그 병력 500명이 1799년 시리아 아코에서 처음으로 작전에 투입돼 나폴레옹 보나파르트의 군대를 패퇴시키는 데 참여했다. 1802년 아나톨리아에서는 '신체제' 군대를 위한 일종의 징집이 실시되었다. 지방 관리와 유지들은 일정 수의 병력을 이 군대에서 훈련시키기 위해 제공해야 했다. 1805년에는 발칸 지역으로도 모집이 확대됐지만, 이곳에서는 모집 요원들이 격렬한 저항에 직면했다. 1806년이 되자, 이 군대는 2만 2500명 이상의 병사와 1500명의 장교로 구성됐으며, 이스탄불과 아나톨리아, 발칸반도에 주둔하고 있었다.

해군 개혁 역시 더디고 문제가 많았다. 1784년, 보느발Bonneval(반세기 전 훔바라즈 아흐메드 파샤가 된 보느발 백작 클로드 알렉상드르와는 다른 사람이다)이라는 프랑스인이 해군에 대해 신랄한 보고서를 작성했는데, 그 보고서에서 유일하게 긍정적으로 언급한 것은 함대 성능을 향상시키기 위한 제자이를리 하산 파샤의 노력이었다(그는 많은 비용을 사비로 부담하기도 했다). 보느발은 특히 함장들이 훈련이 부족하고 동기 부여도 약하며, 선상에서의 무질서와 선박 및 필수 장비의 부실한 수리 상태가 항해 능력을 저해한다고 지적했다. 1770년 체슈메 전투의 참패와 크림반도를 되찾기 위한 전쟁에 흑해 함대의 개선이 필요하다는 확신은 크림반도 상실 이후 전쟁이 불가피해지면서 술탄 압뒬하미드로 하여금 러시아와 대결하기 위한 준비를 서두르게 했다. 1780년대 중반에는 갈레온선, 쌍돛대 범선, 외돛대 범선이 건조됐고, 스웨덴에서 전함 한 척, 영국에서 '동판을 댄' 함선 한 척을 구입했다. 1788년 4월 23일 흑해와 지중해를 향해 출항한 함대는 28척의 선박으로 구성됐고, 263명의 장교와 약 1만 2500명의 병력이 타고 있었다.[82] 하지만 함대는 전쟁이 발발한 직후 격전이 벌어진 킨부른 지역의 기존 병력들이 이곳을 진압할 수 있게 하기에는 너무 늦게 도착했고, 이 전략적으로 매우 중요한 거점을 러시아가 유지한 탓에 오차키우 방어에서 함대는 결정적인 역할을 하지 못했다. 함선 15척을 잃으며 그저 항복을 몇 주 늦추는 데 그쳤다.[83] 오스만 정부는 이 교훈을 마음에 새기고 1789년부터 1798년 사이에 45척의 크고 현대적인 전함을 운용하게 됐지만, 새로운 함선만으로는 문제를 해결할 수 없었다. 육군과 마찬가지로 인력이 고질적인 문제였다. 보느발이 지적한 함장의 자질 부족 문제는 새로운 장교 훈련 체계와 항해 원리 및 조선 공학을 함께 교육하는 전문학교 설립을 통해 해결하고자 했다.[84]

술탄 셀림은 현대화를 추진했을 뿐만 아니라 감각과 영적 깊이를 지닌 사람이었다. 즉위 이전부터 그는 제국의 현실을 비관하는 내용의 음악과 시를 썼고, 메블레비 데르비시 교단에 대한 애정에서 영적 위안을 얻었다. 술탄으로서 그는 이전의 술탄들처럼 곧바로 자신이 선택한 영적 스승을, 지배 계층과 광범위한 대중 모두에게 영향력을 행사할 수 있는 위치에 두었다. 신비주의 시인 셰이흐 갈리브Şeyh Gâlib는 그의 개혁 이념을 지지하고 전파한 사람이었다. 갈리브는 1791년 갈라타에 있는 메블레비 회관의 셰이흐로 임명됐고, 셀림은 자주 그곳을 방문했다. 그는 교단의 존재감과 영향력을 키우고 제국 전역에서 메블레비의 활동을 지원했으며, 아나톨리아 중부 콘야에 있는 13세기의 교단 창시자 몰라나 잘랄룻딘 루미의 무덤을 보수했다. 셰이흐 갈리브는 셀림의 군사 개혁 노력을 기념하는 많은 시를 지었다.[85] 타타르즈크 압둘라흐 에펜디가 쉴레이만 1세 시기의 예니체리 전통을 상기시킨 것과 마찬가지로, 셰이흐 갈리브도 익숙한 오스만의 과거 개념을 채택한 말들을 사용함으로써 개혁안이 덜 위협적으로 보이게 하려 했다. 한 시는 이렇게 시작한다.

그 치세의 완벽한 정의를 만들어내시는 셀림 한 폐하는
우리의 믿음과 국가 안에서 새로이 번영을 가져오시니
신의 감화로 밝아진 그 마음의 통찰은
국가를 위해 이치에 맞는 기발한 생각을 만들어내셨도다.
그의 노력과 생각은 모두 세상의 질서를 되찾기 위한 것
전쟁 같은 필요한 것도 신의 이름을 부르는 듯 여기시니
군의 수요는 금과 은으로 마음껏 쓰게 하시고
신의 은총은 그의 여러 사업에 성공과 명예를 내려주신다.

시의 말미에는 기념의 대상인 포병대를 위해 새로 건설한 병영이 묘사돼 있다. 틀림없이 셀림은 또한 메블레비 선전을, 예니체리와 연관된 베크타시 교단과의 균형추로 생각했을 것이고,[86] 분명히 예니체리의 영향력은 메블레비의 영향력이 커짐에 따라 줄어들었을 것이다. 그러

나 술탄은 메블레비의 지지에만 의존하지 않았고, 자신의 개혁이 과거의 관행에서 크게 벗어나지 않았음을 보여주기 위한 또다른 전술로서 꼼꼼하게 이슬람법의 원칙을 끌어왔다.[87]

술탄 셀림이 구상한 새로운 체제는 세계 속 오스만의 위치에 대한 새로운 인식을 바탕으로 구축됐고, 제국의 해군 및 육군 능력의 현대화 이상의 것과 관련돼 있었다. 1699년 카를로비츠 조약은 오스만이 제국의 영토를 무한히 확장할 수 있으리라는 기대를 포기하지 않을 수 없게 만들었다. 영토의 크나큰 상실이라는 현실 앞에서 오스만은 시대에 부합하는 방식으로 제국의 존재 이유를 새로이 모색하게 되었다. 오스만이 유럽 체제 안에서 자신들의 새로운 위치를 인식했음을 상징하는 한 예는 평화 협상에서 제3자의 중재를 수용한 일이다. 1768년부터 1792년까지 러시아와 벌였던 전쟁은 17세기 말 합스부르크 오스트리아와의 충돌보다 오스만 국가에 훨씬 더 큰 타격을 입혀 바깥 세계와의 외교 관계를 더욱 재조정하도록 강요했으며, 오스만 정치가들에게 상호주의 정신에 따라 상호 합의 및 조약 의무를 준수할 필요성을 받아들이게 했다. 그들은 유럽 국가들이 그렇게 하는 것을 보았다.

전통적으로 오스만 술탄들은 간청하는 적에게 자신들이 관대하게 평화를 부여한다고 여겼지만, 제국이 지속적으로 수세에 몰리는 시대를 겪으며 이는 허구에 불과하다는 사실이 드러났다. 또한 전통적으로 평화란 '시한부 공존' 원칙에 기초한 것이었다. 술탄이 적당하다고 생각될 때면 언제든지 마음대로 끝낼 수 있는 일시적인 상태였다.[88] 유럽 외교에서 상호주의 개념은 1648년 30년 전쟁을 종식시킨 베스트팔렌

조약에서 적절하게 표현되었다. 협정은 완벽하게 작동하지는 않았지만 (그리고 현대의 한 역사가는 이를 이익의 조화라기보다는 국가들의 "탐욕과 두려움의 충돌"로 묘사했지만), 조약에 포함된 여러 조항은 신성로마제국을 구성하는 개별 국가의 주권과 독립을 인정했으며, 이 국가들 사이의 경쟁적 요구를 조정하고 안정화하는 틀은 세력 균형의 변화를 암묵적으로 인정한 것이었다. '세력 균형'이라는 용어가 실제로 조약에 처음 등장한 것은 1713년 에스파냐 왕위 계승 전쟁을 종식시킨 위트레흐트 조약에서였다.[89] 거의 100년 후 유럽 열강과의 관계를 예측 가능한 방식으로 설정하고자 했던 셀림 3세는 이들이 오랜 세월 동안 자기네들 사이의 문제를 조정해온 개념들을 수용했다.

셀림은 오스만제국이 유럽의 다른 국가들과 그들의 규칙에 따라 교류한다면 동등한 조건과 대우를 받을 수 있을 것이라고 생각했다. 그렇기에 1790년 프로이센과 스웨덴이 오스만과 맺은 조약을 무시한 행위는 이스탄불 정부에 큰 충격을 주었다. 오스만은 너무나 믿기 어려워서 적어도 1793년까지 프로이센과의 동맹이 유효하다고 계속 생각했을 정도였다.[90] 셀림에게는 불행하게도, 시대는 그의 편이 아니었다. 오스만제국에 대대적인 개혁을 단행할 준비가 된 술탄이 있었던 바로 그 시기에 유럽은 먼저 프랑스 혁명과 이어 나폴레옹 전쟁으로 인해 대혼란에 빠졌고, 오랫동안 유지해왔던 우선순위와 삶의 방식을 재평가해야 했다. 오스만은 현재의 상황에서 유럽 외교는 오히려 오스만 자신의 과거 자세를 반영하고 있다는 사실을 곧 알게 되었다. 조약은 현실정치가 요구할 때 얼마든지 파기될 수 있는 것으로 생각되었다. 이것은 쓰라린 교훈이었다.

1792년 오스만-러시아 전쟁이 끝나면서, 프랑스 왕정의 붕괴로 촉발된, 유럽 전체가 휘말리는 첫 번째 전쟁이 시작되었다. 1793년 영국, 오스트리아, 프로이센 및 여러 소국들이 프랑스 공화정을 상대로 연합한 전쟁이 발발하자, 오스만제국은 중립을 선언했다. 이는 이전의 관행과는 매우 다른 변화였다. 이스탄불 주재 프로이센 대사가 프랑스 혁명 지지를 상징하는 모표帽標를 제국 내 프랑스인들이 달지 못하게 해야 한다고 술탄의 비서장 메흐메드 라시드 에펜디를 설득하려 하자, 그는 이렇게 답했다.

그들(프랑스인) 및 고귀한 국가(오스만)와 조약을 맺은 다른 유럽 국가들은 우리의 친구이며, 이스탄불에 거주하는 이들은 우리의 손님입니다. 고귀한 국가가 프랑스를 친구로 여기는 것은 그들의 정치 체제가 공화정이든 군주정이든 상관없는 일이며, 그것은 프랑스 사람을 친구로 여기는 것입니다. 당신들은 이스탄불에 거주하는 프랑스인을 '자코뱅'이라 부르지만, 우리는 그들을 그저 프랑스인으로 알고 있습니다. 우리는 그들의 복장이나 상징을 중요하게 여기지 않으며, 이런 사안에 개입하는 것은 그들의 행위를 못마땅하게 여긴다는 말입니다. 그런 불만의 표시만으로도 그들의 적을 편드는 것으로 여겨질 수 있으며, 이는 중립적 자세에 반하는 일입니다.[91]

비서장은 프랑스인의 복장에 간섭하는 것은 카피튈라시온에 금지되어 있다면서, 오스만과 프랑스의 관계는 국가 체제가 왕정이든 공화정이든 변하지 않았으며 '1차 대對프랑스 동맹'으로 알려진 세력이 아무리 노력해도 이를 바꿀 수 없음을 내비쳤다.[92] 이는 오스만이 유럽의 국제법에서는 통용되지만 이슬람법에는(심지어 오스만식의 이슬람법에도)

여지가 없는 개념에 따른 말로 자기네의 위치를 명시한 첫 사례였다.[93]

1798년 나폴레옹 보나파르트가 오스만령 이집트를 침공했다. 이는 무시할 수 없는 무례였지만, 오랜 우방국인 프랑스에 선전포고를 하는 것은 결코 가볍게 내려진 결정이 아니었다. 오스만의 선전포고는 프랑스의 이집트 침공에 대한 대응을 정당화하며 자기네가 유럽의 표준을 준수하고 싶다는 의사를 드러냈다.

그들(프랑스)은 해적처럼 갑작스럽게 공격해 고귀한 국가의 가장 귀중한 영토인 이집트를 점령했다. 이는 유례가 없는 일이며, 국제법과 국가 간에 유효한 법적 규칙들에 반하는 행위다.[94]

이 전쟁을 승인하는 파트와를 받기 위해서는 대와지르와 셰이흐윌이슬람을 포함한 제국회의의 친프랑스파 인사들을 내각에서 축출할 필요가 있었다. 프랑스의 이집트 침공이 가져온 결과 중 하나는 오스만이 영국과 오스트리아(잠시 동안이었다)뿐만 아니라 숙적 러시아와 함께 '2차 대프랑스 동맹'에 참여하게 되었다는 것이다. 이것 역시 새로운 일이었다. 오스만제국이 처음으로 다른 나라들과 연합한 것이었다.[95]

셀림의 통치는 외교 관행의 또다른 변화로도 주목할 만하다. 오스만 궁정은 이른 시기부터 동방과 서방에서 온 외국 사절들을 맞았으나, 그들이 외국에 사절을 보낸 일은 별로 없었다. 18세기 중에 적어도 스무 곳의 유럽 수도에 사절을 파견한 것으로 알려져 있으며, 그중 다섯 건은 1790년대에 이루어졌다. 셀림은 상호주의의 이점을 인식하고 상주 대사관을 개설했다. 첫 상주 대사는 1793년 런던에 파견됐고, 이어 1794년과 1795년에 빈과 베를린에 보냈으며, 1797년에는 파리에 대사를 파견했다.[96] 셀림은 1793년과 1795년 사이의 어느 시기에 상트페테르부르크에 상주 대사를 보내고자 했음이 분명하지만, 실제 임명은 이루어지지 않았다.[97] 그러나 당시 유럽의 혼란은 결과적으로 이러한 실험에 도움이 되지 않았고, 이슬람교의 몇몇 문화적 규범(예컨대 음주 금지 같은 것)은 또다른 제약이 될 뿐이었다. 당시에는 대사가 자신이 파견된 수도의 사교 생활에 적극적으로 참여하는 것이 외교 활동의 필수적인 부분이었다. 보나파르트가 자신의 장관들에게 "식사 제공을 잘하고 여성들에게 주의를 기울"이라고 강제한 것은 셀림이 잘 알고 있었듯이 오스만에서 요구된 처신과는 아주 어긋나는 것이었다.

이슬람교가 불러일으키는 열의와 오스만제국의 명예를 지키려는 마음은 사실 이슬람교도 대사와 그 주재국 사이의 사교 관계를 막는다. 그러므로 비밀을 파악하고 이득을 얻는다는 주된 목적은 실현될 수 없다.[98]

그러나 셀림은 유럽식 군주가 되고자 하는 열망이 컸다. 무스타파 3세와 압뒬하미드 1세처럼, 그는 자신의 초상화 제작을 자국 및 유럽 화가들에게 의뢰했다. 가족들에게 주어 그 집들에 걸게 하기 위해서였다. 게다가 1794년과 1795년에는 런던 주재 대사 유수프 아아 에펜디 Yusuf Ağa Efendi에게 자신의 초상화를 바탕으로 흑백 및 컬러 판화 70점을 제작하게 해서 고관들에게 증정하게 했다. 그는 술탄의 초상화가 국제 정치에서 가지는 기능을 인식한 첫 번째 술탄이었다. 그는 런던의 한 인쇄소에 역대 술탄들의 초상 판화를 담은 화첩의 제작을 의뢰했고, 1806년에는 자신의 초상화를 나폴레옹에게 선물했다. 그는 자신의 대와지르에게 이렇게 썼다.

나는 프랑스 황제가 보내준 선물, 특히 초상화들에 매우 기뻐하고 있소. 그가 나에게 초상화를 보냈다는 것은 큰 우정과 진정성을 보여주는 거요. 유럽에서는 친구들끼리 초상화를 주고받는 것이 중요한 관습이기 때문이오. 나는 이것이 얼마나 기쁜지 말로 다 할 수 없소. 나는 내 초상화 하나를, 그를 위해 특별히 그리게 했소. 아주 큰 거요. 이 그림을 즉시 나의 황제 친구에게 보내야겠소.[99]

18세기 중에 오스만제국 지방에서 중앙 권위의 구조가 붕괴한 것은 단순히 중앙정부의 이익과 지방의 이익 사이의 불가피한 갈등을 조율하는 데 실패했기 때문만은 아니었으며, 그것이 초래한 문제들은 1790년대에 셀림의 일부 개혁이 중앙집권화로 복귀하려는 요소(그것은 이전 시기의 경향과 맞지 않는 것이었다)로 인해 악화 일로를 걸었다. 예를 들어 지방에서는 '신체제' 군대를 창설하고 그 자금을 대는 방식이 달가울 리 없었다. 그것은 지방 유력자들이 최근에 떠맡은 병력 모집 책임과 그들의 재정적 이해관계를 악화시켰기 때문이다. '신체제' 군대의 자금을 대야 하는 '이라드으 제디드irad-ı cedid'(신재정) 기금을 위한 수입은 부분적으로는 궐원이 된 징세 도급자의 몫 일정 부분을 국가 소유로 환수하는 방식으로 조달했다.[100] 이것은 지방 유력자 집단이 기꺼이 포기할 수 없는 투자 수단이었다. 재정 자원을 확보해야 정치적 영향력을 키울 기회가 있었기 때문이다. 이러한 재정 자산의 회수는 또한 중간 정도의 재산을 가진 계층에게 특히 타격을 가했다. 지역 생활의 모든 수준에서 종신 징세 도급제에 이해관계를 갖고 있거나 부수적으로 관련된 사람이 많았기 때문이다. 지방 권력 사다리의 맨 아래 단계에 도달한 후에는, 투자 지역을 지리적으로 확장하거나 중앙정부의 위험한 재정에 덜 밀접하게 연계된 경제 부문(대부업이나 지역 또는 심지어 국제 무역)으로 다각화함으로써 더 큰 권력을 획득할 수 있었다.[101] 가장 성공한 이들은 중앙정부의 요구를 무시할 수 있는 위치에 올랐다. 그리고 그들과 같이 되고자 마음먹은 사람은 매우 많았다.

전반적인 경향은 어느 정도의 속주 자치를 향해 나아가는 것이었는데, 여기에 한몫을 한 지역적 영향들은 또한 유럽의 제국 속주들의 경험이 아나톨리아와 특히 아랍 지역과는 매우 다르도록 만들었다. 사실 각 속주의 경험은 많은 측면에서 독특했다. 제국의 발칸반도 영토는 그 지리적 위치로 인해 언제나 유럽 열강의 간섭 의도에 쉽게 노출되어 있었으며, 18세기 말에 오스만제국은 발칸 지역의 기독교도 주민 상당수의 충성을 잃었다. 여러 해 동안 이 지역을 진동시킨 전쟁 때문에 많은 이들이 합스부르크 영토로 피신했지만, 남은 이들조차도 오스만 국경 너머의 유혹에서 무사하지 않았다. 하지만 발칸 지역의 안정을 위협한 것은 기독교도들만이 아니었다. 이곳과 아나톨리아 서부 양쪽의 이슬람교도 가문들은 모든 면에서 매우 야심차고 외부의 유혹에 민감했으며, 아나톨리아 동부 지역에서는 상황이 약간 달랐다. 그곳에서는 지역적 충성심이 이란과 국경을 접한 오스만 속주들의 많은 시아파 주민들에게 여전히 강한 흡인력을 발휘했다.

아랍 세계 또한 변화하고 있었다. 물리적·문화적으로 멀리 떨어진 중심지에 그들을 꽉 묶어두려는 초기 시도가 실패한 후, 아랍 속주들에 대한 오스만의 정책은 타협안에 만족했다. 이는 아랍 신민들의 오스만 왕조와 국가에 대한 충성의 정도, 그리고 공유된 종교의 강력한 유대를 기반으로 한 것이었다. 이 타협은 18세기 말까지는 분리주의 경향에 대한 충분한 보장책이 됐으나, 이때 보스니아 출신 모험가

젯자르 아흐메드 파샤Cezzâr('도살자') Ahmed Paşa가 시리아에서 달성한 독립 수준은 1798년 프랑스의 침공 이후 이집트에서 알바니아 출신 메흐메드 알리 파샤Mehmed Ali Paşa가 획득한 독립성에 버금갈 정도였다. 1770년대 중반 헤자즈에서 시작된 와하브파 이슬람교도의 부흥운동 역시 발칸반도 기독교도들의 초기 분리주의 경향 못지않게 큰 위협이 될 잠재력을 지니고 있었다.

18세기 말이 되면 아나톨리아 지역은 전통적인 방식으로 이스탄불에서 파견된 관리들에 의해 통치되는 곳이 별로 없었다. 오히려 그보다는 수십 년 동안 부와 영향력을 축적한 몇몇 가문이 이스탄불 정부와 그 지방 관리들 사이의 중재자 역할을 했다. 가장 대표적인 가문으로는 중앙 아나톨리아의 차판오을루Çapanoğlu 가문, 아나톨리아 서부의 카라오스만오을루Karaosmanoğlu 가문, 아나톨리아 중북부의 자니클리Canikli 가문이 있었다. 차판오을루 가문은 미미한 출발에서 시작해 1768~1774년 전쟁 무렵에는 중앙 아나톨리아의 재정 및 행정직을 독점하게 됐고, 1782년부터 30년간 가문의 수장이었던 쉴레이만 베이Süleyman Bey는 중앙정부와 협력해 요구된 병력과 물자를 공급하는 대신 더 많은 보상을 받았다. 그는 술탄 셀림의 '신체제' 군대 창설을 위한 병력 모집 및 재정 구조 구축을 지원했으며, 셀림의 후계자 무스타파 4세 치세 동안 한때 실각했으나 나중에 다시 정부와 협력했다. 1813년 그가 사망할 무렵에 그의 가문 재산은 중앙 아나톨리아 일대뿐 아니라 아랍의 락카주와 알레포주에까지 퍼져 있었다.[102] 셀림의 개혁을 지지한 대가로 그는 분명히 보상을 받았다. 그의 치세 동안 쉴레이만 베이와 그의 형제 무스타파는 앙카라 동쪽의 요즈가트에 대형 마스지드를 건립할 수 있었으며, 이는 이후 쉴레이만 베이의 아들에 의해 더

욱 확장되었다.[103]

차판오을루 가문은 이웃 자니클리 가문(그들의 땅은 흑해와 차판오을루 가문의 영지 사이에 있었다)과 갈등의 역사를 가지고 있었으며, 두 가문의 흥망은 국가의 애호가 어느 쪽에 기울어지는가에 따라 달라졌다. 하지만 자니클리 가문은 앞서 보았듯이 정부의 동맹으로서 신뢰할 수 없다는 것이 드러났고, 그들의 몰락은 차판오을루 가문에게 유리하게 작용했다. 자니클리 가문의 타이야르 마흐무드 베이는 러시아 포로 생활에서 풀려난 이후 '신체제'를 지원하기를 거부했고, 1806년 크림반도로 도망쳤다. 1783년 이래 러시아제국에 편입된 곳이었다.[104]

카라오스만오을루 가문의 역사는 17세기부터 추적할 수 있으며, 18세기에 그들의 영향력은 주로 사루한군의 태수 대리직을 장악한 덕분이었다. 그들은 방대한 농지와 함께 이즈미르의 가장 부유한 상업에 대한 징세 도급권도 일부 보유하고 있었고, 대외 무역이 생명줄인 지역에서 공공질서를 유지했다. 차판오을루 가문처럼 그들도 국가를 지원했고, 1787~1792년 오스만-러시아 전쟁에서 병력과 물자를 제공하는 데 핵심적 역할을 했다. 1829년에 사망한 카라오스만오을루 하즈 외메르 아아Karaosmanoğlu Hacı Ömer Ağa는 당대의 지방 거물 가운데 가장 부유한 사람이었다고 한다.[105] 이 가문은 마니사를 중심으로 한 지역에 상당한 건축 유산을 남겼으며, 마니사의 여러 마스지드, 여행자 숙소, 도서관, 신학교 등이 그들의 막대한 부와 광범위한 후원을 증명해주고 있다.[106]

동부 지역에서는 티그리스강 변의 중요한 교역로에 위치한 디야르바크르의 행정 및 재정 문제에 대한 권한이 18세기 말 여러 해 동안 나크슈반드Naqshband 데르비시 교단의 세습 지도자들인 셰이흐자데

Şeyhzade 가문의 손에 집중되었다. 이전에는 정부 관리들과 다양한 지역 유력자들에게 분산되어 있던 권한이었다. 셀림의 개혁 시기 이전까지 디야르바크르의 이해는 대체로 중앙정부의 이해와 일치했으나, 1802년 '신체제' 군의 부대가 도시에 도착하면서 심각한 결과가 발생했다. 이 병력은 속주 외부에서 모집됐으나 그들의 급여는 지역 수익원에서 충당해야 했고, 이 수익원은 기존의 수혜자들로부터 몰수해 그 목적을 위해 '신재정' 자금으로 이전한 것이다. 18세기 후반의 전반적인 경제 침체로 이미 고통받고 있던 지역 경제에 가해진 이 강압적인 조치는 반란을 유발했다. 정부는 이 소요를 진압하기 위한 노력의 일환으로 강제 이주 정책을 시행했고, 이 과정에서 셰이흐자데 가문의 구성원 71명이 추방되었다.[107]

이 간략한 서술이 보여주듯이 '전형적인' 아나톨리아 가문이라는 것은 존재하지 않았지만, 18세기가 되자 아나톨리아의 유력자들은 17세기에 만연했던 반란(정부는 이를 흔히 '난동과 혼란'으로 규정했다)을 더이상 일으키지 않았다. 발칸 지역은 아나톨리아의 경험과는 거의 정반대의 양상을 보였는데, 17세기에는 아나톨리아에 비해 반란의 영향이 덜했으나 18세기에는 오히려 더 많았다. 17세기 말 오스트리아, 그리고 이어 18세기에 특히 러시아와 격렬한 전쟁을 벌이던 시기에는 발칸반도 민중에게 견딜 수 없는 부담을 안겨주었다. 소수는 이를 기회로 삼아 이익을 챙기기도 했지만, 대다수는 비참한 삶을 강요받았다. 많은 전투가 오스만 영토 내에서 벌어졌고, 이로 인해 대규모 난민 이동이 발생했으며 질병 또한 고통받는 주민들에게 큰 피해를 주었다.

17세기 아나톨리아와 마찬가지로 18세기 말 발칸반도에서도 도적과 반란을 일으킨 유력자 사이의 경계는 흔히 매우 모호했다. 여러 소규모 세력 가운데 주요 인물들(명백히 후자의 범주에 속했다)로는 도나우 강 변 비딘과 루세의 파스반오을루 오스만 파샤Pasvanoğlu Osman Paşa와 티르시니클리오을루 이스마일 아아Tirsiniklioğlu İsmail Ağa, 요안니나의 테페델렌리 알리 파샤Tepedelenli Ali Paşa, 알바니아 북부의 부샤틀르Buşatlı 가문이 있었다. 이들은 각기 광대한 영토를 통제하고 관리했다. 이들 유력자들은 모두 지방에 뿌리를 둔 인물들이었다. 이들은 종신 징세 도급에 깊이 관여했으며, 1787~1792년 전쟁 동안 병력과 물자를 군에 공급했다. 아나톨리아에서도 그랬지만, 이들 강력한 가문들 사이의 마찰은 피할 수 없었다. 부샤틀르 가문과 테페델렌리 알리는 알바니아에서 각자의 야심으로 인해 영토 싸움을 벌이면서 경쟁했다. 도나우 지역에서는 파스반오을루 오스만과 티르시니클리오을루 이스마일이 자원과 영향력을 두고 다투었다. 이스탄불 정부는 이들 유력자들이 전쟁 수행에 필수적인 역할을 하기 때문에 이들 각자의 지역에서 경제적 권한을 기꺼이 부여해 보상을 해주기는 했지만, 이들이 갈망하던 정치적 권력은 허용하지 않으려 애썼다. 그리고 그 결과 반란이 일어났다. 이들의 이해관계가 중앙정부의 이익과 충돌하자 이들을 상대로 군대가 동원되었다. 그러나 별다른 성과는 거두지 못했다.

파스반오을루 오스만 파샤의 예를 보자. 그의 아버지 외메르의 소유지는 그가 비딘 지역 주민들을 선동해 국가에 반란을 일으키게 한 혐의로 1788년에 처형될 때 몰수되었다. 그 영지의 일부는 오스만이 1787년부터 1791년까지 벌어진 오스트리아와의 전쟁에서 공을 세운 뒤 돌려받았고, 이를 바탕으로 민병대를 끌어 모을 수 있을 만큼의 자금을 마련했다. 이 민병대는 소집 해제된 병사들과 최근의 전쟁에서 붙잡힌 기타 말썽꾼들로 이루어졌다. 이후 그는 세르비아와 왈라키아 지역을 침입해 술탄의 질책을 받았지만, 국가의 충성스러운 종복이 되겠다는 약속을 하고 용서받았다. 그러나 1792년에 그는 오스만 총독으로부터 비딘 요새를 탈취했고, 이로 인해 처형 명령이 내려졌다. 하지만 지역 주민들의 지원 덕분에 또다시 사면을 받은 그는 계속해서 세력을 키워나갔고, 특히 이 지역의 오스트리아와의 교역에 참여해 수익을 얻었다. 그는 1794년까지 베오그라드에서부터 에디르네에 이르는 영토를 장악하며 루멜리에서 가장 강력한 유력자가 되었다. 그를 회유하려는 정부의 반복된 시도는 모두 실패했다. 그는 베오그라드 요새의 지휘관 하즈 무스타파 파샤Hacı Mustafa Paşa와 끊임없이 대립했으며, 1796~1797년에는 도나우강 변의 경쟁자인 루세의 티르시니클리오을루 이스마일 아아로부터 땅을 빼앗았다. 하지만 1797년, 파스반오을루 오스만의 1만 2천 명이 넘는 민병대(튀르크인, 알바니아인, 불가리아인, 보스니아인으로 구성되었다)가 테페델렌리 알리 파샤가 이끄는 군대에게 대패한 뒤, 술탄 셀림은 루멜리의 왕당파 귀족들과 중앙정부 정치가들이 함께 지휘하는 8만여 명의 병력을 파견해 비딘에 있는 그를 토벌하게 했다. 비딘 포위는 8개월 뒤에 풀렸고, 술탄은 다른 문제에 집중할 필요가 있었기 때문에 다시 한번 파스반오을루 오스만을 용서했다.[108]

정부는 이들 지방 유력자들을 서로 싸우게 하는 데 주저하지 않았고, 이스탄불에서 '도적'(탐욕스러운 관리, 해산된 군인, 이름 없는 하층민)으로 간주된 자들을 억제하기 위해 그들을 활용하기도 했다. 이 '도적'들이 움직이는 방식은 때로 지방 유력자들과 크게 다르지 않았다. 발칸반도의 소규모 유력자들은 이스탄불에서 '산적'으로 불렸으며, 정부는 1791년 러시아와의 전쟁이 마무리되던 시기에 이들을 단속하기 시작했다. 그들의 활동을 제어하기 위한 여러 차례의 시도가 좌절되면서 이들은 정부를 자신들의 목적에 맞게 교묘하게 조종하는 데 능숙하다는 사실이 드러났으며, 지방 총독직을 나눠주는 방식으로 충성과 복종을 유도하는 전통적인 전략은 이따금씩만 효과를 보았을 뿐이다.[109] 아나톨리아에서 가장 유력한 가문들이 중앙정부에 충성심을 보인 것과는 달리 발칸 지역은 그렇지 않았다. 이곳에서는 모두가 '신체제'에 반대했다. 입대를 위해 소집된 병사들 역시 마찬가지였다. 당대의 한 사람이 기억하듯이, 발칸반도 속주들에 징집 명령이 내려지자 그들은 단호하게 거부하는 태도를 보였다. "우리는 예니체리이고 우리 선조들도 예니체리였다. 우리는 '신체제'를 받아들이지 않겠다."[110]

셀림 3세 치세 동안 국제 정세가 불안한 가운데 프랑스 혁명과 나폴레옹 전쟁이 유럽의 세력 균형을 변화시키면서 외세는 오스만제국의 국내 문제에서 주변적인 일들에 개입할 수 있는 여지를 발견했고, 이는 이전보다 훨씬 더 해로운 결과를 초래할 수 있었다. 러시아는(그리고 그보다는 덜하지만 오스트리아는) 서부 및 북부 속주들에 계속해서 영향력을 행사했다. 영국 역시 자국의 동방 교역로를 보호해야 할 필요성 때문에 서아시아 문제에 더 깊이 관여하게 됐고, 역시 오스만이 고려해야 할 세력으로 떠오르기 시작했다. 중앙정부와의 관계가 변화하던 이 시기에, 발칸반도의 유력 인사들(특히 몬테네그로와 알바니아처럼 오스만의 권위에 결코 완전히 굴복하지 않았던 곳의 사람들)은 이런저런 유럽 열강과의 동맹을 통해 자신들의 이익을 증진하려는 유혹을 받았다. 아드리아해와 도나우강 변경에 영토를 갖고 있는 사람들은 강대국의 외교 책략을 묵인하는 대가로 자신들의 목표(흔히 더 큰 독립을 주장하는 것이었다)를 진전시키는 데 도움을 주겠다는 외부 제안에 더욱 쉽게 흔들렸다.

심지어 보나파르트 나폴레옹이 이집트를 침공하기 전에도 프랑스의 적대적인 오스만 내정 간섭 가능성은 존재했다. 1797년 오스트리아와 프랑스 사이의 캄포포르미오Campo Formio 조약(나폴레옹이 이탈리아에서 쏟은 노력의 절정이었다)에 따라 프랑스는 이오니아제도와 알바니아 남부 및 에피루스의 항구 도시들을 얻었다. 프랑스가 베네치아의 달마티아 식민지를 영유함으로써 오스만제국과 국경을 맞대게 된 것이다. 프랑스 외무장관 샤를-모리스 드 탈레랑Charles-Maurice de Talleyrand은 요안니나의 테페델렌리 알리 파샤와 파스반오을루 오스만 파샤를 이용해 술탄을 전복시키려는 계획을 세웠다. 테페델렌리 알리는 분명히 술탄 셀림 3세에 대한 충성을 공식적으로 철회할 만큼 자신감이 있지는 않았고,[111] 셀림은 그의 충성을 확보하기 위해 그를 승진시키고 보상을 해주겠다고 약속했다. 파스반오을루 오스만은 프랑스와의 논의에 관여했을 뿐만 아니라 1798년에는 러시아 및 오스트리아 영사들과 부쿠레슈티에서 연락을 취한 것으로 알려졌다.

오스만령 발칸반도의 병력 대부분이 나폴레옹의 이집트 침공에 대응해 파병된 사이, 파스반오을루 오스만은 베오그라드에서 하즈 무스타파 파샤에 맞서 반란을 일으킨 예니체리들을 지원했다(처음이 아니었다). 이들은 사실 술탄에게 충성하는 믿을 만한 전투 부대라기보다는 규율 없는 기회주의적 민병대에 가까웠다. 하즈 무스타파는 이러한 예니체리의 약탈에 맞서 속주를 방어하기 위해 추가 세금 부과가 필요해졌고 이는 현지 세르비아인들의 저항을 불러왔는데, 셀림은 최근 오스트리아와의 전쟁 후 이들을 회유하기 위한 노력으로 어느 정도의 자치를 부여한 바 있었다.[112] 하즈 무스타파는 비용 대비 효율이 가장 높은 방안으로 세르비아인들이 스스로 무장해 방어하도록 허용했고, 이는 상황을 더욱 악화시켰다. 그는 곧 베오그라드의 고위 성직자가 내린 파트와에 따라, 예니체리들과 이전에 자신이 속주에서 추방했던 다른 파괴 분자들의 귀환을 허용할 수밖에 없었다. 이들은 파스반오을루 오스만 파샤와 함께 비딘 요새로 피신했고, 1801년에 다시 베오그라드 요새를 장악한 후 하즈 무스타파를 처형했다.[113] 1804년이 되자, 민병대에게 고통받던 주민들(기독교도와 이슬람교도 모두)의 반발이 커져 민병대의 학대에 저항하는 것은 정당하다는 파트와가 나왔다. 니시의 오스만 총독으로부터 탄약을 지원받은 약 3만 명의 세르비아인 병력이 조르제 페트로비치Đorđe Petrović(카라조르제Karađorđe로도 알려졌다)의 지휘 아래 베오그라드 요새를 포위 공격해 함락시켰다. 예니체리 민병대가 저항하고 있던 다른 요새들에서도 유사한 공격이 벌어졌다. 세르비아인들은 러시아에 도움을 요청했고, 러시아는 일부 비밀 지원을 제공했으나 오스트리아 정부는 중립을 유지했다. 두 나라는 모두 더 시급한 문제들이 있었다. 그러나 오스트리아의 군사적 경계 지대에 있던 세르비아인들은 고통받는 동족을 돕기 위해 달려왔다.[114]

비록 지역의 기독교도들과 이슬람교도들이 예니체리 정권을 타도한다는 공동의 목적 아래 단결했지만, 세르비아인의 성공에 상당한 불안을 느낀 이스탄불 정부는 곧 그들을 상대로 군대를 파견했다. 이는 지나치게 야심찬 어느 지방 권력에 대해서도 취하는 통상적인 대응이었다. 카라조르제 휘하의 세르비아인들은 이 대결에서 승리했고, 1807년 1월 6일에 마침내 베오그라드 요새를 점령하면서 전체 속주를 장악하게 되었다. 정교회 신자인 세르비아인들이 이제 그저 시시한 지방 민병대가 아닌 오스만제국 군대와 맞서게 되면서 러시아로서는 같은 정교회 신자들을 위해 발칸반도에 개입할 절호의 기회가 생긴 듯했다. 러시아는 몰도바와 왈라키아에 대한 지배권을 두고 1806년 말부터 오스만제국과 전쟁 중이었으며, 1807년 6월에 러시아는 세르비아 당국과의 협정을 중개하기 위해 베오그라드에 사절을 파견했다. 정교회의 보호자인 러시아와 손을 잡기로 결정한 세르비아는 러시아 군사 고문단을 받아들이고 지역 내에 러시아 주둔군의 설치를 허용했으며, 헌정 체제를 약속받았다. 그러나 그렇게 불가피해 보이던 전면적인 개입은 이루어지지 않았다. 러시아가 1807년 틸지트(현재의 소베츠크)에서 나폴레옹과 체결한 평화조약에는 프랑스가 러시아와 오스만 사이의 중재를 제안하는 내용이 포함되어 있었고, 사실상 러시아가 술탄의 정교도 신민을 지원할 수 없게 되었다.[115]

세르비아인의 반란은 오스트리아에도 영향을 미쳤다. 오스만과의 변경 발칸 지역의 그 주민은 거의 대부분 슬라브족 정교도였기 때문이다. 오스트리아는 가톨릭 제국이었고, 교회에서 분리주의자로 간주하던 이들의 충성을 확보하는 것은 빈 정부의 특별한 관심사였다. "그들의 신앙으로 인해 러시아 차르에게서 보호를 구할"까 우려했기 때문이다. 가톨릭 정부와 동방 가톨릭교회로 대표되는 정교도 신민(그들은 교황을 영적 권위자로 인정하면서도 정교회의 전례와 의식을 유지했다) 사이의 전통적인 타협은 이론상 여전히 유효했지만, 예컨대 1719년 파사로비츠 조약 이후처럼 오스만의 위협이 줄어들면 가톨릭교회는 더 자유롭게 움직일 수 있었다. 이런 시기에 정교회 신자들은 박해를 받았으며 그들의 종교적 자유는 더욱 제한되었다. 전쟁 이후 북쪽 국경을 넘어 망명했던 난민들은 다시 오스만 영토인 자기네 고향으로 돌아갔다. 이런 양상은 반복되었다. 1737~1739년 전쟁에서 오스트리아가 별다른 성과를 거두지 못하면서 또다시 정교도를 억압(이때는 예수회가 관여했다[116])하고 강제로 개종시키는 시기가 이어졌다. 그 소문만으로도 국경 지역에 불안이 확산되고 다시 오스만 영토로 탈출하는 일이 벌어졌다. 그리고 러시아 요원들의 선동으로 러시아 영토로도 갔다.[117] 1770년대가 되자 오스만에 접한 오스트리아의 발칸반도 국경선은 아드리아해에서부터 카르파티아산맥에 이르기까지 철저히 통제되고 요새화된 선이었고, 이후 러시아가 이 지역 내부 정치에서 적극적인 역할을 하면서 이 국경을 관리하는 일은 더욱 어려워졌다. 황제 요제프 2세는 종교 관용 정책과 1788년 이후 러시아와의 동맹으로 정교도 신민의 충성을 얻을 수 있으리라는 희망을 품었다. 그의 뒤를 이은 레오폴트 2세는 1790년부터 1792년 사이, 정교도에 대한 모든 차별적 법률을 폐지했다.[118]

세르비아인의 반란은 오스트리아의 정교도 신민들의 충성심에 대한 의구심을 다시 불러일으켰다. 그것은 또한 슬라브 민족주의라는 유령을 불러내 정교도 슬라브인과 같은 민족인 남부 헝가리·슬라보니아·크로아티아의 가톨릭교도 슬라브인들을 연합시켰다. 이들은 오스트리아가 반란에 개입하지 않은 데 대해 불만을 품고 있었고, 가능한 범위 내에서 동족 슬라브인들을 도왔다. 오스트리아 정부는 이제 종교적 경계를 넘나드는 남슬라브 공동체 의식이 오스만과 맞대고 있는 합스부르크의 남부 국경을 지키는 가톨릭 수비대들의 충성심조차도 잃게 만들까봐 우려했다.[119] 오스만 또한 공통의 슬라브 정체성을 주장하는 자들로 인해 상당한 위협을 느꼈다.

18세기 중에 오스만제국과 러시아제국 사이에 위치한 도나우강 하류 지역에 있던 정교회 기독교도의 도나우 공국들은 오스만, 러시아,

오스트리아 간의 전쟁으로 인해 이 지역에서의 오스만의 권위가 점차 약화됨에 따라 러시아의 관심의 초점이 되었다. 본래 이 지역의 토착 지배 계층은 전통적으로 제후총독 후보를 배출했지만, 이 제도는 1711년 몰도바의 군주 디미트리에 칸테미르Dimitrie Cantemir가 표트르 대제에게 투항한 이후 폐지되었다. 러시아가 자신의 종주인 술탄 아흐메드 3세와의 1710~1712년 전쟁에서 승리할 것으로 예상했기 때문이다. 왈라키아의 마지막 토착 군주인 콘스탄틴 브란코베아누는 프루트 전투에서 표트르를 돕지 않고 오히려 자신의 보급품을 오스만 군에 넘겼으나,[120] 이후 칸테미르의 후계자인 몰도바의 니콜라오스 마브로코르다토스Nikólaos Mavrokordátos(카를로비츠 협정의 협상자 중 한 명이었던 알렉산드로스 마브로코르다토스의 아들이다)의 교활한 야심에 희생되어 1714년 네 아들 및 그 참모와 함께 이스탄불에서 처형당했다. 이들의 머리는 톱카프궁 문 앞에 전시되었다.[121] 이후 이 공국들의 역사에서 100년에 걸친 '파나르인Phanar'의 시대가 시작되었다. 이 시대에는 이스탄불 파나르(튀르크어로 '페네르Fener'로 알려져 있었고, 1587년 이래 여전히 정교회 총대주교의 주교좌다) 지역의 부유하고 영향력 있는 상업 및 금융 공동체 출신의 그리스인들이, 선호되는 제후총독 후보가 되어 몰도바의 이아시 또는 왈라키아의 부쿠레슈티에 있는 그들의 화려한 궁정에서 권력을 행사했다.

이들 파나르인 제후총독들은 이전의 토착 군주들과 마찬가지로 이스탄불의 명령을 받았지만, 이들의 주된 충성 대상은 지역의 이익이 아니라 술탄이었다. 이 완충 지역에 대한 오스만의 관심은 기본적으로 전략적인 것이었다. 러시아의 세력이 증대되고 있었기 때문이다. 제후총독과 그 추종자들은 현지인들을 쥐어짜 부를 축적하는 데 거의 제약이 없었지만, 러시아와의 반역적 내통에 대한 의심만으로도 해임 사유가 됐으며 아주 오래 재직한 제후총독은 별로 없었다. 이전 시대와 마찬가지로 술탄의 명령에 의한 처형이라는 궁극적 제재는 파나르인의 시대 동안에도 여전히 존재했다.[122]

1768~1774년의 오스만-러시아 전쟁 때 예카테리나 대제의 군대가 이아시와 부쿠레슈티를 점령했지만, 퀴췩 카이나르자 조약에 따라 몰도바와 왈라키아는 오스만에 반환되었다. 그러나 이 조약은 러시아가 이들의 내정에 영향력을 행사할 수 있는 유리한 조건을 포함하고 있었다. 1787~1792년의 전쟁은 오스만의 두 공국의 지배력을 더욱 약화했다. 이아시 조약의 조항에 따라 러시아와 몰도바의 국경은 드니스테르강으로 설정되었다. 이전에는 드니프로강이 그들 사이의 경계였다. 1802년 러시아는 오스만이 내세운 몰도바와 왈라키아 제후총독 후보를 승인할 권리를 획득했고, 그들의 임기는 7년으로 정해졌다. 오스만에게 이러한 러시아의 권한 강화는 유럽 내 영토의 온전성을 유지하려는 그들의 희망에 커다란 위협이 되었다.

프랑스나 러시아 어느 쪽도 멀리하고 싶지 않았던 술탄 셀림은 이스탄불에 있는 양국 대사의 활발한 외교 활동 속을 잘 헤쳐 나아가고자 애썼다. 오스만은 프랑스 혁명정부를 어쩔 수 없는 상황이 되어서야 인정했지만, 1804년 보나파르트가 나폴레옹 1세 황제로 즉위했을 때는 아무런 공식적인 승인을 하지 않았고 이로 인해 양국의 외교 관계가 단절되었다. 러시아는 이 공백을 메우기 위해 움직였다. 셀림은 러시아 선박이 보스포루스 해협을 통해 지중해로 항해할 수 있도록 허용했으며, 도나우 공국들에 친러시아 성향의 제후총독을 임명할 수 있는 권한을 러시아에 양도했다. 그러나 1805년 말 나폴레옹이 울름에서 오스트리아를, 아우스터리츠에서 러시아를 상대로 승리를 거두자 셀림은 입장을 바꾸었고, 1806년 2월 나폴레옹을 러시아 황제 및 오스트리아 황제와 동등한 황제로 인정했다. 같은 해 8월 오스만은 프랑스의 요구에 따라 일방적으로 몰도바 총독과 왈라키아 총독을 해임했고, 이는 러시아의 두 공국에 대한 군사 개입을 촉발했다. 12월에 오스만은 러시아에 선전포고를 했다. 1807년 5월 나폴레옹은 이란의 샤와 협정을 맺어, 이란이 1801년 러시아에 병합된 그루지야를 되찾을 수 있도록 프랑스가 도와주겠다고 약속했다.[123] 그러나 그해 7월 나폴레옹은 러시아의 차르 알렉산드르와 틸지트 조약을 체결했다. 나폴레옹의 동방 정책의 의도는 인도에서 영국의 이익을 위협함으로써 주의를 돌리게 하고, 러시아의 남쪽 국경에서 문제를 일으켜 그 관심을 분산시키거나 러시아에 추가적인 확장 기회를 제공함으로써 그들을 프랑스와의 동맹으로 이끌려는 것이었던 듯하다.

오스만제국의 아랍 속주들은 유럽의 사건들로부터 멀리 떨어져 있었지만, 그래도 열강 정치에 의해 초래된 심각한 변화의 영향을 받는 것은 피할 수 없었다. 오스만제국의 이란과의 국경 지대인 바그다드와 바스라를 잇는 지역은 반#자치적인 곳이었으며, 1723년부터 1831년 사이 대부분의 기간 동안 그 행정은 순나파 앗다우드 가문의 손에 있었다. 이스탄불은 총독 임명을 통해 중앙의 권위를 주장하고자 시도할 수 있었지만, 이웃 이란과의 마찰 가능성이 무한한 이 지역에서는 중앙 통제가 이례적으로 바람직했음에도 불구하고 이를 정착 농민, 아랍인 및 쿠르드인 부족민, 이란 시아파, 상인과 무역업자, 헤자즈로 향하는 순례자 등 다양한 사람들에게 강제하는 것은 또한 어려웠다.

1774년, 오스만이 퀴췩 카이나르자 조약으로 서방에서 군사적 입지가 약화됐음을 인정하지 않을 수 없게 된 바로 그때 이 변경에서 전쟁이 발발했다. 당시 서부 이란은 시라즈의 활력 있는 시아파 잔드 왕조가 장악하고 있었고, 캅카스 서남부는 명목상 오스만의 제후국이었으나 1783년부터 러시아와 동맹을 맺은 그루지야가 지배하고 있었다. 따라서 티그리스강과 유프라테스강 유역은 잔드 왕조의 확장을 막기 위해 오스만제국군이 거의 지역 방어군을 지원할 상황이 아니었던 시기에 잔드의 추가적인 팽창을 막을 수 있는 마지막 전략적 방벽이었다.[124]

1764년부터 1775년까지 바그다드 총독을 지낸 외메르 파샤 앗다우드Ömer Paşa al-Da'ud는 오스만 술탄의 대리인으로서 의무를 다하기보다는 자신의 권력을 강화하는 데 더 관심이 많았다. 샤는 그의 독자적인 행동에 대해 술탄 압뒬하미드에게 불만을 제기했지만, 이스탄불은 할 수 있는 일도, 하려는 의지도 별로 없었다. 1775년 부유한 만안灣岸 항구 바스라가 잔드군에 포위당하자, 외메르 파샤는 그들이 내쳐 진격해 바그다드를 공격할 것을 우려해 거의 아무런 지원도 하지 않았다. 포위전은 1년 후 수비대가 굶주림 끝에 항복하면서 끝났다. 바스라가 함락되기도 전에, 술탄에게 충성하는 병력으로 구성된 오스만 군대가 바그다드를 공격해 외메르 파샤를 몰아내고 그를 살해했으며, 오스만은 바스라 상실 이후 잔드 왕조에 선전포고를 했다. 이 전쟁을 승인하는 파트와는 바스라에 대한 공격을 전쟁의 명분으로 삼았으며, 잔드 왕조의 오만함과 기만에 대해 자세히 이야기했다. 이는 시아파 이슬람교도들을 분리주의자(1746년 나디르 샤와의 조약에 의해 처음으로 갈라섰다)로 간주해 이란에 대한 전쟁을 정당화하던 원칙이 공식적으로 폐기됐음을 보여주는 것이었다.[125] 그러나 이후의 교전은 짧았고, 1777년 평화 협상이 시작되었다.

앗다우드 가문에서 가장 유명했던 인물은 '아버지' 쉴레이만 파샤 Süleyman Paşa[그 아들도 이름이 쉴레이만으로 1807~1813년에 역시 반독립적인 바그다드 총독을 지냈다]다. 그는 바스라 포위전 당시 총사령관이었으며, 1780년부터 1802년까지 바그다드 총독을 지냈다. 그가 자신의 영지에서 '신체제'를 받아들였을 때, 술탄 셀림은 분명히 안도했을 것이다.[126] 이 지역의 다른 사람들은 그렇지 않았다. 대표적인 것이 바그다드 북쪽 지역을 지배하던 모술의 알잘릴리al-Jalili 가문과 다른 유력 가문들이었다. 이들 유력자들은 지역의 농업 생산을 독점하고 있었으며, 이스탄불이 요구하는 자원을 자신들의 이익을 위해 일관되게 전용해 왔다. 이들은 중앙 권력(특히 1768년 이후 러시아 전선에서 오스만이 보여준 빈약한 성과)에 실망했고, 키르쿠크와 이어 모술의 총독을 지낸 쉴레이만 파샤 알잘릴리Süleyman Paşa al-Jalili는 바스라 포위전 당시 식량을 제공하라는 명령을 무시했다. 이후 그를 군대의 식량 조달관으로 삼으려는 정부의 시도도 마찬가지로 실패했다. 모술의 유력자들은 18세기가 마감될 무렵 바그다드 총독의 권력이 강화되고 '신체제'가 시행되는 시기에 이르러서야 그 야망에 제한을 받게 되었다.[127]

18세기 말의 시리아 또한 지역 유력 가문들의 손에 달려 있었으나, 상황은 각 속주마다 달랐다. 예를 들어 알레포에서는 단일한 유력 가문이 등장하지 않았다. 대신에 여러 가문 사이의 파벌 동맹이 정치적·경제적 힘의 바탕인 지역 자원과 수입의 통제권을 놓고 술수를 부렸다. 이곳에서는 '허록 예니체리'(예니체리 명부에는 올라 있으나 군사적인 역할이나 의향이 없는 사람이다)와 특권을 가진 지역 유지들 사이의 경쟁이 유혈 충돌로 번지기 쉬웠다. 다마스쿠스주는 18세기의 상당 기간 동안 알아즘al-'Aẓm 가문이 통제했으며, 이 가문의 구성원들은 총독 직위를 통해 재정적 이득을 얻었다.[128] 하지만 이란의 비단 무역이 위축되면서 다마스쿠스는 시돈주와 그 상업 항구 아코보다 중요성이 떨어졌다. 시돈에서는 1740년대부터 셰이흐 자히르 알우마르Zāhir al-'Umar가 지배권을 장악했으며, 중앙정부가 그의 활동을 억제하려고 거듭 시도했지만 미치지 못했다.[129] 1768~1774년의 러시아-오스만 전쟁 도중인 1771년, 셰이흐 자히르 알우마르는 시리아 정복 원정에 나선 이집트의 사실상 통치자인 불루트카판 알리 베이Bulutkapan('구름의 볓') Ali Bey와 협력했고, 자신의 행동을 방어적 조치라고 조심스럽게 정당화했다.[130] 이 구실은 거짓임이 드러났다. 오스만 함대가 아나톨리아 서부의 체슈메 앞바다에서 파괴되고 러시아 함대가 에게해 북부에서 오스만 함선과 육상 진지를 공격한 이후, 러시아 함대의 일부가 예루살렘과 기독교 성지를 넘겨주겠다는 불루트카판 알리의 약속을 받고 반군을 지원하러 갔기 때문이다.[131] 불루트카판 알리는 자신의 부하(처남이자 후계자이기도 했다) 메흐메드 베이 아부 앗다하브Mehmed Bey Abu al-Dhahab에게 배신당했으며, 그의 성공은 오래가지 못했다. 그러나 1772년에 그는 시리아에서 셰이흐 자히르와 합류했으며, 그곳에서 러시아 해상 지원(바다에서 도시를 폭격했다)을 받아 오스만에 충성하는 드루즈파인 시하브 가문의 본거지 베이루트를 포위했다.[132] 오스만 중앙정부는 서쪽과 북쪽에서 러시아와의 전쟁에 매달려 있었기 때문에 시돈주의 금융 자산을 장악하고 있는 셰이흐 자히르를 평정해야만 이 위험한 반란 진압을 기대할 수 있었다. 그러나 전쟁이 끝나자 이제 이집트 총독이 된 메흐메드 베이는 1775년 셰이흐 자히르를 상대로 한 원정을 이끌었다. 메흐메드 베이는 이 원정 도중 병사했지만, 셰이흐 자히르는 타도되었다.[133]

셰이흐 자히르 알우마르의 뒤를 이어 시리아 북부를 지배한 유력자가 된 사람은 전혀 다른 출신 배경을 지니고 있었다. 젯자르 아흐메드 파샤는 보스니아 출신으로, 1756년 이탈리아 출신 개종자이자 세 차례나 대와지르를 지냈고 당시 이집트 총독이었던 헤킴오을루 알리 파샤Hekimoğlu('의사의 아들') Ali Paşa의 수행원으로 카이로에 도착했다.[134] 그는 불루트카판 알리 베이의 가솔이 됐지만 1769년에 그 곁을 떠났고, 이후 셰이흐 자히르가 베이루트를 포위했을 때 시하브 가문을 도우면서 두각을 나타냈다. 그 공로로 1775년 시돈 총독으로 임명된 그는 1804년에 사망할 때까지 그 직위를 유지했으며, 광역 시리아 상당 부분을 장악하고(그는 1785년에는 다마스쿠스 총독에도 임명되었다) 주로 면화와 곡물 무역에서 나오는 지역의 수입을 손아귀에 넣었다. 중앙정부는 그를 시리아에 있는 그의 재정 기반으로부터 멀리 떨어진 보스니아 같은 주의 총독으로 임명함으로써 그의 권력을 제한하려 노력했지만 실패했다. 그러나 이스탄불이 그의 준準자치적 권한에 불만을 가진 것에 아랑곳하지 않고 그는 술탄과의 관계에서 꼼꼼하게 격식을 차렸다. 중앙정부에 매년 송금을 했고, 덜 고분고분한 다른 지역 세력을 제압해 순례자의 안전을 보장했다.[135] 젯자르 아흐메드 파샤의 통치하에 시리아의 경제는 번영했고, 상업에서 나오는 수입은 특히 아코, 베이루트, 시돈 등의 도시 발전을 촉진했다. 그는 아코에 있는 거점에서 대대적인 건설 사업을 벌였다. 여섯 개의 마스지드, 두 개의 시장, 많은 여행자 숙소와 분수와 목욕탕과 방앗간 같은 것들이었다.[136]

18세기 중반, 강력한 카즈다을르Kazdağlı 가문이 이집트에서 지배적인 세력으로 자리잡으면서 이곳에 평화와 경제적 번영이 찾아왔다. 이 시기는 처음에는 오스만제국 내에서 누리는 자치권의 범위에 만족하던 통치자들에 의해 카이로와 다른 중심지들에 많은 새 건축물이 세워지던 시기였다. 불루트카판 알리 베이는 1760년부터 이 가문의 수장이었다. 이미 누리고 있던 것보다 더 큰 이스탄불로부터의 독립을 추구한 그의 1771년 시리아 침공은 그가 대단히 많은 가용 자원을 가지고 있었으며, 이스탄불 정부가 그를 막을 수 없었음을 보여준다. 다만 이 침공은 메흐메드 베이 아부앗다하브의 배신으로 실패했다.[137]

1786년이 되면서 이집트의 치안이 악화되자 중앙정부는 질서 회복을 위해 개입해야 했다. 이 지역은 1773년 불루트카판 알리 베이의 죽음과 2년 뒤 메흐메드 베이 아부앗다하브의 죽음 이후 파벌 싸움으로 갈라져 있었다. 카즈다을르 가문의 또다른 두 구성원인 이브라힘 베이 Ibrahim Bey와 무라드 베이Murad Bey가 권력을 공유하고 있었지만, 그 관계는 불안정하고 불협화음이 많았다. 이들은 얼마 전에 오스만 총독 두 명을 쫓아냈으며, 중앙의 국고에 세금을 보내지 않았다. 그들은 러시아와 협력하고 있다는 의심까지 받았다.[138] 게다가 이들로 인해 피해를 당한 현지의 프랑스 상인들은 무라드 베이가 자기네 교회를 공격하는 것으로부터 보호해줄 것을 술탄에게 요청했고, 술탄이 이에 응하지 않을 경우 프랑스 정부에 개입을 요청하겠다고 위협했다.[139] 이스탄불 정부는 젯자르 아흐메드 파샤에게 이집트의 상황에 대한 보고서를 올리도록 명령했다. 보고서에서 그는 카이로와 이집트 시골, 그리고 속주의 군사력에 대해 서술하면서 중앙정부의 권력을 재천명하고 이집트의 행정을 더 잘 조직하기 위해 술탄이 원정군을 보내야 한다고 건의했다.

가자에서 출정하는 원정군은 총 1만 2천 명이면 충분합니다. (…) (카이로까지의) 여정은 총 83시간이 걸립니다. 가는 도중에 (…) 새 이집트 총독은 병사들의 지지를 얻기 위해 그들에게 여러 가지 소소한 명목으로 계속 선물을 제공해야 합니다. 이는 이집트 사람들이 예부터 기만과 배신에 능하기 때문입니다. 옛 왕들과 과거 군주들에게 썼던 온갖 계략과 속임수들은 잘 알려져 있습니다. (…) 또한 이 총독에게 필요한 조건 중 하나는 이집트에 미리 가서 몇 년 동안 체류하며 그곳에서 중요한 일에 참여해야 한다는 것입니다.[140]

1786년, 대제독 제자이를리 하산 파샤의 지휘 아래 해군이 파병됐지만, 상륙한 병사들이 문제 인물들을 붙잡지 못하고 그들이 내륙으로 도주하면서 결국 전략적 철수를 했다. 이듬해 러시아와의 전쟁 선포 이후 하산 파샤는 이스탄불로 소환되었다. 이브라힘 베이와 무라드 베이는 술탄으로부터 사면을 받아 계속해서 속주의 수입을 자신들의 금고로 가져갔다. 1780년대와 1790년대의 불확실한 상황은 또한 이집트 내 프랑스 상인들의 이익에도 부정적인 영향을 미쳤다.[141]

1798년 나폴레옹의 이집트 침공은 오스만에게 큰 충격을 주었다. 1770년 러시아 함대가 에게해에 등장했을 때와 마찬가지였다. 프랑스는 명목상 우호적인 나라의 영토를 침공한 데 대해 오스만 외교의 언어를 모방한 선언으로 정당화하려 했다. 그들은 자신들이 술탄의 '적의 적'이라고 주장했다. 즉 이집트를 아주 이상하게 지배하고 있던, 싸움질하는 가문들의 적이었다. 나폴레옹은 골치 아픈 이들 부패한 군사 지도자들이 제거되면 이집트 민중은 프랑스가 수립하려는 새 정권을 받아들일 것이라고 기대했다.[142] 젯자르 아흐메드 파샤의 건의는 유사한 노선을 따른 것이었다. 다만 그의 목표는 파리의 권력을 강제하는 것이 아니라 이스탄불의 권력을 회복하는 것이었다.[143]

젯자르 아흐메드 파샤는 1799년 나폴레옹이 시리아를 공격했을 때 자신의 오스만 국가에 대한 지속적인 헌신과 가치를 입증해 보였다. 1798년 11월, 나폴레옹은 젯자르 아흐메드에게 자신이 평화적인 의도를 지니고 있음을 주장했지만,[144] 이어 시리아로 향함으로써 젯자르 아흐메드가 지휘하는 군대가 이집트를 구원하기 위해 파견될지 모르는 오스만 원정군과 연합하는 것을 선제적으로 차단하고자 했다. 그는 1799년 3월 중순에 아코에 도달했다. 젯자르 아흐메드의 일부 지역 경쟁자들은 프랑스 편에 서서 아코 포위전에 참여했으나, 그는 두 척의 전함을 포함한 영국 해군의 지원을 받았다. 포위전은 길어졌고, 결국 오스만 함대와 호송대가 도착한 데다 프랑스군 내부에 전염병이 확산되면서 나폴레옹은 5월 20일 밤부터 21일 사이에 철수하지 않을 수 없었다.[145]

하지만 오스만제국은 1799년 7월 육군이 아부키르만에 상륙했을 때 그곳에서 나폴레옹에게 패배를 당했다. 그러나 다음달 나폴레옹은 비밀리에 새로 점령한 곳을 떠나 프랑스로 돌아갔다. 그의 출국 이후 이집트를 지키기는 어렵다는 것이 드러났다. 이슬람교를 존중하겠다는 프랑스의 약속에 불안을 느낀 하급 성직자들은 민중 저항의 중심이 되었고, 프랑스군에서도 반란이 일어날 듯했다. 카이로에서는 1800년 봄 몇 주 동안의 포위전을 치르고서야 프랑스 지배를 회복할 수 있었다. 1801년 3월, 영국과 오스만 연합군이 아부키르만에 상륙했고, 오스만 대와지르가 지휘하는 육군이 시리아를 경유해 이집트에 도착했다(1517년 셀림 1세가 맘루크 이집트를 정복할 때 이용한 바로 그 경로였다). 카이로는 포위되고 프랑스는 항복했으며, 영국이 이집트를 점령했다가 1802년 아미앵 조약에 따라 이를 오스만에 반환했다.[146]

영국은 프랑스를 지지하지 않았던 세력들을 우대했지만, 이집트에 종주권을 확립하는 일은 오스만과 프랑스의 경우에 그랬듯이 실현하기 어려운 목표였다. 파벌 싸움과 전쟁으로 지친 이집트 주민의 상황은 참혹했고, 1803년 영국이 철수한 후에도 곧바로 개선되지 않았다. 이스탄불이 임명한 총독은 프랑스식의 현대적 군대를 만들려 했으나 실패했고, 1803년에는 2년 전 프랑스를 축출하기 위해 이집트에 파견된 오스만 원정군의 일부였던 알바니아 부대에서 반란이 일어나 도망쳐야 했다. 질서 회복에 거듭 실패하면서 에게해 북부 해안 카발라 출신의 메흐메드 알리Mehmed Ali라는 젊은 알바니아 부대 지휘관이 다른 경쟁자들을 제치고 권력을 차지했으며, 도무지 다른 해법을 마련할 수 없었던 이스탄불은 1805년에 그를 총독으로 임명했다.[147]

이는 결국 일시적인 방편으로 끝나지 않았다. 머지않아 메흐메드 알리는 자신의 통치에 대한, 1798년 이전에 가졌던 권력을 되찾으려 한 파벌들의 저항을 성공적으로 제압하고, 고향에 있는 가족과 충직한 동료들을 불러다 자신의 세를 불리고 가신 체제를 구축했다. 그가 진심이었는지 혹은 사리사욕 때문이었는지는 의문의 여지가 있지만, 그는 술탄만이 화폐를 주조하고 금요 예배에서 이름을 기릴 권리가 있다는 것을 존중했다. 게다가 그는 이집트 재정의 잉여분을 이스탄불로 송금했다.[148] 메흐메드 알리는 곧 오스만 국가의 모범적인 신하로 변모했다.

18세기 말부터 오스만제국의 아랍 지역 내 이해관계는 한 청교도적 이슬람 종파의 등장으로 인해 복잡해졌다. 오스만 권력의 실질적인 한계에서 멀리 떨어진 아라비아반도 중앙에 있는, 접근이 어려운 부족민 지역에서 기원한 와하브파였다. 이 종파는 오랜 세월 쌓인 비이슬람적 관행들(성자 숭배, 미신, 제사 등)을 배격하는 쇄신 운동을 호소했으며, 그 이름의 연원이 된 종파의 창시자 무함마드 이븐 압둘와하브Muḥammad ibn ʿAbd al-Wahhāb는 종교적·정치적으로 지지와 비난을 비슷하게 받았다. 1770년대가 되자 오스만제국의 중심부에서 퍼진 것과는 사뭇 다른 예배 방식을 취하고 있던 와하브파는 메카 샤리프('귀족')가 통치하던 지역에 개입하기 시작했고, 오래지 않아 이라크로 밀고 들어갔다. 1792년 무함마드 이븐 압둘와하브가 사망할 무렵, 부족장 압둘아지즈 빈 무함마드 알수우드ʿAbd al ʿAzīz bin Muḥammad Āl Suʿūd의 지도 아래 그의 가르침을 바탕으로 한 국가가 세워질 수 있는 무대가 마련되었다.

이 사우드Saʿūd 가문의 새로운 와하브파 국가는 곧 그 영토적·영적 야망으로 인해 오스만제국의 이해관계와 충돌하게 됐지만, 이스탄불은 이 제국의 먼 변방에서 온 보고들을 진지하게 받아들여야 한다는 것을 깨닫는 데 매우 오랜 시간이 걸렸다. 1790년대 메카의 샤리프였던 갈리브 이븐 무사이드Ghālib ibn Musāʿid는 와하브파와 그 부족민 동맹들에 맞서 원정을 조직했으나, 그의 병력은 탈영하기 일쑤였고 시리아와 이라크의 오스만 총독에게(그리고 나중에는 이스탄불 정부에) 보낸 지원 요청은 무시당했다. 1798년 샤리프 갈리브의 군대는 패배했고, 그는 광대한 영토를 내주어야 했다.[149] 같은 해 '이교도' 나폴레옹이 이집트에서 승리를 거두면서 오랜 세월에 걸쳐 조심스럽게 구축해온 오스만 술탄 겸 칼리파의 성지 수호자이자 이슬람 공동체 지도자로서의 위신은 더욱 실추됐고, 와하브파는 자신들만이 이슬람을 수호할 수 있다는 확신을 굳혔다. 1802년 와하브파는 시아파의 성스러운 순례 도시인 이라크의 카르발라를 점령했지만, 이스탄불 정부는 이집트 위기에 오랫동안 매달려 있다가 1803년에 이르러서야 이들에 대한 공식 원정을 명령했다. 그러나 병력과 보급이 충분하지 않았고, 사우디의 진격은 계속되었다. 1803년 사우디는 메카를 점령했으나 곧 샤리프 갈리브에 의해 축출되었다. 1805년에 그들은 메디나를 약탈했으며, 1806년에 다시 메카를 탈환했다.[150] 자신이 매우 불리한 처지에 있음을 인식한 샤리프 갈리브는 전통 체제와 이 공격적인 신흥 종파가 일정 수준에서 공존하기를 바랐으나, 사우디 측은 그의 타협 시도를 무시하고 1807년 오스만의 성지 순례 행렬이 이어지던 헤자즈를 폐쇄했다. 압둘아지즈 빈 무함마드 알수우드의 후계자인 사우드 이븐 압둘아지즈Saʿūd ibn ʿAbd al-ʿAzīz는 금요 기도에서 술탄의 이름 대신 자신의 이름을 사용함으로써 이슬람 세계에서 가장 중요한 군주의 특권을 찬탈했다. 술탄 셀림의 굴욕은 극에 달했고, 그가 이슬람 세계의 최고 통치자라는 주장은 이제 거의 유지될 수 없었다.

제13장

'신체제'에서 '재편'으로

19세기로 넘어가는 시기에 제국의 발칸반도 속주들이 처한 혼란한 상황은 강대국 재편과 밀접한 관련이 있었다. 1806년 2월 오스만이 나폴레옹을 황제로 공식 인정한 뒤, 나폴레옹은 자신의 특사 오라스 세바스티아니Horace Sébastiani 장군을 이스탄불에 파견해 러시아에 대항하는 오스만–프랑스 동맹을 협상하게 했다. 나폴레옹의 의도는 셀림 술탄의 군대가 완충 지대 역할을 해서, 프랑스가 발칸반도로 더 깊숙이 진출할 수 있도록 함으로써 전년 말에 울름과 아우스터리츠에서 거둔 승리를 공고히 하는 것이었다. 그의 터무니없는 꿈은 이란이 제3의 동맹국이 돼서 인도로 가는 길을 열어주는 것이었고, 이는 이듬해 봄에 실현되었다.

1806년 6월, 이스탄불 가까운 곳에서 혼란이 일어났다. 아나톨리아에서 모집된 '신체제' 군대의 한 부대가 수도에서 에디르네로 행군해갔다. 한 사람의 예외도 없이 셀림의 군사 재편에 반대하는 이 지역의 예니체리들을 위협해 이를 받아들이게 하려는 목적이었다. 이 지역 주민들은 현지 유력자 다으데비렌오을루 메흐메드 아아Dağdevirenoğlu('산을 뒤엎는 자의 아들') Mehmed Ağa의 명령으로 군대에 식량 공급하기를 거부했다.

그는 자신과 마찬가지로 셀림 술탄의 새로운 군대와 그의 발칸 지역 징집 계획에 반대하는 다른 유력자들의 지지를 받았다. 에디르네에서는 술탄의 징집 계획을 공표한 관리가 군중에게 사적 제재를 당했고, 이 지역 일대의 금요 기도에서 술탄의 이름이 빠졌다. 그러나 대와지르 이스마일 파샤는 반란 세력과 비밀리에 연락하고 있었으며, 술탄에게 발칸에서 '신체제'를 강요하지 말도록 설득하고자 했다. 그러나 소용없었다. 다으데비렌오을루 메흐메드가 루세의 유력자 티르시니클리오을루 이스마일 아아Tirsiniklioğlu İsmail Ağa를 포함한 동지들을 에디르네로 소집하면서, 이스탄불과 에디르네 중간에 위치한 초를루에서는 주민들이 수도에서 파견된 '신체제' 병력의 통행을 막았고,[1] 이들은 초를루를 대포로 공격해 양측에 큰 손실을 입혔다.[2] 셀림은 자기네 군대에 더이상 진군하지 말고 피를 흘리지 않게 하라고 명령했지만, 이 사건은 '신체제' 개혁의 종말을 예고하는 신호탄이었다.[3]

셀림은 프랑스와의 우호 관계가 회복된 것에 도취했다. 이는 영국을 매우 혼란스럽게 했는데, 그들의 배 몇 척은 1807년 2월 다르다넬스 해협 양안에서 퍼붓는 격렬한 포격을 무릅쓰고 이곳을 돌파해 이스탄불 앞바다의 프렌스섬까지 나아갔다. 그러나 거센 파도로 인해 단 한 척만이 전진해 톱카프궁 앞바다에 정박할 수 있었고, 2월 22일로 예정됐던 도시 포격 계획은 막판에 취소되었다. 악천후와 영국 측의 단호한 외교 전략으로 인해 함대는 철수할 수밖에 없었고, 그들은 아무 성과 없이 떠나갔다. 프랑스와의 동맹에 대한 셀림의 자신감만 더욱 키웠을 뿐이었다.

1806년 12월 이후 러시아와 전쟁 중이던 오스만 정부는 1807년 4월 다시 발칸 지역으로 병력을 파견했다. 이 공격적인 적에 맞선 사실상의 최전선인 도나우강 변의 실리스트라를 향해서였다. 그사이에 셀림은 군대의 사기와 전투 능력을 향상시키기 위한 추가 개혁을 추진했고, 이는 에디르네에서 다시 '신체제'에 반대하는 소요를 촉발했다. 징집이 진행되면서 소요는 루멜리 지역으로 확산됐고, 지방 유력자들은 자신들이 축적한 권력이 너무도 쉽게 쓸려나갈 수 있다는 사실을 알았다. 한편 이스탄불에서는 셀림 술탄이 금요 기도를 위해 마스지드에 갈 때와 경례를 받을 때 '신체제' 군대의 유럽식 제복을 입겠다고 선언했다. 게다가 그는 흑해의 이스탄불로 들어오는 길목을 지키는 보스포루스 해협 꼭대기 요새의 민병대 또한 이 복장을 착용해야 한다고 밝혔다. 그의 일부 참모들은 잘못된 생각이라고 경고했지만, 술탄이 원한다면 병사들은 아주 이상한 모자라도 쓸 것이라는 보스포루스 해협의 안전을 책임진 감독자의 말이 승리를 거두었다. 5월 24일 월요일, 이 요새들의 감독자이며 전직 비서장인 마흐무드 라이프 에펜디Mahmud Raif Efendi(1793년부터 1797년까지 런던에 상주한 첫 오스만 대사의 비서실장으로 그곳에 있었기 때문에 '잉길리즈İngiliz'(영국인)라 불렸다)는 집합한 병사들 앞에서 그들이 '신체제'를 수용하고 유럽식 군복을 입어야 한다는 술탄의 명령을 낭독했으며, 그와 부관이 직접 입어 모범을 보였다.[4]

이 '신체제' 문제는 동시대인들 사이에서 매우 격렬한 열정을 자극해 그들의 기록을 물들였고, 이로 인해 사건의 경과에 대한 자세한 묘사 또한 서로 달랐다. 그러나 분명한 사실은 위쪽 보스포루스 해협 요새에 주둔한 민병대는 셀림의 새로운 군대에 편입시킬 수 있는 유망한 자원이 아니었으며, 세르비아 반란을 촉발한 무법자 병력과 공통점이 더 많았다는 점이다. 위쪽 보스포루스 해협의 아시아 해안에 있는 '형가리 보루'에서는[5] 주둔군 지휘관이 권총을 뽑아 마흐무드 라이프 에펜디의 부관의 배를 쏘았다고 한 목격자는 말했다. 어차피 교수형을 당할 바에는 새끼 양을 훔치기보다는 큰 양을 훔치는 것이 낫다고 판단한 반란자들은 또한 마흐무드 라이프를 죽이기로 결심했다. 자신들에게 혁신을 강요한 책임이 있다고 간주되는 사람이었다. 그들은 마흐무드가 확신에 찬 '신체제' 개혁 옹호자로 알고 있었을 것이고, 그가 셀림의 육군 및 해군 개혁을 전 세계에 설명한 저서를 오스만어, 프랑스어, 독일어로 출판했다는 사실도 알았을 것이다.[6] 그들의 계획은 해협 건너편 루멜리카바으Rumeli Kavağı('루멜리 통제소')의 요새에 있던 마흐무드 라이프에게 전해졌고, 그가 도망치자 민병대 병사들은 해협을 건너 그를 따라잡아 사살했다.[7] 두 사람이 살해되었다는 소식이 술탄에게 전해졌을 무렵에 반란군은 이미 예니체리의 지지를 얻는 데 성공했고, 예니체리는 그들과 같은 주장을 선포했다. 반란을 제압할 수 있는 부대는 해협의 루멜리 쪽 기슭 산지의 레벤트치프틀리이Levent Çiftliği('레벤트 농장')와 위스퀴다르의 하렘에 있던 소수의 '신체제' 병력뿐이었지만, 상급자(이스마일 파샤의 뒤를 이은 이브라힘 힐미 파샤İbrahim Hilmi Paşa)가 원정 중인 동안 수도 이스탄불에 남아 있던 대와지르 대리 쾨세 무사 파샤Köse('수염 없는') Musa Paşa는 보수적인 인물로 병사들을 병영에 묶어두었다. 수요일 밤까지 반란군은 아무런 저지 없이 보스포루스 해협 연안을 따라 갈라타 아래의 대포 주조소인 톱하네Tophane까지 진군했다. 배를 타고 금세 궁궐까지 갈 수 있는 위치였다.[8]

이 위기의 순간에 술탄 셀림은 주저하고 두려워하는 모습을 보였다. 톱카프궁에서 몇몇 예니체리 지도자들의 알현을 받으면서 그는 자신이 보스포루스 해협 민병대를 억지로 '신체제' 군대로 만들려 한 것이 아니라고 부인했고, 그가 소중하게 생각했던 군대 개혁 계획을 포기하겠다고 말했다. 그러나 이 말이 병사들에게 전달되었지만 그들은 술탄을 믿으려 하지 않았다. 그들은 '신체제' 군대가 루멜리와 아나톨리아 곳곳에서 문제를 일으켰음에도 불구하고 술탄이 아직 이들을 해산하지 않았다고 말했다. 해협 민병대는 도시 전역으로 퍼져나갔고, 온갖 불만 세력들을 끌어들였다. 정부 관리들은 폭도들이 도시의 예니체리 병영에 이르자 달아났고, 술탄은 궁궐로 피신하고자 했던 성직자들에게 그들이 있던 대와지르의 집무실에 그대로 머물라고 지시했다. 병사들에게 반란을 진압하라는 명령을 내리도록 요구받은 예니체리 퇴역 지휘관들은 쉴레이만 마스지드의 뜰에서 모였으나 결정을 내리지 못했고, 셰이흐월이슬람인 셰리프자데 아타울라흐 메흐메드 에펜디 Şerifzade Ataullah Mehmed Efendi와 루멜리 및 아나톨리아의 대법관에게 자기네 병영으로 와서 만나자고 제안했다.[9]

대와지르와 예니체리 총사령관이 모두 원정을 나가 있는 상황에서, 민병대 및 그들과 연대한 예니체리들을 상대할 가장 큰 책임은 셰이흐월이슬람, 대와지르 대리 쾨세 무사 파샤, 그리고 예니체리 부사령관 메흐메드 아리프 아아 Mehmed Arif Ağa에게 있었다. 아타울라흐 메흐메드 에펜디와 쾨세 무사 파샤는 모두 전년도 에디르네에서 발생한 '신체제' 반대 반란에 동조했었고,[10] 아타울라흐 에펜디는 그 사건들 이후 셰이흐월이슬람으로 임명되었다. 개혁을 좀더 수용 가능하게 만들 수 있는 보수 인사였기 때문이다. 쾨세 무사 파샤가 애초에 '신체제' 병력에 보스포루스 해협 반란을 제압하라는 명령을 내리지 않은 것이 유혈 충돌을 피하게 한 것은 사실이다. 그러나 그것은 또한 술탄이 군사적 해결을 하지 못하게 했다.

이 반란의 양상은 익숙한 것이었다. 예니체리 연병장은 예니체리들과 갑주 제작 부대 및 민병대에 속한 사람들로 소란스러웠다. 예니체리들에게 제공할 음식을 조리하던 가마솥들이 광장으로 옮겨져 엎어졌는데, 이는 전통적으로 술탄에 대한 도전을 나타내는 행위였다. 병영 내에서 토의한 끝에 반란자들은 자신들의 불만을 초래한 책임이 있는 고위 관리 열두 명의 명단을 작성했고, 일부는 이들을 넘겨줄 것을 요구하며 히포드롬으로 향했다. 그들은 길을 가다가 온건론을 주장한 예니체리 부대의 서기 한 명을 살해했다. 예니체리 지도자들은 군중을 진정시키려 했지만, 사람들은 명단에 있는 관리들을 손에 넣고 '신체제'를 해체하며 그 흔적을 모조리 없애기를 원했다. 겁에 질린 술탄 셀림은 그들의 요구를 수용하기로 동의했으며, 술탄 쉴레이만 1세 시절에 널리 시행됐던 술탄의 보병과 기병 체제로 돌아갈 것을 약속했다.[11]

'신체제' 군대가 곧 해체될 것이라는 소문이 하렘과 '레벤트 농장'에 있는 그들의 병영에 전해지자, 셀림이 아끼던 병사들은 그대로 병영을 버리고 떠나버렸다. 반란군이 작성한 명단에 이름이 오른 몇몇 관리들은 숨어 있다가 발각되고 예니체리 연병장으로 끌려가 살해당했으며, 술탄은 자신의 안전을 도모하기 위한 노력으로 궁궐에서 나머지 관리들을 처형한 뒤 그들의 머리를 예니체리들에게 보냈다. 그날 저녁 반란군 병사들은 제위 승계자들인 무스타파와 마흐무드 왕자(셀림의 사촌이자 술탄 압뒬하미드 1세의 아들들로 모두 20대였다)의 안전을 보장해야 한다고 발표했다. 이는 셀림이 그들에게 위해를 가할 수도 있음을 암시했다. 한 목격자에 따르면 술탄이 대와지르의 집무실과 예니체리 연병장에서 포고문을 낭독하자 반란군조차 눈물을 흘렸다고 한다.

나는 어린아이들이 없다. 왕자들은 나의 아들이며, 내 눈의 빛이다. 내가 그들을 죽여 오스만 왕조와 순수한 오스만 혈통의 국가 및 통치를 소멸로 이끄는 일은 결코 없을 것이다. 나는 그런 생각을 해본 적도 없다. 제발 그런 날이 오지 않아야 한다. 제발 그들이 오래 살기를![12]

5월 28일 목요일이 되었고, 성직자들과 예니체리 지도자들(그들은 이 사태가 진행되는 동안 자기네를 일반 사병들과 분리해서 생각하려고 애썼다) 은 술탄의 전날 밤 감성적인 호소로 이번 반란이 끝났다고 생각했다. 술탄은 결국 반란군의 요구를 받아들였고, '신체제' 군대는 해체됐으며, 열두 명의 명단에 오른 정부 관료 중 상당수가 살해됐기 때문이다. 보스포루스 해협 민병대는 돈으로, 그 지도자들은 전통적인 명예의 옷과 계급 수여로 달랠 수 있을 것이라고 그들은 생각했다. 그러나 이 제안이 민병대에 전달되자, 그들의 지도자인 카박츠 무스타파Kabakçı('호박 장수') Mustafa는 한 가지 요구가 더 있다며 이의를 제기했다. 바로 술탄 셀림의 퇴위와 무스타파 왕자의 즉위였다. 그들은 더 이상 셀림을 자신들의 세속적 혹은 종교적 지도자로 받아들이지 않았다. 셀림을 어떻게 하고 싶은지에 대해 묻자 민병대를 대변하는 자들은 셀림을 해칠 생각은 없다고 셰이흐윌이슬람에게 말했으며, 아흐메드 3세가 1730년에 퇴위한 뒤 궁궐에서 평온히 여생을 보낸 일을 상기시켰다. 곧바로 즉위를 위해 적절한 쿠란 구절이 낭독되고 기도가 이루어졌으며, 아래 연병장에서는 "좋습니다" 하고 동의하는 일치된 목소리가 터져 나왔다.[13] 셰이흐윌이슬람 아타울라흐 에펜디는 셀림에게 폐위 소식을 전하고 즉위식을 집전하기 위해 혼자 가는 것이 두려웠으나, 병사 2천 명의 호위를 받아들이고 점점 불어나는 군중과 뒤섞여 궁궐을 향해 이동했다. 궁궐 문은 닫혀 있었고, 이에 따라 셀림이 퇴위하고 새 술탄 무스타파 4세에 대한 충성 맹세가 마무리되기 전에는 반란군이 해산하지 않을 것이라는 내용을 담은 서한이 궁 안의 흑인 환관장에게 전달되었다.[14]

군중 5만 명이 궁궐 외곽과 아야소피아 주변 지역에 몰려들어 "우리는 무스타파 술탄을 원한다"라고 외쳤다. 셰이흐윌이슬람과 대와지르 대리 및 수행원들이 궁궐 밖에서 기다리는 동안, 흑인 환관장은 공중정원(오늘날의 제4안뜰이다)의 할례전割禮殿에 있던 셀림에게 폐위를 알리는 최후통첩을 전달했다. 절망에 빠졌지만 무엇을 해야 할지 알고 있던 셀림은 하렘으로 들어가 사촌 무스타파를 찾아냈다. 오랜 유폐 생활을 하던 무스타파는 주저하며 모습을 드러냈다. 새 술탄은 곧 바브윗사아데('행복의 문') 앞에 마련된 옥좌에 앉았으며, 그의 정치가들이 충성 서약을 해서 즉위를 공식화했다.[15]

술탄 무스타파 4세는 셀림이 폐위된 그날, 해가 진 후 즉위했다. 다음날인 5월 29일 금요일에는 아야소피아에서 예배가 열렸다. 보스포루스 해협 민병대는 자기네의 새 술탄을 확보했다. 그러나 그들은 또 다른 것을 요구했다. 그 지도자들은 지휘권이 있는 자리를 요구했고 실제로 임명되었다. 일반 병사들은 급여를 올리라고 아우성쳤다. 민병대 지도자 카박츠 무스타파는 보스포루스 해협의 유럽 쪽 연안 성채의 감독자로 임명되었다. 새 술탄은 '신체제' 부대의 해체를 확인하는 칙령을 발표했으며, 민병대에게 처벌 없이 용서해줄 테니 그 대신 앞으로는 결코 반란을 일으키지 않겠다는 서약을 하라고 요구했다. 6월 초가 되자 반란은 종결되었다. 예니체리와 민병대는 후한 즉위 하사금을 받았으며, 모든 군인은 병영으로 복귀했다.[16]

1622년의 술탄 오스만 2세와 마찬가지로 셀림 3세는 군 인력을 재편하려는 계획에 대한 반발로 인해 쫓겨났다. 오스만 2세가 정말로 그런 의도를 가졌는지에 대해서는 약간의 의문이 있지만 말이다. 대중의 상상 속에서 두 술탄의 운명은 비극적인 성격을 지닌다. 그러나 적어도 셀림의 통치는 모두 힘들기만 한 것은 아니었다. 그의 개인 비서는 자신이 모신 군주의 통치에 대해 매우 상세하고 사적인 기록을 남겼다. 국정 업무와 관계없는 궁궐 생활, 도시의 수로를 따라 나가는 행차, 소풍과 사냥, 음악 야회夜會와 알현, 군사 사열 등의 일상을 기록했다.[17] 그의 모든 진지한 목적에도 불구하고, 셀림(그 자신은 재능 있는 작곡가였다)과 그의 측근들은 아흐메드 3세와 그 측근들처럼 쾌락을 추구하는 성향이 매우 강했다.

아흐메드 3세의 치세와 유사한 점은 또 있었다. 1807년의 반란은 1730년의 반란과 마찬가지로 술탄 폐위 요구를 처음으로 주장한 인물의 이름을 따서 불렀다. 1730년에는 파트로나 할릴이었고, 1807년에는 카박츠 무스타파였다. 카박츠 무스타파는 파트로나 할릴과 마찬가지로 오스만 사회의 하층민 출신이었다. 카박츠 무스타파는 아나톨리아 중북부의 카스타모누 지역 출신이었으며, 그의 최측근 중에는 그루지야인과 알바니아인들이 있었다. 그와 그 무리는 민병대에 들어갔지만, 제멋대로인 무장한 오합지졸을 국가가 필요로 하는 규율 바른 병사로 만들기 위해 필요한 훈련을 받지 못했고, 그들이 누린 특권도 이들을 순종적인 병력으로 만드는 데 도움이 되지 않았다. 그들은 보스포루스 해협을 순찰한다는 구실로 술을 마시고 약탈하며 싸움을 벌였고, 매춘부를 성채로 데려와 불법으로 돈을 벌었다.[18]

즉위하고 일주일이 지난 후 술탄 무스타파는 에미뇌뉘구 해안에 위치한 예니자미('새 마스지드')에서 금요 예배를 올렸으며, 근처에 있는 그의 아버지 술탄 압뒬하미드 1세의 무덤을 찾았다. 그로부터 엿새 뒤 그는 술탄 메흐메드 2세의 무덤과 할리치만 꼭대기에 있는 아부아이 유브 알안사리의 무덤을 방문했으며, 그곳에서 오스만 왕조의 첫 술탄 인 오스만의 것으로 여겨지는 검을 허리에 차는 의식을 치렀다. 이어 지는 금요일에는 술탄 바예지드 2세 마스지드에서 예배를 드리고 그 의 무덤을 방문했다. 그러나 이처럼 오랜 전통 의식을 꼼꼼하게 준수 했음에도 불구하고 무스타파는 자신이 원했던 도덕적 권위와 정통성 을 얻지 못했다. 즉위 직후 무스타파는 자신의 입지를 강화하기 위해 셀림 술탄의 측근 다수를 유배하거나 죽이라는 명령을 내렸다. 그러나 '신체제'의 과격한 해체와 연관된 핵심 인물들을 제거하려는 그의 시도 가 모두 성공하지는 않았다. 쾨세 무사 파샤는 해임됐지만 2주 뒤에 다 시 간단히 복직됐고, 셰이흐월이슬람 자리에 새로 임명된 사람에 대해 예니체리들이 불만을 표출하면서 아타울라흐 에펜디 역시 복직되었 다. 그러나 다른 인물들은 덜 운이 좋았다. 반란자들을 달래고 최근의 봉기를 종결짓는 데 핵심적인 역할을 한 예니체리 부사령관 메흐메드 아리프 아아는 재정 비리 혐의로 고발되었다. 그는 자리에서 해임되고 이스탄불에서 쫓겨나 유배됐으며, 몰수된 재산은 예니체리의 급여로 사용되었다. 그는 메카 순례길에 나서 부르사를 지나던 중 살해됐고, 그의 머리는 이스탄불로 보내졌다. 예니체리들은 또한 도나우 전선에 나가 있던 대와지르 이브라힘 힐미 파샤의 해임을 강요했고, 자신들의 후보를 예니체리 총사령관으로 임명하게 했다.[19]

1807년 10월 18일, 지난해 크림반도로 도피했던 아나톨리아 북부 의 귀족이자 '신체제'의 반대자인 자니클리 타이야르 마흐무드 파샤가 이스탄불로 돌아왔다.[20] 그는 곧 새로 임명된 대와지르 첼레비 무스타파 파샤Çelebi Mustafa Paşa의 대리로 임명됐지만, 몇 달 만에 핵심 정치가들을 적대시하고 위협했다는 이유로 해임되었다. 무엇보다도 특히 예니체리들이 그를 원하지 않았다는 말이 돌았다. 1808년 3월 그는 많은 수행원과 함께 서부 트라케의 디디모티호로 유배됐으나, 그의 영지는 몰수되지 않았고 술탄 무스타파는 그에게 연금을 보냈다.[21]

타이야르 마흐무드 파샤가 '신체제' 정권 이후 정부에서 주도권을 잡으려는 시도가 실패하면서, 또다른 지방 유력자인 바이락타르 무스타파 파샤Bayraktar('기수旗手') Mustafa Paşa가 국가 운영을 주무르고자 했다. 그는 1806년 여름, 강력하고 파괴적인 인물이었던 티르시니클리오을루 이스마일 아아가 살해된 후 두각을 나타냈는데, 그는 당시 도나우 전선에서 이스마일 아아 휘하의 부사령관으로 있었다. 티르시니클리오을루 이스마일의 실리스트라 지역 영지는 바이락타르 무스타파에게 넘어갔고, '신체제' 군대의 사령관은 그의 영향력을 제한하라는 명령을 받았으나 술탄은 사실상 그를 해당 지역의 지배 권력자로 받아들이는 외에 다른 도리가 없었다(제국의 지방 권력자들에게 자주 있었던 일이다).[22] 러시아와의 전쟁이 막 시작된 상황에서 바이락타르 무스타파의 조력이 제국의 방어에 필수적이었기 때문이다. 1807년 2월 3일 그는 도나우 전선의 군 사령관 겸 실리스트라주 총독으로 임명되었다.[23]

바이락타르 무스타파 파샤는 자신이 지배하던 영토가 운 좋게도 전략적인 위치에 있어서 막중한 책임과 보상을 받았다. 1807년 원정 시기가 끝날 무렵에 셀림이 폐위되자 도나우 전선에 있던 몇몇 고위 정치가들은 이스탄불로 돌아가지 않고 그와 함께 루세에 머무는 쪽을 선택했다. 이들은 모두 '신체제'의 지지자로서, 개혁을 추진하던 술탄 셀림을 복위시키려는 계획을 세웠다. 바이락타르 무스타파는 대와지르 첼레비 무스타파 파샤가 자신이 원정에서 돌아올 때 에디르네에서 마중하기 위해 경쟁 관계에 있던 도나우 지방 유력자들을 불러들였다는 소식을 듣고, 1만 명의 병력을 이끌고 도시로 행군했다. 이는 에디르네 시민들뿐 아니라 이스탄불 시민들에게도 두려움을 안겨주는 무력 시위였다. 바이락타르 무스타파는 중개자 역할을 한 어느 동맹자를 통해 대와지르와 합의를 이끌어냈고, 이 위험할 수 있는 상황이 해소되기를 바랐던 대와지르는 바이락타르 무스타파의 경쟁자들을 에디르네에서 물러나게 하고 군대의 상황을 논의하자는 구실로 그를 도시로 불러들였다. 술탄 무스타파는 첼레비 무스타파의 이러한 행동을 예상하지도, 승인하지도 않았으며, 바이락타르 무스타파가 러시아와 전쟁 중인 상황(틸지트 조약 이후인 1807년 8월 휴전에 합의하기는 했지만)에서 왜 전선의 책임을 버리고 왔는지 이해할 수 없었다.[24]

사실 바이락타르 무스타파 파샤는 도나우 전선 군대의 상태에 대해 할 말이 많았다. 그는 1808년 7월 4일 이스탄불에 있는 대와지르 대리에게 보낸 통렬한 보고서에서 병력 부족(요청한 병력 중 극히 일부만이 임무에 응했고, 이는 전년도에도 마찬가지였다)과 보급 부족에 대해 불평했다. 현지에서 구한 식량과 발칸반도의 다른 지역에서 가져온 식량이 소진된 이후에는 극심한 부족 현상이 나타났다. 1807년에는 자신의 영지에서 난 것을 사용해 병사들을 먹여야 했다. 게다가 막대한 개인 비용을 들여 도나우 북쪽의 농민들에게서 식량을 사들였다. 그는 오스만 농민들이 과도한 요구에 시달렸으며, 세르비아인들(당시 그곳의 반란이 진행 중이었다)의 예를 따라 군대에 식량과 마초를 제공하기를 거부하고 있다고 지적했다. 병력, 식량, 자금이 없다면 러시아와의 전쟁을 수행할 수 없다고 그는 말했다. 그는 군대에 동행한 비전투원의 수가 많은 것을 신랄하게 비판했고, 특히 "적의 마음을 흔들기 위한" 성스러운 깃발을 호위하는 3만~4만 명의 병사들에 대해 불평했다. 이들 모두가 식량을 요구하고 있었다. 그는 전년도에 이미 성스러운 깃발은 아예 군대에 동행하지 않거나 적어도 에디르네에 머물게 해야 한다고 제안했지만 소용이 없었다. 병사는 전투를 위해 필요한 것이라고 그는 말했다.[25]

바이락타르 무스타파 파샤의 말에는 분명히 분노가 들어 있었다. 그는 이 문제들을 반드시 대와지르와 논의할 필요가 있다고 생각하지 않았다면 에디르네로 오지 않았을 것이라고 강조했다. 시간은 돈이라고 그는 말했다. 그의 유일한 동기는 국가의 안녕과 술탄에 대한 충성이었다. 그는 러시아 전선과 세르비아 전선 모두를 위해 식량과 병력(여기에는 민병대도 포함되는데, 그는 민병대가 원정군의 필수적인 구성 요소라고 생각했다)이 필요했다. 그것도 지금 당장 말이다. 그는 규율이 오스만의 전쟁 수행을 저해하는 주요 문제 중 하나라고 보았으며, 도나우 전선 각 구역에 신뢰할 수 있는 와지르를 임명해 자신의 전반적인 지휘 아래 있는 병사들의 활동을 조율하게 해야 한다고 건의했다. 그는 자신이 전혀 쓸모없다고 생각하는 수천 명의 책상물림이 아니라 믿을 수 있는 전투 병력이 필요했다. 바이락타르 무스타파에 따르면 또다른 심각한 문제는 탈영이었는데, 특히 아나톨리아 출신 병사들 사이에서 심했다.[26]

그 이전의 수많은 오스만제국의 지방 반란자들과 마찬가지로 바이락타르 무스타파 파샤도 술탄에게 직접 경의를 표하고 싶다는 의사를 밝혔다. 대와지르가 막고 싶어도 이 불가피한 사태를 막을 수는 없었다. 그는 술탄 무스타파의 가장 가까운 측근 가운데 하나인 하렘의 흑인 환관에게 편지를 보내 바이락타르 무스타파의 의도를 알렸지만, 그것은 기정사실이나 마찬가지였다. 바이락타르 무스타파의 이스탄불 입성을 지연시키는 방법을 찾기 위해 셰이흐윌이슬람 아타울라흐 에펜디와 대와지르 대리는 술탄이 대와지르에게 편지를 보내, 성스러운 깃발이 군대와 함께 이스탄불로 돌아올 때 준수해야 할 관례적인 의식에 대해 그에게 상기시켜달라고 건의했다. 하지만 그들이 어떤 불안감을 느꼈든 간에 유혈 사태가 날 수밖에 없는 충돌을 유발하지 않으려는 의지는 분명했고, 이에 따라 대와지르에게 보낸 답장에서는 술탄이 바이락타르 무스타파의 도시 입성을 허락했음을 분명히 했다.[27]

바이락타르 무스타파 파샤가 이스탄불에 접근하고 있을 때, 카박츠 무스타파가 추적 끝에 살해되었다. 그 명령을 누가 내렸는지는(바이락타르 무스타파인지, 아니면 술탄 무스타파인지) 명확하지 않다. 1808년 7월 19일, 셰이흐윌이슬람과 대와지르 대리는 각자의 수행원들과 함께 이스탄불 시외로 나와 귀환하는 군대로부터 성스러운 깃발을 전달받는 의식에 참여했다. 술탄 무스타파는 이스탄불 서쪽에 있는 다우드파샤 집결지 인근의 정해진 장소로 가서 대와지르 첼레비 무스타파 파샤로부터 공식적으로 깃발을 인수했다. 깃발을 기수에게 넘긴 뒤 그는 첼레비 무스타파보다 먼저 궁궐로 돌아갔다. 바이락타르 무스타파가 다우드파샤에 도착해 있었지만, 그는 자신의 천막 안에 머물며 의식을 참관하지 않았다.[28]

귀환 군대로부터 성스러운 깃발을 인수하는 의식으로 인해 발생한 지연에도 불구하고 술탄과 그의 참모들은 여전히 바이락타르 무스타파 파샤와 대결할 계획을 마련할 시간이 부족했다. 이틀 뒤 바이락타르 무스타파는 이스탄불에 입성했고, 도시 주민들은 앞으로 어떤 일이 벌어질지 불안한 눈초리로 지켜보았다. 그는 먼저 대와지르 관저로 향했고, 그곳에서 첼레비 무스타파 파샤를 해임했다. 그들이 에디르네에서 맺은, 술탄 셀림을 복위시킨다는 협정을 저버렸기 때문이다. 첼레비 무스타파는 바이락타르 무스타파가 그 목적을 위해 자신을 이용하도록 허용했다. 그리고 결국 속임수에 넘어갔다. 바이락타르 무스타파의 명령으로 셰이흐월이슬람 아타울라흐 에펜디와 다른 고위 성직자들은 해임되고 유배되었다. 그후 바이락타르 무스타파는 부하들을 이끌고 궁궐로 들어가 전 술탄 셀림을 데려오라고 요구했다. 술탄 무스타파의 측근들은 그 의미를 잘 알고 있었고 주군에게 이를 전했다. 그것은 술탄도 이미 알고 있는 이야기였다. 즉 셀림이 살아 있는 한 그의 자리는 결코 안전하지 않다는 것이었다. 술탄 무스타파의 부하들은 셀림을 데려오겠다는 구실로 폐위된 술탄의 처소로 갔고, 셀림이 나오기를 거부하자 그를 살해했다. 바이락타르 무스타파가 궁궐에 들어섰을 때는 이미 너무 늦은 뒤였다. 그는 새로운 셰이흐월이슬람에게, 무고한 자를 살해한 술탄 무스타파가 여전히 정당한 통치자일 수 있는가를 물었다. 그는 예상했던 답변을 받았고, 무스타파의 동생 마흐무드를 그의 처소에서 데려오게 했다. 바이락타르 무스타파와 모든 고위 정치가들은 새 술탄 마흐무드 2세에게 충성을 맹세했고, 마흐무드는 첼레비 무스타파 파샤에게서 회수한 대와지르 직인을 바이락타르 무스타파에게 주었다. 그는 처음에는 사양했지만 결국 그 영예를 수락했다. 셀림을 살해한 책임이 있는 관리들은 처형됐고, 그들의 머리는 궁궐 바깥 문에 걸렸다. 각각에는 '감히 술탄 셀림을 시해한 종교와 국가의 배신자'라는 문구가 적힌 팻말을 붙였다.[29] 타이야르 마흐무드 파샤도 바이락타르 무스타파 파샤의 등장에 따른 또다른 희생자였다. 그는 무스타파의 치세 동안 잠시 두각을 나타냈고, 트라케로 유배된 직후 도나우강 남쪽의 흑해 연안 바르나 요새의 지휘를 맡았다. 그러나 그는 술탄이 폐위된 직후 처형되었다.[30]

1808년 7월 28일, 무스타파 4세가 갑작스럽게 폐위되고 스물세 살의 마흐무드 왕자가 즉위한 것은 모두를 놀라게 했다. 그는 기존의 동맹자도 없었고, 바이락타르 무스타파 파샤(그는 셀림 3세를 술탄으로 복위시키기 위해 이스탄불로 왔다)의 수중에 놓인 한낱 꼭두각시에 불과했다. 마흐무드가 즉위한 지 두 달 후, 바이락타르 무스타파는 이례적인 회의를 주재했다. 이 회의에는 술탄의 부대 지휘관들과 셰이흐윌이슬람 등 중앙정부의 구성원들과 함께 바이락타르 무스타파의 옛 동료들인 지방의 주요 유력자 일부가 참석했다. 총 스물다섯 명이었다.[31]

이 토의의 결과로 만들어진 협약은 일곱 개 조항으로 구성되어 스물다섯 명의 참석자에게 몇 가지 책무를 부과했다. 그들은 새 술탄에게 충성을 맹세하고 대와지르인 바이락타르 무스타파 파샤를 술탄의 대리인으로 인정했다. 그가 올바르게 행동하는 한 그의 결정에 따르기로 동의했다. 그들은 이스탄불에서 예니체리나 다른 세력의 소요를 진압할 것을 제안했으며, 군대에 병력을 제공하고 국가의 재정적 요구를 따르기로 동의했다. 모든 문제에서 올바르게 행동할 것을 맹세했으며, 회의에 참석하지 못한 동료들이 그 의무를 지킬 것을 보증하고 그들이 이를 지키지 않을 경우에는 그들에게 맞서 행동하기로 약속했다. 이러한 엄숙한 약속의 대가로 이들 유력자들은 자신들의 영지를 자손에게 영구적으로 세습할 권리를 부여받았다. 이는 이스탄불로부터 독립하려고 매우 집요하게 애썼던 유력자들의 입장을 공식화하려는 노골적인 시도였으며, 술탄 마흐무드에게는 기정사실로 제시되었다.[32] 이 협약에 서명한 스물다섯 명 중 단 네 명만이 지방 유력자였고, 이들은 협약이 제시한 통치 형태와 권력 공유의 당사자가 되어야 할 사람들이었다. 나머지는 중앙정부의 고위 관리들이었다. 마흐무드는 이에 저항할 힘이 없었다. 제국은 여전히 러시아와 전쟁 중이었고, 그가 유력자들에 맞서 지원을 의지할 수 있는 정치가들은 협약의 서명자들이었다. 결국 그는 자신의 서명을 덧붙일 수밖에 없었다. 그러나 원본 서명 문서는 더이상 존재하지 않는다. 술탄 마흐무드가 기회를 얻자마자 파기한 것으로 보인다.[33]

이 협약의 원문은 당대 역사가들의 저술 속에만 남아 있다. 네 명의 서명자 중 두 명은 젭바르자데Cebbârzâde(차판오을루) 가문을 대표했고, 두 명은 카라오스만오을루 가문을 대표했다. 모두 셀림 3세의 '신체제' 지지자들이었다.[34] 지방 유력자 가운데 서명이 보이지 않는 사람이 요안니나의 테페델렌리 알리 파샤다. 그는 매우 오랫동안 이스탄불의 권위를 무력화하려 했고, 바이락타르 무스타파 파샤가 자기네와 술탄, 그리고 그들끼리의 장래 관계를 좌지우지하려 하는 것을 인정하지 않았다. 그러나 이 협약은 결국 실행되지 못했다. 몇 주 뒤인 11월 15일, 바이락타르 무스타파는 그가 계획한 새로운 군부대 창설, 그리고 예니체리 조직 개편 및 그 특권의 축소에 반발해 일어난 격렬한 예니체리의 폭동 와중에 살해되었다. 예니체리는 무스타파 4세를 복위시키고자 애썼으나 성공하지 못했다. 마흐무드는 그들이 주요 정치가들의 저택에 불을 지른 뒤 궁궐로 진군해오자 무스타파 4세를 살해했다.[35] 마흐무드는 이로써 오스만 왕가에 남아 있는 유일한 남성이 되었다.

이스탄불은 다시 피로 물든 전쟁터가 되었고, 바이락타르 무스타파가 죽은 뒤에도 예니체리를 진압하기까지에는 며칠 동안의 단호한 조치가 필요했다. 아야소피아가 공격을 받았고, 궁궐로 가는 수돗물 공급이 끊겼다. 간신히 버텨낼 수 있었던 마흐무드에게 충성하는 병사들은 반란을 일으킨 예니체리들을 눈에 띄는 대로 추적했다. 총 5천 명 정도의 예니체리와 600명의 충성스러운 병사들이 목숨을 잃었다고 한다. 해군은 할리치만에서 예니체리 병영을 포격해 엄청난 파괴를 일으켰고, 도시의 상당 부분은 불길에 휩싸였다.[36] 예니체리들이 항복하는 조건은 바이락타르 무스타파가 조직했던 새로운 군부대(술탄 셀림의 '신체제' 부대를 약간 변모시켜 눈속임을 한 것이었다)를 해체하고 눈에 띄는 그의 측근들을 죽이는 것이었다. 다른 많은 사람들은 국내 유배를 당했다.[37] 손실이 컸지만 예니체리 군단은 존속했다. 이들의 완전한 제거는 1826년에 가서야 이루어졌고, 이는 마흐무드 술탄 치세의 결정적 사건으로 여겨진다. 그러나 그의 재위기의 사법 및 관료 체계 개혁(그 가운데 공공 생활의 이른바 탄지마트Tanzimât('재편')는 논리적 결과이자 연속이었다)은 보다 일찍 시작됐고, 주로 오스만 군대의 효율성을 높이는 데 초점을 맞춘 셀림 3세의 개혁보다 훨씬 깊은 인상을 남겼다.

셀림 3세 치세 초반과 그 이전 시기에 있었던 이교도들의 무기와 훈련 방식의 단편적인 도입은 오스만이 바랐던 승리를 가져오는 데 완전히 실패했다. 보다 급진적인 혁신이었던 셀림의 '신체제'는 그가 보기에 현대적이고 규율이 잡힌 군대의 건설을 향한 첫걸음이었지만, 오스만인들이 자신들의 정체성을 인식하는 방식의 핵심을 건드렸기 때문에 실패했다. 이 정체성 인식의 기반 중 하나는 군대(특히 예니체리)가 국가의 존속에 핵심적인 중요성을 지닌다는 것이었다. 수백 년에 걸쳐 이들은 이리저리 뻗치고 이질적인 영토를 하나의 순나파 이슬람 공동체로 통합하는 데 핵심적인 역할을 해왔기 때문이다. 전통적인 오스만 국가의 수호자들보다 선호되는 것으로 여겨진 새로운 부대의 창설은 예니체리들의 특권적 지위, 그리고 이들 수가 많고 시끄러운 병사들과 그들의 명성 및 보상을 공유하기를 원하는 민병대의 필수적인 역할을 축소하는 위협으로 인식되었다. 셀림의 개혁에 대한 반감은 그들이 생계를 유지할 수 없기 때문에 더욱 악화되었다. 그들은 이 시기의 경제 침체로 인해 나머지 대중과 마찬가지로 깊은 영향을 받았다.

정책을 만들거나 권력을 휘두르는 사람들 중에 셀림의 개혁 노력을 찬성한 사람보다 반대한 이가 더 많았던 것은 놀라운 일이 아니다. 서방의 무기는 오스만과 그 경쟁국들 모두에게 공통적인 특정 목표를 달성하는 데 분명히 유용한 도구였다. 그러나 1768~1774년 러시아와의 전쟁 말기에 한 익명의 평자가 쓴 글에 동의했을 만한 여론도 있었다. 이교도들은 언제나 오스만을 꺾을 수 없는 이유가 그 종교적 열정 때문이라고 주장했는데, 오스만이 왜 서방의 군사 방식에 의존해야 하느냐는 의문이었다.[38] 그러나 유익한 것으로 보이는 기술적 혁신을 수용하려는 사람들조차도 외래적인 방식의 도입에 내포된 문화적 변화에까지 호의를 보이는 경우는 드물었다. 개혁이 성공하려면 그 추진력은 오스만 사회 내부에서 나와야(아니면 적어도 그런 것으로 비쳐야) 했고, 그렇지 않으면 극히 제한된 정치가와 지식인 집단 외에는 수용할 가능성이 없어 보였다. 18세기 중에 '팽창하는 제국의 항상 승리하는 국경선'이라는 개념은 점차 현실적인 존재 이유로서 '종교와 국가의 안녕'이라는 개념으로 대체되었다. 세기 말 무렵에는 외교와 전쟁 수행이 유럽에서 그랬듯이 오스만제국 내 관료들의 전유물이 되었고, 이러한 행정 및 문화적 상황의 변화는 예니체리 같은 옛 제도의 부적절함을 더욱 부각시켰다.

이 시기 개혁을 지지한 작가들의 과제는 국가와 사회의 변화를 합리화하고 이를 이슬람적 맥락에서 설명하는 것이었다. 종교와 국가의 안녕이 전쟁보다 평화를 의미할 수 있다는(흔히 그래야 한다는) 생각은 아주 점진적으로 널리 수용됐고, 이 과도기 동안에는 여전히 많은 통치핵심층과 폭력 수단을 장악한 이들에게 거부되었다.[39] 개혁을 통해 물질적으로 이익을 볼 수 있는 사람은 별로 없었고, 셀림의 노력은 너무 빠르고 너무 멀리 나아갔다. 강요된 변화 가운데 수용 가능한 수준과 불가능한 수준 사이의 경계는 매우 미세했다. 지난 100년 동안 중앙정부는 국고를 확충하고 제국의 영속에 이해관계를 가진 계층을 확대하기 위해 행정 및 재정 권한을 위임해왔지만, 이는 국내 정치에 예기치 않은 영향을 미쳤다. 일부 경우에는 지방 유력자들에게 권한을 위임하는 것이 그들의 충성을 유지하는 데 충분했지만, 특히 제국의 주변부와 강대국의 간섭이 동반되거나 뒤따르는 곳에서는 이 압력이 커져 분권화 경향이 나타났다. 셀림은 만족시켜야 할 이질적인 이해관계가 너무 많았다. 그의 정통성 상실은 가능성의 한계를 잘못 판단한 결과였을 것이다.

1808년 여름이 되면 오스만제국은 결국 그 파멸을 초래하게 될 '서방 문제'에 이미 시달리고 있었다. 강대국들은 17세기 이래로 국가 간 관계를 규율해왔던 세력 균형 원칙을 존중하려는 시늉조차 버렸고, 그 대신 자신들의 전력을 다하는 경쟁을 마음껏 펼쳤다. 경쟁의 대부분은 오스만제국의 영토 안에서 벌어졌다. 나폴레옹 시대의 새로운 전략적 환경 속에서 오스만과 프랑스가 특별한 관계를 맺게 했던 기존의 전제들은 더이상 당연한 것으로 간주될 수 없었다. 1798년 프랑스의 이집트 침공의 결과로 이집트를 이스탄불과 연결하는 유대는 더욱 약화됐고, 프랑스는 이제 러시아와 술탄의 영토를 분할하는 것에 대해 논의하기를 주저하지 않았다. 1806년에 시작된 오스만-러시아 전쟁은 질질 끌고 있었다. 평화 협정을 체결하려는 오스만의 노력은 실패했고, 몰도바와 왈라키아의 지위는 여전히 분쟁 중이었다. 세르비아의 반란 또한 계속되었다. 러시아의 차르 알렉산드르가 나폴레옹과 잠정 협정에 도달하고 유럽과 오스만제국이 미래에 어떤 모습일지에 대한 공통의 비전을 마련하고자 하면서 전투는 잠시 중단되었다. 그러나 두 황제는 각자의 전략적 이해관계로 인해 실질적인 협력이 불가능하다는 것을 깨달았고, 따라서 틸지트 조약은 실제로 문제를 해결하기보다는 새로운 문제를 야기했다. 그럼에도 불구하고 프랑스와 러시아 사이의 관계가 일시적으로 개선되면서 러시아는 잠시 공국들에 대한 자기네의 영토적 요구를 지지할 동맹국을 얻을 수 있으리라는 희망을 품었다.

영국 역시 서아시아의 정치에 개입하기 시작했지만, 아직 별다른 성과를 거두지 못하고 있었다. 영국에게는 오스만제국보다는 프랑스, 러시아, 오스트리아와의 관계가 더 중요했으며, 영국 해군이 프랑스 대사의 외교적 우위에 항의하며 이스탄불 앞바다에서 무력시위를 벌인 데서 비롯했으나 프랑스가 다시 이집트로 돌아오는 것을 막기 위한 원정으로 복잡해진 1807년의 '가짜 전쟁phoney war'(본래는 큰 충돌이 없었던 2차 세계대전 초반을 가리키는 말로, 1807년 전쟁이 그와 비슷한 양상을 띠었다는 말인 듯하다)은 1809년 1월 영국과 오스만 사이의 평화 협정 체결로 마무리되었다.[40] 1808년에 러시아는 왈라키아의 대부분과 몰도바를 점령하고 있었으며, 1810년 러시아군은 도나우강을 넘어 남쪽으로 진격하면서 도중에 있는 오스만의 안보에 핵심적인 요새들을 점령했다. 1811년 말에는 술탄 마흐무드가 평화를 요청했다. 이제 나폴레옹의 침공 위협에 직면한 러시아는 평화에 동의했고, 1812년 부쿠레슈티 조약의 조건에 따라 공국들 중 일부에 불과한 베사라비아(몰도바의 드니스테르강과 프루트강 사이 지역)와 캅카스에서 획득한 약간의 영토를 차지했다. 이 캅카스 지역은 이후 오스만과 지속적인 갈등을 벌이는 원인이 되었다.[41] 18세기 전쟁들에서와 마찬가지로 오스만은 다시 러시아에 배상금을 지불해야 했으며, 세 차례 분할 납부액 가운데 첫 번째는 면제됐으나 두 번째와 세 번째 분할금은 국내외 금융업자로부터 비싼 대출을 받아서야 겨우 지불할 수 있었다.[42]

러시아의 발칸반도 내 영향력 증가는 그들의 캅카스 이슬람 국가들에 대한 진출과 흡사했다. 오스만 술탄들은 캅카스의 같은 이슬람교를 믿는 사람들을 러시아의 침공으로부터 보호할 의지 또는 능력이 없어 위신을 잃었다.[43] 아랍 지역에서는 기독교도가 아닌 이슬람교도들의 도전의 결과로 메카와 메디나가 오스만의 통제에서 벗어났다. 이는 성지들의 수호자인 술탄에게 큰 타격을 주었다. 이집트는 메흐메드 알리 파샤라는 총독이 장악하고 있었고, 그는 이스탄불과의 관계를 영구히 바꾸게 되는 개인적인 통치를 구축해나가고 있었다. 오스만은 궁지에 몰렸음을 느꼈다. 자기네 제국이 강대국들의 정치에서 말 그대로 '졸'에 불과한 듯했다. 폴란드-리투아니아 연방, 스웨덴, 헝가리, 베네치아 등 강대국의 팽창주의에 희생된 다른 나라들과 마찬가지로 그들도 고통받고 있음을 느꼈으며, 그들은 함께 고통받고 있는 사람들에게 피난처를 제공했다. 1795년 러시아, 오스트리아, 프로이센 사이의 3차 폴란드 분할을 피해 달아난 폴란드인들은 그런 이민들의 많은 사례 가운데 시작일 뿐이었는데,[44] 이들은 1709년 러시아에 쫓겨 티기나로 망명한 스웨덴의 칼 12세와 1710년 조국 트란실바니아가 합스부르크에 완전히 병합되자 망명한 그 군주 라코치 페렌츠의 전례를 따랐다.

러시아와의 평화는 오스만제국에 맞선 세르비아의 투쟁에 영향을 미쳤다. 왈라키아 및 몰도바 공국과 마찬가지로 세르비아는 러시아와 프랑스가 다투는 동안 어느 정도의 휴식을 누릴 수 있었지만, 1809년에 오스만군은 잃었던 영토의 상당 부분을 되찾았다. 세르비아는 나폴레옹과의 전쟁을 앞두고 있던 러시아에게 부차적인 중요성만을 지니고 있었기에, 외부 사건들이 반군의 운명을 결정지었다. 부쿠레슈티 조약은 세르비아 문제에 대한 합의를 규정했는데, 오스만은 세르비아를 재점령할 권리를 얻는 대신 세르비아인들에게 자치에 관한 양보를 했다.[45] 그러나 저항은 계속됐고, 이를 진압하는 데는 시간이 걸렸다. 현지의 오스만 유력자들이 이스탄불에 협조하기를 거부한 것이 그 한 원인이었다. 베오그라드는 1813년 가을 오스만에 의해 재탈환됐으나, 세르비아를 완전히 평정하지는 못했다. 1815년에는 베오그라드의 오스만 총독의 가혹한 정책에 항의하는 또다른 봉기가 일어났다.

러시아와의 전쟁에서 드러난 오스만의 무능과 술탄 마흐무드의 즉위와 관련된 사건들은 그에게 두 가지 사실을 보여주었다. 첫째는 예니체리가 제국의 국경을 방어하는 일에 부적합할 뿐 아니라 이스탄불에서 빈둥거릴 때는 위험한 존재라는 명백한 사실이고, 둘째는 지방 유력자들의 권력이 합리적인 범위를 넘어섰다는 점이다. 1809년, 1810년, 1811년에는 수도에서 예니체리들의 폭동으로 인해 촉발된 소요 사태가 발생했다. 1811년 원정에 참여하기 위해 소집된 병사들은 대부분 이스탄불을 떠나기도 전에 탈영했고, 마흐무드는 곧 부대의 기강을 다 잡기 위한 몇 가지 조치를 도입했다.[46] 예니체리들과 마찬가지로 발칸 지방의 유력자들 또한 1806~1812년 전쟁에서 형편없는 활약을 보였다. 일부는 정부에서 요구한 협조를 제공했지만, 일부(특히 도나우 전선의 사람들)는 협력을 거부하고 제대로 된 방어를 거의 하지 않은 채 러시아에 영토를 넘겨주었다.[47]

마흐무드는 이집트의 메흐메드 알리라는 어려운 문제를 물려받았다. 이스탄불의 중앙 권력을 회복하려는 어떤 시도에도 가장 완강히 저항한 지방 통치자였다. 오스만제국 내의 반독립적 지역들 가운데 메흐메드 알리의 이집트는 완전한 자치로 가는 길을 가장 멀리 밟아간 곳이었다. 마흐무드는 알바니아 출신의 이 군인이 반대 세력을 무자비하게 제거하는 모습을 질투와 당혹이 뒤섞인 감정으로 바라보았을 것이다. 그가 저지른 더욱 악명 높은 행위 중 하나는 자신이 이집트에 도착하기 전에 이 지역을 지배해온 군인층을 섬멸한 일이었다. 1811년, 의식 행사에 모인 450명이 잔인하게 학살당했고, 그의 아들 이브라힘 파샤Ibrahim Paşa가 이끄는 군대가 이집트 남부로 파견되어 천 명을 추가로 살해하고 이들의 징세 도급권을 국고로 환수했다.[48]

메흐메드 알리의 사례는 권력의 중앙 집중이 강력한 국가를 만든다는 점을 분명히 보여주었다. 17세기 말 종신 징세 도급제의 도입으로 시작된 오스만의 재정 개혁은 이스탄불과 지방 모두에서 유력자 계급의 성장을 촉진했다. 특히 18세기 말 러시아와의 전쟁 시기부터 국가가 병력과 보급의 제공을 의존하게 된 지방 유력자들은 툭하면 중앙정부의 권위를 무시하고 멋대로 행동했다. 이는 오스만 정치 질서에 예측할 수 없는 결과를 낳았다. 술탄 셸림 3세는 중앙 당국의 권력을 되찾기 위한 어설픈 첫 시도를 했지만, 마흐무드 술탄은 유력자들이 권력을 유지하는 데 사용하던 자원을 박탈하고, 동시에 이들 징세 도급자들이 농민에게 부과하던 세금의 부담을 줄이며, 지방 수입을 지역 유력자의 주머니가 아닌 중앙 재정으로 돌려 정부의 재정 기반을 강화하기 위해 더욱 단호한 조치를 제시했다. 이에 따라 1813년부터는 경매에 나온 징세 도급권은 그 소재지의 고위 관리만이 입찰할 수 있게 했다.[49] 이 방식으로 억제된 대표적인 가문이 중앙 아나톨리아의 차판오을루 가문이었다. 이 가문의 수장 쉴레이만 베이가 1813년에 사망하자 그의 영지를 국가 관리들에게 주어 관리하게 했다.[50] 이 시기에 다른 여러 유력자들이 제압됐으나,[51] 지방 권력자들의 자금을 차단하려는 이 첫 번째 시도는 전반적으로 성공적이라고 보기 어려웠다.[52] 이집트 모형은 제국의 광대한 영토에는 명백히 부적합했다.

메흐메드 알리는 이집트에서 확고히 자리를 잡고 있었고, 마흐무드 술탄은 그를 제거할 힘이 없었다. 1806년에 그에게 제공된 테살로니키 총독직은 결과적으로 충분히 매력적이지 않았으며,[53] 사실 그는 헤자즈에서 오스만의 명예를 되찾는 데 필요했다. 그곳에서 와하브파가 팽창한 것은 모든 면에서 중앙정부만큼이나 메흐메드 알리에게도 반갑지 않은 일이었다. 1811년에 메흐메드 알리가 책임을 맡은 원정이 시작되었다. 그러나 그가 자신의 이익을 위해 메카와 메디나를 탈환하지 않을 것이라고 믿어도 될지에 대해서는 약간의 불안감이 있었다. 이 원정은 1813년까지 이어졌으며, 이때쯤에는 메카와 메디나가 모두 와하브파로부터 회수되었다. 메흐메드 알리의 아들 이브라힘 파샤가 헤자즈 주둔군의 총사령관으로 임명되었다. 1818년에 그는 현재 리야드 교외인 앗디르이야흐ad-Dir'īyah에 있는 사우디 수도를 함락시켰으며, 이를 완전히 파괴했다. 사우디의 아미르 압둘라흐 빈수우드'Abd Allāh bin Su'ūd 는 이스탄불로 끌려와 참수되었다. 이브라힘은 이에 대한 보상으로 헤자즈 총독에 임명되었다.[54]

19세기 오스만에 대한 기록은 너무도 흔히, 발칸반도에서 민족주의가 대두한 것은 이 지역에서 오스만이 '실정失政'을 한 데 따른 불가피한 결과인 것으로 간주해왔다. 마치 발칸반도의 기독교도들이 수백 년 동안 떨쳐 일어날 적절한 순간을 기다리며 주인인 오스만에 용감히 저항해온 것처럼 말이다. 그러나 이런 해석은 제국 해체로 이어진 복잡한 역사적 과정을 무시하는 것이며, 또한 19세기와 20세기 초에 형성된 각 계승국의 탄생과 관련된 개별적인 사건들도 간과하는 것이다. 당시의 역사는 오스만의 발칸반도 기독교도 신민들의 분리주의적 민족운동만으로 설명될 수 없지만, 이들 국가의 역사 서술에서는 그러한 관점이 지나치게 강조되어 제국 말기에 대한 이 단순한 이해를 중시하는 경향이 있다.

현대 그리스 국가의 창설로 이어진 경로는 예를 들어 독립국 세르비아를 만들어낸 단속적斷續的인 사건들과는 매우 달랐다. 펠로폰네소스 지역 사람들은 분명히 1770년에 이 지역에서 오스만에 맞서 일어난 봉기를 기억하겠지만, 19세기 초에 러시아는 다른 일에 매달려 있었고 제국의 이 멀고도 낙후된 지역의 같은 정교도들을 다시금 자극해 문제를 일으키는 것보다는 세르비아인들을 돕는 데 더 관심이 있었다. 1780년대 말부터 요안니나를 지배했던 테페델렌리 알리 파샤는 자신이 장악한 영토(그의 권력 절정기에 오늘날의 그리스 본토 상당 부분과 알바니아를 포괄했다)에서 주권자적 존재였다. 그의 영토에서 경제는 건전했고, 해적과 산적 같은 사회적 골칫거리들도 억제되었다. 그는 무역과 대외관계에서 자신만의 흔히 독립적인 노선을 추구했지만,[55] 이스탄불과의 관계에서는 대체로 유화적인 태도를 보였다. 이에 따라 마흐무드 술탄이 지방 유력자들을 억제하는 정책을 폈음에도 불구하고 중앙정부는 그를 공격하는 데 조심스러웠다. 1819년 오스만 정치가들이 이 문제를 논의했을 때, 펠로폰네소스와 에우보이아에서 반란의 조짐을 감지하고 테페델렌리 알리와 싸우기 위해 이 문제를 소홀히 하는 결과가 나오지 않을까 우려하는 목소리도 있었다. 그러나 1820년, 술탄은 제국회의에서 많은 논의를 한 끝에 테페델렌리 알리를 반역자로 선포하고 그를 잡으러 군대를 보냈다. 그러자 알리는 그리스와 알바니아에서 오스만에 맞선 봉기를 촉구했다. 술탄의 군대는 테페델렌리 알리를 진압하기 위한 노력에서 교착 상태에 빠져 있었지만, 정부는 현지 총사령관인 후르시드 아흐메드 파샤Hurşid Ahmed Paşa의 조언을 무시하고 그가 펠로폰네소스의 소요를 처리하기 위해 군대를 보내지 말고 이 목표에만 집중해야 한다고 고집했다. 펠로폰네소스 사태는 이슬람 공동체와 오스만 권위의 상징에 대한 공격, 그리고 산적 활동 증가와 같은 형태를 띠고 있었다.[56]

전통적으로 1821년은 그리스가 오스만제국으로부터 독립하기 위한 운동을 시작한 해로 여겨진다. 발칸 귀족들을 억압하는 정책에 몰두했던 이스탄불 정부는 지역 수준에서 발생할 수 있는 권력 공백의 위험성을 인식하지 못했던 듯하다. 정부는 또한 그 군대가 테페델렌리 알리 파샤를 진압하는 데 묶여, 다른 지역의 소요를 진압하는 데 동원할 병력이 부족하다는 점도 제대로 이해하지 못했다. 오늘날 그리스의 독립은 매년 3월 25일에 기념되며, 이는 1821년 이날 팔라이아파트라의 대주교 게르마노스가 펠로폰네소스 북부 칼라브리타에서 오스만 당국에 맞서 십자가를 높이 들었던 사건을 기리는 것이다. 반란에 대한 휘하 대신들의 대응에 불만을 품은 마흐무드 술탄은 3월 말에 대와지르와 셰이흐월이슬람을 해임했다. 정부는 정교회 총대주교 그리고리오스 5세Grigórios V에게 반란자들을 파문하도록 요청했고, 교회는 그 영향력을 이용해 질서를 회복하는 데 동원되었다.[57] 그러나 펠로폰네소스에서의 봉기 규모가 명확해지자, 그는 1821년 4월 22일 부활절 토요일에 이스탄불 총대주교 관저 문 앞에서 아무렇게나 교수형에 처해졌다. 그는 제국의 정교도 신민 지도자로서 술탄이 그에게 부여한 신뢰를 저버린 것으로 간주되었다. '파티흐'('정복자') 메흐메드 시대로 거슬러 올라가는 술탄들과의 맹약을 깼다는 것이다.[58]

1821년 3월, 테페델렌리 알리 파샤가 서부 발칸에서 오스만군에 저항하고 있는 가운데, 차르의 부관이자 동로마 콤네노스 왕가의 후손을 자처하던 왕자 장군 알렉산드로스 입실란티스Alexandros Ypsilantis가 소규모 군대를 이끌고 남쪽으로 프루트강을 건너며 몰도바와 왈라키아의 반오스만 분자들의 지지를 얻고자 했다. 그의 대담한 행동에 관한 소식이 이스탄불에 알려지자, 총대주교는 그와 그 추종자들을 "불경한 지도자, 절망적인 탈주자, 파괴적인 반역자"라며 파문했다(그러나 이것이 나중에 그의 교수형을 막을 수는 없었다).[59] 오스만 정부는 상당히 놀랐고, 이스탄불과 에디르네, 그리고 기타 대도시의 많은 그리스 정교도 주민들을 무장해제하고 등록하는 조치를 취했다. 물론 술탄은 동시에 이슬람교도 폭도들이 그들을 공격하는 것을 막기 위한 칙령을 발표했다.[60] 입실란티스는 잠시 몰도바 정부를 장악하는 데 성공했지만, 왈라키아는 혼란(민병대 지도자 투도르 블라디미레스쿠Tudor Vladimirescu 가 주도한 반反귀족 봉기로 고통을 겪고 있었다)에 빠져 있었고 6월 말에 그 의 빈약한 군대는 오스만군에게 패배했다. 러시아 정부는 그를 지원하 지 않았고, 세르비아 군주 밀로시 오브레노비치Miloš Obrenović(카라조르 제의 후계자다) 역시 오스만에 맞서 힘을 합쳐 저항하자는 그의 제안에 응하지 않았다.[61] 사실 입실란티스의 원정이 펠로폰네소스에서 일어 난 소요에 맞춘 것이었는지, 아니면 단순히 오스만령 발칸반도에서 동 로마제국을 부흥시키고 여기서 정교회가 이슬람교를 대체하기를 꿈꾼 한 남자의 무모한 행동이었는지는 확실하지 않다.

1822년 2월에 테페델렌리 알리 파샤가 살해당했다. 그가 그리스 반 란의 시작에서 어떤 역할을 했는지는 여전히 논쟁거리이지만, 그의 잘 린 머리가 톱카프궁 제1안뜰에서 접시 위에 올려졌을 때, 그 옆에는 그 의 죄악을 자세히 묘사한 문서가 함께 있었다. 문서에서는 그를 "모레 아(펠로폰네소스)의 이교도들에게 거액의 자금을 보내 (…) 그들이 이슬 람교도에 맞서 반란을 일으키도록 조장한 (…) 우리 종교의 배신자"라 고 묘사했다.[62] 그의 숙적이자 테페델렌리 알리가 반역자라고 주장해 1820년 그를 상대로 한 원정을 일으키게 한[63] 와지르 할렛 에펜디Halet Efendi는 테페델렌리 알리가 항복하면 목숨을 보장하겠다는 총사령관 후르시드 아흐메드 파샤의 약속을 뒤집었다.[64] 묘하게도 할렛 에펜디 역시 비슷한 최후를 맞았다. 그의 머리 옆에 게시된 문서에 따르면, 그 의 죄는 음모를 꾸미고 분열을 조장하는 성벽이었다.[65] 할렛 에펜디는 술탄 마흐무드 2세의 총애를 받았으며, 술탄의 재위 초기에 지방 권력 자들을 상대로 한 싸움에서 그의 신임을 얻었다. 그는 자신의 영향력 을 이용해 막대한 재산을 축적했고, 마흐무드가 제시한 예니체리 부대

개혁을 방해하기 위해 비밀리에 움직였다. 그 개혁이 혼란을 초래할 것이라고 경고하며 술탄의 관심을 다른 국정 문제로 돌리려 했다. 할렛 에펜디의 영향력이 얼마나 컸는지는 1821년 예니체리에게 무기를 더 지급하자는 그의 대담한 제안이 국가 당국에 의해 받아들여졌다는 사실에서도 드러난다. 그러나 다음해 오스만이 펠로폰네소스에서 실패한 후 광범위하게 불만이 퍼지면서 술탄은 그에 대한 신뢰에 의문을 품게 되었다. 오랫동안 할렛 에펜디에게 도움을 주었던, 예니체리의 지지를 얻기 위해 관직을 매매하는 체제가 무너지기 시작했다. 예니체리 지도자들이 마흐무드에게 할렛 에펜디를 해임하라고 요청하자, 술탄은 이 요청을 심각하게 받아들여 그의 총신을 해임한 뒤 그를 처형하라고 명령했다.[66]

1770년 펠로폰네소스에서 일어난 반란과 이에 대한 러시아의 개입이 직접적인 선행 조건이 되어 이후 그리스인들의 반오스만 반란으로 이어진 것은 아니었지만, 1774년에 맺어진 퀴췩 카이나르자 조약 이래로 러시아는 오스만 통치하 정교도들의 보호자를 자처해왔다. 그리고 크림반도(1774년 이후 러시아의 보호 아래 반독립 상태가 되었고, 1783년 러시아에 병합되었다)는 오스만 지배에 대한 저항을 확대할 수 있는 기반을 제공했다. 펠로폰네소스 동란의 난민으로서 러시아의 요청으로 크림반도로 이주한 그리스인들은 예카테리나 2세의 장군 알렉세이 오를로프Aleksey Orlov가 아조프해 출구의 요새에 배치하기 위해 이곳으로 데려왔다.[67] 그리고 18세기 마지막 사분기 동안 흑해는 물론 에게해와 아드리아해 항구에서 그리스 상인의 수가 증가했다. 교육받은 그리스인들은 1770년대와 1790년대 미국과 프랑스에서 비롯된 혁명 사상과 나폴레옹 전쟁 시기 및 그 이후 유럽에 퍼진 자유주의와 민족성 개념을 잘 받아들였다. 널리 퍼진 상인 공동체는 번성했고, 오스만 영토에서보다 더 자유롭게 교회, 학교, 도서관, 출판사를 설립하는 데 자금을 댔다. 그리스 지식인들 사이에서 해방 운동의 첫 움직임은 오데사에서 시작되었다. 1814년 그곳에서 '필리키 에테리아Philiki Etairia'('우애협회')라는 비밀결사가 설립되어 그리스인들의 애국심을 배양하는 데 헌신했다. 이 조직은 이즈미르 태생으로 생애 절반 이상을 프랑스에서 보낸 학자 아다만티오스 코라이스Adamantios Korais와 그리스화된 블라흐인 출신 리가스 벨레스틴리스Rigas Velestinlis의 저작에 영향을 받았다. 코라이스는 그리스 고전을 보다 통속적인 언어로 번역해 독자들에게 고무적인 그리스의 과거에 대한 감각을 전달했으며, 리가스는 프랑스 공화정의 통치 제도를 가지고 새로운 동로마제국의 모형에 대한 영감을 추구했다.[68]

이후 여러 해 동안 펠로폰네소스에서 벌어진 투쟁은 피로 얼룩졌으며, 영토 문제로 말하자면 결말이 나지 않았다. 1822년 1월 에피다우로스에서 최초의 공화국 헌법이 선포됐으나, 이듬해 개정된 헌법이 공표된 후 봉기 지도자들이 권력을 두고 다투면서 내전이 일어났다. 이는 펠로폰네소스반도와 여러 섬에서 벌어진 공동체 간 학살에 새로운 공포를 더했다.[69] 국가 수립을 꿈꾸던 이들에 맞선 것은 현상 유지를 통해 자신의 이익이 가장 잘 보장된다고 생각한 사람들이었다. 이들은 오스만제국 치하에서 지위와 특권을 누리던 그리스 교회의 상층부와 이스탄불이나 지방의 유력한 그리스인들이었다. 교육을 받지 못한 일반 신자들로부터는 아무런 기대도 할 수 없었다.[70] 러시아는 그리스인들의 봉기에 대해 신중한 태도를 유지했다.[71] 그들은 자기네와 같은 종교를 믿는 사람들에게 오스만에 대한 투쟁을 자극하고자 하는 욕망이 있었지만, 이는 그러한 격려가 자국 내 억압받는 이슬람교도 신민들에게 하나의 선례로 작용할 수 있다는 인식으로 인해 절제되었을 것이다. 러시아가 발칸반도에서 이득을 취하는 것을 보고 싶지 않았던 다른 유럽 열강은 오스만제국의 분할로 이어질 수 있는 계획에 협조하는 데 강력히 반대했다. 오스만제국은 동부 국경에서 벌어진 전투에 대응하느라 제약을 받았다. 이곳에서는 카자르 왕조의 간헐적인 국경 침범으로 인해 1820년부터 1823년까지 이란과 전쟁을 벌이게 되었고, 이로 인해 그리스인들의 봉기를 진압할 병력이 더욱 줄어들었다. 1824년, 술탄 마흐무드는 절박한 조치로서 이집트의 메흐메드 알리에게 그의 근대화된 육군과 해군으로 지원해줄 것을 요청했고, 그 대가로 메흐메드의 아들 이브라힘 파샤에게 펠로폰네소스 총독 자리를 약속했다. 이브라힘 파샤는 7월 알렉산드리아에서 출항했지만, 그리스인들이 해상을 장악한 탓에 1825년 2월이 되어서야 메토니만에 상륙할 수 있었다. 이집트에서 온 원정군은 먼저 마니 지역의 몇몇 해안 핵심 요새들을 점령한 후, 곧 펠로폰네소스 대부분을 장악했다. 그리스 본토에서는 코린토스만 입구에 있는 메솔롱기 지역이 15개월간의 포위 끝에 1826년 4월에 함락됐고, 1년 후 아테네도 함락되어 반군의 수중에 남은 영토는 거의 없었다. 그러나 이브라힘 파샤의 성공은 오히려 유럽 열강의 주의를 집중시키는 결과를 낳았을 뿐이다. 영국, 프랑스, 러시아는 서로의 이견을 접어두었고, 2년 동안의 복잡한 외교적 움직임은 중재된 정전에 대한 술탄의 거부와 열강의 펠로폰네소스 봉쇄 결정으로 절정에 이르렀다.[72] 1827년 10월 20일, 펠로폰네소스 서남부 나바리노에서 벌어진 해전에서 영국-프랑스-러시아 연합 함대가 오스만-이집트 함대를 격파했고, 이브라힘 파샤의 병력은 철수했다. 이 오스만의 패배는 신생 그리스 국가에 대한 강대국의 개입을 불가피하게 만들었다.

1826년 5월, 술탄 마흐무드 2세는 새로운 군단을 창설하라는 칙령을 발표했다. 초기 병력은 7500명 이상이었으며, 이스탄불의 51개 예니체리 부대에서 각각 150명씩 차출해 모집되었다. 이는 당시 현역 예니체리 전체의 약 5분의 1에 해당하는 수치였다. 이들은 셀림 3세의 '신체제' 군대와 달리, 기존의 군대와 병행되는 별도의 군대를 의도한 것이 아니었다. 오히려 재편을 통해 예니체리 군단을 내부에서 개혁하려는 것이었고, 이들에게 훈련과 기타 군사 기술을 제공하는 것이었다. 이들이 러시아의 강력한 군사력에 맞서기 위해서는 그 군사 기술이 절실하게 필요했다. 칙령이 선포되기 직전에 고위 성직자, 예니체리 장교, 궁정과 보조 군대의 기타 고위 관리들은 모두 마흐무드의 개혁안을 수용하고 그 성공 가능성을 저해하는 어떤 일도 하지 않겠다는 서약서에 서명해야 했다.[73]

'신체제' 창설로 인해 환기된 열정과 셀림의 개혁이 당시에 뿌리내리지 못한 일의 참혹한 결과는 술탄 마흐무드에게 유익한 교훈이 되었고, 그는 혁신을 추진하기 전에 그 기반을 준비해야 했다. 1822년 할렛 에펜디를 제거한 후 신뢰할 수 있는 인물들을 주변에 모으기 시작했고, 군 인력 개혁을 방해할 수 있는 모든 집단을 설득하는 일에 나섰다. 그러나 충분히 추진해나갈 수 있다는 확신을 얻기까지는 4년이 더 걸렸다. 1826년 4월 이브라힘 파샤가 메솔롱기에서 승리를 거둔 것은 상황이 오스만에 다시 유리해지고 있음을 시사하는 듯했고, 이는 술탄에게 필요한 자신감을 강화해주었다.[74]

셀림이 실패한 일을 반드시 성공시키겠다는 결의를 다진 마흐무드는 이전 술탄들이 확립한 전통을 이어받아 고위 성직자들에게 그의 면전에서 종교 문제를 토론하게 했다. 궁궐 밖의 사상적 조류에 대해 파악하기 위한 수단이었다.[75] 일반적으로 고위 성직자들은 18세기 후반의 주로 군사 분야의 개혁 조치를 지지하는 경향이 있었지만, 하위 성직자들은 보다 보수적인 경향이 있었고 서민들에게 더 많은 영향력을 행사했다(예를 들어 예니체리의 개혁 반대는 흔히 전통을 고수하고자 하는 하급 성직자들에 의해 떠받쳐졌다[76]). 그리고 술탄은 종교에 대한 진심 어린 헌신과 자신이 그것을 국가(그는 마음속에 품고 있는 개혁으로 국가를 위험에 빠뜨릴 의도는 없었다)의 주춧돌로 보고 있음을 분명하게 보여줌으로써 하급 성직자와 평민들을 달랠 필요가 있었다. 이를 위해 그는 종교 집회에 참석하고, 기도 수행을 독려했으며, 재단에 기부를 하고, 이스탄불 및 지방에 마스지드를 건설했다.[77] 예니체리 재편 칙령 실행은 종교적 의무로 선포됐고, 새로 창설된 각 부대에는 종교 의식에서 그들을 인도할 이맘('지도자')이 배정되었다.[78]

고위 성직자들은 예니체리들에 비해 설득하기가 더 수월했다. 오스만의 이웃 제국들인 러시아와 오스트리아는 자기네 군 병력의 사기를 진작하기 위해 종교적 상징을 사용했으며(차르 알렉산드르 1세는 병사들이 종교적 이상향을 믿도록 설득하려 했고, 합스부르크는 오스만과의 국경에서 가톨릭과 정교회 신자들이 함께 성모 마리아의 깃발 아래 전쟁에 나섰다), 마흐무드는 비슷한 목적을 위해 이슬람교 상징을 사용하고자 했다.[79] 1년 전, 제국 출판국은 이슬람 전쟁법에 관한 9세기의 유명한 아랍어 논문을 오스만어로 번역해 출간했다. 이는 선지자 무함마드의 사례를 들어 예니체리들이 보다 열심히 싸우도록 자극하고자 한 첫 시도였다. 그러나 이는 예니체리들의 저항에 부딪혔다.[80] 그럼에도 불구하고 마흐무드는 자신의 개혁을 익숙한 언어로 포장하기 위한 방법을 계속해서 모색했다. 개편된 예니체리군이 서방의 발상이 아니라 이슬람의 발상으로 인식되도록 하기 위해, 훈련은 메흐메드 알리의 군대에서 사용된 방식(이는 헤자즈와 펠로폰네소스에서 그 가치를 입증했다고 여겨졌다)에 분명하게 근거해야 했다.[81] (흥미롭게도 메흐메드 알리는 1822년에 이브라힘 파샤에게 셀림 3세의 '신체제' 모형을 채택하라고 명령한 바 있다.[82]) 전통에 대한 계산된 호소로서 마흐무드는 새 군단에 '에슈킨지Eşkinci'라는 이름을 붙였는데, 이는 술탄 메흐메드 2세 시대에 중요했던 부대의 이름에서 따온 것이었다.[83]

개혁을 위한 칙령이 선포된 순간부터, 예니체리 사병들 사이에서는 불만에 찬 목소리들이 나왔다. 그들은 자기네 군대 안에 새로운 부대를 창설하겠다는 술탄의 제안을 반기지 않았다. 그럼에도 불구하고 1826년 6월 12일 에슈킨지 부대의 첫 번째 훈련은 매우 우려하는 분위기 속에서도 무사히 지나갔다. 제복과 장비가 부족한 탓에, 이미 등록된 5천 명 중 훈련을 위해 실제로 나온 병력은 수백 명에 불과했다. 이튿날의 훈련 역시 아무런 사고 없이 마무리되었다.[84]

다음날 저녁, 술탄 마흐무드가 예니체리 개혁을 선포한 지 불과 2주 만에 반란이 일어났다. 6월 14일 밤, 예니체리의 소규모 무리가 연병장에 모이기 시작했다. 그들 가운데 일부는 이스탄불 거리를 돌아다니며 총을 쏘고 불을 질렀으며, 자신들을 팔아넘겼다고 여긴 자기네 총사령관을 찾아다녔다. 그는 가까스로 도망쳤지만,[85] 동이 트자 수백 명이 연병장에 집결해(한 목격자는 이들을 '지껄이는 똥개들'이라 불렀다[86]) 가마솥을 뒤엎었다. 전통적인 반항의 표시였다. 그들은 다시 도시를 휩쓸고 지나가며 도중에 약탈을 자행했다. 한 무리는 대와지르 메흐메드 셀림 파샤Mehmed Selim Paşa의 저택을 습격했고, 그의 집안 여성들은 정원의 지하 동굴에 숨어 겨우 피할 수 있었다.[87] 반란이 일어났을 때, 술탄은 베식타시의 자기 궁궐에 있었다. 예니체리의 반란 조짐만 보이면 숨는 경향이 있었던 이전의 일부 술탄들이 있던 곳에 그대로 머물렀던 것과 달리, 마흐무드는 카이크라는 작은 배를 타고 보스포루스 해협을 내려가 톱카프궁으로 갔다. 예니체리가 개혁에 반발해 반란을 일으킬 것이 너무도 명백하고 술탄은 그 성공을 담보하기 위해 큰 고통을 겪어야 했기 때문에 비상 계획을 이미 마련해두고 있었다.[88] 국가 관료들은 궁궐에 모여 사태가 걷잡을 수 없이 커지기 전에 긴급회의를 열었다. 그들이 예니체리 반란 지도자들에게 사람을 보내 불만의 원인을 묻자, 이런 대답이 돌아왔다.

우리는 이런 종류의 훈련을 하지 않겠소. 우리의 옛 방식과 전투 훈련은 도기 항아리에 소총을 쏘아 맞히고, 펠트 깔개를 칼로 내려치는 것이오. 우리는 이런 새로운 일을 벌인 자들을 (잡기를) 원하오.[89]

당시 기록에 따르면 1만 3천여 명의 근왕 병력이 정치가 및 관료들과 함께 궁궐에 있었던 듯하다. 어떤 기록은 그 숫자를 많게는 2만 3천 명으로, 심지어 6만 명이라고도 한다. 술탄은 그곳에 도착해 감동적인 연설을 했고, 셰이흐월이슬람이 이슬람법으로 이런 반란은 무력으로 진압해도 된다는 파트와를 내린 뒤 마흐무드는 보물 창고로 가서 선지자 무함마드의 성스러운 깃발을 꺼냈다. 그 깃발은 곧 히포드롬에 있는 술탄 아흐메드 마스지드 설교단에 걸렸다. 깃발은 마법을 발휘했다. 도시 곳곳으로 전령이 보내져 모든 진정한 이슬람교도는 그 아래로 모일 것을 알리자 대중은 서둘러 이에 호응했다. 앞으로의 진로를 논의하기 위해 마스지드에 모인 국가 관료들은 협상을 거부하기로 결정했다. 근왕 병력의 무리(포병, 공병, 포병)는 예니체리 병영으로 향했지만, 반란을 일으킨 예니체리들은 안에서 병영 문을 굳게 닫아 그들을 막았다. 술탄의 포병이 발포했고, 병영은 곧 불길에 휩싸였다. 도망칠 수 있는 자들은 도망치다가 밖에서 기다리고 있던 근왕 병력과 백병전을 벌였다. 나머지는 병영 안에서 불에 타 죽었다.[90]

마흐무드는 예니체리를 그렇게 폭력적인 방식으로 완전히 제거할 의도는 아니었지만, 그가 예니체리 개혁을 도입하기 위한 준비에 신중을 기했다는 사실과 사태가 잘못될 경우에 대비한 비상 계획이 필요하다는 현실론으로 인해, 그는 다른 선택지가 없다고 판단하면 단호하게 이 작전을 그 참혹한 결말로 이끌 수 있었다. 오스만제국의 한 목격자와 영국 대사 스트랫퍼드 캐닝Stratford Canning 은 사망자 수가 약 6천 명이라고 했다.[91] 예니체리 병영에 대한 공격(또다른 오스만 목격자에 따르면 공격은 단 21분 만에 끝났다[92])에서 살해된 사람들 외에, 이후 며칠에 걸쳐 수천 명의 사람들이 추적당했다. 이 사건은 '바카이 하이리예 Vak'a-i Hayriyye'('상서로운 사건')라고 불렸는데, 지방 총독들이 처리 지침을 받기 전에 이 사건과 예니체리 군단의 공식 해산을 담은 새 칙령에 대한 소식이 알려지는 것을 막기 위해 도로와 항구는 엄격하게 통제되었다. 총독들은 손에 넣을 수 있는 모든 예니체리 장비를 압수하며, 예니체리 주둔군을 모든 요새에서 철수시키고 자신들의 병력으로 교체하라는 명령을 받았다. '예니체리'라는 단어조차도 어휘에서 지워져야 했는데, 이는 전형적인 오스만식 굴욕이었다. 예니체리라 불리던 자들은 제국 전역의 속주들에서 수년간 혼란을 야기해왔으며, 사람들은 어느 곳에서든지 복수의 기회를 잡았다. 많은 지방 예니체리 지도자들이 처형됐지만, 일반 병사 상당수는 그들이 진정으로 포기하지 않았던 민간인의 삶 속으로 다시 녹아들었을 것이다. 보스포루스 해협 요새에 주둔했던 민병대는 예니체리 반란에서 아무런 역할도 하지 않았지만 해체되었다. 이들은 셀림 술탄의 '신체제'에 반기를 들었기 때문에 신뢰할 수 없음이 입증되었다. 정부는 또한 이 기회를 이용해 바람직하지 않다고 생각하는 사람들을 이스탄불에서 제거했다. 그들은 혼잡한 도시의 하층민들로, 조금만 자극을 받으면 어떤 소요에라도 가담할 수 있는 자들이었다. 예니체리 제거 후 두 달 반 동안 2만 명의 사람들이 추방되어 고향 지역으로 돌아가야 했다. 그리고 그들은 이스탄불로 돌아오는 것이 금지되었다.[93]

마흐무드는 재빨리 새 군대를 창설하는 작업에 착수했다. 이 '무함마드의 승군勝軍, Asâkir-i Mansûre-i Muhammediyye'은 처음에는 이스탄불의 보병 1만 2천 명과 기병 약 1550명으로 구성됐고, 지방에도 부대가 더 있었다. 이들의 복무 조건을 규정한 상세한 규정들이 마련됐으며(그들은 최소 12년 동안 복무하게 되어 있었고, 매년 한 번씩 퇴역 신청 기회가 주어졌다), 유럽식 복장을 택했다.

정해진 시기가 되면 소령은 각기 국고로부터 금실 개구리단추가 달린 무거운 웃옷과 정강이 꼭대기까지 착 붙는 꼭 맞는 암적색 광폭 원단 바지 한 벌, 헐렁한 예복, 그리고 머리에는 금실로 장식된 칼파크형〔칼파크kalpak 는 '모자'라는 뜻이며, 중앙아시아의 전통적인 모자 형태를 가리킨다〕 누비 모자와 라호르산 어깨걸이(즉 고급 양모 소재로 된 것) 하나를 지급받는다. 이는 급여 지급 시마다 필요에 따라 교체된다. 매년 5월 6일에 소령보少領補들에게는 각기 짧고 무거운 웃옷과 짧고 헐렁한 예복, 금실로 장식된 칼파크형 누비 모자, 바그다드산 꽃무늬 어깨걸이(아마 비단이나 면 소재로 된 것)를 지급한다. 대위, 중위, 기수, 하사관에게는 앞서 기술한 복장에서 어깨걸이를 뺀다. 일반 병사와 서기들은 생사 혼합 광폭 원단으로 된 전신全身 길이의 무거운 웃옷을 지급받는다. 일반 병사들의 제복은 또한 칼파크형 일반 누비 모자, 강하고 거친 모직으로 만든 훈련용 웃옷, 짧고 헐렁한 예복, 정강이 끝까지 착 붙는 수직手織 모직의 헐렁한 바지, 내의, 가벼운 반장화로 이루어진다.[94]

전통적으로 예니체리 군단은 기독교도에서 개종한 이슬람교도로 구성되었으며, 이슬람교도 출신이 주력이 된 이후에도 개종자들이 계속해서 입대했음은 의심할 여지가 없다. 그러나 '무함마드의 승군'이라는 새로운 군대에 관한 법령은 개종자의 입대를 금지했다. 이스탄불의 사망한 예니체리 중에는 비이슬람교도도 발견되는데, 그들의 팔에 십자가 문신이 새겨져 있는 것으로 알 수 있다. 술탄은 그들이 이슬람교도로 위장한 기독교도 첩자였다고 주장했다.[95]

이스탄불의 예니체리 막사는 철거됐고, 새로운 군대는 도시 바깥의 '레벤트 농장', 위스퀴다르, 다우드파샤에 숙영했다. 셀림 3세가 자신의 '신체제' 부대를 위해 막사를 세운 곳들이었다. 새로운 군대를 지원하기 위해 육군 및 해군 공병학교, 의학교, 기타 관련 기관들도 확장되었다. 마흐무드는 이전의 술탄들과 달리 새 군대를 창설하면서 소수의 외국 고문만을 참여시켰다. 이 시기에 오스만은 가까운 유럽 국가가 별로 없었기 때문이다. 또한 영리한 이집트 총독 메흐메드 알리 파샤는 술탄의 요청을 받자 자신의 훈련 교관들이 아직 일할 준비가 되지 않았다고 주장했다. 마흐무드의 외국인 교관들은 "이집트에서 고액의 급여와 값비싼 군복에 익숙해져 있었으며, 이들이 이스탄불에 오면 오스만 군대에 방해가 될 터"였다.[96]

참여한 소수의 외국인 중 하나가 전직 피에몬테 기병대 장교 출신으로 몇 년 동안 이스탄불에 거주해온 칼로소Calosso였다. 그는 술탄 마흐무드에게 유럽식 승마법을 가르쳤다. 1828년 이 도시를 방문한 스코틀랜드 여행가 찰스 맥팔레인Charles Macfarlane은 이렇게 썼다.

이것과 튀르크식 승마의 차이는 엄청나서, 후자에 익숙한 사람에게는 결코 사소한 어려움이 아니다. 안장이 요람처럼 크고 등자는 짧고 거의 움직일 수 없어 무릎이 사타구니에 거의 밀착되도록 접히게 되기 때문이다. 실제로 이러한 어려움이 너무 커서, 정규 근위병 가운데 긴 등자를 사용하면서도 앉은 자세를 계속 유지할 수 있는 사람이 별로 없다. (…) 마흐무드는 분명히 그의 군대에서 최고의 유럽식 기병이었다. 그리고 이 기술은 그가 빠르게 도달한 또다른 실력(즉 기병대를 지휘 및 기동하는 실력)과 함께 당시 그의 자랑이자 영예였다.[97]

예니체리가 해체된 후 한 달도 채 지나지 않아 정부는 그들과 가장 밀접하게 연관된 데르비시 교단인 베크타시를 공격했다. 같은 이름의 교단 창립자는 예니체리 군단의 수호성인이었고, 실제로 이 군단은 종종 '베크타시 군단'으로 불렸다. 정부로부터 인정받은 나크슈반드, 카디르, 할와, 메블레비, 사드 등 다른 데르비시 교단들의 지도자들이 베크타시 탄압의 논거를 제시하도록 동원되었다. 그들이 같은 데르비시들의 운명에 대해 선고를 내리면서 얼마나 마뜩지 않아 했을지와 상관없이, 그들은 종교적 판단으로 포장된 사실상의 정치적 결정을 승인하는 수밖에 다른 도리가 없었다. 베크타시에게 적용된 혐의는 매우 전통적인 것이었다. '이단'이었다. 역사적으로 정통 순나파 정체성이 의심스러운 이슬람교도를 상대로 한 정치적으로 편의적인 조치를 정당화할 때 너무도 자주 사용되던 혐의였다. 교단의 주요 인물들은 처형됐고, 이스탄불 내 베크타시의 재산은 파괴되거나 몰수 후 판매되거나 다른 용도로 전환되었다. 이 조치는 수도에만 국한되지 않았다. 루멜리와 아나톨리아 전역에서 과거와의 단절은 무자비하게 강조됐고, 베크타시의 토지에서 나오는 수입은 마흐무드의 새로운 군대 재정으로 전용되었다.[98]

소문과 허위 정보는 숙청을 부추겼다. 당시 베크타시 교단의 일원으로 낙인찍힌 많은 이들은 실제로 그렇지 않았으며, 이러한 일은 상류층과 하류층 모두에서 일어났다. 대와지르 메흐메드 셀림 파샤는 이스탄불에서 베크타시 신자들을 뿌리뽑는 책임을 맡았지만, 그 자신이 베크타시 교도라는 소문이 당시 궁정 사관 아흐메드 뤼트피 에펜디Ahmed Lütfi Efendi의 귀에 들어갔다.[99] 종교계의 상류층에서도 궁정 사관 출신이자 중요한 의학 저작의 저자인 샤니자데 아타울라흐 에펜디Şânizâde Atâullah Efendi가 1826년에 베크타시 동조자로 지목돼 이스탄불에서 추방되었다. 그는 술탄의 추방 명령이 전달되기도 전에 억장이 무너져 죽었다(그렇게 전해진다).[100] 복수의 데르비시 교단에 동시에 소속되는 관행이 매우 흔했으며 당시 베크타시파를 근절하려는 시도가 매우 격렬했기 때문에, 다른 교단의 셰이흐들 또한 체포돼 국내 유배를 당했다. 그러나 베크타시 교단은 대체로 다른 교단들, 특히 공식적으로 인정되던 나크슈반드 교단(이들에게 베크타시의 재산이 기부되었다) 내에 침투하고 받아들여진 덕분에 은밀히 살아남을 수 있었고, 19세기 중반에는 다시 상류층에서 공개적으로 호감을 얻기 시작했다.[101]

예니체리와의 연관성은 또한 아지만Adjiman, 카르모나Carmona, 가바이Gabbai 등 이스탄불에서 가장 부유한 유대인 가문 세 곳의 정치적으로 영향력 있는 수장들의 처형으로 이어졌다. 이사야 아지만Isaiah Adjiman은 당시 예니체리 군단의 돈줄이었고, 그의 선조들도 마찬가지였다. 나머지 두 가문 또한 예니체리 재정과 관련이 있었던 것으로 전해진다. 그들의 재산은 몰수됐고, 틀림없이 그 결과로 국고를 채울 수 있다는 사실이 그들의 운명을 결정짓는 데 작용했을 것이다.[102] 그러나 유대인에 대한 이 처우를 옹호하는 이들은 다르게 해석한다. 이들의 죽음은 금융 쪽의 유리한 지위를 둘러싼 유대인과 아르메니아인 사이의 경쟁 때문이라는 것이다.[103] (부유한 아르메니아계 은행가들도 때로 처형과 재산 몰수를 당했다. 그중 눈에 띄는 사례는 18세기 중반에 오랫동안 마흐무드 1세의 흑인 환관장을 지낸 하즈 베시르 아아의 재정을 관리했던 야쿱 후바네시안Yakub Houvanessian의 경우다.[104])

유대인 은행가들의 즉결 처형과 베크타시 교단에 대한 탄압(다만 술탄 마흐무드는 베크타시 교단을 공식적으로 금지하는 데까지 나아가지는 않았다)은 광범위한 불만을 야기했으며, 개혁의 대가는 혹독했다. 군대 개선 계획의 성공을 위해 그가 의존했던 관리들은 모두 두둑한 보상을 받았고, 부족한 재원을 메우기 위해 이스탄불의 기술공들에게 새로운 세금이 부과되었다. 이 몇 달 동안 일어난 사건들로 인해 이스탄불 시민들은 망연자실했다. 그들은 불안해하고 당국에 시달렸으며, 시신들("그 상당수는 찢기고 개들에게 일부가 뜯겨나간" 상태였다)이 톱카프궁 아래 해안에 떠밀려오는 것을 공포 속에 지켜보았다. 7월 말, 시신이 늘어나면서 도시에서는 역병이 발생했다. 1826년 8월 31일, 술탄은 이제 예니체리에 대한 승리가 마무리되었다고 생각하고 성스러운 깃발을 보물 창고에 다시 넣었다. 거의 곧바로, 도시 일대에서 무시무시한 화재가 일어나기 시작했다. 그 민가들은 여름의 열기로 인해 부싯깃처럼 말라 있었다. 많은 사람은 숙청을 피해 달아난 이전 예니체리들이 불을 질렀다고 생각했다.[105]

나바리노 해전에서 오스만-이집트 함대가 패배한 지 몇 달 만에 러시아는 오스만제국에 선전포고를 했다. 1828년 4월 러시아군은 몰도바로 건너갔으며, 1829년 7월에는 이스탄불에서 불과 200킬로미터 떨어진 에디르네까지 도달했다. 한편 그들의 캅카스 전선 부대는 멀리 에르주룸과 트라브존에 이르는 동북 아나톨리아 지역을 점령했으며, 그 도중의 많은 요새들을 장악했다. 오스만은 평화를 요청했고, 전쟁은 에디르네 조약으로 마무리되었다. 이 조약의 조건 중 하나로, 오스만제국은 펠로폰네소스반도와 그리스 본토 일부, 그리고 몇몇 섬들로 구성된 독립 그리스 국가의 수립을 수용했다. 1832년 5월, 갓 출범한 공화정 그리스는 영국, 프랑스, 러시아, 바이에른의 '보호' 아래 공식적으로 왕국이 되었다. 바이에른은 루트비히 1세의 아들인 열일곱 살의 가톨릭교도 왕자 오토를 왕으로 내세웠다. 이 새로운 국가에 대한 승인으로 19세기 내내 지속될 유럽 열강의 그리스 개입이 시작되었다. 에디르네 조약으로 러시아는 오스만제국 영토 내에서 무역을 할 권리를 얻었고, 그루지야 및 아르메니아 일부 지역에 대한 점령이 인정됐으며, 특히 중요한 것으로 도나우 공국들에 대한 러시아의 영향력이 인정되었다.[106] 이런 전개는 특히 영국에게, 러시아가 발칸반도와 오스만제국에 대한 통제권을 확보해나가는 과정에서의 달갑지 않은 이정표였다. 영국은 러시아가 동방에서 증대되는 자국의 이익에 대한 중대한 잠재적 위협이라고 보기 시작했다. 이후 몇 년 동안 강대국들의 정치 역학은 재편을 겪었고, 그 중심에는 오스만제국이 해체되어 러시아의 이익이 증대되는 것을 막기 위한 영국의 결의가 자리했다.[107]

평화조약의 부담스러운 조항들과 이에 따른 위신 추락에도 불구하고 술탄 마흐무드는 러시아에게 패한 뒤에도 권력을 유지했다. 그에게 이것은 단지 전쟁이 너무 일찍 일어났음을 보여주는 것일 뿐이었다. 군사 개혁의 성과가 아직 충분히 널리 퍼지지 않았던 것이다. 그러나 하급 성직자들은 이것이, 서방을 본뜬 혁신이 이슬람교의 교리에 어긋난다는 것을 다시금 보여주는 사례라고 생각했다. 그들은 지지를 철회했을 뿐 아니라 지방 주민들에게 저항에 동참하도록 독려했다. 1829년과 1830년에 아나톨리아 전역을 휩쓴 대중 봉기는 과거의 예니체리들이 계속해서 문제가 될 수 있음을 보여주는 계기가 되었다.[108] 이런 대외적인 굴욕과 내부의 불만이 교차하는 상황에서 마흐무드는 새로이 절박감을 느끼고 개혁을 추구했다. 그의 야심은 이전 술탄들과 달리 군사 분야에만 국한되지 않았다. 단지 군사적 효율성을 점진적으로 향상시키는 것만으로는 오스만제국의 통합을 유지하고 국제적인 의사 결정에서 오스만제국이 적극적인 역할을 지속하기에 충분하지 않다는 점이 그에게는 분명했다. 따라서 그의 목표는 다름 아닌 바로 사회의 변모였다. 그가 죽기 직전에 쓰인 칙령에서 '탄지마트으 하이리예 Tanzimat-ı Hayriye'('상서로운 재편')라고 부른 탄지마트('재편')였다.[109]

이에 따라 마흐무드는 제국의 행정 체계에 관심을 돌려, 군대와 재

정에서 그랬듯이 중앙집권화를 추진하고자 했다. 하지만 그는 우선 제
국의 자원에 대해 정확히 알아야 했다. 이에 따라 1830~1831년에 루
멜리, 아나톨리아, 에게해 섬들에서는 근대적인 첫 인구 조사가 실시되
었다. 오스만 국민의 병역 및 세금 의무를 파악하기 위해 집계하고 분
류하기 위한 것이었다. 이 조사는 1년 내에 마무리됐고, 조사원의 등
록에서 빠져나가는 일이 없도록 하기 위해 6개월마다 반복 시행하고
자 했다.[110]

마흐무드는 신민들이 어떻게 살아가는지를 직접 보기 위해 영지를
순시한 최초의 오스만 술탄이었다. 1830년부터 1839년에 사망할 때까
지 그는 다섯 차례의 순시를 했다. 1830년 1월에는 마르마라해 북쪽
해안의 테키르다으를 찾았고, 1831년 6월에는 다르다넬스 해협과 에디
르네를 방문했으며 이때는 꼬박 한 달 동안 이스탄불을 떠나 있었다.
1833년 9월에는 일주일 동안 겜리크와 이즈미트의 해군 공창을 방문
했고, 1836년 11월에는 다시 이즈미트를 찾아 새로운 전열함을 진수시
켰다. 1837년 4월에는 루멜리를 한 달 넘게 순시하며 흑해 연안의 바
르나, 도나우강 유역의 실리스트라와 루세, 불가리아의 슈멘, 터르노
보, 카잔러크, 스타라자고라 등을 방문했다. 그는 순시 때마다 성지를
참배하고 군사 시설을 시찰했으며, 공공사업을 점검하고 더 많은 건설
을 위한 국가의 지원을 약속했다. 또한 지역의 유력 인사들을 만나고,
이슬람교도와 비이슬람교도를 가리지 않고 일반 백성들의 고충을 들
어주었다.[111]

오스만의 행정은 그것이 충족시키도록 요구된 기능 변화의 필요에
맞추기 위해 진화했으며, 전통적으로 그 세 주요 분야인 군사, 민정,
종교사법 사이에 유동성이 존재했다. 많은 주요 정치가들은 종교사

법 분야에서 경력을 시작해 군사나 민정 분야로 옮겨갔다. 마흐무드는 1837년부터 시작해 통치의 마지막 2년 동안 세 개의 부처를 만들었는데, 이들은 비록 단명했지만 미래를 위한 중요한 선례를 마련했다. 이 부처들은 대와지르(이 시기 이후 때로 '수석대신'이라고도 불렸다)를 수장으로 하는 내무부, 17세기 말부터 별도의 정부 부문으로 등장한 외무부, 그리고 법무부였다. 그는 문관을 위한 위계 체계를 도입하고, 기존의 연간 임명제를 폐지했으며, 관행적이고 부패의 소지가 많은 수당 체계 대신 급여 제도를 도입했다. 마흐무드 정부는 1838년에 입법을 준비하고 실행하기 위해 최고사법평의회를 설립했는데, 이후 이 기구는 확대되고 제국의 주요 법률 기관으로 남았다.[112]

오스만제국의 역사 속에는 술탄의 변덕에 따라, 그리고 흔히 권력 경쟁자들의 부추김으로 즉석에서 처벌을 받은 고위 관료의 재산 몰수와 처형에 대한 기록이 가득하다(17세기에는 여기서 예외일 것이라고 생각된 고위 성직자들도 포함되었다). 피해자들은 흔히 가벼운 처벌인 유배형에 처해질 것이라고 생각했지만, 실제로는 처형 집행자의 집요한 추적에 시달렸다. 이러한 운명을 겪은 마지막 관료는 1837년에 민정부(곧 내무부로 개칭된다)의 수장이었던 페르테브 파샤Pertev Paşa였다. 이 사건은 국제 외교와 정책 노선의 충돌이 얽힌 파벌 대립의 한 사례였는데, 곧 외무부로 이름이 바뀌는 조직의 수장이었던 그의 경쟁자 아키프 파샤Akif Paşa는 술탄에게 페르테브의 배신을 설득하며 특히 그가 영국과 가까운 관계를 맺고 있다고 비난했다. 페르테브의 추종자이자 마흐무드의 가장 뛰어난 외교관이었던 두스타파 레시드 파샤Mustafa Reşid Paşa(간단히 레시드 파샤로 불렸다)는 그의 후원자가 죽을 때 외무대신이 됐지만 그를 구할 수는 없었다. 대신 그는 이러한 초법적 처벌과 재산

몰수의 폐지를 주장했고, 이는 1838년 관료 및 재판관을 위한 형법의 한 조항으로 받아들여졌다.[113]

마흐무드 2세는 행정 절차를 합리화하는 데 만족하지 않고, 개인 간의 차이를 드러내는 가시적인 표지를 제거하려고도 했다. 이는 이례적인 조치였는데, 오스만제국에서는 외양이 언제나 중요하게 여겨졌고, 개인의 사회적 신분에 맞는 적절한 복장을 규정한 사치 금지법은 정치적 상황이 요구하는 바에 따라 시행되거나 소멸되도록 버려두거나 개정되곤 했기 때문이다. 마흐무드 본인은 1814년까지도 "이 계층과 저 계층을 구분할 수 없게 되었으므로" 이스탄불 시민들은 적절한 복장을 착용해야 한다고 경고했다.

술탄국의 고귀한 거처(이스탄불)의 백성들은 여러 계층으로 나뉘어 있으며, 각 계층마다 고유의 복장이 있다. 그들은 그 복장을 입고 다녀야 한다. 모두가 확립된 관습을 준수하고, 자신의 위치를 인식하며, 상급자와 군 장교를 존중하고 존경하며 그들에게 복종해야 한다. (…) 또한 파샤의 수행원들, 황실 근위대원들, 경찰과 상인들은 갈레온선 선원처럼 어깨걸이를 두르고 비단으로 수놓은 무명을 머리에 감아서는 안 된다. 자신의 신분이 어떻든, 그들의 복장이 얼마나 특이하든 그들은 적절한 복장을 갖추어야 한다. 한동안 (…) 이런 점에 대해 눈을 감고 있었고, 모든 계층의 낭비벽 있는 이들이 예전의 복장과 그들 특유의 의복을 버리고 무엇이든 머리에 떠오르는 대로 지나치게 사치스러운 방식으로 옷을 입었다. (…) 대부분의 궁료, 군인 계층, 상인들이 옛 복장과 본질적인 외관을 바꾸었다.[114]

튀르키예공화국 초대 대통령 '아타튀르크' 무스타파 케말이 1925년에 과거 오스만의 유물이라며 비난한 빨간 빵모자 페스는 한 세기 전 마흐무드 2세가 도입한 것이었다. 그는 자신의 새 군대에 새로운 모자인 페스를 착용하게 했는데, 이는 전혀 문제가 없음이 드러났다. 페스는 이미 마그레브 속주들과 이집트의 군대에서 착용했고 메카의 샤리프 수행 병력들도 착용했기 때문에 이슬람 율법상 문제가 없다는 것이 너무도 분명했다. 실제로 페스는 오스만 군대에서도 이미 등장했다. 반란을 일으킨 발칸반도의 유력자인 비딘의 파스반오을루 오스만 파샤를 상대로 한 전투에 참전한 소총병들이 착용한 바 있다. 1829년에는 페스 착용이 관료들에게까지 확대되었다. 종교 지도자들의 지지를 얻기 위한 노력이 기울여졌고, 마스지드 설교자들이 동원되어 페스가 받아들일 만한 것임을 사람들에게 설득하는 데 나섰다.[115]

사치 금지법은 신분뿐만 아니라 종교에 따라 사람들을 구분했고, 이슬람교도라는 정체성만으로도 자신의 우월함을 주장할 수 있었던 사람들은 마흐무드의 획일화 요구에 강하게 반발했다. 그 획일화로 인해 종교적 차이를 알 수 없게 되었기 때문이다. 반면 비이슬람교도들은, 심지어 관료가 아닌 사람들조차도 이 새로운 시대의 상징을 기꺼이 받아들였는데, 그들은 이 새로운 시대에 이슬람교도들과 동등한 조건에서 공존할 수 있기를 바랐다.[116] 성직자들은 술탄의 회유가 전혀 먹히지 않음을 보여주었고, 그들 역시 터번 대신 새로운 모자를 착용하라는 마흐무드의 요구를 완강하게 거부했다.[117] 마흐무드 자신은 유럽 군주들이 입던 바지와 프록코트('이스탄불린istanbulin'으로 알려진 개량한 형태였다)를 입음으로써 과거와의 결별에 몰두하고 있다는 진정성을 보여주었다.

서방풍의 문화적 과시는 이슬람교도와 비이슬람교도가 뒤섞여 있던 오스만의 상류층 사회에서 크게 유행했지만, 거기에 그치지 않았다. 마흐무드 2세는 작곡가 주세페 도니제티(더 유명한 가에타노 도니제티의 형이다)를 이스탄불로 초청해 술탄의 음악 교사로 임명했는데, 그의 임무는 셀림 3세가 '신체제' 군대를 위해 처음 창설한 군악대를 훈련시키는 것이었다. 이 군악대는 한때 이교도 적들의 마음에 공포를 심어주던 예니체리 군악대를 대체한 것이었다. 당대 이탈리아의 음악은 곧 궁정에서 인기를 얻게 되었다.[118] 대략 18세기 중엽 이래 오스만의 종교 건축물은 서방화되고 바로크 양식을 띠기 시작했는데, 이는 1750년대에 지어진 누루오스만 마스지드에서 잘 드러난다. 그 마지막 예는 1823년부터 1826년 사이에 지어졌을 누스레트Nusret('승리') 마스지드일 것이다. 마흐무드가 예니체리에게 거둔 승리에서 이름을 땄다. 마흐무드는 자신의 초상화를 그리게 하고 그 사본(아마 카메오의 형태로)을 자기네 정치가들이나 외국 고관들에게 선물로 주는 매우 비이슬람적이고 비오스만적인 관행을 계속 이어갔다. 하지만 그는 셀림보다 더 대담했다. 그는 자신의 초상화를 병영이나 관청 같은 공공장소에 걸도록 명령했는데, 당시 유럽 군주들이 하던 대로였다. 종교 지도자들은 이렇게 술탄의 모습을 드러내는 일을 강하게 반대했지만, 그럼에도 불구하고 마흐무드는 1832년 당시 셰이흐윌이슬람에게 보석으로 장식된 자신의 초상화를 선물했다.[119] 궁정 사관 아흐메드 뤼트피 에펜디는 1836년 위스퀴다르 하렘의 셀림 병영에 술탄의 초상화를 걸면서 행한 화려한 의식을 돌아보며 율법적인 반대 가능성에 대해 반박했다. 그는 술탄 마흐무드처럼 진정으로 위대한 인물의 모습을 보존하는 것이 유익하며, 이러한 관행이 옛 풍습과도 부합한다고 주장했다. 그러나 그는 또한 마흐무드의 초상화를 아랍의 유력자들에게 선물할 때는 어떤 종교적 문구도 생략되었다고 말했는데,[120] 이는 지지를 이끌어낼 필요가 있는 사람들을 더욱 혼란스럽게 하지 않기 위한 것이었다. 그들에게는 인물을 묘사한다는 사실 자체가 불쾌감을 줄 수 있었다.

이집트에서는 메흐메드 알리가 영지 개혁을 추진하는 데서 마흐무드보다 더 멀리 나아갔지만, 그의 개혁은 큰 대가를 치르고 이루어졌으며 그 결과가 언제나 그가 바랐던 것만큼 성공적이지는 않았다. 군사, 재정, 농업 분야에서의 변화(광범위한 관개 사업이 필수적인 요소였다)는 농민들의 희생을 바탕으로 추진됐고, 그의 새 군대는 1827년 나바리노 해전에서 인상적인 모습을 보여주는 데 완전히 실패했다. 메흐메드 알리는 곧바로 육군과 해군 모두를 개선하기 위한 추가 조치를 취했다.[121]

프랑스는 술탄의 마그레브 속주들에서 메흐메드 알리를 자기네의 목적을 위해 이용하려던 기대가 무산되자 실망했고(그는 자신의 이익이 서방이 아니라 지중해 동부에 있다고 확신했기 때문이다[122]), 독자적으로 행동에 나서 1830년대부터 오스만의 위성 속주였던 알제리를 점진적으로 점령해나갔다. 펠로폰네소스에서 강대국들에게 당한 손실에 대한 보상으로 메흐메드 알리는 술탄 마흐무드에게 시리아 속주들을 요구했다. 천연자원과 인구가 많은 곳이었다. 술탄은 그에게 대신 크레타섬의 총독직을 주었지만 그는 이를 거부했다. 그 섬에서 치안을 유지하는 데 드는 비용이 그의 재정을 고갈시킬 것임을 알고 있었기 때문이다. 1831년, 그는 육상과 해상에서 시리아를 향한 원정을 개시했다. 기력을 되찾은 이집트군을 지휘한 그의 아들 이브라힘 파샤는 오스만군을 격파하고 아나톨리아로 진격했으며, 그곳에서 지역 주민들로부터 열렬한 환영을 받았다. 이러한 공개적인 반란 행위는 이스탄불에서 용납될 수 없었다. 그 이전 모든 시대의 고분고분하지 않았던 총독들(요안니나의 테페델렌리 알리 파샤는 가장 최근의 사례일 뿐이었다)과 마찬가지로 메흐메드 알리와 이브라힘은 반역자로 규정됐고, 대와지르 레시드 파샤 휘하의 군대가 다시 그들에게 맞서 파견되었다. 두 군대가 콘야 외곽에서 맞붙었을 때, 오스만군은 패배했고 대와지르는 포로로 잡혔다.[123]

메흐메드 알리는 이 시기에 술탄으로부터 독립을 선언할 생각이 없었던 듯하다.[124] 그의 야망은 분명히 자신의 제후 지위의 한계를 시험하는 데까지 몰고 갔지만, 그는 십중팔구 제국의 틀을 넘어서 움직일 생각은 없었던 것으로 보인다. 그는 결국 오스만인이었다. 그 아들 이브라힘 파샤는 이 문제를 다르게 보았다. 심지어 메흐메드 알리가 마흐무드 술탄에게 용서를 구하는(동시에 자신이 획득한 광범위한 영토를 유지하게 해달라고 요구하는) 편지를 쓰는 순간에도 이브라힘은 자기 아버지에게 아버지의 이름으로 주화를 주조하고 금요 기도에서 아버지의 이름이 언급되도록 하라고 주장했다.[125] 다시 한번, 제국의 통합에 대한 가장 큰 위협은 제국 내부로부터 오는 것처럼 보였다. 1833년 1월에 이브라힘은 부르사에서 지척의 거리인 퀴타히아까지 진군했다. 이 집트군의 진격으로 인해 이스탄불에 대한 보급이 부분적으로 차단됐고, 도시에는 기근의 위협이 드리웠다. 영국이나 프랑스 어느 쪽으로부터도 명확한 지원 약속을 얻지 못한 마흐무드 술탄은 결국 러시아 차르 니콜라이 1세에게 도움을 요청할 수밖에 없었고, 1833년 2월 러시아군은 보스포루스 해협 위쪽에 교두보를 확보했다.[126] 오스만제국 자신의 총독 중 한 명에 대항하기 위해, 오랜 적국이자 개입 동기가 오직 자기 이익일 수밖에 없는 러시아에 도움을 요청하는 것은 전례 없는 일이었으며, 이는 제국의 쇠약함을 보여주는 일이었다.

이 모험에서 메흐메드 알리는 이득을 얻었다. 그를 달래려는 반복된 시도 끝에 1833년 4월까지 그는 이집트, 알레포, 다마스쿠스, 트리폴리(시리아), 아코, 크레타, 베이루트, 제파트, 예루살렘, 나블루스의 총독직을 획득했다. 이브라힘 파샤는 지다, 하베시, 메카를 다스리게 됐고, 5월 초에는 아나톨리아 아다나주의 징세관으로 임명되었다(그는 그곳의 숲에서 함대 건조를 위한 목재를 얻기를 희망했다). 7월에는 러시아와 오스만제국 사이의 이른바 상호방위조약이 체결되었다. 1833년 여름 동안 러시아 함대가 주둔한 보스포루스 해협 위쪽 기지의 이름을 따서 붙인 휜카르 이스켈레시Hünkâr İskelesi 조약이다. 문제는 비밀 조항의 세부 내용에 있었다. 오스만은 사실상 러시아가 요청할 경우 다르다넬스 해협을 다른 외국의 군함에 대해 폐쇄하기로 동의한 데 있었다.[127]

마흐무드 술탄은 평화의 대가로 치러야 했던 이러한 양보에 대해 분개했다. 메흐메드 알리 또한 많은 것을 얻었지만 자신이 손해를 봤다고 생각했다. 이브라힘의 임명은 해마다 재검토됐고, 이집트는 여전히 오스만 국고에 연례 공물을 지불해야 했으며, 시리아 영토의 점유는 이브라힘의 통치에 대한 현지인의 저항으로 그가 생각했던 것만큼 도움이 되지 않는 것으로 드러났다. 면화 가격 하락은 이집트 경제를 악화시켰고, 억눌린 이집트 민중은 군대에 징집돼 복무하는 것을 거부함으로써 메흐메드 알리의 개혁 방식과 속도에 대한 들끓는 반감을 표출했다.[128]

이러한 성과에 대한 불만과 그 이후 몇 년 동안 그가 겪은 좌절은 메흐메드 알리의 야망을 더욱 키우는 결과만을 낳았다. 1838년 5월 그는 자신이 독립을 원한다는 사실을 분명히 밝혀 술탄(그는 이로써 성지에 대한 명목상의 통제권조차 잃게 되었다)은 물론 서방 열강들까지 경악하게 했다. 1839년, 다시 이브라힘 파샤를 제압하기 위해 오스만군이 파병됐으나, 마흐무드가 개선한 군대였음에도 불구하고 실패했다. 6월 24일, 이브라힘은 가지안테프 동남쪽 니집에서 벌어진 결정적인 야전에서 승리했다. 그로부터 일주일이 되기 전에 마흐무드가 사망하고 그의 아들 압뒬메지드 1세Abdülmecid I가 술탄으로 즉위했다. 오스만의 대제독은 이 시점을 택해 메흐메드 알리에게 투항하며 제국 함대를 이끌고 알렉산드리아로 향했다. 새로운 술탄의 정부는 협상할 준비를 했다.[129]

메흐메드 알리와의 전쟁은 오스만 내부의 문제였지만, 유럽 열강의 결정을 통해 해결되었다. 영국, 러시아, 프랑스, 오스트리아, 프로이센은 많은 의견 차이를 보인 끝에 연합 전선을 형성했고, 대와지르에게 탐욕스러운 이집트 총독과 성급히 합의하지 말라고 경고했다. 8월 22일, 이스탄불은 이에 반응해 열강이 제국을 대신해 해결을 위한 협상에 나설 수 있도록 승인했다. 그리고 이어진 외교적 공작은 '동방 문제'의 핵심을 드러냈다. 각 열강은 오스만제국 내에서 다른 열강이 행사하는 영향력을 경계했으며, 특히 다른 나라가 전략적, 영토적, 상업적으로 엉뚱한 이득을 얻는 것을 우려했다. 그리스의 경우는 유럽 열강의 이해관계가 오스만과 확실히 상충해 독립을 획득하는 데 중요한 역할을 했지만, 이와 달리 1839년에는 러시아에 대한 두려움이 외교를 움직였다. 1833년 휜카르 이스켈레시 조약 이후 오스만 문제에 대한 러시아의 확고한 입지와 그 조약이 예고하는 일들은 영국에 특히 큰 우려를 자아냈다.[130]

복잡하고 미묘한 여러 차례의 협상은 결국 1840년 7월에 타결되었다. 영국, 오스트리아, 프로이센, 러시아, 오스만제국이 서명한 '레반트 평화 협약'이다. 프랑스는 메흐메드 알리를 강압할 수밖에 없는 조치에 참여하지 않았다. 이 협약 조건에 따라 메흐메드 알리가 차지했던 다른 속주들은 몰수됐으나, 이집트 총독직은 그와 그 후손에게 세습되도록 확보되었다. 이는 메흐메드 알리가 여러 해 동안 바랐던 해법이었다. 오스만의 관점에서 보면, 이집트는 여전히 제국의 일부였다. 메흐메드 알리는 처음에는 자신이 더이상 통제하도록 허용되지 않은 지역에서 물러나기를 거부하고 프랑스의 중재를 통해 더 유리한 조건을 얻고자 모색했다. 시리아에서 이브라힘 파샤 정권에 대한 반란이 일어나자, 열강이 개입해 그를 축출할 기회를 얻었다. 메흐메드 알리는 오스만 함대를 반환하는 데 동의했고, 술탄은 그의 이집트 총독직 세습에 엄격한 조건을 붙이려 했지만 협약 당사자들의 만류로 단념했다. 1년이 되지 않아 메흐메드 알리는 제압되었다. 이집트 속주의 변경된 지위를 반영한 제국 칙령에는 오스만 정부가 다른 국가들과 체결한 모든 조약이 이집트에도 동일하게 적용돼야 한다는 단서 조항이 포함되었고, 이는 메흐메드 알리가 추가로 문제를 일으킬 가능성을 억제했다. 그의 권력은 대체로 국가 독점 사업 운영에서 나온 돈에 의존했지만, 이는 발탈리마느Baltalimanı 협약(1838년 영국과 술탄 마흐무드 사이에 협정이 조인된 보스포루스 해협의 마을 이름을 딴 것이다)으로 알려진 상업 협약에 따라 금지되었다.[131] 1841년 7월에 프랑스, 영국, 러시아, 오스트리아, 프로이센, 오스만은 해협 협약에 서명했으며, 그 조건에 따라 다르다넬스 해협과 보스포루스 해협은 평화 시에 외국 군함에 대해 폐쇄된다는 원칙이 받아들여졌다.[132]

이 시기부터 서아시아에서 영국의 영향력과 개입이 급증했다. 머지않아 다른 유럽 국가들도 유사한 무역 특혜를 받았지만, 이제 그들에게 주어진 상업적 기회에서 이득을 얻기에 가장 좋은 위치에 있었던 것은 산업화와 금융 제도가 앞서 있던 영국이었다. 이 무역 자유화의 장기적 효과는 복합적이었다. 외국 상인들은 여전히 내지 통과세를 내야 했던 오스만 상인들보다 유리한 위치에 있었다. 무역량은 증가했으나, 그 대가는 오스만 국내 생산이 위축되고(주로 관세에서 나오는 수입의 손실 때문이었다) 제국의 재정이 더욱 악화되는 것이었다. 한 역사가는 "오스만제국은 사실상 영국의 보호국으로 바뀌었다"라고 말했다.[133]

제14장

정체성의 위기

1839년 11월 3일, 톱카프궁 외곽 정원에 있는 귈하네Gülhane('장미의 집')
에서 술탄 압뒬메지드는 '귈하네 칙령'이라 알려지게 되는 문서를 공표
했다. 이는 '탄지마트'('재편')로 알려진 시대를 공식적으로 시작한 사건
이었다. 술탄 마흐무드 2세가 추진한 개혁 계획은 상황이 허락하는 대
로 진행되었다. 귈하네 칙령은 옛 방식이 제국을 현 시대에 적합하게
만드는 데 실패했다는 공개적인 선언이었으며, 또한 최근에 이루어진
법적·행정적 변화의 바탕에 깔려 있고 미래의 변화 방향을 인도하게
될 이념적 틀에 대한 분명한 진술이었다. 이 칙령은 최고 권력자가 주
민들에게 떠안긴 것이었지만, 술탄 자신과 그 정부가 백성과 계약적 동
반자 관계에 헌신하겠다고 약속하는 문서이기도 했다. 이는 모든 사람
에게 영향을 미치는 것이었고, 모두가 그 지침을 따라야 했다. 새로운
매체인 신문은 이 칙령을 식자들에게 전달했고(그 전문은 공식 관보인
《사건 일람Takvim-i Vekâyi》에 실렸다), 좀더 전통적인 방식으로 각 지방 총
독과 태수들에게 명령이 내려져 제국의 크고 작은 도시의 공공 광장
에서 낭독식을 거행하게 했다.[1]

　이 칙령은 외무대신 무스타파 레시드 파샤가 술탄과 정치가, 성직자,

외국 대사들이 참석한 가운데 선포했다. 그 전문前文은 지난 150년간 오스만제국이 위대함을 잃게 된 것이 신의 법과 술탄의 법을 지키지 않았기 때문이라고 지적했다. 이러한 상황은 생명의 안전, 명예와 재산 보호, 조세 및 병역 부문에서의 새로운 조치 등의 원칙을 바탕으로 한 좋은 행정을 통해 바로잡을 수 있다고 전문은 이어갔다. 생명과 재산의 안전에 대한 보장은 국가에 대한 충성을 유도할 것이며, 징세 도급에서 나오는 수입과 "국가가 이제 막 벗어난 혐오스러운 독점"을 대신할 새로운 조세의 원천이 모색되고 있었다.[2] 공정한 조세 제도가 마련될 것이며, 이 돈이 투입될 용도(육군과 해군의 지출이 가장 많은 몫을 필요로 한다)는 법률에 따라 규제될 터였다. 병역 동원은 정연하게 이루어져 부담이 공평하게 분배되며, 복무 기간은 4~5년으로 제한되었다. 이러한 원칙은 처음으로 오스만의 백성 모두에게 적용될 예정이었다. 이슬람교도와 비이슬람교도 모두였다. 관료제를 오염시킨 뇌물수수는 금지되고, 법을 준수하지 않는 자는 누구든 가리지 않고, 그리고 그 신분에 따라 처벌하기 위한 형법이 도입된다. 마지막 약속은 철저한 행정 개혁에 관한 것이었고, 이에 대해서는 모든 오스만 백성과 우방국들이 초대돼 증인이 되었다. 이 칙령은 단호하고 명확하게 이슬람법의 언어로 표현됐으며, 이에 따라 만들어질 법률도 이슬람법과 상충하지 않을 터였다. 이 기본적으로 종교적인 성격은 술탄이 고위 성직자와 관리들이 배석한 가운데 흐르카이셰리프 오다스Hırka-i Şerif Odası('성의실聖衣室')에서 칙령에 맹세함으로써 상징적으로 확인되었다.[3]

  새로운 술탄이 즉위하면 정의롭게 통치하겠다는 의지를 선포하는 것이 관례였으며, 압뒬메지드는 넉 달 전 즉위할 때 그러한 선언을 했다. 그 의지 표명이 그토록 빠르게 또 한 번 이어진 것은 이례적인 일이었다. 그리고 그 시점은 우연이 아니었다. 국내외 사건들의 불운한 조합(특히 메흐메드 알리가 제기하는 위협과 오스만 문제에 대한 강대국들의 힘과 이해관계 변화)으로 인해 제국은 술탄 마흐무드의 광범위한 개혁에도 불구하고 1830년대 말에는 방어적인 입장에 놓였다. 1838년의 발탈리마느 상업 협약이 메흐메드 알리와의 협상에서 영국의 지지를 얻기 위해 오스만이 치러야 했던 대가였다면, 귈하네 칙령 선포는 장기적으로 이 이익이 되는 지지를 확보하기 위한 비용이었다. 탄지마트는 실질적으로 마흐무드가 그의 치세 말년에 시작했으나, 압뒬메지드의 귈하네 칙령 반포는 오스만이 자기네 국가를 근대화하려는 진정한 의도가 있음을 유럽 열강에게 보여주기 위한 몸짓이었다. 그것이 보여주는, 제국의 중심부에 새로운 활력이 존재한다는 증거는 오스만제국이 대등한 조건에서 참여하려는 의지와 능력이 있음을 열강에 각인시키려는 목적이었으며(그들이 오스만의 개혁 노력을 지원하는 데서 호의를 보여주도록 청하는 것이었다), 동시에 그들이 자주 제기하던 술탄의 비이슬람 신민들의 안녕에 대해 그들이 흔히 떠들썩하게 표명하는 우려를 수용하려는 자세를 보여주기 위한 것이기도 했다.

압뒬메지드 술탄은 제위에 올랐을 때 겨우 열여섯 살이었으며, 귈하네 칙령으로 구현된 개혁에 대한 접근법(그의 아버지의 것과는 상당히 달랐다)은 일반적으로 레시드 파샤의 주도에 따른 것으로 해석된다. 신학교 출신인 레시드 파샤는 이후 문관 쪽으로 옮겨가 국제 정치의 세계에 대한 폭넓은 경험을 쌓았다. 그는 메흐메드 알리와 그의 아들 이브라힘 파샤의 팽창 정책이 제국을 위협할 때 그들 모두와 협상을 벌였고, 파리 대사와 런던 대사직을 역임했다. 특히 런던 주재 시절에 그는 오스만이 메흐메드 알리에 맞서는 데서 영국의 지원을 이끌어냈고, 이 성공은 그와 가까운 개혁파가 친영국 성향을 띠는 계기가 되었다.[4]

이후 오스만 입법에서 나타나는 영국의 영향을 매개한 인물로 레시드 파샤가 부각되면서 귈하네 칙령의 자생적인 측면은 다소 가려지는 경향이 있었다. 레시드 파샤는 칙령 초안 작성에 관여했으며, 종교계 인사들 또한 이를 만드는 과정에서 중요한 역할을 했다. 이 종교계의 관여로 인해 칙령 공표를 정당화하기 위한 별도의 파트와는 필요하지 않았던 듯하며, 그들은 칙령이 이슬람 법률의 원칙과 충돌하지 않는다고 판단했을 수 있다. 술탄 자신은 그 가정교사들과 어머니가 만들어 놓은 정통 이슬람적 환경에서 성장했다. 즉위 선언에서 그는 스스로를 "신자들의 지휘관이자 지상에 있는 (신의) 칼리파"라고 불렀을 뿐만 아니라, 그들의 종교적 의무를 준수해 하루 다섯 번 기도를 올리지 않는 자들에게는 관용을 베풀지 않겠다고 공표했다. 그는 대와지르에게 이런 편지를 썼다. "칼리파국은 우리에게 유산으로, 그리고 권리로서 전해진 것이오. (…) 고귀한 (이슬람법이) 도든 사안에 적용되는 것을 보는 것이 우리의 바람이오." 그는 그 조상들과 마찬가지로 한 데르비시 교단의 신자였으며, 그의 경우는 나크슈반드 교단의 할리드Khâlid 분파에 속했고 그와 가까운 여러 참모들도 마찬가지였다. 율법을 가르침의 중심에 놓는 것으로 유명한 할리드파는 베크타시 교단과 달리 보수적인 지배 핵심층에게 받아들여졌다. 그들은 1826년 이후 베크타시 교단의 소멸로 반사이익을 누렸다(나크슈반드 교단과 메블레비 교단도 마찬가지였다). 압뒬메지드는 1840년대 초, 다마스쿠스의 할리드 교단 창시자 셰이흐 할리드이 바그다디Khâlid-i Baghdâdi의 묘지 터에 영묘와 데르비시 수도원을 건립하게 했다. 그의 말과 행동은 경건한 사람의 것이었다.

1851년에 그는 이스탄불 파티흐구에 선지자 무함마드의 두 번째 외투(첫 번째는 톱카프궁에 보관되어 있었다)를 안치하기 위한 마스지드를 건설하라고 명령했다.[5] 그리고 그가 이슬람 율법의 틀 안에서의 지속적인 개혁의 필요성을 이해하는 것은 귈하네 칙령에 표현된 좀더 능력 있는 국가 추구가 바탕에 깔려 있었다.[6]

오스만제국 역사 속의 개혁 시도는 모두 반발을 불러일으켰으나, 이제까지 이러한 반발을 제어하는 문제는 순전히 국내적인 사안이었다. 귈하네 칙령의 한 가지 결과는 이러한 오스만 내부의 긴장을 국제무대 위로 끌어올린 것이었다. 칙령의 시기와 분위기에 대한 외부 압력에 대응함으로써 정부는 개혁 과정을 외국의 감시 아래에 두었고, 이는 기독교 유럽 문화와 이슬람 오스만 문화 사이의 심각한 시각 차이를 도드라지게 하는 경향이 있었다. 변화의 본질과 속도에 관한 논의는 복잡했고, 내부 갈등의 해결은 시끄러운 유럽 열강의 요구(이들 요구는 흔히 서로 양립 불가능했다)를 충족시켜야 하는 상황으로 인해 훨씬 더 어려워졌다.

귈하네 칙령을 처음 읽었을 때, 더 나은 행정과 건전한 국가 재정을 추구하는 일에 관한 의도 표명 부분에는 눈에 띄는 점이 별로 없었다. 그러나 새로운 부분은 행정 개혁을 수행할 틀을 제공하기 위해 법을 강조했다는 점이다. 이는 변덕스러운 신의 명령이나 술탄의 명령이 임의대로 적용되는 것을 개인감정이 배제된 합리적인 의사 결정으로 대체해야 한다는 마흐무드 2세의 목표 변화를 반영한 것이었다. 1840년에는 일반 형법이 제정됐고, 같은 해에 적어도 규정상으로는 징세 도급제가 폐지되었다. 그러나 실제로는 입법자의 의도가 완전히 실현될 수 없었으며, 이 제도는 20세기 초까지도 여전히 성행했다.[7] 하지만 탄지마트는 제국 전역에서 들쭉날쭉 적용되었다. 개혁을 수행할 훈련된 인력이 부족했고, 위에서부터 부과된 변화에 대한 본능적인 저항이 타성과 겹쳐졌으며, 재정은 파산 상태였고, 기반 시설은 불충분했으며, 주민 대부분은 문맹이었고 광범위하고 다양한 지역에 새로운 가치를 전달하는 데에도 문제가 있었다. 이러한 모든 요소들이 개혁 수행을 방해했다.

궐하네 칙령이 야기한 많은 불안의 기저에는 오스만 사회에 전통적으로 기능하던 중첩된 범주들에 대한, 그리고 각 개인이 특정 집단에 속함으로써 부여되는 권리와 의무에 대한 노골적인 조작이 깔려 있었다.[8] 법 앞에 모든 이가 평등하다는 기대는 오스만 사회에서 쉽게 수용되기 어려웠다. 이는 이슬람교 자체가 세 가지 중요한 불평등을 명시하고 있기 때문이다. 즉 신자와 비신자, 주인과 노예, 남성과 여성 사이의 불평등이다.[9] 신자와 비신자 사이의 불평등은 모든 이슬람 사회의 기본 구조를 설정하며, 오스만 사회 역시 지금은 흐릿해졌지만 과거에는 지배 계층과 피지배 계층 사이의 구분이 더욱 뚜렷했다. 다시 말해서 세금 면제 계층과 세금 납부 계층 사이의 구분이다. 실용주의와 타협은 오스만인의 여러 활동 영역에서 나타난 특징이었기에 이러한 구분이 언제 어디서나 엄격히 적용된 것은 아니었지만, 모든 오스만 신민에 대한 평등 원칙을 공개적으로 표명하는 것은 많은 사람이 차분하게 받아들일 수 있는 사안이 아니었다. 특히 새로운 조치의 불편한 측면으로, 그것이 실패하거나 후퇴할 경우 외국의 비난이 뒤따를 것이 뻔했기 때문이다.

오스만 사회에서 이슬람교도와 비이슬람교도 사이의 불평등이 가장 뚜렷하게 드러나는 것은 비이슬람교도가 납부하는 인두세였다. 이 특별한 구분은 단번에 폐지할 수 있는 것이 아니었으며, 심지어 이 시기에 이루어진 행정적 변화조차도 셰이흐월이슬람의 파트와를 필요로 했다.[10] 비이슬람교도와 이슬람교도의 지위를 일치시키는 일(즉 비이슬람교도의 인두세 납부 의무를 없애는 일)은 국가로부터 중요한 수입원을 빼앗는 것이었고, 또한 이슬람 국가 내에서 비이슬람교도는 '2등' 신분이라는 원칙과 충돌했다. 그래서 '평등'은 오히려 이슬람교도 주민의 지위를 비이슬람교도 수준에 맞추는 방식으로 이루어졌다. 이제 이슬람교도와 비이슬람교도 농민은 똑같이 토지 보유 가치를 기준으로 한 누진세를 납부해야 했다.[11] 세금 징수를 중앙집중화하고 조직화하기 위한 새로운 규정 일부는 사실 마흐무드 2세의 치세 마지막 해에 이미 도입된 것이었다. 이는 피지배층의 삶을 괴롭혀온 폐단을 제거하려는 의도였지만, 그럼에도 불구하고 가난한 이슬람교도들은 이전에 여러 가지 다른 세금(그중 일부는 물품으로 납부할 수 있었다)을 내던 대신에 현금으로 납부해야 하는 정규 세금의 부과에 불만을 가졌다. 또한 오랫동안 특정한 국가의 일을 한 대가로 특별한 세금 면제 혜택을 누려왔으나 이제 그 대신 세금을 내게 된 특정 이슬람교도 집단들도 마찬가지였다.[12]

비이슬람교도의 2등 신분을 상징하던 사회적·재정적 차별이 철폐되기를 기대했던 오스만제국의 기독교도들과 유럽의 그 옹호자들은 예상했던 대로, 인두세가 계속 남아 있는 것을 모든 이에게 평등을 약속한 탄지마트에 반하는 것으로 해석했다. 다른 어느 국가와 마찬가지로 오스만제국도 기능을 유지하려면 세수가 필요하다는 불편한 사실을 무시한 채, 유럽 언론에서 탄지마트의 단점을 논의할 때마다 조세제도의 만족스럽지 못한 성격에 관심을 집중했다.[13] 제국 내 유대인 주민의 경우에는 기독교도들에 비해 불만의 소리가 높지 않았는데, 이는 오스만 국내 문제에 대해 그들을 대신해 개입할 태세가 되어 있는 강대국이 없었기 때문이다. 다만 1830년대에 러시아가 정교회 신자의 보호자를, 프랑스가 가톨릭 신자의 보호자를 자처한 것과 마찬가지로, 영국이 오스만 유대인의 보호자로 인정받으려 하고 오스만령 팔레스타인과 시리아 지역에 유대인을 정착시키려 한 적은 있었다. 유대인은 수가 적고 기독교 공동체보다 더 널리 분산돼 있었기 때문에, 오스만 당국은 그들을 국가에 대해 위협이 되는 존재로 보지 않았다. 그러나 정부는 다양성을 존중한다는 외양을 갖추기 위한 시도로 1835년에 처음으로 유대인 공동체의 지도자를 임명했는데, 이는 원칙적으로 정교회 및 아르메니아 교회 총대주교에 상응하는 자리였다. 하지만 이 임명은 그러한 지고의 인물을 인정하기를 꺼리는 유대교와는 맞지 않았다. 그는 처음에는 의심의 눈초리를 받다가 차츰 받아들여지게 되었다.[14]

1830년대에 오스만 서부 세르비아와의 국경 근처인 니시 지역에서 일련의 봉기가 일어났다. 세르비아의 지도자 밀로시 오브레노비치는 반란을 지지하지 않고, 오히려 오스만 당국과 협력해 더욱 행정 개혁을 추진하는 쪽으로 노련하게 행동했다. 그러나 그는 1839년에 퇴위했고, 세습 군주로서의 그 자리는 아들 밀란Milan을 거쳐 곧 열여섯 살난 또다른 아들 미하일로Mihailo에게 넘어갔다. 2년 뒤 세금 개혁이 시행되면서 문제가 발생했다. 지주 계층은 기독교도였고 농민은 이슬람교도와 기독교도가 섞여 있었는데, 모두 새로운 세율에 불만을 품고 있었을 뿐 아니라 명목상으로는 폐지된 일부 세금이 여전히 부과되고 있다는 사실에도 분개하고 있었다. 그해 니시 지역의 기독교도 농민들이 미하일로 오브레노비치에게 제출한 청원서는 독립에 대한 열망은 거의 드러내지 않았고, 단지 그들이 살아가는 상황의 개선을 추구했을 뿐이었다. 그중 한 청원서는 "사람들은 술탄의 합법적인 정부에 반기를 드는 것이 아니라, 다만 귈하네 칙령의 자비로운 조항들이 충실하고 정확하게 이행되기를 바랄 뿐"이라고 조심스럽게 지적했다.[15] 그러나 저항은 점차 이웃 지역사회들로 번져갔고, 현지 오스만 관리들은 이 소요들을 진압하기 위해 이슬람교도인 알바니아 병사들을 불러냈다. 그들의 진압은 폭력적이었고, 결국 이스탄불 정부가 개입했다. 충돌의 종교적 함의는 오스만 정교회 신자들의 옹호자에게도 분명했다. 러시아가 항의했고, 사태의 배경이 무엇인지 파악하기 위해 곧 이스탄불에서 조사단이 파견되었다. 오스만 정부는 세르비아 지도자들이 소요를 선동했다고 여겼지만, 이러한 조세 관련 시위가 매우 민감한 지역에서 추가적인 공동체 간 갈등을 유발할 수 있다고 우려해 기독교도들을 달래기로 결정했다. 알바니아 비정규군에 의해 포로가 된 기독교도들을 몸값을 받고 풀어주고, 약탈당한 가축과 기타 동산을 돌려주었으며, 폭력 사태에 휘말린 이들에게 돈을 나눠주었다. 그러자 피난 갔던 사람들이 고향으로 돌아오기 시작했다.[16]

고위 관료들뿐만 아니라 일반 대중에게도 개혁(비록 불완전하고 주춤거리기는 했지만)이 너무 지나치고 너무 빠르게 진행되고 있다는 점을 가장 공개적으로 보여준 사건은 1841년 3월 레시드 파샤가 외무대신에서 해임된 일이었다. 분명히 그를 전년도에 체결된 레반트 평화 협약에 책임이 있는 것으로 여긴 메흐메드 알리가 그의 정적들에게 뇌물을 준 결과였다.[17] 당시 정부는 보수적인 성향을 가진 인물들의 손에 있었으며, 내각은 만장일치로 새로 도입된 여러 조치들을 철회하기로 결정했다.[18] 이 결정은 혼란을 가중시켰을 뿐이었다. 레시드 파샤의 실각에

작용한 한 요인은 그가 이슬람법의 원칙과 무관하게 프랑스 모형을 바탕으로 한 상법을 도입한 데 대해 성직자들이 반대한 것이었다. 이 상법은 동업과 파산 같은 내용을 담고 있었는데, 곧 보류되었다.

술탄 마흐무드 2세가 알아차렸듯이 개혁에는 돈이 들었다. 그의 행정부는 주화의 가치를 떨어뜨리는 데 의존했고, 이에 따라 오스만 역사상 가장 심각한 물가 급등 시기 가운데 하나를 초래했다. 쿠루시kuruş로 알려진 널리 통용된 은화의 은 함량은 1789년에서 마흐무드 2세가 즉위한 1808년 사이에 변하지 않았지만, 그의 30년 치세 동안에 약 80퍼센트나 줄어들었다. 금화의 경우에는 귀금속 함량 감소가 20퍼센트 이하였다. 화폐 가치가 하락한 시기로 확인 가능한 것은 1808년부터 1822년까지, 그리고 다시 1828년부터 1831년까지다. 하락이 더 급격했던 두 번째 시기는 1828~1829년 러시아와의 전쟁 및 그에 따른 오스만의 배상금 지급 부담 시기와 겹친다. 1826년 예니체리 군단 탄압으로 화폐 가치 하락에 가장 요란하게 반대했던 집단이 사라졌고, 이 두 번째 국면은 대체로 성공적이어서 국고는 그 의무를 이행하기에 더 나은 상황이 되었다.[19]

그러나 화폐 가치를 떨어뜨리는 것만으로는 장기적인 재정 수요에 대한 적절한 해법을 제공할 수 없었고, 국가는 갈라타의 금융업자들에게 과도한 부채를 안고 있었다. 1840년에는 이제까지 시도된 적이 없는 금융 수단인 지폐가 도입되었다. 이것은 성격상 이스탄불에서만 유통되는 국채와 유사했지만(8년 후에나 상환이 가능했으며, 그 사이에는 연 12.5퍼센트의 이자를 지급했다), 위조의 위험이 있으면서도 점차 정부가 의도했던 대로 주화와 비견되는 교환 수단으로 받아들여져 국고 자금을 늘리는 데 일정 부분 성공했다.[20] 1844년에는 은과 금 사이의 고정

환율을 정한 복본위제複本位制가 도입되었다. 이것 또한 화폐의 안정에 기여했다. 이 시기 오스만의 수많은 혁신과 마찬가지로, 착상은 이집트에서 온 것이었다.[21]

레시드 파샤는 1841년에 해임된 직후 다시 대사로 파리에 파견되었다. 그는 1845년에 소환되어 다시 외무대신으로 임명됐으며, 이듬해에는 대와지르가 되었다. 1858년에 사망할 때까지 간헐적으로 재임했던 그의 임기는 당시 기준으로 긴 편이었으며, 마흐무드 2세 치세 동안 격하됐던 대와지르직의 위상을 회복시켰다. 젊은 술탄 압뒬메지드가 자신의 권위를 확립하는 데는 약간의 시간이 걸렸지만(이는 탄지마트의 실행에 따르는 문제들로 인해 더욱 어려웠다), 존경받는 레시드 파샤를 곁에 둔 술탄은 1841년 정권을 장악한 보수파에 의해 중단됐던 개혁을 다시 추진할 수 있는 권위를 얻었다.

레시드 파샤가 떠나 있던 시기에 필요했던 행정 조치 가운데 하나는 제국 농촌의 자원 조사였고, 이는 1843년에 시작되었다. 이 조사의 목적은 중앙정부가 지방의 잠재력을 파악하는 것이었다. 그가 돌아온 뒤, 특히 법률과 교육 분야에서 광범위한 개혁이 도입되었다. 1847년에는 이슬람교도와 비이슬람교도 모두를 대상으로 하는 상업재판소가 설립되었다. 1850년에는 9년 전 레시드 파샤의 실각에 일조했던 법률을 대체하는 프랑스의 영향을 받은 개정 상법이 만들어졌다. 그리고 교육부가 창설되고, 10∼15세 소년들을 위한 비종교적인 학교가 설립되었다.[22] 이러한 이슬람적 관습에 기반하지 않은 제도의 도입은 장기적으로 국가의 근대화에 유익했지만, 여전히 작동하고 있던 전통적인 체계와 충돌하고 모순되는 일은 불가피했으며 그것은 쉽게 해결되지 않았다. 게다가 혁신은 수적으로도 많지 않았다.

개혁에도 불구하고 농촌 지역의 변화 속도는 느렸다. 많은 농지를 소유한 지주들은 하루아침에 사라지지 않고 여전히 대체로 자신들의 입맛에 맞게 사태를 주도했고, 개혁가들의 선한 의도를 쉽게 무력화했다. 1850년 도나우강 유역의 비딘에서 발생한 봉기는 그 활력 면에서 전형적인 사례일 것이다. 이 지역의 이슬람교도 지주들은 자기네 땅을 소작하던 농민들(거의가 기독교도였다)에게 부과하던 강제노동 제도인 부역의 폐지에 분노했다. 이 제도는 1838년에 법적으로는 폐지됐지만, 농민들에게 강제되는 다른 보상 없는 번거로운 노역과 함께 사실상 계속되었다. 무장한 농민들의 저항에 직면하자 지주들은 정부에 청원을 했다. 정부의 대답은 부역이 분명히 폐지됐으며 문제는 지역에서 해결해야 한다는 것이었다. 그러나 이러한 분쟁을 해결할 수 있는 심판장은 지역 평의회였고, 탄원을 제기한 지주들이 그 성원의 대다수를 차지했기에 결국 문제는 그들에게 유리하게 해결되고 현장의 상황은 거의 변하지 않았다.[23] 증거에 따르면 러시아와 세르비아는 비딘 사태에 대해 자제라고 할 수 있을 정도로 조심스러운 태도를 보였던 듯하며, 비딘의 소요에 오스만제국으로부터 불가리아의 독립을 꾀하는 움직임은 없었다.[24] 그러나 오스만 지배층이 탄지마트를 통해 국가 이데올로기를 재구성함으로써 제국의 기독교도 소수민족들의 소요를 진정시킬 수 있으리라는 낙관론은 근거가 없는 것으로 드러났던 듯하다.

다소 놀랍게도, 레시드 파샤가 대와지르로 복귀하기도 전에 궐하네 칙령에서 가장 논란이 컸던 조항 중 하나(그러나 모든 사람을 평등하게 대하는 오스만의 새로운 계획의 핵심적인 부분이었다)가 비틀거리며 시작되고 있었다. 즉 비이슬람교도를 제국의 군대로 징집하는 일이었다. 셰이흐월이슬람은 비이슬람교도의 군 복무에는 종교적으로 아무런 문제가 없다는 견해를 밝혔고, 그들이 복무해야만 하는 강력한 이유도 있었다. 제국은 병력이 필요했으며, 전쟁터에서의 손실 등 여러 가지 이유로 인해 이슬람교도 인구가 상대적으로 감소하고 있었다. 각료들은 비이슬람교도를 육군에만 복무시키고 전함의 제한된 공간(이런 곳에서는 그들이 이슬람교도 선원들과 쉽게 뒤섞이지 못할 듯했다)에서는 복무시키지 않는 것이 더 나을지 어떨지에 대해 의문을 품었다. 그럼에도 불구하고 1843년에는 필요한 규제의 틀이 마련됐고, 1845년과 1847년에는 기독교도들이 해군에 징집되었다. 개혁파가 정권에서 밀려나 있던 시기였는데도 그랬다. 정부는 관리들이 징집병을 가혹하게 대하는 것을 통제하려 노력했지만, 그럼에도 불구하고 영국은 여전히 불만을 제기했고 다음 단계로 기독교도를 육군에도 징집하지 않을까 우려했다. 1848년부터 1851년까지는 기독교도 선원이 모집되지 않았다. 1851년에는 많은 마케도니아 기독교도들이 해군에 징집되는 것을 피해 펠로폰네소스로 도망쳤으며, 트라브존의 기독교도들은 그들이 현지 그리스 및 러시아 영사관의 보호 아래에 있음을 보여주는 서류, 심지어 외국 여권을 구하려 했다. 해군에 징집된 기독교도에게 바다 대신 제국 조선소에서 일하게 하는 혜택도 있었지만, 그것이 문제를 해결하지는 못했다.[25]

귈하네 칙령의 강령들을 지지한 오스만 개혁가들은 비록 그로부터 파생된 법률들을 시행하는 데서 많은 좌절을 겪었음에도 불구하고 자신들을 새로운 세계 질서 속에서 유럽 열강과 대등한 상대로 생각했다. 이러한 평등은 19세기의 세계 박람회와 같은 행사에 참가함으로써 상징적으로 표현되었다. 레시드 파샤가 스트랫퍼드 캐닝(1825년부터 1827년까지, 그리고 다시 1842년부터 1858년까지 이스탄불 주재 대사로 있었다)과 교류한 일에서 잘 드러나듯이, 오스만과 영국 사이의 따뜻한 관계는 틀림없이 오스만인들이 1851년 런던에서 열린 첫 번째 만국박람회인 '대박람회'에 참가할 기회를 잡는 데 자극이 됐을 것이다(그들은 이후 1855년과 1867년 파리, 1862년 런던에서 열린 세계 박람회에도 참가했으며, 19세기의 이후 다른 박람회에도 참가했다). 공식 발표에 따르면, 참가 목적은 오스만 영토의 생산성과 농업, 공업, 예술, 수공예 분야에서의 오스만 민중의 역량을 보여주는 것이었다. 약 700명의 생산자들이 그들의 제품을 전시했으며, 특히 이집트와 튀니지 등 반*독립 상태였던 속주 출신 참가자들 일부는 상을 받았다.[26]

1839년부터 1853년 크림 전쟁 발발로 이어지는 적대 행위가 시작되기 전까지는 제국이 외부 세계를 적극적으로 수용하면서 국제적으로 평화로운 시기였다. 제조업과 농업 부문에서 기술 혁신이 점차 오스만 땅에 도입되면서 국내외 시장을 위한 생산량이 증가했다. 국제 무역의 경우, 외국 상인들이 제국 내에서 자유롭게 무역할 수 있는 권리를 획득하고 독점이 끝나면서 세계에서 가장 자유로운 축에 속하는 체제가 만들어졌다.[27]

1840년대에 러시아가 오스만제국과 관련해 명백히 방어적인 태도를 취하지 않을 수 없게 되면서 영국은 강대국 가운데서 맨 앞자리로 치고 나갔다. 그러나 곧 러시아가 오스만제국의 분할을 적극적으로 추구하고 있다는 조짐이 나타났다. 그들은 제국 내 정교회 기독교도 신민들을 보호한다는 명분을 내세워 오스만을 불안정하게 만들고자 했다.[28] 팔레스타인의 성지에서 벌어진 가톨릭과 정교회의 경쟁은 수백 년 동안 그랬듯이 외세 개입의 효과적인 근거를 제공했다. 1690년에는 프란체스코회가 우위를 점했고, 프랑스가 베오그라드 조약에서 오스만제국을 지지한 이후인 1740년에 그 지위를 확인받았다. 그러나 1757년 러시아의 지원을 받은 정교회에 다시 그 주도권을 빼앗겼다.[29] 1840년대에는 성지 문제가 프랑스와 러시아 사이의 광범위한 경쟁의 한 요소가 되면서 다시 갈등이 불거졌다. 러시아의 순례자 수는 오스만 내의 정교도 순례자나 가톨릭교도 순례자 수를 크게 웃돌았고, 차르 니콜라이 1세는 성지에 적극적인 관심을 보였다. 이후 몇 년 동안 러시아와 프랑스가 각기 대의를 내세워 국제적 위신을 높이고 자국 내 대중의 지지를 얻으려 하면서 오스만 정부는 그들로부터 강한 압력을 받았다.

이 시기에는 또 종교적으로 중요성이 큰 건축물이 주목을 받았다. 바로 거대한 아야소피아 마스지드였고, 이곳은 본래 동로마 정교회의 하기아소피아 대성당이었다. 1847년 술탄 압뒬메지드가 대규모 보수공사를 명령했을 당시 이 건물은 훼손 상태가 너무도 분명해서, 이스탄불을 방문한 이들은 구조와 장식의 두 측면 모두에서 그 방치된 상태를 상술했다.[30] 18세기 중반의 마흐무드 1세는 아야소피아를 보수한 마지막 술탄이었다. 18세기 말 이후, 처음에는 이 시기에 러시아의 지배하에 들어가게 된 크림반도의 같은 이슬람교도들에 대한 종교적 권위 주장에 대한 대응으로 역대 술탄들은 이슬람 칼리파로서의 자기네 정체성을 강조하기 시작했고, 아야소피아는 '오스만 칼리파국의 상징적 치소'라는 새로운 역할을 떠안게 되고 이 새로운 해석을 설명하기 위한 일련의 신화까지 생겨났다.[31] 1847년에 발주된 복구공사는 스위스 출신의 포사티Fossati 형제에게 맡겨졌는데, 그들은 1837년 러시아 대사관을 짓기 위해 이스탄불에 온 이후 그곳에 머무르고 있었다. 그들은 대사관이 완성된 후에도 이스탄불에 머물면서 전원 별장에서부터 관청과 가톨릭교회에 이르기까지 다양한 건축물을 지었다. 술탄은 이 공사에 대한 성직자들의 반응을 약간 우려했다. 그럼에도 불구하고 그는 공사 기간 중 여러 차례 아야소피아를 방문했다. 그의 복구공사 명령은 이에 가장 크게 반발했던 성직자들이 메카 순례를 위해 이스탄불을 떠난 시기에 내려졌다.[32]

1849년, 압뒬메지드는 파리에 기념패를 제작하도록 주문해 아야소피아 복구 완료를 축하했다. 한쪽 면에는 자기 이름의 두문자가, 다른 쪽 면에는 거대한 마스지드의 모습이 새겨졌다.[33] 이로 인해 아야소피아는 널리 인지됐고, 그 상징적 중요성도 커졌다. 오스만인들이 잘 알고 있었듯이 당시 그들은 외부 세계에 보여주는 이미지를 형성하는 데서 능동적인 역할을 할 필요가 있었다. 압뒬메지드는 아야소피아 공사를 통해 국내 대중에게 이야기를 하면서 동시에 기독교 세계에 그들이 이해할 수 있는 언어로 호의를 표현하고자 했다. 러시아가 탐내는 도시 이스탄불의 이 특별한 기념물에 대한 술탄의 관심은 러시아를 자극했을 것이며, 이는 오스만이 동맹인 영국을 즐겁게 하기 위해 취한 또다른 조치만큼이나 자극적이었다. 바로 1848년의 전제정에 반대해 일어난 혁명이 실패한 후 생긴 폴란드와 헝가리의 난민들에게 망명을 허용한 것으로, 전제적인 니콜라이 1세의 러시아는 여기에 관심을 갖고 있었다. 이것은 오스만에게도 이득이 되는 일이었는데, 많은 난민이 군대나 관료 사회에 들어갔기 때문이다. 그들 일부는 이슬람교로 개종했지만, 다수는 자기네 종교를 유지했다.

1850년, 루이-나폴레옹 보나파르트는 프랑스공화국 대통령으로서 성지 보호권을 다시금 주장했다. 자국 성직자들의 지지를 얻기 위해서였다. 긴 협상 끝에 1852년 베들레헴 성탄 교회의 열쇠가 가톨릭 측에 넘겨졌다. 이 열쇠 사용에는 러시아를 만족시키기 위한 의도로 여러 가지 제한이 따랐지만, 1853년 초 격분한 차르 니콜라이 1세는 상트페테르부르크 주재 영국 대사와 오스만 분할을 위한 자신의 계획에 관해 논의했다. 그는 이때 처음으로 오스만을 '유럽의 병자'라고 지칭했다. 니콜라이는 도나우 공국들, 불가리아, 세르비아를 얻기를 바랐다. 영국은 이집트와 크레타를 얻고, 이스탄불은 자유항으로 만들고자 했다. 그러나 런던은 아무런 반응을 보이지 않았고, 이를 묵시적인 동의로 간주한 차르는 1853년 2월 말 러시아 특사 알렉산드르 멘시코프Aleksándr Ménshikov 공작을 오스만 술탄에게 보내 성지에서의 러시아의 우위 지속과 오스만 내 정교도 신민들에 대한 러시아의 권리를 인정하라는 최후통첩을 전달하게 했다. 차르의 요구는 거부됐고, 7월 초 러시아군은 프루트강을 건너 몰도바로 들어가기 시작했다. 9월에는 영국과 프랑스가 전함 네 척을 다르다넬스 해협을 통해 이스탄불로 보냈으며, 추가적인 외교적 책략이 실패한 뒤 오스만은 10월 27일 도나우강을 건너 군을 진격시켰다. 이런 움직임들로 출발한 것이 크림 전쟁이 되었다. 전쟁이 공식적으로 선포된 것은 1854년 3월이었지만, 그 전해 11월 러시아가 시노프에서 오스만 함대를 포격하자 러시아의 오스만 제국에 대한 의도를 끊임없이 의심하던 영국과 프랑스는 오스만을 지원하고자 서둘러 달려왔다. 오스만은 북쪽의 이웃을 상대로 한 싸움에서 동맹을 얻었고, 크림 전쟁이 시작되었다.[34]

오스트리아는 오스만제국만큼이나 러시아의 도나우 공국들 점령으로 영향을 받는 위치에 있었고, 전쟁에 휘말린 네 열강 사이에서 중재자 역할을 했다. 1854년 6월 러시아군은 철수하지 않을 수 없었고, 오스트리아군이 그 자리를 대신하기 위해 도착했다. 이는 술탄과 맺은 조약의 조항에 따른 것으로, 이에 따라 전쟁 기간 동안 도나우 공국들에 대한 술탄의 주권이 오스트리아에 이양되었다. 이렇게 교전국들의 공국 통과가 차단되면서 전쟁의 초점은 크림반도로 옮겨졌다. 여기서 영국과 프랑스는 러시아의 함대와 해근 시설을 파괴하고 '해협 문제'를 둘러싼 치열한 다툼을 영원히 종식시킬 기회를 발견했다. 항구 도시 세바스토폴은 세 동맹국의 목표였지만, 이 도시를 함락시키는 데는 무려 1년이 걸려 1855년 9월에야 비로소 점령할 수 있었다. 11월에 러시아군은 캅카스 지역을 지나 진격해 동북 아나톨리아의 카르스 요새를 점령했고, 12월에 오스트리아는 러시아가 평화 협상에 응하지 않을 경우 연합국 편에서 참전하겠다고 위협했다. 협상은 곧 마무리돼 1856년 3월 30일에 파리 조약이 체결되었다.[35]

파리 조약은 오스만제국을 '유럽 협조Concert of Europe'(19세기 유럽의 강대국들이 세력 균형을 유지하기로 한 합의)의 다른 열강과 동등한 지위를 가진 국가로 인정했고, 그 영토 보전을 보장함으로써 더이상 러시아나 다른 어떤 국가의 영토적 야욕의 희생양이 되지 않을 것임을 시사했다. 오스만제국은 마침내 셀림 3세의 치세 이래 갈망해오던 승인을 얻었다. 러시아는 이 지역에 미치는 영국의 영향력을 과소평가했고, 흑해를 통제한다는 희망도 무너졌다. 흑해는 모두에게 무역할 수 있게 개방됐고, 군사적으로는 사용할 수 없게 되었다. 공국들과 세르비아는 명목상 오스만의 통치권 아래로 반환됐으며, 유럽의 보장을 받았다.[36] 조약 체결 이후 러시아 장군들이 쏟아낸 비관적인 말들(한 사람은 "이제 더이상 공식적인 자화자찬 뒤에 숨을 수 없다"라고 했다)은 러시아제국이 크림 전쟁 동안 매우 현실적인 붕괴 위험에 빠져 있었다는 11년 후 러시

아 외무대신 알렉산드르 고르차코프Alexandr Gorchakov의 인정으로 정당화되었다.[37]

파리 조약에는 술탄이 1856년 2월 18일에 반포한 이른바 '개혁 칙령'이 언급됐는데, 이는 강대국들이 지대한 관심을 가진 오스만제국 내 비이슬람교도 주민과 관련된 문제들을 상세히 다루고 있다. 이 칙령에서는 이전의 귈하네 칙령에서 모호하게 표현된 약속들이 상세하게 명시되었다. 술탄 압뒬메지드는 그 신민에게 종교 신봉의 자유를 보장했으며, "종교, 언어, 인종"에 따른 차별을 "행정적 관행에서 영원히 제거할 것"을 약속했다. 모든 종파에 대해 새로 설립된 민간 및 군사학교에 입학하고 국가 공무원(이 분야는 전통적으로 이슬람교도가 우위를 점하고 있던 영역이었다)이 될 수 있는 길이 열렸다. 이 칙령은 징세 도급제를 직접 징수로 전환하겠다는 의도를 거듭 밝혔다. 새로운 법적 절차를 통해 보다 평등한 사법의 적용을 보장하고자 했다. 칙령은 또한 국가의 기반시설을 현대화하려는 노력을 약속했다. 은행을 설립하고 금융 제도를 개혁하며, 통신을 개선하고, 공공사업을 벌이는 것을 통해서였다. 이와 관련해 칙령은 "유럽의 과학, 예술, 자금을 통해 도움을 받는" 방안을 모색해야 한다고 말했다.[38] 파리 조약에서는 외국 열강이 오스만의 내정에 간섭할 권리를 명시적으로 부정했지만, 그 가능성은 개혁 칙령의 모든 문구에 암시되어 있었다.

약속된 개혁들은 마흐무드 2세 치세 말년 이래 추진되어온 계획의 발전으로 보였지만, 실제로는 제국의 동맹자인 유럽 열강의 극단적인 압력과 강한 영향을 받아 발표된 것이었다. 열강은 러시아가 오스만 내의 정교도를 보호한다는 그들의 주장(그리고 그로 인해 초래될 발칸 지역의 불안정)을 약화하려는 의지를 가지고 있었으며, 이러한 의도가 칙령에 드러난다. 1855년 이후 실각해 이 칙령 작성이나 파리 회담에 관여하지 않았던 레시드 파샤는 이 칙령에 대해 강한 불만을 표했다. 그는 제국이 변화하는 시대에 적응해야 할 필요성과 비이슬람교도의 지위를 개선해야 할 필요는 인정했지만, 개혁이 일시에, 그리고 외세의 요구에 따라 이루어져야 한다는 발상에는 비판적이었다. 그러나 그가 가장 우려했던 것은 제국의 이슬람교도 주민이 자기네가 칙령에서 완전히 무시당했다고 느낄 것이라는 점과, 수백 년 동안 공유된 역사가 이렇게 단번에 뒤집히는 것이 이슬람교도와 비이슬람교도 사이의 관계에 영향을 미칠 것이라는 점이었다. 그는 그러한 불가피한 긴장을 처리할 준비가 되어 있어야 한다고 정부에 경고했다.[39]

파리 조약의 조건은 영토적 야욕을 품은 러시아의 위협으로부터 제국을 해방시켜주었을지 모르지만, 외부의 압력은 영국이 술탄의 약속들에 대한 이행을 요구하면서 또다른 형태로 이어졌다. 지식인이자 정치가였던 아흐메드 제브뎃 파샤Ahmed Cevdet Paşa는 칙령이 선포됐을 때 이슬람교도들이 보인 대체적인 반응을 이렇게 전했다. "오늘 우리는 조상들이 피로 쟁취한 성스러운 공동체의 권리를 잃었다. 이슬람 공동체는 지배 공동체였으나 그 성스러운 권리를 박탈당했다. 오늘은 이슬람교도들에게 슬픔과 비탄의 날이다."[40] 명목상으로는 두 개의 칙령 모두 이슬람교도와 비이슬람교도를 포괄한 모든 오스만 신민에게 더 나은 삶을 제공하려는 것이었지만, 그 효과에 대한 인식은 매우 달랐다. 종교를 막론하고 오스만의 보통 신민들의 생활 조건이 결코 안정적이지 않은 상황에서, 비이슬람교도들이 기회가 있을 때마다 자신들에게 새로 부여된 '권리'를 요구하면서 자기네 공동체와 관련된 수단들을 최대한 이용하려 하자 이슬람교도들의 불만이 고조되었다. 어떤 이들에게는 이익이 된 동일한 행정 개혁이 다른 이들에게는 억압을 더 키울 뿐인 것으로 느껴졌다. 칙령 공표 이후 몇 달, 몇 년 동안 제국 전역에서는 이슬람교도와 비이슬람교도 사이의 폭동과 소요가 분출했다. 질서를 회복하기 위해 병사들을 투입해야 했고, 많은 사람이 목숨을 잃었다.[41]

개혁 과정에 대한 불만의 초기 징후 중 하나는 1859년 이스탄불에서 발생한 소요 사태였다. 이 사건은 군 장교들과 성직자들을 결집시켰는데, 이들 중에는 술탄 압뒬메지드가 신봉하던 순응주의적인 나크슈반드 교단 할리드파의 신도들도 포함돼 있었다.[42] 자기네에게 영향을 미치는 법의 변경에 반대한 것이었다. 그들이 정부를 전복하려 했는지, 아니면 술탄을 제거하려 했는지는 명확하지 않다. 음모자들은 보스포루스 해협의 쿨렐리Kuleli 군사학교에서 체포돼 재판을 받았고 (그 이름을 따서 '쿨렐리 사건'으로 알려지게 되었다), 그들은 대와지르 메흐메드 에민 알리 파샤Mehmed Emin Âli Paşa의 지시에 따라 유배되거나 투옥되었다.[43]

모든 오스만 신민의 종교 신봉의 자유에 관한 1856년 칙령의 약속 가운데는 "어느 누구도 자기네 종교를 바꾸도록 강제돼서는 안 된다"라는 주장이 들어 있다.[44] 여러 형태의 기독교와 달리 이슬람교는 개종을 시키기 위해 굳이 애쓰지 않았고, 오스만은 개종에 대해 언제나 불간섭적 태도를 보였다. 일부에서는 탄지마트 개혁 이전에 비이슬람교도 주민이 내는 인두세 수입이 국고를 채워주었기 때문에 많은 수의 비이슬람교도가 필요했다고 보았다. 이 시기에는 이슬람교에서 다른 '성서의 종교'(기독교나 유대교)로 이탈하는 것은 개인에게 강제된 것이 아닌 한 대체로 용인되었다. 오스만의 공식적인 분노는 오히려 시아파 신앙에 기울었던 순나파 이슬람교도들에게로 향했다. 이는 니콜라이 1세 치하 러시아에서 '고의례파古儀禮派, staroobryadchestvo'를 멸시한 것과 유사한 태도였는데, 고의례파는 오스만제국의 시아파 신봉자들과 마찬가지로 '분리파'라는 딱지가 붙어 박해받았다.[45] 그러나 귈하네 칙령을 통해 처음으로 선포된 '법 앞에 만인이 평등하다'는 원칙은 이 문제에 관한 오스만제국의 전통적인 평정을 뒤엎었고, 이후 시기에 개종과 배교의 사례들에 외국이 개입한 것은 1856년 개혁 칙령에 구체화된 종교에 대한 진술의 방어적인 어조에 한몫했을 것이다.[46]

1856년 칙령의 결과 중 하나는 제국 안에서 기독교 선교사들의 활동이 더 활발해졌다는 점이다. 모든 종교 집단이 자신들의 학교를 세울 수 있는 권리는 서방 교회(가톨릭과 개신교 모두) 전도자들의 손에 들린 위험한 무기가 됐으며, 이는 제국 내 정교회 신도와 이슬람교도 모두에게 우려를 자아냈다. 오스만의 정교회 신자들(그리스, 아르메니아, 시리아 가운데 어느 의식을 따르든)이 가톨릭으로 개종하는 것은 오랫동안 우려의 원인이었으며, 이는 18세기 초 술탄의 칙령에서 아르메니아인 정교도들이 전통적 의례에서 '전향'했음을 거듭 언급하고 있는 사실이 이를 입증한다.[47] 1840년대 발칸반도의 정교회 신자들 사이에서 일어난 개신교에 대한 반발로 인해 개신교 선교사들은 자기네의 노력을 더 동쪽으로 집중했으며, 여기서 그들의 활동과 동방 교회들의 태생적 열등성(선교사들은 그들을 "보다 고차원적이고 보다 완전한 기독교의 진화물"로 이끌려 했다)에 대한 그들의 거의 노골적인 믿음은 여러 해 동안 마론파와 아르메니아 총대주교들을 심하게 괴롭혔다.[48] 그들의 활동은 오스만 당국에게도 우려의 대상이었는데, 1856년 이후 그들은 다른 기독교도들과 함께 이슬람교도까지도 자유롭게 개종시킬 수 있다고 생각했기 때문이다. 그들은 거류국인 오스만의 반대는 모두 칙령에 명시된 약속을 위반하는 것이라고 간주했다.[49] 1839년 귈하네 칙령이 공포된 이후 이슬람교도를 기독교로 개종시킬 수 있다는 인식이 생겨나기 시작했고, 1856년 이후에는 이 가능성이 현실이 되었다. 제국을 지키기 위한 전투에서 잃은 사람들에 더해 이슬람교도를 기독교에게 빼앗길 위험에 직면한 오스만 정부는 이전의 실용적 태도를 버리고 개종은 허용되지 않는다는 '정책'을 천명하지 않을 수 없었다. 게다가 많은 이슬람교도가 기독교로 개종해 이런저런 외세에 보호를 요청했다. 개종 사건 하나하나에 대한 대응을 공식 인지해 술탄에게 영향력을 행사하려는 강대국들의 시도에도 불구하고 오스만은 이슬람교로 개종하려는 사람이 따라야 할 절차를 도입함으로써 체면과 자기네 영토 안에서의 주권을 지켰다. 그리고 당국은 그 행위가 자발적이었는지 강요된 것이었는지에 대한 이의가 제기됐을 때는 실용적이었다. 개인이 이슬람교에서 기독교로 개종한 경우에는 체포되고 처벌을 받을 수 있었다. 모든 개종과 배교 사건에서 오스만은 이것이 외부의 관심사가 아니라 내부 문제라는 태도를 보였다.[50]

크림 전쟁에서 입은 손실로 인해 군 병력 부족이 심각해지면서 징병 문제가 시급한 사안으로 떠올랐다. 이러한 위험한 시기에 오스만제국의 기독교 공동체 지도자들은 반대를 접고 전쟁 노력에 강력한 지지를 표명했으며(공식적인 전쟁 선포를 하기도 전인 1853년 10월, 아르메니아인 공동체는 자기네가 "심지어 군대에서도" 복무할 준비가 되어 있다고 선언했다), 동맹국으로서 전쟁에서 러시아와 싸우기 위한 병력이 필요하다는 점을 인식했고 이후의 인두세 폐지에 대해 흡족했던 영국과 프랑스는 망설임을 버리고 기독교도 징병을 기꺼이 받아들였다. 그러나 1855년, 전쟁 중 수천 명의 기독교도 징병 대상자가 니시 지역에서 인근 세르비아로 탈출하자 오스만의 변경 지역은 제외하는 것으로 방침을 수정해야 했다. 전쟁이 끝나자 모든 사람이 군에 복무해야 한다는 요구가 이슬람교도와 비이슬람교도 모두에게 얼마나 환영받지 못하는 것이었는지를 공식적으로 인정하게 됐고, 이에 따라 타협이 이루어졌다. 비이슬람교도 개인이 자기 대신 대체자를 보내는 것이 허용되는 특수한 경우에 대한 규정은 이미 마련되어 있었다. 1856년의 칙령은 대리 복무를 일반 원칙으로 분명하게 인정했으며, 면제금을 내는 것을 허용했다. 이렇게 해서 귈하네 칙령으로 폐지됐던 인두세는 사실상 새로운 명목으로 계속 징수되었다. 자격이 있는 비이슬람교도에게 군 복무 의무를 면제해주는 면제세의 형태였다.[51] 이에 따라 이슬람교도와 그 하급자 사이의 구분을 유지함으로써 이슬람교도의 명예를 지켜주었고, 비이슬람교도는 그들이 꺼리는 부담을 함께 지도록 강요받지 않았다. 논리적으로는 그 부담이 평등의 대가 중 하나였지만 말이다. 물론 이는 노골적인 궤변이었지만, 직접적인 관계자들에게는 그것이 오스만 국가로 하여금 수입(그것은 인두세라는 명목이어서 서방이 불평등을 이유로 반발하던 것이었다)을 거둘 수 있어서 받아들일 만했다. 더욱이 오스만은 그 수입을 포기할 수 없었다.

레시드 파샤가 개혁 칙령에 대해 우려를 표명한 것은 옳았음이 입증되었다. 아무리 생각이 굴뚝같더라도, 다종교적이며 지리적으로 분산돼 있고 경제적으로 낙후된 오스만제국(그 제도와 법적 체계는 그 자신의 문화와 관심을 수용하기 위해 진화했다)이 극도의 압박을 받는 상황에서 외세에 의해 강요된 약속을 짧은 시간 내에 이행하기를 바랄 수는 없었다.

레시드 파샤의 후임으로는 메흐메드 에민 알리 파샤(그저 알리 파샤로 알려져 있다)와 케체지자데 푸아드 파샤Keçecizade('펠트felt공의 아들') Fuad Paşa가 있었다. 이들은 19세기 중반부터 교대로 대와지르와 외무대신을 역임했다. 1855년 5월부터 1871년 9월 사이에 둘 중 한 명이 대와지르 자리를 맡고 있지 않았던 기간은 46개월뿐이었다. 그들은 측근들과 함께 행정권을 독점했다. 1856년 당시 알리 파샤는 대와지르였고, 푸아드 파샤는 술탄의 외무대신이었다.

두 사람은 모두 그리스 독립 이후에 설립된 번역국 출신이었다. 이전까지는 오스만제국의 그리스인들이 정부의 주요 업무에서 통역을 맡았지만, 1821년의 그리스 반란으로 그들의 독식이 끝났다. 많은 그리스인이 독립전쟁에 참여했고, 어떤 사람들은 반역자로 몰려 추적당했으며, 이스탄불에는 통역사가 별로 남아 있지 않았다. 외세가 오스만의 내정에 깊숙이 개입하기 시작한 1830년대에 새로운 번역국이 기능을 시작했고, 거의 전적으로 이슬람교도들로 채워졌다. 이 성장하는 조직은 세기 후반에 가장 열심히 개혁을 추진하게 될 젊은 관료들을 양성했다. 번역가들의 업무는 대부분 외교와 관련된 것으로, 다른 정부 부처의 공무원들에게는 닫혀 있던 세계를 접할 수 있는 기회를 제공했다.[52] 알리와 푸아드의 경력이 나아간 방향은 전통 사회의 가치들을 암묵적으로 수용하는 태도에서 벗어나게 했다. 그들은 이상적인 관료의 합리적 가치관에 젖어듦에 따라 제국을 속박하고 있는 강대국들이 몰두하고 있는 문제를 좋은 정부가 해결할 수 있으리라는 생각을 갖게 되었다. 그들은 '문화적 지주'로서의 종교의 중요성을 인정했지만, 교육과 상업의 편익이 사회에서 종교의 역할을 줄일 것이라고 생각했다.[53]

새로운 입법의 속도는 더욱 급박해졌다. 1856년 칙령의 길게 이어진

한 부분은 그리스인, 아르메니아인, 유대인 공동체의 내부 개혁에 관한 것이었다. 각 공동체 내의 많은 이들이 오랫동안 성직자들의 통제를 완화하고 그들의 부패 가능성을 줄이기를 원해왔으며, 변화는 오스만 당국의 추가적인 재촉이 있고서야 일어났지만 결국 공동체 내부 사안에 평신도들이 더 많이 참여하게 되었다.[54] 칙령으로 인해 자극된 다른 개혁들은 기반시설 개선과 관련된 것이었다. 1843년에 시작된 제국의 농촌 자원 조사는 1858년의 농업법 공표로 이어졌고, 이 법은 시골의 사유재산, 재배를 장려할 담배 및 면화 같은 특정 작물에 대한 소득세 감면, 농촌 지역의 통신 개선 등의 문제를 다루었다. 1863년의 해양법은 기존 오스만 관행과 달랐던 여러 가지 새로운 활동을 위한 법적 틀을 제공하는 기존 법률을 합리화하는 법들을 대표했다. 1868년에는 국무회의(마흐무드 2세 치세에 설치된 최고사법평의회의 입법 기능을 이어받은 기구다)가 내정·군사, 재정, 사법, 공공사업·상업·농업, 교육을 담당하는 다섯 개의 위원회를 설립했다. 이 위원회들에는 비이슬람교도가 포함되었고, 지방 대표들과 상업계 인사들도 마찬가지였다. 강대국들로부터 경제 및 상업 기반시설을 개혁하라는 압력을 받고 있던 제국의 주요 정치가들은 국가를 보존하고 현대화하는 수단으로 이 과정을 전폭적으로 받아들일 태세가 되어 있었다. 알리 파샤는 1871년에 술탄 압뒬메지드의 후계자 압뒬아지즈Abdülaziz를 위해 작성한 정치적 유언에서 이렇게 말했다.

우리는 유럽과 더 강력한 관계를 구축해야 했습니다. 유럽의 물질적 이익을 우리의 이익과 동일시하는 것이 필수적이었습니다. 그렇게 해야만 제국의 보전이 외교적 허구가 아니라 현실이 될 수 있었습니다. 유럽 국가

들에게 이 나라의 보존과 방어에 직접적이고 물리적인 관심을 갖게 하면
서, 우리는 제국의 재건과 그 부의 개발을 위해 필요한 여러 협력 관계를
맺었습니다.[55]

1839년의 귈하네 칙령에서 예고된 지방 행정 개혁을 향한 조치들의
실행은 더디게 진행되었다. 지방 개혁과 가장 밀접하게 연관된 인물은
정치가 미드하트 파샤Midhat Paşa였다. 이후 1876년에 공포된 헌법의 '아
버지'로 오스만 역사에서 특별한 위치를 차지하게 되는 사람이었다. 미
드하트는 탄지마트 시대 초기에 다양한 위원회와 평의회에서 직책을
맡았으나, 1855년 당시 대와지르 레시드 파샤에게 지방 개혁에 관한
구상을 건의하면서 그의 장래 진로가 정해졌다. 1855년부터 새 지방
규정이 도입된 1864년 사이에 그는 세르비아와의 국경에 위치한 니시
주의 총독으로 재직(1861~1864)했다. 이곳에서 그의 재능이 드러났다.
그의 상상력과 효율성이 모두 입증됐기 때문이다. 제국 주변부의 삶을
직접 경험함으로써 겪은 문제들은 그가 대와지르 푸아드 파샤와 함께
법률 초안을 만들 때 영감을 제공했다.[56]

1864년 법의 시험장이 되는 것은 새로 창설된 투나(도나우)주였다.
이 거대 속주는 니시, 비딘, 실리스트라라는 세 개의 작은 속주를 통
합해 만들어졌으며, 미드하트 파샤가 총독으로 임명되었다. 그는 야심
찬 공공사업 계획을 시작했으며, 치안을 개선하고 공장을 설립하며 농
민들이 낮은 이자율로 대출을 받을 수 있는 농업 신용협동조합을 창
설했다. 특히 농업 신용협동조합은 유럽에도 그러한 제도가 거의 존재
하지 않았던 시기에 급진적인 수단이었으며, 이슬람교도와 비이슬람
교도 모두에게 이바지했음이 기록에 나타난다. 미드하트 파샤는 또한

지역 행정위원회를 설치했는데, 그 위원들은 선출직이었고 모든 종교 집단이 대표로 참여했다. 물론 이슬람교도가 통상 다수를 차지하기는 했다. 속주 이름을 딴 《투나Tuna》('도나우')라는 제국 최초의 지방 관보가 1865년에 창간되었다. 신문은 두 가지 언어(오스만어와 불가리아어)로 발행됐으며, 공식 포고문과 미드하트의 지방 의회 연설을 게재하고 실행 중이거나 구상하고 있는 개혁에 대한 상세한 설명을 제공했다.[57] 하지만 미드하트 파샤는 이슬람교도와 비이슬람교도가 함께 다니는 학교를 설립하려 하다가 모든 진영으로부터 반대에 부딪혔다. 이스탄불의 불가리아어 언론은 그의 행정을 대체로 긍정적으로 평가했지만, 불가리아 민족주의의 대두에 대한 우려로 인해 미드하트가 억압적인 조치들을 취하게 되자 현지에서는 강한 비판이 일어났다.[58] 1867년에 그는 여러 가지 새로운 법률 제안에 대한 자문에 응하기 위해 이스탄불로 소환됐으나 당시 대와지르였던 알리 파샤와 사이가 틀어졌고, 바그다드 총독으로 보내져 그곳에서 5년 동안 투나주에서 착수했던 것과 같은 개혁의 도입을 시도했다. 형 압뒬메지드의 뒤를 이어 1861년에 즉위한 술탄 압뒬아지즈는 1870년 미드하트 파샤를 대와지르로 임명했지만, 그 직위는 오래가지 못했다. 기존 정부 관행과 인사들을 공개적으로 비판하고 자신의 개혁 비전을 외골수로 추구해 곧 강력한 적들을 만들었기 때문이다.[59]

비이슬람교도에 대한 양보, 그리고 이들과 이슬람교도 사이의 차별을 그들에게 유리하게 조작하려는 시도는 기대했던 결과를 낳지 못했다. 그들에게 자신을 기독교인이나 유대인 이전에 오스만인으로 인식하도록 자극해 오스만 국가에 대한 충성심을 강화하려 했으나 실패한 것이다. 또한 지방 행정을 규제하는 새로운 법규들도 그들을 만족시키지 못했다. 예를 들어 크레타 사람들은 여러 차례 봉기를 일으키며 그리스와의 통합에 대한 열망을 명백히 드러냈다. 가장 대표적인 것이 1866~1868년의 반란이었다. 1862년에 세르비아에서는 베오그라드 국경 요새의 오스만 주둔군과 현지 주민 사이에 충돌이 일어나 결국 1867년에 오스만군이 철수했다. 이 전략적 거점은 수백 년 동안 오스만인의 정신세계에서 중요한 자리를 차지했지만, 언제나 실용주의자였던 알리 파샤는 이 철수를 끊임없는 문제와 비용을 유발하는 고립지를 내준 것으로 여겼다.[60]

종파 간의 갈등이 피비린내 나는 결과를 초래한 것은 발칸 지역뿐만이 아니었다. 1840년 이브라힘 파샤가 시리아에서 철수할 당시부터 드러났던 레바논 내 마론파와 드루즈파 사이의 대립은 1860년에 또다시 폭발해 수천 명이 목숨을 잃었다. 이후 중앙정부가 세운 정권은 오랜 평화의 시기를 열었고 그런 면에서 성공적이었지만, 소요를 진압하는 방식은 가혹했다.[61]

마흐무드 2세의 치세에 정부는 그 통제력을 아나톨리아 동남부의 킬리키아로 뻗칠 수 없었다. 이 지역에서 가장 영향력 있는 지방 가문인 퀴췩알리오울르Küçükalioğlu 가문과 코잔오울르Kozanoğlu 가문은 세기 중반까지 중앙정부의 권위에 저항하며 어느 정도의 독립성을 유지하기 위해 조심스럽게 노력했다. 퀴췩알리오울르 가문은 세기 초에 이들을 진압하기 위해 파견된 왕당파인 잔다르오울르Candaroğlu 가문의 군대를 물리쳤지만, 1817년 아다나 총독의 군대에 의해 일시적으로 패배했다. 이들은 오스만과 이집트의 영향권이 교차하는 지점에 위치해 있었기 때문에 현지 부족들은 이전 시기에 그랬듯이 양측 모두에 저항할 수 있었다. 메흐메드 알리 파샤와 그 아들 이브라힘 파샤가 술탄을 상대로 벌인 투쟁에서 생겨난 혼란을 이용해 이들은 자기네 영토를 확장하고 무난하게 산적 행위를 지속했다. 그것이 그들의 중요한 돈줄이었다. 그들은 상인 행렬을 약탈했고, 특히 이스탄불에서 메카로 가는 많은 짐을 실은 순례자 행렬을 목표물로 삼았다. 1840년 술탄 압뒬메지드가 메흐메드 알리를 이집트의 세습 총독으로 인정하면서 이 지역에서 적대 행위가 중지됐고, 이브라힘 파샤가 시리아를 떠나자 킬리키아는 오스만 정부로부터 방치되는 평온한 시기를 맞았다. 그러나 1865년이 되자 팽배한 개혁 정신과 좋은 통치가 제국을 에워싼 문제를 해결할 것이라는 인식이 이 무법 지역에 대한 중앙 통제의 확립을 요구했다. 정부의 전략은 회유를 하는 것이었다. 그러나 특수 임무를 띤 대규모 부대의 존재가 폭력의 위협을 암시했기 때문에 최소한의 충돌로 목표를 달성할 수 있었다. 반정부 활동과 조세 회피는 용서받았고, 출정 이전에는 산적과 무법자로 비난받던 부족 지도자들이 이제 오스만의 품 안으로 편입되었다. 일부는 이스탄불로 유배됐고, 다른 일부는 제국의 먼 지역에 행정 관료로 임명되었다. 이들의 추종자들도 순응(심지어 정착 생활을 수용하는 경우라도)함으로써 얻게 되는 이득을 깨달았다.[62] 수백 년 동안 오스만은 지방의 문제 인물을 '체제' 안으로 끌어들이고 또 끌어들이는 정책을 놀라울 만큼 일관되게 유지했다. 오직 어긋난 상대가 타협의 기미를 전혀 보이지 않을 때만 철권을 사용했다.

오스만의 실용주의는 이슬람 율법의 근간을 뒤흔드는 다른 문제에서도 마찬가지로 드러났다. 인두세는 병역 면제에 대한 지불로 전환시켜 처리했고, 남녀평등은 탄지마트 개혁가나 그들의 유럽인 조언자들 모두의 관심사가 아니었지만, 이슬람교가 인정하는 세 번째 불평등, 즉 주인과 노예 사이의 불평등은 노예 해방이 영국에서 주요 의제였던 시기에 뜨거운 주제가 되었다. 영국은 덴마크와 미국의 선례를 따라 1807년에 노예무역을 금지했고, 1833년에는 노예제를 폐지했다. 1840년에는 새로 설립된 영국 및 외국 노예제 반대협회(BFASS)가 노예무역 및 노예제의 전면적 폐지를 주요 목표 중 하나로 선언했다. 하지만 오스만제국에서 노예제를 폐지하는 것은 율법적 근거 때문에 아예 불가능했다. 노예제는 제국이 끝날 때까지 합법적인 상태로 남았으며, 개혁의 관점에서 노예제 문제는 문화적으로 무엇이 가능하고 무엇이 불가능했는지를 보여주는 역할을 한다.

오스만이 도출한 해결책은 외국의 이해관계를 달래는 데는 어느 정도 적절했지만, 국내의 많은 이들에게는 받아들일 수 없는 것으로 드러났다. 노예무역 종사자들의 활동을 제한하는 첫 번째 조치는 1846년에 수백 년 동안 존재했던 이스탄불 노예 시장을 폐쇄한 것이었다. 이 조치는 분명히 술탄 압뒬메지드의 명령에 따른 것이었지만 그 이유는 아주 분명하지는 않다. 그럼에도 불구하고 영국은 이 조치를 반기지 않을 수 없었다. 1847년에는 페르시아만에서 흑인 노예무역을 억제하기 위한 조치가 취해졌고, 1849년에는 북아프리카의 트리폴리에서, 크림 전쟁 중에는 그루지야 및 체르케스 출신의 백인 노예 밀거래를 억제하기 위한 조치가 취해졌다. 이는 영국의 압력과 "제국으로 유입되는 노예의 흐름을 가능한 한 적게 방해하려는" 오스만 측의 의도가 맞물린 결과였다.[63] 이러한 조치들에 관한 소식이 제다에 전해지자 소란이 일었다. 수익성 높은 흑인 노예무역이 곧 금지될 것을 우려한 일부 상인들은 메카의 샤리프와 주요 성직자들에게 호소하며 이러한 개혁이 이슬람법에 위배된다고 주장했다. 메카의 성직자 수장은 자신이 신의 법에 어긋난다고 생각하는 이런 개혁들을 맹비난하는 파트와를 발표했고, '다신론자'이자 '배교자'로 규정된 '튀르크인들'을 상대로 한 성전을 선포했다. "그들 및 그 지지자들과는 싸워야 한다. 우리와 함께하는 자는 천국에 갈 것이고, 그들과 함께하는 자는 지옥에 떨어질 것이다. 그들은 헛되이 피를 흘릴 것이고, 그들의 물건은 정당한 전리품이다."[64] 오스만 정부는 이 같은 폭발을 진압하고 긴장된 상황이 더욱 악화되는 것을 막기 위해 강경하게 대응했다.[65]

헤자즈 지역 시위자들의 최악의 공포는 흑인 노예무역에 대한 전면적인 금지 조치가 시행된 1857년에 현실이 되었다. 이 결정을 이끌어내기 위한 논의 과정에서 오스만 내각은 체르케스인 노예의 무역은 흑인 노예의 무역과는 같지 않다고 판단했다. 체르케스인들이 "야만에서 문명으로 끌려" 왔고, 운 좋게도 오스만 세계에 들어옴으로써 "가난과 결핍"에서 "안녕과 행복"으로 옮겨졌기 때문이다. 흑인 노예무역에 대한 금지 조치는 영국을 만족시켰고, 그들은 이 시기에 체르케스인 노예무역이 계속되는 것을 묵인했다. 헤자즈 지역을 달래기 위해 이곳에서는 흑인 노예무역의 전면 금지 조치가 시행되지 않았다. 그것은 시행된 지역에서도 큰 효과를 보지 못해 1877년에 다시금 이 조치가 반복돼야 했으며, 이후에도 같은 조치가 다시 취해졌다.[66]

크림 전쟁 이후 러시아는 캅카스 지역에 대한 지배를 강화했고, 이슬람교도 체르케스인들이 대규모로 오스만 영토로 이주했다. 이는 토착 주민이 조직적으로 추방당하고 흑해를 건너 아나톨리아 북부 항구들과 발칸반도의 콘스탄차 및 바르나 항구로 갈 수밖에 없었기 때문이다. 당국은 수십만 명에 달하는 이주자들을 수용하는 문제 외에 또다른 민감한 문제에도 직면했다. 바로 그들 중 많은 이들이 노예였다는 점이다. 오스만제국은 체르케스인 노예무역을 막으려는 영국의 압력에 저항해왔지만, 이미 노예 상태인 사람들이 오스만 영토로 들어오게 되자 이들은 전혀 다른 성격의 문제를 야기했다. 60만 명이 넘는 체르케스인 이주자 가운데 약 4분의 1이 노예 신분으로 추정되었다. 이들 대부분은 농업 노예로 종사하고 있었다. 오스만에서는 거의 볼 수 없었던 일이었다. 오스만 땅에 도착한 후 많은 노예들이 자유를 요구했지만, 주인들은 이에 저항했다. 당국은 이어 일어난 폭력 사태에 준비가 되어 있지 않았고, 공공질서가 위협받았다. 이는 이주자 공동체뿐만 아니라 신의 법의 수호자들에게도 민감한 문제였고, 당국은 신중히 움직여 1860년에 난민위원회를 설치했다. 이 위원회는 세 가지 주요 사안을 다루었다. 난민의 정착 및 토지 배분, 주인과 노예 사이의 분쟁 해결, 힘을 가진 체르케스인들이 약한 동족을 노예로 매매하는 문제 등이었다. 이 문제들을 법원과 난민위원회에 동시에 회부함으로써, 정부는 전통적으로 이런 사건에 적용되던 이슬람법과는 무관한 논리를 적용해 주장을 펼 수 있었다. 1867년, 체르케스 이주자들 사이의 노예 문제에 대한 명확한 정책이 수립되었다. 두 가지 측면에서 체르케스인 노예는 해방돼야 한다는 원칙을 바탕으로 한 것이다. 즉 탄지마트 개혁은 모든 오스만 신민에게 자유를 보장했고, 자유민으로 태어난 이슬람교도를 노예로 만드는 것은 이슬람 율법상 용납될 수 없다는 것이다. 실제로는 이것이 체르케스인 농업 노예들의 즉각적인 해방이 아니라 점진적인 해방을 의미했으며, 주인들에게는 여분의 국유지를 보상으로 제공했다. 이 정책의 시행은 일관되지 않았지만, 장기적으로는 대체로 성공했다. 가장 분명한 예외 중 하나로, 이주한 체르케스인

여자아이들은 계속해서 그들을 구매할 여유가 있는 사람들의 하렘에 노예로 들어갔다. 오스만인들은 이러한 관행을 노예제로 간주하지 않았다.[67]

전통적으로 오스만의 정치인과 판사들은 이슬람 율법을 집행하면서 융통성을 보였다. 형사 사건에서 율법에 규정된 형벌이 완전히 집행되는 경우는 드물었고, 자기네의 권한 내에 있는 다른 문제에서도 타협하지 못하는 경우는 별로 없었다. 결국 노예제 자체가 아니라 노예 무역을 금지한 것이 그런 사례이며, 엄격한 교리를 속속들이 적용하지 않고 개종 및 배교에 대한 처벌을 처리한 것도 마찬가지다. 그러나 19세기 들어 이슬람법의 요소들에 대한 관습적인 타협 경향은 정부가 개혁의 대의에 끌어들이고자 했던 많은 이슬람교도를 멀어지게 했다. 오스만의 이슬람교도들은 유럽에서 자극받은 변화 계획이 자신들의 종교적·문화적 정체성을 훼손하고 있는 것 같아 갈수록 우려하게 되었다. 동시에 개혁의 속도는 강대국을 만족시키기에는 너무 느리게 진행되었다. 특히 오스만령 발칸반도의 비이슬람교도들에게는 너무 느렸으며, 그들 중 일부는 민족자결의 자극적인 묘약을 이미 맛보았다.

비이슬람교도를 이슬람교도 주민과 법적으로 다른 존재로 간주했던 이슬람 사회 질서 체계는 그 안에 오스만제국 붕괴의 씨앗을 내포하고 있었지만, 그를 실현되도록 만든 것은 바로 이 '분리'를 강조할 태세가 되어 있던 외세의 개입이었다. 수백 년 동안 많은 정교회 기독교도들은 오스만제국 치하에서 대체로 보장받은 종교 신봉의 자유를 소중히 여겼고, 흔히 덜 관용적이었던 라틴계 서방 지배자들에게 복속되려는 의향은 거의 보이지 않았다. 하지만 이 시기는 19세기가 시작되기도 전에 끝이 났으며, 대체로 세계무대에 정교회 국가, 즉 러시아가 출현한 결과였다. 그럼에도 불구하고 오스만제국에서 탄지마트 개혁 이전에 완전한 독립을 달성한 지역은 그리스뿐이었다. 다만 당시 그리스 국가는 작았으며, 오늘날 그리스 영토의 상당 부분은 19세기 내내 여전히 오스만 영토의 일부로 남아 있었다. 통신이 발달하지 않았고 문해율이 낮았던 시대에 대부분의 오스만 기독교도들은 자신들의 군주가 누구인지 별 관심이 없었고, 자신들이 사는 지역 외의 세계에 대해서도 거의 아는 바가 없었다.

오스만의 외부 세계와의 관계는 초창기 이래로 역대 술탄들이 우호적인 외국 국가들에게 부여한, 흔히 '카피튈라시온'으로 알려진 특전에 의해 규정되었다. 처음에는 이 특권들이 상호 정치적 이익을 확보하고 오스만 시장에 희귀하지만 필수적인 물품이 풍부하게 공급되도록 보장하기 위한 외교적·상업적 양보였다. 그러나 18세기에 이르러서는 이러한 제도가 외국인들에게 너그럽게 허락한 것이라는 본래의 의도가 허구가 되었음이 일상적으로 드러났으며, 그러는 과정에서 외국 세력이 외교적·상업적 영향력을 이용해 카피튈라시온의 원래 취지와는 전혀 다르게 자신들의 이익을 위한 조항들을 도입하게 만드는 것처럼 보였고 오스만 정부는 흔히 이러한 요구를 받아들이지 않을 수 없었다.

18세기 중에 점점 더 많은 비이슬람교도 오스만 국민이 제국 내에서 거주하고 활동하는 우호적인 외국 외교관이나 상인 등에게 부여되는 카피튈라시온이 제공하는 치외법권적 특권을 획득할 수 있었다. 17세기 말의 카피튈라시온 협정에 따르면, 이러한 보호 지위를 가질 수 있었던 오스만 신민은 외국 영사관과 대사관에서 일하는 통역관뿐이었으며, 이들은 국가로부터 세금과 기타 부담을 면제받았다. 점차로 외국의 보호는 외국을 위해 일하는 다른 오스만 신민에게도 확장되었다. 이들은 통상 비이슬람교도였는데, 그러한 업무는 대부분의 이슬람교도가 접할 기회가 없었을 언어 능력을 요구했기 때문이다. 이 주제에 관해서는 시리아, 특히 알레포 지역에서의 상황에 대한 연구가 가장 상세하게 이루어졌다. 이곳에서 영국은 처음에 신중했지만, 예컨대 프랑스는 카피튈라시온 제도를 통해 짜낼 수 있는 이점을 잘 알고 있었기 때문에 17세기 초부터 정교회에서 가톨릭으로 개종한 오스만인들에게 일관되게 보호를 제공했다.[68] 제국의 교섭 능력이 약화되면서 이러한 특권 남용은 더욱 노골적으로 나타났다.

외국의 보호를 받을 기회를 이용하려던 오스만 신민의 수를 정확히 파악하는 것은 쉽지 않지만, 통계는 제국에 대한 비이슬람교도 신민들의 신뢰 상실이 상당했음을 시사한다. 예를 들어 오스트리아는 18세기 말에 몰도바와 왈라키아에서 26만 명을 보호하고 있었다고 하며,[69] 1808년에 12만 명의 그리스계 오스만인이 러시아의 보호로 혜택을 누렸다는 추정[70]도 과장은 아닐 것이다. 외국의 보호를 추구한 이들은 대개 사회의 상류층 출신이었다. 이로 인해 국가는 이들로부터 세금을 거두지 못했을 뿐만 아니라, 이들이 외국 외교관과 친밀한 위치에 있었다는 점에서 술탄에 대한 충성심에도 의문이 제기되었다. 셀림 3세와 마흐무드 2세는 이 문제를 잘 알고 있었고, 각기 외국의 보호민 수를 제한하려는 의도를 지닌 조치를 도입했다. 오스만 이슬람교도들은 18세기부터 제국의 상업에서 지배적인 위치를 잃기 시작했는데, 이는 동방과의 무역이 쇠퇴하고 서방과의 무역이 성장했기 때문이다.[71] 장거리 외교 및 상업 연결망에 통합된 오스만 비이슬람교도들, 특히 외국의 보호를 받는 이들은 제국을 떠나 다른 곳에서 삶을 꾸리는 것이 쉬웠다. 그리고 많은 이들이 그렇게 했다.

이에 따라 19세기에 이슬람교도의 경제적 위치는 비이슬람교도에 비해 상대적으로 약해졌는데, 비이슬람교도는 국제 무역이나 서방 상사와 오스만 상사 사이의 중개자로서 상당한 이익을 얻을 수 있었기 때문이다. 그러나 정치 무대에서는 언제나 그랬듯이 이슬람교도가 비이슬람교도에 비해 성공의 기회가 더 많았다. 물론 이슬람교로 개종해 기회를 얻는 길은 누구에게나 열려 있었으며, 예외 역시 존재했다. 두 집단 모두 불만이었다. 이슬람교도들은 국내 무역을 장악하고 있어도 비이슬람교도들이 국제 상업과의 연결을 통해 얻을 수 있는 부에 미칠 수 없었기 때문이고, 비이슬람교도들은 실제 권력에서 배제되고 상업적 성공에 의해 품게 된 정치적 야망을 배출할 방법이 없었기 때문이다.[72] 이러한 각자의 전문화는 이슬람교도와 비이슬람교도 사이의 간극을 더욱 벌리는 데 이바지했고, 이는 이슬람 국가에서 비이슬람교도에게 전통적으로 부여된 별개이자 열등한 지위에 내포된 차이를 더욱 크게 만들었다.

탄지마트 개혁은 틀림없이 이슬람교도와 비이슬람교도 사이의 틈을 더욱 벌려놓았고, 양측 모두의 불만을 부추겼다. 비이슬람교도가 오스만 국가 바깥에서 더 잘살 수 있다고 상상하는 것은 그리 어려운 일이 아니었으며, 외세가 기꺼이 그들의 편에 서려 했기 때문에 이러한 꿈은 실현 가능해 보였다. 개혁가들의 의도와 달리 '좋은 통치'를 목표로 한 조치들은 어떤 면에서는 역효과를 낳았는데, 지방에 일정 정도의 자치를 허용하는 것은 마흐무드 2세가 추진하고자 했던 중앙집권화에 역행했기 때문이다. 그리고 비이슬람교도가 다수를 이루는 지역에서는 이들이 제국 밖에서의 미래를 꿈꾸는 데 더 큰 동력을 제공했다. 그리스의 사례는 그러한 꿈이 현실이 될 수 있음을 보여주었다.

탄지마트로 인해 부각된 해결하기 어려운 문제들은 당시의 정치가들에게 명백했으나, 그들이 제안한 해결책은 충분하지 않았다. 알리 파샤는 술탄 압뒬아지즈를 위해 작성한 정치적 유언에서 이렇게 말했다.

서로 다른 공동체들이 누리는 (불평등한) 특권들은 의무의 불평등에서 비롯됩니다. 이는 큰 폐단입니다. 이슬람교도들은 거의 전적으로 정부 업무에 종사하고 있습니다. 다른 사람들은 부를 창출하는 직업에 종사하고 있습니다. 이에 따라 후자는 폐하의 이슬람교도 신민에 비해 효과적이고 결정적인 우위를 차지합니다. 게다가 (군 복무는 이슬람교도만 합니다.) 이러한 상황에서 놀라운 속도로 줄고 있는 이슬람교도 주민은 빠르게 쪼그라들어 작은 소수 집단이 되고 나날이 더 약해질 것입니다. (…) 한 사람이 인생에서 가장 왕성한 시기를 병영이나 전쟁터에서 보낸 후 고향 마을로 돌아오면 무슨 일을 하는 것이 좋겠습니까? (…) 이슬람교도도 기독교인들처럼 (상업적) 농업, 무역, 제조업, 수공업에 종사해야 합니다. 노동은 유일한 내구 자본입니다. 우리 모두 일을 해야 합니다, 폐하. 그것이 우리를 안전하게 하는 유일한 길입니다. 아직은 이슬람교도들을 기독교도에게만 유리한 의무들에서 해방시킬 시간이 있습니다. (…) 기독교도들도 그 인구 비율에 따라 병사, 장교, 정부 관리들을 제공해야 합니다.[73]

병역의 불평등, 그리고 1858년 토지법 제정에 수반된 서방식 사유 재산 개념의 도입이 가져온 해로운 영향의 증거는 곧 가시화되었다. 예를 들어 1860년대 영국 보고서들은 이슬람교도들이 기독교인들에게 토지를 빼앗기고 있다는 점을 언급하고 있다. 기독교도들은 토지를 살

수 있는 돈이 있고,[74] 더구나 전선에 나가지 않고 안전하게 집에 있었기 때문이다.

　많은 유럽 군주들과는 달리, 오스만의 술탄들은 군대를 이끌고 출정할 때를 제외하고는 제국의 수도를 멀리 떠난 적이 없었다. 이브라힘 파샤의 아들 이스마일이 이집트의 세습 총독으로 권좌에 오른 직후인 1863년, 술탄 압뒬아지즈는 평화 시기에 이 속주를 방문했다. 이는 이스마일에게 야망을 자제해야 한다는 것을 각인시키기 위한 의도였지만,[75] 큰 효과는 없었다. 불과 3년 후 이스마일은 이전까지 통용됐던 연장자 계승 원칙 대신에 자신의 가계 장자 상속을 승인하는 칙령을 얻어낸 것이다. 그는 또한 메흐메드 알리와 이브라힘 파샤도 얻지 못했던 또다른 양보, 즉 독자적으로 조약을 체결하고 대출을 받을 수 있는 권리를 확보했다. 그의 새로운 칭호인 '흐디브hıdiv'('부왕副王')는 제국 내 다른 지방 총독들보다 우월한 더 높은 지위를 나타냈다.[76] 케디브 이스마일은 메흐메드 알리가 시작한 독립으로 가는 조심스러운 진전을 방심하지 않고 지켜나간 사람으로 드러났으며, 그의 조부와 마찬가지로 그 종주인 술탄과의 경쟁을 멈추지 않고 이어갔다. 압뒬아지즈는 이집트 방문에서 분명히 영향을 받았는데, 귀국 후 보스포루스 해협 베일레르베이에 있는 새 궁전을 카이로에서 보았음직한 모로(무어)풍, 동양식, 가짜 맘루크 요소가 뒤섞인 절충적인 양식으로 장식했기 때문이다. 그것은 그의 형이 지은 돌마바흐체 궁전의 끝없는 음울함에 대한 활기찬 해독제였으며, 이 북아프리카의 영향은 1871년에 그를 위해 완공된 츠라안Çırağan 궁전의 장식에서도 이어졌다.

　오스만 술탄들은 군대를 이끌고 출정하는 경우를 제외하고는 수도를 떠나는 일이 거의 없었지만, 제국의 경계 바깥으로 나가는 일은 더더욱 드물었다. 1867년 압뒬아지즈는 오스만 술탄 신분으로서는 처음이자 마지막으로 외국을 방문했다. 나폴레옹 3세의 초청으로 파리 박람회에 참석하기 위해 프랑스를 방문하고 6주를 보냈으며, 이어 빅토리아 여왕의 초청으로 런던으로 가서 11일 동안 머물며 군사 시설, 의회, 그리고 왕립아시아학회(RAS)와 왕립외과의사협회(RCS) 등 여러 기관을 방문했다. 그는 벨기에, 독일, 오스트리아, 헝가리를 거쳐 귀국했다.[77] 파리 박람회에는 이스마일 부왕도 참석했고, 똑같이 화려한 환대를 받았다. 압뒬아지즈는 푸대접을 받을 게 분명하다고 생각했다. 사실 이스마일은 술탄보다 더 유럽에 익숙했다. 1846년부터 1848년까지 파리에서 공부를 했고, 1855년에는 외교 사절로 그곳에 간 적이 있었다.[78] 압뒬아지즈처럼 이스마일 역시 그의 영토가 빠르게 근대화되고 있음을 보여주고 싶어했으며, 프랑스와의 유대 강화를 원했다. 그의 노력은 결실을 맺어 이듬해 프랑스는 이집트에 상당한 대출을 제공했다.[79]

1859년에는 수에즈 운하 공사가 시작되었다. 1869년에 개통된 이 운하는 영국과 프랑스의 관심을 이스탄불 중심의 오스만제국에서 이제 소아시아 너머에서 열리는 새로운 가능성으로 이동시켰다. 운하는 또한 오스만이 옛 속주 예멘에 더 쉽게 접근할 수 있게 해주었다. 오스만은 19세기 중반부터 이곳을 재정복하기 위한 인기 없는 전쟁을 벌이고 있었다.[80] 이 운하 사업은 이스마일 부왕에게 상당한 명성을 안겨주었고, 운하 개통은 화려하고 성대한 행사로 치러졌다. 이번에는 유럽이 동방을 방문했다. 그리고 대단한 감명을 받았다. 모든 비용을 주최 측에서 부담한 이 3주 동안의 축하 행사는 다양한 의식, 연회, 오락을 포함했으며, 많은 방문객의 이동 경로를 따라, 그리고 새로 건설된 도시 이스마일리아의 화려한 공간에서 펼쳐졌다. 운하를 따라 내려가는 프랑스 선박들의 행진은 프랑스 황실 요트에 탄 외제니 황후가 이끌었다.[81] 이스마일 부왕의 과시적인 태도에 술탄은 노골적인 불쾌감을 드러냈고, 결국 화려한 선물을 주고서야 그에게 부여된 특권을 재확인받았다.[82]

1850년대 중반부터 1860년대 중반까지 이집트는 면화 호황으로 큰 번영을 누렸다. 미국 내전이 발발하면서 미국산 면화가 세계 시장에서 사라진 덕분이었다. 이스마일 부왕은 운하 및 기타 공공사업뿐만 아니라 철도에도 많은 투자를 했다. 면화 호황의 붕괴는 부왕과 농민 모두에게 빚을 안겨주었고, 이집트는 많은 차입에 의존해야 했으며(서방 협력자들의 권유에 따른 것이었다), 그 결과 1875년 무렵에는 국가가 파산 직전에 이르렀다.[83]

이스마일이 압뒬아지즈와 그의 참모들에게 불안의 원인을 제공한 메흐메드 알리의 유일한 자손은 아니었고, 압뒬아지즈만이 이스마일에게 짜증을 느낀 것도 아니었다. 부왕의 동생인 무스타파 파즐 파샤Mustafa Fazıl Paşa는 오스만제국의 고위 관료였으며, 압뒬아지즈 술탄이 이스마일의 직계 자손에게 이집트의 세습권을 부여하자 무스타파 파즐의 계승 희망은 좌절되었다. 형제간의 집안싸움이 이스탄불에서 벌어졌고, 그곳에서 무스타파 파즐은 1863~1864년 재무대신을 지내면서 대와지르 푸아드 파샤와 사이가 멀어져 통치 핵심층에서 따돌림을 당했다. 1866년에 그는 이스탄불을 떠나 파리로 가서 망명 반정부 운동의 중심인물이 되었고, 그들의 활동에 자금을 지원하며 술탄에게 보내는 공개서한으로 오스만 정부를 비판했다.[84]

이스마일은 그의 할아버지처럼 남쪽으로 영토를 확장하려는 야망을 품고 있었다. 이스마일의 노예제 반대 운동이 한몫해서 유럽 노예 상인들이 나일강 상류 지역에서 철수하면서 공백이 생겼고, 그는 이를 메우고자 했다. 그가 벌인 이집트 근대화 작업이 국제적으로 찬사를 받은 뒤, 그를 대신해 일하던 영국의 대리인들은 1869년부터 1885년 사이에 이 지역을 이집트 통치하에 두기 위한 노력을 펼쳤지만 현지의 저항에 부딪혀 이집트 원정군은 철수하지 않을 수 없었다. 1881년에 발생한 마흐디 반란은 프랑스와 영국의 압력으로 술탄이 이스마일을 폐위한 지 2년 후에 일어났는데, 이집트군이 전멸하고 결국 이집트는 이스마일이 자신의 제국을 건설하고자 했던 아프리카 내륙 지역(오늘날의 수단, 소말리아, 에리트레아, 에티오피아 일부 등)을 포기해야 했다.[85]

이스마일 부왕과 술탄 압뒬아지즈 사이의 경쟁을 보여주는 흥미로운 여담 하나는 1872년에 술탄을 위해 주조된 청동 기마상에 관한 것이다. 이스탄불에 귈하네 칙령 및 개혁 칙령을 기념하는 인물상 아닌 기념물들을 세우기 위한 계획(그리고 심지어 설계)이 분명히 있었지만, 결국 모두 실현되지 않았다. 압뒬아지즈는 1867년에 런던과 파리를 방문했을 때 이들 수도에 설치된 공공 조형물과 파리 박람회장의 다양한 전시관을 장식한 조각상들을 보았을 것이다. 그 박람회에 이스마일도 참석했다. 이스마일은 귀국 후 그의 아버지 이브라힘 파샤의 대형 기마상을 주문했는데, 이는 지금도 카이로의 아즈바키야 광장에 세워져 있으며 이브라힘의 손가락은 위협적으로 서북쪽을 가리키고 있다. 이브라힘의 동상이 1872년에 카이로에 세워지기도 전인 1868년에 이 조각상 발주 소식과 그에 대한 설명이 이스탄불 언론에 보도됐으며, 1869년에는 압뒬아지즈 술탄이 이스탄불을 방문 중이던 영국 조각가 찰스 풀러Charles Fuller에게 자신의 흉상을 의뢰했다. 그러나 술탄의 어머니가 이에 반대했고, 풀러는 몰래 작업을 계속했다. 그는 압뒬아지즈가 공개 석상에 등장할 때 그를 관찰했고, 술탄도 우연인 것처럼 풀러의 작업장을 지나며 조각가가 자신의 모습을 좀더 정확하게 재현할 수 있도록 협조했다. 풀러는 결과에 매우 만족해 조그마한 흉상 대신 실물 절반 크기의 청동 기마상을 만들기로 결심했고, 술탄의 애마를 측정했다. 술탄은 이 역시 만족해 청동으로 조각상을 주조하도록 주문했다. 주조는 뮌헨에서 이루어졌다. 그러나 조각상을 실은 배가 보스포루스 해협에 도착했을 때 술탄의 어머니는 이 불쾌한 물건을 바다에 던져버리게 했다. 하지만 조각상은 건져져 베일레르베이에 있는 궁전에 설치됐는데, 이곳에서는 대략 이 시기에 발주된 황소, 사슴, 기타 동물들이 정원에 널려 있다. 하지만 술탄은 또다시 이스마일에게 밀렸다. 이브라힘의 기마상은 실물 크기에다 대중에게 완전히 공개됐을 뿐만 아니라, 풀러가 이스탄불에서 작업하고 있던 바로 그 시기에 이스마일은 또다른 대형 기마상(메흐메드 알리의 것이다)을 주문했고 그것은 1873년 알렉산드리아에서 공개되었다.[86]

이스마일 부왕과의 거대한 기마상 경쟁은 차치하더라도, 술탄 압뒬아지즈는 또한 스스로를 완전히 유럽 군주들과 맞추고 있었음을 보여주었다. 술탄 압뒬하미드가 오스만제국의 심장부인 쇠위트에 오스만 1세와 그 전사들의 사당을 만들기도 전에, 압뒬아지즈는 이미 그 시대에 부합하는 오스만 왕가의 전통을 '창조'했다. 모든 군주는 훈장과 표창을 주거나 받는 것을 즐기며, 오스만은 19세기 초 전통 복장에서 탈피해 가슴 부분을 평평하게 만들고 그 위에 훈장을 달 수 있게 되자 곧바로 서양식 훈장을 받아들였다. 압뒬메지드는 자신의 메지드 Mecid 훈장을 만들었지만, 압뒬아지즈는 자신의 훈장을 오스만 훈장이라 불렀다. 그의 의도는 분명했다. 훈장의 뒷면에는 북과 교차된 깃발들이 새겨졌고, 이슬람력 699년(서기 1299~1300)이 적혀 있었는데 이것이 오스만제국의 건국 연도임을 분명하게 드러냈다. 1862년 4월, 술탄은 부르사로 가서 자신의 뛰어난 조상인 왕조의 건설자 오스만 1세의 석관 위에 특별히 보석을 많이 박은 1등급 오스만 훈장을 올려놓았다. 이 행위는 그의 바람을 상징했다. 오스만 왕가가 유럽의 황실들과 마찬가지로 지나간 세월 속에 묻히지 않은 명확하고 중요한 탄생 시점으로 거슬러 올라가는 오랜 역사를 지니고 있음을 그들에게 보여주고자 한 것이다.[87]

1865년에 애국동맹İttifāk-i Ḥamiyyet으로 알려진 비밀결사가 등장하면서 오스만제국은 새로운 경험을 하게 되었다. 이 단체는 작고 형체가 불분명하지만 영향력 있는 반체제 인사들의 모임이었으며, 그 구성원은 훗날 신오스만인Yeni Osmanlılar으로 불리게 된다. 이는 공적 영역에서 관념의 정치가 점차 행동의 정치로 전환되는 첫 움직임이었다. 이들은 17세기 아나톨리아의 불만을 품은 파샤, 여러 시대의 예니체리, 혹은 파트로나 할릴이나 카박츠 무스타파와 같은 천박한 대중주의자 등 과거의 시위자들과는 달랐다. 이들은 지식인이었고, 몇몇은 번역국에서 근무한 경력이 있었다. 신오스만인의 주요 인물은 시인이자 언론인이었던 나믁 케말Nâmık Kemâl, 이스마일 부왕의 동생 무스타파 파즐 파샤, 언론인 시나시 베이Şinasi Bey와 알리 수아비Ali Suavi, 시인 지야 베이Ziya Bey(후에 지야 파샤) 등 매우 다양한 개성을 지닌 사람들이었지만, 그들을 한데 묶은 것은 유럽에서 형성되고 있는 민족 정체성(그들은 이를 목격했다)에 상응하는 애국적 오스만 정체성을 규정하려는 열망이었다. 신오스만인은 가장 기본적인 문제에 대해서도 의견이 나뉘고 정치 이론도 일치하지 않았지만, 이슬람교를 기본적인 틀로 삼고 그 안에서 개혁을 추진해야 한다는 데 대해서는 한마음이었다.[88]

1856년 세대의 개혁 정치가들 또한 전통적인 기준에 따라 사회를 구분했던 차별을 없애려는 노력을 전개하면서 제국에 대한 충성심의 새로운 기반이 필요하다고 생각했다. 예를 들어 알리 파샤는 제국이 그 주민(여기서 그는 특히 비이슬람교도를 염두에 두고 있었다)의 요구를 충족시키지 못하면 그들은 대안을 찾게 될 것임을 깨달았다.[89] 알리 파샤와 그 동료들이 술탄의 이슬람교도 신민과 비이슬람교도 신민 사이의 긴장을 해결해줄 것이라고 여긴 애국심의 기반은 신오스만인이 추구한 것과 마찬가지로 유럽에서 영감을 받은 것이었으며, '오스만주의Osmanlıcılık'로 알려지게 되었다. 이것 역시 민족 및 종교에 대한 충성심을 평등한 시민권에 기초한 국가에 대한 충성으로 대체하려는 시도였다.[90] 하지만 그 강조점은 조금 달랐으며, 신오스만인이 보기에 이들 정치가들은 오스만 국가의 이슬람적 요소 상당 부분을 포기하고 오스만 기독교도들에게 양보를 해서 강대국을 달래는 데 너무 열심인 듯했다.

신오스만인은 '오스만주의'가 제국의 보전을 보장할 수 없으며, 알리 파샤의 개명전제정과 선량한 정부라는 처방은 기독교도 주민들의 분리주의적 성향을 막기엔 부족하다고 주장했다. 그들은 가장 적절한 통치 형태로 그 대신에 참여입헌자유주의를 제안했지만, 이것을 단순히 유럽 계몽운동의 산물로 받아들이지 않고 이슬람교에 그 뿌리를 두려 했다. 즉 오스만 정치문화의 기반으로서 이슬람교의 지속적이고 본질적인 정당성을 열정적으로 강조한 것이다. 신문이라는 새로운 매체는 신오스만인이 자기네 생각을 표현하고 정부와 유럽 열강 모두에 대해 비판하는 장이었다. 그리고 그들이 대담하게 나선 대가는 검열과 추방이었다. 푸아드 파샤는 1869년에 사망했고 이어 알리 파샤도 1871년에 세상을 떠나자, 망명자들은 자유롭게 이스탄불로 돌아올 수 있었다.[91]

신오스만인이 이슬람 이데올로기에 부여한 가치는 그 영향력이 어느 정도 약화된 성직자 계층의 위상을 다시금 부각시켰다. 세기 초, 고위 성직자들은 셀림 3세의 개혁 조치에 협조적인 동반자였고, 1826년에는 마흐무드 2세가 예니체리를 진압하고 새 군대를 창설할 때 그에게 협력했다. 그러나 같은 해, 성직자 계층을 뒷받침하는 데 기여한 종교 재단들이 신설된 부서의 감독 아래 통합되었고, 마흐무드의 치세 후반에는 추가적인 편제가 뒤따랐다. 1837년에는 셰이흐윌이슬람의 별도 사무소가 만들어져 그 권한을 종교적 사안으로 제한했다.[92] 게다가 19세기에 도입된 새로운 법률들(예를 들어 1840년의 형법, 1850년의 상법, 그리고 특히 1868년에 준비가 시작된 민법)의 발효는 이슬람법의 적용 범위를 가족, 상속, 혼인과 관련된 문제로 한정시켰다. 성직자 계층이 전통적으로 독점해온 또다른 분야인 교육에 관해서는 이슬람 신학교의 대안으로 18세기에 육군과 해군에 제공할 목적으로 훈련된 인력을 양성하는 기술 지향의 직업학교가 처음 설립되었다. 19세기 중에 이러한 학교들의 수와 종류는 계속 증가했다. 1859년에 설립되어 이슬람 교도와 비이슬람교도가 함께 공부한 관료 양성 학교에서 예비 관료가 배출됐으며, 1868년에는 16세기 이래 궁궐 시종을 양성하던 학교 부지에 역시 두 부류가 함께 다닌 갈라타사라이 학교가 설립되었다.[93]

그러나 이러한 교육은 소수를 위한 것이었다. 대중을 교육시키는 것은 당초 탄지마트 개혁자들의 의도가 아니었다. 소수의 보통 사람들이 1839년 이후 초등학교와 직업학교 입학 사이의 기간을 연결하기 위해 설립된 몇몇 학교로부터 도움을 받았지만, 신민을 "시민으로 양성"하려는 의도를 지닌 보편교육 계획은 1869년에 들어서서야 도입되었다.[94] 1869년의 규정(1876년 압뒬하미드 2세가 즉위한 이후에야 성공적으로 시행되었다)은 성직자의 역할을 더욱 축소한 듯한 초등·중등·고등교육의 체계를 도입했다.[95] 그럼에도 불구하고 탄지마트 개혁을 실행할 적합한 인력이 부족했고 이와 함께 성직자 계층을 직접 겨냥한 개혁은 많지 않았기 때문에 성직자들은 여전히 모든 수준에서 법률 관련 직책을 유지했고, 전통적인 체계에서 교육자로서의 위치를 지킬 수 있었다. 또한 근대화하는 병행 체제 내에도 그들을 위한 자리가 있어 종교, 법학, 아랍어 및 오스만어 같은 과목을 가르쳤다. 그들이 정부 내에서 자리를 유지하고 개혁이 이슬람의 틀 안에서 수용될 수 있는 한 성직자들은 근대화 과정에 기꺼이 참여했다. 그리고 19세기에는 이전 시기에 비해 개혁에 대한 반대가 훨씬 적었는데, 이때 문제가 된 혁신은 훨씬 중요성이 덜한 것들이었다.[96]

오스만제국의 새로운 민법 작업은 몇 년 동안 계속되었다. 그 설계자인 지식인이자 정치가이자 역사가인 아흐메드 제브뎃 파샤는 고위 성직자이기도 하고 탄지마트 개혁가이기도 했다. 그는 성직자 이력의 정점인 셰이흐윌이슬람직에 오를 준비를 하고 있었으나 정적들 때문에 이 자리를 얻지 못했고, 1866년 40대의 나이에 관료직으로 옮겨야 했다. 그곳에서 오랫동안 이슬람법과 문화에 몰두했고, 그런 경험은 오스만 정부의 재편에 그가 지속적으로 기여할 수 있는 튼튼한 기반이 되었다. 그가 이해한 개혁은 이슬람이 서방의 과학적·기술적 개념을 수용할 수 있도록 해주는 과정이었다.[97] 이것은 과거의 개혁가들에게도 자극을 주었던 목표였다. 19세기에 달라진 점은 변화의 필요성이 통치 핵심층 사이에서 널리 받아들여졌다는 것이었다. 아흐메드 제브뎃의 본질적으로 보수적인 계획은 무분별한 서방 모방이 지니는 위험성을 인식하는 이들에게 상당히 매력적으로 보였다. 그러나 고민은 여전히 남아 있었다. 서방화를 얼마나 많이 해야 하고, 어떤 방식으로 해야 하는가?

아흐메드 제브뎃 파샤는 레시드 파샤의 추종자였고, 그의 작업은 이 관계를 통해 얻은 서방 사상 및 관습과의 친밀성으로 인한 지식이 포함되어 있었다. 프랑스 민법을 도입하자는 논의가 있었으나, 이를 너무 이질적인 외래품으로 본 비판자들의 반대에 부딪혔다. 새로운 민법은 이슬람법의 친숙한 원칙들을 바탕으로 하게 되었다. 새로운 민법이 이전에 적용되던 이슬람법과 다른 점은 국가의 법률로서 제정되었다는 것이다. 따라서 모든 신민, 곧 이슬람교도와 비이슬람교도에게 똑같이 적용되었다.[98] 비이슬람교도는 사실 이슬람 법정에서 낯선 존재가 아니었다. 그들은 항상 자기네의 법정을 가지고 있었지만, 좀더 유리한 판결이 예상되면 종종 이슬람 법정을 이용하는 쪽을 택했다. 상속의 경우 이슬람법에 따르면 사망자가 마음대로 재산을 분할할 수 없고 고정된 상속 지분을 특정한 자손들에게 물려주어야 했다. 민법 기초자들은 이슬람 법학의 내용을 가지고 1851개의 조문을 만들어 체계적이고 접근하기 쉬운 형식으로 정리했다. 이 새로운 법전은 개인적 해석과 논평을 바탕으로 한 판결을 없애도록 규정을 성문화함으로써 이슬람법의 적용 방식을 바꾸었다. 기초자들이 이슬람법을 '끝없는 바다'라고 표현한 것은 그들의 작업이 얼마나 방대했는지를 잘 보여준다. 오랫동안 오스만에서 사용돼온 이 법들은 점점 불분명하고 파악하기 어려워졌으며, 정부 핵심을 휩쓸고 있는 근대화의 정신과도 맞지 않았다.[99] 그러나 아흐메드 제브뎃 파샤가 공들인 작업을 모두가 납득한 것은 아니었다. 1870년에는 보수적인 셰이흐월이슬람 하산 페흐미 에펜디Hasan Fehmi Efendi가 잠시 동안이지만 이 사업을 자신이 관장하는 정부 부서로 끌어오고 아흐메드 제브뎃 파샤를 해임하는 데 성공했다. 그는 서방의 문화적 가치관을 도입하는 것을 완강하게 반대했는데, 이는 그와 같은 직종에 있던 사람들의 견해를 반영하는 것이었다.

탄지마트 개혁이 정부 기관에 뿌리를 내리고 그 완전한 효과가 드러나기 전까지, 이슬람교는 공적·사적 생활 모두에서 필수적이고 본질적인 요소였다. 서서히 진행된 탄지마트가 성직자층의 행정적 역할을 축소하면서 성직자의 존재 이유에 대한 의문이 커졌고, 그로 인해 그들의 종교적 역할에 더욱 중점이 두어졌다. 한 현대 작가에 따르면 이슬람교는 "더 이상 살아 있고 의심받지 않는 존재가 아니다. 세속화 개혁은 이슬람교를 더욱 '이슬람적'이게 만들었다. (⋯) 이 가정된 문화적 핵심은 이제 이슬람교 의식 측면만큼이나 중요하고 독특하게 이슬람적인 것으로 간주되었다."[100] 옛 체제가 사라지고 사람들이 수십 년의 탄지마트 시기에 무엇을 잃어버렸는지를 깨닫게 되면서, 그들은 자신들의 문화적 가치가 예전처럼 통용되지 않는 낯선 환경에 갇혀 있다고 느꼈다.[101] 이러한 혼미감에 상당히 기여한 요인은 산업혁명이 그들의 삶에 다양한 방식으로 영향을 미치면서 그들의 물리적 환경이 변하는 속도였다. 신오스만인들이 강조하고 보존하려 했던 것은 오스만 문화의 중심에 자리한 이슬람교의 '핵심'이었다.

알리 파샤의 죽음 이후 신오스만인 망명자들이 돌아온 제국의 수도는 그들이 찾고자 했던 자유주의자의 피난처가 아니었다. 알리와 푸아드는 술탄을 고립시킨 채 그의 권한을 대신 행사했다. 그의 즉위 직후인 1863년, 알리와 푸아드, 그리고 그 주위의 와지르 집단은 그들이 예산 균형을 맞추기 위해 필요하다고 판단한 재정 조치를 술탄 압뒬아지즈가 허락하지 않으려 하자 사임을 청했으며, 이 신경전은 잠시 동안 대와지르의 교체로 이어졌다. 이후 푸아드와 알리는 차례로 복귀했다.[102] 그러나 권력을 독점했던 이들은 국가 최고 관직의 명확한 후계자를 남기지 않았으며, 두 사람이 떠난 후 압뒬아지즈는 국가 사무의 조정자 역할을 다시 맡았다. 그는 오랫동안 술탄 절대주의를 옹호해온 신임 대와지르 마흐무드 네딤 파샤Mahmud Nedim Paşa의 지원을 받았다. 마흐무드 네딤은 오스만제국의 이슬람적 성격을 고수한다는 점에서는 신오스만인과 같았지만, 공통점은 그뿐이었다.[103]

푸아드 파샤와 알리 파샤의 최선의 노력에도 불구하고 1871년이 되자 오스만제국의 재정은 파탄 상태였다. 1830년대 말 상업 협정들이 맺어진 후 유럽과의 무역이 성장하면서 1840년대부터 제국에서 처음으로 은행이 설립됐고, 크림 전쟁 기간 중 오스만 정부는 처음으로 외국 차관에 의존했다. 개혁 시행, 경제 구조조정, 차관 상환에 따른 비용이 매우 컸다. 그리고 부채는 가차 없이 증가했다. 압뒬아지즈 술탄의 치세는 특히 오스만 함대에 대한 그의 관심으로 유명했다. 그는 프랑스와 영국에 필적하는 함대를 만들고자 했으며, 치세 말기인 1876년에는 전함 20척, 전열함 4척, 호위함 5척, 경호위함 7척, 화물선 43척으로 이루어진 함대를 갖추었다. 짧은 구간의 첫 철도 선로가 놓인 것은 압뒬메지드의 치세 때였다. 이즈미르 지역, 그리고 도나우강 연안의 체르나보더와 흑해 연안의 콘스탄차 사이였다. 압뒬아지즈는 철도망을 확장해 오스트리아 회사에 이스탄불–파리 노선의 부설권을 주었다. 그 가운데 이스탄불에서 소피아까지의 구간은 1873년에 개통됐으며, 이스탄불과 이즈미트를 연결하는 노선도 이때 열렸다. 루멜리, 아나톨리아, 시리아 지역에서는 도로가 개량되고 새로 건설되어 내부 교통망이 더욱 강화되었다. 상업 해운이 제국의 긴 해안선을 따라, 그리고 티그리스강과 유프라테스강 같은 큰 하천에서 화물을 운송했다. 크림 전쟁 때 처음 도입된 전신 체계도 이후 지방 깊숙이까지 확장되었다.[104] 이렇게 급속도로 발달한 교통망 덕분에 유럽 상인들이 간절히 원하는 농산물과 광물이 생산지에서 산업화된 서방의 자본주의 국가들로 쉽게 운송될 수 있었다.

탄지마트의 영향 아래, 그리고 오스만이 세계의 나머지 및 거기에 영향을 미치고 있는 변화에 이전 어느 때보다도 더 노출되면서 오스만의 정체성에 대한 감각이 흔들리고 있었다. 과거에 확실했던 것이 의문스러워졌다. 심화되는 재정 위기 속에서 이슬람 사회(신오스만인 지식인과 고위 성직자에서부터 자신들이 보기에 비이슬람교도에 대한 부당한 양보로 인해 처지가 전혀 나아지지 않은 농민층에 이르기까지)를 엄습한 불길한 예감은 지속되었고, 1873년 국제 증권시장 붕괴로 인해 오스만 정부가 더이상의 외채를 조달할 수 없게 되면서 위기감은 더욱 악화되었다. 아나톨리아 전역에 홍수와 가뭄이 들면서 기근이 발생했다. 그리고 그로 인한 사망자는 국고 세수의 감소로 이어졌다. 1875년, 정부는 부채 상환을 할 수 없음을 선언하고 상환 유예를 선포했다.[105]

1870~1871년의 프로이센–프랑스 전쟁 결과 프랑스가 패배하면서, 오스만제국의 존속과 특히 두 해협의 중립성을 수호하는 역할은 영국

이 홀로 떠맡게 되었다. 러시아는 이 틈을 노려 1856년 파리 조약의 위반을 거론하면서 러시아 군함의 흑해 진입을 금지한 조항들을 폐기하는 데 성공했다. 이제 보수적인 강대국들이 우위를 점하게 되었다. 1872년에는 오스트리아-헝가리제국과 러시아제국의 황제가 독일제국 초대 황제에게 경의를 표하기 위해 베를린을 방문했고, 이때 이들 세 절대주의 국가들은 비공식적인 합의를 이루었다. 이는 유럽의 다른 지역에서 대두하는 자유주의에 대한 견제의 제스처로 해석되었다. 그러나 발칸 지역에서는 이 세 강국 중 두 나라의 이해가 충돌했다. 러시아는 모든 슬라브 민족을 자국의 영향권 아래 두기를 꿈꿨고 오스트리아-헝가리제국 내의 슬라브 민족도 여기서 예외는 아니었는데, 오스트리아-헝가리는 이 슬라브계 주민의 민족주의 운동을 우려했다. 크림 전쟁 이후 오스트리아는 진퇴양난에 빠져 있었다. 프랑스 및 영국과 손잡을지, 아니면 러시아와 손잡을지 하는 문제였다. 전자의 자유주의는 소수민족의 자결권을 함축하고 있었고, 후자는 국가 규모와 정교회라는 배경으로 인해 자기네를 압도하고 슬라브 민족 운동을 자극할 위험이 있었다.

1870년대 초 아나톨리아 농촌 지역을 강타한 홍수, 가뭄, 기근 등의 재해는 발칸 지역의 크고 작은 도시들에도 영향을 미쳤다. 이곳에서는 이스탄불 동쪽 재해 지역의 농업경제가 붕괴하면서 세수가 감소함에 따라 그 보전을 위해 세금이 인상되었다. 1875년 7월, 오스만의 변경지대 헤르체고비나주에서 증세에 대한 반란이 일어났으며, 이는 곧 이웃한 보스니아로 확산되었다. 두 지역은 오스트리아-헝가리에게 직접적인 관심 대상이었다. 이에 러시아와 오스트리아-헝가리는 외교적으로 개입해 두 속주에 대한 여러 가지 행정 개혁을 제안했다. 술탄 압뒬아지즈가 외압에 굴복해 개혁을 해야 한다는 것을 받아들였음에도 불구하고 반란을 잠재우지는 못했다. 이는 오히려 술탄이 외세의 압력에 맞서지 못한다는 것을 오스만 백성들에게 다시 한번 보여주었을 뿐이다.[106]

이 시기에 오스만 이슬람교도 다수가 겪고 있던 심각한 문화적 혼란과 굴욕은 정부가 외세에 유화적인 태도를 보이는 데 대한 격렬한 비판으로 나타났다. 1876년 3월, 이스탄불에서는 〈이슬람교도 애국자 선언〉이라는 제목의 소책자가 비밀리에 발간되었다. 이 소책자는 대표성과 자문 기능을 갖춘 의회의 설립을 요구했고, 입헌 개혁의 가장 중요한 지지자였던 미드하트 파샤가 이에 관여했을 가능성이 높다.[107]

이 소책자에서 말한 '이슬람교도 애국자'였던 신학도들은 신오스만인의 헌법 제정 요구에 공감했고, 5월 초 그들 수천 명이 이스탄불 거리로 몰려나왔다. 과거에 불만을 품은 예니체리들과 기술공들도 그랬다. 이들은 주요 마스지드에서 열띤 회합을 가지며 정부를 비판했고, 친러시아 성향의 대와지르 마흐무드 네딤 파샤와 셰이흐윌이슬람 하산 페흐미 에펜디의 해임을 요구했다. 궁정은 처음에는 약간 주저했지만 결국 그들의 요구를 수용했다. 그러나 시위는 잦아들지 않았고, 술탄 자신도 비난을 받았다. 술탄은 상황을 악화시키고 있는 소식과 소문의 확산을 막기 위한 노력으로 언론 검열과 전신 통신의 중단을 명령했지만 소용이 없었다. 이스탄불에서 긴장이 지속되어 언제라도 폭력 행위가 터질 듯했던 그달 말에 술탄 압뒬아지즈는 폐위되었다.[108]

압뒬아지즈를 축출하려는 음모에 국가의 몇몇 고위 관리들이 가담했다. 가장 깊숙이 관련된 인물들은 보수적인 군사대신 휘세인 아브니 파샤Hüseyin Avni Paşa, 군사평의회 의장 레디프 파샤Redif Paşa, 군사학교장 쉴레이만 휘스뉘 파샤Süleyman Hüsnü Paşa 등이었다. 권력 중심부에서는 좌절과 불안이 뚜렷하게 느껴졌으며, 압뒬아지즈를 제거할 가능성이 논의됐을 때 휘세인 아브니는 쉴레이만 휘스뉘와의 대화에서 다음과 같이 우려를 표했다.

> 마흐무드 네딤 파샤가 다시 대와지르가 될 것이라는 소문이 점점 힘을 얻고 있소. 이 나라가 러시아의 억압과 침략을 겪게 될 것은 의심할 여지가 없소. 술탄 압뒬아지즈는 러시아 편이오. 국정이 붕괴되고 위태롭다는 징후가 눈에 선하오.[109]

이 인용은 쉴레이만 휘스뉘 파샤가 나중에 이 사건들과 당시 자신이 어떤 역할을 했는지에 관해 쓴 기록의 일부인데, 그는 하산 페흐미 에펜디의 후임 셰이흐윌이슬람인 하이룰라흐 에펜디Hayrullah Efendi가 꿈을 하나 꾸었다고 전했다. 그는 이 꿈을 압뒬아지즈 축출에 대한 신의 승인으로 해석하며, 음모자들이 향후 부당한 행위를 했다는 비난을 받지 않아야 한다는 자신의 생각을 드러냈다. 이 꿈은 하이룰라흐 에펜디로 하여금 압뒬아지즈 폐위에 대한 긍정적인 파트와를 내릴 수 있게 했으며, 이에 따라 쉴레이만 휘스뉘는 "우리의 목표는 완전히 합법적이며, 공격의 여지를 주지 않는 방식으로 쉽게 이루어질 것"이라고 주장할 수 있었다.[110]

정변 계획은 꼼꼼하게 세워졌다. 압뒬아지즈는 해변의 돌마바흐체 궁전에 있었고, 계승 후보자인 무라드(술탄의 형 압뒬메지드의 맏아들)도 그곳에 있었다. 음모자들이 직면한 문제는 어떻게 하면 의심을 사지 않고 무라드 왕자를 거처에서 데려와 술탄으로 선포하느냐 하는 것이었다. 5월 30일 동트기 전, 쉴레이만 휘스뉘 파샤와 그 휘하의 호위 병력이 자기네를 기다리고 있는 무라드 왕자(그는 폐위 계획을 알고 있었다)를 찾아내기 위해 궁궐로 들어갔다. 그들은 무라드를 수레에 숨긴 채 데리고 나와 작은 배에 태웠고, 물을 건너 시르케지로 이동한 후 그곳에서 다른 수레를 이용해 도시의 베야즈트 지역에 위치한 군사부로 데려갔다(이 건물은 현재 이스탄불대학 총장실이 있는 곳이다). 이곳에서 대 와지르 메흐메드 뤼슈디 파샤Mehmed Rüşdi Paşa, 휘세인 아브니 파샤, 하이룰라흐 에펜디, 미드하트 파샤, 그리고 여러 다른 정치가들(그중 한 명이 메카의 샤리프인 압둘무탈립'Abd al-Muṭṭalib이었다)이 충성 서약을 했다. 다음으로, 압뒬아지즈를 돌마바흐체 궁전에서 내보낸 뒤 무라드를 들여보내는 일이 필요했다. 어둠 속에서 궁전은 육지 쪽으로는 병사들이 둘러싸고 있었고, 해상 경계선이 보스포루스 해협에 쳐졌다. 음모자들이 치밀하게 조율한 계획에 따라 선박에서 발사한 대포가 압뒬아지즈를 깨웠고, 그는 자신의 폐위 소식을 전달받았다. 그는 맏이와 둘째의 두 아들과 어머니, 궁중 비서인 파흐리 베이Fahri Bey 등 식솔들과 함께 작은 배에 태워져 비가 퍼붓는 가운데 톱카프궁 아래의 해안으로 옮겨졌다. 그곳에는 일행을 궁궐의 새 거처로 실어 나를 초라한 수레와 짐꾼동물이 기다리고 있었다.[111] 그사이에 술탄 무라드 5세는 물을 건너 다시 돌마바흐체 궁전으로 돌아왔다.[112]

음모자들의 행동이 발각되지 않은 것은 정말 다행이었다. 무라드는 궁궐을 떠나기 직전, 자신의 동생 압뒬하미드Abdülhamid에게 이런 쪽지를 보냈다. "사람들이 나를 데려가려 하고 있고, 나는 영문을 모르겠어. 내 아이들과 가족을 먼저 신께, 그다음으로 네게 맡긴다." 겁에 질린 압뒬하미드는 비슷한 공격이 자신의 목숨도 노릴 수 있다고 두려워했고, 자신을 지키기 위해 무기를 가져오라고 명령했다. 이 기지는 효과가 있었지만, 무라드가 쉴레이만 휘스뉘 파샤 및 그 부하들과 함께 돌마바흐체를 떠나는 모습을 압뒬아지즈의 하인들이 궁궐 창문을 통해 목격했다. 그러나 그들은 무라드 왕자가 어떤 범죄를 저질러 끌려가는 것으로 생각했고, 따라서 왕자가 실종되거나 처형당할 것으로 예상했다.[113]

새 술탄의 즉위와 함께 새로운 시대가 열리리라는 기대가 피어났다. 쉴레이만 휘스뉘 파샤가 회고록에서 밝혔듯이, 당시 무임소대신이었던 미드하트 파샤는 무라드 5세가 즉위한 바로 그날 동료들에게 자신이 기초한 즉위 교서 초안을 제시했다. 새 술탄이 헌정 통치와 대신大臣 책임제를 약속하는 선언이었다. 그러나 이런 대담한 국정 방향 변화에 대해 대와지르와 휘세인 아브니 파샤가 반대하면서 최종본에는 이 민감한 사안에 대한 모호한 언급만이 담겼고, 이후 미래를 논의하기 위해 만난 고위 정치인들 사이의 열띤 언쟁에도 불구하고 나아갈 길은 압뒬아지즈의 폐위 이전보다 더 분명해지지는 않았다.[114]

더 극적인 사건들이 뒤따랐다. 압뒬아지즈는 톱카프궁을 좋아하지 않았고, 도착한 지 나흘 만에 가족과 함께 이스탄불 해안의 츠라안궁 북쪽에 위치한 페리예Feriye 궁전으로 옮겨졌다(그가 무라드 술탄이 제안한 베일레르베이의 궁전을 거절한 것은 휘세인 아브니 파샤를 기쁘게 했는데, 그는 그 궁전의 경비가 너무 어렵다고 생각했다).[115] 아흐메드 제브뎃 파샤는 회고록에서, 압뒬아지즈가 머문 곳은 원래 이 폐위된 술탄이 무라드를 위해 요새처럼 튼튼하게 지은 것이었는데 결국 자신의 감옥을 준비한 셈이라고 빈정댔다. 또 압뒬아지즈가 근대식 해군을 건설한다는 열정으로 그렇게 막대한 돈을 쏟아부은 끝에 결국 스스로가 해상 봉쇄

상태에 놓이게 된 사실에서도 역설을 느꼈다고 했다.[116] 그러나 해협의 바닷가에서도 삶은 견디기 힘들었다. 파흐리 베이는 그 주군 압뒬아지즈의 굴욕을 담은 상세한 기록에서, 전직 술탄이 경비병들에게 조롱당하고 그와 그 가족이 깨끗한 식수 같은 기본적인 생필품조차 공급받지 못했다고 전했다.[117] 며칠 후 압뒬아지즈는 숨진 채 발견됐고, 시신을 검안한 19명의 명망 있는 의사들은 모두 자살이라는 결론을 내렸다.[118]

6월 15일 미드하트 파샤의 자택에서 열린 각료 회의 중에, 압뒬아지즈의 후궁(며칠 전에 죽었다)의 동생인 한 군 장교가 회의장에 난입해 휘세인 아브니 파샤와 외무대신 메흐메드 라시드 파샤를 총으로 쏘아 살해했다. 체르케스 하산Çerkes('체르케스인') Hasan이라는 이 장교는 압뒬아지즈의 맏아들 유수프 이젯딘Yusuf İzzeddin 왕자의 부관이었는데, 무라드의 즉위로 인해 유수프가 술탄이 될 것이라는 기대가 산산조각이 났다.[119] 오스만 정치가들은 이 어처구니없는 살해 사건에 충격을 받아 자신이나 가족이 외출할 때마다 권총이나 단검을 휴대하게 되었다. 체르케스 하산은 바예지드 광장의 나무에서 교수형에 처해졌다.[120]

휘세인 아브니 파샤가 무대에서 사라지면서, 자유주의 헌법 도입을 지지하는 세력이 주도권을 잡았고 그들의 주장을 앞장서서 부르짖은 것은 미드하트 파샤였다. 그는 지적 배경이 신오스만인들과 매우 달랐고 그들 사이의 관계는 때로 불편했지만, 제헌 의회가 개혁의 필수 요소라는 신념을 서로 공유했다. 그는 또한 압뒬아지즈의 폐위는 헌정 개혁의 전조로서 민의에 부합하는 일이라고 주장했다.[121] 하지만 새 술탄은 행동을 취할 수 없는 듯했다. 무장 호위 속에 갑작스럽게 술탄으로 즉위한 데다, 이어 압뒬아지즈와 두 명의 대신이 비명에 죽은 일로 충격을 받아 분명히 정신적으로 무력화돼 있었다. 이런 위기의 시기에 그가 제국을 통치하기에는 전혀 적합하지 않다는 사실이 점차 그의 정치가들에게 분명해지기 시작했다.[122]

술탄 무라드 5세는 불과 석 달 동안 제위에 있었으며, 이후 그가 통치에 부적합하다고 진단한 의사들의 조언과 정신이상인 술탄을 물러나게 할 수 있다는 파트와가 그의 폐위의 길을 열었다. 당대의 한 노래는 "(이슬람력) 1293년에 그는 93일 동안 세상의 파디샤(황제)였네. 낙담한 술탄 무라드는 은퇴해 물러났네"라고 했다. 오스만의 제위 계승이라는 정치적 격변에 휘말리기 전까지만 해도 그의 정신건강은 문제시되지 않았다. 그는 유럽의 여느 태자들과 다를 바 없는 자유로운 삶을 누렸으며, 1860년대에는 압뒬아지즈와 함께 이집트와 유럽을 여행했다. 이스탄불에서 유행하던 살롱 문화에 참여해 지식인, 사교계의 미녀, 외국 방문객들과도 어울렸다. 그는 음악을 사랑했고 능숙한 작곡가였으며, 목공과 가구 제작에도 능했다. 1870년대 초 알리 파샤가 죽고 신오스만인들이 파리에서 돌아왔을 때, 무라드는 그 주요 사상가 중 한 명인 나믁 케말에게 매혹되었다.* 1876년 8월 31일, 무라드의 동생이 그의 자리를 대신해 술탄 압뒬하미드 2세로 즉위했다. 무라드는 츠라안궁에서 연금 상태로 지냈다.

이 몇 달 동안에, 그리고 바로 이 사건들이 한몫해서 오스만은 그

---

* 무라드가 제위에 올랐을 때, 키프로스에 국내 유배됐던 나믁 케말이 3년 만에 돌아왔다. 이는 그가 쓴 연극 〈조국Vatan yahut Silistre〉의 열광적인 반응 때문이었는데, 이슬람교도인 튀르크인들이 애국심이라는 개념을 받아들이는 내용이었다. 압뒬아지즈는 이것이 너무 위험한 개념이라고 생각했는데, 특히 관객들이 무라드를 외치기 시작할 때 그랬다(Sakaoğlu, art. Murad V, İstanbul Ansiklopedisi 5.510~12).

세기 초부터 의지해온 유일한 동맹국의 지원을 잃을 위기에 처했다. 오랫동안 제국의 진정한 친구로 여겨졌던 영국은 크림 전쟁 이후의 합의를 러시아 팽창주의를 억제할 최선의 희망으로 믿었다. 그러나 오스만의 국가 부도, 민족주의 봉기, 그리고 두 술탄의 빠른 폐위는 이제 영국의 오랜 정책을 바꿔야 할 시기라는 영국 정책 비판자들의 의견에 힘을 실어줄 수 있을 뿐이었다. 물론 영국과 오스만제국의 관계는 결코 이익이 배제된 것은 아니었다. 결국 균형을 무너뜨린 것은 에디르네와 소피아 사이에 있는 플로브디프 지역에서 일어난 불가리아 민중 봉기를 1876년 4월 폭력적으로 진압했다는 소식에 대한 영국 여론의 분노였다. 이를 진압한 것은 체르케스인 비정규군이었는데, 이들은 1864년 러시아가 캅카스의 이슬람교도 국가들을 점령한 후 고국에서 쫓겨나고 오스만제국에 의해 플로브디프 근처에 정착했었다. 플로브디프 지역에서 발생한 기독교인 학살은 참으로 이전 어느 때의 것보다 참혹했지만, 당대 영국 언론과 그 이후에 '불가리아 만행'으로 표현된 이 사건의 사망자 수는 사실 이스탄불 주재 러시아 대사 니콜라이 이그나티예프Nikolai Ignatiev 백작의 묵인으로 과장된 것이었다. 윌리엄 글래드스턴은 체르케스인이 발칸반도로 들어온 역사적 맥락을 고려하지 않은 채 이 항의 여론에 가세했다. 현대의 한 역사가는 이렇게 상기시켰다.

(체르케스인들은) 캅카스 전쟁에서 경험한 일과 고향에서 강제 추방당한 일을 통해 기독교도들에 대한 불신(어쩌면 증오)을 키웠을 것이다. 체르케스인들은 또한 세르비아와 보스니아에서 싸운 불가리아인들에게 고문과 다른 잔혹 행위를 당했다. 그들에게 적은 명확했다. 러시아인(그들이 오랫

동안 알았고 증오해왔다)과 불가리아인은 그들에게 거의 차이가 없어 보였을 것이다.[123]

처음 있는 일은 아니었지만, 이 격앙된 영국인과 다른 유럽인들은 반란군의 손에 많은 이슬람교도들 또한 죽었다는 불편한 사실을 외면했다.[124]

이 학살은 러시아에서 특히 큰 분노를 불러일으켰다. 러시아는 오스만제국 내의 정교도와 슬라브계 주민들에 관해서는 호전적인 자세를 취해왔지만, 이제까지는 민족주의적 주장을 옹호하는 일을 주저해왔다. 그것이 상당한 수에 이르는 자국 내의 비러시아계 주민을 자극해 장래의 독립을 추구할 수 있었기 때문이다.[125] 그러나 1876년 7월 세르비아와 몬테네그로 군대가 서쪽에서 불가리아로 진입했다가 오스만 군대에 패배하자, 러시아는 전쟁을 위한 동원에 나섰다. 영국은 이제 더는 오스만제국을 지원해봐야 실익이 없다고 보고 개입에 나서, 강대국 회의를 주선해 문제를 해결하고자 했다. 이 회의에서 나온 제안들은 오스만의 유럽 내 통치를 알바니아, 북부 에게 해안, 동부 트라케 지역으로 제한하는 것이었다. 오스만 정부는 이를 거부하고 세르비아와 평화 협정을 체결했다. 강대국들이 불가리아와 보스니아-헤르체고비나에서의 개혁을 모호하게 희망하는 선에서 요구 사항을 축소하고 있었지만 말이다. 러시아는 동원 해제를 거부했고, 1877년 4월 24일에 전쟁을 선포하면서 이 지역은 전쟁에 빠져들었다. 전쟁 과정에서 러시아군은 오스만 영토를 가로질러 에디르네까지 진격했으며(오직 북부 불가리아의 플레벤 요새에서만 강한 저항에 직면했다), 동부에서는 그 군대가 에르주룸을 향해 진격했다. 이 전쟁은 1878년 1월 31일 에디르네에서 휴전 협정이 체결되면서 끝났다. 크림 전쟁이 끝난 이후 오스만은 20년 가까이 대외적 평화를 누려왔는데, 이 재개된 러시아와의 전쟁으로 막대한 대가를 치러야 했다.

오스트리아와 영국은 모두 러시아의 성공을 인정할 생각이 없었다. 러시아-오스만 휴전이 성립되고 며칠 뒤, 영국 함대는 이스탄불 인근 프렌스제도 앞바다로 이동해 정박했고, 이에 대응해 발칸에 있던 러시아군은 해변 도시 예실쾨이(산스테파노, 현대 도시의 중심 공항 인근이다)로 진군했다. 그들은 영국 함대가 보스포루스 해협으로 진입할 경우 수도를 점령하라는 명령을 받았다. 영국과 러시아 사이에 전쟁 위기가 고조됐으나, 충돌은 피했다. 러시아가 산스테파노 조약에서 오스만에 강요한 조건은 가혹했다. 불가리아(흑해에서부터 에게해까지 뻗쳐 있었다)는 자치권을 갖게 됐고, 보스니아와 헤르체고비나 역시 마찬가지였다. 루마니아(1861년에 옛 오스만 속국 왈라키아와 몰도바를 합쳐 만들어진 국가다), 세르비아, 몬테네그로는 모두 오스만 영토를 넘겨받아 독립하게 되었다. 동부에서는 카르스주, 아르다한주, 바투미주, 도우바야즈트주가 러시아령이 되었다. 그리스는 러시아의 일방적 자세에 특히 당황했는데, 이는 러시아가 만들고자 한 새로운 불가리아에 슬라브인이 아니라 '그리스인'의 지역으로 간주되는 마케도니아 등의 지역들까지 포함됐기 때문이다. 그리고 영국과 오스트리아도 분노를 표했다. 그러나 외교적 필요는 반대자들의 손을 들어주었다. 러시아가 구상한 발칸 지역의 광범위한 영토 재편은 파리 조약의 급진적인 변경이어서 해당 조약의 서명국들과 협의가 필요했기 때문이다. 결국 러시아가 산스테파노에서 오스만제국에 강요한 조약은 1878년 6월 13일부터 7월 13일까지 베를린에서 열린 회의에서 어느 정도 완화되었다. 이 회의에는 영국, 오스트리아-헝가리, 러시아, 오스만제국, 독일, 이탈리아, 프랑스의 대표가 참석했다. 이 회의의 결과로 베를린 조약이 체결됐는데, 이는 사실상 수백 년에 걸친 오스만제국의 발칸반도 종주권이 종식됨을 의미하는 조약이었다.

베를린 조약의 조건에 따라 불가리아는 세 부분으로 분할되었다. 러시아의 영향력은 새로이 자치권을 얻은 북부 지역에서 보장됐고, 중부 지역에는 반자치적인 동루멜리주가 신설됐으며, 남부는 오스만의 지배하에 남았다. 러시아는 또한 바투미, 카르스, 아르다한과 함께 남부 베사라비아를 획득했다. 러시아는 무기와 군사 행정의 개선, 그리고 크림 전쟁 이후 도입된 병역 확대 덕분에 오스만 군대를 무너뜨릴 수 있었지만, 영국과 오스트리아의 압력에 맞설 만큼 강력하지는 못했다. 베를린에서 이들 국가에 양보함으로써 러시아는 평화를 잃었다는 현대 역사가들의 평가를 받았다.[126] 그럼에도 불구하고 러시아는 그들이 획득했다가 조약의 조건에 따라 철수한 영토의 대가로 오스만에게 8억 250만 프랑스 프랑의 전쟁 배상금을 부과하는 데 성공했다. 러시아는 오스만제국에 투자한 바가 없었으므로 오스만의 부채로 인한 어떤 손실도 없었으며, 이 배상금을 이제까지의 적국이던 오스만제국으로부터 다른 열강이 누리던 경제적 이익을 공유할 수 있는 기회로 여겼다. 역대 러시아 대사들은 오스만에게 생기는 자금에 대해 러시아가 우선적으로 가져갈 권리가 있다고 주장함으로써 경쟁 강대국이나 오스만 정부의 투자 사업들을 저지할 수 있었는데, 이러한 사업들은 제국에 약간의 번영을 가져다줄 수도 있는 것들이었다.[127]

오스트리아-헝가리는 1877~1878년 전쟁에 직접 참전하지는 않았지만, 발칸 지역의 안정을 위해서는 러시아와 균형을 이룰 수 있도록 무언가를 얻을 필요가 있었고 이에 따라 그들은 보스니아와 헤르체고비나를 얻었다. 세르비아, 루마니아, 몬테네그로의 독립은 베를린 회의에서 공식적으로 승인됐으나, 불가피한 일이었겠지만 그 경계선이 설정되는 방식은 이들 국가를 만족시키지 못했다. 베를린 회의가 열리기 전, 술탄은 키프로스의 통제권을 영국에 양도했다. 영국이 매년 돈을 내고, 러시아가 장래에 아나톨리아 동부를 침공할 경우 군사적 지원에 대한 모호하게 표현된 약속의 대가였다. 그리고 그러지 않으면 영국이 베를린에서 오스만을 지지하지 않을 것이라는 두려움도 있었다.[128] 이로써 영국은 서아시아에 '전진 기지'를 확보해 동방에서 러시아가 오스만제국을 위협할 경우 이에 대응할 수 있게 되었다. 발칸반도에서의 영토적 야망이 꺾인 러시아는 이제 그 전략적 초점을 중앙아시아로 옮겼고, 오스만제국의 운명은 과거 어느 때보다도 영국의 인도 항로 안전과 더 밀접하게 연결될 수밖에 없었다.

1877~1878년 전쟁과 이를 종결시킨 베를린 조약은 오스만이 17세기 말 합스부르크에게 패배한 이후 시작된 과정을 서둘러 정점으로 끌어올렸다. 오스만제국은 영토의 3분의 1 이상을 잃었고, 비이슬람교도 주민의 상당 부분도 상실했다. 남은 주요 비이슬람교도 공동체인 그리스인과 아르메니아인은 세르비아인이나 불가리아인 등처럼 명확하게 집중되어 있지 않았고, 지리적 분리주의 위협의 또다른 주체로 분명히 간주되지 않았다. 그럼에도 불구하고 동부 및 동북부 아나톨리아의 아르메니아 속주들에 대한 오스만제국의 개혁 약속(키프로스 협약 협상 과정에서 영국과 논의했고, 아르메니아인들이 유럽 정치가들에게 호소한 결과로 베를린 조약에 포함되었다)은 미래에 대한 불길한 조짐을 드러냈다. 개

혁은 일부에서 열망했던 독립이나 자치권의 그림자에 불과한 것이었지만 말이다.[129] 오스만의 많은 그리스인들은 1839년과 1856년에 발표된 개혁 칙령으로 인해 경제적으로 이득을 얻었지만, 그럼에도 불구하고 제국을 떠나 독립된 그리스로 이주한 이들도 있었다. 그렇게 떠난 사람들 일부는 '조국'에서의 삶이 오스만제국에서 누리던 삶보다 만족스럽지 않다는 사실을 알게 되었다. 독립 당시의 아테네는 폐허가 된 지방 도시였으며, 수준 높은 오스만의 그리스인들에게 이스탄불, 테살로니키, 이즈미르 같은 도시들의 문화적·경제적 보상과 비교할 만한 아무것도 제공할 수 없었다. 그리고 그들은 나중에 돌아왔다.[130]

베를린 조약 이후 오스트리아-헝가리제국이 보스니아와 헤르체고비나를 점령한 것은 그리 만족스러운 결과가 아니었다. 이는 결과적으로 합스부르크제국에 부담이 돼서 그 미묘한 내부 균형을 깨뜨렸다. 대부분 세르비아계 정교도이고 따라서 러시아의 범슬라브주의라는 새로운 이념의 유혹에 쉽게 흔들릴 수 있는 주민들을 오스트리아의 통치하로 편입했기 때문이다. 1867년 이후 헝가리가 자국 내 슬라브 주민을 '마자르화'하려 시도했던 경험은 그 지도자들에게 더 많은 사람을 정치적·행정적으로 통제하게 된다는 전망에 불안을 느끼게 했다. 그뿐만이 아니었다. 보스니아와 헤르체고비나의 많은 이슬람교도 또한 이제 오스트리아의 통제 아래로 들어왔다. 오스만이 골치를 썩이던 민족주의 갈등이 오스트리아-헝가리로 확산되었다.[131] 오스트리아-헝가리는 이제 오스만제국처럼 다양한 민족과 종교를 가진 국가였다. 그리고 역시 오스만제국처럼 자기네와 동맹을 맺고 있던 러시아에 맞서기에는 너무 약했다. 영국이 오스만과 관련해 인내심을 잃은 것은 부분적으로, 러시아나 오스트리아의 구상에 맞서 지켜야 할 오스만의 발칸 지역 영토가 베를린 조약 이후 별로 남지 않았기 때문이다. 이제 이 지역에서 이해관계를 가진 모든 강대국에게 닥친 난제는 오스만제국을 계승한 발칸반도의 독립국 또는 반자치국들(흔히 생존이 쉽지 않은 나라들이었다)의 안정성을 확보할 새로운 틀을 어떻게 발견할 것인가였다.

제15장

이슬람 제국

압뒬하미드 2세는 역사로부터 다른 어떤 술탄보다도 더 혹독한 평가를 받아왔다. 그의 생애는 '무흐테솀'('위인')이라는 별명으로 알려진 쉴레이만 1세의 경우와 마찬가지로 신화에 가려져 있다. 그러나 쉴레이만이 술탄의 전형으로서 널리 찬사를 받는 반면, 압뒬하미드는 서방이 오스만제국에 관해 가장 비난받을 만하다고 생각했던 모든 것을 보여준다. 그를 목숨이 얼마 남지 않은 왕가의 잔인하고 과대망상적인 자손으로서 '가증스러운 압뒬' 또는 '붉은 술탄'이라고 묘사하는 것은 탐욕스럽게 그의 영토를 바라보던 유럽 정치가들의 시각을 반영한 것이며, 이는 오늘날까지도 이어지고 있다. 1876년 불가리아에서 공동체간 대학살이 발생한 뒤, 윌리엄 글래드스턴은 술탄 압뒬하미드와 그의 백성에 대해 "그들이 유럽에 발을 들인 첫 번째 재앙의 날부터, 그들은 엄청난 반인간적 인류의 표본이었다"라고 비난했다.[1]

현대 튀르키예에서는 압뒬하미드에 대한 두 가지 상반된 시각이 존재한다. 그의 시대를 연구한 한 역사가는 최근에 당시의 정치 주체들은 서방의 압뒬하미드 비방자로부터는 물론, "케말주의적 폄하자와 튀르키예 극우의 그 '열광자들' 양쪽으로부터 구해내야" 한다고 썼다.[2]

'케말주의적 폄하자'는 오스만제국 말기를 암흑의 시대 혹은 좀 부끄러운 과거이며 그로부터 자기네 나라를 구한 것이 무스타파 케말(아타튀르크)의 지도력과 비전이었다고 보는 사람들이다. 케말 추종자들에게 압뒬하미드의 통치는 제국의 최종적 붕괴 및 1923년 튀르키예공화국 수립과 함께 시작된 새로운 시대의 대조물 노릇을 한다. 반면 튀르키예 극우의 '열광자들'에게 압뒬하미드는 영웅이다. 그는 탄지마트의 실험 이후 좀더 보수적인 경로로 회귀하고, 오스만 국가의 이슬람적 성격을 다시 강조하며, 제국 내 다른 사람들에 맞서 이슬람교도들을 옹호한 술탄이었다. 이런 시각에서는 비이슬람교도가 제국의 붕괴를 초래한 위기의 근원이었다.

압뒬하미드와 그의 시대에 대한 서방의 평가가 오스만제국 말기를 무기력한 것으로 규정하는 데서 비롯된 것이라면,* 튀르키예 내부의 해석은 현대 정치적 목적에 맞게 당대의 양상을 '포장'한 것이다. 그럼에도 불구하고 이 상반된 평가는 이른바 '동방 문제'의 결말, 압뒬하미드가 허물어져가는 제국을 결속시키기 위한 접합제로 이슬람교를 활용한 일, 그 제국의 종말과 이를 대체하는 국민국가를 위한 새롭고도 안전한 형식의 추구를 둘러싼 고통 같은 중요한 사건들을 가리키는 이정표를 제공한다. 그러나 이들은 그 시대의 맥락 속에서 검토되어야 하며, 현대의 특정 의제를 지지하기 위해 강조되어서는 안 된다.

압뒬하미드의 의심 많은 성격이 어디서 기인했는지는 여전히 명확하지 않다. 그럼에도 불구하고 어떤 일이 제위에 오르기 전 그의 삶에 영

---

* 에릭 홉스봄은 이를 19세기 자유주의 기준에 따라 "가장 분명한 진화의 화석"이라고 좀 어색하게 묘사했다(Deringil, *The Well-Protected Domains* 6).

향을 미쳤든, 그가 즉위할 때의 폭력적인 상황은 그 어떤 안정적인 인물도 흔들기에 충분했을 것이다. 한 현대 전문가의 견해는 이렇다.

그는 결단력과 소심함, 통찰력과 공상이 놀랍게 혼합된 인물이었으며, 이는 대단한 실용적 신중함과 권력의 본질에 대한 본능으로 합쳐졌다. 그는 자주 과소평가되었다. 그에 관한 기록으로 판단해보면, 그는 국내에서는 만만찮은 정치가였고, 외교에서도 유능했다.[3]

압뒬하미드는 연극과 유럽 음악을 즐겼고, 이를 감상하기 위해 이을드즈의 자기 궁전에 멋진 극장을 지었다. 무라드 5세처럼 그는 훌륭한 목공예 기술을 갖추고 있었으며, 그가 만들었다는 가구는 오늘날에도 베일레르베이 궁전과 이을드즈 궁전에서 볼 수 있다. 또한 그는 잠자기 전에 셜록 홈스의 탐정 소설을 낭독시켜 듣는 것을 가장 즐겼다. 그를 잘 알았던 헝가리 출신 학자이자 영국의 대리인 밤베리 아르민Vámbéry Ármin이 보기에 압뒬하미드는 "부르주아 군주의 화신"이었다.[4]

술탄 압뒬아지즈가 폐위되기 전의 소란 속에서, 계승 예정자였던 무라드는 자신이 술탄이 되면 헌법 제정에 호의적일 것임을 내비쳤다. 하지만 그가 오래 제위에 머물 수 없음이 분명해지자, 내켜하지 않는 압뒬하미드에게서도 비슷한 약속을 받아냈다. 그의 즉위 직후 발표된 교서에서는 헌법에 대한 언급이 없었지만[5] 새 술탄은 약속을 지켰고, 다양한 헌정 체제의 장점에 대해 논의하기 위한 회의를 열었다. 신오스만인들(그 수는 많지 않았다)의 염원이 마침내 실현될 것처럼 보였다. 목표나 방법에서는 통일되어 있지 않았으나, 그들의 사상은 "이슬람적 논거를 가지고 자유주의적 가치를 옹호"하는 것으로 특징지을 수 있다. 그들이 오스만 정치문화를 그 이슬람적 뿌리에서 멀어지게 만든 탄지마트 관리들의 서방 규범 모방이라고 본 것과 대조적이었다. 즉위한 지석 달 뒤인 1876년 12월 23일, 압뒬하미드는 오스만 헌법과 오스만 의회의 창설을 선포했다. 강대국들이 보스니아-헤르체고비나와 불가리아 위기를 해결하기 위해 논의하고 있는 와중이었다.

미드하트 파샤는 헌법 제정을 맡은 위원회를 주재했으며, 새로운 정치 체제가 효과적으로 작동하도록 보장하기 위한 틀을 짜는 데 심혈을 기울였다. 헌법이 반포되기 나흘 전에 그는 대와지르로 임명되었다. 그러나 불과 6주 뒤에 그는 이스탄불에서 이탈리아 브린디시로 유배되었다. 이는 제국 내의 먼 지역이 아닌 해외 유배라는 점에서 흔치 않은 일이었다. 압뒬하미드는 언제나 미드하트를 불신했는데, 그는 두 명의 술탄을 폐위시킨 인물이었다.[6] 게다가 1876년 헌법은 1839년 및 1856년의 칙령들과는 달리 제국의 운명을 좌지우지하고 있던 강대국들을 달래지 못했고, 러시아는 여전히 전쟁을 위해 동원 중이었다. 미드하트의 유산은 1878년 2월 14일까지 이어졌으나, 그날 영국 함대가 마르마라해에 진입하고 러시아와의 평화 협상이 시작되려 하자 술탄 압뒬하미드는 헌법을 정지시키고 첫 오스만 의회를 해산했다. 의회는 1877년 3월 19일에 공식 개원한 지 1년도 채 되지 않았다. 그는 시험되지도 않고 이해도 불충분한 새로운 정부 형태가 이제 위기에 처한 제국을 구원해줄 수 있다고는 생각하지 않았다. 구원은 미드하트 파샤와 그의 동지들이 이끄는 자유주의적·입헌주의적 조류를 뒤엎고, 탄지마트 개혁의 결과로 정부와 관료들에게 넘어간 권한을 술탄의 손으로 되돌림으로써 이룰 수 있다고 생각했다. 압뒬하미드의 최우선 과제는 오스만 영토의 잔존 지역을 유지하는 것이었으며, 이후 그의 정책들은 모두 이 목표를 향해 나아갔다.

　신오스만인의 한 인물이 놀라운 모습으로 공개 무대에 나타났다. 급진적 언론인이었던 알리 수아비가 1878년 5월 무라드 5세를 복위시키려는 음모를 주도한 것이다. 이는 압뒬하미드 치세 중 이전 술탄을 복위시키려 한 세 번째 시도였다. 그리고 가장 극적이었다. 파리에 망명했다가 압뒬하미드가 즉위한 이후 이스탄불로 돌아온 알리 수아비는 정부 관직에 임명됐으나 곧 실각했다. 그는 제국의 위태로운 상황에 대해 공개적으로 이야기하고 언론에 글을 쓰기 시작했다. 그리고 1878년 5월 20일, 약 250명의 투사를 이끌고 츠라안궁을 습격했다. 최근의 러시아–오스만 전쟁으로 인해 불가리아에서 이스탄불로 강제 이주해 불만을 품은 사람들이었다. 무라드는 이미 음모에 대해 통보받았으며, 옷을 차려입고 그들을 기다리고 있었다. 그러나 알리 수아비와 그의 동료 23명은 궁궐 수비대에 의해 살해됐고, 또다른 30명이 부상당했으며 다수가 체포되었다. 무라드는 먼저 츠라안궁 위 언덕에 있는 이을드즈궁 마당의 별관으로 옮겨졌고, 이후 압뒬아지즈가 최후를 맞은 페리예궁에 수감되어 엄격한 감시를 받았다. 이어 사건에 대한 조사가 벌어졌고, 음모에 가담한 것으로 드러난 지식인과 정치가들은 3년간의 중노동, 벌금, 투옥 또는 국내 유배 등의 처벌을 받았다.[7]

　술탄 압뒬하미드에게 베를린 조약은 오스만제국과 이슬람에 대한 음모였다.[8] 이 조약의 조건에 따라 제국 영토의 8퍼센트(그중 상당 부분은 비옥하고 생산적인 지역이었다)와 인구의 20퍼센트 가까이를 상실했다. 더는 오스만 신민이 아니게 된 450만 명으로 추산되는 사람들 중 대다수는 기독교도였다.[9] 그 당연한 귀결로 이제 이슬람교도는 제국 인구에서 차지하는 비율이 더 높아졌고, 이 비율은 1877~1878년 전쟁 중과 그 이후에 캅카스, 크림반도, 카잔, 아제르바이잔 등지에서 이슬람교도 난민이 유입되면서 더욱 높아졌다. 제국 내부의 통합이 강대국들과 발칸 지역의 그 속국들이 벌이는 추가적인 제국 영토 분할 시도에 효과적으로 맞서기 위한 전제 조건이라는 인식은 권력층과 피지배층 모두에게 더욱 명확해졌다. 그리고 베를린 조약 이후 제국의 인구 구성이 변함에 따라 국가에 대한 충성의 새로운 기반이 필요했다. 다양한 종교와 민족적 열망을 가진 제국의 자치 요구에 대응하기 위해 탄지마트 개혁자들이 고안했던 '오스만주의'는 이제 전체 주민의 4분의 3이 이슬람교도인 국가에는 더이상 적절하지 않았다.

최근의 사건들은 유럽, 특히 영국(오스만은 러시아와의 전쟁에서 영국의 지원을 기대했지만 헛된 희망이었다)의 우호 주장이 얼마나 덧없을 수 있는지를 다시 한번 드러냈다.[10] 그럼에도 불구하고 어떤 면에서 오스만의 자신감은 여전히 꺾이지 않았다. 압뒬하미드와 그의 정치가들은 이전 세대들과 마찬가지로 여전히 자신들을 유럽 군주들과 대등한 존재로 여겼으며, 오스만제국을 유럽 강대국의 일원으로 간주했다. 영국과 프랑스가 택한 입헌군주제의 자유주의적 분위기는 누구에게라도 분리주의적 사고를 부추기는 듯했고, 따라서 압뒬하미드는 스스로가 독일 카이저나 오스트리아 황제와 같은 모습의 자부심 강한 전제군주로 묘사되고 싶어했다. 다만 같은 전제군주인 러시아의 알렉산드르 2세와의 유사성은 무시되었다. 가장 인상적인 것으로, 술탄과 그 측근들은 자신들과 자기네 세계가 '현대적'이며 그렇게 존중받아야 마땅하다고 내세웠다. 오스만이 참여한 세계 박람회의 작품이나 공간 같은 것에서 구경꾼이 이국적이거나 미개하다고 해석할 수 있는 '오스만다움'

의 어떤 공개적인 표현도 금지됐는데, 그것이 제국을 조롱거리로 만들 수 있다는 이유에서였다.[11] 오스만제국이 유럽 국가들과 뚜렷하게 달랐던 점은 종교 문제였지만, 오스만인들은 이를 결코 열등함의 표지로 여기지 않았다. 오히려 반대였다. 압뒬하미드는 이를 장점으로 삼았고, 신민 대다수의 이슬람 신앙을 이용해 유럽 국가들이 채택한 민족 및 언어 기반의 민족주의에 상응하는 것을 제시하려 했다.

압뒬하미드는 이미 즉위 전부터, 제국의 다양한 민족들이 오스만 신민으로서의 공통의 정체성을 받아들인다는 탄지마트의 관념이 낡은 것임을 인식한 데다 러시아 범슬라브주의(범그리스주의와 범게르만주의는 말할 것도 없이)의 사례를 목격하면서, 새롭고도 보다 타당한 이념적 원리의 정립을 지원했다. 그는 칼리파를 겸한 오스만 술탄이라는 잠재해 있는 개념을 가지고 자기네 백성뿐만 아니라 모든 이슬람교도의 충성을 요구할 수 있도록 그것을 개조해 이전의 그 어떤 오스만 술탄보다도 더욱 집요하게 칼리파로서의 자기정체성을 주장했으며, 국가에 대한 충성의 초점으로서 이슬람교의 타당성을 강조했다. 1877년부터 1880년까지 이스탄불 주재 영국 대사였던 헨리 레야드Henry Layard에 따르면, 압뒬하미드는 술탄으로서의 지위보다 칼리파로서의 지위가 더 높다고 생각해 거기에 더 큰 중요성을 부여했다고 한다.[12] 만약 그의 말이 사실이라면, 이는 그가 제국을 구할 수 있는 다른 방법이 없다고 보았기 때문이다.

술탄이 통치를 시작하면서 이슬람교에 대한 헌신을 강조하는 것은 전통이었으며, 1566년 술탄 셀림 2세 때부터 오스만제국의 즉위식의 일부가 된 띠를 두르는 의식에서 칼의 사용을 선택한 것은 당대 사람들에게 간과할 수 없는 중요성을 지녔다. 최근의 예로, 술탄 마흐무드

2세는 1808년 즉위할 때 칼 두 자루를 허리에 찼다. 선지자 무함마드의 칼과 오스만제국의 첫 술탄인 오스만 1세의 칼이라고 했다. 이는 그의 왕가와 종교 양쪽의 정통성을 동시에 주장한 것이었다. 그가 여러 술탄 중 후세에 '가지'('전사')로 알려진 오스만 1세의 칼을 선택한 것은 제국의 군사적 힘을 회복하겠다는 의지의 표명일 것이다. 그러나 1839년에 압뒬하미드의 아버지인 독실한 압뒬메지드는 이슬람교의 두 번째 칼리파였던 우마르 이븐 알하타브Umar ibn al-Khattāb의 칼 하나만을 차는 선택을 했다. 우마르는 신생 이슬람교도 공동체에 대한 영적 권위를 나타내기 위해 '아미르 알무미닌amīr al-mu'minīn'('신도들의 지휘관')이라는 칭호를 사용했던 인물이다. 술탄 압뒬아지즈도 1861년 즉위 시 같은 선택을 했으나, 압뒬하미드는 마흐무드와 마찬가지로 칼리파 우마르의 칼과 오스만의 칼을 차는 의식을 치렀다. 압뒬메지드는 즉위 직후 반포된 퀼하네 칙령의 이슬람적 성격을 주장했다. 압뒬하미드가 반포한 헌법은 '최고의 이슬람 칼리파국'에 대한 오스만의 권리를 언급하고 있다.[13]

　칼리파 칭호는 셀림 1세 때부터 오스만 술탄들이 사용해왔으나, 의미가 분명하게 규정되지 않았고 명확하게 정치적인 것은 아니었다. 오스만 술탄이 모든 이슬람교도에 대한 영적 권위를 계승했다는 주장은 셀림이 1517~1518년 이집트를 정복하기 위한 원정에서 선지자 무함마드의 유물을 가지고 돌아왔다는 믿음뿐만 아니라 아바스 왕조의 마지막 칼리파로부터 그 직책을 위임받았다는 믿음에도 근거하고 있다.[14] 오스만 술탄이 '하느님의 지상 대리인'인 칼리파라는 생각은 당대의 영향력을 보여주는데, 아흐메드 제브뎃 파샤의 설명을 통해 알 수 있다. 그는 술탄 압뒬아지즈가 칼을 차는 의식에 대해 쓰며 이렇게 말했다.

술탄 셀림 1세가 이집트를 정복하고 아바스 칼리파를 이스탄불로 데려오자, 아바스 칼리파는 셀림 술탄에게 이 (우마르의) 검을 채워주었고, 이로써 이슬람 칼리파직이 오스만 가문으로 이양되었다.[15]

아흐메드 제브뎃 파샤가 상술한 이 신화는 권위 있는 것이었다. 그는 압뒬하미드 술탄의 이슬람 정치에서 두루 영향을 미친 인물이었으며, 칼리파직에 관한 그의 방대한 저작은 술탄의 정치에 반영되었다.[16]

칼리파를 겸한 술탄의 정치적·법적 역할 문제는 셀림의 이집트 정복 이후 시기(예컨대 쉴레이만 1세와 메흐메드 4세의 치세)에 간헐적으로 논의돼왔으나, 오스만이 전 세계 이슬람교도에 대한 술탄의 칼리파로서 종교적 권위를 강조하도록 촉발한 것은 18세기에 오스트리아와 러시아가 오스만 영토를 침공한 일이었다.[17] 오스만 술탄의 칼리파로서의 역할에 대한 의식이 높아진 것은 크림반도가 제국의 손을 떠나 러시아의 강한 영향 아래 들어가면서부터였다. 술탄의 타타르인들에 대한 영적 권위('모든 이슬람교도의 칼리파'로서의 그의 권능으로 인한 것이었다)는 1774년 퀴췩 카이나르자 조약에 명시되었다. 1783년에 예카테리나 대제가 크림반도를 러시아에 병합한다고 선언하자, 이 이슬람교도의 땅을 상실한 충격의 여파 중 하나는 술탄이 모든 이슬람교도(누가 그들의 세속 지배자이냐와 관계없이)의 보호자라는 오스만의 주장이었다. 이 개념은 오래지 않아 문서화되었다. 칼리파직이 셀림 1세에게 공식적으로 이양되었다는 가장 이른 언급 중 하나는 퀴췩 카이나르자 조약 체결 직후인 1787년에 나타났다. 이는 이스탄불의 아르메니아인 이냐티위스 무라지아 도송Ignatius Mouradgea d'Ohsson의 유명한 《오스만제국 총람 Tableau Général de l'Empire Othoman》에 나오는데, 그는 스웨덴 공사관의 통역에서 출발해 특명전권공사 겸 공관장까지 오른 인물이다.

두 국가 사이의 지속적인 적대감에도 불구하고, 크림 지역의 이슬람 문제에 관해서는 러시아 차르가 술탄 겸 칼리파를 존중하는 관례가 1863년(또는 어쩌면 그 이전)부터 1914년까지 간헐적으로 이어졌다. 이는 차르가 얄타 부근의 리바디야나 세바스토폴 또는 오데사에 있는 여름 별장들을 방문할 때마다, 고위급 사절을 보내 술탄이 영적 지도자인 땅에 오는 그를 영접하게 함으로써 상징적으로 드러났다.[18] 유럽 강대국들은 자신들의 목적에 부합할 때 술탄을 칼리파로 지칭했다. 그러나 대부분의 경우 그를 칼리파이자 보호자로 생각하고 그에게 호소한 이들은 자신의 나라가 유럽의 식민지로 변해가던 아시아의 이슬람 지도자들이었다.[19]

술탄 압뒬하미드가 새로운 정통성을 강변하는 데서 잠재적인 걸림돌은 칼리파는 선지자 무함마드가 그 일원인 헤자즈의 쿠라이시 부족 출신이어야 한다는 역사적 전통이었다. 그러나 오스만제국은 이 문제에 대해 관대한 하니파 학파의 이슬람 법학을 채택하고 있었고, 다른 학파들(샤피이, 한발, 말리크) 또한 이런 식의 장애물을 제거한 지 오래였다.[20] 아흐메드 제브뎃 파샤는 과거 칼리파가 쿠라이시 부족 출신이었던 이유는 오직 그들이 다수였기 때문이라고 주장했다.[21] 아랍 세계 곳곳에서 오스만 통치에 대한 불만의 소리가 가끔씩 터져 나오는 것은 압뒬하미드에게 특히 두 가지 측면에서 우려를 자아냈다. 그는 자신이 아랍인의 후예가 아니라는 이유로 아랍인들이 그의 칼리파 자격에 이의를 제기할까 두려웠다. 더 걱정스러운 점은 아랍인 가운데 칼리파 경쟁자가 나타날 조짐이라도 보이면 영국이 이를 이용해 제국으로부터 아랍을 분리하려는 운동을 조장할지 모른다는 것이었다.

1881~1882년 이집트에서는 군사 반란으로 시작된 움직임이 유럽의 경제적 지배에서 벗어나고자 하는 욕망으로 뭉친 민간인들로부터 광범위한 지지를 끌어 모았지만 결국 명목상 여전히 오스만의 속주인 이집트는 영국에게 점령당했는데, 이 사건은 영국이 다른 지역에도 간섭할 수 있다는 공포를 더욱 부추기는 역할을 했을 뿐이었다.[22]

압뒬하미드가 영국과 아랍인 칼리파 경쟁 후보 사이의 결탁을 두려워했던 것은 근거 없는 일이 아니었다. 압뒬하미드의 치세 거의 초기부터 헤자즈의 야심찬 그의 대리인 샤리프 후세인 빈 알리al-Husayn bin 'Alī는 술탄에게 충성하는 체하면서 몰래 영국에 접근하려 한 것으로 드러났다.[23] 메카와 메디나 성지는 19세기 초 이집트의 메흐메드 알리의 도움으로 와하브파의 위협에서 구해졌지만, 이슬람교도 공동체가 보기에 지배권을 주장하려는 술탄이 반드시 소유해야 할 이 땅에 대한 오스만의 장악력을 강화할 필요가 있었다. 수천 명의 순례자가 매년 성지를 방문하는 만큼, 그곳을 보유하는 문제는 전 이슬람 세계에 암시하는 바가 있었다. 순례자들의 안전과 복지를 보장하는 것은 오스만 술탄과 그 대리자들의 책임이었으며, 이제는 순례와 술탄의 아랍인 신민들(이제까지 이스탄불로부터 언제나 점잖은 무시의 대상이 되었다)에게 더 많은 관심을 기울여야 한다는 것이 명백했다.

이에 따라 1880년대 초, 활기찬 총독 오스만 누리 파샤Osman Nuri Paşa에 의해 헤자즈 지역에서 물질적 측면과 기반시설 측면에서 큰 발전이 이루어졌다. 그의 목표는 이 멀고도 민감한 지역에 대한 중앙정부의 영향력을 확대하는 것이었다. 속주 곳곳에 관청 건물이 세워졌으며, 병영과 군용 병원이 건설되었다. 오스만 누리는 공공사업을 추진하고, 속주 연감을 제작했으며, 메카의 성소와 그 급수 시설을 수리했다.[24]

영국의 의도를 둘러싼 의혹은 현지 베두인 부족들이 제어하기 어렵고 자기네 지도자 외에는 어떤 권위에도 복종하려 하지 않는다는 점에서 더욱 증폭되었다. 헤자즈와 기타 아랍 지역에서 중앙정부의 존재감을 확대하는 '채찍'과 함께, 공식 명부에서 아랍 속주들을 발칸이나 아나톨리아 속주들보다 앞에 배치하고 아랍 속주 총독들에게 더 높은 급여를 지급하는 '당근' 정책도 시행되었다.[25] 이는 충성을 당연하게 여길 수 없는 지역 지도자들의 협력을 유도하기 위해 유인책을 제공하던 오스만제국의 오랜 정책의 현대적 변형이었다.

이슬람교도 성지의 최대 후원자로서 오스만 술탄의 역할은 이제 '오스만주의'를 대신해 '이슬람주의islamcılık'가 지배 이념이 되었기 때문에 그 어느 때보다도 더욱 중요해졌다. 그리고 술탄 압뒬하미드는 성지와 관련한 질투심으로 인해 다른 이슬람 지도자들이 이들 성지에 선물을 보낼 때마다 위협을 느꼈다. 그는 이 관행을 금지했으며, 그들이 헤자즈에서 토지를 취득하는 것도 허락하지 않았다.[26] 1900년에서 1908년 사이 다마스쿠스에서 메디나까지 이어지는 헤자즈 철도 건설은 전 세계 이슬람교도를 위한 오스만제국의 또다른 헌신을 나타내는 것이었으며, 성지 순례를 이전과 비교할 수 없을 만큼 용이하게 만들었다.

압뒬하미드는 이을드즈 궁전을 일종의 '이슬람 바티칸'으로 만들었다. 자신의 칼리파 자격 주장에 대한 아랍인들의 지지를 확대하고 아랍 지역에서 중앙정부의 개입을 늘리는 정책의 일환으로 그는 아랍 종교 지도자들을 이스탄불로 불러 자신의 참모로서 이곳에 살게 하고, 이들에게 임무를 주어 아랍 지방으로 파견했다. 이들은 예전에 궁정에 파견된 '인질'처럼, 고향 지역 주민들의 선량한 행동을 보장하는 책임도 맡았다. 그 이전까지 아랍인 중에는 술탄의 측근이 된 사람이 별로 없었기에, 이들의 존재는 압뒬하미드의 동시대인들에게도 기이하게 여겨졌다. 헐뜯는 사람들은 이들을 점쟁이 혹은 점성술사로 보았다. 그중 하나가 시리아 출신의 셰이흐 무함마드 아불후다 앗사이야디 Muhammad Abu al-Huda al-Sayyadi였는데, 그는 자신의 저작(여기에는 전제 정부가 이슬람의 발흥과 함께 시작되었다는 주장도 들어 있다)을 통해 압뒬하미드의 목적에 도움을 준 것 외에 자신의 권위 있는 지위를 이용해 시리아의 그 추종자들을 위한 계보를 날조했다. 이를 통해 그들은 선지자의 후손에게 부여되는 매우 높은 지위를 주장할 수 있었다. 압뒬하미드는 이 신화적인 계보를 인정했고, 아불후다 앗사이야디의 추종자들에게 병역을 면제해주었다. 선지자의 후손에게 주어진 권리와 같은 것이었다. 술탄과 아랍 종교 지도자들 사이의 이런 긴밀한 접촉의 또다른 결과는 특정 데르비시 교단들에 대한 국가의 넉넉한 지원이었고, 이런 지원은 아불후다 앗사이야디의 소책자들에 표현된 술탄 겸 칼리파에 대한 지방의 존경심을 강화하는 데 기여했다.[27]

하지만 시리아에서는 1856년 개혁 칙령이 발표된 이후 30년 동안, 이슬람교도와 비이슬람교도 모두에 대한 동등한 시민권과 정치적 권리 부여 약속 및 1860년대의 지방 분권 개혁을 통해 종파적 기준이 아닌 지리적·언어적 기반 위에 시리아인으로서의 의식이 점차 형성되기 시작했다. 이는 다마스쿠스, 시돈, 트리폴리의 세 속주가 거대 속주로 통합되어 시리아가 하나의 지리적·행정적 단위로 만들어지면서 더욱 강화되었다. 탄지마트 개혁 역시 다양한 종교를 가진 사람들을 통합하는 데 다른 많은 지역보다 시리아에서 더 큰 성공을 거두었는데, 이는 모두가 단일한 언어를 사용했고 지역 지식인들이 그들을 서로 다른 신앙의 신자가 아닌 아랍인으로 생각하도록 독려했기 때문이다. 오스만제국에 대한 충성의 기반으로 이슬람교를 고집한 압뒬하미드 2세의 정책은 이러한 전개와 불안하게 공존했으며, 아불후다 앗사이야디 같은 영향력 있는 선전가들이 시리아에서 그의 '이슬람주의' 정책 수행을 뒷받침하는 데 중요한 역할을 했다. 특히 1878년에서 1880년 사이에 미드하트 파샤가 총독으로 재직한 이후에 그랬다. '이슬람주의' 선전의 확산은 시리아 언론의 검열과 현지 출판물(이스탄불에 제출해 심사를 받아야 했다)에 대한 통제에 의해 도움을 받았다. 압뒬하미드가 속주 경계를 조정한 것 또한 사람들이 전체 시리아의 일원으로서의 정체성을 갖지 못하게 하는 데 일조했다.[28]

압뒬하미드가 칼리파의 정치적 권위를 계산적으로 받아들인 것은 가까운 이전 술탄들(그들은 술탄의 세속 권력의 소중한 표현으로서 매우 화려한 의전과 함께 백성들 앞에 공개적으로 모습을 드러내는 것을 중요하게 여겼다)이 했던 관행과의 단절을 가져왔다. 칼리파를 겸한 술탄의 성스러움이라는 관념을 만들어내는 것은 다른 문제였고, 압뒬하미드는 어쨌든 은둔을 선호하는 성격이었다. 그는 이스탄불의 이을드즈궁에 은거하고 아주 드물게만 대중에게 모습을 드러냈으며(예를 들어 근처에 예배를 위해 자신이 지은 마스지드에서 금요 예배를 보기 위해 가는 경우), 이렇게 짧은 순간만 보여주는 것은 그의 신비감을 높이려는 의도였다. 그가 폐위를 두려워한 것은 당연했다. 그의 치세 초기에 있었던 몇 차례의 정변 시도에 더해 1895년, 1896년, 1902~1903년에는 반대 집단이 그를 제거하려 시도했고, 1899년과 1905년에는 암살 음모가 꾸며졌다.[29]

오스만제국은 이 시기에 이슬람교도가 압도적이었지만 결코 동질적인 집단은 아니었다. 제국의 공식 종교는 모두와 공감해야 했다. 튀르크인과 쿠르드인, 아랍인과 알바니아인, 순나파와 시아파, 그리고 이들 중복되는 범주의 어느 것에도 맞지 않는 사소한 신앙 및 관습과 말이다. 시아파 교리는 순나파 오스만제국에서 발칸반도 기독교도의 민족주의만큼이나 파괴적일 수 있었으며, 아나톨리아 동부의 투르크멘족의 신앙도 이른 시기부터 정말로 정부의 관심사였다. 오스만-이란 관계의 추이는 역사적으로 시아파 동조자로 의심되는 사람들을 회유하려는 오스만제국의 강경한 대응을 중심으로 전개됐으며, 바스라, 바그다드, 모술 등 오스만 속주의 상당수 주민은 시아파였고 예멘의 자이드파도 마찬가지였다. 술탄 겸 칼리파에 대한 시아파 및 기타 순나파가 아닌 신앙을 갖고 있는 사람들의 충성을 얻기 위해 명예와 선물이 제공됐으며, 선교 및 교육 활동을 통해 공인된 형태의 이슬람교가 전파되었다.[30] 순나파 이슬람교로 개종시키려는 노골적인 시도 또한 있었으며, 이들 속주에서는 카르발라와 나자프 같은 시아파 성도聖都 사람들을 중심으로 해서 이 지역의 명목상 순나파 부족들을 시아파로 개종시키려는 시도도 있었다.[31] 수도에 가까운 아나톨리아 중심부의 이슬람교도 주민들은 종교 지식이 부족해 이들에게 "종교를 가르치고 신앙을 바로잡기 위해" 설교자들을 파견할 필요가 있었다.[32] 1906~1907년 에르주룸에서 일어난 반정부 봉기 때, "알라위파*의 종교 교리를 바로잡고 그들의 음모를 저지하기 위해" 그곳에 초등학교를 설립해야 한다는 결정이 내려졌다.[33] 1856년 개혁 칙령으로 종교의 자유가 보장된 후 기독교 선교 활동이 급증하면서 순나파 이슬람교도가 영혼을 영원히 상실하기 전에 그들을 구원하는 일은 매우 긴급한 일로 여겨졌다.

• 알라위(튀르크어로 알레비)파는 시아파의 한 분파로서 선지자 무함마드의 사촌이자 사위인 알리를 숭배하는 이슬람교의 한 형태를 신봉한다.

오스만제국 외부의 이슬람교도들에게는 압뒬하미드 2세를 그들의 칼리파이자 보호자로 받아들이는 것이 식민지 개척에 나선 유럽 제국들에 맞설 수 있는 충성심을 제공하는 것으로 여겨졌다. 16세기에 인도양 국가의 이슬람교도 통치자들이 포르투갈에 대항해 술탄에게 도움을 요청했던 일이 전례가 돼서 이제 제국 세력의 지배를 받고 있는 이슬람교도 신민들이 술탄에게 도움을 청했다. 프랑스 식민지인 알제리와 튀니지(현재 그렇게 불린다), 네덜란드 식민지인 인도네시아와 말레이시아, 영국 식민지인 인도와 이집트 점령지, 그리고 러시아의 지배아래 있는 중앙아시아 같은 곳들이었다. 이전의 오스만 술탄들이 항상 이슬람교도들의 뜻을 우선시한 것은 아니었다. 예컨대 영국이 인도 반란(1857) 당시 술탄 압뒬메지드에게 도움을 요청했을 때, 불과 1년 전 개혁 칙령 선포로 그들을 강제했던 그는 협조적으로 반응했다. 인도의 마스지드들에서 낭독될 수 있도록 주민들에게 평정 유지를 명령하는 내용의 서신을 보낸 것이다.[34]

아프리카의 이슬람교도 주민은 이제 거의 대부분 오스만제국 밖에 존재했다. 1830년 알제리주에, 1881년에는 튀니지주에 프랑스 보호령이 설치되고 1882년 이집트가 영국에 점령된 이후 북아프리카 영토 중 오직 트리폴리*만이 명목상 오스만의 통치하에 여전히 남아 있었다. 중앙 및 동아프리카의 이슬람교도 지도자들과의 관계는 특히 중요하게 여겨졌는데, 이 지역이 이때 북아프리카 진출을 이미 확고히 한

---

* 오스만제국의 트리폴리주는 명목상 광대한 사막을 따라 동쪽으로 이집트를 향해 뻗쳐 있었다. 19세기에 유럽에서는 이 속주의 서부 지역을 트리폴리타니아, 동부를 키레나이카라 불렀다. '리비아'라는 명칭은 연원이 오래된 것으로, 20세기 초 이탈리아가 이 명칭을 지리적 용어로 부활시켰다. 이탈리아가 1911년 트리폴리타니아와 키레나이카를 오스만으로부터 빼앗은 후, 이 두 지역을 통합한 땅은 이후 '리비아'로 불렸다.

유럽 열강의 새로운 관심 대상이 됐기 때문이다. 이에 따라 술탄 겸 칼리파에 대한 충성심을 고취하기 위한 수단으로서 이슬람교의 활용이 확대됐고, 아프리카에서 남아 있는 오스만제국의 영향력을 유지하기 위한 새로운 외교 정책이 마련되었다. 그 정당성은 쉽게 확보되었다. 술탄의 명령으로 작성된 책의 저자는 아프리카가 '문명화된' 열강이 식민 개척자들을 보내고 있는 '암흑의 대륙'이며, '이슬람의 빛'을 이 '야만적인' 지역에 확산시키는 것이 유익하다고 말했다.[35] 오스만제국은 아프리카의 미래에 관한 1884~1885년 베를린 회의에 처음에는 초청받지 못했지만 스스로 참석할 권리를 주장했고, 그들의 대표는 자기네의 역사적 권리, 물질적·도덕적 이익, 그리고 "위대한 칼리파국의 성스러운 권리"를 수호하라는 지시를 받았다. 그러나 오스만은 같은 이슬람교도들에 대해 직접적인 통제력 행사를 추구하지 않았으며, 그들은 오스만의 자제를 높이 평가했다.[36] 외국의 이슬람교도 지도자들에게는 훈장과 표창을 아낌없이 나눠주었다. 잔지바르 술탄은 1880년 압뒬메지드 술탄으로부터 메지드 훈장을 받았고,[37] 작은 아프리카 부족 지도자들은 1894년 정보 수집 임무를 띠고 이스탄불에서 파견된 특사로부터 오스만 국기를 하사받았다. 이 특사는 군장들에게 명예로운 예복, 술탄의 칙령, 《쿠란》한 부를 받을 것을 권유했고, 그 대가로 그들이 금요일 기도에서 술탄의 이름을 언급할 것을 기대했다.[38] 러시아와 중국의 이슬람교도들 또한 대상이었다. 러시아가 중앙아시아로 세력을 확장하자, 오스만은 중앙아시아 이슬람교도들에 대한 호소를 강화함으로써 그 노력을 저지하고자 했다. 1901년, 훗날 엔베르 파샤Enver Paşa로서 악명을 얻게 될 젊은 군 장교가 상하이를 방문했고, 그와 동행한 두 명의 성직자를 그곳에 남겼다. 1907년 술탄이 보낸 또다른 사

절단의 방문 이후 베이징에는 고등교육 기관 하미드Hamid 학원이 설립되었다.[39]

1903년, 칼리파 직책이 아바스 왕조에서 오스만으로 이관된 지 400주년을 적절한 시기에 기념하자는 제안이 오스만 정부에 전달되었다. "우리는 어쩌다가 이 신성한 기회를 이미 세 번 놓친 듯하고, 또다시 놓친다면 앞으로 100년이 지나야 기회가 올 것입니다." 전 세계 이슬람교도 지도자들이 참가 제안을 받았고, 그중에는 '오스트레일리아의 이슬람 지도자들'도 있었다.[40] 그러나 이 회의는 성사되지 못했다. 1917년에는 유럽이 혼란에 빠졌고 오스만 세계는 빠르게 사라져가고 있었기 때문이다. 칼리파 직책의 이양이 이전에 기념되지 않았던 것은 단지 그것이 대단히 중요하다고 생각하지 않았기 때문이다.

오스만제국의 남은 부분을 보존하기 위한 술탄 압뒬하미드의 계획은 그 통치에 대한 접근법과 이념적 토대 모두에서 보수적이었으며, 그는 이전 시기에 특징적이었던 관료 조직 혁신은 피했지만 그의 보수주의는 스스로 제국에 번영을 가져올 것이라고 생각한 조치들을 가능케 했다. 그는 강력한 경제가 자신의 목표를 달성하는 데 필수적이라는 것을 인식하고 있었다. 기반시설과 교통망의 현대화 없이는 오스만의 농업 및 공업 자원이 활용되지 못할 것임을 잘 알고 있었기 때문이다. 그럼에도 불구하고 그의 통치 기간 동안 군사 및 행정 지출은 증가했고(평균적으로 정부 지출의 약 60퍼센트를 차지했다), 공공사업, 교육, 보건, 농업, 무역에 대한 국가의 지출은 모두 합쳐 연간 예산의 고작 5퍼센트에 불과한 미미한 수준이었다. 압뒬하미드의 꿈을 실현하는 데 발목을 잡는 문제는 연간 지출의 거의 30퍼센트가 공채 이자 상환에 들

어갔다는 점이다.[41]

후아드 파샤와 알리 파샤가 번갈아 대와지르를 맡았던 탄지마트 시기에 그 직위의 안정성은 1871년 알리 파샤의 사망과 함께 사라졌다. 1871년부터 술탄 압뒬아지즈가 폐위되기까지 5년 가까운 기간 동안 대와지르는 아홉 번이나 교체됐는데, 파벌 간 갈등과 술탄의 변덕이 정부 운영을 다시금 혼란에 빠뜨렸다. 압뒬하미드는 대와지르를 자주 교체했다. 통치 초기 6년 동안 열여섯 차례나 교체되었으며, 1년 이상 재임한 경우는 단 한 번뿐이었다. 그러나 1882년부터 그가 폐위된 1909년까지는 좀더 안정적이었다. 메흐메드 사이드 파샤, 메흐메드 카밀 파샤, 아흐메드 제바드 파샤, 할릴 리파트 파샤, 메흐메드 페리드 파샤 등이 좀더 긴 기간 동안 재임했다. 압뒬아지즈가 치세 대부분의 기간 동안 와지르들에게 정무를 맡긴 것과 달리, 압뒬하미드는 제국 통치에 깊은 관심을 갖고 대와지르들과 정책에 대해 상세하고 종종 격렬한 논쟁을 벌였다. 결국 그가 논쟁에서 이기기는 했지만(그의 최종 결정에 토를 달면 그 대가는 해임이었다), 그럼에도 불구하고 그의 가장 유명한 와지르들은 자신의 견해를 활발하게 피력할 수 있다고 느꼈다.[42] 그가 자신의 의지를 최측근 참모들에게 관철시킬 수 있었던 이유에 대해 한 역사가는 이렇게 말했다.

기존의 정통성 원칙들이 사라져가면서 (정부가) '권위의 구조', 즉 서방의 도전에 의해 조성된 새로운 상황 속에서 상충하는 이익들을 조정할 수 있는 조직적 틀에 대한 합의를 마련하는 데 실패했기 때문이다.[43]

술탄이 국가 관료들에게 절대적인 개인적 충성을 요구하는 것은 오스만의 기풍 가운데 하나였고, 압뒬하미드 시대에는 이것이 그 어느 때보다도 더 진실이었다. 과거에는 이 이상에 부응하지 못한 자들은 처형되거나 유배되는 처벌을 받았고, 반성하는 이들은 다시 받아들여졌다. 예를 들어 17세기 아나톨리아에서 반란을 일으킨 총독들 중 반성한 자들은 통치 질서에 대한 반대를 맹렬하게 보여주었음에도 불구하고 새로운 자리(흔히 제국의 먼 지역)에 임명되었다. 그러나 반성하지 않는 자들은 끝까지 추적당했다. 이러한 방식은 19세기에 정치적 반대자들에게 관직을 주는 형태로 나타났다. 예를 들어 신오스만인의 주요 인물이자 미드하트 파샤와 함께 헌법 제정에 참여했던 나믁 케말은 1877년에 투옥됐는데, 이후 에게해의 여러 섬들로 보내져 정부 관직을 맡았다. 레스보스섬, 로도스섬, 그리고 마지막으로 키오스섬(그는 그곳에서 죽었다) 같은 곳이었다.

압뒬하미드가 권력을 자신의 손에 집중시키는 것은 권한 분산에 대한 두려움의 궁극적인 표현이었다. 그가 보기에 권한 분산은 발칸 지역 속주들이 제국으로부터 분리될 수 있는 기회를 제공했다. 제국의 생존을 보장하기 위한 이와 같은 방식은 탄지마트의 낙관주의를 진정으로 대표하는 미드하트 파샤의 접근방식과는 정면으로 대립되는 것이었다. 미드하트 파샤는 분리주의 경향에 대처하는 최선의 방법은 '좋은 정부'의 이점을 보여주는 것이라고 생각했다.

압뒬하미드의 미드하트 파샤에 대한 처우는 그의 치세 중 가장 서글픈 사건 중 하나였다. 브린디시에서 유배 중이던 미드하트 파샤는 유럽을 널리 돌아다녔지만, 1878년에는 내지의 크레타섬 유배로 돌아오는 것이 허락되었다. 머지않아 그는 오스만 관료 체제로 복귀하는 것이 허용돼 시리아 속주 총독으로 임명되었고, 그곳에서 15년쯤 전 도나우 속주와 바그다드에서 시도했던 것과 비슷한 개혁들을 다시 추진하고자 했다. 보고를 받고 미드하트 파샤가 총독으로서의 권한을 넘어서 권력을 남용하려 한다고 생각한 압뒬하미드는 그를 시리아에서 빼내 아나톨리아 서부 아이든주 총독으로 이동시켰다. 좀더 가까운 곳에 두면 위협이 덜할 것이라는 생각이었다. 1881년 5월 17일, 불과 몇 달 그 자리에 있던 미드하트 파샤가 체포되었다. 이제 법무대신이 된 아흐메드 제브뎃 파샤가 이즈미르로 가서 그를 이스탄불로 데려왔으며, 그 곳에서 다른 열세 명의 용의자와 함께 그는 술탄 압뒬아지즈 살해 혐의로 재판에 회부되었다.[44] 이는 놀라운 사태 변화였다. 술탄이 자살했다는 판단이 일반적으로 받아들여졌고 아흐메드 제브뎃조차도 같은 생각이었는데,[45] 이제 그를 기소하는 사람 중 하나가 됐기 때문이다.

신문과 재판 절차는 이을드즈의 궁전에서 진행되었다. 피고들 중 일부는 자백을 얻어내기 위한 고문을 당했다. 압뒬아지즈의 비서였던 파흐리 베이는 자신이 당한 고문(압뒬하미드 자신도 고문에 가담했다고 그는 말했다)에 대한 섬뜩한 묘사를 남겼다.[46] 열한 명이 유죄 판결을 받았는데, 그 가운데는 미드하트 파샤, 파흐리 베이, 압뒬하미드의 두 매부 다마드 마흐무드 젤랄렛딘 파샤Damad Mahmud Celâleddin Paşa와 다마드 메흐메드 누리Damad Mehmed Nuri도 들어 있었다. 이들과 다른 다섯 명은 사형선고를 받았으며, 나머지 두 명은 중노동 10년형을 선고받았다. 형량은 재검토됐고, 아흐메드 제브뎃 파샤를 포함한 다수는 형의 집행을 찬성했으나 술탄은 이들을 종신형으로 감형했다. 처형이 초래할 반작용을 우려했기 때문이다.[47] 유죄 선고를 받은 사람들은 헤자즈 지역의 타이프로 보내져 요새에 수감됐고, 극도로 열악한 환경에서 외부 세계와의 접촉이 차단되었다.[48] 앞서 압뒬아지즈 폐위에 대한 파트와를 내렸던 셰이흐월이슬람 하산 하이룰라흐 에펜디도 이미 그곳에 수감 중이었다. 1884년, 미드하트 파샤와 다마드 마흐무드 젤랄렛딘은 술탄의 명령으로 살해당했다.[49] 1908년에 압뒬하미드 정권이 전복됐을 때 이스탄불로 살아 돌아온 사람은 파흐리 베이를 포함해 세 명뿐이었다.[50]

압뒬하미드가 입헌 운동(술탄은 이를 자기 권한의 한계를 긋는 것으로 보았다)의 중심인물로서 두려워했던 미드하트 파샤를 살해한 것은 술탄의 불안이 얼마나 깊숙한 것이었는지를 드러낸다. 압뒬하미드는 이것이 용납될 수 없는 행위임을 잘 알고 있었다. 그리고 이 사건은 은폐되었다. 미드하트 살해는 1837년 마흐무드 2세의 대와지르 페르테브 파샤Pertev Paşa가 처형된 이후 처음으로 벌어진 고위 정치가 살해였다. 당시 이 처형이 초래한 반감이 매우 커서, 이런 술탄의 대권을 박탈하는 입법을 촉발했다. 탄지마트의 영향력이 단지 술탄의 변덕에 의해 무시될 수 없음은 이미 1876년 헌법의 운명을 통해 드러났다. 이 헌법은 폐지된 것이 아니라 정지됐으며, 여전히 법령집에 존재했고 국가의 연감에도 계속 언급되었다.

1878년 베를린 조약으로 기독교도가 중심이었던 제국의 발칸반도 영토 대부분을 상실한 것이 이미 미드하트 파샤의 지방 개혁 계획이 이상에 치우친 것이었음을 입증했지만, 인구의 약 70퍼센트가 이슬람교도였던 알바니아인들 사이에서 분리주의 운동이 나타난 것은 이러한 판단을 강화할 수 있을 뿐이었다. 그리고 아랍인들이 영국의 감언이설에 쉽게 넘어간 것이 오스만 정치체에 충격이 된 것으로 드러났지만, 알바니아의 불안은 더욱 충격적이었다. 알바니아인들은 전통적으로 오스만제국에 가장 충성스러운 주민 가운데 하나였기 때문이다.

알바니아의 분리주의 운동은 그 정서적 뿌리가 샤리프 후세인의 영국에 대한 접근을 촉발한 것과 다르지 않은 것이었다. 그것은 제국의 추가적인 영토 분할이 오래 미루어지지 않을 것이라는 우려였다.[51]

오스만제국이 1432년에 설치한 알바니아의 군郡 경계는 시간이 지나면서 여러 차례 변동됐고, 1878년 무렵에 '알바니아'는 알바니아 민족(이슬람교도가 주를 이루되, 가톨릭과 정교회 신자들도 포함되었다)이 거주하는 지역을 의미했다. 이 지역은 슈코더르, 코소보, 모나스티르, 요안니나주에 들어가는 영토들로 이루어져 있었다. 이 지역 북부에는 게그인이, 남부에는 보다 정착된 생활을 하는 토스크인이 거주했다.[52] 알바니아인들의 충성은 오랫동안 당연한 것으로 여겨졌기 때문에, 19세기 초 그리스인, 세르비아인, 불가리아인처럼 좀더 전투적인 민족주의 운동을 펼친 집단을 수용하기 위해 행해졌던 행정 개편에서 이들의 '민족적' 성향은 별로 고려되지 않았다.

베를린 회의가 개막되기 사흘 전인 1878년 6월 10일에 여러 활동가들이 프리즈렌에서 모임을 가졌으며, 그곳에서 알바니아인 거주 지역이 외세에 의해 점령당할 가능성에 반대하기 위해 '알바니아 연맹'을 결성했다. 활동가들은 초기에는 이스탄불 정부로부터 격려를 받았으나, 오스트리아가 보스니아-헤르체고비나를 점령하고 오스만 영토가 그리스 및 몬테네그로에 할양되자 곧 연맹과 정부가 대립하게 됐고, 연맹의 민족 자치 열망은 영국의 격려를 받았다. 이후 베를린 조약의 미해결 조항들(여기에는 실제로 알바니아 지역 내 오스만 영토 몰수가 포함돼 있었다)을 이행할 때가 되자, 광범위한 지역에서 무장 봉기가 일어났고 1881년 9월까지 술탄의 군대에 의해 진압되었다. 그후 연맹은 3년간의 활동 끝에 해산되었다.[53]

1890년대 중반 아나톨리아 동부 지역에서 발생한 폭력 사태는 다시 한번 압뒬하미드 2세 정권에 대한 국제적 평판을 특히 나쁘게 만들었다. 베를린 조약 이후의 실망감 속에서 민족주의적 야망을 가진 아르메니아인 단체들이 여럿 결성되었다. 그중 훈차크Hunchak당과 다슈나크Dashnak당(전자는 1887년 제네바에서 망명자들이 창립했고, 후자는 1890년 트빌리시에서 결성된 좀더 반러시아적인 조직이다)은 아르메니아의 독립을 확보하기 위한 수단으로 폭력을 채택했으며, 외국의 주목을 끌기 위해 이슬람교도의 보복을 유도하는 것도 마다하지 않았다.[54] 1891년, 압뒬하미드는 통치의 손길이 거의 미치지 않는 머나먼 아나톨리아 동부 속주들에 러시아의 계획이 미칠 가능성을 우려해 이 지역을 경비하고 일차적으로 의존할 수 있는 치안 부대를 제공할 쿠르드족의 '하미드' 비정규 기병대를 창설했다. 쿠르드족은 강한 자율성을 지니고 있었기에 이들을 공식적인 조직으로 편성함으로써 그들의 무질서를 통제하고 멀리 이스탄불에 있는 중앙정부에 대한 충성심을 높일 수도 있을 것이라고 그는 기대했다.[55] 이 개입은 시기상으로 이보다 불운할 수 없었다. 그것은 아르메니아인의 혁명 활동이 증가하던 시기와 겹쳐, 이 지역의 기존(불완전했지만) 세력 균형을 뒤집어놓았다. 하미드 부대는 혼란에 휘말리게 됐고, 1894년 비틀리스주 사손에서 발생한 하미드 부대와 아르메니아인 사이의 특히 격렬한 충돌은 영국, 프랑스, 러시아의 개입을 촉발해 행정 개혁을 제안하게 만들었다. 그러나 이들 열강은 서로 의견을 모을 수 없었고, 술탄은 논의 당사자가 아니었다. 진전이 없는 상황에 실망한 훈차크는 자기네의 주장을 이스탄불에 전해 진행 중인 논의의 결과에 영향력을 행사하기를 원했다. 그들은 1895년 9월 30일, 이 행정 중심지로 밀고 들어가 청원서를 제출하고자 했다.

그들은 도중에 군대와 충돌했고, 뒤이은 혼란 속에서 이스탄불의 많은 아르메니아인들이 이슬람교도 군중에 의해 살해되었다.[56]

이 사건에 대한 국제사회의 반응은 압뒬하미드 2세로 하여금 동부 지방에서 몇 가지 개혁을 수용하지 않을 수 없게 했다. 그는 비이슬람교도가 지방 행정에 참여하는 것을 인정하고, 하미드 부대는 실제로 임무를 수행할 때만 무장하게 하는 데 동의했다. 그의 양보는 마지못해 이루어진 것이었으며, 이를 담은 칙령을 1년 동안이나 공표하지 않았다. 그는 상황에 대한 자신의 이해와 지역 이슬람교도 주민이 보일 수 있는 반작용 가능성에 대한 자신의 판단이 강대국들보다 낫다고 생각했으며, 이런 측면에서 그의 판단이 옳았음이 입증되었다. 1895년 말부터 1896년에 들어서까지 정부 당국, 아르메니아인, 쿠르드인, 튀르크인이 서로 충돌하면서 끔찍한 폭력이 이어졌고, 가장 유명한 곳만 들자면 하르푸트와 제이툰(현 쉴레이만르) 같은 마을 이름은 오랫동안 공동체 간 학살의 장소로 기억되었다. 이 고통에 대해 이 지역의 영사들(주로 영국인)과 선교사들(주로 미국인)이 자신의 목격담을 담은 수많은 전문電文 덕분이었다. 1896년 8월, 다시금 외부의 관심을 끌기 위한 시도로 다슈나크는 이스탄불에 있는 오스만은행 본부를 공격하고, 도시에서 폭탄 테러를 감행했다. 그 결과로 이스탄불의 아르메니아인들을 대상으로 한 보복이 다시 발생했고, 여기서 수백 명(어쩌면 수천 명)이 목숨을 잃었다. 이에 대한 대응으로 외국이 개입할까 두려워한 압뒬하미드는 전년도에 양보하고도 발표하지 않았던 개혁에 관한 칙령을 발표했고, 이를 헤자즈를 제외한 자신의 영토 전역에 확대 적용했다.[57] 이로써 그는 절실하게 충성심을 얻을 필요가 있었던 제국 내 이슬람교도 주민을 더욱 소원하게 만들었다. 많은 오스만 내 아르메니아인들은 사태의 전개에 대해 깊은 불안감을 가지고 있었다. 1890년대에 선동을 위해 아나톨리아와 이스탄불로 넘어온 아르메니아계 러시아인들이 재정적 지원을 거부하거나 계속해서 오스만제국에 대한 충성심을 표한 이들을 위협하거나 때로 암살하는 일까지 벌어졌기 때문이다.[58]

19세기 말에 술탄의 신민으로서 자기네의 깊은 불만을 폭력적인 방식으로 표출한 것은 아르메니아인과 알바니아인뿐만이 아니었다. 크레타섬은 여전히 오스만의 속주였으며, 그곳에서는 반란이 빈번히 일어났다. 그리스 국왕 게오르기오스·1세Geórgios I는 그리스 민족주의자들과 마찬가지로 크레타를 병합하기를 원했고, 1897년에 함대 하나와 병사들을 그곳으로 보냈다. 강대국의 압박 때문에 압뒬하미드는 크레타에 오스만 주권하의 자치권을 부여했으나, 곧 그리스 군대가 그리스 북쪽 오스만과의 국경 지대인 테살리아에서 동원되었다. 베를린 조약의 조항들로 오스만이 굴욕을 당한 이후, 압뒬하미드는 과거 서아시아에 관심을 두지 않았던 유일한 강대국인 독일에 의지해 다른 강대국들에 맞서고자 했다. 그뒤로 독일이 영국을 대신해 술탄이 가장 신뢰하는 강대국이 되면서 독일의 민간 및 군사 고문들이 활약했다.[59] 그리스 군대는 독일로부터 훈련과 무장 지원을 받은 오스만 군대의 상대가 되지 않았고, 곧 패배했다. 게다가 그리스는 오스만이 테살리아에서 획득한 영토를 평화조약에 따라 반환하는 대가로 막대한 전쟁 배상금을 지불해야 했고, 그리스의 부채에 대한 이자 지급은 국제 금융 위원회의 감독을 받게 되었다. 이제 강대국들은 크레타 자치에 대한 압뒬하미드의 제안을 수용했다.[60]

지식인들은 오스만의 잔존 영토를 보존하려는 압뒬하미드의 목표에 전적으로 동의했지만 그의 노력에는 공감하지 않았으며, 그의 전제적인 통치 방식과 제국 분할을 막지 못한 너무도 명백한 실패에 실망했다. 그의 통치 초기에는 다양한 계층에서 반대가 나왔다. 낭만적인 자유주의자와 입헌주의자, 성직자, 비밀결사 단원, 관료 및 궁료 등이었다. 이 반대 세력은 신오스만인이 그랬던 것처럼 조직적이지도 통일되어 있지도 않았으며, 따라서 처음에는 별다른 성과를 내지 못했다. 1880년에 창설된 경찰부가 그 업무에서 궁정의 지시를 받는 비공식적인 첩보망의 도움을 받았고, 이 정보망이 반대파를 밀고했지만 말이다.

1889년에 들어서야 압뒬하미드와 그의 정책에 대한 또다른 형태의 반대가 조직 구성의 단초를 찾았으며, 이는 결국 아르메니아 활동가들의 폭력만큼이나 파괴적임이 드러나게 된다. 그해 군의軍醫 학교의 일부 학생들이 헌법과 의회를 복원하려는 비밀결사를 조직했다. 그러나 이 조직은 발각됐고, 체포를 피한 구성원들은 파리로 도피해 그곳에서 술탄에 대한 반대 운동을 계속했다. 1894년에는 지하 조직들이 연합진보위원회(CUP)라는 포괄적인 명칭을 택하면서 압뒬하미드의 통치에 대한 저항이 그 아래에 통합되었다. 일반적으로 '젊은튀르크인Jön Türkler'으로 알려진 조직이다.[61]

이후 몇 년 동안 반체제 '젊은튀르크인'의 활동은 지적 운동에서 실용적인 정치적 노력으로 발전했다. 국내의(그리고 갈수록 망명지의) 연합진보위원회 성원들 사이에서 대단한 활력의 시기와 내분 및 음모의 시기가 번갈아 나타났다. 극심한 정치적 격변기에 예상할 수 있듯이, 그들은 흔히 경합하는 다양한 생각을 옹호했으며, 모두가 동의하는 유일한 주장은 압뒬하미드의 제거였다. 연합진보위원회 구성원들은 다양한 민족적·종교적 배경을 가졌으며, 조직은 곧 제국 전역과 유럽에 지

부를 설립했으나 대단히 엘리트주의적인 모습을 보여 대중의 추종을 동원하려는 시도는 하지 않았다.[62]

압뒬하미드는 제국 내에서 연합진보위원회의 활동을 억압하는 데 꽤 성공을 거두었으며, 해외에서도 같은 일을 하려 했다. 1899년에 그는 동맹국인 독일의 알선을 통해 연합진보위원회가 활동 중인 유럽 국가들에서도 이들에 대한 조치를 취해줄 것을 요청했다. 스위스는 조사에 동의했으나, 프랑스는 좀 미온적이었다. 같은 해 12월, 술탄의 처남인 다마드 마흐무드 젤랄렛딘 파샤Damad Mahmud Celâleddin Paşa(1884년 타이프에서 살해된 또다른 처남과 이름이 같다)가 그의 아들인 메흐메드 사바핫딘Mehmed Sabahaddin 공자 및 뤼트풀라흐Lütfullah 공자와 함께 이스탄불을 떠나 유럽으로 가서 반정부 운동에 가담했다.[63] 연합진보위원회가 위기에 처한 상황에서 사바핫딘과 뤼트풀라흐는 오스만 정권에 반대하는 이들의 회의를 제안했고, 프랑스 정부(두 공자와 프랑스 국회의원, 언론인, 정치인의 청원이 여기에 집중되어 자기네의 주장을 설득했다)가 오스만 정부를 비난하고 필요한 허가를 발급한 후 1902년 파리에서 회의가 열렸다. 이 회의 참가는 사바핫딘 공자(일반적으로 사바핫딘 베이로 알려졌다)에 의해 엄격히 통제되었다. 대표단 중에는 아르메니아 반정부 단체들도 있었는데, 그들은 사바핫딘의 파벌과 동맹을 맺어 박식가이자 전직 관료인 아흐메드 르자Ahmed Rıza가 이끄는 세력과 맞서고 있었다. 사바핫딘 세력은 외세의 개입이 제국의 병폐를 해결해줄 것이라는 확신을 공유하고 있었던 반면에, 아흐메드 르자는 오스만 문제에 외세의 개입을 단호하게 거부했다. 아흐메드 르자와 그 지지자들은 회의에서 수적으로는 소수였지만 연합진보위원회가 창설된 이래 그 중심 세력이었으며, 반면에 사바핫딘 베이의 두리는 수적으로는 다수파에 속했지만 최근에야 이 조직과 연합한 사람들이었다. 유럽 언론은 당연히 외세 개입을 지지한 사바핫딘의 파벌에 더 호의적이었으나, 후속 사건들은 아흐메드 르자와 그의 추종자들이 더 활발한 세력임을 입증하게 된다.[64]

사바핫딘 베이의 파벌은 파리 회의 이후 아르메니아뿐만 아니라 알바니아 및 마케도니아 반정부 단체들과도 긴밀한 관계를 유지했으며, 압뒬하미드 정권을 전복시키기 위해 외부의 도움을 요청했다는 이유로 반대자들로부터 맹렬한 비난을 받았다. 술탄은 이들에 맞서 결연한 반대 운동을 벌였고, 이들은 그에 대한 대응으로 영국의 지원을 받아 정교하게 설계된 정변을 기획했다. 한편 사바핫딘 베이의 파벌과는 이념적으로 뚜렷하게 대조되는 아흐메드 르자의 연합은 미래를 위한 견고한 조직 기반을 제공하기 위해 열심히 노력했다. 그 결과 제국의 잔존 지역 내 모든 민족들(혹은 적어도 그들을 대표한다고 여겨지는 혁명 단체들)의 참여를 이끌어낼 수 있었다. 아흐메드 르자와 그의 추종자들은 술탄의 신민을 '오스만인'이 아닌 '튀르크인'으로 칭하기를 좋아했으며, 비튀르크인(그들의 용법으로 이는 비이슬람교도를 의미한다) 반대 세력과 공통된 목적을 찾으려는 모든 시도는 허황된 것이라고 선언했다. 그들은 이슬람교를 종교가 아니라 초기 민족의식을 집중시키는 수단이라고 평가했다.[65]

아흐메드 르자의 계획은 점진적 변화를 위한 것이었고, 그의 연합 내에서 좀더 적극적인 접근을 선호하는 이들은 처음에는 큰 영향력을 행사하지 못했다. 그러나 1905년, 연합진보위원회와 연계되었다는 이유로 에르진잔으로 유배됐던 바하엣딘 샤키르Bahaeddin Şakir(제위 계승 서열 2위인 유수프 이젯딘 왕자의 주치의였다)가 탈출해 파리에서 조직에 합류하면서 상황이 변했다. 그의 목표는 점진적 개혁을 버리고 혁명을 추구하며 아르메니아 혁명 단체들과 모종의 공동 행동에 나서는 것이었으나, 아르메니아인들은 그의 접근을 거부했다.[66] 1906년 1월, 그는 자신의 파벌을 진보연합위원회(CPU)로 명명했고, 오래지 않아 그 구성원들은 운동에 군대를 참여시켜 역할을 하게 하자는 중대한 결정을 내렸다. 이는 분명히 프로이센 출신 군인이자 작가인 콜마르 폰 데어 골츠Colmar von der Goltz 남작의 발상이었던 듯하다.[67] 폰 데어 골츠는 1880~1890년대에 걸쳐 10년 넘게 오스만제국 군대를 개조했으며 (그 과정에서 영관급까지 올랐다), 오스만과 긴밀한 관계를 계속 유지했다. 18세기와 19세기 개혁가들은 군과 정치의 분리를 시도했지만, 오스만의 수백 년 역사에서 이 둘은 밀접하게 얽혀 있었기에 군의 정치 활동 참여는 받아들이기 어려운 개념이 아니었다. 그러나 원칙적으로 이를 반대한 연합진보위원회의 내부 인사들은 불리한 입장에 놓이게 되었다.

해외에서 일어난 사건들은 압뒬하미드 타도를 위해 싸우던 이들에게 낙관을 불러일으켰다. 1905년 1차 러시아 혁명은 니콜라이 2세를 흔들어 헌정 개혁을 일부 수용하게 만들었다. 그것은 점진적 변화를 지지하는 러시아 자유주의자 단체들을 농민 및 노동자들(그들은 파업과 시위, 경찰관 살해 등을 통해 비록 충분치는 않지만 무언가를 성취해냈다고 보았다)과 다른 입장에 서게 만들었다. 이란에서는 거의 비폭력적인 테헤란 중심의 1905~1906년 혁명을 통해 카자르 왕조로부터 성문 헌법과 선출된 의회를 이끌어냈다. 이 운동은 '젊은튀르크인' 운동의 압뒬하미드 반대에서 자극을 받았고, 그 성공은 진보연합위원회에게 자신들의 노력 또한 더 시급히 추진돼야 할 때라고 생각하게 했다.

1905년부터 1907년 사이, 정부에 대한 대중의 불만은 오스만의 중심지인 아나톨리아에서 광범위한 반란으로 분출했다. 이곳에서는 이 시기 제국의 다른 곳들과 마찬가지로 건강한 남성들이 예멘에서 벌어진 달갑지 않은 전쟁의 새로운 국면을 위해 징집되고 있었다. 오스만은 1872년에 예멘을 재점령했지만, 그들의 군대는 현지 아랍인들로부터 끊임없는 공격을 받고 있었다. 이 동원은 대중의 광범위한 불만을 불러일으켰고, 예멘 전쟁의 비용은 오스만의 재정을 소모시켰다.[68] 이 반란들은 신민 개개인의 삶에 관한 한 압뒬하미드 2세가 칼리파로서의 존엄성을 높이려 했던 심사숙고한 원정이 별로 쓸모가 없었으며, 자신의 전제적 통치를 강화하려던 노력이 성공적이지 못했음을 보여주었다. 이는 처음 있는 일은 아니었지만, 세금 문제는 아나톨리아의 농촌과 도시 주민들의 주요 불만 중 하나였다. 국가가 공공 부채를 상환하고 기반시설과 군대를 현대화하기 위한 비용을 조달하기 위해 무용한 노력을 하면서 부과하는 부담은 갈수록 과중해졌기 때문이다.[69]

압뒬하미드는 즉위 이래 신민 대다수의 절박한 처지를 개선할 필요성을 잘 알고 있었고, 그의 첫 조치 중 하나는 농촌 조세 체계를 개편하기 위한 재정위원회를 만드는 것이었다. 그러나 행정적 문제와 관료들의 농촌 경제에 대한 이해 부족은 그 권고안을 체계적으로 실행하는 것을 방해했고, 결과적으로 세금을 징수하도록 임명된 자들(정부 관리든 징세 도급권자든)의 부정행위로 이어졌다. 20세기 초에는 이론상 농업 생산의 10퍼센트를 내는 것으로 정해진 농산물 십일조(국가 세수의 가장 큰 항목이었다)에 더해 두 가지 새로운 농촌 세금이 도입되었다. 물론 대중은 둘 다 달가워하지 않았다. 새로운 인두세는 부유한 계층 대신 가난한 사람들에게 과중한 부담을 지우는 것으로 여겨졌고, 가축에 대한 세금은 시장 가치에 맞추기보다는 자의적으로 인상되었다. 이런 문제에 더해, 오스만의 생산자들은 농산물, 특히 곡물 가격이 하락하면서 갈수록 세계 시장에서 경쟁하기가 어려워졌고, 이는 다시 추가적인 투자 의욕을 약화시켰다.[70]

아나톨리아 동부 지역 주민들이 그들의 일상생활이 처한 상황의 결과로서 전반적으로 느끼는 뿌리 깊은 불만을 배경으로, 아나톨리아 여러 도시에서 일어난 봉기의 직접적인 원인은 다양했다. 1905년 8월 디야르바크르에서 발생한 첫 반란(현지 쿠르드족 지도자의 탐욕에 대한 반발로 시작되었다) 이후 2년 동안 에르주룸, 시노프, 카스타모누, 트라브존, 삼순, 기레순, 시바스, 카이세리, 반 등 여러 도시에서 격렬한 소요가 일어났다.[71]

1906~1907년 에르주룸에서 일어난 반란은 당국에게 특히 걱정스러운 것이었다. 이곳에서는 아르메니아인과 이슬람교도 모두가 인두세와 가축세에 항의하며 함께 봉기했다. 반란이 시작된 지 3주 후인 1906년 3월 31일, 시위대는 에르주룸과 군 사령부가 있는 에르진잔을 연결하는 전신선을 끊었다. 에르주룸에 병력이 파견되어 조사가 이루어졌다. 총독은 교체됐고, 새로 도입된 가축세는 철회되었다. 그래도 시위가 진정되지 않자 새로운 총독은 인두세마저 철회하겠다고 약속했다. 하지만 이 구두 약속은 정부의 뒷받침을 받지 못했고, 정부는 두 세금 모두 징수할 방법을 찾아야 한다고 고집했다. 총독이 주동자 세 명을 체포했다는 소식이 퍼지자 시위대는 총독을 붙잡아 인질로 삼고 결국 세 사람과 교환했다. 정부는 사면을 선언했고, 1907년 3월 두 세금은 제국 전역에서 폐지되었다. 명분을 잃은 시위자들은 즉시 새로운 형태의 불복종을 택했다. 농촌의 아르메니아인들이 집단적으로 이

슬람교로 개종하면서 비이슬람교도에게만 부과되던 세금을 회피했고, 에르주룸 수비대 병사들은 밀린 급여를 이유로 반란을 일으켰다. 파산지경의 국고는 병사들의 요구를 감당할 수 없었고, 폭동이 확산되었다. 그러나 중앙정부의 관원들이 사라지고 현지인들이 행정을 장악하자 폭동은 완전히 가라앉았다. 몇 달 뒤 곡물 부족으로 또 한 차례 소요가 일어났다. 이는 결국 정부군에 의해 진압됐으며, 18개월 동안 지속된 반란에 책임이 있는 사람들은 재판을 거쳐 형을 선고받았다.[72]

아나톨리아 반란에서 진보연합위원회는 아무런 역할을 하지 않았다. 대신 '사기업·분권화 연맹'이 역할을 했다. 관료, 지식인, 군 장교들을 표적으로 삼았던 진보연합위원회와 달리, 이들의 이탈에 대응해 사바핫딘 베이가 파리에서 결성한 이 조직은 아나톨리아의 지방 지도자들과 연계를 맺었고 지역에 요원들을 두었다. 그는 다슈나크와 협력함으로써, 에르주룸뿐 아니라 1905~1907년에 소요를 경험한 다른 지역에서도 아르메니아인과 이슬람교도들이 정부에 맞서 연합할 수 있도록 했다.[73] 최근의 한 권위자에 따르면, "해외와 아나톨리아 동부의 '젊은튀르크인' 세력이 지역적 소요를 본격적인 헌정 운동으로 발전시킨 주체라고 자신 있게 주장할 수 있"었다.[74]

1907년, 오스만제국 반정부 세력의 두 번째 회의가 파리에서 개최되었다. 아흐메드 르자, 사바핫딘 베이, 그리고 다슈나크당의 하차투르 말루미안Khachatur Maloumian이 주재했다. 회의 분위기는 긴장감이 감돌았고, 아르메니아인 조직과의 동맹에 대한 진보연합위원회의 불신은 (그리고 처음부터 그들의 협력에 진정성이 없었음은) 이후 위원회 지도자들이 쓴 글에서 매우 분명하게 드러났다.[75] 주요 '젊은튀르크인' 조직들을 통합하려던 이 실패한 시도는 어쨌든 망명 단체들(그들은 작성된 글을 통해 이야기를 퍼뜨릴 수밖에 없었다)로부터 제국 내 활동가들에게로 저항의 주도권이 넘어가면서 의미를 잃었다. 1905~1907년 아나톨리아 반란에서 '젊은튀르크인'의 개입은 앞으로 벌어질 일들의 전조에 불과했다.

1906년 9월 테살로니키에서 오스만자유협회(OFS)라는 비밀 조직이 결성되면서 진보연합위원회(CPU)는 제국 내에 새로운 거점을 확보했다. 오스만자유협회의 주요 인물은 체신 공무원이었던 메흐메드 탈라트 베이Mehmed Talat Bey였으며, 옛 연합진보위원회(CUP) 회원이 다수인 기타 창립 회원들 중에는 지주, 회계원, 군 하급 장교 등이 포함되어 있었다. 테살로니키에 주둔한 제3군 소속의 다른 장교들 또한 자유협회에 이끌렸다. 이스마일 엔베르 소령도 그중 한 명이었다. 1907년 9월, 오스만자유협회는 진보연합위원회와 합쳐졌고, 명칭은 사라졌지만 독립 조직으로서의 존재는 계속되었다. 두 조직의 통합 조건을 명시한 문서에 따르면 통합된 조직의 "본질적인 목적"은 1876년 "미드하트 파샤가 공포한 헌법의 시행을 달성하는 것"이었다.[76]

이 합병을 통해 진보연합위원회는 테살로니키에서 오스만자유협회의 강력한 기반을 이용할 수 있었고, 압뒬하미드 폐위 및 입헌 정부 복원을 추구하면서 새로운 방향성과 긴박감을 가지게 되었다. 새롭게 활력을 얻은 진보연합위원회는 그 규정에서 활동가 조직인 다슈나크당과 1893년 테살로니키에서 설립된 내부마케도니아혁명기구(IMRO)의 것을 모형으로 삼았다. 혁명기구의 목표는 코소보, 모나스티르, 테살로니키 등 다민족 오스만 속주들로 구성된 지역에 마케도니아 국가를 수립하는 것이었다. 이 지역은 현재의 알바니아에서 트라케까지 이어지는 발칸반도 남부를 가로지르는 지대였다.[77] 1895년, 혁명기구는 오스만제국으로부터 마케도니아를 해방시켜 통합된 '대大불가리아'에 편입시키려는 분리파 세력을 배출했다. 마케도니아와 인접한 신생국인 불가리아, 세르비아, 그리스는 모두 상충하는 영토적 주장을 펼쳤고, 혁명기구는 이를 저지하려 했다. 마케도니아를 둘러싼 이웃 국가들의 이러한 민족적 권리를 주장하기 위한 노력은 처음에는 종교적·문화적인 것이었고, 신앙적 충성심을 끌어 모을 수 있는 기관들이 이를 주도했다. 불가리아 총대주교대리 교구는 1870년에 설치됐고, 그리스인들의 이익은 이스탄불의 세계 총대주교의 지원을 받았다. 가장 입지가 약했던 세르비아는 1902년 스코페 주교구를 설치함으로써 세계 총대주교로부터 공식적인 종교적 독립을 달성했다. 이들 오스만 속주들이 기독교도들의 충성을 얻기 위해 벌인 공격적인 선전 경쟁은 압뒬하미드 정부에게 심각한 우려를 불러일으켰다. 강대국들이 오래지 않아 개입할 것임을 인지했기 때문이다.[78]

한편 진보연합위원회는 진정으로 혁명적인 조직으로 변하고 있었으며, 대의를 위해 희생할 준비가 된 사람들을 모집하고 암살을 장려하며 '위험'하다고 간주되는 모든 자에 대한 살해를 승인했다. 그럼에도 불구하고 그들의 의식은 다소 우스꽝스러웠다. 신입 회원은 눈가리개를 한 채로 입단했으며, 한 손은 후보자가 믿는 종교의 경전 위에, 다른 한 손은 단검이나 권총, 혹은 오스만의 국기 위에 얹었다. 진보연합위원회는 또한 가장 최근의 역사가가 다음과 같이 묘사한 문장紋章을 채택했다.

맨 위에는 빛나는 태양 아래 책 형태의 헌법이 놓여 있었다. 오른쪽과 왼쪽에는 각각 창이 있고, 그 창에는 '펜'과 '무기'라는 글씨가 쓰인 깃발이 걸려 있었다. 각 창 아래에는 대포가 튀어나와 있었다. 이 한 쌍의 대포는 오스만 술탄의 문장*에 나오는 것과 달리 발사 중인 상태여서 이념적 역동성을 상징하고 있다. 중앙에는 위를 향한 큰 초승달이 있고 거기에는 '박애, 자유, 평등'이라고 쓰여 있었다. 초승달 중앙 위에는 '정의'라는 단어가 걸려 있었다. 초승달 아래에는 '오스만 진보연합위원회'라고 새겨진 띠가 꿈틀거리고 있고, 문장의 맨 밑 띠 아래에는 두 손을 맞잡은 모습이 오스만 여러 민족들 사이의 상호 이해를 상징했다.[79]

내부마케도니아혁명기구의 유격전 활동 방식은 진보연합위원회 군장교들의 기동타격대에게 하나의 모형을 제공했으며, 이슬람교도 유격전 부대는 이미 마케도니아에서 활동하고 있던 혁명기구 진압 부대의 방식을 본떠 조직되었다. 이 진압 부대들은 제국의 남은 유럽 속주들이 더이상 잘려나가는 것을 막기 위한 목적으로 진보연합위원회에 자신의 경험을 제공했다. 진보연합위원회는 오스만자유협회와 통합한 지 1년 남짓 만에 발칸반도 내 75개 이상의 크고 작은 도시와 이스탄불, 그리고 덜 성공적이었지만 아나톨리아에도 지부를 세웠다. 개편된 진보연합위원회는 혁명이 군대의 참여 없이는 불가능하다고 보았고, 군대에 절대적인 신뢰를 보냈다. 그들은 꼼꼼하게 계획을 세웠으며, 아나톨리아 서해안에서 복무하는 정규군 병사들을 구체적인 목표물로 삼아 선전 활동을 펼쳤다. 혁명이 시작되면 그들이 진압에 투입될 것임을 알고 있었기 때문이다.[80]

'마케도니아 문제'는 오스만 정부가 직면한 영토 문제 중 가장 해결하기 어려운 축에 속했다. 세 개의 속주 사이에는 마케도니아 정체성

• 이 문장은 압뒬하미드 2세 치세 초기에 도입된 것이며, 진보연합위원회 문장의 모형 노릇을 했다.

이 기반할 아무런 공통점이 없었고, 오스만 보안군은 다양한 민족 및 종교 집단 간의 폭력을 통제하는 일에 걸맞지 않았다. 1897년, 러시아의 차르 니콜라이 2세와 오스트리아의 프란츠 요제프는 오스만령 발칸반도에서 자신들의 이익권을 설정했다. 1903년 내부마케도니아혁명기구의 선동으로 격렬한 반란이 일어나자 차르와 황제는 다시금 손을 잡았다. 그들의 논의 결과는 영국의 권고안에 주목한 것이었다. 마케도니아의 세 속주 총독에 대한 자문관으로 러시아인과 오스트리아인 각각 한 명씩을 임명하고, 마케도니아의 보안군은 유럽인이 지휘하며, 보안군 구성은 기독교도와 이슬람교도를 섞되 총인구 중 그 구성 비율을 반영하고, 러시아와 오스트리아가 각기 마케도니아의 한 부분의 안정을 책임진다는 내용이었다. 오스만은 이러한 제안을 원칙적으로 수용할 수밖에 없었지만, 끈질긴 외교전과 속임수를 통해 그 시행을 무산시켰다.[81] 1905년 4월에는 마케도니아에서 아나톨리아와 마찬가지로 인두세 및 가축세에 저항하는 반란이 일어났다.[82]

압뒬하미드가 결국 유럽의 압력에 굴복할 수밖에 없을 것이라는 우려는 진보연합위원회 내에서 생겨나고 있던 변화의 동력을 더욱 강화했다. 파리에 근거지를 둔 진보연합위원회의 기관지는 거의 전적으로 마케도니아 문제에 집중했고, 이런저런 광범위한 선전 활동을 통해 이슬람교도와 비이슬람교도 모두에게 혁명이 불가피하다는 것을 설득했다. 위원회는 특히 이슬람교도뿐만 아니라 전체 지역 주민을 대상으로 호소했는데, 이슬람교도(또는 튀르크인)에게만 호소할 경우 역효과를 낳아 마케도니아의 많은 기독교도 주민을 소원하게 만들 수 있다는 점을 잘 알고 있었기 때문이다.* 1908년 무렵에는 제국을 구할 운동의 선봉으로서 이전의 '튀르크인'에 대한 호소에 더해 '오스만주의'

및 '이슬람주의' 정체성에 대한 호소도 함께 이루어졌고, 이러한 가변성은 마케도니아 내 다양한 혁명 단체들과 연계를 도모한다는 진보연합위원회의 목표에 도움이 되었다.[83]

진보연합위원회가 테살로니키로 옮긴 이후 급속히 성장하고 그 선전 활동이 성공을 거두면서 더는 지하 조직으로만 남을 수 없게 되었다. 오스만 정부는 오래전부터 자기네에게 반대하는 비밀 조직들의 존재를 알고 있었으며, 1908년 초에 몇몇 인사들을 체포하기도 했다. 5월 13일, 진보연합위원회의 진정한 야망과 역량, 그리고 그것이 제기하는 위협의 규모가 드러났다. 정부는 헌법을 복원하지 않으면 "유혈 사태가 일어날 것이고 왕조가 위험에 처할 것"이라고 술탄에게 경고하는 최후통첩을 받았다. 군사대신은 사임하지 않으면 암살당할 수 있다는 경고를 받았다. 마케도니아의 긴박한 상황은 1908년 6월 9일부터 12일까지 에스토니아 수도 탈린(레발)에서 열린 러시아의 차르 니콜라이 2세와 영국 국왕 에드워드 7세 사이의 회담에서 논의되었다. '마케도니아 문제'를 더 숙고하기 위한 회담이었다. 러시아와 영국의 개입이 임박했음을 직감한 진보연합위원회는 혁명을 본격적으로 개시했고, 세 개 속주에서 정부 요원을 상대로 한 암살 및 유격전 활동을 벌였다. 그럼에도 불구하고 위원회는 여전히 자신들의 의도가 자유주의라고 주장했다.[84]

반란군과 무장 민간인들의 무리는 증오하는 정권에 대항하는 발칸

• 신뢰할 수 있는 인구 통계는 구하기 어렵다. 1906~1907년 오스만제국의 인구 조사에 따르면 이슬람교도와 기독교도 인구는 거의 비슷해 각각 약 100만 명이고, 기독교도가 약간 더 많다. 그러나 1878년 베를린 회의 이전에 영국 외무부에 제출된 통계는 정치적 목적을 위해 기독교도의 수를 부풀려, 이슬람교도보다 두 배 많았다(Karpat, *Ottoman Population*, 45~46, 166).

반도 투사들의 방식을 원용해 7월 초 산으로 들어갔고, 이 지역을 통과해 이동하면서 입헌 정부 요구를 확산시켰다. 제3군의 엔베르 소령은 정부의 권위가 붕괴하는 가운데 이 유격 전술을 채택한 사람으로 가장 두드러진 중견 장교 중 한 명이었으며, 진보연합위원회는 제3군의 지원을 받아 마케도니아에서 통제권을 장악할 수 있었다. 위원회 모나스티르 지부는 혁명의 세부 사항을 담당했다. 이틀간의 열광적인 활동(그 동안에 위원회는 도시를 완전히 통제했다) 이후 모나스티르 위원회는 모든 지부에 7월 23일까지 혁명을 완수할 것을 지시했고, 이날부터 오스만 헌법이 무력으로 부활할 것임을 총독 및 고위 지방 관리들에게 통보했다. 정부에는 헌법 복원을 요구하는 최후통첩을 보냈고, 요구대로 이행되지 않으면 7월 26일에 이스탄불로 진격하겠다고 위협했다. 회유를 위한 조치로 압뒬하미드는 대와지르와 육군 총사령관을 해임했다. 그러나 이것만으로는 충분하지 않았다. 참모들과의 긴급회의 끝에 그는 헌법 복원과 선거 실시를 명하는 칙령을 내렸고, 이는 7월 24일 언론에 공표되었다.[85] 혁명과 그 결과에 대한 소식이 점차 제국의 먼 지방으로 퍼지면서, 초기 반응은 열광에서부터 불신에 이르기까지 다양하게 나타났다.

이로써 현대 튀르키예를 연구하는 역사가들이 '2차 헌정기'라고 부르는 시기가 시작되었다. 압뒬하미드는 여전히 권좌에 있었지만 입헌 군주로서였다. 환희가 가라앉자, 연합진보위원회(혁명 이후 진보연합위원회는 이 이름으로 되돌아갔다)는 오스만제국의 붕괴를 저지하기 위해서는 새로운 전략이 필요하다는 것을 분명히 깨달았다. 이 전략은 혁명을 고무했던 이상주의적 기대들을 자신들이 구상한 목표에 맞춰 활용해야 했다. 문제는 헌정에 대한 요구는 또한 의회(권력자들의 과도함을 제어하기 위해 고안된 기구다)의 재개를 내포하고 있는데, 연합진보위원회는 가장 최근의 역사가의 견해에 따르면 "여러 정당과 단체들이 각자의 특정 의제를 추구하는 다원주의 정치 체제에 대한 관심이 전혀 없었다. 오히려 그 지도자들은 모든 민족, 종교, 사회 집단이 연합진보위원회가 세심하게 그어놓은 한계 내에서 함께 협력하는 우산형 조직을 구상했다."[86] 위원회 지도자들은 정변 이전의 몇 주 동안 대중 정서를 기꺼이 활용하기는 했지만, 의회를 그저 "개명한 통치 엘리트의 통제 아래에 있는 현대적 관료 기구의 연장"으로 보았다.[87]

1908년 여름이 끝날 때까지 연합진보위원회는 다양한 정치적 제안을 내놓았다. 재정과 교육을 개혁하고 공공사업과 농업을 장려해 국가의 근대화를 완성하려는 위원회의 바람은 놀라울 것이 없었으며, 그 선언문(1908년 10월과 11월에 치러진 국회의원 선거에 앞서 발표했다)에서 인종이나 종교와 상관없이 모든 오스만 시민의 권리와 의무의 평등을 재천명했을 때 드러난 그 평등과 정의의 원칙에 대한 옹호도 마찬가지였다. 그러나 오스만령 발칸반도의 잔여 영토에 있던 기독교 공동체들은 이제 연합진보위원회가 더이상 자신들의 염원을 대변하지 않는다고 느꼈고, 탄지마트 개혁하에서 자신들에게 약속된(그들은 그렇게 이해했다) 권리의 완전한 이행에 대한 바람을 피력했다.[88] 개혁의 선봉에 선 자들은 오스만주의라는 개념을 차용했지만, 이 이념을 실제로 현실화하는 데 내포된 모순(이슬람교도와 비이슬람교도 사이의 진정한 평등을 이루기 위해서는 양쪽이 모두 권리뿐만 아니라 의무도 받아들여야 한다는 것을 설득하는 과정에서 생기는 모순이다)은 이들에게 하나의 문제를 제기했다.

1908년 10월, 제국이 여전히 명목상으로는 종주권을 유지하던 세 곳의 영토를 영구히 상실하면서 새 정권은 큰 타격을 입었다. 그달 첫째 주에 오스만령 불가리아는 제국으로부터 독립해 독립국 불가리아와 통합할 것을 선언했고(반독립적인 동부 루멜리아는 1885~1886년의 정변으로 이미 불가리아의 일부가 되었다), 오스트리아-헝가리는 보스니아-헤르체고비나를 공식적으로 병합했으며, 10년 동안 그리스의 통치를 받아왔던 크레타는 그리스와의 통합을 선언했다. 그나마 위안이 된 것은 오스만이 이 영토 손실에 대해 승자들로부터 보상을 기대할 수 있었고, 이들 지역의 이슬람교도들에 대한 술탄 겸 칼리파의 종교적 권위가 여전히 인정되었다는 점이다.

새로운 의회를 구성하기 위한 선거는 꼼꼼하게 준비되고 상세한 조항을 갖춘 법률에 따라 진행됐으며, 즐거운 분위기 속에서 치열하게 경쟁이 벌어졌다. 연합진보위원회가 지지하는 후보들은 새로 창당된 자유연합(LU)과 맞붙었는데, 자유연합에는 연합진보위원회에 반감을 가진 이들 중 일부가 모여들었다. 오랜 망명 생활을 끝내고 1908년 9월에 귀국한 사바핫딘 베이는 자유연합의 창립 멤버는 아니지만 막후 실력자였으며, 당은 동질적이지 않은 지방에서는 분권화된 정부가 최선이라는 그의 견해를 지지했다. 그러나 자유연합은 지방에서 조직화가 되지 않아, 많은 소수민족 후보들에게 자신들의 깃발 아래 출마하도록 설득하지 못했다. 그들은 또한 조직이 없어 발전이 늦은 지역에서 여전히 존재하던 구체제에 대한 지지를 제대로 활용하지도 못했다.[89] 연합진보위원회 후보들이 과반의 의석을 확보했고, 1908년 12월 17일 술탄 압뒬하미드가 참석한 가운데 양원제 의회가 개원했다.[90]

술탄과 그의 최측근 참모들은 그의 개원 연설에 대한 차가운 반응이 일반적인 분위기를 반영한 것이 아니기를 바랐을 테지만, 압뒬하미드가 의회를 재개하는 데서 보인 마지못한 태도에 대해 자유주의 계층이 보인 반응은 매우 미온적이었다. 이에 따라 돌마바흐체 궁전에서 의원들을 초청해 연회를 열고, 여기서 술탄의 선의를 그들에게 좀 더 명확히 전달한다는 결정이 내려졌다. 술탄의 수석 서기인 알리 제바드 베이Ali Cevad Bey는 이 자리에서 할 연설 내용에 대해 주군을 설득할 수 있었다. 1908~1909년의 사건들에 대한 그의 기록에 따르면, 의원들은 아낌없이 박수를 보냈다고 한다. 그러나 언론은 만족하지 않았고 계속해서 술탄을 비판했다. 술탄 쪽에서도 할 도리를 다했다고 느끼고는, 이을드즈 궁전에서 아래 해변의 츠라안궁으로 내려와 관례에 따라 바이람Bayram('축제') 행사에 참석하거나 의전상 그의 참석이 요구되는 경우에 의회 앞에 모습을 드러내는 것을 거부했다.[91]

1908년 여름의 극적인 전개와 더불어, 특히 도시 지역(그중에서도 이스탄불)에서 사회적·경제적 표현의 자유가 그 어느 때보다 확대되었다. 1901년에 여성들은 다시 사치 금지법의 대상이 됐는데(심지어 승용차를 탈 수 있을 정도로 운 좋은 여성들조차 그 차 안에서 둘러야 하는 전신을 덮는 가리개의 길이와 두께까지 상세하게 규정했다), 이처럼 억압적인 법들이 완화되자 교육받은 여성들은 그동안 허용되지 않았던 자유를 적극적으로 누리기 시작했다. 스스로 고른 옷을 입고, 공개적인 자리에 더 많이 나왔으며, 모임에 참석하고, 자선 및 교육 단체를 설립했다. 저명한 지식인이자 활동가인 할리데 에딥Halide Edip은 1908년에 여성지위향상협회를 설립했는데, 이 단체는 영국의 여성 참정권 운동과 연계돼 있었다. 하지만 낡은 태도는 쉽게 사라지지 않았고, 1908년 10월 제국이 영토 상실에 직면해 무기력함을 보이자 군중은 거리로 나와 극장과 술집을 폐쇄하고 사진 촬영을 금지하며 심지어 많은 이들이 가리개를 벗어 던진 상황에서 여성들이 다시 몸을 가리게 하라는 요구를 쏟아냈다. 이슬람법의 전면 시행으로 돌아가야 한다는 주장까지 나왔다.

자신들의 삶의 조건에 대해 이제 자유롭게 항의할 수 있음을 느낀 또다른 집단은 노동자였다. 오스만 신민은 언제든지 잘못을 발견하면 당국에 개선을 청할 권리가 있었고, 자기네의 이익을 방어하는 이 수단은 경제의 산업화가 진행되면서 제국에 도입된 낯선 고용 형태와 조건으로부터 생겨난 다른 비전통적인 노동자 항의가 1845년 법(1800년 프랑스 법을 번역한 것이다)으로 노동조합과 파업을 금지하기까지 존속했다. 이 법은 저항과 폭력의 사례를 완전히 막지는 못했으며, 1908년에 시위자들은 그동안 배출하지 못한 불만을 표출하기 위해 경찰 및 군대의 보복을 무릅쓸 각오를 했다. 시위는 노동자들이 광산, 공장, 철도 등에서 임금 인상과 노동 조건 개선을 요구하며 파업에 돌입함으로써 확산되었다. 정부가 1845년 이후 처음으로 파업을 방지하기 위한 법률을 통과시킨 것은 아나톨리아 철도 파업 이후인 1908년 10월이었다. 의회가 개원되기도 전이다. 혁명 이후 석 달 동안 100건이 넘는 파업이 발생했다. 이는 주로 이스탄불과 테살로니키에서 일어났지만, 제국에서 그 영향을 받지 않은 지역은 별로 없었다. 당시에 남녀 합쳐 20만에서 25만 명 사이였던 산업 노동력 가운데 4분의 3이 파업에 참여한 것으로 추산되었다.[92] 1908년의 파업 물결은 억눌렸던 이들이 과거에 그랬던 것처럼 더는 순응하지 않을 것이라는 신호였다. 압뒬하미드의 억압적 정권이 물러서면서, 비록 제한적이지만 개인이 자신의 삶과 노동 조건을 개선할 수 있는 기회를 제공했다. 하지만 이 시기를 연구한 최근 역사가에 따르면, 오스만의 파업 노동자들은 "군함과 군대, 파업 방지 법률에 의해 짓밟혔으며, 그들의 행동 경로는 제한됐고, 국가의 지배는 재천명되었다."[93] 압뒬하미드 및 그의 전임 술탄들과 마찬가지로 연합진보위원회는 '민중'의 목소리에 귀 기울일 시간이 별로 없었고, 공공질서의 어떤 교란도 국가의 안녕에 대한 위협으로 여겼다. 그리고 이를 탄압하도록 관료들에게 허가를 해주었다.

술탄 압뒬하미드 2세는 여전히 많은 백성에게 비판을 초월한 존재, 즉 '지상에 드리워진 신의 그림자'로 여겨졌다. 예를 들어 1905~1907년 아나톨리아 지역에서 조세 반란이 일어났을 당시, 주민들은 압뒬하미드가 개입해 자기네가 보기에 부패한 관료와 행정가들을 해임할 때마다 기뻐하며 그의 장수를 기원했다. 이러한 존경과 숭배는 정치 활동가들에게 반정부 여론을 조성하기 위해 다른 명분을 찾게 했다.[94] 1909년 2월과 3월은 새 체제에 대한 반대가 고조되며 불안정한 시기였다. 의회 내 자유주의 야당은 연합진보위원회가 권위주의적이라고 시끄럽게 비난했고, 3월 말에는 이슬람교도연합이라는 단체가 결성되어 《볼칸Volkan》('화산')이라는 기관지를 통해 이슬람교도들에게 연합진보위원회에 맞서 일어날 것을 선동했다.

튀르키예 역사에서 1909년 3월 31일로 기억되는 날(실제로는 그레고리우스력으로 4월 13일이었다)에 맞정변이 시작되었다. 이는 불만을 품은 성직자들과 병사들(이번에는 이스탄불에 주둔한 제1군과 테살로니키를 근거지로 한 제3군 경보병들이었다) 사이의 전통적인 동맹에 기반한 것이었다. 제3군 경보병은 이스탄불에 주둔 중이던 그 일부가 여섯 달 전 예멘전쟁 파병을 거부한 병사들의 폭동을 진압해 악명을 얻었다. 1909년 3월 중순에 그들은 다시 호출되었다. 이번에는 이을드즈궁에 주둔하던 알바니아 병사들이 아나톨리아 병사들과 함께 복무하는 것을 거부해 일으킨 반란을 진압하기 위해서였다. 하렘의 여성들이 제3군 보병대의 도착을 목격하고 틀림없이 곧 이어질 유혈 사태를 예감하며 놀라서 비명을 질렀고, 이에 따라 발포 명령이 취소되었다. 일촉즉발의 상황은 총알 한 발 발사되지 않고 진정되었다.[95] 그러나 이번에는 불만을 품은 병사들이 자기네 병영에서 할리치만을 건너 구시가지로 몰려들었고, 과거 수많은 반란의 무대였던 히포드롬에 다른 불만 세력과 함께 집결했다. 이들의 목적지는 더이상 톱카프궁이 아니었고, 바로 인근에 위치한 의회 건물이었다. 그리고 제1군 병사들과 제3군 보병들이 자신들의 장교들을 사로잡았다는 소식이 흘러나왔다. 그들이 도시를 향해 행군하면서 힘을 내게 만든 구호는 바로 이슬람 율법 회복에 대한 요구였다.[96] 반란군은 군대가 대리인 역할을 하는 현대화하는 정권 아래서 예배를 드릴 시간조차 허용하지 않는다고 주장했다. 압뒬하미드는 언제나 사병 출신으로서 승진한 장교들을 좋아했다. 그는 이들이 더 보수적이어서, 자유주의적 열망을 품을 가능성이 적다고 생각했다. 1908년 혁명 이후, 연합진보위원회는 그런 장교들을 다수 해임했다. 혁명의 선봉에 선 것은 사병 출신으로 승진한 사람들이 아니라 군사학교 졸업생들이었다. 가진 것을 빼앗기고 이제 보상을 받고자 하는 사람들은 그들의 시위에 동참한 중·하층 성직자들과 같은 사회적 배경을 갖고 있었다. 이들은 제국이 변화하면서 자신들이 맡았던 공적 역할을 급속히 잃어가고 있었다. 게다가 예멘이나 이라크 같은 특히 건강에 해로운 지역에 복무하는 경우 병역이 2년으로 단축됐기 때문에 인력을 충원하기 위해 신학교 학생들도 처음으로 징병 대상이 될 것이라는 소문이 퍼지면서 불에 기름을 부었다.[97]

군중은 연합진보위원회 고위 정치가들의 처형을 요구했다. 중재자 역할을 맡은 셰이흐윌이슬람은 다섯 가지 요구 사항을 전달받았다. 대와지르, 군사대신, 의회 의장을 해임할 것, 연합진보위원회의 특정 유명 인사를 축출할 것, 이슬람 율법을 전면 시행할 것, 군사학교 출신 장교들을 해임하고 사병 출신 장교들을 복직시킬 것, 술탄이 반란자들을 처벌하지 않겠다고 약속할 것 등이었다.[98] 4월 13일의 대치 상황은 신속하게 해결되었다. 정부는 사임했고, 반란자들은 사면됐으며, 술탄은 이슬람 율법을 더욱 중시하겠다고 약속했다. 일부 역사가들이 술탄 압뒬하미드와 궁정의 작품이라고 보는(술탄의 아들 한 명과 조카 한 명을 포함한 오스만 왕가 사람들과 고위 궁료들이 분명히 '3·31 사건'의 배후에 있었고 이후 상황을 계획하는 데 관여했기 때문이다[99]) 맞정변은 분명히 성공한 것이었다.

연합진보위원회는 술탄 압뒬하미드와 반란자들 사이의 거래로 간주된 이 상황에 즉각 반응했다. 정부가 사임을 청한 것은 사실이었지만(다만 강압에 의한 것이었다), 술탄의 행동은 헌법에 제약되지 않고 의회를 무시한 전제군주의 행위였다. 열흘 뒤, 술탄과 그의 측근들은 이을드즈 궁전에 고립되어 '행동군Hareket Ordusu'이라고 불리는 부대에게 포위당했다. 이 부대는 주로 제3군의 주력에서 뽑아 마흐무드 셰브켓 파샤Mahmud Şevket Paşa가 지휘했으며, 테살로니키에서 급히 진군해왔다. 알리 제바드 베이에 따르면, 4월 27일이 되자 총검을 든 군인들이 하렘을 제외한 궁전의 모든 구석에 몰려들었다. 하렘의 사람들은 고립된 채 배가 고파 울부짖었다. 마흐무드 셰브켓은 자신의 군대가 술탄을 폐위하기 위해 온 것이 아니라고 주장했으나, 이튿날 의회에서 격렬한 논의가 벌어진 뒤 아르메니아인 아람 에펜디Aram Efendi, 테살로니키 출신 유대인 카라수 에펜디Karasu Efendi, 두 명의 이슬람교도 아리프 히크메트 파샤Arif Hikmet Paşa와 에사드 파샤Essad Paşa로 구성된 의회 대표단이 궁궐에 와서 '국민'이 술탄을 폐위시켰다고 발표했다. 츠라안궁으로 은퇴하게 해달라고 요청한 술탄 압뒬하미드는 자신의 몰락이 스스로의 책임이라는 사실을 받아들일 수 없었으며, 알리 제바드를 향해 그가 자신의 동생이자 이제 술탄이 된 레샤드Reşâd에게 충성 맹세를 할 때 그 자리에 있었던 것을 나무랐다. 알리 제바드는 자신이 압뒬하미드와 조국에 충성을 다짐하면서 피눈물을 흘렸음을 이야기한다. 알리 제바드는 압뒬하미드가 다음날 츠라안으로 이동할 것이라 예상했는데, 그날 밤 마흐무드 셰브켓 휘하의 군 장교들이 이을드즈궁으로 와서 술탄이 "본인의 안전"을 위해 즉시 테살로니키로 떠나야 한다고 전하라는 명령을 받고 깜짝 놀랐다. 테살로니키는 제3군의 주둔지이자 연합진보위원회의 본부가 있는 곳이었다. 압뒬하미드는 작은 가방 하나를 들고 직계 가족(다섯째 아들 압뒤르라힘 하이리 에펜디Abdürrahim Hayri Efendi, 막내아들 메흐메드 아비드 에펜디Mehmed Abid Efendi, 그리고 몇몇 후궁들)과 함께 넉 대의 마차에 나눠 타고 기차역으로 향해 국내 유배 여정을 시작했다. 언론 보도에 따르면 폐위된 술탄은 역에서 물 한 잔을 마셨고, 그 물을 가져다준 사람에게 두둑한 행하를 주었다고 한다. 주인의 무정함에 상심한 알리 제바드 베이는 그들이 떠나는 모습을 지켜본 뒤, 다음날 아침 보스포루스 해협의 베베크 마을에 있는 자신의 집으로 물러갔다.[100]

헌법은 술탄의 폐위에 대해 규정하지 않았고, 주권이 국민에게 있다는 원칙도 인정하지 않았다. 따라서 의회는 압뒬하미드 폐위를 단독으로 승인할 권한이 없었다. 연합진보위원회는 자신들이 헌정을 회복하고 맞정변 이후 질서를 재정립하는 일을 책임졌다는 이유로 국민의 의사를 대변한다고 자임했지만, 이런 생각은 어떤 법적 정당성도 없었다.

그러나 헌법은 이슬람교를 국가의 종교로 명시했다. 따라서 이슬람교는 국가를 운영하는 이들의 행동을 정당화하는 수단으로 여전히 이용될 수 있었다. 그리하여 압뒬하미드 폐위 결정은 이슬람법에서 허용하는 해결책에 의존함으로써 정당성을 부여받았다. 바로 셰이흐윌이슬람의 파트와였다.[101] 술탄의 폐위를 통보하기 위해 이을드즈궁으로 간 대표단은 이 파트와를 소지하고 있었다.[102]

'3월 31일 사건'이라 불리는 맞정변은 거의 피를 흘리지 않았지만, 이후 연합진보위원회의 보복은 무자비했다. 사건 직후 군사재판에 회부돼 처형된 80명에 가까운 사람들 중에는 50명 이상의 병사, 두 명의 파샤와 신문《볼칸》의 발행인 데르비시 바흐데티Derviş Vahdeti, 그리고 압뒬하미드의 가솔들이 포함돼 있었다. 이외에도 많은 사람이 투옥됐으며, 반란에 가담한 일반 병사들은 발칸 지역의 도로 건설 작업에 동원되었다.[103] '3·31 사건'은 지방에도 영향을 미쳤다. 이슬람법이 다시 도입될 것이라는 소문이 돌면서 촉발된 4월 13일 에르진잔 병사들의 반란 때 지역 연합진보위원회 사무소가 파괴되었다. 4월 14일부터 16일 사이에, 아직까지 명확히 규명되지 않은 상황 속에서 아다나와 이 지역의 다른 곳들에서 수천 명의 아르메니아인이 학살당하고 도시의 상당 부분이 불에 탔다. 분명히 신뢰할 만한 정보에 따르면, 당시 술탄 본인이 이 학살과 지역 연합진보위원회(이들은 여전히 오스만주의 이상을 견지했고 이슬람교도는 물론 기독교도의 지원을 기대했다) 세력 제거를 명령했고, 이슬람교도 주민을 선동하기 위해 요원들이 파견되었다. 적어도 아다나에서는 이슬람 종교 지도자들이 학살을 규탄하고 아르메니아 교회와의 연대를 표명했다.[104]

압뒬하미드의 동생 레샤드가 술탄 메흐메드 5세로 즉위했다. 의회는 오스만 헌법이 시대에 뒤떨어졌음을 인식했으며, 1909년 여름에 개정된 헌법에서는 최근 사건들로 시험한 것들을 고려해 스스로를 제국 최고 권위의 원천으로 자리매김했다. 술탄의 권한은 공식적으로 제한돼 더는 통치하지 않고 군림하게 됐으며, 정부에서 그의 역할은 의회나 내각에서 내린 결정을 확인하는 데 국한되었다.[105] 이는 과거와의 매우 중대한 단절이었다. '3·31 사건'에서 실력자가 떠올랐다. 바로 마흐무드 셰브켓 파샤였다. 그는 이제 각기 이스탄불, 에디르네, 테살로니키에 주둔한 제1군, 제2군, 제3군의 총감으로서 실질적으로 의회보다도 높고 연합진보위원회(그는 이를 이용해 압뒬하미드 폐위를 주도했다)보다도 더 높은 위치에 있었다. 마흐무드 셰브켓이 압뒬하미드를 폐위시키기 위해 이스탄불로 진군할 때 계엄령이 선포되면서, 의회가 이제 막 획득한 통치권은 확립되기도 전에 침해되었다. 계엄령은 이후 수년 동안 유지되었다.[106]

술탄이 정부에서 무력화되자, 이후 몇 년 동안 권력을 차지하려는 새로운 경쟁자들 사이의 다툼이 벌어졌다. 마흐무드 셰브켓 파샤는 연합진보위원회의 일원이 아니었으며, 군대는 정치의 영향을 받아서는 안 된다고 주장했다. 그는 곧 헌법의 제약을 받지 않고 행동하겠다는 의도를 명확히 드러냈다. 연합진보위원회는 1908년에 치러진 선거에서 '공익협회'라는 이름으로 후보를 출마시켜 의회에서 다수당이 됐지만, 정치 쪽과 군사 쪽 구성원 사이의 경계는 모호했으며 공인된 의원들(연합진보위원회의 후원을 받아 의석을 얻은 사람들이다)과 의회 밖 지하 조직인 연합진보위원회의 '막후' 인물들 사이의 경계도 마찬가지였다. 이러한 모순의 해결은 1909년에 시작됐는데, 이때 연합진보위원회는 비

밀 조직에서 벗어나 정식 정당이 되었다. 바로 연합진보당이다.[107]

연합진보위원회 지도자들은 제국을 온전하게 보존하려면 엄격한 조치가 필요하다고 보았고, 1909년 말에 통과된 여러 조치들(파업을 억제하는 추가적인 법과 집회의 자유를 제한하는 법 등)은 정부에 대한 반대의 목소리를 사실상 억눌렀다.[108] 가장 중요하게는 비이슬람교도를 징병하는 법이 통과되었다. 과거에 그랬듯이 이는 소수민족 지도자들의 항의를 불러일으켰고, 이들은 자기네 징집병이 이슬람교도 부대와는 분리된 부대에서 복무하기를 요구했다. 그리고 병역 면제는 여전히 여유 있는 사람들이 돈으로 살 수 있었다.[109]

의회는 서서히 그 역할을 배우고 있었지만, 1910년의 국가 예산을 둘러싼 논쟁은 권력이 실제로 어디에 있는지를 보여주었다. 마흐무드 셰브켓 파샤는 그의 독자적인 행동을 제한하려는 의도에서 군사대신으로 내각에 임명됐는데, 군비 지출 삭감(재정 자원은 부족했고, 그의 동료들은 그것을 다른 목적에 사용하길 원했다)에 강력히 반대하며 자신의 뜻을 관철시켰다. 그는 또한 이을드즈 궁전의 보물에 관한 문제에서도 승리를 거두었다. 압뒬하미드 폐위 당시 군대가 궁전을 점거하면서 마음대로 보물을 챙겼을 것이라는 의혹이 있었지만, 마흐무드 셰브켓은 이에 대한 조사 요구를 차단하는 데 성공했다.[110]

의회 내 민간인들이 마흐무드 셰브켓 파샤로 대표되는 군대를 완전히 통제할 수 없었던 것처럼, 연합진보위원회도 정치 과정을 완전히 장악하지는 못했다. 연합진보위원회가 정당으로 정식 출범한 직후, 스스로를 인민당으로 부르는 집단이 의회 내 연합진보당에서 갈라져 나왔다. 의회 밖에서는 연합진보위원회의 중앙집권적이고 억압적인 모습에 반발한 여러 정치 집단이 생겨났는데, 이들의 유일한 공통점은 연합진보위원회의 중앙 집중적이고 강권적인 전횡에 대해 반감을 가졌다는 것이었다. 그러나 1910년 6월에 자유주의 성향의 언론인이 암살되면서 또 한 차례의 반정부 활동 탄압이 시작되었다. 비슷한 암살 사건은 '3·31 사건' 불과 며칠 전에도 일어났고, 당국은 주의를 기울였다. 체포가 이어졌고, 정부를 전복하려는 음모가 진행 중이라는 이야기가 퍼졌다.[111]

1911년 11월, 스스로를 자유연합(이 정당은 1908년에 창당된 이후 해산과 재결성을 거쳤다)이라 부른 정당이 정부에 대한 반대 세력의 중심이 됐고, 이스탄불 보궐선거에서 의석을 차지했다. 자유연합은 정부에 강력한 도전 세력으로 부상했다. 예멘 및 리비아에서 전쟁이 벌어지고 있던 시기에 의회 장악력을 더욱 강화하기로 결심한 연합진보위원회는 다수당의 지위를 이용해 의회 해산을 밀어붙였다. 연합진보위원회는 협박과 선거 조작을 통해 1912년 초 선거에서 다수당으로 복귀했다.[112] 이제 야당 인사들은 의회가 외부 간섭 없이 스스로 권위를 세우기를 끈기 있게 기다리기보다는 헌법을 벗어난 수단이 더 빠른 결과를 가져온다는 점을 연합진보위원회로부터 배웠고, 1912년 7월 연합진보위원회에 강하게 반대하던 장교들의 비밀 조직이 다시 한번 의회를 해산시켰다.[113] 술탄은 새 선거를 발표했지만, 선거가 완료되기도 전에 제국은 발칸에서 일어난 전쟁에 휘말렸다. 선거는 취소됐고, 1년 이상이 지난 후에야 다시 치러졌다.[114]

입헌군주제가 수립되면서 도입된 새로운 통치 개념에 적응하는 과정은 고통스러웠고, 지방의 지속적인 긴장과 오스만 영토에 대한 외세의 압박이 그 과정을 더욱 어렵게 만들었다. 다른 많은 민족 및 종파 집단들과 마찬가지로 알바니아인들은 1908년 혁명으로 이어지던 시기에 비밀리에 활동하던 연합진보위원회의 일원이었다. 실제로 혁명은 이스탄불에서 사태가 발생하기 2주 이상 전인 7월 3일에 시작되었다고 한다. 알바니아인인 아흐메드 니야지Ahmed Niyazi 대위가 200명의 병력을 이끌고 오흐리드와 모나스티르 사이의 산악 지대로 들어가, 그곳에서 자신의 이름으로 헌법의 복원을 요구하면서다.* 혁명 이후 검열이 폐지되면서 알바니아인들은 다른 제국 신민들처럼 표현의 자유를 얻었고, 이에 따른 활발한 언론 활동은 민족의식의 성장을 촉진하는 계기가 되었다. 신앙이나 정치적 신념과 관계없이 알바니아인들은 더 큰 자치권을 소리 높여 요구했지만, 1909년의 맞정변 이후 이스탄불의 연합진보위원회 지도부는 알바니아 민족운동을 의심하게 되고 이를 강력하게 억제했다. 그 요구를 수용하는 것은 통일되었다는 이슬람교도 공동체가 자기모순을 인정하는 셈이 되기 때문이다. 전략적 이유에서도 양보는 생각할 수 없었다. 알바니아는 군침을 흘리는 유럽 열강으로부터 제국의 중심부를 방어하는 완충 지대였기 때문이다. 알바니아가 충성을 보장할 수 없는 지역이 되는 것은 정부에게 큰 불안 요인이었다. 사태가 집중된 쟁점은 공공장소에서 알바니아어의 라틴 문자 표기를 금지한 연합진보위원회의 결정이었다. 이 강압적인 조치는 이전에 종교적으로 단결되어 있던 기독교도와 이슬람교도 공동체 사이를 분열시켰고, 결국 이 지역에서는 양 진영 모두가 정부 당국에 대한 무장 저항에 나섰다.[115]

연합진보위원회는 지난 수백 년 동안 제국에 가장 뛰어난 정치가들

---

* 1908년의 혁명은 일반적으로 '젊은튀르크인' 혁명으로 알려졌으며, 그 과정에서 알바니아인 등 비튀르크계가 기여한 바에 대해서는 튀르키예 민족주의 역사학자들이 마지못해 인정하고 있다.

과 가장 용감한 군인들을 여럿 배출했던 이 골치 아픈 지역 주민들의 충성을 확보하기 위해 술탄 겸 칼리파를 활용하기로 결정했다. 1911년 6월 5일, 술탄 메흐메드 5세는 이스탄불에서 바다를 통해 테살로니키로 갔고, 그곳에서 그의 비서를 보내 유배 중인 압뒬하미드 2세를 찾아보게 했으며, 현지 유지 및 정부 관리들과 여러 차례 면담했다. 그는 이곳에서 '명예로운 투사' 니야지 대위를 맞이한 뒤, 기차를 타고 내륙으로 들어가 스코페와 프리슈티나로 향했다. 6월 15일, 1389년 코소보 평원 전투에서 술탄 무라드 1세가 세르비아의 라자르 왕과 그 군대를 물리친 날에 그는 그 전투가 벌어진 장소에서 이슬람교도들을 이끌고 기도회를 열었다. 그는 발칸반도를 지나며 많은 군중의 환영을 받았지만, 코소보 평원에서는 예상보다 환영 인파가 적었다. 이스탄불로 돌아온 후 그를 환영하는 신문 사설들은 그가 "루멜리아 사람들의 마음을 여는 열쇠를 가지고 돌아왔다"라고 주장했지만,[116] 실제로는 술탄의 방문도, 지역의 요구에 대한 양보들(살인범을 제외한 모든 죄수에 대한 사면 같은 것들이었다)도 추가적인 소요를 막는 데 기여하지 못했다.

알바니아와 마찬가지로 제국의 아랍 속주들에서도 국지적 또는 지역적 정체성이 단순한 종교적 고려보다 더 강한 결속력을 가지는 경향이 있었다. 탄지마트 이후, 특히 압뒬하미드 2세 치세에 아랍 문화에 대한 자각과 자부심이 표출되기 시작했다. 전통적으로 중앙정부의 고위직에서 배제됐던 아랍인들을 자신의 이슬람주의 주장에 정당성을 부여하고 아랍이 제국으로부터 독립하려는 움직임을 견제하기 위해 구애하면서다. 그의 퇴위 이후 먼 이스탄불에서 일어난 변화들에 대한 아랍인들의 반응은 모호한 것이었다. 1908년 의회 의원 약 280명 중 4분의 1 이상이 아랍인이었다.[117] 아르메니아인들과 마찬가지로, 공식 정치(지방이든 이스탄불이든)에 참여한 많은 아랍인은 연합진보위원회의 급진주의나 심지어 폭력보다는 자유주의를 더 잘 받아들이는 모습을 보였다. 연합진보위원회가 그 중앙집권화 정책에서, 그리고 '오스만'에 대한 충성을 조성하려는 목표를 유지하면서 지역의 다양성을 대표성의 근거로 인정하지 않는 데서 더 강경한 자세를 보이자 아랍인들은 감정이 상했다. 연합진보위원회가 제국의 중등학교와 법정에서 튀르크어 사용을 강제하자, 일부 아랍인들 사이에서는 이것이 아랍인 정체성의 뿌리를 흔들 뿐만 아니라 튀르크인과 아랍인을 하나로 묶는 종교의 신성함을 훼손하는 것이라는 인식이 생겼고, 이런 인식은 연합진보위원회의 정책이 전통적으로 아랍 속주들이 누려온 상당한 수준의 자치권을 위협하고 있다는 경각심을 높이는 데 이용되었다.[118] 아흐메드 제브넷 파샤는 압뒬하미드에게 아랍인을 존중하는 것이 중요하다고 경고했으며 (그들의 언어가 이슬람교의 언어이기 때문이다), 아랍인을 '괄라흐fallāḥ'(농민) 라 불러 모욕하는 국가 관료들이 가져올 해악을 지적했다.[119]

연합진보위원회와 정부가 이제까지 지역 부족 수장들이 지배해온 지역들에 중앙정부의 권한을 확대하려 하자, 1910년과 1911년에 특히 시리아와 아라비아반도에서 심각한 봉기가 발생했다. 이스탄불에서 전개되는 정치적 드라마에 대한 아랍인들의 반응은 다양했다. 예를 들어 이집트의 지식인들은 외세인 영국에 대한 투쟁에서 영감을 얻기 위해 수도 이스탄불을 주시했고, 술탄 겸 칼리파에 대한 자기네의 충성을 강조했다. 반면 자기네의 전통적 자유에 대한 오스만 중앙정부의 침해를 피해 고국을 떠나 카이로로 이주한 시리아 출신 지식인들의 감정은 전혀 달랐다.[120]

압뒬하미드는 북아프리카에서 유럽 열강의 식민지 야욕을 사전에 차단하려 했지만, 그의 희망은 물거품이 되었다. 이탈리아는 1870년에 통일됐으며, 프랑스가 1881년에 튀니스를 점령한 이후 이탈리아 정부는 이 지역에 대한 관심을 표명하기 시작하고 이탈리아 언론은 트리폴리 점령을 촉구했다. 이탈리아의 주장은 1890년대 내내 되풀이됐고, 1902년에는 지역 대표들이 카이로의 이탈리아 영사를 만나 이탈리아가 이 속주를 점령할 경우 어떤 의도를 가지고 있는지를 타진했다. 이탈리아 영사는 자국이 다른 유럽 열강의 침입을 막으려고 할 뿐이며, 점령이 불가피할 경우 이슬람교를 존중하겠다고 대답했다. 이탈리아는 곧 프랑스와 싸우고 있는 현지 주민들에게 무기를 공급하기 시작했다. 연합진보위원회에게는 유감스럽게도, 이탈리아 사업체들은 트리폴리에 빠르게 발판을 마련했고, 이탈리아는 영향력을 놓고 오스만제국과 경쟁하기 시작했다. 1910년 이 속주에 새로운 오스만 총독이 파견됐지만, 이탈리아는 그가 자국의 이익을 방해하고 있다고 불만을 표했다. 1911년 말, 점점 치열해지는 식민지 쟁탈전에서 밀려나지 않으려고 안달하던 이탈리아는 침공을 감행했다.[121] 이 속주의 오스만 병력은 또 다른 반란이 진행되고 있던 예멘으로 파견된 상태였고, 트리폴리의 방어(그것은 군사대신 마흐무드 셰브켓 파샤가 인정했듯이 사실상 불가능했다)는 연합진보위원회에서 차출한 장교들이 맡고 있었다. 이들 중에는 무스타파 케말이라는 젊은 장교와 현지 사누시Sanusi 부족민을 속주 동부의 유격전에 참여하도록 고무한 엔베르 소령이 포함돼 있었다.[122] 엔베르는 이 속주가 자신의 '왕국'이라는 환상을 품었고, 금요 예배를 주도하고 심지어 자신의 서명이 담긴 지폐까지 인쇄했다. 그는 1912년 가을까지 저항을 이어갔다.[123] 1912년 4월에는 이탈리아 전함이 다르다넬스 해협을 포격했고, 5월에는 도데카네스제도를 점령했다.[124] 1912년

10월에 체결된 우시(로잔 근처) 조약은 오스만의 트리폴리주가 이탈리아로 넘어갔음을 공식화했다. 이제부터 오스만은 1923년 제국의 종말에 이르기까지 거의 끊임없이 방어 전쟁을 치르게 되었다.

제국이 1911년 예멘에서의 전쟁을 마무리하고 이탈리아와의 평화 협상을 시작하자마자 발칸반도에서 훨씬 더 치명적인 전쟁이 시작되었다. 이 불안정한 지역의 작은 신생 국가들은 협력을 가장하면서도 각자의 민족적 주장을 관철하려 서로 경쟁했다. 이탈리아와의 전쟁 발발 이후 세르비아, 몬테네그로, 그리스, 불가리아 사이에 체결된 여러 동맹은 1912년 10월 초 이들 국가(그들은 오스만의 발칸반도 속주들의 광범위한 행정 개혁을 요구하고 있었다)가 준비가 되지 않은 오스만제국에 맞서 동원되면서 행동으로 옮겨졌다. 이로써 1차 발칸 전쟁이 시작되었다.[125] 발칸반도에 남아 있는 오스만 영토는 트리폴리에 비해 제국에 엄청나게 큰 중요성을 지녔고, 엔베르는 1912년 말 북아프리카를 떠나 발칸반도로 향했다. 자신이 그 지역을 구할 수 있다는 자신감에 차 있었다. 그러나 그와 동료 장교들이 이스탄불에 도착했을 때는 이미 오스만군이 이스탄불에서 서쪽으로 약 50킬로미터 떨어진 차탈자 방어선까지 후퇴한 상태였다. 이 방어선은 1877~1878년 러시아의 공격으로부터 수도를 방어하기 위해 구축된 것이었다. 이 방어선은 지켜졌고, 12월에는 발칸 지역 동맹국들이 휴전에 합의했다. 이후 런던에서 열린 평화 회담에서는 여러 발칸 지역 국가들의 서로 양립할 수 없는 주장 때문에 협상이 지연되었다.[126]

그러나 제안된 조약의 일부 조건은 비교적 이른 시기에 명확해졌다. 그중에는 여전히 불가리아군에 포위되어 있던 에디르네가 그들의 소유로 반환되어야 한다는 내용도 포함되어 있었다. 대와지르 카밀 파샤Kâmil Paşa(20년 넘게 영국과 긴밀한 관계를 유지해온 덕에 '잉길리즈(영국인) 카밀'로 알려졌다)가 이끄는 오스만제국 정부는 상상할 수 없는 양보안을 지지하고 있었다. 감지된 의회의 실패를 벌충하기 위해 '국가의 수호자'로서 군부가 다시 행동에 나서게 할 정도였다. 1913년 1월 23일, 엔베르가 이끄는 분견대 병력은 각료 회의실에 난입해 군사대신 나즘 파샤Nâzım Paşa를 사살하고, 총을 들이대 카밀의 사임을 받아냈다. 그러고 나서 엔베르와 그의 최측근들은 셰이흐윌이슬람의 차량을 빼앗아 궁궐로 달려갔고, 그곳에서 술탄에게 카밀의 후임으로 마흐무드 셰브켓 파샤를 대와지르로 임명할 것을 강요했다. 그는 또한 몇 달 전에 해임된 군사대신직도 다시 맡았다.[127] 이 경솔하고 위헌적인 행동으로 인해 국내 정치의 향방과 외적의 공격을 저지할 과업은 마흐무드 셰브켓 파샤의 손에 맡겨졌다. 그의 정부는 런던 회의에서 도출된 평화 조건을 거부했으며, 불가리아는 에디르네에 대한 포격을 재개했다. 엔베르는 자신이 서쪽에서 불가리아군에 대한 공격을 이끌겠다고 마흐무드 셰브켓에게 제안했지만, 에디르네 구원을 위한 이 계획은 참패로 끝났고 도시는 1913년 3월 24일 불가리아에 항복했다. 5월 30일에는 런던에서 평화 협정이 체결되었다.[128]

엔베르의 정변은 정부를 전복시켰지만 제국의 국경을 방어하는 오스만 군대의 능력을 강화하는 데는 아무런 도움이 되지 못했고, 연합진보위원회는 지지를 잃을 가능성이 커졌다. 1차 발칸 전쟁의 참패는 마흐무드 셰브켓 파샤의 명성을 실추시켰다. 그는 1913년 6월 11일에 암살당했고, 여기에 책임이 있다고 지목된 열두 명은 교수형을 당했다. 이 사건은 연합진보위원회가 반대자들을 일망타진할 기회였다. 불가리아, 세르비아, 그리스 간의 영토 분할을 둘러싼 충돌이 발생해 불가리아가 병력을 새로운 동부 국경 트라케에서 마케도니아로 이동시키면서 2차 발칸 전쟁이 시작되었다. 오스만 군대는 서쪽으로 진군해 불가리아군의 후퇴로 생긴 공백을 메웠고, 연합진보위원회는 역량을 보여줄 기회를 얻었다. 에디르네는 탈환됐고(엔베르가 승전한 군대를 이끌고 시내로 입성해 적병을 물리치고 이 도시를 해방시켰다), 이후 오스만 군대는 마리차강–툰자강 선을 넘어 서쪽으로 진격했다. 이후 제국과 불가리아 사이의 평화 협정으로 에디르네는 오스만의 영토로 남았고, 현재와 같은 튀르키예 서부 국경이 확정되었다.[129]

1913년 1월의 정변 이후 연합진보위원회 지도자들은 정부를 옥죄고 있었지만, 이들은 발칸 전쟁에서 마케도니아에 있던 권력 기반을 잃었다. 이집트의 자기네 기지에서 흘러나오는 영국의 선전은 튀르크인에 대한 비난에서 더욱 공격적이었고, 튀르크인과 아랍인 사이를 이간질하려는 시도가 노골화되었다. 오스만 정부에게는 제국 안에서 튀르크인을 제외하고 최대의 민족 집단인 아랍인을 달래야 한다는 것이 분명했다. 1913년 4월 22일자 《이집트 공보The Egyptian Gazette》에 실린 한 기사는 이것이 가장 시급한 문제임을 보여주었다.

이 싸움은 셈족 이슬람교도와 튀르크인 이슬람교도 사이에 벌어지고 있다. 인종이 핵심적인 요소다. 그리고 튀르크인은 신체적으로 아랍인과 다르며, 이는 짐마차용 말이 경마에서 우승한 말과 다른 것이나 마찬가지다. 지적·영적 차이는 더욱 크다. 튀르크인은 느리고 차분하고 꾸준하고 독재적이고 물질주의적이고 사변적이지 않고 미적 감각이 없는 반면, 아랍인은 재치 있고 불안하고 민주적이고 정치적이고 낭만적이고 예술적이고 다재다능하다.[130]

이스탄불 정부는 좀더 쉽게 받아들일 수 있는 방식의 속주 통치를 위한 아랍인의 요구를 수용하고자 열심히(그리고 그들의 이전 자세를 고려할 때 놀라울 정도로 민감하게) 노력했다. 법정과 중등학교, 청원서와 공식 문서에서 아랍어를 복원한 것은 상당히 긍정적인 반응을 이끌어 냈다. 제국의 공용어인 튀르크어 사용이 통합의 수단으로 간주된 것은 불과 몇 년 전부터였지만, 그 사용의 강제는 술탄의 아랍인 신민들에게 상당한 불만을 야기했다. 한때 고려됐던 또다른 제안은 전략적으로 취약한 이스탄불을 버리고 더 중앙에 위치한(아마도 아랍 지역의) 수도로 이전하자는 것이었다. 이 생각은 바그다드 출신의 마흐무드 셰브켓 파샤가 선호했다. 그는 아랍인들이 오스만 정부로부터 느끼는 소외감을 해소할 수 있는 장소로 알레포를 생각했다. 어떤 이들은 어차피 아랍인들이 제국 안에 오래 머물지 않을 것이라고 우려하며 아나톨리아에 수도가 있어야 한다고 주장했다.[131]

하지만 1913년에 지배적인 상황 논리에 따라 연합진보위원회 정부에 강요된 가장 큰 타협은 아랍인들의 오스만 국가 및 그 칼리파에 대한 충성을 다지는 정치적 수단으로서, 그리고 따라서 분리주의 경향에 대한 억제책으로서 그들이 이슬람교를 정치적 수단으로 사용해야 한다는 것이었다. 이는 압뒬하미드 2세가 종교를 전술적으로 사용했던 일을 되풀이한 것이었다. 영토 상실로 인해 '오스만주의'가 거의 시대착오적인 것이 되어버리자, 제국 내 이슬람교도 아랍인들의 충성을 확보할 수 있는 수단으로서 당면한 현실에 맞는 형태의 '이슬람주의' 외에 다른 대안이 없는 듯했다. 1914년 선거에서는 아랍인이 역사상 그 어느 때보다도 더 많이 의회에 들어갔다.[132] 고압적인 중앙정부로부터 소외감을 느낀 여러 다른 공동체들과 마찬가지로 전체 오스만 아랍인들은 그럼에도 불구하고 아직 자기네 존재의 다른 틀을 그려낼 수 없었다. 리비아 전쟁과 거기서 오스만군이 아랍 이슬람 땅을 외세의 침략으로부터 지킬 수 없음을 명백하게 드러냈다는 사실은 아랍인들의 제국에 대한 충성심을 거의 흔들지 못했다.

발칸 전쟁 이후 트라케 서부, 마케도니아, 알바니아를 상실한 것은 14세기 이후 이 영토 상당 부분을 지배해왔던 오스만제국에 큰 타격이었다. 19세기 난민 위기는 발칸반도의 이슬람교도들이 이스탄불로 도피하면서 새로이 재현되었다. 폐위된 술탄 압뒬하미드는 그의 이전 신민들보다 훨씬 전에 마케도니아를 떠났다. 1912년 10월, 그는 테살로니키에서 독일 선박에 태워져 이스탄불로 옮겨졌고, 보스포루스 해협에 위치한 베일레르베이 궁전으로 가서 여생을 보냈다. 그곳은 이전에 머물렀던 이을드즈 궁전만큼 격리된 곳이 아니었다. 베일레르베이에서 그는 자신의 눈앞에서 극적으로 변하고 있는 세상을 외면할 수 없었다.

제16장

고요 전의 폭풍

19세기의 경제위기는 산업화된 유럽 국가들의 공격적인 착취 및 간섭과 어우러져 오스만제국에 반+식민지적 지위를 강요했다. 압뒬하미드 치세의 새로운 경제 및 기반시설 사업들(보험회사와 은행, 항구와 철도 등)은 외국 자본 소유였으며, 때로는 오스만제국 내 비이슬람교도들과의 합작 형태였다. 공공 부채의 높은 상환 비용은 국가 수입의 많은 부분을 가져갔고, 게다가 이 부채는 7인 위원회가 관리했는데 그중 다섯 명이 외국인이었다. 이러한 피할 수 없는 굴욕의 징표들은 제국의 문제에 대한 속죄양을 제공하면서 연합진보위원회에게 유리하게 작용했다. 좀 더 긍정적인 측면으로는, 1912년 12월 런던에서 논의되던 참담한 평화 조건을 수정(1913년 초 에디르네를 탈환함으로써 가능해진 것이었다)한 것도 비슷한 효과를 가져왔다. 1912년 의회 강제 해산을 통해 힘을 과시한 자유주의 야당은 1913년 6월 마흐무드 셰브켓 파샤가 암살된 이후 이어진 여러 사람의 처형으로 궤멸했다. 1840년대 이후 전직 관리의 처형은 이례적인 일이었다. 유배가 충분한 처벌로 여겨졌고, 흔히 복권이 뒤따랐다. 그러나 75년이 지난 오스만제국의 제2, 제3헌정기에는 공직자 생활을 하는 사람들의 운명이 훨씬 더 가혹해질 수 있었다.

1914년 1월, 이제 파샤로 승격한 엔베르는 군사대신이 되었다. 마흐무드 셰브켓 암살 후 자유주의자들에 대한 보복을 강요한 책임이 있는 이스탄불 군사총독 아흐메드 제말 파샤Ahmed Cemâl Paşa는 해군대신이 되었다. 오랫동안 연합진보위원회 민간 파벌의 핵심 인물이었던 전직 체신 공무원 탈라트는 내무대신으로 임명되었다. 1914년 선거를 통해 구성된 의회는 오스만 주민의 민족 구성을 이전보다 잘 반영했으며, 더 많은 아랍계 의원들(그 일부는 연합진보위원회 소속이었다)이 의회에 입성했다.[1] 연합진보위원회는 과반수를 차지하며 정치적 도전을 효과적으로 차단했다. 그들은 강압적 조치를 '의회의 의지'로 내세움으로써 권위주의적 정치를 펼쳤다.[2] 이후 4년 동안 1차 세계대전의 발발로 인해 정치 과정에 대한 다른 형태의 참여는 더욱 제한되었다. 최근 한 작가는 이런 문답으로 상황을 요약했다. "1914년의 오스만 정부는 엔베르의 개인 독재, 연합진보당(연합진보위원회)의 일당 국가, 혹은 노골적인 군사 정권 중 무엇으로 설명할 수 있을까? 답은 그 셋 모두의 사이에 있을 것이다."[3]

1914년 6월 28일, 오스트리아-헝가리제국의 태자 프란츠 페르디난트 대공이 사라예보에서 한 세르비아 민족주의자에게 암살당했다. 7월 28일 오스트리아가 세르비아에 선전포고했고, 7월 31일 러시아가 총동원령을 내리자 8월 1일 독일이 러시아에 선전포고했다. 8월 2일 독일은 룩셈부르크를 침공했고, 8월 3일 프랑스에 선전포고했다. 8월 4일 독일이 벨기에를 침공하자, 같은 날 영국이 독일에 선전포고했다.

오스만제국이 1차 세계대전에 참전하게 된 것은 연합진보위원회의 대부분 활동처럼 비밀리에 이루어진 외교의 결과였다. 전쟁이 불가피하다는 사실이 분명해지기 전인 7월 22일, 엔베르 파샤는 이스탄불 주재 독일 대사 한스 폰 방엔하임Hans von Wangenheim 남작에게 오스만-독일 동맹을 제안했고, 대와지르 사이드 할림 파샤Said Halim Paşa는 오스트리아-헝가리 대사에게 비슷한 제안을 했다. 두 외교관 모두 처음에는 이 제안에 그다지 열의를 보이지 않았지만, 사태가 전쟁 가능성이 높아지는 쪽으로 전개되자 제국이 독일 지원(러시아가 오스트리아-헝가리와 세르비아의 분쟁에 개입하고 이에 따라 독일이 그 동맹국 오스트리아-헝가리를 지원할 필요성이 생기는 경우)을 약속하는 협정이 논의됐고, 술탄의 재가를 얻어 8월 2일에 조인되었다. 그러나 정부의 공식 입장은 무장 중립이어서 다른 강대국들이 오스만의 의도에 관해 억측하게 했다.[4]

발칸 전쟁 이후 연합진보위원회가 영국, 러시아, 프랑스와 더 긴밀한 관계를 맺으려 했던 시도는 긍정적인 반응을 얻지 못했지만,[5] 그럼에도 불구하고 제국이 독일과 동맹을 맺는 것이 반드시 정해진 결말은 아니었다. 독일이 오랫동안 군사적·경제적으로 오스만제국에 영향을 미쳐왔지만 말이다. 엔베르 파샤는 1909년부터 1911년까지 베를린 주재 무관으로 근무했지만, 이스탄불 주둔 독일 군사 사절단과의 관계, 그리고 특히 그 수장인 오토 리만 폰 잔더스Otto Liman von Sanders 와의 관계는 결코 원만하지 않았다. 엔베르는 애국자로서 튀르크 병사들과 튀르크 군대를 신뢰했고, 독일의 군사 지도에 대해 깊이 분개했다.[6]

프로이센의 군사 전문가들은 1830년대부터 이미 오스만 군대의 근대화에 관해 조언해왔다. 1880년, 베를린 조약 체결 후의 불확실성 속에서 술탄 압뒬하미드는 독일 총리 오토 폰 비스마르크에게 군사 및 민간 고문단 파견을 요청했다. 술탄이 보기에 영국이나 러시아 어느 쪽과도 동맹을 꺼리는 비스마르크의 독일은 오스만제국에 대해 중립적인 태도를 취하고 있었다. 이것이 완전히 사실은 아니었지만, 이 허구는 양측의 이해에 부합했다. 군사 교류는 계속됐고, 오스만 장교들은 독일에 가서 훈련을 받았다. 예를 들어 마흐무드 셰브켓 파샤는 독일에서 10년을 보냈다. 이러한 접촉은 오스만의 군사 능력을 향상시키는 데 성과를 냈으며, 국가의 존립을 심하게 군대에 의존하고 있는 오스만제국에게 그 중요성은 매우 컸다. 영국이 해군에, 프랑스가 헌병대에 제공한 지원도 그만큼의 영향력을 기대할 수 없었다. 결국 독일의 오스만 지원은 독일 국내 산업, 특히 무기 및 철강 산업의 호황을 가져왔다. 오스만제국 내 독일의 가장 가시적이고 유명한 투자는 베를린-바그다드 철도였는데, 그 철도 차량과 철로 대부분은 독일 산업이 제공했다. 오스만 영토를 가로지르는 두 주요 구간인 콘야에서 바그다드까지, 바그다드에서 페르시아만까지 이어지는 구간의 철도 부설권은 각기 1888년과 1903년에 독일에 주어졌다. 독일은 킬로미터 단위로 비용을 지불받으며, 영국의 페르시아만 잠식으로 보이는 것에 맞서는 오스만을 돕고 제국의 가장 먼 지방에까지 중앙정부의 통제권이 확대하도록 돕는 일을 반겼다. 카이저 빌헬름 2세는 술탄 압뒬하미드가 접견한 유일한 유럽 국가 원수였으며, 1889년에 이스탄불을, 1898년에는 이스탄불과 시리아를 모두 방문했다.[7]

영국의 독단적인 조치 또한 오스만이 독일 쪽에 기울게 하는 데 한몫했다. 이스탄불 정부가 다가오는 전쟁에서 영국과 동맹을 맺지 않을 것임을 안 윈스턴 처칠은 1914년 7월 28일 영국 조선소에서 술탄의 해군을 위해 건조 중이던 전함 두 척을 압류하라고 명령했다. 이 전함들은 국민 모금으로 대금이 지불된 상태였기에, 이미 오스만의 소유였다. 대중은 당연히 분노했다. 8월 10일, 독일의 두 순양함 브레슬라우호와 괴벤호가 영국 함대의 추격을 피해 다르다넬스 해협으로 들어오는 것이 허용됐고, 곧 오스만 해군에 인도되어 영국이 압류한 전함들에 대한 일종의 보상으로 여겨졌다.[8]

유럽에서 전쟁이 임박하자 오스만 정치가들은 이에 자극받아 서방의 경제적 이익에 종속된 제국을 해방시키려는 노력을 상징하는 여러 가지 도전적인 조치들을 취했다. 독일과의 동맹이 체결된 날, 오스만 정부는 외채 상환 중단을 발표했다.[9] 이스탄불 주재 독일 대사는 국제 규정을 일방적으로 폐기해서는 안 된다는 이유로 제국의 다른 채권국들과 공동 항의를 제안했지만, 항의문의 문구에 대한 합의에 이르지 못했다. 오스만 정부는 어떠한 양보도 하려 하지 않았고, 이 문제는 전쟁 기간 동안 오스만과 독일 사이의 관계를 악화시켰다.[10] 서방의 이익에 맞서 이슬람교도의 여론 동원을 보장한 또 하나의 문제는 카피튈라시온이었는데, 이는 오랫동안 오스만 국가의 병폐들에 대한 편리한 속죄양 노릇을 했다. 1908년 이후의 역대 정부들은 이를 폐지하려 했지만, 현상 유지의 수혜자인 강대국들은 저항했다. 1914년 9월 9일 카피튈라시온은 일방적으로 폐지됐고, 이는 자발적이든 연합진보위원회가 지원했든 대중의 지지를 받았다.[11]

9월 9일부터 오스만 해군의 지휘를 맡은 독일 해군의 빌헬름 수숑 Wilhelm Souchon 제독은 10월 29일 브레슬라우호와 괴벤호를 개명한 미딜리호(미딜리는 레스보스섬의 오스만 이름이다)와 야부즈술탄셀림호를 이끌고 러시아의 항구들인 오데사, 미콜라이우, 세바스토폴을 포격하고 러시아 군함 여러 척을 격침했다. 이 행동은 오스만제국의 운명을 결정지었다. 러시아는 11월 2일 전쟁을 선포했고, 영국과 프랑스도 11월 5일에 뒤를 이었다. 1914년 11월 11일, 술탄 메흐메드 5세 레샤드는 영국, 프랑스, 러시아에 대한 전쟁을 선포했다. 이틀 후 톱카프궁의 선지자 무함마드의 유물이 보관된 방에서 술탄이 참석한 가운데 열린 의식에서 '성전'이 선포되었다.[12] 다섯 가지의 파트와가 이교도에 대항해 일어나라는 요구를 정당화했으며, 이는 처음으로 모든 이슬람교도(특히 식민 세력인 영국, 프랑스, 러시아의 지배를 받는 땅의 이슬람교도)들에게 한 것이었다. 아랍 성직자들 일부가 이슬람 공동체 전반에 대한 이 호소에 열광적인 반응을 보였지만, 메카의 샤리프 후세인(그 지지가 중요했던 핵심적인 인물 가운데 하나였다)은 술탄의 호소에 동참하지 않았다. 그가 지역 이슬람교도들의 감정을 자극할 경우 영국에 의해 헤자즈 지역 항구들이 봉쇄되거나 포격당할 수도 있다고 보았기 때문이다. 영국은 당시 이집트를 점령하고 홍해의 해상 교통을 통제하고 있었다. 이슬람 세계의 다른 지역에서는 반응이 없었다. 예를 들어 이집트와 인도에서는 영국에 복종하는 것이 의무라는 파트와가 나왔다.[13]

이스탄불에 위치한 오스만군 총사령부와 전쟁이 벌어지고 있는 여러 전투 구역들 사이에는 광대한 땅덩이 아나톨리아가 놓여 있었다. 통신망은 지난 50년 동안 크게 개선됐지만, 도로와 철도망은 전시에 요구되는 수준에 한참 못 미쳤다. 병력 동원과 보급은 해결하기 어려운 병참 문제를 야기했다. 예를 들어 이스탄불에서 시리아까지 가는 데 한 달 넘게 걸렸고, 메소포타미아까지는 거의 두 달이 걸렸다. 철도 건설은 속도를 내고 있었지만 그 체계에는 필연적으로 공백이 있었고, 병력과 물자는 배, 화물차, 낙타에 의존해야 했다. 러시아와의 국경 쪽도 더 나을 것이 없었다. 철도의 종점은 앙카라에서 동쪽으로 겨우 60킬로미터 떨어진 곳이었고, 그 지점에서 에르주룸까지는 도보 행군으로 35일이 걸렸다.[14] 도로는 열악했고, 지중해의 영국 해군과 흑해의 러시아 해군의 존재로 인해 해로도 위험했다. 오스만제국은 농업 국가로서 공업화된 전쟁에 뛰어들었다. 군대를 모집할 수는 있었지만, 이를 충분히 지원할 능력은 부족했다.[15]

적의 공격에 맞서 오스만제국을 방어하는 일은 서로 다른 시기에 아주 멀리 떨어진 네 개의 전선에 집중되었다. 아나톨리아 동부 및 캅카스, 다르다넬스 해협, 이라크, 시리아 및 팔레스타인이다. 전쟁 초반 몇 달 동안은 오스만에게 조짐이 좋지 않았다. 독일의 지원이 그들의 성공을 별로 보장하지 못했기 때문이다. 1914년 11월, 영국은 바스라를 점령하고 북진해 이라크로 들어갔다. 제4군 지휘관인 제말 파샤가 이끄는 군대가 영국을 이집트에서 몰아내고자 했지만, 1915년 2월 수에즈 운하에서 저지당했고 여름에 다시 저지당했다. 1915년 1월 아나톨리아 동북부의 눈 속에서 엔베르 파샤는 1877~1878년 전쟁에서 입은 영토 손실을 복수하기 위해 사르카므쉬에서 러시아군과 맞서 싸웠으나, 지휘한 병력 중 8만 명 가까이를 잃었다. 이 전선의 무쉬-비틀리스 지역에서는 1916~1917년 겨울에 6만 명의 오스만 병사가 죽었다. 오스만의 승리는 드물고 대부분 대가가 컸다. 1917년 봄에 팔레스타인에서 영국군을 물리쳤지만, 같은 해 12월에 예루살렘을 잃었다. 남부 이라크의 쿠트에서 1915년 12월부터 1916년 4월까지 포위된 영국군 잔여 병력은 포로가 됐지만, 불과 6개월 후 바그다드는 영국에 넘어갔다. 쿠트 전투는 아직도 오스만의 승리로 튀르크인들의 기억에 남아 있지만, 제국 군대가 거둔 군사적 성공 가운데 유일하게 오래 유지된 것은 1915~1916년의 다르다넬스 해협 방어전(겔리볼루 전투)이었다. 이 전투는 엄청난 전략적 승리였을 뿐만 아니라, 꼭 필요한 심리적 고양을 가져왔고 오스만이 그 동맹국인 독일의 눈에 어느 정도 명예를 회복하게 했다. 그러나 겔리볼루 전투에서 오스만의 손실은 막대했다. 통계에 따르면 약 9만 명이 전사하고 16만 5천 명이 부상당했다고 한다. 그러나 이는 분명히 과소평가된 수치다.[16]

오스만의 4년에 걸친 전쟁 기간 전체의 인명 손실 역시 엄청났으며, 더 많은 사람이 부상 때문이 아니라 질병으로 사망했다. 추산에 따르면 전투에서 죽은 병사의 수는 32만 5천 명이며, 부상자는 40만에서 70만 명(이들 중 약 6만 명은 이후 사망했다) 사이로 편차가 크다. 여기에 더해 40만 명이 질병으로 목숨을 잃었으며, 이에 따라 전쟁 중 사망한 오스만군 병력은 총 80만 명에 가깝다. 실병력 수는 1917년 3월에서 1918년 3월 사이에 절반으로 떨어져 40만 명에서 20만 명으로 감소했으며, 1918년 10월의 휴전 시점에는 다시 그 절반으로 줄어 오스만의 무장 병력은 1916년 초 최대 병력 80만 명의 15퍼센트에 불과했다. 그리고 수만 명이 탈영했다. 전투 인력 충원의 주요 부담은 아나톨리아의 튀르크인 농민에게 지워졌으며, 이들은 전쟁 발발 당시 오스만제국 총인구의 약 40퍼센트를 차지했다.[17] 엄청난 인명 손실의 결과 중 하나는 농사를 지을 노동력의 부족이었다. 군대의 필요가 민간의 필요보다 우선시되던 시기에, 고향에 남은 사람들은 흔히 전선에서 복무하는 병사들만큼이나 참혹한 상황을 견뎌야 했다.

전쟁은 제국과 그 아랍인 주민 사이의 관계를 극한까지 시험했다. 오스만 아랍인들은 대체로 전통적인 충성심(그중 가장 뿌리 깊은 것은 이슬람교의 칼리파인 술탄에 대한 충성이었다)을 유지했지만, 전쟁의 절박함은 새로운 태도를 만들어내고 있었다. 1915년 2월 이집트 원정에서 굴욕적으로 철수한 뒤 시리아로 돌아온 저말 파샤(그는 이곳에서 군정과 민정 모두에서 절대권력을 휘둘렀다)는 현지 아랍인들의 반란이 임박했다고 확신하고 공포정치를 시행했다. 그는 주요 아랍 인사들을 처형하고, 연합진보위원회에 적대적이라고 판단되는 사람들을 제거하기 위해 유력 가문들을 아나톨리아로 추방했다. 그리고 연합진보위원회의 당시 정책을 무시하고 튀르크어만을 사용하게 하는 조치를 재도입했다. 제말의 정책들은 시리아를 휩쓴 기근을 완화하는 데 아무런 도움도 되지 않았다. 오히려 그것은 영국과 프랑스의 해상 항구 봉쇄, 수송 수단 징발, 부당 이득 행위, 그리고 놀랍게도 제말이 공공사업과 역사 유적 복원에 희소한 자금을 사용하기를 좋아한 것과 어우러져 사태를 악화시켰다. 이미 1914년부터 제국은 정부와 행정 운영 비용의 부담을 아랍(그리고 아나톨리아) 속주들에 더 지우기 시작했다. 발칸반도에서 제국이 영토(그리고 세수)를 상실한 결과였다.[18] 제말의 가혹한 시리아 통치는 아랍 사회에 광범위한 반감을 불러일으켰지만, 이는 민족주의라는 형태를 띠고 있었다. 유럽 열강이 발칸반도에서 오스만 신민을 선동한 오랜 경험으로 이해한 민족주의였다.

영국은 이제까지 이집트와 아라비아반도 사이의 아랍 지역(인도로 가는 항로를 장악하는 데 중요한 지역이다)에 별다른 관심을 보이지 않았지만, 이스탄불에서 만성적인 불안정이 지속되면서 그들은 서아시아에서의 역할을 재고하고 아랍인들의 반反오스만 정서를 자신들에게 유리하게 조작할 수 있는 방안을 모색하게 되었다. 동시에 그들은 프랑스가 이 지역에 보이는 관심을 무시할 수도 없었다. 따라서 아랍인 칼리파를 옹립하면 오스만과 거리를 둘 수 있다는 일부 아랍인들의 주장은 영국 정책 입안자들에게는 꽤 받아들일 만한 것이었다. 기독교도 아랍인들은 대체로 프랑스 쪽으로 기운 반면, 시리아에서 다수를 차지하는 이슬람교도들은 영국 쪽으로 기울어 있었기 때문이다. 1916년

6월, 헤자즈에서 이른바 '아랍인의 반란'이 발생했다. 이는 샤리프 후세인의 세력 확대를 위한 기회주의적 시도에서 비롯된 것이었다. 8월에는 샤리프 알리 하이다르Ali Ḥaydar가 그를 대체했으나, 10월에 후세인은 스스로 아랍의 왕임을 선언했고 12월에는 영국이 그를 독립 통치자로 승인했다. 오스만 정부는 이러한 사태 전개에 영향을 미치기 위해 할 수 있는 일이 거의 없었으며, 오직 반란 소식이 확산되는 것을 막아 타격을 입은 병사들의 사기를 떨어뜨리거나 반오스만 아랍 세력을 자극하지 않기 위해 노력할 수 있을 뿐이었다.[19] 오스만이 이교도 국가인 독일과 동맹을 맺어 이른바 성전을 벌이는 것만으로도 충분히 이상한 일이었다. 이슬람 성지 방어를 돕기 위해 독일 병사들을 불러들인다는 것은 있을 수 없는 일이었을 것이다.

1차 세계대전 동안 아랍 지역에서 벌어진 사건들의 전개는 여전히 논쟁의 대상이다. 그 전모를 다루는 것은 이 책의 범위를 벗어나는 일이다. 너무 오랫동안 영국은 아랍인을 낭만적으로 묘사하고 튀르크인을 악마화해서, 열렬한 독자들이 T. E. 로런스의 허구적인 이야기를 믿고 현장의 진실에 대한 역사가들의 분석을 무시하기 쉽게 만들었다. 열강들은 19세기에 그랬듯이 서로를 불신했으며, 전쟁을 오스만제국에 남은 부분을 더욱 줄일 기회로 보았기 때문에 서로의 주장에 경계심을 늦추지 말아야 한다는 것 또한 알았다. 전쟁 동안에 외교전도 벌어졌다. 이 시기 영국의 전략적 우려는 이렇게 특징지어졌다.

영국의 계획 수립자들이 흔히 그려낸 시나리오는 전후 서아시아의 상황에 관한 것이었고, 여기서 가장 유력한 사실은 오스만-독일 동맹이었다. 독일 측 계획 수립자들도 같은 생각이었다. 영국의 계획은 이 동맹으로부터 자국의 이익이 입을 수 있는 잠재적 피해를 최소화한다는 생각에 기초했다. 가장 분명한 방법은 오스만제국이 자국 영토 일부에 대해 갖는 권한을 제한하는 것이었다.[20]

각 강대국이 저마다의 목표를 달성하기 위해 움직이면서 여러 계획과 협정들이 도출됐고, 이는 전쟁이 끝난 후 불가피하게 열릴 평화 회의에서 서명될 터였다. 1915년 3~4월에 체결된 콘스탄티노폴리스 협정으로 알려진 외교적 교섭에서 영국과 프랑스는 전쟁에서 승리할 경우 러시아에 두 해협과 이스탄불을 넘겨주기로 약속했다. 다음달에 체결된 런던 조약에서는 이탈리아의 아나톨리아 서남부에 대한 영향력 주장이 인정되었다. 프랑스와 영국은 모두 시리아에 대한 권리를 주장했고, 이 주장과 제국의 아랍 속주들에 대한 다른 협정들이 논의되면서 러시아는 아나톨리아 동북 변경의 오스만 영토를 요구했다. 시리아의 전후 처리 문제는 팔레스타인 문제로 인해 복잡해졌으며, 영국은 오스만의 술탄 겸 칼리파가 자국 통치하의 수백만에 이르는 이슬람교도에게 미칠 영향을 우려해 샤리프 후세인과 아랍 칼리파국 및 독립 아랍 국가에 대한 논의를 시작했다. 제안된 오스만 분할안과 아랍 국가가 어떤 모습이 될지에 대한 세부 내용은 1915년 후세인과 이집트 주재 영국 고등판무관 헨리 맥마흔Henry McMahon 사이의 서신 교환, 그리고 영국 협상가 마크 사이크스Mark Sykes와 프랑스 쪽 상대인 프랑수아 조르주-피코François Georges-Picot 사이의 협정을 통해 만들어졌다. 이 두 문서는 대체로 모순이 없지만, 팔레스타인의 지위나 미래 아랍 국가의 독립 범위와 정도 같은 핵심 사안에서는 차이를 보였다. 전쟁 초기 체결된 협정들이 전쟁이 끝날 때까지 그대로 유지될 것이라고 기대하기는 어려웠다. 전쟁의 전개 양상과 각국의 변화하는 국가적 우선순위(1917년에 오스만의 군사 활동은 붕괴하고 있었고, 러시아는 볼셰비키 혁명의 소용돌이에 휘말려 있었다)로 인해 이들 협정은 부분적으로(완전히는 아니었다) 무효가 되었다. 1917년에도 미국이 전쟁에 뛰어들었고, 우드로 윌슨 대통령의 신생 국가들을 위한 민족자결주의 원칙이 강대국들의 식민지에 대한 태도에 영향을 주기 시작했다(필연적인 것이었지만 처음에는 거의 알아차리기 어려웠다). 강대국들은 이제까지 자기네가 그 운명을 결정하는 사람들의 바람에는 별로 관심이 없었다.[21]

1차 세계대전은 오스만 사회를 그 어떤 정치적·이념적 계획조차도 해내지 못한 방식으로 변화시켰다. 그리고 결국 제국의 해체를 초래했다. 오스만제국 영토 분할의 각 단계는 국가의 민족적·종교적 구성에 영향을 미쳤다. 제국이 상실한 이슬람교도 중심의 지역에서 사람들이 차례차례 밀려들어, 비이슬람교도인 오스만 기독교도(자기네 민족의 국가에서 더 나은 미래를 기대했던 그리스인, 불가르인, 세르비아인들이다)의 이탈을 상당 부분 보충했다. 물론 분명히 전부는 아니었다.

오스만 유대인들은 '오스만주의' 개념에 오랫동안 동의했으며, 심지어 1908년 혁명 이후에도 계속해서 연합진보위원회 내에서 중요한 자리를 차지하고 있었다.[22] 20세기 초 오스만 유대인의 절반가량은 테살로니키에 살고 있었다. 그곳에는 많은 유대인이 15세기 말 에스파냐와 포르투갈에서 추방된 후 정착하고 있었다. 이들은 압뒬하미드 2세 치세에 팔레스타인에 유대인 국가를 세우려는 시온주의 운동에 큰 관심을 보이지 않았고, 1912년 테살로니키가 그리스에 넘어갔을 때도 팔레스타인으로 가는 선택을 하지 않고 대신에 프랑스, 영국, 이집트, 브라질, 남아프리카공화국, 미국 등지로 이주했다.[23] 1908년 혁명 이후 이스탄불에는 세계시온주의기구(WZO)의 지부가 설립되었다. 1차 세계대전이 발발하기 전까지 그들의 활동은 문화적인 일에 집중했지만, 그들의 사업에 정치적 목표가 없었던 것은 아니다.[24] 시온주의자들은 전쟁 초기까지 제국의 존속을 지지했다. 그들은 1912~1913년 발칸 전쟁 동안 오스만군에 의료 지원을 제공하는 조직을 만들고자 노력했으며, 1914년 이후에는 전쟁 활동 지원에도 나섰다. 시온주의 단체들은 또한 헤자즈 철도 건설 비용에도 기여하고자 했다. 많은 시온주의자들은 오스만제국 내에 있는 고향이 자신들의 안전을 위한 최선의 보장책이라고 여겼다.[25]

그들이 점진적 변화를 선호했든 혁명적 변화를 선호했든, 아르메니아인들 또한 연합진보위원회와 가까운(불안하기는 했지만) 관계를 맺고 있었다. 다른 비이슬람교도 집단들처럼 그들은 위원회 내의 자유주의 세력을 선호하게 됐으며, 1911년 이후에는 통상 야당 편에 섰다. 그러나 많은 아르메니아인들은 러시아가 전쟁에서 승리한다면 독립 국가를 세울 기회를 얻을 수 있다고 보았고, 러시아의 선전도 그들에게 이런 희망을 부추겼다. 그러나 결국 아나톨리아의 아르메니아인 주민들은 거의 살아남지 못했다. 전쟁 첫해, 러시아는 아나톨리아 동북부에서 오스만 정부에 맞서 싸우는 아르메니아 반군에게 무기를 제공했다. 이에 따라 그들은 이스탄불 정부로부터 반역자로 간주되었다. 엔베르 파샤가 오만한 자세로 사르카므쉬의 오스만 전선을 지키고 러시아군의 진격에 직면하자, 1915년 2월 25일 정규군 내 아르메니아 병사들을 무장해제하라는 명령이 내려졌다. 그들이 러시아군에 합류해 자기네에게 맞설 가능성을 우려해서였다. 이들은 전투 부대에 병참 및 기타 지원을 하는 보조 부대로 전출됐고, 그들 사이에서 질서 유지의 특별 임무를 맡은 무장한 이슬람교도 병사들의 처분에 맡겨졌다.[26] 동부 아나톨리아에서는 전쟁 초기 몇 달 동안 오스만 관청과 관리들, 이슬람교도 민간인에 대한 공격이 계속됐고, 전쟁 활동이 모든 전선에서 위기에 처하자 정부는 1915년 4월 24일 아나톨리아 동부의 아르메니아인들을 오스만-러시아 전선에서 멀리 떨어진 시리아와 이라크로 강제 이주시키기로 결정했다. 5월 중순 러시아-아르메니아 연합군이 반 지역에 도달하면서 사태는 오스만에게 더욱 걱정스러워졌고(오스만 수비대를 몰아내고 주민들을 학살한 뒤 아르메니아 '국가'를 수립했다[27]), 5월 27일 정부는 '추방법'을 통과시켰다. 이 법은 군 당국에게 반 호수 주변과 반주의 아르메니아인을 남쪽의 아나톨리아 동남부로 강제 이주시킬 권한을 부여한 것이었다. 반오스만 반란의 온상으로 생각되는 아르메니아인 주민 밀집지를 해체하기 위해서였다. 정부 명령에는 아르메니아인 추방 대상자들의 안전한 호송을 보장하라는 엄격한 지침도 포함돼 있었지만,[28] 아나톨리아 동부의 외국 영사, 선교사, 군인들의 목격 보고는 수천 명이 행군 도중 사망하고 또다른 수천 명이 학살당했다는 참혹한 내용을 담고 있었다. 이들의 재산을 보호하라는 세부 규정 또한 있었으나,[29] 1915년 가을 오스만 의회는 아르메니아인 추방자들의 자산을 몰수하는 법안을 통과시켰다.[30]

오스만 역사의 수많은 논쟁 가운데 '아르메니아 문제'는 탐구하는 일반인이나 역사학자 모두에게 사심 없는 논의가 가장 어려운 주제다. 오늘날 이 '문제'는 전적으로 이 학살이 과연 종족 말살(1948년 유엔 종족말살범죄방지처벌협약의 조항들에도 불구하고 그 용어의 의미 자체가 격렬한 논쟁거리가 되고 있다)에 해당하는가에 초점이 맞추어지게 됐으며, 이 민감한 문제의 다른 모든 측면은 결국 이 핵심 쟁점을 밝히는 데 어떤 도움이 되는지를 규명하는 것으로 이어지게 된다. 이러한 초점 설정과 그에 따른 주장 및 반박의 복잡한 얽힘은 오스만제국 내 아르메니아인의 운명에 대한 좀더 폭넓은 역사적 이해를 방해한다. 대부분의 아르메니아인들(오늘날 캅카스 지역의 가난한 내륙국인 아르메니아공화국에 살거나, 서아시아의 옛 고향에서 소수민족으로 고립되어 살아가거나, 세계 각지에 흩어진 공동체로 존재하는 사람들이다)에게 이는 전시 오스만 정부가 자신들의 절멸을 꾀했다는 하나의 신념이다. 이들은 수백만 명의 사망자 수치를 제시하고, 전선에서 멀리 떨어진 지역에서 아무 잘못 없이 살던 아르메니아인들까지도 살해되거나 강제로 이주당한 사실을 지적하며, 역대 튀르키예 정부가 당시의 자료를 연구자들에게 충분히 공개하지 않았고 심지어 증거를 파기하기까지 했다고 비난한다. 튀르키예 측의 주장은 여러 가지 근거를 제시한다. 당시 정부가 학살을 명령했다는 생각 자체가 터무니없다는 것, 전쟁 중 아르메니아인보다 더 많은 수의 튀르크인(여기서 튀르크인은 '이슬람교도'를 의미한다)이 사망했다는 것, 일부 아르메니아인의 제5열 활동 때문에 강제 이주가 불가피했다는 것, 오늘날에도 이스탄불에 아르메니아인 공동체가 존재하고 있으므로 주민 전체의 절멸을 의도하지 않았으며 따라서 '종족 말살'이라는 용어는 타당하지 않다는 것, 그뒤에 전쟁범죄 혐의자들을 재판하기 위해 설치한 군사법원은 당시 연합군이 이스탄불을 점령하고 있었기 때문에 정당성이 없다는 것, 그리고 전쟁 초기 아나톨리아 동부의 절망적인 상황 속에서 쿠르드인과 아르메니아인이 줄어드는 자원을 둘러싸고 다투면서 그들 사이에 더 큰 전쟁 안의 내전이 벌어졌다는 것 등이다.

1948년 종족말살범죄협약은 어떤 국가, 민족, 인종, 종교 집단 "등의 전부 또는 일부"라도 파괴하는 행위를 금지한다. 끔찍한 학살이 양측 모두에서 벌어졌다는 점은 의심할 여지가 없다. 문제는 그 세부적인 내용에 있으며, 오직 진정으로 사심이 없는 역사 연구만이 아나톨리아 아르메니아인들의 강제 이주와 사망이 종족 말살에 해당하는지 아닌지를 판단할 수 있을 것이다. 그 판단이 꼭 필요하다면 말이다. 오스만의 기록들에서 '결정적 증거'는 아직 발견되지 않았지만, 이것이 곧 명령이 없었다는 증거가 될 수는 없다. 문서는 악의 없이 분실될 수도 있고, 고의로 폐기될 수도 있다. 오스만의 책임을 인정하는 일부 사람들은 학살 명령이 전쟁 초기에 엔베르 파샤가 창설하고 통제했던 연합진보위원회 내 군인들의 비밀 조직인 '특수 조직Teşkîlât-ı Mahsûsa'에 의해 내려졌다고 보기도 하지만, 그 기록은 더이상 존재하지 않는다. 당시 연합진보위원회에 반대한 언론인이자 대중적인 역사가였던 아흐메드 레픽 알트나이Ahmed Refik Altınay는 1915년 반에서 벌어진 이슬람교도 학살 이후 이 견해에 힘을 실어 이렇게 썼다.

> 전쟁 초기, 수많은 집단이 이스탄불에서 아나톨리아로 보내졌다. 그들은 감옥에서 풀려난 살인자와 도둑들이었다. 그들은 군사부 광장에서 일주일 동안 훈련을 받은 후 '특수 조직'의 도움을 받아 전선으로 보내졌다. 아르메니아인 학살에서 최악의 범죄를 저지른 것은 이 집단들이었다.[31]

아흐메드 레픽의 증언은 책임의 중심을 비밀 조직으로 옮기는 듯하지만, 그것으로 정부가 완전히 면책되는 것은 아니다. 정부와 '특수 조직' 사이의 관계가 여전히 분명하지 않기 때문이다. 그러나 정황 증거는 확증이 아니며, 판단은 연구가 완결되기를 기다려야 한다. 1차 세계대전 중 아나톨리아와 시리아에서 발생한 공동체 간의 폭력을 다룬 이야기들이 압도적으로 한쪽(아르메니아인 쪽)의 시각에서만 서술된 "오스만 내 아르메니아인 역사에서의 서사적 공백"은 틀림없이 바로잡을 필요가 있다.[32] 하지만 분명한 것은, '아르메니아 종족 말살' 문제는 오늘날에도 여전히 튀르키예의 세계 각국과의 외교에 걸림돌이 되고 있으며, 튀르키예와 국경을 접하고 있고 또 하나의 이웃이자 튀르키예의 동맹국인 아제르바이잔과 공식적으로 전쟁 중인 아르메니아는 이로 인해 비참한 존재 상태에 머물고 있다는 점이다.

전쟁이 이미 약화된 오스만 경제를 황폐화했다는 점 또한 명백하다. 전쟁 초기에 시행된 경제 정책들(즉 '국가 경제')은 수백 년 동안 유지돼 온 자유주의 체제를 전면적으로 뒤집는 것으로, 두 가지 주요 요소로 이루어져 있었다. 카피튈라시온 폐지와 외채 상환 중단의 직접적인 목적은 외국 자본의 오스만 경제 지배를 약화시키려는 것이었다. 두 번째 목적(그리고 정치적으로 상당한 무게가 실린 것이다)은 경제에서 비이슬람교도를 제거하는 것이었다. 자산을 이슬람교도 튀르크인들에게 이전하고, 정부 계약과 보조금을 통해 이슬람교도의 참여를 장려하는 방식을 통해서다. 이러한 조치로부터 새로운 이슬람교도 기업가 계층이 자라났고, 그중에서 가장 진취적인 인물들은 전쟁이 가져다준 이례적인 수요와 물가 급등, 투기, 그리고 그 결과인 부당 이득의 기회를 활용해 번영을 누렸다. 일부는 아르메니아인과 그리스인들로부터 몰수된 토지와 사업체를 할당받기도 했다. 하지만 대다수는 그러한 혜택을 받지 못했고, 경제가 회복되는 데는 여러 해가 걸렸다.[33]

1차 세계대전이 끝날 무렵 강대국 정치는 되돌릴 수 없게 바뀌었다. 러시아, 오스트리아-헝가리, 오스만 등의 제국들은 붕괴했거나 전략적으로 무의미할 만큼 약화됐으며, 1915년에 전쟁에 뛰어든 영국, 프랑스, 이탈리아 등 연합국의 국운은 상승세에 있었다. 하지만 전쟁은 모든 당사국을 지치게 했고, 승전국들조차 오스만제국의 즉각적인 운명보다 자국 내 문제 해결이 더 급선무였다. 따라서 군사력을 동원한 전후 해결책은 고려 대상이 아니었다. 반면에 다민족 제국들이 오랫동안 많은 피지배 민족들의 열망을 충족시키지 못했다는 사실은 명백했으며, 국민국가가 미래의 추세로 널리 인식되었다. 국민국가의 틀 안에서의 위임통치나 영향권이 해답으로 간주돼, 연합국들은 자기네가 원했던 정치적·경제적 이득을 지속적으로 확보할 수 있게 했다. 19세기에 발칸 지역에서 그랬던 것처럼 말이다. 오스만제국의 전후 처리 방식을 결정한 또다른 중요한 요소는 유럽의 구상을 매우 오랫동안 거부해온 이슬람 국가를 응징할 수 있는 기회가 왔음을 인식한 것이었다. 이를 위해 '튀르크인'(당시 예컨대 영국에서 오스만 이슬람교도 주민을 지칭하던 호전적인 용어다)은 영원히 짓밟혀야 했고, 제국의 나머지 기독교 및 유대인 피지배 민족들은 독립의 길로 나아가야 했다.

오스만제국에게 전쟁의 종식은 1918년 9월 동맹국인 불가리아의 붕괴와 함께 찾아왔다. 이제 연합군 앞에는 이스탄불로 진격하는 길이 열렸다. 오스만 내각은 휴전을 요청했고, 협상은 1918년 10월 30일에게해 북부 렘노스섬의 무드로스 항구 앞바다에 정박한 영국 선박에서 타결되었다. 의도적으로 모호하게 만든 조항들 가운데 가장 즉각적으로 우려를 낳은 것은 제7조로, "연합국의 안전을 위협하는 상황이 발생할 경우 어떠한 전략적 지점도" 점령할 수 있는 권리를 승자에게 준다는 내용이었다. 제24조는 "혼란이 발생할 경우" 연합국이 아나톨리아 동부의 여섯 개 아르메니아 속주(시바스, 엘라즈으(마무레트월아지즈), 디야르바크르, 비틀리스, 에르주룸, 반)를 점령할 수 있게 했다.[34] 이틀 후 탈라트, 제말, 엔베르 등 연합진보위원회의 주요 인물들은 이스탄불을 탈출해 크림반도로 갔다가 그곳에서 다시 베를린으로 갔다.[35] 11월 13일, 연합군은 이스탄불에 도착해 그곳을 점령했다.[36] 이는 지중해의 영국 해군 사령관이자 협상의 영국 측 두 주역 중 한 명이었던 서머싯 캘소프Somerset Calthorpe 제독이 약속하고 영국 정부에 알린 것의 함의를 분명히 어긴 것이었다. 오스만 정부가 그곳의 연합국 국민의 생명과 재산의 안전을 보장할 수 있는 한 이런 일은 일어나지 않으리라는 약속이었다.[37]

연합국은 이스탄불 점령을 굳히기 위해 빠르게 움직였다. 영국이 가장 먼저였고, 곧이어 프랑스와 이탈리아가 뒤따랐다. 곧 각국은 치안을 위해 도시의 한 구역을 배정받았다. 영국은 페라, 갈라타, 시슐리를 점령했고, 프랑스는 이스탄불 본 시가지와 서쪽 교외를, 이탈리아는 보스포루스 해협의 아시아 쪽 해안을 담당했다. 그러나 이들 사이에는 의견 충돌이 있었다.[38] 행정 문제조차 우호적으로 해결하지 못한 그들의 엇박자는 점령 직후 곧바로 등장한 아야소피아(450년 동안 마스지드로 사용되던 이곳은 연합군 점령 이전부터 튀르크군이 점거하고 있었다)를 교회로 되돌리려는 운동이라는 기묘한 사건을 통해 상징적으로 드러났다. 호전적인 기독교도의 견해는 이 점령을 과거의 동로마 대성당을 되찾을 기회로 여겼고, 영국 내의 친그리스 정서의 추동력 아래서 이 건축물을 세계 총대주교에게 반환하는 것이 그리스와의 전략적 동맹을 강화하는 수단으로 여겨졌다. 정교회와 가톨릭 사이의 분열이 열정을 자극할 엄청난 힘을 지니고 있다는 첫 암시는 이 교회를 그리스 정교회가 아니라 로마와 연합한 그리스 동방 가톨릭교회로 전환해야 한다는 뜻밖의 제안에서 나왔다. 1453년 메흐메드 2세 술탄에 의해 콘스탄티노폴리스가 정복될 당시 정교회는 가톨릭교회와 교감하고 있었다는 것이 그런 주장의 근거였다. 더구나 11세기 로마와의 결별 이후 이 교회는 가톨릭이었던 기간이 정교회였던 기간보다 길었다. 그리스 정교회의 입장을 옹호하는 극단적인 개신교도들은 가톨릭의 음모를 감지했고, 좀더 정치적인 분위기를 지닌 일부는 이탈리아나 프랑스의 그 동맹자들이 우위를 차지하기 위한 시도라고 보았다. 영국에서 이어진 선전전은 십자군의 반이슬람적 표현을 강하게 연상시켰다. 외무부는 조심스러웠고, 공상가들은 공격적이었다. 누구보다도 신중하고 격정스러운 것은 인도 사무부였고, 그 관리들은 영국이 술탄 겸 칼리파를 몰아내는 일이 인도 이슬람교도들에게 미칠 영향을 잘 알고 있었다. 곧 또다른 이해 당사자가 모습을 드러냈다. 영국의 친오스만 압력단체인 영국오스만협회로, 이들도 인도 사무부와 같은 입장에서 영국이 이슬람교도의 보호자 역할을 해야 한다고 주장했다.[39]

오스만 정부가 국내의 반란(이 때문에 국제적 충돌을 해결하는 게 그렇게 어려웠다)을 진압하기 위해서는 아나톨리아 동부의 아르메니아인들을 강제로 이주시키는 수밖에 없다고 결정을 내리면서, 연합국은 1915년 5월 24일 아르메니아인 "학살에 관여한 오스만 정부의 모든 구성원 및 그 대리인들"을 추적하겠다고 선언했다. 메흐메드 5세 레샤드 술탄은 1918년 7월 3일에 사망했고, 새 술탄인 그의 동생 메흐메드 6세 바히뎃딘Vahideddin은 그해 말 경제 범죄와 아르메니아인에 대한 "강제 이주와 학살"에 책임이 있는 자들을 재판하기 위한 군사재판소의 설치를 승인했다. 패전한 오스만 정부는 전쟁범죄를 처벌하지 않으면 연합국 점령군을 자극해 가혹한 평화 조건으로 보복하지 않을까 우려했다. 1919년 1월, 역사상 최초의 전쟁범죄 재판으로 이어지는 예비 조사가 시작됐고, 재판 과정은 불규칙하게 정부 공식 관보 《사건 일람》에 보도되었다. 1919년 4월 28일, 전시 내각의 대신들과 연합진보위원회 고위 인사 약 120명에 대한 재판이 시작되었다. 기소장은 오스만 이슬람교도들의 증언과 문서 증거에 기반했다. 그것은 학살이 관리들의 공모 아래 이루어졌다고 주장했다. 탈라트 파샤가 주모자로 지목되었다. 강제 이주와 학살은 속주의 연합진보위원회 인사들, 특히 비밀스럽고 불법적인 '특수 조직' 소속원들에 의해 수행되었다고 했다. 당시 아흐메드 레픽이 보도했던 대로였다. 명령에 저항한 국가 관리는 해임됐고, 아르메니아인을 보호한 일반 이슬람교도는 살해 위협을 받았다고 기소장은 적었다. 재판 시작 일주일 후, 법원은 아르메니아인을 상대로 한 더 많은 범죄가 저질러졌음을 알게 되었다. 범죄는 지방뿐만 아니라 이스탄불에서도 저질러졌고, 강간·고문·학살 등이 포함돼 있었다. 법원은 강제 이주가 연합진보위원회 중앙위원회에 의해 기획된 것이라는 결론을 내렸으며, 1919년 5월 말에는 수감된 사람 가운데 67명이 영국 식민지 몰타로 이송되었다. 이스탄불 감옥이 습격당해 기소된 자들이 풀려날지 모른다는 우려가 있었기 때문이다. 또다른 용의자 41명은 이때 석방되었다. 이스탄불에서 달아난 탈라트, 제말, 엔베르와 네 명의 다른 연합진보위원회 지도자들은 7월 초 궐석재판에서 유죄 판결을 받고 사형이 선고되었다. 트라브존, 하르푸트, 모술 등 특정 속주 지역에서 벌어진 학살에 대한 다른 여러 재판이 이어졌다. 그러나 1919년 10월이 되면 군사재판의 동력은 떨어졌고, 1년 후에는 재판

이 완전히 중단되었다.[40]

　연합군이 이스탄불 및 주변 지역에 계속 주둔하는 것은 표면적으로는 파리에서 평화 조건이 합의될 때까지의 임시 조치였다. 실제로는 제국의 남은 영토가 이미 분할되고 있었고, 다수인 튀르크인이 종주권을 행사했던 모든 땅을 박탈당할 듯했다. 1919년 5월이 되면 프랑스군은 아다나를 점령했고, 영국군은 킬리스, 우르파, 마라슈, 가지안테프에 주둔했으며(이 모든 곳은 그해 말까지 프랑스가 넘겨받게 된다), 이탈리아군은 안탈리아를 점령했다.[41] 5월 15일, 그리스 본토에서 온 군대가 이즈미르(에게해 연안 아나톨리아의 주요 도시로, 오스만 그리스인 주민이 매우 많았던 곳이다)에 상륙했는데, 이는 이탈리아의 추가 진출을 막으려는 의도를 지닌 영국의 부추김을 받은 것이었다.[42] 그리스군의 상륙은 오스만 측의 희망과는 정반대였는데, 캘소프 제독은 이스탄불에 대한 군사 점령은 없을 것임을 재확인한 데 더해 무드로스 협상 당시 그리스군이 이스탄불이나 이즈미르에 상륙하지 않게 해달라는 그들의 요청이 런던으로 전달되었다고 오스만 협상자들에게 말했기 때문이다.[43] 이 상륙은 아야소피아 문제와 관련된 모든 당사자들에게 경각심을 불러일으켰다. 그리스군이 이스탄불까지 진격할 경우 아야소피아를 점유하고 있는 튀르크군 부대가 그곳을 그리스 점령군에게 넘기느니 차라리 파괴할 것이라는 두려움을 불러일으켰기 때문이다. 이로 인해 이 마스지드를 교회로 되돌리자는 제안은 쑥 들어갔다.[44]

　오스만 정부는 전후의 위기와 아나톨리아 대부분에 대한 연합군의 점령에 직면해 무기력했으며, 바히넷딘의 매부인 대와지르 다마드 페리드 파샤Damad Ferid Paşa는 자신의 역할이 그저 질서를 회복하는 것이라고 생각했다. 고위 장교이자 전쟁 영웅인 무스타파 케말은 1918년

11월 막후에서 의회 내 인맥을 통해 점령에 반대하는 정치적 과정에 영향을 미치려 했으나 실패했다. 그는 오랫동안 연합진보위원회의 일원이었지만, 위원회 지도부나 관련 지하 조직의 전시 악행에는 연루되지 않았고, 엔베르 파샤의 반대자로 알려져 있었다. 무스타파 케말은 알리 푸아트Ali Fuat, 이브라힘 레페트 벨레Ibrahim Refet Bele, 휘세인 라우프 오르바이Hüseyin Rauf Orbay, 동부 전선의 영웅 카즘 카라베키르Kâzım Karabekir 등의 동지들(이들 모두는 또한 정부 정책 또는 그 결여에 반대했다)과 함께 군사적 해결을 위한 비밀 계획을 마련했다.[45]

아나톨리아 흑해 연안 동반부는 에게해 연안과 마찬가지로 상당한 오스만 그리스인 공동체가 존재한 지역이었고, 1917년 이후 볼셰비키 혁명을 피해 도망친 수천 명의 그리스인이 이 지역으로 유입되면서 현지 이슬람교도 주민과의 갈등이 고조되었다. 1919년 3월 질서 회복을 위해 영국군이 도착했지만, 병력도 부족했고 그럴 의지도 없었다. 내무대신이 무스타파 케말을 파견해 조사할 것을 제안하자 내각은 이에 동의했고, 그는 곧 에르주룸에 기지를 두고 있던 제9군의 총감으로 임명되었다. 이는 사실상 그를 앙카라 동쪽의 아나톨리아 동부에 대한 정부 책임자로 만든 셈이었다. 무스타파 케말은 1919년 5월 16일 이스탄불에서 증기선을 타고 출발해 사흘 뒤 아나톨리아 흑해 연안의 삼순에 도착했다.[46]

전쟁 동안에 아나톨리아는 '특수 조직'의 지도 아래 무장을 갖추었고, 이 지도 임무는 1918년 11월 이후 역시 비밀 조직인 그 계승자 카라콜Karakol('초소')이 물려받았다. 카라콜의 지도자들은 연합진보위원회의 유명 인사들이었다.[47] 무스타파 케말은 아나톨리아 동부 흑해 연안의 소요를 진정시키는 임무 외에도, 그의 관할 아래 있는 지역 주민들의 무장을 해제하고 무드로스 정전 협정의 조건에 따라 요구된 제 9군 병력의 무장해제를 감독할 임무도 부여받았다. 그러나 무스타파 케말이 삼순으로 떠나자마자 영국은 그의 임무에 다른 무언가가 있다는 의심을 품었고, 그들의 요구에 따라 오스만 내각은 그의 소환을 명령했다. 이러한 와중에 그리스군은 연합군의 동의 아래 이즈미르를 비롯한 에게 해안에서 내륙으로 진격하며 자기네의 생득권으로 생각하는 땅을 점령하고자 했다. 아나톨리아 서부의 이슬람교도 주민들은 최근 전쟁에서 많은 고통을 겪었지만 다시 결집해, 그들에게 한 치의 땅도 내주지 않겠다는 의지를 보였다.[48]

무스타파 케말은 명령에 불복종했다. 그의 가까운 동료이자 해산 임무에서 부하로 지정된 카즘 카라베키르와 레페트 벨레는 그보다 먼저 동부로 향해 각각 에르주룸과 시바스에 자리잡고 있었다. 세 사람은 이제 점령 반대 운동과 이스탄불 정부의 권위 사이의 연결을 돌이킬 수 없게 단절시키는 길로 나아가기 시작했다. 그 핵심 요소 중 하나는 독립적인 저항 운동을 구축하는 것이었으며, 이를 위해 무스타파 케말과 그의 동료들은 전보를 광범위하게 이용해 아나톨리아 전역 및 트라케의 군 장교들과 소통하며 자신들의 메시지를 전파했다.[49] 각계각층의 사람들이 이에 응답했고, 자신들을 '민족주의자'라고 칭한 이들의 회의가 아나톨리아 여러 지역에서 열렸다. 그중 가장 중요한 것은 1919년 여름 에르주룸과 시바스에서 열린 회의였다. 여기서 합의된 원칙들은 향후 행동 계획에 해당했다. 오스만 영토는 정전선 내에서 독립과 온전성을 유지해야 하고, 소수민족의 특권을 없애고 그리스 및 아르메니아의 영토 주장에 저항해야 하며, 외국의 원조는 무상으로 제공되는 경우에만 수용한다는 것 등이었다. 술탄 겸 칼리파는 여전히

국민의 충성을 요구할 수 있는 존재로 여겨졌다. 그러나 국민의 의지가 궁극적인 권위였다.[50]

1918년 11월 연합진보위원회는 해산했고, 그 구성원 중 상당수는 진행 중이던 전쟁범죄 재판의 피의자로 체포된 상태였다. 1920년 1월 이스탄불에서 개회되는 새 국회 선거에는 국권수호협회(1918년 말부터 제국의 남은 모든 지역의 이슬람교도들이 오스만 민족자결원칙을 주장하기 위해 설립한 여러 지역 단체들의 상위 조직이었다)가 승인한 후보자만이 출마할 수 있었다. 에르주룸과 시바스 회의에서 드러난 도전적인 정서는 2월 17일 새 국회에서 다시 확인됐고, 이는 '민족협약Misâk-ı Millî'으로 채택되었다. 협약은 오스만 이슬람교도가 다수를 차지하고 있는 지역의 불가침성과 독립을 요구했으며, 이스탄불과 마르마라해를 특별히 언급했다. 아랍인이 다수인 지역, 서부 트라케, 그리고 베를린 조약으로 러시아에 상실한 지역들에서는 국민투표 실시를 요구했다. 이와 함께 소수민족의 권리가 조약에 들어가야 한다고 이 협약은 요구했다.[51] 이로써 점령에 대한 저항의 개념이 이스탄불 권력층 내에서도 점차 받아들여지기 시작했다.

이러한 미래 구상에는 두 가지 중요한 특징이 있었다. 수백 년 동안 유럽에서 오스만제국을 지칭하는 이름으로 알려졌던 '튀르크'가 민족협약에서 전후 제국에 남은 영토를 나타내는 말로 채택되었다. 그러나 비이슬람교도 주민이 위험한 부담이라는 것이 이제 피할 수 없는 사실로 인식되고(제국 내 아르메니아인과 그리스인 신민들이 자국 정부에 맞서며 주저 없이 외국의 지지를 요청하는 점을 감안하면) 그 결과로 정당성을 부여하는 원칙으로서의 오스만주의는 폐기되었지만, 그것을 대체한 것은 '튀르크주의'가 아니라 이슬람 정서에 대한 진지한 호소였다. 무스타파 케말이 1919년 12월에 한 연설에서 명확히 밝힌 바와 같이, 아랍인의 미래가 분명히 제국 밖에 놓여 있는 만큼 이 호소는 구체적으로 튀르크인과 쿠르드인의 이슬람 정서를 향한 것이었다.[52] 이 시기의 저항 운동에서 민족주의란 이슬람교도 튀르크인과 쿠르드인이 오스만제국의 계승자라는 의미였다.

영국은 민족주의자들을 격렬히 비난했으며, 이스탄불과 아나톨리아 양쪽에서 저항 운동의 호소력이 점점 넓어지고 작전이 은밀한 방식으로 이루어지는 데 대해 경계심을 가졌다. 민족협약이 의회에서 승인되면서 헌법적 인정을 받았고, 영국은 이스탄불을 통제하기로 결정했다. 그러면 정부도 통제할 수 있으리라고 기대했다. 그들은 다른 연합국들의 승인을 얻었지만, 이 계획은 프랑스와 이탈리아의 동조자들에 의해 민족주의자들에게 누설되었다. 그럼에도 불구하고 영국군은 1920년 3월 15~16일에 의사당 건물에서 라우프 오르바이와 카라콜의 지도자 카라 바스프Kara Vasıf를 포함한 주요 민족주의자 의원 다섯 명을 체포했다. 이들과 열여섯 명의 다른 민족주의자들은 전년도 전쟁 범죄 용의자들과 마찬가지로 몰타로 추방되었다. 이에 대한 항의로 의회는 자진 해산했고, 의원 84명은 수도를 떠나 아나톨리아 고원 중앙에 위치해 이스탄불과 철도로 연결된 작은 성곽 도시 앙카라로 피신했다.[53] 이 도시에는 갈수록 쓸모가 없어지던 이스탄불 정부가 더는 기능할 수 없게 되면서 권력을 장악하려 했던 민족주의자들의 회의체 본부가 있었다.

4월 23일, 이스탄불에서 온 의원들로 구성된 '대국민회의Büyük Millet Meclisi'가 앙카라에서 처음으로 열렸다. 무스타파 케말이 이 예비 의회의 의장으로 선출되면서 그는 민족주의자들 중 가장 중요한 인물로 확인되었다. 이는 영국이 그의 동료들을 체포함으로써 기정사실이 되었다. 그러나 압뒬하미드 2세가 장려했던 정치적 이슬람의 흔적은 쉽게 사라지지 않았다. 앙카라의 민족주의자들은 술탄 겸 칼리파에 대한 충성을 선언했고(그들은 아직 이 정권에 대한 실질적인 대안을 내놓지 못하고 있었다), 의회 개회를 전통적인 열의로 축하함으로써 이 충성심의 표현을 효과적으로 이용했다. 양을 희생 제물로 바치고, 쿠란을 암송하며, 선지자의 유물을 들고 행진했다.[54]

대국민회의의 소집은 중대한 사건이었다. 불과 12일 전, 셰이흐월이슬람은 민족주의자를 신앙이 없는 자들로 매도하고 참된 신자들에게 그들을 죽이라고 요구하는 파트와를 발표했다. 5월 1일에는 무스타파 케말과 그의 동료들이 궐석재판에서 사형 선고를 받았다. 그러나 연합국은 궁지에 몰려 무력했으며, 앙카라 대국민회의에 대한 지지가 확산되면서 대국민회의는 점차 이스탄불 의회를 대체할 수 있는 실질적인 대안으로 여겨졌다. 1920년 여름에 그리스의 아나톨리아 침공이 막을 수 없을 정도로 진행되자(에디르네와 부르사는 이미 함락되었다), 7월 2일 무스타파 케말은 국민에게 '성전'에 나서라고 촉구했다.[55] 국가의 이슬람 정통성 주장을 통해 민족주의자들에 맞서도록 대중을 선동하고자 했던 이스탄불 국가 기관들(연합국, 술탄, 정부)의 반대 호소는 이에 따라 무력화되었다.

오스만에서 벌어지는 사건들은 빠르게 전개되고 있었고, 연합국과 제국의 분할에 이해관계가 걸린 튀르크계 오스만 이외의 당사자들은 제국의 미래를 놓고 느긋하게 논의하고 있었다. 평화 협상은 1919년 파리에서 시작되고 런던과 산레모에서 이어졌다. 패전국인 오스만의 의견은 거의 고려되지 않았다. 여러 참가국 사이의 수많은 교섭 끝에 오스만 대표단이 프랑스 외곽 세브르로 소환되어, 승전국들이 마련한 조약에 서명하게 되었다. 1920년 8월 10일의 조인식에서 오스만 대표들은 자국민을 대표해 다음 조건에 동의했다. 트라케는 그리스에 할양되고, 이즈미르 지역은 5년간 그리스의 주권 아래에 두되 이후 그리스로의 완전한 편입 여부는 국제연맹이 결정하며, 독립 아르메니아 국가의 경계는 미국 대통령 우드로 윌슨이 정하고, 아나톨리아 동남부의 쿠르드인 지역은 당분간 오스만의 주권 아래에 남지만 장차 독립 여부는 국제연맹이 판단한다는 것 등이었다. 제국은 이스탄불과 아나톨리아 북부만으로 쭈그러들었다. 그 상당 부분은 외국군 점령하에 있었다. 전쟁이 발발하면서 폐지됐던 카피튈라시온은 복원됐고, 연합국은 패배한 제국에 강요했던 기혹한 통치 실행을 준비하고 있었다.

오스만 의회가 세브르 조약을 비준해야 했지만 의회는 해산되고 없었다. 민족주의자들의 동의 없이는 아무것도 할 수 없음이 분명했으나, 그들은 조약의 실행을 무력화하기로 결심하고 있었다. 남은 제국이 직면한 군사적 위협은 매우 현실적인 것이었다. 오직 영국군의 주둔만이 그리스군이 이스탄불로 진격하는 것을 막고 있었으며, 볼셰비키 소련은 아나톨리아 동부의 반주와 비틀리스주가 아르메니아 국가의 일부가 되기를 원하고 있었다. 이 지역들은 이전에 아르메니아인이 다수 거주하던 곳이었다.

튀르키예 방어를 기획한 공은 대국민회의 의장이었던 무스타파 케말에게 돌아가야 하며, 그 전략을 실행해낸 것은 지친 이슬람교도 징집병들과 아나톨리아의 민중이었다. 무스타파 케말은 소련의 요구를 거부하고, 카즘 카라베키르 장군에게 아나톨리아 동북부의 아르메니아군을 향해 진격하라는 명령을 내렸다. 1920년 10월 30일, 카라베키르와 그의 병사들은 1878년 러시아에게 빼앗긴 카르스를 탈환했으며, 이후 진격을 계속해 아르메니아군의 항복을 받아냈다. 연합국의 계획은 또 한 번 현지 상황에 의해 좌절되었다. 이 승리로부터 불과 나흘 뒤, 우드로 윌슨 미국 대통령은 자신이 정하게 된 아르메니아 국가가 트라브존, 에르주룸, 반, 비틀리스를 포함한 튀르키예 동북부와 동부의 광범위한 지역을 포함해야 한다는 결정을 내렸다. 그러나 이 결정은 너무나도 곤혹스러운 것으로 생각되었기 때문에 공식 발표되지 않았다. 12월 2일, 볼셰비키는 남은 아르메니아 지역을 소비에트공화국으로 선언했다. 대국민회의와의 과거의 이견은 접어두었으며, 양측은 1921년 3월 우호 조약을 체결했다. 이 조약에서 양측은 전년도 겨울 아르메니아 패전 이후 결정된 국경을 튀르키예–아르메니아 경계로 삼는 데 합의했다.[56]

영국이 그리스의 아나톨리아 침략을 지지한 것은 민족주의자들에게 특히 분노를 자아냈다. 그리스는 이미 국민국가를 가지고 있었지만 튀르크인들은 그렇지 않았으며, 이런 침략자가 평화 협상에서 대등한 상대자로 참여하는 것은 부당하게 여겨졌다. 게다가 자기네가 나라를 세우고자 하는 지역에서 실질적인 지지를 받지 못했던 아르메니아군과는 달리, 그리스군은 지역에서 강한 지지를 받고 있었고 따라서 아나톨리아 방어군에게 훨씬 더 위험한 존재였다. 곳곳에서 온갖 형태의 비정규군들 사이에 유격전이 벌어졌고, 도적들이 도처에 나타났으며, 많은 지역 이슬람교도들이 이스탄불로 피신했다. 민족주의자들은 지지를 끌어낼 수 있는 병사들과 무장 단체들을 동원해, 왕당파든 외국 점령군이든 자신들을 거부하는 세력에 맞서 싸웠다. 그러나 영국의 관점에서 1920년 그리스의 진격은 민족주의자들을 아나톨리아 내에 고립시켜, 자신들이 방해 없이 이스탄불의 오스만 정부를 지도할 수 있게 해주는 것이었다. 여러 연합국은 아나톨리아의 미래에 관해 서로 다른 생각을 가지고 있었고, 이는 점령된 이스탄불 통치에서 분명하게 나타난 그들 사이의 간극을 더욱 심화시킬 뿐이었다. 프랑스와 이탈리아는 세브르 조약을 완전히 이행하려는 영국의 결의에 경계심을 가졌고, 그리스를 영국의 지중해 동부 장악을 위한 꼭두각시로 보았다. 그들은 앙카라의 민족주의자들과 협상할 용의가 있음을 보여주었다. 1921년 6월에 이탈리아는 아나톨리아 본토에 가지고 있던 마지막 기지인 안탈리아를 떠났으며, 가을에는 프랑스가 킬리키아의 민족주의자 군대의 지속적인 공격을 받은 끝에 아나톨리아에서 철수하고 시리아에 대한 확실한 위임통치권을 확보하는 데 만족했다.

그리스인들 자신은 세브르 조약에 개괄된 아나톨리아 내 권리를 고수하려 했다. 1921~1922년 그리스와의 전쟁(튀르크인들에게는 독립전쟁으로 알려졌다)은 1919년 5월 침공 이후 계속되어온 유혈 유격전의 연장이었다. 1921년 3월, 그리스군은 에스키셰히르 북쪽에서 처음으로 좌절을 겪었으나 곧 재정비했고, 9월에는 앙카라에서 불과 80킬로미터 떨어진 곳까지 진격했으나 100킬로미터에 달하는 전선에서 벌어진 21일간의 전투 끝에 다시 사카리아강 서쪽으로 물러났다. 그리스군은 낯선 이 지역에서 사방으로부터 오는 예상 밖의 끈질긴 저항에 시달려야 했다.[57]

그리스는 세브르 조약에서 약속받은 영토를(그리고 그보다 더 많은 지역을) 무력으로 점령하는 데 성공한 유일한 당사자였다. 영국에게는 세브르 조약을 강제할 수 없고 민족주의자들을 더는 무시할 수 없다는 사실이 서서히 분명해지기 시작했다. 영국은 오랫동안 술탄과 그 정부의 가장 끈질긴 지지자였으며, 그들은 민족주의자들을 예측할 수 없는 존재로 여겼으므로 영국 정치가들이 외교적 상상력이라는 필요한 도약을 하고 '적법한' 오스만 당국을 포기하기가 어려웠다. 그러나 영국의 정책은 점차 타협을 선호하게 됐고, 1921년 4월 영국은 프랑스 및 이탈리아와 함께 그리스인과 튀르크 민족주의자들 사이의 싸움에서 중립을 선언했다.[58] 1922년 8월, 그리스는 민족주의자들에게 패배해 이즈미르로 후퇴했다. 승리를 거둔 튀르크 군대는 9월 9일 이 도시에 들어가 불을 질렀다. 1912~1913년 발칸 전쟁 이후 아나톨리아 서부를 떠났던 약 20만 명의 오스만 그리스인 가운데 약 4분의 3이 1919년 그리스군의 이 지역 점령 이후 귀환했으나, 이제 그들과 그동안 계속 그 지역에 남아 있던 25만 명가량이 영원히 그리스를 향해 도망쳤다.[59] 튀르크군이 이즈미르에 입성한 지 열흘이 되기 전에 아나톨리아에 있던 그리스군은 모두 철수했다.[60]

영국은 민족주의자들의 승리에 충격을 받았다. 이제 용감한 아나톨리아 방어자들에게 이스탄불로 향하는 길이 열렸기 때문이다. 여러 해동안 오스만제국을 간헐적으로 괴롭혀온 전쟁의 종결은 민족주의자 지휘관 이스메트 이뇌뉘Ismet İnönü와, 런던 정부보다는 이스탄불 주둔 연합군 총사령관 찰스 해링턴Charles Harington 장군의 명민함 덕분이었다. 1922년 10월 11일, 이스탄불에서 가까운 마르마라해 남쪽 해안의 무단야에서 정전 협정이 조인되었다. 제국을 대표한 것이 이스탄불에서 파견된 전권대표가 아니라 서부 전선 사령관이자 무스타파 케말의 충직한 동지인 이스메트 이뇌뉘였다는 사실은 술탄이 유명무실함을 보여주었다. 역사는 전진하고 있었다. 한 달 후 앙카라 의회는 술탄제를 폐지하는 법안을 통과시켰고, 술탄 메흐메드 6세 바히뎃딘은 폐위되었다. 그가 겸하고 있던 두 기능 가운데 존속된 칼리파 자리는 그의 사촌이자 왕가의 살아 있는 최고 연장자인 압뒬메지드 2세Abdülmecid II가 이어받았다. 의회에서 선출한 것이었다. 열강과의 길고도 힘든 협상 끝에 1923년 7월 24일 로잔 조약이 체결됐고, 이를 통해 튀르키예는 현재의 국경선을 획득하고(이후에 소소한 조정이 있었다) 그 오랜 침략자들과 동등한 지위를 부여받았다. 아르메니아인 학살 혐의로 재판을 기다리던 남은 수감자들이 모두 석방되었다.[61] 과거는 확실히 막을 내렸다. 1920년 민족협약에 담긴 열망은 로잔에서 거의 완전히 실현됐고, 이는 민족주의자들의 투쟁을 충분히 정당화하는 것이었다. 1923년 8월 23일, 로잔 조약은 대국민회의에서 비준되었다. 10월 2일 연합군은 이스탄불에서 철수했다. 10월 13일, 앙카라가 수도로 선포되었다. 10월 29일 튀르키예공화국이 수립됐고, 무스타파 케말이 대통령, 이스메트 이뇌뉘가 총리 자리에 올랐다.

민족주의자들이 세브르 조약의 설계자들이 만든 튀르키예의 굴욕적인 미래를 거부한 것은 1913년 오스만군이 모든 어려움을 무릅쓰고 에디르네를 되찾도록 한 바로 그 결의의 보다 극적이고 장기적인 표현이었다. 세브르의 그림자는 오늘날까지 튀르키예를 따라다닌다. 외국의 적들과 튀르키예 내부의 그 협력자들이 다시, 대단한 끈기와 엄청난 희생으로 지켜낸 국가를 분열시키려 할지도 모른다는 오래된 두려움이다. 유럽연합(EU) 가입 가능성에 대한 튀르키예 사회 일각의 태도 또한 세브르의 망령에 영향을 받고 있으며, 속임수의 징표가 없는지 유럽의 의도를 면밀하게 검토하고 있다.

튀르키예공화국이 수립된 지 6개월 후인 1924년 3월 3일, 국회는 표결을 통해 칼리파 제도마저 폐지했고, 오스만 왕가(모두 합쳐 약 120명이었다[62])에 추방 명령을 내렸다. 이 결정은 국회를 분열시켰다. 일부 의원들은 여전히 칼리파를 존경했고, 무스타파 케말 주위의 파벌이 헌법 공포를 밀어붙인 방식에 당혹스러워했다. 칼리파 폐지는 무스타파 케말 자신과 같은 더 결연한 민족주의자들과 라우프 오르바이 및 카즘 카라베키르 같은 온건파(그들은 칼리파 자리를 폐지하기 직전에 압뒬메지드 칼리파를 예방했다) 사이의 관계를 망가뜨렸다. 이것은 무스타파 케말과 그가 가장 신임하는 동료들이 국회에 대해 점점 더 독재적인 통제권을 행사하고 있음을 보여주는 가장 눈에 띄는 신호일 뿐이었다.[63]

칼리파 폐지에 대한 반응은 인도와 이집트 등 전 세계 이슬람권에서 나타났다. 분노를 표한 가장 큰 집단은 인도 이슬람교도였으며, 이 반응은 보다 급진적인 튀르키예 민족주의자들로부터 외국의 내정 간섭이라는 비난을 받았다.[64] 무스타파 케말이 칼리파의 칭호를 계승해야 한다는 제안은 받아들여지지 않았고, 예멘의 이맘이나 아프가니스탄 국왕 등이 가능한 후보로 거론되었다. 폐위된 후 스위스로 추방된 압뒬메지드는 칼리파 칭호를 사용하며 이슬람 지도자들을 회의에 초청했다. 그 회의는 끝내 열리지 않았지만, 그의 만용은 튀르키예 내에서 강한 비난을 촉발했다.[65] 대부분의 이슬람교도들은 자기네 종교와 칼리파에 대해 진정으로 헌신했다. 칼리파 폐지는 새 공화국 시민들에게서 단번에 익숙한 충성의 대상을 박탈했다. 마침 이때는 국회의 종교 일반에 대한 혐오가 앙카라에서 주도하고 있는 급진적 현대화(그것은 서방화와 동일시되었다) 사업으로부터 그들이 느끼는 소외감을 점점 더 심화하고 있던 시기였다. 사실 처음에 튀르키예를 근대화하는 사업은 오스만제국의 개혁 사업과 마찬가지로 엘리트 집단의 전유물이었고, 많은 사람은 이 집단과 일체감을 느낄 이유가 없었다. 그들은 이 일에 그저 분개하기 쉬웠고, 마침내 다시 한번 안전한 조국을 얻었다는 사실을 인정하면서도 그랬다.

발칸 전쟁 패배의 충격은 오스만인들에게 어떤 희생을 치르더라도 아나톨리아를 지켜야 하며 그러지 못하면 멸망한다는 확신을 심어주었다. 이 절박함은 인구 구조에도 광범위한 영향을 미쳤다. 아나톨리아에서 강제 추방된 아르메니아인들의 땅에는 역시 발칸반도에서 모든 것을 잃고 도망쳐온 이슬람교도 난민들이 정착했다. 로잔 조약에 따른 그리스와 튀르키예 사이의 주민 교환은 이제 기독교 국민국가들(소련의 경우 공식적으로는 무신론을 표방하는 국가)의 지배하에 놓인 오스만 옛 영토에서 이슬람교도들이 빠져나오는 마지막 단계였다. 1923년이 되면 오스만제국의 남아 있는 땅, 즉 튀르키예공화국의 인구는 약 1300만 명이었으며, 그중 98퍼센트가 이슬람교도였다. 1차 세계대전 전에는 이슬람교도 비율이 80퍼센트였다. 도시화 수준이 더 높았던 기독교 공동체들이 사라지면서 주민 역시 농촌의 비중이 높아졌다. 전쟁 전에는 인구의 25퍼센트가 주민 1만 명 이상의 도시에서 살았지만, 전쟁 후 그 비율은 17퍼센트로 줄었다.[66]

오스만제국 및 튀르키예공화국의 공식 인구 조사 수치는 1900년에서 1927년 사이에 주요 도시들에서 비이슬람교도 주민이 극적으로 감소했음을 보여준다. 가장 두드러진 통계는 한때 많은 아르메니아인이 거주하던 에르주룸의 인구다. 이곳에서 비이슬람교도 인구는 전체의 32퍼센트에서 0.1퍼센트로 줄었다. 시바스에서는 33퍼센트에서 5퍼센트로 줄었다. 역사적으로 그리스계 주민이 많았던 트라브존에서는 비이슬람교도가 전체의 43퍼센트에서 1퍼센트로 줄었다. 이즈미르의 비이슬람교도 인구는 1900년의 62퍼센트에서 1927년에는 14퍼센트로 줄었다. 이스탄불에서는 변화가 비교적 덜 두드러졌다. 비이슬람교도 비율이 1900년 56퍼센트에서 1927년에는 35퍼센트로 떨어졌다.[67] 새로운 민족주의 공화국이 오스만 아르메니아인과 그리스인들(공화국의 승자들이 보기에 그들은 이슬람교도 동포들에게 매우 위험스럽게 등을 돌린 자들이었다)에 대한 복수에 성공한 것은 분명했다.

비록 튀르키예의 다수를 차지하는 이슬람교도는 쿠르드인, 아랍인, 체르케스인, 그루지야인, 압하스인, 라즈인, 알바니아인 등 다양한 인종 집단이 포함돼 있었지만, 제국이 공화국으로 전환되면서 튀르크 민족이 중심을 이루게 되었다. 칼리파가 단칼에 폐지되자 이슬람주의는 더이상 의미가 없어졌다. 미래는 세속적으로 재정의됐고, 종교는 사람들 삶의 사적 영역으로 격하되었다. 튀르크인은 새로운 공화국의 선택받은 민족이며, 그러나 동시에 이 새 공화국(오스만제국의 최종 승계 국가다)은 내부의 모든 민족 정체성을 포용하기 위해 만들어진 것이 아니고 그들이 공화국의 요구에 부응해야 한다는 생각은 완성되는 데 시간이 걸렸다. 이러한 생각은 그 마지막 형태에서 시대에 적합한 당대의 서방 사상과 실용주의뿐만이 아니라 오랫동안 존재해온 오스만제국 튀르크 문화의 요소 위에도 그려진 정치적·사회적 공학의 산물이었다.

법적·행정적 목적으로, 오스만제국에서는 전통적으로 민족적 뿌리보다는 종교가 신민의 일차 표지였다. 예를 들어 오스만제국 관료제의 중추였던 세금 장부에서 민족성의 유일한 단서는 등록된 이름이었다. 납세자가 어떤 민족에 속하는지는 그들이 지닌 이름(예컨대 슬라브계,

그리스계, 아르메니아계, 튀르크계 등)이 그 출신을 정확하게 반영한다는 가정 아래 추측할 수 있다. 하지만 슬라브계, 그리스계, 아르메니아계 이름을 가진 자들이 기독교인이고 튀르크계 이름을 가진 자들이 이슬람교도라는 것은 더욱 분명했다. 오스만 왕가는 실제로 튀르크계 오구즈 씨족의 후예임을 주장했으며 이른 시기부터 튀르크인이라는 의식이 존재했지만, 16세기 이후 이 가문은 오스만 정체성의 이 측면을 더이상 강조하지 않았다. 중앙아시아 혈통을 주장하던 경쟁 가문들이 패퇴하면서 그러한 강조가 불필요해졌기 때문이다. 민족 범주는 오스만 문헌에서도 사용됐으나, 여기서 '튀르크인'이라는 말은 '쿠르드인'이나 '아랍인'과 마찬가지로 보통 경멸적으로 사용되었다. 흔히 '무지한'이나 '부정직한'이라는 수식어와 함께였다. 때로는 '튀르크'가 국가의 명령에 저항하는 일탈자들을 나타내기 위해 쓰였다. 16세기 사파비의 샤 이스마일의 추종자들이나, 17세기에 중앙정부에 맞서 반역의 깃발을 들어올린 자들 같은 경우다. 예를 들어 17세기의 여행가 에블리야 첼레비는 여행 중 마주친 튀르크 농민을 '우둔한 튀르크인'이라고 묘사했다.[68]

1900년 전후 시기에 튀르크인의 과거를 탐구하던 이들의 통찰은 튀르크인의 문화적 뿌리에 접근할 수 있게 해주었고, 튀르크인다움Türklük이라는 보다 긍정적인 관념을 이끌어냈다. 이 과정에서 이들은 '외국' 민족들의 역사, 그들의 인종적 기원, 그들의 언어에 오랫동안 관심을 가져온 서방 동양학자들의 도움을 받았다. 오스만 언론은 페르시아어와 아랍어의 요소를 제거한 보다 '튀르크적'인 언어를 주장했고, 튀르크인들의 사전과 문법서, 지리서와 역사서가 출판되었다. 애국적 글쓰기로 무스타파 케말에게 자극을 준 것으로 보이는 신오스만인 나믁 케말[69]은 튀르크인을 신흥 국가의 선봉이라기보다는 자랑스러운 과거의 계승자로 보았다.[70] 술탄 압뒬하미드 2세 또한 '순수 튀르크 혈통'을 지닌 자들을 높이 평가했고, 오스만 가문이 아나톨리아에 있었던 것만큼이나 오랫동안 아다나 지역에 정착해 있던 라마잔오을루Ramazanoğlu 가문[71]을 기렸다. 그의 동시대인이자 정치가였던 아흐메드 제브뎃 파샤의 견해에 따르면 "고귀한 제국(오스만)의 진정한 힘은 튀르크인에게 있다. 오스만 가문을 위해 마지막 한 사람까지 목숨을 바치는 것은 그들의 민족적 성격과 종교의 의무다. 따라서 그들이 고귀한 제국의 다른 민족들에 비해 더 귀하게 여겨지는 것은 자연스러운 일이다."[72]

1908년 혁명의 목표는 국민국가를 수립하는 것이 아니라 오스만제국의 잔여물을 구하는 데 있었다. 단순한 추상적 개념이 아니라 정치적 공동체의 기반으로서 '튀르크인다움'은 세기 초 연합진보위원회 문헌에서 받아들여졌으나 이후 경시되었다.[73] 그러다가 1908년 사건 이후 지식인들이 그 개념을 더 탐구하는 데 자유로움을 느꼈다. '튀르크'라는 단어가 포함된 문화 및 애국 단체들이 많아지기 시작했다. 튀르크인다움이 오스만의 맥락에서 분리될 수 있다는 개념은 외부, 즉 러시아 이슬람교도 지식인들로부터 유입되었다. 튀르크 민족(튀르키예공화국 국민이 아니라 뿌리가 튀르크인인 사람들을 말한다)으로서 러시아 제국의 말기 혼란 속에서 자기네 정체성의 기반을 찾으려 노력했던 사람들이다. 이들 중 일부는 이스탄불에 정착했고, 튀르크 정체성이 오스만제국의 틀을 초월할 수 있음을 오스만제국의 튀르크인 지식인들에게 보여주는 데서 큰 영향을 미쳤다. 오스만 국경 밖의 튀르크 민족(중국, 이란, 이라크, 그리고 특히 러시아의 튀르크인들로, 이들 역시 제국주의에 저항하기 위해 분투하고 있었다)에 대한 호소는 이 새로운 정체성의 한 요소였다.[74] 정치 프로그램으로서의 이 범튀르크주의Türkçülük는 오스만 제국 내에서 그리 중요시되지 못했다. 낭만적 성향의 상상 속 열망으로 존재하는 측면이 더 컸다. 그것은 제국 붕괴 이후 오래가지 못했고, 1921년 무스타파 케말에 의해 명확히 부정되었다.[75] 오스만 핵심 지배층 가운데 가장 열렬한 지지자는 엔베르 파샤였다. 그는 이 개념에 완전히 빠져들어 1922년 오늘날의 타지키스탄 지역에서 소련의 적군赤軍에 맞선 이슬람 군대를 이끌다가 생을 마감했다.

튀르크인다움이라는 개념이 새로운 민족의식을 고취하는 데 유용하다는 것은 1차 세계대전 이후 명확해졌다. 다른 모든 오스만 민족들(적어도 오스만 기독교도들)의 '배신'이 드러나면서다. 오스만제국의 잔존물, 즉 튀르키예가 튀르크인들의 고향이 되어야 한다는 개념은 범튀르크주의보다 훨씬 더 지속성이 있었다. 정치 세력으로서의 튀르크 민족주의는 효과적으로 구축됐으며, 대중 교육과 징병이라는 유화적인 모습 속의 철권(반대파와 정치적 차이에 대한 탄압)으로 대중에게 각인되었다. 공화국 초기, 민족주의적 지식인들은 사람들에게 주입해 새로운 튀르크 국가에 대한 충성심의 중심을 제공하고 동시에 국가 수립을 정당화할 수 있는 가치를 정의하기 위해 열심히 노력했다.

쿠르드인의 정체성이 튀르크인 안에 흡수된 방식은 튀르키예공화국 주민을 모두 튀르크인으로 재정의함으로써 나타난 가장 극단적인 형태의 사례로서 시사하는 바가 있다. 1920년 세브르 조약은 쿠르드 국가 수립 가능성을 열어두었지만, 3년 후 체결된 로잔 조약에는 이에 대한 언급이 없었다. 마찬가지로 쿠르드 자치에 대한 초기 계획은 1924년에 반포된 새 공화국 헌법에서는 언급되지 않았다. 패전국 오스만제국의 이익을 대변하는 어떤 대표단도 세브르 조약으로 이어지는 협상에 초청되지 않았다. 로잔 평화 회담에서는 튀르키예공화국 외무장관 이스메트 이뇌뉘가 튀르크 민족주의자 대표단을 이끌었다. 제국의 해체는 튀르크인과 쿠르드인을 결속시켰던 유대(술탄국, 이슬람 율법, 칼리파직)를 해소시켰고, 무스타파 케말이 만들어내고자 했던 현대 세속의 튀르키예는 전통적인 방식을 고수하는 지도자 아래 자치권을 갖는 민족 집단을 용납할 수 없었다. 그것들을 새로운 시대로 끌어들여야 했다. 모든 시민이 차별 없이 평등하다는 원칙은 단일민족 국가 건설이라는 정책에 이데올로기적 정당성을 부여했으며, 쿠르드인은 그렇게 법에 따라 튀르크인이 되었다.[76]

현대 튀르크 국가의 초석인 튀르크인다움의 의미는 자주 오해를 받는다. 사람들은 그것이 민족성을 나타내는 것이 아니라, 그 안에서 모두가 평등하다고 여겨지는 '상상된' 튀르크 민족의 일원으로 참여하는 것임을 알지 못한다. 오스만 국가가 역사적으로 인정한 소수민족은 비이슬람교도뿐이었기 때문에, 이슬람교도이자 튀르키예공화국의 시민인 쿠르드인들은 어떤 순혈 튀르크인에 못지않은 튀르크인으로 간주되었다. 따라서 유럽연합이 쿠르드인을 소수민족으로 인정하는 것은 많은 튀르크인에게 이해할 수 없는 일이다.

1925년 2월 디야르바크르 북쪽에서 시작된 이른바 셰이흐 사이드 Şeyh Said 반란은 그때부터 1930년 사이에 쿠르드 지역에서 일어난 수많은 반란의 첫 번째 것에 불과했다. 이 반란은 이후 무스타파 케말과 그 측근들에 대한 정치적 반대를 억누르기 위해 사용된 강경한 치안 유지법의 제정을 촉발했다. 반란을 조직할 가능성은 1923년부터 한 지하 쿠르드 단체에서 논의되었다. 1924년 영국 측이 심문한 반군들의 진술에 따르면, 칼리파 폐지는 반군의 불만 가운데 하나일 뿐이었다. 그외에도 공공장소에서 쿠르드어의 사용이 최근 금지됐고, 학교에서는 튀르크어를 사용하기 때문에 쿠르드인은 교육을 받지 못했으며, '쿠르디스탄'이라는 말이 지리책에서 삭제됐고, 튀르크 병사들은 쿠르드 마을을 습격해 돈을 내지 않고 가축과 식량을 빼앗아갔다. 반란은 2월 13일, 팔루의 나크슈반드 교단 셰이흐 사이드의 부족민 열 명이 그들을 체포하기 위해 온 경관에게 저항하면서 시작되었다. 관료적 용어로 '도적' 혐의였다. 이 대치는 3주 동안 계속됐고, 그사이 여러 쿠르드 부족들이 반군을 지원했다. 3월 7일에 반군은 디야르바크르시를 포위했다. 반란은 반 호수 서쪽까지 아나톨리아 동부의 넓은 지역으로 확산되었다. 현지 군대는 이를 진압할 수 없어 계엄령이 선포됐지만, 이것으로도 부족함이 드러나자 다른 지역에서 병력이 투입되었다. 반란은 많은 피를 흘린 끝에 진압되었다. 디야르바크르 포위군은 4월 15일 항복했고, 5월 말에는 반란이 완전히 진압되었다. 명백히 쿠르드 민족주의와 이슬람주의적 성격을 띠었던 이 반란은 변화의 영향에 대한 반응이었다. 대지주 계급의 이 지역 셰이흐들이 당시 진행되고 있던 공화주의 혁명 과정에서 자기네가 희생자가 될지 모른다고 우려했던 것이다. 많은 쿠르드인이 교수형에 처해졌고, 다른 많은 사람은 서부로 강제 이주되었다. 튀르크군은 독립전쟁에서보다 셰이흐 사이드 반란 진압에서 더 많은 병력을 잃었다고 한다.[77]

반란 이후 무스타파 케말과 이스메트 이뇌뉘가 이끄는 정권에 대한 반대는 사실상 잠재워졌다. 2년 동안 지속될 긴급조치가 국회에서 통과된 '치안유지법'에 의해 구체화되었다. 많은 신문이 폐간되고, 동부 지역에서는 계엄령이 계속됐으며, 1920년 민족주의 대의를 받아들이지 않는 자들을 재판하기 위해 설치됐던 '독립 재판소'들이 다시 가동돼 많은 반대파들이 교수형에 처해졌다(가장 적게 잡은 한 추산에 따르면 약 2500명이 체포돼 240명이 처형됐고,[78] 또다른 추산에 따르면 7500명 중 660명이 처형되었다[79]). 1924년에는 무스타파 케말의 인민당(1923년 9월 창당)에서 진보공화당이 갈라져 나왔다. 이 당에는 카즘 카라베키르와 라우프 오르바이 등 그의 이전 측근들이 포진하고 있었으며, 이들은 정치가 점점 타협 없는 방향으로 나아가는 데에 실망한 사람들이었다. 이들은 국회 내에서 유일한 공식 야당이었다. 1925년 6월 초 내각은 이 정당을 해산하기로 결정했다.[80]

탄압과 함께 튀르키예 사회를 재편하려는 근본적인 변화들이 이루어졌고, 이러한 혁신들이 고조된 대중의 반응을 불러일으킨 것은 역시 동부 지역에서였다. 모자를 강제로 페스에서 챙이 있는 것으로 바꾸게 하는 것조차 희생자를 낳았는데, 이는 1820년대 말 마흐무드 2세 치세에 터번을 페스로 바꾼 것만큼이나 많은 사람들에게 거부감을 불러일으켰기 때문이다. 1925년 11월, 모자법帽子法이 시행된 바로 그 주에 또다른 명령을 통해 데르비시 회관과 성자 및 술탄들의 무덤과 사당을 폐쇄했다. 이 모든 장소들은 일반인들의 일상생활에서 항상 중요한 역할을 해온 곳이었다.* 같은 해 12월에는 이슬람 태음력을 폐기하고 국제적으로 통용되는 서력기원 책력이 도입됐으며, 해가 지는 시점부터 시간을 세는 방식 대신 24시간제가 시행되었다. 다음해에는 외래 법전이 서방에서 도입되면서 중요한 법률 개혁이 이루어졌다. 새 민법은 스위스 법을 기반으로 했으며, 특히 여성의 지위를 전면적으로

---

* 정부는 결국 마흐무드 2세처럼 성공을 거두지 못했다. 오늘날 이 교단들은 튀르키예 사회에서 다시 활기를 띠고 있다.

개혁해 여성은 가정과 직장 양쪽에서 훨씬 향상된 지위를 갖게 되었다. 오늘날 튀르키예 여성들이 무스타파 케말에게 지속적으로 감사의 뜻을 표하는 것은 바로 이 때문이다.[81]

　치안유지법이 강력히 시행되던 1925년부터 2년 동안 언론은 위협을 받았다. 자유주의든 보수주의든, 종교 언론이든 공산주의 언론이든 모두 폐간되었다. 이는 압뒬하미드 2세의 주기적인 검열 파동을 떠올리게 했다. 오직 정부 노선을 찬양하는 매체만이 발행될 수 있었다.[82] 1926년 무스타파 케말에 대한 암살 시도는 그가 옛 연합진보위원회의 마지막 잔재를 제거할 구실을 제공했다. 비록 연합진보위원회는 공식적으로 소멸했지만, 그 구성원 일부는 연합군 점령에 저항하던 시기와 그 이후에도 활동을 계속하고 있었다. 그들의 마지막 활동은 1923년에 열린 위원회의 이전 지도자들의 회의였는데, 여기서는 무스타파 케말과의 협력을 제안하는 선언문을 도출했으나 그는 이 제안을 거부했다. 모든 정치적 반대가 1925년에 이미 사실상 금지됐기 때문에, 이 암살 미수 사건은 연합진보위원회 주요 인사들을 재판하고 처형할 명분으로 쉽게 이용되었다. 이 사건을 맡은 재판소는 1923년 회의를 암살 음모의 출발점으로 규정했다.[83]

　1927년 10월 15일부터 20일 사이에, 인민당의 후신으로 2차 세계대전 이후까지 권력을 독점하게 되는 공화인민당의 첫 번째 전당대회를 맞아 무스타파 케말은 36시간이 넘는 연설을 했다. 수사적이고 논쟁적인 구절들로 가득한 이 연설에서 그는 오스만제국의 멸망과 튀르키예공화국의 탄생에 대한 자신의 해석을 제시했다. 이 드라마의 핵심 주인공은 물론 무스타파 케말 본인이었다. 연설은 1919년부터 1927년까지의 사건들을 그대로 서술하는 역사적 서사가 아니라, 그가 이스 탄불을 떠나 삼순에 도착한 1919년 5월 19일부터 시작된다. 가장 신 뢰받는 영어 번역판은 총 724쪽에 이르며, 이중 앞의 657쪽은 1923년 10월 29일 공화국 선포까지의 이야기를 다룬다.[84] 연설의 나머지 부분 에서 무스타파 케말은 언론인들(반대파의 의견 개진을 위한 공간을 제공했 다는 이유에서다)과 특히 한때 그의 측근이었던 라우프 오르바이 등 새 체제에 냉담했던 이들을 혹평했다.[85] "이제 (…) 나는 하나의 거대한 음 모에 대해 여러분께 말할 것입니다"로 시작하는 연설의 한 부분에서 라우프, 카즘 카라베키르, 그리고 그 동료들은 또한 1924년에 그의 권 위에 도전하고자 한 이탈파의 진보공화당을 창당했다는 이유로 길게 비판을 받았다. 이 연설을 통해 진보공화당의 강제 해산과 함축적으로 "국민의 의지에 따라" 정치적 논의의 조건을 설정할 수 있는 무스타파 케말의 불가침의 권리 역시 정당화되었다.[86]

튀르키예공화국의 역사는 튀르크인이 썼든 외국인이 썼든 간에 모 두가 오스만제국 이후 국가가 형성되는 과정에서 동반된 탄압을 거 의 무시했으며, 무스타파 케말이 건국에서 한 역할을 지나치게 강 조함으로써 다른 똑같이 존경받을 만한 개인들의 역할은 거의 완전 히 무시했다. 농민에서부터 여성과 군 지휘관에 이르기까지, 세브르 조약에서 제안된 제국의 분할에 저항하고 제국의 남은 영토를 보존 해 튀르크인을 위한 조국을 만들고자 했던 사람들이다. 그러나 그가 1921~1922년 아나톨리아 서부에서 그리스 반군에 대한 승리를 주도 함으로써 전폭적인 지지를 얻기 전까지 무스타파 케말이 튀르키예의 확실한 정치 지도자로 부상할 것이라는 보장은 없었고, 그의 미래 구 상에 전적으로 동의하지 않는 이들을 제거할 수 있는 권력을 쥐게 되리라는 것도 알 수 없었다. 최근 연구들에 따르면, 1차 세계대전 이후 벌어진 저항 투쟁은 연합진보위원회가 기획하고 수행했다. 무스타파 케말과 그의 지지자들은 처음에는 그 지도부에 들어 있지 않았다. 무스타파 케말이라는 인물을 더욱 부각시키기 위해, 제국 말에서 공화국 초기로의 이행과 관련된 과거와의 단절 정도 역시 과장되었다. 공화국은 예컨대 영토 범위나 인구 구성 등 여러 면에서 제국과 확실히 달랐지만, 정치 지도층, 관료, 군대 등에서는 '젊은튀르크인'의 시기와의 연속성이 뚜렷했다. 이념과 같은 몇몇 다른 측면은 좀더 분석하기 어렵다. 오스만주의와 이슬람주의는 모두 폐기되고 대신 튀르크인의 탁월성이 강조되었다. 국가는 지고의 존재로 간주되고 개인이나 집단의 목소리는 그만큼 약화되었다. 엘리트주의와 그에 수반되는 대중에 대한 불신이 분명해졌다. 교육 중시와 진보에 대한 신념은 말기 오스만 사상의 요소들로서 공화국 이데올로기의 핵심에 자리잡았다.[87]

현대 튀르키예의 공적 생활은 '케말주의Kemalizm'로 알려진 이데올로기에 의해 틀이 지워져 있으며, 이는 무스타파 케말의 언행에서 드러나고 국가의 '수호자'인 군부에 의해 해석된 독특한 형태의 튀르크 민족주의다. 인물과 신화를 분리하는 것은 결코 쉬운 일이 아니다. 무스타파 케말은 그를 기리는(특히 공화국 창건의 주요 사건들을 기념하는[88]) 동상들을 튀르키예 전역에 세우도록 장려함으로써 자신을 중심으로 한 숭배를 조장했으며, 이 관행은 그의 유산을 지키는 이들에 의해 이어졌다. 그 결과 저항과 초기 공화국의 다른 어떤 영웅들도(참으로 다른 어떤 유명한 남자나 여자도) 거의 전적으로 배제되었다. 무스타파 케말이 생존해 있던 시기에, 역시 공화국이 탄생하는 데 크게 기여한 유능한 군사 지휘관 카즘 카라베키르(공화국의 수립에 대해 상당한 감사를 표해야 할 사람이다)는 전후 투쟁에서 자신이 한 역할을 돌아보는 회고록을 출판하려 했으나 곧바로 금지되었다. 그리고 1960년 그의 회고록 증보판이 출판되자(그해는 공화국 창건 이후 일어난 세 차례의 군사 정변 가운데 첫 번째 정변이 일어난 해였으며, 나머지는 1971년과 1980년에 일어났다) 출판사는 기소되고 책은 압수됐으며, 9년 후 재판이 끝나고 나서야 조치가 풀렸다.[89] 1953년 이후 무스타파 케말의 유해는 앙카라 시내를 내려다보는 거대한 영묘에 안치돼 있으며, 많은 국가 의전의 중심이 되었다. 그의 동료들의 마지막 안식처는 거의 기억되지 않고 있다. 그의 심복 이스메트 이뇌뉘만이 예외다. 그러나 튀르키예공화국이 이렇게 완고한 케말주의 성향을 보이는 것은 일관된 현상은 아니었다. 케말주의가 공적 생활에서 배타적인 영향력을 갖게 된 것은 1980년 9월 12일 군사 정변 이후였다.

1927년 무스타파 케말이 한 연설의 한 부분은 칼리파 폐지에 할애되었다. 그도 인식하고 있었듯이 칼리파 폐지는 여전히 논란이 많은 문제였다. 한 짧은 부분에서는 페스 모자 금지와 데르비시 교단 금지를 무지에 대한 공격으로 정당화했고, '독립 재판소'와 '질서유지법' 같은 강경한 조치 채택의 정당성을 주장했다.[90] 그는 후일의 여러 군사 정변에서 되풀이하게 되는 주장으로 이런 이야기도 했다.

우리는 어떤 방식으로든 법 위에 서기 위해 예외적 조치들을 사용한 것이 아닙니다(그 조치들은 어떻든 합법적이었습니다). 반대로 우리는 국가에 평화와 안정을 회복하기 위해 그것을 적용했습니다. (…) 우리가 의존했던 이러한 예외적인 조치의 적용 필요성이 더이상 존재하지 않게 되자마자 우리는 주저 없이 그것을 버렸습니다.[91]

튀르키예 국가의 수호와 케말주의의 불길 유지를 자임한 군부와 그를 지지한 민간 세력들은 무스타파 케말의 유산을 영속화하고 해석함으로써 현대 공화국의 시민들이 그가 구현한 가치들(공공 생활에서의 세속주의와 진보적 현대성뿐 아니라, 반대 의견을 억누르고 언론의 자유를 제한하는 권위주의적 성향까지도)에 순응하도록 납득시켰다. 무스타파 케말의 행동은 그가 권좌에 있었던 시기의 위기 상황에 의해 영향을 받았다. 그러나 시대는 변했고, 1920년대의 이상과 공포에 의해 촉발된 해결책이 21세기의 문제와 도전에 딱 들어맞는 것은 아니다. 그러나 과거는 무겁게 드리워져 있고, 많은 튀르크인은 케말주의를 '군국주의, 권위주의, 민족주의'와 연관시키는 서방의 비방성 견해에 동의하지 않을 것이다. 그들에게 케말주의는 "진보와, 그리고 따라서 자유와 동의어"다.[92] 하지만 오늘날에는 표현의 다양성이 점차 허용되고 있으며 튀르키예 공공 영역에서 군부의 영향력이 줄어들고 있다는 고무적인 징후도 보인다.

오스만의 꿈에서 구체화된 미래 비전이 오스만제국에 정당성을 부여했던 것처럼, 신생 튀르키예공화국도 창건 신화가 필요했다. 그리고 1927년 무스타파 케말의 연설이 그것을 제공했다. 무스타파 케말과 그의 이름 없는 동지들은 절망의 구렁텅이에서 승리를 쟁취하는 대업을 이루었으며, 공화국에 난공불락의 정당성을 부여했다. 무스타파 케말이 자신의 연설에서 매우 설득력 있게 표현한 역사 해석은 튀르키예에서 많은 정치적 변화를 겪으면서도 살아남았다.

미래의 역사가가 뒤를 돌아보고 현재를 오랜 기간 속의 단순한 한순간으로 바라본다면, 튀르키예공화국이 더이상 무스타파 케말의 꿈을 강조할 필요가 없음을 알아차리고 그것을 역사 속으로 흘려보냈음을 알게 될 것이다. 오스만의 꿈, 그리고 이전에 오스만제국을 지탱했던 다른 여러 신화들과 함께 말이다.

연표

1352	오르한, 제노바와 화약
1352	오스만국, 트라케로 이동
1354	지진. 오스만국, 겔리볼루 점령
1360년대	오스만국, 에디르네 점령
1361	가지 에브레노스, 코모티니 점령

무라드 1세 (1362~1389)

1366	라틴 해군, 겔리볼루 점령
1369	요안네스 5세 황제, 교황에게 도움 요청
1371	치르멘 전투: 오스만국, 세르비아와 불가리아 군주 격파
1373	사브즈 및 안드로니코스의 반란
1380년대	오스만국, 하미드 베이국 합병
1386	오스만국, 세르비아로부터 니시 탈취
1387	동로마령 테살로니키, 오스만국의 종주권 수용
1388	빌레차 전투: 오스만국, 보스니아에 패배
1389	코소보 평원 전투: 무라드 1세 전사

바예지드 1세 (1389~1402)

1390년대	오스만국, 아나톨리아 서부의 베이들 합병 완료
1391	세르비아, 오스만국의 속국화
1393~1394	바예지드, 동로마 제후를 세레스로 소환
1393	오스만국, 불가리아 이반(3세) 시슈만의 영토 합병
1394~1402	오스만국, 콘스탄티노폴리스 포위
1394	가지 에브레노스, 그리스 침공 시작
1394	오스만국, 테살로니키 점령
1395	오스만국, 왈라키아의 미르체아 격파
1396	니코폴 전투: 오스만국, 십자군 격파
1397~1403	마누엘 2세 황제, 유럽에 도움 요청

무라드 2세 (1446~1451)

1448	제2차 코소보 평원 전투: 오스만국, 헝가리와 왈라키아 격파
1449	콘스탄티노스 11세, 동로마 황제로 즉위

메흐메드 2세 (1451~1481)

1451~1452	보스포루스 해협의 보아즈케센 성채 건설
1453	오스만국, 콘스탄티노폴리스 정복
1454~1455	세르비아 원정
1455	오스만국, 제노바 식민지 점령 시작
1456	오스만국, 베오그라드 포위전 실패

마흐무드 파샤 안젤로비치 (대와지르, 1456~1468)

1457~1458	예디쿨레 성채와 에스키사라이('옛 궁전') 건설
1458	후녀디 마차시, 헝가리 왕위 계승
1458~1460	오스만국, 펠로폰네소스반도 정복
1459	세르비아, 오스만국에 완전 합병
1459	톱카프궁 건설 시작
1460~1461	지붕 덮인 시장 건설 시작
1461	트라페준타 콤네노스 왕국(동로마계) 정복
1462	다르다넬스 해협 양안에 요새 건설
1463~1479	오스만-베네치아 전쟁
1463	메흐메드 2세 마스지드 단지 건설 시작
1463	오스만국, 보스니아와 헤르체고비나 합병
1466	오스만국, 스컨데르베우 원정
1467	악코윤루의 우준 하산, 카라코윤루 영토 합병
1468	카라만 원정: 많은 주민이 이스탄불로 강제 이주
1472~1473	카라만 영토를 둘러싼 오스만-악코윤루 전쟁

마흐무드 파샤 안젤로비치 (대와지르, 1472~1474)

1474	오스만국, 카라만 영토 재합병
1475	오스만국, 제노바 식민지 카파 합병
1478	크림 타타르, 오스만 종주권 수용
1480	오스만국, 오트란토 점령
1480	오스만국, 로도스 포위전 실패

바예지드 2세 (1481~1512)

1481	오스만국, 오트란토 포기
1481	젬 술탄, 맘루크 궁정으로 망명
1482	젬 술탄, 로도스섬에 이어 프랑스로 이동
1485~1491	오스만-맘루크 전쟁
1489	젬 술탄, 로마로 이동
1492	페란도 2세와 이사벨 1세, 이슬람 그라나다 왕국 정복
1492	오스만국, 에스파냐 유대인들에게 피난처 제공
1495	젬 술탄 사망
1497	바스쿠 다 가마, 희망봉 통과
1499	젬 술탄의 유해 이스탄불로 귀환
1499~1502	오스만-베네치아 전쟁
1501	샤 이스마일 1세, 사파비 국가 창건
1502	바예지드, 크즐바시에 대해 첫 조치
1510~1512	바예지드의 아들들 사이의 계승 분쟁
1510	오스만 해군, 포르투갈에 맞서 맘루크 왕조 원조
1511	샤쿨루 반란

셀림 1세 (1512~1520)

| 1514 | 찰드란 전투: 오스만국, 사파비국 격파 |
| 1515 | 오스만국, 둘카드르 베이국 점령 |

1516~1517   오스만국, 맘루크 술탄국의 시리아와 이집트 합병

1520년대   인도양에서 오스만-포르투갈 경쟁

1520   샤 벨리 반란

쉴레이만 1세 (1520~1566)

1521   오스만국, 베오그라드 정복

1522   오스만국, 로도스섬 정복

이브라힘 파샤 (대와지르, 1523~1536)

1526~1527   킬리키아에서 세금으로 인한 반란 발생; 아나톨리아 동부에서 확산

1526   모하치 전투: 중세 헝가리 왕국 멸망; 헝가리에서 오스만-합스부르크 경쟁 시작

1529   오스만국, 빈 포위전 실패

1530   카를 5세, 신성로마제국 황제 즉위

1530년대   북아프리카에서 오스만-합스부르크 경쟁 시작

1534   쉴레이만, 휘렘 술탄과 혼인

1534   오스만국, 타브리즈와 바그다드 점령

1535   예멘주 일시 설치

1538   오스만국, 몰도바 원정; 흑해 서북 해안 합병

1541   헝가리 영토 대부분 오스만 지배 아래로 편입

뤼스템 파샤 (대와지르, 1544~1553)

1546   바스라주 설치

1547   이반 4세, 전 러시아의 차르로 즉위

1548   사파비국과의 전쟁 재개(특히 캅카스 지방에서)

1550년대   카자크, 우크라이나에서 오스만 왕조와 크림 타타르 공격

1550~1559   쉴레이만 마스지드 단지 건설

1552   이반 4세, 카잔 칸국 점령

1552	트란실바니아 일부 오스만 지배 아래로 편입
1552	피리 레이스, 호르무즈와 바레인 점령을 위한 원정 실패
1555	오스만국과 사파비국, 아마시야 화약 체결
1555	하베시주 설치

뤼스템 파샤 (대와지르, 1555~1561)

1556	이반 4세, 아스트라한 칸국 점령
1558	휘렘 술탄 사망
1558	쉴레이만의 아들들인 바예지드와 셀림 사이에 계승 경쟁 시작

소콜루 메흐메드 파샤 (대와지르, 1565~1579)

| 1565 | 오스만국, 몰타섬의 구호기사단 기지 점령 실패 |

셀림 2세 (1566~1574)

1568~1571	예멘의 반란 진압
1568	오스만–합스부르크(오스트리아) 평화 협정
1569	돈강–볼가강 운하 계획 실패
1571	오스만국, 베네치아로부터 키프로스 탈취
1571	레판토 전투: 오스만국, 신성동맹에 패배
1572	아야소피아 대규모 수리 실시

무라드 3세 (1574~1595)

1574	갈라타 천문대 건설 시작
1575	에디르네 셀림 마스지드 단지 완공
1575	에스파냐, 국가 파산 선언
1578~1590	캅카스에서 사파비국과의 전쟁
1578	소콜루 메흐메드 파샤, 베네치아에 술탄들의 초상화 주문
1580년대	무라드, 술탄의 개인 가솔 대대적 확대–톱카프궁의 하렘 확대; 흑

인 환관장의 역할 강화

1580	갈라타 천문대 파괴
1580	오스만-합스부르크(에스파냐), 지중해 서부에서 화약
1585~1586	오스만 악체의 화폐 가치 절하
1588	건축가 시난 사망
1589	주화의 화폐 가치 하락으로 인한 예니체리 반란
1590년경	오스만국, 농민들로부터 비정규 보병 모집 시작
1590년대	오스만 중앙정부에 대한 지방 반란; 아나톨리아에서 젤랄계 반란 시작
1591~1592	이슬람력 1000년
1593~1606	오스트리아 합스부르크와의 전쟁

메흐메드 3세 (1595~1603)

아흐메드 1세 (1603~1617)

1603~1618	사파비국과의 전쟁
1606~1607	잔불라드오을루 알리 파샤, 시리아에서 반란
1609~1617	아흐메드 1세 마스지드 단지 건설
1609	젤랄계 반란의 1단계 종료

무스타파 1세 (1617~1618)

오스만 2세 (1618~1622)

1618~1648	유럽의 30년 전쟁
1621~1622	오스만국, 폴란드-리투아니아 원정

무스타파 1세 (1622~1623)

1622~1628	아바자 메흐메드 파샤의 반란

무라드 4세 (1623~1640)

1623~1632   무라드의 어머니 쾨셈 술탄이 섭정 역할

1624~1639   사파비국과의 전쟁

1624   사파비국, 바그다드 점령

1624   우크라이나 카자크, 보스포루스 해협의 촌락들 약탈; 트라브존 습격

1627~1628   오스만국, 크림 칸국의 권력 투쟁에 개입

1630   오스만국, 바그다드 탈환 실패

1631   청교도적 카드자델리 운동 시작

1632   무라드, 개혁 작업 시작

1633   카드자델리에 자극된 이스탄불 소요 발생

1635   오스만국, 예멘에서 철수

1636~1641   돈 카자크, 아조프 점령

1638   오스만국, 바그다드 탈환

이브라힘 1세 (1640~1648)

1640~1644   대와지르 케만케시 카라 무스타파 파샤의 재정 개혁

1640~1648   쾨셈 술탄, 섭정으로서의 역할 재개

1642~1643   알레포 총독 나수흐파샤자데 휘세인 파샤의 반란

1644~1669   크레타섬을 놓고 베네치아와 전쟁

1647~1648   시바스 총독 바르바르 알리 파샤 등의 반란

1648   술탄 근위대의 반란으로 이브라힘 폐위

메흐메드 4세 (1648~1687)

1648~1657   헤트만 흐멜니츠키가 이끄는 카자크 반란

1649   귀르쥐 압뒬네비 아아의 반란

1651   이스탄불 상인들의 봉기; 쾨셈 술탄 피살

1656   가치가 하락한 주화로 술탄 근위대에 봉급을 지불해 이스탄불에
                  격렬한 반란 발생

쾨프륄뤼 메흐메드 파샤 (대와지르, 1656~1661)

1657~1658   오스만 제후 트란실바니아의 라코치를 복속시키기 위한 원정

1658~1659   아바자 하산 파샤 등이 쾨프륄뤼 메흐메드에 대항해 반란

1659   술탄의 다르다넬스 해협 거둥: 투르한 술탄이 주문한 요새들 완공

1660   트란실바니아 서북부에 바라드주 설치

1660   이스탄불 에미뇌뉘구에 대화재 발생; 투르한 술탄의 예니자미('새 마스지드') 단지 착공

쾨프륄뤼 파즐 아흐메드 파샤 (대와지르, 1661~1676)

1664   부다 서북쪽에 우이바르주 설치

1665   바니 메흐메드 에펜디가 파즐 아흐메드의 영적 조언가가 됨: 카드 자델리 운동의 새로운 물결

1665   샤브타이 츠비, 스스로를 메시아라 선언

1667   폴란드-리투아니아 연방과 모스코비야 사이에 우크라이나 분할

1669   오스만국, 크레타 점령: 크레타섬에 새 속주 설치

1669   우안 우크라이나의 헤트만 도로셴코, 오스만의 종주권에 복속

1671~1672   폴란드-리투아니아와의 전쟁

1672   폴란드 포딜리아주에 카미아네츠주 설치

1674   헤트만 도로셴코의 수도 치히린을 모스코비야로부터 구원하기 위해 원정

메르지폰루 카라 무스타파 파샤 (대와지르, 1676~1683)

1676   헤트만 도로셴코, 충성 대상을 술탄에서 차르로 변경

1677~1678   모스코비야와의 전쟁

1681   오스만국과 모스코비야 사이의 바그차사라이 조약으로 우안 우크라이나에 대한 오스만의 종주권 인정

1683~1699   오스트리아 합스부르크, 베네치아, 폴란드, 모스코비야와의 전쟁

1683   2차 빈 포위전 실패

1684	프랑스와 오스트리아 합스부르크 사이의 평화조약 합의
1686	오스만국, 부다를 비롯한 헝가리 대부분 상실
1687	모스코비야, 크림반도를 향해 남진: 혼란스럽게 퇴각
1687	오스만국, 모하치 전투에서 패배; 대와지르 사르 쉴레이만 파샤 도망

쉴레이만 2세 (1687~1691)

1687~1688	민병대 폭동; 이스탄불 술탄 근위대 봉기
1688	빌럼 반 오라녀, 오스만국과 합스부르크 사이에서 평화 협상 중재 시작
1688	합스부르크 제국, 베오그라드 점령
1688~1697	아우크스부르크동맹 전쟁
1689	모스코비야, 크림반도를 향해 남진: 혼란스럽게 퇴각

쾨프륄뤼 파즐 무스타파 파샤 (대와지르, 1689~1691)

1690	파즐 무스타파의 재정 개혁 시작
1690	오스만국, 베오그라드 등 거점 탈환

아흐메드 2세 (1691~1695)

1695	종신 징세 도급제 도입

무스타파 2세 (1695~1703)

1697	오스만국, 센타에서 패배

암자자데 휘세인 파샤 (대와지르, 1697~1702)

1699	카를로비츠 조약으로 오스만과 오스트리아 및 그 동맹국들 사이에 평화 성립
1703	'에디르네 사건'으로 무스타파 2세 폐위 촉발

아흐메드 3세 (1703~1730)

1703	표트르 대제, 상트페테르부르크 건설
1709~1714	스웨덴 왕 칼 12세, 폴타바 패전 이후 오스만국으로 피신
1710~1711	러시아와의 전쟁
1715~1718	베네치아 및 오스트리아와의 전쟁
1717	오스트리아, 베오그라드 점령; 이후 평화 협상으로 니시에서 오스만–합스부르크 국경 설정

네브셰히를리 다마드 이브라힘 파샤 (대와지르, 1718~1730)

1720년대	'튤립 시대'
1720~1721	이르미세키즈 메흐메드 첼레비, 문화 사절로 프랑스 방문
1720	아흐메드 3세 아들들의 할례를 기념한 호화로운 축제
1721	사드아바드 궁전 건설 시작
1722	사파비국 멸망: 오스만과 러시아, 이란 서북부로 군대 이동
1724	오스만과 러시아, 이란 서북부 분할에 합의
1724~1746	오스만국, 이란과 전쟁
1727	제국 최초의 아랍 문자 인쇄소 설립
1730	'파트로나 할릴' 봉기

마흐무드 1세 (1730~1754)

1736	러시아, 크림 칸의 수도인 바흐치사라이 점령
1737	러시아, 흑해 북안의 오차키우 요새 점령: 오스트리아 참전
1739	베오그라드 조약: 오스트리아, 베오그라드 상실
1740~1775	셰이흐 자히르 알우마르, 아코(아크레)와 인근 지역 지배
1740	오스만–프랑스 교역 조약
1740	이스탄불에서 격렬한 소요 발생
1748	이스탄불에서 격렬한 소요 발생

오스만 3세 (1754~1757)

1755	이스탄불 누루오스만 마스지드 단지 완공
1756	이스탄불 대화재

무스타파 3세 (1757~1774)

1762	예카테리나 2세(대제), 러시아 차르로 즉위
1763~1765	바흐치사라이에 러시아 영사관 개설
1768~1774	러시아와의 전쟁
1770년대	아랍에서 청교도적 와하브파의 첫 소요 발생
1770	러시아 함대, 체슈메 앞바다에서 오스만 함대 격파
1771	러시아, 크림반도 침략
1772	크림 칸 사히브 기라이, 크림의 독립 선언
1772	불루트카판 알리와 자히르 알우마르, 러시아 해군의 도움으로 베이루트 포위
1772	러시아-프로이센-오스트리아 사이에서 1차 폴란드 분할

압뒬하미드 1세 (1774~1789)

1774	퀴췩 카이나르자 조약으로 러시아와의 전쟁 종결
1775~1804	젯자르 아흐메드 파샤, 시리아 지배
1783	러시아, 크림 칸국 합병
1786	오스만 해군, 이집트의 혼란을 진압하기 위해 원정
1787~1792	러시아와의 전쟁
1787	테페델렌리 알리 파샤, 요안니나 총독 취임
1788~1791	오스트리아와의 전쟁

셀림 3세 (1789~1807)

1789	셀림, 휘하 정치가들에게 제국의 미래에 대해 자문
1789	프랑스 혁명

1789~1791	오스트리아, 베오그라드 점령
1791	오스만 정부군, 발칸반도의 하급 유력자들에 대한 대응 시작
1792	발칸의 유력자 파스반오을루 오스만 파샤, 비딘 점령
1792	셀림, 정치가들이 올린 제국 현황 보고서 검토
1793	오스만국, 유럽 각국의 수도에 처음으로 대사관 설치
1793	러시아-프로이센, 2차 폴란드 분할
1793	오스만국, 유럽의 프랑스를 상대로 한 전쟁에서 중립 선언
1793~1794	'신체제' 군대와 재정 설치
1795	러시아-프로이센-오스트리아, 3차 폴란드 분할
1798	나폴레옹 보나파르트, 이집트 침략
1798	와하브군, 샤리프 갈리브군 격파
1799	나폴레옹, 프랑스로 귀환
1801~1802	영국, 이집트 점령
1802	아나톨리아에서 '신체제' 징병
1803	오스만국, 와하브파를 상대로 출정; 와하브파, 메카 일시 점령
1804	오스만 정부와 세르비아군, 베오그라드에서 예니체리 민병대 축출
1805	'신체제' 징병 발칸반도로 확대
1805	와하브파, 메디나 약탈
1805	카발라의 메흐메드 알리, 이집트 총독으로 임명됨
1806~1812	러시아와의 전쟁
1806	셀림 1세, 나폴레옹 1세를 황제로 인정; 그에게 초상화 선물
1806	와하브파, 메카 재점령
1806	에디르네에서 '신체제' 징병에 반대하는 폭력 사태 발생
1807	세르비아군, 베오그라드 점령
1807	영국 해군, 다르다넬스 해협 침입
1807	'신체제'의 폭력적인 종말
1807	틸지트 조약: 프랑스와 러시아, 오스만령 발칸반도의 대부분을 분할하는 데 합의

1807	와하브파, 오스만 순례 행렬의 헤자즈 진입 금지

무스타파 4세 (1807~1808)

1808	바이락타르 무스타파 파샤, 이스탄불로 이동; 곧 피살
1808	셀림 3세 피살

마흐무드 2세 (1808~1839)

1811~1818	메흐메드 알리 파샤와 이브라힘 파샤, 와하브파 제압
1813	마흐무드 2세, 지방 명사들의 재산 몰수 시작
1814	오데사에서 필리키 에테리아('우애협회') 창설
1820~1823	이란 카자르 왕조와의 전쟁
1821	그리스 독립운동 시작
1822	테페델렌리 알리 파샤 피살
1824~1827	오스만국, 그리스 독립 운동 진압 시도
1826	마흐무드, 예니체리 폐지; 신식 군대 창설; 개혁의 점진적 시작
1828~1829	러시아와의 전쟁
1829	정부 공직자의 페스 착용 강제
1830~1831	최초의 오스만제국 인구 조사
1830	프랑스, 알제리 보호령 설치
1831	메흐메드 알리 파샤, 시리아 공격
1833	이브라힘 파샤, 퀴타히아로 진군했다가 퇴각
1838	발탈리마느 무역 협약, 오스만제국에게 독점 금지 강제
1839	니지프 전투: 이브라힘 파샤, 오스만군 격파

압뒬메지드 1세 (1839~1861)

1839	귈하네 칙령으로 탄지마트 시작
1840	메흐메드 알리 파샤를 이집트의 세습 총독으로 인정
1846	이스탄불 노예 시장 폐쇄

1847~1849 아야소피아 보수

1847 노예무역 금지 조치 시작

1850 비딘 봉기

1851 런던 만국박람회

1853~1856 크림 전쟁

알리 파샤, 푸아드 파샤 (대와지르, 1855~1871년의 대부분의 기간)

1856 개혁 칙령. 파리 조약

1859 '쿨렐리 사건'

1860 난민위원회 설치

압뒬아지즈 1세 (1861~1876)

1863 제국 오스만은행 설립

1863 압뒬아지즈, 이집트 방문; 베일레르베이 궁전 건설 시작

1864 러시아, 캅카스 이슬람교도 이주 강제

1865 애국연맹 결성; 곧 '신오스만인'이라는 이름으로 알려짐

1867 압뒬아지즈, 프랑스와 영국 순방

1869 수에즈 운하 개통

1870년대 아나톨리아의 홍수, 가뭄, 기근

1870~1871 프로이센-프랑스 전쟁

1872 예멘 재점령

1873 이스탄불-파리 철도 첫 구간 개통

무라드 5세 (1876)

압뒬하미드 2세 (1876~1909)

1876 '불가리아의 만행'

1876 오스만 헌정 선언

1905~1907　아나톨리아에서 반정부 소요

1905　　　마케도니아에서 조세 저항 반란

1906　　　연합진보위원회 분열; 진보연합위원회, 보다 급진적 자세

1906　　　진보연합위원회, 테살로니키의 오스만자유협회와 연합

1907　　　파리에서 2차 반정부 회의 개최

1908　　　차르 니콜라이 2세와 영국 왕 에드워드 7세, 레발에서 '마케도니아
　　　　　문제'에 대해 회담

1908　　　'젊은튀르크인' 혁명

1908　　　오스만, 불가리아·보스니아-헤르체고비나·크레타 상실

1908　　　오스만 의회 재개

1909　　　맞정변: '3·31 사건' 발생; 압뒬하미드, 테살로니키로 유배

메흐메드 5세 레샤드 (1909~1918)

1910~1911　시리아와 헤자즈의 아랍 부족들의 소요

1911　　　메흐메드 레샤드, 발칸반도 순방

1911　　　이탈리아, 북아프리카 트리폴리 침공

1911　　　오스만국, 예멘에서 부분 철수

1912~1913　1차 발칸 전쟁: 에디르네 상실

1912　　　압뒬하미드, 이스탄불로 귀환

1913　　　연합진보위원회 정변: 마흐무드 셰브켓 파샤, 대와지르 취임; 곧
　　　　　피살

1913　　　2차 발칸 전쟁: 에디르네 탈환

1914　　　프란츠 페르디난트 대공, 사라예보에서 피살

1914~1918　1차 세계대전: 오스만국, 독일과 동맹

1914　　　영국, 바스라 점령 후 이라크로 북진

1915　　　엔베르 파샤, 사르카므쉬에서 러시아군에 패배

1915　　　오스만 아르메니아인 병사들 무장해제

1915　　　오스만 정부, 아나톨리아 동부의 아르메니아인들에게 이주 명령

1915~1916   오스만국, 겔리볼루에서 연합국 군대에 승리

1916   헤자즈에서 '아랍인 반란' 시작

메흐메드 6세 바히뎃딘 (1918~1922)

1918   무드로스 정전 협정

1918   연합국, 이스탄불 점령 시작

1919   무스타파 케말과 동료들, 민족 해방 운동 개시

1919   이스탄불과 각 지방에서 전쟁범죄 재판

1920   앙카라에서 대국민회의 소집

1920   그리스, 아나톨리아 서부로 진군

1920   세브르 조약: 오스만국에 일부 영토만 잔존

1921~1922   튀르크 민족주의자들, 그리스를 상대로 한 독립전쟁에서 승리

1921   프랑스와 이탈리아, 아나톨리아에서 철수

1922   무단야 정전 협정

1922   대국민회의, 오스만 술탄 폐지

압뒬메지드 2세 (칼리파, 1922~1924)

1923   로잔 조약으로 튀르키예가 거의 오늘날의 판도 획득

1923   연합국, 이스탄불에서 철수

1923   튀르키예공화국 건국 선언

1924   칼리파 폐지; 오스만 가문 추방

1925~1930   아나톨리아 동부에서 쿠르드인 반란

1925~1927   질서유지법 발효

1925   '모자법'. 데르비시 회관 폐쇄. 서방 역법 도입

1926   스위스 민법 채용

1927   무스타파 케말, 6일 동안 연설

감사의 말

이 책을 만들고 있던 오랜 기간 동안 많은 동료와 친구들이 너그럽게 나를 격려하고 도와주었다. 그들은 많은 질문에 직접 또는 이메일로 답을 해주었고, 간행되거나 간행되지 않은 논문과 책을 내게 보내주었으며, 원고의 한 장이나 여러 장, 심지어 원고 전체를 읽어주었고, 고비마다 내가 잘못에 빠지지 않게 구해주고자 했다. 이 모든 분들이 자신의 연구 결과를 그렇게 제한 없이 나누어주려 하지 않았다면 나는 이 책을 쓰는 일에 나설 수 없었을 것이다.

가장 큰 감사를 드려야 할 분들은 당연히 튀르키예아메리카연구소(ARIT) 이스탄불 지부 직원들이다. 앤서니 그린우드 지부장과 귈텐 귀네리 및 셈린 코르크마즈 씨는 내가 오스만 문제에 관한 연구소의 훌륭한 장서를 섭렵하기 위해 한 번에 몇 달씩 가 있을 수 있게 해주었고, 그때마다 매일 함께 밥을 먹어주었다. 아침에 보트를 타고 보스포루스 해협을 건너는 즐거움과 조용한 연구소 도서관이 없었다면 나는 일찌감치 포기해버렸을 것이다. 나는 케임브리지에서 이 책을 쓰기 시작했는데, 케임브리지대학 스킬리터센터의 케이트 플리트가 오스만 연구자의 또다른 오아시스인 그 도서관을 자유로이 이용할 수 있게 해주었다. 나는 또한 프랑스아나톨리아학연구소(IFEA)와 이슬람연구재단

(둘 다 이스탄불에 있다) 도서관 직원, 영국도서관 직원들이 그들의 풍부한 장서를 이용할 수 있게 해준 데 대해 감사한다.

　내 책에서 찾을 수 있는 많은 도움을 준 분들 가운데서 다음 분들을 거명하고자 한다. 가보르 아고스톤, 버지니아 악산, 존 알렉산더, 장-루이 바케-그라몽, 마크 베어, 미켈레 베르나르디니, 이드리스 보스탄, 그레고리 브루스, 덩컨 불, 로버트 댄코프, 캐럴라인 데이비드슨, 셀림 데링길, 캐스린 M. 이벨, 하워드 아이센스타트, 유수프 하칸 에르뎀, 셀주크 에센벨, 수라이야 파로키, 크넬 플라이셔, 팔 포도르, 존 프릴리, 파트마 뮈게 괴체크, 대니얼 고프먼, 야세민 괴넨, 로시차 그라데바, 제인 해서웨이, 콜린 헤이우드, 프레데리크 히첼, M. 쉬크뤼 하니오을루, 콜린 임버, 로버트 존스, 야부즈 셀림 카라크슐라, 클레어 루오프 카라즈, 마이클 코다르코브스키, 마힐 킬, 다리우시 코워제이츠크, 클라우스 크라이저, 도나 랜드리, 히스 로리, 제럴드 매클레인, 앤드루 맹고, 네나드 모아차닌, 로즈 머피, 옥타이 외젤, 부르주 외즈귀벤, 오데드 페리, 헤다 라인들-킬, 카흐라만 샤쿨, 아리엘 잘츠만, 해미시 스콧, 노먼 스톤, 프랭크 시신, 나빌 알티크리티, 크리스틴 톰프슨, 뤼시앵 티스-셰노자크, 귄뒤즈 바사프, 사라 누르 이을드즈, 페히미 이을마즈, 엘리자베트 자카리아두, 파리바 자리네바프-샤흐르. 이 명단은 완전하리라 기대할 수 없고, 책을 쓰면서 도움을 받은 다른 많은 분들이 있다. 내가 신세 진 분이 두 분 더 있다. 조이스 매슈스와 아라 귈레르다. 조이스는 많은 오스만 튀르크어 산문과 운문 구절을 감미로운 영어로 번역해주었고, 아라는 홍보물 사진을 찍어주었다.

　글쓰기는 어렵고, 도판을 구하는 것은 더 어렵다. 그 과정을 비교적 수월하게 해준 특히 다음 분들께 감사드려야겠다. 톱카프궁 도서관의 필리즈 차으만, 제이넵 첼릭, 귈렌담 나키포을루; 에드헴 엘뎀; 이스탄불 에렌 퍼블리케이션스의 무히틴 에렌; 《코뉴코피아 매거진Cornucopia Magazine》의 존 스콧, F. 무흐타르 카트르즈오을루; 이스탄불 야프크레디 은행 문화부 직원들; 나탈리아 크롤리코프스카; 크시슈토프 바브즈냐크.

존머리 출판사의 기획자 캐럴라인 녹스는 이 책의 출판 과정에서 나중 단계들까지 지원을 제공했다. 캐럴라인과 그 후임 고든 와이즈에게, 세세하게 잘 챙겨준 캐럴라인 웨스트모어에게, 캐시 벤웰과 니키 배로에게 뜨거운 감사를 드려야겠다. 나는 또한 서투른 글이 잘 읽히도록 편집 기술을 발휘한 리즈 로빈슨과 엘리자베스 돕슨에게 감사한다. 필립 맨슬은 이 책을 존머리 출판사에 소개해주었고, 오스만 이야기를 다룬 책을 일반 독자에게 전하는 데 중요한 역할을 해준 일에 대해 특별한 언급이 필요하다. 이런 기회는 학교 속의 역사가에게는 쉽게 오는 것이 아니다. 나의 대리인 앤 엥겔은 내가 용기를 잃었을 때 부드럽게 격려해주었다. 지도는 마틴 콜린스가 그려주었고, 찾아보기는 더글러스 매슈스가 만들어주었다.

나는 런던대학 동양아프리카연구학원(SOAS) 튀르크학 전 교수 빅터 메나지의 노련하고 성실한 지도 아래 오스만 연구의 길로 들어섰다. 이제 여러 해가 지난 뒤 그 지혜에 대한 보답으로 무언가를 내놓을 수 있게 되었다. 또 한 분의 빅터인 빅터 오스탑축과는 오스만의 흑해와 북쪽에서 오는 열강을 상대로 한 방어의 복잡한 이야기에 대한 열정을 공유하고 있어, 원고가 진행되면서 그것을 읽고 깊고도 자세한 학식으로 평을 해주는 데 많은 시간을 들였다. 자신의 연구와 업무에 급한 일들을 제치고서 말이다. 그러나 무엇보다도 가장 큰 행운은 작가이자 언론인(정확히는 학자가 되려다가 언론인이 된)인 남편을 만난 것이었다. 그는 어려운 것을 쉽게 만드는 것의 분명한 가치, 그리고 가장 난해한 것이라도 일반 대중에게 전달할 수 있는 형태의 표현이 언제나 있음을 가르쳐주었다. 두 빅터에게, 앤드루 핑클에게, 그리고 내가 오스만에 매달리는 사이에 인격 형성기가 다 지나가버린 우리 딸 이지에게 이 책을 바친다.

옮긴이의 말

영어 표기인 터키Turkey로 알고 있던 나라 이름이 튀르키예Türkiye로 바뀐 건 그리 오래된 일이 아니다. 지금은 매스컴에서도 모두 튀르키예로 쓰고 번역을 업으로 삼은 사람으로서는 더욱 자주 접해 이제 당연한 것이 돼버렸지만, 이렇게 바뀐 것은 불과 3년 전인 2022년부터다. '터키'라는 영어가 '칠면조'부터 시작해 '맛없는 고기'를 거쳐 '바보', '겁쟁이', '실패작' 같은 부정적인 의미를 잔뜩 담고 있는 것이 거슬렸을 것이다. 그래서 국제사회에 튀르키예로 바꿔 써줄 것을 요청하고 그것이 빠르게 자리잡은 것이다.

해당 나라의 요청에 의한 표기 변경은 옛 소련에서 분리된 나라들의 경우가 더 먼저다. 우크라이나는 2018년부터 러시아식 표기를 우크라이나식으로 바꾸는 일에 나섰고, 예컨대 러시아식인 키예프Kiev를 우크라이나식인 키이우Kyiv로 바로잡는 정정 캠페인을 벌였다(우리나라에서는 러시아의 우크라이나 침공 이후인 2022년부터 이를 받아들였다). 러시아식인 오차코프Ochakov를 바로잡은 오차키우Ochakiv 등 이 책에도 그런 것이 많이 나온다.

역시 소련에서 갈라져 나온 그루지야Gruziya는 러시아식인 국명 자체를 영어식인 조지아Georgia로 바꿨다. 마찬가지로 러시아의 침공을 당한 이후인 2010년부터다. 그러나 이는 대외용이고, 스스로는 사카르트 벨로Sakartvelo라 부른다. 우리가 안에서는 대한민국을 쓰고 대외용으로 코리아를 쓰는 것과 같다. 그런데 조지아 하면 미국 조지아주가 먼저 떠오르니 좀 난감하기도 하다.

튀르키예는 멀리 있지만 왠지 친근감이 드는 나라다. 우선 그들의 언어가 튀르크어 계통이고 그것이 우리말과 알타이어족이라는 같은 울타리 안에 있다는 학설이 있어서다. 이 학설은 여전히 논란이 있고 튀르크인의 얼굴은 서양 사람에 가까워졌지만, 그래도 친척 느낌이 있는 것은 사실이다. 또 하나는 한국전쟁 참전이다. 튀르키예는 유엔군의 일원으로, 그 가운데 다섯 번째로 많은 1만 5천 명의 병력을 보냈다. '혈맹'이라는 표현까지 나온다.

그러나 개인적인 불성실이겠지만 튀르키예의 역사에 대해서는 아는 것이 별로 없다. 여기저기서 단편적인 것을 주워들은 게 전부다. 특히 오스만제국은 중요한 나라인데도 그 역사를 전체적으로 훑어보지 못했다. 아, 그 가장 빛나는 순간이라 할 수 있는 메흐메드의 콘스탄티노폴리스 정복을 세세하게 다룬 벽돌책 하나를 번역하기는 했다. 그러나 그것은 오스만의 긴 역사 가운데 한순간에 불과하다.

오스만은 600년 넘게 존속한 엄청난 제국이었다. 고려와 조선이 각기 500년 안팎 존속했지만 그보다도 더 길다. 사실 외풍이 없는 속에서 500년 존속했다는 게 무슨 자랑일까? 당장 운동장이 우리보다 훨씬 넓었던 옆의 중국만 보더라도, 전설 시대가 섞인 주周나라 이전을 제외하면 왕조의 수명은 가장 길었던 것이 청淸나라 300년이었다. 한漢나라는 400여 년이라고 하지만 사실상 전한前漢-신新-후한後漢 세 나라를 이어 붙인 것이어서 어폐가 있다. 유럽의 신성로마제국이 천 년을 이어갔지만 역시 잡다한 요소를 묶어 이름만 하나로 유지된 것이다.

사실 이런 정도의 대국이 단일한 정체성을 유지하며 오랜 시간 유지되는 것은 당연히 쉽지 않다. 중국의 경우도 본토 내부의 여러 세력은 물론이고 북방 유목민들의 주기적인 침입 등으로 위기는 상시적이었지만, 오스만의 경우는 더욱 변수가 많았다. 유럽, 서아시아, 북아프리카가 그 이전에 이미 하나의 세계로 연결돼 있어 중국보다도 운동장이 훨씬 넓었다. 중앙아시아와 인도까지도 연결돼 있었다. 이런 가운데서 오스만은 발칸반도, 아나톨리아, 아랍, 북아프리카에 이르는 영토를 보유하고 합스부르크, 러시아, 이란 등 주변의 여러 세력과의 끊임없는 다툼 속에서 생존을 이어갔다. 결국 서방의 맹공격을 당해내지 못해 제국이 해체되고 아나톨리아만 겨우 보존했지만 말이다.

이 책은 바로 그러한 오스만제국의 생존기다. 그 시작부터 종말까지 전체를 다룬 통사다. 세계사에서 중요하기로 손꼽을 만한 나라의 전모를 살필 수 있는 기회다. 서방 세력에 의해 비슷한 시기에 멸망한 중국 청나라와 마찬가지로 오스만도 승자가 덧씌워놓은 부정적인 이미지가 보통 사람들이 알고 있는 그들 역사의 전부다. '유럽의 병자' 같은 표현들이다. 그런 선입견을 접어두고 차분한 마음으로 이 긴 역사 전체의 모습을 살펴볼 필요가 있다.

이재황

주

주석의 분량을 줄이기 위해 일부 기본적인 문헌은 인용할 때마다 주석을 달지는 않았다. 일반적으로 적용될 수 있는 그런 책 두 권은 R. Mantran(ed.), *Histoire de l'empire ottoman*과 Michael Cook(ed.), *A History of the Ottoman Empire to 1730*이다. 오스만 역사의 첫 150년에 대해 쓸 때 D. Nicol, *The Last Centuries of Byzantium, 1261-1453*과 Colin Imber, *The Ottoman Empire 1300-1481*을 거의 인용하진 않았지만, 두 책 모두 광범위하게 활용했다. 마찬가지로 M. Balivet, *Islam mystique et révolution armée dans les Balkans ottomans*와 A. Y. Ocak, *Zındıklar ve Mülhidler*는 이 시기 종교의 흐름을 연구하는 데 필수적이다. Kenneth Setton, *The Papacy and the Levant(1204-1571)*는 1600년까지 유럽과 지중해에 대한 귀중한 사실적 배경을 제공한다. Andrew Hess, "The Evolution of the Ottoman Seaborne Empire"; "The Ottoman Conquest of Egypt"; Setton, *Venice, Austria, and the Turks*는 이후 1700년까지의 이야기를 보충해준다. Leslie Peirce, *The Imperial Harem: Women and Sovereignty in the Ottoman Empire*도 자주 인용하지는 않았지만 많이 언급했다. Frank Sysyn은 친절하게도 17세기 중반 카자크사를 서술하는 데 그의 "The Great Ukrainian Revolt" 원고를 활용할 수 있게 허락해주었다. Stanford Shaw, *Between Old and New*는 18세기 말부터 19세기 초까지의 서사 체계를 제공했다. 뒷부분의 장들을 위한 기본 텍스트로는 M. S. Anderson, *The Eastern Question, 1774-1923*; Malcolm Yapp, *The Making of the Modern Near East, 1792-1923*; Paul Dumont, "La période des Tanzimât(1839–1878)"; François Georgeon, "Le dernier sursaut"를 택했다. 다른 곳에서는 출처를 명확히 밝히려고 노력했다. 현대 튀르크 철자와 특히 전사轉寫에는 수많은 변칙이 있지만, 주석과 참고문헌에서는 각 출처 본래의 철자를 보존하려고 노력했다.

제1장 또래 가운데 첫째

1. Lindner, *Nomads and Ottomans* 37
2. Martinez, 'Bullionistic Imperialism' 173
3. İnalcık, 'Osman Ghazi's Siege' 77ff
4. Wittek, *The Rise of the Ottoman Empire*
5. Mélikoff, art. Germiyān-oghulları, *EI2* II.989
6. Uzunçarşılıoğlu, *Anadolu Beylikleri* 3
7. Yavaş, art. Eşrefoğlu Camii *İA2* 11.479–80
8. Varlık, *Germiyan-oğulları Tarihi* 31–2
9. Konyalı, *Âbideleri ve Kitâbeleri* 706–8
10. Ayverdi, . . . *Osmanlı Mi'mârîsinin İlk Devri* 167
11. Artuk, 'Osmanlı Beyliğinin Kurucusu' 27ff
12. Pamuk, *A Monetary History* 30–31
13. Lefort, 'Tableau de la Bithynie' 101ff
14. İnalcık, 'Osman Ghazi's Siege' 77ff
15. Lindner, *Nomads and Ottomans* 26–7
16. Oikonomides, 'The Turks in Europe' 159ff
17. Kafadar, *Between Two Worlds* 61
18. Uzunçarşılı, 'Gazi Orhan Bey vakfiyesi' 277ff
19. Ayverdi, . . . *Osmanlı Mi'mârîsinin İlk Devri* 18–20
20. Lowry, *The Nature of the Early Ottoman State* 72–8
21. Barkan, 'Osmanlı İmparatorluğunda Bir iskan' 279ff; Aktepe, '. . . Rumeli'nin türkler' 299ff
22. Beldiceanu-Steinherr, 'Le règne de Selīm Ier' 37; Eyice, '. . . Dinî – İçtimaî Bir Müessesesi' 3ff
23. Kiel, 'Observations on the History' 426–8; Kiel, 'The Oldest Monuments' 127–33, 138a
24. Uzunçarşılı, 'Gazi Orhan Bey vakfiyesi' 280–81
25. Kafadar, *Between Two Worlds* 76
26. Mantran, 'De la titulature' 208–9
27. Imber, 'What Does *Ghazi* Actually Mean?' 165ff
28. Lowry, *The Nature of the Early Ottoman State* 43
29. Lowry, *The Nature of the Early Ottoman State* 57, 95–6, 102
30. Kafadar, *Between Two Worlds* 67–71
31. Philippidis-Braat, 'La captivité de Palamas' 204–6
32. Lowry, *The Nature of the Early Ottoman State* 115–30
33. Imber, 'The Ottoman Dynastic Myth' 7ff
34. Flemming, 'Political Genealogies' 123ff
35. Lowry, *The Nature of the Early Ottoman State* 78–9
36. İnalcık, 'How to Read 'Ashik Pasha-Zāde's History' 148–9, 153
37. Ayverdi, . . . *Osmanlı Mi'mârîsinin İlk Devri* 2–3, 14
38. Deringil, *The Well-Protected Domains* 31–2
39. İnalcık, 'Osman Ghazi's Siege' 90–91; İnalcık, art. Bursa *EI2* I.1333–4
40. ibn Battūta, *The Travels of ibn Battūta* 2.450
41. Peirce, *The Imperial Harem* 51, 300
42. ibn Battūta, *The Travels of ibn Battūta* 2.453
43. Zachariadou, 'The Emirate of Karasi' 225ff
44. Luttrell, 'Latin Responses' 121
45. İnalcık, 'The Rise of the Turcoman' 316–19
46. Bryer, 'Greek Historians' 471ff
47. Zachariadou, 'Histoires et légendes' 53–4
48. Luttrell, 'Latin Responses' 122
49. Luttrell, 'Latin Responses' 122–3
50. Oikonomides, 'From Soldiers of Fortune' 239ff
51. Zachariadou, 'The Emirate of Karasi' 233–4
52. Zachariadou, 'Natural Disasters' 8–11
53. Ayverdi, . . . *Osmanlı Mi'mârîsinin İlk Devri* 45–8
54. Konyalı, *Ankara Camileri* 13–14
55. Mantran, 'De la titulature' 209–10
56. Ayverdi, . . . *Osmanlı Mi'mârîsinin İlk Devri* 18–216
57. Lowry, *The Nature of the Early Ottoman State* 58–66
58. Mélikoff, art. Ewrenos Oghulları, *EI2* II.720
59. Kiel, 'The Oldest Monuments' 117ff; Kiel, 'Observations on the History' 426–8; Kiel, 'Yenice-i Vardar' 300ff

60. Charanis, 'The Strife among the Palaeologi and the Ottoman Turks' 294–305
61. Kiel, 'Observations on the History' 429–32
62. Ménage, art. Djandarlı EI2 II.444
63. Reinert, 'From Niš to Kosovo Polje' 184, 191–4, 206, 209–11; Kiel, 'Mevlana Neşrī' 167–8
64. Reinert, 'From Niš to Kosovo Polje' 205–6
65. Reinert, 'A Byzantine Source' 252, 253
66. Luttrell, 'Latin Responses' 134
67. Reinert, 'A Byzantine Source' 269–72

제2장 왕조의 분열

1. Peirce, The Imperial Harem 29
2. Lowry, The Nature of the Early Ottoman State 141–2
3. Zachariadou, 'From Avlonya to Antalya' 231
4. Peirce, The Imperial Harem 40
5. Dennis, The Letters of Manuel II Palaeologus 44–6
6. Barker, Manuel II Palaeologus 112
7. Chrysostomides, Manuel II Palaeologus 136
8. Zachariadou, 'Marginalia on the History of Epirus and Albania' 195ff; Loenertz, 'Pour l'histoire du Péloponnèse' 186–96
9. İnalcık, review of Barker, Manuel II Palaeologus 277–8
10. Fodor, 'The View of the Turk' 71–127
11. Housley, The Later Crusades 74–7
12. Schiltberger, The Bondage and Travels 5–6
13. Setton, The Papacy and the Levant I.359–69
14. Schiltberger, The Bondage and Travels 8
15. Rypka, art. Burhān al-Dīn, EI2 I.1327
16. Zachariadou, 'Manuel II Palaeologos' 475–6
17. Nicol, 'A Byzantine Emperor in England' 214

18. Nicol, 'A Byzantine Emperor in England' 204ff
19. İnalcık, 'Periods in Ottoman History' 21
20. Alexandrescu-Dersca, La campagne de Timur 35–8, 41–7
21. Schiltberger, The Bondage and Travels 21
22. Alexandrescu-Dersca, La campagne de Timur viii, 36, 68, 70, 112–15; Ménage, art. Devshirme, EI2 II.210–11; Imber, The Ottoman Empire 54
23. Alexandrescu-Dersca, La campagne de Timur 129–30
24. Schiltberger, The Bondage and Travels 21
25. Yınanç, art. Bayezid I (Yıldırım), İA 2.386
26. Lowry, The Nature of the Early Ottoman State 26–9
27. Imber, 'Paul Wittek's "De la défaite d'Ankara"' 73
28. Zachariadou, 'Süleyman çelebi in Rumili' 269
29. Köprülü, 'Yıldırım Beyazid'in esareti' 591ff
30. Schiltberger, The Bondage and Travels 21
31. Yınanç, art. Bayezid I (Yıldırım), İA 2.388–9
32. Ayverdi, ... Osmanlı Mi'mârîsinin İlk Devri 464–9
33. Doukas, Decline and Fall 115
34. Denny et al., Court and Conquest 6–9
35. Uzunçarşılı, 'Çandarlı Zâde Ali Paşa Vakfiyesi' 559–60
36. Necipoğlu, 'Ottoman Merchants in Constantinople' 158–9
37. Zachariadou, 'Süleyman çelebi in Rumili' 274–83
38. Lowry, The Nature of the Early Ottoman State 141
39. Zachariadou, 'Süleyman çelebi in Rumili' 283–91
40. Imber, art. Mūsā Čelebi EI2 VII.644–5
41. Imber, art. Mūsā Čelebi EI2 VII.644–5
42. İnalcık, art. Mehemmed I, EI2 VI.975
43. Heywood, art. Mustafā, EI2 VII.710–11

44. İnalcık, art. Mehemmed I, *EI2* VII.976
45. İnalcık, 'The Ottoman Succession' 57
46. İnalcık, art. Mehemmed I, *EI2* VII.976
47. İnalcık, art. Mehemmed I, *EI2* VII.976
48. Balivet, 'Deux partisans' 376–7
49. Tietze, 'Sheykh Bali Efendi's Report' 115ff
50. Göksu and Timms, *Romantic Communist* 127–31
51. Doukas, *Decline and Fall* 132
52. Heywood, art. Mustafâ, *EI2* VII.711; Heywood, '824/"8224" = 1421: the "False" (Düzme) Mustafa' 165
53. Heywood, art. Mustafâ, *EI2* VII.711
54. Heywood, art. Mustafâ, *EI2* VII.712–13
55. İnalcık, 'The Ottoman Succession' 60
56. Kafadar, 'Osmān Beg and his Uncle' 157ff
57. Ayverdi, . . . *Osmanlı Mi'mârîsinin İlk Devri* 49–56, 104, 110–11
58. Kafadar, *Between Two Worlds* 136
59. İnalcık, 'The Conquest of Edirne' 204–5
60. İnalcık, 'The Ottoman Succession', 40–41, 47
61. Heywood, '824/"8224" = 1421: the "False" (Düzme) Mustafa' 174
62. Imber, *The Ottoman Empire* 98
63. Vryonis, 'The Ottoman Conquest of Thessaloniki' 281ff; Kiel, 'Notes on the History' 124–7
64. İnalcık, *Hicrî 835 Tarihli*
65. Kiel, *Ottoman Architecture in Albania* 18–19
66. Sümer, art. Karāmān-oghulları *EI2* IV.624
67. İnalcık, 'The Ottoman Succession' 44–6
68. Nicol, *The Immortal Emperor* 23–4
69. Setton, *The Papacy and the Levant* II.86
70. İnalcık. '1444 Buhranı' 1ff
71. İnalcık, 'Fatih Sultan Mehmed'in' 55ff
72. Kolodziejczyk, *Ottoman–Polish Diplomatic Relations* 100–109
73. İnalcık, '1444 Buhranı' 37–8
74. İnalcık and Oğuz, *Gazavât-i Sultân Murâd* 37–9
75. Pamuk, *A Monetary History* 40, 47–58
76. İnalcık, 'İstanbul'un Fethinden Önce' 92–6
77. İnalcık, 'İstanbul'un Fethinden Önce' 90–93, 96
78. İnalcık, 'İstanbul'un Fethinden Önce' 105

제3장 제국의 비전

1. İnalcık, 'Istanbul: an Islamic City' 249
2. İnalcık, 'İstanbul'un Fethinden Önce' 123
3. Nicol, *The Immortal Emperor* 51–2
4. İnalcık, 'İstanbul'un Fethinden Önce' 90–91
5. İnalcık, 'Istanbul: an Islamic City' 249
6. Özgüven, 'Barut ve Tabya' 60–77
7. Nicol, *The Immortal Emperor* 57–61
8. Tursun Bey, *Târîh-i Ebü'l-Feth* 55–6; Vatin, 'Tursun Beg assista-t-il au siège' 317ff
9. İnalcık, 'Eyüp Projesi' 1–2
10. Nicol, *The Immortal Emperor* 82, 92–4
11. Doukas, *Decline and Fall* 232
12. Köprülü and Uzun, art. Akşemseddin, *İA2* 2.300
13. Necipoğlu, 'The Life of an Imperial Monument' 197, 202–4
14. Ahmed Lûtfî Efendi, *Vak'anüvîs Ahmed Lûtfî Efendi Tarihi* 5.883
15. Necipoğlu, 'The Life of an Imperial Monument' 211–13, 217–18, 221
16. Malalas, *The Chronicle* 287
17. Yerasimos, 'Ağaçtan Elmaya' 304–12
18. Raby, 'Mehmed the Conqueror' 141ff, 142
19. İnalcık, 'Istanbul: an Islamic City' 252
20. Yerasimos, *La fondation de Constantinople*; İnalcık, 'Istanbul: an Islamic City' 249–50
21. Necipoğlu, 'Dynastic Imprints' 2.25
22. Yılmaz, art. Yedikule Hisarı ve Zindanı, *İst. Ansik.* 7.460–61

23. İnalcık, 'The Hub of the City' 4, 11

24. Necipoğlu, *Architecture, Ceremonial and Power* 4–6

25. Necipoğlu, *Architecture, Ceremonial and Power* 242–50

26. Necipoğlu, *Architecture, Ceremonial and Power* 15–22, 251

27. Özcan, 'Fâtih'in teşkilât kānûn-nâmesi' 29–56

28. Necipoğlu, *Architecture, Ceremonial and Power* 22

29. Necipoğlu, *Architecture, Ceremonial and Power* 212–17

30. Kafescioğlu, 'Heavenly and Unblessed' 212

31. Lowry, '"From Lesser Wars"' 325

32. İnalcık, 'The Policy of Mehmed II' 237–8

33. İnalcık, art. Istanbul, *EI2* IV.238–9

34. İnalcık, 'The Policy of Mehmed II' 237

35. İnalcık, art. Istanbul, *EI2* IV.230–33

36. İnalcık, 'Ottoman Galata' 280–82

37. Mitler, 'The Genoese in Galata' 74

38. Words by Jimmy Kennedy; music by Nat Simon

39. Housley, *The Later Crusades* 99ff

40. Ostapchuk, 'The Ottoman Entry' 9

41. Imber, *The Ottoman Empire* 162

42. Fisher, *The Crimean Tatars* 12–14

43. Stavrides, *The Sultan of Vezirs* 73–98, 108, 121–8

44. İnalcık, 'Mehmed the Conqueror' 102–3

45. Stavrides, *The Sultan of Vezirs* 140–43

46. Stavrides, *The Sultan of Vezirs* 146–50, 157–60

47. Babinger, *Mehmed the Conqueror* 222

48. Šabanović, art. Hersek-zāde, *EI2* III.340–42

49. Peirce, *The Imperial Harem* 30, 294

50. Mihalović, *Memoirs of a Janissary* 117–19

51. Peirce, *The Imperial Harem* 30

52. Stavrides, *The Sultan of Vezirs* 86–90

53. Raby, 'Mehmed the Conqueror's Greek Scriptorium' 24

54. Setton, *The Papacy and the Levant* II.249–52

55. Stavrides, *The Sultan of Vezirs* 155–7, 212–13

56. İnalcık, art. Iskender Beg, *EI2* IV.138–40; Kiel, *Ottoman Architecture* 108–37

57. Woods, *The Aqquyunlu* 106

58. Woods, *The Aqquyunlu* 109–14

59. Woods, *The Aqquyunlu* 114

60. Imber, *The Ottoman Empire* 198

61. Woods, *The Aqquyunlu* 112–16, 124

62. İnalcık, art. Mehmed II, *İA* 7.514

63. Sourdel, art. Khalīfa, *EI2* IV.945

64. Woods, *The Aqquyunlu* 128

65. Imber, 'The Ottoman Dynastic Myth' 19

66. Imber, *The Ottoman Empire* 209

67. Woods, *The Aqquyunlu* 120, 130

68. Woods, *The Aqquyunlu* 131–4

69. Woods, *The Aqquyunlu* 134, 137

70. Kiel, art. Gedik Ahmed Paşa *İA2* 13.543

71. Bostan, *Osmanlı Bahriye Teşkilâtı* 14

72. İnalcık, 'Mehmed the Conqueror' 108

73. Fisher, *The Crimean Tatars* 8–12

74. Fisher, *The Crimean Tatars* 11–12

75. Ostapchuk, 'The Human Landscape' 27–31

76. Murphey, *Ottoman Warfare* 35; Lowry, *The Nature of the Early Ottoman State* 51–4

77. Tursun Bey, *Târîh-i Ebü'l-Feth* 180

78. Setton, *The Papacy and the Levant* II.343–5

79. Turan, 'Fatih'in İtalya Seferi' 140

80. Vatin and Veinstein, 'La mort de Mehmed II' 187–90

81. Özcan, 'Fâtih'in teşkilât kānûn-nâmesi' 46

82. İnalcık, 'The Ottoman State' 218–28, 236–40

83. İnalcık, . . . *The Customs Registers of Caffa* 121–4

84. Berindei, 'Le role des fourrures' 89–92

85. Fisher, 'Muscovy and the Black Sea Slave Trade' 31–4

86. Ostapchuk, 'The Human Landscape' 23–37

87. İnalcık, 'The Ottoman State' 193–4

88. Vryonis, 'Laonicus Chalcocondyles' 423ff

89. İnalcık, 'The Ottoman State' 88

90. İnalcık, 'The Ottoman State' 120–31

91. İnalcık, 'The Ottoman State' 126–7
92. Özel, 'Limits of the Almighty' 242–3
93. Pamuk, A Monetary History 48
94. Özcan, art. Devşirme, İA2 9.255
95. Demetriades, 'Some Thoughts' 29
96. Mélikoff, art. Ewrenos Oghulları, EI2 II.721
97. Kiel, 'Das türkische Thessalien' 150–51
98. Babinger, art. Mīkhāl-oghlu, EI2 VII.34
99. Lowry, The Nature of the Early Ottoman State 141
100. İnalcık, 'İstanbul'un Fethinden Önce' 124–7
101. Stavrides, The Sultan of Vezirs 63–7
102. Babinger, 'Bajezid Osman' 349ff
103. Kafescioğlu, 'Heavenly and Unblessed' 211–12, 217
104. Özcan, art. Cülûs, İA2 8.110
105. İnalcık, art. Mehmed II İA 7.512
106. de Groot, art. Mehmed Pasha Karamāni, EI2 VI.995–6
107. İnalcık, 'Suleiman the Lawgiver' 109
108. Özel, 'Limits of the Almighty' 226–7
109. Stavrides, The Sultan of Vezirs 63
110. Stavrides, The Sultan of Vezirs 63, 101, 116ff
111. Imber, The Ottoman Empire 199
112. Stavrides, The Sultan of Vezirs 329–33
113. İnalcık, 'The Policy of Mehmed II' 240–47
114. Stavrides, The Sultan of Vezirs 173–81; Lowry, The Nature of the Early Ottoman State 116
115. Uzunçarşılı, 'Fatih Sultan Mehmed'in' 719ff; cf. Stavrides, The Sultan of Vezirs 344–52
116. Sagundino, 'Orazione al serenissimo principe' 131–3
117. Kritovoulos, History of Mehmed the Conqueror 3
118. Kritovoulos, History of Mehmed the Conqueror 181
119. Raby, 'Mehmed the Conqueror's Greek Scriptorium' 18, 21

제4장 신자들의 술탄

1. Kappert, Die osmanischen Prinzen 19–67
2. Vatin and Veinstein, 'Les obsèques des sultans ottomans' 217
3. Vatin and Veinstein, 'La mort de Mehmed II' 193–9
4. Necipoğlu-Kafadar, 'Dynastic Imprints' 2.26–7
5. Kreiser, 'Istanbul, die wahre Stadt' 2.20
6. Vatin, Sultan Djem 18
7. Tansel, Sultan II. Bâyezit'in Siyasî Hayatı 25, 30–34
8. Vatin, Sultan Djem 128
9. Tansel, Sultan II. Bâyezit'in Siyasî Hayatı 34–5
10. Peirce, The Imperial Harem 47
11. Vatin, Sultan Djem 130–41
12. Uzunçarşılı, 'Otranto'nun zaptından sonra' 595ff
13. Tansel, 'Yeni vesikalar karşısında Sultan İkinci Bayezit' 189
14. Vatin, Sultan Djem 30–31, 142–3
15. Vatin, L'Ordre de Saint-Jean-de-Jérusalem 161–3
16. Vatin, Sultan Djem 19
17. Gibb, A History of Ottoman Poetry 2.75
18. Vatin, L'Ordre de Saint-Jean-de-Jérusalem 161–72, 174–8
19. Gibb, A History of Ottoman Poetry 2.77
20. Uzunçarşılı, 'Değerli Vezir Gedik Ahmet Paşa' 495
21. Uzunçarşılı, 'Otranto'nun zaptından sonra' 595ff
22. Vatin, Sultan Djem 25–6
23. Vatin, 'Itinéraires d'agents de la Porte' 29ff
24. Ménage, 'The Mission of an Ottoman Secret Agent' 118
25. Ménage, 'The Mission of an Ottoman Secret Agent' 118–19, 127
26. Vatin, L'Ordre de Saint-Jean-de-Jérusalem 209–10
27. İnalcık, 'A Case Study in Renaissance Diplomacy' 211, 218–19
28. Vatin, L'Ordre de Saint-Jean-de-Jérusalem 222
29. Tansel, 'Yeni vesikalar karşısında Sultan İkinci Bayezit' 188

30. Vatin, *Sultan Djem* 38, 42
31. İnalcık, 'A Case Study in Renaissance Diplomacy' 212–16
32. Vatin, *Sultan Djem* 49
33. Tansel, 'Yeni vesikalar karşısında Sultan İkinci Bayezit' 220
34. Vatin, *Sultan Djem* 206–7
35. İnalcık, 'A Case Study in Renaissance Diplomacy' 223
36. Setton, *The Papacy and the Levant* II.422–4
37. İnalcık, 'Ottoman Galata' 325
38. Kiel, 'Notes on the History' 142
39. Housley, *The Later Crusades* 303–4
40. Benbassa and Rodrigue, *Sephardi Jewry* 7
41. Levy, *The Sephardim in the Ottoman Empire* 4, 11
42. Setton, *The Papacy and the Levant* II.447–8
43. Setton, *The Papacy and the Levant* II.456
44. Setton, *The Papacy and the Levant* II.454–7, 467–81
45. Imber, 'A Note on "Christian" Preachers' 60–64
46. Vatin, 'Macabre trafic' 231ff
47. Conway Morris, *Jem*
48. Fodor and Dávid, 'Hungarian-Ottoman Peace Negotiations' 13–14
49. Vatin, *Sultan Djem* 142
50. Sümer, art. Karāmān-oghulları *EI2* IV.624
51. Har-El, *Struggle for Domination* 124–7
52. Tekindag, 'II. Bayezid Devrinde Cukur-Ova'da Nüfuz Mücâdelesi' 348
53. Tansel, *Sultan II. Bâyezit'in Siyasî Hayatı* 99–100
54. Har-El, *Struggle for Domination* 141–2
55. Tansel, *Sultan II. Bâyezit'in Siyasî Hayatı* 121–3
56. Tekindağ, 'II. Bayezid Devrinde Çukur-Ova'da Nüfuz Mücâdelesi' 361–2
57. Vatin, *L'Ordre de Saint-Jean-de-Jérusalem* 207–8
58. Tekindag, 'II. Bayezid Devrinde Çukur-Ova'da Nüfuz Mücâdelesi' 361–8
59. Tansel, *Sultan II. Bâyezit'in Siyasî Hayatı* 113–15

60. Setton, *The Papacy and the Levant* II.514–17
61. Setton, *The Papacy and the Levant* II.514, 520–22
62. Setton, *The Papacy and the Levant* II.514, 524–32, 538
63. Tansel, 'Yeni vesikalar karşısında Sultan İkinci Bayezit' 204
64. Brummett, *Ottoman Seapower* 92–5
65. Brummett, *Ottoman Seapower* 111–17; Vatin, *L'Ordre de Saint-Jean-de-Jérusalem* 294ff
66. Nasr, art. Ithnā 'Asharriya, *EI2* IV.277
67. Morgan, *Medieval Persia* 108
68. Morgan, *Medieval Persia* 109
69. Allouche, *The Origins and Development* 41–6
70. Tansel, *Sultan II. Bâyezit'in Siyasî Hayatı* 236
71. Beldiceanu-Steinherr, 'Le règne de Selīm Ier' 41
72. Tansel, *Sultan II. Bâyezit'in Siyasî Hayatı* 231, 235
73. Bacqué-Grammont, *Les Ottomans, les Safavides* 17
74. Walsh, 'The Historiography of Ottoman–Safavid Relations' 208
75. Mélikoff, 'Le problème kızılbaş' 50
76. Allouche, *The Origins and Development* 155–6
77. Mélikoff, 'Le problème kızılbaş' 50, 51
78. Bacqué-Grammont, *Les Ottomans, les Safavides* 18
79. Martin, 'A Short History of the Khalwati' 277–82
80. Allouche, *The Origins and Development* 86–8
81. Bacqué-Grammont, *Les Ottomans, les Safavides* 21–3
82. Allouche, *The Origins and Development* 80–81
83. Tansel, *Sultan II. Bâyezit'in Siyasî Hayatı* 245
84. Zarinebaf-Shahr, 'Qızılbash "Heresy"' 7
85. Bacqué-Grammont, *Les Ottomans, les Safavides* 24
86. Uluçay, 'Yavuz Sultan Selim' VI/9.75
87. Bacqué-Grammont, *Les Ottomans, les Safavides* 25

88. Tansel, *Sultan II. Bâyezit'in Siyasî Hayatı* 248

89. Uluçay, 'Yavuz Sultan Selim' VI/9.61–3

90. Bacqué-Grammont, *Les Ottomans, les Safavides* 25–6

91. Uluçay, 'Yavuz Sultan Selim' VI/9.65

92. Tekindağ, 'Şah Kulu Baba Tekeli İsyanı' 1/3.34ff

93. Tekindağ, 'Şah Kulu Baba Tekeli İsyanı' 1/4.55

94. Tekindağ, 'Şah Kulu Baba Tekeli İsyanı' 1/4.55–6

95. Uluçay, 'Yavuz Sultan Selim' VI/9.68–74

96. Tekindağ, 'Şah Kulu Baba Tekeli İsyanı' 1/4.58

97. Bacqué-Grammont, *Les Ottomans, les Safavides* 18

98. Uluçay, 'Yavuz Sultan Selim' VI/9.77

99. Uluçay, 'Yavuz Sultan Selim' VI/9.85

100. Uluçay, 'Yavuz Sultan Selim' VI/9.82–6

101. Uluçay, 'Yavuz Sultan Selim' VI/9.86–90

102. Uluçay, 'Yavuz Sultan Selim' VII/10.117–20

103. İnalcık, 'A Case Study in Renaissance Diplomacy' 218; Sebastian, 'Ottoman Government Officials' 326

104. Uluçay, 'Yavuz Sultan Selim' VII/10.121–6

105. Uluçay, 'Yavuz Sultan Selim' VII/10.125–6, VIII/11–12.185–6

106. Ocak, 'Quelques remarques' 74–5

107. cf. Kiel, art. Dimetoka, İA2 9.305–8

108. Uluçay, 'Yavuz Sultan Selim' VII/10.131–7

109. Uluçay, 'Yavuz Sultan Selim' VII/10.137–42

110. Bacqué-Grammont, *Les Ottomans, les Safavides* 36–7

111. Uluçay, 'Yavuz Sultan Selim' VIII/11–12.191–7

112. Uluçay, 'Yavuz Sultan Selim' VIII/11–12.188–90

113. Uzunçarşılı, 'II nci Bayezid'in oğullarından Sultan Korkut' 585–90

114. Uluçay, 'Yavuz Sultan Selim' VII/10.142, VIII/11–12.191–200

115. Uluçay, 'Yavuz Sultan Selim' VII/10.123, 127–31

116. Bacqué-Grammont, *Les Ottomans, les Safavides* 45; Kolodziejczyk, *Ottoman–Polish Diplomatic Relations* 115; Fodor and Dávid, 'Hungarian–Ottoman Peace Negotiations' 37–8

117. Khadduri, art. Harb, *EI2* III.180

118. Bacqué-Grammont, *Les Ottomans, les Safavides* 51–2; cf. Tekindağ, '. . . Yavuz Sultan Selim'in İran Seferi' 54–5, docts I, I/a

119. Tekindağ, '. . . Yavuz Sultan Selim'in İran Seferi' 55, 77–8

120. Walsh, 'The Historiography of Ottoman–Safavid Relations' 204–5, 207

121. Zarinebaf-Shahr, 'Qızılbash "Heresy"' 7

122. Tekindağ, '. . . Yavuz Sultan Selim'in İran Seferi' 56

123. Bacqué-Grammont, '. . . Notes et documents sur la révolte' 5ff

124. Bacqué-Grammont, '. . . Notes sur le blocus' 68ff; Bacqué-Grammont, 'Notes sur une saisie de soie' 245

125. Tekindağ, '. . . Yavuz Sultan Selim'in İran Seferi' 63–9; Bacqué-Grammont, *Les Ottomans, les Safavides* 45–9, 146ff; Varlık, art. Çaldıran Savaşı, *İA2* 8.193–4

126. Peirce, *The Imperial Harem* 37

127. Tansel, *Yavuz Sultan Selim* 73–4, 80–81, 101–7

128. Beldiceanu-Steinherr and Bacqué-Grammont, 'A propos de quelques causes' 76–81

129. Beldiceanu-Steinherr and Bacqué-Grammont, 'A propos de quelques causes' 77

130. İnalcık, 'Suleiman the Lawgiver' 127

131. Bacqué-Grammont, *Les Ottomans, les Safavides* 75–6, 82–3, 87

132. Bacqué-Grammont, *Les Ottomans, les Safavides* 74, 128–45

133. Bacqué-Grammont, *Les Ottomans, les Safavides* 189–93

134. Bacqué-Grammont, *Les Ottomans, les Safavides* 194–5

135. Bacqué-Grammont, *Les Ottomans, les Safavides* 191, 195–7
136. Repp, *The Müfti of Istanbul* 213–14
137. Tansel, *Yavuz Sultan Selim* 135–9; Bacqué-Grammont, *Les Ottomans, les Safavides* 195
138. Tansel, *Yavuz Sultan Selim* 118, 145, 147ff
139. Lowry, *The Nature of the Early Ottoman State* 96
140. Sourdel, art. Khalīfa, *EI2* IV.945
141. Bacqué-Grammont, '. . . Notes sur le blocus' 79–84
142. Bacqué-Grammont, *Les Ottomans, les Safavides* 225–8, 231–4
143. Setton, *The Papacy and the Levant* III.175–80
144. Setton, *The Papacy and the Levant* III.183ff
145. Jennings, *Christians and Muslims* 4
146. Fodor and Dávid, 'Hungarian–Ottoman Peace Negotiations' 9
147. Kolodziejczyk, *Ottoman–Polish Diplomatic Relations* 115
148. Bacqué-Grammont, '. . . Notes et documents sur la révolte' 5ff, 26–7
149. Gibb, *Ottoman Poems* 33
150. Allouche, *The Origins and Development* 86–7
151. Bacqué-Grammont, *Les Ottomanes, les Safavides* 274

제5장 세계 왕국들의 소유자

1. Imber, *Ebu's-su'ud* 75
2. Fisher, 'The Life and Family' 2
3. İnalcık, 'Suleiman the Lawgiver' 110
4. Sourdel, art. Khalīfa, *EI2* IV.945
5. Kafadar, 'The Myth of the Golden Age' 40–41
6. Fisher, 'The Life and Family' 3
7. Fleischer, 'The Lawgiver as Messiah' 159ff
8. Housley, *The Later Crusades* 311
9. Khodarkovsky, *Russia's Steppe Frontier* 40, 103
10. Sen, 'East and West' 33
11. Kolodziejczyk, *Ottoman–Polish Diplomatic Relations* 225
12. Bacqué-Grammont, 'The Eastern Policy' 222–3
13. Emecen, 'The History of an Early Sixteenth Century Migration' 77ff
14. Vatin, 'La conquête de Rhodes' 447–8, 454
15. Housley, *The Later Crusades* 230
16. Vatin, *L'Ordre de Saint-Jean-de-Jérusalem* 374
17. Abou-el Haj, 'Aspects of the Legitimation' 371ff
18. Bacqué-Grammont, *Les Ottomans, les Safavides* 292–3
19. Behrens-Abouseif, *Egypt's Adjustment* 38–41
20. Murphey, 'Frontiers of Authority' 3
21. İnalcık, 'The Ottoman State' 319–25; Özbaran, 'A Turkish Report' 99ff
22. Soucek, art. Pīrī Re'is, *EI2* VIII.308–9
23. Özbaran, 'Ottoman Naval Policy' 61
24. Özbaran, 'The Ottomans in Confrontation' 96
25. Ingrao, *The Habsburg Monarchy* 4–5
26. Setton, *The Papacy and the Levant* III.238, 245–6
27. Fodor, 'Ottoman Policy towards Hungary' 285–93
28. Rogers, 'The Arts under Süleimân the Magnificent' 259–60; Rogers, *The Topkapı Saray Museum* 13
29. Setton, *The Papacy and the Levant* III.314
30. Fodor, 'Ottoman Policy towards Hungary' 296
31. Barta, 'A Forgotten Theatre of War' 105, 109, 122–3; Fodor, 'Ottoman Policy towards Hungary' 296–8
32. Fodor, 'Ottoman Policy towards Hungary' 299
33. Housley, *The Later Crusades* 131–2
34. Bacqué-Grammont, 'Ubaydu-llah han de Boukhara' 485ff
35. Bacqué-Grammont, 'The Eastern Policy' 227–8
36. Braune, art. 'Abd al-Kādir al-Djīlānī, *EI2* I.69–70
37. Streck and Dixon, art. Kāzimayn, *EI2* IV.855
38. Gökbilgin, 'Venedik Devlet Arşivindeki' 111–13

39. Murphey, 'Süleyman's Eastern Policy' 244
40. Housley, *The Later Crusades* 304–8
41. Setton, *The Papacy and the Levant* III.359
42. İnalcık, art. Imtiyāzāt, *EI2* III.1183; Matuz, 'À propos de la validité' 183ff
43. Theunissen, 'Ottoman–Venetian Diplomatics' 161
44. Setton, *The Papacy and the Levant* III.431; Necipoğlu, 'Süleymân the Magnificent' 175
45. Theunissen, 'Ottoman–Venetian Diplomatics' 163–8
46. Chaudhuri, *Trade and Civilisation* 72–3; Harrison, art. Diū, *EI2* II.322; Orhonlu, art. Khādım Süleymān Pasha, *EI2* IV.901
47. Özbaran, 'Osmanlı İmparatorluğu ve Hindistan yolu' 98–101; Özbaran, 'Ottoman Naval Policy' 61–3
48. İnalcık, *The Ottoman Empire* 41
49. Dávid, 'Administration in Ottoman Europe' 88–9
50. Peirce, *The Imperial Harem* 74
51. Necipoğlu, *Architecture, Ceremonial and Power* 23, 79–84, 96–110
52. Gilles, *The Antiquities of Constantinople* 22
53. Valensi, *The Birth of the Despot* 37, 46; Fodor, 'The View of the Turk' 83–4
54. Necipoğlu, 'Süleymân the Magnificent' 163ff
55. Gökbilgin, art. İbrahim Paşa, *İA* 5/II.909
56. İnalcık, 'Sultan Süleymân: the Man' 93
57. Peirce, *The Imperial Harem* 74; Necipoğlu, 'Süleymân the Magnificent' 182
58. Peirce, *The Imperial Harem* 62
59. Peirce, *The Imperial Harem* 59
60. Peirce, *The Imperial Harem* 59–61
61. Peirce, *The Imperial Harem* 38–9, 42–3, 44; Schick, 'Gynaeceum and Power' 151–3
62. Necipoğlu, *Architecture, Ceremonial and Power* 162–3
63. Peirce, *The Imperial Harem* 64
64. Hegyi, 'The Ottoman Military Force' 133; Veinstein, art. Sokullu Mehmed Pasha, *EI2* IX.707
65. Ágoston, 'Limits of Imperial Authority'; Ágoston, 'A Flexible Empire' 24–6
66. Walsh, 'The Revolt of Alqās Mīrzâ' 75–8; Savory, art. Alkās Mīrzā, *EI2* I.406; Murphey, 'Süleymân's Eastern Policy' 245
67. Hess, *The Forgotten Frontier* 74–5
68. Williams, 'Mediterranean Conflict' 49, 52–3
69. Özbaran, 'The Ottoman Turks and the Portuguese' 125–32
70. Özbaran, 'Bahrain in 1559' 179ff; Özbaran, 'The Ottoman Turks and the Portuguese' 138, 140
71. Alexander, 'The Turks on the Middle Nile' 15–16; Özbaran, 'A Turkish Report' 108–9; Ménage, 'The Ottomans and Nubia' 143–4; Özbaran, 'The Ottomans in East Africa' 193, 195
72. İnalcık, 'The Ottoman State' 327–31, 345–6
73. İnalcık, 'Power Relationships' 182–3
74. İnalcık, 'The Ottoman State' 278–80; Khodarkovsky, *Russia's Steppe Frontier* 40, 103
75. Khodarkovsky, *Russia's Steppe Frontier* 104–10, 191
76. Bostan, *Osmanlı Bahriye Teşkilâtı* 18
77. Necipoğlu, 'A Kânûn for the State' 198
78. Flemming, 'Public Opinion under Sultan Süleymân' 54; Turan, *Kanunî'nin Oğlu Şehzâde Bayezid* 24ff
79. Forster, *The Turkish Letters* 81–3; Kappert, *Die osmanischen Prinzen* 115–16
80. Kappert, *Die osmanischen Prinzen* 118–22
81. Repp, *The Müfti of Istanbul* 284–6
82. Kappert, *Die osmanischen Prinzen* 123–5, 126–30
83. Turan, *Kanunî'nin Oğlu Şehzâde Bayezid* 205
84. Kappert, *Die osmanischen Prinzen* 140–49; Turan, *Kanunî'nin Oğlu Şehzâde Bayezid* 148–57
85. Bacqué-Grammont, 'Un rapport inédit' 156ff; Ocak, 'Quelques remarques' 73–4

86. Imber, 'A Note on "Christian" Preachers' 65; Repp, *The Müfti of Istanbul* 234–6

87. Ocak, 'Kanûnî Sultan Süleyman devrinde' 49ff; Repp, *The Müfti of Istanbul* 236–8

88. Zarinebaf-Shahr, 'Qızılbash "Heresy"' 8; Imber, 'The Persecution of the Ottoman Shī'ites' 271; Repp, *The Müfti of Istanbul* 237–8

89. Gökbilgin, 'Rüstem Paşa' 10ff

90. Yerasimos, 'Sinan and his Patrons' 214, 215

91. Necipoğlu, 'A Kânûn for the State' 195ff

92. Necipoğlu-Kafadar, 'The Süleymaniye Complex' 92ff

93. Imber, *Ebu's-su'ud* 103–6; Imber, 'Süleymân as Caliph' 179ff

94. Imber, 'The Ottoman Dynastic Myth' 12, 23–4

95. Imber, *Ebu's-su'ud* 24, 30–32, 35–6

96. Fleischer, *Bureaucrat and Intellectual* 199

97. Zilfi, 'Sultan Süleymân' 109ff; Fodor, 'Sultan, Imperial Council, Grand Vizier' 77

98. Behrens-Abouseif, *Egypt's Adjustment* 38

99. Fleischer, *Bureaucrat and Intellectual* 217–18

100. Fleischer, 'The Lawgiver as Messiah' 173

101. Woodhead, 'An Experiment in Official Historiography' 159–60, 172

102. Gibb, *Ottoman Poems* 43

103. Fodor, 'Sultan, Imperial Council, Grand Vizier' 79–80; Necipoğlu, *Architecture, Ceremonial and Power* 102

104. Necipoğlu, 'The Süleymaniye Complex' 113

105. Peirce, *The Imperial Harem* 199–200

106. Singer, *Constructing Ottoman Beneficence* 46–7

107. St Laurent and Riedlmayer, 'Restorations of Jerusalem' 77

108. Faroqhi, *Pilgrims and Sultans* 28, 100–101, 103–5, 108

109. Peri, *Christianity under Islam* 179

110. Chesnau, *Le Voyage de Monsieur d'Aramon* 118–19

111. Fodor, 'State and Society' 223–4

112. Fodor, 'Sultan, Imperial Council, Grand Vizier' 80–81

113. Fisher, 'The Life and Family' 6

114. Selânikî Mustafa Efendi, *Tarih-i Selânikî* 1.35–9

제6장 친정하지 않는 술탄

1. Selânikî Mustafa Efendi, *Tarih-i Selânikî* 1.40, 42, 43–4, 46

2. Selânikî Mustafa Efendi, *Tarih-i Selânikî* 1.39, 46–8

3. Vatin and Veinstein, 'Les obsèques' 222–5, 230, 233–42

4. Vatin, 'Aux origines du pèlerinage' 92, 95–9

5. Selânikî Mustafa Efendi, *Tarih-i Selânikî* 1.50–56

6. Woodhead, art. Selīm II, *EI2* IX.131

7. Selânikî Mustafa Efendi, *Tarih-i Selânikî* 1.84

8. Veinstein, art. Sokullu Mehmed Pasha, *EI2* IX.706–11

9. Blackburn, art. Özdemir Pasha, *EI2* VIII.235

10. Blackburn, 'Two Documents' 223ff

11. Fleischer, *Bureaucrat and Intellectual* 45–54; Smith, *Lightning over Yemen*

12. BOA/Mühimme Defteri vol. 7 no. 721

13. Khodarkovsky, 'Of Christianity, Enlightenment and Colonialism' 395

14. Kurat, 'The Turkish Expedition to Astrakhan' 13

15. Kurat, 'The Turkish Expedition to Astrakhan' 7ff

16. Kurat, 'The Turkish Expedition to Astrakhan' 7ff

17. Kurat, 'The Turkish Expedition to Astrakhan' 7ff

18. Bennigsen, 'L'expédition turque contre Astrakhan' 441–4

19. Hess, *The Forgotten Frontier* 87–90

20. İnalcık, 'Ottoman Galata' 326

21. Jennings, *Christians and Muslims* 11–12

22. Imber, *Ebu's-su'ud* 84–5; Fotić, 'The Official Explanations' 33ff

23. Imber, *Ebu's-su'ud* 85

24. Imber, *Ebu's-su'ud* 159–62; Fotić, 'The Official Explanations' 33ff

25. Danişmend, *İzahlı Osmanlı Tarihi Kronolojisi* 2.439

26. İnalcık, 'Lepanto in the Ottoman Documents' 185ff
27. Setton, *The Papacy and the Levant* IV.1052–9
28. Soucek, art. 'Ulūdj 'Ali, *EI2* X.811
29. Lesure, 'Notes et documents' 134ff
30. Theunissen, 'Ottoman–Venetian Diplomatics' 174, 490–95 (Ottoman text of treaty)
31. Roth, *The House of Nasi* 17, 41, 46–8, 142, 145
32. Zarinebaf-Shahr, 'Qızılbash "Heresy"' 9–13
33. Jennings, *Christians and Muslims* 212–39
34. Hess, 'The Moriscos' 17–21
35. Hess, *The Forgotten Frontier* 95
36. Osman, *Edirne Sarayı* 18
37. Wortley Montagu, *The Turkish Embassy Letters* 96
38. Evliyâ Çelebi, *Seyahatnâme* 3.246
39. Vatin and Veinstein, 'Les obsèques' 230–31
40. Necipoğlu-Kafadar, 'The Süleymaniye Complex' 113
41. Necipoğlu, 'Challenging the Past' 175–6
42. Necipoğlu, 'The Life of an Imperial Monument' 205–7
43. Necipoğlu, 'The Life of an Imperial Monument' 207–8
44. Faroqhi, *Pilgrims and Sultans* 101–2
45. Peirce, *The Imperial Harem* 261
46. Vatin and Veinstein, 'Les obsèques' 226
47. Necipoğlu, 'The Life of an Imperial Monument' 208
48. Austin, *Domenico's Istanbul* 37
49. Fodor, 'The Grand Vizieral *Telhis*' 137, 154–63
50. Fleischer, *Bureaucrat and Intellectual* 46, 56
51. Necipoğlu, *Architecture, Ceremonial and Power* 164
52. Arbel, 'Nur Banu' 241ff
53. Soranzo, 'Relazione e Diario' 237
54. Peirce, *The Imperial Harem* 126, 188
55. Necipoğlu, *Architecture, Ceremonial and Power* 164–75
56. Peirce, *The Imperial Harem* 121, 259
57. Necipoğlu, *Architecture, Ceremonial and Power* 174

58. Ahmed Resmî Efendi, *Hamîletü'l-Kübarâ* 44–5
59. Fleischer, *Bureaucrat and Intellectual* 295
60. Tezcan, 'Searching for Osman' 156
61. de Groot, art. Murād III, *EI2* VII.596
62. Flemming, art. Khōdja Efendi, *EI2* V.27, 29
63. Gökbilgin, 'Kara Üveys Paşa'nın Budin Beylerbeyliği' 18ff
64. Winter, 'Ottoman Egypt' 17
65. Clayer, *Mystiques, état et société* 84, 107–11
66. Hess, *The Forgotten Frontier* 95–9
67. Murphey, 'Frontiers of Authority' 28
68. Özbaran, 'Ottoman Naval Policy' 69
69. Fleischer, *Bureaucrat and Intellectual* 76–9
70. Kortepeter, *Ottoman Imperialism* 51–61
71. Fleischer, *Bureaucrat and Intellectual* 85–7
72. Fleischer, *Bureaucrat and Intellectual* 89
73. Kütükoğlu, *Osmanlı-İran Siyâsî Münâsebetleri* 113ff
74. Kortepeter, *Ottoman Imperialism* 55, 68–70
75. Kortepeter, *Ottoman Imperialism* 85–90
76. Selâniki Mustafa Efendi, *Tarih-i Selâniki* 1.190–91
77. Parry, art. Čighāla-zāde (Yūsuf) Sinān Pasha, *EI2* II.33–4
78. Khodarkovsky, 'Of Christianity, Enlightenment and Colonialism' 406, 409
79. Rothenburg, *The Austrian Military Border* 40–56
80. Rothenburg, *The Austrian Military Border* 56–8
81. Fodor, 'Between Two Continental Wars' 90ff
82. Fodor, 'Between Two Continental Wars' 92
83. Ágoston, 'Habsburgs and Ottomans' 131–6; Hegyi, 'The Ottoman Military Force' 134–6
84. Selâniki Mustafa Efendi, *Tarih-i Selâniki* 2.548–9
85. Schmidt, 'The Egri Campaign' 125ff

86. Glover, 'The Journey of Edward Barton Esquire' 318
87. Finkel, *The Administration of Warfare* 17
88. Bayerle, 'The Compromise at Zsitvatorok' 5ff
89. Pamuk, *A Monetary History* 122–3, 131
90. Parrott, 'The Ottoman Conflict' 76
91. Kafadar, 'Les troubles monétaires' 386, 387
92. Terzioğlu, 'The Imperial Circumcision' 85, 88
93. Selânikî Mustafa Efendi, *Tarih-i Selânikî* 2.716
94. Murphey, *Ottoman Warfare* 45
95. Griswold, *The Great Anatolian Rebellion* 83–5, 122, 128–53
96. Salibi, art. Fakhr al-Dīn, *EI2* II.750–51
97. Winter, 'Ottoman Egypt' 17–20
98. Selânikî Mustafa Efendi, *Tarih-i Selânikî* 1.225
99. Fodor, 'Between Two Continental Wars' 96
100. Selânikî Mustafa Efendi, *Tarih-i Selânikî* 1.222
101. Griswold, *The Great Anatolian Rebellion* 49
102. Beldiceanu-Steinherr and Bacqué-Grammont, 'A propos de quelques causes' 82
103. Cook, *Population Pressure* 36
104. Imber, 'The Persecution' 245ff, 246
105. Imber, 'The Persecution' 251–4
106. Griswold, *The Great Anatolian Rebellion* 24–34; Tezcan, 'Searching for Osman' 124
107. Griswold, *The Great Anatolian Rebellion* 34–44
108. Griswold, *The Great Anatolian Rebellion* 44–6
109. Peçevî İbrahim Efendi, *Tarîh-i Peçevî* 2.275
110. Akdağ, *Celali İsyanları* 250–57
111. Veinstein, 'L'occupation ottomane d'Očakov' 128–55; Veinstein, 'Prélude au problème cosaque' 329ff
112. Ostapchuk, 'The Human Landscape' 45–9
113. Burian, *The Report of Lello* 23
114. Griswold, *The Great Anatolian Rebellion* 55

115. Griswold, *The Great Anatolian Rebellion* 54–6
116. Griswold, *The Great Anatolian Rebellion* 168–80
117. Andreasyan, 'Bir Ermeni kaynağına göre' 41
118. Griswold, *The Great Anatolian Rebellion* 182
119. Griswold, *The Great Anatolian Rebellion* 182–97
120. Eskandar Beg Monshi, *History of Shah 'Abbas* 2.969–73
121. Griswold, *The Great Anatolian Rebellion* 203–8
122. Andreasyan, 'Celâlilerden Kaçan Anadolu Halkının' 45–9
123. Morgan, *Medieval Persia* 134–7
124. Kütükoğlu, *Osmanlı-İran Siyâsî Münâsebetleri* 246–59
125. Kütükoğlu, *Osmanlı-İran Siyâsî Münâsebetleri* 259–74
126. Kütükoğlu, *Osmanlı-İran Siyâsî Münâsebetleri* 276–8
127. Eskandar Beg Monshi, *History of Shah 'Abbas* 2.1081–3, 1087–94
128. Eskandar Beg Monshi, *History of Shah 'Abbas* 2.1155
129. Fleischer, 'Royal Authority' 206, 209–10, 212–13
130. Elliott, *Richelieu and Olivares* 34
131. Fodor, 'Sultan, Imperial Council' 78
132. Peirce, *The Imperial Harem* 168–72
133. Abou-El-Haj, *Formation of the Modern State* 38
134. Fodor, 'State and Society' 238
135. Finkel, *The Administration of Warfare* 36–7
136. Fodor, 'State and Society' 238
137. Sayılı, *The Observatory in Islam* 289–305
138. Fleischer, *Bureaucrat and Intellectual* 160
139. İnalcık, art. Kānūnnāme, *EI2* IV.566
140. Tezcan, 'Searching for Osman' 105–9, 116–24
141. Tezcan, 'Searching for Osman' 125–6, 349
142. Fodor, 'An Anti-Semite Grand Vizier?' 192
143. Fodor, 'An Anti-Semite Grand Vizier?' 196–9

144. Thys-Şenocak, 'The Yeni Valide Mosque Complex' 63–4
145. Selânikî Mustafa Efendi, *Tarih-i Selânikî* 2.761
146. Eyice, art. Fethiye Camii, *İst. Ansik.* 3.300
147. Heyd, *Ottoman Documents on Palestine* 175
148. Kiel, 'Notes on the History' 146–7, 148b
149. Schreiner, 'John Malaxos' 203ff
150. Necipoğlu, 'The Life of an Imperial Monument' 210–20
151. Necipoğlu-Kafadar, 'The Süleymaniye Complex' 113
152. Crane, 'The Ottoman Sultan's Mosques' 204
153. Avcıoğlu, 'Ahmed I and the Allegories of Tyranny' 218–23
154. Woodhead, 'An Experiment' 157ff
155. Raby, 'From Europe to Istanbul' 150–63; Çağman, 'Portrait Series' 164–87; Necipoğlu, 'A Period' 202–7; Bağcı, 'The Spread' 216–19; Mahir, 'Portraits' 298–307
156. Mahir, 'Portraits' 299–301
157. Decei, art. Hotin, *İA* 5/1.568

제7장 파벌 통치

1. Peirce, *The Imperial Harem* 99
2. Kâtib Çelebi, *Fezleke* 1.385
3. Peirce, *The Imperial Harem* 232
4. Tezcan, 'Searching for Osman' 131–3
5. Peçevî İbrahim Efendi, *Tarîh-i Peçevî* 2.361
6. Tezcan, 'Searching for Osman' 172–4
7. Peçevî İbrahim Efendi, *Tarîh-i Peçevî* 2.371
8. Kolodziejczyk, *Ottoman–Polish Diplomatic Relations* 129–31
9. Ostapchuk, 'An Ottoman Gazānāme' 488
10. Peçevî İbrahim Efendi, *Tarîh-i Peçevî* 2.375
11. Peçevî İbrahim Efendi, *Tarîh-i Peçevî* 2.374–5
12. Ostapchuk, 'The Human Landscape' 35
13. Ostapchuk, 'An Ottoman Gazānāme' 490–91
14. Kolodziejczyk, *Ottoman–Polish Diplomatic Relations* 376–87
15. Yücel, 'Yeni Bulunan II. Osman Adına' 313ff
16. Kâtib Çelebi, *Fezleke* 2.9–12
17. Peçevî İbrahim Efendi, *Tarîh-i Peçevî* 2.380–81
18. Peçevî İbrahim Efendi, *Tarîh-i Peçevî* 2.381–2
19. Hüseyin Tuği, *Tuği Tarihi* 498
20. Peçevî İbrahim Efendi, *Tarîh-i Peçevî* 2.383–5
21. Peçevî İbrahim Efendi, *Tarîh-i Peçevî* 2.385–8
22. Hüseyin Tuği, *Tuği Tarihi* 493–4, 502
23. Peirce, *The Imperial Harem* 99–101
24. Peçevî İbrahim Efendi, *Tarîh-i Peçevî* 2.391
25. Solak-zâde, Mehmed Hemdemî Çelebî, *Solak-zâde Tarihi* 2.499–500
26. Andreasyan, 'Abaza Mehmed Paşa' 132–5
27. Peçevî İbrahim Efendi, *Tarîh-i Peçevî* 2.389–90
28. Kâtib Çelebi, *Fezleke* 2.35–6
29. Andreasyan, 'Abaza Mehmed Paşa' 135
30. Solak-zâde, Mehmed Hemdemî Çelebî, *Solak-zâde Tarihi* 2.511–12
31. Peirce, *The Imperial Harem* 191, 264
32. Mustafa Na'ima, *Ravzatu'l-Hüseyn* 2.229
33. Eskandar Beg Monshi, *History of Shah 'Abbas* 2.1208–9
34. Peçevî İbrahim Efendi, *Tarîh-i Peçevî* 2.391–3
35. Peçevî İbrahim Efendi, *Tarîh-i Peçevî* 2.401
36. Parry, art. Hāfiz Ahmed Pasha, *EI2* III.58
37. Eskandar Beg Monshi, *History of Shah 'Abbas* 2.1275–80
38. Eskandar Beg Monshi, *History of Shah 'Abbas* 2.1228–49
39. de Groot, art. Khalīl Pasha Kaysariyyeli, *EI2* IV.971
40. Solak-zâde, Mehmed Hemdemî Çelebî, *Solak-zâde Tarihi* 2.519–20
41. de Groot, art. Khalīl Pasha Kaysariyyeli, *EI2* IV.971

42. Eskandar Beg Monshi, *History of Shah 'Abbas* 2.1238–9, 1286–7, 1298–9

43. İnalcık and Repp, art. Khosrew Pasha, *EI2* V.33–4

44. Kâtib Çelebi, *Fezleke* 2.139

45. Peirce, *The Imperial Harem* 244–5

46. Peçevî İbrahim Efendi, *Tarîh-i Peçevî* 2.420

47. Kâtib Çelebi, *Fezleke* 2.139–40

48. Peçevî İbrahim Efendi, *Tarîh-i Peçevî* 2.422–3

49. İnalcık and Repp, art. Khosrew Pasha, *EI2* V.34

50. Andreasyan, 'Abaza Mehmed Paşa' 138–9, 140–41

51. Evliyâ Çelebi, *Seyahatnâme* 1.96–7

52. Andreasyan, 'Abaza Mehmed Paşa' 131, 142

53. Peirce, *The Imperial Harem* 244–5

54. Abu-El-Haj, '*Fitnah, Huruc ala al-Sultan* and *Nasihat*' 185ff

55. Fodor, 'State and Society' 231–3

56. Peçevî İbrahim Efendi, *Tarîh-i Peçevî* 2.427–8; Kâtib Çelebi, *Fezleke* 2.144–7

57. Murphey, 'The Veliyyuddin Telhis' 554–5

58. Howard, 'The Ottoman Timar System' 211, 214–15, 223

59. Murphey, 'An Ottoman View' 333–4

60. Andreasyan, 'Celâlilerden Kaçan Anadolu Halkının' 49–53

61. Murphey, *Regional Structure*

62. İnalcık, 'Tax Collection' 335–9; Salibi, art. Fakhr al-Dīn, *EI2*. II.751

63. Thomas, *A Study of Naima* 140–45

64. Brouwer, '*A Stockless Anchor*' 173–5

65. Yılmaz, 'Osmanlı İmparatorluğunda Tütün Tarımı'

66. Baer, 'Honored by the Glory of Islam' 152–4

67. Kâtib Çelebi, *Fezleke* 2.155

68. Kâtib Çelebi, *Fezleke* 2.154–5

69. Zilfi, 'The Kadızadelis' 260–61

70. Zilfi, 'The Kadızadelis' 257–8

71. Clayer, *Mystiques, état et société* 66

72. Kafadar, 'Eyüp'te Kılıç Kuşanma Törenleri' 59

73. Zilfi, *The Politics of Piety* 140

74. Zilfi, 'The Kadızadelis' 258

75. İpşirli, art. Ahîzâde Hüseyin Efendi, *İA2* 1.548–9

76. Zilfi, *The Politics of Piety* 114

77. Kâtib Çelebi, *Fezleke* 2.151, 153–4

78. Kâtib Çelebi, *Fezleke* 2.160–61

79. Murphey, 'An Ottoman View' 331

80. Kâtib Çelebi, *Fezleke* 2.164–5

81. Evliyâ Çelebi, *Seyahatnâme* 1.208

82. Tavernier, *Les six voyages* 1.36

83. Kâtib Çelebi, *Fezleke* 2.186

84. Kâtib Çelebi, *Fezleke* 2.190–91

85. Evliyâ Çelebi, *Seyahatnâme* 1.217–317

86. Kâtib Çelebi, *Fezleke* 2.205

87. Faroqhi, *Pilgrims and Sultans* 113–20

88. Decei and Gökbilgin, art. Erdel, *EI2* II.704

89. Setton, *Venice, Austria, and the Turks* 81, 157

90. Faroqhi, 'The Venetian Presence' 321–2

91. Ostapchuk, 'An Ottoman Gazānāme' 492–3

92. Ostapchuk, 'The Human Landscape' 27ff

93. Ostapchuk, 'The Ottoman Black Sea Frontier' 79

94. Ostapchuk, 'The Human Landscape' 79

95. Ostapchuk, 'The Ottoman Black Sea Frontier' 62ff

96. Ostapchuk, 'The Human Landscape' 44, 50–58

97. Ostapchuk, 'The Ottoman Black Sea Frontier' 62, 68, 72–3, 113–16

98. Ostapchuk, 'The Ottoman Black Sea Frontier' 82

99. Ostapchuk, 'The Ottoman Black Sea Frontier' 28

100. Ostapchuk, 'The Ottoman Black Sea Frontier' 149–64

101. Ostapchuk, 'Five Documents' 90–91

102. Mustafa Na'ima, *Ravzatü'l-Hüseyn* 4.4, 5–6

103. Fuller, *Strategy and Power* 1–14

104. İnalcık, 'Power Relationships' 198–9

105. Faroqhi, 'The Venetian Presence' 320

106. Setton, *Venice, Austria, and the Turks* 108–10; Theunissen, 'Ottoman–Venetian Diplomatics' 183

제8장 파샤들의 복수

1. Peirce, *The Imperial Harem* 250
2. Darling, *Revenue-Raising and Legitimacy* 94–6
3. Kâtib Çelebi, *Fezleke* 2.232
4. Yücel, *Es'ar Defteri*
5. Kâtib Çelebi, *Fezleke* 2.226
6. Hasan Vecîhî, 'Vecîhî Ta'rîhi' 19v
7. Kâtib Çelebi, *Fezleke* 2.226–8
8. Solak-zâde, Mehmed Hemdemî Çelebi, *Solak-zâde Tarihi* 2.556–8
9. Aktepe, art. Mehmed Paşa, *İA* 7.606
10. Zilfi, *The Politics of Piety* 97–100
11. Kâtib Çelebi, *Fezleke* 2.233–4
12. Setton, *Venice, Austria, and the Turks* 112–17
13. Setton, *Venice, Austria, and the Turks* 116
14. Kâtib Çelebi, *Fezleke* 2.239
15. Setton, *Venice, Austria, and the Turks* 126
16. Kâtib Çelebi, *Fezleke* 2.260
17. Gökbilgin, art. İbrahim, *İA* 5/II.883
18. Setton, *Venice, Austria, and the Turks* 142–3, 148–9
19. Kâtib Çelebi, *Fezleke* 2.357
20. Setton, *Venice, Austria, and the Turks* 149–50
21. Goffman, *Britons in the Ottoman Empire* 152
22. Hrushevsky, *History of Ukraine-Rus'* 8.263–6
23. Hrushevsky, *History of Ukraine-Rus'* 8.266–9
24. Hasan Vecîhî, 'Vecîhî Ta'rîhi' 27v
25. Uluçay, 'Üç Eşkiya Türküsü' 85ff
26. Aktepe, 'İpşir Mustafa Paşa' 45
27. İnalcık, art. Haydar-oghlu, *EI2* III.317–18
28. Uluçay, 'Üç Eşkiya Türküsü' 89–90
29. Mustafa Na'ima, *Ravzatü'l-Hüseyn* 4.239–40
30. Evliyâ Çelebi, *Seyahatnâme* 2.192
31. Evliyâ Çelebi, *Seyahatnâme* 2.198
32. Evliyâ Çelebi, *Seyahatnâme* 2.231–2, 235–6, 238–40
33. Soucek, review of M. Dukanović, *Rimovana autobiografija Varvari Ali-Paše* 290ff
34. Hasan Vecîhî, 'Vecîhî Ta'rîhi' 30v
35. Peirce, *The Imperial Harem* 264
36. Kâtib Çelebi, *Fezleke* 2.327
37. Hasan Vecîhî, 'Vecîhî Ta'rîhi' 30v–31r
38. Kâtib Çelebi, *Fezleke* 2.329
39. Kâtib Çelebi, *Fezleke* 2.330
40. Hasan Vecîhî, 'Vecîhî Ta'rîhi' 32r
41. Peirce, *The Imperial Harem* 251
42. Peirce, *The Imperial Harem* 251
43. Hasan Vecîhî, 'Vecîhî Ta'rîhi' 32v–34r
44. Abdurrahman Abdi Paşa, 'Abdurrahman Abdi Paşa Vekâyi'nâme'si' 7–8, 14–15
45. Mustafa Na'ima, *Ravzatü'l-Hüseyn* 4.408
46. Abdurrahman Abdi Paşa, 'Abdurrahman Abdi Paşa Vekâyi'nâme'si' 15–16
47. Abdurrahman Abdi Paşa, 'Abdurrahman Abdi Paşa Vekâyi'nâme'si' 16
48. Mustafa Na'ima, *Ravzatü'l-Hüseyn* 4.412–13
49. Abdurrahman Abdi Paşa, 'Abdurrahman Abdi Paşa Vekâyi'nâme'si' 16–17
50. Orhonlu, art. Kātırdjı-oghlı Mehmed Pasha, *EI2* IV.766
51. Mustafa Na'ima, *Ravzatü'l-Hüseyn* 4.413–14
52. Mustafa Na'ima, *Ravzatü'l-Hüseyn* 4.410, 415
53. Abdurrahman Abdi Paşa, 'Abdurrahman Abdi Paşa Vekâyi'nâme'si' 22
54. İpşirli, art. Derviş Mehmed Paşa, *İA2* 9.193–4
55. Dankoff, *The Intimate Life* 9
56. Evliyâ Çelebi, *Seyahatnâme* 1.190, 5.89
57. Kunt, 'Ethnic-Regional (*Cins*) Solidarity' 237–8
58. Kâtib Çelebi, *Fezleke* 2.373–4
59. Abdurrahman Abdi Paşa, 'Abdurrahman Abdi Paşa Vekâyi'nâme'si' 28
60. Mustafa Na'ima, *Ravzatü'l-Hüseyn* 5.98
61. Kaya, art. Karaçelebizâde Abdülaziz Efendi, *İA2* 24.382
62. Mustafa Na'ima, *Ravzatü'l-Hüseyn* 5.99
63. Karaçelebizâde Abdülaziz Efendi, 'Zeyl-i Ravzatü'l-Ebrâr' 41v–43r

64. Karaçelebizâde Abdülaziz Efendi, 'Zeyl-i Ravzatü'l-Ebrâr' 43r–44r
65. Mustafa Na'ima, *Ravzatü'l-Hüseyn* 5.99–102
66. Dankoff, *The Intimate Life* 82
67. Mustafa Na'ima, *Ravzatü'l-Hüseyn* 5.103–5
68. Mustafa Na'ima, *Ravzatü'l-Hüseyn* 5.107–11
69. Mustafa Na'ima, *Ravzatü'l-Hüseyn* 5.102; cf. Thomas, *A Study of Naima* 102
70. Mustafa Na'ima, *Ravzatü'l-Hüseyn* 5.114–15; cf. Thomas, *A Study of Naima* 101–2
71. Mustafa Na'ima, *Ravzatü'l-Hüseyn* 5.118–21
72. Mustafa Na'ima, *Ravzatü'l-Hüseyn* 5.122–7
73. Mustafa Na'ima, *Ravzatü'l-Hüseyn* 5.130–44
74. Abdurrahman Abdi Paşa, 'Abdurrahman Abdi Paşa Vekâyi'nâme'si' 32
75. Kâtib Çelebi, *Fezleke* 2.343
76. Abdurrahman Abdi Paşa, 'Abdurrahman Abdi Paşa Vekâyi'nâme'si' 36
77. Mustafa Na'ima, *Ravzatü'l-Hüseyn* 5.215–21
78. Mustafa Na'ima, *Ravzatü'l-Hüseyn* 5.221–2
79. Murphey, 'Solakzade's Treatise of 1652' 27ff
80. Mustafa Na'ima, *Ravzatü'l-Hüseyn* 5.271–2
81. Dankoff, *The Intimate Life* 107
82. Dankoff, *The Intimate Life* 108
83. Kunt, 'Derviş Mehmed Paşa' 202
84. Dankoff, *The Intimate Life* 107
85. Aktepe, 'İpşir Mustafa Paşa' 45–47
86. Aktepe, 'İpşir Mustafa Paşa' 47–52
87. Murphey, 'Forms of Differentiation' 161–2
88. Setton, *Venice, Austria, and the Turks* 163–4
89. Setton, *Venice, Austria, and the Turks* 172–82
90. Abdurrahman Abdi Paşa, 'Abdurrahman Abdi Paşa Vekâyi'nâme'si' 79–80
91. Mustafa Na'ima, *Ravzatü'l-Hüseyn* 6.182

92. Ostapchuk, 'Ukraine between' 8, 11–16
93. Andreasyan and Derin, 'Çınar Vak'ası' 58–60
94. Andreasyan and Derin, 'Çınar Vak'ası' 61–8
95. Andreasyan and Derin, 'Çınar Vak'ası' 70–71
96. Andreasyan and Derin, 'Çınar Vak'ası' 70–71
97. Andreasyan and Derin, 'Çınar Vak'ası' 71–3
98. Kâtib Çelebi, *Fezleke* 2.225
99. Andreasyan and Derin, 'Çınar Vak'ası' 73
100. Setton, *Venice, Austria, and the Turks* 184
101. Mustafa Na'ima, *Ravzatü'l-Hüseyn* 6.205
102. Andreasyan and Derin, 'Çınar Vak'asi' 65
103. Mustafa Na'ima, *Ravzatü'l-Hüseyn* 6.206–7
104. Mustafa Na'ima, *Ravzatü'l-Hüseyn* 6.207–8

제9장 귀족들의 지배

1. Gökbilgin and Repp, art. Köprülü, *EI2* V.256–63; Heywood, art. Karā Mustafā Pasha, Merzifonlu *EI2* IV.589–92; Köprülü, art. ('Amūdja-zāde) Husayn Pasha, *EI2* III.626–7
2. Abdurrahman Abdi Paşa, 'Abdurrahman Abdi Paşa Vekâyi'nâme'si' 80
3. Abdurrahman Abdi Paşa, 'Abdurrahman Abdi Paşa Vekâyi'nâme'si' 74
4. Mustafa Na'ima, *Ravzatu'l-Hüseyn* 6.138
5. Mustafa Na'ima, *Ravzatu'l-Hüseyn* 6.135, 209, 212
6. Thomas, *A Study of Naima* 101–2
7. Kunt, 'Naîmâ, Köprülü and the Grand Vezirate' 62
8. Dankoff, *The Intimate Life* 204
9. Zilfi, 'The Kadızadelis' 258, 259–60
10. Mustafa Na'ima, *Ravzatü'l-Hüseyn* 6.218–20
11. Zilfi, *The Politics of Piety* 147

12. Baer, 'Honored by the Glory of Islam' 157–8
13. İlgürel, art. Hüseyin Paşa (Deli), *İA2* 19.6
14. Abdurrahman Abdi Paşa, 'Abdurrahman Abdi Paşa Vekâyi'nâme'si' 81
15. Mustafa Na'ima, *Ravzatü'l-Hüseyn* 6.237–49
16. Abdurrahman Abdi Paşa, 'Abdurrahman Abdi Paşa Vekâyi'nâme'si' 87
17. Mustafa Na'ima, *Ravzatü'l-Hüseyn* 6.266ff
18. Setton, *Venice, Austria, and the Turks* 188–9
19. Kolodziejczyk, *Ottoman–Polish Diplomatic Relations* 142; Gökbilgin and Repp, art. Köprülü, *EI2* V.257–8
20. Mustafa Na'ima, *Ravzatü'l-Hüseyn* 6.329
21. Abdurrahman Abdi Paşa, 'Abdurrahman Abdi Paşa Vekâyi'nâme'si' 98
22. Abdurrahman Abdi Paşa, 'Abdurrahman Abdi Paşa Vekâyi'nâme'si' 104
23. Mustafa Na'ima, *Ravzatü'l-Hüseyn* 6.329–33, 379
24. Mustafa Na'ima, *Ravzatü'l-Hüseyn* 6.333
25. Abdurrahman Abdi Paşa, 'Abdurrahman Abdi Paşa Vekâyi'nâme'si' 105
26. Mustafa Na'ima, *Ravzatü'l-Hüseyn* 6.335
27. Mustafa Na'ima, *Ravzatü'l-Hüseyn* 6.336
28. Mustafa Na'ima, *Ravzatü'l-Hüseyn* 6.336–8
29. Mustafa Na'ima, *Ravzatü'l-Hüseyn* 6.338; cf. Woods, *The Aqquyunlu* 116–17
30. Abdurrahman Abdi Paşa, 'Abdurrahman Abdi Paşa Vekâyi'nâme'si' 110–11
31. Mustafa Na'ima, *Ravzatü'l-Hüseyn* 6.361–7
32. Mustafa Na'ima, *Ravzatü'l-Hüseyn* 6.368–75
33. Mustafa Na'ima, *Ravzatü'l-Hüseyn* 6.375–8
34. Abdurrahman Abdi Paşa, 'Abdurrahman Abdi Paşa Vekâyi'nâme'si' 114, 115–16
35. Mustafa Na'ima, *Ravzatü'l-Hüseyn* 6.402–5
36. Mustafa Na'ima, *Ravzatü'l-Hüseyn* 6.397–401; cf. Necipoğlu, *Architecture, Ceremonial and Power* 151–2
37. Mustafa Na'ima, *Ravzatü'l-Hüseyn* 6.407–8; Abdurrahman Abdi Paşa, 'Abdurrahman Abdi Paşa Vekâyi'nâme'si' 121
38. Peirce, *The Imperial Harem* 196
39. Kunt, 'The Waqf as an Instrument' 193–4
40. Kunt, 'The Waqf as an Instrument' 193, 195–6
41. Gökbilgin and Repp, art. Köprülü, *EI2* V.259
42. Kopčan, 'Einige Bemerkungen' 163
43. Decei and Gökbilgin, art. Erdel, *İA* 4.303
44. Fodor, 'The View of the Turk' 98–9
45. Decei and Gökbilgin, art. Erdel, *İA* 4.303–4
46. Kopčan, 'Ottoman Narrative Sources' 91
47. Kopčan, 'Ottoman Narrative Sources' 91–3
48. Gökbilgin and Repp, art. Köprülü, *EI2* V.259
49. Evliyâ Çelebi, *Seyahatnâme* 7.29ff
50. Evliyâ Çelebi, *Seyahatnâme* 7.36
51. Defterdar Sarı Mehmed Paşa, *Zübde-i Vekayiât* 8–9
52. Evliyâ Çelebi, *Seyahatnâme* 7.53ff; cf. Unat, *Osmanlı Sefirleri* 47–9
53. Evliyâ Çelebi, *Seyahatnâme* 7.116
54. Abdurrahman Abdi Paşa, 'Abdurrahman Abdi Paşa Vekâyi'nâme'si' 134–70, 141, 152, 163–4, 172
55. Silâhdâr Fındıklılı Mehmed Ağa, *Silâhdâr Ta'rîhi* 1.393–5
56. Silâhdâr Fındıklılı Mehmed Ağa, *Silâhdâr Ta'rîhi* 1.411–12
57. Abdurrahman Abdi Paşa, 'Abdurrahman Abdi Paşa Vekâyi'nâme'si' 206–7
58. Silâhdâr Fındıklılı Mehmed Ağa, *Silâhdâr Ta'rîhi* 1.411–12; Setton, *Venice, Austria, and the Turks* 194–5

59. Setton, *Venice, Austria, and the Turks* 206ff
60. Setton, *Venice, Austria, and the Turks* 220–24
61. Setton, *Venice, Austria, and the Turks* 224–8; Silâhdâr Fındıklılı Mehmed Ağa, *Silâhdâr Ta'rîhi* 1.513–14
62. Greene, *A Shared World* 50, 54, 110ff
63. Greene, *A Shared World* 80–81
64. Evliyâ Çelebi, *Seyahatnâme* 8.460–61
65. Bierman, 'The Ottomanization of Crete' 53ff
66. Greene, *A Shared World* 78ff
67. Bierman, 'The Ottomanization of Crete' 61–3
68. Kolodziejczyk, *Ottoman–Polish Diplomatic Relations* 141–5
69. Ostapchuk, 'Ukraine between' 12–13, 19–20
70. Ostapchuk, 'Ukraine between' 21–2
71. Kolodziejczyk, *The Ottoman Survey Register* 6–7
72. Silâhdâr Fındıklılı Mehmed Ağa, *Silâhdâr Ta'rîhi* 1.574
73. Abdurrahman Abdi Paşa, 'Abdurrahman Abdi Paşa Vekâyi'nâme'si' 325–8
74. Silâhdâr Fındıklılı Mehmed Ağa, *Silâhdâr Ta'rîhi* 1.576
75. Abdurrahman Abdi Paşa, 'Abdurrahman Abdi Paşa Vekâyi'nâme'si' 329, 336, 340–44, 347–8
76. Kolodziejczyk, *The Ottoman Survey Register* 59–65
77. Kolodziejczyk, *The Ottoman Survey Register* 13, 16–17
78. Metin Kunt, oral communication
79. Kolodziejczyk, *Ottoman–Polish Diplomatic Relations* 148, 494–580
80. Silâhdâr Fındıklılı Mehmed Ağa, *Silâhdâr Ta'rîhi* 1.648–9, 653
81. Kolodziejczyk, *Ottoman–Polish Diplomatic Relations* 149
82. Ostapchuk, 'Ukraine between' 23–4
83. Hezarfen Hüseyin Efendi, *Telhîsü'l-Beyân* 207–46
84. Hezarfen Hüseyin Efendi, *Telhîsü'l-Beyân* 208
85. Baer, 'Honored by the Glory of Islam' 167
86. Baer, 'Honored by the Glory of Islam' 107–8

87. Kolodziejczyk, *The Ottoman Survey Register* 60, 61
88. Zilfi, 'The Kadızadelis' 263–4; Zilfi, *The Politics of Piety* 149
89. Baer, 'Honored by the Glory of Islam' 142–6
90. Covel, *Voyages en Turquie* 88–90
91. Baer, 'Honored by the Glory of Islam' 132–7
92. Zilfi, *The Politics of Piety* 157
93. Peirce, *The Imperial Harem* 206–7
94. Thys-Şenocak, 'The Yeni Valide' 66–8; Baer, 'Honored by the Glory of Islam' 125–7
95. Baer, 'Honored by the Glory of Islam' 85–7
96. Refik, *Onikinci Asr-i Hicrî'de* 88–9
97. Thys-Şenocak, 'The Yeni Valide' 67
98. Baer, 'Honored by the Glory of Islam' 296
99. Abdurrahman Abdi Paşa, 'Abdurrahman Abdi Paşa Vekâyi'nâme'si' 215–16
100. Baer, 'Honored by the Glory of Islam' 304–6
101. Zilfi, *The Politics of Piety* 154–6
102. Baer, 'Honored by the Glory of Islam' 168–75, 181–91, 205ff
103. Gökbilgin and Repp, art. Köprülü, *EI2* V.260–61
104. Heywood, art. Karā Mustafā Pasha, Merzifonlu, *EI2* IV.589–90
105. Ostapchuk, 'Ukraine between' 24–5
106. Defterdar Sarı Mehmed Paşa, *Zübde-i Vekayiât* 91
107. Defterdar Sarı Mehmed Paşa, *Zübde-i Vekayiât* 109
108. Defterdar Sarı Mehmed Paşa, *Zübde-i Vekayiât* 110, 119; Kolodziejczyk, *Ottoman–Polish Diplomatic Relations* 152; Ostapchuk, 'Ukraine between' 26
109. Kann, *A History of the Habsburg Empire* 72–3
110. Stoye, *The Siege of Vienna* 43–4
111. Silâhdâr Fındıklılı Mehmed Ağa, *Silâhdâr Ta'rîhi* 1.743
112. Refik, *Türk Hizmetinde Kiral Tököli İmre* 8–10
113. Silâhdâr Fındıklılı Mehmed Ağa, *Silâhdâr Ta'rîhi* 1.757–8
114. Stoye, *The Siege of Vienna* 45

115. Silâhdâr Fındıklılı Mehmed Ağa, *Silâhdâr Ta'rîhi* 1.757–8
116. Defterdar Sarı Mehmed Paşa, *Zübde-i Vekayiât* 137
117. Defterdar Sarı Mehmed Paşa, *Zübde-i Vekayiât* 139, 141–2
118. Silâhdâr Fındıklılı Mehmed Ağa, *Silâhdâr Ta'rîhi* 2.5–6
119. Defterdar Sarı Mehmed Paşa, *Zübde-i Vekayiât* 146–8
120. Stoye, *The Siege of Vienna* 120–49, 174–5
121. Silâhdâr Fındıklılı Mehmed Ağa, *Silâhdâr Ta'rîhi* 2.39
122. Defterdar Sarı Mehmed Paşa, *Zübde-i Vekayiât* 151
123. Stoye, *The Siege of Vienna* 150–73
124. Kolodziejczyk, *Ottoman–Polish Diplomatic Relations* 153–4
125. Stoye, *The Siege of Vienna* 200–27
126. Stoye, *The Siege of Vienna* 243–64
127. Silâhdâr Fındıklılı Mehmed Ağa, *Silâhdâr Ta'rîhi* 2.87–8
128. Defterdar Sarı Mehmed Paşa, *Zübde-i Vekayiât* 163
129. Stoye, *The Siege of Vienna* 158–61
130. Defterdar Sarı Mehmed Paşa, *Zübde-i Vekayiât* 159–60
131. Silâhdâr Fındıklılı Mehmed Ağa, *Silâhdâr Ta'rîhi* 2.119–21
132. Silâhdâr Fındıklılı Mehmed Ağa, *Silâhdâr Ta'rîhi* 2.124
133. Silâhdâr Fındıklılı Mehmed Ağa, *Silâhdâr Ta'rîhi* 2.123
134. Gabriel, 'Die Türkenbeute in Öster-reich' 101ff
135. Silâhdâr Fındıklılı Mehmed Ağa, *Silâhdâr Ta'rîhi* 1.757–8
136. Silâhdâr Fındıklılı Mehmed Ağa, *Silâhdâr Ta'rîhi* 2.120
137. Zilfi, *The Politics of Piety* 157
138. Defterdar Sarı Mehmed Paşa, *Zübde-i Vekayiât* 210

제10장 권위의 균열

1. Silâhdâr Fındıklılı Mehmed Ağa, *Silâhdâr Ta'rîhi* 2.126–7
2. Setton, *Venice, Austria, and the Turks* 273–4
3. Silâhdâr Fındıklılı Mehmed Ağa, *Silâhdâr Ta'rîhi* 2.231–2

4. Gökbilgin and Repp, art. Köprülü, *EI2* V.261; Silâhdâr Fındıklılı Mehmed Ağa, *Silâhdâr Ta'rîhi* 2.127
5. Setton, *Venice, Austria, and the Turks* 273–6
6. Defterdar Sarı Mehmed Paşa, *Zübde-i Vekayiât* 166, 179–80, 206–7
7. Defterdar Sarı Mehmed Paşa, *Zübde-i Vekayiât* 211, 212, 213–14
8. Silâhdâr Fındıklılı Mehmed Ağa, *Silâhdâr Ta'rîhi* 2.228
9. Silâhdâr Fındıklılı Mehmed Ağa, *Silâhdâr Ta'rîhi* 2.236–7, 240–41, 243
10. Atasoy, art. Hırka-i Saâdet, *İA2* 17.375
11. Silâhdâr Fındıklılı Mehmed Ağa, *Silâhdâr Ta'rîhi* 2.238–9
12. Silâhdâr Fındıklılı Mehmed Ağa, *Silâhdâr Ta'rîhi* 2.249–53
13. Setton, *Venice, Austria, and the Turks* 277, 280–81, 282–3
14. Silâhdâr Fındıklılı Mehmed Ağa, *Silâhdâr Ta'rîhi* 2.262–4; cf. Defterdar Sarı Mehmed Paşa, *Zübde-i Vekayiât* 221
15. Setton, *Venice, Austria and the Turks* 287, 309–12
16. Defterdar Sarı Mehmed Paşa, *Zübde-i Vekayiât* 230–31
17. Silâhdâr Fındıklılı Mehmed Ağa, *Silâhdâr Ta'rîhi* 2.292
18. Defterdar Sarı Mehmed Paşa, *Zübde-i Vekayiât* 232–3
19. Defterdar Sarı Mehmed Paşa, *Zübde-i Vekayiât* 233–7
20. Defterdar Sarı Mehmed Paşa, *Zübde-i Vekayiât* 237–8
21. Defterdar Sarı Mehmed Paşa, *Zübde-i Vekayiât* 238–42
22. Defterdar Sarı Mehmed Paşa, *Zübde-i Vekayiât* 243–5
23. Defterdar Sarı Mehmed Paşa, *Zübde-i Vekayiât* 213, 214, 245–7
24. Defterdar Sarı Mehmed Paşa, *Zübde-i Vekayiât* 246, 247, 248–9
25. Defterdar Sarı Mehmed Paşa, *Zübde-i Vekayiât* 228–9, 232–5, 237
26. Defterdar Sarı Mehmed Paşa, *Zübde-i Vekayiât* 251–3
27. Silâhdâr Fındılılı Mehmed Ağa, *Silâhdâr Ta'rîhi* 2.291, 295
28. Defterdar Sarı Mehmed Paşa, *Zübde-i Vekayiât* 254

29. Silâhdâr Fındıklılı Mehmed Ağa, *Silâhdâr Ta'rîhi* 2.296–8
30. Defterdar Sarı Mehmed Paşa, *Zübde-i Vekayiât* 438–9
31. Defterdar Sarı Mehmed Paşa, *Zübde-i Vekayiât* 265, 268–71
32. Defterdar Sarı Mehmed Paşa, *Zübde-i Vekayiât* 271, 272, 273–4, 275
33. Defterdar Sarı Mehmed Paşa, *Zübde-i Vekayiât* 275–7
34. Defterdar Sarı Mehmed Paşa, *Zübde-i Vekayiât* 280–81
35. Defterdar Sarı Mehmed Paşa, *Zübde-i Vekayiât* 282–5
36. Defterdar Sarı Mehmed Paşa, *Zübde-i Vekayiât* 285–6, 288–9
37. Defterdar Sarı Mehmed Paşa, *Zübde-i Vekayiât* 245, 288
38. Defterdar Sarı Mehmed Paşa, *Zübde-i Vekayiât* 288–9, 290, 293, 315
39. Defterdar Sarı Mehmed Paşa, *Zübde-i Vekayiât* 287
40. Pamuk, *A Monetary History* 145–6, 155–8
41. Silâhdâr Fındıklılı Mehmed Ağa, *Silâhdâr Ta'rîhi* 2.365
42. Silâhdâr Fındıklılı Mehmed Ağa, *Silâhdâr Ta'rîhi* 2.365–6; Defterdar Sarı Mehmed Paşa, *Zübde-i Vekayiât* 291–2
43. Defterdar Sarı Mehmed Paşa, *Zübde-i Vekayiât* 305
44. Silâhdâr Fındıklılı Mehmed Ağa, *Silâhdâr Ta'rîhi* 2.371–4
45. Heywood, 'English Diplomacy' 65
46. Defterdar Sarı Mehmed Paşa, *Zübde-i Vekayiât* 305, 308–10
47. Defterdar Sarı Mehmed Paşa, *Zübde-i Vekayiât* 312–13, 314
48. Defterdar Sarı Mehmed Paşa, *Zübde-i Vekayiât* 312–13
49. Defterdar Sarı Mehmed Paşa, *Zübde-i Vekayiât* 320–21, 329–30, 338
50. Setton, *Venice, Austria, and the Turks* 389–90
51. Defterdar Sarı Mehmed Paşa, *Zübde-i Vekayiât* 322
52. Defterdar Sarı Mehmed Paşa, *Zübde-i Vekayiât* 330
53. Heywood, 'An Undiplomatic Anglo-Dutch Dispute' 64
54. Heywood, 'English Diplomacy' 78–80
55. Defterdar Sarı Mehmed Paşa, *Zübde-i Vekayiât* 330–33
56. Yılmaz, 'The Life of Köprülü Fazıl Mustafa Pasha' 35
57. Defterdar Sarı Mehmed Paşa, *Zübde-i Vekayiât* 333, 334, 336, 338, 339–40
58. Gökbilgin and Repp, art. Köprülü, *EI2* V.261
59. Gökbilgin and Repp, art. Köprülü, *EI2* V.261
60. Defterdar Sarı Mehmed Paşa, *Zübde-i Vekayiât* 339–40
61. Defterdar Sarı Mehmed Paşa, *Zübde-i Vekayiât* 341, 343ff
62. Yılmaz, 'The Life of Köprülü Fazıl Mustafa Pasha' 24–7
63. Yılmaz, 'The Life of Köprülü Fazıl Mustafa Pasha' 27–31
64. Halaçoğlu, art. Evlâd-i Fâtihan, *İA2* 11.524–5
65. Defterdar Sarı Mehmed Paşa, *Zübde-i Vekayiât* 366–7
66. Defterdar Sarı Mehmed Paşa, *Zübde-i Vekayiât* 367–8, 370–71
67. Defterdar Sarı Mehmed Paşa, *Zübde-i Vekayiât* 369, 371–3, 374–5, 376
68. Heywood, 'English Diplomacy' 117
69. Defterdar Sarı Mehmed Paşa, *Zübde-i Vekayiât* 379
70. Finkel, *The Administration of Warfare* 17
71. Defterdar Sarı Mehmed Paşa, *Zübde-i Vekayiât* 377–8
72. Defterdar Sarı Mehmed Paşa, *Zübde-i Vekayiât* 298–9, 343, 345
73. Yılmaz, 'The Life of Köprülü Fazıl Mustafa Pasha' 19–20
74. Yılmaz, 'Osmanlı İmparatorluğunda Tütün Tarımı'
75. Tabakoğlu, *Gerileme Dönemine Girerken Osmanlı Maliyesi* 274–5; Defterdar Sarı Mehmed Paşa, *Zübde-i Vekayiât* 632–3
76. Halaçoğlu, *XVIII. yüzyılda Osmanlı İmparatorluğu'nun iskan siyaseti* 4–6
77. Orhonlu, *Osmanlı İmparatorluğunda Aşiretleri İskân Teşebbüsü* 30
78. Halaçoğlu, *XVIII. yüzyılda Osmanlı İmparatorluğu'nun iskan siyaseti* 4–6
79. Orhonlu, *Osmanlı İmparatorluğunda Aşiretleri İskân Teşebbüsü* 43ff

80. Orhonlu, *Osmanlı İmparatorluğunda Aşiretleri İskân Teşebbüsü* map

81. Orhonlu, *Osmanlı İmparatorluğunda Aşiretleri İskân Teşebbüsü* 43ff

82. Silahdar Fındıklılı Mehmed Ağa, *Nusretnâme* 1.246–50; Defterdar Sarı Mehmed Paşa, *Zübde-i Vekayiât* 627–8

83. Orhonlu, *Osmanlı İmparatorluğunda Aşiretleri İskân Teşebbüsü* 89–90

84. Murphey, 'Ottoman Census Methods' 120

85. Yılmaz, 'The Life of Köprülü Fazıl Mustafa Pasha' 46–7

86. Rossitsa Gradeva, personal communication

87. Yılmaz, 'The Life of Köprülü Fazıl Mustafa Pasha' 48

88. Yılmaz, 'The Life of Köprülü Fazıl Mustafa Pasha' 48–53; Tabakoğlu, *Gerileme Dönemine Girerken Osmanlı Maliyesi* 136–49

89. Silâhdâr Fındıklılı Mehmed Ağa, *Silâhdâr Ta'rîhi* 2.567–9

90. Silâhdâr Fındıklılı Mehmed Ağa, *Silâhdâr Ta'rîhi* 2.569–70

91. Defterdar Sarı Mehmed Paşa, *Zübde-i Vekayiât* 398

92. Murphey, 'Continuity and Discontinuity' 419ff

93. Murphey, art. Süleymān II, *EI2* IX.842

94. Defterdar Sarı Mehmed Paşa, *Zübde-i Vekayiât* 399–400, 405

95. Defterdar Sarı Mehmed Paşa, *Zübde-i Vekayiât* 377, 403

96. Defterdar Sarı Mehmed Paşa, *Zübde-i Vekayiât* 404, 407

97. Heywood, 'An Undiplomatic Anglo-Dutch Dispute' 66

98. Ingrao, *The Habsburg Monarchy* 79

99. Defterdar Sarı Mehmed Paşa, *Zübde-i Vekayiât* 421–2, 424, 430–32, 438

100. Heywood, 'An Undiplomatic Anglo-Dutch Dispute' 73–91

101. Heywood, 'English Diplomacy' 216

102. Heywood, 'English Diplomacy' passim

103. Defterdar Sarı Mehmed Paşa, *Zübde-i Vekayiât* 440, 445, 450–54, 456–63, 465, 492–4

104. Defterdar Sarı Mehmed Paşa, *Zübde-i Vekayiât* 522–3

105. Defterdar Sarı Mehmed Paşa, *Zübde-i Vekayiât* 549, 553

106. Silahdar Fındıklılı Mehmed Ağa, *Nusretnâme* 1.57

107. Defterdar Sarı Mehmed Paşa, *Zübde-i Vekayiât* 554–5, 555–6, 558, 566, 570

108. Silahdar Fındıklılı Mehmed Ağa, *Nusretnâme* 1.133

109. Defterdar Sarı Mehmed Paşa, *Zübde-i Vekayiât* 588, 591–4

110. Silahdar Fındıklılı Mehmed Ağa, *Nusretnâme* 1.277–9

111. Köprülü, art. ('Amūdja-zāde) Husayn Pasha, *EI2* III.627

112. Defterdar Sarı Mehmed Paşa, *Zübde-i Vekayiât* 622

113. Silahdar Fındıklılı Mehmed Ağa, *Nusretnâme* 1.280

114. Silahdar Fındıklılı Mehmed Ağa, *Nusretnâme* 1.277–8

115. Defterdar Sarı Mehmed Paşa, *Zübde-i Vekayiât* 622–3

116. Silahdar Fındıklılı Mehmed Ağa, *Nusretnâme* 1.294–9

117. Silahdar Fındıklılı Mehmed Ağa, *Nusretnâme* 1.299–300

118. Defterdar Sarı Mehmed Paşa, *Zübde-i Vekayiât* 639–41, 643–5, 649–50

119. Defterdar Sarı Mehmed Paşa, *Zübde-i Vekayiât* 645, 650

120. Heywood, 'English Diplomacy' 257

121. Defterdar Sarı Mehmed Paşa, *Zübde-i Vekayiât* 653–4

122. Defterdar Sarı Mehmed Paşa, *Zübde-i Vekayiât* 654–62

123. Defterdar Sarı Mehmed Paşa, *Zübde-i Vekayiât* 662–7 (Ottoman text of treaty with Poland-Lithuania); Kolodziejczyk, *Ottoman–Polish Diplomatic Relations* 593–8 (English translation of Ottoman text of treaty with Poland-Lithuania)

124. Setton, *Venice, Austria, and the Turks* 354–8

125. Setton, *Venice, Austria, and the Turks* 380–86

126. Setton, *Venice, Austria, and the Turks* 386–7

127. Köprülü, art. ('Amūdja-zāde) Husayn Pasha, *EI2* III.627

128. Defterdar Sarı Mehmed Paşa, *Zübde-i Vekayiât* 620, 646–7

129. Defterdar Sarı Mehmed Paşa, *Zübde-i Vekayiât* 667–72 (Ottoman text of treaty with Venice)
130. Hughes, *Russia in the Age of Peter the Great* 10
131. Fuller, *Strategy and Power* 14ff
132. Hughes, *Russia in the Age of Peter the Great* 8–11, 17–18
133. Silahdar Fındıklılı Mehmed Ağa, *Nusretnâme* 1.375–7 (Ottoman text of truce with Muscovy)
134. Hughes, *Russia in the Age of Peter the Great* 26
135. Defterdar Sarı Mehmed Paşa, *Zübde-i Vekayiât* 692–8 (Ottoman text of treaty with Muscovy)
136. Abou-El-Haj, 'The Formal Closure' 467
137. Abou-El-Haj, 'The Narcissism of Mustafa II' 123
138. Abou-El-Haj, 'The Formal Closure' 467, 470–71
139. Kolodziejczyk, *Ottoman–Polish Diplomatic Relations* 61–2
140. Stoye, *Marsigli's Europe* 164ff; Kolodziejczyk, *Ottoman–Polish Diplomatic Relations* 57
141. Kolodziejczyk, *Ottoman–Polish Diplomatic Relations* 634
142. Abou-El-Haj, 'The Formal Closure' 471–5
143. Peri, 'Islamic Law and Christian Holy Sites' 97–104
144. Peri, *Christianity under Islam* 98, 101, 105–9, 111–12, 153
145. Peri, *Christianity under Islam* 201
146. Abou-El-Haj, *Formation of the Modern State* 126
147. Tabakoğlu, *Gerileme Dönemine Girerken Osmanlı Maliyesi* 266–7
148. Finkel, *The Administration of Warfare* 260–63
149. Tabakoğlu, *Gerileme Dönemine Girerken Osmanlı Maliyesi* 295–9
150. Defterdar Sarı Mehmed Paşa, *Zübde-i Vekayiât* 581
151. Genç, 'Osmanlı Maliyesinde Malikane Sistemi' 285–8
152. Genç, 'A study of the feasibility' 348
153. Genç, 'Osmanlı Maliyesinde Malikane Sistemi' 285–8; Defterdar Sarı Mehmed Paşa, *Zübde-i Vekayiât* 512–13

154. Salzmann, 'Measures of Empire' 136
155. Goffman, 'İzmir: from village' 107–9
156. Abou-El-Haj, *Formation of the Modern State* 122–3
157. Abou-El-Haj, 'The Ottoman Vezir and Paşa Households' 443–4
158. Abou-El-Haj, *Formation of the Modern State* 126–7
159. Abou-El-Haj, 'The Ottoman Vezir and Paşa Households' 439–43
160. Kunt, 'Naîmâ, Köprülü and the Grand Vezirate' 58–9
161. Murphey, 'Continuity and Discontinuity' 425

제11장 태평성대의 위험

1. Köprülü, art. ('Amūdja-zāde) Husayn Pasha, *EI2* III.626–7
2. Faroqhi, 'An Ulama Grandee' 199ff
3. Silahdar Fındıklılı Mehmed Ağa, *Nusretnâme* 2.162–3
4. Türek and Derin, 'Feyzullah Efendi'nin kendi kaleminden' 24.69ff, 89; cf. Türek and Derin, 'Feyzullah Efendi'nin kendi kaleminden' 23.205ff; Derin, 'Şeyhülislâm Feyzullah Efendi'nin nesebi' 97ff
5. Abou-El-Haj, *The 1703 Rebellion* 16ff, 115–17
6. Abou-El-Haj, *The 1703 Rebellion* 24
7. Abou-El-Haj, *The 1703 Rebellion* 30–1
8. Abou-El-Haj, *The 1703 Rebellion* 33ff, 62–3
9. Baykal, art. Râmî Mehmed Paşa, *İA* 9.623–4; Abou-El-Haj, *The 1703 Rebellion* 72–5
10. Abou-El-Haj, *The 1703 Rebellion* 65–74, 77–8
11. (Anonymous), *Anonim Osmanlı Tarihi* 275
12. Silahdar Fındıklılı Mehmed Ağa, *Nusretnâme* 2.184
13. Özcan, art. Defterdar Sarı Mehmed Paşa, *İA2* 9.98
14. Silahdar Fındıklılı Mehmed Ağa, *Nusretnâme* 2.193–5
15. (Anonymous) *Anonim Osmanlı Tarihi* 249–51

16. Tayşi, art. Feyzullah Efendi (Seyyid), *İA2* 12.527
17. Silahdar Fındıklılı Mehmed Ağa, *Nusretnâme* 2.181–97
18. Silahdar Fındıklılı Mehmed Ağa, *Nusretnâme* 2.235, 239–40
19. Aksan, *An Ottoman Statesman* 18–19
20. Frost, *The Northern Wars* 226ff, 263ff
21. LeDonne, *The Russian Empire* 24
22. Silahdar Fındıklılı Mehmed Ağa, *Nusretnâme* 2.229
23. Frost, *The Northern Wars* 286–8, 372–3
24. Frost, *The Northern Wars* 288–94
25. Theolin, *The Swedish Palace* 32, 33
26. Kurat, *Prut Seferi* 1.124, 133–5
27. Frost, *The Northern Wars* 287
28. Ortaylı, 'Une proclamation universelle' 105–9
29. Hughes, *Russia in the Age of Peter the Great* 46
30. Silahdar Fındıklılı Mehmed Ağa, *Nusretnâme* 2.265–6
31. Aksan, *Ottoman Warfare* ch. 3
32. Silahdar Fındıklılı Mehmed Ağa, *Nusretnâme* 2.276ff, 287ff
33. LeDonne, *The Russian Empire* 91
34. Aksan, *An Ottoman Statesman* 89–90
35. Theolin, *The Swedish Palace* 35–40
36. Theolin, *The Swedish Palace* 41–4
37. Hughes, *Russia in the Age of Peter the Great* 46–7, 352; cf. Aktepe, '1711 Prut seferi' 23–4
38. Darkot, art. Karadağ, *İA* 6.225
39. Silahdar Fındıklılı Mehmed Ağa, *Nusretnâme* 2.324–6
40. Aksan, *Ottoman Warfare* ch. 3
41. Silahdar Fındıklılı Mehmed Ağa, *Nusretnâme* 2.336–8
42. Kurat and Bromley, 'The Retreat of the Turks' 210–11
43. Silahdar Fındıklılı Mehmed Ağa, *Nusretnâme* 2.344–5
44. Kurat and Bromley, 'The Retreat of the Turks' 211–12
45. Silahdar Fındıklılı Mehmed Ağa, *Nusretnâme* 2.366–71
46. Silahdar Fındıklılı Mehmed Ağa, *Nusretnâme* 2.374–5
47. Gökbilgin, 'II. Rakoczi Ferencz' 595ff
48. Rothenburg, *The Austrian Military Border* 103
49. Ortaylı, 'Ottoman–Habsburg Relations' 290
50. Silahdar Fındıklılı Mehmed Ağa, *Nusretnâme* 2.227
51. Artan, 'From Charismatic Leadership' 53ff
52. Öztuna, *Devletler ve Hanedânlar* 220–27
53. Salzmann, 'Measures of Empire' 194ff
54. Genç, 'A study of the feasibility' 349
55. Salzmann, 'Measures of Empire' 170
56. Genç, 'Osmanlı Maliyesinde Malikane Sistemi' 245
57. Salzmann, 'Measures of Empire' 172–3
58. Genç, 'Osmanlı Maliyesinde Malikane Sistemi' 239
59. Genç, 'A study of the feasibility' 356
60. Genç, art. Esham, *İA2* 11.377
61. Artan, 'Periods and Problems' 22–5
62. Genç, 'A study of the feasibility' 356
63. Salzmann, 'Measures of Empire' 181
64. McGowan, 'The Age of the Ayans' 734–5
65. Genç, 'Ottoman Industry' 69–82
66. Göçek, *East Encounters West* 4
67. Unat, *Osmanli Sefirleri* 52–3
68. Silahdar Fındıklılı Mehmed Ağa, *Nusretnâme* 2.250–52; Uluçay, 'Fatma ve Safiye' 139–48
69. Atıl, 'The Story of an Eighteenth-Century Ottoman Festival' 181ff; İrepoğlu, *Levnî* 87ff
70. Artan, 'From Charismatic Leadership' 62
71. Silahdar Fındıklılı Mehmed Ağa, *Nusretnâme* 2.269–70
72. Mehmed Râşid *Râşid Ta'rîhi* 5.307–8
73. Necipoğlu, *Architecture, Ceremonial and Power* 258
74. Necipoğlu, 'The Suburban Landscape' 32ff
75. Wortley Montagu, *The Turkish Embassy Letters* 140
76. Kuban, *Istanbul* 336
77. Artan, 'Aspects of the Ottoman Elite's Food Consumption' 107ff
78. Schama, *Landscape and Memory* 329

79. İrepoğlu, 'Innovation and Change' 380–85, 408–11
80. Özergin, art. Râşid, Mehmed, İA 9.632
81. Mehmed Râşid, Râşid Ta'rîhi 5.185–6, 311–15
82. Göçek, East Encounters West 76
83. Aktepe, 'Kâğıdhâne'ye Dâir Bâzı Bilgiler' 339–43, 353
84. Hughes, Russia in the Age of Peter the Great 218
85. Göçek, East Encounters West 75–7
86. Hughes, Russia in the Age of Peter the Great 217–18; Göçek, East Encounters West 75
87. Hamadeh, 'Splash and Spectacle' 123ff
88. Zilfi, 'Women and Society' 295–6
89. Pavord, The Tulip 58–62
90. Evliyâ Çelebi, Seyahatnâme, 1.206
91. Aktepe, 'Damad İbrahim Paşa' 91–126
92. Pavord, The Tulip 137ff
93. Pavord, The Tulip 43–55, esp. 50
94. Necipoğlu, Architecture, Ceremonial and Power 151–2
95. Mehmed Râşid, Râşid Ta'rîhi 5.320–28
96. İrepoğlu, Levnî 87
97. Aktepe, Patrona İsyanı 62
98. Zilfi, 'A Medrese for the Palace' 186, 189
99. Zilfi, 'Elite Circulation' 320
100. Zilfi, 'Elite Circulation' 326, 340–41
101. Aktepe, Patrona İsyanı 104ff
102. Zilfi, 'İbrahim Pasha and the Women' 555ff
103. Zilfi, 'Women and Society' 294–8
104. Olson, 'The Esnaf' 336
105. Aktepe, 'XVIII. asrın ilk yarısında İstanbul'un' 2–9
106. Isma'il Âsım Efendi, Âsım Ta'rîhi 397–8
107. Aktepe, '1727–1728 İzmir isyanına dâir' 71ff
108. Unat, Osmanlı Sefirleri 59–61
109. Aktepe, 'Dürrî Ahmet Efendi'nin İran Sefareti' 1/1.58
110. Olson, 'The Ottoman–French Treaty' 349
111. Tucker, 'The Peace Negotiations' 21
112. Tucker, 'The Peace Negotiations' 21–2

113. Baysun, 'Müverrih Râşid Efendi'nin İran Elciliğine Dâir' 145ff; Aktepe, 'Vak'anüvis Raşid Mehmed Efendi'nin' 155ff
114. Tucker, 'The Peace Negotiations' 22
115. Silahdar Fındıklılı Mehmed Ağa, Nusretnâme 2.333, 334, 364
116. Aktepe, Patrona İsyanı 92–5
117. Aktepe, Patrona İsyanı 91, 96–7, 99–100, 118–21
118. Tabakoğlu, Gerileme Dönemine Girerken Osmanlı Maliyesi 275; Aktepe, 'Ahmed III. devrinde Şark seferine' 17ff
119. Aktepe, Patrona İsyanı 101
120. Aktepe, Patrona İsyanı 133–40
121. Aktepe, Patrona İsyanı 140–42, 143–5
122. Aktepe, Patrona İsyanı 145, 147–9, 150–54
123. Aktepe, Patrona İsyanı 155–7
124. Veinstein, art. Mehmed Yirmisekiz (Çelebi Efendi), EI2 VI.1006
125. Aktepe, Patrona İsyanı 158–60
126. Aktepe, Patrona İsyanı 161–9
127. Aktepe, Patrona İsyanı 169–80
128. Şem'dânî-zâde Fındıklılı Süleyman Efendi, Mur'i't-Tevârih 1.16–21
129. Abdi, Abdi Tarihi 62
130. Şem'dânî-zâde Fındıklılı Süleyman Efendi, Mur'i't-Tevârih 1.17–19
131. Aktepe, 'XVIII. asrın ilk yarısında İstanbul'un' 10–16
132. Mehmed Râşid, Râşid Ta'rîhi 5.123
133. Silahdar Fındıklılı Mehmed Ağa, Nusretnâme 2.415
134. Salzmann, 'Measures of Empire' 175–6
135. Halaçoğlu, XVIII. yüzyılda Osmanlı İmparatorluğu'nun iskan siyaseti 96–108
136. Aktepe, 'Nevşehirli Damad İbrahim Paşa'ya âid iki vakfiye' 151
137. Winter, 'Ottoman Egypt' 17–20
138. Hathaway, 'Egypt in the seventeenth century' 42, 48, 49ff
139. Crecelius, 'Egypt in the eighteenth century' 70–73
140. Hathaway, 'Çerkes Mehmed Bey' 108ff
141. Barbir, Ottoman Rule in Damascus xv, 44–55

1014

142. Tekindağ, 'XVIII. ve XIX. asırlarda Cebel Lübnan' 31ff
143. Cohen, *Palestine in the 18th Century* 8–11
144. Cohen, *Palestine in the 18th Century* 30–42
145. St Laurent and Riedlmayer, 'Restorations of Jerusalem' 77–9, 84
146. Barbir, *Ottoman Rule in Damascus* 89–93, 97–107
147. Hess, 'The Forgotten Frontier' 74ff; Ortaylı, 'Ottoman–Habsburg Relations' 290–92
148. Kolodziejczyk, *Ottoman–Polish Diplomatic Relations* 162
149. Theolin, *The Swedish Palace* 55–8
150. LeDonne, *The Russian Empire* 99–100, 233–4; Aksan, *Ottoman Warfare* ch. 3
151. Aksan, *Ottoman Warfare* ch. 3
152. Eldem, 'Istanbul: from imperial', 190–4
153. Tucker, 'The Peace Negotiations' 24–32
154. Olson, 'The Ottoman–French Treaty' 350
155. Aktepe, 'XVIII. asrın ilk yarısında İstanbul'un' 23–4
156. Tucker, 'The Peace Negotiations' 34–7
157. Aktepe, 'XVIII. asrın ilk yarısında İstanbul'un' 10
158. Özkaya, 'XVIII inci Yüzyılda Çıkarılan Adalet-nâmelere göre' 461–2
159. Özkaya, 'XVIII inci Yüzyılda Çıkarılan Adalet-nâmelere göre' 459–60
160. Olson, 'Jews, Janissaries, Esnaf 193–7
161. Aktepe, 'XVIII. asrın ilk yarısında İstanbul'un' 25–8
162. Faroqhi, 'Migration into Eighteenth-Century' 163ff
163. Abdi, *Abdi Tarihi* 45
164. Eldem, *Sa'dabad* 22ff
165. Aktepe, 'Kâğıdhâne'ye Dâir Bâzı Bilgiler' 358
166. Kuban, art. Nuruosmaniye Külliyesi, *İst. Ansik.* 6.100–103
167. Goodwin, *A History of Ottoman Architecture* 377, 387, 400–402
168. Goodwin, *A History of Ottoman Architecture* 375

169. Erünsal, *Türk Kütüphaneleri Tarihi* 61ff
170. Silahdar Fındıklılı Mehmed Ağa, *Nusretnâme* 2.384–5
171. İrepoğlu, *Levnî* 23
172. Mystakidis, 'Hukûmet-i 'Osmâniye' 324–5
173. Kut, art. Matba'a, *EI2* VI.800
174. Refik, *Onikinci Asr-i Hicrî'de İstanbul Hayatı* 89–90
175. Refik, *Onikinci Asr-i Hicrî'de İstanbul Hayatı* 90
176. Kut, art. Matba'a, *EI2* VI.801
177. Kut, art. Matba'a, *EI2* VI.800
178. Özcan, art. Humbaracı Ahmed Paşa, *İA2* 18.351; Levy, 'Military Reform' 232–3; Hitzel, 'Relations interculturelles et scientifiques' 1.304–5
179. Aksan, *An Ottoman Statesman* 8–9
180. Itzkovitz, 'Eighteenth Century Ottoman Realities' 86
181. Unat, *Osmanlı Sefirleri* 62ff
182. Refik, *Onikinci Asr-i Hicrî'de İstanbul Hayatı* 87
183. Zilfi, 'Women and Society' 298–301
184. Zilfi, 'Women and Society' 301
185. Sarıcaoğlu, *Kendi Kaleminden Bir Padişahın Portresi* 254–5

제12장 지방의 권력

1. Şem'dânî-zâde Fındıklılı Süleyman Efendi, *Mur'i't-Tevârih* 2/A.9
2. Altundağ, art. Osman III, *İA* 9.449
3. Aksan, *An Ottoman Statesman*
4. Atsız, *Ahmed Resmî Efendi'nin* 71
5. Atsız, *Ahmed Resmî Efendi'nin* 73
6. Ingrao, *The Habsburg Monarchy* 192–4
7. Aksan, *An Ottoman Statesman* 78, 115–17
8. Kolodziejczyk, *Ottoman–Polish Diplomatic Relations* 164
9. Fisher, *The Russian Annexation* 27–8, 29–30
10. Aksan, *An Ottoman Statesman* 119
11. LeDonne, *The Russian Empire* 104
12. Aksan, *An Ottoman Statesman* 144–69
13. Nagata, 'Greek Rebellion of 1770' 103ff

14. Anderson, *Naval Wars* 278–91; Aktepe, art. Çeşme Vak'ası, *İA2* 8.288–9
15. Nagata, 'Greek Rebellion of 1770' 103ff
16. Hess, 'The Forgotten Frontier' 83–4
17. Aksan, *An Ottoman Statesman* 104–8, 111–14
18. Fisher, *The Russian Annexation* 40–51, 160
19. Aksan, *An Ottoman Statesman* 153–66
20. Gawrych, 'Şeyh Galib and Selim III' 94
21. Fuller, *Strategy and Power* 140–41
22. Aksan, *An Ottoman Statesman* 109–10, 188–99
23. Fuller, *Strategy and Power* 137
24. LeDonne, *The Russian Empire* 105–6; Hurewitz, *Diplomacy in the Near and Middle East* 1.54–61 (Engl. translation of treaty)
25. Heywood, art. Küçük Kaynardja, *EI2* V.313; Sarıcaoğlu, *Kendi Kaleminden Bir Padişahın Portresi* 163
26. Süleyman Penah Efendi, 'Mora İhtilali Tarihçesi' 156–7
27. Davison, 'The "Dosografa" Church' 51ff
28. Davison, '"Russian Skill and Turkish Imbecility"' 35
29. Davison, '"Russian Skill and Turkish Imbecility"' 28ff
30. Fisher, 'Şahin Giray, the Reformer Khan' 93ff
31. Fisher, 'Şahin Giray, the Reformer Khan' 93ff
32. Emecen, 'Son Kırım Hânı Şâhin Giray'ın' 315ff
33. Fisher, 'Şahin Giray, the Reformer Khan' 94–5, 109, 119
34. Aksan, *An Ottoman Statesman* 180–84
35. Beydilli, 'Bonnaval'in izinde' 74
36. Uzunçarşılı, 'Sadrâzam Halil Hamid Paşa' 239–55
37. Bruess, *Religion, Identity and Empire* 238
38. Aksan, *An Ottoman Statesman* 179
39. Sarıcaoğlu, *Kendi Kaleminden Bir Padişahın Portresi* 175
40. Uzunçarşılı, 'Kaynarca Muahedesinden Sonraki' 514–15
41. LeDonne, *The Russian Empire* 110
42. Sarıcaoğlu, *Kendi Kaleminden Bir Padişahın Portresi* 249–50
43. Ingrao, *The Habsburg Monarchy* 207
44. BOA/Hatt-i hümayun no. 8231
45. Sarıcaoğlu, *Kendi Kaleminden Bir Padişahın Portresi* 260
46. Aksan, *Ottoman Warfare* ch. 4
47. Ingrao, *The Habsburg Monarchy* 207–8
48. Karal, *Selim III'ün Hatt-i Hümayunları* 28–9
49. Naff, 'Ottoman Diplomatic Relations' 105–6
50. Aksan, 'An Ottoman Portrait' 205–6
51. Aksan, *Ottoman Warfare* ch. 4
52. Kolodziejczyk, *Ottoman–Polish Diplomatic Relations* 167, 644–59
53. Ingrao, *The Habsburg Monarchy* 209–10
54. Naff, 'Ottoman Diplomatic Relations' 105–6
55. Ingrao, *The Habsburg Monarchy* 209–10
56. Gökçe, '1787–1806 yılları arasında Kafkasya'da' 4–12
57. Gökçe, '1787–1806 yılları arasında Kafkasya'da' 19–33
58. Gökçe, '1787–1806 yılları arasında Kafkasya'da' 34–8, 52–3
59. LeDonne, *The Russian Empire* 108–9
60. Gökçe, '1787–1806 yılları arasında Kafkasya'da' 46–50
61. Sarıcaoğlu, *Kendi Kaleminden Bir Padişahın Portresi* 168–9, 211–14
62. Genç, art. Esham, *İA2* 11.377
63. Eldem, *French Trade* 59
64. Aksan, 'The One-eyed Fighting the Blind' 228–9
65. Aksan, 'Feeding the Ottoman Troops' 1ff
66. Cezar, *Osmanlı Maliyesinde Bunalım* 110
67. Genç, art. Esham, *İA2* 11.376ff
68. Cezar, *Osmanlı Maliyesinde Bunalım* 89–92; cf. Sarıcaoğlu, *Kendi Kaleminden Bir Padişahın Portresi* 167–9, 211–14
69. Eldem, *French Trade* 188–9
70. Cezar, *Osmanlı Maliyesinde Bunalım* 137–8; cf. Sarıcaoğlu, *Kendi Kaleminden Bir Padişahın Portresi* 167–9, 211–14

71. Cezar, *Osmanlı Maliyesinde Bunalım* 137–8; cf. Sarıcaoğlu, *Kendi Kaleminden Bir Padişahın Portresi* 167–9
72. Aksan, 'Ottoman Political Writing' 63
73. Aksan, 'Breaking the Spell' 253ff
74. Aksan, 'Whatever happened to the Janissaries' 28–9
75. Aksan, *An Ottoman Statesman* 189–90
76. Aksan, 'Whatever happened to the Janissaries' 35–6
77. Aksan, 'Whatever happened to the Janissaries' 33
78. Özcan, art. Esame, *İA2* 11.356
79. Sarıcaoğlu, *Kendi Kaleminden Bir Padişahın Portresi* 191, 234–42
80. Karal, 'Nizâm-i Cedid'e dair lâyihalar' 237
81. Karal, 'Nizâm-i Cedid'e dair lâyihalar' 418
82. Sarıcaoğlu, *Kendi Kaleminden Bir Padişahın Portresi* 180–83
83. Aksan, *Ottoman Warfare* ch. 4
84. Panzac, 'The Manning of the Ottoman Navy' 50–53
85. Gawrych, 'Şeyh Galib and Selim III' 102, 105–9
86. Holbrook, *The Unreadable Shores of Love* 107–10
87. Beydilli, *Türk Bilim ve Matbaacılık* 223
88. Kissling, *Rechtsproblematiken* 10
89. Gönen, 'The Integration of the Ottoman Empire' 16
90. Gönen, 'The Integration of the Ottoman Empire' 121–3
91. Gönen, 'The Integration of the Ottoman Empire' 67, 69
92. Gönen, 'The Integration of the Ottoman Empire' 63–75, 120
93. Khadduri, *War and Peace* 251–2
94. Gönen, 'The Integration of the Ottoman Empire' 79
95. Gönen, 'The Integration of the Ottoman Empire' 145
96. Unat, *Osmanlı Sefirleri*; Naff, 'Reform and the Conduct of Diplomacy' 303–4
97. Gönen, 'The Integration of the Ottoman Empire' 86
98. Gönen, 'The Integration of the Ottoman Empire' 88–9

99. Renda, 'Searching for New Media' 451ff; Karal, *Selim III'ün Hatt-i Hümayunları* 92–3
100. Cezar, *Osmanlı Maliyesinde Bunalım* 155ff
101. Salzmann, 'Measures of Empire' 408–9
102. Mert, art. Çapanoğulları, *İA2* 8.221–2
103. Goodwin, *A History of Ottoman Architecture* 400–402
104. Mert, art. Canikli Hacı Ali Paşa Ailesi, *İA2* 7.151–3
105. Orhonlu, art. Karā 'Othmān-oghlı, *EI2* IV 592–3; Nagata, art. Karaosmanoğulları, *İA2* 24.468–9
106. Kuyulu, *Kara Osman-oğlu Ailesine Ait Mimari Eserler*
107. Salzmann, 'Measures of Empire' 212, 428, 434ff, 453, 461
108. Zens, 'Pasvanoğlu Osman Paşa' 89–99
109. Özkaya, *Osmanlı İmparatorluğunda Dağlı İsyanları*
110. Derin, 'Yayla İmamı Risalesi' 217
111. Fleming, *The Muslim Bonaparte* 82–94
112. Jelavich, *History of the Balkans* 195
113. Zens, 'Pasvanoğlu Osman Paşa' 100–103
114. Rothenburg, *The Military Border* 102–4
115. Jelavich, *History of the Balkans* 198–9
116. Rothenburg, *The Austrian Military Border* 105–7, 118–19
117. Rothenburg, *The Military Border* 31–2
118. Rothenburg, *The Military Border* 7, 81–2
119. Rothenburg, *The Military Border* 103, 105, 106, 107
120. Hughes, *Russia in the Age of Peter the Great* 48
121. Cazacu, 'La "mort infâme"' 259–61
122. Cazacu, 'La "mort infâme"' 253ff
123. Yapp, *The Making of the Modern Near East* 52
124. Perry, 'The Mamluk Paşalik of Baghdad' 59, 62–3, 66
125. Perry, 'The Mamluk Paşalik of Baghdad' 65, 67, 68
126. Salzmann, 'Measures of Empire' 426–7

127. Khoury, *State and provincial society* 69–72
128. Holt, *Egypt and the Fertile Crescent* 107–9, 132–3
129. Cohen, *Palestine in the 18th Century* 7–19
130. Cohen, *Palestine in the 18th Century* 52
131. Anderson, *Naval Wars* 291–9
132. Tekindağ, 'XVIII. yuzyılda Akdeniz'de Rus donanması' 37ff
133. Cohen, *Palestine in the 18th Century* 45–53; Crecelius, 'Egypt in the eighteenth century' 82
134. Emecen, art. Cezzâr Ahmed Paşa, *İA2* 7.516
135. Cohen, *Palestine in the 18th Century* 53–77
136. Emecen, art. Cezzâr Ahmed Paşa, *İA2* 7.518
137. Crecelius, 'Egypt in the eighteenth century' 73–82
138. Hathaway, *The politics of households* 118
139. Crecelius, 'Egypt in the eighteenth century' 84
140. Shaw, *Ottoman Egypt in the Eighteenth Century* 11–13
141. Crecelius, 'Egypt in the eighteenth century' 84–6
142. Dykstra, 'The French occupation of Egypt' 117–21
143. Shaw, *Ottoman Egypt in the Eighteenth Century* 7
144. Uzunçarşılı, 'Bonapart'ın Cezzar Ahmed Paşa'ya Mektubu' 451–4
145. Tekindağ, 'Yeni kaynak ve vesikarların ışığı' 1ff
146. Dykstra, 'The French occupation of Egypt' 131–2
147. Fahmy, 'The era of Muhammad 'Ali Pasha' 140–44
148. Fahmy, 'The era of Muhammad 'Ali Pasha' 144–6
149. Abir, 'The "Arab Rebellion" of Amir Ghalib' 188–9
150. Peskes, art. Wahhābiyya, *EI2* XI.42

제13장 '신체제'에서 '재편'으로

1. Gökçe, 'Edirne Âyanı Dağdeviren-oğlu Mehmed Ağa' 97ff
2. Derin, 'Yayla İmamı Risalesi' 218
3. Gökçe, 'Edirne Âyanı Dağdeviren-oğlu Mehmed Ağa' 109
4. Derin, 'Yayla İmamı Risalesi' 221–3
5. Derin, 'Tüfengçi-başı Ârif Efendi Tarihçesi' 386
6. Beydilli and Şahin, *Mahmud Râif Efendi*
7. Derin, 'Tüfengçi-başı Ârif Efendi Tarihçesi' 386
8. Derin, 'Yayla İmamı Risalesi' 223–4
9. Derin, 'Tüfengçi-başı Ârif Efendi Tarihçesi' 389–92
10. Gökçe, 'Edirne Âyanı Dağdeviren-oğlu Mehmed Ağa' 101
11. Derin, 'Tüfengçi-başı Ârif Efendi Tarihçesi' 393–5; Derin, 'Yayla İmamı Risalesi' 229
12. Derin, 'Tüfengçi-başı Ârif Efendi Tarihçesi' 395–9
13. Derin, 'Tüfengçi-başı Ârif Efendi Tarihçesi' 399–401
14. Derin, 'Tüfengçi-başı Ârif Efendi Tarihçesi' 402–3
15. Derin, 'Tüfengçi-başı Ârif Efendi Tarihçesi' 404–5
16. Derin, 'Tüfengçi-başı Ârif Efendi Tarihçesi' 406, 408–15
17. Arıkan, *III. Selim'in Sirkâtibi Ahmed Efendi*
18. Derin, 'Tüfengçi-başı Ârif Efendi Tarihçesi' 388, 438
19. Derin, 'Tüfengçi-başı Ârif Efendi Tarihçesi' 415–18, 423ff
20. Derin, 'Tüfengçi-başı Ârif Efendi Tarihçesi' 443
21. Uzunçarşılı, *Meşhur Rumeli Âyanlarından* 92–4
22. Shaw, *Between Old and New* 347–8
23. Uzunçarşılı, *Meşhur Rumeli Âyanlarından* 57–8
24. Uzunçarşılı, *Meşhur Rumeli Âyanlarından* 95–7, 101–2
25. Uzunçarşılı, *Meşhur Rumeli Âyanlarından* 104–7
26. Uzunçarşılı, *Meşhur Rumeli Âyanlarından* 107–11

27. Uzunçarşılı, *Meşhur Rumeli Âyan-larından* 112–16, 221–3
28. Uzunçarşılı, *Meşhur Rumeli Âyan-larından* 113–14, 116–17, 118–19
29. Derin, 'Yayla İmamı Risalesi' 242–7
30. Uzunçarşılı, *Meşhur Rumeli Âyan-larından* 92–4
31. İnalcık, 'Sened-i İttifak' 604–6; Lewis, art. Dustūr, *EI2* II.640–41
32. İnalcık, 'Sened-i İttifak' 604–6; Lewis, art. Dustūr, *EI2* II.640–41
33. Ortaylı, *İmparatorluğun En Uzun Yüzyılı* 29–30
34. Uzunçarşılı, *Meşhur Rumeli Âyan-larından* 143–4
35. Derin, 'Yayla İmamı Risalesi' 252–60
36. Sakaoğlu, art. Alemdar Olayı, *İst. Ansik.* 1.186
37. Derin, 'Yayla İmamı Risalesi' 260–63, 266
38. Aksan, 'Ottoman Political Writing' 60
39. Aksan, 'Ottoman Political Writing' 53ff
40. Yapp, *The Making of the Modern Near East* 55
41. LeDonne, *The Russian Empire* 114–15
42. Kazgan, '2. Sultan Mahmut Devrinde Enflasyon' 122–3
43. Gökçe, '1787–1806 yılları arasında Kafkasya'da' 57ff
44. Kolodziejczyk, *Ottoman–Polish Diplomatic Relations* 168
45. Anderson, *The Eastern Question* 46
46. Reed, 'The Destruction of the Janissaries' 40–45
47. Levy, 'Ottoman Attitudes' 333–4
48. Fahmy, 'The era of Muhammad 'Ali Pasha' 146–9
49. Cezar, *Osmanlı Maliyesinde Bunalım* 242–3
50. Mert, *XVIII. ve XIX. Yüzyıllarda Çapanoğulları* 66–8
51. Reed, 'The Destruction of the Janissaries' 20–24
52. Cezar, *Osmanlı Maliyesinde Bunalım* 242–3
53. Fahmy, 'The era of Muhammad 'Ali Pasha' 145
54. Ibrahim, 'The Egyptian empire' 200–202
55. Fleming, *The Muslim Bonaparte* 36–56
56. Levy, 'Ottoman Attitudes' 336–9
57. Levy, 'Ottoman Attitudes' 338, 339
58. Cazacu, 'La "mort infâme"' 281–2
59. Clogg, *A Short History* 54
60. Levy, 'Ottoman Attitudes' 338
61. Anderson, *The Eastern Question* 52–3
62. Cazacu, 'La "mort infâme"' 282–5
63. Levy, 'Ottoman Attitudes' 337
64. Bowen, art. 'Alī Pasha Tepedelenli, *EI2* I.399
65. Cazacu, 'La "mort infâme"' 286–8
66. Reed, 'The Destruction of the Janissaries' 48, 53–61
67. Fisher, *The Russian Annexation* 90–91
68. Clogg, *A Concise History* 23–32
69. Anderson, *The Eastern Question* 54–5
70. Clogg, *A Concise History* 29
71. Anderson, *The Eastern Question* 60–61
72. Kutluoğlu, *The Egyptian Question* 44–5
73. Reed, 'The Destruction of the Janissaries' 122, 153, 155–8
74. Reed, 'The Destruction of the Janissaries' ch. II, 109–11
75. Zilfi, 'A *Medrese* for the Palace' 188
76. Levy, 'The Ottoman Ulema' 13–14
77. Heyd, 'The Ottoman 'Ulemā' 93
78. Reed, 'The Destruction of the Janissaries' 150; Levy, 'The Ottoman Ulema' 18–19
79. Aksan, 'Breaking the Spell' 277
80. Hagen, 'The Prophet Muhammad' 151–2
81. Ahmed Lûtfî Efendi, *Vak'anüvîs Ahmed Lûtfî Efendi Tarihi* 1.94
82. Fahmy, 'The era of Muhammad 'Ali Pasha' 154
83. Özcan, art. Eşkinci, *İA2* 11.470
84. Reed, 'The Destruction of the Janissaries' 169–76, 186
85. Reed, 'The Destruction of the Janissaries' 189–92
86. Şirvânlı Fatih Efendi, *Gülzâr-i Fütûhât* 10
87. Ahmed Lûtfî Efendi, *Vak'anüvîs Ahmed Lûtfî Efendi Tarihi* 1.101
88. Reed, 'The Destruction of the Janissaries' 196
89. Reed, 'The Destruction of the Janissaries' 199
90. Reed, 'The Destruction of the Janissaries' 202–8, 210ff

91. Reed, 'The Destruction of the Janissaries' 236–7
92. Şirvânlı Fatih Efendi, *Gülzâr-i Fütûhât* 13
93. Reed, 'The Destruction of the Janissaries' 249, 254ff, 279, 282
94. Ahmed Lûtfî Efendi, *Vak'anüvîs Ahmed Lûtfî Efendi Tarihi* 1.140–41
95. Erdem, 'Recruitment' 194
96. Levy, 'The Officer Corps' 22
97. Macfarlane, *Constantinople in 1828* 1.504
98. Barnes, *An Introduction to Religious Foundations* 87–8, 90–91
99. Ahmed Lûtfî Efendi, *Vak'anüvîs Ahmed Lûtfî Efendi Tarihi* 1.125
100. Reed, 'The Destruction of the Janissaries' 96, 238
101. Zarcone, *Mystiques, Philosophes et Francs-Maçons* 90, 92–3, 96–7
102. Levy, '*Millet* Politics' 427–8
103. Shaw, *The Jews of the Ottoman Empire* 148–9
104. Eldem, 'Istanbul: from imperial' 164–74
105. Reed, 'The Destruction of the Janissaries' 330, 335–41
106. LeDonne, *The Russian Empire* 121–3
107. Yapp, *The Making of the Modern Near East* 70
108. Levy, 'The Ottoman Ulema' 30
109. Kaynar, *Mustafa Reşit Paşa ve Tanzimat* 191
110. Aydın, 'Sultan II. Mahmud Döneminde' 81ff
111. Özcan, 'II. Mahmud Memleket Gezileri' 361ff
112. Findley, *Bureaucratic Reform* 140–47
113. Findley, *Ottoman Civil Officialdom* 70–80; Findley, *Bureaucratic Reform* 145
114. Refik, *Onüçüncü Asr-i Hicrî'de İstanbul Hayatı* 11
115. Uzunçarşılı, 'Asâkir-i Mansure-ye fes giydirilmesi' 224ff
116. Quataert, 'Clothing Laws, State' 412–21
117. Heyd, 'The Ottoman 'Ulemā' 70
118. Spatar, art. Muzika-i Hümayun, *İst. Ansik.* 6.11–12
119. Heyd, 'The Ottoman 'Ulemā' 70
120. Ahmed Lûtfî Efendi, *Vak'anüvîs*

Ahmed Lûtfî Efendi Tarihi 5.882; Kreiser, 'Public Monuments' 104–5, 115
121. Fahmy, 'The era of Muhammad 'Ali Pasha' 159–65
122. Fahmy, 'The era of Muhammad 'Ali Pasha' 165–6
123. Kutluoğlu, *The Egyptian Question* 55–6, 61ff
124. Kutluoğlu, *The Egyptian Question* 189–90
125. Fahmy, 'The era of Muhammad 'Ali Pasha' 167
126. Kutluoğlu, *The Egyptian Question* 93–4
127. Kutluoğlu, *The Egyptian Question* 101–7
128. Fahmy, 'The era of Muhammad 'Ali Pasha' 168, 170–72
129. Kutluoğlu, *The Egyptian Question* 125ff
130. Kutluoğlu, *The Egyptian Question* 146ff
131. Hurewitz, *Diplomacy in the Near and Middle East* 1.110–11 (Engl. translation of Convention)
132. Kutluoğlu, *The Egyptian Question* 161ff
133. Akarlı, 'The Problems of External Pressures' 13

제14장 정체성의 위기

1. İnalcık, 'Application of the *Tanzimat*' 97–8
2. Kaynar, *Mustafa Reşit Paşa ve Tanzimat* 178
3. Hurewitz, *Diplomacy in the Near and Middle East* 1.113–16 (Engl. translation of the Gülhane Edict); İnalcık, 'Sened-i İttifak' 611–14; Kaynar, *Mustafa Reşit Paşa ve Tanzimat* 174–85
4. Zürcher, art. Reshīd Pasha, Mustafa, *EI2* VIII.484–5
5. Atasoy, art. Hırka-i Saâdet, *İA2* 17.377; Tanman, art. Hırka-i Şerif Camii, *İA2* 17.378
6. Abu-Manneh, 'The Islamic Roots' 182–8, 189, 194; Algar, art. Nakshbandiyya, *EI2* VII.937

7. Quataert, 'The Age of Reforms' 854–5
8. İnalcık, 'Application of the Tanzimat' 98ff
9. Imber, Ebu's-su'ud 31–2
10. İnalcık, 'Application of the Tanzimat' 105
11. İnalcık, 'Application of the Tanzimat' 116
12. Shaw, 'The Nineteenth-Century' 421–4
13. İnalcık, 'Application of the Tanzimat' 106
14. Levy, 'Millet Politics' 425ff
15. Pinson, 'Ottoman Bulgaria' 109
16. İnalcık, 'Application of the Tanzimat' 115–24; Pinson, 'Ottoman Bulgaria' 105–13
17. Zürcher, art. Reshīd Pasha, Mustafa, EI2 VIII.485
18. İnalcık, 'Application of the Tanzimat' 113–14
19. Pamuk, A Monetary History 193–6, 198
20. Davison, 'The First Ottoman Experiment' 60ff
21. Pamuk, A Monetary History 207–8
22. Zürcher, art. Reshīd Pasha, Mustafa, EI2 VIII.485
23. İnalcık, 'Application of the Tanzimat' 105, 124–7; Pinson, 'Ottoman Bulgaria' 113ff
24. Pinson, 'Ottoman Bulgaria' 119–21, 132, 145
25. Gülsoy, Osmanlı Gayrimüslimlerinin Askerlik Serüveni 39–42, 46–55
26. Önsoy, 'Osmanlı İmparatorluğu'nun Katıldığı' 195–9
27. Quataert, 'The Age of Reforms' 826
28. LeDonne, The Russian Empire 125–6
29. Peri, Christianity under Islam 202
30. Mango, Materials for the Study 10–11
31. Necipoğlu, 'The Life of an Imperial Monument' 220–21
32. Mango, Materials for the Study 8, 12, 135–6
33. Necipoğlu, 'The Life of an Imperial Monument' 224–5
34. LeDonne, The Russian Empire 126–7
35. LeDonne, The Russian Empire 126–7
36. Hurewitz, Diplomacy in the Near and Middle East 1.153–6 (Engl. text of Treaty of Paris)
37. Fuller, Strategy and Power 265–8
38. Hurewitz, Diplomacy in the Near and Middle East 1.149–53 (Engl. translation of Reform Edict)
39. Gülsoy, '1856 Islâhât Fermanı'na Tepkiler' 446–7
40. (Ahmed) Cevdet Paşa, Tezakir 1.68
41. Bozkurt, Alman-İngiliz Belgelerinin 71–83; Gülsoy, '1856 Islâhât Fermanı'na Tepkiler' 448–58
42. Zarcone, Mystiques, Philosophes et Francs-Maçons 94
43. Davison, Reform in the Ottoman Empire 100–102
44. Hurewitz, Diplomacy in the Near and Middle East 1.151
45. Hosking, Russia: People and Empire 236–8
46. Deringil, '"There is no Compulsion in Religion"' 114–19
47. Refik, Onikinci Asr-i Hicrî'de İstanbul Hayatı 21–2, 32–3, 35, 160–63
48. Salt, Imperialism, Evangelism 32–3
49. Salt, Imperialism, Evangelism 34–5
50. Deringil, '"There is no Compulsion in Religion"' 119–30
51. Gülsoy, Osmanlı Gayrimüslimlerinin Askerlik Serüveni 55ff
52. Findley, Bureaucratic Reform 132–5
53. Mardin, Religion and Social Change 113
54. Davison, art. Tanzīmāt, EI2 X.205
55. Akarlı, 'The Problems of External Pressures' 16
56. Davison, art. Midhat Pasha, EI2 VI.1032
57. Todorova, 'Midhat Paşa's Governorship' 116, 120
58. Todorova, 'Midhat Paşa's Governorship' 119–26
59. Davison, art. Midhat Pasha, EI2 VI.1032–3
60. Akarlı, 'The Problems of External Pressures' 15
61. Akarlı, The Long Peace 22–33
62. Dumont, 'La pacification du Sud-Est anatolien' 108ff; Gould, 'Lords or Bandits?' 485ff
63. Erdem, Slavery in the Ottoman Empire 94–107
64. (Ahmed) Cevdet Paşa, Tezakir 1.111–12

65. Toledano, *The Ottoman Slave Trade* 129–35
66. Erdem, *Slavery in the Ottoman Empire* 107–13; Toledano, *The Ottoman Slave Trade* 135
67. Toledano, *Slavery and Abolition* 81ff
68. Masters, 'The Sultan's Entrepreneurs' 586; Masters, *The Origins of Western Economic Dominance* 94, 96–7
69. Naff, 'Ottoman Diplomatic Relations' 103
70. Quataert, 'The Age of Reforms' 838
71. Masters, 'The Sultan's Entrepreneurs' 579, 594
72. Eldem, 'Istanbul: from imperial' 194
73. Akarlı, 'The Problems of External Pressures' 20
74. Issawi, 'Introduction' 8
75. Küçük, art. Abdülaziz, *İA2* 1.180
76. Hunter, 'Egypt under the successors' 193
77. Şehsuvaroğlu, 'Sultan Abdülaziz'in Avrupa Seyahatı' 41–51
78. Vatikiotis, art. Isma'il Pasha, *EI2* IV.192
79. Çelik, *Displaying the Orient* 32–6
80. Yapp, *The Making of the Modern Near East* 175
81. Çelik, *Displaying the Orient* 145–51
82. Vatikiotis, art. Isma'il Pasha, *EI2* IV.192
83. Hunter, 'Egypt under the successors' 186–94
84. Davison, *Reform in the Ottoman Empire* 197–217; Kuran, art. (Mustafâ) Fâdil Pasha (Misirli), *EI2* II.728
85. Ibrahim, 'The Egyptian empire' 210–15
86. Kreiser, 'Public Monuments' 103ff
87. Eldem, *Pride and Privilege* 216–22, 230–34
88. Mardin, *The Genesis* 10ff
89. Akarlı, 'The Problems of External Pressures' 21–2
90. Karpat, 'The Transformation' 261
91. Mardin, *The Genesis* 10ff, 115–16
92. Mardin, *Religion and Social Change* 107
93. Kuran, 'Répercussions sociales' 144–6

94. Deringil, *The Well-Protected Domains* 93
95. Kuran, 'Répercussions sociales' 146
96. Kushner, 'The Place of the Ulema' 63–6, 69–74
97. Halaçoğlu and Aydın, art. Cevdet Paşa, *İA2* 7.444, 445, 447
98. Mardin, *Religion and Social Change* 114–15; Findley, art. Medjelle, *EI2* VI.971–2
99. Messick, *The Calligraphic State* 54
100. Mardin, *Religion and Social Change* 117–18
101. Mardin, *Religion and Social Change* 117–18
102. Köprülü, art. Fuad Paşa, Keçecizâde, *İA2* 13.203
103. Abu-Manneh, 'The Sultan and the Bureaucracy' 257ff
104. Küçük, art. Abdülaziz, *İA2* 1.181
105. Pamuk, *A Monetary History* 214
106. Yasamee, *Ottoman Diplomacy* 13–14
107. Davison, art. Midhat Pasha, *EI2* VI.1033
108. Davison, *Reform in the Ottoman Empire* 318ff
109. Devereux, 'Süleyman Pasha's "The Feeling"' 3, 14
110. Devereux, 'Süleyman Pasha's "The Feeling"' 15–16
111. Baykal, *İbretnümâ* 4
112. Devereux, 'Süleyman Pasha's "The Feeling"' 16ff
113. Devereux, 'Süleyman Pasha's "The Feeling"' 26, 27
114. Devereux, 'Süleyman Pasha's "The Feeling"' 31–2
115. Baykal, *İbretnümâ* 5–6
116. (Ahmed) Cevdet Paşa, *Tezakir* 4.156
117. Baykal, *İbretnümâ* 6–14
118. Baykal, *İbretnümâ* 19
119. Davison, *Reform in the Ottoman Empire* 346
120. (Ahmed) Cevdet Paşa, *Tezakir* 4.160
121. Uzunçarşılı, *Midhat ve Rüştü Paşaların Tevkiflerine* 54
122. Davison, *Reform in the Ottoman Empire* 342ff
123. McCarthy, *Death and Exile* 60
124. McCarthy, *Death and Exile* 33–6, 59–61, 94–5
125. Fuller, *Strategy and Power* 271

126. Fuller, *Strategy and Power* 323–7;
LeDonne, *The Russian Empire* 141–2
127. Noradounghian, *Recueil d'actes inter-
nationaux* 4.206–7; Milgrim, 'An
Overlooked Problem' 519ff
128. Yasamee, *Ottoman Diplomacy* 58–9
129. Salt, *Imperialism, Evangelism* 57–8
130. Ortaylı, 'Greeks in the Ottoman
Administration' 165
131. Sked, *The Decline and Fall* 243–4

제15장 이슬람 제국

1. Salt, 'The Narrative Gap' 34
2. Deringil, *The Well-Protected Domains*
2
3. Yasamee, *Ottoman Diplomacy* 20
4. Yasamee, *Ottoman Diplomacy* 20
5. Davison, *Reform in the Ottoman
Empire* 338ff; Yasamee, *Ottoman
Diplomacy* 15
6. Davison, art. Midhat Pasha, *EI2*
VI.1033–4
7. Küçük, art. Çırağan Vak'ası, *İA2*
8.306–9
8. Yasamee, *Ottoman Diplomacy* 61–2
9. Akarlı, 'The Problems of External
Pressures' 191; Karpat, *Ottoman
Population* 28
10. Yasamee, *Ottoman Diplomacy* 16, 17
11. Deringil, *The Well-Protected Domains*
139, 150ff
12. Özcan, art. Hilâfet, *İA2* 17.548
13. Karateke, *Padişahım Çok Yaşa!* 52–6;
Lewis, 'The Ottoman Empire'
292–3
14. Özcan, art. Hilâfet, *İA2* 17.548
15. (Ahmed) Cevdet Paşa, *Tezakir*
2.152; cf. Lewis, 'The Ottoman
Empire' 293
16. Özcan, 'Sultan II. Abdulhamid'in
"Pan-Islâm"' 123ff
17. Ortaylı, *İmparatorluğun En Uzun
Yüzyılı* 63
18. Aydın, 'Livadya Sefâretleri' 321ff;
Ortaylı, 'Reforms of Petrine Russia'
47
19. Özcan, art. Hilâfet, *İA2* 17.547
20. Deringil, *The Well-Protected Domains*
48; Haddad, review of Deringil, *The
Well-Protected Domains* 209
21. Özcan, art. Hilâfet, *İA2* 17.547

22. Yasamee, *Ottoman Diplomacy* 27,
87ff
23. Buzpınar, 'The Hijaz, Abdulhamid
II' 99ff esp. 106, 114
24. Ochsenwald, *Religion, Society* 188–9
25. Kayalı, *Arabs and Young Turks* 32
26. Deringil, *The Well-Protected Domains*
57–60
27. Abu-Manneh, 'Sultan Abdulhamid
II' 138–42
28. Abu-Manneh, 'Sultan Abdulhamid
II' 143–8
29. Hanioğlu, *The Young Turks* 74–5,
63, 64, 84–6, 106–7, 130–31
30. Deringil, 'Legitimacy Structures'
347–9
31. Haddad, review of Deringil, *The
Well-Protected Domains* 209
32. Deringil, *The Well-Protected Domains*
77
33. Hanioğlu, *Preparation for a Revolution*
115
34. Özcan, art. Hilâfet, *İA2* 17.548
35. Deringil, *The Well-Protected Domains*
148
36. Deringil, 'Les Ottomans et le
partage' 43ff; Karpat, *The
Politicization of Islam* 258ff
37. (Ahmed) Cevdet Paşa, *Tezakir* 4.195
38. Deringil, 'Legitimacy Structures'
352–3
39. Broomhall, *Islam in China* 291–3;
Sırma, 'II. Abdülhamid'in Çin
müslümanlarını' 559ff
40. Deringil, 'Legitimacy Structures'
350, 358
41. Akarlı, 'The Problems of External
Pressures' 182, 202–3
42. Akarlı, 'The Problems of External
Pressures' 96, 104–36
43. Akarlı, 'The Problems of External
Pressures' 77
44. Davison, art. Midhat Pasha, *EI2*
VI.1034
45. (Ahmed) Cevdet Paşa, *Tezakir*
4.156–7
46. Baykal, *İbretnümâ*
47. Uzunçarşılı, *Midhat Paşa ve Yıldız
Mahkemesi* 307–8, 321–9
48. Baykal, *İbretnümâ* 63–7
49. Uzunçarşılı, *Midhat Paşa ve Tâif
Mahkûmları* 22–4, 56ff
50. Baykal, *İbretnümâ* viii–ix

51. Buzpınar, 'The Hijaz, Abdulhamid II' 105–6
52. Gawrych, 'Ottoman Administration' 3
53. Gawrych, 'Ottoman Administration' 24ff; Yasamee, *Ottoman Diplomacy* 63–4, 76–8
54. Salt, *Imperialism, Evangelism* 61–4
55. Duguid, 'The Politics of Unity' 144–8
56. Salt, *Imperialism, Evangelism* 72–93
57. Salt, *Imperialism, Evangelism* 93–110
58. Fatma Müge Göçek, personal communication
59. Yasamee, *Ottoman Diplomacy* 73–5
60. Clogg, *A Short History* 93–4
61. Hanioğlu, *The Young Turks* 71–7
62. Hanioğlu, *The Young Turks* 78ff
63. Hanioğlu, *The Young Turks* 126–36, 142–6
64. Hanioğlu, *The Young Turks* 173ff
65. Hanioğlu, *Preparation for a Revolution* 8ff, 39–46
66. Hanioğlu, *Preparation for a Revolution* 130–36
67. Hanioğlu, *Preparation for a Revolution* 136ff, 294
68. Hanioğlu, *Preparation for a Revolution* 106ff, 121, 123
69. Kansu, *The Revolution of 1908* 36, 38; Akarlı, 'The Problems of External Pressures' 155–73
70. Kansu, *The Revolution of 1908* 36, 38; Akarlı, 'The Problems of External Pressures' 155–73
71. Kansu, *The Revolution of 1908* 41–2; Hanioğlu, *Preparation for a Revolution* 104–9
72. Hanioğlu, *Preparation for a Revolution* 109–14; Kansu, *The Revolution of 1908* 44–9
73. Hanioğlu, *Preparation for a Revolution* 91–5, 114–20
74. Hanioğlu, *Preparation for a Revolution* 120
75. Hanioğlu, *Preparation for a Revolution* 191ff
76. Zürcher, *The Unionist Factor* 37–41; Hanioğlu, *Preparation for a Revolution* 215–16
77. Hanioğlu, *Preparation for a Revolution* 217
78. Jelavich, *The Establishment* 207–13

79. Hanioğlu, *Preparation for a Revolution* 218
80. Hanioğlu, *Preparation for a Revolution* 217–32
81. Anderson, *The Eastern Question* 271–3
82. Kansu, *The Revolution of 1908* 41–2
83. Hanioğlu, *Preparation for a Revolution* 232–61, 296
84. Hanioğlu, *Preparation for a Revolution* 263–4, 266–71
85. Hanioğlu, *Preparation for a Revolution* 273–5
86. Hanioğlu, *Preparation for a Revolution* 283
87. Hanioğlu, *Preparation for a Revolution* 311
88. Kansu, *The Revolution of 1908* 160–62
89. Kansu, *The Revolution of 1908* 184–92
90. Kayalı, 'Elections and the Electoral Process' 267–73
91. Unat, *İkinci Meşrutiyetin İlânı* 25–30, 31–3, 35–6, 39–41, 42–3
92. Karakışla, 'The 1908 Strike Wave' 154–6, 168, 173–5
93. Quataert, 'Ottoman Workers' 37
94. Hanioğlu, *Preparation for a Revolution* 121
95. Unat, *İkinci Meşrutiyetin İlânı* 19, 44
96. Farhi, 'The Şeriat as a Political Slogan' 275
97. Zürcher, 'Ottoman Labour Battalions'
98. Farhi, 'The Şeriat as a Political Slogan' 276
99. Kansu, *Politics in Post-Revolutionary Turkey* 69, 77ff
100. Unat, *İkinci Meşrutiyetin İlânı* 68–75, 78, 80–87, 97–100, 145–6, 148–54
101. Farhi, 'The Şeriat as a Political Slogan' 291–4
102. Unat, *İkinci Meşrutiyetin İlânı* 82
103. Mango, *Atatürk* 89; Kansu, *Politics in Post-Revolutionary Turkey* 137–47
104. Kansu, *Politics in Post-Revolutionary Turkey* 118–25
105. Ahmad, *The Young Turks* 58–9
106. Hale, *Turkish Politics and the Military* 41; William Hale, personal communication
107. Ahmad, *The Young Turks* 48–9, 54

108. Ahmad, *The Young Turks* 61–3
109. Zürcher, 'The Ottoman Conscription System' 89–90
110. Ahmad, *The Young Turks* 73
111. Ahmad, *The Young Turks* 55, 82–3
112. Kayalı, 'Elections and the Electoral Process' 272–7
113. Kansu, *Politics in Post-Revolutionary Turkey* 398–408
114. Kayalı, 'Elections and the Electoral Process' 277–8
115. Gawrych, 'Ottoman Administration' 103–4, 287ff
116. Zürcher, 'Kosovo Revisited' 26ff, 36
117. Kayalı, *Arabs and Young Turks* 84; cf. Kansu, *The Revolution of 1908* 238, 239
118. Kayalı, *Arabs and Young Turks* 91–4, 96–100
119. Özcan, 'Sultan II. Abdulhamid'in "Pan-Islam"' 128, 139
120. Kayalı, *Arabs and Young Turks* 108–11, 124–5
121. Anderson, 'Nineteenth-century Reform' 338–9, 341–3
122. Mango, *Atatürk* 101
123. Haley, 'The Desperate Ottoman' 1–15
124. Anderson, *The Eastern Question* 290–91
125. Dumont and Georgeon, 'La mort d'un empire' 604–7
126. Anderson, *The Eastern Question* 293–6
127. Dumont and Georgeon, 'La mort d'un empire' 608
128. Mango, *Atatürk* 117–20
129. Mango, *Atatürk* 120–22
130. Kayalı, *Arabs and Young Turks* 130–34
131. Kayalı, *Arabs and Young Turks* 135–7, 139
132. Kayalı, *Arabs and Young Turks* 176

제16장 고요 전의 폭풍

1. Kayalı, 'Elections and the Electoral Process' 279, 280
2. Tanilli, 'Le *tournant* de 1913' 348–51
3. Hale, *Turkish Politics and the Military* 49
4. Mango, *Atatürk* 133–4
5. Ahmad, 'The Late Ottoman Empire' 15
6. Haley, 'The Desperate Ottoman' 24–45
7. Yasamee, *Ottoman Diplomacy* 73ff; Trumpener, 'Germany and the End' 111ff
8. Mango, *Atatürk* 134–5
9. Mango, *Atatürk* 134
10. Tanilli, 'Le *tournant* de 1913' 352
11. Ahmad, 'The Late Ottoman Empire' 17
12. Mango, *Atatürk* 135, 136
13. Peters, *Islam and Colonialism* 90–94
14. Zürcher, 'Between Death and Desertion' 250–53
15. Zürcher, 'The Ottoman Empire and the Armistice of Moudros'
16. Zürcher, 'Between Death and Desertion' 242–4
17. Zürcher, 'Between Death and Desertion' 239–46; Zürcher, 'The Ottoman Empire and the Armistice of Moudros'
18. Kayalı, *Arabs and Young Turks* 126, 192–6, 198–200
19. Kayalı, *Arabs and Young Turks* 124–5, 128, 196–9
20. Yapp, *The Making of the Modern Near East* 275
21. Yapp, *The Making of the Modern Near East* 266ff
22. Hanioğlu, 'Jews in the Young Turk Movement' 519ff
23. Olson, 'The Young Turks and the Jews' 233
24. Benbassa, 'Associational Strategies' 463–4
25. Ortaylı, 'Ottomanism and Zionism' 532–4
26. Zürcher, 'Ottoman Labour Battalions'
27. Sonyel, *The Ottoman Armenians* 291–300
28. Süslü, *Armenians and the 1915 Event* 100–106 (Engl. text)
29. Süslü, *Armenians and the 1915 Event* 106–10
30. Dadrian, 'The Documentation' 565
31. Mango, 'A Speaking Turkey' 161
32. Salt, 'The Narrative Gap' 19ff

33. Keyder, 'Manufacturing in the Ottoman Empire' 128–30, 133–7
34. Hurewitz, *Diplomacy in the Near and Middle East* 2.37
35. Mango, *Atatürk* 190
36. Criss, *Istanbul under Allied Occupation* 60ff
37. Zürcher, 'The Ottoman Empire and the Armistice of Moudros'
38. Criss, *Istanbul under Allied Occupation* 60ff
39. Goldstein, 'Holy Wisdom and British Foreign Policy' 36ff
40. Dadrian, 'The Documentation' 552, 554, 556–60, 561–2, 571 n.33
41. Andrew Mango, personal communication
42. Mango, *Atatürk* 217
43. Zürcher, 'The Ottoman Empire and the Armistice of Moudros'
44. Goldstein, 'Holy Wisdom and British Foreign Policy' 60–61
45. Mango, *Atatürk* 198–201, 207–9, 211
46. Mango, *Atatürk* 212–21
47. Zürcher, *Political Opposition* 14–15; Criss, *Istanbul under Allied Occupation* 98ff
48. Mango, *Atatürk* 195, 221, 225, 227, 228
49. Mango, *Atatürk* 221, 230
50. Mango, *Atatürk* 238–41, 244–9
51. Zürcher, *Turkey* 143, 144, 157–8
52. Mango, *Atatürk* 264, 269
53. Mango, *Atatürk* 269–73
54. Mango, *Atatürk* 276–7
55. Mango, *Atatürk* 275, 279, 282
56. Mango, *Atatürk* 287–97, 558
57. Mango, *Atatürk* 310–21
58. Andrew Mango, personal communication
59. Zürcher, 'From empire to republic'
60. Mango, *Atatürk* 344
61. Dadrian, 'The Naim-Andonian Documents' 336–8
62. Mango, *Atatürk* 406
63. Zürcher, *Political Opposition* 32ff
64. Zürcher, *Political Opposition* 32–8, esp. 36
65. Özcan, art. Hilâfet, *İA2* 17.551–2
66. Zürcher, 'From empire to republic'
67. McCarthy, 'Foundations of the Turkish Republic' 142
68. Matthews, 'The Ottoman Inheritance Inventory' 100–101
69. Mango, *Atatürk* 37, 109
70. Mardin, *The Genesis* 326–8, 331
71. Deringil, *The Well-Protected Domains* 32
72. Deringil, *The Well-Protected Domains* 170
73. Hanioğlu, *Preparation for a Revolution* 295–9
74. Eissenstadt, 'Turkic Immigrants/Turkish Nationalism' 25ff
75. Georgeon, 'Les Foyers Turcs' 197–202
76. Mango, 'Atatürk and the Kurds' 1ff
77. Tunçay, *Türkiye Cumhuriyeti'nde Tek-Parti* 134–44, 172–3, 178–9; van Bruinissen, *Agha, Shaikh and State* 265ff
78. Tunçay, *Türkiye Cumhuriyeti'nde Tek-Parti* 173
79. Zürcher, *Turkey* 181
80. Zürcher, *Political Opposition*
81. Mango, *Atatürk* 433–8
82. Zürcher, *Political Opposition* 86
83. Zürcher, 'The Last Phase' 371–7; Mango, *Atatürk* 445–53
84. Mustapha Kemal, *A Speech Delivered*
85. Mustapha Kemal, *A Speech Delivered* 658–80
86. Mustapha Kemal, *A Speech Delivered* 686–721
87. Zürcher, 'From empire to republic'
88. Gür, 'Atatürk heykelleri' 147ff
89. Mango, *Atatürk* 462–3
90. Mustapha Kemal, *A Speech Delivered* 680–86, 721–3
91. Mustapha Kemal, *A Speech Delivered* 721
92. Mango, 'A Speaking Turkey' 157

참고문헌

AAS   Asian and African Studies
AHR   American Historical Review
AO   Archivum Ottomanicum
AOASH   Acta Orientalia Academiae Scientiarum Hungaricae
BMGS   Byzantine and Modern Greek Studies
BTTD   Belgelerle Türk Tarihi Dergisi
BSOAS   Bulletin of the School of Oriental and African Studies
DOP   Dumbarton Oaks Papers
İED   İstanbul Enstitüsü Dergisi
IHR   International History Review
IJMES   International Journal of Middle Eastern Studies
IJTS   International Journal of Turkish Studies
JAOS   Journal of the American Oriental Society
JESHO   Journal of the Economic and Social History of the Orient
JMH   Journal of Modern History
JTS   Journal of Turkish Studies
MES   Middle Eastern Studies
NPT   New Perspectives on Turkey
OA   Osmanlı Araştırmaları (also known as Journal of Ottoman Studies)
SI   Studia Islamica
TB   Toplum ve Bilim
TD   Tarih Dergisi
TED   Tarih Enstitüsü Dergisi
TM   Türkiyat Mecmuası
TSAB   Turkish Studies Association Bulletin
TULP   Turkology Update Leiden Project Working Papers Archive
VD   Vakıflar Dergisi
WZKM   Wiener Zeitschrift für die Kunde des Morgenlandes

İA   İslam Ansiklopedisi (Istanbul 1965–88)
İA2   Türkiye Diyanet Vakfı İslam Ansiklopedisi (Istanbul 1988–)
EI2   Encyclopedia of Islam, 2nd edition (London 1960–)
İst. Ansik. İstanbul Ansiklopedisi (Istanbul 1993–4)

art.   article
ch.   chapter
ed., eds   editor, editors
edn   edition
esp.   especially
n.p.   no place of publication listed

n.s.	new series
pbk	paperback
prep.	prepared for publication by
publ.	published
repr.	reprint
Univ.	University
unpubl.	unpublished
vol., vols	volume, volumes

Abdi, *Abdi Tarihi (1730 Patrona İhtilâli Hakkında Bir Eser)*, prep. F. R. Unat, Ankara (repr. 1999)

Abir, M., 'The "Arab Rebellion" of Amir Ghalib of Mecca (1788–1813)', *MES* 7 (1971) 185–200

Abdurrahman Abdi Paşa, 'Abdurrahman Abdi Paşa Vekâyi'nâme'si', prep. Fahri Çetin Derin, Unpubl. Ph.D. thesis, Istanbul Univ. (1993)

Abou-El-Haj, Rifa'at A., 'Ottoman Diplomacy at Karlowitz', *JAOS* 87 (1967) 498–512

Abou-El-Haj, Rifa'at A., 'The Formal Closure of the Ottoman Frontier in Europe: 1699–1703', *JOAS* 89 (1969) 467–75

Abou-El-Haj, R. A., 'The Narcissism of Mustafa II (1695–1703): A Psychohistorical Study', *SI* 40 (1974) 115–31

Abou-El-Haj, Rifaat Ali, 'The Ottoman Vezir and Paşa Households, 1683–1703: a Preliminary Report', *JOAS* 94 (1974) 438–47

Abou-El-Haj, Rifa'at Ali, *The 1703 Rebellion and the Structure of Ottoman Politics*, Istanbul (1984)

Abou-El-Haj, Rifaat Ali, 'Aspects of the Legitimation of Ottoman Rule as Reflected in the Preambles to two Early *Liva Kanunnameler*', *Turcica* XXI–XXIII (1991) 371–83

Abou-El-Haj, Rifa'at 'Ali, *Formation of the Modern State. The Ottoman Empire, Sixteenth to Eighteenth Centuries*, Albany (1991)

Abu-El-Haj, Rifa'at Ali, '*Fitnah, Huruc ala al-Sultan* and *Nasihat*: Political Struggle and Social Conflict in Ottoman Society 156cs–1700s', in J.-L. Bacqué-Grammont and E. van Donzel (eds), Proceedings of Comité international d'études pré-ottomanes et ottomanes, VIth Symposium, Cambridge 1–4 July 1984, Istanbul (1987) 185–91

Abu-Manneh, B., 'Sultan Abdulhamid II and Shaikh Al-Sayyadi', *MES* 15 (1979) 131–53

Abu-Manneh, Butrus, 'The Sultan and the Bureaucracy: the anti-Tanzimat Concepts of Grand Vizier Mahmud Nedim Paşa', *IJMES* 22 (1990) 257–74

Abu-Manneh, Butrus, 'The Islamic Roots of the Gülhane Rescript', *Die Welt des Islams* 34 (1994) 173–203

Ágoston, Gábor, 'Ottoman Artillery and European Military Technology in the Fifteenth and Seventeenth Centuries', *AOASH* XLVII/1–2 (1994) 15–48

Ágoston, Gábor, 'Habsburgs and Ottomans: Defense, Military Change and Shifts in Power', *TSAB* 22 (1998) 126–41

Ágoston, Gábor, 'Limits of Imperial Authority and the Impact of Frontier Defense: the Ottoman and Habsburg Frontiers in Hungary, 1541–1699', paper presented at 116th Annual Meeting of the American Historical Association, 3–6 January 2002, San Francisco (typescript)

Ágoston, Gábor, 'A Flexible Empire: Authority and its Limits on the Ottoman Frontiers', *IJTS* 9 (2003) 15–32

Ahmad, Feroz, *The Young Turks. The Committee of Union and Progress in Turkish Politics, 1908–1914*, Oxford (1969)

Ahmad, Feroz, 'The Late Ottoman Empire', in Marian Kent (ed.), *The Great Powers and the End of the Ottoman Empire*, London (1984) 5–30

(Ahmed) Cevdet Paşa, *Tezakir*, 4 vols, Ankara (1953–67)

Ahmed Lûtfî Efendi, *Vak'anüvîs Ahmed Lûtfî Efendi Tarihi*, 8 vols, Istanbul (1999)

Ahmed Resmî Efendi, *Hamîletü'l-Küberâ*, prep. Ahmet Nezihî Turan, Istanbul (2000)

Akarlı, Engin Deniz, 'The Problems of External Pressures, Power Struggles, and Budgetary Deficits in Ottoman Politics under Abdülhamid II (1876–1909): Origins and Solutions', unpubl. Ph.D. thesis, Princeton Univ. (1976)

Akarlı, Engin Deniz, *The Long Peace. Ottoman Lebanon, 1861–1920*, Berkeley (1993)

Akdağ, Mustafa, *Celali İsyanları (1550–1603)*, Ankara (1963)

Aksan, Virginia, 'The One-eyed Fighting the Blind: Mobilization, Supply and Command in the Russo-Turkish War of 1768–1774', *IHR* XV (1993) 221–38

Aksan, Virginia, 'Ottoman Political Writing, 1768–1808', *IJMES* 25 (1993) 53–69

Aksan, Virginia, *An Ottoman Statesman in War and Peace. Ahmed Resmi Efendi, 1700–1783*, Leiden (1995)

Aksan, Virginia, 'Feeding the Ottoman Troops on the Danube, 1768–1774', *War and Society* 13 (1995) 1–14

Aksan, Virginia, 'Whatever Happened to the Janissaries? Mobilization for the 1768–1774 Russo-Ottoman War', *War in History* 5/1 (1998) 23–36

Aksan, Virginia, 'An Ottoman Portrait of Frederick the Great', in *The Ottoman Empire in the Eighteenth Century*, Oriente Moderno XVIII (LXXIX) n.s. (1999) 203–15

Aksan, Virginia, 'Ottoman Military Recruitment Strategies in the Late Eighteenth Century', in Erik J. Zürcher (ed.), *Arming the State. Military Conscription in the Middle East and Central Asia 1775–1925*, London (1999) 21–39

Aksan, Virginia, 'Breaking the Spell of the Baron de Tott: Reframing the Question of Military Reform in the Ottoman Empire, 1760–1830', *IHR* XXIV (2002) 253–77.

Aksan, Virginia, *An Empire Besieged: Ottoman Warfare, 1700–1870*, Harlow (2006)

Aktepe, M. Münir, 'XIV. ve XV. asırlarda Rumeli'nin türkler tarafından iskânına dair', *TM* X (1951–53 [1953]) 299–312

Aktepe, M. Münir, 'Damad İbrahim Paşa devrinde lâle', *TD* IV/7 (1952 [1953]) 85–126; *TD* V/8 (1953) 85–104; *TD* VI/9 (1954) 23–38

Aktepe, M. Münir, 'Ahmed III. devrinde Şark seferine iştirak edecek ordu esnafı hakkında vesikalar', *TD* VII/10 (1954) 17–30

Aktepe, M. Münir, 'Vak'anüvis Raşid Mehmed Efendi'nin Eşref Şah Nezdindeki Elçiliği ve Buna Tekaddüm Eden Siyasî Muhabereler', *TM* XII (1955) 155–78

Aktepe, M. Münir, '1727–1728 İzmir isyanına dâir bâzı vesikalar', *TD* VIII/11–12 (1955 [1956]) 71–98

Aktepe, M. Münir, *Patrona İsyanı (1730)*, Istanbul (1958)

Aktepe, M. Münir, 'XVIII. asrın ilk yarısında İstanbul'un Nüfus Mes'elesine Dâir Bâzı Vesikalar', *TD* IX/13 (1958) 2–30

Aktepe, M. Münir, 'Nevşehirli Damad İbrahim Paşa'ya âid iki vakfiye', *TD* XI/15 (1960) 149–60

Aktepe, Münür, 'Dürrî Ahmet Efendi'nin İran Sefareti', *BTTD* 1/1 57–60, 1/2 60–3, 1/3 64–6 (1967); 1/4 60–2, 1/5 63–56, 1/6 82–4 (1968)

Aktepe, M. Münir, 'İpşir Mustafa Paşa ve kendisile ilgili bâzı belgeler', *TD* 24 (1970) 45–58

Aktepe, M. Münir, 'Kâğıdhâne'ye Dâir Bâzı Bilgiler', in *Ord. Prof. İsmail Hakkı Uzunçarşılı'ya Armağan*, Ankara (1976) 335–63

Aktepe, M. Münir, '1711 Prut seferi ile ilgili ba'zi belgeler', *TD* 34 (1983–84 [1984]) 19–54

Aktepe, M. Münir, art. Mehmed Paşa (Sultan-zâde, Civan Kapıcı-Başı, Semîn), *İA* 7.605–7

Aktepe, M. Münir, art. Çeşme Vak'ası, *İA2* 8.288–9

Alexander, John, 'The Turks on the Middle Nile', *Archéologie du Nil Moyen* 7 (1996) 15–35

Alexandrescu-Dersca, M. M., *La campagne de Timur en Anatolie (1402)*, London (1977)

Algar, Hamid, art. Nakshbandiyya, *EI2* VII.934–7

Allouche, Adel, *The Origins and Development of the Ottoman–Safavid Conflict (906–962/1500–1555)*, Berlin (1983)

Altundağ, Şinâsî, art. Osman III, *İA* 9.448–50

Anderson, Lisa, 'Nineteenth-century Reform in Ottoman Libya', *IJMES* 16 (1984) 325–48

Anderson, M. S., *The Eastern Question, 1774–1923*, London (1966)

Anderson, R. C., *Naval Wars in the Levant, 1559–1853*, Liverpool (1952)

Andreasyan, Hrand D., 'Bir Ermeni kaynağına göre Celâlî isyanları', *TD* XIII/17–18 (1962–63 [1963]) 27–42

Andreasyan, Hrand D., 'Abaza Mehmed Paşa', *TD* XVII (1967 [1968]) 131–42

Anderasyan, Hrand D., 'Celâlilerden Kaçan Anadolu Halkının Geri Gönderilmesi', in *Ord. Prof. İsmail Hakkı Uzunçarşılı'ya Armağan*, Ankara (1976) 45–53

Anderasyan, Hrand, and Derin, Fahri Ç., 'Çınar Vak'ası (Eremya Çelebi Kömürcüyan'a göre)', *İED* III (1957) 57–83

(Anonymous) *Anonim Osmanlı Tarihi (1099–1116/1688–1704)*, prep. Abdülkadir Özcan, Ankara (2000)

Arbel, Benjamin, 'Nur Banu (c.1530–1583): a Venetian Sultana?', *Turcica* XXIV (1992) 241–59

Arıkan, V. Sema (prep.), *III. Selim'in Sirkâtibi Ahmed Efendi Tarafından Tutulan Rûznâme*, Ankara (1993)

Artan, Tülay, 'From Charismatic Leadership to Collective Rule. Introducing Materials on the Wealth and Power of Ottoman Princesses in the Eighteenth Century', *Toplum ve Ekonomi* 4 (1993) 53–94

Artan, Tülay, 'Periods and Problems of Ottoman (Women's) Patronage on the Via Egnatia', in E. Zachariadou (ed.), *The Via Egnatia under Ottoman Rule (1380–1699)*, A Symposium held in Rethymnon, 9–11 January 1994, Institute for Mediterranean Studies, Halcyon Days in Crete II, Rethymnon (1996) 19–43

Artan, Tülay, 'Aspects of the Ottoman Elite's Food Consumption: Looking for "Staples", "Luxuries", and "Delicacies" in a Changing Century', in D. Quataert (ed.), *Consumption Studies and the History of the Ottoman Empire, 1550–1922, an Introduction*, Albany (2000) 107–200

Artuk, İbrahim, 'Osmanlı Beyliğinin Kurucusu Osman Gazi'ye Ait Sikke', in O. Okyar and H. İnalcık (eds), *Social and Economic History of Turkey (1071–1920)*, Papers presented to the First International Congress on the Social and Economic History of Turkey, Hacettepe University, July 11–13 1977, Ankara (1980) 27–31

Atasoy, Nurhan, art. Hırka-i Saâdet, *İA2* 17.374–7

Atıl, Esin, 'The Story of an Eighteenth-Century Ottoman Festival', *Muqarnas* 10 (1993) 181–211

Atsız, Bedriye (prep.), *Ahmed Resmî Efendi'nin Viyana ve Berlin Sefaretnameleri*, Istanbul (1980)

Austin, M., *Domenico's Istanbul*, London (2001)

Avcıoğlu, Nebahat, 'Ahmed I and the Allegories of Tyranny in the Frontispiece to George Sandys's *Relation of a Journey*', *Muqarnas* 18 (2001) 203–26

Aydın, Mahir, 'Livadya Sefâretleri ve Sefâretnâmeleri', *Belgeler* XIV/18 (1989–92 [1992]) 321–57

Aydın, Mahir, 'Sultan II. Mahmud Döneminde Yapılan Nüfûs Tahrirleri', in Sultan II. Mahmud ve Reformları Semineri, 28–30 Haziran 1989, IUEF Tarih Araştırma Merkezi, Istanbul (1990) 81–106

Ayverdi, Ekrem Hakkı, *İstanbul Mi'mârî Çağının Menşe'i: Osmanlı Mi'mârîsinin İlk Devri 630–805 (1230–1402)*, Istanbul (1966)

Babinger, Franz, '*Bajezid Osman* (Calixtus Ottomanus), ein Vorläufer und Gegenspieler Dschem-Sultans', *La nouvelle Clio* 3 (1951) 349–88

Babinger, Franz, *Mehmed the Conqueror and his Time*, Princeton (1978)

Babinger, Fr., art. Mīkhāl-oghlu, *EI2* VII.34–5

Bacqué-Grammont, Jean-Louis, 'Etudes turco-safavides I. Notes sur le blocus de commerce iranien par Selîm Ier', *Turcica* VI (1975) 68–88

Bacqué-Grammont, Jean-Louis, 'Notes sur une saisie de soie d'Iran en 1518', *Turcica* VIII/2 (1976) 237–53

Bacqué-Grammont, J.-L., 'Etudes Turco-Safavides III. Notes et documents sur la révolte de Şah Velī b. Şeyh Celâl', *AO* 7 (1982) 5–69

Bacqué-Grammont, Jean-Louis, 'Un rapport inédit sur la révolte anatolienne de 1527', *SI* 62 (1985) 156–71

Bacqué-Grammont, Jean-Louis, *Les Ottomans, les Safavides et leurs voisins*, Istanbul (1987)

Bacqué-Grammont, Jean-Louis, 'Ubaydu-llah han de Boukhara et Soliman le Magnifique. Sur quelques pièces de correspondance', in G. Veinstein (ed.), *Soliman le magnifique et son temps*, Actes du Colloque de Paris, Galeries Nationales du Grand Palais, 7–10 mars 1990, Paris (1992) 485–504

Bacqué-Grammont Jean-Louis, 'The Eastern Policy of Süleymân the Magnificent 1520–1533', in H. İnalcık and C. Kafadar (eds), *Süleymân the Second and his Time*, Istanbul (1993) 219–28

Baer, Marc, 'Honored by the Glory of Islam: the Ottoman State, Non-Muslims, and Conversion to Islam in Late Seventeenth-Century Istanbul and Rumelia', unpubl. Ph.D. thesis, Univ. of Chicago (2001)

Bağcı, Serpil, 'The Spread and Liberation of the Royal Image', in *The Sultan's Portrait. Picturing the House of Osman*, Istanbul (2000) 216–19

Balivet, Michel, 'Deux partisans de la fusion religieuse des Chrétiens et des Musulmans au XVe siècle: Le turc Bedreddin de Samavna et le grec Georges de Trebizonde', *Byzantina* 10 (1980) 361–400

Balivet, Michel, *Islam mystique et révolution armée dans les Balkans ottomans. Vie du Cheikh Bedreddîn le 'Hallaj des Turcs' (1358/59–1416)*, Istanbul (1995)

Barbir, Karl K., *Ottoman Rule in Damascus, 1708–1758*, Princeton (1980)

Barkan, Ömer Lutfi, 'Osmanlı İmparatorluğunda Bir iskan ve kolonizasyon metodu olarak Vakıflar ve Temlikler: I. İstilâ devirlerinin Kolonizator Türk dervişleri ve zâviyeleri', *VD* 2 (1942) 279–386

Barker, John W., *Manuel II Palaeologus (1391–1425): A Study in Late Byzantine Statesmanship*, New Brunswick (1969)

Barnes, John Robert, *An Introduction to Religious Foundations in the Ottoman Empire*, Leiden (1986)

Barta, Gábor, 'A Forgotten Theatre of War 1526–1528 (Historical Events preceding the Ottoman–Hungarian Alliance of 1528)' in G. Dávid and P. Fodor (eds), *Hungarian–Ottoman Military and Diplomatic Relations in the Age of Süleyman the Magnificent*, Budapest (1994) 93–130

Bayerle, Gustav, 'The Compromise at Zsitvatorok', *AO* 6 (1980) 5–53

Baykal, Bekir Sıtkı, (prep.), *İbretnümâ. Mabeyaci Fahri Bey'in Hatıraları ve İlgili Bazı Belgeler*, Ankara (repr. 1989)

Baykal, Bekir Sıtkı, art. Râmî Mehmed Paşa, *İA* 9.623–4

Baysun, M. Cavid, 'Müverrih Râşid Efendi'nin İran Elciliğine Dâir', *TM IX* (1946–51 [1951]) 145–50

Behrens-Abouseif, Doris, *Egypt's Adjustment to Ottoman Rule*, Leiden (1994)

Beldiceanu-Steinherr, Irène, 'Le règne de Selīm Ier: Tournant dans la vie politique et religieuse de l'Empire ottoman', *Turcica* VI (1975) 34–48

Beldiceanu-Steinherr, Irène, and Bacqué-Grammont, Jean-Louis, 'A propos de quelques causes de malaises sociaux en Anatolie Centrale', *AO* 7 (1982) 71–116

Benbassa, Esther, 'Associational Strategies in Ottoman Jewish Society in the Nineteenth and Twentieth Centuries', in A. Levy (ed.), *The Jews of the Ottoman Empire*, Princeton (1994) 457–84

Benbassa, Esther, and Rodrigue, Aron, *Sephardi Jewry*, Berkeley (2000)

Bennigsen, Alexandre, 'L'expédition turque contre Astrakhan en 1569 d'après les Registres des "Affaires importantes" des Archives ottomanes', *Cahiers du Monde russe et soviétique* VIII (1967) 427–46

Berindei, Mihnea, 'Le rôle des fourrures dans les relations commerciales entre la Russie et l'empire ottoman avant la conquête de la Sibérie', in Ch. Lemercier-Quelquejay et al. (eds), *Passé turco-tatar, présent soviétique, Études offertes à Alexandre Bennigsen*, Louvain (1986) 89–98

Beydilli, Kemal, 'Bonnaval'in izinde: Muhtedî Osman Bey veya Avusturyalı firârî General Karlo de Kotzi', *OA* 11 (1991) 73–104

Beydilli, Kemal, *Türk Bilim ve Matbaacılık Tarihinde Mühendishâne Matbaası ve Kütüphânesi (1776–1826)*, Istanbul (1995)

Beydilli, Kemal, and Şahin, İlhan, *Mahmud Râif Efendi ve Nizâm-i Cedîd'e Dâir Eseri*, Ankara (2001)

Bierman, Irene, 'The Ottomanization of Crete', in I. Bierman et al. (eds), *The Ottoman City and its Parts, Urban Structure and Social Order*, New York (1991) 53–75

Blackburn, J. R., 'Two Documents on the Division of Ottoman Yemen into two Beglerbegliks (973/1565)', *Turcica* XXVII (1995) 223–36

Blackburn, J. R., art. Özdemir Pasha, *EI2* VIII.235–6

BOA/Hatt-i hümayun no. 8231: Başbakanlık Osmanlı Arşivi (Prime Minister's Ottoman Archives, Istanbul)

BOA/Mühimme Defteri vol.7 no.721: Başbakanlık Osmanlı Arşivi (Prime Minister's Ottoman Archives, Istanbul), publ. as *7 Numaralı Mühimme Defteri (975–976/1567–1569)*, Ankara (1997–8)

Bostan İdris, *Osmanlı Bahriye Teşkilâtı: XVII. Yüzyılda Tersâne-i Âmire*, Ankara (1992)

Bowen, H., art. 'Alī Pasha Tepedelenli, *EI2* I.398–9

Bozkurt, Gülnihâl, *Alman–İngiliz Belgelerinin ve Siyasi Gelismelerin Işığı Altında Gayrimüslim Osmanlı Vatandaşlarının Hukukî Durumu (1839–1914)*, Ankara (repr. 1996)

Braune, W., art. 'Abd al-Kādir al-Djīlānī, *EI2* I.69–70

Broomhall, Marshall, *Islam in China. A Neglected Problem*, London (1910)

Brouwer, C. G., '*A Stockless Anchor and An Unsaddled Horse*: Ottoman Letters Addressed to the Dutch in Yemen, First Quarter of the 17th Century', *Turcica* XX (1988) 173–242

Bruess, Gregory, *Religion, Identity and Empire: a Greek Archbishop in the Russia of Catherine the Great*, Boulder (1997)

Brummett, Palmira, *Ottoman Seapower and Levantine Diplomacy in the Age of Discovery*, Albany (1994)

Bryer, Anthony, 'Greek Historians on the Turks: the Case of the first Byzantine–Ottoman Marriage', in R. H. C. Davis and J. M. Wallace-Hadrill (eds), *The Writing of History in the Middle Ages*, Oxford (1981) 471–94

Burian, Orhan (prep.), *The Report of Lello, Third English Ambassador to the Sublime Porte*, Ankara (1952)

Buzpınar, Ş. Tufan, 'The Hijaz, Abdulhamid II and Amir Hussein's Secret Dealings with the British, 1877–80', *MES* 31 (1995) 99–123

Çağman, Filiz, 'Portrait Series of Nakkaş Osman', in *The Sultan's Portrait. Picturing the House of Osman*, Istanbul (2000) 164–87

Cazacu, Matei, 'La "mort infâme". Décapitation et exposition des têtes à Istanbul (XVe–XIXe siècles)', in G. Veinstein (ed.), *Les Ottomans et la mort*, Leiden (1996) 245–89

Çelik, Zeynep, *Displaying the Orient. Architecture of Islam at Nineteenth-Century World's Fairs*, Berkeley (1992)

Cezar, Yavuz, *Osmanlı Maliyesinde Bunalım ve Değişim Dönemi (XVIII. yy dan Tanzimat'a Mali Tarih)*, Istanbul (1986)

Charanis, Peter, 'The Strife among the Palaeologi and the Ottoman Turks, 1370–1402', *Byzantion* 16/1 (1942 [1944]) 286–314

Chaudhuri, K. N., *Trade and Civilisation in the Indian Ocean. An Economic History from the Rise of Islam to 1750*, Cambridge (1985)

Chesnau, Jean, *Le Voyage de Monsieur d'Aramon*, Paris (1887)

Chrysostomides, J. (prep.), *Manuel II Palaeologus Funeral Oration on his Brother Theodore*, Corpus Fontum Historiae Byzantinae XXVI, Thessalonica (1985)

Clayer, Nathalie, *Mystiques, état et société: les Halvetis dans l'aire balkanique de la fin du Xme siècle à nos jours*, Leiden (1994)

Clogg, Richard, *A Short History of Modern Greece*, Cambridge (repr. 1987)

Clogg, Richard, *A Concise History of Greece*, Cambridge (repr. 1995)

Cohen, Amnon, *Palestine in the 18th Century*, Jerusalem (1973)

Conway Morris, Roderick, *Jem: Memoirs of an Ottoman Secret Agent*, London (1988)

Cook, Michael, *Population Pressure in Rural Anatolia, 1450–1600*, London (1972)

Cook, Michael (ed.), *A History of the Ottoman Empire to 1730*, Cambridge (1976)

Covel, Dr John, *Voyages en Turquie, 1675–1677*, prep. Jean-Pierre Grélois, Paris (1998)

Crane, Howard, 'The Ottoman Sultan's Mosques: Icons of Imperial Legitimacy', in I. Bierman et al. (eds), *The Ottoman City and its Parts, Urban Structure and Social Order*, New York (1991) 173–243

Crecelius, Daniel, 'Egypt in the eighteenth century', in M. W. Daly (ed.), *The Cambridge History of Egypt, vol. 2: Modern Egypt from 1517 to the end of the twentieth century*, Cambridge (1998) 59–86

Criss, Bilge, *Istanbul under Allied Occupation, 1918–1923*, Leiden (1999)

Dadrian, Vahakn, 'The Naim-Andonian Documents on the World War I Destruction of Armenians: the Anatomy of a Genocide', *IJMES* 18 (1986) 311–60, 550

Dadrian, Vahakn, 'The Documentation of the World War I Armenian Massacres in the Proceedings of the Turkish Military Tribunal', *IJMES* 23 (1991) 549–76

Danişmend, İsmail Hami, *İzahlı Osmanlı Tarihi Kronolojisi*, 4 vols, Istanbul (1947–55)

Dankoff, Robert, (prep., with a historical introduction by Rhoads Murphey), *The Intimate Life of an Ottoman Statesman. Melek Ahmed Pasha (1588–92) as Portrayed in Evliya Çelebi's Book of Travels*, Albany (1991)

Darkot, Besim, art. Karadağ, *İA* 6.221–30

Darling, Linda T., *Revenue-Raising and Legitimacy. Tax Collection and Finance Administration in the Ottoman Empire 1560–1660*, Leiden (1996)

Dávid, Géza, 'Administration in Ottoman Europe', in M. Kunt and C. Woodhead (eds), *Süleyman the Magnificent and his Age*, London and New York (1995) 71–90

Davison, Roderic, *Reform in the Ottoman Empire, 1856–1876*, Princeton (1963)

Davison, Roderic, '"Russian Skill and Turkish Imbecility": the Treaty of Kuchuk Kainardji Reconsidered', in R. Davison, *Essays in Ottoman and Turkish History, 1774–1923*, Austin (1990) 29–50. (First publ. in *Slavic Review* 35/3 (1976) 463–83)

Davison, Roderic, 'The "Dosografa" Church in the Treaty of Küçük Kaynarca', in R. Davison, *Essays in Ottoman and Turkish History, 1774–1923*, Austin (1990) 51–9. (First publ. in *BSOAS* 42/1 (1979) 46–52)

Davison, Roderic, 'The First Ottoman Experiment with Paper Money', in R. Davison, *Essays in Ottoman and Turkish History, 1774–1923*, Austin (1990) 60–72. (First publ. in O. Okyar and H. İnalcık (eds), *Social and Economic History of Turkey (1071–1920)*, Papers presented to the First International Congress on the Social and Economic History of Turkey, Hacettepe University July 11–13 1977, Ankara (1980) 243–51)

Davison, R. H., art. Midhat Pasha, *EI2* VI.1031–5

Davison, R. H., art. Tanzīmāt, *EI2* X.201–9

Decei, Aurel, art, Hotin, *İA* 5/1.567–71

Decei, Aurel, and Gökbilgin, M. Tayyib, art. Erdel, *İA* 4.293–306

Decei, Aurel, and Gökbilgin, M. Tayyib, art. Erdel, *EI2* II.703–5

Defterdar Sarı Mehmed Paşa, *Zübde-i Vekayiât*, prep. Abdülkadir Özcan, Ankara (1995)

de Groot, A. H., art. Khalīl Pasha Kaysariyyeli, *EI2* IV.970–2

de Groot, A. H., art. Mehmed Pasha Karamāni, *EI2* VI.995–6

de Groot, A. H., art. Murād III, *EI2* VII.595–7

Demetriades, Vassilis, 'Some Thoughts on the Origins of the Devşirme', in E. Zachariadou (ed.), *The Ottoman Emirate (1300–1389)*, A Symposium held in Rethymnon, 11–13 January 1991, Institute for Mediterranean Studies, Halcyon Days in Crete I, Rethymnon (1993) 23–31

Dennis, George T., (prep.), *The Letters of Manuel II Palaeologus*, Corpus Fontum Historiae Byzantinae VIII, Washington (1977)

Denny, Walter, et al., *Court and Conquest. Ottoman Origins and the Design for Handel's Tamerlano at the Glimmerglass Opera*, Kent, Ohio (1998)

Derin, Fahri Ç., 'Şeyhülislâm Feyzullah Efendi'nin nesebi hakkında bir risâle, *TD* X/14 (1959) 97–104

Derin, Fahri Ç., (prep.), 'Yayla İmamı Risalesi', *TED* 3 (1972 [1973]) 213–72

Derin, Fahri Ç., (prep.), 'Tüfengçi-başı Ârif Efendi Tarihçesi', *Belleten* XXXVIII (1974) 379–443

Deringil, Selim, 'Legitimacy Structures in the Ottoman State: the Reign of Abdülhamid II (1876–1909)', *IJMES* 23 (1991) 345–59

Deringil, Selim, *The Well-Protected Domains; Ideology and the Legitimation of Power in the Ottoman Empire, 1876–1909*, London (1998)

Deringil, Selim, 'Les Ottomans et le partage de l'Afrique, 1880–1900', in S. Deringil, *The Ottomans, the Turks, and World Power Politics*, Istanbul (2000) 43–55. (First publ. in S. Kuneralp (ed.), *Studies on Ottoman Diplomatic History* V (1990) 121–33)

Deringil, Selim, '"There is no Compulsion in Religion": on Conversion and Apostasy in the Late Ottoman Empire, 1839–1856' in S. Deringil, *The Ottomans, the Turks, and World Power Politics*, Istanbul (2000) 101–30. (First publ. in *Comparative Studies in Society and History* 42/3 (2000) 547–75)

Devereux, Robert, 'Süleyman Pasha's "The Feeling of the Revolution"', *MES* 15 (1979) 3–35

Doukas, *Decline and Fall of Byzantium to the Ottoman Turks*, prep. Harry J. Magoulias, Detroit (1975)

Duguid, Stephen, 'The Politics of Unity: Hamidian Policy in Eastern Anatolia', *MES* 9 (1973) 139–55

Dumont, Paul, 'La pacification du Sud-Est anatolien en 1865', *Turcica* V (1973) 108–30

Dumont, Paul, 'La période des *Tanzimât* (1839–1878)', in R. Mantran (ed.), *Histoire de l'empire ottoman*, Paris (1989) 459–522

Dumont, Paul, and Georgeon, François, 'La mort d'un empire', in R. Mantran (ed.), *Histoire de l'empire ottoman*, Paris (1989) 577–647

Dykstra, Darrell, 'The French occupation of Egypt, 1798–1801', in M. W. Daly (ed.), *The Cambridge History of Egypt*, vol. 2: *Modern Egypt from 1517 to the end of the twentieth century*, Cambridge (1998) 113–38

Eissenstadt, Howard, 'Turkic Immigrants/Turkish Nationalism: Opportunities and Limitations of a Nationalism in Exile', *TSAB* 25/26 (2001–2) 25–50

Eldem, Edhem, *French Trade in Istanbul in the Eighteenth Century*, Leiden (1999)

Eldem, Edhem, 'Istanbul: from imperial to peripheralized capital', in E. Eldem et al., *The Ottoman City between East and West*, Cambridge (1999) 135–206

Eldem, Edhem, *Pride and Privilege. A History of Ottoman Orders, Medals and Decorations*, Istanbul (2004)

Eldem, Sedat H., *Sa'dabad*, Ankara (1977)

Elliott, J. H., *Richelieu and Olivares*, Cambridge (repr. 1991)

Emecen, Feridun, 'Son Kırım Hânı Şâhin Giray'ın îdâmı mes'elesi ve buna dâir vesikalar', *TD* 34 (1983–84 [1984]) 315–46

Emecen, Feridun, 'The History of an Early Sixteenth Century Migration – Sirem Exiles in Gallipoli', in G. Dávid and P. Fodor (eds), *Hungarian–Ottoman Military and Diplomatic Relations in the Age of Süleyman the Magnificent*, Budapest (1994) 77–87

Emecen, Feridun, art. Cezzâr Ahmed Paşa, *İA2* 7.516–18

Erdem, Y. Hakan, *Slavery in the Ottoman Empire and its Demise, 1800–1909*, Basingstoke (1996)

Erdem, Hakan, 'Recruitment for the "Victorious Soldiers of Muhammad" in the Arab Provinces, 1826–1828' in Israel Gershoni et al. (eds), *Histories of the Modern Middle East. New Directions*, Boulder (2002) 189–206

Erünsal, İsmail E., *Türk Kütüphaneleri Tarihi II. Kuruluştan Tanzimat'a Kadar Osmanlı Vakıf Kütüphaneleri*, Ankara (1988)

Eskandar Beg Monshi, *History of Shah 'Abbas the Great*, 2 vols, prep. R. M. Savory, Boulder (1978)

Evliyâ Çelebi, *Seyahatnâme*, 8 vols., prep. Y. Dağlı et al., Istanbul (1996–2004)

Eyice, Semavi, 'İlk Osmanlı Devrinin Dinî – İçtimaî Bir Müessesesi Zâviyeler ve Zâviyeli–Camiler', *İstanbul Üniversitesi İktisat Fakultesi Mecmuası* 23 (1962–3) 3–80

Eyice, Semavi, art. Fethiye Camii, *İst. Ansik.* 3.300–301

Fahmy, Khaled, 'The era of Muhammad 'Ali Pasha, 1805–1848', in M. W. Daly (ed.), *The Cambridge History of Egypt*, vol. 2: *Modern Egypt from 1517 to the end of the twentieth century*, Cambridge (1998) 139–79

Farhi, David, 'The Şeriat as a Political Slogan – or the "Incident of the 31st March"', *MES* 7 (1971) 275–99

Faroqhi, Suraiya, 'The Venetian Presence in the Ottoman Empire, 1600–30', in Huri İslamoğlu-İnan (ed.), *The Ottoman Empire and the World-Economy*, Cambridge (1987) 311–44

Faroqhi, Suraiya, 'An Ulama Grandee and his Household', *OA* IX (1989) 199–208

Faroqhi, Suraiya, *Pilgrims and Sultans. The Hajj under the Ottomans 1517–1683*, London (1994)

Faroqhi, Suraiya, 'Migration into Eighteenth-Century "Greater Istanbul" as Reflected in the Kadi Registers of Eyüp', *Turcica* XXX (1998) 163–83

Findley, Carter, *Bureaucratic Reform in the Ottoman Empire. The Sublime Porte, 1789–1922*, Princeton (1980)

Findley, Carter, *Ottoman Civil Officialdom*, Princeton (1989)

Findley, Carter, art. Medjelle, *EI2* VI.971–2

Finkel, Caroline, *The Administration of Warfare: the Ottoman Military Campaigns in Hungary, 1593–1606*, Vienna (1988)

Fisher, Alan W., *The Russian Annexation of the Crimea, 1772–1783*, Cambridge (1970)

Fisher, Alan, 'Muscovy and the Black Sea Slave Trade', in A. Fisher, *A Precarious Balance: Conflict, Trade and Diplomacy on the Russian–Ottoman Frontier*, Istanbul (1999) 27–46. (First publ. in *Canadian-American Slavic Studies* VI (1972) 575–94)

Fisher, Alan, *The Crimean Tatars*, Stanford (1987)

Fisher, Alan, 'The Life and Family of Süleyman I', in H. İnalcık and C. Kafadar (eds), *Süleymân the Second and his Time*, Istanbul (1993) 1–19

Fisher, Alan, 'Şahin Giray, the Reformer Khan, and the Russian Annexation of the Crimea', in A. Fisher, *Between Russians, Ottomans and Turks: Crimea and Crimean Tatars*, Istanbul (1998) 93–121

Fleischer, Cornell, 'Royal Authority, Dynastic Cyclism, and "Ibn Khaldûnism" in Sixteenth-Century Ottoman Letters', *AAS* XVIII (1983) 198–220

Fleischer, Cornell, *Bureaucrat and Intellectual in the Ottoman Empire. The Historian Mustafa Âli (1541–1600)*, Princeton (1986)

Fleischer, Cornell, 'The Lawgiver as Messiah: the Making of the Imperial Image in the Reign of Süleymân', in G. Veinstein (ed.), *Soliman le magnifique et son temps*, Actes du Colloque de Paris, Galeries Nationales du Grand Palais, 7–10 mars 1990, Paris (1992) 159–77

Fleming, K. E., *The Muslim Bonaparte. Diplomacy and Orientalism in Ali Pasha's Greece*, Princeton (1999)

Flemming, Barbara, 'Political Genealogies in the Sixteenth Century', *OA* VII–VIII (1988) 123–37

Flemming, Barbara, 'Public Opinion under Sultan Süleymân', in H. İnalcık and C. Kafadar (eds), *Süleymân the Second and his Time*, Istanbul (1993) 49–56

Flemming, B., art. Khōdja Efendi, *EI2* V.27–9

Fodor, Pál, 'State and Society, Crisis and Reform in 15th–17th Century Ottoman Mirror[s] for Princes', *AOASH* XL/2–3 (1986) 217–40

Fodor, Pál, 'Ottoman Policy towards Hungary, 1520–1541', *AOASH* XLV/2–3 (1991) 271–345

Fodor, Pál, 'Sultan, Imperial Council, Grand Vizier: Changes in the Ottoman Ruling Elite and the Formation of the Grand Vizieral Telhîs', *AOASH* XLVII/1–2 (1994) 67–84

Fodor, Pál, 'Between Two Continental Wars: the Ottoman Naval Preparations in 1590–1592', in Ingeborg Baldauf and Suraiya Faroqhi (eds) with the collaboration of Rudolf Veselý, *Armagan, Festschrift für Andreas Tietze*, Prague (1994) 90–111

Fodor, Pál, 'The Grand Vizieral Telhis. A Study in the Ottoman Central Administration 1566–1656', *AO* XV (1997) 137–88

Fodor, Pál, 'The View of the Turk in Hungary: the Apocalyptic Tradition and the Legend of the Red Apple in Ottoman–Hungarian Context', in P. Fodor, *In Quest of the Golden Apple*, Istanbul (2000) 71–103. (First publ. in B. Lelouche and S. Yerasimos (eds), *Les traditions apocalyptiques au tournant de la chute de Constantinople*, Actes de la Table Ronde d'Istanbul (13–14 avril 1996), Paris (1999) 99–131)

Fodor, Pál, 'An Anti-Semite Grand Vizier? The Crisis in Ottoman–Jewish Relations in 1591–1592 and its Consequences', in P. Fodor, *In Quest of the Golden Apple*, Istanbul (2000) 191–206

Fodor, Pál, and Dávid, Géza, 'Hungarian–Ottoman Peace Negotiations in 1512–1514', in G. Dávid and P. Fodor (eds), *Hungarian–Ottoman Military and Diplomatic Relations in the Age of Süleyman the Magnificent*, Budapest (1994) 9–45

Forster, E. S., (prep.), *The Turkish Letters of Ogier Ghiselin de Busbecq*, Oxford (1927)

Fotić, Aleksandar, 'The Official Explanations for the Confiscation and Sale of Monasteries (Churches) and their Estates at the Time of Selim II', *Turcica* XXVI (1994) 33–54

Frost, Robert, *The Northern Wars, 1558–1721*, Harlow (2002)

Fuller, William C., *Strategy and Power in Russia, 1600–1914*, New York (1992)

Gabriel, Erich, 'Die Türkenbeute in Österreich', in Christine Wessely (ed.), *Die Türken und was von ihnen bleib*, Vienna (1978) 101–6

Gawrych, George Walter, 'Ottoman Administration and the Albanians, 1908–1913', unpubl. Ph.D. thesis, Univ. of Michigan (1980)

Gawrych, George W., 'Şeyh Galib and Selim III: Mevlevism and the Nizam-i Cedid', *IJTS* 4 (1987) 91–114

Genç, Mehmet, 'Osmanlı Maliyesinde Malikane Sistemi', in O. Okyar (ed.), *Türkiye İktisat Tarihi Semineri*, Metinler/Tartışmalar, 8–10 Haziran 1973, Ankara (1975) 231–96

Genç, Mehmet, 'A study of the feasibility of using eighteenth-century Ottoman financial records as an indicator of economic activity', in Huri İslamoğlu-İnan (ed.), *The Ottoman Empire and the World-Economy*, Cambridge (1987) 345–73

Genç, Mehmet, 'Ottoman Industry in the Eighteenth Century: General Framework, Characteristics and Main Trends', in D. Quataert (ed.), *Manufacturing in the Ottoman Empire and Turkey, 1500–1950*, Albany (1994) 59–86

Genç, Mehmet, art. Esham, *İA2* 11.376–80

Georgeon, François, 'Les Foyers Turcs à l'époque kémaliste (1923–1931)', *Turcica* XIV (1982) 168–215

Georgeon, François, 'Le dernier sursaut', in R. Mantran (ed.), *Histoire de l'empire ottoman*, Paris (1989) 523–76

Gibb, E. J. W., *Ottoman Poems Translated into English Verse in the Original Forms*, London (1882)

Gibb, E. J. W., *A History of Ottoman Poetry*, 6 vols, London (repr. 1958–63)

Gilles, Pierre, *The Antiquities of Constantinople*, Ithaca (repr. 1988)

Glover, Thomas, 'The Journey of Edward Barton Esquire, her Majesties Ambassador with the Grand Signior otherwise called the Great Turke, in Constantinople, Sultan Mahumet Chan. Written by Sir Thomas Glover then Secretarie to the Ambassador, and since employed in that Honourable Function by his Majestie, to Sultan Achmet . . .', in S. Purchas (ed.), *Hakluytus Posthumus or Purchas his Pilgrimes etc.*, Glasgow (1905–7) VIII.304–20

Göçek, Fatma Müge, *East Encounters West. France and the Ottoman Empire in the Eighteenth Century*, New York (1987)

Goffman, Daniel, *Britons in the Ottoman Empire, 1642–1660*, Seattle (1998)

Goffman, Daniel, 'Izmir: from village to colonial port city', in E. Eldem et al., *The Ottoman City between East and West*, Cambridge (1999) 79–134

Gökbilgin, Tayyib, 'II. Rakoczi Ferencz ve Tevabiine Dair Yeni Vesikalar', *Belleten* V (1941) 577–95

Gökbilgin, M. Tayyib, 'Kara Üveys Paşa'nın Budin Beylerbeyliği (1578–80)', *TD* II/3–4 (1950–51 [1952]) 18–34

Gökbilgin, M. Tayyib, 'Rüstem Paşa ve hakkındaki ithamlar', *TD* VIII/11–12 (1955 [1956]) 10–50

Gökbilgin, M. Tayyib, 'Venedik Devlet Arşivindeki Türkçe Belgeler Kolleksiyonu ve Bizimle İlgili Diğer Belgeler', *Belgeler* V–VIII (1968–71 [1971]) 1–151

Gökbilgin, Tayyib, art. İbrahim, *İA* 5/II.880–4

Gökbilgin, M. Tayyib, art. İbrahim Paşa, *İA* 5/II.908–15

Gökbilgin, M. Tayyib, and Repp, R., art. Köprülü, *EI2* V.256–63

Gökçe, Cemal, 'Edirne Âyanı Dağdeviren-oğlu Mehmed Ağa', *TD* XVII/22 (1967 [1968]) 97–110

Gökçe, Cemal, '1787–1806 yılları arasında Kafkasya'da cereyan eden siyasi olaylar', *TD* 26 (1972) 1–66

Göksu, Saime, and Timms, Edward, *Romantic Communist. The Life and Work of Nazım Hikmet*, New York (1999)

Goldstein, Erik, 'Holy Wisdom and British foreign policy 1918–1922: the St Sophia redemption agitation', *BMGS* 15 (1991) 36–64

Gönen, Yasemin Saner, 'The Integration of the Ottoman Empire into the European State System during the Reign of Selim III', unpubl. MA thesis, Boğaziçi Univ. (1991)

Goodwin, Godfrey, *A History of Ottoman Architecture*, London (pbk 1987)

Gould, Andrew G., 'Lords or Bandits? The Derebeys of Cilicia', *IJMES* 7 (1976) 485–506

Greene, Molly, *A Shared World. Christians and Muslims in the Early Modern Mediterranean*, Princeton (2000)

Griswold, Thomas, *The Great Anatolian Rebellion, 1000–1020/1591–1611*, Berlin (1983)

Gülsoy, Ufuk, '1856 Islâhât Fermanı'na Tepkiler ve Maraş Olayları', in *Prof. Dr Bekir Kütükoğlu'na Armağan*, Istanbul (1991) 443–53

Gülsoy, Ufuk, *Osmanlı Gayrimüslimlerinin Askerlik Serüveni*, Istanbul (2000)

Gür, Faik, 'Atatürk heykelleri ve Türkiye'de resmî tarihin görselleşmesi', *TB* 90 (2001) 147–65

Haddad, Mahmoud, review of S. Deringil, *The Well-Protected Domains* (London) 1998, *Middle East Studies Association Bulletin* 33 (1999) 208–10

Hagen, Gottfried, 'The Prophet Muhammad as an Exemplar in War: Ottoman Views on the Eve of World War I', *NPT* 22 (2000) 145–72

Halaçoğlu, Yusuf, *XVIII. yüzyılda Osmanlı İmparatorluğunun iskan siyaseti ve aşiretlerin yerleştirilmesi*, Ankara (repr. 1991)

Halaçoğlu, Yusuf, art. Evlâd-i Fâtihan, *İA2* 11.524–5

Halaçoğlu, Yusuf, and Aydın, M. Akif, art. Cevdet Paşa, *İA2* 7.443–50

Hale, William, *Turkish Politics and the Military*, London (1994)

Haley, Charles D., 'The Desperate Ottoman: Enver Paşa and the German Empire – I', *MES* 30 (1994) 1–51

Hamadeh, Shirine, 'Splash and Spectacle: the Obsession with Fountains in Eighteenth-Century Istanbul', *Muqarnas* 19 (2002) 123–48

Hanioğlu, M. Şükrü, 'Jews in the Young Turk Movement to the 1908 Revolution', in A. Levy (ed.), *The Jews of the Ottoman Empire*, Princeton (1994) 519–26

Hanioğlu, M. Şükrü, *The Young Turks in Opposition*, New York (1995)

Hanioğlu, M. Şükrü, *Preparation for a Revolution. The Young Turks, 1902–1908*, Oxford (2001)

Har-EI, Shai, *Struggle for Domination in the Middle East. The Ottoman-Mamluk War, 1485–91*, Leiden (1995)

Harrison, J. B., art. Diū, *EI2* II.322

Hasan Vecîhî, 'Vecîhî Ta'rîhi', MS, Topkapı Palace Library, Emanet Hazinesi 1425

Hathaway, Jane, *The politics of households in Ottoman Egypt*, Cambridge (1997)

Hathaway, Jane, 'Egypt in the seventeenth century', in M. W. Daly (ed.), *The Cambridge History of Egypt*, vol. 2: *Modern Egypt from 1517 to the end of the twentieth century*, Cambridge (1998) 34–58

Hathaway, Jane, 'Çerkes Mehmed Bey: Rebel, Traitor, Hero?', *TSAB* 22/1 (1998) 108–15

Hegyi, Klára, 'The Ottoman Military Force in Hungary', in G. Dávid and P. Fodor (eds), *Hungarian–Ottoman Military and Diplomatic Relations in the Age of Süleyman the Magnificent*, Budapest (1994) 131–48

Hess, Andrew, 'The Moriscos: an Ottoman Fifth Column in Sixteenth-Century Spain', *AHR* 74/1 (1968) 1–25

Hess, Andrew, 'The Evolution of the Ottoman Seaborne Empire in the Age of Oceanic Discoveries, 1423–1525', *AHR* 75/7 (1970) 1892–1919

Hess, Andrew, 'The Ottoman Conquest of Egypt (1517) and the Beginning of the Sixteenth-Century World War', *IJMES* 4 (1973) 55–76

Hess, Andrew, 'The Forgotten Frontier: the Ottoman North African Provinces during the Eighteenth Century', in T. Naff and R. Owen (eds), *Studies in Eighteenth Century Islamic History*, Carbondale (1977) 74–87

Hess, Andrew, *The Forgotten Frontier*, Chicago (1978)

Heyd, Uriel, *Ottoman Documents on Palestine, 1552–1615*, Oxford (1960)

Heyd, Uriel, 'The Ottoman 'Ulemā and Westernization in the Time of Selim III and Mahmūd II', *Scripta Hierosolymitana* IX (1961) 63–96

Heywood, Colin, 'English Diplomacy between Austria and the Ottoman Empire in the War of the Sacra Liga, 1684–1699, with special reference to the period 1689–1699', unpubl. Ph.D. thesis, London Univ. (1970)

Heywood, Colin, '824/"8224" = 1421: the "False" (Düzme) Mustafa and his Ephemeral Coinage', *Arab Historical Review for Ottoman Studies* 15–16 (1997) Part I (= *Mélanges Halil Sahillioğlu*, ed. Abdeljelil Temimi), Zaghouan (1997) ii.159–75

Heywood, Colin, 'An Undiplomatic Anglo-Dutch Dispute at the Porte: the Quarrel between Coenraad Van Heemskerck and Lord Paget (1693)', in Alexander Hamilton et al. (eds) *Friends and Rivals in the East. Studies in Anglo-Dutch Relations in the Levant from the Seventeenth to the Early Nineteenth Century*, Leiden (2000) 59–94

Heywood, C. J., art. Karā Mustafā Pasha, Merzifonlu, *EI2* IV.589–92

Heywood, C. J., art. Küçük Kaynardja, *EI2* V.312–13

Heywood, C. J., art. Mustafā, *EI2* VII.710–13

Hezarfen Hüseyin Efendi, *Telhîsü'l-Beyân fî Kavânîn-i Âl-i Osmân*, prep. Sevim İlgürel, Ankara (1998)

Hitzel, Frédéric, 'Relations interculturelles et scientifiques entre l'empire ottoman et les pays de l'Europe occidentale, 1453–1839', 2 vols, unpubl. Ph.D. thesis, Univ. de Paris-Sorbonne (1994)

Holbrook, Victoria Rowe, *The Unreadable Shores of Love. Turkish Modernity and Mystic Romance*, Austin (1994)

Holt, Peter M., *Egypt and the Fertile Crescent 1516–1922. A Political History*, London (1966)

Hosking, Geoffrey, *Russia: People and Empire, 1552–1917*, London (1997)

Housley, Norman, *The Later Crusades. From Lyons to Alcazar 1274–1580*, Oxford (1992)

Howard, Douglas, 'The Ottoman Timar System and its Transformation, 1563–1656', unpubl. Ph.D. thesis, Indiana Univ. (1987)

Hrushevsky, Mykhailo, *History of Ukraine-Rus'*, vol. 8: *The Cossack Age, 1626–1650*, Edmonton (2002)

Hughes, Lindsey, *Russia in the Age of Peter the Great*, New Haven (pbk 2000)

Hunter, F. Robert, 'Egypt under the successors of Muhammad 'Ali', in M. W. Daly (ed.), *The Cambridge History of Egypt*, vol. 2: *Modern Egypt from 1517 to the end of the twentieth century*, Cambridge (1998) 180–97

Hurewitz, J. C., *Diplomacy in the Near and Middle East. A Documentary Record: 1553–1914*, 2 vols, Princeton (1956)

Hüseyin Tuği, *Tuği Tarihi*, prep. M. Sertoğlu, *Belleten* XI (1947) 489–514

ibn Battūta, *The Travels of ibn Battūta, A.D. 1325–1354*, prep. H. A. R. Gibb, Cambridge (1962)

Ibrahim, Hassan Ahmed, 'The Egyptian empire, 1805–1885', in M. W. Daly (ed.), *The Cambridge History of Egypt*, vol. 2: *Modern Egypt from 1517 to the end of the twentieth century*, Cambridge (1998) 198–216

İlgürel, Mücteba, art. Hüseyin Paşa (Deli), *İA2* 19.5–6

Imber, Colin, 'The Persecution of the Ottoman Shī'ites according to the mühimme defterleri, 1565–1685', *Der Islam* 61 (1979) 245–73

Imber, Colin, 'Paul Wittek's "De la défaite d'Ankara à la prise de Constantinople"', *OA* 5 (1986) 65–81

Imber, Colin, 'The Ottoman Dynastic Myth', *Turcica* XIX (1987) 7–27

Imber, Colin, 'A Note on "Christian" Preachers in the Ottoman Empire', *OA* 10 (1990) 59–67

Imber, Colin, *The Ottoman Empire 1300–1481*, Istanbul (1990)

Imber, Colin, 'Süleymân as Caliph of the Muslims: Ebû's-Su'ûd's Formulation of Ottoman Dynastic Ideology', in G. Veinstein (ed.), *Soliman le magnifique et son temps*, Actes du Colloque de Paris, Galeries Nationales du Grand Palais, 7–10 mars 1990, Paris (1992) 179–84

Imber, Colin, *Ebu's-su'ud. The Islamic Legal Tradition*, Stanford (1997)

Imber, Colin, 'What Does *Ghazi* Actually Mean?', in Ç. Balım-Harding and C. Imber (eds), *The Balance of Truth: Essays in Honour of Professor Geoffrey Lewis*, Istanbul (2000) 165–78

Imber, Colin, art. Mūsā Čelebi, *EI2* VII.644–5

İnalcık, Halil, '1444 Buhranı', in H. İnalcık, *Fatih Devri Üzerinde Tetkikler ve Vesikalar I*, Ankara (1954) 1–53

İnalcık, Halil, 'Fatih Sultan Mehmed'in İlk Culûsu', in H. İnalcık, *Fatih Devri Üzerinde Tetkikler ve Vesikalar I*, Ankara (1954) 55–67

İnalcık, Halil, 'İstanbul'un Fethinden Önce Fatih Sultan Mehmed', in H. İnalcık, *Fatih Devri Üzerinde Tetkikler ve Vesikalar I*, Ankara (1954) 69–136

İnalcık, Halil, *Hicrî 835 Tarihli Sûret-i Defter-i Sancak-i Arnavid*, Ankara (1954)

İnalcık, Halil, 'Sened-i İttifak ve Gülhane Hatt-i Hümayun', *Belleten* XXVIII (1964) 603–22

İnalcık, Halil, 'Suleiman the Lawgiver and Ottoman Law', *AO* I (1969) 105–38

İnalcık, Halil, 'The Policy of Mehmed II toward the Greek Population of Istanbul and the Byzantine Buildings of the City', *DOP* 23–24 (1969–70) 231–49

İnalcık, Halil, review of J. W. Barker, *Manuel II Palaeologus (1391–1425): A Study in Late Byzantine Statesmanship* (New Brunswick, 1969), *AO* 3 (1971) 272–85

İnalcık, Halil, 'The Conquest of Edirne (1361)', *AO* 3 (1971) 185–210

İnalcık, Halil, 'Application of the *Tanzimat* and its Social Effects', *AO* 5 (1973) 97–127

İnalcık, Halil, 'Lepanto in the Ottoman Documents' in Gino Benzoni (ed.), *Il Mediterraneo nella seconda metà del '500 alla luce di Lepanto*, Florence (1974) 185–92

İnalcık, Halil, *The Ottoman Empire. The Classical Age 1300–1600*, London (repr. 1975)

İnalcık, Halil, 'A Case Study in Renaissance Diplomacy. The Agreement between Innocent VIII and Bayezid II on Djem Sultan', *JTS* 3 (1979) 209–30

İnalcık, Halil, 'The Hub of the City: the Bedestan of Istanbul', *IJTS* I (1979–80) 1–17

İnalcık, Halil, 'Power Relationships between Russia, the Crimea and the Ottoman Empire as Reflected in Titulature', in Ch. Lemercier-Quelquejay et al. (eds), *Passé turco-tatar, présent soviétique, Études offertes à Alexandre Bennigsen*, Louvain (1986) 175–211

İnalcık, Halil, 'Tax Collection, Embezzlement and Bribery in Ottoman Finances', *TSAB* 15 (1991) 327–46

İnalcık, Halil, 'Sultan Süleymân: the Man and the Statesman', in G. Veinstein (ed.), *Soliman le magnifique et son temps*, Actes du Colloque de Paris, Galeries Nationales du Grand Palais, 7–10 mars 1990, Paris (1992) 89–103

İnalcık, Halil, 'Osman Ghazi's Siege of Nicaea and the Battle of Bapheus', in E. Zachariadou (ed.), *The Ottoman Emirate (1300–1389)*, A Symposium held in Rethymnon, 11–13 January 1991, Institute for Mediterranean Studies, Halcyon Days in Crete I, Rethymnon (1993) 77–99

İnalcık, Halil, 'The Rise of the Turcoman Maritime Principalities in Anatolia, Byzantium and the Crusades', in H. İnalcık, *The Middle East and the Balkans under the Ottoman Empire*, Bloomington (1993) 309–41. (First publ. in *Byzantinische Forschungen, Internationale Zeitschrift für Orientalistik* IX (1985) 179–217)

İnalcık, Halil, 'The Ottoman Succession and its Relation to the Turkish Concept of Sovereignty', in H. İnalcık, *The Middle East and the Balkans under the Ottoman Empire*, Bloomington (1993) 37–69. (First publ. as 'Osmanlılarda Saltanat Verâseti Usûlü ve Turk Hakimiyet Telâkkisiyle İlgisi', *Siyasal Bilgiler Fakültesi Dergisi* XIV (1959) 69–94)

İnalcık, Halil, 'The Ottoman State: Economy and Society, 1300–1600', in H. İnalcık with D. Quataert (eds), *An Economic and Social History of the Ottoman Empire, 1300–1914*, Cambridge (1994) 9–409

İnalcık, Halil, 'How to Read 'Ashik Pasha-Zāde's History', in C. Heywood and C. Imber (eds), *Studies in Ottoman History in Honour of Professor V. L. Ménage*, Istanbul (1994) 139–56

İnalcık, Halil, 'Eyüp Projesi', in Tülay Artan (ed.), *Eyüp: Dün/Bugün*, Sempozyum 11–12 Aralık 1993, Istanbul (1994) 1–23

İnalcık, Halil, *Sources and Studies on the Ottoman Black Sea*, vol. I: *The Customs Registers of Caffa, 1487–1490*, ed. V. Ostapchuk, Cambridge, MA (1996)

İnalcık, Halil, 'Mehmed the Conqueror (1432–1481) and his Time', in H. İnalcık, *Essays in Ottoman History*, Istanbul (1998) 87–109. (First publ. in *Speculum* XXXV (1960) 408–27)

İnalcık, Halil, 'Ottoman Galata, 1453–1553', in H. İnalcık, *Essays in Ottoman History*, Istanbul (1998) 275–376. (First publ. in Edhem Eldem (ed.), *Première Rencontre Internationale sur l'Empire Ottoman et la Turquie Moderne*, Institut National des Langues et Civilisations Orientales, Maison des Sciences de l'Homme, 18–22 janvier 1985, Istanbul (1991) 17–105)

İnalcık, Halil, 'Periods in Ottoman History', in H. İnalcık, *Essays in Ottoman History*, Istanbul (1998) 15–28

İnalcık, Halil, 'Istanbul: an Islamic City', in H. İnalcık, *Essays in Ottoman History*, Istanbul (1998) 249–71. (First publ. in *Journal of Islamic Studies* I (1990) 1–23)

İnalcık, H., art. Mehmed II, *İA* 7.506–35

İnalcık, H., art. Bursa, *EI2* I.1333–6

İnalcık, Halil, art. Haydar-oghlu, Mehmed, *EI2* III.317–18

İnalcık, Halil, art. Imtiyāzāt, *EI2* III.1178–89

İnalcık, H., art. Iskender Beg, *EI2* IV.138–40

İnalcık, H., art. Istanbul, *EI2* IV.224–48

İnalcık, H., art. Kānūnnāme, *EI2* IV.562–6

İnalcık, H., art. Mehemmed I, *EI2* VI.973–8

İnalcık, Halil, and Oğuz, Mevlûd, (prep.), *Gazavât-i Sultân Murâd b. Mehemmed Hân*, Ankara (1978)

İnalcık, H., and Repp, R. C., art. Khosrew Pasha, *EI2* V.32–5

Ingrao, Charles, *The Habsburg Monarchy, 1618–1815*, Cambridge (1994)

İpşirli, Mehmet, art. Ahîzâde Hüseyin Efendi, *İA2* 1.548–9

İpşirli, Mehmet, art. Derviş Mehmed Paşa, *İA2* 9.193–4

İrepoğlu, Gül, *Levnî. Painting, Poetry, Colour*, Ankara (1999)

İrepoğlu, Gül, 'Innovation and Change', in *The Sultan's Portrait. Picturing the House of Osman*, Istanbul (2000) 378–439

Isma'il Âsım Efendi, Çelebizâde, *Âsım Ta'rîhi*, Istanbul (1282/1865–6)

Issawi, Charles, 'Introduction', in D. Gondicas and C. Issawi (eds), *Ottoman Greeks in the Age of Nationalism: Politics, Economy and Society in the Nineteenth Century*, Princeton (1999) 1–16

Itzkovitz, Norman, 'Eighteenth Century Ottoman Realities', *SI* XVI (1962) 72–94

Jelavich, Charles and Barbara, *The Establishment of the Balkan National States, 1804–1920*, Seattle (1977)

Jelavich, Barbara, *History of the Balkans, Eighteenth and Nineteenth Centuries*, Cambridge (repr. 1985)

Jennings, Ronald C., *Christians and Muslims in Ottoman Cyprus and the Mediterranean World, 1571–1640*, New York (1993)

Kafadar, Cemal, 'Les troubles monétaires de la fin du XVIe siècle et la prise de conscience ottoman du déclin', *Annales ESC* 46e année/1 (1991) 381–400

Kafadar, Cemal, 'The Myth of the Golden Age', in H. İnalcık and C. Kafadar (eds), *Süleymân the Second and his Time*, Istanbul (1993) 37–48

Kafadar, Cemal, 'Eyüp'te Kılıç Kuşanma Törenleri', in Tülay Artan (ed.), *Eyüp: Dün/Bugün*, Sempozyum 11–12 Aralık 1993, Istanbul (1994)

Kafadar, Cemal, 'Osmān Beg and his Uncle: Murder in the Family?' in C. Heywood and C. Imber (eds), *Studies in Ottoman History in Honour of Professor V. L. Ménage*, Istanbul (1994) 155–63

Kafadar, Cemal, *Between Two Worlds. The Construction of the Ottoman State*, Berkeley (1995)

Kafescioğlu, Çiğdem, 'Heavenly and Unblessed. Splendid and Artless: Mehmed II's Mosque Complex in Istanbul in the Eyes of its Contemporaries', in C. Kafescioğlu and L. Thys-Şenocak (eds), *Essays in Honor of Aptullah Kuran*, Istanbul (1999) 211–22

Kann, Robert A., *A History of the Habsburg Empire, 1526–1918*, Berkeley (1974)

Kansu, Aykut, *The Revolution of 1908 in Turkey*, Leiden (1997)

Kansu, Aykut, *Politics in Post-Revolutionary Turkey, 1908–1913*, Leiden (2000)

Kappert, Petra, *Die osmanischen Prinzen und ihre Residenz Amasya im 15. und 16. Jahrhundert*, Istanbul (1976)

Karaçelebizâde Abdülaziz Efendi, 'Zeyl-i Ravzatü'l-Ebrâr', MS, Istanbul Univ. Library, İbnülemin 2986

Karakışla, Yavuz Selim, 'The 1908 Strike Wave in the Ottoman Empire' *TSAB* 16/2 (1992) 153–77

Karal, Enver Ziya, 'Nizâm-i Cedid'e dair lâyihalar, 1792', *Tarih Vesikaları* (1941–2) 414–25

Karal, Enver Ziya, *Selim III'ün Hatt-i Hümayunları, Nizam-ı Cedit*, Ankara (1942)

Karateke, Hakan T., *Padişahım Çok Yaşa! Osmanlı Develetinin Son Yüz Yılında Merasimler*, Istanbul (2004)

Karpat, Kemal, 'The Transformation of the Ottoman State, 1789–1908', *IJMES* 3 (1972) 243–81

Karpat, Kemal H., *Ottoman Population 1830–1914. Demographic and Social Characteristics*, Madison (1985)

Karpat, Kemal H., *The Politicization of Islam. Reconstructing Identity, State, Faith and Community in the Late Ottoman State*, Oxford (2001)

Kâtib Çelebi, *Fezleke*, 2 vols, Istanbul (1286–7/1869–71)

Kaya, Nevzat, art. Karaçelebizâde Abdülaziz Efendi, *İA2* 24.381–3

Kayalı, Hasan, 'Elections and the Electoral Process', *IJMES* 27 (1995) 265–86

Kayalı, Hasan, *Arabs and Young Turks. Ottomanism, Arabism, and Islamism in the Ottoman Empire, 1908–1918*, Berkeley (1997)

Kaynar, Reşat, *Mustafa Reşit Paşa ve Tanzimat*, Ankara (1954)

Kazgan, Haydar, '2. Sultan Mahmut Devrinde Enflasyon ve Darphane Amiri *Kazaz* Artin', *TB* 11 (1980) 115–30

Keyder, Çağlar, 'Manufacturing in the Ottoman Empire and in Republican Turkey ca. 1900–1950', in D. Quataert (ed.), *Manufacturing in the Ottoman Empire and Turkey, 1500–1950*, Albany (1994)

Khadduri, Majid, *War and Peace in the Law of Islam*, Baltimore (1955)

Khadduri, Majid, art. Harb, *EI2* III.180–81

Khodarkovsky, Michael, 'Of Christianity, Enlightenment, and Colonialism: Russia in the North Caucasus, 1550–1800', *JMH* 71/2 (1999) 394–430

Khodarkovsky, Michael, *Russia's Steppe Frontier. The Making of a Colonial Empire, 1500–1800*, Bloomington (2002)

Khoury, Dina, *State and provincial society in the Ottoman Empire. Mosul, 1540–1834*, Cambridge (1997)

Kiel, Hedda Reindl, art. Gedik Ahmed Paşa, *İA2* 13.543–4

Kiel, Machiel, 'Observations on the History of Northern Greece during the Turkish Rule, Historical and Architectural Description of the Turkish Monuments of Komotini and Serres, their Place in the Development of Ottoman Turkish Architecture, and their Present Condition', in M. Kiel, *Studies on the Ottoman Architecture of the Balkans*, Hampshire, UK (1990) III. (First publ. in *Balkan Studies* 12 (1971) 415–44)

Kiel, Machiel, 'Yenice-i Vardar (Vardar Yenicesi–Giannitsa): a Forgotten Turkish Cultural Centre in Macedonia of the 15th and 16th Century', in M. Kiel, *Studies on the Ottoman Architecture of the Balkans*, Hampshire, UK (1990) IV. (First publ. in *Studia Byzantina et Neohellenica Nederlandica* 3 (1971) 300–29)

Kiel, Machiel, 'The Oldest Monuments of Ottoman–Turkish Architecture in the Balkans', in M. Kiel, *Studies on the Ottoman Architecture of the Balkans*, Hampshire, UK (1990) XIV. (First publ. in *Sanat Tarihi Yıllığı* 12 (1983) 117–38)

Kiel, Machiel, 'Notes on the History of some Turkish Monuments in Thessaloniki and their Founders', in M. Kiel, *Studies on the Ottoman Architecture of the Balkans*, Hampshire, UK (1990) I. (First publ. in *Balkan Studies* 11 (1970) 123–48)

Kiel, Machiel, *Ottoman Architecture in Albania 1385–1912*, Istanbul (1990)

Kiel, Machiel, 'Mevlana Neşrī and the Towns of Medieval Bulgaria', in C. Heywood and C. Imber (eds), *Studies in Ottoman History in Honour of Professor V. L. Ménage*, Istanbul (1994) 165–87

Kiel, Machiel, 'Das türkische Thessalien: Etabliertes Geschichtsbild versus Osmanische Quellen', in R. Lauer and P. Schreiner (eds), *Die Kultur Griechenlands in Mittelalter und Neuzeit*, Goettingen (1996) 109–96

Kiel, Machiel, art. Dimetoka, *İA2* 9.305–8

Kissling, Joachim, *Rechtsproblematiken in den christlich-muslimischen Beziehungen vorab im Zeitalter der Türkenkriege*, Graz (1974)

Kolodziejczyk, Dariusz, *Ottoman–Polish Diplomatic Relations (15th–18th Century). An Annotated edition of 'Ahdnames and Other Documents*, Leiden (2000)
Kolodziejczyk, Darius, (prep.), *The Ottoman Survey Register of Podolia (ca. 1681). Defter-i Mufassal-i Eyalet-i-Kamaniçe*, Cambridge, MA (2004)
Konyalı, İ. H., *Âbideleri ve Kitâbeleri ile Karaman Tarihi. Ermenek ve Mut Âbideleri*, Istanbul (1967)
Konyalı, İ. H., *Ankara Camileri*, Ankara (1978)
Kopčan, Vojtech, 'Ottoman Narrative Sources to the Uyvar Expedition 1663', *AAS* VII (1971) 89–100
Kopčan, Vojtech, 'Einige Bemerkungen zur Versorgung der osmanischen Armee während des "Uyvar Seferi" im Jahre 1663', in Hans Georg Majer and Raoul Motika (eds), *Türkische Wirtschafts- und Sozialgeschichte von 1071 bis 1920*, Akten des IV. Internationale Kongresses, Wiesbaden (1995) 163–9
Köprülü, M. F., 'Yıldırım Beyazid'in esareti ve intiharı hakkında', *Belleten* I (1937) 591–603
Köprülü, Orhan F., art. ('Amūdja-zāde) Husayr Pasha, *EI2* III.626–7
Köprülü, Orhan F., art. Fuad Paşa, Keçecizâde, *İA2* 13.202–5
Köprülü, Orhan F., and Mustafa Uzun, art. Akşemseddin, *İA2* 2.299–302
Kortepeter, C. Max, *Ottoman Imperialism during the Reformation. Europe and the Caucasus*, New York (1972)
Kreiser, Klaus, 'Istanbul, die wahre Stadt der Muslime', in Jean-Louis Bacqué-Grammont and Aksel Tibet (eds), *Cimetières et traditions funéraires dans le monde islamique*, 2 vols, Ankara (1996) 2.9–21
Kreiser, Klaus, 'Public Monuments in Turkey and Egypt, 1840–1916', *Muqarnas* 14 (1997) 103–17
Kritovoulos, *History of Mehmed the Conqueror*, prep. C. T. Riggs, Westport (1954)
Kuban, Doğan, *Istanbul. An Urban History*, Istanbul (1996)
Kuban, Doğan, art. Nuruosmaniye Külliyesi, *İst. Ansik.* 6.100–103
Küçük, Cevdet, art. Abdülaziz, *İA2* 1.179–85
Küçük, Cevdet, art. Çırağan Vak'ası, *İA2* 8.306–9
Kunt, Metin, 'Naîmâ, Köprülü and the Grand Vezirate', *Boğaziçi University Journal* I (1973) 57–64
Kunt, Metin İbrahim, 'Ethnic-Regional (*Cins*) Solidarity in the Seventeenth-Century Ottoman Establishment', *IJMES* 5 (1974) 233–9
Kunt, İbrahim Metin, 'Derviş Mehmed Paşa, *Vezir* and Entrepreneur: A Study in Ottoman Political-Economic Theory and Practice', *Turcica* IX/1 (1977) 197–214
Kunt, İ. Metin, 'The Waqf as an Instrument of Public Policy: Notes on the Köprülü Family Endowments', in C. Heywood and C. Imber (eds), *Studies in Ottoman History in Honour of Professor V. L. Ménage*, Istanbul (1994) 189–98
Kuran, Ercümend, 'Répercussions sociales de la réforme de l'éducation dans l'Empire ottoman', in J.-L. Bacqué-Grammont and Paul Dumont (eds), *Économie et Sociétés dans l'empire ottoman (Fin du XVIIIe – Début du XXe siècle)*, Paris (1983) 144–6
Kuran, E., art. (Mustafā) Fādil Pasha (Mısırlı), *EI2* II.728
Kurat, Akdes Nimet, *Prut Seferi ve Barışı, 1123 (1711)*, 2 vols, Ankara (1951, 1953)
Kurat, A. N., 'The Turkish Expedition to Astrakhan in 1569 and the Problem of the Don–Volga Canal', *Slavonic and East European Review* 40 (1961–2) 7–24
Kurat, A. N., and Bromley, J. S., 'The Retreat of the Turks', in M. Cook (ed.), *A History of the Ottoman Empire to 1730*, Cambridge (1976) 178–219
Kushner, David, 'The Place of the Ulema in the Ottoman Empire in the Age of Reform (1839–1918), *Turcica* XIX (1987) 51–74
Kut, Günay, Alpay, art. Matba'a (in Turkey), *EI2* VI.799–803

Kutluoğlu, Muhammed H., *The Egyptian Question (1831–1841). The Expansionist Policy of Mehmed Ali Paşa in Syria and Asia Minor and the Reaction of the Sublime Porte*, Istanbul (1998)

Kütükoğlu, Bekir, *Osmanlı-İran Siyâsî Münâsebetleri (1578–1612)*, Istanbul (repr. 1993)

Kuyulu, İnci, *Kara Osman-oğlu Ailesine Ait Mimari Eserler*, Ankara (1992)

LeDonne, John P., *The Russian Empire and the World, 1700–1917. The Geopolitics of Expansion and Containment*, New York (1997)

Lefort, Jacques, 'Tableau de la Bithynie au XIIIe siècle', in E. Zachariadou (ed.), *The Ottoman Emirate (1300–1389)*, A Symposium held in Rethymnon, 11–13 January 1991, Institute for Mediterranean Studies, Halcyon Days in Crete I, Rethymnon (1993) 101–17

Lesure, Michel, 'Notes et documents sur les relations véneto-ottomanes, 1570–1573, I', *Turcica* IV (1972) 134–64

Levy, Avigdor, 'The Ottoman Ulema and the Military Reforms of Sultan Mahmud II', *AAS* VII (1971) 13–39

Levy, Avigdor, 'The Officer Corps in Sultan Mahmud II's New Ottoman Army, 1826–39', *IJMES* 2 (1971) 21–39

Levy, Avigdor, 'Ottoman Attitudes to the Rise of Balkan Nationalism', in Béla Király and Gunther E. Rothenburg (eds), *War and Society in East Central Europe*, vol. 1: New York (1979) 325–45

Levy, Avigdor, 'Military Reform and the Problem of Centralization in the Ottoman Empire in the Eighteenth Century', *MES* 18/3 (1982) 227–49

Levy, Avigdor, *The Sephardim in the Ottoman Empire*, Princeton (1992)

Levy, Avigdor, '*Millet* Politics: the Appointment of a Chief Rabbi in 1835', in A. Levy (ed.), *The Jews of the Ottoman Empire*, Princeton (1994) 425–38

Lewis, Bernard, 'The Ottoman Empire in the Mid-Nineteenth Century: A Review', review of R. Davison, *Reform in the Ottoman Empire, 1856–76* (Princeton, 1963), *MES* 1 (1964) 283–95

Lewis, B., art. Dustūr (Turkey), *EI2* II.640–47

Lindner, Rudi, *Nomads and Ottomans in Medieval Anatolia*, Bloomington (1983)

Loenertz, R., 'Pour l'histoire du Péloponnèse au XIVe siècle', *Etudes Byzantines* I (1943) 152–96

Lowry, Heath, '"From Lesser Wars to the Mightiest War": the Ottoman Conquest and the Transformation of Byzantine Urban Centers in the Fifteenth Century', in A. Bryer and H. Lowry (eds), *Continuity and Change in Late Byzantine and Early Ottoman Society*, Papers given at a Symposium at Dumbarton Oaks in May 1982, Birmingham (1986) 323–38

Lowry, Heath W., *The Nature of the Early Ottoman State*, Albany (2003)

Luttrell, Anthony, 'Latin Responses to Ottoman Expansion before 1389', in E. Zachariadou (ed.), *The Ottoman Emirate (1300–1389)*, A Symposium held in Rethymnon, 11–13 January 1991, Institute for Mediterranean Studies, Halcyon Days in Crete I, Rethymnon (1993) 119–34

McCarthy, Justin, 'Foundations of the Turkish Republic: Social and Economic Change', *MES* 19 (1983) 139–51

McCarthy, Justin, *Death and Exile. The Ethnic Cleasing of Ottoman Muslims, 1821–1922*, Princeton (1995)

Macfarlane, Charles, *Constantinople in 1828*, 2 vols, London (second edn 1829)

McGowan, Bruce, 'The Age of the Ayans, 1699–1812', in H. İnalcık with D. Quataert (eds), *An Economic and Social History of the Ottoman Empire, 1300–1914*, Cambridge (1994) 637–758

Mahir, Banu, 'Portraits in New Context', in *The Sultan's Portrait. Picturing the House of Osman*, Istanbul (2000) 298–312

Malalas, John, *The Chronicle of John Malalas*, prep. Eliz. Jeffreys et al., Melbourne (1986)

Mango, Andrew, 'A Speaking Turkey. A Review Article', *MES* 33 (1997) 152–70

Mango, Andrew, 'Ataturk and the Kurds', *MES* 35 (1999) 1–25

Mango, Andrew, *Atatürk*, London (1999)

Mango, Cyril, *Materials for the Study of the Mosaics of St Sophia at Istanbul*, Washington (1962)

Mantran, Robert, (ed.), *Histoire de l'empire ottoman*, Paris (1989)

Mantran, Robert, 'L'Etat ottoman au XVIIIe siècle: la pression européenne' in R. Mantran (ed.), *Histoire de l'empire ottoman*, Paris (1989) 265–86

Mantran, Robert, 'De la titulature des derniers seldjoukides à celle des premiers ottomans. Brèves remarques sur les données épigraphiques', *Mélanges offerts à Louis Bazin*, Paris (1992) 207–11

Mardin, Şerif, *The Genesis of Young Ottoman Thought*, Princeton (1962)

Mardin, Şerif, *Religion and Social Change in Modern Turkey, The Case of Bediüzzaman Said Nursi*, Albany (1989)

Mardin, B. G., 'A Short History of the Khalwati Order of Dervishes' in N. Keddie (ed.), *Scholars, Saints and Sufis*, Berkeley (1972) 275–305

Martinez, A. Peter, 'Bullionistic Imperialism: the Il-Xanid Mint's Exploitation of the Rum-Saljuqid Chancery, 654–695 H./1256–96 A.D.', *AO* 13 (1993–4) 169–276

Masters, Bruce, *The Origins of Western Economic Dominance in the Middle East. Mercantilism and the Islamic Economy in Aleppo, 1600–1750*, New York (1988)

Masters, Bruce, 'The Sultan's Entrepreneurs: the *Avrupa Tüccari*s and the *Hayriye Tüccari*s in Syria', *IJMES* 24 (1992) 579–97

Matthews, Joyce Hedda, 'The Ottoman Inheritance Inventory as an Exercise in Conceptual Reclamation (ca. 1600–1675)', unpubl. Ph.D. thesis, Binghamton Univ. (2001)

Matuz, Joseph, 'À propos de la validité des capitulations de 1536 entre l'Empire ottoman et la France', *Turcica* XXIV (1992) 183–92

Mehmed Râşid, *Râşid Ta'rîhi*, 5 vols, Istanbul (1282/1865–6)

Mélikoff, Irène, 'Le problème kızılbaş', *Turcica* VI (1975) 34–48

Mélikoff, I., art. Ewrenos Oghullari, *EI2* II.720–21

Mélikoff, I., art. Germiyān-oghullari, *EI2* II.989–90

Ménage, V. L., 'The Mission of an Ottoman Secret Agent in France in 1486', *Journal of the Royal Asiatic Society* (1965) 112–32

Ménage, V. L., 'The Ottomans and Nubia in the Sixteenth Century', *Annales Islamologiques* 24 (1988) 137–54

Ménage, V. L., art. Devshirme, *EI2* II.210–13

Ménage, V. L., art. Djandarli, *EI2* II.444–5

Meriwether, Margaret L., 'Urban Notables and Rural Resources in Aleppo, 1770–1830', *IJTS* 4 (1987) 55–73

Mert, Özcan, *XVIII. ve XIX. Yüzyıllarda Çapanoğulları*, Ankara (1980)

Mert, Özcan, art. Canikli Hacı Ali Paşa Ailesi, *İA2* 7.151–4

Mert, Özcan, art. Çapanoğulları, *İA2* 8.221–4

Messick, Brinkley, *The Calligraphic State. Textual Domination and History in a Muslim Society*, Berkeley (1993)

Mihalović, Konstantin, *Memoirs of a Janissary*, prep. S. Soucek and B. Stolz, Ann Arbor (1975)

Milgrim, Michael R., 'An Overlooked Problem in Turkish–Russian Relations: the 1878 War Indemnity', *IJMES* 9 (1978) 519–37

Mitler, Louis, 'The Genoese in Galata: 1453–1682', *IJMES* 10 (1979) 71–91

Morgan, David, *Medieval Persia, 1040–1797*, London (1988)

Murphey, Rhoads, 'The Veliyyuddin Telhis: Notes on the Sources and Interrelations between Koçi Bey and Contemporary Writers of Advice to Kings', *Belleten* XLIII (1979) 547–71

Murphey, Rhoads, *Regional Structure in the Ottoman Economy. A Sultanic Memorandum of 1636 AD concerning the Sources and Uses of the Tax-Farm Revenues of Anatolia and the Coastal and Northern Portions of Syria*, Wiesbaden (1987)

Murphey, Rhoads, 'Ottoman Census Methods in the Mid-Sixteenth Century', *SI* 71 (1990) 115–26

Murphey, Rhoads, 'Solakzade's Treatise of 1652: A Glimpse at Operational Principles Guiding the Ottoman State During Times of Crisis', Proceedings of V. Milletlerarası Türkiye Sosyal ve İktisat Tarihi Kongresi, Istanbul, 21–25 Ağustos 1989, Ankara (1990) 27–32

Murphey, Rhoads, 'Süleymân's Eastern Policy', in. H. İnalcık and C. Kafadar (eds), *Süleymân the Second and his Time*, Istanbul (1993) 229–48

Murphey, Rhoads, 'Continuity and Discontinuity in Ottoman Administrative Practice during the Late Seventeenth Century', *Poetics Today* 14/2 (1993) 419–43

Murphey, Rhoads, 'An Ottoman View from the Top and Rumblings from Below: the Sultanic Writs (*Hatt-i Humayün*) of Murad IV (r. 1623–40)', *Turcica* XXVIII (1996) 319–38

Murphey, Rhoads, *Ottoman Warfare, 1500–1700*, London (1999)

Murphey, Rhoads, 'Forms of Differentiation and Expression of Individuality in Ottoman Society', *Turcica* XXXIV (2002) 135–70

Murphey, Rhoads, 'Frontiers of Authority: the Interplay between Sultanic and Private Initiative in the Creation of New Ottoman Frontiers in the Mediterranean between 1515 and 1575', paper presented at 116th Annual Meeting of the American Historical Association, 3–6 January 2002, San Francisco (typescript)

Murphey, R., art. Süleymān II, *EI2* IX.842

Mustafa Naʿima, *Ravzatüʾl-Hüseyn fî Hulâsâti Ahbariʾl-Hâfikayn*, 6 vols, Istanbul (1280/1863–4)

Mustapha [Mustafa] Kemal, *A Speech Delivered by Ghazi Mustapha Kemal* [Atatürk] *in October 1927, Nutuk*, Istanbul (repr. 1985)

Mystakidis, B. A., 'Hukûmet-i ʿOsmâniye tarafından ilk teʾsîs olunan Matbaʿa ve bunun Sirâyeti', *Târîh-i Osmânî Encümeni Mecmuası* I (1911) 322–8

Naff, Thomas, 'Reform and the Conduct of Diplomacy in the Reign of Selim III, 1789–1807', *JAOS* 83 (1963) 295–315

Naff, Thomas, 'Ottoman Diplomatic Relations with Europe in the Eighteenth Century: Patterns and Trends', in T. Naff and R. Owen (eds), *Studies in Eighteenth Century Islamic History*, Carbondale (1977) 88–107

Nagata, Yuzo, 'Greek Rebellion of 1770 in the Morea Peninsula', in Y. Nagata, *Studies on the Social and Economic History of the Ottoman Empire*, İzmir (1995) 103–18

Nagata, Yuzo, art. Karaosmanoğulları, *İA2* 24.468–70

Nasr, S. H., art. Ithnā ʿAsharriya, *EI2* IV.277–9

Necipoğlu-Kafadar, Gülru, 'The Süleymaniye Complex in Istanbul: an Interpretation', *Muqarnas* 3 (1985) 92–117

Necipoğlu, Gülru, *Architecture, Ceremonial and Power; the Topkapı Palace in the Fifteenth and Sixteenth Centuries*, Cambridge, MA (1991)

Necipoğlu, Gülru, 'The Life of an Imperial Monument: Hagia Sophia after Byzantium', in R. Mark and A. Çakmak (eds), *Hagia Sophia from the Age of Justinian to the Present Day*, Cambridge, MA (1992)

Necipoğlu, Gülrü, 'A Kânûn for the State, A Canon for the Arts: Conceptualizing the

Classical Synthesis of Ottoman Art and Architecture', in G. Veinstein (ed.), *Soliman le magnifique et son temps*, Actes du Colloque de Paris, Galeries Nationales du Grand Palais, 7–10 mars 1990, Paris (1992) 195–216

Necipoğlu, Gülrû, 'Süleymân the Magnificent and the Representation of Power in the Context of Ottoman–Habsburg–Papal Rivalry', in H. İnalcık and C. Kafadar (eds), *Süleymân the Second and his Time*, Istanbul (1993) 163–94

Necipoğlu, Gülru, 'Challenging the Past: Sinan and the Competitive Discourse of Early-Modern Islamic Architecture', *Muqarnas* 10 (1993) 169–80

Necipoğlu-Kafadar, Gülru, 'Dynastic Imprints on the Cityscape: the Collective Message of Imperial Funerary Mosque Complexes in Istanbul', in Jean-Louis Bacqué-Grammont and Aksel Tibet (eds), *Cimetières et traditions funéraires dans le monde islamique*, 2 vols, Ankara (1996) 2.23–36

Necipoğlu, Gülru, 'The Suburban Landscape of Sixteenth-Century Istanbul as a Mirror of Classical Ottoman Garden Culture', in Attilio Petruccioli (ed.), *Gardens in the Time of the Great Muslim Empires*, Leiden (1997) 32–71

Necipoğlu, Gülru, 'A Period of Transition: Portraits of Selim II', in *The Sultan's Portrait. Picturing the House of Osman*, Istanbul (2000) 202–7

Necipoğlu, Nevra, 'Ottoman Merchants in Constantinople during the First Half of the Fifteenth Century', *BMGS* 16 (1992) 158–69

Nicol, D., 'A Byzantine Emperor in England. Manuel's Visit to London in 1400–1', *University of Birmingham Historical Journal* XII/2 (1971) 204–25

Nicol, Donald, *The Last Centuries of Byzantium, 1261–1453*, Cambridge (2nd edn 1993)

Nicol, Donald, *The Immortal Emperor. The Life and Legend of Constantine Palaiologos, Last Emperor of the Romans*. Cambridge (1994)

Noradounghian, Gabriel, *Recueil d'actes internationaux de l'empire ottoman*, 4 vols, Paris (1897–1903)

Ocak, A. Yaşar, 'Quelques remarques sur le rôle des derviches kalenderis dans les mouvements populaires et les activités anarchiques aux XVe et XVIe siècles dans l'empire ottoman', *OA* 3 (1982) 69–80

Ocak, Ahmet Yaşar, 'Kanûnî Sultan Süleyman devrinde Osmanlı resmî düşüncesine karşı bir tepki hareketi: Oğlan Şeyh İsmail-i Mâsûkî', *OA* 10 (1990) 49–58

Ocak, Ahmet Yaşar, *Zındıklar ve Mülhidler (15–17. Yüzyıllar)*, Istanbul (1998)

Ochsenwald, William, *Religion, Society and the State in Arabia. The Hijaz under Ottoman Control, 1840–1908*, Columbus (1984)

Oikonomides, Nicolas, 'The Turks in Europe (1305–13) and the Serbs in Asia Minor (1313)', in E. Zachariadou (ed.), *The Ottoman Emirate (1300–1389)*, A Symposium held in Rethymnon, 11–13 January 1991, Institute for Mediterranean Studies, Halcyon Days in Crete I, Rethymnon (1993) 159–68

Oikonomides, Nicolas, 'From Soldiers of Fortune to Gazi Warriors: the Tzympe Affair', in C. Heywood and C. Imber (eds), *Studies in Ottoman History in Honour of Professor V. L. Ménage*, Istanbul (1994) 239–47

Olson, Robert W., 'The Esnaf and the Patrona Halil Rebellion of 1730: a Realignment in Ottoman Politics', *JESHO* XVII (1974) 329–44

Olson, Robert W., 'Jews, Janissaries, Esnaf and the Revolt of 1740 in Istanbul', *JESHO* XX/2 (1977) 185–207

Olson, Robert, 'The Young Turks and the Jews: a Historiographical Revision', *Turcica* XVIII (1986) 219–35

Olson, Robert, 'The Ottoman–French Treaty of 1740: a Year to be Remembered?', *TSAB* 15/2 (1991) 347–55

Önsoy, Rifat, 'Osmanlı İmparatorluğu'nun Katıldığı İlk Uluslararası Sergiler ve Sergi-i Umumi-i Osmani (1863 İstanbul Sergisi)', *Belleten* XLVII (1984) 195–235

Orhonlu, Cengiz, *Osmanlı İmparatorluğunda Aşiretleri İskân Teşebbüsü (1691–1696)*, Istanbul (1963)

Orhonlu, C., art. Karā 'Othmān-oghlı, *EI2* IV.592–4

Orhonlu, Cengiz, art. Kātırdjı-oghlı Mehmed Pasha, *EI2* IV.765–6

Orhonlu, C., art. Khādım Süleymān Pasha, *EI2* IV.901–2

Ortaylı, İlber, 'Ottoman–Habsburg Relations, 1740–70, and Structural Changes in the International Affairs of the Ottoman State', in Jean-Louis Bacqué-Grammont et al. (eds), *Türkische Miszellen, Festschrift Robert Anhegger*, Istanbul (1987) 287–98

Ortaylı, İlber, 'Reforms of Petrine Russia and the Ottoman Mind', in Bernard Lewis et al. (eds), *Raiyyet Rüsûmu. Essays presented to Halil İnalcık on his Seventieth Birthday by his Colleagues and Students*, *JTS* 11 (1987) 45–8

Ortaylı, İlber, 'Une proclamation universelle du khanat de Crimée de janvier 1711', *Studies on Ottoman Diplomatic History* I, Istanbul (1987) 105–9

Ortaylı, İlber, 'Ottomanism and Zionism during the Second Constitutional Period, 1908–1915', in A. Levy (ed.), *The Jews of the Ottoman Empire*, Princeton (1994) 527–46

Ortaylı, İlber, *İmparatorluğun En Uzun Yüzyılı*, Istanbul (repr. 1995)

Ortaylı, İlber, 'Greeks in the Ottoman Administration during the Tanzimat Period', in D. Gondicas and C. Issawi (eds), *Ottoman Greeks in the Age of Nationalism: Politics, Economy and Society in the Nineteenth Century*, Princeton (1999) 161–79

Osman, Rifat, *Edirne Sarayı*, prep. Süheyl Ünver, Ankara (1957)

Ostapchuk, Victor, 'Five Documents from the Topkapı Palace Archive on the Ottoman Defense of the Black Sea against the Cossacks (1639)', in Bernard Lewis et al. (eds), *Raiyyet Rüsûmu, Essays presented to Halil İnalcık on his Seventieth Birthday by his Colleagues and Students*, *JTS* 11 (1987) 49–104

Ostapchuk, Victor, 'The Ottoman Black Sea Frontier and the Relations of the Porte with the Polish-Lithuanian Commonwealth and Muscovy, 1622–1628', unpubl. Ph.D. thesis, Harvard Univ. (1989)

Ostapchuk, Victor, 'An Ottoman Gazānāme on Halīl Paša's Naval Campaign against the Cossacks (1621)', in *Adelphotes: a Tribute to Omeljan Pritsak by his Students*, Harvard Ukrainian Studies XIV/3–4 (1990) 481–521

Ostapchuk, Victor, 'The Human Landscape of the Ottoman Black Sea in the Face of the Cossack Naval Raids', in Kate Fleet (ed.), *The Ottomans and the Sea*, Oriente Moderno XX (LXXXI) n.s. (2001) 23–95

Ostapchuk, Victor, 'The Ottoman Entry into the Black Sea' (typescript)

Ostapchuk, Victor, 'Ukraine between the Polish-Lithuanian Commonwealth, Muscovy and the Ottoman Empire: the Struggle for a New Order in Eastern Europe, 1648–1681' (typescript)

Özbaran, Salih, 'Osmanlı İmparatorluğu ve Hindistan yolu', *TD* 31 (1977 [1978]) 65–146

Özbaran, Salih, 'The Ottoman Turks and the Portuguese in the Persian Gulf, 1534–1581', in S. Özbaran, *The Ottoman Response to European Expansion. Studies on Ottoman–Portuguese Relations in the Indian Ocean and Ottoman Administration in the Arab Lands during the Sixteenth Century*, Istanbul (1994) 119–57. (First publ. in *Journal of Asian History* 6/1 (1972) 45–87)

Özbaran, Salih, 'A Turkish Report on the Red Sea and the Portuguese in the Indian Ocean (1525)', in S. Özbaran, *The Ottoman Response to European Expansion. Studies on Ottoman–Portuguese Relations in the Indian Ocean and Ottoman Administration in the Arab Lands during the Sixteenth Century*, Istanbul (1994) 99–109. (First publ. in *Arabian Studies* IV (1978) 81–8)

Özbaran, Salih, 'Bahrain in 1559. A Narrative of Turco-Portuguese Conflict in the Gulf', in S. Özbaran, *The Ottoman Response to European Expansion. Studies on Ottoman–Portuguese Relations in the Indian Ocean and Ottoman Administration in the Arab Lands during the Sixteenth Century*, Istanbul (1994) 179–88. (First publ. in *OA* 3 (1982) 91–104)

Özbaran, Salih, 'The Ottomans in Confrontation with the Portuguese in the Red Sea after the Conquest of Egypt in 1517', in S. Özbaran, *The Ottoman Response to European Expansion. Studies on Ottoman–Portuguese Relations in the Indian Ocean and Ottoman Administration in the Arab Lands during the Sixteenth Century*, Istanbul (1994) 89–97. (First publ. in *Studies on Turkish–Arab Relations* I (1986) 207–14)

Özbaran, Salih, 'The Ottomans in East Africa', in S. Özbaran, *The Ottoman Response to European Expansion. Studies on Ottoman–Portuguese Relations in the Indian Ocean and Ottoman Administration in the Arab Lands during the Sixteenth Century*, Istanbul (1994) 189–97. (First publ. in *Studies on Ottoman Diplomatic History* V (1990) 147–55)

Özbaran, Salih, 'Ottoman Naval Policy in the South' in M. Kunt and C. Woodhead (eds), *Süleyman the Magnificent and his Age*, London (1995) 55–70

Özcan, Abdülkadir, 'Fâtih'in teşkilât kānûnnâmesi ve Nizâm-i âlem için kardeş katli meselesi', *TD* 33 (1980–81 [1982]) 7–56

Özcan, Abdülkadir, 'II. Mahmud Memleket Gezileri', in *Prof. Dr Bekir Kütükoğlu'na Armağan*, Istanbul (1991) 361–79

Özcan, Abdülkadir, art. Cülûs, *İA2* 8.108–14

Özcan, Abdülkadir, art. Defterdar Sarı Mehmed Paşa, *İA2* 9.98–100

Özcan, Abdülkadir, art. Devşirme, *İA2* 9.254–7

Özcan, Abdülkadir, art. Esame, *İA2* 11.355–6

Özcan, Abdülkadir, art. Eşkinci, *İA2* 11.469–71

Özcan, Abdülkadir, art. Humbaracı Ahmed Paşa, *İA2* 18.351–3

Özcan, Azmi, 'Sultan II. Abdulhamid'in "Pan-İslâm" Siyasetinde Cevdet Paşa'nin Tesiri', in *Ahmed Cevdet Paşa Vefatının 100. Yılına Armağan*, Ankara (1997) 123–31

Özcan, Azmi, art. Hilâfet, *İA2* 17.546–53

Özel, Oktay, 'Limits of the Almighty: Mehmed II's "Land Reform" Revisited', *JESHO* 42 (1999) 226–46

Özergin, M. Kemâl, art. Râşid, Mehmed, *İA* 9.632–4

Özgüven, H. Burcu, 'Barut ve Tabya: Rönesans Mimarisi Bağlamında Fatih Sultan Mehmed Kaleleri', unpubl. Ph.D. thesis, İstanbul Teknik Univ. (1997)

Özkaya, Yücel, 'XVIII inci Yüzyılda Çıkarılan Adalet-nâmelere göre Türkiye'nin İç Durumu', *Belleten* XXXVIII (1974) 446–90

Özkaya, Yücel, *Osmanlı İmparatorluğunda Dağlı İsyanları (1791–1808)*, Ankara (1983)

Öztuna, Yılmaz, *Devletler ve Hanedânlar* vol. 2: *Türkiye (1074–1990)*, Ankara (1969)

Pamuk, Şevket, *A Monetary History of the Ottoman Empire*, Cambridge (2000)

Panzac, Daniel, 'The Manning of the Ottoman Navy in the Heyday of Sail (1660–1850)', in Erik J. Zürcher (ed.), *Arming the State. Military Conscription in the Middle East and Central Asia 1775–1925*, London (1999) 41–57

Parrott, David, 'The Ottoman Conflict in European History', review of Jan Paul Niederkorn, *Die europaischen Mächte und der "Lange Türkenkrieg" Kaiser Rudolfs II. (1593–1606)* (Vienna, 1993), in *Journal of Early Modern History* I (1999) 75–9

Parry, V. J., art. Čighāla-zāde (Yūsuf) Sinān Pasha, *EI2* II.33–4

Parry, V. J., art. Hāfiz Ahmed Pasha, *EI2* III.58–9

Pavord, Anna, *The Tulip*, London (1999)

Peçevî İbrahim Efendi, *Tarîh-i Peçevî*, 2 vols, Istanbul (1283/1866–7)

Peirce, Leslie, *The Imperial Harem: Women and Sovereignty in the Ottoman Empire*, New York (1993)

Pere, Nuri, *Osmanlılarda Madenî Paralar*, Istanbul (1968)

Peri, Oded, 'Islamic Law and Christian Holy Sites: Jerusalem and its Vicinity in Early Ottoman Times', *Islamic Law and Society* 6/1 (1999) 97–111

Peri, Oded, *Christianity under Islam in Jerusalem. The Question of the Holy Sites in Early Ottoman Times*, Leiden (2001)

Perry, John R., 'The Mamluk Paşalik of Baghdad and Ottoman–Iranian Relations in the Late-Eighteenth Century', in Sinan Kuneralp (ed.), *Studies on Ottoman Diplomatic History* I, Istanbul (1987) 59–70

Peskes, Esther, art. Wahhābiyya, *EI2* XI.39–45

Peters, Rudolph, *Islam and Colonialism, The Doctrine of Jihad in History*, The Hague (1979)

Philippidis-Braat, Anna, 'La captivité de Palamas chez les Turcs: dossier et commentaire', *Travaux et Mémoires* 7 (1979) 109–221

Pinson, Mark, 'Ottoman Bulgaria in the First Tanzimat Period – The Revolts in Nish (1841) and Vidin (1850)', *MES* 11 (1975) 103–46

Quataert, Donald, 'The Age of Reforms, 1812–1914', in H. İnalcık with D. Quataert (eds), *An Economic and Social History of the Ottoman Empire, 1300–1914*, Cambridge (1994) 759–943

Quataert, Donald, 'Ottoman Workers and the State, 1826–1914', in Zachary Lockman (ed.), *Workers and Working Classes in the Middle East*, Albany (1994) 21–37

Quataert, Donald, 'Clothing Laws, State, and Society in the Ottoman Empire' *IJMES* 29 (1997) 403–25

Raby, Julian, 'Mehmed the Conqueror's Greek Scriptorium', *DOP* 37 (1983) 15–34

Raby, Julian, 'Mehmed the Conqueror and the Byzantine Rider of the Augustaion', *Topkapı Sarayı Müzesi*, Yıllık 2 (1987) 141–52

Raby, Julian, 'From Europe to Istanbul', in *The Sultan's Portrait. Picturing the House of Osman*, Istanbul (2000) 136–63

Reed, Howard A., 'The Destruction of the Janissaries by Mahmud II in June 1826', unpubl. Ph.D. thesis, Princeton Univ. (1951)

Refik, Ahmet, *Türk Hizmetinde Kiral Tököli İmre (1683–1705)*, Istanbul (1932)

Refik, Ahmed, *Onikinci Asr-i Hicrî'de İstanbul Hayatı (1689–1785)*, Istanbul (repr. 1988)

Refik, Ahmed, *Onüçüncü Asr-i Hicrî'de İstanbul Hayatı (1786–1882)*, Istanbul (repr. 1988)

Reinert, Stephen W., 'From Niš to Kosovo Polje. Reflections on Murad I's Final Years', in E. Zachariadou (ed.), *The Ottoman Emirate (1300–1389)*, A Symposium held in Rethymnon, 11–13 January 1991, Institute for Mediterranean Studies, Halcyon Days in Crete I, Rethymnon (1993) 169–211

Reinert, Stephen W., 'A Byzantine Source on the Battles of Bileća (?) and Kosovo Polje: Kydones' Letters 396 and 398 reconsidered', in C. Heywood and C. Imber (eds), *Studies in Ottoman History in Honour of Professor V. L. Ménage*, Istanbul (1994) 250–72

Renda, Günsel, 'Searching for New Media in Eighteenth Century Ottoman Painting', in Sabine Prätor and Christoph K. Neumann (eds), *Arts, Women and Scholars. Studies in Ottoman Society and Culture, Festschrift Hans Georg Majer* vol. 2, Istanbul (2002) 451–90.

Repp, R. C., *The Müfti of Istanbul. A Study in the Development of the Learned Hierarchy*, London (1986)

Rogers, Michael, *The Topkapı Saray Museum. The Albums and Illuminated Manuscripts*, Boston (1986)

Rogers, Michael, 'The Arts under Süleymân the Magnificent', in H. İnalcık and C. Kafadar (eds), *Süleymân the Second and his Time*, Istanbul (1993) 257–94

Roth, Cecil, *The House of Nasi. The Duke of Naxos*, Philadelphia (1948)

Rothenburg, Gunter Erich, *The Austrian Military Border in Croatia, 1522–1747*, Urbana (1960)

Rothenburg, Gunter Erich, *The Military Border in Croatia, 1740–1881*, Chicago (1966)

Rypka, J., art. Burhān al-Dīn, *EI2* I.1327–8

Šabanović, H., art. Hersek-zāde, *EI2* III.340–42

Sagundino, Nicola, 'Orazione al serenissimo principe e invitto re Alfonso', in Agostino Pertusi (prep.), *La Caduta di Constantinopoli*, 2 vols., n.p. (1976)

St Laurent, Beatrice, and Riedlmayer, András, 'Restorations of Jerusalem and the Dome of the Rock and their Political Significance, 1537–1928', *Muqarnas* 10 (1993) 76–84

Sakaoğlu, Necdet, art. Alemdar Olayı, *İst. Ansik.* 1.185–6

Sakaoğlu, Necdet, art. Murad V, *İst. Ansik.* 5.510–13

Salibi, Kamal, art. Fakhr al-Dīn, *EI2* II.749–51

Salt, Jeremy, *Imperialism, Evangelism and the Ottoman Armenians, 1878–1896*, London (1993)

Salt, Jeremy, 'The Narrative Gap in Ottoman Armenian History', *MES* 39 (2003) 19–36

Salzmann, Ariel, 'Measures of Empire: Tax Farmers and the Ottoman Ancien Regime, 1695–1807', unpubl. Ph.D. thesis, Columbia Univ. (1995)

Sarıcaoğlu, Fikret, *Kendi Kaleminden Bir Padişahın Portresi, Sultan I. Abdülhamid (1774–1789)*, Istanbul (2001)

Savory, Roger, art. Alkās Mīrzā, *EI2* I.406

Sayılı, Adnan, *The Observatory in Islam*, Ankara (1960)

Schama, Simon, *Landscape and Memory*, London (pbk 1996)

Schick, Irwin Cemil, 'Gynaeceum and Power: the "Sultanate of Women" Reconsidered', review of Leslie Peirce, *The Imperial Harem* (New York, 1993), in *NPT* 12 (1995) 145–55

Schiltberger, Johann, *The Bondage and Travels of Johann Schiltberger, a Native of Bavaria, in Europe, Asia and Africa, 1396–1427*, reprint of Hakluyt, London edn of 1879, Frankfurt (1995)

Schmidt, Jan, 'The Egri Campaign of 1596: Military History and the Problem of Sources', in Andreas Tietze (ed.), *Habsburgisch-osmanische Beziehungen*, Colloque sous le patronage du Comité international des études pré-ottomanes et ottomanes, Wien, 26–30. September 1983, Vienna (1985) 125–44

Schreiner, Peter, 'John Malaxos (16th Century) and his Collection of *Antiquates Constantinopolitanae*', in Nevra Necipoğlu (ed.), *Byzantine Constantinople: Monuments, Topography and Everyday Life*, Leiden (2001) 203–14

Sebastian, Peter, 'Ottoman Government Officials and their Relations with the Republic of Venice in the Early Sixteenth Century', in C. Heywood and C. Imber (eds), *Studies in Ottoman History in Honour of Professor V. L. Ménage*, Istanbul (1994) 319–38

Şehsuvaroğlu, Bedii, 'Sultan Abdülaziz'in Avrupa Seyahatı', *BTTD* 1 (1967) 41–51

Selânikî Mustafa Efendi, *Tarih-i Selânikî*, prep. Mehmet İpşirli, 2 vols, Istanbul (1989)

Şem'dânî-zâde Fındıklılı Süleyman Efendi, *Mur'i't-Tevârih*, prep. M. Münir Aktepe, 2 vols/3 parts, Istanbul (1976, 1978, 1980)

Sen, Amartya, 'East and West: the Reach of Reason', *New York Review of Books* XLVII n.12 (20 July, 2000) 33–6

Setton, Kenneth M., *The Papacy and the Levant (1204–1571)*, I *The Thirteenth and Fourteenth Centuries*, Philadelphia (1976); II *The Fifteenth Century*, Philadelphia (1978); III *The Sixteenth Century to the Reign of Julius III*, Philadelphia (1984); IV *The Sixteenth Century from Julius II to Pius V*, Philadelphia (1984)

Setton, Kenneth M., *Venice, Austria, and the Turks in the Seventeenth Century*, Philadelphia (1991)

Shaw, Stanford, (prep.), *Ottoman Egypt in the Eighteenth Century; the* Nizâmnâme-i Mısır *of Cezzâr Ahmed Pasha,* Cambridge, MA (1964)

Shaw, Stanford, 'The Origins of Ottoman Military Reform: the Nizam-i Cedid Army of Sultan Selim III', *JMH* 37 (1965) 291–306

Shaw, Stanford, *Between Old and New,* Cambridge, MA (1971)

Shaw, Stanford, 'The Nineteenth-Century Ottoman Tax Reforms and Revenue System', *IJMES* 6 (1975) 421–59

Shaw, Stanford, *The Jews of the Ottoman Empire and the Turkish Republic,* London (1991)

Silâhdâr Fındıklılı Mehmed Ağa, *Silâhdâr Ta'rîhi,* 2 vols, Istanbul (1928)

Silahdar Fındıklılı Mehmed Ağa, *Nusretnâme,* prep. İsmet Parmaksızoğlu, 2 vols, Istanbul (1962, 1966)

Singer, Amy, *Constructing Ottoman Beneficence. An Imperial Soup Kitchen in Jerusalem,* Albany (2002)

Sırma, İhsan Süreyya, 'II. Abdülhamid'in Çin müslümanlarını sünni mezhebine bağlama gayretlerine dâir bir belge', *TD* 32 (1979) 559–62

Şirvânlı Fatih Efendi, *Gülzâr-i Fütûhât,* prep. Mehmet Ali Beyhan, Istanbul (2001)

Sked, Alan, *The Decline and Fall of the Habsburg Empire, 1815–1918,* London (1989)

Smith, Clive, *Lightning over Yemen. A History of the Ottoman Campaign (1569–71),* London (2002)

Solak-zâde, Mehmed Hemdemî Çelebî, *Solak-zâde Tarihi,* prep. V. Çabuk, vol. 2, Istanbul (1989)

Sonyel, Salahi Ramsdan, *The Ottoman Armenians. Victims of Great Power Diplomacy,* London (1987)

Soranzo, Jacopo, 'Relazione e Diario del Viaggio di Jacopo Soranzo Ambasciatore della Repubblica di Venezia per il Ritaglio di Mehemet Figliuolo di Amurat Imperatore dei Turchi L'anno 1581', in E. Albèri (ed.), *Relazioni degli Ambasciatori Veneti al Senato,* Ser. III vol. 2, Florence (1844) 209–53

Soucek, S., review of M. Dukanović, *Rimovana autobiografija Varvari Ali-Paše* (Beograd, 1967), *AO* 3 (1971) 290–301

Soucek, S., art. Pīrī Re'is, *EI2* VIII.308–9

Soucek, S., art. 'Ulūdj 'Ali, *EI2* X.810–11

Sourdel, D., art. Khalīfa, *EI2* IV.937–47

Spatar, M. Halim, art. Muzika-i Hümayun, *İst. Ansik.* 6.11–12

Stavrides, Theoharis, *The Sultan of Vezirs. The Life and Times of the Ottoman Grand Vezir Mahmud Pasha Angelović (1453–1474),* Leiden (2001)

Stoye, John, *The Siege of Vienna,* London (1964)

Stoye, John, *Marsigli's Europe, 1680–1730,* New Haven (1994)

Streck, M., and Dixon, A. A., art. Kāzimayn, *EI2* IV.854–6

Süleyman Penah Efendi, 'Mora İhtilali Tarihçesi veya Penah Ef. Mecmuası, 1769', prep. Aziz Berker, *Türk Tarih Vesikaları* II (1942–3) 63–80, 153–160, 228–40, 309–320, 385–400, 473–80

Sümer, F., art. Karāmān-oghulları, *EI2* IV.619–25

Süslü, Azmi, *Armenians and the 1915 Event of Displacement,* Ankara (1994)

Sysyn, Frank, 'The Great Ukrainian Revolt: The Khmel'nyts'kyi Uprising, 1648–1658' (typescript)

Tabakoğlu, Ahmet, *Gerileme Dönemine Girerken Osmanlı Maliyesi,* Istanbul (1985)

Tanilli, Server, 'Le tournant de 1913 dans l'histoire de l' "Union et Progrès"', in Edhem Eldem (ed.), *Première Rencontre Internationale sur l'Empire Ottoman et la Turquie Moderne,* Institut National des Langues et Civilisations Orientales, Maison des Sciences de l'Homme, 18–22 janvier 1985, Istanbul (1991) 347–54

Tanman, Baha, art. Hırka-i şerif Camii, İA2 17.378–82

Tansel, Selâhattin, 'Yeni vesikalar karşısında Sultan İkinci Bayezit hakkında bazı mütalâlar', Belleten XXVII (1963) 185–236

Tansel, Selâhattin, Sultan II. Bâyezit'in Siyasî Hayatı, Istanbul (1966)

Tansel, Selâhattin, Yavuz Sultan Selim, Ankara (1969)

Tavernier, Jean Baptiste, Les six voyages de Jean Baptiste Tavernier, Ecuyer Baron d'Aubonne, en Turquie, en Perse, et aux l'Indes, 2 vols, [Paris] (1676)

Tayşi, Mehmet Serhan, art. Feyzullah Efendi (Seyyid), İA2 12.527–8

Tekindağ, M. C. Şehabeddin, 'XVIII. ve XIX. asırlarda Cebel Lübnan Şihâb-oğulları', TD IX/13 (1958) 31–44

Tekindağ, M. C. Şahabeddin, 'Yeni kaynak ve vesikaların ışığı altında Bonaparte'ın Akkâ muhasarası', TD XV/20 (1965) 1–20

Tekindağ, M. C. Şehabeddin, 'Yeni kaynak ve vesikaların ışığı altında Yavuz Sultan Selim'in İran Seferi', TD XVII/22 (1967 [1968]) 49–78

Tekindağ, Şahabettin, 'Şah Kulu Baba Tekeli İsyanı', BTTD 1/3 (1967) 34–9; 1/4 (1968) 54–9

Tekindağ, Şehabettin, 'II. Bayezid Devrinde Çukur-Ova'da Nüfuz Mücâdelesi. İlk Osmanlı-Memlüklü Savaşları (1485–1491)', Belleten XXXI (1967) 345–73

Tekindağ, Şahabettin, 'XVIII. yüzyılda Akdeniz'de Rus donanması ve Cezzar Ahmed Bey'in Beyrut savunması', BTTD 1/5 (1967) 37–45

Terzioğlu, Derin, 'The Imperial Circumcision Festival of 1582: an Interpretation', Muqarnas 12 (1995) 84–100

Tezcan, Baki, 'Searching for Osman: A Reassessment of the Deposition of the Ottoman Sultan Osman II (1618–1622)', unpubl. Ph.D. thesis, Princeton Univ. (2001)

Theolin, Sture, The Swedish Palace in Istanbul, Istanbul (2000)

Theunissen, H., 'Ottoman–Venetian Diplomatics: the 'ahd-names. The Historical Background and the development of a Category of Political-Commercial Instruments together with an Annotated edition of a Corpus of relevant Documents', unpubl. Ph.D. thesis, Utrecht Univ. (1991)

Thomas, Lewis, A Study of Naima, New York (1972)

Thys-Şenocak, Lucienne, 'The Yeni Valide Mosque Complex at Eminönü', Muqarnas 15 (1998) 58–70

Tietze, Andreas, 'Sheykh Bali Efendi's Report on the Followers of Sheykh Bedreddîn', OA 7 (1988) 115–22

Todorova, Maria, 'Midhat Paşa's Governorship of the Danube Province', in Caesar E. Farah (ed.), Decision-making in the Ottoman Empire, Kirksville, MO (1993) 115–28

Toledano, Ehud, The Ottoman Slave Trade and its Suppression, Princeton (1982)

Toledano, Ehud, Slavery and Abolition in the Ottoman Middle East, Seattle (1998)

Treaties (Political and Territorial) Between Russia and Turkey, 1774–1849 (Great Britain, House of Commons, Sessional Papers, 1854, vol. 2) 131–211

Trumpener, Ulrich, 'Germany and the End of the Ottoman Empire', in Marian Kent (ed.), The Great Powers and the End of the Ottoman Empire, London (1984) 111–40

Tucker, Ernest, 'The Peace Negotiations of 1736: a Conceptual Turning Point in Ottoman–Iranian Relations', TSAB 20/1 (1996) 16–37

Tunçay, Mete, Türkiye Cumhuriyeti'nde Tek-Parti Yönetimi'nin Kurulması (1923–1931), Istanbul (repr. 1999)

Turan, Şerafeddin, 'Fatih'in İtalya Seferi', VD 4 (1958) 139–47

Turan, Şerafettin, Kanunî'nin Oğlu Şehzâde Bayezid Vak'ası, Ankara (1961)

Türek, Ahmed, and Derin, F. Çetin, 'Feyzullah Efendi'nin kendi kaleminden hâl tercümesi', TD 23 (1969) 205–19; 24 (1970) 69–92

Tursun Bey, *Târîh-i Ebü'l-Feth*, prep. Mertol Tulum, Istanbul (1977)

Uluçay, Çağatay, 'Yavuz Sultan Selim nasıl padişah oldu?', *TD* VI/9 (1954) 3–90; VII/10 (1954) 117–42; VIII/11–12 (1955 [1956]) 185–200

Uluçay, Çağatay, 'Fatma ve Safiye Sultanların Düğünlerine Ait Bir Araştırma', *İED* 4 (1958) 135–66

Uluçay, M. Çağatay, 'Üç Eşkiya Türküsü', *TM* XIII (1958) 85–100

Unat, Faik Reşit, (prep.), *İkinci Meşrutiyetin İlânı ve Otuzbir Mart Hâdisesi*, Ankara (1960)

Unat, Faik Reşit, *Osmanlı Sefirleri ve Sefaretnameleri*, Ankara (1968)

Uzunçarşılı, İsmail Hakkı, 'Sadrâzam Halil Hamid Paşa', *TM* V (1935 [1936]) 213–67

Uzunçarşılıoğlu, İ. Hakkı, *Anadolu Beylikleri ve Akkoyunlu, Karakoyunlu Devletleri*, Ankara (1937)

Uzunçarşılı, İ. Hakkı, 'Gazi Orhan Bey vakfiyesi, 724 Rebiülevvel–1324 Mart', *Belleten* V (1941) 277–88

Uzunçarşılı, İsmail Hakkı, 'Çandarlı Zâde Ali Paşa Vakfiyesi', *Belleten* V (1941) 549–76

Uzunçarşılı, İsmail Hakkı, *Meşhur Rumeli Âyanlarından Tirsinikli İsmail, Yılık Oğlu Süleyman Ağalar ve Alemdar Mustafa Paşa*, Istanbul (1942)

Uzunçarşılı, İ. Hakkı, 'Asâkir-i Mansure-ye fes giydirilmesi hakkında Sadr-i Âzamın Takriri ve II. Mahmud'un Hatt-i Hümâyunu', *Belleten* XVIII (1954) 224–30

Uzunçarşılı, İ. Hakkı, 'Otranto'nun zaptından sonra Napoli Kıralı ile dostluk görüşmeleri', *Belleten* XXV (1961) 595–608

Uzunçarşılı, İ. Hakkı, 'Fatih Sultan Mehmed'in Vezir-i Âzamlarından Mahmud Paşa ile Şehzade Mustafa'nın Araları Neden Açılmıştı?', *Belleten* XXVIII (1964) 719–28

Uzunçarşılı, İ. Hakkı, 'Bonapart'ın Cezzar Ahmed Paşa'ya Mektubu ve Akkâ Muhasarasına Dair Bir Deyiş', *Belleten* XXVIII (1964) 451–7

Uzunçarşılı, İ. H., 'Değerli Vezir Gedik Ahmet Paşa II. Bayezid Tarafından Niçin Katledildi?', *Belleten* XXVIV (1965) 491–7

Uzunçarşılı, İsmail Hakkı, 'II nci Bayezid'in oğullarından Sultan Korkut', *Belleten* XXX (1966) 539–601

Uzunçarşılı, İsmail Hakkı, 'Kaynarca Muahedesinden Sonraki Durum İcabı Karadeniz Boğazının Tahkimi', *Belleten* XLIV (1980) 511–33

Uzunçarşılı, İsmail Hakkı, *Midhat ve Rüştü Paşaların Tevkiflerine Dâir Vesikalar*, Ankara (repr. 1987)

Uzunçarşılı, İsmail Hakkı, *Midhat Paşa ve Tâif Mahkûmları*, Ankara (repr. 1992)

Uzunçarşılı, İ. Hakkı, *Midhat Paşa ve Yıldız Mahkemesi*, Ankara (repr. 2000)

Valensi, Lucette, *The Birth of the Despot, Venice and the Sublime Porte*, Ithaca (1993)

van Bruinissen, Martin, *Agha, Shaikh and State. The Social and Political Structures of Kurdistan*, London (1992)

Varlık, Mustafa Ç., *Germiyan-oğulları Tarihi (1300–1429)*, Ankara (1974)

Varlık, Mustafa Ç., art. Çaldıran Savaşı, *İA2* 8.193–4

Vatikiotis, P. J., art. Isma'il Pasha, *EI2* IV.192–3

Vatin, Nicolas, 'Itinéraires d'agents de la Porte en Italie (1483–1495): Réflexions sur l'organisation des missions ottomanes et sur la transcription turque des noms de lieux italiens', *Turcica* XIX (1987) 29–50

Vatin, Nicolas, 'La conquête de Rhodes', in G. Veinstein (ed.), *Soliman le magnifique et son temps*, Actes du Colloque de Paris, Galeries Nationales du Grand Palais, 7–10 mars 1990, Paris (1992) 435–54

Vatin, Nicolas, 'Macabre trafic: la destinée *post-mortem* du Prince Djem', *Mélanges offerts à Louis Bazin*, Paris (1992) 231–9

Vatin, Nicolas, *L'Ordre de Saint-Jean-de-Jérusalem, l'Empire ottoman et la Méditerranée orientale entre les deux sièges de Rhodes (1480–1522)*, Paris (1994)

Vatin, Nicolas, 'Aux origines du pèlerinage à Eyup des sultans ottomans', *Turcica* XXVII (1995) 91–9

Vatin, Nicolas, *Sultan Djem. Un prince ottoman dans l'Europe du XVe siècle d'après deux sources contemporaines: Vâki'ât-i Sultan Cem, Oeuvres de Guillaume Caoursin*, Ankara (1997)

Vatin, Nicolas, 'Tursun Beg assista-t-il au siège de Constantinople en 1453?', *WZKM* 91 (2001) 317–29

Vatin, Nicolas, and Veinstein, Gilles, 'Les obsèques des sultans ottomans de Mehmed II à Ahmed Ier (1481–1616), in G. Veinstein (ed.), *Les Ottomans et la mort*, Leiden (1996) 207–44

Vatin, Nicolas, and Veinstein, Gilles, 'La mort de Mehmed II', in G. Veinstein (ed.), *Les Ottomans et la mort*, Leiden (1996) 187–206

Veinstein, Gilles, 'L'occupation ottomane d'Očakov et le problème de la frontière lituano-tatare, 1538–1544', in Ch. Lemercier-Quelquejay et al. (eds), *Passé turco-tatar, présent soviétique, Études offertes à Alexandre Bennigsen*, Louvain (1986) 123–55

Veinstein, Gilles, 'Prélude au problème cosaque à travers les registres de dommages ottomans des années 1545–1555', *Cahiers du Monde russe et soviétique* XXX (1989) 329–62

Veinstein, G., art. Mehmed Yirmisekiz (Čelebi Efendi), *EI2* VI.1004–6

Veinstein, G., art. Sokullu Mehmed Pasha, *EI2* IX.706–11

Vryonis Jr., Speros, 'Laonicus Chalcocondyles and the Ottoman Budget', *IJMES* 7 (1976) 423–32

Vryonis Jr., Speros, 'The Ottoman Conquest of Thessaloniki in 1430', in A. Bryer and H. Lowry (eds), *Continuity and Change in Late Byzantine and Early Ottoman Society*, Papers given at a Symposium at Dumbarton Oaks in May 1982, Birmingham (1986) 281–321

Walsh, J. R., 'The Revolt of Alqās Mīrzâ', *WZKM* 68 (1976) 61–78

Walsh, J. R., 'The Historiography of Ottoman–Safavid Relations in the Sixteenth and Seventeenth Centuries', in B. Lewis and P. Holt (eds), *Historians of the Middle East*, Oxford (1982) 197–211

Williams, Ann, 'Mediterranean Conflict', in M. Kunt and C. Woodhead (eds), *Süleyman the Magnificent and his Age*, London (1995) 39–54

Winter, Michael, 'Ottoman Egypt, 1525–1609', in M. W. Daly (ed.), *The Cambridge History of Egypt*, vol. 2: *Modern Egypt from 1517 to the end of the twentieth century*, Cambridge (1998) 1–33

Wittek, Paul, *The Rise of the Ottoman Empire*, London (1938)

Woodhead, Christine, 'An Experiment in Official Historiography: the Post of Şehnāmeci in the Ottoman Empire, c.1555–1605', *WZKM* 75 (1983) 157–82

Woodhead, Christine, art. Selīm II, *EI2* IX.131–2

Woodhead, art. Silâhdār Fındıklılı Mehmed Agha, *EI2* IX.610

Woods, John L., *The Aqquyunlu. Clan, Confederation, Empire*, Minneapolis (1976)

Wortley Montagu, (Lady) Mary, *The Turkish Embassy Letters*, London (1994)

Yapp, M. E., *The Making of the Modern Near East, 1792–1923*, London (1987)

Yasamee, F. A. K., *Ottoman Diplomacy. Abdülhamid II and the Great Powers, 1878–1888*, Istanbul (1996)

Yavaş, Doğan, art. Eşrefoğlu Camii, *İA2* 11.479–80

Yerasimos, Stéphane, *La fondation de Constantinople et de Sainte-Sophie dans les traditions turques, légendes d'Empire*, Paris (1990)

Yerasimos, Stefanos, 'Sinan and his Patrons: Programme and Location', *Hommes et idées* dans l'espace ottoman, Analecta Isisiana XXIX, Istanbul (1997) 211–15. (First published in *Islamic Environmental Design* V (1987 [1990]) 124–31)

Yerasimos, Stefanos, 'Ağaçtan Elmaya: Apokaliptik Bir Temanın Soyağacı', *Cogito* 17 (1999) 291–332

Yılmaz, Fehmi, 'The Life of Köprülü Fazıl Mustafa Pasha and his Grand Vizierate', unpubl. MA thesis, Bilkent Univ., Ankara (1996)

Yılmaz, Fehmi, 'Osmanlı İmparatorluğunda Tütün Tarımı: Siyasi, Sosyal ve İktisadi Tahlili, 1600–1883', unpubl. Ph.D. thesis, Marmara Univ., Istanbul (2005)

Yılmaz, art. Yedikule Hisarı ve Zindanı, *İst. Ansik.* 7.460–62

Yınanç, Mükrimin H., art. Bayezid I (Yıldırım), *İA* 2.369–92

Yücel, Yaşar, 'Yeni Bulunan II. Osman Adına Yazılmış Bir "Zafer-name"', *Belleten* XLIII (1979) 313–64

Yücel, Yaşar, *Es'ar Defteri (1640 Tarihli)*, Ankara (1992)

Zachariadou, Elizabeth A., 'Manuel II Palaeologos on the Strife between Bāyezid I and Kādī Burhān al-Dīn Ahmad', *BSOAS* 43 (1980) 471–81

Zachariadou, Elizabeth, 'Süleyman çelebi in Rumili and the Ottoman chronicles', *Der Islam* 60 (1983) 268–96

Zachariadou, Elizabeth, 'Marginalia on the History of Epirus and Albania (1380–1418)', *WZKM* 78 (1988) 195–210

Zachariadou, Elizabeth, 'The Emirate of Karasi and that of the Ottomans: Two Rival States', in E. Zachariadou (ed.), *The Ottoman Emirate (1300–1389)*, A Symposium held in Rethymnon, 11–13 January 1991, Institute for Mediterranean Studies, Halcyon Days in Crete I, Rethymnon (1993) 225–36

Zachariadou, Elizabeth, 'Histoires et légendes des premiers Ottomans', *Turcica* XXVII (1995) 45–89

Zachariadou, Elizabeth, 'From Avlonya to Antalya: Reviewing the Ottoman Military Operations of the 1380s', in E. Zachariadou (ed.), *The Via Egnatia under Ottoman Rule (1380–1699)*, A Symposium held in Rethymnon, 9–11 January 1994, Institute for Mediterranean Studies, Halcyon Days in Crete II, Rethymnon (1996) 227–32

Zachariadou, Elizabeth, 'Natural Disasters: Moments of Opportunity', in E. Zachariadou (ed.), *Natural Disasters in the Ottoman Empire*, A Symposium held in Rethymnon, 10–12 January 1997, Institute for Mediterranean Studies, Halcyon Days in Crete III, Rethymnon (1999) 7–11

Zarcone, Thierry, *Mystiques, Philosophes et Francs-Maçons en Islam*, Paris (1993)

Zarinebaf-Shahr, Fariba, 'Qızılbash "Heresy" and Rebellion in Ottoman Anatolia during the Sixteenth Century', *Anatolia Moderna* VII (1997) 1–15

Zens, Robert, 'Pasvanoğlu Osman Paşa and the Paşalık of Belgrade', *IJTS* 8 (2002) 89–104

Zilfi, Madeline C., 'Elite Circulation in the Ottoman Empire: Great Mollas of the Eighteenth Century', *JESHO* XXVI/III (1983) 318–63

Zilfi, Madeline C. 'The Kadızadelis: Discordant Revivalism in Seventeenth-Century Istanbul', *Journal of Near Eastern Studies* 45/2 (1986) 251–69

Zilfi, Madeline C., *The Politics of Piety: the Ottoman Ulema in the Postclassical Age (1600–1800)*, Minneapolis (1988)

Zilfi, Madeline C., 'Sultan Süleymân and the Ottoman Religious Establishment', in H. İnalcık and C. Kafadar (eds), *Süleymân the Second and his Time*, Istanbul (1993) 109–20

Zilfi, Madeline C., 'A Medrese for the Palace: Ottoman Dynastic Legitimation in the Eighteenth Century', *JAOS* 113 (1993) 184–91

Zilfi, Madeline C., 'İbrahim Pasha and the Women', in Daniel Panzac (ed.), *Histoire économique et sociale de l'Empire ottoman et de la Turquie (1326–1960)*, Actes du sixième congrès international tenu à Aix-en-Provence du 1 er au 4 juillet 1992, Paris (1995) 555–9

Zilfi, Madeline C., 'Women and Society in the Tulip Era, 1718–1730', in Amira El Azhary Sonbol (ed.), *Women, the Family, and Divorce Laws in Islamic History*, Syracuse (1996) 290–303

Zürcher, Erik, Jan, *The Unionist Factor: the Role of the Committee of Union and Progress in the Turkish Nationalist Movement 1905–1926.* Leiden (1984)

Zürcher, Erik Jan, *Political Opposition in the Early Turkish Republic. The Progressive Republican Party 1924–1925*, Leiden (1991)

Zürcher, Erik Jan, 'The Last Phase in the History of the Committee of Union and Progress (1923–1924)', in Edhem Eldem (ed.), *Première Rencontre Internationale sur l'Empire Ottoman et la Turquie Moderne*, Institut National des Langues et Civilisations Orientales, Maison des Sciences de l'Homme, 18–22 janvier 1985, Istanbul (1991) 369–77

Zürcher, Erik Jan, 'Between Death and Desertion. The Experience of the Ottoman Soldier in World War I', *Turcica* XXVIII (1996) 235–58

Zürcher, Erik Jan, 'The Ottoman Empire and the Armistice of Moudros', *TULP*, (www.let.leidenuniv.nl/tcimo/tulp/research/LIDDLE.htm). Publ. in Hugh Cecil and Peter H. Liddle (eds), *At the Eleventh Hour: Reflections, Hopes, and Anxieties at the Closing of the Great War, 1918*, London (1998) 266–75

Zürcher, Erik J., *Turkey. A Modern History*, London (revised edn, 1998)

Zürcher, Erik Jan, 'The Ottoman Conscription System in Theory and Practice', in Erik J. Zürcher (ed.), *Arming the State. Military Conscription in the Middle East and Central Asia 1775–1925*, London (1999) 79–94

Zürcher, Erik-Jan, 'Kosovo Revisited: Sultan Reşad's Macedonian Journey of June 1911', *MES* 35/4 (1999) 26–39

Zürcher, Erik J., 'Ottoman Labour Battalions in World War I', *TULP*, (www.let.leidenuniv.nl/tcimo/tulp/research/ejz14.htm) (2002)

Zürcher, Erik-Jan, 'From empire to republic – problems of transition, continuity and change', *TULP*, (www.let.leidenuniv.nl/tcimc/tulp/research/Fromtorep.htm) (n.d.)

Zürcher, E. J., art. Reshīd Pasha, Mustafa, *EI2* VIII.484–6

화보 도판 출처

1. İ.Hakkı Uzunçarşılı, 'Gazi Orhan Bey vakfiyesi, 724 Rebiülevvel-1324 Mart', *Belleten* V (1941) 280 – 1
2. Johann Schiltberger, *Ich Schildtberger zoche auss von meiner heimat*··· (Augsburg, 1475) n.p.
3. Topkapı Palace Museum Library (Suleymānnāme, H.1517 f.31v)
4. Schloss Eggenberg Museum, Graz
5. University Library Budapest (Miscellany, Cod. Ital. 3 f.144v)
6. Jürgen Franck/Cornucopia
7. Deutsches Archaeologisches Institut, Istanbul (no. 68/154: W. Schiele 1968)
8. Topkapı Palace Museum Library (Album, H.2153 f.145v)
9. Gulielmus Caoursin, *Guillelmi Caonrsin [sic] Rhodiorum Vicecancellarij: obsidionis Rhodie Vrbis descriptio ... de casu Regis Zyzymy: Commentarium incipit* (Ulm, 1496) n.p. [f.33r]
10. A. Vayssière, *L'ordre de Saint-Jean de Jérusalem ou de Malte en Limousin*··· (Tulle, 1884) frontispiece
11. William Stirling-Maxwell, *Examples of the Engraved Portraiture of the Sixteenth Century* (London and Edinburgh, 1872) 41
12. Topkapı Palace Museum Library (Hunernāme, H.1524 f.165v)
13. Topkapı Palace Museum Library (Futūh al-harameyn, R.917 f.14r)
14. Mazovian Museum, Plock, Poland/Muzeum Mazowieckie w Plocku (MMP/S/2)
15. The Nasser D. Khalili Collection of Islamic Art (POT1688)
16. Topkapı Palace Museum Library (Sūrnāme-I humayūn, H.1344 f.279r)
17. Deutsches Archaeologisches Institut, Istanbul (R 28.874)
18. Topkapı Palace Museum Library (Album, B.408)
19. Topkapı Palace Museum Library (Album, H.2134 f.1r)
20. Museo Civico Correr, Venice (Memorie turche, MSS. Cicogna 1971/36)
21. G. J. Grelot, *Relation nouvelle d'un voyage de Constantinople*··· (Paris, 1680) 283
22. Paul Rycaut, *The Present State of the Ottoman Empire*··· (London, 1668) 36
23. [Jean de Prechac] *Cara Mustapha Grand Visir. Histoire*··· (Paris, 1684) frontispiece
24. Albert Vandal, *Les voyages de Marquis de Nointel (1670–1680)* (Paris, 1900) 258
25. Topkapı Palace Museum Library (Sūrnāme-i Vehbi, H.3593 f.173b)
26. Turhan Baytop, *İstanbul Lâlesi* (Ankara, 1992) 58

27. Deutsches Archaeologisches Institut, Istanbul (1+ R 21.547)

28. Rijksmuseum (SK–A–4082)

29. Topkapı Palace Museum Library (H.1815)

30. F. Muhtar Katırcıoglu/*Yeryuzu Suretleri: F. Muhtar Katırcıoglu Harita Koleksiyonu* (Istanbul, 2000) 156

31. Courtesy of the Duke of Buccleuch

32. author's collection

33. Courtesy of the Duke of Buccleuch

34. İsa Akbaş Collection/Edhem Eldem, *Pride and Privilege. A History of Ottoman Orders, Medals and Decorations* (Istanbul, 2004) 248

35. Deutsches Archaeologisches Institut, Istanbul (R 24.687)

36. Deutsches Archaeologisches Institut, Istanbul (7689)

37. Deutsches Archaeologisches Institut, Istanbul (R 28.558)

찾아보기

1068

오스만제국사

창건부터 튀르키예공화국 수립까지

1판 1쇄 2025년 12월 30일

지은이 | 캐럴라인 핑클
옮긴이 | 이재황

펴낸이 | 류종필
편집 | 이정우, 권준, 노민정, 이은진
경영지원 | 홍정민
표지 디자인 | 석운디자인
본문 디자인 | 이미연

펴낸곳 | (주)도서출판 책과함께
　　　　주소 (04022) 서울시 마포구 동교로 70 소와소빌딩 2층
　　　　전화 (02) 335-1982
　　　　팩스 (02) 335-1316
　　　　전자우편 prpub@daum.net
　　　　블로그 blog.naver.com/prpub
　　　　등록 2003년 4월 3일 제2003-000392호

ISBN 979-11-94263-86-9 03900